NOUVEAU DICTIONNAIRE

D'ENREGISTREMENT ET DE TIMBRE

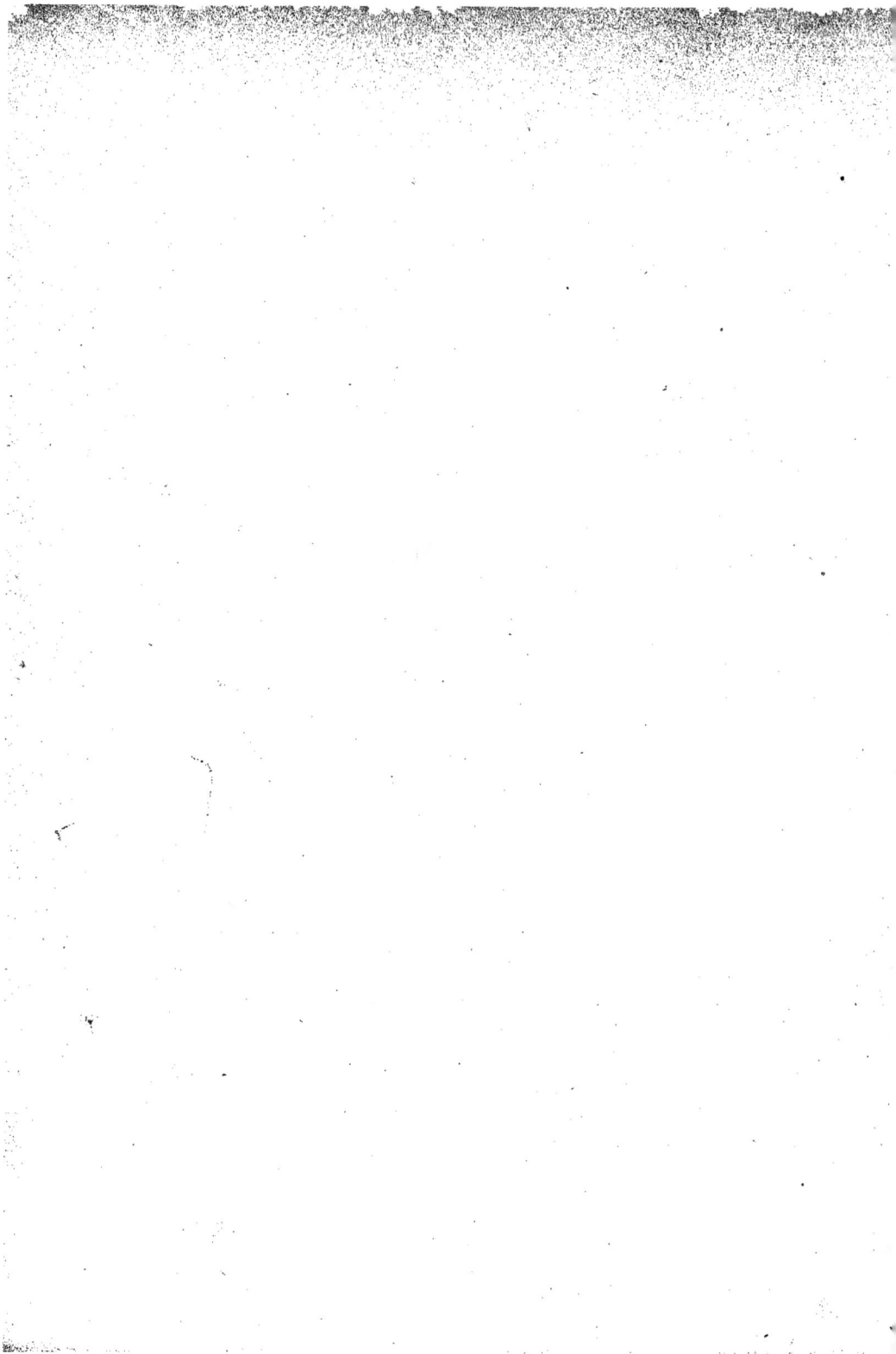

NOUVEAU DICTIONNAIRE
D'ENREGISTREMENT ET DE TIMBRE

MIS AU COURANT DE LA LÉGISLATION ET DE LA JURISPRUDENCE

JUSQU'AU 1ᵉʳ JUIN 1874

OUVRAGE DÉDIÉ A MM. LES MAGISTRATS, AVOCATS, AVOUÉS, NOTAIRES ET A MM. LES FONCTIONNAIRES
DE L'ENREGISTREMENT

Par M. C. A*** ..... de l'Enregistrement et des Domaines

« C'est surtout aux principes qu'il faut
« s'attacher.
« DUCHATEL. »

TOME SECOND

PARIS

A. CHÉRIÉ, LIBRAIRE-ÉDITEUR

GENDRE ET SUCCESSEUR DE LE BOUCHER JEUNE

13, RUE DE MÉDICIS, 13

—

1874-1875

©

N

NAISSANCE. — V. *Etat civil.*

5712. NANTISSEMENT. — Contrat par lequel un débiteur remet une chose au créancier, pour sûreté de la dette. — C. 2071.

Le nantissement d'une chose mobilière est un *gage*; celui d'une chose immobilière, une *antichrèse*. — V. *Antichrèse, Gage.*

5713. NATURALISATION. — Acte par lequel un étranger acquiert la qualité de citoyen français et les droits qui y sont attachés. — V. *Etranger.*

5714. NAUFRAGE. — Submersion d'un navire par une fortune de mer qui donne lieu à la perte totale ou partielle, soit de ce navire, soit de son chargement. — R. J. P. *eod.* v°, 1.

5715. Rapport du capitaine. — Le capitaine d'un navire naufragé est tenu de faire, le plus tôt possible, son rapport au greffe, devant le président du tribunal de commerce, et, à défaut, au juge de paix du canton. — C. Com. 242.

Peuvent être visées pour timbre *en débet* les feuilles destinées aux rapports, ainsi qu'à leur dépôt au greffe, des capitaines de navires naufragés, lorsque le capitaine déclare dans l'acte que son état de dénûment ne lui permet de faire aucune avance; le recouvrement est subordonné à l'amélioration de son sort; mais le greffier qui a reçu le rapport ne doit en délivrer expédition aux parties intéressées qu'après justification préalable du paiement des droits. — D. F. 24 sept. 1808; I. 402.

5716. Inventaire. — Les inventaires et récolements d'inventaires de cargaisons naufragées, faits par les commissaires de la marine ou toute autre autorité publique, doivent être écrits sur papier timbré et présentés à l'enregistrement dans les vingt jours de leur date. — I. 396-6.

5717. NAVIGATION. — La navigation a lieu sur la mer ou sur les rivières.

Les permis de navigation, soit intérieure, soit extérieure, sont sujets au timbre. — Dict. E. *eod.* v°, 3.

5718. NAVIRE. — Bâtiment ou embarcation qui sert au transport par eau des personnes ou des marchandises. Les navires sont meubles par leur nature. — C. 531. — C. com. 190.

5719. Acte de francisation. — Quand on a fait construire un navire, il faut obtenir, au bureau de la douane du port dont il dépendra, un acte qui en contienne la description et constate qu'il a été solidement construit en France et bien mesuré. Cet acte, qu'on nomme acte de *francisation*, a pour but de mettre le gouvernement à même de connaître l'état de la marine marchande, d'empêcher les étrangers de posséder des navires français, de fournir les indications nécessaires à énoncer dans les congés, et de donner à l'administration les moyens de faire condamner les propriétaires de navires mal construits. — Pardessus, t. 3, n. 604.

5720. Mutation de propriété de navire. — Les mutations de propriété de navires, soit totales, soit partielles, sont soumises aux droits proportionnels ordinaires. Le droit est perçu soit sur l'acte ou le procès-verbal de vente, soit sur la déclaration faite pour obtenir la francisation ou l'immatricule au nom du nouveau possesseur. — 28 fév. 1872, art. 5, n. 2.

Ces dispositions sont non-seulement applicables aux ventes, mais encore à toutes les mutations à titre gratuit, soit entre-vifs, soit par décès. — I. 2433, ch. 2.

5721. *Navire neuf.* — La règle suivant laquelle, à défaut d'acte, le droit de 2 % est exigible sur la déclaration faite pour obtenir la francisation ou l'immatricule au nom du nouveau possesseur, comporte exception lorsqu'il s'agit de la francisation d'un navire neuf, construit dans un chantier national ou étranger *pour le compte de la personne même qui en requiert l'immatricule en son nom.*

Dans ce cas, la francisation ou l'immatricule ne se rattachant à aucune mutation antérieure de propriété, le paiement du droit de 2 % ne peut être exigé.

C'est à l'armateur qu'il appartient d'établir, soit par la production du marché de construction, soit par tout autre document probant, que la déclaration par lui souscrite en douane ne tombe pas sous l'application de la règle générale.

Les pièces justificatives qu'il produit à cet effet sont remises au receveur de l'enregistrement, qui doit, sauf le cas d'urgence, les soumettre à l'appréciation du directeur, en y joignant la déclaration communiquée par la douane. Si l'examen des documents présentés fait reconnaître que la construction a eu lieu sur com-

mande, que, de plus, le navire est neuf et qu'il n'a jamais navigué que pour venir du port de construction au port d'attache, le receveur fait mention, au pied de la déclaration, que les formalités de douanes peuvent être accomplies sans paiement préalable des droits d'enregistrement. Cette déclaration est mentionnée par l'agent des douanes, lors de la délivrance de l'acte de francisation, sur le registre spécial.

Lorsque le receveur de l'enregistrement a dû, à raison de l'urgence, délivrer la déclaration qui précède sans y avoir été préalablement autorisé, il a soin d'en rendre compte au directeur, immédiatement après, dans un rapport circonstancié. Il demeure entendu que la déclaration dont il s'agit ne fait pas obstacle à ce que les droits d'enregistrement soient ultérieurement réclamés, s'il résulte de l'examen des pièces que le droit de 2 % devait être exigé.

La déclaration donnée d'urgence par le receveur doit contenir une réserve expresse à ce sujet. — l. 2444.

5722. *Navire exempt de francisation.* — L'obligation imposée par la loi du 28 février 1872 de payer le droit de mutation, même lorsqu'il n'existe aucun acte constatant cette mutation, ne s'applique qu'aux ventes de navires ou bateaux sujets à francisation ou à immatricule. Quant aux ventes de tous autres bâtiments servant à la navigation, elles ne sont, comme par le passé, assujetties au paiement des droits que lorsqu'elles sont constatées, soit par acte authentique, soit par acte sous seings privés, présenté volontairement à l'enregistrement ou dont il est fait l'usage prévu et déterminé par l'art. 23 frim. Mais la loi nouvelle ayant abrogé les art. 56 et 64 de la loi de 1818, c'est le tarif proportionnel, et non le droit fixe, qui doit être appliqué. — Id.

5723. *Vente faite à l'étranger.* — Le droit proportionnel est perçu sur les ventes faites en France aussi bien que sur celles faites à l'étranger; car la déclaration faite dans ce dernier cas, pour obtenir la francisation ou l'immatricule au nom du nouveau possesseur, donne ouverture à la taxe. — La loi en fait mention expresse, afin d'assurer l'égalité d'impôt entre les transactions passées en France et celles qui auraient lieu à l'étranger. — *Exposé des motifs,* § 5.

5724. *Portée du mot navire.* — Le mot navire est un mot générique qui s'applique même à des barques, même à des chaloupes prises isolément, à toute embarcation, en un mot, qui sert à la navigation, soit sur les fleuves, soit sur la mer. — Pardessus, *loc. cit.*

5725. Marchandises avariées et débris de navires naufragés. — Sont soumis au droit fixe gradué les actes ou procès-verbaux de vente de marchandises avariées par suite d'événements de mer et de débris de navires naufragés. La quotité du droit est déterminée par le prix exprimé, en y ajoutant toutes les charges en capital. — 28 fév. 1872, art. 1, n. 3.

5726. NEGOTIORUM GESTOR. — Celui qui, sans mandat, gère les affaires d'autrui. — V. *Mandat.*

5727. NOBLESSE. — Titre honorifique et héréditaire décerné par le chef de l'État. On appelle *noble* celui qui a un titre de noblesse.

5728. Tarif. — Les lettres de noblesse sont soumises à un droit de sceau de 600 fr. et à un droit d'enreg. de 120 fr. — 28 avril 1816, art. 55. — V. *Baron, Chevalier, Comte, Duc, Marquis, Vicomte.*

5729. NOLIS. — On appelle *nolis* ou *nolissement* l'affrétement d'un navire. Ce terme n'est employé que sur les côtes de la Méditerranée. — V. *Charte-partie, Connaissement.*

5730. NOM. — Le *nom* sert à désigner un individu. Le *prénom* a pour objet de distinguer entre eux ceux qui portent le même nom.

5731. Changement de nom. — Toute personne qui a quelque raison de changer de nom en adresse la demande motivée au gouvernement, qui prononce dans la forme prescrite pour les règlements d'administration publique. S'il admet la demande, l'arrêté n'a son exécution qu'un an après son insertion au *Bulletin des lois.* Pendant le cours de l'année, toute personne y ayant droit est admise à demander la révocation de l'arrêté qui est prononcé par le gouvernement, s'il juge l'opposition fondée. Les questions d'état entraînant changement de noms se poursuivent devant les tribunaux dans les formes ordinaires. — 11 germ. an 11, art. 4 et suiv.

5732. *Tarif.* — Les autorisations relatives aux changements et additions de noms supportent un droit de sceau de 600 fr. — 20 juill. 1837, art. 12.

5733. Nom commercial. — Qualification servant à désigner un établissement commercial. Le nom commercial consiste soit dans le nom patronymique du commerçant, soit dans la dénomination particulière donnée à son établissement.

Le nom commercial constitue une propriété susceptible d'être revendiquée contre tous usurpateurs. — 28 juill. 1824.

5734. Nom direct. — On appelle intéressés à un acte *en nom direct* ceux qui y ont figuré eux-mêmes, ou qui représentent les parties. — Dict. N. *eod v°.*

5735. NOMINATION. — Désignation d'un in-

dividu pour l'exercice d'une fonction. — V. *Commission*.

NOTAIRE.

Ch. I. — Des notaires.

5736. Définition. — Les *notaires* sont les fonctionnaires publics établis pour recevoir tous les actes et contrats auxquels les parties doivent ou veulent faire donner le caractère d'*authenticité* attaché aux actes de l'autorité publique, pour en assurer la *date*, en conserver le *dépôt*, en délivrer des *grosses* et expéditions. — 25 vent. an 11, art. 1.

5737. Conditions d'admission. — Pour être admis aux fonctions de notaire, il faut : — 1° jouir de l'exercice des droits de citoyen ; — 2° avoir satisfait aux lois sur la conscription militaire ; — 3° être âgé de ving-cinq ans accomplis ; — 4° justifier d'un temps de travail déterminé. — Id. art. 35.

5738. *Stage.* — Le temps de travail ou de stage est, sauf les exceptions ci-après, de six années entières et non interrompues, dont une des deux dernières, au moins, en qualité de premier clerc chez un notaire d'une classe égale à celle où se trouve la place à remplir. — Id. art. 36.

Le temps de travail peut n'être que de quatre années, lorsqu'il en a été employé trois dans l'étude d'un notaire d'une classe supérieure à la place qui doit être remplie, et lorsque, pendant la quatrième, l'aspirant a travaillé, en qualité de premier clerc, chez un notaire d'un classe supérieure ou égale à celle où se trouve la place pour laquelle il se présente. — Id. art. 37.

Le notaire déjà reçu, et exerçant, depuis un an, dans une classe inférieure, est dispensé de toute justification de stage, pour être admis à une place de notaire vacante dans une classe immédiatement supérieure. — Id. art. 38.

L'aspirant qui a travaillé pendant quatre ans, sans interruption, chez un notaire de première ou de seconde classe, et qui a été, pendant deux ans au moins, défenseur ou avoué près un tribunal civil, peut être admis dans une des classes où il a fait son stage, pourvu que, pendant l'une des deux dernières années de son stage, il ait travaillé, en qualité de premier clerc, chez un notaire d'une classe égale à celle où se trouve la place à remplir. — Id. art. 39.

Le temps de travail exigé par les articles précédents doit être d'un tiers en sus, toutes les fois que l'aspirant, ayant travaillé chez un notaire d'une classe inférieure, se présente pour remplir une place d'une classe immédiatement supérieure. — Id. art. 40.

Pour être admis à exercer dans la troisième classe de notaires, il suffit que l'aspirant ait travaillé pendant trois années chez un notaire de première ou de seconde classe, ou qu'il ait exercé comme défenseur ou avoué, pendant l'espace de deux années, auprès du tribunal d'appel ou de première instance, et qu'en outre il ait travaillé pendant un an chez un notaire. — Id. art. 41.

Le gouvernement peut dispenser de la justification du temps d'étude les individus qui ont exercé des fonctions administratives ou judiciaires. — Id. art. 42.

La dispense est applicable surtout aux fonctionnaires de l'enregistrement qui, pour établir avec discernement la perception des droits, doivent avoir une connaissance particulière de la loi civile et des dispositions qui régissent les diverses conventions. — D. J. 14 juill. 1840, 18 avril 1847 ; J. N. 11833, 13181.

5739. *Moralité et capacité.* — L'aspirant demande à la chambre de discipline du ressort dans lequel il doit exercer, un certificat de moralité et de capacité. Le certificat ne peut être délivré qu'après que la chambre a fait parvenir au commissaire du gouvernement du tribunal de première instance l'expédition de la délibération qui l'a accordé. — En cas de refus, la chambre donne un avis motivé, et le communique au commissaire du gouvernement, qui l'adresse au grand-juge, avec ses observations. — 25 vent. an 11, art. 43 et 44.

5740. Nomination. — Les notaires sont nommés par le chef de l'Etat et obtiennent de lui une commission qui énonce le lieu fixe de la résidence. — Id. art. 45.

Ils sont institués à vie. — Id. art. 2. — « S'il est une « circonstance où l'institution à vie ne présente aucun « inconvénient, c'est sans doute lorsqu'elle s'applique « au notaire. Quoiqu'il soit nommé à vie, il est à cha- « que instant soumis à un choix, à une véritable élec- « tion, dans laquelle l'électeur, parfaitement libre, ne « peut être déterminé dans son choix que par une « probité et des talents dont il aura fait l'expérience, « ou qui lui auront été attestés par la voix publique. » — *Exposé des motifs.*

5741. Serment. — Dans les deux mois de sa nomination, et à peine de déchéance, le pourvu est tenu de prêter, à l'audience du tribunal auquel la commission a été adressée, le serment que la loi exige de tout fonctionnaire public, ainsi que celui de remplir ses fonctions avec exactitude et probité. — Il est tenu de faire enregistrer le procès-verbal de prestation de serment au secrétariat de la municipalité du lieu où il doit résider, et aux greffes de tous les tribunaux dans le ressort desquels il doit exercer. — 25 vent. an 11, art. 47.

5742. Cautionnement. — Le pourvu n'est admis au serment qu'en représentant la quittance du versement de son cautionnement. — Id. ibid.

Les notaires sont assujettis à un cautionnement fixé par le gouvernement, et spécialement affecté à la garantie des condamnations prononcées contre eux, par suite de l'exercice de leurs fonctions. — Lorsque, par l'effet de cette garantie, le montant du cautionnement a été employé en tout ou en partie, le notaire est suspendu de ses fonctions jusqu'à ce que ce cautionnement soit entièrement rétabli ; et, faute par lui de rétablir, dans les six mois, l'intégralité du cautionnement, il est considéré comme démissionnaire, et remplacé. — Id. art. 33.

5743. Entrée en fonctions. — Les notaires n'ont le droit d'exercer qu'à compter du jour où ils ont prêté serment. — Avant d'entrer en fonctions, les notaires doivent déposer au greffe du tribunal de première instance de leur département, et au secrétariat de la municipalité de leur résidence, leur signature et paraphe. — Les notaires à la résidence des tribunaux d'appel font en outre ce dépôt aux greffes des autres tribunaux de première instance de leur ressort. — Id. art. 48 et 49.

5744. Ressort. — Les notaires exercent leurs fonctions, savoir : ceux des villes où est établi le tribunal d'appel, dans l'étendue du ressort de ce tribunal ; ceux des villes où il n'y a qu'un tribunal de première instance, dans l'étendue du ressort de ce tribunal ; ceux des autres communes, dans l'étendue du ressort du tribunal de paix. — Il est défendu à tout notaire d'instrumenter hors de son ressort, à peine d'être suspendu de ses fonctions pendant trois mois, d'être destitué en cas de récidive, et de tous dommages-intérêts. — Id. art. 5 et 6.

5745. Résidence. — Chaque notaire doit résider dans le lieu qui lui est fixé par le gouvernement. En cas de contravention, le notaire est considéré comme démissionnaire; en conséquence, le grand-juge, ministre de la justice, après avoir pris l'avis du tribunal, peut proposer au gouvernement le remplacement. — Id. art. 4.

5746. Ministère forcé. — Les notaires sont tenus de prêter leur ministère lorsqu'ils en sont requis. — Id. art. 3.

« Le ministère du notaire est un *ministère nécessaire*;
« il ne peut le refuser lorsqu'il en est requis, et ce
« serait aller contre le principe de la matière que de
« lui laisser la liberté du refus. S'il participe aux fonc-
« tions d'une honorable magistrature, son temps et ses
« facultés appartiennent à tous ses concitoyens et à
« tous ceux qui ont besoin de son ministère. Comme
« le juge se doit à l'administration de la justice, le
« notaire se doit tout entier aux fonctions que la loi
« lui délègue : elle devait donc le rendre garant d'un
« refus déplacé. » — *Exposé des motifs*.

5747. Incompatibilités. — Les fonctions de notaire sont incompatibles avec celles de juges, commissaires du gouvernement près les tribunaux, leurs substituts, greffiers, avoués, huissiers, préposés à la recette des contributions directes et indirectes, juges, greffiers et huissiers des justices de paix, commissaires de police et commissaires aux ventes. — 25 vent. an 11, art. 7.

Un notaire ne peut être *receveur de l'enregistrement*, — 21 germ. an 5, — ni *conservateur des hypothèques*. — 21 vent. an 7. — 9 mess. an 13.

5748. Nombre des notaires. — Le nombre des notaires pour chaque département, leur placement et résidence, sont déterminés par le gouvernement, de manière, 1° que, dans les villes de cent mille habitants et au-dessus, il y ait un notaire au plus par six mille habitants; 2° que dans les autres villes, bourgs et villages, il y ait deux notaires au moins, ou cinq au plus, par chaque arrondissement de justice de paix. — 25 vent. an 11, art. 31.

Les suppressions ou réductions des places ne sont effectuées que par mort, démission ou destitution. — Id. art. 32.

5749. Prohibitions. — Il est interdit aux notaires, soit par eux-mêmes, soit par personnes interposées, soit directement, soit indirectement : 1° de se livrer à aucune spéculation de bourse ou opération de commerce, banque, escompte et courtage; — 2° de s'immiscer dans l'administration d'aucune société, entreprise ou compagnie de finance, de commerce ou d'industrie; — 3° de faire des spéculations relatives à l'acquisition et à la revente des immeubles; à la cession des créances, droits successifs, actions industrielles et autres droits incorporels; — 4° de s'intéresser dans aucune affaire pour laquelle ils prêtent leur ministère; — 5° de placer en leur nom personnel des fonds qu'ils auraient reçus, même à la condition d'en servir l'intérêt; — 6° de se constituer garants ou cautions, à quelque titre que ce soit, des prêts qui auraient été faits par leur intermédiaire ou qu'ils auraient été chargés de constater, par acte public ou privé; — 7° de se servir de prête-noms en aucune circonstance, même pour des actes autres que ceux désignés ci-dessus. — Ord. 12 janv. 1843, art. 12.

5750. Garde et transmission des minutes. — Les minutes et répertoires d'un notaire remplacé, ou dont la place a été supprimée, peuvent être remis, par ses héritiers, à l'un des notaires résidant dans la même commune, ou à l'un des notaires résidant dans le même canton, si le remplacé était le seul notaire établi dans la commune. — 25 vent. an 11; art. 54.

Si la remise des minutes et répertoires du notaire remplacé n'a pas été effectuée, conformément à l'article précédent, dans le mois, à compter du jour de la prestation de serment du successeur, la remise en est faite à celui-ci. — Id. art. 55.

Lorsque la place de notaire est supprimée, le titulaire ou ses héritiers sont tenus de remettre les minutes et répertoires, dans le délai de deux mois du jour de la suppression, à l'un des notaires de la commune, ou à l'un des notaires du canton, conformément à l'art. 54. — Id. art. 56.

Le commissaire du gouvernement près le tribunal de première instance est chargé de veiller à ce que les remises ordonnées par les articles précédents soient effectuées ; et, dans le cas de suppression de la place, si le titulaire ou ses héritiers n'ont pas fait choix, dans les délais prescrits, du notaire à qui les minutes et répertoires doivent être remis, le commissaire indique celui qui en demeure dépositaire. Le titulaire ou ses héritiers, en retard de satisfaire aux dispositions des art. 55 et 56, sont condamnés à 20 fr. d'amende par chaque mois de retard, à compter du jour de la sommation qui leur a été faite d'effectuer la remise. — Id. art. 57. — 16 juin 1824, art. 10.

Dans tous les cas, il est dressé un état sommaire des minutes remises, et le notaire qui les reçoit s'en charge au pied de cet état, dont un double est remis à la chambre de discipline. — 25 vent. an 11, art. 58.

5751. Recouvrements. — Le titulaire ou ses héritiers, et le notaire qui reçoit les minutes, aux termes des art. 54, 55 et 56, traitent de gré à gré des recouvrements, à raison des actes dont les honoraires sont encore dus, et du bénéfice des expéditions. — S'ils ne peuvent s'accorder, l'appréciation en est faite par deux notaires dont les parties conviennent, ou qui sont nommés d'office parmi les notaires de la même résidence, ou, à leur défaut, parmi ceux de la résidence la plus voisine. — Id. art. 59.

5752. Tableau des interdits. — Les notaires doivent tenir exposé dans leur étude un tableau sur lequel ils inscrivent les noms, prénoms, qualités et demeures des personnes qui, dans l'étendue du ressort où ils peuvent exercer, sont interdites ou assistées d'un conseil judiciaire, ainsi que la mention des jugements relatifs ; le tout, immédiatement après la notification qui en a été faite, à peine des dommages-intérêts des parties. — Id. art. 18.

5753. Chambre de discipline. — Les chambres établies pour la discipline intérieure des notaires sont organisées par des règlements. — Id. art. 50.

Les honoraires et vacations des notaires sont réglés à l'amiable, entre eux et les parties, sinon par le tribunal civil de la résidence du notaire, sur l'avis de la chambre, et sur simples mémoires, sans frais. — Id. art. 51.

Tout notaire suspendu, destitué ou remplacé, doit aussitôt après la notification qui lui a été faite de sa suspension, de sa destitution ou de son remplacement, cesser l'exercice de son état, à peine de tous dommages et intérêts, et des autres condamnations prononcées par les lois contre tout fonctionnaire suspendu ou destitué qui continue d'exercer ses fonctions. — Le notaire suspendu ne peut les reprendre, sous les mêmes peines, qu'après la cessation du temps de la suspension. — Id. art. 52.

Toutes suspensions, destitutions, condamnations d'amendes et dommages-intérêts, sont prononcées contre les notaires, par le tribunal civil de leur résidence, à la poursuite des parties intéressées, ou d'office à la poursuite et diligence des commissaires du gouvernement. — Ces jugements sont sujets à l'appel, et exécutoires par provision, excepté quant aux condamnations pécuniaires. — Id. art. 53.

CH. II. — DES ACTES NOTARIÉS.

5754. Définition. — L'acte notarié est celui qui est reçu par un notaire.

5755. Nature des actes notariés. — Les actes notariés sont *authentiques*, c'est-à-dire qu'ils ont *date certaine*, qu'ils font *pleine foi* de leur contenu, et qu'ils ont *force exécutoire*. — V. *Acte authentique*.

Les notaires étant des fonctionnaires publics institués *pour assurer la date des actes* (25 vent. an 11, art. 1), les actes notariés ont date certaine par eux-mêmes et indépendamment de la formalité de l'enregistrement. — Troplong, *Hypoth.* 307. — Favard, v° *Acte notarié*, § 1, n 3. — Cass. 16 déc. 1811 ; Sir. 12. 1. 81. — C. Toulouse, 12 déc. 1835 ; Sir. 36. 2. 432.

5756. Actes qui doivent être notariés. — Ces actes sont : les donations, et les procurations pour les accepter ; — C. 931, 933. — les testaments autres que le testament olographe, et les révocations faites en cette forme ; — C. 971, 976, 1035. — les contrats de mariage ; — C. 1384, 1396. — les actes qui rétablissent la communauté ; — C. 1451. — les actes respectueux ; — C. 154. — les consentements à mariage ; — C. 73. — les reconnaissances d'enfant naturel ; — C. 334. — les constitutions d'hypothèques et les mainlevées ; — C. 2127, 2158. — les procurations pour désaveu ; — C. P. 353. — les certificats de propriété et de vie, les actes de notoriété, les décharges à donner aux monts-de-piété, les cessions de brevets d'invention, les actes de subrogation ; — C. 1250. — les constitutions de sociétés anonymes ; — C. Com. 40. — les déclarations de command ; — Frim. art. 68. — 28 avril 1816, art. 24. — les déclarations des titulaires de cautionnements au profit des bailleurs de fonds ; — D. 21 déc. 1812.

— les échanges de biens appartenant à l'Etat. — D. 11 juill. 1812. — Ord. 12 déc. 1827. — les partages d'ascendants ; — C. 1076. — les procès-verbaux de carence après décès ; — 27 mars 1791, art. 10. — les quittances de paiement avec subrogation ; — C. 1250. — la quittance de paiement des droits et reprises de la femme après séparation de biens ; — C. 1444. — les partages et comptes avec des mineurs ; — C. 828. — C. P. 976. — les certificats de propriété pour transfert de rentes sur l'Etat , — 28 flor. an 7. — ou pour le remboursement du cautionnement d'un titulaire, — D. 18 sept. 1806. — ou pour l'obtention, par les veuves et orphelins de militaires, des arrérages de pensions échus ou de secours ; — Ord. 16 oct. 1822. — les actes de notoriété pour rectification d'erreur de noms dans les inscriptions sur le grand-livre ; —8 fruct. an 5. — Arrêté 27 frim. an 11. — les actes d'opposition à mariage ; — C. 66. — les procurations pour se faire représenter aux actes de l'état civil, — C. 36. — pour s'inscrire en faux , — C. P. 218. — C. F. 179. — 15 avril 1829, art. 56. —pour toucher les rentes ou pensions sur l'Etat, — Ord. 1er mai 1816, 9 janvier 1818, 13 oct. 1819. — pour récuser un juge, — C. P. 384. — ou le prendre à partie ; — C. P. 511. — les actes de dépôts par ordonnance des testaments olographes, — C. 1007. — ou de suscription d'un testament mystique ; — C. 976. — les inventaires, —6 mars 1791, art. 10. — excepté ceux dressés en cas de faillite ; — C. Com. 486. — les baux des biens des communes, — Ord. 7 oct. 1818. — des hospices et autres établissements , — D. 12 août 1807. — Des biens des fabriques, — D. 3 déc. 1809. — des biens affectés à la Légion d'honneur. — Arr. 23 mess. an 10.

SECT. 1. — RÉCEPTION DES ACTES.

5757. Règle. — Les actes sont reçus par deux notaires ou par un notaire assisté de deux témoins, citoyens français, sachant signer, et domiciliés dans l'arrondissement où l'acte est passé. — 25 vent. an 11, art. 9. — *Acte de suscription, Certificat de vie, Testament.*

5758. Distinctions. — Les actes notariés ne peuvent être annulés par le motif que le notaire en second ou les deux témoins instrumentaires n'auraient pas été présents à la réception desdits actes. — 21 juin 1843, art. 1. — Les actes notariés contenant donation entre-vifs, donation entre époux pendant le mariage, révocation de donation ou de testament, reconnaissance d'enfants naturels, et les procurations pour consentir ces divers actes, sont, à peine de nullité, reçus conjointement par deux notaires. ou par un notaire en présence de deux témoins. — La présence du notaire en second et des deux témoins n'est requise qu'au moment de la lecture des actes par le notaire, et de la signature par les parties ; elle est mentionnée, à peine de nullité. — Id. art. 2.

5759. Prohibitions. — Les notaires ne peuvent rece-

voir des actes dans lesquels leurs parents ou alliés, en ligne directe à tous les degrés, et en collatérale jusqu'au degré d'oncle ou de neveu inclusivement, seraient parties, ou qui contiendraient quelque disposition en leur faveur. — 25 vent. an 11, art. 8.

Deux notaires parents ou alliés au degré prohibé par l'art. 8 ne peuvent concourir au même acte. Les parents, alliés soit du notaire, soit des parties contractantes, au degré prohibé par l'art. 8, leurs clercs et leurs serviteurs, ne peuvent être témoins. — Id. art. 10.

5760. Identité des parties. — Le nom, l'état et la demeure des parties doivent être connus des notaires, ou leur être attestés dans l'acte par deux citoyens connus d'eux, ayant les mêmes qualités que celles requises pour être témoin instrumentaire. — Id. art. 11.

SECT. II. — FORMES.

5761. Enonciations diverses. — Tous les actes doivent énoncer les nom et lieu de résidence du notaire qui les reçoit, à peine de 20 fr. d'amende contre le notaire contrevenant. Ils doivent également énoncer les noms des témoins instrumentaires, leur demeure, le lieu, l'année et le jour où les actes sont passés, sous peine de nullité, et même de faux, si le cas y échoit. — Id. art. 12 et 68. — 16 juin 1824, art. 10.

Quelques tribunaux avaient pensé que, dans les actes commençant par ces mots : *Par-devant les notaires soussignés, à la résidence de.......*, et se terminant par la signature du notaire, qui fait partie essentielle de l'acte, le nom du notaire se trouve par là suffisamment énoncé. Cette interprétation n'est pas fondée : en effet, si la signature des notaires, qui doit toujours clore leurs actes, avait pu suppléer l'énonciation de leurs noms, le législateur se serait borné à exiger seulement qu'il fût fait mention de la résidence ; l'art. 12 porte au contraire que les noms et lieux de résidence seront également énoncés. — D. F. 20 oct. 1807 ; E. J. 2734.

5762. Signature des actes. — Les actes sont signés par les parties. les témoins et les notaires, qui doivent en faire mention à la fin de l'acte. — Quant aux parties qui ne savent ou ne peuvent signer, le notaire doit faire mention, à la fin de l'acte, de leurs déclarations à cet égard. — Id. art. 14.

La nullité prononcée par l'art. 68 de la L. 25 vent. an 11 ne doit être appliquée qu'au défaut de mention de la signature soit des parties, soit des témoins, et non pas au défaut de mention de la signature des notaires qui ont reçu l'acte. — Av. d'Et. 16 juin 1810 ; 4e série, Bull. 296, n. 5605.

5763. Renvois et apostilles. — Les renvois et apostilles ne peuvent être écrits qu'en marge ; ils sont signés et paraphés tant par les notaires que par les autres signataires, à peine de nullité des renvois et apostilles. Si la longueur du renvoi exige qu'il soit transporté à la fin de l'acte, il doit être non-seulement signé et para-

phé comme les renvois écrits en marge, mais encore expressément approuvé par les parties, à peine de nullité du renvoi. — 25 vent. an 11, art. 15.

5764. *Amende.* — La loi ne prononce que la *nullité* du renvoi; on ne peut donc exiger aucune *amende* pour les renvois non signés ou non paraphés. — Cass. 20 avril 1809; J. N. 250. — D. F. 6 juill. 1825; Rec. Roll. 1208. — Cass. 11 janv. 1841; J. N. 10868. — C. Caen, 18 juill. 1854; R. P. 253. — C. Alger, 11 déc. 1861; R. P. 1552.

Art. 1. Abréviations. — Blancs. — Identité des parties. — Annexe des procurations. — Lecture de l'acte.

5765. *Règle.* — Les actes de notaires doivent être écrits en un seul et même contexte, lisiblement, sans abréviation, blanc, lacune ni intervalle; ils contiennent les noms, prénoms, qualités et demeures des parties, ainsi que des témoins qui seraient appelés dans le cas de l'art. 11; ils énoncent en toutes lettres les sommes et les dates; les procurations des contractants sont annexées à la minute, qui fait mention que lecture de l'acte a été faite aux parties; le tout à peine de 20 fr. d'amende contre le notaire contrevenant. — 25 vent. an 11, art. 13. — 16 juin 1824, art. 10. — V. *Abréviation, Contexte.*

5766. *Abréviation.* — On peut, sans contravention, énoncer en chiffres, dans une liquidation notariée, les sommes revenant à chaque partie, lorsqu'on a exprimé en toutes lettres les sommes composant les masses actives et passives. — C. Colmar, 18 mai 1829; J. N. 6949. — V. *Abréviation.*

Ce n'est pas contrevenir à la loi que d'indiquer en marge d'une vente de meubles si le prix a été payé ou non par l'adjudicataire, ou, au pied d'un acte quelconque, que les honoraires ont été soldés. — C. Colmar, 28 juill. 1827; J. N. 6504. — Dél. 23 avril 1850; Rec. Fess. 8239.

5767. *Blanc, lacune, intervalle.* — L'usage permet aux notaires de laisser en blanc les noms, prénoms, etc., du mandataire, dans certaines procurations *en brevet.* Mais, dans aucun cas, cette tolérance ne peut s'être étendue aux procurations reçues en minute. — Roll. v° *Blanc,* 9. — Toull. t. 8, n. 108. — Provins, 25 juill. 1839; Rec. Fess. 6524. — C. Nancy, 20 août 1841 et 20 janv. 1842; J. E. 12927-1, 12997-6. — C. Douai, 12 déc. 1842; J. N. 11585. — Lons-le-Saulnier, 21 juill. 1845; J. N. 14130-1. — Dinan, 24 juill. 1852; J. E. 15441.

5768. *Alinéa.* — L'usage des alinéas n'est pas interdit; il n'y aurait contravention que s'il existait *entre alinéas* des blancs non remplis. — Oléron, 15 mars 1838; J. E. 12037-1. — Fontainebleau, 18 mai 1843; Rec. Roll. 6826. — Dél. 10 nov. 1843, 1er août 1844; J. E. 13552-1; J. N. 12103.

5769. *Phrase non terminée.* — Il y a contravention lorsqu'un mot qui ne termine pas une phrase n'est suivi ni d'un trait, ni d'un signe de ponctuation, et qu'on laisse en blanc le reste de la ligne. — Valognes, 10 fév. 1847; J. E. 14289-1.

5770. *Barres.* — Il y a contravention lorsque le notaire ne fait pas approuver par les parties les barres mises à la place des blancs qui se trouvaient originairement sur la minute. En l'absence de l'approbation spéciale, il serait impossible de constater si ces barres ont été tracées avant ou après la signature des parties, et l'acte ne porterait pas avec lui la preuve qu'il a été rédigé de manière à ne pas laisser les parties exposées au danger de l'altération de leurs conventions. — Circ. M. J. 30 août 1825; I. 1347-15. — Vitry-le-Français, 2 août 1842; J. E. 13062; J. N. 11495. — Melun, 3 janv. 1843; J. E. 13169; J. N. 11933. — Fontainebleau, 6 juin 1844; Rec. Roll. 7003. — C. Paris, 11 déc. 1847; J. E. 14406-1; J. N. 13724; Cont. 8097. — C. Orléans, 29 janv. 1852; J. N. 14746. — Cass. 21 juill. 1852; J. E. 15513; J. N. 14746; Cont. 9778. — Ancenis, 28 avril 1865; R. P. 2453.

5771. *Place du blanc.* — Il y a contravention passible d'amende quand des blancs existent dans un renvoi, parce que ce renvoi fait partie du contexte de l'acte. — Oléron, 15 mars 1838; J. E. 12,037.

De même, lorsqu'un blanc a été laissé au-dessus du paraphe des parties pour y placer l'approbation des ratures ou d'un renvoi. — Coutances. 16 juin 1831; J. N. 7541. — C. Amiens, 19 juill. 1834; J. E. 11066. — Seine, 16 juill. 1840; Rec. Roll. 6092. — Cambrai, 23 mars 1859; R. P. 1145.

5772. *Lignes serrées.* — Les blancs remplis d'une écriture plus serrée que celle du corps de l'acte ne constituent pas une contravention. — C. Paris, 6 déc. 1833; R. P. 13.

5773. *Approbation.* — L'approbation des blancs peut être, sans contravention, placée après la formule *fait et passé...* — D. F. 6 juill. 1825; Rec. Roll. 1208.

5774. *Importance de la contravention.* — Les blancs laissés dans un acte donnent lieu à l'amende, lors même que le tribunal considérerait le fait de la contravention comme insignifiant. — C. Metz, 15 janv. 1819; J. E. 9261. — C. Colmar. 1er fév. 1831; J. E. 10024. — C. Nancy, 28 avril 1837; J. E. 11795. — 18 janv. 1840; J. N. 10711 — *Contrà :* D. F. 1er oct. 1832; J. N. 7881.

5775. Noms, prénoms, qualités et demeures des parties. — Les noms. prénoms, qualités et demeures des parties doivent être indiqués dans les actes; il n'est pas permis d'établir des références avec des actes antérieurs de la même étude. — Ancenis, 10 juill. 1835; J. N. 8972. — C. Nancy. 2 juill. 1836; J. N. 10744. — C.

Paris, 28 mai 1842 ; J. N. 11339. — C. Amiens, 25 nov. 1842; J. E. 13140. — Cass. 14 juin 1843; J. N. 13663.

Ces indications ont été reconnues indispensables à l'égard des *pupilles*, des *mandants*, des personnes pour lesquelles ou se *porte fort.* — Cass. 29 déc. 1840 ; J. N. 10880. — C. Metz, 6 janv. 1841 ; J. E. 12664. — Sarrebourg, 19 avril 1841 ; J. E. 12919. — C. Rennes, 31 août 1841 ; J. N. 11129. — C. Douai, 13 déc. 1842 ; J. N. 11607. — Saint-Affrique, 15 janv. 1847 ; J E. 14188-4. — Altkirch, 8 avril 1859 ; R. P. 1157.

5776. *Demeure.* — Dans les procès-verbaux de vente de meubles, les notaires ne sont pas tenus d'indiquer les noms et demeures des adjudicataires. — C. Colmar, 28 juil. 1827 ; Rec. Roll. 2206. — Sol. 29 déc. 1831 ; J. N. 7699. — Il suffit que le notaire se conforme aux dispositions de la loi du 22 pluviôse an 7. — Saint-Omer, 4 sept. 1853 ; R. P. 86.

5777. *Qualités.* — Elles doivent être indiquées. à peine d'amende. — Fontainebleau, 25 nov. 1841 ; Sainte-Menehould, 11 fév. 1852 ; J. E. 12905, 15760-1.

Par *qualité*, il ne faut entendre que *l'état civil* et non la *profession* ; une femme est suffisamment désignée par sa qualité de *femme mariée*, ou de *veuve.* — Lunéville, 13 mars 1845 ; J. E. 13728-4

La simple qualification de *fille majeure* ou de *fils majeur*, donnée aux parties contractantes, ne constitue pas une infraction à la loi, lorsque les parties n'exercent ni métier ni profession. — Saint-Dié, 26 sept. 1834 ; Rec. Roll. 4560.

5778. *Mandataire.* — Le notaire n'est pas tenu d'indiquer la profession du mandataire qui intervient dans un acte, attendu que la loi ne prescrit l'énonciation des qualités que des parties contractantes, et que le mandataire n'est pas partie, mais seulement représentant de la partie, — C. Metz, 2 août 1836 ; J. E. 11756-4.

5779. Sommes et dates en toutes lettres. — Les actes de notaires peuvent renfermer des tableaux en chiffres, quand on ne peut les syncoper sans en détruire l'intelligence ; mais les sommes doivent d'abord être rapportées en toutes lettres. — I. 942. — Ainsi, lorsque les sommes mentionnées dans une liquidation ont été écrites en toutes lettres, le notaire peut, sans contravention, les rappeler en chiffres dans la formation des parts, etc. — C. Colmar, 18 mai 1829 ; J. N. 6949.

5780. Annexe des procurations. — L'annexe de la procuration n'est pas nécessaire, si elle a été reçue en minute par le notaire devant qui l'acte est passé. — D. F. 28 mars 1807 ; J. E. 5827. — V. *Annexe.*

Il en est de même si cette procuration est annexée à un acte précédent. — D. F. 28 mars 1807 ; J. E. 5827.

Mais le notaire ne pourrait se soustraire à l'application de la peine en prétendant vaguement que la pro-

curation non annexée se trouve en son étude, alors surtout qu'il n'offre même pas de justifier son assertion. — C. Metz, 18 avril 1824 ; R. G. 680-2. — Vesoul. 26 fév. 1844 ; J. E. 13618-5.

5781. *Brevet.* — Le défaut d'annexe des procurations à un acte en brevet ne constitue pas une contravention, car la loi ne prescrit cette annexe qu'aux *minutes* des actes. — Dél. 22 nov. 1826 ; R. G. 680-5.

5782. *Pouvoir verbal.* — Il n'y a pas d'annexe possible si un tiers se déclare, dans un acte notarié, mandataire d'une des parties contractantes, sans énoncer de procuration et sans qu'une procuration soit annexée à l'acte. Rien n'interdit, en effet, d'agir en vertu d'un mandat verbal, et la loi de ventôse n'a pu avoir en vue l'annexe d'une procuration qui n'a *aucune existence matérielle.* — Vannes, 24 juin 1841 ; J. E. 12872 ; J. N. 11382.

5783. *Inventaire.* — C'est à l'inventaire dressé par le notaire que les procurations des héritiers absents doivent être annexées, parce que l'inventaire a toujours été considéré comme un acte indicatif des qualités, et qu'il ne peut l'être qu'en réunissant les actes indispensables. Seulement le juge de paix peut en faire mention dans le procès-verbal de levée de scellés. — Circ. M. J. 3 avril 1827 ; J. N. 6427. — 28 avril 1832 ; J. N. 7741.

5784. Lecture. — *Adjudication.* — Il y a contravention lorsque, dans un acte de vente en détail, le notaire fait mention de la lecture, en ce qui concerne les acquéreurs, immédiatement avant leur signature respective apposée après l'adjudication de chaque lot, et ne répète pas cette mention, pour le vendeur, après la clôture seulement. — Epinal, 16 déc. 1844; J. E. 13697-4.

5785. *Testament.* — Ces mots : *après lecture du tout,* qui terminent un testament, se réfèrent à un renvoi approuvé aussi bien qu'au corps de l'acte. — C. Bordeaux, 17 mai 1833; Rec. Roll. 4203.

Il suffit, pour la validité d'un testament notarié, qu'il résulte de l'ensemble de l'acte qu'il a été lu au testateur en présence des témoins ; la mention formelle de cette lecture n'est pas indispensable. — C. Orléans, 22 juil. 1825 ; Rec. Roll. 3022. — Cass. 22 juill. 1829 ; Rec. Rol. 2725.

Il n'est pas nécessaire que la suscription d'un testament mystique fasse mention que la lecture a été donnée au testateur en présence des témoins. — C. Bordeaux, 5 mai 1828 ; Rec. Roll. 2393.

Il n'est pas non plus nécessaire de donner lecture au testateur de la mention de sa déclaration de ne pouvoir ou savoir signer. — Cass. 3 juill. 1834 ; Rec. Roll. 4481.

5786. *Vente.* — Il y a contravention si dans un

acte de vente il n'est pas fait mention que lecture a été donnée de cet acte. — Melun, 3 janv. 1843 ; J. E. 13169.

Art. 2. — Surcharges, interlignes, additions. — Ratures.

5787. Règle. — Il ne doit y avoir ni surcharge, ni interligne, ni addition, dans le corps de l'acte, et les mots suchargés, interlignés ou ajoutés sont nuls. Les mots qui doivent être rayés le sont de manière que le nombre puisse être constaté à la marge de leur page correspondante, ou à la fin de l'acte, et approuvé de la même manière que les renvois écrits en marge ; le tout à peine d'une amende de 10 fr. contre le notaire, ainsi que de tous dommages-intérêts, même de destitution en cas de fraude. — 25 vent. an 11, art. 16. — 16 juin 1824, art. 10.

5788. Surcharge. — La surcharge consiste dans l'apposition de lettres sur d'autres lettres, de manière à déguiser les caractères primitifs sous ceux qui leur sont substitués.

Il y a contravention dès qu'il existe une surcharge, serait-elle même approuvée, et lors même que le mot substitué serait reproduit dans l'approbation. — D. F. 8 nov. 1814 ; J. E. 5763. — Bourges, 19 janv. 1838; J. N. 9977. — Avesnes, 15 sept. 1840; J. E. 12589-6. — Châteaubriand, 1er juill. 1841 ; J. N. 11024. — Fougères, 29 janv. 1845 ; J. N. 12287.

5789. Date. — La surcharge de la date constitue une contravention. — Nogent-sur-Seine, 12 déc. 1808 ; J. N. 196. — Cass. 27 mars 1812 ; J. N. 932. — Cass. 20 fév. 1816 ; J. N. 1841.

5790. Faute d'orthographe. — Le changement du mot elle en celui de il est une contravention, même s'il n'a eu lieu que pour rectifier une faute d'orthographe. — C. Paris, 6 déc. 1853; Cont. 10245.

5791. Grattage. — Si un mot est écrit sur une rature enlevée au grattoir, cette substitution doit être assimilée à une surcharge. — C. Bruxelles, 28 juill. 1830 ; J. E. 10787.

5792. Lettre. — La surcharge d'une lettre dans un mot n'invalide pas l'acte, car la loi ne parle que de mots surchargés. — Cass. 3 août 1808 ; J. N. 110.

5793. Mots rayés. — La surcharge des mots qui indiquent le nombre des mots rayés constitue une contravention. — Fontainebleau, 25 nov. 1841 ; J. E. 12905.

5794. Faux. — Une surcharge, dans un acte, tendant à altérer la vérité, ne fût-ce même que pour opérer une post-date et frauder les droits, doit être regardée comme un faux. — Cass. 20 fév. 1809 ; J. E. 4219.

5795. Interligne. — L'interligne est l'écriture placée entre deux lignes déjà formées.

Il y a contravention du moment que l'interligne existe, lors même qu'elle aurait été approuvée par les parties. — Privas, 4 juill. 1823 ; J. E. 7909.

Une clause ou modification de clause ajoutée en interligne dans le corps de l'acte est absolument nulle, alors même que cette addition aurait été faite par le notaire avant la signature de l'acte par les parties et par lui : par exemple si, dans un contrat de mariage, on avait ajouté par interligne les mots suivants : ladite donation étant faite à titre de préciput. — Toulouse, 7 déc. 1850 ; J. N. 14314.

5796. Addition. — L'addition est toute écriture placée dans le vide d'un alinéa ou dans l'espace qu'on doit laisser au commencement ou au bas des pages.

Il y a addition lorsque, après la clause finale constatant la lecture faite aux parties, il se trouve d'autres dispositions, spécialement le nom d'un adjudicataire solidaire. — Sainte-Menehould, 11 fév. 1852 ; J. E. 15760.

Il y a contravention si des mots sont écrits sur la dernière partie d'une ligne laissée en blanc ou brisée par des points ; il importe peu que ces mots aient été ajoutés avant la clôture de l'acte et qu'ils soient sans influence sur les droits des parties ou du trésor. — Wissembourg, 12 août 1830 ; J. E. 10226. — C. Colmar, 1er fév. 1831 ; J. N. 7585.

Le notaire qui, dans une adjudication d'immeubles en détail, ajoute à des articles, après les mots : a signé après lecture faite, ceux-ci : et a payé comptant son prix d'acquisition, ou bien : et a payé comptant ledit prix, sans faire approuver spécialement cette addition comme renvoi, contrevient aux art. 13. 15 et 16 de la loi du 25 vent. an II. — Chaumont, 8 juin 1817 ; J. E. 14303-4.

Lorsqu'il est démontré par les circonstances de la cause qu'il n'a été fait des additions à la date d'un acte ou qu'un acte n'a reçu une double date que pour éviter des doubles droits ou amendes, l'amende est encourue et le notaire peut être condamné à une peine disciplinaire. — Vassy, 21 mai 1847 ; J. N. 13081. — Loches. 22 avril 1853 ; J. E. 15642. — Chinon, 25 oct. 1855 ; R. P. 527.

5797. Rature. — Les mots rayés doivent être approuvés à la fin de l'acte, c'est-à-dire avant la place qu'occupe la formule fait et passé. — C. Metz, 8 avril 1824 ; J. E. 7790.

Mais on ne peut voir une contravention dans l'approbation des ratures après la formule fait et lu. — D. F. 8 nov. 1814 ; J. N. 2165. — 9 mai 1825 ; Cont. 895. — Dél. 1er juin-6 juill. 1825 ; Cont. 930.

Si la mention des mots rayés contient des ratures, elles doivent être approuvées par une mention spéciale. — C. Paris, 25 août 1846 ; J. E. 14079-4. — L'approbation doit, sous peine d'amende, être revêtue de signatures particulières et distinctes de celles apposées à l'acte même ; s'il en était autrement, on ouvrirait la porte aux

71

plus graves abus, en laissant aux notaires la possibilité de ménager des blancs dans les actes pour y introduire des changements. — C. Montpellier, 13 fév. 1829; J. N. 7113. — Mirecourt, 15 avril 1844; J. N. 12012. — Namur, 25 juin 1836; R. 704. — Nivelles, 15 fév. 1866; R. P. 2433.

5798. *Calcul.* — Les mots composés ne doivent être comptés que pour un mot. Les abréviations comptent aussi pour un mot. — Montdidier, 20 mars 1846; J. N. 12807.

Il n'y a pas contravention dans la manière suivante d'approuver les mots nuls : *Approuvé quatre mots, plus cinq autres mots rayés nuls.* — Fougères, 29 janv. 1845; J. N. 12287.

Si des lignes sont raturées en entier, il est inutile de compter les mots qu'elles contiennent; il est suffisant d'approuver ces lignes elles-mêmes. — Seine, 12 déc. 1855; R. P. 643.

Il y a contravention si le nombre des mots rayés est plus considérable que celui énoncé dans la mention d'approbation. — Fontainebleau, 6 juin 1844; Rec. Roll. 7000.

5799. *Ratures insignifiantes.* — Les ratures non approuvées donnent lieu à l'amende, même si elles sont sans importance. — C. Nancy, 28 avril 1837; J. E. 11795. — *Contrà :* D. F. 1er oct. 1832; J. N. 7881.

5800. *Renvoi.* — L'approbation des ratures faites dans un renvoi ne peut être mentionnée sous le renvoi, mais doit faire l'objet d'une constatation spéciale. — C. Bourges, 19 janv. 1838; J. N. 9976. — *Contrà :* Mirecourt, 22 avril 1844; J. N. 12012.

5801. *Substitution de mot.* — Un notaire qui veut substituer, dans un acte, un mot à un autre, ne commet pas une contravention lorsque, pour y parvenir, il raie ce dernier mot, et fait, par un renvoi en marge dûment paraphé par lui, les parties et les témoins, la mention suivante : *Bon pour rétablissement du mot.... au lieu et place du mot... raturé nul.* — Montluçon, 14 janv. 1836; Rec. Roll. 5064.

5802. *Mode de raturer.* — Les ratures doivent se faire par un simple trait de plume sur la ligne ou sur le mot, d'une manière assez prononcée pour annoncer sa suppression, et pas assez cependant pour qu'on ne puisse voir quels étaient les mots qui composaient la ligne, ou quel était le mot supprimé. C'est le vœu de l'art. 16. Jugé qu'il y a contravention, si les traits sont tellement forts qu'il y ait presque impossibilité de constater le nombre des mots rayés. — Fontainebleau, 6 juin 1844; Rec. Roll. 7000.

5803. *Cahier des charges.* — Lorsque le cahier des charges n'est pas clos et signé, qu'il forme un *seul contexte* avec le procès-verbal d'adjudication qui le suit, les ratures qu'il contient doivent, à peine de contravention, être approuvées, non-seulement par les requérants, mais encore par les adjudicataires; il n'y a, en effet, qu'un *seul* acte soumis dans toutes ses parties aux exigences des art. 15 et 16 L. 25 vent. an 11. — Douai, 19 janv. 1846; J. N. 12688.—Sainte-Menehould, 11 févr. 1852; J. E. 15760.—24 juill. 1872; R.P. 3532.

5804. *Brevet.* — Les ratures faites sur des actes rédigés en brevet doivent être attribuées au notaire, si l'acte est encore en sa possession. Jugé en ce sens, relativement à la surcharge de la date, dans une procuration délivrée en brevet. — Trévoux, 18 nov. 1845; Rec. Roll. 7357. — Il en est autrement lorsque l'acte, délivré en brevet, n'est plus en la possession du notaire qui l'a rédigé, au moment où ces surcharges sont constatées, attendu que, dès lors, rien ne constate que l'irrégularité soit le fait du notaire, et que la responsabilité doive lui en être imputée. — Seine, 19 mai 1841; J. N. 11042.

5805. *Signature.* — Il n'y a pas contravention dans le fait de la non-approbation d'une signature non essentielle à la perfection de l'acte. — Versailles, 16 fév. 1859; R. P. 1183.

SECT. III.—CONSTATATION ET RÉPRESSION DES CONTRAVENTIONS.

5806. Constatation des contraventions. — Les employés de l'enregistrement ont une double mission relativement à la loi du 25 ventôse an 11. Ils doivent constater par des *procès-verbaux* les contraventions à cette loi qui emportent peine d'amende, et relever par *simples notes* celles dont il ne résulte aucune peine pécuniaire. Les uns et les autres sont transmis aux procureurs de la république chargés de poursuivre la répression des infractions. — I. 263, 384, 1537-232.

Les agents font reconnaître la sincérité du procès-verbal par le contrevenant, et, en cas de refus, l'affirment devant le juge de paix. — I. 1537-234.

Les procès-verbaux ainsi rédigés font foi jusqu'à preuve contraire. — C. Rennes, 22 avril 1833; J. E. 10739. — C. Orléans, 27 mars 1835; Rec. Roll. 4376. — Cass. req. 16 mars 1836; J. E. 11463. — Brives, 15 déc. 1853; Dall. P. 54. 3. 70. — Verviers, 18 janv. 1865; R. P. 2545. — et même jusqu'à inscription de faux. — C. Rennes, 11 janv. 1842; J. E. 12939.

5807. Poursuite. — Les amendes encourues pour contravention aux lois sur le notariat ne peuvent être perçues par les receveurs de l'enregistrement avant la décision des tribunaux sur les poursuites exercées d'office par le ministère public. En conséquence, les receveurs doivent refuser les offres réelles qui seraient faites par les notaires contrevenants avant le jugement de condamnation. — C. Paris, 25 juill. 1826; J. N. 6311. — 17 déc. 1833; J. N. 8324; I. 1537-238. — Lett. M. J. 4 juill. 1738; I. 1822.

Mais les employés ne peuvent s'immiscer en rien dans les poursuites des peines encourues par les

notaires, dans les cas prévus par la loi du 25 ventôse an 11. — I. 263. — D. J. F. 15 mars-25 avril 1818 ; I. 384.

5808. *Pluralité d'amendes.* — Il n'y a pas lieu à plusieurs amendes lorsqu'il existe dans un acte plusieurs surcharges, additions, interlignes, ratures non approuvées. Mais il est dû autant d'amendes *qu'il y a d'actes* en contravention, lors même que les contraventions sont du même genre et se trouvent constatées par *le même procès-verbal.* — Cass. 24 avril 1809 , 29 janv. 1812; Sir 9. 1. 252; J. E. 4195. — C. Metz, 15 janv. 1819 ; J. E. 6555.

SECT. IV. — TIMBRE.

5809. Règle. — En général, les actes des notaires sont assujettis au timbre. — Brum. art. 12. — V. *Acte à la suite d'un autre*, *Billet.*

5810. *Parchemin.* — La faculté accordée aux citoyens qui veulent employer d'autre papier que celui fourni par l'Adm., en le faisant timbrer avant d'en faire usage, est interdite aux notaires; ils sont tenus de se servir du papier timbré débité par l'Adm. — Les notaires peuvent néanmoins faire timbrer à l'extraordinaire du parchemin, lorsqu'ils sont dans le cas d'en employer. — Brum. art. 18.

SECT. V. — ENREGISTREMENT.

5811. Règle. — En règle générale, les actes des notaires sont assujettis à l'enregistrement. — Frim. art. 7.

Art. 1. — Bureau.

5812. Règle. — Les notaires ne peuvent faire enregistrer leurs actes qu'aux bureaux dans l'arrondissement desquels ils résident. — Frim. art. 26.
C'est au bureau de sa résidence *légale* et non de sa résidence *de fait* qu'un notaire doit faire enreg. ses actes. — Dél. 23 frim. an 11 ; J. E. 1331.

5813. *Amende.* — Dans une espèce où un notaire, ayant procédé à une vente publique de meubles *hors de l'arrondissement de sa résidence*, avait fait enregistrer son procès-verbal *au bureau* de sa résidence, l'administration a décidé que le notaire n'avait encouru aucune amende, attendu qu'il est de principe qu'une amende ne peut être infligée qu'en vertu d'une loi; qu'aucune loi ne prononce d'amende contre un notaire qui fait enregistrer, au bureau dans l'arrondissement duquel il réside, le procès-verbal dont il s'agit; que d'ailleurs, si le vœu de l'art. 6 L. 22 pluv. an 7 n'a pas été rempli, la faute en est principalement au receveur qui a enregistré le procès-verbal, au lieu de renvoyer le notaire au bureau où la déclaration a été faite. — Sol. 20 août 1835 ; Rec. Roll. 4945.

5814. Expertise. — Les suppléments de droits sur les actes de ventes d'immeubles passés devant notaire, après insuffisance constatée par expertise. doivent être acquittés par les parties aux bureaux dans l'arrondissement desquels les biens sont situés, *quelle que soit la résidence* du notaire. — Circ. 1941 ; R. G. 703.

5815. Vente de meubles. — Les ventes d'achalandage et de marchandises, faites en même temps et par un même procès-verbal, par un notaire et un commissaire-priseur, ne sont soumises à la formalité de l'enregistrement qu'au bureau où le notaire fait ordinairement enregistrer ses actes ; ce notaire fait seul la déclaration préalable et acquitte les droits dus pour la valeur entière. — Dél. 16 nov. 1815 ; J. E. 5375. — V. *Vente.*

5816. *Décharge.* — Bien que lorsqu'une quittance ou décharge est donnée personnellement à un notaire, à la suite d'un acte par lui reçu, la minute de cette quittance ou décharge, quoique signée par un autre notaire, doive rester en la garde du notaire dont elle opère la libération, cette quittance doit néanmoins être enregistrée au bureau de l'arrondissement du notaire qui l'a reçue, et être portée sur son répertoire avec mention de la garde par l'autre notaire, sans qu'il soit besoin de l'inscrire sur le répertoire de celui-ci. — I. 909.

Art. 2. — Délai.

5817. Règle. — Les délais pour faire enregistrer les actes des notaires sont : de *dix jours* pour ceux des notaires qui résident dans la commune où le bureau est établi ; de *quinze jours* pour ceux des notaires qui n'y résident pas. — Frim. art. 20.

5818. *Acte à vacations.* — Les actes qui ne peuvent être consommés dans une même séance doivent être enregistrés dans les délais fixés pour *chaque vacation.* Le délai court de la date du procès-verbal de chaque vacation, et non de la date de la dernière de toutes les vacations. — D. F. 19 frim. an 14 ; I. 296.

5819. *Double minute.* — Si un acte reçu en double minute a été soumis à l'enregistrement par celui des notaires qui devait acquitter les droits, le notaire qui a reçu la double minute n'encourt aucune amende pour avoir omis de présenter à l'enregistrement, *pour mémoire*, la minute qu'il conserve, attendu que cet enregistrement n'est *qu'une mesure d'ordre* que ne prescrit aucune loi. — Ch. Rég. 3904. — Sol. 27 août 1841 ; Cod. M. D. 735.

5820. *Notaire suppléé.* — Lorsqu'un notaire substituant un de ses confrères reçoit seulement la minute de l'acte passé devant lui, mais ne doit pas le conserver, le délai pour l'enregistrement doit être fixé sui-

vant la résidence du notaire substitué. — Sol. 22 avril 1847 ; Bull. M. D. 25.

5821. *Notaire commis.* — Les actes auxquels les notaires procèdent par suite de délégations judiciaires doivent être enregistrés dans le délai ordinaire, et non pas dans le délai accordé aux greffiers pour les actes judiciaires. — D. F. 2 juin 1807, 24 oct. 1817 ; I. 366-11 ; J. E. 2606, 12314-5, 12596, 13034-3, 15086.

5822. *Vente de meubles.* — Lorsqu'un notaire, suppléant un commissaire-priseur, procède à une vente publique de meubles, dont le procès-verbal sera déposé parmi les minutes du commissaire-priseur, ce procès-verbal doit être enregistré dans le délai fixé pour les actes notariés. En suppléant le commissaire-priseur, le notaire ne s'est point dépouillé de sa propre qualité. Loin de là, c'est en cette qualité, et en vertu du droit qu'elle lui confère, qu'il a pu procéder à la vente. Ainsi, cette vente est un acte notarié. — D. F. 5 fév. 1834 ; J. N. 8366.

5823. Pénalités. — Les notaires qui n'ont pas fait enregistrer leurs actes dans les délais prescrits paient personnellement, à titre d'amende et pour chaque contravention, une somme de 10 fr., s'il s'agit d'un acte sujet au droit fixe, ou une somme égale au montant du droit, s'il s'agit d'un acte sujet au droit proportionnel, sans que, dans ce dernier cas, la peine puisse être au-dessous de 10 fr. ; ils sont tenus en outre du paiement des droits, sauf leur recours contre les parties pour ces droits seulement. — Frim. art. 33. — 16 juin 1824, art. 10. — I. 1136-10. — Sol. 25 mai 1825 ; I. 1173-1. — Grenoble, 9 mai 1827 ; D. F. 28 janv. 1828 ; I. 1249-3. — Av. fin. 3 janv. 1828 ; J. N. 6495.

Lorsqu'un acte notarié, présenté à l'enregistrement après l'expiration du délai légal, est passible de plusieurs droits fixes, l'amende est de 10 fr., quel que soit le nombre des dispositions indépendantes. — Si l'acte donne lieu à la perception de plusieurs droits proportionnels, une distinction doit être faite : ou le total des droits excède 10 fr., ou bien il est inférieur à cette somme. Dans le premier cas, l'amende est égale au montant des droits proportionnels ; dans le second, elle est de 10 fr. d'après une décision du 28 janv. 1828 (I. 1249-3). — Enfin, si le contrat est sujet à la fois à des droits fixes et à des droits proportionnels, il y a lieu de faire abstraction des droits fixes et de n'avoir égard qu'aux droits proportionnels pour déterminer la quotité de l'amende. Ainsi, le notaire qui n'a pas fait enregistrer dans le délai un contrat de mariage passible de deux droits fixes de 5 fr. et de droits proportionnels s'élevant à 6 fr. 25 c., doit payer 10 fr. pour amende, les droits proportionnels ne s'élevant pas au-dessus de 10 fr. ; et si le total de ces droits proportionnels était de 12 fr. 50 c., il serait dû pareille somme de 12 fr. 50 c. à titre d'amende. Les termes de l'art. 33 frim. ne permettent pas de réunir les droits fixes aux droits proportionnels pour régler le montant de l'amende, et ils s'opposent également à ce qu'il soit perçu une seconde amende à raison des dispositions sujettes au droit fixe. — Dél. 12 avril 1859 ; I. 2155-1.

5824. *Acte à enregistrer gratis.* — Un notaire qui ne présente pas dans le délai ordinaire un acte à enregistrer *gratis* encourt l'amende ; car, bien que l'art. 70 frim. dispense d'acquitter les droits d'enregistrement, il est certain qu'il ne dispense pas de remplir la formalité. Dès lors on ne peut point douter que les officiers publics qui y manquent ne soient passibles de l'amende prononcée par l'art. 33 de la même loi. — D. F. 2 déc. 1806 ; J. N. 952.

5825. Date. — L'acte notarié portant deux dates différentes, dont l'une a été raturée et remplacée par une autre, avec l'approbation des parties, fait foi jusqu'à inscription de faux de la date qui subsiste. — Cass. req. 23 mars 1836 ; Sir. 36.1.470. — Auxerre, 17 déc. 1845 ; J. N. 12572.

5826. *Date surchargée.* — La surcharge de la date d'un acte, dans le but d'échapper à une peine prononcée par les lois sur l'enregistrement, constitue véritablement le crime de faux. — Cass. 20 fév. 1809 ; Cod. M. D. 6933.

La surcharge non approuvée de la date constitue bien une contravention à la loi du 25 vent. an 11, mais il ne s'ensuit pas qu'il y ait également contravention à la loi frim., pour retard de présentation de l'acte à la formalité de l'enregistrement. Le retard ne peut être établi qu'à partir de la dernière date sur laquelle l'acte est arrêté et clos par la signature des parties ; en effet, le notaire peut s'être trompé dans la première date qu'il aura voulu rectifier, ou il aura daté son projet d'acte pour une époque qui se trouvera avoir été reculée par des circonstances indépendantes de sa volonté. Mais si la première date avait été rétablie par le notaire après l'enregistrement, de son propre mouvement ou en vertu de jugement, alors seulement le retard de présentation à la formalité partirait de cette première date. C'est dans ce sens qu'il faut entendre l'I. 263. — D. F. 7 nov. 1817 ; R. G. 722-2.

5827. *Post-date.* — Un notaire traduit en cour d'assises pour divers faits, ayant avoué qu'un acte avait été *post-daté*, le trib. de Barcelonnette a jugé, le 11 déc. 1839 (J. E. 12432), que les amendes et droits en sus encourus, par suite d'enregistrement et d'inscription au répertoire tardifs, étaient exigibles, bien que le notaire eût été acquitté, car l'arrêt a constaté et laissé subsister le *fait de post-date*.

5828. *Date substituée.* — Le notaire qui fait une substitution de date, afin de faire courir le délai de l'enregistrement, et qui laisse des renvois incomplets, encourt une peine disciplinaire, et les employés doivent constater ces irrégularités par un procès-verbal. — Oloron, 7 juin 1851 ; J. E. 15262.

5829. Motifs d'excuse. — De ce que les notaires ont l'obligation expresse d'acquitter les droits des actes passés devant eux, il résulte que si les actes n'ont pas été enregistrés dans le délai, l'amende est encourue, quels que soient les motifs du retard. — Cass. 3 oct. 1810; J. N. 534.

5830. *Droits non consignés.* — Un notaire ne peut exciper, pour éviter l'amende, de la non-consignation des droits entre ses mains. — Saint-Flour, 17 août 1847; J. N. 13202. — Dall. R. 5003.

Un notaire commis judiciairement ne peut se dispenser de faire enregistrer le procès-verbal d'adjudication, sous le prétexte que l'adjudicataire est tombé en déconfiture avant de lui avoir remis les droits. — Le Hâvre, 17 fév. 1848; J. N. 13384.

Le privilège de l'administration sur le cautionnement des notaires s'étend aux droits d'enregistrement exigibles sur tous les actes reçus par ces officiers publics, alors même que les parties n'auraient pas consigné entre leurs mains le montant de ces droits. — Cass. civ. 25 juill. 1827; Sir. 27. 1. 491; I. 1229-8 ; J. E. 8788.

5831. *Refus ou négligence du receveur.* — Le notaire dont l'acte n'a pas été enregistré en temps utile, par suite du refus du receveur, encourt la peine du droit en sus, s'il ne fait pas légalement constater ce refus avant l'expiration du délai ; il ne suffirait pas qu'il ait simplement déposé son acte au bureau de l'enregistrement, sans consigner le montant du droit simple. — Il en serait de même d'un acte déposé, mais non enregistré en temps utile, par suite de la négligence du receveur. — Mais, évidemment, dans tous ces cas, le receveur est responsable envers le notaire, par suite du dommage qu'il lui cause. — Cass. civ. 26 mai 1807; Sir. 7. 2. 93 ; J. E. 2628. — 5 oct. 1810 ; J. E. 3736 ; J. N. 534. — Req. 31 mai 1825 ; Sir. 25. 1. 409 ; J. E. 8143. — 23 déc. 1835 ; J. N. 9134. — Jonzac, 5 juin 1838 ; J. N. 10072.

5832. *Contestation.* — Un notaire qui refuse le paiement des droits réclamés par le receveur, sous prétexte de contestation sur le montant de ces droits, est à l'amende si, par suite de cette circonstance, ses actes ne sont pas enreg. dans le délai. — Nérac. 29 déc. 1837 ; J. E. 11986. — Cass. req. 17 nov. 1862 ; R. P. 1758.

5833. *Scellés.* — Si, pendant que les actes et le répertoire d'un notaire décédé sont sous les scellés, les délais pour l'enreg. de quelques actes ou le visa du répertoire viennent à expirer, on ne peut réclamer aucune amende au successeur, qui est étranger à ces faits. — D. F. 7 mai 1837 ; J. E. 11797-3.

Art. 3. — Paiement des droits.

5834. Règle. — Les droits des actes passés devant les notaires sont acquittés par eux. — Frim. art. 29.

5835. *Droits en sus.* — Ces dispositions s'appliquent non-seulement au paiement des droits simples, mais encore à celui des droits en sus et amendes exigibles pour contravention en matière d'enregistrement, sur les actes présentés à la formalité. — I. 1423.

5836. *Notaire commis.* — Un notaire commis pour procéder à une adjudication d'immeubles ne peut se prévaloir de l'art. 37 frim. pour se soustraire à l'avance des droits dus par un adjudicataire tombé en déconfiture. — Le Hâvre, 17 fév. 1848 ; J. N. 13384.

5837. *Avances au receveur.* — Un notaire ne peut imputer en paiement ou en compensation des droits par lui dûs au Trésor les avances faites par lui au receveur. — Cass. 26 mai 1807 (5831).

5838. Offres. — Des offres faites par acte extrajudiciaires, surtout si elles sont inférieures aux droits liquidés par le receveur, ne peuvent tenir lieu du paiement effectif de l'intégralité des droits réclamés. — Cass. 7 mai 1806 ; J. E. 2466. — Seine, 23 juill. 1847 ; J. E. 14301. — Guingamp, 5 fév. 1850 ; J. E. 15113. — Seine, 28 déc. 1863 ; R. P. 1934-5. — Cass. civ. 25 mars 1872; R. P. 3424.

5839. Convention étrangère à l'acte. — Les notaires ne sont tenus qu'à l'avance des droits dus sur leurs actes. L'Adm. n'est pas en droit de leur réclamer ceux des conventions dont leurs actes peuvent faire supposer l'existence, mais d'une manière indirecte seulement et sans en former le titre ; les droits de ces conventions ne peuvent être répétés que contre les parties. — Liége, 20 déc. 1819 ; Dall. R. 5166. — Seine, 15 fév. 1843 ; Dall. R. 5104.

5840. *Mutation secrète.* — Les notaires ne sont pas tenus de faire l'avance des droits exigibles pour une mutation secrète dont un de leurs actes implique l'existence ; l'administration doit s'adresser à la partie pour le paiement de ce droit. Il en est surtout ainsi lorsque d'autres actes antérieurs, enregistrés depuis plus de deux ans, ont suffisamment révélé la mutation; car l'acquéreur, s'il était mis en cause, serait fondé à opposer la prescription biennale. — Dél. 6 oct. 1815 : J. E. 5252. — 11 fév. 1834 ; I. 1458-5. — Cass. civ. 12 fév. 1834; Sir. 34. 1. 190; J. E. 10873.

5841. Supplément de droit. — La loi, en imposant aux notaires l'obligation d'acquitter personnellement les droits des actes qu'ils présentent à la formalité, a eu pour but d'éviter au Trésor tout retard dans la perception de ces droits. Mais quand l'acte, après le paiement des droits réglés par le receveur, a reçu la formalité, les devoirs du notaire sont à cet égard entièrement remplis. L'art. 29 frim. dit, en effet : *les droits des actes à enregistrer seront acquittés par les notaires.* On doit donc admettre pour constant que toute action en paiement d'un droit non perçu sur une disposition

dans un acte, ou d'un supplément de perception insuffisamment faite, doit être dirigée *contre les parties.* — R. G. 736. — D.·F. 7 juin 1808; I. 386-28. — Corbeil, 12 janv. 1837; Cont. 5883. — Cass. civ. 2 mai 1837; Sir. 37. 1. 389; I. 1562-23; J. E. 11800; J. N. 9631. — Montmorillon, 30 mars 1841; Ch. Rig. supp. 941. — Bayeux, 8 fév. 1843; J. N. 6571.

5842. *Acte relaté ou annexé.* — Toute responsabilité de la part du notaire cesse lorsque l'acte sous seings privés relaté ou annexé a été enregistré en même temps que l'acte notarié et qu'il ne s'agit plus que d'un supplément de droit à réclamer. — Sol. 11 nov. 1844; J. E. 13601.

5843. *Réserve.* — La règle est la même alors que, dans la relation de l'enregistrement, le receveur aurait exprimé la réserve de plus forts droits; la demande, en cas de supplément, ne pourrait être formée contre le notaire qui a passé l'acte. — D. F. 7 déc. 1808; I. 386-28; J. N. 2923.

5844. Action contre les parties. — Si le notaire est insolvable, le recouvrement du droit simple doit être suivi directement contre les parties. — D. F. 1er sept. 1807; I. 340-5.— 7 déc. 1835; J. E. 11391.—Toulouse, 26 juill. 1850; J. N. 14234.

La réclamation doit, du reste, être abandonnée si les contractants représentent une expédition en forme contenant relation de l'enregistrement, *quoique cette mention soit fausse.* Et les employés doivent se borner à inviter, par un avertissement, les parties à payer les droits ou à justifier de leur acquit en produisant une expédition en forme, et aucune poursuite ne doit avoir lieu, à moins qu'il ne soit constaté, par quelques renseignements de nature à être présentés en justice, que les contractants sont débiteurs, envers le notaire, du montant des droits d'enregistrement, dont ils ne lui auraient pas fait l'avance pour l'acte qui les concerne, et que l'administration, sur le compte qui lui aura été rendu à cet égard, n'ait spécialement autorisé le directeur à intenter une action.—Circ. 19 mars 1808; 62 J. N.

Ces règles sont applicables même en matière de faux. — D. F. 26 juill. 1808; J. E. 2995.

5845. *Acte imparfait.* — Si les parties avaient remis au notaire les sommes nécessaires pour acquitter les droits d'un acte passé devant lui, et qu'il ne l'eût pas revêtu de sa signature, on ne pourrait, après la faillite du notaire, rien réclamer aux parties si elles justifiaient, *par les récépissés du notaire,* de la remise des fonds. — Sol. 4 août 1848; J. N. 13488.

5846. Action contre les héritiers. — Le recours de l'administration, *pour le paiement du droit simple,* s'il n'avait pas à s'exercer sur les parties contractantes, pourrait avoir lieu contre les héritiers du notaire décédé, nonobstant toute mention frauduleuse d'enregistrement mise sur l'expédition de l'acte non enregistré. — Aurillac, 24 juill. 1841; J. N. 14172. — Montélimart, 31 janv. 1873; Courrier, 50.

SECT. VI. — QUESTIONS DIVERSES.

5847. Déclaration estimative. — C'est au notaire seul qu'incombe l'obligation de payer les droits des actes passés devant lui, et, par conséquent aussi, celle de revêtir ces actes de toutes les formalités nécessaires à l'application de la loi fiscale.

Il suit de là que si, par le défaut d'une déclaration estimative demandée par le receveur, l'acte n'est pas enregistré dans le délai légal, c'est sur le notaire que pèsent les amendes encourues et les autres conséquences du retard. — Cass. 26 mai 1807. 3 oct. 1810 (5831). — Charleville, 30 déc. 1836; J. E. 11992. — Rennes, 12 avril 1838; J. E. 12048. — Vic, 23 août 1838; J. N. 10171. — Reims, 23 nov. 1842; J. E. 13142.

5848. *Évaluation d'office.* — Au cas de refus des parties, ou du notaire, de faire la déclaration nécessaire à la perception, le receveur peut y suppléer, d'après les rapprochements ou la combinaison des stipulations du contrat; la perception ainsi faite est régulière jusqu'à ce que les parties aient fourni les moyens de la rectifier. — Péronne, 9 déc. 1842; J. E. 13147-1. — Nous pensons néanmoins qu'il est plus dans l'esprit de la loi que le receveur refuse de donner la formalité à l'acte qui serait ainsi dépourvu des éléments nécessaires à la perception. — R. G. 723-5.

5849. *Déclaration par le notaire.* — En principe, la déclaration estimative doit émaner des parties. — Frim. art. 16.

Cependant, elle peut être faite par le notaire rédacteur, qui est, quant à l'enregistrement de l'acte et au paiement des droits, le *mandataire forcé* des parties. Mais, alors, le notaire est responsable des conséquences de sa déclaration; et l'action en supplément de droit ou en expertise peut, dans la suite, être dirigée contre lui. — R. G. 724.

5850. Héritiers. — Le double droit et les amendes en matière d'enregistrement ne sont pas dus par les *héritiers* du notaire contrevenant, à moins qu'un jugement n'ait prononcé la condamnation, du vivant du notaire, ou qu'il n'ait souscrit une obligation. — D. F. 11 brum. et 6 frim. an 14, 1er sept. 1807; I. 340-4.

5851. *Timbre.* — Mais il y a une exception à cette règle, quant aux droits de timbre.

Le recouvrement des droits de timbre et des amendes de contravention y relatives est poursuivi par voie de contrainte. *En cas de décès du contrevenant,* lesdits droits et amendes sont dus par les successeurs et jouissent, soit dans les successions, soit dans les faillites ou tous autres cas, du privilège des contributions directes. — 28 avril 1816, art. 76.

5852. Privilége.—En cas d'insolvabilité d'un notaire, l'administration n'a pas de privilége, pour le paiement des amendes et droits à recouvrer, sur la somme que le nouveau titulaire doit verser à la caisse des consignations comme condition de sa nomination. Elle ne peut qu'en provoquer la distribution par contribution. — Av. fin. 29 juill. 1829; D. F. 31 août 1829, 7 déc. 1835; J. N. 9106; J. E. 11391. — V. n. 5830.

5853. Recours du notaire contre les parties. — Lorsqu'un notaire a fait l'avance des droits d'enregistrement auxquels donnaient ouverture des actes d'obligation ou de vente, il a, pour son remboursement, une action solidaire contre le créancier et le vendeur, aussi bien que contre le débiteur et l'acquéreur, par le motif que le mandataire constitué par plusieurs personnes pour une affaire commune a une action solidaire contre chacune d'elles pour le remboursement de ses avances; que les notaires sont évidemment dans ce cas pour les actes qu'ils reçoivent, puisqu'ils agissent de l'ordre des parties et dans leur intérêt commun, et qu'ils ne peuvent leur donner la formalité requise sans les faire enregistrer et sans en acquitter les droits. — Cass. 26 juin 1820, 19 avril 1826, 10 nov. 1828, 20 mai 1829; J. E. 6811, 9239 et 9382.

5854. Expédition. — Mais, si le notaire a délivré des expéditions sans faire aucune réserve de frais, il y a présomption que ses avances lui ont été remboursées. — Cass. 18 nov. 1813; R. G. 741-1.

5855. Intérêts. — Dans tout les cas, il n'est dû par les parties aucun intérêt à raison de ces avances. — Cass. 13 avril 1830; J. E. 9629. — 24 juin 1840; J. N. 12378.

5856. NOTE. — Abrégé succinct, extrait sommaire.

5857. Greffier. — Il est défendu aux greffiers, sous peine de 10 fr. d'amende, de délivrer aux parties ou autres intéressés aucune expédition, même par simple note ou extrait, d'un jugement non enregistré. — Frim. art. 41. — 16 juin 1824, art. 10.

5858. Dépositions des témoins. — Les notes tenues par les greffiers des tribunaux de police des principales dépositions des témoins (C. crim. 155) sont exemptes de timbre et d'enreg., comme simples renseignements destinés à faciliter la rédaction des jugements. — D. F. 29 déc. 1852; I. 1953.

5859. Ordre. — En matière d'ordre, il n'est point présenté de requête pour la nomination d'un juge-commissaire. La réquisition du saisissant ou, à son défaut, du créancier le plus diligent ou de l'adjudicataire des immeubles, est inscrite par une *simple note*

sur le registre tenu à cet effet par le greffier, conformément à l'art. 751 C. P. D'un autre côté, le président ne rend point une ordonnance pour la nomination d'un juge-commissaire : cette nomination est faite par une mention dans une des colonnes du même registre. Ces *note* et mention ne sont point sujettes à l'enregistrement. — I. 436-48, 1704.

5860. Notaire. — Un notaire ne peut délivrer des notes des actes qu'il retient en minute, que sur du papier d'expédition. — Cass. 23 mai 1808; Sir. 7. 2. 1234.

5861. NOTIFICATION. — Acte extrajudiciaire par lequel on donne à une partie connaissance d'un acte qui l'intéresse. — V. *Exploit*.

5862. NOTORIÉTÉ. — Connaissance publique d'une chose quelconque, comme d'un usage, d'une loi, d'un fait. On dit alors que l'usage, la loi, le fait sont notoires, qu'ils sont de notoriété publique. — R. J. P. cod. v°, 1.

5863. Acte de notoriété. — Ainsi encore, lorsque dans des actes qui attestent certains faits, la notoriété est déclarée exister sur les mêmes faits, elle donne à ces actes un caractère et une autorité qu'ils n'auraient pas toujours sans elle. Sans l'attestation de notoriété, ce seraient de simples *certificats*; avec cette attestation, ils deviennent des *actes de notoriété*, et leurs effets sont souvent plus étendus. — Roll. *Notoriété*, n. 7.

L'acte de notoriété est rédigé par un officier public, sur l'attestation d'un certain nombre de personnes que tels ou tels faits sont notoires.

5864. Tarif. — Actes de notoriété, 3 fr. — 28 avril 1816, art. 43, n. 2. — 28 fév. 1872, art. 4.

5865. Concession en Algérie. — Les actes de notoriété destinés à constater les ressources pécuniaires des demandeurs en concessions de terres en Algérie sont passés devant le juge de paix. Ils doivent être sur timbre, et sont passibles du droit de 1. 50. — D. 23 avril 1852, art. 2; I. 2049-1. — I. 2088-1.

5866. Légion d'honneur. — Le droit de 3 fr. est dû sur l'acte de notoriété rédigé par un notaire au vu des pièces produites par les membres de la Légion d'honneur, pour constater l'identité des titulaires. — Dél. 3 juill. 1816; D. F. J. 16 oct. suiv.; J. E. 5754.

5867. Trésor. — Les actes de notoriété, dressés soit devant notaires, soit devant les juges de paix, et produits par les payeurs du Trésor à l'appui de leur comptabilité, pour justifier des droits des parties prenantes,

sont passibles de 3 fr. — Circul. 12 juin 1838; Cod. M. D. 2040.

5868. Identité des parties. — Lorsqu'un notaire, en exécution de l'art. 22 L. 25 vent. an 11, se fait attester les noms, qualités et demeures des contractants *qu'il ne connaît pas*, la déclaration fait partie intégrante de l'acte et ne donne pas ouverture à un droit particulier.

Mais si, sur la demande des parties, les témoins déclarent que celles-ci sont issues du mariage de tel ou telle dont ils sont seuls héritiers, l'attestation constitue l'acte de notoriété, indépendant des autres dispositions de l'acte, et passible du droit qui lui est propre. — Dél. 31 avril 1838; J. E. 12141-1.

5869. Pluralité. — L'acte de notoriété qui constate : 1º le décès des père et mère, 2º l'existence de leurs enfants et leurs droits d'héritiers, n'est passible que d'un seul droit, car il ne constate qu'un seul fait, l'*hérédité* des enfants résultant du décès de leur père et mère. — Dél. 22 fév. 1833; Rec. Roll. 4032.

L'acte de notoriété constatant les droits des cohéritiers dans plusieurs successions indivises n'est passible que d'un seul droit, car il n'a pour objet et pour résultat qu'une seule chose : l'établissement des droits des cohéritiers. — Sol. 10 juin 1869; R. P. 3092.

— Mais on doit percevoir *deux* droits sur un acte de notoriété destiné à faire réparer une omission sur les registres de l'état civil, énonçant la date de la naissance de deux frères, non constatée, parce que *deux* faits sont attestés, que ces *deux* faits sont indépendants l'un de l'autre, et qu'ils ont pour cause un intérêt individuel, et non un intérêt *collectif indivisible*. — Sol. 13 déc. 1825; J. E. 8289.

5870. NOURRICE. — Doivent être enreg. gratis les actes de poursuites et tous autres actes, tant en action qu'en défense, ayant pour objet le recouvrement des sommes dues pour mois de nourrice, lorsqu'il s'agit de droits et créances non excédant en total la somme de cent francs. — 16 juin 1824, art. 6.

Les exploits faits à la requête de particuliers pour recouvrement de sommes dues pour mois de nourrice doivent jouir de l'exception accordée par l'art. 6 L. 16 juin 1824, car cette exception s'étend à *tous* les exploits ayant pour objet le recouvrement des sommes au-dessous de 100 fr. pour mois de nourrice. — D. F. 18 avril 1817; J. E. 5874.

NOURRITURE. — V. *Aliments, Bail.*

NOVATION.

Ch. I. — Questions civiles.

5871. Définition. — La novation est la substitution d'une obligation nouvelle à une obligation ancienne, laquelle demeure éteinte.

Le caractère essentiel de la novation est d'éteindre l'ancienne obligation; si cette extinction n'a pas lieu, il n'y a pas novation. — Toull. t, 7, n. 270.

5872. La novation s'opère de trois manières. — La novation s'opère de trois manières : 1º lorsque le débiteur contracte envers son créancier une nouvelle dette qui est substituée à l'ancienne, laquelle est éteinte; 2º lorsqu'un nouveau débiteur est substitué à l'ancien et demeure déchargé par le créancier; 3º lorsque, par l'effet d'un nouvel engagement, un nouveau créancier est substitué à l'ancien, envers lequel le débiteur se trouve déchargé. — C. 1271.

La première espèce est plus particulièrement appelée *novation.*

On trouve dans la *délégation* la substitution d'un nouveau débiteur à l'ancien et la substitution d'un nouveau créancier à l'ancien. — V. *Délégation.*

5873. La novation ne se présume pas. — La novation ne se présume point; il faut que la volonté de l'opérer résulte clairement de l'acte. — C. 1273.

Il n'est donc pas nécessaire que la volonté de nover soit expressément déclarée; il suffit que, de quelque manière que ce soit, la volonté des parties soit évidente et ne puisse être révoquée en doute. — Pothier, *Oblig.*, 559. — Toullier, t. 7, n. 277. — Roll. *eod.* vº, 47. — Marc. 1273-1. — Boileux, sur l'art. 1273. — Aubry et Rau, t. 4, § 324, p. 220.

Ch. II. — Questions fiscales.

5874. Tarif. — La novation ne se trouve nommément tarifée dans aucune des lois sur l'enregistrement; il faut, pour établir la perception sur cette sorte de convention, examiner si elle opère une libération, une nouvelle obligation, un transport de créance ou toute autre disposition donnant lieu à un droit proportionnel.

5875. Affectation hypothécaire. — Une dette commerciale qui est convertie en obligation civile avec garantie hypothécaire rend exigible le droit de 1 %, car les deux actes, quoique relatifs aux mêmes engagements, forment les titres de deux obligations distinctes, devant produire des effets différents. — V. n. 855.

5876. Augmentation de la dette. — La simple augmentation de la dette n'opère pas novation, puisqu'elle n'éteint pas la première obligation.

Jugé dans cet ordre d'idées, que la vente consentie par des mineurs devenus majeurs, pour un prix supérieur à celui de la vente des mêmes biens faite pendant leur minorité sans observation des formes léga-

les, et qu'ils ont refusé de ratifier, donne ouverture au droit de mutation seulement sur la différence du prix, lorsque d'ailleurs les deux ventes ont eu lieu au profit du même acquéreur. — Evreux, 12 fév. 1848 ; J. E. 14430.

5877. Dépôt. — Le droit de 1 % est exigible sur l'acte par lequel un notaire, dépositaire du prix d'une vente, s'engage à conserver la somme jusqu'au décès du vendeur et à lui en servir l'intérêt. — Dél. 8 juin 1827 ; Ch. Rig. 978.

5878. Effet de commerce. — L'acte de dépôt devant notaire d'effets de commerce enregistrés, dans lequel intervient le souscripteur de ces effets, qui les reconnaît et s'oblige à les exécuter, ajoute une *obligation civile* à l'obligation commerciale existante, et, comme tel, est passible du droit d'obligation, *indépendamment* de celui perçu. — Cass. 14 nov. 1849 ; J. E. 14844 ; J. N. 13888 ; I. 1857-9. — Evreux, 14 nov. 1849 ; J. E. 14977.

La cession faite, par le souscripteur d'un billet à ordre au bénéficiaire, d'une créance en garantie, constitue une reconnaissance civile de l'obligation et autorise la perception du droit de 1 %. — Seine, 27 fév. 1864 ; R. P. 1966.

5879. *Billet simple.* — Mais la reconnaissance, par acte notarié, d'un *billet simple,* n'opère que le droit fixe. — Sol. 24 janv. 1824 ; J. E. 7654.

5880. Fermages. — Une obligation pour *fermages échus* nove la dette et donne lieu à la perception du droit de 1 %. — Dél. 3 sept. 1833, 1er déc. 1836 ; J.E. 10710, 11681-1. — Chartres, 5 juill. 1845 ; J. E. 13821. — Rambouillet, 10 déc. 1847 ; J. N. 13805. — Cambrai, 4 déc. 1856 ; R. P. 770. — *Contrà :* Saint-Girons, 4 juill. 1849 ; J.N. 14305. — La Cour de Cassation admet, dans ce cas, la perception du droit de 1 %.

L'acte par lequel un propriétaire règle avec son fermier les sommes qui lui sont dues pour arrérages du prix de ferme et dont le débiteur s'engage à payer le montant avec intérêts, doit être assujetti au droit d'obligation comme arrêté de compte, alors même qu'il n'y a aucune novation quant au principal de la créance. Le bail et l'arrêté, quoique relatifs aux mêmes engagements, ont formé les titres de deux obligations distinctes devant produire des effets différents, sous le rapport du mode de paiement, des intérêts de la somme due et de la prescription des actions qui en découlent. — Cass. civ. 23 mai 1854 ; Sir. 54. 1. 479 ; I. 2019-3 ; J. E. 15854.

5881. Forme de l'acte. — L'acte notarié portant reconnaissance de billets purs et simples dont l'enreg. est relaté n'opère pas novation et n'est passible que du droit fixe. En effet, les reconnaissances notariées qui portent sur des billets purs et simples, laissent à l'engagement sa valeur primitive. Il est vrai qu'elles pro-

curent l'hypothèque lorsqu'il y a eu affectation d'immeubles ; mais cet avantage , on peut l'obtenir plus étendu même d'un jugement en vertu de billets, lorsque la signature a été reconnue. Au fond, rien n'est changé, et si le droit proportionnel a été perçu sur les billets, il ne saurait être exigé sur les reconnaissances sans former un double emploi. — Dél. 24 janv. 1824 ; J. E. 7654.

5882. Gage. — Lorsque, pour garantir à l'échéance le paiement de lettres de change acceptées, le débiteur donne en nantissement, à titre de cautionnement, une créance hypothécaire, et autorise à cet effet son créancier à faire mentionner au bureau des hypothèques la cession de priorité consentie, on ne peut voir dans cet acte une affectation spéciale d'hypothèque pour sûreté du paiement des lettres de change, ni par conséquent une novation dans le sens du § 11 de l'I. 290 : c'est un simple nantissement d'une chose mobilière, qui devient le gage du créancier, et sur laquelle la loi lui assure un privilège. Ainsi, le nantissement dont il s'agit n'est sujet, comme garantie mobilière, qu'au droit de 50 c. %. — Sol. 22 août 1825 ; J. E. 8141. — Limoges, 13 mars 1826; Acq. dél. 26 juill. suiv. ; I. 1204-1.

5883. Intérêts. — Le jugement qui ordonne que les *intérêts échus* d'une obligation notariée seront capitalisés n'ajoute rien à l'obligation et ne la nove pas ; cette disposition n'est pas passible d'un droit particulier. — « Attendu que le jugement du 13 mai « 1835 n'est que la conséquence des obligations sous- « crites par Bernault, suivant contrat notarié et « enregistré ; que la condamnation prononcée, loin « de créer un nouveau droit, n'a fait qu'appliquer les « droits résultant des titres antérieurs ; que la pré- « tendue novation dans la créance ne peut être « admise, puisque la créance antérieure n'a pas cessé « d'exister ; que la capitalisation des intérêts et l'hy- « pothèque judiciaire résultant dudit jugement sont « elle-mêmes la conséquence de l'obligation que « le débiteur s'est originairement imposée, et à l'exé- « cution de laquelle ledit jugement n'a fait que le « condamner ; que ce jugement ne contient pas un « arrêté de compte, expression qui, dans le langage « judiciaire, suppose l'existence de recettes et dépen- « ses faites par un individu pour un autre, mais une « simple liquidation d'intérêts, prévue par l'art. 69. « § 2, n. 9, de la loi du 22 frim. an 7, et soumis au « droit proportionnel de 50 c. % ; qu'ainsi, cette dispo- « sition de la loi est la seule applicable. » — Jug......9 déc. 1836; Acq. dél. 24 janv.-1er fév. 1837 ; J. E. 11709.

5884. Obligation indéterminée. — Le droit fixe est seul exigible sur l'acte par lequel un père s'engage à payer à ses enfants le montant des reprises de leur mère , établies par contrat de mariage , et les sommes qui leur reviennent du chef de celle-ci , d'après la liquidation de la société d'acquêts, dont les valeurs sont constatées par un inventaire ; on ne doit voir là que le règlement d'un compte rendu en exécution de deux

72

actes antérieurs enregistrés, le contrat de mariage et l'inventaire, dans lesquels se trouve le principe de l'obligation. — Cas. req. 16 mai 1832 ; Sir. 32.1.329 ; I. 1587 ; J. E. 10342. — Civ. 11 déc. 1838 ; Sir. 39.1.42 ; I. 1587 ; J. E. 12212.

5885. Rente perpétuelle. — Les rentes perpétuelles étant essentiellement rachetables (C. 530), l'acte par lequel une rente de cette nature est convertie en une obligation à terme n'est autre chose qu'un acte de complément et non un acte opérant novation. Par conséquent, le droit fixe de 3 fr. est le seul exigible, sauf celui de 50 c. % si l'acte contient en outre quittance des arrérages ou d'une partie du capital de la rente. — I. 1027-2. — Dél. 14 mai et 13 sept. 1823 ; Cont. 606. — Cass. req. 11 août 1836 ; Sir. 36.1.693 ; I. 1710-6 ; J. E. 11604. — Marvéjols, 24 août 1838 ; Dél. 24 oct. suiv. ; J. E. 12171-5. — D. F. 7 mars 1844 ; I. 1710-6.

5886. Rente viagère. — Mais on ne peut appliquer le même principe à la conversion d'une rente viagère en un capital exigible, même quand ce capital est celui pour lequel la rente a été constituée ; car ce capital avait été aliéné et ne peut revenir en la possession du créancier que par une transmission. La conversion d'une rente annuelle en annuités payables pendant un nombre d'années déterminé, au créancier ou à ses représentants, opère novation et donne ouverture au droit d'obligation sur les annuités cumulées. — D. F. 7 juill. 1831 ; J. E. 10042. — Sol. 12 janv. 1832 ; Rec. Roll. 3626.

L'acte par lequel on stipule qu'une rente viagère, précédemment convertie en une obligation à terme, continuera d'être servie, est passible du droit de 2 %, car la rente primitive étant éteinte, il y a nouvelle constitution. — Dél. 20 nov. 1835 ; J. E. 11402.

5887. Conversion en rente perpétuelle. — La rente perpétuelle et la rente viagère sont deux dettes complétement différentes : l'une est essentiellement rachetable et peut même, dans des conditions données, devenir exigible (C. 530) ; le débiteur de l'autre, au contraire, n'a pas le droit de rachat et ne peut être forcé à rembourser (C. 1978, 1979). Il suit de là que la conversion d'une rente viagère en rente perpétuelle, ou réciproquement, opère novation et donne ouverture au droit de 2 %. — Sol. belge, 24 nov. 1856 ; R. P. 825. — R. G. 8967.

Une décision contraire existe cependant ; mais elle aurait peine à se soutenir en face des considérants si catégoriques de la solution ci-dessus.

Quand une vente a été consentie moyennant un prix déterminé et à charge de servir une rente perpétuelle, due, suivant un titre enregistré, à un tiers qui n'est pas présent, l'acte ultérieur par lequel ce tiers et l'acquéreur conviennent de convertir la rente perpétuelle en rente viagère ne peut être assujetti qu'au droit fixe. Il ne contient, en effet, d'une part, que l'acceptation d'une délégation insérée dans un contrat de vente et affranchie de tout droit, et, d'une autre part, qu'une conversion de rente, par suite d'un arrangement amiable, opération qu'aucun article de loi ne frappe d'un droit proportionnel. — Cass. 5 déc. 1827 ; I. 1270-1 ; J. E. 8919.

5888. — *Rente éventuelle convertie en rente actuelle.* — Par acte notarié du 8 novembre 1866, les époux Delhelle ont fait le partage anticipé de leurs biens entre leurs deux enfants. Comme condition de la libéralité, ils ont imposé aux donataires l'obligation de leur servir, à partir du décès d'un tiers désigné, une rente viagère de 2,400 francs, réductible à 1,800 francs lors du décès du premier mourant des donateurs.

Aux termes d'un second acte notarié du 16 mai 1870, intervenu entre les mêmes parties, il a été convenu que la rente éventuelle de 2,400 fr. serait transformée en une rente de 1,400 fr. exigible immédiatement, « rente moyennant laquelle, est-il dit, les enfants seront tenus de loger, nourrir et habiller leurs père et mère quand ceux-ci le voudront ».

L'administration a pensé que ce second acte donnait ouverture au droit de constitution de rente à 2 % sur le capital de la nouvelle rente de 1,400 fr. ; mais les parties en ont refusé le paiement par le double motif que l'acte n'opérait pas novation de la première rente, et que d'ailleurs le service en était subordonné à la volonté des crédirentiers.

Le 21 mars 1873, le tribunal de Saint-Omer a rendu le jugement suivant :

« Attendu que, lors même qu'il serait vrai que les « modifications apportées par l'acte de 1870, tant à la « quotité qu'au point de départ de la rente viagère « primitive, n'opèrent point novation, il n'en est pas « moins certain que les enfants ont souscrit, par l'acte « de 1870, une obligation nouvelle, celle du bail à « nourriture, au profit de leurs père et mère, obligation « qu'ils n'avaient point contractée lors de la constitu-« tion primitive de la rente ;

« Attendu que cette obligation du bail à nourriture « n'est pas moins pure et simple que celle du service « de la rente viagère ; que, dans l'un comme dans « l'autre cas, les créanciers peuvent à leur gré s'abste-« nir d'exiger soit le service de la rente, soit le service « dudit bail, mais qu'une telle abstention, loin de faire « obstacle à l'existence de l'obligation des débiteurs, « constitue seulement une renonciation tacite à un « droit acquis, renonciation qui implique nécessaire-« ment la préexistence de l'obligation des débiteurs. » — R. P. 3681.

5889. Conversion en rente en nature. — Il y a nouvelle convention dans l'acte par lequel on stipule qu'une rente viagère précédemment créée en argent sera convertie en l'obligation que contracte le débiteur de fournir tout ce qui sera nécessaire à l'existence de son créancier. Une pareille obligation, en effet, est si essentiellement différente de la première qu'elle n'a d'existence que parce que la première n'en a plus. Aussi a-t-il été décidé que le droit exigible en ce cas

est celui de 2 %, comme bail à nourriture à durée illimitée. — Dél. 18 janv. 1826 ; J. E. 8366. — Cass. civ. 12 janv. 1847 ; Sir. 47. 1. 103 ;I. 1796-19 ; J. N. 12923 ; J. E. 14165.

5890. *Conversion d'une rente en nature en rente en argent.* — Il y a novation donnant lieu au droit de 2 % dans la conversion en rente en argent d'une rente précédemment constituée en grains. — Nantes, 29 avril 1849 ; J. N. 13907.

5891. *Dette alimentaire.* — L'acte par lequel un fils débiteur d'une rente viagère envers sa mère, pour prix d'acquisition d'immeubles, convertit cette rente en l'obligation de loger, nourrir et soigner celle-ci jusqu'à son décès, ne constitue pas le titre d'une obligation nouvelle ; il n'est passible que du droit fixe. Car, en tout état de cause, le fils étant obligé de fournir des aliments à sa mère, ne fait que remplir une obligation naturelle en opérant la conversion. — Dél. 30 avril 1825 ; Rec. Roll. 1200. — *Contrà* : Lille, 21 juin 1861 ; R. P. 1501.

5892. **Rente sur l'État.** — Lorsque deux copropriétaires de rentes sur l'État, ayant chacun un droit d'usufruit et de nue propriété dans ces rentes, le vendent conjointement et conviennent que l'un d'eux recevra tout le prix, à la charge de servir une pension viagère à l'autre, cette convention opère novation et est passible du droit proportionnel de constitution de rente à 2 %. — Dél. 7 août 1824 ; Rec. Roll. 1113.

5893. **Terme.** — Le terme ne nove pas, car l'obligation n'est pas éteinte. C'est ce qui a été résolu dans les espèces suivantes. — V. *Prorogation de délai.*

Un père, après avoir rendu compte à ses enfants de ce qui leur revenait dans la succession de leur mère, est constitué reliquataire d'une somme qui n'est déclarée payable qu'après son décès. Il n'y a pas novation, attendu qu'on ne peut pas considérer le délai accordé au père pour payer, comme un prêt, puisque la somme était due antérieurement, en vertu d'un acte authentique. — Cass. 13 oct. 1813 ; I. 1587.

Lorsque, dans la donation d'un immeuble, le donateur s'est réservé une somme pour en disposer à sa volonté; qu'en effet il use en partie de ce droit en faveur de diverses personnes et du donataire, l'acte subséquent par lequel il est établi que, ce dernier ayant fait divers paiements pour le compte du donateur, il ne reste plus à employer qu'une somme déterminée, laquelle sera productive d'intérêts et payable à une époque convenue, ne peut être assujetti au droit d'obligation, puisque, le titre des parties reposant sur l'acte de donation, on ne peut dire qu'il s'opère une novation. — Dél. 20 avril 1822 ; R. G. 8945-2.

Lorsqu'un mineur se constitue en dot une somme faisant partie de la succession paternelle, détenue par la mère, présente au contrat, et qui s'oblige à la payer dans un délai déterminé, aucun droit proportionnel n'est exigible. — Strasbourg, 15 avril 1823 ; Dél.

24 sept. 1823 ; R. G. 8945-3. — Montauban, 19 avril 1846 ; Cont. 7694.

5894. **Transport.** — L'acte notarié par lequel le souscripteur de billets à ordre transporte des créances au bénéficiaire pour garantir le remboursement des billets contient une reconnaissance de dettes passible du droit de 1 %, lors même que les parties déclareraient ne vouloir opérer aucune novation, car il y a création d'une obligation civile, à côté de l'obligation commerciale. — Seine, 16 juin 1871 ; R. P. 3495.

5895. **Vente.** — Il n'est dû que le droit fixe sur la conversion d'une donation en une vente, si le droit de vente n'est pas supérieur à celui de donation, attendu qu'il ne s'est opéré qu'une mutation, qui ne peut être assujettie à deux droits différents. Si le droit de vente était supérieur à celui de donation, il y aurait lieu d'exiger l'excédant. — Sol. 8 mai 1832 ; J. E. 10310.

5896. NUE PROPRIÉTÉ. — Propriété dont l'usufruit est détaché au profit d'une autre personne que le nu-propriétaire. — V. *Usufruit.*

Les questions qui se rattachent à ce mot sont traitées çà et là dans le cours de l'ouvrage.

5897. NULLITÉ. — Ce mot désigne à la fois l'état d'un acte qui est nul et comme non avenu et le vice qui empêche cet acte de produire son effet. — Merl. *eod. v°.*

5898. Espèces diverses. — Les nullités sont *d'ordre public* ou *d'intérêt privé*, suivant qu'elles résultent de la contravention aux lois qui ont pour objet l'intérêt public ou les intérêts privés des citoyens. — Solon, t. 1, n. 31 suiv. — Zachariæ, t. 1, p. 69.

Les nullités sont *absolues* ou *relatives*. Les premières sont celles qui se prononce en faveur de toutes les personnes intéressées à s'en prévaloir ; les nullités relatives sont celles qui n'existent qu'à l'égard de certaines personnes, comme les mineurs, les interdits, etc., et qui, quant aux autres personnes, ne détruisent pas la valeur d'un acte.

On distingue encore les nullités *de plein droit* et les *nullités d'action*. Les premières sont formellement prononcées par la loi ; les secondes ne résultent pas expressément de la loi, elles sont laissées à l'appréciation du juge. Mais les unes comme les autres doivent être reconnues par le juge ; car nul ne peut se faire justice à lui-même. Les mots *nullité de plein droit* ne sont pas synonymes de ceux-ci : nullité qu'il n'est pas nécessaire de faire prononcer. — Solon, n. 16. — Zachariæ, t. 1, p. 70. — Toullier, t. 7, n. 521.

Enfin, la nullité que la loi fiscale appelle *radicale* n'est pas autre chose que la nullité absolue ou la nullité de plein droit.

5899. Principe en matière fiscale. — En matière fiscale le principe est celui-ci :

L'administration n'est pas juge de la validité des actes ; les nullités dont ces actes peuvent être infectés sont pour elle comme si elles n'existaient pas, attendu qu'une nullité n'existe que si elle est prononcée et que les actes nuls peuvent fort bien être exécutés. La nullité des actes présentés à la formalité n'est donc point un obstacle à la perception des droits ordinaires. — Cass. réun. 18 fév. 1854 ; I. 2015-10.

Ce principe résulte d'une nombreuse jurisprudence ; on en trouve l'application à chaque instant dans le cours de cet ouvrage. Nous ne citerons ici, par forme d'exemple, que deux arrêts de la cour de cassation.

Arrêt du 24 mars 1813 :

« Attendu que, suivant les art. 4, 12, 22 et 69 de la
« loi du 22 frim. an 7, et l'art. 4 de la loi du 27 vent.
« an 9, toute translation de propriété d'immeubles est
« soumise à l'enregistrement, et est sujette au droit de
« mutation, soit qu'elle ait eu lieu par un acte authen-
« tique ou par un acte sous seings privés, soit que l'on
« prétende qu'il n'en existe pas de conventions écrites ;
« Que l'art. 60 de ladite loi du 22 frim. dispose que
« tout droit d'enregistrement perçu régulièrement ne
« pourra être restitué, *quels que soient les événements ul-*
« *térieurs*, sauf les cas prévus par la loi ;
« Que la loi ne contient aucune disposition qui
« ordonne la restitution des droits d'enregistrement dans
« le cas où une autre aliénation volontaire d'immeubles
« a été ensuite annulée par un jugement intervenu entre
« les parties intéressées ; et qu'en effet il pourrait y avoir
« souvent des connivences frauduleuses entre les par-
« ties, au préjudice du trésor public, pour faire annuler
« de semblables actes ;
« Qu'aussi, d'après l'avis du conseil d'État du 22 oct.
« 1808, le droit perçu n'est restituable que lorsqu'il s'agit
« d'une adjudication d'immeubles qui a été faite en
« justice, et qui est annulée par les voies légales ;
« D'où il suit que le jugement dénoncé, en décidant
« que l'acte de démission dont il s'agit, étant radicale-
« ment nul, n'avait pu *opérer de mutation de propriété*,
« et qu'en conséquence il n'avait pas été sujet au droit
« de mutation, a expressément violé les articles pré-
« cités de la loi du 22 frim. an 7. »

Arrêt du 12 février 1822 :

« Attendu que de l'ensemble des art. 59, 60 et 69,
« § 7, n. 1er, de la loi du 22 frim. an 7, il résulte que
« les droits applicables à une mutation de propriété
« d'immeubles sont acquis au Trésor par le seul fait de
« l'existence d'un acte revêtu de toutes les formes exté-
« rieures propres à constater cette mutation, et que
« l'exigibilité de ces droits est indépendante des événe-
« ments postérieurs, par lesquels l'acte soumis à la for-
« malité peut être annulé à raison des vices ou des
« moyens de nullité qu'il renferme ;
« Que, si l'art. 68, § 3, n. 7, de ladite loi, ne soumet
« qu'à un droit fixe de 3 fr. les actes ou jugements por-
« tant résiliation d'un contrat pour cause de nullité radi-
« cale, cette disposition ne peut avoir aucune influence
« sur la régularité de la perception faite ou à faire sur
« l'acte annulé ; et qu'ainsi, loin qu'aucune disposition
« de la loi autorise en ce cas une action en restitution
« du droit perçu, au contraire, l'art. 62 défend expressé-
« ment une telle restitution, sauf le cas prévu par l'avis
« du conseil d'État du 22 oct. 1808, où une *adjudication*
« *faite en justice* a été annulée par les voies légales ;
« Attendu qu'il suit de là qu'en écartant, dans l'es-
« pèce, l'action de la régie en paiement des droits dus
« sur l'acte de vente du 26 avril 1819, sous le prétexte de
« l'annulation de cet acte, prononcée par un jugement
« postérieur à la contrainte décernée par la régie, le
« jugement dénoncé a violé les articles précités de la
« loi du 22 frim. an 7. »

5900. *Consentement.* — Cependant, comme il n'y a pas de contrat sans consentement, un acte non revêtu du consentement des parties n'a pas d'existence et ne peut donner ouverture au droit proportionnel. Il ne s'agit plus là d'une question de validité.

5901. — **Stipulation illicite relative à l'enregistrement.** — Est nulle, comme contraire à l'ordre public, la clause d'un acte sous seings privés qui met à la charge du vendeur une partie des droits de cet acte, pour le cas où, par suite d'événements imprévus, l'enregistrement devrait en être effectué, lorsque cette stipulation et la promesse par le vendeur de donner une procuration pour revendre en son nom ont pour but de soustraire la mutation à l'impôt. — Le Puy, 20 juin 1873 ; *Courrier*, 3.

O

OBLIGATION.

Ch. I. — Droit civil.

5902. Définition. — Dans un sens général, l'obligation est une nécessité juridique qui astreint une personne envers une autre à donner, à faire ou à ne pas faire une chose : *juris vinculum quo necessitate adstringimur alicujus rei solvendæ.* — *Instit., de oblig.*, lib. 3.

5903. Condition de validité. — Quatre conditions sont essentielles pour la validité des obligations : 1° le consentement de la partie qui s'oblige; 2° sa capacité de contracter; 3° un objet certain qui forme la matière de l'engagement; 4° une cause licite de l'obligation. — C. 1108. — V. *Acte, Consentement, Convention.*

5904. Diverses espèces d'obligations. — Les obligations sont *conditionnelles, alternatives, facultatives, solidaires*, avec *clause pénale.* — V. *Clause pénale, Condition, Solidarité.*

Elles sont encore *divisibles* ou *indivisibles.*

L'obligation est *divisible* ou *indivisible*, selon qu'elle a pour objet une chose qui, dans sa livraison, ou un fait qui, dans l'exécution, est ou n'est pas susceptible de division, soit matérielle, soit intellectuelle. L'obligation est indivisible, quoique la chose ou le fait qui en est l'objet soit divisible par sa nature, si le rapport sous lequel elle est considérée dans l'obligation ne la rend pas susceptible d'exécution partielle. — C. 1217, 1218.

La solidarité stipulée ne donne point à l'obligation le caractère d'indivisibilité. — Id. 1219. — V. *Solidarité.*

5905. Extinction des obligations. — Les obligations s'éteignent : 1° par le paiement; 2° par la novation; 3° par la remise volontaire; 4° par la compensation; 5° par la confusion; 6° par la perte de la chose; 7° par la nullité ou la rescision; 8° par l'effet de la condition résolutoire; 9° par la prescription. — C. 1234. — V. *Compensation, Condition, Confusion, Novation, Nullité, Prescription, Quittance, Remise de dette.*

5906. Preuve. — Celui qui réclame l'*exécution d'une* obligation doit la prouver. Réciproquement, celui qui *se prétend libéré* doit justifier le paiement ou le fait qui a produit l'extinction de son obligation. — C. 1315.

5907. Quasi-contrat. Délit. Quasi-délit. — Il est des obligations qui ne résultent pas de contrats. Telles sont les obligations qui naissent des *quasi-contrats*, des *délits* et des *quasi-délits.*

Le *quasi-contrat* est le fait *licite*, purement volontaire de l'homme, dont il résulte un engagement quelconque envers un tiers et quelquefois un engagement réciproque des deux parties. — C. 1371. — Ainsi, la gestion, sans ordre ni mandat, des affaires d'un tiers, produit un quasi-contrat.

Le *délit* et le *quasi-délit* sont des faits volontaires, *illicites*, par lesquels on cause un préjudice à autrui. Le délit renferme l'intention de nuire ; le quasi-délit est accompli sans mauvaise intention.

Tout fait quelconque de l'homme qui cause à autrui un dommage oblige celui par la faute duquel il est arrivé à le réparer. — C. 1382.

Ch. II. — Droit fiscal.

5908. Tarif. — Sont soumis au droit de 1 % les contrats, transactions, promesses de payer, arrêtés de comptes, billets, mandats; les transports, cessions et délégations de créances à terme, les délégations de prix stipulées dans un contrat pour acquitter des créances à terme envers un tiers, sans énonciation de titre enregistré, sauf, pour ce cas, la restitution dans le délai prescrit, s'il est justifié d'un titre précédemment enregistré ; les reconnaissances, celles de dépôt de sommes chez des particuliers, et tous autres actes ou écrits qui contiennent obligation de sommes, sans libéralité et sans que l'obligation soit le prix d'une transmission de meubles ou immeubles non enregistrée. — Frim. art. 69, § 3, n. 3. — 7 août 1850, art. 9. — 5 mai 1855, art. 15.

Ce que la loi fiscale tarife au droit de 1 %, ce n'est donc pas l'obligation dans le sens général où nous l'avons examinée jusqu'ici, c'est purement et simplement l'*obligation de sommes.*

Pour que le tarif de 1 % soit applicable, il faut que l'obligation ait lieu sans libéralité et qu'elle ne soit pas le prix d'une transmission de meubles ou d'immeubles non enregistrée.

Ainsi, je vous donne une somme de 10,000 fr. payable à terme, ce n'est pas le droit de 1 % qui est exigible, car il y a ici obligation avec libéralité.

Je me reconnais débiteur envers vous d'une somme de 10.000 fr. pour le prix d'une maison que vous m'a-

vez vendue verbalement; l'obligation est ici le prix d'une transmission de biens, par conséquent ce n'est pas non plus le droit de 1 % qu'il faut appliquer.

5909. *Acte de transmission enregistré.* — Si l'acte de transmission a été enregistré, l'obligation ne peut être considérée que comme un acte de complément, passible du seul droit fixe de 3 fr.

5910. *Acte de transmission non enregistré*—Si l'acte de transmission n'a pas été enregistré, c'est alors le droit déterminé par la nature de cette transmission qui doit être perçu sur l'acte d'obligation.

Ainsi, l'obligation causée pour prix de marchandises, même pour prix de comestibles et fournitures d'une consommation de chaque jour, livrées ou à livrer, doit être frappée du droit de 2 % comme les ventes de meubles. — D. F. 6 sept. 1816; I. 766-2. — Pontoise, 24 janvier 1856; R. P. 756.

La clause d'un acte de partage d'une succession par laquelle l'un des cohéritiers se reconnait débiteur du défunt de partie du prix d'une vente de meubles est passible du droit de 2 % sur la totalité du prix.

« En droit, considérant que les art. 4 et 69, § 5, n° 1, « de la loi du 22 frim. an 7, soumettent au droit pro- « portionnel de 2 % les transmissions de biens meubles « faites à titre onéreux; — Considérant que cette loi « ne parle pas des ventes verbales de meubles, et que, « si ces sortes de ventes ue sont frappées d'aucun « droit, c'est parce qu'elles ne sont constatées par au- « cun acte ou aucun écrit qui puisse saisir l'adminis- « tration de l'enregistrement; —Mais considérant qu'il « en est autrement lorsqu'une vente verbale est cons- « tatée dans un acte authentique soumis à la formalité « de l'enregistrement; — Considérant que la doctrine « et la jurisprudence décident que, si la mention de la « vente verbale dans un acte a pour but ou pour effet « de former un titre entre les parties, l'administration « doit percevoir le droit de transmission mobilière;

« En fait, considérant que, dans un acte reçu par « M⁰ Sensier, notaire, sous la date du 4 juill. 1863, « contenant liquidation et partage de la communauté « des biens des sieur et dame Duchemin-Ribon et de la « succession du sieur Duchemin, il a été dit et déclaré « que M. et Mᵐᵉ Duchemin avaient antérieurement « vendu à M. et Mᵐᵉ Chevreau la clientèle et le mobilier « de l'hôtel de l'Univers, qu'ils exploitaient à Tours; « que, dans le même acte, la dame Duchemin, rendant « compte de son administration, a reconnu avoir reçu et « a rapporté dans la masse partageable la somme de « 47,000 fr. par elle touchée pour reste du prix de la « vente ci-dessus énoncée; — Considérant que ces « énonciations, reconnues exactes et approuvées par « toutes les parties figurant dans l'acte, formaient : « 1° au profit des sieur et dame Chevreau un titre qui « établissait la cause et la légitimité de leur possession « des meubles et clientèle de l'hôtel de l'Univers, et « qui les libérait du prix d'acquisition; 2° au pro- « fit de la veuve Duchemin, un titre qui la li- « bérait des sommes dues, par elle touchées pour le « prix de la vente ci-dessus; — Considérant que, lors

« de la présentation de cet acte à la formalité de « l'enregistrement, le receveur au bureau de Tours « a perçu pour droit de vente mobilière, à raison de « 2 %, une somme de 940 fr., plus les deux décimes; « — Considérant que cette perception est régulière et « que c'est à tort que le sieur Sensier, demandeur au « dit nom, en réclame la restitution. » — Jugement du tribunal de Tours, du 19 août 1864. — Sol. 17 oct. 1863; Cuën. 10950.

5911. Obligation ayant sa cause dans la loi. — Une obligation de sommes qui serait l'exécution pure et simple d'une disposition de la loi ne pourrait être considérée comme acte constitutif de la dette.

Ainsi, ne sont soumises qu'au droit fixe de 3 fr. les obligations que souscrivent au profit du Trésor, con- formément à l'art. 23 L. 4 juill. 1838, les fabricants de sucre de betterave, pour le paiement de l'impôt sur les produits de leur fabrication. Il n'est dû également que ce droit de 3 fr. sur les actes par lesquels ces fabri- cants consentent hypothèque sur leurs biens, à défaut de paiement de ces obligations aux termes stipulés. Car ces actes ne sont pas constitutifs de la dette, qui a sa source dans la loi de l'impôt. — Dél. 14 avril 1848; R. G. 9075.

5912. Obligation morale. — La simple intention de s'obliger, d'après les règles du for intérieur, ne donne pas ouverture au droit proportionnel, car ce n'est que l'obligation civile que la loi a entendu tarifer, c'est-à-dire celle qui fournit au créancier un titre dont l'exécution puisse être poursuivie en justice. — R. G. 9075 *bis.*

Le sieur Clary ayant donné la tutelle de ses enfants au sieur Trulart et témoigné le désir, dans son testa- ment, qu'il lui fût accordé une indemnité, le conseil de famille délibéra, le 26 juin 1823, qu'il serait alloué au tuteur 12,000 fr. pour la première année et 10,000 fr. pour chaque année suivante. L'administration ayant fait réclamer le droit de 1 %, la Cour de cassation repoussa cette demande par arrêt du 3 janvier 1827 :

« Attendu que la délibération du conseil de famille « du 26 juin 1823, qui, en vertu de l'art. 452 C., a « réglé les honoraires de Trulart, en sa qualité de « tuteur des mineurs Clary, quoique pouvant servir « de fondement *à une obligation morale* susceptible « d'être prise en considération et d'être sanctionnée « par la justice, lors du règlement des comptes du « tuteur, n'est pas, cependant, un acte ayant par « lui-même un caractère *légalement obligatoire;* qu'ainsi « une telle obligation n'a pas donné ouverture au « droit proportionnel établi par l'art. 69, § 3, ɳ. 3, de « la loi du 22 frim. an 7, sur les actes portant obliga- « tion de sommes ou valeurs mobilières; et qu'en le « jugeant ainsi, le tribunal de la Seine n'a violé « aucune loi. »

5913. Obligation de valeurs. — La loi ne parle que des obligations de *sommes* et nullement des obligations de *valeurs.* Faut-il en conclure que les obligations de

cette dernière espèce ne sont pas assujetties au droit de 1 %?

Il faut reconnaître avant tout qu'une obligation de valeurs emporte mutation ; elle donne donc ouverture au droit proportionnel. Mais quel est le tarif applicable ? Pour arriver à la solution de cette difficulté, il est nécessaire de faire une distinction.

Les choses mobilières que l'on peut prêter sont de deux sortes : les unes sont *fongibles*, c'est-à-dire qu'elles s'usent et se consomment par l'usage ; les autres sont susceptibles d'être rendues en nature. Je vous prête mon fusil et mes cartouches. Lorsque vous me rendrez ces objets, j'aurai droit de vous réclamer le fusil même que je vous aurai remis ; quant aux cartouches, il est clair que je vous les ai prêtées pour que vous les utilisiez, et, par conséquent, que vous les détruisiez ; vous ne serez donc tenu de me rendre que des cartouches de même calibre, de même qualité, etc.

Il y a donc deux sortes de prêt : celui des choses dont on peut user sans les détruire, et celui des choses qui se consomment par l'usage qu'on en fait. La première espèce s'appelle *prêt à usage*, ou *commodat* ; la deuxième s'appelle *prêt de consommation*, ou simplement *prêt*. — C. 1874.

5914. *Prêt de consommation.* — Le prêt de consommation est un contrat par lequel l'une des parties livre à l'autre une certaine quantité de choses qui se consomment par l'usage, à la charge par cette dernière de lui en rendre autant de même espèce et qualité. — C 1892.

Par l'effet de ce prêt, l'emprunteur devient le propriétaire de la chose prêtée ; et c'est pour lui qu'elle périt, de quelque manière que cette perte arrive. — C. 1893.

Le prêt de consommation opère le droit de 1 %. D'une part, en effet, l'art. 69, § 3, n. 3, frim., qui ne parle que des obligations de *sommes*, est nécessairement complété par l'art. 4 de la même loi, qui soumet au droit proport. les *obligations de sommes et valeurs*. D'autre part, on ne peut appliquer au prêt de consommation le droit de 2 %, car ce prêt n'est pas une vente mobilière, puisqu'il ne renferme pas de prix. — Dall. R. 1318.—R. G. 9087.—Dem. 389.— Dél. 10 mars 1828 : R. G. 9087-1.

5915. *Billets de banque. Effets négociables.* — Le prêt fait en billets de banque, quoique stipulé restituable en billets de même nature, constitue un prêt de sommes, parce que, dans l'usage, les billets de banque sont considérés comme de l'argent. Il en serait de même du prêt effectué en effets négociables, de quelque manière que le remboursement dût être effectué ; car les billets de cette nature sont la représentation de l'argent. Donc le prêt de ces diverses valeurs rendrait exigible le droit de 1 %. — R. G. 9085-1.

5916. *Lingots.* — Un prêt de lingots remboursable en lingots est passible du droit de 1 %. — Dél. 12 mai 1814 ; J. E. 6050.

Mais l'obligation souscrite par un bijoutier au profit d'un négociant en matières d'or et d'argent, pour lingots remboursables en espèces, donne ouverture au droit de 2 % ; car, ici, il y a vente de marchandises. — Seine, 1er déc. 1848 ; J. N. 13704.

5917. *Rente sur l'Etat.* — Le prêt d'une rente sur l'Etat dont le prix sera remis à l'emprunteur, et restitué au prêteur en valeur semblable, est passible du droit de 1 % ; car on peut, dans ce cas, assimiler la valeur prêtée à une chose fongible. — Dél. 6 déc. 1833. — Seine, 31 déc. 1851.

5918. *Titre d'obligation.* — Constitue un prêt passible du droit de 1 %, et non pas une cession de valeurs industrielles, l'acte par lequel un individu emprunte une somme d'argent, à la condition de la rembourser à terme par la remise d'obligations de chemins de fer. — Dijon, 4 déc. 1867 ; R. P. 2789.

5919. *Prêt à usage.* — Le prêt à usage ou commodat est un contrat par lequel l'une des parties livre une chose à l'autre pour s'en servir, à la charge par le preneur de la rendre après s'en être servi. — C. 1875.

Le prêteur demeure propriétaire de la chose prêtée. — Id. 1877.

Ce prêt est essentiellement gratuit. — Id. 1876.

5920. *Tarif.* — Il est fort embarrassant de se prononcer sur la quotité du droit applicable au prêt à usage.

Ce prêt n'est pas une donation, puisqu'il n'est pas assujetti aux règles concernant les donations, et que, d'ailleurs, il n'est pas, la plupart du temps, le résultat de l'intention de donner.

Il n'est pas non plus une vente, ni un bail, puisqu'il ne renferme pas de prix.

Il faut donc purement et simplement le considérer comme prêt, comme obligation. La loi civile lui a donné la première de ces dénominations, qui est corrélative de la dernière : il n'y a pas de prêt sans obligation, et *vice versâ*. Par suite, il nous semble qu'on doit l'assujettir au droit de 1 %. En ce sens, l'Adm. a décidé que l'acte qui constate qu'un fermier a reçu des bestiaux de son bailleur, à la charge de les rendre après s'en être servi, constitue un prêt à usage passible du droit de 1 % — Sol. 10 mars 1828 ; Dall. R. 1314.

M. Garnier ne partage pas cet avis. Voici comment il s'exprime au n. 9089 suiv. B, après avoir rapporté la Sol. du 10 mars 1828 :

« Nous ne saurions appuyer une doctrine qui, sup-
« pléant au silence de la loi par un contre-sens, tend
« à troubler l'ordre des contrats, à leur enlever leurs
« caractères propres, et à confondre des rapports que
« la loi civile prend tant de soins à séparer.

« Il est de l'essence du commodat que la chose soit
« livrée gratuitement à l'emprunteur (1876 C.). Ce
« contrat est donc un contrat de bienfaisance ; en effet,
« l'usage du commodataire s'alimentant des services
« qu'il retire de la chose et des fruits qu'il est autorisé
« à percevoir, ces services qui lui sont abandonnés,

« ces fruits dont il est appelé à profiter sont pour lui
« une libéralité. Ainsi, dit Pothier, n. 9, le prêt à usage
« tient quelque chose de la donation, il contient un
« bienfait, et le prêteur, comme dans la donation,
« donne gratuitement quelque chose à l'emprunteur ;
« mais il diffère de la donation en ce que, dans celle-
« ci, la chose même est donnée, le donateur en trans-
« fère la propriété au donataire; au lieu que, dans le
« prêt à usage, ce n'est pas la chose même que le prê-
« teur donne, il n'en donne que l'usage, il conserve la
« propriété de la chose qu'il prête; il en conserve
« même la possession. »

« Nous reconnaissons la différence notable qui existe
« entre le prêt à usage et la donation, mais il nous
« semble que l'on doit accorder sans difficulté que ce
« contrat attribue gratuitement *la jouissance* de choses
« qui appartiennent à un autre, et que, s'il ne dégénère
« précisément pas en donation proprement dite, il con-
« tient au moins une transmission de jouissance qui
« présente les caractères d'une libéralité.

« Pour vous mettre à même de faire vos expériences
« d'acclimatation, je vous livre mon troupeau de mé-
« rinos pendant un an, en vous abandonnant tous ses
« produits. Si j'eusse voulu vous faire une donation,
« je vous aurais abandonné mes mérinos eux-mêmes ;
« mais, puisque j'entends qu'ils me soient rendus, et
« que ma libéralité s'arrête à l'usage que vous en pou-
« vez faire et aux fruits qu'ils pourront produire, je ne
« vous fais qu'un simple prêt de mon troupeau. Mais
« ce prêt vous concède néanmoins une jouissance qui
« vous procurera de sérieux bénéfices par les agneaux
« que vous donneront mes brebis, et par la toison que
« vous prendrez sur tout le troupeau.

« Une pareille convention n'a pas été prévue par la
« loi de l'enregistrement, et comme elle diffère : 1° du
« bail, en ce qu'elle est gratuite; 2° de la vente, en ce
« qu'elle ne transmet pas la propriété ; 3° de la dona-
« tion, par les motifs ci-dessus développés ; comme
« elle constitue, en un mot, un contrat *sui generis,* que
« ce contrat n'a été nulle part expressément dénommé,
« et qu'il n'appartient à aucun de ces contrats tarifés,
« MM. Championnière et Rigaud en concluent, n. 808,
« qu'il ne peut être passible que du droit fixe. Telle
« est également l'opinion de M. Dalloz, n. 1317, et de
« la deuxième édition du *Dictionnaire des Rédacteurs,*
« V. *Prêt,* n. 10.

« Nous repoussons cette doctrine comme nous avons
« repoussé celle de l'administration. S'il est vrai, en
« effet, que l'art. 68, § 1, n. 51, de la loi du 22 frim.
« an 7 ; tarife au droit de 1 fr. tous les actes que cette
« loi n'a dénommés dans aucun de ses articles, ce
« n'est néanmoins qu'autant que ces actes *ne peuvent*
« *donner lieu au droit proportionnel.*

« Or, l'art. 3 de la loi de frim. déclare que *le droit*
fixe ne s'applique qu'aux actes qui ne contiennent...
« ni transmission de propriété, d'usufruit ou de *jouis-*
« *sance* de biens meubles ou immeubles. Tandis que,
« d'après l'art. 4, *le droit proportionnel* est établi pour
« *toute transmission* de propriété, d'usufruit ou de
« *jouissance* de biens meubles et immeubles.

« Le prêt à usage concédant à l'emprunteur une

« véritable jouissance, cette convention appartient né-
« cessairement à la catégorie des contrats que l'art. 4
« de la loi de frim. assujettit au droit proportionnel.
« Dès lors, elle échappe invinciblement à la loi du
« droit fixe, qui ne saurait atteindre que les actes in-
« només non susceptibles de produire un droit pro-
« portionnel.

« Au surplus, le n. 51 de l'art. 68 L. de frim., en
« déclarant ne pas s'appliquer aux actes pouvant don-
« ner lieu au droit proportionnel, prouve, par sa contex-
« ture même, que le législateur a prévu que, dans la
« nomenclature qu'il donne des actes soumis à cette
« nature de droit, des omissions pourraient être com-
« mises, ce qui écarte invinciblement les idées abso-
« lues que professent sur cette matière MM. Cham-
« pionnière et Rigaud, et doit faire reconnaître que ni
« la rigueur mathématique, ni les classifications inflexi-
« bles ne sauraient comprimer l'élasticité qui appar-
« tient à ce principe de la loi.

« Pour réparer les omissions que la loi fait pressen-
« tir, un seul moyen reste à celui qui doit l'interpréter,
« c'est de rattacher, par l'analogie, l'acte innomé don-
« nant lieu au droit proportionnel à celui d'entre les
« actes de cette catégorie prévus par la loi avec lequel
« les rapports de ressemblance sont les plus directs.
« C'est à ce titre que, d'après le caractère de libéralité
« que nous avons constaté dans le prêt à usage, nous
« n'hésitons pas à ranger ce contrat dans la classe de
« ceux qui sont soumis au droit déterminé pour les
« donations entre-vifs. Et la perception doit se faire
« sur l'évaluation, à faire par les parties, du bénéfice à
« retirer de la jouissance concédée. »

SECT. I. — RECONNAISSANCE DE DETTES.

5921. Principe. — Il arrive souvent qu'une *dette
verbale* est mentionnée dans un acte. Si cette mention
peut créer un titre au profit du créancier, le droit
d'obligation est exigible. Dans le cas contraire, le
Trésor ne peut élever aucune réclamation. — V.
Contrat de mariage, Inventaire, Jugement, Partage.

Quelles sont donc les conditions indispensables pour
que la mention d'une dette dans un acte crée un titre
obligatoire ?

5922. Déclaration par le créancier seul. — Nul ne
pouvant se créer un titre à lui-même, la déclaration
faite par le créancier seul, en l'absence du débiteur, ne
saurait opérer aucun droit. Cette solution ne comporte
aucune difficulté.

5923. Déclaration par le débiteur seul. — C'est un
principe général que la reconnaissance d'une dette
dans un acte quelconque ne peut servir de titre au
créancier désigné qu'autant que ce dernier l'a acceptée
ou que l'acte a été remis en sa possession ; de telles
reconnaissances peuvent seulement former en sa faveur
un commencement de preuve par écrit. — Seine, 22 janv.
1859 ; R. P. 1446.

La simple énonciation, dans un contrat de partage, de sommes dues par des copartageants à des tiers, ne peut, sans l'intervention actuelle ou ultérieure de ces tiers, constituer à leur égard un titre obligatoire; cette énonciation ne rend donc pas exigible le droit de 1 %. -- Cass. civ. 16 mars 1825 ; Sir. 26. 1. 169 ; I. 1205-10 ; J. E. 8024. — Req. 25 avril 1827 ; Sir. 27. 1. 404 ; I. 1219-4.

Le droit de titre ne peut être perçu que sur des obligations réelles ; les reconnaissances de dettes, insérées dans une liquidation de communauté, n'ont pas ce caractère, lorsqu'elles ne sont pas acceptées par les créanciers au profit desquels elles ont été faites; aussi ne sont-elles point passibles du droit de 1 %. — Cass. req. 7 nov. 1826 ; Sir. 27.1.26 ; I. 1205-10 ; J. E. 8601.

Il faut donc admettre, avec cette jurisprudence, que la déclaration de dettes émanant du débiteur seul, en l'absence du créancier, ne crée pas un titre obligatoire, car elle peut toujours être rétractée. Par conséquent, une pareille déclaration ne saurait opérer le droit de 1 %. — Ch. Rig. 879. — Dall. R. 1222. — *Contrà* : R. G. 9098. — Montmorillon, 23 nov. 1841 ; R. G. 9098. — V. *Offres.*

5924. Inventaire. — Les déclarations de dettes passives contenues dans les inventaires ont uniquement pour objet de donner, sauf vérification ultérieure, un aperçu de l'avoir et des charges de la succession ou de la communauté ; elles sont de l'essence de l'inventaire, et en font une partie nécessaire, puisque le notaire doit interpeller, à cet égard, les héritiers présents et l'époux survivant ; elles ne peuvent, d'ailleurs, engager les héritiers ou l'époux déclarant, ni former obligation au profit des créanciers désignés ; en un mot, elles établissent une simple présomption, insuffisante à défaut de titres positifs, et inutile s'il en existe. Ces déclarations ne donnent pas donc passibles du droit de 1 %. — Il n'en est pas ainsi des déclarations par lesquelles un ou plusieurs des héritiers présents à l'inventaire se reconnaissent personnellement débiteurs, soit envers la succession, soit envers un ou plusieurs de leurs cohéritiers. Celles-ci rentrent dans la classe des obligations ordinaires et, à ce titre, elles sont incontestablement passibles du droit prop. de 1 %, à moins qu'il ne soit justifié que les créances formant l'objet de ces déclarations sont fondées sur un titre enregistré. — D. F. 30 flor. an 11 ; I. 290-18.

Le principe posé par le dernier alinéa de cette décision, et qui nous semble très-juste et très-légal, a été méconnu par la Cour de cassation (Ch. civ.), dans un arrêt du 24 mars 1862, dont les considérants sont ainsi conçus :

« Vu l'art. 68, § 2, n° 1er, de la loi du 22 frim. an 7;

« Attendu, en droit, que les inventaires de meubles, objets mobiliers, titres et papiers, ne donnent lieu, suivant cet article, qu'à la perception du droit fixe par chaque vacation ; — Que quand, aux termes de l'arrêté du Directoire exécutif du 22 vent.an 8, les actes s. s. p. peuvent être inventoriés sans avoir été soumis préalablement à la formalité de l'enregistrement, la

même exemption doit, à plus forte raison, s'appliquer aux déclarations et reconnaissances qui sont faites et acceptées dans un inventaire par les parties intéressées, en vue de constater les forces et les charges d'une société ou d'une communauté ;

« Attendu, en fait, que, lors de l'inventaire tenu au décès de son mari, la veuve Guesnier a déclaré que, par plusieurs actes authentiques de 1845 à 1850, elle et son mari avaient emprunté de diverses personnes une somme totale de 200.000 fr. pour le compte de Louis et Narcisse, deux de leurs enfants, qui l'avaient touchée directement des prêteurs, et qu'en conséquence cette dette était personnelle auxdits Louis et Narcisse Guesnier ; que cette déclaration a été à l'instant confirmée par ces derniers, qui ont reconnu qu'ils n'avaient fait engager leurs père et mère que par suite de l'impossibilité où ils étaient eux-mêmes de fournir des garanties hypothécaires pour les sommes par eux empruntées, en sorte qu'en réalité leurs parents n'étaient vis-à-vis d'eux que les cautions de la dette dont le remboursement en principal, intérêts et accessoires, serait leur affaire personnelle ;

« Attendu que la confirmation par Louis et Narcisse Guesnier du fait ainsi déclaré par leur mère, dont rien ne fait suspecter la réalité, et qu'elle avait le plus grand intérêt à faire établir dans l'inventaire, pour ne pas grever la succession de son mari et la communauté d'une dette considérable qui leur était étrangère, était la constatation nécessaire d'un des éléments de la liquidation à faire ultérieurement entre la veuve Guesnier et les héritiers de son mari ; que la mention de l'inventaire n'était donc soumise à aucun droit particulier d'enregistrement ;

« Que supposer, avec le jugement attaqué, que les époux Guesnier, après avoir touché les sommes empruntées de 1845 à 1850, les ont eux-mêmes prêtées à Louis et Narcisse, et que les mentions faites dans l'inventaire n'ont pour objet, de la part de ces derniers, que de reconnaître ce second emprunt et de constituer un titre d'obligation au profit de leur mère et de la succession de leur père, c'est dénaturer les faits qui résultent de ces mentions, leur donner un but et une portée juridique qu'ils n'ont pas, soumettre des déclarations conservatoires à un droit prop. dont elles sont exemptes, et violer par suite l'article précité ; — Casse. »

Se sont prononcés dans un sens analogue : Cambrai, 14 juill. 1842 ; J. N. 11464. — Vassy, 17 juill. 1845 ; Dall. R. 1271. — Dél. 9 janv. 1851 ; J. n. 14250. — V. n. 4919.

5925. Testament.—L'énonciation de ses dettes actives faite par le testateur dans son testament ne peut donner lieu à la perception d'aucun droit (5922).

Quant aux dettes passives, la déclaration qui en est faite par le testateur doit de même, à cause de sa nature unilatérale, et en conformité des principes que nous avons exposés *suprà* (5923), être exemptée de tous droits. — Dall. R. 1244. — Ch. Rig. 883 suiv. — *Contrà* : R. G. 9106.

Hâtons-nous de dire que notre opinion n'est pas consacrée par la jurisprudence. Nous allons analyser les décisions les plus intéressantes rendues en cette matière.

Si le testateur charge son héritier de payer à un tiers une rente viagère sans énonciation de titre, le droit prop. est exigible, parce qu'il résulte de la reconnaissance un titre pour réclamer les arrérages. — Sol. 29 mai 1824 ; R. P. 1286.

La déclaration par le testateur qu'il est débiteur envers une personne qu'il dénomme d'une somme déterminée, donne ouverture au droit de 1 %, attendu qu'il y a là une véritable reconnaissance de dettes. — Sol. 17 mars 1829 ; I. 1282-9. — Dél. 29 oct. 1829 ; J. E. 9440. — 20 juill. 1838 ; J. N. 10160. — Epinal, 24 avril 1849 ; R. P. 1286.

Le testament olographe, rédigé en forme de lettre, dans lequel le testateur reconnaît devoir à celui à qui la lettre est adressée une somme pour prêt verbal, donne ouverture au droit d'obligation.—Rouen, 2 juin 1847 ; J. E. 14314.

Lorsque, après avoir reconnu être débiteur de l'un de ses enfants d'une somme déterminée, le testateur assigne à cet enfant des valeurs mobilières et immobilières en compensation de sa créance, les droits de dation en paiement doivent être perçus, bien que le testament ait été attaqué en nullité par l'un des héritiers, si d'ailleurs les autres y ont acquiescé. — Privas, 8 mars 1844 ; J. E. 13592.

Cependant, l'Adm. a déclaré le droit prop. non exigible dans une espèce où le testament portait que les sommes échues à la femme du testateur n'avaient jamais *fait l'objet* d'aucun règlement et s'élevaient à 30,000 fr. — « Attendu que la déclaration portée au « testament ne présente ni dans ses termes ni dans ses « effets une obligation de payer la somme reçue ; que « l'effet légal d'une semblable déclaration sur les biens « d'une société conjugale établie sans acte est nul, « puisque, d'après l'art. 1041 C., les biens meubles « qui y sont apportés se confondent et se partagent par « moitié, sans avoir égard à leur origine ; qu'il résulte « d'ailleurs de la liquidation opérée après le décès du « sieur de Champmillon que sa veuve n'a recueilli que « la modique somme de 30 fr. 25 c. pour sa part dans « l'actif de la communauté. » — Dél. 1er oct. 1830 ; J. E. 9902.

5926. Reconnaissance de dot. — La reconnaissance donnée dans le contrat de mariage de la part du futur d'avoir reçu la dot apportée par la future, ne donne pas ouverture à un droit particulier. — (2723.)

5927. *Acte séparé.* — Si la reconnaissance est faite par acte distinct du contrat de mariage, elle ne donne ouverture qu'au droit fixe, alors même que la réception de la dot ne résulte pas d'un titre enreg., car elle ne peut être considérée que comme le complément du contrat de mariage et des dispositions de la loi qui en tiennent lieu. — Cass. civ. 18 fév. 1833 ; I. 1587 ; Sir. 33. 1. 292 ; J. E. 10601.

5928. *Régime dotal.* — La solution est la même au cas où il s'agit de biens dotaux. — Dél. 3 avril 1829 ; R. G. 9109 *bis.* — Seine, 9 fév. 1842 ; Dall. R. 1286.

Lorsqu'un mari qui s'était obligé par son contrat de mariage à rendre compte à sa femme de sa dot et de ses reprises matrimoniales, et notamment du mobilier qui lui écherrait durant leur mariage, et même de l'indemniser, s'il ne le faisait pas constater par inventaire, reconnaît, dans son testament, pour satisfaire à cette obligation, avoir reçu de sa femme, tant en mobilier apporté par cette dernière, qu'en argent comptant, créances actives, etc., une certaine somme qui devra être prélevée sur les biens de la succession, une telle reconnaissance ou déclaration ne peut être considérée comme une obligation nouvelle soumise à un droit proportionnel, mais bien comme l'exécution du contrat de mariage, et, par suite, comme devant donner lieu à l'unique perception du droit fixe. — Cass. 8 août 1836 ; J. N. 9363.

5929. *Séparation de biens.* — La même solution s'applique au régime de la séparation de biens. Ainsi, le droit de 1 % n'est pas exigible sur une liquidation des reprises de la femme après séparation de biens, dans laquelle le mari reconnaît avoir reçu la dot qui devait être payée sept ans après la date du contrat de mariage, « attendu que le mariage ayant duré dix ans après l'é-« chéance des termes pris pour le paiement de la dot, « la femme n'avait pas besoin de prouver que le mari « l'avait reçue (C. 1569) ; qu'en conséquence, son con-« trat de mariage lui suffisait, et que la déclaration du « mari n'avait point créé un droit nouveau pour « elle. » — Sol. 23 déc. 1828 ; R. G. 9110.

SECT. II. — Questions diverses.

5930. Cause. — Un acte du 21 mai 1822 porte : « M. Prevost reconnaît avoir reçu de madame veuve « Prevost, sa mère, la somme de 50,000 fr. imputable « sur les droits héréditaires dudit sieur Prevost, en sa « qualité d'héritier, pour moitié, de son père, et sur le « reliquat des comptes de tutelle et de gestion que doit « lui rendre la dame sa mère, dont quittance. » Le receveur avait pensé que cet acte ne contenait pas une quittance pure et simple, et qu'il devait être envisagé comme renfermant la reconnaissance d'une somme dont madame Prevost se prévaudrait dans ses arrangements ultérieurs avec son fils. En conséquence, le droit avait été perçu à raison de 1 %. — Mais on a considéré que l'intention des parties était de constituer un paiement par la mère, comme tutrice et mandataire légale de son fils, à valoir sur ses droits dans la succession paternelle ; en conséquence, on n'a retenu que le droit de quittance. — Dél. 10 août 1822 ; R. G. 9094.

5931. Consignation. — Le droit de 1 % est dû sur l'exploit par lequel un banquier fait assigner une personne en référé afin d'être autorisé à verser à la caisse

des consignations une somme que cette personne lui a remise. — Seine, 19 fév. 1845; J. E. 13934-2.

5932. Dépôt. — L'exploit dans lequel le requérant reconnaît qu'une personne a déposé entre ses mains une somme déterminée, est sujet au droit de 1 %, comme constatant un dépôt de somme chez un particulier. — Seine, 15 janv. 1845; J. E. 13934-2.

5933. Donation. — La déclaration par un des héritiers qu'une somme lui a été donnée en avancement d'hoirie, n'est pas une reconnaissance de dette passible du droit d'obligation. — Seine, 13 mai 1859; R. P. 1180.

5934. Emprunteur. — Lorsqu'une personne déclare que les sommes empruntées par un tiers l'ont été réellement pour son compte, un second droit d'obligation devient exigible. — Montmorillon, 23 nov. 1841; J. E. 12891. — Les Andelys, 8 fév. 1859; R. P. 1158.

5935. Eventualité. — Lorsque, dans un acte, un débiteur déclare que des obligations ont été souscrites dans son intérêt par des personnes auxquelles il a fait cession, par un acte antérieur, d'une partie de forêt, et qu'il s'engage à payer le montant de ces obligations, en l'acquit des souscripteurs, au cas où la cession qu'il leur a consentie ne les indemniserait pas complétement, le droit de 1 % est exigible sur le total des sommes dues en vertu de ces obligations, bien que, par suite de l'exploitation et de la vente des bois cédés, les sommes en question puissent diminuer d'importance; il n'y a même pas lieu à restitution, si plus tard la dette se trouve réellement réduite. — Cass. req. 6 avril 1847; I. 1796-2; J. E. 14257.

Le droit de 1 % est exigible sur l'acte par lequel un associé s'oblige, envers le syndic de la faillite de la société, à payer à la masse des créanciers une certaine somme comme prix de la renonciation du syndic à le poursuivre pour s'être immiscé dans la gestion des affaires de cette société, dont il n'était que commanditaire; on n'a pas à s'arrêter à cette circonstance qu'il a été stipulé que la somme versée serait remboursable sur le prix de la vente à intervenir des immeubles de l'association et jusqu'à concurrence de ce prix. Malgré cette éventualité, l'acte n'en renferme pas moins une véritable obligation de sommes. — Cass. civ. 7 nov. 1859; Sir. 60. 1. 809; J. E. 17049.

5936. Mandat. — Un pouvoir pour passer obligation authentique au profit d'un créancier désigné pour une somme déterminée qu'on reconnaît avoir reçue à titre de prêt, donne ouverture au droit d'obligation, attendu qu'en vertu de cette reconnaissance le créancier pourrait poursuivre le recouvrement de sa créance contre le débiteur. — Lorient, 25 janv. 1843; Orléans, 9 déc. 1845; J. E. 13177, 13893.

5937. Quittance. — Des père et mère, après avoir reconnu que la dot par eux constituée à leur fille, et dont la célébration du mariage avait valu quittance, n'avait pas été payée, s'obligent de l'acquitter dans un délai déterminé en fournissant hypothèque; décidé que le droit d'obligation n'est pas exigible. Le donateur reconnaissant lui-même que le paiement n'a pas eu lieu, la présomption légale de libération qui existait à son profit aux termes de l'art. 1352 C. disparaît; et l'aveu de la partie intéressée faisant la loi des contractants, on doit admettre pour constant que la dette n'a réellement jamais été éteinte. ce qui éloigne l'exigibilité du droit d'obligation. — Sol. 31 janv. 1850; J. N. 13964. — *Contra*: Sol. 21 déc. 1837; J. E. 11955-5.

5938. Reliquat. — L'acte par lequel le tuteur d'un héritier mineur paie aux créanciers de la succession, qui n'ont pas de titres en forme, une partie de leurs créances avec réserve que font ceux-ci du surplus de ces créances, donne ouverture au droit d'obligation sur les parties de créances non payées. — Dél. 7 janv. 1836; J. E. 11440.

5939. Remboursement. — S'il est stipulé dans un acte d'obligation que le créancier pourra, à l'échéance, exiger son remboursement en denrées, si telle est sa volonté, le droit d'obligation, et non celui de vente de meubles, est exigible, attendu que les droits d'enregistrement se règlent d'après les effets que les actes produisent au moment de la formalité. — Sol. 24 mai 1831; J. E. 10333.

5940. Remise de la somme prêtée. — Bien qu'il soit constaté qu'une partie seulement de la somme empruntée a été remise et que le prêteur s'est réservé un délai de trois ans pour remettre le surplus, l'obligation n'en est pas moins actuelle et le droit exigible pour le tout, surtout si l'emprunteur a donné hypothèque sur ses biens pour l'intégralité de la somme. — Seine, 21 déc. 1842; J. E. 13157.

5941. *Remise à un tiers.* — Le dépôt constaté dans l'acte d'obligation de la somme empruntée entre les mains d'un tiers qui la remettra à l'emprunteur après l'exécution de conditions spécifiées n'empêche pas la perception du droit prop. — Sol. belge, 6 août 1870; R. P. 3303.

5942. OBSERVATIONS. — La loi du 13 brum. an 7, art. 12, assujettit au timbre de dimension les *observations* et *précis* signés des hommes de loi et des défenseurs officieux.

5943. OCTROI. — Taxe indirecte et locale établie au profit d'une commune sur certains objets de consommation. Cette dénomination vient de ce qu'an-

ciennement le droit d'établir cette sorte de taxe était *octroyé* par le roi. — R. J. P. *eod. v°* , 1, 2. — V. *Contributions publiques.*

5944. Bail. — Les actes par lesquels sont affermés les droits d'octroi sont passibles des droits ordinaires de bail. — Cass. 29 mess. an 11. — D. F. 5 niv. an 12. — Sol. 6 août 1831.

5945. Procès-verbaux. — Les actes et procès-verbaux dont l'objet est de poursuivre le recouvrement des droits d'octroi, ou de constater des contraventions aux lois qui les établissent, doivent être enreg. au comptant. — Sol. 18 pluv. an 8 ; J. E. 383.
Les préposés à la perception de l'octroi municipal peuvent se dispenser de rédiger procès-verbal en forme des saisies d'une valeur présumée de 10 fr. et au-dessous, sauf à rapporter des procès-verbaux réguliers pour toutes celles qui excéderaient cette somme. — D. F...... I. 432-6.

5946. Registres. — Tous les registres employés à la perception ou au service de l'octroi sont à souche ; les perceptions ou déclarations y sont inscrites sans interruption ni lacune. Les quittances ou expéditions qui en sont détachées ne sont marquées que du timbre de la régie des *impositions indirectes*, dont le prix est acquitté par les redevables, et son produit versé dans les caisses de la régie. — Ord. 9 déc. 1814, tit. 8, art. 66.

5947. Répartition d'amendes. — Les états de répartition de saisies et d'amendes en matière d'octroi, émargés de l'acquit des parties prenantes, sont assujettis au timbre lorsque les sommes à répartir *excèdent* 10 fr., quoique la part de chacun des ayants-droit soit inférieure à cette somme. — D. F. 20 oct. 1851 ; J. E. 15323-4. — Sol. 10 mars 1865 ; R. P. 2317.

5948. Transaction. — Les transactions en matière d'octroi ne peuvent être considérées que comme des actes sous seings privés ; il en résulte qu'elles ne sont pas soumises à l'enregistrement dans un délai de rigueur, mais il ne peut en être fait aucun usage, soit par acte public, soit en justice ou devant une autorité constituée , avant qu'elles aient été enregistrées. — Lettre Direct. gén. 18 mai 1827 ; J. E. 8741.

5949. Vente. — Le droit des procès-verbaux de vente dressés par les régisseurs des octrois, des objets saisis par leurs préposés, est de 2 %. — D. F. 15 nov. 1808 ; J. E. 3067.

OFFICE.

Cн. I. — Notions générales.

5950. Définition. — Charge, fonction publique.
Cette dénomination ne s'applique aujourd'hui qu'aux charges des officiers ministériels et à celles des notaires et des greffiers. — R. J. P. *eod. v°*, 2, 3.

5951. A qui appartient l'office. — L'office appartient au titulaire. — Arg. L. 28 avril 1816, art. 91.
Le titulaire peut vendre son office , le donner , en disposer, en un mot, comme on dispose de sa propriété. Mais le gouvernement seul a le droit de donner l'investiture : le titulaire *présente*, le gouvernement *nomme*; la transmission n'est donc parfaite qu'après que le décret de nomination a été rendu.
Telles sont les conséquences de l'art. 91 L. 29 avril 1816, ainsi conçu :
« Les avocats à la Cour de cassation, notaires, avoués, « greffiers, huissiers, agents de change, courtiers, « commissaires-priseurs, pourront présenter à l'agré- « ment du gouvernement des successeurs, pourvu « qu'ils réunissent les qualités exigées par la loi. Cette « faculté n'aura pas lieu pour les notaires destitués. « Cette faculté de présenter des successeurs ne déroge « point, au surplus, au droit du gouvernement de « réduire le nombre desdits fonctionnaires, notamment « celui des notaires, dans les cas prévus par la loi du « 25 vent. an 11, sur le notariat »

5952. Nature des offices. — Les offices sont de nature mobilière. — C. Paris, 6 avril 1843 ; J. P. 43. 1. 595. — C. Bordeaux. 6 janv. 1846 ; J. P. 46. 2. 251. — C. Lyon, 22 juin 1865 ; J. P. 66. 91. — Marc. 529-5. — Duranton, t. 4, n. 162. — Demolombe, t. 1 n. 438. — Massé et Vergé, sur Zachariæ, t. 2, § 256, note 29. — Aubry et Rau, sur Zachariæ, t. 2, § 165, p. 27.

5953. Forme. — Les cessions d'offices peuvent être faites par actes publics ou sous seings privés. Mais il est nécessaire que les traités soient constatés par écrit et enregistrés. — 25 juin 1841, art. 6.

5954. Prix. — La fixation du prix dépend de la volonté des parties, sauf réduction par la chancellerie, si le prix est exagéré. — C. Nîmes, 30 déc. 1841 ; J. P. 42. 1. 219.

5955. *Contre-lettre.* — Les contre-lettres ayant pour objet soit une augmentation, soit une diminution du prix porté au traité, sont nulles; tel est le principe qui résulte d'une nombreuse et unanime jurisprudence que l'on trouvera exposée au R. J. P. *eod. v*°. Nous nous contenterons de rapporter ici deux arrêts de la Cour suprême qui suffiront à éclairer la question.

5956. *Augmentation du prix.* — Arrêt du 7 juillet 1841 :

« Considérant que la loi de 1816 n'accorde au titulaire d'un office que le droit de présenter au gouvernement son successeur et de solliciter sa nomination;
« — qu'avant de l'accorder, il est sans contredit conforme au texte et à l'esprit de la loi du 28 avril 1816 que le gouvernement connaisse les conventions passées entre les parties, afin de s'assurer si, soit par l'exagération du prix, soit par toute autre cause, elles ne renferment pas de stipulations contraires à l'ordre public; — qu'il suit de là que le prix fixé par le traité soumis au gouvernement, et qui a motivé sa détermination, demeure irrévocablement fixé, et ne pourrait, sans blesser l'intérêt public, être altéré par aucune contre-lettre. »

5957. *Diminution du prix.* — Arrêt du 22 févr. 1853.
« Vu les art. 6, 1131, 1133, 1319 et 1321 du Code « Napoléon, et 91 de la loi du 28 avril 1816; attendu « que les offices ne sont pas une propriété dont les titulaires puissent disposer d'une manière absolue; que « ces derniers ont seulement le droit, aux termes de « l'art. 91 de la loi du 28 avril 1816, de présenter des « successeurs au choix du gouvernement; que, ce choix « devant s'exercer en toute liberté et en pleine connaissance de cause, il est indispensable de faire connaître à l'autorité non-seulement l'aptitude personnelle du candidat désigné, mais encore toutes les « conditions qui interviennent entre lui et le titulaire « démissionnaire, puisque ces conditions sont une des « causes déterminantes de la nomination, et se rattachent comme elle à des considérations d'ordre public; « Attendu que, lorsque le traité souscrit par les parties, et transmis au ministère de la justice, renferme « des stipulations relatives aux recouvrements de « l'office cédé, ces stipulations deviennent un élément « du prix, qui ne peut être modifié dans aucune de ces « parties par des traités secrets ou des contre-lettres; « Attendu, en fait, que, par traité du 20 nov. 1844, « Hoyau, notaire, céda son office à Guilbert pour « 125,000 fr., en expliquant que les recouvrements, « cédés aussi, étaient compris pour 25,000 fr. dans « cette somme totale; que, par une contre-lettre du « même jour, Guilbert rétrocéda à Hoyau les recouvrements pour la même somme de 25,000 fr., anéantissant ainsi, par un traité secret, une clause importante « de l'acte ostensible, le seul que le gouvernement et « les tiers aient pu connaître;
« Attendu que l'arrêt attaqué, en blâmant cette dissimulation, contre laquelle il réserve l'action disciplinaire, l'a néanmoins consacrée, et a ordonné son

exécution par le motif principal que ce traité, loin « d'augmenter le prix de l'office, tendait au contraire à « le diminuer, et que, d'ailleurs, les contractants, étant « maîtres de leurs droits, pouvaient disposer à leur « gré des recouvrements, puisque cette partie du traité « ne touchait pas aux principes d'ordre public en vertu « desquels s'exerçait le concours de l'autorité;
« Attendu que toutes les clauses d'une cession d'office sont indivisibles; que leur ensemble constitue le « contrat soumis à la sanction du gouvernement; que « le traité secret qui supprime ou modifie l'une de ces « clauses ne peut avoir d'autre objet que de surprendre « la religion du gouvernement ou de porter atteinte « aux droits des tiers, et qu'à ce double point de vue « il est radicalement nul, comme contraire soit aux « lois et règlements d'ordre public, soit aux principes « du droit privé;
« Attendu que, pour sauver de pareils traités, on « distinguerait vainement entre le cas où leur effet « serait de diminuer le prix ostensible et celui où il « l'augmenterait; que cette distinction arbitraire et « dangereuse n'enlèverait pas à la simulation son caractère d'illégalité, abstraction faite du but direct ou « indirect de cette simulation;
« Attendu, néanmoins, que l'arrêt attaqué a donné « effet à la contre-lettre contre le traité ostensible, en « quoi il a manifestement violé les articles ci-dessus;
« — casse. »

CH. II. — DROITS ÉTABLIS SUR LA TRANSMISSION DES OFFICES.

5958. Nécessité de l'enregistrement. — Tout traité ou convention ayant pour objet la transmission à titre onéreux ou gratuit, en vertu de l'article 91 de la loi du 28 avril 1816 (5951), d'un office, de la clientèle, des minutes, répertoires, recouvrements et autres objets en dépendant, doit être constaté par écrit et enregistré avant d'être produit à l'appui de la demande de nomination du successeur désigné. — 25 juin 1841, art. 6.

Cette disposition est, en ce qui concerne les traités s. s. p., l'application de l'art. 23 frim., lequel assujettit à l'enregistrement les actes s. s. p. avant qu'il en soit fait usage par acte public, soit en justice, ou devant toute autre autorité constituée : ainsi tout traité ayant pour objet la transmission d'un office doit, pour avoir son effet, être nécessairement enregistré. — I. 1640.

5959. Minimum du droit. — Le droit d'enregistrement de transmission des offices ne peut, *dans aucun cas*, être inférieur au dixième du cautionnement attaché à la fonction ou à l'emploi. — 25 juin 1841, article 10.

En enregistrant les traités de cessions d'offices, les receveurs sont autorisés à se faire justifier du montant du cautionnement attaché à l'office, toutes les fois qu'ils ont lieu de penser que le droit de 2 °/₀ du prix porté dans le traité est inférieur au minimum fixé par la loi. — Circ. 8 août 1843. — D. F. 4 oct. 1851; I. 1893.

Sect. I. — Transmission à titre onéreux.

5960. Règle. — Si la transmission s'opère par contrat à titre onéreux, le droit est dû au taux de 2 % sur le prix exprimé dans l'acte de cession de l'office et le capital des charges qui ajoutent au prix. — 25 juin 1841, art. 7.

C'est, d'une part, le droit établi par l'art. 69, § 5, n° 1, frim., pour les ventes d'objets mobiliers ; de l'autre, la base de perception déterminée pour ces ventes par l'art. 14, n° 5, de la même loi. — I. 1640.

5961. Liquidation du droit. — Le droit de 2 % est exigible sur le prix total de la cession de l'office, de la clientèle, des minutes, répertoires, recouvrements et autres objets en dépendant, sans distinction entre ces différents objets. — I. 1640.

Le droit de 2 % est exigible sur la portion du prix concernant les recouvrements, lors même que les recouvrements seraient cédés pour un prix particulier et par une disposition séparée. — Meaux, 22 mars 1849 ; J. N. 13783.

Si les recouvrements, réservés lors de la cession de l'office, font l'objet, entre le cédant et le cessionnaire, d'une cession ultérieure, le droit exigible sur cette seconde cession est celui de 2 %. Car ils sont toujours l'un des éléments de l'office qui a été transmis, et puisque le droit, d'après la loi, doit porter sur l'ensemble de ces éléments, les parties ne sauraient arriver à une diminution du droit sur l'un d'eux, en en faisant l'objet d'une cession distincte. — Ussel, 12 avril 1845 ; R. G. 9166-2.

Mais le droit de 2 % ne peut atteindre que les objets dépendant de l'office. Si donc le cessionnaire s'oblige à rembourser au cédant une somme payée pour sa part dans un bâtiment servant à la chambre des notaires de l'arrondissement, c'est le droit de 5.50 % qui est exigible sur cette clause. — Meaux, 22 mars 1849 ; J. N. 13783.

5962. Le droit est perçu d'avance. — Toute cession d'office est faite sous la condition *suspensive* que le candidat sera agréé par le gouvernement. Cependant, le droit proportionnel est exigible lors de l'enreg. du traité et avant que cet événement soit connu. Cette règle de perception résulte du rapprochement des art. 6, 7 et 8.

Mais si le traité contient des dispositions indépendantes de la cession même de l'office, ces dispositions ne sont tout d'abord assujetties qu'au droit fixe ; le droit prop. est ajourné jusqu'à l'époque où la décision du gouvernement est connue. Il en est ainsi du transport d'une partie du prix renfermé dans l'acte de cession. — Seine, 1er déc. 1847 ; R. G. 9168-1.

Sect. II. — Transmission à titre gratuit.

5963. Règle. — Si la transmission de l'office et des objets en dépendant s'opère par suite de disposition gratuite entre-vifs ou à cause de mort, les droits établis pour les donations de biens meubles par les lois existantes sont perçus sur l'acte ou écrit constatant la libéralité, d'après une évaluation en capital. — 25 juin 1841, art. 8.

5964. Minimum. — Dans aucun cas, le droit ne peut être au-dessous de 2 %. — Id. ibid.

Si donc mon oncle me fait donation de son étude de notaire, le droit devra être perçu à 6.50 %, comme pour toute autre valeur mobilière transmise à titre gratuit en ligne collatérale, sur la valeur en capital de l'office. Tandis que si c'est mon père qui, dans le partage anticipé de ses biens, assigne à mon lot son office de notaire, ce ne sera pas le droit de 1 % qui devra être perçu, comme s'il s'agissait d'une valeur mobilière ordinaire, mais bien le droit de 2 %. — R. G. 9171.

Sect. III. — Transmission par décès.

5965. Règle. — La perception a lieu conformément à l'art. 7 (5960) lorsque l'office transmis par décès passe à l'un des héritiers ; lorsqu'il passe à l'héritier du titulaire, le droit de 2 % est perçu d'après une déclaration estimative de la valeur de l'office et des objets en dépendant. — Cette déclaration est faite au bureau de l'enregistrement de la résidence du titulaire décédé. La quittance du receveur doit être jointe à l'appui de la demande de nomination du successeur. — Le droit acquitté sur cette déclaration ou sur le traité fait entre les cohéritiers est imputé, jusqu'à due concurrence, sur celui que les héritiers ont à payer, lors de la déclaration de succession, sur la valeur estimative de l'office, d'après les quotités fixées pour les biens meubles par les lois en vigueur. — 25 juin 1841, art. 9.

Ainsi, s'il y a plusieurs héritiers, le droit de 2 % est perçu, comme lorsqu'il s'agit de transmission à titre onéreux, sur le traité de cession passé par les héritiers au profit de l'un d'eux. S'il n'y a qu'un seul héritier, le droit de 2 % est perçu d'après sa déclaration estimative.

5966. Imputation. — Mais, soit que l'office passe à l'un des héritiers, soit qu'il advienne à un héritier unique, le droit acquitté, ou sur la déclaration de ce dernier, ou sur le traité de cession fait entre les héritiers, est compensé avec celui de mutation par décès dû sur la valeur de l'office, considéré comme bien meuble. Par conséquent, si le premier de ces droits est supérieur au second, il n'est rien perçu sur la déclaration de succession, en ce qui concerne l'office ; si, au contraire, il lui est inférieur, l'excédent est payé par les héritiers lors de cette déclaration. Il convient d'observer que cette imputation n'est autorisée seulement pour le cas où c'est un des héritiers ou l'héritier unique qui succède à l'office vacant par le décès du titulaire : elle n'a pas lieu si l'office est cédé à un tiers par les héritiers ou l'héritier unique. Dans ce cas, ceux-ci paient le droit de mutation par décès sur la valeur estimative de l'office à l'instant de la déclaration de succession : le droit de transmission à titre onéreux, déterminé par l'art. 7 de la loi, est acquitté par le cessionnaire sur le

traité passé entre lui et les héritiers du titulaire. — I. 1640. — Sol. 9 mars 1850; R. G. 9174.

5967. *Mode d'imputation.* — « Des difficultés peuvent « s'élever sur le mode d'imputation. En voici une : un « officier public est décédé laissant pour héritiers, sa « mère pour un quart, ses frères et sœurs pour les trois « autres quarts. Supposons que, par un traité intervenu « entre tous les héritiers, l'un d'eux soit devenu cession-« naire de l'office au prix de 100,000 fr.; quelle sera la « manière d'imputer, sur les droits de mutation par dé-« cès, la somme de 2,000 fr. en principal qui, à 2 %, « aura été perçue lors de l'enregistrement du traité ?
« Deux modes d'opérer se présentent :
« Les héritiers prétendront naturellement que le « droit doit être liquidé ainsi qu'il suit :
« Il est dû par la mère à 1 %,
« Sur 25,000 fr. . . . . 250 fr.
« Par les frères et sœurs, à 6,50 %,
« Sur 75,000 fr. 4,875

         « Total. . . . 5,125
 « Imputation de la perception faite sur le
« traité. 2,000

      « Reste à payer en principal. . . 3,125
« Mais le receveur de l'enregistrement pourrait bien « faire le raisonnement suivant :
« Le droit de mutation par décès, à la charge de la « mère, étant inférieur à celui qui a été perçu sur le « traité, il n'est rien dû pour le quart qui lui est échu. « Quant aux frères et sœurs, ils doivent sur les trois « quarts, ci. . . . . 4,875 fr.
« Il a été perçu, lors de l'enregistrement « du traité, sur le prix de ces trois quarts, à « 2 %, ci. 1,500

      « Reste à payer en principal. . . 3,375
« Entre ces deux modes d'opérer, la différence au « profit du Trésor serait de 250 fr. en principal, si l'on « adoptait la seconde opération. Cependant nous « n'hésitons pas à la repousser. La loi , on l'a vu dans « le numéro précédent, a voulu que, toutes les fois que « l'office reste entre les mains d'un héritier, il ne soit « perçu qu'un seul droit de mutation, et cela parce « qu'en réalité, d'après la fiction de l'art. 883 , c'est « par une seule mutation que l'office passe de la tête « du titulaire décédé sur celle de l'héritier unique ou « de l'héritier cessionnaire. Seulement, la troisième « disposition de l'art. 8 de la loi du 25 juin 1841, con-« sidérant à juste titre le droit de 2 % comme repré-« sentant dans cette circonstance le droit de mutation « par décès, veut que le Trésor se réserve le droit le « plus élevé auquel peut donner lieu cette mutation. « C'est dans cet ordre d'idées que si le droit perçu sur « le traité est inférieur à celui auquel aurait donné « lieu la mutation par décès dans le cours normal des « choses, il n'est regardé que comme un simple à-« compte sur ce dernier droit : s'il lui est supérieur, « la loi le considère comme le moindre droit auquel

« puisse donner ouverture la mutation par décès.
« Pour arriver à ce résultat, on forme une masse de « tous les droits auxquels donne lieu la mutation par « décès de l'office considérée abstractivement de la « cession, puis on rapproche de cette masse, qui peut « se composer de droits de quotités diverses, le droit « de 2 %, exigible à raison de la cession pure et sim-« ple, et tout ce qui dans la masse excède ce dernier « droit se déverse sur lui. Voilà la seule opération qui « soit dans l'esprit de la loi. On ne procède pas par « désagrégation pour arriver au but de la loi, car le « droit de 2 %, formant un tout homogène, ne peut « pas se désagréger, mais on rapproche l'une de l'au-« tre deux sommes désormais indivisibles, et c'est leur « choc qui fait ressortir la prédominance de l'une sur « l'autre, prédominance dont s'empare le Trésor. » — R. G. 9174-1.

CH. III. — INSUFFISANCE D'ÉVALUATION ET SIMULATION
DE PRIX.

5968. Régle. — Lorsque l'évaluation donnée à un office pour la perception du droit d'enregistrement d'une transmission à titre gratuit, entre-vifs ou par décès, sera reconnue insuffisante, ou que la simulation du prix exprimé dans l'acte de cession à titre onéreux sera établie d'après des actes émanés des parties ou de l'autorité administrative ou judiciaire, il sera perçu, à titre d'amende, un droit en sus de celui qui sera dû sur la différence de prix ou d'évaluation. Les parties, leurs héritiers ou ayants cause , sont solidaires pour le paiement de cette amende. — 25 juin 1841 , art. 11.
Cet article est applicable dès que l'évaluation donnée à un office est reconnue insuffisante, qu'il s'agisse de donation ou de succession. — Largentière, 20 août 1873 ; *Courrier*, 75.

5969. *Actes révélant l'insuffisance ou la simulation.* — La loi ne spécifie point les actes qui peuvent être admis pour preuve de la simulation de prix ou de l'insuffisance d'évaluation. Ainsi, *tout acte* peut, sauf appréciation , servir de preuve ; mais aucune demande ne doit être formée contre les parties qu'en vertu d'une autorisation du directeur, à qui les actes et documents établissant l'insuffisance sont préalable-ment soumis. — I. 1640, 1659.

5970. *Inventaire.* — Lorsque , dans un inventaire fait après le décès de celui qui a cédé son office, le cessionnaire déclare que le prix a été dissimulé et quelle somme a été payée en sus de celle portée au contrat, l'administration est fondée à poursuivre le paiement du double droit contre le cessionnaire. — Abbeville, 7 mai 1853 ; J. E. 15716.

5971. *Vente.* — Si le prix d'un office vendu par les héritiers du titulaire est supérieur à l'évaluation faite dans la déclaration de succession, les droits simple et en sus sont dus sur la différence. — Saint-Etienne, 25 juill. 1849 ; J. N. 13860.

5972. Contre-lettre. — En matière de cession d'offices, les contre-lettres n'encourent aucune autre peine que celle du double droit, la loi *spéciale* de 1841, ayant abrogé la disposition *générale* de l'art. 40 frim. — Seine, 8 août 1850; J. N. 14196. — Troyes, 28 janv. 1852; J. N. 14660. — Seine, 17 fév. 1852; J. N. 14692. — Sol. 28 oct. 1853; I. 1989. — Réthel, 13 août 1858; R. P. 1102.

CH. IV. — CRÉATIONS ET SUPPRESSIONS D'OFFICES.

5973. Création d'office. — En cas de création nouvelle de charges ou d'offices, ou en cas de nomination de nouveaux titulaires sans présentation, par suite de destitution ou par tout autre motif, les décrets qui y pourvoient sont assujettis à un droit d'enregistrement de 20 % sur le montant du cautionnement attaché à la fonction ou à l'emploi. — Toutefois, si les nouveaux titulaires sont soumis, comme condition de leur nomination, à payer une somme déterminée pour la valeur de l'office, le droit d'enregistrement de 2 % est exigible sur cette somme, sauf l'application du minimum de perception établi à l'article 10 (5959). Ce droit doit être acquitté avant la prestation de serment du nouveau titulaire, sous peine du double droit. — 25 juin 1841, art. 12.

5974. Recouvrements. — Si le décret qui nomme un successeur à l'officier destitué prescrit à ce successeur de verser à la caisse des consignations, outre une somme représentant la valeur de l'office, une autre somme pour les recouvrements, aucun droit n'est exigible sur cette dernière somme, attendu que ces recouvrements sont la propriété du titulaire destitué et qu'il ne les a pascédés à son remplaçant. Il n'en est pas de même de l'office, qui, en cas de destitution, se trouve être la propriété de l'Etat. — Bressuire, 24 juin 1845; J. E. 13882.

5975. Imputation. — *Fils succédant à son père destitué.* — Lorsque les héritiers d'un officier public ont été privés du droit de présenter un successeur, si le nouveau titulaire est le fils de l'ancien et a été assujetti à verser une somme déterminée pour la succession de son père, le droit de 2 % sur cette somme est exigible sans déduction du droit perçu sur la valeur de l'office lors de la déclaration de succession. En effet, dans les cas prévus par l'art. 9, l'imputation n'est admise que lorsque l'office est transmis par décès et passe à l'un des héritiers ou à l'héritier unique du titulaire. Or, dans l'espèce, le fils n'est pas devenu propriétaire de l'office de son père par droit d'hérédité, mais bien en vertu d'une ordonnance rendue dans l'un des cas spécialement prévus par l'art. 12. — Périgueux, 5 déc. 1850; J. E. 15120.

5976. Enregistrement postérieur à la prestation de serment. — Le double droit est encouru lorsque le titulaire d'un office, nommé par ordonnance qui a privé les héritiers du précédent titulaire du droit de présenter un successeur, et a chargé le titulaire nommé d'office de verser une somme à la caisse des dépôts et consignations, n'a pas fait enregistrer cette ordonnance avant de prê'er serment. — Périgueux, 5 déc. 1850; J. N. 14326. — L'art. 12 dispose, en effet, que, dans le cas où l'autorité a retiré à un titulaire ou à ses héritiers le droit de présenter son successeur, l'ordonnance de nomination doit être enregistrée avant la prestation de serment du nouveau titulaire, sous peine du double droit.

5977. Suppression d'office. — En cas de suppression d'un titre d'office, lorsqu'à défaut de traité le décret qui prononce l'extinction fixe une indemnité à payer au titulaire de l'office supprimé ou à ses héritiers, l'expédition de ce décret doit être enregistrée dans le mois de la délivrance, sous peine du double droit. — Le droit de 2 % est perçu sur le montant de l'indemnité. — 25 juin 1841, art. 13.

5978. Suppression sans indemnité. — Si la suppression de l'office a lieu sans indemnité, aucun droit ne peut être perçu. — I. 1640.

5979. Minimum. — Le droit à percevoir sur l'indemnité allouée au titulaire de l'office supprimé ou à ses héritiers peut être inférieur au dixième du cautionnement. L'application de ce minimum est, en effet, limitée, par l'art. 10 de la loi, aux transmissions prévues par les art. 7, 8 et 9, et ne peut être faite aux suppressions. — Dél. 10 oct. 1843; J. E. 13385-2. — Guéret, 29 déc. 1854; R. P. 325.

5980. Déclassement. — Le droit de 2 % doit être perçu sur l'indemnité que les notaires d'une ville s'engagent à payer à un de leurs collègues, dont l'étude est transférée de cette même ville dans un canton rural; il n'est pas nécessaire que l'administration représente, pour justifier sa demande, le traité dans lequel cette indemnité a été stipulée, il suffit qu'il soit constant que cet acte a été produit à la chancellerie. — Cass. req. 15 mai 1848; Sir. 48. 1.333 ; I. 1825-2 ; J. E. 14499.
Mais, dans ce cas, il n'y a pas création d'office, et l'on ne peut percevoir, outre le droit de 2 0|0, celui de 20 % sur le cautionnement, par application de l'art. 12. — Lyon, 27 janv. 1847 ; J. N. 13041.

5981. Réintégration. — Le décret qui réintègre dans son office demeuré vacant un notaire démissionnaire ne doit pas subir le droit de 20 % sur le cautionnement, car ce droit n'est exigible qu'en cas de *nomination de nouveau titulaire* sans présentation (art. 12), et non, comme dans le cas qui nous occupe, en cas de *nomination nouvelle d'un titulaire ancien.* — Saint-Flour, 20 août 1844 ; R. G. 9188.

5982. Changement de résidence. — Le décret qui autoriserait un notaire à changer de résidence, sans

le placer dans une classe autre que celle où il se trouvait auparavant, ne serait pas sujet au droit proportionnel. — Dél. 28 janv. 1834 ; R. G. 9189.

5983. Permutation. — Mais le droit proportionnel serait exigible sur les deux décrets par lesquels deux notaires, qui exerçaient dans des communes différentes, seraient nommés en remplacement l'un de l'autre. On ne peut voir là une simple autorisation de changement de résidence ; il existe deux nominations conférant un nouveau titre aux titulaires et opérant une double mutation ou transmission d'office. — Cass. civ. 10 août 1841 ; Sir. 41.1.662 ; I. 1668-4 ; J. E. 12825.

Ch. V. — Restitution.

5984. Règle. — Les droits perçus en vertu des articles qui précèdent sont sujets à restitution toutes les fois que la transmission n'a été suivie d'aucun effet. — S'il y a lieu à réduction du prix, tout ce qui a été perçu sur l'excédant est également restitué. — La demande en restitution doit être faite, conformément à l'article 61 de la loi du 22 frim. an 7, dans le délai de deux ans à compter du jour de l'enregistrement du traité ou de la déclaration. — 25 juin 1841, art. 14.

5985. *Objets indépendants de l'office.* — Si l'office a été vendu avec la maison où il est établi, le droit de 5. 50 % perçu sur le prix de la maison est restituable comme celui perçu sur le prix de l'office, attendu que, dans l'intention des parties, la transmission de la maison, comme celle de l'office, était soumise à une condition suspensive. — Saint-Yrieix, 23 nov. 1847 ; J. N. 13263. — *Contrà* : Dél. 6 oct. 1843 ; J. N. 11752.

5986. *Actes distincts.* — Si, par acte passé le même jour que le traité, le cédant vend au cessionnaire une maison, avec condition que la vente sera subordonnée à l'entrée en fonctions, et que, avant la nomination, les parties résilient le traité, les droits du traité et de la vente sont restituables. — Dunkerque, 11 avril 1845 ; J. N. 12369.
Si la transmission n'est pas suivie d'effet, il y a lieu de restituer le droit perçu sur un transport de partie du prix de la cession faite par acte distinct du traité. — Seine, 1er déc. 1847 ; J. N. 13267.

5987. *Droits de succession payés avant la réduction.* — « Aux termes d'une délibération du 24 sept. 1832, « approuvée le 29 du même mois, si la cession d'un « office dépendant d'une succession postérieure à « la déclaration de cette succession, la réduction « opérée par le gouvernement dans le prix stipulé ne « peut avoir d'effet sur l'estimation donnée à l'office « dans la déclaration, puisqu'elle ne rétroagit pas à « une époque antérieure à cette déclaration. Il en est « autrement si la cession de l'office est antérieure à la « déclaration, et si le prix de la cession, énoncé dans « cette déclaration comme représentant la valeur de « l'office, est ultérieurement réduit par l'autorité. Dans « ce cas, en effet, le prix stipulé est censé n'avoir jamais été que de la somme fixée par le gouvernement, « et les héritiers doivent être considérés comme ayant « compris dans la déclaration une valeur ne faisant « réellement pas partie de la succession, circonstance « qui, depuis l'Inst. 386, n° 38, autorise la restitution « des droits perçus en trop. » — Sol. 16 oct. 1867.

5988. Réduction volontaire. — Si la réduction du prix a lieu volontairement, le droit perçu sur la différence est restituable, la loi n'ayant fait aucune distinction entre la réduction volontaire et celle imposée par l'autorité. — Saint-Jean-d'Angély, 3 déc. 1868 ; R. P. 2872. — *Contrà* : Cambrai, 18 déc. 1867 ; R. P. 2765.

5989. Délai. — Le délai pour obtenir la restitution est de deux ans à compter *du jour de l'enregistrement*. Par ces derniers mots il faut entendre le jour de l'enregistrement de l'acte de cession et non de l'acte qui constate la réduction. — Meaux. 30 juill. 1846; J. E. 14055. — Verdun, 14 août 1847 ; J. N. 13133.—Péronne, 18 mai 1855 ; J. E. 16155. — Cass. civ. 22 mars 1858. — Grenoble, 20 août 1869 ; R. P. 3205. — L'arrêt du 22 mars 1858 est motivé en ces termes :
« Vu les art. 61 de la loi du 22 frim. an 7 et 14 de « celle du 25 juin 1841 ; — Attendu que, pour assurer « la stabilité des perceptions et empêcher que des ré- « clamations tardives ne viennent jeter le trouble dans « une des branches les plus importantes des revenus « de l'État, la loi du 22 frimaire an 7 déclare, par « l'art. 61 précité, que les parties sont non recevables, « après deux années à compter de l'enregistrement, « dans toute demande en restitution de droits perçus, « et que cette prescription ne peut être suspendue que « par une demande signifiée et enregistrée avant l'ex- « piration de ce délai ;
« Attendu qu'après avoir, par l'art. 6. déclaré qu'à « l'avenir tout traité ayant pour objet la transmission « d'un office devra être constaté par écrit et enregistré « avant d'être produit à l'appui de la demande de no- « mination du successeur désigné; après avoir, par les « art. 7 et 8, fixé les droits proportionnels à percevoir « à raison de ces traités; enfin, après avoir, dans « l'art. 9, décidé que, quand l'office est transmis par « décès et passe à l'héritier unique du titulaire, la « quittance du droit perçu par le receveur, d'après la « déclaration estimative de la valeur de l'office, sera « jointe à l'appui de la demande de nomination du « successeur, la loi du 25 juin 1841 dispose, art. 14 : « Les droits perçus en vertu des articles qui précèdent « seront sujets à restitution toutes les fois que la trans- « mission n'aura pas été suivie d'effet. S'il y a lieu « seulement à réduction du prix, tout ce qui aura été « perçu sur l'excédant sera également restitué. La de- « mande en restitution devra être faite. conformément « à l'art. 61 de la loi du 22 frim. an 7, dans le délai « de deux ans à compter du jour de l'enregistrement « du traité ou de la déclaration. »
« Attendu que, d'après ces différents textes, c'est le

74

« jour de la perception qui est le point de départ de la
« prescription de l'action en restitution des droits ; —
« Que le traité dont parle l'art. 14 précité est celui sur
« lequel le droit proportionnel a été perçu, et qui a
« dû être joint à la demande de nomination, et non
« celui qui peut intervenir ultérieurement, en cas de
« réduction du prix par le gouvernement ; — Que ce
« qui lève toute incertitude à cet égard, c'est d'abord
« que la transmission peut n'être pas suivie d'effet ;
« qu'il n'intervient pas alors de nouveau traité, et que
« le délai pour la restitution du droit court nécessai-
« rement du jour de l'enregistrement de l'acte de ces-
« sion ; c'est ensuite que, dans le cas où le gouverne-
« ment trouve exagérée la valeur de l'office telle qu'elle
« a été déclarée par l'héritier unique qui demande à
« succéder au titulaire, c'est du jour où le droit de
« mutation a été perçu, d'après cette déclaration, que
« commence à courir le délai de restitution. »

5990. Pièces à produire. — Les parties doivent produire, à l'appui de leur demande en restitution, soit
un certificat du ministère constatant que la nomination n'a pas eu lieu ou que le prix a été réduit, soit la
lettre officielle du parquet notifiant la décision du ministre. — I. 1640. — Sol. 20 sept. 1842 ; I. 1677.

5991. Nomination obtenue. — Une fois la nomination
obtenue, le droit est irrévocablement acquis au Trésor
et ne peut plus être restitué.

5992. *Refus de serment.* — Le droit perçu sur une
cession d'office n'est pas restituable, lorsque le cessionnaire, après avoir obtenu sa nomination, ne se présente pas pour prêter serment, et que, par suite de son
refus, une nouvelle décision du gouvernement autorise
le cédant à continuer ses fonctions. C'est, en effet, la
nomination du cessionnaire qui rend le traité définitif ;
les autres événements ultérieurs qui peuvent survenir
sont sans influence sur la perception. — Cass. civ. 2
arrêts 29 janv. 1851 ; Sir. 51.1.184 ; I. 1883-2 ; J. E.
15121-1-2.

5993. *Acquisition d'une autre étude.* — Il n'y a pas
lieu à restitution lorsque le candidat nommé à un office
de notaire a, dans l'intervalle de son traité à sa nomination, acquis un autre office, que l'ordonnance de sa
nomination a été rapportée, et qu'il a été nommé au
second office. — Vendôme, 30 juill. 1847 ; J. N. 13169.

5994. *Révocation.* — Les droits perçus sur une cession d'office ne sont pas restituables quand même le
cessionnaire *nommé* aurait été révoqué *avant d'avoir
prêté serment.* — Villefranche, 14 août 1851 ; J. E.
15263-1. — Seine, 16 mai 1839 ; J. E. 12308.

5995. *Motifs divers.* — Enfin, en règle générale, le
droit n'est pas restituable si, après avoir été nommé,
le titulaire n'entre pas en fonctions, pour une cause
quelconque. — Rochefort, 28 juin 1843 ; J. E. 13537.

5996. *Réduction après serment prêté.* — Lorsque le
nouveau titulaire d'un office *a prêté serment*, si le tribunal réduit le prix d'acquisition de cet office, cette
réduction est un événement ultérieur qui n'autorise
pas la restitution des droits perçus sur la somme retranchée. — Rochefort, 23 juill. 1851 ; J. E. 15267. —
Contrà : Moulins, 28 juill. 1849 ; J. N. 13855.

CH. VI. — QUESTIONS DIVERSES.

5997. Acte ancien. — Avant la loi du 21 avril 1832,
qui a assujetti les transmissions d'office à un droit
égal au dixième du cautionnement, les mutations de
l'espèce étaient soumises au droit de 2 %, fixé par la
loi du 22 frimaire an 7 pour les ventes d'objets mobiliers ; c'est encore aujourd'hui ce droit qui doit être
perçu sur les actes de cession d'office antérieurs à la
loi de 1832, lorsqu'il en est fait usage en justice ou
par acte public. — Cass. civ. 11 juill. 1853 ; Sir. 53.
1. 541 ; I. 1986-11 ; J. E. 15709.

Le même droit est dû si l'acte est volontairement
présenté à la formalité. — Colmar, 14 juill. 1847 ;
J. E. 14220.

5998. Cautionnement. — Lorsque le prix d'une
cession est cautionné par un tiers, le droit de 50 c. %
est exigible. — Nontron, 30 août 1842 ; J. E. 13145. —
Seine, 22 fév. 1843 ; J. E. 13218. — Limoges, 12 juill.
1844 ; J. E. 13568.

5999. Disposition indépendante. — La quittance ou
l'obligation contenue dans l'acte de cession pour tout
ou partie du prix, soit de l'office, soit des créances ou
autres valeurs mobilières, ne donne point ouverture à
un droit particulier, par application de l'art. 10 frim. —
Sol. 3 juin 1836 ; I. 1514.

6000. Nullité. — Le droit est dû sur une cession
d'office entachée de nullité. — Bordeaux, 22 fév. 1863 ;
R. P. 2172.

6001. *Succession.* — L'administration ne peut
invoquer la nullité d'une cession d'office pour être
admise à le comprendre dans la déclaration de la succession de l'ancien titulaire. — Marseille, 20 janv. 1863 ;
R. P. 1859.

6002. Succession. — Lorsque le gouvernement, en
prononçant la destitution d'un officier public, a
ordonné que la valeur de l'office à fixer par le tribunal
serait attribuée aux créanciers de l'officier révoqué,
cette valeur ne fait pas partie de la succession de ce
dernier, décédé depuis sa destitution. — Saverne,
9 déc. 1845 ; J. N. 12597.

OFFICIER DE L'ÉTAT CIVIL. — V. *État
civil.*

6003. OFFICIER DE POLICE JUDICIAIRE. — Dénomination générique s'appliquant à tous les fonctionnaires chargés de rechercher et constater les crimes, délits et contraventions. — V. *Police*.

6004. OFFICIER MINISTÉRIEL. — On désigne en général sous ce nom tout officier qui est tenu de prêter son ministère aux juges ou aux parties, lorsqu'il en est légalement requis. Tels sont les avoués, les greffiers, les notaires, les commissaires-priseurs et les huissiers. — Boncenne, *Introd.*, p. 583.— Toullier, t. 7, n. 265. — Carré, *Compétence*, t. 1, p. 290.

6005. OFFRES LABIALES. — Simples offres verbales ou même écrites, qui ne sont point accompagnées de la représentation effective des objets offerts.

OFFRES RÉELLES.

Ch. I. — Questions civiles, 6006.

Ch. II. — Questions fiscales, 6013.

Ch. I. — Questions civiles.

6006. Définition. — Les offres réelles sont celles qui sont accompagnées de l'exhibition des deniers ou autres objets offerts.

6007. Quand on peut faire des offres. — Lorsque le créancier refuse de recevoir son paiement, le débiteur peut lui faire des offres réelles, et, au refus du créancier de les accepter, consigner la somme ou la chose offerte. — C. 1257.

Si un terme a été stipulé en faveur du créancier, il faut qu'il soit échu pour que des offres puissent être faites. — C. 1258.

Si la dette a été contractée sous condition, des offres ne peuvent être faites tant que cette condition n'est pas arrivée. — C. 1258.

6008. A qui et par qui les offres doivent être faites. — Les offres doivent être faites au créancier ayant capacité de recevoir ou à celui qui a pouvoir de recevoir pour lui. — C. 1258.

Il faut que celui qui fait les offres soit capable de payer. — C. 1258.

6009. Ce qu'on doit offrir. — Il faut que les offres soient de la totalité de la somme exigible, des arrérages ou intérêts dus, des frais liquidés, et d'une somme pour les frais non liquidés, sauf à la parfaire. — C. 1258.

6010. Lieu où doivent être faites les offres. — Il faut que les offres soient faites au lieu dont on est convenu pour le paiement, et que, s'il n'y a pas eu de convention spéciale sur le lieu du paiement, elles soient faites ou à la personne du créancier, ou à son domicile, ou au domicile élu pour l'exécution de la convention. — C. 1258.

6011. Officier public ayant caractère pour faire les offres. — Il faut que les offres soient faites par un officier ministériel ayant caractère pour ces sortes d'actes, c'est-à-dire par un huissier. C. 1258. — Les notaires ont qualité pour faire des procès-verbaux d'offres réelles, attendu que l'art. 1258 C. dispose que les offres doivent être faites par un officier ministériel, et que les notaires sont compris dans l'expression générale d'officiers ministériels employée par le législateur. — C. Bordeaux, 30 juin 1836; J. N. 9398. — C. Agen, 17 mai 1836; J. P. 37. 1. 368. — Toullier, t. 7, n. 201. — Favard, *eod. v°*, 2.

6012. Effet des offres. — Les offres réelles, suivies d'une consignation, libèrent le débiteur; elles tiennent lieu, à son égard, de paiement, lorsqu'elles sont valablement faites, et la chose ainsi consignée demeure aux risques du créancier. — C. 1257.

Lorsque le créancier n'accepte les offres que sous des modifications auxquelles le débiteur n'adhère pas, il n'y a pas de contrat judiciaire. — C. 1134.

Ch. II. — Questions fiscales.

6013. Offres non acceptées. — Les offres non acceptées, *qui ne font pas titre au créancier*, opèrent le droit fixe de 3 fr. — 28 avril 1816, art. 43, n. 13. — 28 fév. 1872, art 4.

Les offres réelles faites par un dépositaire, sur la sommation qui lui est notifiée à la requête du créancier du déposant, ne sont point soumises au droit de titre, si la créance résulte d'un acte enregistré et si l'huissier qui instrumente refuse ces offres au nom de son requérant. Ces offres n'ont, en effet, rien ajouté à la sûreté de la créance; elles constituent, de plus, un fait personnel au dépositaire, et comme le créancier a refusé d'en tirer avantage, on ne peut rendre ce dernier passible d'un droit auquel il n'a pas donné lieu. — Cass. civ. 2 mai 1815; Sir. 15. 1. 318; Pr. chron. 271.

6014. *Offres faisant titre.* — Si l'offre est refusée et que l'acte fasse titre au créancier sans mention de titre enregistré, le droit proportionnel dû pour le titre est exigible sur la somme offerte. Ce n'est qu'au cas où l'offre non acceptée par le créancier résulte d'un acte enregistré, que le droit fixe doit être perçu, et il est alors le *seul* exigible. — Dél. 28 juin 1833; I. 1437-7.

6015. *Frais.* — Les offres réelles de sommes dont l'exigibilité n'est établie par aucun titre enregistré sont passibles d'un droit proportionnel, lors même qu'elles ne sont pas acceptées par le créancier auquel elles font

titre jusqu'à due concurrence. Ainsi les offres réelles d'une somme due par suite d'un arrêt et d'une autre somme pour frais d'expropriation donnent ouverture au droit proportionnel sur cette dernière somme. — Sol. 15 juin 1830.; J. E. 9655.

6016. *Cautionnement.* — · Le droit proportionnel de 1 °/₀ est exigible sur les offres réelles, non acceptées, d'une somme déclarée avoir servi à faire le cautionnement d'un receveur des finances, avec déclaration du privilége de second ordre, mais sans qu'il soit justifié de la déclaration prescrite par le ·D. 22 déc. 1812. — Dél. 22 déc. 1826; Rec. Roll. 1700.

6017. *Compte.* — Il en est de même des offres réelles faites pour solde d'un compte non enregistré, bien qu'elles ne soient pas acceptées. L'huissier est, dans ce cas, considéré comme ayant pouvoir spécial de reconnaître la dette dont les offres constatent, au surplus, formellement l'existence réelle. — Dél. 6 mars 1827; Rec. Roll. 1700.

6018. *Rapport d'experts.* — Si un entrepreneur acquiesce, par exploit, à un rapport d'experts qui a mis diverses sommes à sa charge et fait offre, non acceptée. de ces sommes, le droit de titre est exigible sur le montant des offres. — Seine, 30 avril 1851; J. E. 15191.

6019. *Vente.* Lorsque, à la suite d'une convention verbale relative à une vente de marchandises. l'acheteur fait signifier au vendeur des offres refusées par ce dernier, le droit de 2 °/₀ n'est pas dù sur le procès-verbal, attendu qu'il n'y a pas de vente sans consentement bilatéral sur la chose et sur le prix. — Seine, 23 juill. 1859; R. P. 1266.

6020. **Offres acceptées.** — Si l'offre est acceptée, il en résulte un paiement, une libération sujette au droit de 50 c. °/₀. — Dél. 28 juin 1833; I. 1437-7.
Un procès-verbal d'offres acceptées, quoique du solde seulement du prix d'une vente, mais qui constate que *remise de la grosse du titre a été faite*, donne lieu au droit de quittance sur l'intégralité de ce prix, lorsqu'il n'est justifié d'aucune quittance antérieure. — Angers, 23 août 1851; J. E. 15283-1.

6021. **Intérêts.** — Le procès-verbal d'offres réelles d'une somme due en vertu d'un titre enregistré, et des intérêts échus de cette somme, ne donne pas lieu à la perception du droit de 1 °/₀ sur le montant des intérêts. — Dél. 7 oct. 1836; Rec. Roll. 5164.

6022. **Droits d'enregistrement** — Les redevables ne sauraient se soustraire au droit en sus par l'offre faite au receveur, avant l'enregistrement, d'une somme inférieure à la liquidation de ce dernier, attendu que nul ne peut atténuer ni différer le paiement des droits, sauf à se pourvoir en restitution. — Cass. 21 flor.

au 8; Dall. R. 5083. — 23 fév. 1836; Sir. 36. 1. 225. — 20 oct. 1869; R. P. 3063. — Civ. 25 mars 1872; R. P. 3424.

OMISSION. — V. *Répertoire, Succession.*

6023. OPPOSITION. — Empêchement à un acte, à une chose.
On s'oppose à un mariage, à une levée de scellés, à l'exécution d'une contrainte, à l'exécution d'un jugement par défaut, etc.

6024. Tarif. — Actes passés aux greffes des *tribunaux civils* ou de *commerce*, portant opposition à remise de pièces, à délivrance de jugement, à publication de séparation, 4. 50. — Frim. art. 68, § 2, n. 7 et 7. — 28 avril 1816, art. 44, n. 10. — 28 fév. 1872, art. 4.
Si ces actes sont passés aux greffes des *cours d'appel*, le droit est de 7. 50. — Frim. art. 68, § 2, n. 6 et 7. — 28 avril 1816, art. 45, n. 6.—28 fév. 1872, art. 4.
V. *Exploit, Saisie, Vente.*

6025. ORDONNANCE. — Ordre donné par un juge.
Les ordonnances sont rendues sur *requéte* ou sur *référé.*
L'ordonnance sur *requête* est rendue, sur la sollicitation d'une partie pour autoriser une mesure d'instruction, par exemple une assignation à bref délai.
L'ordonnance sur *référé* a pour but de juger provisoirement et avec rapidité, soit les difficultés survenues dans le cours de l'exécution des jugements et des titres, soit toute autre affaire urgente. Toute la procédure consiste dans l'assignation qui est donnée directement et sans permission préalable, et dans l'exposé verbal des moyens des parties. — C. P. 807 suiv.

6026. Force de l'ordonnance. — « Le juge qui rend
« lui seul une décision, ne fait que tenir la place du
« tribunal auquel il appartient, bien que les fonctions
« qu'il remplit à cet égard lui soient propres. De là il
« suit que son ordonnance est censée émanée du tri-
« bunal lui-même, et qu'elle est ou n'est pas sujette à
« l'appel, suivant que le tribunal est ou n'est pas sou-
« verain par sa nature. qu'elle n'est, en un mot. atta-
« quable que comme elle le serait si ce tribunal l'avait
« rendue. » Poncet, *Tr. des Jugements*, n. 40.

6027. Tarif. — Ordonnances des *juges de paix*, 1. 50. — Frim. art. 68, § 1, n. 46. — 28 fév. 1872, art. 4.
Celles des juges en matière de *police simple* et *police correctionnelle*, et en *matière criminelle*, 1.50. — Frim. art. 68, § 1, n. 48. — 28 fév. 1872, art. 4.
Ordonnances des juges des tribunaux civils et de

commerce, 4.50. — 28 avril 1816, art. 44, n. 10. — 28 fév. 1872, art. 4.

Celles rendues par les magistrats des Cours d'appel, 7. 50. — 28 avril 1816, art. 45, n. 6. — 28 fév. 1872, art. 4.

6028. *Exequatur.* — L'ordonnance d'*exequatur* d'une sentence arbitrale est sujette à l'enregistrement, et le droit dont elle est passible est celui de 4. 50. — Sol. 26 sept. 1835; J. E. 12050.

6029. *Saisie-arrêt.* — L'ordonnance sur requête pour saisir-arrêter, quand on n'a pas de titre. est soumise au droit fixe de 4. 50 —D. F. 6 août 1823; I. 1097.

6030 Pluralité. — N'est passible que d'un seul droit l'ordonnance de référé qui autorise un héritier : 1° à faire inventorier et vendre le mobilier de la succession ; 2° à donner congé de l'appartement qu'occupait le décédé ; 3° à payer tous les frais privilégiés, et à verser ensuite le restant du prix de la vente à la caisse des consignations. Ces autorisations diverses ont toutes pour cause le décès de l'auteur de la succession. — Sol. 17 mai 1830 ; J. E. 9932.

Il en est de même de l'ordonnance qui permet à un créancier de former saisie-opposition à la délivrance des deniers de plusieurs de ses débiteurs. — Orléans, 4 mars 1822; Dél. 8 mai 1822 et 16 déc. 1825; I. 1187-10.

L'ordonnance rendue sur la requête de plusieurs adjudicataires et commettant un huissier pour faire les notifications utiles aux créanciers, n'opère qu'un seul droit, car elle ne contient qu'une requête ayant pour objet un fait unique. — Sol. 28 janv. 1869 ; R. P. 2870.

6031. Délai. — Les ordonnances sont sujettes à l'enreg. dans le même délai que les autres actes judiciaires.

Mais comme la loi ne prononce aucune peine contre les parties pour retard d'enregistrement de cette nature d'acte, il en résulte qu'ils ne sont pas passibles du double droit pour défaut d'enregistrement dans le délai de vingt jours. — Sol. 12 sept. 1828 ; J. E. 9167.

6032. Bureau. — Les notaires doivent faire enregistrer au bureau des actes judiciaires, s'il y en a un spécial dans la ville où ils font enregistrer leurs actes. L'ordonnance de référé qui statue sur des difficultés élevées lors d'un inventaire, et qui est mise par le président sur la minute du procès-verbal du notaire. — Mortagne. 20 janv. 1843 ; J. N. 11655.

6033. *Ordonnance sur requête.* — Les dispositions de l'art. 13 L. 16 juin 1824 sont applicables aux ordonnances sur requête ; dès lors, même dans le cas où il existe un bureau spécial pour les actes judiciaires, c'est au receveur qui enregistre l'acte notarié qu'il appar-

tient d'enregistrer l'ordonnance annexée. — Sol. 30 nov. 1867 ; R. P. 2824.

6034. Objets déposés dans les greffes. — Les requêtes que présentent au président du tribunal (Ord. 22 fév. 1829) les greffiers, geôliers et tous autres dépositaires d'effets mobiliers déposés à l'occasion de procès civils et criminels définitivement jugés, pour être autorisés à faire la remise desdits effets à l'administration des domaines, qui doit procéder à leur vente, ont lieu dans un but de mesure d'ordre et d'intérêt publics. Il s'ensuit que cette requête et cette ordonnance doivent être rangées dans la classe des actes exempts des formalités du timbre et de l'enregistrement, par application des art. 16 brum. et 70, §3, n. 2 frim. —Dél. 12 nov. 1830; J. E. 10012.

6035. Expédition. — L'expédition d'une ordonnance sur référé exécutoire sur minute d'après l'autorisation du juge, ne doit être délivrée qu'autant que les parties la requièrent. — D. F. 14 août 1824 ; I. 1150-13.

6036. Acte en conséquence d'un autre.— *Extraits des registres.* — Les ordonnances des juges de paix portant autorisation de se faire délivrer extraits des registres du receveur de l'enregistrement doivent être enregistrées avant que la recherche puisse être effectuée. — Sol. 20 oct. 1840 ; J. E. 12701.

6037. *Interrogatoires sur faits et articles.* — Les ordonnances rendues par le président ou un juge en matière d'interrogatoire sur faits et articles, conformément aux art. 325, 326, 327, 329 C. P., sont assujetties à l'enregistrement avant qu'elles puissent être signifiées. — I. 436-29.

6038. ORDONNANCE DE PAIEMENT. — Mandat, ordre de payer.

Les ordonnances de paiement sur les caisses publiques sont exemptes de timbre et d'enreg. — Brum. art. 16. — Frim. art. 70, § 3, n. 4 et 5. — V. *Mandat.*

6039. ORDRE (Terme de commerce). — Endossement d'un effet de commerce pour en faire le transport. — V. *Billet, Endossement, Lettre de change.*

ORDRE (Règlement).

Cu. I. — Questions générales, 6040.

Cu. II. — Solutions diverses, 6051.

Ch. I. — Notions générales.

6040. Définition. — L'ordre est une procédure qui a pour but de régler le prix provenant d'une vente immobilière entre des créanciers privilégiés et hypothécaires.

L'*ordre* ne s'applique qu'aux prix de vente d'immeubles grevés d'inscriptions privilégiées ou hypothécaires; la *distribution par contribution* est la répartition entre les créanciers de tout rang, des biens meubles ou immeubles de leur débiteur.

6041. Ordre amiable. — Si les créanciers consentent à se régler amiablement sur la distribution du prix, le juge-commissaire dresse procès-verbal de ce règlement et ordonne la délivrance des bordereaux aux créanciers utilement colloqués et la radiation des inscriptions des créanciers non admis en ordre utile. — C. P. 751.

Ce règlement est appelé *ordre amiable*, ou même *règlement amiable*. — ¹.

6042. Ordre judiciaire. — A défaut de règlement amiable, le juge déclare l'ordre ouvert. Les créanciers sont sommés de produire leurs titres avec actes de produit signés de leurs avoués et contenant demande en collocation. On procède ensuite d'après les règles tracées par les art. 755 suiv. C. P. Tel est l'*ordre judiciaire*.

6043. Tarif. — Sont soumis au droit proportionnel, d'après les tarifs en vigueur, les ordres, collocations et distributions de sommes, quelle que soit leur forme, et qui ne contiennent ni obligation ni transport par le débiteur. — 28 fév. 1872, art. 5.

6044. *Quotité du droit.* — Le droit à percevoir est donc celui de 50 c. % déterminé pour les jugements portant *collocation* ou *liquidation* de sommes et valeurs mobilières.

6045. *Forme.* — Les *règlements amiables* dressés en présence du juge (6041) sont assujettis au tarif de

---

(1)   *EXTRAIT du Code de Procédure civile.*

Art. 750. L'adjudicataire est tenu de faire transcrire le jugement d'adjudication dans les quarante-cinq jours de sa date, et, en cas d'appel, dans les quarante-cinq jours de l'arrêt confirmatif, sous peine de revente sur folle enchère. — Le saisissant, dans la huitaine après la transcription, et, à son défaut, après ce délai, le créancier le plus diligent, la partie saisie ou l'adjudicataire dépose au greffe l'état des inscriptions, requiert l'ouverture du procès-verbal d'ordre, et s'il y a lieu, la nomination d'un juge-commissaire. Cette nomination est faite par le président, à la suite de la réquisition inscrite par le poursuivant sur le registre des adjudications tenu à cet effet au greffe du tribunal.

Art. 751. — Le juge-commissaire, dans les huit jours de sa nomination, ou le juge spécial, dans les trois jours de la réquisition, convoque les créanciers inscrits, afin de se régler amiablement sur la distribution du prix. Cette convocation est faite par lettres chargées à la poste, expédiées par le greffier et adressées tant aux domiciles élus par les créanciers dans les inscriptions qu'à leur domicile réel en France; les frais en sont avancés par le requérant. — La partie saisie et l'adjudicataire sont également convoqués. — Le délai pour comparaître est de dix jours au moins entre la date de la convocation et le jour de la réunion — Le juge dresse procès-verbal de la distribution du prix par règlement amiable ; il ordonne la délivrance des bordereaux aux créanciers utilement colloqués et la radiation des inscriptions des créanciers non admis en ordre utile. — Les inscriptions sont rayées sur la présentation d'un extrait, délivré par le greffier, de l'ordonnance du juge. — Les créanciers non comparants sont condamnés à une amende de vingt-cinq francs.

Art. 752. A défaut de règlement amiable dans le délai d'un mois, le juge constate sur le procès-verbal que les créanciers n'ont pu se régler entre eux, et prononce l'amende contre ceux qui n'ont pas comparu. Il déclare l'ordre ouvert et commet un ou plusieurs huissiers à l'effet de sommer les créanciers de produire. Cette partie du procès-verbal ne peut être expédiée ni signifiée.

Art. 753. Dans les huit jours de l'ouverture de l'ordre, sommation de produire est faite aux créanciers par acte signifié aux domiciles élus dans leurs inscriptions ou à celui de leurs avoués, s'il y en a de constitués, et au vendeur à son domicile réel situé en France, à défaut de domicile élu par lui ou de constitution d'avoué. — La sommation contient l'avertissement que, faute de produire dans les quarante jours, le créancier sera déchu. — L'ouverture de l'ordre est en même temps dénoncée à l'avoué de l'adjudicataire. Il

n'est fait qu'une seule dénonciation à l'avoué qui représente plusieurs adjudicataires. — Dans les trois jours de la sommation par lui faite aux créanciers inscrits, le poursuivant en remet l'original au juge, qui en fait mention sur le procès-verbal.

Art. 754. Dans les quarante jours de cette sommation, tout créancier est tenu de produire ses titres avec acte de produit signé de son avoué et contenant demande en collocation. Le juge fait mention de la remise sur le procès-verbal.

Art. 755. L'expiration du délai de quarante jours ci-dessus fixé emporte de plein droit déchéance contre les créanciers non produisants. Le juge la constate immédiatement et d'office sur le procès-verbal, et dresse l'état de collocation sur les pièces produites. Cet état est dressé au plus tard dans les vingt jours qui suivent l'expiration du délai ci-dessus. — Dans les dix jours de la confection de l'état de collocation, le poursuivant la dénonce, par acte d'avoué à avoué, aux créanciers produisants et à la partie saisie, avec sommation d'en prendre communication, et de contredire, s'il y échet, sur le procès-verbal dans le délai de trente jours.

Art. 756. — Faute par les créanciers produisants et la partie saisie de prendre communication de l'état de collocation et de contredire dans ledit délai, ils demeurent forclos sans nouvelle sommation ni jugement ; il n'est fait aucun dire, qu'il n'y a à contestation.

Art. 757. — Lorsqu'il y a lieu à ventilation du prix de plusieurs immeubles vendus collectivement, le juge, sur la réquisition des parties ou d'office, par ordonnance inscrite sur le procès-verbal, nomme un ou trois experts, fixe le jour où il recevra leur serment et le délai dans lequel ils devront déposer leur rapport. L'ordonnance est dénoncée aux experts par le poursuivant ; la prestation de serment est mentionnée sur le procès-verbal d'ordre auquel est annexé le rapport des experts, qui ne peut être levé ni signifié. — En établissant l'état de collocation provisoire, le juge prononce sur la ventilation.

Art. 758. — Tout contestant doit motiver son dire et produire toute pièce à l'appui ; le juge renvoie les contestants à l'audience qu'il désigne, et commet en même temps l'avoué chargé de suivre l'audience. — Néanmoins il arrête l'ordre et ordonne la délivrance des bordereaux de collocation pour les créances antérieures à celles contestées ; il peut même arrêter l'ordre pour les créances postérieures, en réservant somme suffisante pour désintéresser les créanciers contestés.

Art. 759. — S'il ne s'élève aucune contestation, le juge est tenu, dans les quinze jours qui suivent l'expiration du délai pour pren-

50 c. %, tout comme les *ordres judiciaires*, puisque ce droit est exigible sur les ordres, *quelle que soit leur forme.* — Demante, L. 28 fév. 1872, n. 233. — *Réponse du rapporteur;* séance du 26 février 1872.

« Je ne parlerai pas des ordres consensuels, c'est-à-« dire qui se passent devant le notaire entre toutes « parties présentes, majeures et maîtresses de leurs « droits. Ce ne sont pas là des ordres. ce sont des « contrats par lesquels sont constatées des quittances « de prix entre parties consentantes. » — *Rép. du rapp.* ibid. — Ces sortes d'actes sont assujettis au droit de liquidation de 50 c. %. — I. 2433, ch. 2. — Demante, *ub. sup.*, 237.

6046. *Obligation ou transport.* — La commission a pensé qu'il était utile d'ajouter au § 1er de l'art. 5 du projet les mots *et qui ne contiennent ni obligation ni transport par le débiteur.* pour qu'il fût bien entendu que si les ordres amiables contenaient des obligations ou des transports, le droit de 50 c. % ne serait pas applicable à ces obligations et transports, qui restent toujours soumis au droit de 1 %. — *Rapp. de la Commission,* § 5. — (6063.)

6047. *Rente sur l'Etat.* — Le procès-verbal d'ordre portant distribution d'une rente sur l'Etat est sujet au droit proportionnel sur le principal comme sur les

---

dre communication et contredire, de faire la clôture de l'ordre ; il liquide les frais de radiation et de poursuite d'ordre qui sont colloqués par préférence à toutes autres créances ; il liquide, en outre, les frais de chaque créancier colloqué en rang utile, et ordonne la délivrance des bordereaux de collocation aux créanciers utilement colloqués, et la radiation des inscriptions de ceux non utilement colloqués. Il est fait distraction en faveur de l'adjudicataire, sur le montant de chaque bordereau, des frais de radiation de l'inscription.

Art. 760. Les créanciers postérieurs en ordre d'hypothèque aux collocations contestées sont tenus,dans la huitaine après les trente jours accordés pour contredire, de s'entendre entre eux sur le choix d'un avoué ; sinon ils sont représentés par l'avoué du dernier créancier colloqué. L'avoué poursuivant ne peut, en cette qualité, être appelé dans la contestation.

Art. 761. L'audience est poursuivie, à la diligence de l'avoué commis, sur un simple acte contenant avenir pour l'audience fixée conformément à l'article 758. L'affaire est jugée comme sommaire sans autre procédure que des conclusions motivées de la part des contestés, et le jugement contient liquidation des frais. S'il est produit de nouvelles pièces, toute partie contestante ou contestée est tenue de les remettre au greffe trois jours au moins avant cette audience ; il en est fait mention sur le procès-verbal. Le tribunal statue sur les pièces produites ; néanmoins il peut, mais seulement pour causes graves et dûment justifiées, accorder un délai pour un produire d'autres ; le jugement qui prononce la remise fixe le jour de l'audience ; il n'est ni levé ni signifié. La disposition du jugement qui accorde ou refuse un délai n'est susceptible d'aucun recours.

Art. 762. — Les jugements sur les incidents et sur le fond sont rendus sur le rapport du juge et sur les conclusions du ministère public. — Le jugement sur le fond est signifié dans les trente jours, de sa date à avoué seulement, et n'est pas susceptible d'opposition. La signification à avoué fait courir le délai d'appel contre toutes les parties à l'égard les unes des autres. — L'appel est interjeté dans les dix jours de la signification du jugement à avoué, outre un jour par cinq myriamètres de distance entre le siège du tribunal et le domicile réel de l'appelant ; l'acte d'appel est signifié au domicile de l'avoué, et au domicile réel du saisi, s'il n'a pas d'avoué. Il contient assignation et l'énonciation des griefs, à peine de nullité. — L'appel n'est recevable que si la somme contestée excède celle de quinze cents francs, quel que soit d'ailleurs le montant des créances des contestants et des sommes à distribuer.

Art. 763. — L'avoué du créancier dernier colloqué peut être intimé, s'il y a lieu. — L'audience est poursuivie et l'affaire instruite conformément à l'article 761, sans autre procédure que des conclusions motivées de la part des intimés.

Art. 764. — La cour statue sur les conclusions du ministère public. L'arrêt contient liquidation des frais ; il est signifié dans les quinze jours de sa date à avoué seulement, et n'est pas susceptible d'opposition. La signification à avoué fait courir les délais du pourvoi en cassation.

Art. 765. — Dans les huit jours qui suivent l'expiration du délai

d'appel, et en cas d'appel dans les huit jours de la signification de l'arrêt, le juge arrête définitivement l'ordre des créances contestées et des créances postérieures, conformément à l'article 759. — Les intérêts et arrérages des créanciers utilement colloqués cessent à l'égard de la partie saisie.

Art. 766. — Les dépens des contestations ne peuvent être pris sur les deniers provenant de l'adjudication. — Toutefois, le créancier dont la collocation rejetée d'office, malgré une production suffisante , a été admise par le tribunal sans être contestée par aucun créancier, peut employer ses dépens sur le prix au rang de sa créance. — Les frais de l'avoué qui a représenté les créanciers postérieurs en ordre d'hypothèque aux collocations contestées peuvent être prélevés par préférence sur ce qui reste de deniers à distribuer, déduction faite de ceux qui ont été employés à payer les créanciers antérieurs. Le jugement qui autorise l'emploi des frais prononce la subrogation au profit du créancier sur lequel les fonds manquent ou de la partie saisie. L'exécutoire énoncera cette disposition et indiquera la partie qui doit en profiter. — Le contestant ou le contesté qui a mis de la négligence dans la production des pièces peut être condamné aux dépens, même en obtenant gain de cause. — Lorsqu'un créancier condamné aux dépens des contestations a été colloqué en rang utile, les frais mis à sa charge sont, par une disposition spéciale du règlement d'ordre, prélevés sur le montant de sa collocation au profit de la partie qui a obtenu la condamnation.

Art. 767. Dans les trois jours de l'ordonnance de clôture, l'avoué poursuivant la dénonce par un simple acte d'avoué à avoué. — En cas d'opposition à cette ordonnance par un créancier, pour l'adjudicataire ou la partie saisie, cette opposition est formée, à peine de nullité, dans la huitaine de la dénonciation et portée dans la huitaine suivante à l'audience du tribunal, même en vacation. par un simple acte d'avoué contenant moyens et conclusions ; et, à l'égard de la partie saisie n'ayant pas d'avoué en cause. par exploit d'ajournement à huit jours. La cause est instruite et jugée conformément aux articles 761, 762 et 764, même en ce qui concerne l'appel du jugement.

Art. 768. Le créancier sur lequel les fonds manquent et la partie saisie ont leur recours contre ceux qui ont succombé, pour les intérêts et arrérages qui ont couru pendant les contestations.

Art. 769. — Dans les dix jours à partir de celui où l'ordonnance de clôture ne peut plus être attaquée, le greffier délivre un extrait de l'ordonnance du juge pour être déposé par l'avoué poursuivant au bureau des hypothèques. Le conservateur, sur la présentation de cet extrait, fait la radiation des inscriptions des créanciers non colloqués.

Art. 770. — Dans le même délai, le greffier délivre à chaque créancier colloqué sur leur rang de collocation exécutoire contre l'adjudicataire ou contre la caisse des consignations. — Le bordereau des frais de l'avoué poursuivant ne peut être délivré que sur la remise des certificats de radiation des inscriptions des créanciers non colloqués. Ces certificats demeurent annexés au procès-verbal.

Art. 771. — Le créancier colloqué, en donnant quittance du montant de sa collocation, consent la radiation de son inscription. Au fur et à mesure du paiement des collocations, le conservateur des hypothèques, sur la représentation du bordereau et de la quit-

arrérages distribués, parce que l'exemption prononcée par l'art. 70 frim. pour les transferts de rentes sur l'Etat doit être restreinte aux transferts proprement dits. — Dél. 26 avril 1833; J. E. 10398.

6048. *Adjudicataire cessionnaire de sommes colloquées.* — Le droit de collocation est dû sur un procès-verbal d'ordre portant qu'une collocation précédemment établie restera sans suite. parce que l'adjudicataire est devenu cessionnaire des droits colloqués. — Dél. 4 mai 1822; J. E. 7203.

6049. Délai. — Aux termes de l'I. 436-60, le procès-verbal d'ordre n'est point sujet à l'enregistrement dans les vingt jours de sa date; il suffit qu'il soit présenté à cette formalité avant la délivrance des mandements de collocation. L'art. 134 D. 16 fév. 1807. contenant le tarif des frais et dépens, a dérogé, sous ce rapport, à l'art. 20 frim. En soumettant à l'enregistrement sur la minute tous les actes judiciaires en matière civile, la loi du 28 avril 1816 n'a apporté aucun changement aux délais fixés par les lois antérieures pour ceux de ces actes qui, comme les procès-verbaux d'ordre, étaient déjà passibles de l'enregistrement sur la minute. La disposition exceptionnelle du décret du 19 fév. 1807, en ce qui concerne ces procès-verbaux, est donc restée en vigueur. — I. 1704.

6050. *Actes préliminaires.* — On peut n'enregistrer qu'à l'époque des bordereaux de collocation, pourvu que l'enregistrement en précède la délivrance, les actes purement préliminaires au procès-verbal d'ordre définitif dressé par le juge-commissaire pour régler les droits de tous les créanciers poursuivants, qui ne sont considérés que comme ne faisant qu'un tout avec ce procès-verbal. — D. 16 fév. 1807, art. 134. — D. F. 17 janv. 1820; J. E. 6390.

---

tance du créancier, décharge d'office l'inscription jusqu'à concurrence de la somme acquittée. — L'inscription d'office est rayée définitivement, sur la justification faite par l'adjudicataire du paiement de la totalité de son prix, soit aux créanciers colloqués, soit à la partie saisie.

Art. 772. — Lorsque l'aliénation n'a pas lieu sur expropriation forcée, l'ordre est provoqué par le créancier le plus diligent ou par l'acquéreur. — Il peut être aussi provoqué par le vendeur, mais seulement lorsque le prix est exigible. — Dans tous les cas, l'ordre n'est ouvert qu'après l'accomplissement des formalités prescrites pour la purge des hypothèques. — Il est introduit et réglé dans les formes établies par le présent titre. — Les créanciers à hypothèques légales qui n'ont pas fait inscrire leurs hypothèques dans le délai fixé par l'article 2195 du Code civil ne peuvent exercer le droit de préférence sur le prix qu'autant qu'un ordre est ouvert dans les trois mois qui suivent l'expiration de ce délai et sous les conditions déterminées par la dernière disposition de l'article 717.

Art. 773. Quel que soit le mode d'aliénation, l'ordre ne peut être provoqué s'il y a moins de quatre créanciers inscrits. — Après l'expiration des délais établis par les articles 750 et 772, la partie qui veut poursuivre l'ordre présente requête au juge spécial, et, s'il n'y en a pas, au président du tribunal, à l'effet de faire procéder au préliminaire de règlement amiable dans les formes et délais établis en l'article 751. — A défaut de règlement amiable, la distribution du prix est réglée par le tribunal, jugeant, comme en matière sommaire, sur assignation signifiée à personne ou à domicile, à la requête de la partie la plus diligente, sans autre procédure que des conclusions motivées. Le jugement est signifié à avoué seulement, s'il y a avoué constitué. — En cas d'appel, il est procédé comme aux articles 763 et 764.

Art. 774. L'acquéreur est employé par préférence pour le coût de l'extrait des inscriptions et des dénonciations aux créanciers inscrits.

Art. 775. Tout créancier peut prendre inscription pour conserver les droits de son débiteur; mais le montant de la collocation du débiteur est distribué, comme chose mobilière, entre tous les créanciers inscrits ou opposants avant la clôture de l'ordre.

Art. 776. En cas d'inobservation des formalités et délais prescrits par les articles 753, 755 paragraphe 2, et 769, l'avoué poursuivant est déchu de la poursuite, sans sommation ni jugement. Le juge pourvoit à son remplacement, d'office ou sur la réquisition d'une partie, par ordonnance inscrite sur le procès-verbal : cette ordonnance n'est susceptible d'aucun recours. — Il en est de même à l'égard de l'avoué commis qui n'a pas rempli les obligations à lui imposées par les articles 758 et 761. — L'avoué déchu de la poursuite est tenu de remettre immédiatement les pièces sur le récépissé de l'avoué qui le remplace, et n'est payé de ses frais qu'après la clôture de l'ordre.

Art. 777. L'adjudicataire sur expropriation forcée qui veut faire prononcer la radiation des inscriptions avant la clôture de l'ordre doit consigner son prix et les intérêts échus, sans offres réelles préalables. — Si l'ordre n'est pas ouvert, il doit en requérir l'ouverture après l'expiration du délai fixé par l'article 750. Il dépose à l'appui de sa réquisition le récépissé de la caisse des consignations, et déclare qu'il entend faire prononcer la validité de la consignation et la radiation des inscriptions. — Dans les huit jours qui suivent l'expiration du délai pour produire fixé par l'article 754, il fait sommation par acte d'avoué à avoué, et, par exploit à la partie saisie, si elle n'a pas avoué constitué, de prendre communication de sa déclaration, et de la contester dans les quinze jours, s'il y a lieu. A défaut de contestation dans ce délai, le juge, par ordonnance, sur le procès-verbal, déclare la consignation valable et prononce la radiation de toutes les inscriptions existantes, avec maintien de leur effet sur le prix. En cas de contestation, il est statué par le tribunal sans retard des opérations de l'ordre. — Si l'ordre est ouvert, l'adjudicataire, après la consignation, fait sa déclaration sur le procès-verbal par un dire signé de son avoué, en y joignant le récépissé de la caisse des consignations. Il est procédé comme il est dit ci-dessus, après l'échéance du délai des productions. — En cas d'aliénation autre que celle sur expropriation forcée, l'acquéreur qui, après avoir rempli les formalités de la purge, veut obtenir la libération définitive de tous privilèges et hypothèques par la voie de la consignation, opère cette consignation sans offres réelles préalables. A cet effet, il somme le vendeur de lui rapporter dans la quinzaine mainlevée des inscriptions existantes, et lui fait connaître le montant des sommes en capital et intérêt qu'il se propose de consigner. Ce délai expiré, la consignation est réalisée, et, dans les trois jours suivants, l'acquéreur ou adjudicataire requiert l'ouverture de l'ordre, en déposant le récépissé de la caisse des consignations. Il est procédé sur sa réquisition conformément aux dispositions ci-dessus.

Art. 778. Toute contestation relative à la consignation du prix est formée sur le procès-verbal par un dire motivé, à peine de nullité; le juge renvoie les contestants devant le tribunal. — L'audience est poursuivie sur un simple acte d'avoué à avoué, sans autre procédure que des conclusions motivées; il est procédé ainsi qu'il est dit aux art. 761, 763 et 764. — Le prélèvement des frais sur le prix peut être prononcé en faveur de l'adjudicataire ou acquéreur.

Art. 779. L'adjudication sur folle enchère intervenant dans le cours de l'ordre, et même après le règlement définitif et la délivrance des bordereaux, ne donne pas lieu à une nouvelle procédure. Le juge modifie l'état de collocation suivant les résultats de l'adjudication, et rend les bordereaux exécutoires contre le nouvel adjudicataire.

Cʜ. II. — Qᴜᴇsᴛɪᴏɴs ᴅɪᴠᴇʀsᴇs.

6051. Collocation. — Les jugements portant collocation de sommes ou valeurs sont sujets au droit proportionnel de 50 c. % — Frim. art. 69, § 2, n. 9.

6052. *Collocation non expresse.* — Lorsqu'un jugement ordonne la vente d'un immeuble, pour le prix en être distribué entre les créanciers, selon leurs droits, il n'est sujet qu'au droit fixe; il ne peut y avoir collocation. puisque la vente n'est pas encore faite. — D. F. 21 juill. 1818; J. E. 6302. — Seine, 17 fév. 1860; R. P. 1434.

Un jugement n'emporte collocation qu'autant qu'il détermine les droits des créanciers dans une somme appartenant au débiteur, et qu'il constitue ainsi un titre sur la présentation duquel le créancier obtiendra paiement de ce qui lui est attribué. Dès lors, le jugement qui se borne à reconnaître le droit des créanciers privilégiés pris collectivement, sans déterminer la somme revenant à chacun d'eux, en réservant au contraire tous leurs droits, ne peut être sujet au droit de collocation. — Cass. req. 3 août 1870; R. P. 3187.

6053. *Collocation provisoire.* — L'état de collocation provisoire dressé par le juge-commissaire n'est qu'un projet susceptible d'être modifié par la collocation définitive et qui se confond avec elle. Ce réglement provisoire n'est ni expédié, ni signifié, et la dénonciation qui en est faite par acte d'avoué à avoué n'est qu'une simple communication. En conséquence, il n'est point sujet à un droit particulier d'enregistrement indépendant de celui à percevoir sur le procès-verbal d'ordre. — I. 1704.

6054. *Délégation.* — Le droit de 50 c. % établi sur les jugements portant collocation de sommes ou valeurs mobilières est indépendant du droit proportionnel perçu sur le titre en vertu duquel la condamnation est prononcée. Il suit de là que le jugement qui contient distribution du prix d'une vente entre plusieurs créanciers donne ouverture au droit de 50 c. %, quoique, par le cahier des charges et le jugement d'adjudication, le prix distribué ait été délégué aux créanciers inscrits; la collocation ne peut être envisagée comme l'exécution pure et simple d'un acte antérieur enregistré. — Cass. civ. 20 avril 1847; Sir. 47.1.453; I. 1796-13; J. E. 14278.

6055. *Homologation.* — Le jugement d'homologation d'un partage de sommes et créances ne faisant qu'ordonner purement et simplement l'exécution d'un partage arrêté entre les héritiers. et ne contenant que formation de la masse et lotissement de chaque héritier. ne donne pas ouverture au droit de collocation. — Dél. 13 juill., 1827; J. E. 8783. — 7 mars 1834 ; Dall., R. 1323.

6056. *Provision.* — Le jugement qui accorde à un héritier bénéficiaire une provision sur le prix des biens de la succession qui ont été vendus n'opère point de *collocation.* La provision suppose un rapport possible. et la possibilité du rapport de la somme accordée exclut l'idée d'une liquidation ou d'une collocation. — Cass. 11 avril 1822; J. E. 7233.—Seine. 8 août 1857 ; R. P. 942.

6057. Compensation. — Lorsqu'un créancier reste adjudicataire d'immeubles saisis sur son débiteur, la disposition du procès-verbal d'ordre amiable qui colloque le créancier sur le prix de l'adjudication donne lieu à la perception du droit de libération. — Lyon, 25 août 1865 :

« Attendu que le 4 oct. 1862, le Crédit foncier s'est
« rendu adjudicataire d'immeubles expropriés sur son
« débiteur Jean Radix ; qu'un ordre amiable a été ou-
« vert sur le prix de cette adjudication, montant à
« 32,900 fr.; que, dans cet ordre, le Crédit foncier a
« été seul colloqué en raison de la priorité de son
« hypothèque; qu'il a été en outre autorisé à compen-
« ser sa créance avec sa dette d'adjudicataire, s'éle-
« vant à 32,423 fr. 85 cent.;

« Attendu que le droit proportionnel n'a pas été
« perçu par le receveur sur l'enregistrement du procès-
« verbal ; mais que, sur le refus du Crédit foncier
« d'acquitter ce supplément de droit, une contrainte
« a été décernée, et qu'opposition a été formée à cette
« contrainte;

« Attendu qu'aux termes de l'art. 62, § 2, alinéa 2.
« de la loi du 22 frim. an 7, le droit proportionnel
« de 50 c. % est établi sur tous les actes et écrits
« portant libération de sommes; qu'à la vérité, les
« collocations de l'ordre amiable ne peuvent donner
« lieu à la perception du droit proportionnel, la loi
« fiscale n'atteignant que les collocations figurant
« dans un jugement, et l'ordre amiable n'ayant pas
« un tel caractère; mais qu'il en est autrement pour
« une libération ; que tout acte qui la constate est
« atteint; qu'on ne saurait soutenir que l'ordre amia-
« ble ne soit un acte; qu'en effet, il fait preuve de
« l'accord des parties intervenues devant le juge ; que
« c'est un véritable contrat rédigé en présence d'un
« magistrat au lieu de l'être devant un notaire; que,
« quelle que soit la faveur dont le législateur entoure
« l'ordre amiable, la généralité des termes de la dis-
« position légale ne permet pas de créer une excep-
« tion ;

« Attendu que le Crédit foncier soutient en vain
« qu'il y a eu confusion et non compensation ; que la
« confusion ne suppose qu'une seule personne et une
« seule dette, par exemple l'héritier débiteur du dé-
« funt et devenant, par le fait de l'héritage son propre
« créancier; qu'il n'en est pas ainsi dans l'espèce ;
« qu'antérieurement à l'adjudication, le Crédit foncier
« était créancier de Jean Radix; que par l'adjudication
« il est devenu débiteur du prix fixé au cahier des
« charges et des frais privilégiés; que si le Crédit fon-
« cier a été ensuite libéré de ce prix et de ces frais,
« c'est par une compensation entre les deux dettes
« s'étant opérée définitivement au moment du règle-

75

« ment amiable qui l'a constatée; que l'ordre amiable
« est devenu ainsi un titre de libération pour le Crédit
« foncier en tant qu'adjudicataire; — qu'ainsi la per-
« ception a été justement réclamée; — Par ces mo-
« tifs, etc. »

6058. Consignation. — Lorsque, dans un procès-
verbal le juge-commissaire déclare valider la consignation du prix faite par l'acquéreur et ordonne la
radiation de l'inscription d'office prise contre ce dernier,
il y a lieu au droit de quittance. — Sol. 2 mai 1868;
R. P. 2775.

6059. Contestations. — Il est de l'essence du procès-
verbal d'ordre que les dires et contredits des créanciers
y soient consignés, et par suite, que les contestants
soient renvoyés à l'audience. Ce renvoi, prononcé par
le juge-commissaire, n'est pas plus une ordonnance
proprement dite ou un jugement, que ne l'est le renvoi
exprimé dans les procès-verbaux de non-conciliation;
il n'est, comme disposition dépendante du procès-
verbal d'ordre, passible d'aucun droit particulier. —
I. 1704.

6060. *Jugement.* — Les jugements rendus à l'audience, en matière d'ordre, en cas de contestations
entre les créanciers ou avec le débiteur, et qui n'ont
pour objet que de statuer sur leurs droits respectifs,
sont généralement exempts du droit proportionnel; on
les regarde comme des actes préliminaires au règlement définitif. Décidé dans ce sens, que le jugement
portant qu'un créancier sera colloqué de préférence
à un autre n'a pas pour objet un débat entre le débiteur
et le créancier, mais entre les créanciers dont chacun
prétendait la préférence. Aucune condamnation pécuniaire n'est prononcée. Le jugement ne fait qu'assigner
le rang dans lequel les parties doivent être colloquées.
Le droit proportionnel n'est donc pas exigible. — Dél.
13 fév. 1820; J. E. 9214.
Cependant il ne faut pas conclure de cette solution
que tout jugement rendu pendant une instance d'ordre
soit exempt du droit proportionnel; ce droit serait
exigible s'il était prononcé des condamnations contre
le débiteur, ou si le jugement portait reconnaissance
d'une convention existant sans titre enregistré. —
I. 1282-2.

6061. Convocation. — L'art. 751 C. P. porte : « Le
juge-commissaire, dans les huit jours de sa nomination, ou le juge spécial, dans les trois jours de la
réquisition, convoque les créanciers inscrits, afin de se
régler amiablement sur la distribution du prix. Cette
convocation est faite *par lettres chargées à la poste*,
expédiées par le greffier et adressées tant aux domiciles
élus par les créanciers qu'à leur domicile réel en France.
les frais en sont avancés par le requérant. La partie
saisie et l'adjudicataire sont également convoqués. »
Pour l'exécution de ces dispositions, les ministres
des finances et de la justice ont décidé, les 27 avril et

22 mai 1858 : — 1° que les lettres de convocation expédiées par les greffiers sont exemptes du timbre et de
l'enregistrement, comme les avertissements adressés
en exécution de la loi du 2 mai 1855, sur les justices
de paix (I. 2049-3) ; — 2° que le bulletin de chargement de l'administration des postes, considéré comme
simple document administratif délivré par une administration publique à un fonctionnaire public, doit
jouir de la même exemption ; — 3° que ce bulletin sera
annexé au procès-verbal d'ordre, et que cette annexe,
étant prescrite pour la régularité du procès-verbal, ne
donnera lieu à aucun droit de greffe. — I. 2123-2.

6062. Déclaration. — Le procès-verbal d'ordre
amiable qui porte que des créanciers ont déclaré avoir
été désintéressés ne donne pas ouverture au droit de
libération.
Suivant une décision ministérielle du 27 juin 1859
(I. 2157), les lettres par lesquelles les créanciers font
connaître au juge-commissaire qu'ils sont étrangers à
l'ordre ou qu'ils ont été désintéressés ne deviennent
sujettes, par leur annexe au procès-verbal, ni au timbre ni à l'enregistrement. Puisqu'on n'exige pas le
droit de quittance sur des écrits signés des créanciers
et établissant leur libération, on doit encore moins le
percevoir à l'occasion de simples déclarations mentionnées dans le procès-verbal. — Sol. 13-24 avril 1860.

6063. Déchéance. — La déchéance des créanciers
non produisants et la radiation des inscriptions de
ceux qui sont utilement colloqués, qui sont prononcées
par le juge-commissaire, dérivent essentiellement de
la distribution du prix de l'immeuble et de l'épuise-
ment des deniers; elles font partie intégrante de l'o-
pération constatée par le procès-verbal d'ordre. Il n'est
point dû, par conséquent, de droits particuliers d'enregistrement pour ces dispositions.—D. F. 16 fév. 1818;
J. E. 5978. — Cass. 21 juill. 1818; I. 1704.

6064. Délégation. — Si un ordre contient délégation
ou transport par le débiteur, il est passible du droit de
1 %. — Cass. 15 juill. 1840; I. 1634-2; J. E. 12556.
— 19 avril 1843; I. 1697-2; Rec. Roll. 6759. — 6046.

6065. *Indication de paiement.* — Lorsque les créanciers d'un vendeur se distribuent le prix de l'aliénation
en présence de leur débiteur et de ses acquéreurs, il y
a là simple indication de paiement exempte d'un droit
particulier. — Fontenay, 27 avril 1864; R. P. 2075.

6066. Dépôt. — *État des inscriptions.* — Le greffier
n'est pas tenu de rédiger un acte spécial pour constater le
dépôt de l'état des inscriptions prévues par l'art. 750 C. P.
Cet article dit que l'état des inscriptions sera *déposé*
au greffe; mais comme il a eu pour but de diminuer
les frais des ordres, ce serait aller contre les intentions
du législateur que d'exiger autre chose qu'une mention
de l'annexe de l'état dont il s'agit. C'est dans ce sens,
d'ailleurs, que s'est prononcé le ministre de la justice

dans sa circulaire adressée ·le 2 mai 1859 aux procureurs généraux, pour faciliter l'application de la loi du 21 mai 1858. Cette mention donne lieu à un simple droit de greffe de 3 fr.. aux termes de l'art. 1er, n° 2, du décret du 12 juill. 1808. — I. 1704-7. — Sol. 13-24 avril 1860.

6067. *Titres.* — Dans un ordre amiable, la remise des titres de créance ne nécessite pas la rédaction d'un acte de dépôt; il doit être perçu un droit de greffe de 1 fr. 50 c. pour chaque production énoncée dans le procès-verbal.

L'art. 751 gardant le silence relativement à la production des titres des créanciers, on doit en conclure que ces titres seront présentés sans formalité au juge-commissaire, et qu'ainsi il n'est pas nécessaire de rédiger un acte spécial pour en constater la remise. Ce n'est qu'à défaut de règlement amiable que les créanciers sont tenus de remettre leurs titres avec un acte de produit signé par un avoué (art. 754). Mais, soit qu'il y ait un règlement amiable, soit que l'ordre judiciaire ait été ouvert, la mention qui peut être faite, sur le procès-verbal, de la production des titres fait partie intégrante de ce procès-verbal, et ne donne pas ouverture à un droit particulier d'enregistrement. — I. 1704. — Quant au droit de greffe, l'art. 1er, n° 2, du décret du 12 juill. 1808, d'après lequel il est dû 1 fr. 50 c. par production, ne doit recevoir son application qu'à défaut d'ordre amiable. — Sol. 13-24 avril 1860.

6068. **Droit de titre.** — Toutes les créances non établies par titres enregistrés qui, en présence et du consentement du débiteur, sont admises à la contribution, donnent ouverture au droit de titre. — R. G. 9284.

Le droit de titre est exigible sur la distribution de sommes appartenant à une succession bénéficiaire faite, sans qu'il y ait paiement, entre les héritiers bénéficiaires ou leurs représentants, et les créanciers de la succession qui ne justifient pas de titres en forme. — Seine, 16 juin 1841; J. E. 12783. — Sol. 9-12 déc. 1862; R. P. 1791. — Et, dans ce cas, le droit de 2 °/₀ est exigible sur les sommes dues pour prix de fournitures, celui de 1 °/₀ sur les sommes prêtées, et celui de 50c. °/₀ sur les sommes payées aux créanciers, excepté pour les sommes représentant les fournitures, qui subissent le droit de 2 °/₀. — Dél. 8 août 1835; J. E. 11377.

6069. **Juge-commissaire.** — Il n'est point présenté de requête pour la nomination d'un juge-commissaire. La réquisition du saisissant, à son défaut, du créancier le plus diligent ou de l'adjudicataire des immeubles, est inscrite par une simple note sur le registre tenu à cet effet par le greffier. D'un autre côté, le président ne rend point une ordonnance pour la nomination du juge-commissaire; cette nomination est faite par une mention dans une des colonnes de ce registre. Ces note et mention ne sont point sujettes à l'enregistrement. — I. 436-58, 1704.

6070. **Lettre.** — Les lettres par lesquelles les créanciers font connaître au juge-commissaire qu'ils sont étrangers à l'ordre ou qu'ils sont désintéressés ne deviennent sujettes, par leur annexe au procès-verbal d'ordre, ni au timbre ni à l'enregistrement. — Cette annexe ne donne ouverture à aucun droit de greffe. — Les lettres d'avis expédiées par le greffier, au nom et sous la surveillance du juge-commissaire, à l'avoué poursuivant et à l'avoué commis, sont exemptes du timbre et de l'enregistrement. — D. F. J. 27 juin-20 juill. 1859; I. 2157.

6071. **Mainlevée.** — Les mainlevées ordonnées par le juge, à la suite d'un ordre *judiciaire*, ne donnent pas lieu au droit gradué, car ce droit n'atteint que les *consentements* à mainlevées. — Demante, *ub. sup.*, 238.

Quant aux ordres *amiables* dressés en présence du juge, la perception du droit proportionnel sur le procès-verbal exclut la perception du droit gradué sur la mainlevée donnée *par le même acte.* — Id. ibid.

6072. **Mandat.** — Lorsqu'un tribunal déclare en fait que des créanciers, en assistant aux ventes volontaires des biens de leur débiteur, n'y ont point acquiescé, qu'ils ont, au contraire, fait réserve expresse de leurs droits, il peut, par suite de cette interprétation des faits, décider que l'acte notarié par lequel le débiteur, sans le concours de ses créanciers, établit entre ceux-ci une distribution du prix et charge l'un d'eux d'effectuer la distribution, ne constitue pas une collocation amiable, et qu'il ne contient qu'un mandat et une simple indication de paiement sujets au droit fixe seulement. — Cass. 31 janv. 1815; Pr. chron. 258.

6073. **Notification.** — La disposition d'un procès-verbal de collocation portant que l'avoué des acquéreurs dénommés à l'ordre n'a aucune opposition à faire, et qu'il dispense les créanciers de toute notification, constitue un simple dire, exempt de droit particulier. Les acquéreurs sur qui les collocations ont été faites sont parties nécessaires au règlement de l'ordre, aux termes des art. 713 et 767 C. P. Leur acquiescement au travail du juge-commissaire, c'est-à-dire leur consentement, n'est donc qu'un des éléments naturels du contrat judiciaire dont le procès-verbal d'ordre est le titre; par suite, il ne peut donner ouverture à un droit distinct de celui de 50 c. °/₀, dont le procès-verbal est passible dans son ensemble, par application des règles tracées par I. 1704-4-5-6-7. — Sol. 16 nov. 1867.

6074. **Ordonnance.** — L'ordonnance du juge-commissaire qui autorise à faire sommation aux créanciers de produire leurs titres est ordinairement rendue au bas de la requête du poursuivant, qui la fait ensuite signifier. Cette ordonnance est sujette à l'enregistrement dans les vingt jours de sa date, d'après la disposition générale de l'art. 37 L. 28 avril 1816. Si l'ordonnance à l'effet de sommer les créanciers était contenue dans le procès-verbal d'ouverture de l'ordre, au lieu

d'y être seulement relatée, elle formerait une disposition distincte et indépendante de celles que doit renfermer le procès-verbal d'ordre. Le droit fixe d'enregistrement de 4. 50 dont cette ordonnance est passible serait alors perçu sur le procès-verbal d'ouverture d'ordre. Dans le cas contraire, l'ouverture de l'ordre, comme partie essentielle du procès-verbal d'ordre, n'est point sujette à un droit particulier d'enregistrement. — I. 1704.

6075. *Commission d'huissier.* — L'ordonnance par laquelle le juge-commissaire à l'ordre désigne l'huissier chargé de sommer les créanciers, est sujette à l'enregistrement dans les vingt jours. — Sol. 31 août 1865; R. P. 2277.

6076. *Extrait.* — Aux termes de l'art. 42 de la loi du 22 frim. an 7, les greffiers doivent faire enregistrer les actes judiciaires ou de greffe avant d'en délivrer des extraits, copies ou expéditions.

Lorsque l'ordonnance de radiation des inscriptions hypothécaires est contenue dans le procès-verbal d'ordre, il ne peut donc en être remis d'extrait à l'avoué poursuivant qu'après l'enregistrement de ce procès-verbal. Ce n'est que dans le cas où l'ordonnance de radiation fait l'objet d'un acte spécial, que le greffier pourrait, au moyen de l'enregistrement de cette ordonnance, surseoir à faire enregistrer le procès-verbal d'ordre jusqu'au moment de la délivrance des bordereaux de collocation.

L'administration appelle l'attention des employés supérieurs sur le dernier paragraphe de l'art. 770 C. P. Ils s'assureront, lors de la vérification des greffes, que les certificats de radiation des inscriptions des créanciers non-colloqués sont annexés au procès-verbal d'ordre, et, à défaut d'annexe, ils signaleront l'irrégularité au directeur, qui en informera le ministère public. — Sol. 13-24 avril 1860.

6077. Production. — La remise des titres produits par les créanciers est constatée par une mention du juge-commissaire sur le procès-verbal d'ordre. Cette mention fait partie intégrante du procès-verbal, et ne donne point ouverture à un droit particulier d'enregistrement. — I. 1704.

6078. *Acte de production.* — L'acte de production signé par l'avoué est passible du droit fixe de 1 50. — Frim. art. 68, § 1, n. 51 — D. F. 21 janv. et 2 fév. 1813; I. 620.

6079. Quittance. — Si l'ordre contient quittance par les créanciers, il est passible d'un droit particulier de 50 c. %. — I. 1320.

6080. *Constatation de libération.* — L'acte constatant que le prix d'une vente volontaire a été payé à divers créanciers qui en ont donné quittance par acte en forme, et par lequel un dernier créancier donne quittance de 300 fr. lui restant dus, ne donne ouverture au droit de 50 c. % que sur cette somme. On ne pourrait voir une collocation dans la récapitulation, faite dans cet acte, des sommes payées antérieurement. — Sol. 5 mars 1830; R. G. 9281.

6081. Remise de titres. — La mention, dans le procès-verbal d'ordre, de la remise des titres aux créanciers fait, comme l'exonération du dépôt de ces titres, partie intégrante du procès-verbal, et ne donne, par conséquent, pas lieu à la perception d'un droit d'enregistrement. Mais si, à défaut de cette mention, un créancier donne décharge de ses titres par un acte écrit en marge ou à la suite du procès-verbal, et signé tant du créancier que du greffier, cet acte doit être enregistré dans le délai de vingt jours, par application de l'avis du Conseil d'État du 7-21 oct. 1809 (I. 460), et il est passible des droits d'enregistrement et de greffe. Il est bien entendu qu'en cas de rédaction sur le registre dont la tenue est prescrite par l'art. 5 du décret du 12 juill. 1808, d'actes de dépôt et d'actes de décharge en marge, nonobstant les formes spéciales autorisées en matière d'ordres, les droits ordinaires seraient exigibles. — Sol. 13-24 avril 1860.

6082. Rente viagère. — Lorsque, dans un procès-verbal d'ordre, l'acquéreur est tenu de conserver une partie de son prix pour le service d'une rente viagère dont le créancier est colloqué en premier ordre, et que le droit de collocation à 50 c. % a été perçu sur le capital de cette rente, ce droit doit être imputé sur celui auquel donne lieu le complément de l'ordre fait, huit ans après, pour la distribution, entre les créanciers hypothécaires, de ce même capital devenu libre par le décès du crédi-rentier. — Dieppe, 3 mai 1866 :

« Attendu que les principes dominants en matière « d'enregistrement sont : 1° qu'un droit proportionnel « ne peut être perçu deux fois sur la même somme, à « moins d'une double mutation ou transmission de « propriété; 2° qu'un acte civil ou judiciaire ne peut « non plus être soumis à un nouveau droit proportion- « nel lorsqu'il n'est que la conséquence ou le complé- « ment d'un acte précédemment enregistré; qu'il faut « donc rechercher si ces règles, ou l'une d'elles, « doivent recevoir leur application dans l'espèce;

« Attendu que, lors de la vente par adjudication des « immeubles dépendant de la communauté qui avait « existé entre les époux Barbé, il fut stipulé dans le « cahier des charges dressé par Me Binet, notaire à « Dieppe, le 5 juin 1850, qu'un capital de 16,000 fr. « serait conservé par les acquéreurs des maisons rue « Lemoine pour assurer à la dame Planque le service « d'une rente viagère de 800 fr. ;

« Qu'en conformité de cette stipulation, le juge « commis pour procéder colloqua la veuve Planque « pour ladite somme de 16,000 fr., mais en indiquant « sa destination et en déclarant que du montant total « de la collocation, s'élevant à 22,239 fr. 13 c., il serait « fait distraction, lors de la délivrance des bordereaux. « de ladite somme de 16,000 fr., pour ce capital être

« payé aux créanciers venant en ordre utile dans les
« trois mois du décès de la crédi-rentière ;
« Attendu que la régie de l'enregistrement perçut,
« le 5 mai 1855, sur ce règlement partiel, 122 fr. 32 c.
« que dans cette somme sont compris 88 fr. afférents
« audit capital de 16.000 fr., dont font partie les
« 15,811 fr. sur lesquels l'administration réclame un
« nouveau droit à titre de supplément ;
« Attendu qu'en percevant le droit sur le chiffre
« total de 16.000 fr. la régie s'est évidemment inspirée
« de cette pensée que l'attribution faite, par le même
« acte, dudit capital de 16,000 fr. à la veuve Planque
« pour la jouissance, et aux créanciers venant en
« ordre utile pour la propriété, constituait à vrai dire
« un ensemble dans lequel se résumaient les droits
« des divers intéressés, et que la collocation étant
« définitive à l'égard de l'une des parties, il y avait
« lieu de percevoir le droit sur le tout, bien que
« les créanciers qui devaient profiter du capital réservé
« n'eussent été colloqués que provisoirement ; — que
« la régie n'a fait que suivre en cela la règle d'après
« laquelle, lorsqu'un capital est attribué à l'un pour
« l'usufruit et à un autre pour la nue propriété, le
« droit est perçu sur le tout, sauf à ne rien réclamer
« lors de la réunion de l'usufruit à la propriété ;
« Attendu, d'ailleurs, que le droit eût-il été perçu
« prématurément en ce qui concerne les créanciers
« dont la collocation n'était que provisoire, il y
« aurait lieu, non de faire payer le droit une deuxième
« fois, mais d'imputer la somme reçue sur celle à per-
« cevoir lors du règlement définitif; que la somme à
« payer étant la même dans l'espèce, le droit se serait
« ainsi trouvé acquitté par anticipation ;
« Attendu, en deuxième lieu, qu'on ne saurait voir
« dans la collocation faite au profit de la veuve Plan-
« que et dans l'attribution faite aux créanciers venant
« en ordre utile une double transmission de propriété,
« constituant deux actes distincts donnant séparément
« lieu à la perception d'un droit; qu'il résulte, au
« contraire, tant des stipulations du cahier des char-
« ges dressé pour parvenir à la vente que du règlement
« partiel, que l'affectation du capital de 16,000 fr. est
« commune à la veuve Planque et aux créanciers
« auxquels ce capital doit revenir après l'extinction
« de la rente viagère due à celle-ci; qu'il n'y a aucune
« transmission de l'une aux autres; que la mutation
« s'opère uniquement de leur débiteur commun à
« chacun d'eux;

« Attendu que la régie invoque à tort comme une
« analogie la double perception opérée dans le cas
« d'une collocation en sous-ordre; que. dans cette
« hypothèse, il y a double mutation ; qu'en effet, le
« créancier en sous-ordre a pour débiteur le créancier
« du débiteur originaire, et que le bénéfice de la col-
« location ne lui parvient qu'après que son débiteur
« en a été investi; qu'il y a là un ordre successif et
« une double collocation qui n'existent pas dans
« l'espèce soumise au tribunal ; — qu'à tous les points
« de vue la demande de la régie doit être rejetée ; —
« Par ces motifs, déclare nulle la contrainte. »

6083. Requête. — Lorsque les avoués remplacent les actes de production par des requêtes, dans les-quelles ils demandent à être colloqués, ces requêtes doivent être considérées comme actes de production, et par conséquent elles doivent être soumises à l'enre-gistrement avant de pouvoir être relatées dans le pro-cès-verbal. — D. F. 23 mars 1831; J. E. 6945.

6084. Sous-ordre. — Lorsque le montant d'une col-location est distribué aux créanciers du créancier col-loqué à l'ordre, cette opération ne peut être considérée comme un second ordre donnant ouverture à un droit particulier sur la somme distribuée. — Sol. 24 mai 1860; R. P. 1334.

6085. ORDRE PUBLIC. — Ensemble des rè-gles qui pourvoient à la sécurité et à la tranquillité générale. — V. *Police.*
On ne peut déroger, par des conventions particu-lières, aux lois qui intéressent l'ordre public. — C. art. 6.

6086. ORIGINAL. — C'est l'écrit authentique dont certains fonctionnaires sont dépositaires, qui sert à constater au besoin. soit les conventions formées en-tre parties, soit les décisions réglant leurs droits et leurs intérêts. — Dict. Fess. *eod. r°.*
L'*original* s'entend plus particulièrement des exploits et autres actes qui ne restent pas dans les mains de l'officier public qui les a faits. — R. G. 9296.

P

6087. PACAGE. — Droit de mener paître des bestiaux sur les fonds d'autrui. On désigne aussi par ce mot le fonds assujetti à un droit d'usage. V. *Bail, Forêts.*

6088. PACTE. — Convention, accord.

6089. Pacte commissoire. — Clause d'un contrat de vente par laquelle les parties conviennent que le contrat sera résolu si l'acheteur ne paie pas son prix au terme fixé. — V. *Condition.*

6090. Pacte de famille. — C'est, en général, tout traité qui intervient entre les membres d'une famille pour le règlement de leurs intérêts. — R. J. P *eod. v°.*

La perception des droits sur les *pactes de famille* est de nature à présenter quelquefois des difficultés sérieuses. Pour établir la perception avec exactitude, il faut examiner s'il résulte de l'acte une transmission passible du droit proportionnel ; il faut déterminer le caractère de la disposition principale, d'après l'intention manifestée par les parties, ou bien eu égard à celle qu'on doit raisonnablement leur supposer, afin d'appliquer l'article du tarif qui s'adapte réellement à la convention. — R. G. 9304.

6091. Pacte de préférence. — Convention par laquelle l'une des parties s'engage à donner la préférence à l'autre, pour la vente de sa chose. Cette convention est licite, puisqu'elle n'a rien de contraire aux mœurs ni à l'ordre public. — Duvergier, t. 2, n. 13.

Le pacte de préférence n'équivaut pas à une promesse de vente valant vente, lors même que les parties seraient d'accord sur la chose et sur le prix. — Duvergier, *loc. cit.* — Cass. 9 juillet 1834.

6092. Tarif. — Lorsque le pacte de préférence est l'une des conditions d'une disposition principale, cette stipulation ne peut donner lieu à aucun droit particulier : c'est alors une clause dépendante de la convention principale. Ainsi, lorsque, dans le contrat de vente d'un immeuble, le vendeur se réserve la préférence si l'acquéreur veut revendre, cette stipulation n'est qu'une des conditions de la vente, et ne donne lieu à aucun droit. Il en est de même de la clause par laquelle le vendeur se réserve la préférence pour prendre à bail l'immeuble qu'il vend, si l'acquéreur ne l'exploite pas par lui-même. — *Roll. eod. v°,* 17, 18.

Si le pacte de préférence fait l'objet d'un acte distinct, il ne peut être assujetti qu'au droit fixe.

6093. Disposition soumise à l'événement du décès. — L'acte par lequel un père promet de donner la préférence à l'un de ses enfants s'il se décide à vendre un immeuble désigné, ou l'autorise à le prendre dans le partage de sa succession pour une valeur déterminée, est passible du droit fixe de 7. 50, comme disposition soumise à l'événement du décès. — Dél. 16 nov. 1825 ; R. G. 9306.

6094. PACTE DE QUOTA LITIS. — Convention par laquelle le propriétaire d'une créance litigieuse ou difficile à recouvrer en promet une portion à celui qui se charge d'en opérer la rentrée.

6095. Enregistrement. — Cette convention ne doit pas être confondue avec la cession de droits litigieux, puisqu'elle n'empêche pas la propriété de la créance de résider sur la tête du créancier. — R. J. P. *eod. v°,* 5. — On ne peut l'assimiler qu'au mandat salarié passible du droit de 1 % sur la rémunération promise. — V. n. 5366.

PACTE DE RACHAT. — V. *Réméré.*

6096. PACTE SUR UNE SUCCESSION FUTURE. — Convention qui a pour objet la succession d'un homme vivant.

On ne peut faire aucune stipulation sur une succession non ouverte même avec le consentement de celui de la succession duquel il s'agit. — C. 1130, 1600.

6097. PAIEMENT. — Remise de ce qui est dû, prestation réelle de la chose, ou accomplissement du fait qui est l'objet de l'obligation. — V. *Protêt, Quittance,* et, pour le *paiement des droits,* les différents mots de cet ouvrage.

6098. PAILLES ET ENGRAIS. — Les pailles et engrais sont meubles par leur nature ; — C. 528. — ils sont immeubles par destination, lorsque le propriétaire d'un fonds de terre les y a placés pour son exploitation. — C. 524.

Le fermier sortant doit laisser les pailles et engrais de l'année, s'il les a reçus lors de son entrée en jouissance. Dans le cas où il ne les a pas reçus, le proprié-

taire est autorisé à les retenir suivant l'estimation. — C. 1778.

PAPIER MARQUÉ, PAPIER TIMBRÉ. — V. *Timbre.*

6099. PAPIER-MONNAIE. — Effets créés par le gouvernement pour suppléer au numéraire.

Ces effets ont cours forcé, et la stipulation d'un acte de prêt portant que le remboursement sera fait en espèces d'or et d'argent, nonobstant toute loi qui établirait un papier-monnaie, est nulle et non obligatoire :

« Attendu que les lois monétaires qui, en vue de
« conjurer une crise imminente, décrètent le cours
« forcé d'un papier de crédit, participent du caractère
« des lois de police et de sûreté; — qu'à ce titre, elles
« intéressent incontestablement l'ordre public, et ren-
« trent, dès lors, dans la classe de celles auxquelles
« l'art. 6 C. civ. défend de déroger par des conventions
« particulières ;
« Attendu qu'une telle dérogation en cette matière
« est illicite, non-seulement après la promulgation et
« sous l'empire de l'acte législatif qui, dans l'intérêt
« général, établit le cours forcé des valeurs fiduciaires,
« représentation du numéraire, mais aussi lorsque,
« faite à l'avance, en prévision de circonstances qui
« rendraient nécessaire un pareil mode de circulation
« monétaire, elle se formule par une stipulation ayant
« pour but d'autoriser, ce cas échéant, le créancier à
« s'affranchir de l'obéissance aux dispositions légales
« qui l'auraient introduit ;
« Attendu qu'il importe peu que la loi du 12 août
« 1870, à l'application de laquelle le défendeur au
« pourvoi a prétendu pouvoir se soustraire, sur le fon-
« dement d'une clause conventionnelle de cette der-
« nière sorte, n'ait pas expressément déclaré que ses
« prescriptions devraient être exécutées nonobstant
« toutes conventions contraires; — qu'en effet, en im-
« posant aux particuliers en termes absolus, et sans
« admettre aucune exception, l'obligation de recevoir
« comme monnaie légale les billets de la banque de
« France, elle a suffisamment expliqué que sa disposi-
« tion s'étendait à ceux qui, antérieurement à sa pro-
« mulgation, auraient stipulé que leurs créances ne
« pourraient leur être remboursées qu'en espèces d'or
« et d'argent. » — Cass. civ. 11 fév. 1873.

6100. PAPIERS DOMESTIQUES. — Ecrits, tels que livres, journaux, cahiers, tablettes, dont une personne a coutume de se servir pour se rendre compte de ses revenus et de ses dépenses, et pour constater, en général, tout ce qui peut intéresser, elle, sa famille, ou les gens de sa maison. — R. J. P. *eod. v°*, 1.

Ces papiers font foi contre ceux qui les ont écrits et leurs héritiers : 1° s'ils énoncent formellement un paiement reçu ; 2° s'ils contiennent la mention expresse

que la note a été faite pour suppléer le défaut du titre en faveur de celui au profit duquel ils énoncent une obligation. — C. 1331.

6101. PARAPHE. — S'entend, soit d'un assemblage de traits de plumes enlacés entre eux, et qui s'ajoutent à la signature, soit des lettres initiales des nom et prénoms. — Dict. N., *eod. v°*. — V. n. 4684.

6102. PARAPHERNAL. — On appelle ainsi, sous le régime dotal, les biens de la femme qui n'ont pas été constitués en dot (παρα φερνα). — C. 1574. — V. *Dot.*

L'administration et la jouissance de ces biens appartiennent à la femme, mais le mari peut les administrer en vertu d'un mandat, soit exprès, soit tacite. — C. 1576 suiv.

6103. Enregistrement. — L'acte par lequel le mari, muni d'un mandat exprès, reconnaît avoir reçu des sommes paraphernales, ne peut donner ouverture qu'au droit fixe. On ne peut non plus percevoir que le droit de décharge sur la quittance de ces sommes qui lui est donnée par sa femme.

Mais si le mari n'a qu'un *mandat tacite*, la reconnaissance par lui faite d'avoir reçu des sommes paraphernales donne ouverture au droit fixe ou au droit d'obligation, selon que les limites du mandat ont été respectées ou excédées. Si le mari a agi comme simple administrateur, le droit fixe est seul exigible ; s'il a employé les sommes reçues à ses propres affaires, il est devenu un obligé ordinaire, et c'est le droit de 1 % qu'il faut percevoir.

« Si, par un acte particulier, porte l'I. n. 1293.
« § 7, le mari déclare avoir reçu et affecté sur ses
« propres biens des sommes provenant des biens do-
« taux de la femme, cette déclaration n'est que la
« reconnaissance d'un fait résultant de la gestion du
« mari, en qualité d'administrateur légal des biens
« dotaux ; elle n'ajoute rien à la garantie que la femme
« avait déjà, en vertu de son hypothèque légale, sur
« l'universalité des biens du mari. Une telle déclaration
« ou reconnaissance n'est soumise qu'au droit fixe de
« 3 fr. — Mais, indépendamment des biens qui lui ont
« été constitués en dot, la femme peut avoir des biens
« libres ou paraphernaux, dont elle a seule l'adminis-
« tration et la jouissance, aux termes de l'art. 1576 du
« Code civil. Si le mari se trouve chargé de les admi-
« nistrer, ce n'est plus comme administrateur légal,
« mais par l'effet d'un mandat spécial, exprès ou tacite,
« de la femme, et qu'elle était libre de confier à toute
« autre personne. En qualité de mandataire, le mari
« est alors tenu de rendre compte de sa gestion ; mais
« lorsqu'il reconnaît qu'il a reçu des capitaux prove-
« nant des biens paraphernaux de sa femme, *et qu'avec*
« *le consentement de celle-ci* il les conserve ou en fait
« emploi pour *son compte personnel*, il contracte par là

« une obligation nouvelle, à titre de prêt ou de dépôt,
« qui n'a rien de commun avec les engagements atta-
« chés à la qualité de mandataire spécial de sa femme.
« Le droit d'un pour cent est exigible sur l'acte qui
« constate cette obligation. »

« Attendu que l'époux marié sous le régime dotal,
« devenu par la volonté expresse ou tacite de sa femme
« administrateur des biens paraphernaux, est comp-
« table de cette administration, comme il l'est de
« l'administration des biens dotaux ; — que la recon-
« naissance faite par le mari de la quotité des sommes
« qu'il doit à sa femme, par suite de son administration,
« ne contient qu'un règlement destiné à faciliter la
« liquidation qui doit avoir lieu à la liquidation du
« mariage et *l'exécution d'une obligation préexistante*
« *établie par la qualité du mari ;* — attendu que si une
« pareille reconnaissance ne peut donner lieu qu'à la
« perception du droit fixe, il en est autrement si les
« sommes reçues par le mari *lui ont été remises par la*
« *femme à titre de prêt ;* que la reconnaissance de ce
« prêt contient, de la part du mari, une obligation
« nouvelle, indépendante des obligations auxquelles
« il pouvait être tenu en qualité de mari ; que, dès lors,
« elle devient passible du droit auquel sont assujetties
« les reconnaissances de sommes ou valeurs ; —
« attendu que l'acte du 18 mai 1852, sur le vu duquel
« a été rendu le jugement attaqué, constate qu'au
« nombre des sommes paraphernales que Decormis
« reconnaît avoir reçues *en prêt* de sa femme, de la
« main à la main, pour employer à ses besoins et affai-
« res ; — qu'en décidant que l'acte qui contient la
« reconnaissance de ce prêt n'était soumis qu'au droit
« fixe, en ne faisant aucune distinction entre les
« sommes reçues par le mari comme mandataire de sa
« femme et les sommes qui lui auraient été prêtées par
« cette dernière, le jugement attaqué a formellement
« violé les articles précités ;—Casse. » — Cass. 16 juill.
1855 ; I. 2054-8.

C'est également sur ces distinctions qu'il faut se
baser pour décider si la quittance donnée par la femme
à son mari est passible du droit fixe ou du droit proportionnel.

6104. *Avances par le mari à sa femme.* — Le droit
d'obligation n'est pas dû sur l'acte constatant que le
mari a avancé le prix d'un immeuble acheté en remploi
par sa femme et qu'il se remboursera sur les premiers
fonds dotaux ou paraphernaux.

« Attendu que, s'il est dit dans l'acte notarié du
« 27 août 1859 que les 20,000 fr. prix de la cession
« faite à la dame Brest à titre d'emploi de ses fonds
« dotaux ont été payés à sa décharge des deniers de
« son mari, qui se couvrira de cette somme sur les
« premiers fonds revenant à sa femme, cette énoncia-
« tion ne constate ni une obligation ni une délégation
« de somme dans le sens de l'article précité ; — qu'il
« n'y aurait pas de doute si cette énoncia-
« tion avait été faite en l'absence de la dame Brest ;
« qu'il ne peut en être autrement quand elle a été faite
« en sa présence, pour que l'emploi de ses fonds
« dotaux fût accepté par elle dans l'acte même où il

« était fait ; — qu'on ne peut voir dans ce qui s'est
« passé entre les époux Brest que l'exécution du man-
« dat légal ou tacite qui obligeait le mari à assurer
« l'emploi des fonds dotaux de sa femme, et l'un des
« éléments du compte qu'il aura à rendre, à la disso-
« lution du mariage, de l'administration qu'il aura eue
« des biens dotaux et paraphernaux de son épouse ;
« — que, dès lors, en prononçant, à l'occasion de la
« déclaration dont il s'agit, une condamnation à 1 %
« sur le montant de la somme prétendûment prêtée et
« déléguée, le jugement attaqué a contrevenu à l'article
« ci-dessus visé ; — Casse. » — Cass. civ. 3 mai 1864.

6105. *Avances par la femme à son mari.* — Le droit
d'obligation est dû si le mari reconnaît que sa femme
a payé de ses deniers une dette à lui personnelle. —
Pamiers, 21 fév. 1866 ; R. P. 2344.

6106. PARCHEMIN. — Peau de mouton ou de
chèvre préparée pour recevoir l'écriture.

Les citoyens qui veulent se servir de parchemin sont
admis à le faire timbrer avant que d'en faire usage.
— Si le parchemin se trouve être de dimensions différentes de celles des papiers de la régie, le timbre, en
quant au droit établi en raison de la dimension, est
payé au prix du format supérieur. — Brum. art. 7.

6107. PARCOURS ET VAINE PATURE.
— Le *parcours* est un droit en vertu duquel les habitants de deux communes voisines peuvent réciproquement envoyer leurs bestiaux pacager sur leurs territoires
respectifs. Ce droit s'appelle aussi *compascuïté* et, dans
quelques pays, *droit de marchage* ou *d'entrecours.* —
Cout. d'Auvergne, ch. 8, art. 2. — *Cout. de la Marche,*
art. 360.

Lorsqu'au lieu de s'exercer entre communes, il
s'exerce entre les habitants d'une même commune, le
parcours prend le nom de *vaine pâture.*

6107-1. PAREATIS. — Ordonnance par laquelle
l'autorité judiciaire rend exécutoire en France des
actes ou jugements émanant d'une juridiction étrangère.

6108. PARENTÉ. — La parenté consiste dans
la descendance d'un même auteur : *vinculum perso-*
narum ab eadem stirpite descendentium. — V. *Alliance,*
Ligne.

PARQUET. — V. *Police.*

PARTAGE.

Ch. I. — Droit civil, 6109.

Ch. I. Droit civil.

6109. Définition. — Le partage est le contrat par lequel les copropriétaires d'une chose commune la divisent entre eux, c'est-à-dire échangent leurs droits indivis sur la totalité pour un droit exclusif sur une portion de cette chose.

Sect. I. — Action en partage.

6110. Droit de faire cesser l'indivision. — Nul ne peut être contraint à demeurer dans l'indivision ; et le partage peut être toujours provoqué, nonobstant prohibitions et conventions contraires. On peut cependant convenir de suspendre le partage pendant un temps limité. Cette convention ne peut être obligatoire au delà de cinq ans ; mais elle peut être renouvelée. — C. 815.

6111. Prescription. — Quelque longue qu'ait été la jouissance commune, le droit de demander le partage n'est pas atteint par la prescription ; autrement, il arriverait une époque où l'indivision serait forcée, ce qui ne saurait être. — Chabot, sur l'art. 816.

6112. Communiste ayant joui séparément. — Le partage peut être demandé, même quand l'un des cohéritiers *aurait joui séparément* de partie des biens de la succession, *s'il n'y a eu un acte de partage*, ou possession suffisante pour acquérir la prescription. — C. 816.

6113. A qui appartient l'action en partage. — Les cohéritiers majeurs et jouissant du libre exercice de leurs droits civils peuvent intenter l'action en partage. Lorsque des cohéritiers sont mineurs ou interdits, l'action est intentée par leurs tuteurs, munis d'une autorisation spéciale du conseil de famille, sans qu'il y ait aucune distinction à faire entre les partages mobiliers et les partages immobiliers. — Id. 465 et 817.

6114. Tribunal compétent. — Lorsque la demande en partage est formée en justice, c'est devant le tribunal de l'ouverture de la succession que l'action doit être portée. — Id. 822.

Le jugement, lorsqu'il y a lieu, commet un juge, prescrit l'estimation des immeubles par expert, et ordonne qu'ils seront partagés ou licités. — C. P. 969, 970.

Si l'un des cohéritiers refuse de consentir au partage, ou s'il s'élève des contestations, soit sur le mode d'y procéder, soit sur la manière de le terminer, le tribunal prononce comme en matière sommaire, ou commet, s'il y a lieu, pour les opérations du partage, un des juges, sur le rapport duquel il décide les contestations. — C. 823.

Sect. II. — Forme.

6115. Partage amiable. — Si tous les héritiers sont présents et majeurs, et s'ils ont le libre exercice de leurs droits civils, l'apposition des scellés sur les effets de la succession n'est pas nécessaire, et le partage peut être fait par tel acte et suivant les formes que les parties jugent convenables. — C. 819.

6116. Partage judiciaire. — Si tous les héritiers ne sont pas présents, s'il y a parmi eux des mineurs ou des interdits, le scellé doit être apposé dans le plus bref délai, soit à la requête des héritiers, soit à la diligence du procureur de la République près le tribunal de première instance, soit d'office par le juge de paix dans l'arrondissement duquel la succession s'est ouverte. Dans ce cas, même si les mineurs sont émancipés, le partage doit être fait en justice. — C. 819, 838.

6117. Estimation. — L'estimation des *immeubles* est faite par experts choisis par les parties intéressées, ou, à leur refus, nommés d'office. — C. 824. — Si toutes les parties sont majeures, il peut n'être nommé qu'un expert. — C. P. 971. — Le procès-verbal des experts doit présenter les bases de l'estimation ; il doit indiquer si l'objet estimé peut être commodément partagé, de quelle manière ; fixer enfin, en cas de division, chacune des parts qu'on peut en former, et leur valeur. — C. 824.

L'estimation des *meubles*, s'il n'y a pas eu de prisée faite dans un inventaire régulier, doit être faite par gens à ce connaissant, à juste prix et sans crue. — Id. 825.

6118. Partage en nature. — Chacun des cohéritiers *peut demander sa part en nature des meubles et immeubles de la succession*. Néanmoins, s'il y a des créan-

76

ciers saisissants ou opposants, ou si la majorité des cohéritiers juge la vente nécessaire pour l'acquit des dettes et charges de la succession, les meubles sont vendus publiquement en la forme ordinaire. — Id. 826.

Quoique la situation des immeubles ait exigé plusieurs expertises distinctes, et que chaque immeuble soit impartageable, *si la masse peut commodément se partager, il n'y a pas lieu à licitation.* — C. P. 974.

Si les immeubles ne peuvent pas se partager commodément, il doit être procédé à la vente par licitation devant le tribunal. Cependant les parties, si elles sont toutes majeures, peuvent consentir que la licitation soit faite devant un notaire sur le choix duquel elles s'accordent. — C. 827. — V. *Licitation.*

6119. Sommation de comparaître. — Après que les meubles et les immeubles ont été estimés, ou bien lorsque le tribunal a ordonné le partage sans faire procéder à un rapport d'experts, le poursuivant fait sommer les copartageants de comparaître, au jour indiqué, devant le notaire que le tribunal a dû commettre. dès le principe, conformément à l'art. 969 C. P.

Il en est de même après qu'il a été procédé à la licitation, si le prix de l'adjudication doit être confondu avec d'autres objets dans une masse commune de partage pour former la balance entre les divers lots. — C. P. 976.

6120. Opérations du notaire. — On procède, devant le notaire, aux comptes que les copartageants peuvent se devoir, aux comptes, rapports, à la formation de la masse générale, aux prélèvements, à la composition des lots, et au fournissement à faire à chacun des copartageants. — C. 828. — C. P. 976. — V. *Rapport.*

6121. Composition des lots. — Si le rapport n'est pas fait en nature, les cohéritiers à qui il est dû prélèvent une portion égale sur la masse de la succession. Les prélèvements se font, autant que possible, en objets de même nature, qualité et bonté, que les objets non rapportés en nature. — C. 830. — Après ces prélèvements, il est procédé, sur ce qui reste dans la masse, à la composition d'autant de lots égaux qu'il y a d'héritiers copartageants, ou de souches copartageantes. — Id. 831.

Dans la formation et la composition des lots, on doit éviter, autant que possible, de morceler les héritages et de diviser les exploitations, et il convient de faire entrer dans chaque lot, s'il se peut, la même quantité de meubles, d'immeubles, de droits ou de créances de même nature et valeur. — C. 832.

Quand les héritiers sont tous majeurs, qu'aucune cause ne les prive de l'exercice de leurs droits civils, les lots peuvent être faits par l'un d'entre eux. S'ils ne sont pas d'accord sur le choix, ou si celui qu'ils ont choisi refuse cette mission, les lots sont faits par un expert désigné par le juge-commissaire. — C. 834.

Il est permis à chaque copartageant de critiquer la formation des lots et de proposer des réclamations. — C. 835.

6122. *Soulte.* — L'inégalité des lots en nature se compense par un retour, soit en rente, soit en argent. — C. 833.

6123. Homologation. — Le notaire remet l'expédition du procès-verbal de partage à la partie la plus diligente, pour en poursuivre l'homologation devant le tribunal. Sur le rapport du juge-commissaire, le tribunal homologue le partage, s'il y a lieu, les parties présentes ou appelées, si toutes n'ont pas comparu à la clôture du procès-verbal, et sur les conclusions du procureur de la république, dans le cas où la qualité des parties requiert son ministère. — C. P. 981.

6124. Tirage au sort. — Le jugement d'homologation ordonne le tirage des lots, soit devant le juge-commissaire, soit devant le notaire, lequel en fait la délivrance aussitôt après le tirage. — C. P. 982.

6125. Remise des titres. — Après le partage, remise doit être faite, à chacun des copartageants, des titres particuliers aux objets qui lui sont échus. Les titres d'une propriété divisée restent à celui qui en a la plus grande partie, à la charge d'en aider ceux de ses copartageants qui y auront intérêt, quand il en sera requis. Les titres communs à toute l'hérédité sont remis à celui que tous les cohéritiers ont choisi pour en être le dépositaire, à la charge d'en aider les copartageants à toute réquisition. S'il y a difficulté sur le choix, il est réglé par le juge. — C. 842.

6126. Partage définitif ou provisionnel. — Les partages faits conformément aux règles ci-dessus, soit par les tuteurs, avec l'autorisation d'un conseil de famille, soit par les mineurs émancipés, assistés de leurs curateurs, soit au nom des absents ou non présents, sont *définitifs;* ils ne sont que *provisionnels* si ces règles n'ont pas été observées. — C. 840.

SECT. III. — PAIEMENT DES DETTES.

6127. Contribution aux dettes. — Les cohéritiers contribuent entre eux au paiement des dettes et charges de la succession. chacun dans la proportion de ce qu'il y prend. — C. 870. — *Le légataire à titre universel* contribue avec les héritiers, au prorata de son émolument; mais le légataire particulier n'est pas tenu des dettes et charges, sauf toutefois l'action hypothécaire sur l'immeuble légué. — Id. 871.

Lorsque des immeubles d'une succession sont grevés de rentes par hypothèque spéciale, chacun des cohéritiers peut exiger que les rentes soient remboursées et les immeubles rendus libres avant qu'il soit procédé à la formation des lots. Si les cohéritiers partagent la succession dans l'état où elle se trouve, l'immeuble grevé doit être estimé au même taux que les autres immeubles; il est fait déduction du capital de la rente sur le prix total; l'héritier dans le lot duquel tombe cet

immeuble *demeure seul chargé du service de la rente*, et il doit en garantir ses cohéritiers. — Id. 872.

6128. **Limites dans lesquelles les héritiers sont tenus des dettes.** — Les héritiers sont tenus des dettes et charges de la succession, *personnellement pour leur part et portion virile*, et hypothécairement pour le tout ; sauf leur recours soit contre leurs cohéritiers, soit contre les légataires universels, à raison de la part pour laquelle ils doivent contribuer. — Id. 873.

Le légataire particulier qui a acquitté la dette dont l'immeuble légué était grevé demeure subrogé aux droits du créancier contre les héritiers et successeurs à titre universel. — Id. 874.

Le cohéritier ou successeur *à titre universel* qui, par l'effet de l'hypothèque, a payé au delà de sa part de la dette commune, n'a de recours contre les autres cohéritiers ou successeurs à titre universel que pour la part que chacun d'eux doit personnellement en supporter, même dans le cas où le cohéritier qui a payé la dette se serait fait subroger aux droits des créanciers ; sans préjudice néanmoins des droits d'un cohéritier qui, par l'effet du bénéfice d'inventaire, aurait conservé la faculté de réclamer le paiement de sa créance personnelle, comme tout autre créancier. — Id. 875.

6129. *Héritier insolvable.* — En cas d'insolvabilité d'un des cohéritiers ou successeurs à titre universel, sa part dans la dette hypothécaire est répartie sur tous les autres au marc le franc. — Id. 876.

6130. **Droits des créanciers.** — Les titres exécutoires contre le défunt sont pareillement exécutoires contre l'héritier personnellement ; et néanmoins les créanciers ne peuvent en poursuivre l'exécution que huit jours après la signification de ces titres à la personne ou au domicile de l'héritier. — Id. 877. — Ils peuvent demander, dans tous les cas, et contre tout créancier, la séparation du patrimoine du défunt d'avec le patrimoine de l'héritier. — Id. 878.

Les créanciers d'un copartageant, pour éviter que le partage ne soit fait en fraude de leurs droits, peuvent s'opposer à ce qu'il y soit procédé hors de leur présence. Ils ont le droit d'y intervenir à leurs frais ; mais ils ne peuvent attaquer un partage consommé, à moins toutefois qu'il n'y ait été procédé sans eux et au préjudice d'une opposition qu'ils auraient formée. — Id. 882.

SECT. IV. — EFFETS DU PARTAGE.

6131. **Effet du partage.** — Chaque cohéritier est censé avoir succédé seul et immédiatement à tous les effets compris dans son lot, ou à lui échus sur licitation, et n'avoir jamais eu la propriété des autres effets de la succession. — Id. 883. — V. *Licitation.*

6132. **Garantie réciproque.** — Les cohéritiers demeurent respectivement garants les uns envers les autres des troubles et évictions seulement qui procè-

dent d'une cause antérieure au partage. La garantie n'a pas lieu si l'espèce d'éviction soufferte a été exceptée par une clause particulière et expresse de l'acte de partage ; elle cesse si c'est par sa faute que le cohéritier souffre l'éviction. — Id. 884.

Chacun des cohéritiers est personnellement obligé, en proportion de sa part héréditaire, d'indemniser son cohéritier de la perte que lui a causée l'éviction. Si l'un des cohéritiers se trouve insolvable, la portion dont il est tenu doit être également répartie entre le garanti et tous les cohéritiers solvables. — Id. 885.

6133. *Prescription.* — La garantie de la solvabilité du débiteur d'une rente ne peut être exercée que dans les cinq ans qui suivent le partage Il n'y a pas lieu à garantie à raison de l'insolvabilité du débiteur, quand elle n'est survenue que depuis le partage consommé. — Id. 886.

6134. **Rescision.** — Les partages peuvent être rescindés pour cause de violence ou de dol. Il peut aussi y avoir lieu à rescision lorsqu'un des cohéritiers établit, à son préjudice, une lésion de plus du quart. La simple omission d'un objet de la succession ne donne pas ouverture à l'action en rescision, mais seulement à un supplément à l'acte de partage. — Id. 887.

CH. II. — DROIT FISCAL.

6135. **Caractère du partage.** — Avant d'aller plus loin, rappelons ici le principe qui domine la matière : le partage est *déclaratif* et non *translatif* de propriété. La loi civile dit en effet :

« Chaque cohéritier est censé avoir succédé seul et
« immédiatement à tous les effets compris dans son lot,
« et n'avoir jamais eu la propriété des autres effets de
« la succession. » — C. 883.

SECT. 1. — TARIF.

6136. **Détermination du tarif.** — Sont assujettis au droit fixe gradué les partages de biens meubles et immeubles entre copropriétaires, cohéritiers et coassociés, à quelque titre que ce soit. — 28 fév. 1872, art. 1, n. 5.

Ainsi, il importe peu que ce soit entre cohéritiers, colégataires, coacquéreurs, etc., que l'indivision existe, puisque la loi dit : *copropriétaires à quelque titre que ce soit.* Le seul point important, c'est que l'indivision existe.

6137. *Simultanéité du partage et de l'acte qui établit l'indivision.* — Lorsque des acquéreurs achètent, chacun pour une portion déterminée dans l'acte même d'acquisition, certains immeubles, qu'ils partagent ensuite dans le même acte, le partage est une dépendance de l'acte de vente et ne peut donner ouverture à un droit particulier. — Dél. 19 mars 1823.

Il en est de même, lorsqu'un lot adjugé à plusieurs individus est partagé entre eux dans l'acte même d'adjudication. — Dél. 14 avril 1824.

6138. Indivision au point de vue des personnes. — *Héritiers réservataires et légataires atteints par la réduction.* — Le réservataire qui fait prononcer la réduction d'un legs devient, par le fait, copropriétaire de ce legs, et l'indivision s'établit entre lui et les autres successibles. — Duranton, t. 8, n. 366. — Demolombe, t. 19, n. 569. — Le seul droit à percevoir dans ce cas est donc celui de partage. — Dél. 14 fév. 1824 ; Cont. 661.

6139. *Légataires particuliers.* — « Un testateur dé-
« cède laissant un enfant, un légataire universel, un
« légataire à titre universel de la moitié de ses biens,
« et deux légataires particuliers. La succession com-
« prend :

« 1° Un immeuble de. . . . . . . 20,000 fr.
« 2° Id. 40,000
« 3° Id. 50,000
« 4° Id. 5,000
« 5° Id. 5,000

Total. . . 120,000

« Les deux derniers immeubles font l'objet des legs
« particuliers. Par l'effet de la réserve, tous les legs se
« trouvent réduits de moitié ; ainsi les deux legs parti-
« culiers ne consistent plus chacun que dans la moitié
« de l'immeuble légué, chaque légataire se trouve donc
« indivis avec quelqu'un pour l'autre moitié ; et en
« effet il pourra partager, soit avec l'héritier, soit avec
« le légataire universel , soit avec le légataire à titre
« universel ; mais il ne partagera point avec l'autre lé-
« gataire particulier : à l'égard de l'un et de l'autre, l'ob-
« jet du legs, quoique réduit, reste distinct et déterminé.
« Supposons donc Paul et Pierre légataires particu-
« liers chacun d'un des immeubles évalués 5,000 fr.,
« qui se trouvent réductibles de moitié. Chacun d'eux
« pourra recevoir des valeurs de la succession, autres
« que son immeuble, jusqu'à concurrence de 2,500 fr.,
« sans payer aucun droit de mutation. Mais si Paul
« reçoit la moitié de l'immeuble qui a été légué à
« Pierre, et réciproquement, cette attribution ne pourra
« s'effectuer sans donner ouverture au droit d'é-
« change. » — Ch. Rig. 2653.

6140. *Légataires des meubles et légataires des immeubles.* — Le légataire des meubles n'est pas dans
l'indivision avec le légataire des immeubles. En effet,
si l'indivision existe, ainsi que nous l'avons dit dans
le numéro précédent, en ce qui concerne les légataires
ou donataires d'une quote-part, c'est parce qu'ayant
une portion dans la *totalité* des biens , on peut leur
appliquer la règle *Hæres habet totum in toto et in qua-
libet parte,* qui est, par excellence, constitutive de l'indivision ; ce qui n'existe pas si l'un est investi des
meubles et l'autre des immeubles, car comme c'est un
objet déterminé que chacun doit recevoir . la force
même des chose indique qu'ils ne peuvent pas être en
état d'indivision avec les héritiers et les autres donataires ou légataires. Il y aurait donc mutation si le légataire des meubles était rempli en immeubles, et réciproquement. — R. G. 9375.

6141. *Usufruitier et nu-propriétaire.* — « L'usu-
« fruitier n'ayant rien dans la nue propriété, et le
« nu-propriétaire, de son côté, n'ayant rien dans la
« jouissance actuelle, on ne trouve pas entre eux le
« fondement d'une indivision : c'est pourquoi l'un ne
« pourrait intenter l'action en licitation contre l'autre,
« pour mettre fin à leur conflit d'intérêts ; car cette
« action n'ayant été introduite que pour faire cesser
« les embarras et prévenir les querelles qui naissent
« de la jouissance commune ou de la copropriété. ne
« peut recevoir d'application entre l'usufruitier et le
« nu-propriétaire, qui ne sont ni cojouissants , ni
« copropriétaires. » — Proudhon , *Usufruit,* n. 7. —
Vareille, sur l'art. 815, n. 7. — Demolombe , t. 2,
n. 216 ; t. 3, n. 491. — C. Douai, 23 nov. 1847 ; J. P.
48. 2. 509. — C. Angers, 4 déc. 1862 ; J. P. 63. 929.

Il ne peut donc y avoir partage entre l'usufruitier et
le nu-propriétaire, il ne peut y avoir qu'un échange.
— Condom, 10 et 25 janv. 1845 ; J. N. 12281 ; J. E.
13697-3.

Ainsi, l'acte par lequel une veuve cède aux héritiers
de son mari l'usufruit d'immeubles auquel elle a droit
comme donataire de ce dernier, et reçoit la nue propriété d'autres immeubles également grevés de son
usufruit, est sujet, quoique qualifié partage, au droit
d'échange. — Cambrai, 6 fév. 1847 ; J. N. 13213.

L'acte par lequel le légataire universel en usufruit
et le légataire universel en nue-propriété convertissent
leurs droits de manière à devenir chacun abandonna-
taire d'une pleine propriété, est un échange, non un
partage, et donne ouverture au droit de 2. 50 %, si les
biens qui forment l'objet de la convention sont des
immeubles. — Versailles, 6 fév. 1851 ; R. G. 9381.

Si une veuve est simplement usufruitière des biens,
sans avoir aucun droit de copropriété , l'abandon
de cet usufruit, moyennant la cession en toute propriété d'immeubles ou de meubles de la succession,
est un véritable échange, passible des droits afférents
à ce genre de contrat, car il n'existe alors aucune indivision entre l'usufruitière et les héritiers. — Cass. req.
14 août 1838 ; Sir. 38. 1. 709 ; J. E. 12138.

Lorsque , dans le partage d'une communauté et
d'une succession, un immeuble propre au défunt est
attribué à la veuve en paiement de ses reprises, le
droit de 5. 50 % est exigible sur la valeur de l'immeuble, lors même que la veuve serait usufruitière de la
moitié des biens de son mari. — Bordeaux, 26 janv.
1864 ; R. P. 2141. — Cass. civ. 16 janv. 1867 ; R. P.
2412 ; I. 2357-1 ; Sir. 67. 1. 181.

6142. *Usufruitier ayant une portion de la pleine
propriété.* — Mais il faudrait décider autrement si
l'usufruitier avait une portion de la pleine propriété.
L'indivision existerait alors au moins sur un point et
le partage deviendrait possible.

Ce principe est mis en relief par les décisions suivantes :

On doit considérer comme passible du droit de partage , et non de celui fixé pour les échanges, la
convention par laquelle l'héritier qui est légataire par
préciput de la portion disponible abandonne à ses

cohéritiers tous ses droits de propriété dans la succession contre l'usufruit de tous les biens dont elle se compose. Et si, par le même acte, les héritiers qui obtiennent la nue-propriété font cesser l'indivision entre eux, il n'y a pas lieu de percevoir un droit particulier pour ce second partage. — Dél. 29 sept. 1824 ; Rec. Roll. 1144.

Lorsque des héritiers, qui possèdent indivisément plusieurs domaines, font une convention par laquelle l'un cède aux autres, à titre d'échange, la nue-propriété de sa part dans ces immeubles, moyennant, en contre-échange, l'usufruit de leurs parts dans les mêmes biens, et, en outre, une somme déterminée pour la plus-value, l'acte qui constate cette convention doit être considéré comme un partage entre cohéritiers, et non comme un échange. — Baugé, 29 oct. 1827 ; Acq. Dél. 8 fév. 1828 ; J. E. 8939.

L'acte par lequel des enfants cèdent à leur père, à titre d'échange, l'usufruit de leurs droits dans un immeuble indivis, contre la nue propriété de ce qui lui revient dans cet immeuble, constitue un partage et non un échange, malgré la qualification donnée à l'acte, parce qu'il a pour but et pour effet de faire cesser l'indivision entre les parties. — Seine, 19 mai 1830 ; Rec. Roll. 2927.

L'acte par lequel les parties convertissent en un quart en pleine propriété le quart en usufruit et le quart en nue propriété légués à l'époux survivant n'est sujet qu'au droit de partage. — Cass. 16 juin 1824 ; I. 1146-11. — Civ. 4 janv. 1865 ; Sir. 65. 1. 96 ; J. E. 17936 ; R. P. 2002.

6143. *Usufruitier du tout ayant une portion de la nue propriété.* — Lorsqu'une succession est échue à un légataire pour l'usufruit et aux héritiers pour la nue propriété, l'acte par lequel il est attribué à l'un et aux autres une portion de la pleine propriété pour les remplir de leurs droits, n'est pas un partage, mais un échange, encore que l'usufruitier possède une partie de la nue propriété. Cet acte ne peut donc servir de base à la déclaration de succession, et les droits doivent être perçus sur la dévolution légale et testamentaire des biens. — Cass. civ. 4 août 1869 :

« Vu les art. 883 C., 69, § 5, n. 3, et § 7, n. 5, de la
« loi du 22 frim. an 7, 2 de la loi du 16 juin 1824, 52
« de la loi du 28 avril 1816 ; 68, § 3, n. 2, de la loi du
« 22 frim. an 7 ; — Attendu qu'il n'y a pas d'indivision
« entre le nu-propriétaire et l'usufruitier d'un même
« objet, chacun d'eux possédant une chose distincte
« dont il peut user et disposer complètement sans le
« concours de l'autre ; que l'acte par lequel ils convien-
« nent de transformer, l'un sa nue propriété, l'autre
« son usufruit, en une portion de la pleine propriété,
« n'est point un partage ayant les effets rétroactifs de
« l'art. 883 C. ; qu'un tel acte constitue un échange ;
« que dès lors, si une succession est échue à un léga-
« taire pour l'usufruit, et à des héritiers du sang, pour
« la nue propriété, l'acte au moyen duquel ils opèrent
« la transformation dont il vient d'être parlé ne peut
« servir de base à la déclaration de succession pour
« la perception des droits d'enregistrement, mais qu'il

« y a lieu d'établir ces droits sur la dévolution testa-
« mentaire légale des biens héréditaires ; — attendu
« qu'en décidant le contraire le jugement attaqué a
« faussement appliqué et par suite violé l'art. 883
« C. et les autres dispositions ci-dessus visées ; —
« casse. »

En l'espèce, l'époux survivant était usufruitier du tout ; mais cette circonstance n'importe, « la nue « propriété est alors en indivision, mais non la jouis- « sance, et cette circonstance ne peut pas plus l'en- « traîner dans la communauté que l'indivision d'un « immeuble possédé par deux propriétaires ne peut « réagir sur un autre immeuble exclusivement possédé « par l'un d'eux. » — Réquisitoire de M. l'avocat général Blanche.

6144. Indivision au point de vue des biens. — La première des conditions pour qu'il y ait partage, c'est qu'il y ait indivision ; si l'indivision n'existe pas, ce n'est donc pas le droit de partage qui doit être perçu.

6145. *Acquêts.* — Si donc, au lieu de se borner à l'attribution des acquêts, les époux s'arrangeaient de telle manière que l'un d'eux reçût, dans son lot, un objet qui ne constituerait pas un acquêt, par exemple les biens dépendant d'une succession échue à l'autre pendant le mariage, l'acte contiendrait autre chose qu'un partage ; car ces biens n'étaient pas indivis entre les époux, ils étaient la propriété exclusive de celui auquel la succession est échue. Il y aurait donc un droit particulier à percevoir sur la convention consta- tant l'attribution qui en serait faite à l'autre ; et la liquidation de ce droit se ferait d'après la nature de la mutation. Ce serait le droit d'échange, de vente, ou de donation, suivant que l'acquisition aurait lieu en vertu d'un échange, ou moyennant un prix, ou à titre gratuit. — Pont et Rodière, t. 2, n. 110. — Ch. Rig. 2899. — R. G. 9366-1.

6146. *Echange des lots.* — Le partage terminé, l'indivision cesse : l'échange des lots devient une alié- nation ; les copartageants ont cessé d'être propriétai- res, et le droit d'échange est dû comme si les parties n'avaient jamais possédé indivisément. — D. F. 19 juill. 1808 ; J. E. 2953. — Dél. 25 nov. 1825 ; J. E. 8203.

6147. *Partage refait.* — Si des enfants ont fait de la succession paternelle un partage authentique par lequel on allouait tous les immeubles à l'un, tous les meubles à l'autre, on ne peut, par un nouvel acte, et sous le prétexte que le premier n'avait rien de sérieux, allouer une portion des immeubles à celui qui n'avait reçu que du mobilier, sans que cette allocation donne ouverture au droit de mutation. — Villefranche, 30 déc. 1847 ; Cont. 8174.

Lorsqu'un partage authentique qui avait fait cesser l'indivision est modifié sous prétexte qu'il y avait lésion, si l'acte modificatif établit qu'une mutation immobilière est opérée entre les copartageants, le droit de 5.50 %

est exigible, attendu que la rescision du partage n'a pas été prononcée judiciairement et que d'ailleurs la lésion ne rend pas le contrat radicalement nul. — Bourganeuf, 28 juin 1850 ; J. E. 14990.

Lorsque des cohéritiers, après un partage consommé, remettent dans l'indivision des immeubles qui leur sont échus divisément par l'effet du partage, il s'opère un véritable échange passible du droit prop. — Sol. 16 nov. 1864 ; R. P. 2080.

Lorsqu'après un partage l'un des copartageants renonce à suivre la demande en rescision intentée par lui, pour cause de lésion de plus d'un quart, moyennant l'abandon qui lui est fait de plusieurs parcelles d'immeubles attribuées à un autre copartageant, il est dû, pour cet abandon, un droit proportionnel de mutation à titre onéreux. « Toute transaction dont l'effet « est de faire passer sur la tête de l'une des parties la « propriété qui reposait sur la tête de l'autre, en vertu « d'une convention parfaite, prend, au regard de « l'enregistrement, le caractère d'une transmission « passible d'un droit proportionnel, dont la quotité « est déterminée eu égard à la nature de la chose « transmise. » — Cass. civ. 24 juin 1868 ; Sir. 68. 1. « 367 ; I. 2372-3 ; J. E. 18559 ; R. P. 2786.

Lorsque les copropriétaires d'un immeuble l'ont vendu moyennant un prix payé comptant à chacun d'eux selon leur portion, ce prix ne peut plus figurer dans le partage des autres biens indivis entre eux, et le droit de soulte est exigible si on le fait entrer dans l'un des lots. — Mortagne, 1er avril 1870 ; R. P. 3324.

6148. Partage par sentence arbitrale ou par testament. — Si le partage a lieu par sentence arbitrale ou s'il s'agit d'un partage testamentaire, c'est le droit fixe gradué qui nous paraît applicable, à l'exclusion, bien entendu, du droit fixe établi sur ces sortes d'actes. Le tarif établi par la loi de 1872 doit être appliqué dans les limites les plus étendues, car le législateur l'a établi pour tous les partages entre copropriétaires, cohéritiers et coassociés, à quelque titre que ce soit, et, par conséquent, la forme du partage est sans importance.

6149. Justifications relatives au titre de copropriété. — La loi de frimaire exigeait expressément la justification de la copropriété ; elle avait soumis au droit fixe de 3 fr. les partages entre copropriétaires à quelque titre que ce soit. *pourvu qu'il en fût justifié.*

La loi de 1872 n'ayant pas reproduit cette phrase incidente, il en résulte qu'aujourd'hui les parties ne sont pas tenues de justifier de leur titre de copropriétaires. Mais il va de soi que si l'administration découvre que les individus qui ont partagé n'étaient copropriétaires, cohéritiers ou coassociés à aucun titre, elle aura le droit de revenir sur sa perception.

Art. 1er. — Partage non définif.

6150. Partage provisionnel. — Le partage *provisionnel* est celui qui ne partage que la jouissance et laisse la propriété indivise jusqu'à ce qu'il intervienne un partage définitif. Le partage est provisionnel toutes les fois qu'il n'a pas été fait en conformité des règles que nous avons exposées au ch. Ier. — C. 840. — Chabot, sur l'art. 840, n. 1 et 2.

6151. Tarif. — Les partages provisionnels opèrent les mêmes droits que les partages ordinaires, car il peut arriver qu'ils restent définitifs, et, en attendant, ils produisent tous les effets du partage définitif. — Roll. *Partage provisionnel*, n. 36 et 37. — R. G. 9406-1.

Une autre raison nous fait adopter l'avis de ces auteurs : c'est que les partages provisionnels n'ont ce caractère d'actes non définitifs que par suite de vices de forme, et que, pour la perception des droits, l'Adm. n'a pas à s'inquiéter des vices de forme dont peuvent être entachés les actes qui lui sont présentés. — V. *Nullité.*

6152. Partage judiciaire. — C'est, comme son nom l'indique, celui qui est fait avec l'intervention de la justice.

Un partage de cette espèce ne peut être considéré que comme projet d'acte, tant qu'il n'a pas reçu l'approbation de l'autorité judiciaire. Le jugement d'homologation seul lui donne le caractère d'acte définitif. — Arg. C. P. 984. — Pigeau, t. 2, p. 690. — Carré, 3210. — Chauveau, 3507. — Bioche, 185. — Dutruc, 461.

6153. Tarif. — Par conséquent, le droit fixe gradué, le droit de soulte et les droits des dispositions indépendantes, s'il y a lieu, ne peuvent être perçus que sur le jugement d'homologation. Quant au partage lui-même, il doit être enregistré au droit fixe de 3 fr. — Dunkerque, 8 nov. 1844 ; R. G. 9409. — Montpellier, 9 mars 1846 ; Dall. R. 2663. — Cass. civ. 16 juin 1824 ; Sir. 25. 1. 127 ; I. 1146-16 ; J. E. 7934. — V. N. 5072.

« Attendu que Dufresne étant décédé, laissant trois « filles mineures, un jugement du 25 novembre 1871 « a ordonné qu'il serait procédé par Merlin, notaire, « aux liquidation et partage tant de la communauté « ayant existé entre la femme Dufresne et son mari, « que de la succession de ce dernier ; que la liquidation « dressée par Merlin, le 23 janvier 1872, approuvée le « même jour par la femme Dufresne et le tuteur *ad hoc* « des mineurs, a été, le 25 janvier, présentée à la for- « malité avec le procès-verbal d'approbation et enre- « gistrée au droit de 2 fr. 40 cent. ;

« Que, par jugement du 2 mars suivant, le tribunal « a « homologué purement et simplement le procès- « verbal de liquidation sus-énoncé » ; que, lors de l'en- « registrement de ce jugement, le receveur a perçu, « en vertu de l'art. 1er, § 5, de la loi du 28 février 1872, « le droit fixe gradué dont la partie réclame la restitu- « tion, par ce motif que, sous peine de faire produire à « cette loi un effet rétroactif, il ne pouvait être perçu « sur le jugement d'homologation qu'un droit fixe de « 5 fr. ;

« Attendu que le partage dans lequel des mineurs « sont intéressés n'est que provisionnel, tant que l'ho-

« mologation de l'acte qui le constate n'a pas été obte-
« nue ;
« Que l'approbation des représentants des mineurs
« ne saurait tenir lieu de celle de la justice ;
« Que le jugement d'homologation , seul, en s'appro-
« priant le travail du notaire, dont il ordonne l'exécu-
« tion, lui donne un caractère définitif, et qu'il est.
« pour les parties, le titre sur lequel doit être perçu
« le droit de mutation à raison du partage ;
« Qu'il n'est pas contesté que la loi du 28 février
« 1872 était devenue exécutoire le 2 mars dans le dé-
« partement de la Seine ;
« Que, d'autre part, il est constant, dans l'espèce,
« que le droit de partage n'avait pas été acquitté lors
« de l'enregistrement du 25 janvier, puisqu'il n'a-
« vait été acquitté, à cette date, que 2 fr. 40 cent.,
« salaire de la formalité, et non 5 fr., montant du
« droit auquel, à cette époque, les partages étaient
« soumis ;
« Qu'en conséquence, c'est justement qu'à raison
« du partage Dufresne, le droit fixe gradué a été perçu
« sur le jugement homologatif du 2 mars. » — Seine,
23 fév. 1873.

6154. Tirage au sort. — Le procès-verbal de tirage
au sort ne donne lieu qu'à un droit de 3 fr. comme acte
d'exécution. Cependant, il devrait être soumis au droit
fixe gradué, si, par suite d'une circonstance quelconque, ce droit n'avait pas été perçu sur le jugement
d'homologation. — Sol. 10 juin 1837 ; J. E. 12280-2.

Art. 2. — Lotissement.

6155. Définition. — On entend par *partage partiel*
ou *lotissement*, l'attribution, à titre de partage, à l'un
des cohéritiers ou copropriétaires, par les autres communistes, d'une somme, d'une créance ou de tout autre
objet indivis, meuble ou immeuble, pour en jouir ou le
posséder privativement, avec stipulation que l'objet
abandonné à l'un des communistes sera imputé et pré-
compté sur ce qui lui reviendra par l'issue du partage
définitif. — R. G. 9411.
Le *partage partiel* ou *lotissement* est aussi le partage
d'une partie seulement des choses communes, le partage du surplus étant remis à une époque ultérieure.
Cette sorte de partage donne lieu à la perception
immédiate des droits ordinaires.

6156. Lots inégaux. — Le droit de soulte est exigible sur le contrat de partage par lequel un copartageant reçoit un lot d'une valeur supérieure à son émolument, bien qu'une clause particulière de l'acte porte
que l'égalité sera ultérieurement rétablie entre les
copartageants avec le produit de la vente d'un immeuble resté indivis. Tout partage doit porter en lui-même
la preuve de l'égalité des lots ; les droits sont acquis à
l'instant même tels qu'ils ressortent des dispositions de
l'acte. — Cass. req. 12 nov. 1844 ; I. 1732-7 ; J. E
13629 ; J. N. 12178.

6157. Règlement ultérieur. — Même décision au
sujet du partage de partie d'une succession, sauf rapport
soit en argent, soit en moins prenant, des biens attribué
lors du partage définitif, ou sauf règlement ultérieur. —
Nantes, 1er juill. 1840 ; J. E. 12558. — Seine, 25 janv.
1843 ; J. E. 13180. — Cass. civ. 29 avril 1845 ; Sir. 45.
1. 496 ; I. 1743-9 ; J. E. 13760 ; J. N. 12385. — Seine, 11
juin 1845 ; J. E. 13788. — Bordeaux, 18 août 1845 : J. E.
13830. — Lectoure, 12 mars 1846 ; J. E. 14115. — Cass.
civ. 22 avril 1850 ; Sir. 50. 1. 359 ; I. 1875-9 ; J. E.
14948 ; J. N. 14026. — Seine, 16 août 1854 ; J. E. 15959.

6158. Un seul immeuble laissé dans l'indivision. —
Il en est de même lorsqu'il ne reste dans l'indivision
qu'un seul immeuble, que l'on a l'intention de vendre,
que l'on évalue dans l'acte de partage et dont on distri-
bue fictivement le prix à provenir de la vente, *d'après
l'évaluation faite*, pour égaliser les lots. — Seine, 10
mars 1847 ; J. E. 14377.

**6159. Abandon d'un immeuble à quelques-uns des
cohéritiers, moyennant un prix à partager lors du partage définitif.** — L'acte par lequel un cohéritier abandonne aux autres cohéritiers, avant tout partage, un
immeuble de la succession, moyennant un prix qui sera
partagé entre eux tous lors du partage définitif, constitue une véritable vente passible du droit de 5. 50 %,
et non un simple partage partiel ; il doit être enregistré
sous peine d'un droit en sus dans le délai de trois mois.
— Cass. civ. 19 nov. 1845 ; Sir. 45. 1. 810 ; I. 1755-11 ;
J. E. 13880 ; J. N. 12582.

6160. Un seul communiste loti. — La disposition
d'un contrat de mariage par laquelle le futur est loti
par ses cohéritiers d'une partie de la succession de
leur mère, supérieure à sa part virile, donne ouverture
au droit de soulte sur l'excédant, *la déclaration de succession étant prise pour base.* — Saint-Malo, 11 janv.
1862 ; R. P. 1821.
L'acte par lequel des cohéritiers , *après avoir établi
la masse des biens*, attribuent un immeuble à l'un d'eux
pour sa part est un lotissement passible du droit fixe
gradué. — Sol. 23 juin 1864 ; R. P. 2004.
L'acte par lequel des cohéritiers, pour fixer la valeur
d'un immeuble de la succession et pour déterminer
celui d'entre eux dans le lot duquel cet immeuble sera
mis, conviennent d'organiser entre eux une sorte de
licitation préalable et de placer l'immeuble dans le lot
de celui qui offrirait le prix le plus élevé, ne constitue
pas une licitation véritable, emportant acquisition de
parts indivises, convertissant en argent les parts des
héritiers autres que l'adjudicataire et donnant ouverture au droit proportionnel ; ce n'est qu'une opération
tendant à préparer le partage et passible seulement
du droit fixe. — Cass. civ. 12 juill. 1870 ; R. P. 3183.

6161. Partage définitif. — Un partage, quoique
qualifié de provisoire, doit être *pour la perception considéré comme définitif*, et si, dans le partage définitif,

les valeurs attribuées aux copartageants par ce premier partage sont rapportées fictivement ou en nature, on doit les laisser de côté pour la perception des soultes, qui doivent être assises sur les valeurs seules qui, étant restées indivises, ont fait l'objet de ce dernier partage. — Seine, 27 août 1840 ; J. E. 12584-1. — Cass. 25 mai 1841 ; J. N. 11068 ; J. E. 12771 ; I. 1661-9.

Art. 3. — Liquidation.

6162. Définition. — La liquidation est l'opération qui précède nécessairement tout partage et qui sert à déterminer les droits des communistes ; elle ne contient pas d'attributions ; c'est en quoi elle diffère essentiellement du partage.

6163. Tarif. — De cette définition il résulte que si la liquidation fait partie intégrante du partage, elle ne peut donner lieu à un droit particulier ; si elle est rédigée par acte séparé, elle n'opère que le simple droit fixe de 3 fr. Le tarif de 50 c. % ne s'applique qu'aux liquidations opérées par jugement. — Dél. 8 déc. 1807 ; R. G. 9426.

Art. 4. — Actes équipollents à partage.

6164. Cession à forfait. — La vente de ses droits faite par un communiste aux risques et périls du cessionnaire, *lorsqu'elle fait cesser l'indivision*, équivaut à un partage et donne ouverture, non au droit de 5. 50%, mais au droit de 4 %, car cette convention équivaut à un premier acte passé entre cohéritiers pour faire cesser l'indivision ; l'art. 883 C. est, dès lors, applicable et le prix est censé représenter une soulte de partage affranchie du droit de transcription. — Cass. req. 5 nov. 1822 ; Pr. chron. 557 ; J. E. 7357. — Cass. 30 mai 1854 ; R. P. 97 ; Sir. 54. 1. 461. — Tulle, 29 juill. 1863 ; R. P. 2274. — V. *Droits successifs*.

6165. *Caractère de la vente ordinaire.* — Mais le droit de 5. 50 % serait exigible si la cession, bien qu'ayant lieu à forfait, présentait les caractères d'une vente ordinaire. — Ussel, 12 mars 1838 ; Alby, 26 juill. 1859 ; Cambrai, 8 juill. 1864 ; R. P. 977, 1975.
Lorsque, par un traité à forfait, dans lequel on déclare qu'il est impossible de procéder à un partage des biens d'une succession, l'un des héritiers vend ses droits à ses cohéritiers, acquérant à leurs risques et périls, et qu'il se rend, moyennant, garant des hypothèques provenant de son chef ou de celui de sa mère sur les immeubles auxquels s'appliquent les droits cédés, un tel acte ne peut être réputé partage et doit être soumis au droit de transcription. — Cass. 4 fév. 1822 ; Pr. chron. 524 ; J. E. 7162.
Une cession de droits successifs, bien qu'elle mette fin à l'indivision, est, néanmoins, passible du droit de transcription, quand elle est faite avec la forme d'une vente, ce qui a lieu, par exemple, quand elle contient

réserve expresse au profit du vendeur du privilège de vendeur et de l'action résolutoire, et que les cédants ne garantissent que leur qualité d'héritiers. à l'exclusion de toute autre. Ces stipulations, à l'aide desquelles on a voulu écarter la garantie établie par la loi en matière de partage (C. 884), démontrent que les contractants ont entendu faire une vente. — Cass. req. 29 juill. 1857 ; Sir. 58.1.313 ; I. 2114-5 ; J. E. 16021 ; R. P. 876.

6166. Donation. — L'action en rescision n'existant pas pour les donations, la donation par un héritier à son cohéritier ne peut donc jamais être considérée comme un partage ; dès lors, elle donne toujours ouverture aux droits ordinaires de donation, y compris le droit de transcription. — Ch. Rig. 2723. — Dall. R. 2637. — R. G. 9402. — Dél. 14 janv. 1834.
« Attendu que la fiction établie par l'art. 883 C.
« sur les effets des partages et des licitations, ne sau-
« rait être étendue à une donation, qui forme un acte
« d'une nature essentiellement différente et pour lequel
« la loi n'offre pas aux tiers la garantie qu'elle offre en
« matière de partage ; attendu que cette assimilation
« ne peut être induite ni de l'art. 888 ni de l'art 1408,
« qui sont évidemment sans application à des actes
« purement gratuits et qui ne contiennent ni le carac-
« tère ni les éléments d'un partage. » — Cass. 5 mai 1841.

6167. Contrat aléatoire. — Par un testament du 20 mars 1815, le sieur Perrotet avait légué tous ses biens à ses deux frères. Depuis, il se maria, eut un fils. et mourut bientôt après, sans avoir révoqué son testament. Ses frères légataires, et sa veuve agissant tant en son propre nom que comme tutrice de son enfant, souscrivirent, le 19 avril 1823, une convention portant que, si le mineur vit, se marie. et a des enfants, les frères renoncent à rien réclamer sur la succession. mais que, s'il meurt sans postérité, le testament aura sa pleine exécution, quant au principal seulement. l'usufruit étant abandonné à la veuve jusqu'à cette époque.
Par une solution du 16 avril 1825, l'Administration a reconnu que l'acte du 19 avril 1823 était sujet au droit proportionnel, comme cession de droits successifs. Les légataires ne renoncent pas à l'effet de leur legs ; ils en disposent. Ce qu'ils auraient recueilli, par la réduction du testament à la quotité disponible, ils le transmettent. en nue propriété, au mineur acceptant par sa mère, et en usufruit à celle-ci agissant en son propre nom. Ils reçoivent, pour l'équivalent de cette cession, l'assurance de l'exécution pleine et entière du testament, dans le cas de décès du mineur sans enfants, et comme s'il n'eût jamais existé. Il n'y a point à opposer que la renonciation prématurée, faite par la veuve, à la portion qui lui reviendrait dans la succession de son enfant encore vivant, ne serait pas valable : une convention nulle peut avoir son exécution si les parties n'en requièrent pas la nullité, et d'ailleurs l'Administration ne doit point entrer dans l'examen de la validité des stipulations. — I. 1173-7. — R. G. 9401.

6168. Premier acte entre cohéritiers. — Il a toujours été de principe que le premier acte entre cohéritiers, de quelque nature qu'il soit, équivaut à partage, et ne peut être considéré que comme un partage ; et ce principe est consacré par l'art. 888 du Code civil : car ce n'est que parce qu'il assimile à un partage proprement dit l'acte qualifié de vente, d'échange, de transaction ou de tout autre manière qui a pour objet de faire cesser l'indivision entre cohéritiers, que l'art. 888 le soumet à l'action en rescision pour lésion de plus du quart, puisque, si un pareil acte était ou un véritable échange ou une véritable transaction, il ne pourrait, suivant les art. 1706 et 2052, être rescindé même pour lésion du tout au tout ; et que, s'il était une véritable vente, il ne pourrait, suivant l'art. 1674, être rescindé que pour lésion de plus de sept douzièmes. Aussi voyons-nous dans le procès-verbal de la discussion du Code civil au conseil d'État, que, pour justifier cet article du reproche qu'on lui faisait d'introduire une nouvelle jurisprudence, le conseiller d'État Treilhard disait que « la section s'était déterminée par la raison « que le premier acte que les héritiers font entre eux « tend toujours à partager la succession : ainsi cet acte « doit être résoluble dans les mêmes cas que tout autre « partage ; peu importe qu'on l'ait appelé une transac- « tion, il faut s'arrêter plus à la réalité qu'au titre. » Si donc une vente, un échange, une transaction ont eu pour but de faire cesser de l'indivision, ils contiennent vraiment au fond un partage. Dès lors la disposition de la loi du 22 frim. an 7 relative aux actes de partage ne régit pas seulement les actes qui portent cette dénomination, mais tous ceux qui rentrent dans les termes de l'art. 888 C. — R. G. 9396.

SECT. II. — LIQUIDATION DU DROIT.

6169. Règle. — La quotité du droit fixe gradué auquel sont assujettis les partages est déterminée par le montant de l'actif net partagé. — 28 fév. 1872, art. 1, n. 5.

6170. Rapport. — Il y a lieu de faire figurer dans l'actif assujetti au droit les rapports soit en nature, soit en moins prenant :

« Attendu qu'aux termes de l'art. 1er, § 5, de la loi « du 28 février 1872, la quotité du droit fixe d'enregis- « trement auquel sont assujettis les partages est déter- « minée par le montant de l'actif net partagé ; qu'il y « y a lieu de comprendre dans cet actif, à l'inverse des « dettes dont distraction doit être faite, la valeur des « biens soumis au rapport ; — qu'il en est évidemment « ainsi pour les biens rapportés en nature qui se réu- « nissent à la succession francs et quittes de toutes « charges, et dont le partage seul fixe définitivement « la propriété dans les mains soit du donataire, soit « d'un de ses cohéritiers ; — qu'il en est de même des « biens dont le rapport se fait en moins prenant ; « qu'en effet, si la loi permet, en ce cas, au donataire « de les conserver jusqu'à concurrence de son émolu- « ment successoral, et les soustrait ainsi à la chance

« de la composition des lots et du tirage au sort, il « n'en est pas moins constant qu'ils sont réunis à la « masse, entrent dans le partage et servent à égaliser « les lots : qu'en un mot, l'actif net partagé n'est pas « autre chose que la masse héréditaire diminuée des « dettes, à la formation de laquelle concourent, sans « distinction, les valeurs réellement ou fictivement « rapportées ; — que vainement on objecte que le « droit fixe gradué formerait double emploi, pour les « valeurs rapportées, avec le droit de mutation perçu « à l'époque de la donation ; que le droit fixe gradué « tient lieu du droit fixe de 5 francs perçu sur les par- « tages avant la loi de 1872 ; qu'il ne se confond pas plus, « pour les valeurs rapportées, avec le droit de muta- « tion perçu à l'époque de la donation, qu'il ne se con- « fond avec le droit de mutation payable dans les six « mois de l'ouverture de la succession, pour les va- « leurs qui ne sont jamais sorties des mains du dé- « funt. » — Seine, 5 juill. 1873.

6171. Rapport fictif. — Mais on ne doit pas étendre la même règle aux rapports qui ont lieu fictivement pour établir le montant de la quotité disponible. L'art. 922 du Code civil ordonne bien, en effet, de réunir aux valeurs existantes lors du décès toutes celles dont il a été disposé par donation entre-vifs par le défunt. Mais cette réunion n'est que fictive ; elle n'a pour effet, ni de résoudre le titre de propriété du donataire, ni de faire rentrer les biens donnés dans le patrimoine héréditaire. Ces biens continuent, au contraire, d'appartenir au donataire, et ils ne sont réunis à la masse que comme élément de calcul, afin de déterminer les limites de la quotité disponible. Nul doute, par conséquent, qu'ils ne font pas partie de l'actif partagé et qu'il ne faut pas les soumettre au droit gradué. — R. P. 3497.

6172. Récompense. — Pour la perception du droit gradué, sur le partage d'une communauté, on ne doit faire figurer à la masse active que l'excédant des récompenses dues par la femme sur les reprises qui lui sont dues.

« Les reprises du mari prédécédé avaient été fixées « par l'acte de liquidation et partage à la somme de « 8,627 fr.; celles de la femme à 477 fr., et la masse « active à la somme de 11.275 fr. 34 c., comprenant « celle de 1,462 fr. 78 c. de récompenses dues par la « femme à la communauté ; pour remplir la veuve « tant de ses reprises que de sa part dans les bénéfices, « ladite part se montant à 1,801 fr. 17 c. (477 fr. + « 1,324 fr. 17 c.), si on lui attribue du mobilier pour « 1,171 fr. et 1,462 fr. montant des récompenses « qu'elle doit à la communauté, ensemble 2,633 fr. 78 c., « à charge de payer une soulte de 832 fr. 61 c. aux « héritiers. le droit gradué doit être liquidé sur les « bases suivantes : pour asseoir le droit, on ne doit « pas déduire de la masse active les reprises du mari, « mais on ne fait figurer à cette masse que l'excédant des « récompenses dues par la femme sur les reprises qui « lui sont dues (1,462 fr. 78 c. — 477 fr. = 985 fr.

77

« 78 c.), ce qui diminue en réalité la masse d'une somme
« égale au montant des reprises de la femme. Ce mode
« de liquidation est une conséquence de l'arrêt du
« 15 mai 1872. » — Sol. 8 août 1872.

SECT. III. — DISPOSITIONS INDÉPENDANTES.

6173. Compte. — Lorsque, dans un partage de succession rédigé par le notaire commis par le tribunal, le mandataire chargé des recouvrements de la succession s'oblige à payer, *après l'homologation du partage*, le reliquat de son compte, arrêté par les héritiers, le droit de 1 % n'est pas exigible sur le montant de ce reliquat, car aucun autre droit que le droit fixe ne peut être perçu sur le partage tant qu'il n'a pas été homologué, par la raison que toutes les dispositions du partage sont sous le coup d'une condition suspensive. — Dél. 19 mai 1837 ; J. N. 9756.

Mais il en serait autrement si l'héritier, institué administrateur de la succession par le tribunal, prenait du délai pour payer les sommes dont il est comptable envers les copartageants : il faudait percevoir le droit d'obligation, par la raison que l'héritier, en prenant du délai et en s'obligeant à payer les intérêts, perd la qualité de comptable, pour y substituer celle de débiteur ordinaire. — Dél. 3 mars 1824 ; J. E. 7718.

6174. Créance. — Le rapport par un copartageant d'une somme qu'il doit verbalement et l'attribution de cette somme à un autre copartageant donnent lieu au droit d'obligation ou de quittance, suivant que le débiteur se libère ou non de sa dette lors du partage. — Le Mans, 9 oct. 1862 ; R. P. 1688.

6175. Dation en paiement. — *Créance.* — Le droit de vente est exigible lorsque, dans un partage, il est établi que l'un des cohéritiers, créancier de la succession, prend, du consentement des autres, des immeuble en paiement. — Dél. 1er juin 1825 ; I. 1173-10. — Dél. 8 nov. 1833 ; J. E. 10773.

6176. Dot. — La clause d'un contrat de mariage, par laquelle le survivant des père et mère constitue en dot à son enfant une somme déterminée, représentant la valeur de ses droits dans la succession de l'autre conjoint décédé, n'opère pas une cession au profit du constituant. Il résulte de là que si l'enfant cède plus tard à celui-ci, dans un partage, des objets en paiement de la constitution dotale, cet abandonnement doit être considéré, au point de vue de la perception, comme translatif de propriété. — Cass. civ. 31 juill. 1833 ; Sir. 33.1.700 ; J. E. 10724.

La dot constituée par les père et mère conjointement forme une créance sur leur succession, de sorte que, si par le partage il est attribué à l'héritier du mari des biens de la communauté pour le remplir de la dot qui lui avait été constituée par ses père et mère, il est dû un droit de vente sur la moitié de cette dot à la charge de la veuve copartageante. — Cass. 23 mars 1853 ; J. E. 15630.

6177. Douaire. — L'abandon d'immeubles de communauté consenti, dans un contrat de partage, en faveur de la femme par les héritiers du mari, pour se libérer envers elle du montant de son douaire et de ses frais de deuil, constitue une dation en paiement qui donne ouverture au droit de mutation. Cette disposition ne dérive pas du partage ; les dettes acquittées étaient des charges de la succession du mari et non de la communauté. — Cass. civ. 12 fév. 1840 ; Sir. 40.1.334 ; J. E. 12466.—Sol. 27 sept. 1843 ; J. E. 13347.—Seine, 10 fév. 1872 ; R. P. 3330.

6178. Avances. — Si, dans un partage de communauté, une veuve, usufruitière de la moitié des biens, établit le compte des sommes qu'elle a payées depuis le décès de son mari, tant pour la communauté que pour frais funéraires ou autres à la charge de la succession, avec convention que les deniers à provenir de la réalisation des valeurs de communauté seront employés à la désintéresser, cette disposition forme l'un des éléments du partage et ne donne ouverture à aucun droit particulier. — Cass. civ. 23 mars 1853 ; Sir. 53.1.281 ; I. 1967-3 ; J. E. 15630. — Seine, 21 nov. 1868 ; R. P. 2929.

6179. Lots inégaux. — Lorsque, pour égaliser le lot de son cohéritier, un copartageant lui abandonne un immeuble qui ne fait pas partie de la succession, cet abandon constitue une dation en paiement passible du droit de 5.50 % sur la valeur de l'immeuble. — Dél. 23 avril 1833 ; J. E. 10603. — V. n. 6185.

6180. Décharge. — *Dépôt.* — Lorsque dans un partage les héritiers donnent décharge au notaire d'une somme déposée chez lui par le défunt, le droit fixe de 3 fr. est seul exigible, *bien qu'aucun acte en forme n'ait constaté ce dépôt*, si d'ailleurs aucun indice ne peut faire supposer que le notaire a reçu le dépôt comme simple particulier, et non comme notaire en son étude, attendu qu'aucune loi n'exige que le dépôt soit justifié par un acte public. — Cass. 26 fév. 1850 ; J. N. 13974 ; J. E. 14914 ; I. 1857-1.

6181. Mandataire. — La décharge dans un acte de partage à un mandataire de la gestion qu'il a eue de la succession donne ouverture au droit de 3 fr. — Nantes, 31 août 1844 ; J. E. 13586.

6182. Délégation. — Si un copartageant est chargé de payer à un créancier de la succession, possesseur d'un titre régulier, une somme qu'il doit à la succession pour prix d'objets mobiliers vendus verbalement, le droit de délégation est exigible. — Chartres, 5 juill. 1845 ; J. E. 13821.

6183. Donation. — Le partage par lequel le survivant des époux qui ont stipulé par leur contrat de mariage une société d'acquêts reversibles aux enfants à naître, abandonne à ses enfants la nue-propriété des

acquêts de la communauté, constitue une donation de la moitié des acquêts. — Dél. 16 juill. 1823; Rec. Roll. 625.

6184. *Somme donnée et non payée.* — Lorsque, dans le partage d'une succession, l'un des héritiers se charge de payer à son cohéritier une somme donnée à ce dernier en avancement d'hoirie par le défunt et non payée au décès, il y a soulte passible du droit prop. — Tournon, 17 mars 1869; R. P. 2997.

6185. Echange. — Lorsque, pour égaliser le lot de son cohéritier, l'autre héritier lui cède un immeuble propre, le droit d'échange est seul exigible, si aucune soulte n'a été stipulée et que cet abandon soit une des conditions du partage. — D. F. 22 fév. 1843; J. E. 13187. — Saint-Malo, 14 mars 1846; J. N. 12657. — V. n. 6179.

Le droit d'échange est dû lorsque, pour remplir de ses droits une veuve donataire de son mari, les héritiers de celui-ci lui cèdent des immeubles qui leur appartiennent personnellement. — Yvetot, 26 janv. 1866; R. P. 2292.

6186. *Reprises.* — Lorsque les immeubles de la succession du mari sont abandonnés aux héritiers, il y a échange des acquêts que la femme avait le droit de prélever contre les propres que les héritiers pouvaient retenir. — Cahors, 24 déc. 1846; J. E. 14197.

6187. Honoraires. — L'énonciation, dans un partage, des frais et honoraires dus au notaire rédacteur n'emporte pas la perception du droit de 1 %, car le notaire n'est pas *partie* à l'acte. — Dél. 13 août 1830; J. N. 7221. — Seine, 12 août 1846; J. N. 12775. — Sol. 18 déc. 1846; J. 1786-9.

6188. Préciput. — Si la femme survivante qui a renoncé à la communauté a droit à un préciput en argent et que dans l'acte de partage on lui attribue des immeubles ou des meubles pour la remplir de ce préciput, le droit de mutation est exigible, parce que, par l'effet de sa renonciation, la veuve ne pouvait demander autre chose que le préciput mobilier qu'elle avait droit d'exercer. — Rennes, 24 déc. 1844; J. N. 12232. — Dél. 25 mars 1847; J. E. 14313-1.

6189. Quittance. — Par acte passé devant Mᵉ Dautrive, notaire à Paris, le 8 novembre 1845, la dame Picque et le sieur Barbeau ont procédé au partage des successions du sieur Barbeau et de la dame Colliau. leurs père et mère, décédés.

Dans l'établissement de la masse active de ces successions se trouve l'énonciation suivante :

« Article 7. Cote 8, 11 pièces.

« Les deux premières pièces de cette cote sont des
« renseignements desquels il résulte qu'à la date du
« 30 décembre 1842 M. Picque devait à M. Barbeau,
« son beau-père, par arrêté de compte audit jour :

« La somme de 76,000 fr., dont il se serait engagé à
« lui payer les intérêts à 5 % par an, à   fr.   c.
« partir dudit jour, ci.   76,000   »
« La somme de 26,664 fr. 50 cent., dont
« il se serait engagé à lui payer les inté-
« rêts à 4 1/2 % par an, à partir dudit
« jour 30 décembre 1842, ci.   .   .   .   26,664 50
« La troisième pièce de cette cote est
« un autre renseignement, dont il résulte
« que, le 18 janvier 1845, M. Picque de-
« vait à M. Barbeau, outre les sommes
« ci-dessus, 2.000 fr. dont il s'est obligé
« à lui payer l'intérêt à 4 1/2 % par an,
« à partir dudit jour, 18 janvier 1845, ci.   2,000   »
                                            ‾‾‾‾‾‾‾‾‾‾
« Total.   .   . ˙ 104.664 50

Il est dit ensuite que le sieur Picque a déposé à l'instant sur le bureau, et à la vue des notaires, en billets de la banque de France, acceptés par les autres parties comme espèces, la somme de 104,664 fr. 50 cent., montant des reliquats du compte existant entre lui et M. Barbeau, son beau-père, pour qu'elle fût à la disposition des héritiers.

Lors de l'enregistrement de ce partage, le receveur a perçu le droit de 1 % sur les 104.664 fr. 50 c. dont le sieur Picque s'était reconnu débiteur, le 18 janvier 1845, envers son beau-père, et un droit de 50 centimes pour 100 fr. à raison du paiement fait au moment de la rédaction de l'acte.

Cette double perception ayant été attaquée, la Cour suprême l'a maintenue par un arrêt en date du 4 avril 1849 (J. N. 13727; J. E. 14724; I. 1844-2) : « Attendu
« que, dans l'espèce, l'acte du 8 nov. 1845 contenait à
« la fois et une obligation et une quittance, actes es-
« sentiellement différents, car, si l'obligation lie celui
« qui la contracte, la quittance le libère quand il paie;
« d'où il suit que les deux droits d'obligation et de
« quittance étaient dus. » — Dans le même sens, Dél.
19 mars 1833; J. E. 10374. — R. G. 9444.

6190. *Rapport.* — Même règle lorsque quelques-uns des héritiers font rapport à la masse, *en moins prenant*, du montant d'obligations sous seings privés par eux souscrites au profit de l'auteur de la succession, — Sainte-Menehould, 11 mars 1851; J. E. 15069. — et que ces obligations passent dans d'autres mains que les leurs. — Dunkerque, 8 nov. 1844; J. E. 13624.

6191. *Héritier créancier.* — Si un héritier est créancier de la succession et qu'on lui attribue de l'argent comptant et des créances de la succession, pour le remplir de ses droits comme héritier et comme créancier, il y a, jusqu'à concurrence de la part contributive des autres héritiers dans la dette de la succession : 1° libération pour l'argent comptant; 2° transport pour les créances. — Rambouillet, 12 déc. 1845; J. E. 13905.

6192. *Donation.* — S'il est constaté dans un acte de liquidation que la mère des copartageants leur avait remis antérieurement des sommes excédant leurs

droits, qu'ils lui ont remboursées avant le partage, le droit de libération est exigible. — Dél. 31 juill. 1835; J. E. 11267.

6193. *Héritier débiteur.* — Donne ouverture au droit de quittance la disposition d'un partage par laquelle on attribue à l'un des héritiers certaines sommes dont il était comptable et débiteur jusqu'à concurrence des dettes de la succession qu'il avait acquittées, sous la simple déduction de sa part contributive dans ces dettes. — Bordeaux, 23 fév. 1870; R. P. 3557.

6194. *Avances.* — Lorsque dans le partage du prix d'immeubles indivis entre trois copropriétaires, il est tenu compte à l'un d'eux d'une somme qu'il avait antérieurement avancée pour frais de mise en valeur des immeubles, cette clause emporte libération et est passible du droit de quittance sur la part des autres copropriétaires. Il ne suffirait pas, pour éviter la perception du droit, d'alléguer sans justification que les avances ont été faites par un mandataire collectif au nom de tous les communistes. — Seine, 25 juin 1870 :

« Attendu que dans l'acte de partage fait à la date « du 11 janvier 1868, devant Tandeau de Marsac, no- « taire, entre Lorin, la femme Cramail, née Lorin, et « la fille Lorin, frère et sœurs, il a été constaté qu'aux « droits de Lorin, comme copropriétaire des immeu- « bles licités, il convenait d'ajouter, notamment une « somme de 197, 996 fr. 25 cent. sur les frais de mise « en valeur d'un terrain situé rue du Faubourg-Saint- « Honoré, lesdits frais ayant été déjà acquittés par ledit « Lorin ;

« Attendu que de cette somme totale les deux tiers « étaient à la charge de la femme Cramail et de la fille « Lorin, qui, aux termes de l'art. 1375 du C. N., en « étaient débitrices envers leur frère, les ayant avan- « cés de ses propres deniers pour l'utilité de l'immeuble « commun ;

« Attendu que la disposition sus-énoncée de l'acte du « 11 janvier 1868 doit donc être considérée comme « contenant libération des débitrices susnommées, vis- « à-vis de Lorin, leur créancier, pour les deux tiers de « la somme totale ajoutée aux droits dudit Lorin, comme « copartageant ;

« Attendu que les art. 14, n. 3, et 69, § 2, n. 11, de « la loi du 22 frimaire an 7, assujettissent au droit de « 50 centimes pour 100 les quittances et généralement « tous les actes et écrits portant libération de sommes « et valeurs mobilières, et prescrivent de liquider ce « droit sur le total des sommes ou capitaux dont le « débiteur se trouve libéré;

« Attendu que la prétention élevée par les opposants « de faire annuler la contrainte à eux signifiée, par « cet unique motif que les avances dont il s'agit dans « l'acte de partage n'auraient pas été faites par Lorin, « mais qu'elles l'auraient été par un sieur Mahieu, « leur mandataire, ne peut être admise par le tribunal ; « qu'on ne peut, par une simple allégation, surtout

« en matière de droit fiscal, détruire une énonciation « insérée dans un acte authentique auquel ont figuré, « et par conséquent adhéré toutes les parties ; que l'acte « du 11 janvier 1868 constate expressément que les « frais de mise en valeur de la propriété commune « dont Lorin se trouve remboursé, ont été acquittés « par lui ; que s'il résulte du même acte que Mahieu a « reçu mandat à l'effet de vendre à l'amiable ou aux « enchères publiques quelques-uns des immeubles « indivis entre les parties, il n'en résulte aucune- « ment qu'il ait fait des avances de la nature de celles « de Lorin, la décharge à lui donnée de son mandat « étant pure simple et ne contenant aucune énoncia- « tion de sommes par lui acquittées. »

6195. *Honoraires.* — S'il est énoncé, dans un partage entre des héritiers, que le notaire rédacteur a reçu de l'exécuteur testamentaire diverses sommes qui lui revenaient pour frais et honoraires, le droit de quittance est exigible sur le montant de ces sommes. — Cass. civ. 22 avril 1823; Sir. 23. 1. 329; I. 1204-7; J. E. 8085. — Péronne, 28 fév. 1838; J. E. 12101. — Mamers, 12 janv. 1849; J. E. 14842-3. — Soissons, 11 août 1869 ; J. E. 19154.

Voici ce dernier jugement :

« Attendu que s'il est vrai de dire que le notaire « n'est pas partie contractante dans l'acte qu'il dresse « comme officier public pour constater les conventions « des tiers, et qu'il n'en peut résulter, en thèse géné- « rale, ni obligation ni libération pour lui, néanmoins, « lorsque, étant comptable envers ces tiers, cet acte « devient, pour leur convenance et la sienne, l'occa- « sion du compte qu'il leur doit des recettes et dépen- « ses qu'il a faites pour eux, et de son approbation, « la décharge qui en résulte nécessairement en sa « faveur donne ouverture au droit fixe prévu par la « loi, laquelle, d'ailleurs, ne distingue pas entre les « décharges spéciales et directes données au rendant « et celles qui sont une conséquence naturelle et « manifeste des actes auxquels il prête son minis- « tère ; — attendu que l'on ne peut méconnaître « que quand le notaire auquel il est dû des frais « et honoraires tant pour les actes antérieurs que « pour l'acte actuel, les fait figurer au compte qu'il « rend, dans cet acte même, aux parties, et que « celles-ci reçoivent et approuvent par leurs signatu- « res, son intérêt et sa responsabilité se trouvent, par « la nature même des choses, mêlés aux stipulations « de cet acte, et l'on ne peut dire qu'il n'a fait là rien « de définitif en ce qui le concerne, et que ce n'est « qu'une simple énonciation pouvant plus tard lui « servir de commencement de preuve par écrit, puis- « que, par la volonté et le fait même des parties, elle « se rattache à leurs conventions et en est l'exécution ; « —que si donc l'acte liquidatif constate le paiement au « notaire de ses frais, il en contient par cela même le « règlement et la quittance ; — qu'il suit de là que le « droit de quittance est dû. »

6196. *Rapport.* — En principe, il n'est dû aucun

droit d'obligation ni de quittance sur les rapports des sommes données ou prêtées, même sans titre. — Dél. 12 déc. 1826; Rec. Roll. 1691. — Sol. 26 nov. 1868; R. P. 2862. — 10 juin 1869; R. P. 3092. — Cass. 2 mai 1826; J. E. 8460.

6197. *Prix de vente.* — Le droit de quittance n'est pas dû sur la clause d'un partage constatant que l'un des cohéritiers, adjudicataire d'un immeuble de la succession, a payé une partie de son prix à celui de ses cohéritiers auquel elle était attribuée. — Sol. 29 janv. 1866; R. P. 2553.

6198. *Rétrocession.* — Si le donataire restitue au donateur l'immeuble reçu en avancement d'hoirie, il y a rétrocession ordinaire. — Seine, 12 déc. 1868; R. P. 2998.

6199. *Remplacement militaire.* — La dispense de rapporter le prix d'un remplacement militaire ne donne pas lieu au droit prop. quand il est établi que ce remplacement a eu lieu dans l'intérêt de la famille; car, dans ce cas, la somme déboursée n'était autre chose que la rétribution, *exempte de rapport*, de services rendus à la famille. — Sol. 2 mars 1869; R. P. 3116.

6200. *Immeubles.* — L'héritier qui fait rapport à la masse des biens qui lui avaient été précédemment donnés et dont le lot se compose uniquement de ces biens, à la charge de payer une soulte à ses copartageants, n'est passible d'aucun droit de soulte, attendu qu'il n'y a pas soulte dans l'acception du mot, mais simple rapport d'une somme, aux termes de l'art. 844 C. civ., par le motif que les biens à lui attribués excèdent en valeur la part à laquelle il avait droit. — Sol. 12 juin 1832; J. E. 10404.

6201. *Rapport attribué à un autre copartageant.* — Le droit de soulte n'est pas exigible lorsque, dans un partage de succession, l'un des héritiers rapporte à la masse une somme qui lui avait été donnée en avancement d'hoirie, que son lot se compose d'immeubles et que l'argent rapporté est attribué au lot d'un autre héritier. — Dél. 11 janv. 1832; J. N. 11140.

6202. *Droit de titre.* — Si une somme due à la succession, sans titre enregistré, est rapportée fictivement à la masse et que le copartageant qui l'a rapportée s'oblige à la payer à un de ses copartageants dans le lot duquel elle est entrée, le droit d'obligation est exigible. — Grenoble, 14 nov. 1848; J. N. 13596.

Même règle quand il n'y aurait pas obligation directe de payer : il suffit que les sommes dues par les copartageants leur soient réparties dans des lots autres que les leurs et ne soient pas payées pour que le droit d'obligation soit exigible. — Corbeil, 6 mai 1846; J. E. 13089.

Mais si la somme est due en vertu d'un titre enregistré, aucun droit n'est exigible. — Dél. 27 août 1833; Rec. Roll. 4231.

6203. *Rapport en immeubles d'une somme d'argent.* — Lorsque l'héritier qui a reçu une somme d'argent en avancement d'hoirie en fait le rapport par un abandon d'immeubles héréditaires, cet abandon, quoique postérieur au partage de la succession toute immobilière, est une délivrance de biens fonds, dans le sens de l'art. 869 C. civ., et n'est passible que du droit fixe de 3 fr. comme acte de complément. — Dél. 23 fév. 1825; Rec. Roll. 1118; J. E. 8142.

6204. *Donation déguisée.* — Le rapport se fait en nature, en moins prenant ou en numéraire; dès lors l'acte qui constate le rapport en nature par l'un des successibles d'un immeuble qui lui avait été *vendu* par l'auteur de la succession et le partage de cet immeuble sans soulte n'est pas sujet au droit proportionnel, attendu qu'une donation pouvant être déguisée sous forme de vente, le cohéritier qui a fait le rapport de l'immeuble à lui vendu a reconnu implicitement que la vente déguisait une donation : on ne peut donc voir dans le rapport que l'accomplissement d'une obligation légale. — Sol. 30 sept. 1830; J. E. 9822.

6205. *Reprises.* — Lors du partage des biens de la communauté, il peut être attribué au survivant des biens communs pour le montant de ses reprises, sans qu'il y ait lieu à la perception du droit proportionnel, et quoique les prélèvements ne soient pas exercés, quant à la nature des biens, dans l'ordre indiqué par le Code, parce que l'article 1471 C. civ. n'a été rendu que dans l'intérêt de la veuve et pour que ses prélèvements s'exercent sur les valeurs les plus liquides, avantage dont elle peut ne pas user de concert avec les héritiers. — Dél. 28 mai 1823; Rec. Roll. 626.

Ainsi, la valeur active d'une communauté se compose de 100.000 fr. d'immeubles et de 50.000 fr. de valeurs mobilières; les reprises de la veuve s'élèvent à 100.000 fr. et les dettes communes à 50.000 fr. Les héritiers abandonnent à la veuve les immeubles pour la remplir de ses reprises, et les meubles, à la charge par elle de payer toutes les dettes communes. Il y a lieu de percevoir 2 % seulement sur 25.000 fr. formant la moitié des dettes, sans qu'on puisse objecter que les prélèvements n'ayant pas eu lieu dans l'ordre fixé par le Code, le droit de 5. 50 % devrait être exigible sur les immeubles. — Sol. 12 mars 1828; J. E. 9028.

6206. *Transport.* — Si un héritier est créancier de la succession et qu'on lui attribue de l'argent comptant et des créances de la succession, pour le remplir de ses droits, comme héritier et comme créancier, il y a, jusqu'à concurrence de la part contributive des autres héritiers dans la dette de la succession, libération pour l'argent comptant et transport de créance pour les créances. — Rambouillet, 11 déc. 1845; J. E. 13905.

6207. *Valeurs étrangères au partage.* — Une créance formant la propriété particulière de deux héritiers est apportée par eux dans la masse à partager avec un troisième, au moyen de quoi celui-ci renonce à un préci-

put, qui lui avait été assuré par l'auteur commun, d'une somme égale au tiers de cette créance. Le droit de cession de créance est exigible sur la part que ce cohéritier prend dans la somme étrangère à la succession. — Evreux, 31 août 1844 ; J. E. 13582.

6208. Vente. — Lorsque, par acte passé entre deux enfants et leur mère et portant partage de la succession du père, dans laquelle la mère n'a aucun droit, des immeubles sont attribués à celle-ci sans cause apparente et connue, les droits de mutation, à 5. 50 %, sont exigibles sur la valeur de ces immeubles. — Sarlat, 8 avril 1850; J. E. 14937-3.

L'acte par lequel il est fait abandon à la veuve usufruitière de toutes les valeurs de la société d'acquêts et de la succession du mari, avec pouvoir de réaliser l'actif et d'acquitter le passif, mais avec dispense de rendre compte, donne ouverture au droit de mutation. — Rouen, 14 mai 1851; Rec. Fess. 8830.

SECT. IV. — SOULTE.

6209. Définition. — On appelle soulte une rente ou une somme d'argent au moyen de laquelle on compense l'inégalité des lots en nature. — C. 833.

Art. 1. — Tarif.

6210. Tarif. — Retour de partage de biens *meubles*, 2 %. — Retour de partage de biens *immeubles*, 4 %. — Frim. art. 69, § 5, n. 7, § 7, n. 5.

6211. Créances. — La soulte de créances, qui n'est autre chose qu'un transport de créances, doit être assujettie au droit de 1 %. — Dél. 24 mai 1835; J. E. 11187.

6212. La soulte forme une disposition indépendante. — La soulte forme une disposition tout à fait indépendante du partage; aussi le droit de soulte doit-il être perçu, en outre du droit de partage. — Id. ibid.

6213. Droit de transcription. — Rien n'oblige à faire transcrire un partage de succession, lors même qu'il y a soulte. Cette transcription ne pourrait purger les hypothèques des créanciers de la succession. et les créanciers des copartageants n'ont point d'action sur les biens qui ne restent pas à leur débiteur. Quant à la soulte, les copartageants à qui elle est due ou leurs créanciers peuvent conserver le privilège par une inscription. Ainsi, le droit de 1. 50 % ne doit *jamais* être ajouté à celui de 4 % déterminé pour les soultes de partage. — Cass. civ. 27 juill. 1819; Sir. 20. 1. 105; 1. 903; J. E. 6550. — D. F. 8 oct. 1819; I. 903. — 1. 1150-8.

Il en est de même de la soulte stipulée dans un partage de biens acquis en commun. — Cass. civ. 10 août 1824; Sir. 25. 1. 97; I. 1150-8.

6214. Indivision. — Bien qu'un lot soit attribué *indivisément* à deux copartageants, il n'est dû sur la soulte mise à la charge de ce lot que le droit de 4 %. — Dél. 22 déc. 1856.

« L'art. 69, § 7, n. 5, de la loi du 22 frim. an VII, « assujettit au droit de 4 % les retours de partages « de biens immeubles. Suivant l'art. 54 de la loi du « 28 avril 1816, le droit d'enregistrement dit être « augmenté de 1 fr. 50 c. % toutes les fois qu'il s'agit « d'actes de nature à être transcrits. — Dans l'espèce, « l'acte n'est pas de nature à être transcrit, puisqu'il a « pour objet un partage anticipé, suivi d'un partage « de biens provenant d'une succession commune; « qu'en ce qui concerne les biens qui font l'objet du « partage anticipé, les donataires n'ont pu les grever « d'hypothèques, et qu'à l'égard des autres, chacun « d'eux est censé avoir succédé seul et immédiatement « à tous les objets compris dans son lot (C. art. 53). « Le droit de transcription ne pouvait dès lors être « exigé. — La Cour de cassation l'a reconnu en ce « qui concerne les partages, par arrêt du 17 juill. 1819. « A la vérité, dans l'espèce, la soulte s'applique en « partie à des immeubles provenant de la succession « et qui restent indivis entre plusieurs des coparta-« geants, et la Cour suprême a décidé, à plusieurs re-« prises, que les licitations qui ne font pas cesser l'in-« division entre les adjudicataires sont sujettes, lors « de l'enregistrement, au droit de transcription. Mais « les licitations sont des actes *translatifs* de propriété, « soit parce que les art. 1686 et 1687 C. placent le « contrat sous le titre *De la vente*, et lui donnent ex-« pressément cette qualification. soit parce que, en « réalité, la licitation a pour résultat de transmettre « à un ou à plusieurs des copropriétaires, moyennant « un *prix*, les droits que les autres copropriétaires « possédaient dans les biens indivis. La Cour de cas-« sation a décidé aussi, le 10 juin 1850, qu'une adju-« dication « prononcée au profit de trois des cohéritiers « colicitants indivisément ne constitue pas un acte de « partage, mais une vente ». Dans l'espèce, au con-« traire, il s'agit d'un acte de partage, et si cet acte est, « dans le sens de la loi de l'impôt, translatif de pro-« priété en ce qui concerne la soulte stipulée, on ne « peut pas, en définitive, lui enlever son caractère de « partage. Les arrêts rendus en matière de licitation « ne sont donc pas applicables.

« Il existe d'ailleurs une grande différence entre un « partage avec soulte à la charge de plusieurs copar-« tageants indivisément et une adjudication sur licita-« tion. L'adjudication faisant connaître la valeur totale « des biens adjugés, la transcription d'un tel acte peut « produire un effet, puisqu'elle a pour résultat de fixer « le *prix* à l'égard des créanciers hypothécaires, et « d'arriver à la purge des immeubles. Dans le cas, au « contraire, où, comme dans l'espèce, il s'agit d'une « soulte représentant une partie indéterminée des im-« meubles partagés, la transcription du contrat serait « absolument sans effet, puisque l'offre d'une partie « de la valeur des biens aux créanciers hypothécaires « ne pourrait avoir pour résultat de purger ces im-« meubles des hypothèques dont ils sont grevés. — Il

« y a lieu, en conséquence, de faire effectuer la resti-
« tution proposée. »

Art. 2. — Liquidation des droits,

6215. Règle. — Lorsque le lot chargé de la soulte comprend des biens de diverses espèces, les imputations de paiement devant toujours être faites de la manière la plus avantageuse au débiteur (C. 1256), le prix des soultes doit être imputé d'abord sur les rentes sur l'Etat, qui sont exemptes de droit (V. *Rente*), puis sur les créances, ensuite sur les capitaux de rentes et sur les meubles, enfin sur les immeubles, et le droit prop. doit être perçu dans ce sens. — I. 342.

6216. *Meubles et immeubles*. — Si le lot du copartageant chargé de payer la soulte se compose d'immeubles et d'objets mobiliers non détaillés et estimés article par article, le droit de 4 °/₀ est exigible sur la totalité de la soulte, à moins que ces objets mobiliers n'aient été, antérieurement au partage, désignés et estimés, article par article, dans un inventaire ou tout autre acte authentique. — Dél. 7 juill. 1837. 17 nov. 1843 ; J. E. 13368.

6217. *Rapport fictif*. — Il ne faut pas avoir égard au rapport fictif d'une somme d'argent qui est fait dans un partage par l'un des copartageants pour liquider, *par imputation sur les diverses natures de biens*, les droits de la soulte due par celui qui fait le rapport, car ce rapport ne peut être considéré comme une *créance* abandonnée par celui qui reçoit la soulte.—Versailles, 6 fév. 1851 ; J. E. 15220.

6218. *Récompense*. — Aucun droit proportionnel ne peut être perçu lorsque la soulte mise à la charge de l'époux survivant est inférieure au montant des récompenses dues par lui à la communauté. — Sol. 26 avril 1867 ; R. P. 2605.

6219. *Conpensation*. — La partie qui, aux termes d'une donation avec partage est à la fois débitrice d'une soulte en capital, exigible au décès de la donatrice, et créancière d'une soulte en rente viagère payable jusqu'à ce décès, ne peut pas en opérer la compensation à l'égard du Trésor, de manière que le droit prop. ne soit acquitté que sur la différence des deux soultes. — Jonzac, 30 mars 1857 ; R. P. 1738.

6220. Valeurs étrangères au partage. — Pour la liquidation du droit de soulte, on ne doit pas tenir compte des valeurs étrangères à la masse partageable.

Par exemple, si des enfants qui partagent les biens de la succession de leur mère ajoutent à la masse une somme qui leur provient de bénéfices faits en commun, après la mort de leur mère, dans l'exploitation d'une industrie, cette somme doit être écartée pour la perception du droit de soulte, qui doit être établi suivant la répartition plus ou moins égale qui a pu être faite des biens composant la succession de la mère. — Abbeville, 18 août 1843 ; J. E. 13355.

6221. *Fruits*. — C'est ainsi que l'on doit regarder comme valeur ne faisant pas partie de la succession une somme rapportée à la masse comme représentant des fruits perçus, en sus de sa portion, par un des cohéritiers pendant l'intervalle qui s'est écoulé entre l'ouverture de la succession et le partage qui en a été fait. A partir du décès de l'auteur, chaque héritier doit être considéré comme ayant fait siens les fruits qui doivent lui appartenir dans la proportion de ses droits, à tel point que si, pour les besoins de la liquidation. il les rapporte à la masse, c'est de sa chose et non de celle de ses communistes qu'il dispose. Donc si l'héritier à qui il ne revient que 72,000 fr. reçoit des immeubles pour 85,000 fr. et que son cohéritier se trouve rempli des 13,000 fr. formant la différence au moyen de pareille somme qu'il rapporte en moins prenant, pour fruits perçus *au delà de sa portion* depuis l'ouverture de la succession. il y a soulte sur 13,000 fr. — Saint-Mihiel, 4 déc. 1844 ; J. N. 14272.—Seine. 10 avril 1850; J.N.14272. — Mirecourt, 12 déc. 1853 ; J. N. 15176.— R. G. 9461.

Mais l'attribution, à l'un des copartageants, entre autres valeurs, pour un certain nombre d'années, des fruits que produiront les biens partagés, ne saurait justifier la perception d'un droit de soulte. — Sol. 22 oct. 1868 ; R. P. 2845.

6222. *Valeurs partagées antérieurement*. — Lorsqu'on rapporte à la masse des valeurs partagées antérieurement, et qu'on les attribue à l'un des copartageants, cette attribution a le caractère d'une soulte. — Mamers, 19 mai 1863 ; R. P. 1822.

6223. *Confusion*. — Pour la perception des droits de soulte sur un partage, on doit faire abstraction des créances que le défunt avait contre tous ses héritiers *conjointement* et pour portions égales. attendu que ces dettes, éteintes par confusion à l'instant même du décès, ne peuvent plus faire l'objet d'un partage entre les héritiers ; par conséquent, si, par le partage, un immeuble est attribué à l'un des héritiers à la charge par lui de payer aux autres cohéritiers une portion de la dette commune, il y a soulte passible du droit prop. — Châteaudun, 16 août 1850 ; J. E. 15045. — Cass. civ. 23 mars 1853 ; Sir. 53. 1. 279 ; I. 1967-7 ; J. E. 15640.

Art. 3. — Soulte consistant en charges,

6224. Principe. — Chaque cohéritier est saisi d'une portion égale de l'actif et tenu d'une portion égale du passif. Si donc il est attribué à un héritier une part de l'actif supérieure à ses droits, à la charge de supporter une part du passif plus forte que celle dont il est tenu, il y a cession à cet héritier par ses cohéritiers de ce qui excède sa part d'actif, et le droit de soulte doit être perçu sur cet excédant. — Dall. R. 2687. —

Ch. Rig. 2681. — R. G. 9474. — Cass. 6 therm. an 11; J. E. 1850. — Civ. 6 therm. an 12; Sir. 4. 2. 328. — Saintes. 14 déc 1837 ; J.E. 11989. — Dél. 19 juin 1840; Cont. 5788. — Dijon, 30 juin 1842 ; J. E. 13054-2. — Vendôme, 29 juill. 1842 ; J. E. 13077-4. — Caen, 21 fév. 1845; J. E. 13709. — Blois, 21 août 1845 ; J. E. 13865. — Montargis, 23 déc. 1845 ; Arras, 31 août 1849 ; J. E. 14842-2.

6225. Communauté. — Si l'un des époux prend un lot d'une valeur supérieure à celle de l'autre lot, sous la condition de payer une portion de dettes plus forte que celle qui lui incombe, le droit de soulte est exigible sur la différence. La même règle est applicable évidemment si l'époux est représenté par ses héritiers. — Cass. civ. 20 déc. 1843 ; Sir. 44.1.95; I. 1710-5; J. E. 13434; J. N. 11868. — Montluçon, 19 nov. 1847; J. E. 14363. — Seine, 21 juin 1848; J. E. 14544. — Cass. civ. 13 août 1850: Sir. 50.1.688; I. 1875-7; J. E. 15017; J. N. 14142. — Châteaudun, 22 mai 1857; R. P. 874.

6226. Mari. — Il en serait ainsi alors même que ce serait au mari qu'aurait été imposée l'obligation d'acquitter la plus forte part de dettes; on ne pourrait invoquer, dans ce cas, les dispositions de l'art. 1483 C. qui exonèrent la femme, ayant fait procéder à l'inventaire des biens de communauté, de la charge de supporter une part contributive de dettes supérieure à son émolument. Pour les partages de communauté, les règles de perception sont les mêmes que pour les partages de succession. — Cass. civ. 2 juill. 1844 ; Sir. 44.1.828; I. 1732-5; J. E. 13555.

6227. Communauté sans bénéfice acceptée par la femme. — Par application de l'art. 1483 C., lorsque la femme qui n'a point renoncé à la communauté abandonne, après prélèvement de ses reprises, toute la communauté aux héritiers du mari; à l'effet d'être déchargée de toute contribution aux dettes, aucun droit de mutation à titre onéreux n'est exigible, car la femme n'a rien pris dans la communauté, puisque son émolument est ce qui lui revient dans le partage de l'actif après le prélèvement de ses reprises. — Dél. 19 août 1834 ; J. E. 1101. — 24 juill. 1838; J. N. 10108; I. 1577-15. — Cass. civ. 12 fév. 1840; J. N. 10595; Sir. 40.1.334.

6228. Usufruit. — Bien que la veuve qui se charge d'acquitter toutes les dettes soit usufruitière de toute la communauté et par conséquent des valeurs qui lui sont attribuées en compensation de l'excédant de sa part virile qu'elle s'oblige à payer dans les dettes, le droit de soulte est dû sur cet excédant, sans aucune déduction pour l'usufruit. — Seine, 5 fév. 1846; J. E. 13941-2.

6229. Valeurs réservées pour le paiement du passif. — Lorsque dans un partage intervenu entre trois frères, l'un des copartageants a été chargé de payer une portion déterminée du passif et que les contractants ont mis en réserve, pour faire face au surplus des dettes, des valeurs héréditaires que ce même copartageant devra réaliser en qualité de mandataire, il y a lieu d'admettre que ces valeurs et ces dettes appartiennent *exclusivement* aux deux autres héritiers, et l'on ne peut, par conséquent, pour calculer le droit de soulte, considérer le premier comme *copropriétaire* des biens réservés. — Cass. civ. 1er avril 1868 ; R. P. 2674.

6230. Abandon de toutes les valeurs à un seul copartageant. — Si toutes les valeurs de la société d'acquêts et de la succession du mari sont abandonnées à la veuve à charge par elle d'acquitter toutes les dettes, tous les legs, et d'indemniser les héritiers, un droit de mutation est exigible sur tout ce dont la veuve n'était pas tenue, bien qu'elle soit usufruitière et que *pouvoir* lui soit donné de réaliser l'actif. — Rouen, 14 mai 1851 ; J. E. 13288.

Si, par suite du partage fait entre un père, donataire de sa femme pour un quart en propriété et un quart en usufruit, et sa fille, de la communauté et de la succession de la mère, il est attribué au père, pour le remplir de ses droits comme donataire et des indemnités dues à la communauté par la succession, tous les biens de la succession à la charge d'en payer toutes les dettes, le droit de soulte est dû sur les trois quarts de ces biens. — Versailles, 4 fév. 1847 ; J. E. 14291.

6231. Usufruit. — Si l'un des lots est grevé d'un usufruit, et que, pour compenser la privation de jouissance éprouvée par l'attributaire de ce lot, ses copartageants s'engagent à lui payer une indemnité ou une rente annuelle, le droit de soulte est dû sur la valeur de cette indemnité ou de cette rente. Si la durée de l'usufruit est subordonnée à la vie d'un tiers, la capitalisation doit être faite au denier dix. — Vouziers, 21 déc. 1826; J. E. 11537. — Saint-Etienne, 21 déc. 1847; J. E. 14485. — Cass. civ. 21 juill. 1851 ; Sir. 51. 1. 617; I. 1900-3; J.E. 15248.

6232. Pas d'indemnité. — Si aucune indemnité n'a été stipulée, c'est à l'Administration à prouver que le lot grevé d'usufruit est inférieur aux autres; jusqu'à ce que cette preuve ait été administrée, on doit présumer que l'on a tenu compte dans la composition du lot, de la privation de jouissance qu'il subira. Aucun droit de soulte ne saurait, au préalable, être perçu. — Charolles, 22 mars 1845; J. E. 13125. — Sol. 12 mars 1853, 6 mars 1854, 27 août 1862, 21 sept. 1865.

SECT. V. — QUESTIONS DIVERSES.

6233. Acte de complément. — Lorsqu'après un partage homologué par jugement frappé d'appel et confirmé, ayant donné lieu au droit de partage, le notaire commis procède, dans un nouvel acte, d'après les bases du jugement d'homologation, à la rectification

des calculs d'intérêts échus pendant l'instance, cet acte n'est sujet qu'au droit fixe de 3 fr. — Lyon, 25 fév. 1858 ; R. P. 1045.

6234. Biens communaux. — Les partages de biens communaux par lesquels la jouissance est divisée entre les habitants pendant leur vie, ou jusqu'à ce qu'ils changent de domicile, et à la charge d'une redevance envers la commune, sont assujettis au droit fixe ordinaire, si chaque habitant reçoit seulement sa part dans la chose commune ; mais le droit proportionnel serait dû sur le capital au denier dix de la redevance qu'un copartageant paierait à la décharge d'un autre pour jouir de sa portion. — D. F.... I. 386-24.

6235. Cession. — Si, après attribution à un copartageant d'une partie des valeurs mobilières de la succession, il est dit qu'un autre copartageant conservera ces valeurs, en servira l'intérêt et donnera hypothèque pour assurer le paiement de la somme qu'elles représentent, le droit de cession est dû sur cette somme. — Chartres, 16 fév. 1850 ; J. E. 14944.

6236. Fraude.—Le droit de soulte, à 4 %, est exigible sur la cession que fait un copartageant à son cohéritier, dans l'acte même de partage, de son lot qui n'a été composé que de meubles, tandis que le lot du cessionnaire a reçu ltous les immeubles. — Marseille, 6 mai 1851 ; J. E. 15203.

Même perception sur le partage qui attribue à l'un l'usufruit et à l'autre la nue-propriété des biens, avec cession immédiate par l'usufruitier au nu-propriétaire de son lot moyennant une rente viagère. — Rambouillet, 5 janv. 1849 ; J. E. 14649.

6237. Dation en paiement. — Le partage qui attribue à l'un des héritiers, créancier de la succession, des créances et des immeubles en paiement de sa créance, donne ouverture au droit de 1 % sur le montant des créances et à celui de 4 % sur la valeur des immeubles. — Bagnères, 22 mars 1855 ; J. E. 16035.

6238. Délai. — Les partages, n'étant pas translatifs, ne sont pas, lorsqu'ils ont lieu verbalement ou par actes sous seings privés, assujettis à l'enregistrement dans un délai déterminé. Mais ils doivent être enregistrés dans les trois mois s'ils contiennent stipulation de soultes immobilières.

6239. Délivrance de legs. — Si l'héritier auquel il a été fait un legs particulier en argent reçoit en paiement de ce legs un immeuble de la succession, il s'opère une transmission immobilière à son profit, passible du droit de soulte, jusqu'à concurrence de la portion afférente à ses cohéritiers dans l'immeuble cédé. — Dél. 25 sept. 1822 ; J. E. 7324.

Mais le droit de soulte n'est pas dû lorsque dans un partage il est délivré des immeubles à l'un des héritiers pour le remplir du legs *par préciput* d'une somme à prendre sur les biens du testateur, lors du partage de sa succession. — Sol. 1er juin 1832 ; J. E. 10343.

6240. Mandat. — Lorsqu'il est abandonné à l'un des héritiers, en sus de sa part héréditaire, des créances exigibles ou le prix de ventes d'immeubles de la succession, pour une somme égale au montant des dettes qu'il est spécialement chargé d'acquitter, cette disposition ne constitue pas le transport passible du droit prop. — Dél. 4 avril 1834 ; R. G. 9485.

Lorsque, dans un partage, l'on abandonne à l'un des cohéritiers une somme qu'il doit, avec mandat spécial, employer à l'acquittement de dettes excédant sa part contributive dans le passif, il n'y a pas là soulte passible du droit proportionnel. — Dél. 27 mars 1824 ; J. E. 8500.

Il en est de même, s'il est distrait de la masse active une partie équivalente au passif, pour rester indivise, avec condition que l'un des copartageants l'emploiera à éteindre le passif ; il n'y a pas cession, mais mandat. — Chartres, 16 fév. 1850 ; J. E. 14944-3.

Le droit de mandat est seul dû sur la clause portant que le mari survivant a été chargé par les héritiers de la femme d'administrer jusqu'à son décès, sauf révocation, les capitaux à eux attribués, de leur faire compte des intérêts à forfait et de leur garantir le remboursement des sommes exigibles. — Lure, 22 mai 1860 ; R. P. 3342.

6241. Mandat tacite. — Le mandat peut, d'ailleurs, être tacite ; mais alors il est nécessaire qu'il se déduise clairement de toutes les circonstances de la cause ; autrement, l'attribution d'un excédant à charge de payer les dettes constituerait une soulte. — Dreux, 19 juill. 1846 ; J. N. 12768.

L'attribution à un copartageant d'une créance égale au montant des dettes qu'il doit payer au delà de sa part, ne constitue qu'un mandat. — Seine, 31 janv. 1839 ; Cont. 5887.

L'abandon à un héritier de créances exigibles ou d'un prix de vente payable à terme, *pour acquitter les dettes de la succession*, n'est point une cession de créance, mais un mandat que les cohéritiers lui donnent en lui fournissant en même temps les moyens de le remplir. — Le Mans, 12 mars 1847 ; Cont. 8280.

6242. Cession. — Il y a cession des créances si l'héritier reçoit le droit de les recouvrer moyennant un *forfait* payable aux autres, — Tulle, 11 déc. 1869 ; R. P. 3119. — Cass. 5 juillet 1870 ; R. P. 3188.

Ou reçoit le droit de jouir de ces créances moyennant une rente fixe. — Termonde, 14 août 1869 ; R. P. 3923.

6243. Remboursement promis au mandataire. — Si, dans le partage de la communauté et de la succession de l'époux prédécédé, le conjoint survivant, qui n'a aucun droit dans la succession, conserve tous les biens de cette succession qui existent en créances, valeurs mobilières et immobilières, à la charge d'en payer le

passif qui excède l'actif, et sous condition que les héritiers du défunt lui tiendront compte de l'excédant du passif sur l'actif, les droits de cession de créance et de vente à 2 et 5. 50 % sont exigibles indépendamment de celui de mandat à raison de la portion de dettes qui sera remboursée par les héritiers. — Belfort, 2 avril 1844 ; J. E. 13477.

6244. *Disposition alternative.* — Dans tous les cas, si le lot d'un copartageant est augmenté d'une somme déterminée, à charge par lui de payer une dette de la succession, si elle est reconnue fondée, ou de tenir compte de cette somme à ses cohéritiers dans le cas où la dette ne serait pas reconnue exigible, le droit de soulte est exigible, car il n'y a pas simple mandat, mais transmission. — Dél. 1er juin 1835 ; J. E. 11206.

6245. Rapport. — Si un legs fait par préciput à un enfant excède la quotité disponible, *et qu'au lieu de faire le rapport en nature ou en moins prenant*, le légataire /verse en argent à la masse qui fait l'objet du partage la valeur de ce qui excède cette quotité, le droit de cession est exigible, attendu qu'il y a dépossession de la part des autres cohéritiers et que le légataire ne peut être considéré comme tenant directement de son auteur, et sans aliénation de la part de ses cohéritiers, leur part dans l'excédant dont il s'agit. — Saint-Pol, 23 mars 1839 ; J. E. 12322.

Si l'héritier donataire, qui doit le rapport en moins prenant dans les immeubles qui composent la succession, reçoit des parts égales à celles de ses cohéritiers, à la charge du paiement des dettes, le droit de soulte est exigible sur la portion de dettes qui devait rester à la charge de ses cohéritiers. — Saverne, 27 août 1844 ; R. G. 9467.

Si, dans un partage de biens paternels, un enfant qui a reçu de son père, par donation entre-vifs et à titre d'avancement d'hoirie, un immeuble, fait le rapport d'une somme d'argent égale à la valeur de l'immeuble qu'il conserve, si la somme rapportée est attribuée à un autre copartageant et que l'enfant donataire soit rempli de ses droits sur le prix de l'adjudication par licitation à lui faite d'un autre immeuble de la succession, aucun droit de soulte n'est exigible. — Seine, 20 août 1858 ; R. P. 1070.

6246. *Prélèvement par un enfant non doté.* — Lorsque des enfants précédemment dotés viennent au partage en moins prenant, le prélèvement fait par un enfant non doté pour l'égaliser avec ses copartageants ne donne ouverture à aucun droit particulier. — Saint-Etienne, 16 déc. 1856 ; R. P. 801.

6247. *Rapport non dù.* — Lorsque des donations entre-vifs de sommes égales ont été faites à chacun des successibles, il n'y a pas lieu, lors du partage de la succession du donateur, au rapport des sommes données, et l'attribution à l'un des copartageants de la somme donnée à son cohéritier, qui en ferait le rapport, constitue une soulte passible des droits proportionnels.

6248. *Liquidation du droit de soulte.* — Si l'on a défalqué de la masse les donations entre-vifs de sommes égales faites à chacun des successibles, en ajoutant que le rapport n'aura pas lieu, on ne saurait imputer, sur la somme donnée, la soulte mise à la charge de celui qui a une plus-value dans son lot. — Toulon, 5 déc. 1857 ; R. P. 2782.

6249. *Rectification.* — Le droit de soulte n'est pas dû sur l'acte postérieur au partage par lequel un héritier à qui on avait omis de faire rapporter une somme par lui reçue en avancement d'hoirie abandonne à ses cohéritiers, pour les remplir de leur part dans cette somme, une portion des immeubles compris dans son lot. — Dél. 23 fév. 1825 ; J. E. 8142.

6250. Récompense. — La communauté a droit à une récompense pour le montant de la dot constituée en effets communs par les deux époux avec clause d'imputation sur la succession du prémourant. Si dans le partage de la communauté l'époux survivant dispense les héritiers du défunt de cette récompense, le droit de donation est exigible. — Seine, 8 juill. 1871 :

« Attendu que, suivant contrats de mariage des
« 23 septembre 1854 et 15 juin 1857, les époux Barré
« ont donné et constitué en dot aux femmes André et
« Bouquerot leurs filles, en avancement sur leurs
« successions futures et par imputation d'abord sur la
« succession du prémourant d'eux, et subsidiairement
« s'il y avait lieu, sur celle du survivant, savoir : à la
« première, une valeur de 49,304 fr. 85 cent., et à la
« seconde, une valeur de 54.304 fr. 85 cent.; en
« tout 103,609 fr. 70 cent.; que Barré est décédé
« le 13 octobre 1869, laissant ses deux filles pour
« héritières; que lors de la liquidation à laquelle il a
« été procédé le 26 février 1870, de sa succession et
« de la communauté ayant existé entre lui et son
« épouse, ladite somme de 103,609 francs aurait dù
« être rapportée par les femmes André et Bouquerot,
« et imputée en totalité sur la succession de leur père,
« qui en devait récompense à sa communauté ; mais
« que, suivant l'acte de liquidation, il a été impuné-
« ment convenu entre les parties, à titre de transac-
« tion, de pacte et d'arrangement de famille, que
« malgré cette imputation, la succession de Barré
« n'indemniserait pas la communauté de ladite somme,
« et que pour déterminer l'importance de la donation
« en usufruit faite à la femme Barré par son mari,
« ladite somme ne serait pas réunie fictivement, con-
« trairement à l'art. 922 du Code civil, à la masse
« active de ladite succession ;—attendu qu'en l'absence
« de toute difficulté entre les parties et la commu-
« nauté, présentant d'ailleurs, et abstraction faite de
« ladite somme de 103,000 fr., un bénéfice de plus de
« 400,000 fr., cette clause constitue de la part de la
« femme Barré la remise volontaire de la dette de ses
« filles, faite dans un esprit de pure libéralité, et doit

« être considérée comme une donation du montant de
« cette dette; que vainement on objecterait que le
« droit de donation a déjà été perçu sur les contrats
« de mariage des femmes André et Bouquerot ; que,
« par suite du décès de leur père, cette première dona-
« tion se trouvait résolue, et que, si elles conservent
« les sommes qu'elles devaient rendre, c'est en vertu
« de la remise ou nouvelle donation consentie par
« leur mère à leur profit; que c'est par conséquent à
« juste titre que perception a été faite dans l'espèce du
« droit proportionnel auquel sont soumises les dona-
« tions entre-vifs. »

6251. Reprise. — Lorsqu'une communauté se
compose de valeurs mobilières supérieures au montant
des reprises des héritiers de l'épouse prédécédée, elle
peut, sans qu'il y ait lieu de rien percevoir au delà du
droit de partage, être partagée de manière à ce qu'il
soit attribué aux héritiers une partie de ces valeurs
mobilières, et au survivant le surplus avec les immeubles de la communauté. — Dél. 28 nov. 1828 ; Rec.
Roll. 2377.

6252. Renonciation à la communauté. — L'abandon de biens de communauté, au profit de la femme
renonçante, en paiement de ses reprises, a pour objet
des biens dont le mari est propriétaire exclusif ; il
s'opère donc, par suite de cet abandon, une mutation
passible du droit proportionnel. – Cass. civ. 22 nov.
1837 ; Sir. 38. 1. 145 ; I. 1562-28 ; J. E. 11925, — Civ.
28 août 1838 ; Sir. 38. 1. 1577-17 ; J. E. 12129.
— Civ. 5 arrêts du 3 août 1858 et 2 arrêts du 24 du
même mois : Sir. 58. 1. 711 ; I. 2137-12 ; J. E. 16783 et
16840; R. P. 1065, 1086. — Civ. 24 déc. 1860 ; Sir.
61. 1. 189 ; I. 2190-4 ; J. E. 17237 ; R. P. 1561.
Voici les motifs de ce dernier arrêt :
« Vu les art. 1492 et 1485 C. Nap. ; les art. 69, § 2,
« n. 11 ; § 5, n. 1, de la loi du 22 frim. an VII ; 52 de
« la loi du 28 avril 1816 ; — attendu qu'en cas de
« renonciation à la communauté, la femme est censée
« y avoir toujours été étrangère; que l'actif en appar-
« tient tout entier au mari, à la charge d'en payer les
« dettes; qu'au nombre de ces dettes sont les reprises
« de la femme exercées par celle-ci comme créancière,
« et non comme copropriétaire des biens de la commu-
« nauté, sur lesquels, par l'effet de sa renonciation,
« elle est réputée n'avoir jamais eu aucun droit; qu'il
« s'opère ainsi une véritable vente dont le prix consiste
« dans l'extinction de la dette du mari ou de sa suc-
« cession envers la femme, jusqu'à concurrence de la
« valeur des biens donnés en paiement et dont l'effet
« est de faire passer la propriété de ces biens sur la
« tête de celle-ci. »

6253. Propres du mari. — Les reprises de la femme
survivante s'exercent sur les biens propres du mari, à
titre de simple créance.
Si les biens acquis par le mari sont attribués à la
femme, dans le partage de la succession, soit pour la
désintéresser de ses reprises, soit parce que les deniers

ayant servi aux acquisitions proviennent d'elle, il
s'opère une mutation de propriété entre-vifs passible
du droit de mutation à titre onéreux. — Cass. civ.,
5 déc. 1871 ; R. P. 3374.

6254. Soulte déguisée. — Lorsque deux personnes,
après avoir acquis solidairement et conjointement un
immeuble, le partagent, par un acte postérieur, en
deux lots inégaux, le droit de mutation est exigible de
celui qui conserve le lot le plus fort, bien qu'aucune
soulte n'ait été stipulée et qu'il ait été dit que celui qui
a le lot le plus faible ne contribuera dans le prix de la
vente que dans la proportion de l'importance de son
lot, attendu que chaque acquéreur doit être réputé
avoir acquis moitié de l'immeuble. — Evreux, 15 avril
1837 ; J. E. 11768.
Il y a présomption de soulte déguisée et le droit de
4 % est exigible sur le partage par lequel deux personnes, adjudicataires d'immeubles *conjointement et solidairement*, mais sans expression de parts, s'attribuent
ces immeubles par portions inégales. — Narbonne,
12 juin 1850 ; J. E. 14989.

6255. Expertise. — Si l'un des copartageants reçoit
un lot plus fort que les autres copartageants, sans qu'il
soit stipulé de soulte, l'administration a le droit de requérir l'expertise des biens compris dans le partage.
— Dél. 2 avril 1835 ; J. E. 11160-4. — V. n. 4243.

6256. Synagogue. — L'acte par lequel une communauté israélite fait, entre ses membres, la distribution de places dans une synagogue, moyennant des
sommes déterminées à un taux différent, doit être considéré comme un partage dont les soultes sont purement mobilières. — Cass. 8 mars 1836 ; J. E. 11459.

PARTAGE D'ASCENDANT.

Ch. I. — Notions générales.

6257. Définition. — On entend par partage d'ascendant le partage et la distribution de leurs biens que les

père et mère et autres ascendants ont la faculté de faire entre leurs enfants et descendants. — C. 1075.

6258. But de ce partage. — « Il résulte tant des « expressions de l'art. 1075 que de l'ensemble de tous « les articles qui composent le chapitre, que le partage « n'est point, de sa nature, une libéralité ; il peut en « devenir l'objet ; mais le seul but de la loi est la dis- « tribution et le partage des biens. L'unique objet du « législateur a été ,de faciliter des arrangements de « famille, de prévenir des contestations, de maintenir « la paix entre les enfants, et d'éviter des frais insé- « parables d'une demande en partage ou licitation. » — Grenier, *eod. v°*, 8.

6259. Deux modes de partage d'ascendant. — Les partages d'ascendants peuvent être faits par actes entre-vifs ou testamentaires, avec les formalités, conditions et règles prescrites pour les donations entre-vifs et testaments. — Id. 1076.

6260. Omission de quelques-uns des biens possédés au décès. — Si tous les biens que l'ascendant laissera au jour de son décès n'ont pas été compris dans le partage, ceux de ces biens qui n'y auront pas été compris seront partagés conformément à la loi. — Id. 1077.

6261. Quelques-uns des enfants existant au décès non lotis. — Si le partage n'est pas fait entre tous les enfants qui existeront à l'époque du décès et les descendants de ceux prédécédés, le partage sera nul pour le tout. Il en pourra être provoqué un nouveau dans la forme légale, soit par les enfants ou descendants qui n'y auront reçu aucune part, soit même par ceux entre qui le partage aurait été fait. — Id. 1078.

6262. Rescision. — Le partage fait par l'ascendant pourra être attaqué pour cause de lésion de plus du quart ; il pourra l'être aussi dans le cas où il résulterait du partage et des dispositions faites par préciput que l'un des copartageants aurait un avantage plus grand que la loi ne le permet. — Id. 1079.

Ch. II. — Partages d'ascendants par actes entre-vifs.

Sect. I. — Tarif.

6263. Quotité du droit. — Les donations contenant partage. faites par actes entre vifs, conformément aux art. 1075 et 1076 C., par les père et mère ou autres ascendants , entre leurs enfants et descendants, ne sont assujetties qu'au droit de 1 °/₀, ainsi qu'il est réglé pour les successions. — 16 juin 1824, art. 3. — 18 mai 1850, art. 5 et 10.

6264. Acceptation. — On doit considérer , pour la perception, comme constituant un contrat de partage

anticipé, l'acte par lequel un père déclare faire donation, en exécution des art. 1075 et 1076 du Code, à ses huit enfants, dont un seul est présent et accepte, de tous ses biens meubles et immeubles, en énonçant que des deux lots qu'il a formés, le premier, égal en valeur au huitième des biens donnés, est immédiatement attribué en pleine propriété à l'enfant présent , et que le second lot, équivalent aux autres sept huitièmes, appartiendra , sauf l'usufruit réservé par le donateur, aux donataires non présents. Peu importe que deux enfants soient encore mineurs et qu'il soit formellement stipulé que la donation *sortira son plein effet* vis-à-vis du donataire présent, *même dans le cas où les autres enfants n'en feraient point l'acceptation. Le défaut actuel. d'acceptation et la seule possibilité d'une nullité qui n'existe pas encore ne changent aucunement, quant à la perception du droit d'enregistrement, la nature de l'acte.* — Pontivy, 20 août 1833 ; J. N. 8735. — Saverne, 20 mai 1834 ; J. N. 8648. — Guingamp et Metz, 12 et 29 janv. 1835 ; J. N. 9992. — Cass. civ. 11 avril 1838 ; Sir. 38. 1. 432 ; I. 1577-9 ; J. E. 12033 ; J. N. 10294.

Après avoir reproduit cet arrêt, l'instruction n. 1577-9 ajoute :

« Il suit de cet arrêt que la réduction des droits d'en- « registrement, prononcée par l'art. 3 de la loi du « 16 juin 1824. est applicable à l'acte par lequel les « père et mère ou autres ascendants font le partage « anticipé de leurs biens entre tous leurs enfants, « quoique ce partage ne soit actuellement accepté que « par un ou plusieurs des donataires. Mais si, comme « le déclare la Cour de cassation, le défaut d'accep- « tation de quelques-uns des enfants n'enlève point à « l'acte le caractère d'un partage, c'est-à-dire d'une « donation faite à tous les enfants, cette circonstance « ne doit pas non plus mettre obstacle à ce que le droit « proportionnel d'enregistrement soit perçu, dans ce « cas spécial, sur la totalité des biens donnés et com- « pris dans le partage anticipé. En conséquence, pour « les actes de l'espèce, les préposés exigeront les droits « déterminés par l'art. 3 de la loi du 16 juin 1824, « tant sur les biens attribués aux enfants qui auront « accepté la donation, que sur ceux des lots dévolus « aux enfants qui n'auront point déclaré leur accep- « tation ou ne seront pas même intervenus au con- « trat. »

6265. *Acceptation pour un absent.* — La donation faite par des père et mère, en vertu des art. 1075 et suivants du Code, à l'un de leurs deux enfants, sous la condition que le donataire paiera aux créanciers de son frère, non présent au contrat, une somme équivalente à la moitié de la valeur des biens donnés, n'est soumise qu'au droit de 1 °/₀, fixé par l'art. 3 de la loi du 16 juin 1824, alors surtout que la part du donataire absent a été ultérieurement acceptée par les créanciers. — Cass. civ. 30 déc. 1839 ; Sir. 40. 1. 153 ; I. 1615-1.

6266. Partage sous seings privés. — Les actes susceptibles d'être attaqués pour cause de nullité résultant

d'irrégularités dans la forme, sont toujours, quand ils sont soumis à l'enregistrement, passibles du droit afférent à la classe des contrats dont ils offrent les stipulations. Ainsi, une donation entre-vifs, à titre de partage anticipé, par acte sous seings privés, n'est assujettie qu'au droit de 1 %, bien que, pour ces sortes de contrats, la forme authentique soit exigée par la loi. — Cass. req. 21 déc. 1831; Sir. 32. 1.181; I. 1562-9; J. E. 10231.— Thionville, 27 août 1834; Marennes, 31 déc. 1835; J. N. 8675,9124.— Cass. req. 9 août 1836; Sir. 36.1. 667; 1562-9; J. E. 11589.

6267. Partage verbal. — Pour le même motif, un partage d'ascendant fait verbalement ne donnerait non plus ouverture qu'au droit de 1 %; et c'est ce droit seul qui doit être perçu sur la déclaration de mutation faite par les parties.— Troyes,29 mai 1834; Alais, 9 juin 1835; Thionville, 22 fév. 1837; J. N. 8837, 9005, 9616. — Cass. civ. 13 déc. 1837; Sir. 38.1.173; I. 1562-9; J. E. 11938; J. N. 9902.

6268. Droit de partage. — Il n'est dû aucun droit de partage sur les partages d'ascendants, même si l'attribution a lieu à la suite de la donation. — Dél. 16 janv. 1829.

6269. Biens étrangers à la donation.— Il arrive souvent que les biens provenant de la succession de l'ascendant prédécédé sont réunis aux biens donnés et sont partagés simultanément. Dans ce cas, le partage des biens étrangers à la donation forme évidemment une disposition indépendante du partage d'ascendant et donne lieu à un droit de partage particulier. — Dél. 29 janv. 1825; J. N. 4994; 23 déc. 1825; Rec. Roll. 1372. — 30 juin 1829; I. 1582; J. N. 7128.

6270. Droit de transcription. — Le droit de transcription ne doit être perçu, pour les partages d'ascendants, que lorsque la transcription en est requise au bureau des hypothèques. — 16 juin 1824, art. 3.

6271. Substitution. — La loi étant formelle, le droit de transcription n'est pas exigible, lors de l'enregistrement d'une donation d'immeubles, à titre de partage anticipé, faite par des père et mère à charge de restitution au profit des enfants nés et à naître. — Dél. 16 mars 1841; Rec. Roll. 6169.

6272. Renonciation à usufruit. — Un partage anticipé ne peut évidemment comprendre que des biens qui sont de nature à exister au décès du testateur, et c'est parce que les partages de cette espèce assurent la paix et l'harmonie entre les membres d'une même famille que la loi fiscale ne les frappe que d'un tarif réduit.

Or, si une personne abandonne même à titre de partage anticipé à ses descendants, un usufruit immobilier qui lui appartient pour la durée de son existence seulement, peut-on dire qu'il y a réellement partage anti-cipé? Nous ne le pensons pas, et notre avis est qu'un pareil abandon opère le droit ordinaire de donation, sauf à ne percevoir que le droit fixe de 4. 50 et celui de 1. 50 %, dans le cas où le droit proportionnel aurait été payé déjà par les donataires. — Sol. 15 et 21 avril 1842; J. E. 12969-1, 12997-7. — Senlis, 20 mars 1851; J. E. 15163. — Sol. 24 août 1861; R. P. 1530. — Bordeaux, 9 mai 1867; R. P. 3355. — R. G. 9549. — Contrà: Sol. 20 juill. 1830; J. N. 7486. — Etampes, 29 juin 1841; J. N. 11058. — Avesnes, 12 mars 1842; J. N. 10745. — Nantes, 22 avril 1842; J. E. 13125-5. — Dél 19 août 1842; I. 1689-2. — Dreux, 6 mai 1863; R. P. 1915.

6273. Renonciation au profit de quelques-uns des donataires seulement. — Si la renonciation à son usufruit par le donateur a lieu au profit de quelques-uns des donataires seulement, l'égalité qui doit être la loi du partage anticipé se trouve violée, et on ne peut pas dire que cette renonciation soit le complément du partage; elle en est plutôt la destruction partielle. Il faut donc l'assujettir au droit fixe et au droit de transcription. — Senlis, 4 août 1841; J. N. 11413. — Tarascon, 23 août 1860; R. P. 1393.

6274. Renonciation à titre onéreux. — Si la renonciation a lieu à titre onéreux, on ne peut plus dire qu'elle soit un partage d'ascendant, et elle ne peut échapper au droit fixe de 4. 50 et au droit de 1.50 %.—I. 1683-2.

Art. I. — Des donataires.

6275. Donation à l'enfant et à ses descendants. — Le tarif réduit de 1 % ne peut être appliqué à la donation à titre de partage anticipé faite par une personne à son enfant unique et aux enfants de celui-ci, quelque minime, du reste, que soit la portion attribuée à ces derniers; car ils ne sont point, du vivant de leur auteur, héritiers présomptifs du donateur. Dans ce cas, c'est le tarif ordinaire qui est applicable. — Cass. civ. 12 janv. 1847; J. N. 12912; Sir. 47. 1. 117; I. 1796-7; J. E. 14156. — Civ. 26 janv. 1848; Sir. 48. 1. 245; I. 1814-9; J. E. 14419-3. — Req. 5 juin 1848; Sir. 48. 1. 507; J. N. 13520; I. 1825-4; J. E. 14513. — Civ. 12 mars 1849; Sir. 49. 1. 437; I. 1837-3; J. E. 14710; J. N. 13712.

6276. Donation aux petits-enfants à l'exclusion de l'enfant. — Dans une espèce où un fils unique se réunissait à son père pour faire simultanément donation à titre de partage anticipé aux enfants du fils des biens de ce dernier et de son père, jugé qu'en présence de l'art. 791 C. qui défend de renoncer à la succession d'une personne vivante, l'absence de toute donation faite au père des petits-enfants donataires ne pouvant avoir pour effet de faire considérer les donataires comme étant, *aux lieu et place de leur père*, les successibles actuels et directs de leur aïeul donateur, le droit de 4 % était exigible sur la valeur des biens donnés par

l'aïeul. — Cass. civ. 21 juill. 1851 ; Sir. 51. 1. 617 ; I. 1900-3 ; J. E. 15248 ; J. N. 14421.

V. dans le même sens : Sol. 30 mars 1825 ; J. E. 8072. — Dél. 30 avril 1833. 9 juill. 1833 ; J. N. 8055. 8131. — Corbeil, 5 déc. 1833 ; J. N. 8446. — Dél. 16 fév. 1839 ; J. E. 12245. — 12 nov. 1839 ; J. E. 12417. — Rambouillet, 9 août 1844 ; J. E. 13622. — Blois, 27 août 1845 ; J. E. 13849. — Avesnes, 6 sept. 1845 ; J. E. 13849. — Versailles, 18 déc. 1845 ; J. E. 14064-1. — Blois, 5 août 1846 ; J. E. 14112. — Dieppe, 3 déc. 1846 ; J. E. 14130-3. — Lyon, 3 fév. 1847 ; J. E. 14275-1. — Bergerac, 8 fév. 1848. — Wissembourg, 30 mars 1849 ; J. E. 14781-3. — Montluçon, 3 mai 1850 ; J. E. 15000-1.

6277. Enfant unique. — Lorsqu'il n'y a qu'un enfant, il ne peut y avoir *partage ;* dès lors, dans ce cas, c'est le tarif ordinaire des donations qui est applicable. — Sol. 24 sept. 1824 ; I. 1150-5. — Seine, 30 janv. 1833 ; J. N. 9021. — Cass. 13 août 1838 ; I. 1577-8 ; J. N. 10090 ; J. E. 12122. — Dél. 12 fév. 1839 ; Cont. 5488. — Seine, 16 mai 1839 ; J. E. 12309. — Digne, 6 ma. 1841 ; J. E. 12743-1. — Lannion, 21 avril 1845 ; J. E. 13728-2

6278. *Petit-enfant institué précédemment donataire contractuel.* — Il n'y a pas lieu de percevoir le droit de donation au taux réduit de 1 °/₀ sur l'acte par lequel un père déclare faire donation de ses biens, à titre de partage anticipé, à sa fille unique et au fils de celle-ci, institué précédemment donateur contractuel du quart des biens à venir de son aïeul.

« Le partage d'ascendants proprement dit est moins « une libéralité qu'un règlement, une division anti- « cipée entre personnes dont les droits préexistants « prennent leur source dans la loi. Or, on ne trouve « pas ce caractère dans l'acte portant attribution du « patrimoine de l'ascendant à son enfant unique et à « l'enfant de celui-ci. L'espèce actuelle présente, il est « vrai, cette circonstance, que le petit-fils était, en « vertu de conventions antérieures, donataire d'un « quart par préciput ; mais cette institution contrac- « tuelle ne lui avait conféré aucun droit actuel sur les « biens du donateur, qui conservait même la faculté « d'en disposer de son vivant à tout autre titre qu'à « titre gratuit (art. 1083 C.) ; elle lui permettait sim- « plement de venir au partage, lors de l'ouverture de « la succession de l'instituant, en qualité de légataire, « et non comme successible. A ce point de vue, il « semble que la démission de biens consentie par « l'ascendant n'est pas régie par les art. 1075 et 1076 « C. et que, par suite, elle est passible non pas du « droit de 1 °/₀ établi part l'art. 3 de la loi du 16 juin « 1824, mais bien des droits ordinaires de donation « à 2 fr. 50 °/₀ sur les meubles, et à 4 °/₀ sur les im- « meubles, conformément aux art. 69, § 4, n° 1, et « § 6, n° 2, de la loi du 22 frim. an VII, et 54 de la loi « du 28 avr. 1816. » — Sol. 6 déc. 1867.

6279. *Substitution.* — Même solution pour la do-

nation faite par un ascendant à son fils unique, avec substitution au profit des enfants nés ou à naître du donataire, bien que l'acte porte que les immeubles donnés seront partagés par égales parts entre ses enfants. Le prétendu partage d'un droit purement éven- tuel ne saurait influer sur la perception. — Cass. civ. 20 janv. 1840 ; Sir. 40. 1. 185 ; I. 1618-1 ; J. E. 12448.

6280. *Enfants de deux lits.* — La donation par deux époux, chacun à l'enfant unique qu'il a eu d'un pré- cédent mariage, ne peut pas constituer un partage anti- cipé. — Vitry-le-Français, 6 janv. 1847 ; J. N. 13166. — La Rochelle, 4 fév. 1869 ; R. P. 3022.

Décidé en sens contraire dans une espèce où deux époux mariés en secondes noces avaient fait dona- tion, à titre de partage anticipé, à deux enfants uniques issus de deux lits, ou à l'enfant unique de l'un des deux lits et aux enfants de l'autre lit. Il a été con- sidéré que l'acte dans son entier devait profiter du bénéfice de la loi de 1824, car cette donation avait pour objet d'éviter l'indivision entre frères et sœurs, et de prévenir les difficultés d'un partage de succession. — Château-Thierry, 18 avril 1846 ; Dél. 15 mai 1846 ; J. E. 14122 ; J. N. 12819.

6281. Enfant naturel. — L'enfant naturel ayant droit à une réserve, sa participation à un partage d'ascen- dant ne prive pas cet acte du bénéfice du tarif réduit. — Dél. 10 mars 1835 ; J. E. 11187.

6282. Exclusion de quelques-uns des enfants du do- nateur. — Si tous les enfants du donateur ne partici- pent pas au partage, l'acte n'en est pas moins, pour l'administration, un partage d'ascendant sujet seule- ment au droit de 1 °/₀.

« Attendu que l'acte du 12 mai 1845 contient tous « les éléments d'un partage anticipé fait par un père « entre ses enfants : le dessaisissement du père, le lotis- « sement entre les enfants, leur acceptation ; que la « possibilité ou l'éventualité d'une action en nullité « ne saurait changer la nature de l'acte par rapport à « la régie ; que d'ailleurs cette action peut n'être pas « exercée, si l'enfant omis ne survit pas au donateur « ou renonce à sa succession ; que l'acte, dans ce cas, « restera un véritable partage avec toutes les conditions « voulues par la loi ; qu'en jugeant que l'acte du « 12 mai 1845, passé entre Pierre Millet et trois de ses « enfants, en l'absence des deux autres, contenait le « partage autorisé par l'art. 1075 du C. civil, et, comme « tel, était soumis aux dispositions de l'art. 3 de la loi « du 16 juin 1824, le jugement attaqué, loin de violer « ledit article, en a fait, au contraire, une juste appli- « cation, et n'a nullement violé l'art. 69 de la loi du « 22 frim. an 7 ; rejette. » — Cass. civ. 15 avril 1850 ; Sir. 50. 1. 357 ; I. 1875-3 ; J. E. 14940. — 26 avril 1836 ; Sir. 36. 1. 499 ; J. E. 11500 ; J. N. 9242. — *Contrà* : Cass. civ. 8 juin 1841 ; Sir. 41. 1. 480 ; I. 1661-5 ; J. E. 12816.

6283. *Enfants exclus précédemment dotés.* — Mais

aucun doute ne peut exister sur l'application du tarif réduit, dans le cas où les enfants exclus du partage ont été dotés précédemment et où le partage n'a alors d'autre but que celui de rétablir l'égalité entre les donataires. — Barbezieux, 26 déc. 1827; Angers, 27 mai 1836; Dél. 20 avril 1838; R. G. 9514. — Dél. 14 fév. 1834; J. E. 10864. — Cass. 9 août 1837; J. N. 9724.

6284. *Un seul donataire.* — Il importerait peu, du reste, dans ce cas, que la donation ne fût faite qu'à un seul enfant; car elle aurait toujours pour but de prévenir des divisions intestines et conserverait, par conséquent, le caractère de partage d'ascendant. — Sol. 20 avril 1838; J. N. 10009. — Chinon, 23 nov. 1830; J. N. 14346. — *Contrà* : Dél. 25 avril 1837; J. E 12091. — Sein », 23 janv. 1838; J. E. 11966. — Dél. 25 janv. 1838; J. N. 10040. – Sol. 1er juin et 19 oct. 1838; J. E. 12163-7, 12171-2. — Péronne, 11 juill. 1845; J. E. 13787. — Saint-Omer, 22 mai 1847; J. E. 14319.

Art. 2. — Des biens donnés.

6285. **Donation d'une partie des biens seulement.** — Le partage d'ascendant peut ne comprendre qu'une partie des biens du donateur. — C. 1077.

Aussi, quand ce cas se présente, n'y a-t-il pas lieu de percevoir un droit plus élevé que celui de 1 %. — Dél. 11 mai 1825; Rec. Roll. 1162. — Dél. 22 juin 1827; Rec. Roll. 1893. — D. F. 14 sept. 1829; I. 1303 7. — Dél. 6 juin 1830; R. G. 9519-3. — Nogent-le-Rotrou, 20 avril 1837; Dél. 10 juill. 1837; Rec. Roll. 5313.

6286. **Partage effectif.** — Le partage effectif des biens n'est pas de rigueur au point de vue de la perception; et s'il n'a pas lieu dans l'acte de donation, on n'est pas autorisé pour cela à refuser à cet acte le bénéfice du tarif réduit. Tel est le principe qui ressort des nombreuses décisions que nous allons analyser.

6287. *Partage à faire ultérieurement.* — Lorsqu'une donation faite par un père à ses enfants, acceptants, contient la réserve d'effectuer le partage dans quatre mois, d'après les bases fixées dans l'acte, on ne doit exiger que le droit de 1 %. quoique le partag.n'ait été réalisé qu'après le délai stipulé. — Dél. 23 mars 1825, 19 sept 1828, 12 mai 1829, 22 janv. et 30 avril 1830, 1er oct. 1833; I. 1336-5; R. G. 9520-1.

La réduction des droits doit avoir lieu en faveur de la donation faite à ses trois enfants, par un père, de tous ses immeubles, à charge par eux de les partager par égales portions, sauf pour l'un d'eux qui doit prélever, à titre de préciput, une part égale à celle des autres. — Cass., 29 mars 1831; J. E. 9969; I. 1370-3.

6288. *Quotité fixée.* — Il en est ainsi surtout lorsque la donation porte qu'elle est faite par tiers, par quart, ou suivant toute autre quotité eu égard au nombre des donataires qui jouissent indivisément des biens jusqu'au partage effectif. — Dél. 12 oct. 1825, et 14-16

sept. 1835; I. 1187-4; Rec. Roll. 4969. — Sol. 7 oct. 1834, 11 mai 1835; J. E. 11197-1.—Cass. 14 fév. 1832; J. N. 7654; J. E. 10316; I. 1401-3. — 26 mars 1833; J. E. 10595; J. N. 8036; I. 1425-6. — Sol. 16 juin 1830. J. E. 10250.— Dél. 15 avril et 11 juill. 1834 et 6 janv. 1837; Rec. Roll. 4623, 4755, 5146 ; J. N. 9501.

6289. *Quotité non fixée.* — Le tarif réduit serait, du reste, applicable lors même qu'aucune quotité ne serait déterminée. — Dél. 6 janv. 1837; J. N. 9501.

6290. *Indivision.* — Le partage d'ascendant portant que les biens donnés avec assignation de quotités resteront indivis entre les enfants jusqu'au décès du père qui s'en réserve l'usufruit doit néanmoins profiter de la réduction des droits d'enregistrement, prononcée par l'art. 3 L. 16 juin 1824. — Dél. 24 nov. 1846; J. N. 12970.

Le bénéfice de la loi est applicable au partage anticipé, contenant attribution d'un lot au profit d'un enfant acceptant et d'un autre lot indivis au profit des autres enfants non acceptants, avec stipulation que ce dernier lot est attribué pour tenir lieu à chaque enfant de sa part. *déterminée dans l'acte*, dans la succession des donateurs. — Cass. 8 avril 1838; J. N. 10002 ; J. E. 12033; I. 1577-9.

6291. *Partage conditionnel.* — Une donation ne pourrait être privée du bénéfice de la loi, parce que le partage qui l'accompagnerait ne serait que conditionnel et qu'il ne désignerait pas les biens composant chaque lot. — Cass. 10 août 1831; J. E. 10097.

6292. **Dessaisissement.** — Il ne peut y avoir de partage anticipé si le donateur ne se dessaisit pas des biens qu'il donne à ses enfants. Cette proposition est mise en lumière par les décisions suivantes :

L'acte portant la qualification de partage d'ascendants et par lequel un père et une mère font donation à leurs enfants d'une somme égale pour chacun d'eux, somme dont ils se constituent seulement débiteurs et dont la majeure partie est stipulée payable sans intérêt « aux bons points et aisances des donateurs », avec imputation sur la succession du prémourant et subsidiairement sur celle du survivant, renferme, non pas un partage d'ascendants, car les donataires ne sont actuellement saisis que d'une simple créance et non d'une portion quelconque des biens de leur père et mère, mais une constitution ou promesse de dot, soumise au droit fixé pour les donations ordinaires. — Cass. civ. 5 avril 1852; Sir. 52.1.360; I. 1929-4; J. E. 15416.

La réduction du droit d'enregistrement, établie en faveur des donations contenant partage, ne peut être réclamée pour l'acte par lequel un père donne à l'un de ses enfants des immeubles et à chacun de ses autres enfants une somme d'argent « payable à sa volonté » avec intérêt, en stipulant qu'à défaut de paiement, ces sommes seront prélevées sur sa succession; les droits doivent être perçus aux taux de 4 % sur la valeur des

immeubles et de 2 50 % sur celle des meubles. — Cass. req. 10 déc. 1855; Sir. 56.1.351; I. 2060-2; J. E. 16215.

La donation aux enfants majeurs de sommes d'argent ou créances *actuellement délivrées*, et aux mineurs de sommes payables à leur majorité, ne constitue pas un partage d'ascendant. — Angoulême, 20 avril 1857; R. P. 834.

Si une somme d'argent payable à terme est comprise parmi les biens donnés, l'acte peut perdre le caractère de partage anticipé. — Dél. 23 juin 1863; R. P. 1906-3. — Seine, 28 nov. 1862; R. P. 2113. — Verdun, 9 août 1864; R. P. 2113. — Baugé, 26 juin 1867; R. P. 2522. — Seine, 10 juill. 1869; R. P. 3134. — Mâcon, 9 mai 1871; R. P. 3430.

L'acte qualifié partage anticipé, par lequel des père et mère font donation à leurs enfants d'immeubles évalués 40,000 fr. et d'une somme de 40,000 fr. payable aux donataires cinq années après, avec intérêts, ne peut profiter de la réduction de droits accordée par l'art. 3 de la loi du 16 juin 1824, et donne lieu à la perception du droit de 2 fr. 50 c. % sur la somme donnée, et à 4 fr. % sur les immeubles. — Lille, 2 mai 1868 :

« Attendu que l'art. 3 de la loi du 16 juin 1824 a « réduit le droit d'enregistrement en ce qui concerne « les donations portant partage, mais à la condition « qu'elles fussent faites conformément aux art. 1075 et « 1076 C. Nap.;

« Attendu qu'aux termes desdits articles, cette sorte « de partage peut être faite, quant à la forme, par acte « entre-vifs ou testamentaire, avec les formes, condi- « tions et règles prescrites pour les donations et testa- « ments; mais qu'au fond c'est un véritable partage « anticipé de succession, ou abandonnement de biens, « ayant pour effet d'attribuer aux enfants les biens « présents des père et mère, tellement que les enfants « en sont saisis;

« Attendu que, dans l'espèce, les époux Bôle font bien « donation à leurs enfants d'une somme de 40.000 fr., « mais que cette somme étant stipulée payable seule- « ment en 1871, il s'ensuit que la donation ne porte « que sur une créance à terme qui, par un événement « quelconque, pourrait disparaître de l'avoir des époux « Bôle, ce qui prouve que les enfants n'en sont pas « saisis; que ce n'est donc pas là un partage tel que « l'a voulu la loi du 16 juin 1824, mais une donation « ordinaire, soumise, par conséquent, aux droits affé- « rents à ces sortes d'actes. »

SECT. II. — CONDITIONS ET CHARGES DU PARTAGE.

6293. Principe. — La donation à titre de partage anticipé peut être faite sous certaines charges et conditions qui peuvent la rendre très-onéreuse. La règle de perception en cette matière est celle-ci :

Les biens donnés ont-ils une valeur supérieure ou égale aux charges imposées, le droit de donation doit être perçu sur la valeur des biens donnés.

La valeur des biens donnés est-elle inférieure aux charges, le droit doit être perçu sur la valeur de ces charges, car la stipulation qui les concerne doit être considérée comme la disposition principale. — V. *Donation, Réversibilité.*

C'est conformément à ces principes qu'ont été rendues les décisions suivantes.

6294. Usufruit. — A... fait donation à ses enfants de la nue propriété d'une maison d'un revenu de 150 fr., à la charge par le donataire de laisser jouir ce donateur pendant sa vie de différents immeubles qu'ils ont recueillis de leur mère et dont le revenu est de 1,283 fr. Jugé que le droit de donation à 4 % est exigible sur le capital au denier dix de 1,283 fr. — Meaux, 20 mars 1834; J. E. 10926.

Donation par la dame L... à ses deux enfants de la nue propriété d'un pré du revenu de 60 fr., à charge par ceux-ci de lui abandonner la jouissance pendant sa vie des immeubles provenant de leur père et évalués antérieurement au revenu de 912 fr. Le droit de donation à 4 % est exigible sur le capital de 912 fr. — Avranches, 16 avril 1844; J. E. 13503-2.

Quand une mère fait donation, à titre de partage anticipé, à ses enfants, de tous les biens qu'elle possède, sous la condition qu'elle aura l'usufruit tant des biens donnés que de ceux qui dépendent de la succession de son mari, l'abandon de l'usufruit de ces derniers biens doit être considéré comme la disposition principale de l'acte, si la valeur de cet usufruit est supérieure à celle des biens donnés par la mère; dans l'affirmative, c'est le droit de 4 % pour donation pure et simple, et non celui de 1 % pour donation, à titre de partage anticipé, qui doit être perçu. — Cass. civ. 13 déc. 1853; Sir. 54.1.58; I. 1999-3; J. E. 15784; J. N. 15128.

Mais les questions de l'espèce se résument en des appréciations de fait. Il n'est pas possible de poser une règle générale. — V. Senlis, 25 mai 1841; J. N. 11032. — Châteaudun, 7 janv. 1842; J. E. 12955-4. — Compiègne, 3 août 1843; J. E. 13344-4. — Mortagne, 6 sept. 1845; J. N. 12538. — Cass. civ. 19 avril 1847; J. N. 13009. — Amiens, 12 juill. 1849; J. N. 13941. — Pithiviers, 21 mars 1867; R. P. 2568.

6295. Extinction des dettes du donateur. — Lorsque, dans une donation d'ascendants, tous les biens sont attribués à l'un des successibles pour le remplir, tant de sa part en cette qualité, que des dettes qu'il a payées en l'acquit du donateur, l'acte est une donation pour le tout, et le droit est perçu à l'exclusion de celui de vente ou de dation en paiement. — Auch, 8 déc. 1841; Limoges, 17 fév. 1842; Versailles, 18 août 1842; Valence, 4 mai 1843; Dél. 27 janv. 1846; R. G. 9533.

Mais s'il est formé un lot distinct qui est attribué à celui des enfants qui se trouve créancier pour le remplir de ce que son père lui doit, le droit de dation en paiement est exigible sur le montant des sommes dont ce dernier se trouve libéré. — Cass. 11 déc. 1838; I. 1590-7.

6296. Rente viagère. — C'est comme condition de

la donation que doit être considérée la clause par laquelle le donateur stipule qu'il vivra avec l'un des donataires et que pendant cette existence commune celui-ci percevra les portions de la rente viagère que ses codonataires sont obligés à payer au donateur, et, à ce titre, aucun droit n'est exigible sur cette clause. — Dél. 13 août 1833 ; J. E. 10690.

Sect. IV. — Soulte.

6297. Règle. — Les règles de perception concernant les soultes de partage sont applicables aux partages d'ascendants autorisés par les art. 1075 et 1076 C. — 18 mai 1850, art. 5.

6298. Somme à payer au donateur. — Si l'un des donataires est chargé de payer au donateur une somme déterminée, le droit de soulte est exigible sur tout ce qui excède la part virile du donataire dans cette somme. — Rethel, 28 avril 1852 ; J. N. 14799. — Cahors, 13 déc. 1854 ; J. E. 16102. — Cambrai, 6 déc. 1860 ; R. P. 1533. — Contrà : Lure, 14 avril 1855 ; R. P. 493.

Il importe peu, en effet, que le paiement soit fait à un copartageant ou à tiers ; il y a soulte dès qu'il y a somme payée pour compenser l'inégalité d'un lot.

6299. Préciput. — Si l'un des donateurs a reçu un préciput à charge de contribuer pour une plus forte part à la pension des donateurs, le droit de soulte est exigible sur l'excédant de sa part virile dans la pension. — Montpellier, 4 juill. 1864 ; R. P. 2056.

6300. Valeur réservée. — On ne peut assimiler à une soulte la somme que le donataire est obligé de remettre au donateur qui se l'est réservée. Cette somme reste en dehors de la donation et ne figure pas parmi les valeurs transmises. — Cass. 23 avril 1867 ; R. P. 2480; Sir. 67. 1. 264; I. 2358-4 ; J. E. 18379.

Lorsque, dans un partage anticipé entre leurs enfants, les ascendants donateurs se réservent la faculté de disposer d'une somme déterminée sur la valeur de l'un des lots, le droit de soulte n'est pas dû sur l'excédant que présente ce lot comparé à celui des autres enfants. Mais le droit de donation est exigible sur la valeur totale des biens, sans déduction de la somme réservée par les donateurs. — Béziers, 22 déc. 1852 ; J. N. 14960.

6301. Somme à payer en l'acquit du donateur. — Si une portion déterminée des dettes du donateur est mise exclusivement à la charge d'un donataire, il y a soulte. — Noyon, 25 avril 1855 ; R. P. 480.

6302. Rapport. — Lorsque, dans un partage anticipé fait par un ascendant de ses biens entre ses deux enfants, il a été stipulé que l'un de ces enfants rapporterait fictivement le don à lui fait antérieurement par l'ascendant à titre de préciput et hors part, cette stipu-

lation légale ne peut pas être critiquée par l'administration, sous le prétexte qu'elle n'a d'autre but que d'amoindrir la soulte due par l'enfant donataire pour retour de lot. Spécialement l'obligation prise dans un partage anticipé par un copartageant donataire, par préciput et par contrat de mariage antérieur, de la valeur représentative d'un office qui lui a été cédé par son père, de rapporter cette valeur dans le partage anticipé fait par l'ascendant donateur, n'est pas passible du droit de soulte. — Cass. 11 déc. 1855 ; R. P. 745.

6303. Immeuble échangé. — Lorsque l'enfant donataire d'un immeuble aliéné, à titre d'échange, fait le rapport de la somme qui représente la valeur de cet immeuble, et que cette somme est attribuée à un autre enfant, le droit de soulte n'est pas exigible. — Villeneuve-sur-Lot, 6 juin 1856 ; R. P. 746.

Le droit de soulte n'est pas autre chose, en effet, qu'un droit de mutation, et, en l'espèce, le droit de mutation a été perçu déjà. — Seine, 20 août 1858 ; R. P. 1070. — Courrier. n. 5.

6304. Obligation de payer le rapport. — Le droit de soulte n'est pas dû sur le partage de présuccession, contenant réserve de l'usufruit au profit des donateurs, et dans lequel il est stipulé que l'inégalité des lots sera ultérieurement rétablie au moyen du rapport de sommes reçues en avancement d'hoirie par l'un des donataires, qui s'engage, dès à présent, à payer, après le décès des ascendants, sur le montant du rapport, la somme nécessaire pour compléter les lots les plus faibles. — Cass. civ. 27 avril 1858; Sir. 58. 1. 617; I. 2137-10; J. E. 16732; R. P. 1012.

6305. Rapport à succession. — L'abandon par un père à ses enfants, à titre de partage anticipé, et pour faciliter le partage de la succession de leur mère, des bâtiments par lui élevés sur un terrain appartenant à celle-ci, à la charge de compter une somme à sa succession, est soumis au droit de soulte sur cette somme. — Lyon, 12 mai 1858; R. P. 1092.

6306. Soulte dissimulée. — L'inégalité en revenu des lots d'un partage anticipé n'autorise pas la perception d'un droit de soulte sur la différence ; il y a seulement lieu de présumer qu'une soulte a été dissimulée, et l'Adm. peut provoquer l'expertise. — Sol. 3 mai 1851; R. G. 9557. — 22 août 1865; R. P. 2363.

6307. Sommes réservées et partagées ultérieurement. — Si, dans le but d'éluder la perception d'un droit de soulte, des père et mère font donation à l'un de leurs enfants de plusieurs immeubles, sous la condition de rapporter à leur succession une somme de 34.000 fr., et qu'ils procèdent le lendemain au partage anticipé de tous leurs biens, par un contrat dans lequel ils distribuent, entre tous leurs enfants, indépendamment de leurs autres immeubles et de divers objets mobiliers,

la somme de 34,000 fr. rapportée par le donataire, l'administration est fondée à exiger le droit de mutation sur le montant total de cette somme, si elle est intégralement payée par le débiteur aux autres copartageants. — Cass. req. 24 déc. 1856; Sir. 57. 1. 364; I. 2096-12; R. P. 826. — *Contrà:* Charleville, 20 août 1857; R. P. 883.

SECT. IV. — SOLUTIONS DIVERSES.

6308. Acte refait. — Lorsqu'une donation à titre de partage anticipé est réitérée pour les mêmes biens et entre les mêmes personnes, en ajoutant la clause que la donation est faite avec dispense de rapport, le droit fixe est seul exigible. — Dél. 13 mars 1827; J. E. 8823.

6309. *Attribution modifiée.* — Mais si des attributions primitives sont modifiées, le droit de mutation est exigible.

Lorsque, par un nouvel acte de partage anticipé, les père et mère font passer d'un lot dans un autre des immeubles qui avaient fait l'objet d'une précédente donation contenant partage, le droit d'échange est exigible. — Dél. 1er mai 1827; J. E. 8805.

La disposition d'un partage anticipé qui attribue un lot à un mineur acceptant, a, quoique cette acceptation soit irrégulière, irrévocablement saisi le donataire; si, dans un partage postérieur, le père attribue une somme d'argent à cet enfant pour retenir l'immeuble qu'il lui a précédemment attribué, le droit de rétrocession est exigible. — Sol. 11 déc. 1830; J. N. 9492.

L'acte par lequel des enfants refont, sous prétexte de nullité, une donation à titre de partage anticipé donne ouverture au droit proportionnel, si les attributions sont modifiées. — Toulouse, 21 août 1862; R. P. 1742. — Carcassonne, 25 nov. 1862; R. P. 2617. — Tulle, 11 fév. 1863; R. P. 2028. — Cass. civ. 24 juin 1868; R. P. 2786.

Cependant, dans une espèce où des enfants, ayant reconnu que le partage anticipé fait entre eux par leurs père et mère était préjudiciable à leurs intérêts, s'étaient engagés respectivement à le refaire, jugé que le nouveau partage ordonné en justice, par suite de cette convention, ne devait pas être assujetti au droit proportionnel, si, sans exprimer de soulte, il ne faisait que modifier, quant à la composition et l'attribution des lots, le premier partage fait par les ascendants. — Bar-sur-Aube, 19 nov. 1850; J. N. 14295.

6310. Appréciation. — L'acte par lequel des père et mère donnent à l'un des enfants, *avec le concours et le consentement des autres,* tous leurs biens, à charge de payer les dettes des donateurs, et de les nourrir et loger pendant le reste de leur vie, doit être considéré comme un partage d'ascendant. L'obligation, en effet, que prend le donataire de payer les dettes des donateurs et de les nourrir et loger pendant leur vie est l'équivalent de la soulte que devrait payer son lot à ses frères et sœurs, ce qui rend les enfants parfaitement égaux. — Valenciennes 29 janv. 1846; J. N. 12640.

L'acte par lequel un ascendant fait donation à l'un de ses enfants de tous les biens qui composent son patrimoine, en chargeant le donataire de payer, à chacun de ses frères et sœurs, une part virile dans les biens donnés, a le caractère d'un partage anticipé avec soulte, et non celui d'une donation onéreuse pure et simple : peu importe que la libéralité soit faite à titre de préciput et que l'acte ne soit point revêtu de l'acceptation des frères et sœurs. Un tel acte est, en conséquence, passible, indépendamment du droit de donation à 1 % sur la valeur des biens attribués au donataire, de celui de 4 %, pour soulte, sur le montant des sommes qu'il doit payer aux autres enfants. — Saverne, 26 juill. 1864; Saint-Quentin, 7 fév. 1866; R. P. 2265. — Wissembourg, 29 avril 1864 et 3 fév. 1865. — Cass. civ. 23 avril 1867 (6300). — Péronne, 17 août 1860; R. P. 1476.

Mais la donation à un seul des enfants de *quelques-uns* des biens du donateur, à condition de payer une somme aux autres enfants, ne peut être considérée comme partage anticipé. — Strasbourg, 18 janv. 1869; R.P.2858.

6311. Attributions. — Le bénéfice de la loi est applicable au cas où les biens de l'ascendant donateur sont ou partagés par portions inégales, avec stipulation d'une soulte imposée à un ou plusieurs des enfants, au profit des autres, ou attribués en totalité à un seul des donataires, à la charge de payer une somme d'argent à chacun de ses codonataires; c'est là une licitation qui équivaut à partage. — Dél. 30 avril 1830 et 28 fév. 1837; Cass. 1er déc. 1830; I. 1336-5, 1354-2.

6312. Bail à vie. — Si, après avoir procédé au partage tant des biens donnés par leur mère que de ceux dépendant de la succession de leur père, les enfants conviennent avec leur mère, qui s'était réservé l'usufruit des biens donnés et de la moitié des conquêts, qu'elle administrerait conjointement avec les copartageants les biens compris dans chaque lot, qu'elle en paierait les contributions, en choisirait les fermiers, passerait les baux et toucherait les fermages, à charge de payer à chacun de ses enfants une somme annuelle à titre de revenu net de ces biens, il y a ouverture au droit de 4 %, comme bail à vie, sur le capital des sommes annuelles à payer par la mère, augmenté de l'impôt. — Vitré, 19 mai 1847; J. E 14243.

6313. Cession. — Lorsque, après attribution, un donataire vend son lot à un autre, il y a lieu au droit de 5 50 %. — Sol. 7 nov. 1829; J. E. 9481; — Château-Thierry, 24 janv. 1846; J. E. 13915. — Montpellier, 1er juill. 1850; J. E. 15054-6.—Nérac, 9 juill. 1863; R. P. 1825.

6314. *Indivision cessant.* — Si la cession fait cesser l'indivision, il n'y a lieu qu'au droit de 4 %. — Albi, 26 juill. 1859.—Auch, 19 déc. 1855; J. E. 16192.—Marseille, 6 mai 1851; J. E. 15203. — Rambouillet, 5 janv. 1843; J. E. 14649. —*Contrà :* Tournon, 19 mars 1868; R. P. 3173.

6315. Forme. — Les partages d'ascendants ne sont assujettis à aucune formule sacramentelle ; il suffit que l'intention du disposant résulte clairement des termes de l'acte. — Lyon, 25 mars 1851 ; J. N. 14547.

Pour qu'un acte de donation entre-vifs d'un père à ses enfants puisse être considéré comme un partage d'ascendants, dans le sens des art. 1075 et 1076 C., et de l'art. 3 de la loi du 16 juin 1824, il n'est pas de rigueur que ce partage soit matériellement effectué dans l'acte, ou même que l'obligation de partager soit imposée aux donataires ; il suffit que l'intention du donateur, à cet égard, résulte des faits et circonstances qui ont accompagné sa libéralité. — Cass. 26 avril 1836 ; J. N. 9242 ; J. E. 11500. — Sol. 2 nov. 1836 ; J. E. 12173-11.

6316. *Présence du donateur.* — Le bénéfice de la loi est applicable au cas où la donation *contient* partage, quoique le partage ne soit pas fait par le donateur lui-même, mais *seulement* par les donataires entre eux en présence du donateur ; il en est de même pour une donation contenant partage, quoique tous les biens du donateur n'y soient pas compris. — D. F. 14 sept. 1829 ; I. 1303-7.

6317. Imputation. — Pour la perception du droit exigible sur un partage anticipé, il y a lieu de déduire la somme antérieurement donnée à l'un des enfants par acte enregistré et non payée au moment du partage, car cette somme a supporté le droit. — Sol. 24 juin 1864 ; R. P. 1971-4.

Les droits perçus sur une donation entre-vifs de sommes d'argent hypothéquées sur des immeubles ne sont pas imputables sur la donation, à titre de partage anticipé, faite postérieurement, de ces mêmes immeubles. — Nevers, 12 juin 1849 ; J. E. 14807 ; J. N. 13879.

6318. *Imputation sur la succession du prémourant des donateurs.* — L'acte par lequel deux époux donnent à leurs enfants et partagent entre eux certains biens dépendant de leur communauté ou de leur patrimoine personnel, avec cette clause que la valeur de ces biens s'imputera en entier sur la succession du prémourant des donateurs, a le caractère d'un partage d'ascendants, sujet seulement au droit de 1 %. — Reims, 1er février 1873 :

« Attendu que, par acte notarié du 28 oct. 1869, les « époux Moine ont procédé au partage anticipé, entre « leurs enfants, de certains biens dépendant de leur « communauté ou de leur patrimoine personnel, avec « cette clause, que la valeur des biens donnés s'impu- « terait tout entière sur la succession du premier mou- « rant des donateurs ; que l'administration prétend « que cette clause enlève à la donation le caractère « du partage anticipé, et en donne trois raisons : 1o le « partage d'ascendants n'est que le règlement anticipé « de la succession du disposant ; il faut donc que les « biens partagés fassent partie de cette succession, en « la supposant ouverte au moment du partage ; 2o la « clause d'imputation a pour effet de faire considérer

« le prémourant comme seul donateur ; 3o le prémou- « rant se trouve donc avoir donné seul des biens dont « il ne pouvait disposer sans le consentement de son « conjoint, ou tout au moins des biens qui ne feraient « pas partie de sa succession, si on la supposait ouverte « au moment du partage ;

« Sur le premier point : — Attendu que l'art. 1076, « qui ne permet de partager entre-vifs que des biens « présents, se réfère non pas au partage, mais à la « forme adoptée pour ce partage, la donation entre- « vifs, et qu'elle n'est elle-même qu'une application « de l'art. 943, aux termes duquel la donation entre- « vifs ne peut comprendre que les biens présents du « donateur ; que, dès lors, l'argument prouverait trop, « puisqu'il conduirait à cette conclusion, que l'acte du « 28 octobre ne peut valoir ni comme partage, ni « comme donation ;

« Sur le second point : — Attendu que ni la loi, ni les « dispositions particulières de l'acte, n'autorisent cette « interprétation dans le sens général qu'on lui donne ; « qu'il est vrai que, pour déduire les conséquences de « certaines conventions, pour caractériser d'un mot « un ensemble d'effets juridiques et en se plaçant à « un point de vue purement relatif, les interprètes « ont pu dire, sur l'art. 1438, qu'en ce qui concerne « le rapport à succession ou les indemnités dues à la « communauté ou à l'époux survivant, les droits des « parties seront réglés comme si le prédécédé était seul « donateur ; mais que c'est abusivement qu'on préten- « drait étendre la portée de cette fiction, et dire qu'à « tous égards et rétroactivement la part prise par l'au- « tre époux à l'acte doit disparaître ; que, pour déter- « miner la qualification légale de l'acte du 28 octobre, « il faut l'examiner dans son ensemble et rechercher « le but qui a été poursuivi et atteint par l'économie « générale de ses dispositions ;

« Attendu que cet acte, qui intéresse tous les héri- « tiers présomptifs, a incontestablement pour but « moins de les investir de telle ou telle valeur que de « répartir entre eux, au gré de leur aptitude, un en- « semble de biens que le décès des disposants laisse- « rait indivis ; qu'il présente donc le caractère essen- « tiel du partage d'ascendants, qui est de prévenir les « conséquences possibles de l'indivision ;

« Attendu, d'autre part, que la clause d'imputation, « telle qu'elle est formulée dans l'acte, ne révèle pas « chez les disposants la volonté de revenir, à aucune « époque et dans aucun cas, sur l'intention qui a pré- « sidé à leurs dispositions ; que les conséquences juri- « diques de cette clause, à la différence de ce qui a « lieu dans l'hypothèse d'un rapport, ne peuvent être, « ni de faire renaître quant aux biens partagés au- « cune indivision ou de modifier les attributions faites « par l'acte primitif, mais seulement de grever éven- « tuellement la succession de l'époux prédécédé d'une « indemnité égale à la valeur des biens pris dans la « communauté ou dans le patrimoine personnel de « l'autre époux ;

« Attendu qu'il n'y a pas lieu de s'arrêter, dès lors, « à cette objection, que l'un des époux n'a pu disposer « seul des valeurs appartenant à son conjoint ou à la

« communauté, puisque l'acte, dans son ensemble et
« son but essentiel, est l'œuvre des deux époux ;
  « Que, d'ailleurs, à quelque point de vue qu'on se
« place, il est impossible de scinder les effets de l'acte
« et d'admettre que le survivant des époux aurait pu se
« constituer, lui ou la communauté, créancier de la
« valeur de certains biens compris dans la donation,
« sans autoriser par là même son conjoint à disposer
« des mêmes biens. »

6319. Jouissance. — S'il est stipulé que le donateur
conservera la jouissance de certains immeubles à
charge de payer une indemnité aux attributaires des
biens, cette disposition n'est pas un bail, mais une
clause dépendante affranchie du droit. — Pithiviers,
21 mars 1867 ; R. P.3288.

6320. Quittance. — La clause par laquelle un des
donataires reconnaît que sa dot lui a été précédemment
payée donne ouverture au droit de libération. — Seine,
9 juin 1841 ; J. E. 12812.

6321. Préciput. — Le père peut, en vertu de la magistrature paternelle, disposer de la portion disponible
par voie de préciput, et coordonner son partage avec
une telle préférence. Le pouvoir de faire un partage
entre enfants n'a pas été créé et reconnu pour enlever
au père l'exercice de son droit si utile et si salutaire
sur la portion disponible. Aussi faut-il reconnaître que
le bénéfice de la réduction des droits doit être acquis
au partage fait par un père entre ses enfants, avec faculté à l'un d'eux de prélever, à titre de préciput, une
portion égale à celle des autres. — Cass. 29 mars 1831 ;
I. 1370-3.

6322. Rapport. — Le rapport n'étant dû que des
choses données du vivant du donateur, il n'y a pas lieu
à rapporter une somme que l'ascendant donateur avait
promise en dot à un de ses héritiers. Si donc, dans le
partage anticipé des biens du donateur, l'héritier donataire de cette somme non encore payée en fait le
rapport en moins prenant, à la charge par ses cohéritiers donataires par préciput de la valeur de leurs lots
qui excédent leur part virile d'effectuer le paiement
de cette somme au lieu et place du donateur, il y a
soulte passible du droit proportionnel. — Montpellier,
4 juill. 1864 :
  « En ce qui concerne le droit de soulte réclamé par
« l'administration sur la somme de 15,000 fr. : —
« attendu qu'aux termes des art. 843 et 858 C. N.,
« tout héritier, même bénéficiaire, venant à une suc-
« cession, et tenu de rapporter à ses cohéritiers tout
« ce qu'il a reçu du défunt par donation entre-vifs,
« directement ou indirectement, et que ce rapport doit
« se faire en nature ou en moins prenant ;
  « Attendu que ces règles, établies par le législateur
« pour les partages de successions, sont, d'après la
« doctrine comme d'après la jurisprudence, également
« applicables aux donations contenant partage faites
« conformément aux art. 1075 et 1076 C. N. ;

  « Attendu qu'il suit de là que si la dame Goubert a
« pu et dû rapporter, comme elle l'a fait, la somme
« de 10,000 fr. qui lui avait été donnée et comptée par
« les époux Cayrol, il ne saurait en être de même de
« celle de 15,000 fr. qui fait cependant l'objet d'un
« rapport fictif dans l'acte du 10 mars 1861 ; — qu'en
« effet, il est de principe que, pour qu'un rapport
« puisse s'effectuer, il faut, avant tout, que l'objet
« donné ait été reçu du vivant du donateur, ce qui
« n'a pas eu lieu dans l'espèce, puisque les 15,000 fr.
« dont s'agit faisaient simplement l'objet d'une promesse
« de dot réalisable dans un délai qui n'est pas encore
« expiré, et qu'il est constant que la libération n'en a
« pas eu lieu par anticipation ;
  « Attendu que cette somme de 15,000 fr., n'étant
« pas sujette à rapport, n'a pu rentrer dans la masse
« partageable, ni, par suite, être attribuée comme
« une valeur héréditaire à la dame Goubert, qui n'a
« pu la recevoir davantage à titre de créancière, puis-
« que sa créance s'était complètement éteinte par
« l'effet du partage anticipé ; — que, dès lors, la
« position de la dame Goubert devenait exactement
« celle d'un héritier pur et simple, appelé en cette
« qualité à prendre sa part héréditaire dans les biens
« à partager ; que, devant recevoir pour cette part
« une somme de 25.000 fr., soit 10,000 fr. montant de
« son rapport, et 15,000 fr. que ses frères se sont obli-
« gés à lui payer, il faut nécessairement que cette der-
« nière somme représente le prix de la cession qu'elle
« a faite à ses frères de sa part, excédant les 10,000 fr.
« qui sont entrés dans la masse partageable, et que
« ceux-ci, étant censés, au regard de la loi fiscale,
« avoir acquis la portion d'immeubles excédant leur
« part héréditaire, sont, par suite, aux termes de
« l'art. 69, § 7, n° 5, de la loi du 22 frim. an VII, et
« de l'art. 5 de la loi du 18 mai 1850, passibles du droit
« de soulte de 4 % sur la somme de 15,000 fr. »

6323. Reconnaissance de dettes. — L'énonciation
pure et simple, dans un partage d'ascendant, fait par
acte entre-vifs, de dettes que le donateur charge les
donataires de payer pour lui, *sans intervention des
créanciers*, ne donne pas ouverture au droit de 1 %,
lorsque l'acte n'indique pas si les titres constitutifs
des créances sont enregistrés ; ce n'est pas là une
délégation, dans le sens de l'art. 69, § 3, n° 3, de la loi
du 22 frimaire an VII. — Lunéville, 21 mai 1828 ; J.E.
9313. — Nantes, 31 juill. 1829 ; Rec. Roll. 2625. —
Tarbes, 25 avril 1831 ; Rec. Roll. 3320. — Cass. req.
2 arrêts du 21 juin 1832 ; Sir. 32. 1. 531 ; I. 1410-5 ;
J. E. 10362.

6324. *Créancier intervenant.* — Mais il en serait
autrement *si les tiers-créanciers intervenaient à l'acte.*
Dans ce sens, le tribunal de Limoges a jugé, le 16 déc.
1845 (J. E. 13916), que si le donateur délègue une partie
de la créance donnée pour se libérer envers son gendre
d'une somme que celui-ci avait payée à sa décharge à
un créancier, le droit de délégation est exigible.

632 . **Renonciation.** — Le droit proportionnel n'est pas dû sur la clause d'un partage anticipé par laquelle l'un des enfants renonce à une donation contractuelle du quart par préciput, pour s'en tenir à une somme d'argent que l'ascendant lui attribue immédiatement. — Sol. 4 déc. 1867 ; R. P. 2574.

6326. **Restitution.** — Lorsque l'évaluation du revenu des biens a été faite sans réserves, les parties ne peuvent être admises à demander la restitution d'une partie des droits perçus, en se fondant sur ce que parmi les biens compris dans le partage anticipé se trouve confondue une quotité de ces biens qui a déjà supporté le droit de donation. — Auch, 19 déc. 1855 ; J. E. 16192.

6327. **Vente.** — Si plusieurs des donataires étaient copropriétaires avec le donateur d'une partie des biens donnés et que, par une clause du partage anticipé, la totalité de ces biens soit attribuée aux donataires non copropriétaires, à charge par eux de verser une somme égale à la valeur des biens possédés par les donataires et entre leurs mains, le droit de cession est exigible. — Metz, 14 oct. 1840 ; J. E. 12606.

On doit, pour la perception des droits d'enregistrement, considérer comme une pure libéralité, et non comme une vente pour partie, l'acte par lequel une veuve, en renonçant à la communauté et à la donation en usufruit des biens de son mari, abandonne tous ses biens à ses enfants, à charge de lui payer une rente viagère et un capital déterminé ; en conséquence, il ne peut être perçu un droit de vente pour prétendue transmission à titre onéreux des biens de la communauté et de l'usufruit de la succession du mari, sous prétexte que le capital de la rente viagère et des sommes à payer par les enfants excède la valeur des biens donnés par la veuve. Cet acte n'est soumis qu'aux droits déterminés pour les partages d'ascendants. — Cass. 9 août 1848 ; J. N. 13479.

Ch. III. — Partages testamentaires.

6328. **Tarif.** — Nous avons dit plus haut qu'il faut aujourd'hui considérer le partage testamentaire comme passible du droit fixe gradué, à l'exclusion du droit de testament. — V. n. 6148. — Sol. 25 nov. 1872 ; J. E. 19179.

Le droit de mutation par décès se paie dans les six mois du décès de l'ascendant donateur, suivant les règles ordinaires.

En effet, le partage testamentaire n'est pas précisément un testament ou une donation : c'est un partage ; ce n'est pas proprement une libéralité, mais plutôt la consécration du droit de succession. Il ne s'agit pas de créer un droit aux biens, mais tout simplement de régler les droits successifs conférés par la loi. — Mourlon, t. 2, n. 966. — Marc. 1075.

6329. **Reconnaissance de dettes.** — Les déclarations de dettes dans un partage testamentaire fait en vertu des art. 1075 et 1076 C., ne donnent pas ouverture au droit de titre, car la charge de payer les dettes étant une conséquence de la qualité d'héritier, l'énonciation des dettes a pour objet de compléter le partage, et non de former un titre au profit des créanciers désignés. — Dél. 20 juin 1834 ; J. E. 10958.

6330. **Faculté d'option.** — Lorsqu'un partage testamentaire laisse au successible la faculté d'opter entre le legs d'un immeuble et celui d'une somme d'argent, on ne peut percevoir de droit de mutation sur la transaction qui constate que le successible a opté pour du numéraire. Et s'il lui est promis une somme en considération de la transaction, cette obligation ne peut non plus être envisagée comme le prix d'une mutation immobilière, mais comme un sacrifice que les parties font à leur tranquillité, lequel n'est passible que du droit de 1 %. — Dél. 9 mai 1828 ; Rec. Roll. 2212.

6331. **Soulte.** — Les règles de perception concernant les soultes de partage sont applicables aux partages testamentaires autorisés par les art. 1075 et 1076 C. — 18 mai 1850, art. 5.

Ainsi le testament par lequel un père déclare léguer par préciput et hors part un de ses immeubles à l'un de ses enfants, à charge par le légataire de payer une somme déterminée est passible du droit de soulte. Le Mans, 12 fév., Belfort, 17 mai, Yvetot, 2 juill. 1858 ; R. P. 1047, 1005, 1068. — Mâcon, 17 déc. 1862 ; R. P. 1785. — Nice, 25 nov. 1867 ; R. P. 2781.

Voici ce dernier jugement :

« Attendu, en fait, que, par testament mystique du
« 7 sept. 1844, le sieur Dominique Maissa a institué
« pour sa légataire universelle Julie Maissa, sa fille,
« épouse de Joseph Bellon, à la charge de payer aux
« trois sœurs de cette dernière, Angélique, Irma et
« Lucrèce Maissa, diverses sommes formant un total
« de 15,200 fr. ;

« Attendu que, dans le même testament, Dominique
« Maissa a déclaré que les legs étaient faits en sus
« des sommes que lesdites légataires avaient déjà tou-
« chées en paiement de la dot qu'il leur avait consti-
« tuée, et des avantages qu'elles pouvaient avoir reçus
« directement ou indirectement ;

« Attendu que, par suite de ces dispositions, la dame
« Bellon s'est trouvée saisie de tous les biens existant
« à l'époque du décès de son père, sous la condition
« de payer à ses sœurs une somme de 15,200 fr. pour
« les désintéresser de leurs droits ;

« Attendu que le testament dont s'agit a été inter-
« prété et accepté par les parties comme renfermant
« un partage testamentaire, et que ce fait résulte
« notamment de ce que, par acte passé devant Me Bon-
« figlio, notaire à Breil, le 2 août 1866, la dame Julie
« Maissa, épouse Bellon, a vendu, sans le concours de
« ses sœurs, une partie d'un moulin provenant de la
« succession du sieur Maissa père ;

« Attendu, en droit, qu'en vertu de l'art. 5 de la loi

« du 18 mai 1850, les règles de perception concernant
« les soultes de partage sont applicables aux partages
« testamentaires autorisés par les art. 1075 et 1076
« C. N.

« Attendu que, dans la cause actuelle, il paraît évi-
« dent pour le tribunal que le but du testateur, en
« imposant l'obligation de payer la somme de 15,200 fr.
« par celle de ses filles qu'il instituerait sa légataire
« universelle, était d'établir entre ses enfants une
« parfaite égalité, et que, dès lors, cette somme de
« 15,200 fr. devait être considérée comme une vérita-
« ble soulte de partage, passible des droits d'enregis-
« trement prévus par la loi précitée du 18 mai 1850;
« — que, dans l'espèce, les dispositions de cette loi
« sont d'autant plus applicables qu'il a été reconnu
« que le testateur n'avait laissé dans sa succession
« aucune valeur en numéraire, avec laquelle la léga-
« taire universelle, la dame Bellon, pût acquitter le
« montant des legs attribués à ses sœurs;

« Attendu que, conséquemment, elle devra payer
« ladite somme de 15,200 fr. avec ses deniers person-
« nels; — Que c'est là aussi une raison pour décider
« qu'il s'agit dans la cause d'une soulte de partage
« représentant le prix de la portion de biens qui reve-
« nait, d'après la loi, aux trois sœurs Maïssa, et dont
« la légataire universelle, la dame Bellon, est devenue
« propriétaire en vertu du testament de Dominique
« Maïssa, son père;

« Attendu, quant au montant des droits perçus par
« l'administration de l'enregistrement, que cette per-
« ception a été faite régulièrement, puisque, la soulte
« se trouvant fixée à la somme de 15,200 fr. et la dame
« Bellon ayant fourni un état constatant que le suc-
« cession de son père comprenait des créances s'éle-
« vant en totalité à 10,291 fr. 71 c., le droit de 4 %
« sur cette somme a été réduit à 1 %, et que la per-
« ception du droit de 4 % sur 5,088 fr. 29 c., formant
« le surplus de la soulte, n'a été maintenu que par le
« motif qu'à défaut de justification de la part de la
« dame Bellon, cette partie de la soulte devait être
« frappée du droit applicable aux transmissions d'im-
« meubles, en conformité des dispositions de l'art. 9
« de la loi du 22 frim. an 7. »

Lorsque, par un partage testamentaire, un père attribue un immeuble à l'un de ses enfants, à la charge de
rapporter une somme à sa succession, il y a soulte sur
tout ce qui, dans cette somme, ne se confond pas avec
les droits héréditaires de l'enfant. — Péronne, 12 mai
1858; R. P. 1046. — Strasbourg, 27 mai 1863; R.
P. 2056.

La disposition d'un testament par laquelle un père
lègue par préciput à un enfant certains objets n'excédant pas la quotité disponible, à charge d'une somme
d'argent à l'autre enfant, n'est pas passible du droit de
soulte. — Besançon, 8 juill., et Gray, 20 juill. 1864;
R. P. 1953.

Le testament par lequel le père lègue à l'un de ses
enfants une rente viagère pour lui tenir lieu de sa part
héréditaire, si cette disposition est exécutée, donne
ouverture au droit de soulte. — Le droit se liquide sur
la rente viagère sans y ajouter la part du légataire dans

les dettes qu'il est dispensé d'acquitter. — Morlaix,
21 août 1860 :

« Considérant que, par le testament produit, Lannès
« père déclarait léguer et attribuer à son fils Théodule,
« pour sa part et portion héréditaire dans la succession
« paternelle, une rente viagère de 300 fr. par an,
« payable par trimestre et d'avance, ajoutant qu'en
« acceptant cette attribution, ce qui serait facultatif
« pour lui, son fils n'aurait point à contribuer aux
« dettes, charges et frais de la succession, pas même
« aux droits de mutation;

« Considérant que les défendeurs maintiennent que
« Théodule avait accepté la rente viagère dont il s'agit
« dans les conditions où elle avait été éventuellement
« créée à son profit;

« Considérant que ce fait paraît devoir être d'autant
« moins révoqué en doute qu'il est attesté par une note
« écrite de la main même de Théodule au pied d'une
« expédition du testament de son père;

« Considérant que la question à juger est donc celle
« de savoir si cette acceptation donnait ouverture au
« droit de soulte réclamé subsidiairement par l'admi-
« nistration de l'enregistrement;

« Considérant que les défendeurs, héritiers de Théo-
« dule, opposent à cette demande un avis du Conseil
« d'État du 10 sept. 1808; mais que c'est à tort, d'a-
« bord, parce que, dans l'espèce, quels que soient les
« termes du testament, il s'agit non d'un legs, mais de
« droits successifs, et ensuite parce que le mode adopté
« par le père de famille, pour le règlement de ces droits
« en ce qui concernait son fils, faisait passer à ses
« autres enfants la totalité de ses biens, dont ils
« n'auraient recueilli sans cela qu'une partie, leur
« transférant ainsi, moyennant un équivalent mis à
« leur charge, la part de leur frère; d'où il suit que,
« si on ne considérait pas, ainsi que le fait la régie, cet
« équivalent comme une soulte résultant de la dispo-
« sition testamentaire du père, il faudrait substituer
« à l'effet de cette disposition celui d'une stipulation
« de la part du fils, y voir le prix d'une cession des
« droits successifs de ce dernier, une véritable vente
« de ces droits, ce qui serait inadmissible en présence
« de la faculté que Lannès père laissait à son fils d'ac-
« cepter ou de refuser la disposition sus référée;

« Considérant qu'il devient dès lors inutile d'exa-
« miner si le testament du sieur Lannès père contenait
« un partage fait en vertu des dispositions des articles
« 1075 et 1076 du Code, l'affirmative admise par la
« régie étant plus favorable aux défendeurs que ne le
« serait le système contraire;

« Considérant que la disposition du testament de
« son père accepté par Théodule Lannès affranchissant
« ce dernier de toute contribution aux dettes et
« charges de la succession, le droit réclamé ne
« saurait porter que sur la rente objet de cette dis-
« position;

« Par ces motifs, dit qu'il n'y a lieu d'allouer à la
« régie ses conclusions principales; mais, faisant droit
« sur celles par elle prises subsidiairement, et donnant
« au surplus acte aux défendeurs de leurs réserves,
« les condamne aux paiement du droit de soulte sur

« l'évaluation de la rente viagère dont est cas ; et les
« condamne en outre aux dépens de l'instance. »

6332. *Effet rétroactif de la loi de* 1850. — Ce n'est
pas la loi en vigueur au moment de la confection du
testament, mais celle en vigueur au moment du décès
qu'il faut appliquer, quant aux soultes de partage testamentaires, attendu que la mutation ne s'est accomplie
que par l'effet du décès. Il importe donc peu que le
testament ait acquis date certaine avant l'époque du décès. — Caen, 7 août 1856 ; Coutances, 27 mai 1857 ; R.
P. 720, 878.

6333. *Époque de la perception du droit de soulte.* —
Le droit de soulte doit être perçu à l'époque de l'enregistrement du testament. — Dél. 15 déc. 1856 ; R. P.
772. — Le Mans, 12 fév. 1858 ; R. P. 1047.

6334. *Renonciation.* — On doit restituer le droit de
soulte perçu sur un partage testamentaire qui ne reçoit
pas son exécution par suite de la renonciation du légataire. — Napoléon-ville, 8 déc. 1856 ; R. P. 923. —
4 Sol. mars 1864 :
« Aux termes de l'art. 5 de la loi du 18 mai 1850,
« les règles de perception concernant les soultes de
« partage sont applicables aux partages testamentaires.
« Mais si un testament est parfait par la seule volonté
« du testateur, il n'opère pas néanmoins de mutation
« définitive, et le partage qu'il contient ne produit
« effet qu'autant qu'il est accepté par les légataires. Il
« suit de là que la perception du droit de soulte serait
« sans cause et par conséquent irrégulière, si on la
« maintenait sur un partage testamentaire qui ne
« reçoit pas son exécution par suite de la renonciation
« des légataires Or, telles sont précisément les circons-
« tances que présente l'affaire actuelle. Dans ces con-
« ditions, il y a lieu de faire restituer le droit de soulte
« perçu sur le testament dont il s'agit. »

6335. *Condition suspensive.* — Le testament contenant legs par un père, au profit de deux de ses enfants,
de la portion disponible de ses biens, à la charge de
servir une pension viagère, qui ne pourra être déterminée et ne commencera à courir qu'après le décès de
leur mère, à son troisième enfant, dans le lot duquel
le testateur entend que divers immeubles désignés
soient attribués, doit être considéré comme un partage
testamentaire ; et le droit de soulte, qui n'était pas
exigible lors de l'enregistrement du testament, sur le
capital de la rente viagère encore soumise à un événement incertain, doit être perçu sur la transaction intervenue entre les cohéritiers après le décès de leur
mère, lorsque cette transaction détermine le montant
de la rente. — Dans ce cas, la prescription biennale
pour la demande du droit de soulte ne court qu'à partir du décès de la mère survivante ou à partir de la
date de l'enregistrement de la transaction. — Châlons,
17 janv. 1856 ; J. E. 16234.

6336. *Rapport.* — Le paiement fait en valeurs de
la succession par un cohéritier, en l'acquit d'un autre,
d'une somme qui a été imputée sur la part de ce dernier dans les biens de la succession, donne lieu à un
simple rapport, et non à une soulte. — Id. ibid.

6337. *Quittance.* — Est passible du droit fixe et
non du droit de quittance l'acte par lequel un des
enfants du testateur reconnaît avoir reçu de ses frères
le montant d'une soulte imposée à ces derniers dans
le partage testamentaire de leur auteur. — Sol. 7 avril
1868 ; R. P. 2651.

PARTAGE TESTAMENTAIRE. — V. *Partage d'ascendant.*

6338. PARTIE. — Celui qui figure en son propre nom dans une convention ou dans un procès.

6339. Partie civile. — C'est le nom donné au plai-
gnant qui intente une action à fin de dommages-intérêts, devant un tribunal de répression, soit par voie
principale, soit par adjonction aux poursuites du
ministère public.

6340. Partie publique. — C'est le ministère public,
poursuivant ou intervenant dans les poursuites au nom
de la société.

6341. PASSAGE. — Droit de passer sur le fonds
d'autrui. Ce droit est de nature *immobilière.* — C. 682
suiv.

6342. PASSAVANT. — En matière de douanes,
de contributions indirectes ou d'octroi, acte qui autorise à transporter d'un lieu à un autre les denrées ou
marchandises qui ont déjà payé le droit ou celles qui
en sont exemptes. — 28 avril 1816, art. 6. — V. *Acquit
à caution.*

6343. PASSE-DEBOUT. — Permission de faire
entrer, dans les limites de l'octroi d'une commune,
des denrées qui ne doivent pas y être consommées, à
charge de justifier de leur sortie. — 28 avril 1816, art.
28. — V. *Acquit à caution.*

6344. PASSEPORT. — Acte de l'autorité publique qui enjoint de laisser circuler librement celui qui
en est porteur.
C'est l'administration de l'enregistrement qui est

chargée de fournir les passeports. — D. 11 juill. 1810, art. 1.

Le prix des passeports est fixé, pour ceux à l'intérieur du territoire, à 2 fr.; pour ceux à l'étranger, à 10 fr. Ces droits sont passibles de deux décimes. Dans cette fixation sont compris les frais de papier et timbre et tous frais d'expédition. Ces prix sont imprimés sur les passeports. — Id. art. 9. — 23 août 1871, art. 2.

Il est accordé gratuitement des passe-ports aux personnes indigentes et hors d'état d'en acquitter le prix. — Av. d'Et. 22 déc. 1811; D. F. 2 mai 1812; I. 370, 381, 721, 774, 887 et 921.

6345. PASSIF. — C'est, par opposition *à l'actif*, l'ensemble des dettes, frais et charges quelconques dont on se trouve grevé. Ce mot s'emploie surtout à l'égard d'une communauté, d'une société, d'une faillite ou d'une succession. — Dict. N. *eod. v°*.

6346. PATENTE. — Impôt de quotité frappant le commerce et l'industrie.

On appelle aussi *patente* la formule que ceux qui paient l'impôt des patentes reçoivent de l'autorité publique.

Les formules de patentes sont affranchies du timbre. — 4 juin 1858, art. 12.

6347. PATENTE DE SANTÉ. — Bulletin faisant connaître l'état sanitaire des lieux d'où vient un navire et celui du navire lui-même au moment du départ.

Les patentes de santé sont exemptes de timbre comme délivrées dans l'intérêt de la sécurité générale. — D. F. 29 mai 1826; I 1200-23.

6348. PATURAGE. — Droit de faire paître ses bestiaux sur le fonds d'autrui. Ce droit est de nature immobilière. — C. 688. — V. *Forêts*.

PAUVRE. — V. *Donation, Etablissement public, succession*.

PAYS ÉTRANGER. — V. *Etranger*.

6349. PÉAGE. — Droit établi pour le passage d'un cours d'eau sur un pont ou sur un bac. — V. *Bac*.

6350. Droit de mutation. — Le droit de percevoir un péage, pendant un certain nombre d'années déterminé, constitue incontestablement une propriété dont la transmission, lorsqu'elle s'effectue par le concessionnaire, donne évidemment naissance à un droit de mutation. Quelles sont la nature de cette propriété et la manière de liquider le droit auquel elle donne ouverture? Ce sont là deux questions auxquelles nous allons répondre.

Et d'abord le droit de péage, étant une contribution publique, qui, en principe, ne peut être perçue qu'au profit de l'État, ne peut constituer qu'un droit mobilier entre les mains des particuliers à qui la faculté de le percevoir a été abandonnée par l'État.

Ensuite le droit étant mobilier, il faut en conclure que le seul mode d'estimation qu'autorise la loi est, d'après l'art. 14, n. 8, de la loi du 22 frim. an 7, le mode déterminé pour les transmissions entre-vifs, à titre gratuit et celles qui s'opèrent par décès, c'est-à-dire *la déclaration estimative des parties, sans distinction de charges*. — R. G. 9671.

6351. Concession. — Les concessions et adjudications de droits de péage sont assimilées aux marchés dont le prix est payable par le Trésor public et n'opèrent, par conséquent, que le droit fixe gradué. — D. F. 9 janv. 1822; Rec. Roll. 257. — 4 avril 1833; J. E. 10588. — V. *Marché*.

6352. Rachat. — Le rachat que fait une commune, en vertu d'un décret du gouvernement, du droit de péage d'un pont établi sur son territoire par une compagnie concessionnaire n'est sujet qu'au droit fixe. La somme payée pour le rachat peut être assimilée à l'acquit d'un impôt, et il est de principe qu'un impôt ne peut être perçu sur le produit d'un autre impôt. — D. F. 16 avril 1849 et 11 nov. 1851; J. N. 14614.

6353. PÊCHE. — Droit ou action de prendre du poisson dans un cours d'eau, dans un étang, un lac, ou dans la mer. — V. *Cautionnement, Certificat, Procès-verbal*.

6354. Pêche fruviale. — Les *adjudications* de la pêche au nom et au profit de l'État des baux, assujettis aux mêmes droits que les baux des domaines. Elles doivent aussi être enregistrées dans les mêmes délais. — I. 246. — Circ. 30 sept. 1812, § 1. — Les minutes doivent être sur *papier timbré*. Les droits sont payés par les adjudicataires. — I. 1011.

Les licences de pêche tiennent lieu d'adjudications ou de baux. Elles sont passibles des mêmes droits. Les porteurs de licences doivent, avant tout, les faire revêtir de la formalité du timbre et de l'enregistrement. Jusque-là on doit en refuser l'inscription sur les registres des préfectures ou sous-préfectures. — I. 246.

6355. Pêche de la baleine, de la morue et du cachalot. — L'État accorde des primes pour la pêche de la baleine et du cachalot, ainsi que pour celle de la morue; les pièces à fournir pour obtenir les primes sont assu-

jetties au timbre. — Ord. 21 oct. 1818 et 14 fév. 1819; I. 866. — L. 22 avril 1832. — Ord. 26 avril 1833, art. 10.

Les pièces à fournir pour la liquidation des primes accordées aux armateurs qui expédient des navires à la pêche du cachalot, doivent être écrites sur papier timbré. Ces pièces, assujetties au timbre, sont celles-ci : 1° déclaration d'armement, modèle n° 1; 2° certificat de jaugeage, modèle n° 2; 3° extrait du rôle d'équipage, modèle n° 1; 4° déclaration de retour, modèle n° 6; 5° procès-verbal de vérification de chargement, modèle n° 7. — Ord. 10 août 1841.

6356. PÊCHERIES. — Sont exempts de timbre et enregistrables *gratis* les actes de procédure et les jugements ayant pour objet la répression des infractions aux règlements sur les pêcheries entre la France et l'Angleterre, — D. F. 15 janv. 1847; I. 1776. — et ceux qui concernent la pêche *côtière*, qui a fait l'objet du décret du 9 janv. 1852, — I. 1951. — qu'il faut soigneusement distinguer des poursuites exercées en vertu des décrets du 2 mars suivant sur la pêche de la morue, du 19 mars sur le rôle d'équipage, du 20 mars sur la navigation dite *au bornage*. — I. 1949. — et du 28 mars 1852 sur la pêche du hareng. — I. 1950.

6357. PÉCULAT. — Crime de celui qui dispose à son profit des deniers publics dont il est dépositaire.

6358. PENSION. — Prestation en argent ou en nature pour la subsistance de quelqu'un. — Dict. N. *eod v°.* — V. *Aliments, Rente.*

6359. PÉPINIÈRE. — Les pépinières sont immeubles pour celui qui acquiert en même temps le sol et la superficie. — D. F. 19 juin 1810 ; J. E. 3881.

6360. PERCEPTEUR DES CONTRIBUTIONS DIRECTES.. — Les expéditions de leur nomination sont assujetties au timbre. — D. F. 10 sept. 1807 ; J. E. 2704.

6361. PÉREMPTION. — Sorte de prescription qui anéantit :

Les procédures, quand il y a eu discontinuation des poursuites pendant trois ans ; — C. P. 397.

Les jugements par défaut non exécutés dans les six mois de leur prononciation ; — C. P. 156 suiv.

Les inscriptions hypothécaires non renouvelées dans les dix ans. — C.-2154. — V. *Prescription.*

6362. PERMIS DE CHASSE. — Dénomination impropre attachée à l'acte de l'autorité publique qui permet le port d'armes là où l'on a la permission de chasser.

6363. Prix et débite. — Le prix du permis de chasse est fixé à 25 fr. dont 15 fr. pour l'État et 10 fr. pour la commune du domicile du chasseur, sans addition de décimes. — 3 mai 1844, art. 5. — 23 août 1871, art. 2. — 20 déc. 1872, art. 21.

C'est l'administration des domaines qui fournit les formules de permis de chasse aux préfets et sous-préfets. — I. 496.

6364. Quittance du prix. — Les quittances extraites du livre à souche que les percepteurs des contributions directes délivrent en vertu d'une circulaire du M. F. 22 juill. 1837, par laquelle ils sont autorisés à recevoir dans leur caisse le prix des permis de port d'armes de chasse, ne sont pas sujettes au timbre. — D. F. 22 mai 1838; I. 1577-26.

6365. Demande de permis. — Les demandes, soit primitives, soit en renouvellement, de permis de chasse, doivent être rédigées sur papier timbré. — D. F. 28 août 1849; I. 1838.

6366. PERMIS D'EXPLOITER. — Permission d'exploiter sa coupe délivrée par l'administration à l'adjudicataire d'une coupe de bois. — C. F. 30.

Ces permis sont exempts du timbre, comme actes de pure administration ; mais l'enreg. pouvant être utile pour en constater la date, ils doivent toujours être enreg. *pour mémoire* à la requête de l'Adm. des forêts. — D. F. 3 déc. 1825; I. 1187-11. — I. 1685.

PERQUISITION. — V. *Protêt.*

6367. PÉTITION. — Demande ou réclamation adressée à une autorité constituée.

6368. Timbre. — Sont assujettis au timbre de dimension les pétitions et mémoires, même en forme de lettres, présentés au directoire exécutif, aux ministres et toutes autorités constituées, aux commissaires de la trésorerie nationale, à ceux de la comptabilité nationale et aux administrations ou établissements publics. — Brum. art. 12.

Toute contravention à cette disposition donne lieu à une amende de 50 fr., outre le paiement du droit de timbre. — 2 juill. 1862, art. 22.—*Séance de l'Assemblée nationale* du 22 août 1871; *Journal officiel* du 23. — V. I. 72, 565, 765, 1291, 1399-1, 1834.

6369. Dimension. — On peut employer, pour les

80

pétitions. du papier de toute dimension. — D. F. 6 flor. an 7; Circ. 1866.

6370. *Double.* — Un arrêté du gouvernement du 21 fruct. an 4 prescrit d'adresser les pétitions en double, afin de faciliter les réponses : il suffit que l'un des doubles soit en papier timbré. — D. F. 6 flor. an 7 ; Circ. 1866.

Lorsque les deux pétitions sont en papier timbré, que l'un des doubles est sur papier de 1. 80, les arrêtés ou décisions peuvent être expédiés en marge ou à la suite de ce double ; hors ce cas, les décisions doivent être expédiées sur feuilles particulières. — D. F. 23 avril 1829 ; J. E. 9288.

6371. *Défense de statuer.* — Un arrêté du gouvernement du 15 fructidor an 8 porte qu'il ne sera statué sur une pétition que lorsqu'elle sera sur papier timbré. — I. 565 et 765.

Le ministre des finances a recommandé de nouveau l'exécution de la loi, par une circulaire aux préfets du 3 février 1829, et l'administration a prescrit aux directeurs de renvoyer aux réclamants les pétitions rédigées sur papier non timbré qui leur seraient présentées soit personnellement, soit pour être transmises au ministre ou à l'administration. — I. 1291, 2419.

6372. *Nomenclature.* — Doivent être sur papier timbré :

1° Les pétitions contre l'évaluation des propriétés cadastrées après la mise en recouvrement du rôle. — I. 1291.

2° Celles présentées au nom des fabriques pour obtenir la restitution de leurs biens. — Sol. 20 nov. 1809 ; J. E. 3436.

3° Celles relatives aux biens de la Légion d'honneur. — D. F. 30 pluv. an 13 ; J. E. 1946.

4° Les demandes d'alignement, d'autorisation pour abattre des arbres. — D. F. 9 mai 1817 ; I. 779.

5° Celles de brevet de surnuméraire. — Circ. 6 déc. 1808.

6° Celles des maires, même en forme de lettres, relatives à l'administration des biens communaux. — D. F. 30 fruct. an 7 ; I. 293.

6373. *Contributions directes.* — Dès que la cote excède 30 fr., la réclamation doit être sur timbre, même s'il s'agit des biens de l'Etat. — Av. d'Et. 6 mars 1861, et 13 mars 1862 ; I. 2231. — V. *Contributions publiques.*

6374. *Cautionnement.* — Les demandes ayant pour objet l'inscription du cautionnement ou celle du privilége du bailleur de fonds sont exemptes du timbre. Il n'en est pas de même des demandes de remboursement du capital ou des intérêts d'un cautionnement. — D. F. 7 juill. 1831 ; J. E. 15223.

6375. *Droits d'enregistrement.* — En matière de droits d'enregistrement, les pétitions remises au directeur, comme celles adressées à l'administration ou au ministre. doivent être sur papier timbré. — D. F. 16 mars 1813 ; J. E. 4558.

Le droit de timbre des pétitions n'est remboursable dans aucun cas, même lorsque la demande est accueillie. — I. 1291. — Ambert, 14 juin 1831 ; I. 1381-10.

6376. **Exemption.** — Sont exemptes de timbre :

Les demandes de congés absolus ou limités, ou de secours ; les pétitions des déportés et réfugiés des colonies tendant à obtenir des certificats de résidence, passe-ports et passages pour retourner dans leur pays. — Brum. art. 16, n. 1.

6377. *Jury.* — Celles auxquelles peut donner lieu la composition de la liste du jury, de la liste des électeurs du trib. de commerce et de la liste des électeurs en matière électorale. — D. 7 et 28 août 1848, 8, 28 fév. et 15 mars 1849 ; I. 1830 et 1833.

6378. *Chambre de commerce.* — Les mémoires et la correspondance adressés par les chambres de commerce, soit au ministre, soit à l'administration des douanes, pour des demandes ou des réclamations d'un *objet général.* — I. 1291.

6379. *Indigents.* — *Calamités publiques.* — Les pétitions adressées au gouvernement en demande de secours, pour des personnes qui sont dans une position malheureuse, ou par les maires, dans l'intérêt de leurs administrés. en cas d'incendie, d'inondation, épizootie, etc. — D. F. 15 sept. 1849 ; J. E. 14798-7.

6380. PÉTITION D'HÉRÉDITÉ. — Action tendant à ce que le possesseur des biens d'une succession en fasse la restitution dans la proportion des droits du demandeur. — V. *Succession.*

PÉTITOIRE. — V. *Action.*

6381. PHARMACIE. — Les registres tenus par les greffiers des justices de paix pour l'inscription des élèves stagiaires dans les communes où il n'existe pas d'écoles de pharmacie et de médecine, sont, comme ceux qui sont ouverts aux secrétariats des écoles, affranchis du timbre, et les extraits de ces registres ne sont soumis ni au timbre ni à l'enregistrement. — 26 juill. 1860, art. 20 ; I. 2181-7.

6382. PIGEON. — Les pigeons des colombiers sont immeubles par destination. — C. 524. — Ceux des volières sont meubles. — Duranton, t. 4, n. 60.

PIGNORATIF. — V. *Contrat pignoratif.*

PLACARD. — V. *Affiche.*

6383. PLACE DE GUERRE. — Ville forte. — V. *Etat, Garde du génie, Procès-verbal.*

6384. Notification. — Les notifications des plans, descriptions, etc., que les gardes du génie font aux propriétaires ou parties intéressées, sont enregistrées *gratis.* — Ord. 17 juill. 1819, art. 21.

Les notifications des jugements faites par les gardes du génie doivent être sur papier visé pour timbre, et enregistrées *en débet*, comme celles des procès-verbaux. — I.I. art. 40.

6385. Instance. — Dans le cas de procès, l'instance s'instruit comme en matière domaniale. Les actes sont enregistrés *gratis.* — Id. art. 75.

6386. Soumissions. — Celles faites pour obtenir l'autorisation de construire dans le rayon déterminé pour la place de guerre doivent être sur papier timbré, et enregistrées. Le droit d'enregistrement est de 3 fr. — Ord. 1er août 1821, art. 10. — 18 mai 1850, art. 10. — 28 fév. 1872, art. 4. —Cette disposition s'applique aux soumissions faites par des établissements publics. — I. 998.

6387. PLAN. — Dessin présentant la copie figurée et réduite d'un terrain, d'un bâtiment, etc. — V. *Acte en conséquence d'un autre, Expropriation pour cause d'utilité publique.*

6388. Plan signé. — Tout plan dressé et signé par un homme de l'art constitue un acte sous seings privés sujet au timbre de dimension, d'après la disposition générale de l'art. 12 brum. Il doit être fait sur papier timbré ou frappé du timbre extraordinaire.

Il devient de plus sujet à l'enregistrement, au droit fixe de 3 fr., comme acte innomé, d'après les dispositions combinées des lois du 22 frim. an 7, art. 68, § 1, n. 51, 18 mai 1850, art. 8, et 28 fév. 1872, art. 4, du moment qu'on veut l'annexer à un acte notarié, ou en faire usage en justice ou devant une autorité constituée. — R. G. 9723 suiv.

6389. Plan non signé. — Toutefois lorsqu'il ne s'agit pas de véritables plans dressés par des hommes de l'art, mais d'*extraits ou de croquis calqués sur les plans cadastraux et non signés*, ces documents ont un caractère incomplet et informe, et l'exemption du timbre et de l'enregistrement leur est applicable. — D. F. 20 juill. 1842; Dict. Fess. *eod. v°*, 8.

6390. Communes et établissements publics. — Les plans dressés par les architectes ou experts dans l'intérêt des départements, communes ou établissements publics, sont, comme ceux dressés pour les particuliers, assujettis au timbre, mais ils ne sont considérés que comme simples projets tant qu'ils n'ont pas reçu l'approbation de l'autorité compétente. Aussi le ministre des finances a-t-il décidé, le 8 juin 1852, que les plans relatifs aux travaux des communes et des établissements publics peuvent n'être présentés au timbre extraordinaire, ou au visa pour timbre, qu'après l'approbation de l'autorité compétente, sauf toutefois le paiement de l'amende encourue, s'il était procédé à l'adjudication des travaux avant que les plans approuvés eussent acquitté les droits dus au Trésor. — I. 1929-7.

6391. PLANTATION. — Le conseil de préfecture qui prononce sur des procès-verbaux constatant des faits relatifs aux plantations des routes, ne peut se dispenser de condamner au payement des *droits de timbre et d'enregistrement* de ses procès-verbaux, sous prétexte de nullité. — D. F. 26 mai 1828; J. E. 9045. — V. *Construction.*

6392. PLUMITIF. — Cahier sur lequel le greffier prend à l'audience, les notes nécessaires à la rédaction ultérieure des jugements. — V. *Greffe.*

POIDS ET MESURES. — V. *Mesures.*

6393. POISSON. — Les poissons des étangs sont immeubles par destination. — C. 524. — V. *Vente.*

6394. Poisson saisi. — La requête et le procès-verbal de vente de poissons saisis pour cause de délit (15 avril 1829, art. 42) doivent être rédigés sur papier timbré. — D. F. 13 août 1866; I. 2361-8.

6395. Traité. — Les décisions ministérielles qui dispensent de l'enregistrement dans un délai de rigueur les ventes de poisson faites publiquement et au marché, ne peuvent être étendues au traité par lequel un tiers s'engage envers une communauté de pêcheurs à leur acheter, moyennant un prix déterminé, toutes les huîtres pêchées pendant une saison. — Cass. req. 23 juill. 1868 :

« Attendu que la convention dont il s'agit constituait un marché translatif de meubles à titre onéreux et se trouvait passible du droit proportionnel de 2 % établi par l'art. 69, § 5, n. 1, de la loi du 22 frim. an VII ;

« Attendu qu'à la vérité, des décisions du ministre
« des finances des 3 prairial an VII et 8 prairial an VIII
« ont déclaré que les ventes de poisson de mer *faites*
« *publiquement et au marché* ne sont sujettes ni aux
« formalités prescrites par la loi du 22 pluviôse an VII,
« concernant les ventes des meubles, ni aux droits
« d'enregistrement ; mais que cette exception, intro-
« duite uniquement pour les ventes de poisson faites
« publiquement et au marché, ne peut être étendue
« au traité par lequel, à la date du 3 sept. 1862, Martin
« s'engage envers la communauté des pêcheurs de
« Fécamp à leur acheter, au prix de 22 fr. les douze
« cents, toutes les huîtres pêchées pendant la saison
« 1862-1863 ;
« Attendu que la distinction admise entre le pois-
« son frais et le poisson salé par la décision du minis-
« tre des finances du 7 mai 1819, a été infirmée par un
« avis du Conseil d'Etat du 3 juin 1820 ; — de tout
« quoi il résulte qu'en déclarant le marché dont il
« s'agit passible du droit proportionnel de 2 %, le
« jugement attaqué, loin de violer aucune loi, a fait
« une juste application de l'art. 69, § 5, n. 1, de la loi
« du 22 frim. an VII ; — rejette. »

POLICE.

Ch. I. — Notions préliminaires.

6396. Définition. — La police est l'ensemble des règles et l'action des autorités instituées pour maintenir l'ordre public, la liberté, la propriété et la sécurité individuelle. — 3 brum. an 4, art. 16.

6397. Deux sortes de police. — La police se divise en *police administrative* et *police judiciaire*. La police administrative est préventive ; la police judiciaire est répressive. — Id. art. 18 et 19.

6398. *Police administrative.* — La police administrative est celle qui est confiée aux préfets, aux maires et aux autorités locales administratives, pour le maintien habituel de l'ordre public, de la salubrité, etc., dans chaque département, chaque arrondissement, chaque ville, chaque commune. — Id art. 19.

6399. *Police judiciaire.* — La police *judiciaire*, ainsi appelée parce qu'elle est confiée aux officiers de police judiciaire, aux tribunaux, recherche les délits, en rassemble les preuves, instruit la procédure et prononce la punition des coupables. — Id. art. 20.

Les tribunaux chargés de juger les prévenus se divisent en tribunaux de *police simple*, de *police correctionnelle*, et de *police criminelle*.

Les tribunaux de *police simple* sont ceux qui statuent sur les *contraventions*. Les contraventions sont les infractions que la loi punit d'un emprisonnement qui ne peut excéder cinq jours, et d'une amende qui ne peut excéder quinze francs. — C. Pén. art. 1, 464 suiv.

Les tribunaux de *police correctionnelle* sont ceux qui jugent les *délits*, c'est-à-dire les infractions que la loi punit d'un emprisonnement excédant cinq jours et d'une amende excédant quinze francs. — C. Crim. 179.

Les tribunaux de *police criminelle* ou *cours d'assises* sont ceux qui jugent les *crimes*, c'est-à-dire les infractions que les lois punissent d'une peine afflictive ou infamante. — C. Pén. 1.

Ch. II. — Formalités au comptant.

6400. Règle. — Tous actes et procès-verbaux, en matière criminelle, correctionnelle et de police, sont soumis à l'enregistrement au comptant, lorsqu'il y a partie civile poursuivante. — Ord. 22 mai 1816, art. 1, 2, 4 et 5. — 25 mars 1817, art. 74.

6401. *Actes à enregistrer en débet sur la réquisition du ministère public.* — D'après la disposition générale de l'art. 147 du décret du 18 juin 1811, toute partie civile est responsable, lors même qu'elle gagne sa cause, de tous les frais du procès ; d'après diverses décisions, les sommes exigées des parties civiles à titre d'avance doivent être versées exclusivement dans les mains des greffiers, et les magistrats du ministère public sont tenus de veiller à ce que ces sommes soient suffisantes pour faire face à tous les frais.

Il résulte, tant de ces dispositions que de l'art. 74 de la loi du 25 mars 1817, que les actes et jugements concernant la police ordinaire doivent, lorsqu'il y a partie civile en cause, être rédigés sur papier timbré et enregistrés au comptant.

Dans le but de faciliter l'action de la justice répressive, le ministre des finances a décidé, le 5 septembre 1861, que, lorsqu'il n'y aurait pas au greffe des fonds suffisants pour le paiement des droits, les exploits, jugements et arrêts qui, par suite de l'intervention des parties, devraient être enregistrés au comptant, recevraient *en débet* la double formalité du timbre et de l'enregistrement, sur la production d'une réquisition écrite du ministère public.

Les receveurs qui ont à donner ces formalités en débet doivent faire mention de la réquisition dans leurs enregistrements et dans les relations, avec réserve du recouvrement des droits sur les parties civiles ; ils consignent les sommes à recouvrer au sommier des droits en débet et font immédiatement les diligences nécessaires pour en obtenir le paiement.

Les réquisitions sont conservées au bureau et représentées aux employés supérieurs. — I. 2203.

6402. *Ministère public représentant la partie civile.* —L'enregistrement en débet ne peut être donné qu'aux actes où le ministère public agit comme *partie publique.* et non à ceux dans lesquels il représente une *partie civile,* tels que les poursuites que la loi du 4 vent. an 9 le charge de faire pour la rentrée des rentes et domaines nationaux usurpés, affectés aux hospices. — Av. d'Et. 5 niv. an 12; I. 201.

6403. **Droit fixe.** — Sont soumis au droit fixe de 1 fr. les actes et jugements de la police ordinaire et des tribunaux de police correctionnelle et criminels. *soit entre parties,* soit sur la poursuite du ministère public. *avec partie civile,* lorsqu'il n'y a pas condamnation de sommes et valeurs, ou dont le droit proportionnel ne s'élèverait pas à 1 fr.; et les dépôts et décharges aux greffes desdits tribunaux, dans les mêmes cas où il y a partie civile. — Frim. art. 68, § 1. n. 48. — Ce tarif est porté à 1 fr. 50 pour les actes *judiciaires.* -- 28 fév. 1872, art. 4.

6404. **Droit proportionnel.** — Sont soumis au droit de 50 c. % : les jugements contradictoires ou par défaut de la police ordinaire, de la police correctionnelle et des tribunaux criminels. portant condamnation, collocation ou liquidation de sommes et valeurs mobilières, intérêts et dépens, entre particuliers, excepté les dommages-intérêts, dont le droit proportionnel est fixé à 2 %. *Dans aucun cas et pour aucun de ces jugements, le droit proportionnel ne peut être au-dessous du droit* FIXE, *tel qu'il est réglé pour les jugements des divers tribunaux.* — Lorsque le droit proportionnel aura été acquitté sur un jugement rendu par défaut, la perception sur le jugement contradictoire qui pourra intervenir n'aura lieu que sur le supplément des condamnations ; il en sera de même des jugements rendus sur appel et des exécutoires. — S'il n'y a pas de supplément de condamnation, le jugement sera enregistré pour le droit *fixe,* qui sera toujours le moindre droit à percevoir. — Lorsqu'une condamnation sera rendue sur une demande non établie par un titre enregistré et susceptible de l'être, le droit auquel l'objet de la demande aurait donné lieu s'il avait été convenu par acte public, sera perçu indépendamment du droit dû pour l'acte ou le jugement qui aura prononcé la condamnation. — Frim. art. 69. § 2, n. 9. § 5. n. 8. — 28 avril 1816 , art. 38. — V. n. 5036, 5070.

6405. *Appel.* — Si le tribunal correctionnel, jugeant avec intervention de parties civiles, a condamné les administrateurs d'une société à restituer des valeurs soustraites et que le jugement ait été frappé d'appel après avoir été enregistré en débet sur la réquisition du ministère public, on ne doit pas prendre pour base du droit de condamnation à percevoir sur l'arrêt le montant des condamnations prononcées par le tribunal du premier degré. mais bien celles déterminées par le tribunal d'appel. — Seine, 9 mars 1858 ; R. P. 1056.

6406. **Paiement des droits des actes judiciaires.** — Lorsqu'il y aura une partie civile, les droits seront acquittés par elle. A cet effet, le greffier pourra exiger d'avance la consignation entre ses mains du montant des droits. A défaut de cette consignation et de l'accomplissement de la formalité dans le délai prescrit, le recouvrement du droit ordinaire et du droit en sus sera poursuivi, contre la partie civile. par le receveur de l'enregistrement, sur l'extrait du jugement que le greffier sera tenu de lui délivrer dans les dix jours qui suivront l'expiration du délai fixé pour l'enregistrement. le tout conformément à l'art. 37 de la loi du 22 frim. an 7. — Ord. 22 mai 1816, art. 2.

Tout greffier qui aura négligé de faire enregistrer dans le délai fixé les jugements pour l'enregistrement desquels le montant des droits lui aura été consigné, ou qui, dans les dix jours qui suivront l'expiration de ce délai, n'aura pas remis au receveur de l'enregistrement l'extrait des jugements non enregistrés faute de consignation des droits par la partie civile. sera personnellement tenu au paiement des droits et de l'amende pour chaque contravention, conformément aux art. 36 et 37 de la même loi. — Id. art. 3.

CH. III. — FORMALITÉS EN DÉBET.

6407. **Règle.** — Les actes et procès-verbaux des huissiers, gendarmes, préposés, gardes champêtres ou forestiers (autres que ceux des particuliers), et généralement tous actes et procès-verbaux concernant la police ordinaire. et qui ont pour objet la poursuite et la répression des délits et contraventions aux règlements généraux de police et d'impositions, seront *visés pour timbre* et *enregistrés en débet,* lorsqu'il n'y aura pas de partie civile poursuivante, sauf à suivre le recouvrement des droits contre les condamnés. — Seront également visées pour timbre et enregistrées en débet les déclarations d'appel de tous jugements rendus en matière de police correctionnelle. lorsque l'appelant sera emprisonné. — 25 mars 1817, art. 74.

6408. *Autres dispositions.* — Doivent être enregistrés en débet : — 1° les actes et procès-verbaux des juges de paix pour faits de police ; — 2° ceux faits à la requête des procureurs de la République près les tribunaux ; — 3° ceux des commissaires de police ; — 4° ceux des gardes établis par l'autorité publique pour délits ruraux et forestiers ; — 5° les actes et jugements qui interviennent sur ces actes et procès-verbaux. *Il y aura lieu de suivre la rentrée des droits d'enregistrement de ces actes. procès-verbaux et jugements. contre les parties condamnées, d'après les extraits des jugements qui seront fournis aux préposés de la régie par les greffiers.* — Frim. art. 70. § 1.

Dans les affaires de police correctionnelle ou de simple police qui sont poursuivies à la seule requête du ministère public. sans partie civile. ou même à la

requête d'une administration publique agissant dans l'intérêt de l'État, d'une commune ou d'un établissement public, la partie poursuivante ne sera pas tenue de consigner d'avance le montant des frais de poursuite ni des droits d'enregistrement auxquels peuvent donner lieu les jugements; mais les minutes de ces jugements devront être enregistrées en débet, conformément au § 1er de l'art. 70 de la loi du 22 frimaire an 7; et il y aura lieu de suivre la rentrée des droits contre les parties condamnées, en même temps et de la même manière que celle des frais de justice. — Les dispositions du présent article ne sont pas applicables à la régie des contributions indirectes, laquelle continuera à faire l'avance des frais de poursuite et des droits de timbre et d'enregistrement, dans toutes les affaires poursuivies à sa requête et dans son intérêt ou celui de ses agents. — Ord. 22 mai 1816, art. 4.

Les actes et procès-verbaux des huissiers, gendarmes, préposés, gardes champêtres ou forestiers (autres que ceux des particuliers), et généralement tous actes et procès-verbaux concernant la police ordinaire, et qui ont pour objet la poursuite et la répression des délits et contraventions aux règlements généraux de police et d'impositions, continueront à être visés pour timbre et enregistrés en débet, lorsqu'il n'y aura pas de partie civile poursuivante, ou qu'elle aura négligé ou refusé de consigner les frais de poursuite, sauf à poursuivre le recouvrement des droits contre qui il appartiendra. — Le visa du receveur de l'enregistrement devra toujours faire mention du montant des droits en suspens, pour en faciliter l'emploi et le recouvrement dans la taxe des frais. — Id. art. 5.

Les procès-verbaux et actes destinés à constater, poursuivre et réprimer les délits, sont exempts de timbre et d'enregistrement, sauf l'enregistrement, en minute, des jugements correctionnels; sauf aussi l'enregistrement, et par conséquent le timbre des actes à l'égard desquels cette formalité est exigée par des dispositions spéciales, et notamment des procès-verbaux et actes constatant les infractions aux lois sur les contributions publiques, lorsque ces infractions sont punies correctionnellement; des procès-verbaux des gardes ruraux et forestiers, et des actes et jugements qui interviennent sur ces procès-verbaux. — Ces distinctions ne s'appliquent pas aux exploits et notifications du fait des huissiers, ni aux actes de même nature que sont autorisés à faire les gendarmes et gardes forestiers, tous lesquels exploits et notifications doivent être timbrés et enregistrés, soit qu'il s'agisse de crimes ou de délits. — Les exploits faits à la requête du ministère public devant le tribunal correctionnel, pour la répression de délits de droit commun, ou prévus par le Code pénal, sont sujets au timbre et à l'enregistrement; et que les formalités doivent avoir lieu en débet lorsqu'il n'y a pas de partie civile en cause. — En ce qui concerne les contraventions de simple police, les actes par lesquels elles sont constatées, ainsi que ceux de la poursuite et les jugements, sont essentiellement soumis à la double formalité. — Enfin, dans le cas où ces formalités sont nécessaires, elles ont lieu en débet, toutes les fois qu'il n'y a pas partie poursuivante, à la requête de laquelle l'acte est fait.—Circ. J. 24 sept. 1823; I. 1102. — D. F. 29 déc. 1832; I. 1853.

6409. Timbre. — Les actes sus-indiqués sont assujettis au visa pour timbre en débet; le visa peut être donné au moment de l'enregistrement.—25 mars 1817, art. 74. — D. F. 17 juill. 1818; J. E. 6270. — Sol. 15 nov. 1864; R. P. 2015. — I. 613, 726, 953-2. — Dél. 28 oct. 1818; J. E. 6353.

6410. Feuille d'audience. — Les greffiers des tribunaux de police simple et correctionnelle ne sont pas obligés de tenir des feuilles d'audience spéciales pour les jugements émanant de ces tribunaux. — D. F. 3 janv. et 15 fév. 1823; I. 1074.

Ces jugements doivent être inscrits sur du papier timbre en débet, lorsqu'il n'y a pas de partie civile en cause; s'il y a des parties civiles, ils sont portés sur papier timbré. S'il n'est tenu qu'une feuille pour tous les jugements, elle doit être toute en papier timbré, sans distinction pour les jugements à la requête du ministère public. — D. F. 15 sept. 1820.

6411. Procès-verbaux. — Les procès-verbaux des employés, gardes, commissaires de police, etc., constatant des délits ou contraventions aux règlements généraux de police, sont assujettis à la double formalité. — I. 613.

Le droit en débet est celui de 2 fr. — D. F. 31 oct. 1817; J. E. 5936. — 24 nov. 1821; I. 1012.

6412. Rapports de police. — On doit considérer comme assujettis à toutes les règles concernant les procès-verbaux les rapports adressés en forme de lettres aux commissaires de police par les agents subalternes relativement aux contraventions constatées par ces derniers. — Circ. J. 25 sept. 1822. — Dél. 6 nov. 1822; J. E. 7344.

6413. Exploits. — Les exploits des huissiers, qu'ils aient lieu devant les cours d'appel ou devant les tribunaux inférieurs, ne sont assujettis qu'au droit de 1 fr. — Sol. 15 oct. 1817; J. E. 5948.

Ch. IV. — Formalités gratis.

6414. Règle. — Sont soumis à la formalité de l'enregistrement gratis, les actes des huissiers et gendarmes concernant la police générale et de sûreté et la vindicte publique. — Frim. art. 70, § 2, n. 3. — Ord. 22 mai 1816, art. 1.—I. 290-7, 386-3, 400-2, 613, 726.

Ch. V. — Exemption de timbre et d'enregistrement.

6415. Règle. — Sont exempts d'enregistrement tous actes et procès verbaux (excepté ceux des huissiers et gendarmes. — 6414. —), et jugements concer-

nant la police générale et de sûreté et la vindicte publique. — Frim. art. 70, § 3, n. 9. — Ord. 22 mai 1816, art. 1.

Sont exceptés du droit et de la formalité du timbre les actes de police générale et de vindicte publique, et ceux des commissaires du Directoire exécutif, non soumis à la formalité de l'enregistrement, et les copies des pièces de procédure criminelle qui doivent être délivrées sans frais. — Brum. art. 16, n. 1.

Les crimes étant les faits qui concernent spécialement la police générale de sûreté et la vindicte publique, il s'ensuit que les actes judiciaires en *matière criminelle* sont, aux termes des dispositions combinées des lois des 13 brum. et 22 frim. an 7, ci-dessus visées, dispensés de la formalité du timbre et de l'enregistrement, *lorsqu'il n'y a pas de partie civile en cause*, et sauf l'exception sus-indiquée en ce qui concerne les procès-verbaux des huissiers et gendarmes. — R. G. 588. — I. 1271.

6416. *Actes d'instruction préliminaire.* — Tous les actes d'instruction qui se font, jusqu'à l'ordonnance *inclusivement*, rendue en la chambre du conseil, pour déterminer la nature de la poursuite du délit ou du crime, et pour régler la compétence, sont des actes préliminaires qui n'appartiennent pas plus à la matière criminelle qu'à la matière correctionnelle ou de police; ils ne doivent être regardés que comme des actes faits dans l'intérêt général, et dirigés dans la vue de faire une juste application des lois. — En ajoutant à ces considérations celle du secret que demandent en général ces sortes d'actes pour les dispositions qu'ils peuvent contenir et les faits qu'ils énoncent, et de la célérité qu'exige le plus souvent leur exécution, ils doivent être classés parmi les actes que le nombre 9, § 3, de l'art. 70 frim., a déclarés exempts de l'enregistrement, — D. F. 25 oct. 1822; J. E. 7317 — sauf néanmoins les exploits signifiés par les huissiers et les gendarmes que, même en ce qui concerne l'instruction préliminaire, une D. F. 29 déc. 1852 (I. 1953) considère comme sujets à l'enregistrement *gratis*, sans distinction entre les actes qui ont rapport à la justice criminelle, à la police simple ou à la police correctionnelle. — R. G. 500.

Ch. VI. — Questions diverses.

6417. Chemins de fer. — Les procès-verbaux constatant des crimes, délits ou contraventions prévus dans la loi sur la police des chemins de fer, dressés par les officiers de police judiciaire, les ingénieurs des ponts et chaussées et des mines, les conducteurs, garde-mines, agents de surveillance et gardes nommés ou seulement agréés par l'autorité publique, doivent être visés pour timbre et enregistrés en débet, sans distinction entre ceux dressés par les agents des compagnies et ceux dressés par les agents de l'Etat. — 15 juill. 1845, art. 24. — I. 1758.

6418. Chemins vicinaux. — Même règle pour les procès-verbaux dressés par les agents voyers pour constater les contraventions et délits sur les chemins vicinaux qui rentrent dans la catégorie des actes ayant pour objet la poursuite des délits et contraventions aux règlements généraux de police. Le délai pour l'enregistrement est de quatre jours. — D. F. 3 juill. 1837; I. 1562-4.

6419. Commissaire de police. — Sont dans la même catégorie les procès verbaux en matière de police simple et correctionnelle, dressés par les commissaires de police, quand il n'y a pas de partie civile. — Frim. art. 70, n. 3. — Ord. 22 mai 1816, art. 4. — I. 400-2, 613, 726.

6420. Commission rogatoire. — Les actes *faits à la requête du ministère public*, et ayant pour objet l'exécution de commissions rogatoires émanées des tribunaux étrangers, et transmis par les voies diplomatiques, peuvent être rédigés sur papier non timbré et sont enregistrables *gratis*. — D. F. 27 mars 1829; I. 1274.

6421. Communes et établissements publics. — Lorsque les maires ou autres fonctionnaires poursuivent seuls et d'office, dans l'intérêt de la commune ou de l'établissement public, la formalité doit être donnée en débet, les communes et établissements publics, dans la poursuite des délits qui intéressent leurs propriétés étant, bien que parties civiles, dispensées de consigner le montant des droits. — Ord. 22 mai 1816; I. 726. — D. F. 31 janv. et 29 août 1821; I. 1001.

6422. Enregistrement et domaines. — Les actes de poursuite concernant l'Adm. de l'enregistrement et des domaines sont enregistrés au comptant sur les fonds de la caisse. — D. F. 24 nov. 1837; I. 1551.

6423. Forêts. — *Signification.* — Les actes de poursuite ayant pour objet le recouvrement soit d'amendes et de frais dus à l'Etat, soit de restitutions et dommages-intérêts prononcés au profit des communes et des établissements publics, pour délits commis dans leurs bois, doivent être enregistrés au droit de 1 fr. en débet, lorsque les sommes à recouvrer s'élèvent *au-dessus* de 100 francs; mais les significations des jugements *par défaut*, en matière forestière, doivent être *toujours et sans distinction* soumis à la formalité en débet. On ne peut voir, en effet, dans ces significations des actes de poursuites ayant pour objet le recouvrement des sommes dues à l'Etat, mais des actes de procédure indispensables pour faire acquérir aux condamnations la force de la chose jugée. C'est seulement lorsque les condamnations sont devenues définitives que les poursuites pour le recouvrement des amendes et frais dus à l'Etat peuvent avoir lieu. — Sol. 13 mars 1832; I. 1401-6.

6424. Commandement. — La signification des jugements *contradictoires* n'est point obligatoire; néanmoins, il convient que le commandement prescrit par l'art. 211 C. F., avant l'exercice de la contrainte par

corps, soit signifié à la suite de l'extrait du jugement préalablement visé pour timbre. — D. F. 4 oct. 1828 ; I. 1265-7.

6425. *Bois de l'État vendus.* — Le bénéfice de la formalité en débet existe pour les procès-verbaux des délits commis dans les bois vendus par l'Etat, *mais dont le prix n'a pas été soldé*, attendu que, d'après le cahier des charges pour l'aliénation des bois de l'Etat, la surveillance des bois vendus reste confiée, après l'aliénation, aux agents forestiers, et que cette surveillance ne cessant qu'après que l'acquéreur est devenu propriétaire incommutable par le paiement intégral du prix, c'est à la requête de l'administration des forêts que sont, jusque-là, rapportés tous les procès-verbaux. — Sol. 2 août 1832 ; J. E. 10382.

6426. *Bois des particuliers.* — Les jugements rendus à la requête du ministère public, *agissant d'office*, pour la répression des délits commis dans les bois d'un particulier doivent être visés pour timbre et enregistrés en débet. — D. F. 15 avril 1830 ; J. E. 9729. — I. 2167-2.

6427. Garantie des matières d'or et d'argent. — Les procès-verbaux de contravention à la loi sur la marque des matières d'or et d'argent doivent être visés pour timbre et enregistrés en débet. — I. 516.

6428. Gardes-champêtres et forestiers. — Les procès-verbaux des gardes-champêtres et forestiers, et tous autres agents des forêts, lorsque les délits et contraventions intéressent l'*Etat* ou *les communes et établissements publics*, et qu'il n'y a pas de partie civile poursuivante, doivent être visés pour timbre et enregistrés en débet. — I. 44, 58, 1050-2. — C. F. art. 86, 87 et 170. — Sol. 28 oct. 1828 ; I. 1265-6.—D.F. 13 oct. 1829 ; I.1409. — 5 germ. an 13 ; J. E. 1979. —8 mai 1810 ; J. E. 3824. — 24 sept. 1823 ; I. 1102. — Cass. 21 juin 1842 ; J. E. 13216-3. — Lettre F. 22 sept. 1824 ; J. E. 7837. — La double formalité est particulièrement nécessaire pour les procès-verbaux dressés en matière de chasse. — D. J. 14 janv. 1863 ; I. 2243.

6429. Garde-pêche. — Les garde-pêche sont assimilés aux agents forestiers pour les formalités de timbre et d'enregistrement de leurs actes et procès-verbaux. — I. 63, 246. — Circ. 30 sept. 1812.

6430. Gendarmerie. — Aux termes des art. 308, 491 et 492 du décret du 1er mars 1854 (I. 2018), les procès-verbaux de la gendarmerie s'enregistrent *en débet*, s'il s'agit de délits ou de contraventions dont la poursuite et la répression intéressent l'Etat, les communes et les établissements publics. — I. 290-61, 400-2, 415-1, 613, 726, 768, 1494, 1896 et 1973. — La double formalité est surtout nécessaire pour les procès-verbaux dressés en matière de chasse.—D. J. 14 janv. 1863 ; I. 2243.

6431. Mort violente. — On doit enregistrer *en débet* les procès-verbaux qui constatent des morts violentes, et qui contiennent l'inventaire des effets du décédé ; le paiement des droits devient exigible lorsque les parties intéressées en requièrent des expéditions. — D. F. 18 niv. an 10 ; I. 72.

6432. Pluralité. — *Procès-verbal.* — Quels que soient le nombre et la variété des faits constatés et le nombre des contrevenants, un procès-verbal n'opère qu'un droit, car il ne contient qu'une disposition. — J. E. 1462, 12804. — R. G. 564.

6433. *Exploit.* — Mais les délits étant *personnels*, les poursuites deviennent *individuelles*, et, dès lors, il doit être perçu autant de droits qu'il y a d'individus cités par un même exploit *comme auteurs du délit ou de la contravention.* — D. F. 19 avril 1814 ; J. E. 4801.— Dél. 3 nov. 1829 ; R. G. 565.

6434. *Pouvoir ou constitution d'avoué.* — En matière de police, où les parties peuvent se défendre en personne, la nomination dans l'exploit d'un avoué ou d'un défenseur officieux ou le pouvoir donné à une personne de représenter le demandeur constitue une disposition passible d'un droit particulier. — Lettre J. 7 germ. an 6. — D. F. 28 therm. an 9 ; circ. 1271, 2050. — Dél. 3 nov. 1829 ; J. E. 9452.

6435. *Jugement.* — La pluralité des droits n'est applicable aux jugements concernant plusieurs délinquants qu'autant qu'il n'est prononcé aucune solidarité, soit pour les amendes, soit pour les frais. — Dél. 26 juin 1833 ; J. E. 10727. — I. 2167-2.

6436. Ponts et chaussées. — Les agents des ponts et chaussées étant dans le cas d'être assimilés, relativement à leurs fonctions, aux gardes forestiers et ruraux, leurs procès-verbaux doivent être visés pour timbre et enregistrés *en débet*. — D. F. 16 frim. an 11 ; J. E. 1327.

6437. Roulage. — Les procès-verbaux de contravention à la police du roulage doivent être enregistrés *en débet* dans les trois jours de leur date ou de leur affirmation, à peine de nullité. — 30 mai 1851 ; I. 1896.

6438. Salubrité. — Les procès-verbaux dressés par les inspecteurs de la salubrité publique sont, comme tous les procès-verbaux de contraventions aux règlements généraux de police, soumis au timbre et à l'enregistrement *en débet*. — Seine, 21 avril 1841 ; J. E. 12742. —Cass. 22 juin 1842 ; J. N. 11406 ; J. E. 13073 ; I. 1683-7.

6439. Servitudes militaires. — Les procès-verbaux et jugements faits et rendus pour l'exécution du D. 10 août 1853, sur les servitudes imposées à la propriété

privée pour la défense de l'Etat, sont enregistrés et visés pour timbre *en débet*, sauf recouvrement sur les condamnés. — I. 1994.

Les notifications faites par les gardes du génie, de l'extrait du plan et de l'état descriptif des terrains soumis aux servitudes pour la défense des places de guerre, doivent être enregistrées *gratis* pour avoir date certaine. — Ord. 1er août 1821 ; I. 998.

6440. Télégraphes. — Les procès-verbaux pour constater les crimes, délits et contraventions prévus par le D. du 27 déc. 1851, sur les lignes télégraphiques, doivent être visés pour timbre et euregistrés *en débet*. — Même décret, art. 11.

6441. Voirie. — Les procès-verbaux pour contravention en matière de grande voirie, doivent être visés pour timbre et enregistrés *en débet*, sauf recouvrement des droits sur les parties condamnées, ou par lesquelles les délits auront été reconnus. — D. F, 11 frim. et 4 germ. an 11 ; I. 290-61, 415-1. — Av. d'Et. 1er fév. 1851 ; J. E. 15292-5.

POLICE D'ASSURANCE. — V. *Assurance.*

6442. POLLICITATION — Promesse qui n'est pas encore acceptée par celui à qui elle est faite. C'est une simple offre. — Dig. L. 3. *de pollic.*

La pollicitation ne peut donner ouverture qu'au droit fixe.

6443. PONTS ET CHAUSSÉES. — Administration chargée de la confection, de l'entretien et de la surveillance des voies de communication. — V. *Police, Procès-verbal.*

6444. PORTE-FORT. — C'est celui qui stipule au nom d'un tiers en promettant sa ratification. — V. *Mandat.*

6445. PORTEUR. — Détenteur d'un effet de commerce. — V. *Billet.*

6446. PORTEUR DE CONTRAINTES. — Sorte d'huissier spécial aux contributions directes et qui est exclusivement chargé de faire les actes de poursuites à la requête de cette administration. — V. *Contributions publiques, Répertoire.*

PORTION DISPONIBLE. — V. *Quotité disponible.*

6447. PORTION VIRILE. — Portion égale à celle des autres héritiers, qu'un héritier a dans une succession soit *ab intestat*, soit testamentaire. — Merl. *eod. v°.*

Au contraire, la *portion héréditaire* est celle dont l'importance peut n'être pas la même pour tous les héritiers.

6448. POSSESSION. — *Fait* de détenir une chose comme propriétaire, abstraction faite du *droit* de la détenir. — V. *Prescription.*

On possède *à titre de propriétaire* ou *animo domini* quand on jouit de la chose comme le ferait un véritable propriétaire et avec la volonté d'en conserver exclusivement la disposition. On possède *à titre précaire* quand on possède pour autrui.

6449. Acquisition de la possession. — Deux conditions sont nécessaires pour acquérir la possession : l'appréhension de la chose et la volonté de la posséder. — Troplong, *Prescript.* t. 1, n. 251.

C'est par le *fait* que la chose doit être appréhendée ; mais il n'est pas besoin d'un fait corporel. Le Code s'est écarté en cela des principes du droit romain. Il suffit que, par un fait quelconque, celui qui veut acquérir une chose soit mis à même de s'en servir réellement, en son temps et à son gré, soit par lui, soit par autrui. — Id. ibid. n. 251.

Quant à la volonté de posséder, elle est évidemment nécessaire. Si l'intention n'est pas jointe au fait, il ne peut y avoir de possession véritable. Ainsi, il n'y a point de possession, dans le sens légal de ce mot, sans la volonté de posséder et de recueillir les avantages de la chose, à titre soit précaire, soit de propriétaire. — Id. ibid. n. 254.

6450. Conservation de la possession. — La possession n'a pas besoin, pour se conserver, d'un fait corporel extérieur : l'intention suffit. Cette volonté de conserver la possession se maintient toujours, tant qu'un volonté contraire ne se manifeste pas. Ainsi, si un propriétaire abandonne la culture de son héritage, ce n'est pas une raison de croire qu'il en a abandonné la possession : *licet possessio nudo animo acquiri non possit, tamen solo animo retineri potest.* — Cod. L. 4 *De acq. poss.* — Troplong, *loc. cit.* 263.

6451. Perte de la possession. — On perd la possession des choses mobilières lorsqu'on les égare ou que quelqu'un s'en empare par vol, ruse ou violence. On perd la possession des immeubles lorsqu'on en est expulsé, lorsqu'ils viennent à être détruits, et lorsqu'on s'en dessaisit volontairement. — Troplong, *loc. cit.* 270, 271. — Roll. *eod. v°*, 67.

81

6452. Possession en fait de meubles. — En fait de meubles, possession vaut titre. — C. 2279.

C'est-à-dire que tout possesseur à qui le demandeur en revendication ne prouve pas qu'il tient la chose de lui, demandeur, à titre précaire ou à titre résoluble, et qu'il est possesseur de mauvaise foi, trouve dans le seul fait de la possession une réponse victorieuse à l'attaque dirigée contre lui. — Troplong. *loc. cit.* 1043.

6453. Possession en fait d'immeubles. — La possession fait présumer la propriété ; celui qui a la possession d'un an et un jour peut se faire maintenir par l'action possessoire ; — C. 2243. — il peut même arriver, par l'effet de la possession, à devenir propriétaire incommutable. — V. *Prescription.*

POSSESSOIRE. — V. *Action.*

6454. POSTES. — Administration publique chargée du transport des lettres, journaux, imprimés, etc., et du service des articles d'argent — V. *Quittance.*

6455. Actes de poursuites. — Les actes de poursuites concernant l'administration des postes doivent être visés pour timbre et enregistrés au comptant. — D. F. 17 mars 1828 ; I. 1237. — I. 1494, 1620, 2132-5.

Les receveurs de l'enregistrement doivent délivrer, par *duplicata*, des quittances des droits de timbre et d'enregistrement qu'ils perçoivent au comptant. Ces quittances, pouvant être nécessaire aux receveurs des postes, pour l'ordre de leur comptabilité, doivent être fournies par les receveurs, indépendamment de celles qui sont portées sur les procès-verbaux de contravention, lorsqu'elles sont requises par les receveurs des postes. — I. 1702.

Les procès-verbaux, même ceux des gendarmes, peuvent être rédigés sur du papier non timbré, sauf à le soumettre au visa pour timbre au comptant au moment de l'enreg. — D. F. 4 août 1826. — I. 2132-5. — D. 1er mars 1834, art. 308.

Tous les procès-verbaux constatant la saisie de dépêches transportées ou échangées en contravention doivent être, sans aucune exception, soumis au timbre et à l'enreg. — D. F 19 avril 1862.

6456. Mandats. — Les quittances de sommes au-dessus de 10 fr. envoyées par la poste doivent être timbrées au moyen de timbres mobiles de 25 c. — 8 juin 1864, art. 6. — D. 27 nov. 1864, art. 1. — 23 août 1871. art. 2.

6457. Reconnaissance de valeurs cotées. — Aucun droit de timbre n'est exigible sur les reconnaissances de valeurs cotées. — 25 janv. 1873. art. 8.

6458. POSTHUME. — Enfant qui naît après le décès de son père. — V. *Enfant.*

6459. POSTULATION. — Exercice des fonctions d'avoué par une personne qui n'a pas été nommée à ces fonctions. La postulation est interdite sous des peines très-sévères. — D. 19 juill. 1810, art. 1.

6460. POT-DE-VIN. — Somme que l'acquéreur ou le preneur paie au vendeur ou au bailleur, lors de la conclusion du contrat, en sus du prix convenu.

6461. Enregistrement. — « Vin de marché n'entre « pas au compte du prix, pour en prendre droit de « vente, sinon qu'il fût excessif. » — Loisel, liv. 3, tit. 4, n. 14.

Cette maxime ne saurait être admise aujourd'hui en présence du texte formel de la loi de frimaire. Les pots-de-vin sont susceptibles d'être ajoutés au prix dans tous les cas. — V. *Vente.*

POURSUITES. — V. *Contributions publiques.*

6462. POURVOI. — Acte par lequel on défère soit une décision judiciaire à la Cour de cassation, soit une décision administrative au Conseil d'État.

6463. Premier acte de recours. — Le *premier acte* de recours en cassation ou devant le conseil d'État, soit par requête, mémoire ou déclaration, en matière civile, de police simple ou correctionnelle, est assujetti au droit fixe de 25 fr. — 28 avril 1816, art. 47. n. 1.

Tout premier acte de recours, quel qu'en soit l'objet, excepté en matière criminelle, est passible de ce droit. — Arr. 21 pluv. an 11 ; I. 124. — Ainsi, c'est toujours le *premier acte* (exploit ou autre) dans lequel on déclare se pourvoir, qui est sujet au droit de 25 fr., et ce droit naturellement est perçu dans le bureau où l'acte de recours est présenté à la formalité. — Sol. 29 août 1831 ; J. E. 10101. —4 janv. 1832; J. E. 10208.

6464. Bureau. — La perception du droit d'enregistrement sur le premier acte de recours en cassation est faite par le receveur établi près la Cour de cassation, excepté pour les déclarations en matière de police simple ou correctionnelle. Le droit, dans ce cas, doit être perçu par le receveur établi près ces tribunaux. — Circ. 1704.

6465. Contributions. — L'art. 30 L. 21 avril 1832 porte que le recours contre les arrêtés du conseil de préfecture (en matière de contributions) n'est assujetti qu'au droit de timbre. Une D. F. 20 nov. 1835 (J. E.

11348) a déclaré que l'exemption établie par cet article est applicable à toutes les contributions et aux différents actes successifs qui composent le recours. Ces actes doivent donc être enregistrés *gratis*.

6466. *Expédition*. — Les expéditions des décisions des conseils de préfecture, en matière de patentes, destinées à être produites à l'appui d'un recours au Conseil d'Etat, sont exemptes du timbre lorsque le montant de la contribution, *objet du recours*, est inférieur à 30 fr. — D. F. 20 fév. 1843; J. E. 13584-4.

6467. Actes autres que le premier acte de recours. — Les exploits de signification des arrêts d'admission et des ordonnance de soit-communiqué sont passibles du droit fixe de 5 fr. — 28 avril 1816, art. 45, n. 1. — I. 2132-1.

6468. Cour des comptes. — Les lois sur l'enregistrement n'ayant pas nommément tarifé les exploits d'appel ou de recours devant la Cour des comptes, on ne peut assujettir qu'au droit fixe de 2 fr., comme les exploits ordinaires, l'exploit par lequel un comptable fait signifier son recours à la Cour des comptes contre l'arrêté du conseil de préfecture. — Sol. 30 nov. 1830; J. E. 9829.

POUVOIR. — V. *Mandat.*

PRATIQUE. — V. *Achalandage, Fonds de commerce.*

6469. PRÉCIPUT. — (*Capere*, *præ.*) Avantage fait à un successible au delà de sa part héréditaire. Le préciput est dispensé du rapport. — V. *Rapport.*

6470. Enregistrement. — La clause de préciput insérée dans l'acte même de donation ne peut donner ouverture à aucun droit particulier : elle se lie à la donation d'une manière intime.

Mais, aux termes de l'art. 919 C., la dispense de rapport peut être faite non-seulement par l'acte même qui contient la disposition, mais encore par un acte postérieur, et cet acte doit être fait dans la forme des dispositions entre-vifs ou testamentaires. La raison en est que la dispense du rapport est un véritable don, puisqu'elle fait que la chose qui n'avait été donnée qu'à temps, et qui était rapportable à la succession du donateur, appartient définitivement au donataire. — Cependant aucun droit de donation ne sera exigible sur le second acte, car il est un principe fondamental en matière d'enregistrement, c'est qu'une même mutation ne peut donner ouverture qu'à un seul droit. Or, la donation primitive peut bien être modifiée par la déclaration postérieure du donateur qu'il a entendu donner soit à titre de préciput, soit avec dispense de rapport, mais elle ne se trouve pas novée ; dès lors, les droits perçus dans le principe l'exemptent de toute nouvelle perception. Le seul droit à exiger est le droit fixe de 3 fr., comme acte de complément. — R.G. 9784.

6471. Préciput conventionnel. — Sommes ou effets mobiliers que l'un des époux, par une clause du contrat de mariage, a le droit de prélever, avant partage, sur la masse des biens de communauté. — V. n. 2744.

Ces mots, *préciput conventionnel*, étaient employés autrefois par opposition à ceux de *préciput légal*. Aujourd'hui qu'il n'y a plus de préciput légal, on dit simplement *préciput*.

6472. *Préciput réductible en cas d'existence d'enfants*. — Il y a simple convention de mariage dispensée de tout droit dans la clause d'un contrat de mariage qui attribue au survivant des époux un préciput réductible en cas d'existence d'enfants. — Cass. civ. 1er août 1855 ; Sir. 56. 1. 68 ; J. E. 16134; R. P. 471 :
« Attendu que, d'après les art. 1497, 1520 et 1525 « C. N., les époux mariés en communauté peuvent « établir, soit qu'ils auront des parts inégales dans la « communauté, soit que la totalité de la communauté « appartiendra au survivant d'eux ; — que la stipula- « tion ci-dessus n'a pour objet, dans le contrat de ma- « riage des époux Bourdon, que de modifier leur « communauté dans le sens de ces articles, et dans « l'étendue des droits qu'ils confèrent ; — que, bien que « l'extension que cette stipulation donne à la commu- « nauté soit restreinte elle-même dans les limites que « la loi aurait apportées à la faculté de disposer à titre « de donation, elle n'est pas moins formulée dans les « termes d'une convention qui régit la communauté « elle-même ; — que, dès lors, suivant l'art. 1525 C. « N., elle n'est point réputée un avantage sujet aux « règles relatives aux donations, mais simplement une « convention de mariage, et entre associés ; — qu'il im- « porte peu qu'à la suite de l'ensemble des dispositions « du contrat de mariage, on trouve que les contractants « se font réciproquement *donation des avantages ci- « dessus, ce qu'ils ont l'un et l'autre accepté*; — qu'en « effet, d'une part, cette disposition peut s'appliquer à « la donation que les époux se faisaient réciproque- « ment des biens qui leur étaient propres ; — que, de « l'autre, le sens légal de la convention étant déterminé, « son caractère ne saurait être modifié ni changé par « des formules secondaires qui n'impliquent pas un « sens contraire à la pensée principale qui la domine, « et qui convient à sa nature ; — d'où il suit qu'en « statuant conformément à cette interprétation et à ses « principes, le jugement attaqué n'a violé aucune loi ; « — rejette. »

6473. PRÉFET. — Premier fonctionnaire administratif du département.

Le préfet est à la fois l'agent du gouvernement, l'administrateur des intérêts départementaux et le tuteur des communes et des établissements publics. — V. *Acte administratif*.

6474. PRÉLÈVEMENT. — Action de prendre certains biens avant le partage des biens d'une communauté, d'une succession, etc. — V. *Communauté*, *Partage*, *Succession*.

PRÉNOM. — V. *Nom*.

PRESCRIPTION.

Ch. I. — Droit civil.

6475. Définition. — La prescription est un moyen d'acquérir ou de se libérer par un certain laps de temps et sous les conditions déterminées par la loi. — C. 2219.

6476. Raison d'être de la prescription. — « A la « seule idée de prescription, il semble que l'équité « doive s'alarmer; il semble qu'elle doive repousser « celui qui, par le seul fait de la possession et sans le « consentement du propriétaire, prétend se mettre à « sa place, ou qu'elle doive condamner celui qui, appelé à remplir son engagement d'une date plus ou « moins reculée, ne présente aucune preuve de sa li- « bération. Peut-on opposer la prescription et ne point « paraître, dans le premier cas, un spoliateur, et, dans « le second, un débiteur de mauvaise foi qui s'enrichit « de la perte du créancier?

« Cependant, de toutes les institutions du droit civil, « la prescription est la plus nécessaire à l'ordre social; « et, loin qu'on doive la regarder comme un écueil « où la justice soit forcée d'échouer, il faut, avec les « philosophes et avec les jurisconsultes, la maintenir « comme une sauvegarde nécessaire du droit de pro- « priété.

« Des considérations sans nombre se réunissent pour « légitimer la prescription.

« La propriété ne consista d'abord que dans la pos- « session, et le plus ancien des axiomes de droit est « celui qui veut que, dans le doute, la préférence soit « accordée au possesseur : *Melior est causa possidentis*.

« Posséder est le but que se propose le propriétaire; « posséder est un fait positif, extérieur et continu, qui « indique la propriété. La possession est donc à la fois « l'attribut principal et une preuve de la propriété.

« Le temps, qui, sans cesse et de plus en plus, éta- « blit et justifie le droit du possesseur, ne respecte « aucun des autres moyens que les hommes ont pu « imaginer pour constater ce droit. Il n'est point de « dépôt, il n'est point de vigilance qui mette les actes « publics ou privés à l'abri des événements dans les- « quels ils peuvent être perdus, détruits, altérés, fal- « sifiés. La faux du temps tranche de mille manières « tout ce qui est l'ouvrage des hommes.

« Lorsque la loi protectrice de la propriété voit, « d'une part, le possesseur qui paisiblement et publi- « quement a joui pendant un long temps de toutes les « prérogatives qui sont attachées à ce droit, et que, « d'une autre part, on invoque un titre de propriété « resté sans aucun effet pendant le même temps, un « doute s'élève à la fois et contre le possesseur qui ne « produit pas de titre, et contre celui qui représente « un titre dont on ne saurait présumer qu'il n'eût fait « aucun usage, s'il n'y eût pas été dérogé, ou s'il « n'y eût pas consenti que le possesseur actuel lui « succédât.

« Comment la justice pourra-t-elle lever ce doute? « Le fait de la possession n'est pas moins positif que « le titre; le titre sans la possession ne présente plus « le même degré de certitude; la possession démentie « par le titre perd une partie de sa force : ces deux « genres de preuve rentrent dans la classe des présom- « ptions. Mais la présomption favorable au posses- « seur s'accroît par le temps en raison de ce que la « présomption qui naît du titre diminue. Cette consi- « dération fournit le seul moyen de décider que la rai- « son et l'équité puissent avouer : ce moyen consiste « à n'admettre la présomption qui résulte de la pos- « session, que quand elle a reçu du temps une force « suffisante pour que la présomption qui naît du titre « ne puisse plus la balancer.

« Alors la loi elle-même peut présumer que celui

« qui a le titre a voulu perdre, remettre ou aliéner ce
« qu'il a laissé prescrire.

« C'est donc dans la fixation du temps nécessaire
« pour opérer la prescription qu'il faut, avec tous les
« calculs et sous tous les rapports de l'équité, trouver
« des règles qui puissent le moins compromettre le
« droit réel de propriété. Ces règles doivent, par ce
« motif, être différentes, suivant la nature et l'objet
« des biens.

« Si ensuite l'équité se trouve blessée, ce ne peut
« être que dans des cas particuliers. La justice générale
« est rendue, et dès lors les intérêts privés qui peuvent
« être lésés doivent céder à la nécessité de maintenir
« l'ordre social.

« Mais ce sacrifice exigé pour le bien public ne rend
« que plus coupable dans le for intérieur celui qui,
« ayant usurpé, ou celui qui, étant certain que son
« engagement n'a pas été rempli, abuse de la présomp-
« tion légale. Le cri de sa conscience, qui lui rappellera
« sans cesse son obligation naturelle, est la seule res-
« source que la loi puisse laisser au propriétaire ou au
« créancier qui aura laissé courir contre lui la pres-
« cription.

« S'il en était autrement, il n'y aurait aucun terme
« après lequel on pût se regarder comme propriétaire
« ou comme affranchi de ses obligations; il ne reste-
« rait au législateur aucun moyen de prévenir ou de
« terminer les procès; tout serait incertitude et con-
« fusion.

« Ce qui prouve encore plus que les prescriptions
« sont un des fondements de l'ordre social, c'est qu'on
« les trouve établies dans la législation de tous les
« peuples policés. » — *Exposé des motifs.*

6477. Renonciation. — On ne peut d'avance renoncer à la prescription. — C. 2220. — Cependant les
choses futures peuvent être l'objet d'une obligation
(C. 1130); mais dans la renonciation à une prescription
non acquise, il y a quelque chose qui trouble le bien
public, qui encourage la fraude ou l'incurie, et qui déroge à une loi d'utilité générale. — Troplong, n. 43.
Mais on peut renoncer à la prescription acquise, à
la seule condition d'être capable d'aliéner. — C. 2220
et 2222.
La renonciation est expresse ou tacite; la renonciation tacite résulte d'un fait qui suppose l'abandon du
droit acquis. — C. 2221.

6478. Application de la prescription d'office. — Les
juges ne peuvent pas appliquer la prescription d'office;
elle doit être invoquée. — C. 2223.

6479. Quand la prescription peut être opposée. — La
prescription peut être opposée en tout état de cause,
même devant la Cour d'appel, à moins que la partie
qui n'aurait pas opposé le moyen de prescription ne
doive, par les circonstances, être présumée y avoir renoncé. — C. 2224.

6480. Qui peut opposer la prescription. — Toute
personne ayant intérêt à ce que la prescription soit acquise peut l'opposer, même lorsque le débiteur ou le
possesseur y renonce. — C. 2225.

6481. Choses imprescriptibles. — On peut prescrire
à l'égard de toutes choses, à l'exception seulement de
celles qui ne sont pas dans le commerce. — C. 2226.
L'Etat, les communes et les établissements publics
sont soumis aux mêmes prescriptions que les particuliers et peuvent également les opposer. — C. 2227.

Sect. I. — Causes qui empêchent la prescription.

6482. Personnes possédant pour autrui. — Ceux qui
possèdent pour autrui et leurs héritiers ne prescrivent
jamais, par quelque laps de temps que ce soit. Ainsi,
le fermier, le dépositaire, l'usufruitier et tous autres
qui détiennent précairement la chose du propriétaire
ne peuvent la prescrire. — C. 2236, 2237. — V. *Possession.*

6483. *Titre de possession interverti.* — Cependant
ces personnes peuvent prescrire, si le titre de leur possession se trouve interverti, soit par une cause venant
d'un tiers, soit par la contradiction qu'elles ont opposée au propriétaire. — C. 2238.
La possession à titre précaire changée en possession
proprement dite : voilà l'interversion dont parle cet
article.
La possession est intervertie en vertu d'un titre
émané d'un tiers, lorsque le possesseur à titre précaire
achète du propriétaire ou d'une autre personne. —
Troplong, 505.
La contradiction opposée au propriétaire est la déné-
gation formelle de son titre. — Id. 513.

6484. Transmission par le détenteur précaire. —
Ceux à qui les fermiers, dépositaires et autres détenteurs précaires ont transmis la chose par un titre translatif de propriété peuvent la prescrire. — C. 2239.

6485. Prescription contre le titre. — On ne peut
pas prescrire contre son titre, en ce sens que l'on ne
peut point se changer à soi-même la cause et le principe de sa possession. — C. 2240.
On peut prescrire contre son titre, en ce sens que
l'on prescrit la libération de l'obligation que l'on a
contractée. — C. 2241.
Ainsi, si un droit d'usage est acquis par prescription, l'usager ne sera toujours qu'usager, et non
propriétaire, car il n'a pu prescrire qu'à titre d'usager.
Mais il n'en est pas de la prescription *libérative*
comme de la prescription *acquisitive.* On n'acquiert par
prescription que dans la mesure de son titre; on se
libère par prescription contre son titre, puisqu'alors il
se trouve anéanti.

SECT. II. — CAUSES QUI INTERROMPENT OU QUI SUSPENDENT LA PRESCRIPTION.

6486. Distinction. — « Interrompre une prescri-
« ption qui a déjà son cours, c'est lui apporter un
« obstacle qui rende inutile le temps écoulé, et la
« force à recommencer comme si elle n'avait jamais eu
« de principe d'existence. L'interruption de la pres-
« cription diffère de la suspension, en ce que celle-ci
« laisse subsister la possession préexistante et ne fait
« que lui opposer un point d'arrêt, de telle sorte que,
« lorsque la suspension cesse, le temps qui recom-
« mence à courir se lie avec le temps acquis au mo-
« ment de la suspension, et compte pour calculer le
« délai légal. » —Troplong, n. 536.

6487. Interruption. — L'interruption est naturelle
ou civile. — C. 2242.

6488. *Interruption naturelle.* — Il y a interruption
naturelle, lorsque le possesseur est privé, pendant plus
d'un an, de la jouissance de la chose, soit par l'ancien
propriétaire, soit même par un tiers. — C. 2243.
  « La règle de la possession annale a toujours été
« suivie en France à l'égard des immeubles. Elle est
« la plus propre à maintenir l'ordre public. C'est pen-
« dant la révolution d'une année que les produits d'un
« fonds ont été recueillis ; c'est pendant une pareille
« révolution qu'une possession publique et continue
« a pris un caractère qui empêche de la confondre
« avec une simple occupation. Ainsi nul ne peut être
« dépouillé du titre de possesseur que par la posses-
« sion d'une autre personne pendant un an, et, par
« la même raison, la possession qui n'a point été d'un
« an n'a point l'effet d'interrompre la prescription. »
— *Exposé des motifs.*

6489. *Interruption civile.* — Une citation en justice, un commandement ou une saisie signifiés à celui
qu'on veut empêcher de prescrire, forment l'interruption civile. — C. 2244.
  La prescription est aussi interrompue par la reconnaissance que le débiteur ou le possesseur fait du
droit de celui contre lequel il prescrivait. — C. 2248.

6490. Suspension. — La prescription court contre
toutes personnes. Mais il y a des exceptions. — C.
2251.
  Elle ne court pas contre les mineurs et les interdits,
sauf les cas déterminés par la loi. — C. 2252.
  Elle ne court pas entre époux. — C. 2253.
  La prescription court contre la femme mariée, encore qu'elle ne soit point séparée par contrat de mariage ou en justice, à l'égard des biens dont le mari a
l'administration, sauf son recours contre le mari. —
C. 2254.
  Néanmoins elle ne court point, pendant le mariage,
à l'égard de l'aliénation d'un fonds constitué selon le
régime dotal, conformément à l'article 1561 C. — C.
2255.

La prescription est pareillement suspendue pendant
le mariage : 1° dans le cas où l'action de la femme ne
pourrait être exercée qu'après une option à faire sur
l'acceptation ou la renonciation à la communauté ;
2° dans le cas où le mari, ayant vendu le bien propre
de la femme sans son consentement, est garant de la
vente, et dans tous les autres cas où l'action de la
femme réfléchirait contre le mari. — C. 2256.
  La prescription ne court pas à l'égard d'une créance
qui dépend d'une condition, jusqu'à ce que la condition arrive ; à l'égard d'une action en garantie, jusqu'à ce que l'éviction ait lieu ; à l'égard d'une créance
à jour fixe, jusqu'à ce que ce jour soit arrivé. — C.
2257.
  La prescription ne court pas contre l'héritier bénéficiaire, à l'égard des créances qu'il a contre la succession. — C. 2258.
  La prescription court contre une succession vacante,
quoique non pourvue de curateur. — C. 2258.
  La prescription court pendant les trois mois pour
faire inventaire, et les quarante jours pour délibérer.—
C. 2259.

SECT. III. — TEMPS REQUIS POUR PRESCRIRE.

6491. Computation du temps. — La prescription se
compte par jours, et non par heures. Elle est acquise
lorsque le dernier jour du terme est accompli. — C.
2260, 2261.

6492. Prescription trentenaire. — Toutes les actions,
tant réelles que personnelles, sont prescrites par trente
ans, sans que celui qui allègue cette prescription soit
obligé d'en rapporter un *titre*, ou qu'on puisse lui
opposer l'exception déduite de la *mauvaise foi*. — C.
2262.

6493. *Possession.* — Pour pouvoir prescrire, il faut
une possession continue et non interrompue, paisible,
publique, non équivoque, et à titre de propriétaire. —
C. 3229.
  On est toujours présumé posséder pour soi et à titre
de propriétaire s'il n'est prouvé qu'on a commencé à
posséder pour un autre. — Quand on a commencé à
posséder pour autrui, on est toujours présumé posséder
au même titre, s'il n'y a preuve du contraire. — C.
3230, 3231.
  Les actes de pure faculté, ceux de simple tolérance
et les actes de violence ne peuvent fonder ni possession
ni prescription. — C. 3232, 3233.

6494. Prescription de dix et vingt ans. — Celui qui
acquiert de *bonne foi* et par *juste titre* un immeuble,
en prescrit la propriété par dix ans, si le véritable
propriétaire habite dans le ressort de la Cour d'appel
dans l'étendue de laquelle l'immeuble est situé ; et par
vingt ans, s'il est domicilié hors dudit ressort. — C.
2265.
  Après dix ans, l'architecte et les entrepreneurs sont

déchargés de la garantie des gros ouvrages qu'ils ont faits ou dirigés. — C. 2270.

Toute action du mineur contre son tuteur, relativement aux faits de la tutelle, se prescrit par dix ans, à compter de la majorité. — C. 475.

6495. Autres prescriptions. — Les prescriptions ci-dessous courent contre les mineurs et les interdits, sauf leur recours contre leurs tuteurs. — C. 2278.

6496. *Prescription de six mois.* — Elle s'applique à l'action des maîtres et instituteurs de sciences et arts, pour les leçons qu'ils donnent au mois ; à celle des hôteliers et traiteurs, à raison du logement et de la nourriture qu'ils fournissent ; et à celle des ouvriers et gens de travail, pour le paiement de leurs journées, salaires et fournitures. — C. 2271.

6497. *Prescription d'un an.* — Elle s'applique à cinq espèces d'actions : — 1° celles des médecins, chirurgiens, pharmaciens et sages-femmes. pour leurs visites, opérations et médicaments ; — 2° celles des huissiers, pour le salaire de leurs actes ou commissions ; — 3° celles des marchands, pour les fournitures qu'ils font en cette qualité à des individus achetant comme particuliers ; — 4° celles des maîtres de pension ou d'apprentissage, pour le prix de l'apprentissage ou de la pension ; — 5° enfin, celles des domestiques qui se louent à l'année. — C. 2272.

6498. *Prescription de deux ans.* — Elle s'applique à deux espèces d'actions : — 1° celle des avoués pour leurs frais et salaires dans les affaires où ils ont cessé d'occuper, et à compter de la cessation. Si un ou plusieurs jugements, en terminant le litige sur certains points, le laissaient subsister sur quelque autre, c'est seulement à compter du dernier jugement venant terminer ce débat complètement, que la prescription de deux ans courrait, puisque jusque-là l'avoué occupe encore. La règle, au surplus, paraît devoir s'appliquer à toutes avances faites par l'avoué pour la marche judiciaire de l'affaire dont il était chargé comme avoué, et ne laisser place à la prescription ordinaire que quand l'avoué agit pour des affaires étrangères à son ministère. La disposition ne s'applique ni aux avocats, ni aux notaires, ni aux greffiers, ni même aux agréés, la loi n'ayant ici parlé d'aucune de ces professions. — 2° Les actions en remises de pièces confiées à un huissier pour les signifier ou exécuter ; les deux années courent de la date de la signification ou de l'exécution. Si l'huissier n'avait pas agi, on rentrerait dans la prescription de trente ans. Cette dernière serait également seule applicable, s'il s'agissait de la réclamation de sommes reçues par l'huissier pour le client. — C. 2273 et 2276-1. — Marc. 2273, 2276-1.

6499. *Prescription de cinq ans.* — Les arrérages de rentes perpétuelles et viagères, ceux des pensions alimentaires, les loyers des maisons et les prix de ferme des biens ruraux, les intérêts des sommes prêtées, et généralement tout ce qui est payable par année ou à des termes périodiques plus courts, se prescrivent par cinq ans. — C. 2277.

CH. II. — DROIT FISCAL.

SECT. I. — DIVERSES ESPÈCES DE PRESCRIPTION.

6500. Diverses espèces. — En droit fiscal, la prescription a, selon les cas, une durée de trois mois, d'un an, de deux ans, de cinq ans, de dix ans ou de trente ans.

Art. 1. — Prescription de trois mois.

6501. Nomenclature. — La prescription de trois mois s'applique à la constatation par expertise des insuffisances dans les prix de vente des fonds de commerce ou des clientèles. Elle court de l'enregistrement de l'acte ou de la déclaration de la mutation. — 28 fév. 1872, art. 8. — V. *Expertise, Fonds de commerce.*

Art. 2. — Prescription d'un an.

6502. Nomenclature. — La prescription d'un an s'applique à l'action en expertise accordée à l'Administration lorsque le prix énoncé dans un acte translatif de propriété ou d'usufruit de biens immeubles, à titre onéreux, paraît inférieur à leur valeur vénale à l'époque de l'aliénation, par comparaison avec les fonds voisins de même nature. La demande doit être formée dans l'année à compter du jour de l'enregistrement du contrat. — Frim. art. 17. — V. *Expertise.*

Art. 3. — Prescription de deux ans.

6503. Nomenclature. — Il y a prescription après deux ans *à compter du jour de l'enregistrement*, s'il s'agit :

1° D'un droit non perçu sur une disposition particulière dans un acte ; — Frim. art. 61, n. 1.

2° D'un supplément de perception insuffisamment faite ; — id. ibid.

3° D'une fausse évaluation dans une déclaration, pour la constater par voie d'expertise ; — id. ibid. — V. *Expertise.*

4° D'une demande en restitution de droits perçus ; — id. ibid.

5° En matière d'échange d'immeubles contigus, de droits dus par suite d'énonciations inexactes ou d'insuffisance des soultes ou plus-value ; — 27 juill. 1870. art. 4. — V. *Echange.*

6° En matière de droits fixes gradués, des droits simples supplémentaires et du droit en sus dus par suite de dissimulation des sommes ou valeurs ayant servi de base à la perception du droit, lorsque cette dissimulation est établie par des actes ou écrits émanés

des parties ou par des jugements ; — 28 fév. 1872, art. 3. — V. *Droit.*

7° En matière d'expropriation pour cause d'utilité publique, de restitution des droits perçus sur les acquisitions amiables faites antérieurement aux arrêtés du préfet, lorsqu'il est justifié que les immeubles acquis sont compris dans ces arrêtés ; — 3 mai 1841, art. 58. — V. *Expropriation.*

8° En matière de transmission d'offices, de restitution des droits perçus sur le traité ou sur la déclaration, lorsque la transmission n'est suivie d'aucun effet ou que le prix a été réduit ; — 25 juin 1841, art. 14. — V. *Office.*

9° L'action pour faire condamner aux amendes est prescrite après deux ans, *à compter du jour où les contraventions ont été commises*, dans les cas déterminés : — par l'art. 1er de la loi du 16 floréal an 4, concernant le dépôt des répertoires ; — par la loi du 25 vent. an 11, contenant organisation du notariat, — et par l'art. 68 C. comm., pour la publication des contrats de mariage des commerçants. — 16 juin 1824, art. 14. — L'action pour faire condamner à ces amendes n'appartient pas à l'Administration.

10° La prescription de deux ans s'applique aux amendes encourues pour contravention à la loi du 22 frim. an 7, aux lois sur le timbre et à celles sur les ventes de meubles. *Cette prescription court du jour où les receveurs de l'enregistrement ont été mis à portée de constater les contraventions au vu de chaque acte soumis à l'enregistrement, ou du jour de la présentation des répertoires à leur visa.* — Av. d'Et. 18-22 août 1810 ; 4e série, Bull. 310. n. 5883 ; I. 491. — 16 juin 1824, art. 14.

6504. Point de départ de la prescription. — Dans les huit premiers cas ci-dessus, la prescription court du jour de l'enregistrement. Par ce mot enregistrement, il faut entendre, non pas la présentation de l'acte au receveur, mais la formalité *effective* donnée à cet acte. — Cass. 15 juin 1813 ; J. E. 4571 :

« Attendu qu'aux termes des art. 22 et 38 de la loi « du 22 frim. an 7, le double droit est encouru du « jour de l'expiration du délai fixé pour l'enregistre-« ment des actes qui y sont soumis ; — qu'aucune « prescription ne peut courir contre la régie, pour sup-« plément de droits non perçus ou amendes, lors du « premier enregistrement, que du jour où lesdits actes « ont été réellement enregistrés ; — que les lois ne « déterminent aucun mode particulier pour en prouver « la simple présentation à l'enregistrement à l'effet de « faire courir la prescription contre ledit supplément « ou amende ; — d'où il suit qu'il n'y a pas d'autre « preuve pour constater la date de ladite présentation, « que celle qui résulte de l'enregistrement de l'acte « même qui doit être soumis à cette formalité ; — at-« tendu qu'en jugeant le contraire, et en subordonnant « l'exigibilité du double droit, répété par les deman-« deurs contre le sieur Robotti, pour la vente sous « seing privé à lui faite le 9 février 1804, non encore « enregistrée, à raison de son refus de payer le double

« droit à l'époque de sa présentation à l'enregistrement, « et en se fondant, pour le décider ainsi, sur l'avis du « conseil d'Etat du 22 août 1810, qui ne fait courir la « prescription de l'amende pour défaut d'enregistre-« ment des actes qui y sont soumis, que du jour où ils « ont été enregistrés, le tribunal civil d'arrondissement « d'Alexandrie, non-seulement a mal interprété ledit « avis du conseil d'Etat, mais encore a expressément « contrevenu aux art. 22 et 38 ci-dessus rappelés, « ainsi qu'à l'art. 61 de la même loi ; — casse. »

6504-1. *Dies à quo.* — L'expression *à compter du....* est exclusive, c'est-à-dire que le jour à partir duquel la prescription commence à courir ne fait pas partie du délai nécessaire pour prescrire. — Cass. 6 mai 1854 ; I. 2019-9. — Seine, 24 mars 69 ; R. P. 3309.

Ainsi, la demande en restitution d'un droit perçu sur un acte enregistré le 1er janvier 1869 peut être faite le 1er janvier 1871.

§ 1. — *Droit non perçu.*

6505. Définition. — D'après l'art. 11 frim., il est dû un droit particulier pour chaque disposition indépendante d'un acte. Par ces droits *droit non perçu*, il faut donc entendre le droit que le receveur a omis d'exiger à raison d'une disposition indépendante existant dans un acte.

6506. Disposition non explicite. — Il n'est pas nécessaire que la disposition donnant lieu à un droit particulier soit énoncée dans l'acte en termes exprès ; il suffit qu'elle résulte suffisamment de l'ensemble des stipulations insérées au contrat. — Cass. 6 mai 1834.

§ 2. — *Supplément de droit.*

6507. Définition. — Il y a lieu à un *supplément de droit* lorsque le droit dû a été perçu, mais ne l'a été que d'une manière insuffisante.

6508. Point de départ de la prescription. — Le délai court du jour où a été enregistré l'acte donnant lieu au supplément demandé. Ainsi, lorsque l'Administration réclame un supplément de droit sur un acte de partage, on ne peut lui opposer la prescription biennale, un acte enregistré plus de deux ans auparavant, qui aurait fixé les bases du partage, attendu que c'est le partage *seulement* qui a donné ouverture à la perception faite sur laquelle est réclamé le supplément. — Seine, 20 janv. 1847 ; J. E. 14572.

6509. Evénements ultérieurs. — Lorsque la perception n'est que provisoire, par exemple en matière de marchés, ou de jugements prononçant séparation de biens et condamnant à payer les reprises de la femme, la seule prescription applicable est la prescription trentenaire ; il ne s'agit pas ici, en effet, d'une demande en supplément de droits pour insuffisance

de perception ; car la perception a été ce qu'elle devait être, établie sur une évaluation des parties L'Administration peut donc, pendant trente ans, réclamer les suppléments de droits exigibles, au vu des documents qui établissent l'importance réelle et définitive des valeurs servant de base au droit. — Cass. 15 juill. 1851 ; J. N. 14446. — 27 juill. 1853 ; I. 1986-6. — 8 déc. 1856 ; I. 2096-4. — Civ. 4 avril 1864 ; R. P. 1909. — V. *Jugement*, *Marché*.

Pour les mêmes motifs, il faut décider que l'art. 61 frim. n'est pas applicable au supplément de droits exigible sur une vente qu'un acte ultérieur fait reconnaître n'avoir été qu'une donation déguisée. — *Conf.* : Cognac, 3 juill. 1842 ; J. E. 12449. — Saint-Marcellin, 23 août 1849 ; J. E. 14794.

Cet article ne peut être appliqué non plus au droit proportionnel exigible en vertu d'un jugement qui déclare non commerçant un individu qui avait contracté comme commerçant un emprunt sur dépôt d'actions industrielles, et n'avait supporté que le droit fixe. — Lyon, 30 déc. 1850 ; J. E. 15105.

6510. Perception erronée. — Si toutefois la première perception a été *erronée*, le supplément de droit doit être réclamé dans les deux ans, à peine de prescription, car il y a bien là perception insuffisante. — Dél. 13 fév. 1863 ; R. P. 1775.

§ 3. — *Restitution*.

6511. Impossibilité d'agir. — La demande en restitution doit être formée dans les deux ans de l'enregistrement de l'acte, à peine de prescription. Il importe peu que les parties se soient trouvées dans l'impossibilité d'agir, car la loi est formelle, et il est nécessaire d'assurer la stabilité de l'impôt. — V. *Contrat de mariage*, *Expropriation*, *Office*.

6512. Acte annulé. — La demande en restitution des droits perçus régulièrement sur une adjudication volontaire ou judiciaire qui vient à être annulée, est soumise à la prescription biennale, et cette prescription commence à courir, non pas à partir du jugement qui prononce l'annulation, mais à compter du jour de l'enregistrement. — Cass. 31 déc. 1839 ; J. E. 12462 ; I. 1615-7. — Charolles, 4 déc. 1841 ; J. E. 12893. — Cass. 12 fév. 1850 ; I. 1857-13 ; J. E. 14904 ; J. N. 13981. — *Contrà* : Dél. 21 juin 1536 ; R. G. 9962-1. — Aubusson, 31 déc. 1862 ; R. P. 1803.

C'est à partir de l'enregistrement d'une vente depuis annulée par jugement comme déguisant une libéralité, que court la prescription biennale de l'art. 61 de la loi du 22 frim., contre la demande en restitution des droits perçus, et non à partir du jugement qui a prononcé cette nullité. — Cass. 21 juill. 1839.

6513. Expropriation. — La demande en restitution des droits perçus sur l'acquisition à l'amiable de terrains, faite antérieurement à l'arrêté préfectoral qui les déclarés d'utilité publique, doit être faite dans les deux ans à partir du jour de la perception. — Cass. req. 7 déc. 1858 :

« Attendu que le texte de la loi invoqué par la compagnie demanderesse en cassation est clair et précis ; qu'en effet, l'art. 58 de la loi du 3 mai 1841 soumet la restitution des droits perçus, dans les cas qu'elle prévoit, à deux conditions : la première, que les immeubles acquis antérieurement à l'arrêté du préfet soient compris dans cet arrêté ; la deuxième, que la justification en soit faite dans le délai de deux ans à partir de la perception du droit ; — qu'il résulte manifestement de ces termes, d'une part, que la justification dont parle l'art. 58 est à la charge de la partie demanderesse en restitution ; de l'autre, que le délai doit partir, non du jour où a été pris l'arrêté du préfet, mais du jour où les droits d'enregistrement ont été acquittés ;

« Attendu que la disposition de l'art. 58 de la loi du 3 mai est conforme à l'art. 61 de la loi du 22 frim. an VII, qui veut que la prescription pour la répétition des droits perçus dans certains cas exceptionnels coure du jour de l'enregistrement, et à ce principe que la perception des droits au profit de l'État ne peut demeurer en suspens ; que, d'ailleurs, elle est soumise à des lois spéciales qui doivent être rigoureusement appliquées ;

« Attendu qu'il est constant, en fait, que les droits dus pour l'acquisition des hauts-fourneaux d'Ollius par la compagnie du chemin de fer du Grand-Central ont été payés le 9 janv. 1855 ; que la justification exigée par l'art. 58 de la loi du 3 mai pour obtenir la restitution des droits perçus n'a point été faite par la compagnie demanderesse dans le délai de deux ans à partir dudit jour 9 janv. 1855 ; que, dès lors, le jugement, en déclarant l'action de la compagnie prescrite, a fait de la loi une juste application ; — rejette. »

6514. Licitation. — Lorsque le droit a été perçu sur la totalité du prix, dans une adjudication tranchée au profit d'un colicitant, la restitution ne peut avoir lieu si plus de deux ans se sont écoulés depuis l'enregistrement de l'acte. — Seine, 1er déc. 1847 ; J. E. 14390.

6515. Possibilité d'agir. — A plus forte raison, la loi doit-elle être appliquée dans toute sa rigueur si les parties n'ont pas été arrêtées dans leur action par des obstacles réels :

« Attendu que les réserves accordées aux demandeurs par le jugement du 13 août 1831 leur laissaient le moyen de se mettre en règle dans le délai déterminé par la loi, mais ne pouvaient prolonger ce délai, et que la prescription pouvait leur être opposée s'ils ne justifiaient pas de leur demande en restitution par des pièces régulières avant l'expiration dudit délai ; — attendu que le jugement du 5 décembre 1832 déclare que cette justification n'a pas été faite à temps, et décide en conséquence que

82

« la demande est non recevable; — attendu que la
« preuve de l'impossibilité, prétendue par les sieurs
« Fontenellat, d'effectuer leur liquidation dans le ledit
« délai reposait sur des faits et actes dont l'apprécia-
« tion appartenait aux juges, et que c'est d'après cette
« appréciation qu'il est déclaré par ledit jugement
« qu'il y a eu négligence de leur part; qu'ainsi, sous
« aucun rapport, ce jugement ne peut être critiqué;—
« rejette. »

6516. *Succession.* — La prescription est acquise,
si la demande en restitution des droits perçus sur des
immeubles compris par erreur dans une déclaration
de succession, et dont un jugement ultérieur a attribué la propriété à un tiers, est faite, non point dans
les deux ans de la perception, mais seulement dans
les deux ans du jugement. — Cass. civ. 23 janv. 1839;
Sir. 39.1.116; I. 1590-15; J. E. 12226; J. N. 10280.

Si, lorsque des héritiers naturels, après avoir
acquitté les droits de mutation, se voient frustrés de la
succession par un testament dont ils ignoraient l'existence, leur demande en restitution se trouve prescrite
si, depuis la perception, il s'est écoulé plus de deux
ans, et alors même que ces deux ans ne seraient pas
encore accomplis depuis la découverte du testament.
— Cass. 10 juin 1839; J. E. 12318 ; J. N. 10459;
I. 1601-11; Sir. 39.1. 591.

6517. *Éviction.* — Cependant, reconnu que lorsque
la déclaration a été faite par un administrateur judiciairement nommé, au nom de qui de droit, et le droit
payé au taux fixé pour les mutations entre personnes
non parentes, et que la succession est adjugée par un
arrêt définitif à un parent du défunt, il suffit que la
restitution soit demandée dans les deux ans de la
date de l'arrêt. — Cass. 18 juin 1839 ; J. E. 12324.

6518. *Supplément de droit.* — La prescription
biennale pour la demande en restitution d'un supplément de droits indûment perçus ne court pas du jour
de l'enregistrement de l'acte qui y a donné lieu, mais
seulement du jour où ce supplément a été payé; c'est
ce dernier jour qui est réellement *celui de l'enregistrement.* — Dél. 25 mai 1837; J. E. 11786.

6519. *Condition suspensive.* — Quand l'Administration a perçu, lors de l'enregistrement d'une donation
éventuelle, un droit qui n'était point actuellement exigible, qui ne pouvait le devenir que par l'accomplissement d'une condition qui ne s'est pas réalisée, le
délai de l'action en restitution du droit indûment perçu
court à partir de la perception, et non pas seulement
à compter du jour où il est devenu certain que la
condition ne pourra plus se réaliser et que le droit
perçu ne sera jamais exigible. — Cass. civ. 27 déc.
1830; Sir. 31.1. 87; I. 1354-9; J. E. 9886.

6520. *Perception provisoire.* — Lorsqu'une perception n'a pu être faite que d'une manière éventuelle, et dans le cours d'une instance qui mettait

en question le point de savoir quel était le véritable
héritier, la prescription biennale contre la demande
en restitution de ce qui aurait été payé en trop, à
raison du degré de parenté de l'héritier reconnu,
ne court que du jour de l'arrêt qui a définitivement
prononcé entre les colitigants, et non pas du jour de
la perception. « Attendu qu'un administrateur provi-
« soire de la succession Villereau avait été nommé par
« autorité de justice, à raison du litige élevé sur la
« validité du testament du défunt; — que cet adminis-
« trateur, après avoir été dûment autorisé à faire les
« emprunts, déclarations et paiements nécessaires, a
« acquitté les droits de mutation, dans le temps prescrit
« et dans la proportion imposée par la loi pour les
« héritiers ou légataires qui ne sont ni parents ni
« successibles du défunt; — que ce paiement, fait en
« 1832, était essentiellement réductible, puisque la
« liquidation définitive du droit dépendait nécessaire-
« ment de l'événement du procès, qui devait détermi-
« ner quel serait le légitime possesseur de la succes-
« sion; qu'en cet état de choses, la prescription de
« deux ans ne pouvait courir contre la demande en
« réduction du droit et la demande en restitution qui
« en dépendait, puisque le droit de former ces demandes
« n'était point actuellement ouvert et ne pouvait l'être
« par le jugement définitif à intervenir;—que l'arrêt du
« 14 juill. 1835, qui a fixé irrévocablement la qualité
« et les droits des parties, a seul autorisé l'exercice de
« ce droit et de cette action en prononçant l'annula-
« tion du testament fait le 1er déc. 1829 par feu Ville-
« reau;—que ce n'était qu'à partir de ce jour, 14 juill.
« 1835, que la réduction du droit et la restitution de
« l'excédant de perception pouvaient être demandées
« et prononcées; que la demande dont il s'agit a été
« formée le 19 déc. 1836, et par conséquent dans les
« deux ans qui ont suivi le jugement définitif de la
« cause : d'où il suit qu'en jugeant, dans l'espèce,
« qu'il y avait lieu à la réduction du droit perçu et
« à la restitution de l'excédant de perception. le juge-
« ment attaqué n'a violé aucune disposition de la loi;
« — rejette. » — Cass. 18 juin 1839.

6521. *Débet.* — « Dans le cas où l'enregistre-
« ment *fait en débet* contient l'énonciation du mon-
« tant des droits à percevoir, il est évident que le redeva-
« ble connaît l'étendue des prétentions de la régie, et se
« trouve en situation de les discuter et d'en réclamer
« la réduction. Dès lors, il est en état d'agir; — le dé-
« lai de la prescription commence à courir contre lui.
« — Il en est autrement lorsque l'enregistrement en
« débet ne contient pas l'énonciation de la liquidation
« des droits à percevoir, puisqu'au moment de cette
« formalité le redevable n'est point informé du mon-
« tant des sommes réclamées par la régie, et que l'ac-
« tion en réduction ou restitution des droits ne peut
« naître pour le redevable que lorsqu'il connaît la
« valeur de ces droits. Dans cette dernière hypo-
« thèse, l'action en réduction n'est ouverte contre la
« régie, et la prescription de cette action ne commence
« à courir pour elle que du jour où la liquidation des
« droits a été connue du redevable; dans l'espèce, l'en-

« registrement en débet ne contenait pas l'énonciation
« des droits à percevoir; le montant de ces droits devait
« différer, ainsi que la suite l'a prouvé, et qu'il résulte
« du jugement attaqué, selon que l'acte soumis à la
« formalité serait considéré comme une donation
« entre-vifs pure et simple, ou comme une donation
« portant partage d'un père à ses enfants. Le redevable
« ne pouvait, dès lors, connaître le montant des droits
« qu'après la liquidation qui devait en être faite pos-
« térieurement à l'enregistrement en débet. En fait,
« rien n'établit, au procès, la date certaine de cette
« liquidation, et, par conséquent, le point de départ
« de la prescription. La connaissance qu'a eue le rede-
« vable de la quotité des droits réclamés par la régie
« ne résulte, au contraire, d'une manière certaine,
« que du paiement du deuxième à-compte ; par lui
« effectué ; il a exercé son action avant l'expiration
« des deux années, à compter de cette époque ; il l'a
« donc exercée en temps utile, puisqu'on ne saurait
« reporter l'époque où il aurait eu connaissance du
« montant des droits réclamés par la régie, à une date
« antérieure, qu'au moyen de conjectures plus ou
« moins vraisemblables ; et de simples conjectures
« ne suffisent pas, soit pour établir le point de départ
« d'une prescription, soit pour annuler un jugement
« régulier en la forme, et qui ne renferme aucune
« violation expresse de la loi. » — Cass. 2 avril 1836.

§ 4. — Amendes de contravention.

6522. Principe. — La prescription de deux ans
s'applique aux amendes de contravention à la loi du
22 frimaire an 7 et aux amendes de contravention aux
lois sur le timbre et sur les ventes de meubles. Elle
court du jour où les fonctionnaires de l'Administration
sont mis à portée de constater les contraventions au
vu de chaque acte soumis à l'enregistrement ou du
jour de la présentation des répertoires à leur visa.
Dans tous les cas, la prescription pour le recouvrement
des droits simples d'enregistrement et des droits de
timbre dus indépendamment des amendes reste réglée
par les lois existantes. — 16 juin 1824, art. 14.
Donc :

6523. *Amendes et droits en sus.* — Les amendes,
droits et demi-droits en sus se prescrivent par deux
ans, *quel que soit le délai fixé pour la prescription du
droit simple.* — Cass. 26 avril 1836 ; J. E. 11510 ;
J. N. 9245. — 4 janv. 1854 ; Sir. 55. 1. 601. — Civ.
9 déc. 1868 ; I. 2383-5 ; R. P. 2815 ; J. E. 18643.
Le mot *amende* employé par la loi est un mot générique, qui comprend les droits et demi-droits en sus.
— Cass. 5 juin 1837 ; I. 1562-21. — 17 juill. 1838 ; I.
1577-13. — 22 avril 1839 ; I. 1601-7. — 17 fév. 1840 ;
I. 1618-6. — Civ. 3 mars 1851 ; Sir. 51. 1. 266 ; I.
1883-11 ; J. E. 15151. — Avesnes, 3 juill. 1858 ; R. P.
1017. — Cass. civ. 27 déc. 1859 ; R. P. 1271. — Civ.
24 déc. 1860 ; R. P. 1440. — Mirande, 27 déc. 1860 ; R.
P. 1563. — Cass. civ. 9 déc. 1868 ; I. 2383-5.

6524. *Point de départ de la prescription.* — La prescription biennale ne court que du jour où l'agent de
l'Administration a été mis à portée de constater la contravention, *sans recherches ultérieures et indépendantes
de l'acte soumis à l'enregistrement.* — Mêmes autorités.
— Cass. 9 fév. 1842 ; I. 1675-6. — Limoges, 1er juill.
1851 ; J. E. 14458. — Rennes, 4 août 1868 ; R. P.
2878. — Aubusson, 17 mars 1864 ; Le Puy, 17 nov.
1859 ; Pontoise, 22 juin 1871 ; R. P. 1934-4, 1297, 3484.
— L'arrêt du 9 déc. 1868 rappelle les principes en termes clairs et précis ; il est ainsi conçu :
« Vu l'art. 14 de la loi du 16 juin 1824 ; — attendu
« que c'est à titre de peine qu'aux termes de l'art. 39
« de la loi du 22 frim. an 7, le droit en sus est en-
« couru pour omission de biens dans une déclaration
« de succession, d'où il résulte que ce droit est assu-
« jetti à la prescription de deux ans établie par l'art. 14
« de la loi du 16 juin 1824 pour les amendes des con-
« traventions aux dispositions de ladite loi de frim. ;
« — mais, attendu que cette prescription ne court,
« suivant le même article 14 de la loi de 1824, que du
« jour où les préposés ont été mis à portée de constater
« les contraventions au vu de chaque acte soumis à
« l'enregistrement ; qu'on ne saurait, sans méconnaître
« l'esprit comme la lettre de la loi, donner pour point
« de départ à la prescription le jour où les préposés,
« avertis par de simples indices, ont été seulement
« mis à portée de soupçonner la contravention, de la
« rechercher et de la découvrir à l'aide d'autres actes
« et de rapprochements ultérieurs ;
« Attendu, dans l'espèce, qu'il est reconnu par le
« jugement attaqué que les frères Teston ont fait, le
« 14 déc. 1859, au bureau de l'enregistrement du
« Péage, la déclaration de la succession de leur auteur,
« dans laquelle ils n'ont pas compris la créance contre
« le sieur Rivoire ; que, le 24 du même mois, ils ont
« présenté au président du tribunal de Valence une
« requête afin d'être autorisés à assigner ledit Rivoire
« en paiement des sommes dues par lui à la succes-
« sion de leur auteur, requête immédiatement ré-
« pondue d'une ordonnance conforme et suivie d'une
« assignation en date du 29 du même mois ; que les
« causes de la créance étaient clairement énoncées
« dans ces actes, et qu'il était exprimé qu'elle appar-
« nait à leur auteur ; — attendu que de ces faits il
« résulte seulement que la régie a pu être amenée, par
« la présentation des actes dont il s'agit, à rechercher
« si la créance Rivoire avait figuré dans la déclaration
« de succession et à découvrir ainsi la contravention,
« mais qu'il n'en ressort nullement qu'au seul vu des-
« dits actes les préposés aient pu, sans recherches
« ultérieures, constater l'omission qui motive aujour-
« d'hui la réclamation du droit en sus ; — attendu
« qu'en déclarant le contraire et en décidant que la
« régie a encouru la prescription pour avoir laissé
« écouler plus de deux années depuis que les actes
« sus-énoncés lui ont été présentés, le jugement attaqué
« a violé l'art. 14 de la loi du 16 juin 1824 ; — casse. »

6525. *Droit simple.* — Dans tous les cas, la prescription des droits simples reste réglée par les lois

existantes. Ainsi, s'il s'agit d'une omission de biens dans une déclaration de succession, le droit simple se prescrit par cinq ans à partir du jour de la déclaration, et le droit en sus par deux ans à compter du jour où a été enregistré un acte qui a révélé l'omission au receveur. S'il s'agit d'un acte non enregistré, la prescription trentenaire s'appliquera au droit simple, et la prescription biennale au droit en sus. — Cass. req. 7 mai 1833; Sir. 33. 1. 513; I. 1437-11 ; J. E. 10606. — Civ. 9 déc. 1868; I. 2383-5. — Rennes, 4 août 1868; R. P. 2878.

6526. Droit simple prescrit. — Si le droit simple se trouve prescrit avant l'expiration du délai accordé pour poursuivre le recouvrement du droit en sus, ce dernier, en sa qualité de taxe accessoire, suit le sort du droit principal et tombe sous le coup de la prescription :

« Attendu que le droit en sus n'est, comme le mot « l'indique, que la suite et l'accessoire du droit prin- « cipal; qu'il a été prononcé par la loi à titre d'amende « et de peine, contre ceux qui contreviendraient à ses « dispositions; — attendu que, d'après l'art. 39 de la « loi du 22 frim. an 7, le droit et le demi-droit en sus « sont calculés sur le droit principal qui sera dû, qui « se trouvera être dû; qu'il résulte de ces expressions « répétées, comme de l'ensemble des lois précitées, « que, si le droit principal ne se trouve pas dû, le droit « en sus ne saurait l'être; — attendu que l'effet de la « prescription est de faire considérer le droit de mu- « tation prescrit comme s'il avait été régulièrement « acquitté; — attendu que, libérés par la prescription « comme ils l'auraient été par le paiement, les deman- « deurs ne pouvaient être condamnés à payer le droit « ou le demi-droit en sus, c'est-à-dire le droit corré- « latif et supplémentaire, et à subir ainsi une pénalité « pour une contravention qui était légalement pré- « sumée ne pas exister; qu'il était même impossible « de fixer le degré de cette pénalité et le taux de l'a- « mende en l'absence du droit simple qui devait leur « servir de base et de fondement. » — Cass. 4 janv. 1834.

6527. Nature des énonciations. — Si les actes soumis à l'enregistrement mettent seulement le receveur à portée de *soupçonner* la contravention, la prescription ne commence pas à courir. Il faut que la contravention puisse être *constatée* sans que le receveur doive la rechercher à l'aide d'autres actes et par des rapprochements ultérieurs.

Tel est le principe qui résulte de la nombreuse jurisprudence que nous allons analyser.

6528. Affiches. — Des affiches ou publications dans les journaux annonçant une adjudication aux enchères ne peuvent faire courir la prescription biennale pour la demande des droits d'enregistrement, attendu que ces affiches ou publications n'équivalent pas à la présentation d'un acte à la formalité, nécessaire pour faire courir le délai de prescription dans les cas prévus par l'art. 61 frim. et l'avis du conseil d'Etat du 22 août 1810, et que, d'ailleurs, les employés n'étant pas censés avoir connaissance de l'existence des ventes aux enchères faites par actes administratifs, par la seule publicité des affiches et des journaux annonçant ces adjudications, on ne peut arguer de cette publication pour opposer la prescription. — Cass. 23 mai 1832 et 17 avril 1833; I. 1410-1, 1437-1.

6529. Contre-lettre. — La prescription annale déterminée par l'art. 17 frim. ne peut s'appliquer aux contre-lettres. La seule prescription applicable est celle de deux ans, qui ne commence à courir que du jour où les préposés ont été à même de constater la contravention par des actes soumis à l'enregistrement, conformément à l'art. 14 L. 16 juin 1824. — Lyon, 23 juin 1840; J. E. 12546. — Trévoux, 28 juill. 1846; J. E. 14551.

6530. Copie. — La contravention résultant de la signification de copies ayant un nombre de lignes supérieur à celui fixé par l'art. 1er du décret du 29 août 1813, ne se prescrit par deux ans qu'à partir du jour où elle a pu être découverte par le vu des copies, et non du jour où les originaux ont été enregistrés. Ici s'applique l'art. 14 de la loi du 16 juin 1824. Il importe peu que la copie soit déposée dans un greffe où les employés ont un droit d'inspection. — Cass. 11 nov. 1834; R. G. 9941. — 2 janv. 1856; R. P. 739. — V. Yvetot, 18 mars 1873; *Courrier*, 102.

6531. Date certaine. — La prescription des droits auxquels un acte peut donner lieu ne court que du jour où l'Administration a pu en connaître l'existence, lors même que cet acte aurait acquis une date certaine longtemps auparavant. — Cass. 16 nov. 1813.

6532. Inventaire. — La description dans un inventaire d'actes et de titres ne peut servir de point de départ pour le délai de la prescription, lorsque cette description *n'autorise pas l'Administration à réclamer les droits sur l'acte ou le titre décrit*, ou lorsqu'elle ne contient pas les éléments essentiels pour *caractériser* l'acte mentionné. — Seine, 30 mars 1842; J. E. 12964. — Cass. 22 nov. 1842; J. N. 11550. — Saint-Quentin, 7 juin 1848; J. E. 14300. — Seine, 16 mai 1850; J. E. 14966.

6533. Jugement. — En cas de transmission de propriété déclarée par jugement confirmé sur appel, le délai pour la perception du droit de mutation court à partir de l'enregistrement du jugement, et non à partir de l'arrêt, si l'appel ne portait que sur un chef étranger à la transmission. Dès lors, il y a prescription si l'Administration a laissé écouler deux ans à partir de l'enregistrement du jugement sans exiger le droit. — Cass. 6 juin 1827.

6534. Mutation secrète. — La règle générale s'applique aux mutations secrètes dans toute sa force. Dès

lors, les actes soumis à l'enregistrement ne peuvent faire courir la prescription biennale contre le droit en sus qu'autant qu'ils mettent l'Administration à même de constater la mutation, sans recourir à des recherches ultérieures. Tel est le principe affirmé par la nombreuse jurisprudence que nous avons analysée au mot *Mutation* et que nous allons compléter ici par de nouvelles décisions.

6535. *Affectation hypothécaire.* — L'affectation hypothécaire d'un immeuble est de nature à prouver la mutation et à faire, par conséquent, courir la prescription. — Tours, 17 août 1835.

6536. *Bail.* — Lorsque, après avoir acquis seul un immeuble, on en fait bail en commun avec une autre personne, l'enregistrement de ce bail ne fait pas courir la prescription du droit de mutation de la portion censée cédée par la personne qui avait acquis seule. — Cass. 29 juin 1813; J. E. 4701.

La prescription ne court contre les actions ouvertes à l'Administration pour le recouvrement des droits ou amendes ni du jour de l'inscription au rôle, ni du jour de l'enregistrement d'un bail qui n'indiquerait pas l'origine de l'immeuble affermé, ou le désignerait sous un autre nom que celui donné dans la déclaration de partage. — Cass. 6 mars 1834.

Décidé, au contraire, que l'acte par lequel un individu seul et en son nom personnel afferme et hypothèque des immeubles dépendant de la succession de son père, bien qu'il ne soit constaté par aucun acte que ces immeubles lui sont échus en totalité par le partage de cette succession entre lui et ses cohéritiers, ayant été présenté à l'enregistrement, suffit pour autoriser la réclamation pour la cession présumée au bailleur par ses cohéritiers de leurs parts dans lesdits immeubles; que par conséquent cet acte est du nombre de ceux qui, suivant l'avis du conseil d'État du 22 août 1810, mettent l'Administration à portée de découvrir les contraventions à la loi de l'enregistrement, et l'obligent, par suite, à exercer dans les deux ans de la formalité donnée à l'acte, les poursuites pour le recouvrement des droits. — Cass. 15 mars 1825; J. E. 8046; I. 1189-6.

6537. *Conclusions.* — Lorsque l'Administration a été mise à portée, par des conclusions signifiées dans un procès, de découvrir une mutation déguisée, et qu'elle a laissé écouler plus de deux ans depuis cet acte, elle ne peut plus réclamer les droits de mutation dus par l'acte déguisé, et elle doit, par conséquent, restituer ceux qu'elle aurait perçus après ce délai. — Cass. 4 mai 1830.

6538. *Contrat de mariage.* — Il suffit que, dans un contrat de mariage, on se déclare propriétaire d'un immeuble par un acte à titre onéreux, pour autoriser l'Administration à demander la justification de l'enregistrement de cet acte, ou à exiger le droit de mutation.

D'où la conséquence que la prescription peut être opposée à l'Administration si elle laisse écouler deux ans sans réclamer. — Cass. 6 fév. et 14 mars 1826; I. 1189-6.

6539. *Déclaration fausse.* — Si l'énonciation de l'origine des biens est fausse; si spécialement le donateur d'un immeuble déclare l'avoir acquis par tel et tel acte, et que ces actes n'aient point de rapport à cet immeuble, la prescription ne peut courir du jour de l'enregistrement de la donation où se trouve la fausse énonciation. Loin d'être mis à portée de découvrir la contravention, le receveur a été induit en erreur. Il lui a fallu des recherches ultérieures. — Cass. 10 janv. 1821; J. E. 6936.

6540. *Exploit.* — La présentation à la formalité d'un exploit dans lequel deux frères se disent copropriétaires d'un immeuble dont l'un d'eux s'était précédemment rendu seul acquéreur, ne suffit pas pour faire courir la prescription. — Cass. 24 therm. an 13.

6541. *Inscription au rôle et paiement de l'impôt.* — L'inscription au rôle de la contribution foncière, et les paiements faits en conformité de cette inscription, n'étant pas soumis à la formalité de l'enregistrement, ne peuvent servir de point de départ pour la prescription biennale introduite par l'art. 61 frim., qui ne la fait courir qu'à compter du jour de l'enregistrement. — Cass. 30 juin 1813, 20 juill. 1829, 6 mars 1834, 17 juill. 1833, 22 avril 1839, 17 fév. 1840. — Meaux, 3 janvier 1856.

6542. *Origine de propriété.* — En cas de présentation à la formalité d'un acte de vente dans lequel il n'est fait aucune mention du titre en vertu duquel le vendeur est devenu propriétaire, on ne peut dire que cet acte a mis suffisamment l'Administration à portée de connaître cette mutation, et il y a, dès lors, lieu d'annuler le jugement qui, sur ce motif, déclare prescrite son action en paiement du droit simple de mutation contre le vendeur ou ses héritiers. — Cass. 16 juin 1828; R. G. 9955.

6543. *Partage.* — L'acte de partage d'immeubles qui ont été acquis, ou qui appartiennent à un seul des copartageants, ne fait pas courir la prescription de deux ans contre la demande des droits de la mutation secrète. — Cass. 17 août 1813; J. E. 4705. — 9 mai 1814; J. E. 4847.

Lorsqu'un héritier a vendu à son beau-frère partie d'un immeuble dépendant de la succession indivise de sa mère; que, lors du partage, les cohéritiers ont fait entrer en nature l'immeuble vendu, dans la masse des biens, et que cet immeuble, resté indivis après le partage entre l'épouse de l'acquéreur et un autre cohéritier, est dévolu en entier à celui-ci par un nouveau partage, l'action de l'Administration qui fait résulter de ces actes une présomption de mutation et en ré-

clame les droits, est prescrite, si elle n'est intentée dans les deux ans à partir du premier partage. — Cass. 14 août 1826.

Lorsque les héritiers, après avoir déclaré à l'Administration que la succession de leur père était composée de partie d'immeubles dont l'autre partie appartenait à leur mère, ont fait entre eux le partage de la totalité de ces immeubles par acte qui a été enregistré (soit au bureau de la déclaration, soit dans un autre), c'est à partir de cet enregistrement que l'Administration a été mise en demeure de réclamer le droit de mutation relative à la transmission aux enfants de la part de leur mère. — Cass. 28 avril 1830.

6544. *Réalisation en acte public.* — Lorsqu'après l'enregistrement d'un acte de vente, un jugement révèle l'existence d'un acte s. s. p. passé depuis plus de trois mois contenant la même vente pour un prix plus élevé, la prescription pour la demande du droit en sus ne court que du jour du jugement. — Seine, 24 juin 1835.

6545. *Réunion d'usufruit.* — Si l'acquéreur de la nue propriété d'un immeuble n'a payé le droit d'enregistrement que sur le prix de cette nue propriété, la prescription des droits à exiger pour la réunion de l'usufruit à la propriété ne court que du jour de cette réunion. — Sol. 24 déc. 1831.

6546. *Saisie.* — Lorsqu'un particulier a hypothéqué, par acte authentique, un immeuble, et que, par des actes enregistrés, il a obtenu permis de saisir et a saisi le fermier auquel il avait loué cet immeuble, ces actes suffisent pour faire connaître qu'il était propriétaire, et, en conséquence, pour faire courir, à partir du jour de leur enregistrement, la prescription de deux ans contre l'action de l'Administration, pour non-paiement du droit de mutation relatif au même immeuble. — Cass. 7 juill. 1830.

6547. *Société.* — Dans le cas où un immeuble a été acquis par une société avant l'admission d'un sociétaire, si un jugement qui constate cette admission ordonne la dissolution et le partage de la société, c'est alors que l'Administration doit percevoir, à l'égard de ce sociétaire, les droits de mutation, et non au moment du partage. C'est donc à partir du jugement que court la prescription. — Cass. 12 fév. 1834.

6548. *Testament.* — La prescription pour la demande du droit en sus d'un testament non enregistré ne court pas du jour où ce testament a été relaté dans la déclaration de la succession du testateur, attendu qu'aucun *acte* présenté à la formalité n'ayant mis sur la trace du testament, l'art. 14 L. 16 juin 1824 n'est pas applicable. — Mirecourt, 10 nov. 1845 ; J. N. 12547.

La prescription biennale, à l'égard des contraventions relevées dans les testaments, ne court que du jour du décès du testateur. — Limoges, 10 août 1849 ; Rec. Fess. 8472.

6549. *Timbre.* — Les amendes pour contravention aux lois sur le timbre se prescrivent par deux ans à compter du jour où les contraventions ont pu être constatées au vu d'actes enregistrés. — D. F. 4 nov. 1844 ; I. 1721.

Si les contraventions n'ont pu être constatées au vu d'actes soumis à la formalité, la prescription trentenaire est seule applicable. — Sol. 16 juill. 1864 ; R. P. 1957-6.

6550. *Vente.* — Lorsqu'à un acte de vente resté secret on substitue, pour frauder les droits d'enregistrement, un acte de donation des mêmes biens, la prescription biennale des droits de vente ne commence à courir contre l'administration que du jour où elle a été mise à portée de découvrir la fraude, et non pas du jour de l'enregistrement de l'acte de donation. — Cass. 25 nov. 1839.

Art. 4. — Prescription de cinq ans.

6551. **Nomenclature.** — Il y a prescription après cinq ans à compter du jour de l'enregistrement, s'il s'agit d'une omission de biens dans une déclaration faite après décès. — Frim. art. 61, n. 2. — 18 mai 1850, art. 11. — V. *Rente*.

La prescription quinquennale est la seule qui soit applicable aux omissions de biens dans les déclarations de succession. — Mirecourt, 22 fév. 1850 ; J. E. 15168. — Cass. 3 mars 1851 ; I. 1883-11 ; J. E. 15151-4 ; J. N. 14305. — Blois, 24 janv. 1855 ; J. E. 15970.

6552. *Action en revendication.* — C'est la prescription de cinq ans qui serait applicable à l'omission dans une déclaration de succession d'une action en revendication d'immeubles poursuivie par l'auteur de la succession au moment de son décès. — D. F. 28 août 1828 ; J. E. 9112.

6553. *Objets divertis.* — Même décision au sujet de l'omission d'objets divertis par l'un des héritiers. — Cass. 10 juin 1822 ; Pr. chron. 545.

6554. **Supplément de droit.** — Ce n'est qu'au cas d'omission, c'est-à-dire de fraude, que la prescription de cinq ans est applicable. S'agit-il d'un supplément de droit à réclamer, c'est-à-dire d'une insuffisance dans le chiffre de la perception, la prescription est de deux ans. — Seine, 13 avril 1842 ; R. G. 9901.

6555. **Insuffisance.** — De même, on rentre dans la prescription de deux ans, si les parties n'ont commis qu'une *insuffisance d'évaluation*, et non une *omission*.

Ainsi, c'est la prescription de deux ans qui doit être

appliquée lorsque la perception a été établie sur une vente de marchandises d'après une évaluation donnée par les parties, et qu'il est établi plus tard que cette évaluation était au-dessous de la valeur des marchandises qui ont été inventoriées pour un chiffre plus élevé que celui déclaré; on ne peut réclamer un supplément de droit si plus de deux ans se sont écoulés depuis l'enregistrement de la vente. — Dél. 11 juin 1834; J. E. 11009.

Art. 5. — Prescription de dix ans.

6556. Nomenclature. — Il y a prescription après dix ans, à compter du jour du décès, pour les successions non déclarées. — Frim. art. 61, n. 3. — 18 mai 1850, art. 11. — V. Rente.

En matière d'assistance judiciaire, l'action tendant au recouvrement de l'exécutoire délivré à l'Administration de l'enregistrement soit contre l'assisté, soit contre la partie adverse, se prescrit par dix ans. — 22 janv. 1851, art. 25. — V. Assistance judiciaire.

La dissimulation dans le prix d'une vente et dans la soulte d'un échange ou d'un partage peut être établie par la preuve testimoniale pendant dix ans à partir de l'enregistrement de l'acte. — 23 août 1871, art. 12 et 13. — Cette disposition est applicable aux mutations de propriété de fonds de commerce ou de clientèles. — 28 fév. 1872, art. 8. — V. Expertise, Fonds de commerce.

Nous ne nous occupons ici que des successions non déclarées dans le délai fixé par la loi.

6557. Donation éventuelle. — Lorsque, dans un partage anticipé, les donateurs ont réservé au survivant d'eux l'usufruit des biens propres donnés, la prescription pour l'exigibilité du droit de succession après le décès du prémourant des donateurs est de cinq ans, et non de deux ans. — Châlons-sur-Saône, 7 nov. 1848; J. E. 14862.

6558. Biens situés dans plusieurs cantons. — Si les biens dépendant d'une même succession sont situés dans plusieurs arrondissements, une déclaration particulière doit être passée à chaque bureau à raison des biens situés dans son ressort; en sorte que, vis-à-vis de l'Administration, il y a, en quelque sorte, autant de successions que de bureaux dans le ressort desquels les biens se trouvent situés : il résulte de là que si, par exemple, la déclaration faite au bureau du domicile du défunt embrasse les biens qui, à raison de leur situation, ne devaient pas y être compris, il y a par rapport à ces biens, non pas omission, mais bien défaut de déclaration. D'où la conséquence que c'est la prescription de dix ans qui doit être appliquée, et non celle de cinq ans. — Cass. civ. 28 juin 1820; Sir. 21. 1. 21 ; J. E. 6781. — Corbeil, 23 août 1854; J. E. 15907.

6559. Délai irréductible. — Le délai de dix ans accordé à l'Administration pour réclamer les droits des successions non déclarées ne peut subir aucune réduction par suite d'un fait quelconque.

Ainsi, l'avis du conseil d'Etat du 22 août 1810 est sans application en cette matière; les droits de mutation par décès se prescrivent par dix ans, et non par deux ans, à partir du jour de l'enregistrement de l'acte qui a mis le receveur à portée de connaître l'ouverture de la succession. — Cass. civ. 29 mai 1832; Sir. 32. 1. 394; I. 1410-9; J. E. 10370.

Ainsi encore, si le légataire universel n'a point compris dans sa déclaration une créance faisant l'objet d'un legs particulier, il n'y a pas là une omission prescriptible par cinq ans; la seule prescription applicable est celle de dix ans. — Saint-Etienne, 12 nov. 1851; J. N. 14592.

De même, l'époux survivant donataire en usufruit, qui n'a pas déclaré cet usufruit, ne peut se prévaloir de la déclaration des héritiers pour soutenir qu'il a commis une omission prescriptible par cinq années. — Saint-Quentin, 12 août 1863; R. P. 1919-2.

6560. Non-inscription à l'état civil. — Si le décès n'a pas été inscrit sur les registres de l'état civil, la prescription de dix ans ne court que du jour de l'enregistrement de l'acte qui constate l'ouverture de la succession, en vertu de la maxime : contrà non valentem agere non currit prescriptio. — Cass. 5 vent..an 9 ; Cod. M. D. 1616. — Civ. 26 nov. 1810; J. E. 4477. — 3 nov. 1813; J. E. 4708. — 8 mai 1826; I. 1200-13 ; J. E. 8437. — Dél. 15 sept. 1836; J. N. 9584.

6561. Registres d'un hospice. — Quand un individu est décédé dans un hospice, la prescription du droit de mutation court du jour de la date du décès, et non à partir du jour de l'inscription de ce décès sur les registres de l'état civil de la commune où le défunt était domicilié, lorsqu'il est démontré que les registres de l'hospice ont été déposés à la mairie et que l'Administration a pu en prendre connaissance. — Cass. 21 fév. 1809; Sir. 9. 1. 149; J. E. 3203.

6562. Acte de notoriété. — Si, à défaut d'acte de l'état civil, la date du décès est fixée par un acte de notoriété, la prescription du droit de mutation court, non pas à partir de la date de ce décès, mais à compter du jour de l'enregistrement de ce dernier acte qui a déterminé l'époque de l'ouverture de la succession. — Cass. civ. 30 juin 1806; Sir. 6. 1. 336; J. E. 2362. — Civ. 25 janv. 1815; Sir. 15. 1. 261; J. E. 5089.

6563. Procuration. — Toutefois, la procuration dans laquelle la femme du défunt a pris la qualité de veuve, en mentionnant simplement la date du décès de son mari, est insuffisante pour faire courir la prescription. — Cass. 30 déc. 1813; J. E. 4955.

6564. Enquête. — Lorsque l'acte de décès n'a pas été inscrit sur les registres de l'état civil, les tribunaux ne peuvent ordonner une enquête, à l'effet de constater

le jour du décès, et de déterminer le point de départ de la prescription ; tout au plus, la prescription pourrait-elle, dans ce cas, commencer à partir de l'enquête. — Cass. 30 juin 1806 (6582).

6565. *Extrait délivré par le curé.* — L'extrait délivré par le curé de la paroisse et produit pour la première fois devant la Cour de cassation, d'où résulterait la preuve du décès arrivé plus de cinq ans avant la contrainte, ne peut être d'aucune considération lorsqu'il ne paraît pas avoir été tiré d'un registre tenu dans la forme légale, et qu'il est d'ailleurs émané d'un fonctionnaire sans qualité, et le jugement qui, à défaut d'une inscription régulière sur les registres légaux, ordonne aux héritiers de faire preuve que l'Administration a été instruite de ce décès plus de cinq ans avant la contrainte, et qui, à défaut de cette preuve, dont les juges sont les appréciateurs, rejette la prescription invoquée, ne viole aucune loi. — Cass. 3 nov. 1813 ; R. G. 9974.

6566. *Prise de possession.* — Lorsqu'il n'y a pas eu inscription à l'état civil, et que l'Administration n'a pas eu connaissance du décès par une autre voie, la prise de possession fait courir la prescription. — Cass. civ. 8 mai 1809 ; Sir. 10. 1. 153 ; J. E. 3630. — 7 mai 1833. — Tarbes, 1er déc. 1848 ; J. E. 14637.

6567. *Inscription au rôle.* — Si l'Administration est autorisée par la loi à puiser la preuve d'une mutation dans les rôles de la contribution foncière, il n'en résulte pas qu'elle soit obligée, sous peine de déchéance, de prendre communication de ces documents ; ainsi, en matière de droits de mutation par décès, on ne serait point fondé à prétendre que la prescription a commencé à courir à partir de la date de l'inscription du nom des héritiers sur le rôle de contribution foncière, quand il n'existe pas d'acte de décès. — Cass. 7 janv. 1818 ; J. E. 6011.

On doit prendre pour point de départ de la prescription, en l'absence d'un acte de décès, non point l'époque de l'inscription du nom des héritiers sur le rôle de la contribution foncière, mais bien la date de l'enregistrement des contrats qui ont pu informer l'Administration de l'ouverture de la succession. — Cass. civ. 17 fév. 1818 ; Sir. 18. 1. 208.

6568. Biens rentrés dans l'hérédité. — C'est la prescription de dix ans qui seule peut être opposée à la demande que fait l'Administration d'un droit de mutation par décès par suite d'une renonciation à communauté qui a fait rentrer dans la succession du mari l'intégrité de ces biens, et cette prescription ne court que du jour où les droits du Trésor ont pris naissance, c'est-à-dire de la date de la renonciation. — Seine, 7 déc. 1848 ; J. E. 14680.

De même la prescription décennale pour la déclaration d'un objet rentré dans l'hérédité par suite du refus du gouvernement d'autoriser l'établissement public à qui cet objet avait été légué d'accepter le legs,

ne court que du jour du décret qui a refusé l'autorisation. — Gap, 28 nov. 1849 ; J. E. 14898-4.

Des biens, qui n'étaient pas en la possession de l'auteur de la succession, n'ont pas été compris dans la déclaration. Ses héritiers les ont ensuite revendiqués. La demande des droits a été faite dans les trois ans de la déclaration et renouvelée d'année en année. Les héritiers ont été envoyés en possession après plus de cinq ans, mais n'ont pas fait la déclaration dans les six mois à partir de l'arrêt définitif. Ils n'ont pu invoquer la prescription et ont encouru la peine du demi-droit en sus. — Chaumont, 16 mars 1837 ; J. E. 11744.

En cas de rescision d'une vente consentie par le défunt, on ne peut opposer la prescription quinquennale, et le délai pour la déclaration et la prescription ne court que du jour du jugement ou de l'arrêt définitif. — Cass. 30 mars 1813, 15 mars 1814, 20 août 1816, 28 juin 1820 ; J. E. 4540. 5157, 5602, 6781.

Lorsque des légataires ont fait la déclaration, que le testament est annulé et la succession déférée à d'autres, la prescription pour la demande des droits à ceux-ci ne court que du jour du jugement ou de l'arrêt définitif. — Cass. 19 juill. 1815 ; J. E. 5332.

6569. Héritier apparent remplacé. — Quand une succession, pour laquelle les droits ont été acquittés en ligne directe par un héritier apparent, est réclamée plus tard par des héritiers collatéraux, qui obtiennent, au moyen d'une transaction, une partie des biens qui en dépendent, les droits supplémentaires dus par les héritiers collatéraux peuvent être demandés dans le délai de dix ans, à partir de la date de la transaction. — Cass. civ. 5 sept. 1809 ; Sir. 10. 1. 271 ; J. E. 3645.

6570. Nue propriété. — Les héritiers qui recueillent une succession exclusivement composée de la nue propriété de divers immeubles, n'en doivent pas moins acquitter les droits de mutation dans les six mois du décès ; ces droits se prescrivent, en conséquence, par dix ans, à compter du jour de l'ouverture de la succession, et non à partir de l'époque de l'extinction de l'usufruit. — Cass. civ. 31 juill. 1815 ; Sir. 15.1.289 ; J. E. 5251.

6571. Legs successifs. — Lorsque l'usufruit d'un même objet a été légué à plusieurs personnes, qui doivent successivement en profiter, la prescription des droits dus par le second usufruitier, au décès du premier légataire, est de dix ans et ne court qu'à partir de ce décès, et non à compter du jour du décès du testateur. — Cass. req. 30 déc. 1834 ; I. 1481-9 ; J. E. 11105 ; J. N. 11125. — Rennes, 4 août 1868 ; Colmar, 9 juin 1870 ; R. P. 2878, 3251.

6572. Legs de eo quod supererit. — Le legs *de ce qui restera après le décès d'un premier légataire* est affecté d'une condition suspensive qui s'oppose à la perception immédiate du droit de mutation à la mort du testateur ; ce droit n'est exigible et ne peut, par con-

séquent, se prescrire qu'à partir du décès du premier institué. — Cass. req. 1er juill. 1868; R. P. 2738.

6573. Séquestre. — Le délai pour faire la déclaration ne court que du jour de la mise en possession pour la succession d'un condamné, si ses biens sont séquestrés, ou pour la succession séquestrée pour toute autre cause. — Frim. art. 24.

Par conséquent, si, au moment où une succession s'ouvre. les biens qui en dépendent sont placés sous le séquestre, la prescription de dix ans, pour le paiement des droits de mutation par décès, ne commence à courir que du jour où les héritiers ont été mis en possession réelle des biens par la mainlevée du séquestre. — D. F. 28 pluv. an 7; J. E. 117. — Cass. 22 vend. et 3 therm. an 9; J. E. 659. — 6 flor. an 10; J. E. 1131. — 20 prair. an 10; Cod. M. D. 1640. — 2 vent. et 14 germ. an 11; Sir. 3. 2. 288; 3. 2. 305. — 14 août 1811 et 9 nov. 1813; J. E. 1935, 4713.

Si, après la mise en possession, le séquestre est réapposé, la prescription demeure suspendue jusqu'à l'époque du nouvel envoi en possession. — Cass. 7 août 1807.

Si la succession n'est rentrée que par suite du retrait exercé par les héritiers dans la propriété d'un immeuble que le défunt avait vendu sous faculté de rachat, la prescription des droits de mutation par décès commence à courir, non pas à partir du jour du retrait, mais de la date de l'arrêté portant mainlevée définitive du séquestre. — Cass. 18 déc. 1816; Pr. chron. 338.

6574. *Séquestre conventionnel.* — Lorsque la loi excepte du délai fixé le cas du séquestre de la succession d'un condamné ou de celui établi pour toute autre cause, ce ne peut être que dans le même sens d'un séquestre nommé d'autorité, et pour une cause indépendante de la volonté et de l'intérêt privé des particuliers; mais cette exception ne peut s'étendre aux séquestres qui sont établis par la convention ou par la réquisition des parties. à ceux qui gèrent et administrent pour elles, et dans leur intérêt exclusif; autrement il ne tiendrait qu'aux parties de retarder le paiement des droits, en faisant nommer un séquestre; si elles ne peuvent s'accorder sur leurs prétentions, elles doivent se mettre en règle pour acquitter le droit par elles-mêmes ou par celui qui est préposé à la recette des revenus, le Trésor public ne devant pas souffrir des contestations des parties. — Cass. 6 août 1810.

6575. Militaire. — Le délai pour faire la déclaration de la succession d'un militaire mort en activité de service hors de son département ne court que du jour de la mise en possession. — Frim. art. 24.

Dès lors, la prescription de dix ans ne peut courir que de la même époque. — Cass. civ. 19 therm. an 13; Sir. 20. 1. 498. — 22 brum. an 14; J. E. 2164. — 29 avril 1818; I. 1200-14; J. E. 6177.

6576. *Actes constatant le décès.* — Si le décès est connu, soit par son inscription sur les registres de l'état civil, soit par des actes où il est indiqué, le délai court-il à partir de l'inscription du décès ou des actes qui le font connaître, lors même que les héritiers n'ont pas pris possession des biens? Non. L'art. 24 frim. porte positivement que le délai pour la déclaration ne courra que du jour de la mise en possession des héritiers. Mais si des actes ont pu donner la preuve de la prise de possession, le délai court du jour de l'enregistrement de ces actes. — Cass. 23 juin 1806. 20 avril 1807. — 5 nov. 1821; Sir. 22. 1. 220. — 8 mai 1826; I. 1200-13.

Décidé cependant que, si le décès a eu lieu en France et a été inscrit sur les registres de l'état civil d'une commune française, la prescription court à partir du jour du décès : « Vu l'art. 61, n. 3 de la loi du 22 frim. « an 7, ainsi conçu : « Il y a prescription pour la demande des droits, savoir :... 3º Après cinq années à « *compter du jour du décès*, pour les successions non « déclarées;

« Attendu que cette disposition ne fait aucune des « distinctions énumérées en l'art. 24 de ladite loi. sur « les délais accordés aux héritiers pour faire les décla-« rations qu'il met à leur charge, lesquels délais diffè-« rent selon la situation respective du défunt et de ses « héritiers, et sont, notamment pour la succession « d'un militaire mort en activité de service hors de « son département, de six mois, qui ne courent que du « jour de la mise en possession; attendu qu'autre chose « est le délai de quelques mois concédé aux héritiers « pour faire leur déclaration, et le délai de plusieurs « années imposé à l'administration de l'enregistrement « pour exercer, sous peine de prescription, la réclama-« tion des droits; que cette prescription est établie « dans des termes généraux et absolus. et que le point « de départ en est fixé, sans aucune espèce de distinc-« tion. au jour du décès. » — Cass. civ. 21 juill. 1851; I. 1900-3.

6577. Etranger. — Le délai de la prescription ne court, pour un décès arrivé hors de France, que du jour où ce décès a été inscrit sur les registres de l'état civil en France. — Thionville, 25 sept. 1850; J. E. 15238-5.

6578. Colonies. — La prescription court contre l'administration, du jour du décès, à l'égard des droits de mutation dus sur des biens situés sur le continent et dépendants de la succession d'un individu décédé dans une colonie française, et dont le décès a été inscrit sur les registres de l'état civil de la colonie, lors surtout que ces registres sont restés pendant dix ans au dépôt de la marine en France, parce qu'indépendamment des renseignements que l'administration a reçus ou dû recevoir de ses agents dans la colonie, elle a pu prendre connaissance des actes de décès aux archives de la marine. — Cass. 9 juin 1817; J. E. 5849.

La prescription court contre l'administration à l'égard des droits de mutation dus sur la succession d'un individu décédé dans un colonie française, soit à partir du jour où le décès a été inscrit sur les registres de l'état civil

de la colonie, soit à partir de l'époque où les communications ont été rétablies entre la colonie et la métropole, si elles se trouvaient interrompues par la guerre au moment du décès. —Cass. 21 nov. 1822; J. E. 7371.

6579. Testament. — La prescription des droits dus sur des legs faits par un testament ne court qu'à partir du jour où le testament a été enregistré. — D. F. 11 oct. 1808. — I. 1200-14.

6580. Déshérence. — Lorsque la succession a été appréhendée par l'État à titre de déshérence et est ensuite rendue aux héritiers, la prescription ne court que du jour de leur mise en possession.—D. F. 8 frim. an 9; J. E. 673.

Art. 6. — Prescription de trente ans.

6581. Nomenclature. — Toutes les actions, tant réelles que personnelles, sont prescrites par trente ans, sans que celui qui allègue cette prescription soit obligé d'en rapporter un titre, ou qu'on puisse lui opposer l'exception déduite de la mauvaise foi. — C. 2262.

Dans tous les cas, la prescription pour le recouvrement des droits simples d'enregistrement et des droits de timbre dus indépendamment des amendes, reste réglée par les lois existantes. 16 juin 1824, art. 14.

Les droits de mutation par décès des inscriptions de rente sur l'État, et les peines encourues en cas de retard ou d'omission de ces valeurs dans la déclaration des héritiers, légataires ou donataires, ne sont soumis qu'à la prescription de trente ans. — 8 juill. 1852, art. 26. — V. *Rente.*

La dissimulation dans le prix d'une vente et dans la soulte d'un échange ou d'un partage peut être établie par tous les genres de preuves admises par le droit commun. Toutefois, l'administration ne peut déférer le serment décisoire et elle ne peut user de la preuve testimoniale que pendant dix ans. Ces dispositions sont applicables aux mutations de propriété de fonds de commerce ou de clientèles. — 23 août 1871, art. 13. — 28 fév. 1872, art. 8. — V. *Expertise, Fonds de commerce.*

Ainsi, la prescription trentenaire, *quant au droit simple*, est seule applicable dans les cas suivants :

6582. *Acte non enregistré.* — La prescription trentenaire est la seule applicable à un acte notarié non enregistré et non porté sur le répertoire et dont l'expédition porte une fausse mention du paiement des droits. — Aurillac, 24 juill. 1841 ; J. N. 11172; J. E. 12864.

Lorsqu'il s'agit d'un acte non enregistré, le droit simple ne se prescrit que par trente ans, bien que cet acte ait été produit en justice et analysé dans un jugement.—Cass. civ. 27 déc. 1859; Sir. 60.1. 285; I.2174-2; J. E. 17062.

6583. *Acte produit en cours d'instance.* — La même prescription s'applique aux actes sous seings privés non enregistrés produits au cours d'instance. — Cass. 16 janv. 1855 ; I. 2033-1. — Seine. 17 fév. 1856 ; R. G. 9914 *bis.* — 1er fév. 1863 ; R. P. 2683.

6584. *Condition.* — Les droits simples dus sur les mutations réalisées par l'accomplissement d'une condition suspensive ne se prescrivent que par trente ans. — Cass. civ. 15 mai 1866; Sir 66. 1. 339; I. 2349-3; J. E. 18198.

Il en est ainsi notamment pour les cessions conditionnelles dans les actes de société ; — Seine, 6 juill. 1867; R. P. 2629.—Chartres, 30 juill. 1869 ; R. P. 3137. — Cass. 27 juill. 1870; R. P. 3186. — St-Marcellin, 4 mai 1872; R. P. 3457.

Ou pour les acquisitions ordinaires faites avec clause de réversion. — Cass. 14 déc. 1870 ; R. P. 3217.

L'arrêt du 27 juillet 1870 porte :

« Attendu que la réclamation de la régie avait pour « objet la perception d'un droit proportionnel d'enre- « gistrement, qu'elle prétendait dû sur une cession de « la part d'intérêt d'un associé prédécédé, au profit de « trois associés survivants, mais que cette cession, « était subordonnée par l'acte de société en date du « 7 avril 1856 à un fait futur éventuel, celui du décès « de l'associé, n'avait pu donner ouverture, au mo- « ment de la présentation de l'acte à l'enregistrement, « ni à la liquidation actuelle et définitive, ni au paie- « ment immédiat du droit proportionnel, et n'avait « alors comporté qu'un enregistrement au droit fixe, « puisque l'exigibilité du droit proportionnel dépen- « dait, comme l'effet de la cession elle-même, de la « réalisation de l'événement prévu ; — attendu, dès « lors, que la prescription de deux ans, applicable « exclusivement, d'après l'art. 61 de la loi du 22 frim. « an 7, soit à un droit que la régie aurait omis de per- « cevoir sur une disposition particulière dans un acte « présenté à la formalité de l'enregistrement, soit à un « supplément de perception insuffisamment faite lors « de l'accomplissement de cette formalité, était étran- « gère au droit de mutation auquel était relative l'action « de la régie ; — attendu que cette action était pres- « criptible par trente ans seulement, comme rentrant « dans l'art. 2262 C. civ. alors que les actes enregis- « trés postérieurement à la réalisation de la condition « suspensive et qui, selon les demandeurs en cassation, « auraient par cet enregistrement fait courir contre la « régie la prescription de deux ans, n'avaient pas eu « pour effet, à raison de leurs dispositions, de dispenser « ses agents de toutes recherches ultérieures, pour les « mettre à même d'exercer l'action en recouvrement « du droit dont il s'agissait ; — attendu qu'en refusant « de déclarer cette action éteinte par la prescription « biennale, le jugement attaqué a sainement appliqué « l'art. 61, no 1er, de la loi du 22 frim. an VII, et l'art. « 2262 C. civ. — rejette. »

6585. *Crédit.* — La prescription trentenaire est seule applicable aux droits de réalisation de crédit. —

Soissons, 13 janv. 1847; J. E. 14210-2. — Toulouse, 4 avril 1851 ; J. E. 15216-3. — Cass. civ. 15 juill. 1851 ; Sir. 51. 1. 765; I. 1900-9; J. E. 15247. — Seine, 10 mars 1853; J. E. 15610. — Lure, 6 mars 1856; Saint-Gaudens. 9 mai 1859; Seine, 1er juin 1861, 29 janv. 1864 et 5 mai 1866; Limoges, 7 août 1869 ; R. P. 760, 1176, 1321, 1930, 2354, 3136

6586. *Constatation par acte enregistré.* — Mais si la réalisation du crédit est constatée par un acte soumis à l'enregistrement, alors la constatation de cette réalisation doit être considérée comme une disposition indépendante, soumise à la perception immédiate du droit d'obligation; l'action de l'administration pour le recouvrement de ce droit est, par conséquent, régie par la prescription biennale établie pour les droits non perçus sur une disposition particulière. — Cass. civ. 18 fév. 1857; I. 2096-11; J. E. 16497; R. P. 817. — Arras, 5 avril 1859; R. P. 1175. — Seine, 15 juin 1861; R. P. 1311. — Sol. 3 avril 1865; Seine, 24 mars 1866; Guéret, 30 août 1871 ; R. P. 2245, 2159, 3490.

6587. *Pays étranger.* — Les droits simples d'enregistrement des mutations entre-vifs d'immeubles constatées par des actes passés en pays étrangers et mentionnées dans des actes publics faits en France, ne sont point soumis à la prescription de deux ans; ils ne se prescrivent que par trente ans. — Cass. 18 août 1852; J. N. 14767; I. 1946-3.

6588. *Jugement.* — La prescription de trente ans est seule applicable aux droits exigibles sur un jugement non présenté à la formalité. — Cass. civ. 10 août 1807; Sir. 7. 2. 263. — Civ. 20 janv. 1808; Sir. 8. 1. 444. — 25 avril 1808; J. E. 2912.

6589. *Extrait remis au receveur.* — Le droit simple exigible sur un jugement prononçant la résolution d'une vente ne se prescrit que par trente ans, bien qu'un extrait de ce jugement ait été remis au receveur, dans le délai fixé par l'art. 37 frim.; on ne peut opposer, dans ce cas, aucune des prescriptions spéciales énumérées dans l'art. 61 de la même loi. — Cass. civ. 14 mai 1816; Sir. 16. 1. 337; J. E. 5503.

6590. *Marché.* — L'administration a trente ans pour réclamer le supplément de droit exigible sur un marché, pour lequel son fait, lors de l'enregistrement, une déclaration estimative qui est inférieure au prix définitif, révélé depuis l'exécution de la convention.—Cass. req. 27 juill. 1853; Sir. 53. 1. 772; I. 1986-6; R. P. 33. — Req. 8 déc. 1856; Sir. 57. 1. 366; I. 2096-4; J. E. 16467·—Civ. 4 avril 1864 ; Sir. 64. 1. 189; I. 2288-3; J. E. 17816. — Cass. 18 juill. 1870; R. P. 3180. — Saint-Quentin, 26 juill. 1851. — Rouen, 25 mai 1855; Seine, 16 avril 1856; Toulouse, 6 août 1863; Seine, 28 août 1863; R. P. 549, 675, 1858, 1866.

6591. *Mutation secrète.*— La prescription trentenaire

est seule applicable au *droit simple.* L'art. 61 , n° 1, ne peut recevoir son application que lorsqu'il y a eu, soit omission ou insuffisance de perception sur un acte soumis à l'enregistrement, soit fausse évaluation dans une déclaration : cet article ne s'occupe nullement du cas où il s'agit d'un acte non enregistré, ou d'une mutation dont les droits n'ont pas été acquittés; il ne règle donc pas la durée de l'action de l'administration pour le recouvrement du droit simple exigible sur cet acte ou sur cette mutation. Dans le silence des lois spéciales, la seule prescription admissible est celle qui est fixée pour toutes les actions par l'art. 2262 du Code civil, c'est-à-dire la prescription trentenaire. — Cass. 24 therm.an 13 ; Cod. M. D. 1549.— Civ. 18 mars 1806; Sir. 6.2.569; J. E. 2321. — 12 mai 1806; Cod. M. D. 1538. — 22 déc. 1806 ; Cod. M. D. 1549. — 26 août 1807; Sir. 7.2.938; J. E. 2949. — Civ. autre arrêt du même jour; Sir. 8.1.394. — 31 août 1808; Cod. M. D. 1538. — 16 oct. et 6 nov. 1810; Cod. M. D. 1549. — 16 août 1819; Pr. chron. 434. — 5 janv. 1825 ; I. 1180-6. — 8 mai 1826; Cod. M. D. 1549. — 20 juill. 1829; I. 1303-10. — Civ. 5 juin 1837; Sir. 38.1.65 ; I. 1562-21 ; J. E. 11807. — Civ. 17 juill. 1838; Sir. 38.1.714 ; I. 1577-13; J. E. 12094. — Civ. 22 avril 1839; I. 1601-7 ; J. E. 12297. — Civ. 22 août 1839; Sir. 39.1.368. — 13 mai 1840; J. E. 12523. — 17 fév. 1840; Sir. 40.1. 265; I. 1618-6; J. E. 12477. — 9 fév. 1842 ; I. 1675-6 ; J. E. 12936. — 31 juill. 1849; Sir. 49.1.714; I. 1844-10; I. E. 14789. — Civ. 3 mars 1851; Sir. 51.1.266 ; I. 1883-11; J. E. 15151. — Civ. 26 avril 1853; Sir. 53.1. 378 ; I. 1982-5 ; J. E. 15651. — Civ. 24 janv. 1854; Sir. 55.1.58; I. 2010-10; J. E. 15797.— Req. 29 déc. 1857; R.P. 982.— Civ. 1er fév. 1859; Sir. 59.1.928; I.2160-3; J. E. 16888; R. P. 1137.

6592. *Testament.* — Les droits d'un testament non enregistré ne se prescrivent que par trente ans :
« Attendu qu'il est de principe général que les ac-
« tions ne sont éteintes que par la prescription de
« trente ans ; que les prescriptions d'une moindre
« durée sont des exceptions, que l'on ne peut invo-
« quer qu'autant qu'elles sont établies par un texte
« précis de la loi ; que l'art. 61 de la loi du 22 frim. an
« 7, qui a établi des prescriptions de deux, trois et
« cinq ans, ne s'applique qu'aux cas où il s'agit d'un
« droit non perçu sur une disposition particulière
« d'un acte présenté à l'enregistrement, d'un supplé-
« ment de perception insuffisamment faite, d'une fausse
« évaluation ou omission de biens dans une déclara-
« tion de la restitution d'un droit perçu, ou enfin
« d'une succession non déclarée ; et que cet article ne
« parle pas des poursuites relatives à la perception des
« droits sur les testaments. » — Cass. 13 oct. 1806; J. E. 2573.

6593. *Timbre.* — Les droits de timbre se prescrivent par trente ans. — D. F. 27 juin 1825, 12 sept. 1825, 7 mars 1826, 4 nov. 1844; I. 1180-10, 1189-10, 1721.

6594. *Point de départ.* — La prescription de trente

ans commence au moment où le fait a eu lieu, où est né le droit de l'administration. On n'a pas à s'inquiéter de l'époque où l'administration a été mise à même de faire les constatations nécessaires. — Ce principe est établi par une jurisprudence unanime que nous allons faire connaître.

6595. *Actes sous seings privés.* — La date d'un acte sous seings privés n'est opposable à l'administration que quand elle est devenue certaine suivant l'un des modes déterminés par l'art. 1328 du Code civil ; ainsi, les droits d'une vente sous seings privés remontant à plus de trente ans, lorsqu'elle a été mentionnée dans l'inventaire qui en a révélé l'existence, ne sont pas atteints par la prescription, si elle n'avait pas depuis plus de trente ans une date certaine. — Cass. civ. 17 mai 1808; Sir. 10. 1. 284. — Civ. 17 août 1831; Sir. 31. 1. 312; I. 1388-1; J. E. 10083. — Civ. 23 mai 1832; S. 32. 1. 673; I. 1410-3; J. E. 10359. — Riom, 23 avril 1869; R. P. 3273.

6596. *Crédit.* — La prescription des droits dus sur la réalisation d'un crédit ne court pas du jour où a été enregistré l'acte qui révèle cette réalisation. — Seine, 3 janv. 1844; J. E. 13424. — Toulouse, 17 janv. 1845 ; J. E. 13678-3. — Seine, 13 déc. 1849; J. E. 14871-2. — Lyon, 31 déc. 1850 ; J. E. 15175. — Lisieux, 7 mai 1852.

6597. *Etranger.* — L'acte authentique passé à l'étranger, ne valant en France que comme acte sous seings privés, ne peut être opposé pour établir la prescription du droit en sus pour une mutation postérieurement réalisée en France, si cet acte n'a pas acquis date certaine en France. — Hazebrouck, 25 janv. 1845; J. E. 13708.

6598. *Mutation secrète.* — En cette matière, la prescription du droit simple commence à courir du jour où l'administration aurait pu, en consultant les rôles de la contribution foncière, découvrir la mutation soustraite à l'impôt. — Cass. civ. 24 juill. 1833; Sir. 33. 1. 534; J. N. 8238; I. 1446-7; J. E. 10699. — Civ. 21 fév. 1855; Sir. 55. 1. 214; J. E. 16013. — Civ. 7 mai 1856; Sir. 56. 1. 731; J. E. 16305.

V. encore : Marseille, 15 déc. 1843 ; J. E. 13653. — Lourdes, 24 mai 1850; J. E. 15216-1. — Gex, 14 août 1850 ; J. E. 15020. — Civray, 26 juin 1851; J. E. 15229. — Péronne, 16 mai 1851; J. E. 15269. — Arcis-sur-Aube. 13 nov. 1856; R. P. 833. — Alais, 19 août 1857; R. P. 895. — Seine, 30 avril 1840; J. E. 12522. — Embrun, 21 nov. 1843; J. E. 13383. — Seine, 22 janv. 1845; J. E. 13684. — Libourne, 18 juill. 1848; J. E. 14532. — Saint-Yrieix, 25 avril 1855; Le Puy, 26 juill. 1855; R. P. 449, 470.

6599. Amendes. — La prescription de deux ans n'est applicable aux amendes et droits en sus que si des actes soumis à l'enregistrement mettent l'adminis-

tration à portée d'en constater l'exigibilité. — 16 juin 1824, art. 14.

Il faut conclure des termes mêmes de la loi que, si cette condition n'est pas réalisée, la prescription trentenaire est seule applicable.

SECT. II. — INTERRUPTION DE LA PRESCRIPTION.

6600. Règle. — Les prescriptions sont suspendues par des demandes signifiées et enregistrées avant l'expiration des délais. — Frim. art. 61.

6601. Demande. — La prescription est interrompue par *toute demande en justice* ; il n'importe que ce soit une assignation. — Dél. 14 avril 1819. — Cass. civ. 20 mars 1839 ; Sir 39. 1. 346; I. 1590-8 ; J. E. 12283. — Charleville, 12 mai 1842 ; Seine, 6 févr. 1855 ; R. P. 13002, 16227. — Une sommation suffit si elle est suivie dans l'année d'un ajournement. — Angers, 16 janv. 1869; R. P. 3054.

6602. *Demande administrative.* — Mais une demande administrative n'interrompt pas la prescription; il faut une demande en justice (C. 2244, 2247). — D. F. 12 fév. 1811 ; I. 509. — 3 nov. 1836; I. 1524. — Dijon, 13 mars 1837; J. E. 11780. — Seine, 21 avril 1841; J. E. 12749. — Strasbourg, 23 mai 1843 ; J. E. 14505. — Bellac, 11 août 1849 ; J. E. 14798-3. — Seine et Saint-Amand, 6 et 8 déc. 1849; J. E. 14871-9-10. — Orléans, 12 août 1851 ; J. E. 15263-4.

6603. *Nullité.* — L'interruption de la prescription est regardée comme non avenue si l'assignation est nulle par défaut de forme. — C. 2247. — Cette règle est applicable sans difficulté en matière d'enregistrement. — Sol. 13 fév. 1844 ; J. N. 11548.

6604. Enregistrement. — Il ne suffit pas que la demande soit *signifiée*, il faut de plus qu'elle soit *enregistrée* avant l'expiration du délai. — Cass. 11 oct. 1814 ; J. E. 5044. — Cass. civ. 2 juill. 1849 ; Sir. 49.1.765 ; I. 1844-15 ; J. E. 14762. — Civ. 12 fév. 1850 ; Sir. 50.1.396 ; I. 1857-13 ; J. E. 14904. — Cass. civ. 5 fév. 1867 et Req. 25 fév. 1867 ; Sir. 67.1. 183; I. 2357-8 ; R. P. 2441 et 2443 ; J. E. 18427.

L'arrêt du 5 février 1867 est ainsi conçu :

« Vu les art. 61 de la loi du 22 frim. an 7 et 58 de « la loi du 3 mai 1841 ; — attendu que la première « de ces dispositions déclare d'une manière absolue « non recevable *toute demande en restitution des droits* « *perçus*, si elle n'a été *signifiée et enregistrée* avant « l'expiration du délai de deux ans à partir du jour de « la perception ; qu'en fixant ainsi le point de départ « du délai et le seul mode susceptible d'interrompre « la prescription, la loi établit, en matière d'enregistre- « ment, une règle dont l'application s'étend, par la « généralité même de ses termes, à tous les cas où il « peut y avoir lieu, de la part de l'administration de

« l'enregistrement, à restituer les droits par elle per-
« çus, soit qu'il s'agisse d'une perception irrégulière,
« soit qu'il s'agisse d'une perception régulière, mais
« au sujet de laquelle, par exception au principe for-
« mulé en l'art. 60 de la loi de l'an 7, une disposition
« spéciale, en vue et sous la condition d'un événement
« ultérieur, autorise la restitution dans le délai ordi-
« naire de deux ans ; que telle est l'hypothèse prévue
« par l'art. 58 de la loi du 3 mai 1841, qui, ne déro-
« geant pas à la règle de l'art. 61 de la loi du 22 frim.
« an 7 sur le point de départ du délai, n'y déroge pas
« davantage sur le mode interruptif de la prescription,
« et s'y réfère nécessairement par cela seul qu'il n'y
« déroge pas ;
« D'où il suit qu'en décidant le contraire et en con-
« damnant l'administration de l'enregistrement à res-
« tituer le montant des droits perçus dans l'espèce,
« nonobstant le défaut d'enregistrement de la de-
« mande avant l'expiration du délai de deux ans à
« partir du jour de la perception, le jugement attaqué
« a violé les dispositions ci-dessus visées ; — casse. »

6605. *Jour férié.* — Si le dernier jour du délai est
un jour férié, il n'y a pas prorogation au lendemain :
« Vu l'art. 61 de la loi du 22 frimaire an 7 ;
« Attendu qu'il résulte des termes de cet article,
« d'une part, que toute demande en restitution de
« droits est sujette à une prescription de deux ans qui
« n'est suspendue qu'autant que la demande est signi-
« fiée et aussi enregistrée avant l'expiration du délai,
« et, d'une autre part, que ce délai n'est pas franc en
« ce que le jour de l'échéance est compris comme le
« dernier dans lequel doivent et peuvent s'accomplir
« les actes ou les faits suspensifs de la prescription ;
« Attendu, dans l'espèce, que le droit litigieux a été
« perçu le 8 mai 1868 ; qu'ainsi le délai de deux ans
« expirait le 8 mai 1870, dernier jour où la demande
« en restitution de Tenré aurait dû être non-seulement
« signifiée, mais encore enregistrée ; que néanmoins
« l'assignation, datée du 7 mai 1870, n'a été enregistrée
« que le 9 mai, après l'expiration du délai de deux ans ;
« qu'elle manquait donc de l'une des conditions aux-
« quelles l'art. 61 sus-visé subordonne l'effet suspensif
« de la demande ;
« Qu'à la vérité, le dernier jour du délai était un
« jour férié ; mais qu'à la différence de l'art. 25 relatif
« aux délais pour l'enregistrement des actes et déclara-
« tions, l'art. 61 de la loi de frimaire n'a pas prévu ce
« cas en ce qui concerne les délais de la prescription,
« et qu'en l'absence d'une disposition dans la loi spé-
« ciale, cette circonstance ne pourrait pas avoir pour
« effet de proroger le délai au lendemain ;
« Que vainement le jugement attaqué se fonde, pour
« décider le contraire, sur la disposition finale de
« l'art. 1033 du Code de procédure, modifié par la loi
« du 3 mai 1862 ; que cet article fait partie d'une loi
« générale qui, en principe, ne déroge pas aux lois
« particulières réglant des matières spéciales, et qu'in-
« troduit dans le Code de procédure en vue des ajour-
« nements, citations, sommations et autres actes faits
« à personne ou à domicile, et comme conséquence

« naturelle de l'abréviation des délais édictés par la
« loi de 1862 en matière civile et commerciale, il reste
« complétement étranger aux matières d'enregistre-
« ment, et tout particulièrement aux règles qui fixent,
« en cette matière, les délais et les conditions de la
« prescription ;
« D'où il suit qu'en décidant le contraire et en reje-
« tant en conséquence la fin de non-recevoir opposée
« par l'administration de l'enregistrement à la de-
« mande en restitution formée par le sieur Tenré, le
« jugement attaqué a fait une fausse application de
« l'art. 1033 du Code de procédure, et a expressément
« violé l'art. 61 de la loi du 22 frimaire an 7 ; — casse. »
— Cass. civ. 20 mai 1873.

SECT. III. — PÉREMPTION D'INSTANCE.

6606. Règle. — Les prescriptions *ci-dessus* sont
suspendues par des demandes signifiées et enregistrées
avant l'expiration des délais ; mais elles sont acquises
irrévocablement si les poursuites commencées sont
interrompues pendant une année, sans qu'il y ait d'instance devant les juges compétents, quand même le
premier délai pour la prescription ne serait pas expiré.
— Frim. art. 61.
Ainsi, lorsqu'une partie, après avoir formé une demande en restitution par acte extrajudiciaire, laisse
écouler plus d'une année sans engager l'instance, la
prescription est acquise, encore bien que deux années
ne se soient pas écoulées depuis la date de l'enregistrement de l'acte dont la perception est critiquée. —
Le Hâvre, 13 déc. 1849 ; Rec. Fess. 8118.
La péremption d'une année établie par l'art. 61 frim.
doit être appliquée nonobstant la disposition de l'art.
397 C. P., qui porte à trois ans le délai de la péremption. — Cass. 14 janv. 1836 ; J. E. 11407.

6607. A quelles prescriptions la péremption s'applique.
— La péremption d'un an établie par l'art. 61 frim.
s'applique aux prescriptions *ci-dessus*, c'est-à-dire à
celles visées dans cet article.
Elle s'applique également à la prescription de deux
ans établie par l'art. 14 L. 16 juin 1824 qui se réfère
à l'art. 61 frim. — Dél. 24 août 1850 ; J. E. 15006.
Mais elle ne s'applique pas à la prescription trentenaire, qui n'a pas été prévue par l'art. 61 frim. On re-
tombe ici dans le droit commun. — Dél. 22 sept. 1835 ;
J. E. 11366-1.

6608. Instance engagée. — La péremption introduite par l'art. 61 frim. ne trouve d'application que
quand la poursuite de l'administration ou de la partie
n'est pas suivie d'une instance devant le juge compétent : dès lors, une fois l'instance liée, le droit commun reprend toute sa force. En sorte que la cessation
des procédures pendant trois ans fait naître une nouvelle péremption déterminée par le Code de procédure civile. — C. P. 397. — Ch. Rig. 4021. — Dall.
R. 5465. — Cass. belge, 20 juill. 1821 ; R. G. 9877-1.

— Cass. civ. 22 germ. an 11 ; Sir. 3. 2. 306. — 19 juin 1809 ; I. 1537-43. — Civ. 27 juill. 1813 ; Sir. 15. 1. 343 ; J. E. 4631. — civ. 18 avril 1821 ; Sir. 22. 1. 31 ; I. 1537-70 ; J. E. 6998. — Civ. 6 mai 1844 ; Sir. 44. 1. 429 ; I. 1723-8 ; J. E. 13517. — Voici ce dernier arrêt :

« Vu l'art. 61 de la loi du 22 frim. an 7, et l'art. 399 « du Code de procédure civile ;

« Attendu qu'aux termes de l'art. 61 de la loi du « 22 frim. an 7, les prescriptions établies par cet arti- « cle sont suspendues par les demandes signifiées et « enregistrées avant l'expiration des délais, mais qu'el- « les sont acquises irrévocablement si les poursuites « commencées sont interrompues pendant une année « sans qu'il y ait d'instance devant les juges compé- « tents ;

« Attendu, dès lors, que toutes les fois qu'il y a eu « instance portée devant les juges compétents la pres- « cription se trouve suspendue;

« Attendu qu'une assignation en restitution des « droits perçus donnée devant le tribunal civil de l'ar- « rondissement constitue évidemment une instance « devant les juges compétents ; que l'assignation est « l'exploit introductif de l'instance, et que celle-ci doit « être considérée comme existante dès que l'assigna- « tion a été donnée; qu'en effet, par l'assignation le « tribunal est saisi de la demande, et qu'à défaut par « le demandeur d'y donner suite, la partie assignée « est en mesure de faire les diligences nécessaires pour « qu'il soit statué ;

« Attendu, en fait, que, par un exploit en date du « 5 fév. 1830 et avant que la prescription pût leur être « opposée, les sieurs Duplessis et Bardet avaient assi- « gné l'administration de l'enregistrement devant le « tribunal civil de la Seine, en restitution d'une partie « des droits qu'ils prétendaient avoir été indûment « perçus ; qu'à la vérité ils n'ont donné aucune suite à « cette assignation, mais que le 9 sept. 1840 Bardet a « assigné l'administration en reprise de l'instance in- « troduite par l'exploit du 5 février 1830 ;

« Attendu qu'à l'époque de cette seconde assignation « l'administration de l'enregistrement n'avait pas de- « mandé la péremption de l'instance introduite par le « premier exploit ; d'où il suit que l'instance a été « valablement reprise par la seconde assignation ; ·

« Attendu qu'en décidant, dans cet état de la cause, « que l'action de Bardet était éteinte par la prescrip- « tion, le tribunal de la Seine a faussement appliqué « l'art. 61 de la loi du 22 frim. an 7, et violé la dispo- « sition de cet article, ainsi que celle de l'art. 399 du « Code de procédure civile ; — casse. »

6609. Instance non engagée. — S'il n'y a pas d'ins- tance engagée dans l'année qui suit l'acte interrup- tif de la prescription, la prescription est acquise irrévocablement. — Cass. 5 déc. 1821 ; Cont. 492 ; Pr. chron. 506. — 1er avril 1834 ; I. 1467-13 ; J. E. 10916 ; Sir. 34. 1. 248. — Ce dernier arrêt porte :

« Considérant qu'aux termes de l'art. 61 de la loi « du 22 frim. an 7, il faut, pour que la prescription « des droits d'enregistrement soit irrévocablement « acquise, que deux circonstances se trouvent réunies :

« la première, que les poursuites commencées aient « été interrompues pendant une année ; la deuxième, « que, pendant cette année, il n'y ait pas eu, au « défaut de continuation de poursuites commencées « par la contrainte , une instance engagée devant « les juges compétents ; — considérant , en fait , « que la première de ces deux circonstances ne se « rencontrait pas dans l'espèce, puisque avant l'expi- « ration de l'année commencée , par la contrainte « décernée le 30 août 1825, la régie avait continué ses « poursuites par un commandement signifié le 25 août « 1826, lequel, suivant l'art. 2244 C. civ. auquel il n'a « pas été dérogé par la loi spéciale du 22 frim. an 7, « interrompt la prescription. »

6610. Contrainte nouvelle. — Lorsque la prescrip- tion a été interrompue par une contrainte décernée en temps utile, et que, dans l'année, on en décerne une nouvelle modifiant la première, on ne peut opposer la prescription sous prétexte que la seconde contrainte a été décernée plus de deux ans après l'enregistrement de l'acte. — Compiègne, 8 fév. 1848 ; J. E. 14766.

Lorsque des biens litigieux sont rentrés dans la masse de la succession, par suite des diligences des héritiers qui en ont fait la revendication après la mort de leur auteur, et que la demande des droits de muta- tion par décès leur a été faite dans les trois ans de leur déclaration et dans le cours de l'instance en revendica- tion , par des contraintes renouvelées chaque année, l'administration ne peut être repoussée par l'exception de prescription. — Chaumont, 16 mars 1837 ; R. G. 9881-2.

6611. Enregistrement. — Lorsque la prescription a été interrompue , il suffit , pour conserver cette inter- ruption, qu'un nouvel acte de poursuite soit signifié, *quoique non enregistré*, dans l'année à partir de la si- gnification de cette contrainte. — Sol. 10 sept. 1849 ; J. E. 14798-2.

6612. Interruption des poursuites couverte. — L'in- terruption des poursuites peut être couverte. Ainsi, le contribuable qui, sur une instance judiciaire, a fait des offres acceptées par l'administration ne peut plus opposer la péremption et se refuser au paiement des droits qu'il a offerts. — Lille, 9 mars 1849 ; R. G. 9884.

6613. Solidarité. — L'assignation donnée à quel- ques-uns des héritiers interrompt la prescription à l'égard de tous, car ils sont solidaires pour le paiement des droits. — Cass. 7 août 1809 ; R. G. 9885. — Seine, 17 fév. 1854 ; Cont. 10177.

6614. A qui s'applique la péremption. — La prescrip- tion annale s'applique aux parties quand elles agissent en restitution de droits perçus, et à l'administration agissant en recouvrement, car la loi ne distingue pas. — Av. fin. 29 juin-7 août 1821 ; J. E. 7013.

Sect. IV. — Questions diverses.

6615. Algérie. — Le supplément de droit exigible sur un acte d'Algérie dont on fait usage en France est soumis à la prescription trentenaire. — Provins, 31 déc. 1863 ; R. P. 1868.

6616. Application d'office. — En matière fiscale, comme en matière civile, la prescription ne peut être appliquée d'office par le juge ; il faut qu'elle soit invoquée expressément. — Cass. 1er avril 1840 et 31 mai 1847. — C. 2223.

6617. Colonies. — La prescription des droits auxquels donne ouverture un acte passé aux colonies, contenant vente d'immeubles situés en France, et déposé dans l'étude d'un notaire, commence à courir à compter de l'enregistrement de l'acte de dépôt, et non à partir de la date du contrat de vente. — Cass. réun. 14 août 1813 ; Sir. 15. 1. 150 ; Pr. chron. 166 ; J. E. 4690.

6618. Coût. — Dans tous les cas où les règlements accordent aux huissiers une indemnité pour frais de transport applicable à la totalité des actes faits dans une même course et dans le même lieu, ce droit doit être partagé en autant de portions égales qu'il y a d'originaux d'actes, à peine du rejet de la taxe, de restitution envers les parties et d'une amende qui ne peut excéder 100 fr. ni être moindre de 20 fr. — D. 14 août 1813, art. 35.

Un délai pour intenter dans ce cas soit l'action privée, soit l'action publique, n'ayant été déterminé par aucune disposition législative, on rentre nécessairement dans l'application de la règle générale, qui n'admet que la prescription de trente ans contre les actions portées devant les tribunaux civils. — Tournon, 11 mai 1853 ; Privas, 9 juin 1853 ; J. E. 15711.

6619. Effet rétroactif. — Les prescriptions non accomplies peuvent toujours être réglées par une loi nouvelle, sans qu'il y ait en cela rétroactivité ; le principe, en cette matière, est que la prescription constitue une règle d'ordre public que le législateur est toujours maître d'organiser comme il le juge à propos pour le plus grand bien de la société. — Marc. 2. — Demolombe, t. 1, n. 61. — Merlin, eod. v°, sect. 1, § 3, p. 501. — Troplong, 1075. — Dall. D. eod. v°, ch. 1, sect. 10.

En matière fiscale, la prescription non accomplie est donc réglée par la loi nouvelle. — Cass. 30 nov. 1813. — Sol. 20 mars 1868 ; R. P. 2661. — Saint-Julien, 5 août 1868 ; R. P. 2864. — Voici l'arrêt du 30 nov. 1813 :

« Considérant que la loi du 22 frim. an 7, sur l'en-
« registrement, est exécutoire dans le ci-devant Pié-
« mont depuis le 1er vend. an 10, et qu'à compter de
« cette époque, l'édit du roi de Sardaigne du 16 mars
« 1797 a cessé d'y être exécuté ; — considérant que
« l'art. 61 de la loi du 22 frim. porte qu'il y a prescrip-
« tion pour toute demande de droits de succession, à
« savoir : après trois ans pour les successions décla-

« rées, et après cinq ans pour celles non déclarées ;
« que les parties sont également non recevables,
« après le même délai, pour toute demande en resti-
« tution de droits perçus ; — considérant que l'article
« 2281 C. civ. n'est pas applicable aux matières sur
« lesquelles il a été prononcé par des lois spéciales ;
« que, dès lors, il est étranger à la prescription portée
« par la loi du 22 frimaire ; — considérant que depuis
« le 1er vend. an 10, époque à laquelle la loi du
« 22 frim. an 7 est devenue exécutoire dans le ci-
« devant Piémont, jusqu'au 3 déc. 1807, que la pre-
« mière contrainte a été décernée, il s'est écoulé plus
« de six ans ; que, dès lors, la prescription étant
« acquise, le jugement attaqué a fait une juste appli-
« cation de la loi ; — rejette. »

6620. Eviction. — La prescription biennale est applicable à la demande en restitution de droits de mutation par décès payés pour des biens dont les héritiers ont été évincés ultérieurement à la déclaration. — Tarascon, 26 sept. 1835 ; J. E. 11339 ; I. 1601-11.

6621. Faux. — L'amende prononcée contre le demandeur en inscription de faux est une peine purement civile, qui ne se prescrit que par trente ans. — Cass. civ. 11 juill. 1849 ; Sir. 49. 1. 664 ; I. 1844-21 ; J. E. 14796.

6622. Greffe. — Les prescriptions établies par l'article 61 de la loi du 22 frim. an 7 sont applicables aux droits de greffe comme à ceux d'enregistrement. — D. 12 juill. 1808. art. 6.

6623. *Mise au rôle.* — Mais la prescription biennale ne saurait s'appliquer aux droits de mise au rôle. En effet, c'est le greffier qui fait lui-même la recette de ce droit et en rend compte, une fois par mois, au receveur de l'enregistrement. Il n'y a donc pas contravention de sa part, mais omission de recette, et cette omission ne peut être régie que par la loi commune, c'est-à-dire par la prescription trentenaire, la seule qui puisse être invoquée par les comptables et les mandataires en retard de rendre leurs comptes. — D. F. 3 juin 1824 ; J. E. 7763.

6624. Guerre 1870-1871. — Nous transcrivons ci-dessous les actes législatifs qui ont suspendu et rétabli le cours de la prescription, lors des malheureux événements de 1870-1871.

Décret du 9 septembre 1870.

Art. 1er. — Toutes prescriptions et péremptions en matière civile, tous les délais impartis pour attaquer ou signifier les décisions des tribunaux judiciaires ou administratifs, sont suspendus pendant la durée de la guerre :

1° Au profit de ceux qui résident dans un département investi ou occupé par l'ennemi, alors même que l'occupation ne s'étendrait pas à tout le département ;

2° Au profit de ceux dont l'action doit être exercée dans ce même département contre des personnes qui y résident.

Art. 2. — A dater de la cessation de l'occupation, un nouveau délai, égal au délai ordinaire, courra au profit des personnes qui se trouveront dans le cas de l'article précédent.

Décret du 3 octobre 1870.

Art. 1er. — La suspension des prescriptions et péremptions en matière civile pendant la durée de la guerre s'applique aux inscriptions hypothécaires, à leur renouvellement, aux transcriptions et généralement à tous les actes qui, d'après la loi, doivent être accomplis dans un délai déterminé.

Art. 2. — La prorogation de délai dont il est parlé en l'art. 2 du même décret ne s'applique qu'aux différents actes de recours devant les tribunaux judiciaires ou administratifs.

Quant aux autres actes, il est accordé, à dater de la cessation de la guerre, un délai égal à celui qui restait à courir au moment où elle a été déclarée.

Art. 3. — Le présent décret est étendu à tous les départements de la France. Il s'applique aussi à l'Algérie et aux colonies, mais seulement pour les actes qui doivent être faits en France et réciproquement.

Loi du 26 mai 1871.

Art. 1er. — Toutes prescriptions et péremptions en matière civile, tous délais impartis pour signifier les décisions des tribunaux judiciaires ou administratifs suspendues pendant la durée de la guerre, par le décret du 9 sept. 1870, *recommenceront à courir* le onzième jour après la promulgation de la présente loi.

Art. 2. — Toutes péremptions et forclusions en matière d'inscriptions hypothécaires et de transcriptions suspendues par la disposition générale de l'art. 1er du décret du 9 sept. 1870 et par la disposition expresse de l'art. 1er du décret du 3 oct. suivant, *recommenceront également à courir* le onzième jour après celui de la promulgation de la présente loi.

Art. 3. — A partir de la même époque commenceront à courir :

1° De nouveaux délais légaux, délais ordinaires pour les différents actes de recours devant les tribunaux judiciaires ou administratifs, conformément à l'art. 2 du décret du 9 sept. et à l'art. 2 du décret du 3 oct. 1870 ;

2° Un délai égal à celui qui restait à courir au jour de la suspension, pour tous les autres actes faisant l'objet du deuxième paragraphe de l'art. 2 du décret du 3 oct. 1870.

Art. 4. — Les dispositions ci-dessus prescrites ne seront applicables au département de la Seine que le onzième jour après qu'un avis du ministre de justice, inséré au *Journal officiel*, aura annoncé le rétablissement du cours de la justice dans ce département.

Il en sera de même :

1° Pour les personnes, habitant le département de la Seine, qui auraient à prendre des inscriptions, transcrire des actes ou signifier des exploits dans d'autres départements de la France, Algérie ou les colonies ;

2° Et pour celles qui, habitant en dehors du département de la Seine, auraient à faire ou signifier les mêmes actes dans ce département. Le délai de dix jours, dans ces deux cas, sera augmenté de celui des distances, ainsi qu'il est déterminé par l'art. 1er du C. civ., pour la promulgation des lois ;

3° Et, pour toutes les personnes qui, par suite d'obstacles provenant de la guerre civile, auraient été dans l'impossibilité d'exercer leurs droits dans les délais fixés par les art. 1, 2 et 3 de la présente loi.

6625. *Application en matière d'enregistrement.* — Les dispositions ci-dessous rapportées sont applicables en matière d'enregistrement. — Yvetot, 8 juin 1872 ; Seine, 15 juin 1872, et 3 mai 1873 ; R. P. 3461, 3511, 3638. — Le jugement du tribunal d'Yvetot est conçu en ces termes :

« Attendu qu'aux termes de l'art. 61 de la loi du 22 « frimaire an 7, les parties sont non recevables à de- « mander la restitution des droits perçus après le délai « de deux ans à compter de l'enregistrement de l'acte ; « que dans l'espèce l'exploit d'assignation en restitu- « tion des droits perçus le 18 août 1869, signifié et visé « le 17 août 1871, n'a été enregistré que le 19, c'est-à- « dire après les délais de prescription ;

« Mais attendu que les époux D... soutiennent que « la prescription biennale n'a pu s'accomplir parce que « deux décrets du gouvernement de la défense na- « tionale, en date des 9 septembre et 3 octobre 1870, « avaient suspendu toutes prescriptions et péremptions « en matière civile ;

« Attendu que l'administration objecte que les dé- « crets invoqués ne sont pas applicables, parce que les « contestations soulevées au sujet du recouvrement « d'un impôt ne constitueraient pas, suivant elle, « des actions civiles proprement dites, quoique sou- « mises à la juridiction des tribunaux civils, et que, « d'ailleurs, les décrets dont il s'agit ne concernaient « pas les actes introductifs d'une instance, mais seu- « lement ceux destinés à attaquer ou signifier une « décision des tribunaux judiciaires ou administratifs ;

« Attendu que si la juridiction qui statue sur une « instance ne détermine pas la nature de cette ins- « tance, il faut bien reconnaître que c'est la nature « de l'instance qui détermine la juridiction qui doit « connaître de l'affaire ; qu'ainsi, c'est parce que l'ac- « tion en restitution d'un droit d'enregistrement a paru « au législateur être une action civile, qu'il l'a attri- « buée aux tribunaux de première instance de chaque « arrondissement ;

« Attendu que ces mots : « toutes prescriptions et « péremptions en matière civile sont suspendues », « par lesquels commence le décret du 9 novembre 1870, « embrassaient dans leur généralité les délais accordés « par les lois précédentes pour former opposition à des « perceptions de droits d'enregistrement ; que néan-

« moins, pour enlever les doutes qui auraient pu s'é-
« lever sur l'étendue de ce décret. un autre est inter-
« venu le 3 octobre suivant, d'après lequel la suspen-
« sion des prescriptions et péremptions a été rendue
« applicable à tous les actes qui, d'après la loi, doivent
« être accomplis dans un délai déterminé;
« Attendu que l'exploit d'assignation à remettre au
« receveur était bien évidemment l'un des actes prévus
« par ce nouveau décret; qu'il suffit d'ailleurs de se
« reporter à la loi du 26 mai 1871, notamment à son
« art. 3. ainsi qu'au rapport de la commission de l'As-
« semblée, pour se convaincre que c'est ainsi que les
« décrets de 1870 devaient être interprétés ;
« Attendu qu'il n'est pas contesté que, par suite de
« la présence de l'armée ennemie dans le département
« de la Seine-Inférieure pendant plusieurs mois. les
« conditions de fait nécessaires pour la suspension des
« prescriptions et péremptions se sont trouvées réunies;
« qu'il est certain que pendant un temps assez long
« le bureau d'enregistrement d'Yvetot a été fermé et
« qu'il était juste, ainsi que l'a consacré la loi du 26
« mai 1871, que les parties eussent un nouveau délai
« égal à celui dont elles avaient été privées. pour si-
« gnifier leur assignation au receveur. »

6626. Interruption. — *Bureau.* — La prescription
de l'action en remboursement d'un droit perçu à un
bureau ne peut être interrompue par la demande en
restitution, formée par la même partie. de droits perçus
à un autre bureau, pour une cause différente. — Seine,
30 août 1853; J. E. 15955. — Cass. civ. 17 nov. 1857;
I. 2118-3; J. E. 16646; R. P. 973.

6627. *Droits distincts.* — Une demande en restitution relative à l'un des droits perçus sur un jugement
n'interrompt pas la prescription à l'égard des autres
droits. — Montpellier, 10 fév. 1862; R. P. 1684.

6628. Notaire. — La prescription de deux ans pour
les contraventions commises par les notaires aux dispositions de la loi du 25 vent. an XI. et notamment aux
art. 13 et 16 de cette loi, commence à courir du jour
où la contravention a été commise, encore que les
actes renfermant ces contraventions aient été soustraits
aux vérifications des agents de l'Administration:
« Attendu que toutes les contraventions reprochées au
« sieur M... rentrent dans la catégorie de celles qui
« sont énumérées dans la première partie de l'art. 14
« de la loi du 16 juin 1824 ;
« Attendu que ce même art. 14 édicte une prescrip-
« tion de deux ans pour les contraventions spéciales à
« leur profession commises par les notaires ; — que.
« pour les unes, elle ne fait courir les prescriptions
« que du jour où les préposés ont été mis à portée de
« constater les contraventions ; — que pour les autres.
« dans l'énumération desquelles se trouvent placées
« celles reprochées à M⁰ M..., elle fait courir la pres-
« cription du jour où la contravention a été commise ;
« Attendu que ce texte est clair et précis; qu'il serait
« impossible au tribunal, sans méconnaître la loi, de

faire abstraction des dernières dispositions qu'elle
« contient pour placer les contraventions. quelle que
« soit leur nature, sous le régime de la prescription ne
« commençant à courir que du jour où les préposés
« ont été mis à même de les constater ;
« Que vainement on allègue que les actes renfer-
« mant ces contraventions ont été occultes aux pré-
« posés de l'Administration ; que la prescription ne
« peut courir contre celui qui ne peut agir ; — qu'en
« effet cette maxime. qui est vraie en matière civile, ne
« l'est point en matière répressive ;
« Qu'en règle générale, la prescription court, pour
« les contraventions, les délits et les crimes, du jour
« où ils ont été commis, qu'ils soient connus ou qu'ils
« aient été occultes, parce que l'action du ministère
« public est toujours ouverte ; et ce n'est au con-
« traire que par exception et dans les cas formellement
« prévus par la loi que la prescription peut avoir un
« autre point de départ ;
« Attendu que l'exception faite à cette règle générale
« par la première partie de l'art. 14 démontre que c'est
« bien intentionnellement que le législateur a voulu
« faire rentrer sous l'empire du droit commun, pour la
« prescription, les contraventions spécifiées dans la se-
« conde partie de ce même article ;
« Attendu. dès lors. que le tribunal ne doit retenir
« à la charge de M⁰ M... que les contraventions non
« prescrites par deux ans à partir du jour où elles ont
« été commises. » — Bourgoin. 31 déc. 1861. — V.
dans le même sens. C. Limoges, 1ᵉʳ juill. 1851 ; Cuën.
8472. — C. Grenoble, 3 mars 1862.

6629. Paiement de droits prescrits. — Lorsque la
prescription est acquise sur un acte, il ne peut plus
être perçu qu'un droit fixe pour l'enregistrement de
cet acte. — Cass. 20 juin 1828; J. N. 6591; J. E.
9078. — Thionville. 11 juin 1835: Evreux, 8 juin
1839 ; J. N. 8975, 10510.

6630. *Présentation volontaire.* — Cependant. si
l'acte est *volontairement* présenté à la formalité, les
droits ordinaires sont exigibles, comme si la prescription n'était pas acquise, attendu que cette présentation
volontaire équivaut à une renonciation tacite à la prescription. Mais aucune réclamation des amendes et
droits en sus ne peut être faite, attendu qu'ils constituent une peine et non une dette, et que la prescription
qui les atteint ne laisse subsister aucune obligation naturelle. — Cass. civ. 20 déc. 1814; Pr. chron. 251. —
Dél. 3 fév. 1835; J. N. 8773. — Sol. 16 juill. 1864 et
23 juill. 1866; R. P. 1957-6, 3093.

6631. *Mention dans un acte public.* — Chaque mention dans un acte authentique d'un acte sous seings
privés *non enregistré* donne lieu d'en percevoir les droits
jusqu'à ce qu'ils aient été payés une fois, et nonobstant
toutes prescriptions acquises pour des mentions antérieures. En effet, il résulte du texte et de l'esprit de la
loi du 22 frim. an 7, que la prescription biennale
acquise aux redevables sur une mention de cette espèce

a eu pour unique effet de les dispenser de payer les droits relativement à cette première mention ; mais que cette dispense, applicable seulement au passé, ne peut pas être considérée comme l'équivalent du paiement des droits pour l'avenir, dans le cas où des mentions nouvelles donneraient encore lieu à une demande de droits. — Seine, 30 juin 1824 ; R. G. 9855-1. — I. 1414-10. — D. F. 13 janv. 1826 ; I. 1414-1.

· **6632. Remise.** — Lorsque des droits en sus ont été remis par décision ministérielle, on ne doit plus faire l'application des principes établis par la loi du 22 frim. an 7 en matière de prescription. Le délai dans lequel peut s'opérer la restitution est celui posé par l'art. 9 L. 29 janv. 1831, qui accorde cinq ans à partir de l'ouverture de l'exercice auquel appartient la restitution ordonnée. — Dél. 26 janv. 1844 ; J. E. 13416.

6633. Renonciation. — Lorsque le redevable a formé, auprès du ministre des finances, des demandes tendantes à obtenir la remise ou la modération des condamnations par lui encourues, qu'il a payé des à-compte et fait d'autres actes qui constituent de sa part un acquiescement formel auxdites condamnations, et même une véritable novation du titre de l'administration, on ne peut plus invoquer la prescription établie par le n. 3 de l'art. 61 frim. pour le cas où une contrainte décernée par l'Administration serait demeurée plus d'un an sans exécution. — Cass. civ. 10 déc. 1821 ; Sir. 22.4.290 ; J. E. 7147.

Si, sur l'avertissement du receveur, un redevable s'est présenté, même après le délai de la prescription, au bureau de ce dernier, et y a signé la reconnaissance d'un droit de mutation par décès, il y a là une renonciation qui rend le redevable non recevable à exciper de la prescription, encore que la reconnaissance d'abord souscrite ait été biffée par lui, et, en outre, que la signature qu'il y avait apposée n'eût pas été précédée du bon et approuvé. — Cass. 29 prair. an 12 ; R. G. 9858.

6634. Renonciation pour un tiers. — La renonciation à une prescription acquise contre l'Administration, faite par un héritier, tant pour lui que pour ses cohéritiers, sans se porter fort, ne peut être opposée à ces derniers. — Briançon, 27 mars 1846 ; Cont. 7512.

6635. Restitution. — Si l'Administration a indûment restitué des droits perçus par elle, elle a trente ans pour en demander le remboursement ; car il ne s'agit pas là d'un supplément de droit, ni d'un droit non perçu sur une disposition particulière. — Seine, 18 juin 1834 ; J. E. 10074.

Jugé cependant, mais à tort selon nous, qu'une réclamation de cette nature se prescrit par deux ans à compter de la date de la restitution. — Toulon, 9 mars 1837 ; J. N. 9751. — Guéret. 16 août 1870 ; R. P. 3242.

6636. Soumission. — Une soumission souscrite pour éviter une expertise avant l'expiration du délai utile pour requérir cette expertise, interrompt la prescription, *bien qu'elle n'ait été acceptée que postérieurement à ce délai*. — Briançon, 27 mars 1846 ; J. E. 13970.

6637. Titre nouveau. — Le jugement qui, en rejetant l'opposition d'un redevable à une contrainte en paiement de droits d'enregistrement, ordonne l'exécution de cette contrainte et condamne l'opposant aux dépens, constitue, en faveur de l'Administration, lorsqu'il a acquis l'autorité de la chose jugée, non-seulement pour les dépens, mais encore pour la créance principale, dont ils sont l'accessoire, un titre nouveau qui confère au Trésor les droits et actions résultant de tout jugement de condamnation au profit de celui qui l'a obtenu. La prescription de trente ans est alors seule applicable. — Cass. civ. 16 mars 1858 ; Sir. 60.1.286 ; I. 2137-11 ; J. E. 16721.

6638. PRÉSOMPTION. — Conséquence que la loi ou le magistrat tire d'un fait connu à un fait inconnu. — C. 1349.

Par la présomption, l'on admet comme vrai quelque chose avant qu'il en ait été fait d'autre preuve (*sumere, præ*). — Pothier, *Oblig.*, 840. — Duranton, t. 13, n. 405.

6639. Présomption légale. — Les présomptions légales sont celles qu'un texte spécial attache à certains actes ou à certains faits. — C. 1350.

Elles dispensent de toute preuve celui au profit duquel elles existent. — C. 1352. — V. *Mutation.*

6640. Présomption non établie par la loi. — Les présomptions *qui ne sont point établies par la loi* sont abandonnées aux lumières et à la prudence du magistrat, qui ne doit admettre que des présomptions *graves*, *précises* et *concordantes*, et dans le cas seulement où la loi admet des preuves testimoniales, à moins que l'acte ne soit attaqué pour cause de fraude ou de dol. — C. 1353.

Les présomptions de cette espèce peuvent être admises en matière d'enregistrement. — V. *Remise de dette.*

6641. PRESSOIR. — Les pressoirs sont immeubles par destination. — C. 524.

PRESTATION DE SERMENT. — V. *Serment.*

6642. PRÊT. — Contrat par lequel l'une des parties livre une chose à l'autre pour s'en servir, à la charge par cette dernière de rendre cette chose après

s'en être servie ou de lui rendre une chose de même espèce ou qualité. — V. *Contrat à la grosse aventure*, *Obligation*.

6643. Prêt sur dépôt. — Les actes de prêts sur dépôt ou consignations de marchandises, fonds publics français et actions des compagnies d'industrie et de finance, dans le cas prévu par l'art. 95 du Code de commerce, doivent être admis à l'enregistrement moyennant le droit fixe de 3 fr. — 8 sept. 1830. — 28 fév. 1872, art. 4.

L'art. 95 C. comm. était ainsi conçu :

« Tous prêts, avances ou paiements qui pourraient
« être faits sur des marchandises déposées ou consignées
« par un individu *résidant* dans le lieu du domicile du
« commissionnaire, ne donnent privilége au commis-
« sionnaire ou dépositaire qu'autant qu'il s'est conformé
« aux dispositions prescrites par le Code civil, liv. 3,
« titre 17, pour les prêts sur gages ou nantissements. »

Cet article faisait partie du titre 6 du C. com., lequel a été modifié par la L. 23 mai 1863.

6644. *Qualité de commerçant.* — Le bénéfice du droit fixe ne peut être appliqué qu'aux actes de dépôt concernant des commerçants. — Dél. 14 déc. 1830 ; J. N. 7329 ; J. E. 9840 ; I. 1354-7.—Cass. 17 nov. 1834 ; J. N. 8707 ; J, E. 11060 ; I. 1481-10. — 5 déc. 1837 ; J. N. 9884 ; J. E. 11951 ; I. 1562-22. — Seine, 25 nov. 1846 ; J. E. 14145. — 8 juill. 1851 ; J. N. 14553. — Sarregue-mines, 25 juin 1851 ; J. E. 15303.

L'on ne peut percevoir que le droit fixe dès qu'il s'a-git d'une opération commerciale, *même accidentelle*. — Seine, 22 juin 1861 ; R. P. 1514. — 21 juin 1862 ; R. P. 1777.

6645. *Fraude.* — Lorsqu'un prêt sur dépôt d'actions industrielles a été enregistré au droit fixe parce que l'emprunteur avait pris la qualité de commerçant, et que plus tard un jugement constate que cette qualité était usurpée et que l'obligation n'avait eu pour but *que des opérations civiles*, le droit proportionnel d'obligation sur le prêt sur dépôt peut être réclamé dans les deux ans du jugement. — Lyon, 30 déc. 1850 ; J. N. 14432.

6646. *Résidence.* — Pourvu que les parties contrac-tantes soient commerçantes, la circonstance de non-résidence dans le même lieu ne peut faire perdre à l'acte le bénéfice de la loi du 8 sept. 1830. — Sol. 24 oct. 1832 ; R. G. 10028-1. — Cass. 26 mai 1845 ; J. N. 12408 ; J. E. 13781 ; I. 1743-10.

6647. *Valeurs industrielles.* — La loi du 8 sept. 1830, en statuant, à l'égard des prêts sur fonds publics, que les actes, pour être exemptés du droit propor-tionnel, devraient avoir pour objet des fonds publics *français*, et n'ayant pas exigé cette qualité pour les autres valeurs, il en résulte clairement que les actions industrielles étrangères sont, aussi bien que celles des compagnies françaises, assujetties au droit fixe. —

Seine, 15 mars 1848 ; J. N. 13349. — Cass. 29 nov. 1848 ; I. 1837-9 ; J. N. 13558 ; J. E. 14621.

6648. *Reports.* — Les prêts faits par une société commerciale à un commerçant sur nantissement d'ac-tions industrielles, sous forme de reports, constituent non un prêt sur dépôt d'actions, passible du droit fixe, mais une convention d'une autre nature, passible, comme obligation de sommes, du droit de 1 % :

« Attendu, en droit, que l'art. 69, § 3, n° 3, de la loi
« du 22 frim. an 7, frappe d'un droit proportionnel de
« 1 % tous actes contenant obligation de sommes
« d'argent ; que c'est par exemption à ce principe
« général que la loi du 8 sept. 1830 admet à l'enregis-
« trement, moyennant un droit fixe de 2 fr., les actes
« de prêts sur dépôt ou consignation de marchandises,
« fonds publics ou actions industrielles, dans le cas
« prévu par l'art. 95 C. com. ; — attendu que des
« termes du jugement de condamnation du 22 mai
« 1865 il résulte que la créance de la Société néerlan-
« daise contre Landauer résultait d'avances faites par
« elle audit Landauer sur nantissement, sous forme de
« reports, et constituait non un prêt sur le dépôt
« d'actions industrielles, mais une convention d'une
« autre nature ; qu'en cet état des faits, en déclarant
« ladite convention passible du droit proportionnel de
« 1 %, le jugement attaqué n'a fait qu'une juste appli-
« cation de la loi. » — Cass. req. 19 janv. 1870.

6649. *Marchandises.* — Le mot marchandises, em-ployé par le législateur, doit être étendu à tout ce qui est réputé tel dans le langage commercial : par exemple, à des *planches gravées* ; — Sol. 24 août 1838. - à un *navire*. — Nantes, 20 juin 1831 ; Rec. Roll. 3378. — Cass. 26 mai 1857 ; R. P. 863.

6650. *Objets mobiliers.* — Le législateur, n'ayant eu en vue que de favoriser le commerce, n'a pu vouloir accorder la réduction des droits à des dépôts d'objets mobiliers ordinaires. En ce sens, il a été reconnu que se trouve passible du droit de 1 % l'acte de prêt sur dépôt de rails et autres objets mobiliers, à une compagnie, pour la construction d'un chemin de fer, parce qu'une compagnie de chemin de fer ne fait pas le commerce de rails ; que ceux qu'elle donne en dépôt ne sont pas destinés à être vendus, et qu'ils ne sont pas des mar-chandises entre ses mains, mais des matériaux hors du commerce, de simples objets mobiliers, et que, par conséquent, la loi du 8 sept. 1830, dont le but a été de procurer aux commerçants les moyens d'attendre des circonstances favorables pour la vente de leurs marchandises, n'est pas applicable à cette espèce d'acte. — Dél. 22 avril-14 juin 1839 ; J. E. 12326-2.

6651. *Valeurs déjà engagées.* — Du moment qu'il y a prêt sur dépôt entre commerçants, la loi de 1830 est applicable ; il importe peu que les valeurs déposées aient été engagées déjà pour d'autres prêts. — Seine, 18 déc. 1844 ; J. N. 12520.

6652. *Affectation hypothécaire.* — Lorsque. après un acte de prêt sur dépôt, l'emprunteur affecte des biens immeubles pour garantie de sa dette, cette affectation hypothécaire change la nature du prêt, qui devient alors une obligation ordinaire, et donne ouverture au droit de 1 °/₀ sur l'acte qui le constate. — I. 1332. — V. *Affectation hypothécaire, Novation.*

6653. *Caisse des dépôts et consignations.* — Les actes de prêts faits par la caisse des dépôts et consignations sur nantissement de rentes sur l'État, sont sujets au droit proportionnel.— Av. fin. 11 nov.-1er déc. 1832 ; D. F. 29 mai 1833 ; Rec. Roll. 3939, 4117.

6654. *Autorisation de vendre.* — Le droit proportionnel n'est pas exigible lorsque, dans un acte de prêt sur dépôt, le dépositaire est autorisé à vendre les objets déposés pour le compte du déposant, et à en appliquer le prix à l'extinction de la dette. — Sol. 23 oct. 1830 ; Rec. Roll. 3146.

6655. *Restitution du gage.* — Si le prêteur restitue le gage de l'emprunteur sans que ce dernier soit libéré, il faut considérer qu'au prêt sur dépôt favorisé par la loi se trouve substituée une obligation passible du droit spécial auquel elle est soumise par sa nature, droit indépendant du droit fixe régulièrement perçu sur le premier contrat. — Cass. civ. 4 janv. 1852 ; J. E. 15372 ; I. 1920-2 ; J. N. 14568.

6656. *Endossement.* — Le droit fixe est seulement exigible si l'acte de prêt porte que l'endossement des connaissements a été fait au profit du prêteur, pour par lui réclamer les marchandises et les tenir en dépôt dans ses magasins, attendu que l'endossement n'a pas transmis la propriété des marchandises au prêteur, et que d'ailleurs le dépôt de ces connaissements équivaut au dépôt des marchandises, puisqu'ils donnent le droit d'en exiger la livraison. — Sol. 25 août 1838 ; R. G. 10036.

6657. *Prêt antérieur.* — Le droit fixe est seul exigible, lors même que le prêt serait antérieur au dépôt, la loi n'ayant pas distingué. — Cass. 26 mai 1857 ; R. P. 863.

6658. *Timbre.* — Les actes de prêt sur dépôt, contenant des conventions synallagmatiques, peuvent être rédigés sur papier de dimension. — Sol. 10 mai 1831 ; I. 1381-11.

6659. PRÊTE-NOM. — Celui qui figure dans un acte à la place du véritable contractant qui ne veut pas paraître. — Roll. *eod. v°.* — V. *Mandat.*

6660. PREUVE. —Ce qui établit la réalité d'un fait, d'une allégation, d'une convention.

6661. Diverses espèces. — Le Code admet cinq espèces de preuves : la preuve *littérale*, la preuve *testimoniale*, les *présomptions*, l'*aveu* et le *serment*. — C. 1316. — V. *Aveu, Présomption, Serment.*

La preuve *littérale* résulte des actes, soit authentiques, soit sous seings privés.

La preuve *testimoniale* résulte des déclarations des tiers. En règle générale, ce genre de preuve n'est pas admis pour les choses excédant la somme ou valeur de 150 fr. — C. 1341.

6662. Qui doit administrer la preuve. — Celui qui réclame l'exécution d'une obligation doit la prouver, et réciproquement, celui qui se prétend libéré doit justifier le paiement ou le fait qui a produit l'extinction de son obligation. — C. 1315.

6663. PRIME D'EXPORTATION. — Lorsque les lettres d'avis de liquidation de primes d'exportation en transmettent la propriété à des tiers, par forme d'endossement, elles sont sujettes au timbre proportionnel ; mais elles ne sont assujetties qu'au timbre de dimension, lorsque, à la place d'un passé à l'ordre. elles contiennent l'autorisation de toucher au nom et pour le compte de l'ayant-droit. Ces lettres d'avis peuvent être visées pour timbre dans tous les bureaux, lorsqu'elles sont revêtues, soit de transport par endossement, soit de pouvoir à l'effet de toucher le montant des primes d'exportation. — D. F. 20 juill. 1838 ; I. 1572.

6664. PRISE A PARTIE. — Voie extraordinaire ouverte au plaideur contre le juge prévaricateur. à l'effet de le faire déclarer responsable du préjudice qu'il lui a causé. — C. P. 505 suiv.

6665. PRISÉE. — Estimation. S'entend surtout des estimations de meubles corporels faites par des officiers publics ou par des experts. — V. *Inventaire.*

6666. PRISON. — Sont soumis au droit fixe de 3 fr. les adjudications et marchés de toute nature ayant pour objet le travail dans les prisons. — 6 juin 1857. — 28 fév. 1872, art. 4.

6667. PRIVILÉGE. — Droit que la nature de la créance donne au créancier d'être préféré aux autres créanciers même hypothécaires. — C. 2095.

6668. Règlement des droits des créanciers privilégiés.
— Entre les créanciers privilégiés, la préférence se règle par les différentes qualités des privilèges. Les créanciers privilégiés qui sont dans le même rang sont payés par concurrence. — C. 2096, 2097.

6669. Privilèges généraux sur les meubles — C. 2101.
Les *créances privilégiées sur la généralité des meubles* sont celles ci-après exprimées, et s'exercent dans l'ordre suivant :
1° Les frais de justice;
2° Les frais funéraires;
3° Les frais quelconques de la dernière maladie, concurremment entre ceux à qui ils sont dus;
4° Les salaires des gens de service pour l'année échue et ce qui est dû sur l'année courante;
5° Les fournitures de subsistances faites au débiteur et à sa famille. savoir: pendant les six derniers mois, par les marchands en détail, tels que boulangers, bouchers, et autres; et pendant la dernière année, par les maîtres de pension et marchands en gros.

6670. Privilèges sur certains meubles. — C. 2102.
— Les *créances privilégiées sur certains meubles* sont :
1° Les loyers et fermages des immeubles, sur les fruits de la récolte de l'année, et sur le prix de tout ce qui garnit la maison louée ou la ferme, et de tout ce sert à l'exploitation de la ferme. savoir: pour tout ce qui est échu, et pour tout ce qui est à échoir, si les baux sont authentiques, ou si, étant sous signature privée, ils ont une date certaine; et, dans ces deux cas, les autres créanciers ont le droit de relouer la maison ou la ferme pour le restant du bail, et de faire leur profit des baux ou fermages, à la charge toutefois de payer au propriétaire tout ce qui lui serait encore dû; et, à défaut de baux authentiques, ou lorsque, étant sous signatures privées, ils n'ont pas une date certaine, pour une année à partir de l'expiration de l'année courante.
Le même privilège a lieu pour les réparations locatives, et pour tout ce qui concerne l'exécution du bail. Néanmoins les sommes dues pour les semences ou pour les frais de la récolte de l'année sont payées sur le prix de la récolte, et celles dues pour ustensiles, sur le prix de ces ustensiles, par préférence au propriétaire, dans l'un et l'autre cas.
Le propriétaire peut saisir les meubles qui garnissent sa maison ou sa ferme. lorsqu'ils ont été déplacés sans son consentement, et il conserve sur eux son privilège, pourvu qu'il ait fait la revendication. savoir : lorsqu'il s'agit du mobilier qui garnissait une ferme, dans le délai de quarante jours; et dans celui de quinzaine, s'il s'agit des meubles garnissant une maison.
2° La créance , sur le gage dont le créancier est saisi;
3° Les frais faits pour la conservation de la chose;
4° Le prix d'effets mobiliers non payés, s'ils sont encore en la possession du débiteur, soit qu'il ait acheté à terme ou sans terme. Si la vente a été faite sans terme, le vendeur peut même revendiquer ces effets tant qu'ils sont en la possession de l'acheteur, et en empêcher la revente. pourvu que la revendication soit faite dans la huitaine de la livraison. et que les effets se trouvent dans le même état dans lequel cette livraison a été faite.
Le privilège du vendeur ne s'exerce toutefois qu'après celui du propriétaire de la maison ou de la ferme. à moins qu'il ne soit prouvé que le propriétaire avait connaissance que les meubles et autres objets garnissant sa maison ou sa ferme n'appartenaient pas au locataire.
Il n'est rien innové aux lois et usages du commerce sur la revendication. —C. com. 76, 103 suiv. 576 suiv.
5° Les fournitures d'un aubergiste, sur les effets du voyageur qui ont été transportés dans son auberge;
6° Les frais de voiture et les dépenses accessoires, sur la chose voiturée;
7° Les créances résultant d'abus et prévarications commis par les fonctionnaires publics dans l'exercice de leurs fonctions, sur les fonds de leur cautionnement, et sur les intérêts qui en peuvent être dus.

6671. Privilèges sur les immeubles. — C. 2103. —
Les créanciers privilégiés sur les immeubles sont :
1° Le vendeur, sur l'immeuble vendu, pour le paiement du prix. S'il y a plusieurs ventes successives dont le prix soit dû en tout ou en partie, le premier vendeur est préféré au second, le deuxième au troisième. et ainsi de suite.
2° Ceux qui ont fourni les deniers pour l'acquisition d'un immeuble, pourvu qu'il soit authentiquement constaté, par l'acte d'emprunt, que la somme était destinée à cet emploi, et, par la quittance du vendeur, que ce paiement a été fait des deniers empruntés;
3° Les cohéritiers, sur les immeubles de la succession, pour la garantie des partages faits entre eux, et des soultes ou retours de lots;
4° Les architectes, entrepreneurs, maçons et autres ouvriers employés pour édifier, reconstruire ou réparer des bâtiments, canaux ou autres ouvrages quelconques, pourvu néanmoins que, par un expert nommé d'office par le tribunal de première instance dans le ressort duquel les bâtiments sont situés, il ait été dressé préalablement un procès-verbal, à l'effet de constater l'état des lieux relativement aux ouvrages que le propriétaire déclarera avoir dessein de faire, et que les ouvrages aient été, dans les six mois au plus de leur perfection, reçus par un expert également nommé d'office.
Mais le montant du privilège ne peut excéder les valeurs constatées par le second procès-verbal. et il se réduit à la plus-value existante à l'époque de l'aliénation de l'immeuble, et résultant des travaux qui y ont été faits.
5° Ceux qui ont prêté les deniers pour payer ou rembourser les ouvriers jouissent du même privilège. pourvu que cet emploi soit authentiquement constaté par l'acte d'emprunt et par la quittance des ouvriers. ainsi qu'il a été dit ci-dessus par ceux qui ont prêté les deniers pour l'acquisition d'un immeuble.

6672. Priviléges sur les meubles et les immeubles. —
C. 2104, 2105. — Les priviléges qui s'étendent sur les
meubles et immeubles sont ceux énoncés en l'art. 2101.
Lorsqu'à défaut de mobilier, les privilégiés se présentent pour être payés sur le prix d'un immeuble en concurrence avec les créanciers privilégiés sur l'immeuble, les paiements se font dans l'ordre qui suit :
1° Les frais de justice et autres énoncés en l'art. 2101.
2° Les créances désignées en l'art. 2103.

6673. Privilége du trésor public. — Le recouvrement
des droits de timbre et des amendes de contravention
y relatives sera poursuivi par voie de contrainte ; et,
en cas d'opposition, les instances seront instruites et
jugées selon les formes prescrites par les lois des 22
frimaire an 7 et 27 ventôse an 9 sur l'enregistrement.
En cas de décès des contrevenants, lesdits droits et
amendes seront dus par leurs successeurs, et jouiront,
soit dans les faillites et tous autres cas, du privilége des
contributions directes. — 28 avril 1816, art. 76 [1]. —
V. *Notaire, Succession.*

PRIX FAIT. — V. *Marché.*

PROCÈS-VERBAL.

Ch. I. — Préliminaires, 6674.

Ch. II. — Délai, 6676.

Ch. III. — Bureau, 6682.

Ch. IV. — Questions diverses, 6688.

Ch. I. — Préliminaires.

6674. Définition. — On entend par *procès-verbal*
l'acte par lequel un fonctionnaire, un agent de l'autorité publique rend compte des faits qu'il a constatés
dans l'exercice de ses fonctions.
Ce mot *procès-verbal* vient sans doute de ce qu'anciennement, l'écriture n'étant pas encore répandue
généralement, les agents chargés de la constatation des
délits rendaient compte *oralement* des faits parvenus à
leur connaissance. — R. J. P. *eod. v°,* 2.
Nous ne nous occupons ici que des procès-verbaux
qui ont pour objet la constatation des délits. — V. *Police.*

---

1. Le privilège du Trésor public pour le recouvrement des contributions directes est réglé ainsi qu'il suit et s'exerce avant tout
autre : 1° pour la contribution foncière de l'année échue et de
l'année courante, sur les récoltes, fruits, loyers et revenus des biens
immeubles sujets à la contribution ; 2° pour l'année échue et l'année
courante des contributions mobilières, des portes et fenêtres, des
patentes, et toute autre contribution directe et personnelle, sur
tous les meubles et autres effets mobiliers appartenant aux redevables, en quelque lieu qu'ils se trouvent. — 12 nov. 1808, art. 1.

6675. Tarif. — Procès-verbaux et rapports d'employés, gardes et commissaires, 2 fr., — 28 avril 1816,
art. 43, n. 16. — quel qu'en soit l'objet. — D. F. 31
oct. 1817 ; Sol. 18 août 1824 ; I. 1150-17.

Ch. II. — Délai.

6676. Trois jours. — Les procès-verbaux de contravention en matière de police de roulage doivent être
enregistrés dans les trois jours de leur date ou de leur
affirmation, à peine de nullité. — 30 mai 1851, art. 19.
Cette règle est applicable aux procès-verbaux de
roulage dressés par les gendarmes.—D. 24 avril 1858 ;
I. 2132-3.

6677. Quatre jours. — Les actes des huissiers et
autres ayant pouvoir de faire des exploits ou procès-
verbaux doivent, en règle générale, être enregistrés
dans le délai de quatre jours. — Frim. art. 20.
Sous cette dénomination générale : *et autres ayant
pouvoir de faire des procès-verbaux,* on comprend :
Les *commissaires et autres agents de police* ; — Cass.
22 juill. 1813.
Les *gendarmes,* les *gardes champêtres* et *forestiers,*
même ceux des particuliers ; les *maires* et *adjoints*
agissant pour faits de police, et les *agents-voyers* ; — D.
F. 19 oct. 1821 ; Rec. Roll. 136. — D. F. 3 juill. 1837 ;
I. 1562-4.
Les *préposés à la surveillance des chemins de fer* ; —
I. 1607, 1758.
Les *agents des ponts et chaussées* ; — D. F. 20 juin 1844.
Les *officiers de l'Université* ; — D. F. 17 juill. 1822.
Les *préposés des contributions indirectes,* des *octrois,*
des *douanes,* des *postes,* de l'*enregistrement* et des *do-
maines,* et enfin les *employés de toute autre administra-
tion publique.* — I. 390-10, 406-1. — V. *Acte adminis-
tratif, Forêts, Police.*

6678. *Administrations financières.* — Les procès-
verbaux rédigés par les employés des domaines, par
ceux des contributions indirectes, des douanes et des
octrois, doivent être enregistrés dans tous les cas, lors
même qu'ils ne seraient pas rapportés, pour constater
des délits ou contraventions. — D. 21 août 1810. —
Sol. 14 janv. 1812.

6679. *Voirie.* — Les procès-verbaux de contravention en matière de grande voirie sont assujettis à l'enreg. dans les quatre jours, qu'ils soient rapportés par
les gendarmes ou par les agents des ponts et chaussées,
etc. — D. . 20 juin 1844 ; J. E. 13618-7. — D. 24 avril
1858 ; I. 2132-3. — I. 290-61. — Dél. 3 juill.-16 août
1822 ; J. E. 7268.

6680. Nullité. — Un procès-verbal constatant un
délit ou une contravention n'est pas nul pour défaut
d'enregistrement dans le délai. — Cass. 5 mars 1819.
— 16 janv. 1824 ; 23 fév. et 27 juill. 1827 ; J. E. 7692,
8808, 8981. — Crim. 31 mars 1848. — Av. d'Et. 1er fév.

1851 ; J. E. 15292-5. — 28 juin 1853 ; J. E. 15793-4.
— 10 avril 1854. — Faustin Hélie, *Inst. crim*. t. 4,
§ 275. — Cass. 20 avril et 8 nov. 1865.

L'arrêt du 5 mars 1819 porte :

« Vu l'art. 154 du C. d'inst. criminelle ; vu aussi les
« art. 34 et 47 de la loi du 22 frim. an 7 ; considérant
« que l'enreg. d'un acte est étranger à sa substance ;
« qu'il n'en est qu'une formalité extrinsèque ; que son
« omission ne peut donc rendre l'acte nul , si ce n'est
« dans le cas où la loi y aurait formellement attaché
« cette peine ; considérant que, si l'art. 34 de la loi du
« 22 frim. an 7 a prononcé d'une manière générale la
« nullité des exploits et procès-verbaux non enregistrés
« dans le délai prescrit, cette disposition générale a été
« nécessairement restreinte par l'art. 47 de la même
« loi, qui ne défend de rendre le jugement sur des
« actes non enregistrés que lorsque le jugement serait
« rendu en faveur de particuliers ; que, par cette res-
« triction, la loi a évidemment voulu conserver toute
« leur force aux actes qui intéressent l'ordre et la vin-
« dicte publique , et ne pas subordonner leurs effets
« aux intérêts pécuniaires du fisc, sauf le recouvrement
« de ses droits à la charge de qui il appartient. »

6681. *Roulage*. — Mais les procès-verbaux de contravention à la police du roulage non enregistrés dans
le délai sont nuls. — 30 mai 1851, art. 18 et 19. —
Cass. 15 oct. 1852 ; Sir. 53. 1. 233.

Ch. III. — Bureau.

6682. **Règle**. — Tous ceux ayant pouvoir de faire
des procès-verbaux ou rapports doivent les faire enregistrer soit au bureau de leur résidence, soit au bureau
du lieu où ils les ont faits. — Frim. art. 26.

6683. **Douanes**. — Les préposés des douanes peuvent faire enregistrer leurs procès-verbaux au bureau
le plus voisin de leur résidence, lors même qu'il serait
dans un autre arrondissement. — D. F. 20 mars 1826 ;
J. E. 8380.

6684. **Gardes champêtres et forestiers**. — Les gardes
champêtres, les gardes et agents forestiers peuvent
faire enregistrer leurs procès-verbaux au bureau le
plus voisin de leur résidence, lors même qu'il serait
dans un autre arrondissement. — D. F. 28 nov. 1809,
12 juill. 1822 et 27 août 1823 ; I. 458, 1050 et 1090.

6685. **Gendarmes**. — Les gendarmes peuvent faire
enregistrer leurs procès-verbaux, soit au bureau de
leur résidence, soit au bureau du lieu où ils ont ver-
balisé, soit au bureau le plus voisin de leur résidence,
lors même qu'il serait dans un autre arrondissement.
A défaut de bureau à la résidence des gendarmes, l'enregistrement peut même avoir lieu à la résidence du
ministère public chargé des poursuites. — D. F. 2 avril

1830 ; I. 1313. — D. 1er mars 1854, art. 308 et 491 ;
I. 2018.

Lorsque, conformément au décret du 1er mars 1854,
les gendarmes ont transmis leurs procès-verbaux au
ministère public, parce qu'il n'existe pas de bureau
dans le lieu de leur résidence, ils ont satisfait à l'obligation qui leur est imposée par les règlements ; dès
lors, on ne peut leur appliquer aucune pénalité, si ces
procès-verbaux ne sont pas enregistrés dans les délais
voulus. — D. J. F. 1er oct.-4 nov. 1856 ; I. 2088-3.

6686. **Ministère public**. — Les membres du ministère public peuvent faire enregistrer leurs procès-
verbaux et rapports, soit au bureau de leur résidence,
soit à celui du lieu où ils font ces actes. — Circ. 1807.

6687. **Postes**. — Les procès-verbaux des agents
des postes, des gendarmes ou autres ayant qualité
pour constater le transport illicite des dépêches peuvent être enregistrés au bureau le plus voisin soit de la
résidence de l'agent rédacteur, soit du lieu de la saisie,
soit du bureau de poste où ils sont déposés, quel que
soit l'arrondissement duquel ce bureau dépende. — D.
F. 31 oct. 1864 ; I. 2305.

Ch. IV. — Questions diverses.

6688. **Contributions indirectes**. — Les procès-verbaux de contravention dressés par les employés des
contributions indirectes doivent être enregistrés au
comptant. — I. 1195.

6689. *Notification*. — Les préposés des contributions indirectes sont dispensés de faire la notification
de leur procès-verbal immédiatement après l'avoir
clos ; ils sont autorisés à faire cette signification par un
acte séparé et à une autre date. — Lettre direct. gén.
5 oct. 1819 ; J. E. 8408.

Pour qu'il y ait lieu à la perception d'un second
droit à cause de la notification, outre celui dû pour le
libellé du procès-verbal d'un préposé des contributions directes, il faut que cette notification soit faite
sous une autre date, et par un acte distinct du procès-
verbal ; toutes les fois que les deux dates sont les
mêmes, bien que l'heure à laquelle le procès-verbal et
la notification ont eu lieu soit différente, on doit se
borner à la perception d'un seul droit. — Lettre du
Directeur général de l'enregistrement du 11 fév. 1822 ;
Rec Roll. 231.

La notification de ces procès-verbaux faite dans les
vingt-quatre heures par les employés au prévenu qui
n'était pas présent à la rédaction du procès-verbal,
n'est pas sujette à un droit distinct d'enregistrement,
parce que cette notification est un complément nécessaire du procès-verbal, qui jusque-là reste imparfait. —
Dél. 6 fév. 1835 ; I. 1490-10.

Toutefois, si la notification dont il s'agit constatait
en même temps l'assignation donnée au contrevenant,

conformément à l'art. 28 décret 1er germ. an 13. il serait dû un droit particulier pour cette assignation. qui est un acte tout à fait indépendant du procès-verbal. — I. 400-9, 1490-10.

6690. Gardes particuliers. — Les procès-verbaux des gardes nommés par des particuliers doivent être écrits sur papier timbré. — Circ. 1566-1.

Ces procès-verbaux ne peuvent être visés pour timbre et enregistrés en débet, lors même qu'ils auraient pour objet des délits de nature à être poursuivis d'office par le ministère public. - D. F. 2 mai 1828; J. E. 9001.

6691. Gendarmerie. — D'après les art. 308. 491 et 492 du décret du 1er mars 1854 (I. 2018), les procès-verbaux de la gendarmerie s'enregistrent au comptant, lorsqu'ils constatent des saisies en matière de postes. de douanes ou de contributions indirectes. Les droits de timbre et d'enregistrement doivent être payés, soit par les préposés de ces administrations, soit par les gendarmes qui requièrent les formalités. — I. 386-26, 1195, 1237, 1620.

6692. Imprimerie et librairie. —Les procès-verbaux des inspecteurs de l'imprimerie et de la librairie sont sujets à l'enregistrement, et les droits doivent être avancés par ces employés. — D. F.... I. 559.

6693. Postes. — Les procès-verbaux dressés en matière de postes par les employés des octrois, des douanes. ou par la gendarmerie, doivent être visés pour timbre et enregistrés au comptant. — I. 1702.

6694. Franchise. — Les procès-verbaux des agents des postes constatant des contraventions en matière de franchise doivent être visés pour timbre et enregistrés; mais les trois expéditions de ces procès-verbaux à envoyer à l'administration centrale, n'étant que des pièces d'ordre, sont exemptes de timbre. — Sol. 4 juill. 1849; J. E. 15094-6.

6695. Timbres-poste. — Dans les cas prévus par la loi du 16 oct. 1849, qui a édicté des dispositions pénales contre les personnes qui feraient sciemment usage de timbres-poste ayant déjà servi, il s'agit de poursuites correctionnelles auxquelles l'administration des postes demeure étrangère, et qui sont régies par l'art. 5 de l'ordonnance du 22 m i 1816, et par l'art. 74 de la loi du 25 mars 1817. En conséquence, les receveurs doivent viser pour timbre et enregistrer en débet les procès-verbaux dressés par les préposés des postes. en cas d'abus dans l'emploi du timbre-poste. — I. 1931.

6696. Procès-verbaux ne donnant lieu à aucune poursuite. — La gendarmerie est autorisée à faire directement, ou en prêtant main-forte aux employés des postes, des visites et perquisitions sur les messagers et commissionnaires allant habituellement d'une ville à une autre, sur les voitures des messageries et autres de cette espèce portant les dépêches, et à saisir tous les objets transportés en fraude, au préjudice des droits de l'administration des postes. — D. 1er mars 1854, art. 303.

Aux termes de l'art. 306 du même décret, toutes visites et perquisitions doivent, quand bien même elles ne sont suivies d'aucune saisie, être constatées par un procès-verbal conforme au modèle adopté par l'administration. — Lorsque ce procès-verbal ne donne lieu à aucune poursuite devant les tribunaux, il n'a pas besoin d'être timbré ni enregistré; il en est donné copie au particulier qui a été soumis à la visite, s'il le requiert.

6697. Zone frontière. — Aux termes du décret du 16 août 1853 sur la délimitation de la zone frontière, les contraventions aux lois et règlements sur les travaux mixtes sont constatées par les gardes du génie, qui en dressent des procès-verbaux et font, pendant le cours de la procédure et après la décision du conseil de préfecture, les notifications et sommations devenues nécessaires. Les procès-verbaux et les exploits rédigés par ces agents, en exécution des art. 31, 32 et 33, et du dernier alinéa des art. 34 et 35, doivent être visés pour timbre et enregistrés en débet dans les quatre jours de leur date, suivant l'art. 31, qui reproduit sur ce point les règles posées dans les art. 20 et 70 de la loi du 22 frim. an 7, et 74 de celle du 25 mai 1817.

PROCURATION. — V. *Mandat.*

PROCUREUR DE LA RÉPUBLIQUE. — V. *Ministère public, Police.*

PRODUCTION. — V. *Ordre.*

PROMESSE D'ÉGALITÉ. — V. *Contrat de mariage.*

PROMESSE DE MARIAGE. — V. *Contrat de mariage.*

PROMESSE DE VENTE. — V. *Vente.*

6698 PROPRE. — On appelle de ce nom tous les biens qui ne sont point acquis, c'est-à-dire qui appartiennent à l'un des époux privativement à l'autre. — V. *Remploi.*

6699. Propres mobiliers. — La loi ne parle point des propres mobiliers ; cependant, elle les reconnaît implicitement, puisque, dans l'art 1401-1, elle déclare acquêt le mobilier échu pendant le mariage à l'un des époux à titre de donation, si le donateur n'a exprimé le contraire.

6700. Propres immobiliers. — Les propres immobiliers comprennent :

1º Les immeubles que les époux possèdent au jour de la célébration du mariage. Néanmoins, si l'un des époux a acquis un immeuble depuis le contrat de mariage , contenant stipulation de communauté, et avant la célébration du mariage, l'immeuble acquis dans cet intervalle entre dans la communauté, à moins que l'acquisition n'ait été faite en vertu de quelque clause du mariage, auquel cas elle est réglée suivant la convention. — C. 1404.

2º Les immeubles échus aux époux pendant le cours du mariage, à titre de succession. — C. 1404.

3º Les immeubles donnés à l'un des époux pendant le mariage, à moins que la donation ne contienne expressément que la chose donnée appartiendra à la communauté. — C. 1405.

4º L'immeuble abandonné ou cédé *par père et mère, ou autre ascendant*, à l'un des époux, soit pour le remplir de ce qu'il lui doit, soit à la charge de payer les dettes du donateur à des étrangers. — C. 1406.

5º L'immeuble acquis pendant le mariage à titre d'échange contre l'immeuble appartenant à l'un des époux, lequel immeuble est subrogé aux lieu et place de celui qui a été aliéné, sauf récompense, s'il y a soulte. — C. 1407.

La portion acquise pendant le mariage, à titre de licitation ou autrement, d'un immeuble dont l'un des époux était propriétaire par indivis, ne forme point un acquêt, sauf à indemniser la communauté de la somme qu'elle a fournie pour cette acquisition. Dans le cas où le mari deviendrait seul, et en son nom personnel, acquéreur ou adjudicataire de portion ou de la totalité d'un immeuble appartenant à sa femme, celle-ci, lors de la dissolution de la communauté, a le choix ou d'abandonner l'effet à la communauté, laquelle devient alors débitrice envers la femme de la portion appartenante à celle-ci dans le prix, ou de retirer l'immeuble en remboursant à la communauté le prix de l'acquisition. — C. 1408. — V. *Retrait d'indivision, Succession.*

6701. PROPRIÉTÉ. — La propriété est le droit de jouir et de disposer des choses de la manière la plus absolue, pourvu qu'on n'en fasse pas un usage prohibé par les lois ou par les règlements. — C. 544.

Les particuliers ont la libre disposition des biens qui leur appartient, sous les seules modifications établies par les lois. — Id. art. 537.

La propriété comprend le droit de jouir, d'user et de disposer : *jus utendi, fruendi et abutendi.*

6702. Limites du droit de propriété. — Les restrictions posées par les art. 537 et 544 C. que nous venons de citer limitent le droit de propriété d'une manière générale. La loi du 3 mai 1841 applique ces principes généraux à l'expropriation pour cause d'utilité publique. Le droit de propriété est aussi limité par diverses lois de police, par les règlements sur les servitudes militaires, etc.

6703. Acquisition de la propriété. — La propriété s'acquiert par succession, par donation, par l'effet des obligations, par accession, par prescription et par occupation. — C. 711 suiv.

6704. PROROGATION DE DÉLAI. — Convention par laquelle un créancier accorde à son débiteur, pour se libérer, un délai plus long que celui fixé primitivement.

6705. Tarif. — Les prorogations de délai pures et simples sont assujetties au droit fixe gradué. La quotité de ce droit est déterminée par le montant de la créance dont le terme d'exigibilité est prorogé. — 28 fév. 1872, art. 1, n. 8.

6706. Motifs de l'établissement du droit fixe gradué. — « J'arrive à l'objection qui a été faite. — Sans « doute, si l'augmentation d'impôt que nous vous de-« mandons est illégitime, si elle n'est pas raisonnable, « vous devez l'écarter, ce n'est pas douteux. Or, voici « l'unique raison qu'on a présentée à l'appui : on a « dit que le débiteur était dans une situation très-« intéressante, et que, ne pouvant pas payer à l'é-« chéance quand il a demandé une prorogation de « délai, on ne devait pas lui faire payer sur cette « prorogation un droit gradué. — Messieurs, voici « quelle a été la préoccupation de la commission du « budget, vous allez voir si vous voulez vous associer « à la pensée qui l'a guidée. — La commission du « budget n'a pas nié ce qu'il y a d'intéressant dans « cette position du débiteur. — Elle s'est occu-« pée uniquement de cette considération : que « la prorogation, s'appliquant à une somme de « 100,000 fr., avait plus d'importance que la proroga-« tion se rapportant à une somme de 5,000 fr., et qu'il « y avait dans cette différence un motif suffisant pour « asseoir légitimement un droit gradué. — Maintenant, « l'honorable collègue qui descend de cette tribune a « dit : Mais il arrivera, dans certains cas, que ce droit, « s'ajoutant à tous les autres que vous avez déjà établis, « fera peser sur le débiteur des charges qui devien-« dront insupportables, et surtout lorsqu'il s'agit de « dettes d'une importance minime. — Eh bien, que « l'honorable auteur de l'amendement se rassure, nous « nous sommes préoccupés de cette situation. Le débi-« teur pourra toujours ne pas payer quand il le voudra. « La prorogation de délai, l'Assemblée le sait, n'est « pas un acte solennel qui doive être fait nécessaire-

85

« ment devant notaire ; si le débiteur veut se conten-
« ter d'une simple lettre qui lui sera adressée par le
« créancier contenant le consentement de celui-ci à
« proroger l'exigibilité de la dette d'un an, de deux
« ans il n'aura rien à payer ; mais s'il veut un acte
« notarié. dans ce cas-là, il faut tenir compte de l'im-
« portance de la somme ; de là le droit de 1 p. 1,000.
« Nous croyons que ce droit est parfaitement légitime.
« Et.ce qui doit rassurer complétement vos consciences,
« c'est que ce droit est volontaire : le débiteur qui ne
« voudra pas le payer sera toujours libre de ne pas le
« payer, en se contentant d'une prorogation par acte
« sous seings privés. » — *Rép. du rapporteur ;* séance
« du 26 ; *Journal officiel* du 27 février 1872.

6707. *Droit proportionnel non exigible.* — Le
terme ne novant pas, une prorogation de délai ne
peut opérer le droit proportionnel ; ce droit a été
perçu sur le titre de l'obligation. — Dél. 3 fév. 1829 ;
J. E. 9512. — 17 mars 1841 ; J. N. 10916.

6708. Disposition indépendante. — *Transport.* —
La prorogation de délai faite dans un acte de transport
est une convention nouvelle, indépendante du transport lui-même et intervenant entre des parties différentes ; il faut donc l'assujettir à une perception particulière. — Dél. 25 janv. 1843 ; J. E. 13171. —
Rambouillet, 17 fév. 1860 ; Sol. 27 nov. 1860 ; I. 2187-6.
— Lyon, 29 août 1862 ; R. P. 1708.

6709. *Dation d'hypothèque.* — Si. après l'enregistrement d'une obligation, le débiteur obtient une prorogation de délai et donne hypothèque, il n'est dû que le
droit de prorogation. L'hypothèque conférée ne
forme, en effet, qu'une disposition dépendante du
délai accordé par le créancier. Il en est ainsi lorsque
des créanciers colloqués sur des immeubles vendus en
justice accordent une prorogation à l'acquéreur qui
fournit un supplément d'hypothèque, car on ne peut
dire qu'il y a novation lorsque les seuls changements
à l'acte d'acquisition qui a constitué l'acquéreur débiteur direct des créanciers consistent dans la prolonga-
tion des délais et le supplément d'hypothèque. — Dél.
17 mars 1841 ; J. N. 10916.

6710. Subrogation. — Dans le cas de subrogation
prévue par l'art. 1250, n° 1 du Code civil, la convention qui intervient à la suite du contrat passé entre le
subrogeant et le subrogé pour proroger le délai du
remboursement de la somme due par le débiteur, est
passible du droit fixe gradué. — Mais, dans le cas de
subrogation prévue par l'art. 1250, n° 2 du Code civil,
aucun droit particulier n'est dû pour la convention
qualifiée improprement de prorogation par laquelle
on fixe le délai dans lequel la somme empruntée sera
remboursée. — Lett. Dir. gén. 17 sept. 1873 ; *Courrier,* 44.

« Dans le cas de subrogation prévue par l'art. 1250,
« n° 1 du Code civil, la convention qui intervient à la
« suite du contrat passé entre le subrogeant et le su-

« brogé pour proroger le délai du remboursement de
« la somme due par le débiteur, est passible du droit
« fixe gradué auquel l'art. 1er, n° 8, de la loi du 28
« février 1872, soumet les prorogations de délai pures
« et simples.
« D'une part, en effet, le tribunal de Rambouillet,
« par un jugement du 17 février 1860, que l'instruction
« 2187, § 6, a prescrit de prendre pour règle, a décidé
« qu'une telle convention est indépendante de la quit-
« tance subrogative elle-même, et opère par consé-
« quent un droit particulier d'enregistrement indépen-
« dant de celui dû pour la quittance, conformément
« à la règle établie par l'art. 11 de la loi du 22 frimaire
« an 7. suivant laquelle, lorsqu'un acte contient des
« dispositions indépendantes, il est dû pour chacune
« d'elles un droit particulier dont la quotité est déter-
« minée par l'article de la loi dans lequel cette dispo-
« sition se trouve classée. D'autre part, cette règle n'a
« pas été modifiée par la loi du 28 février 1872, et doit
« toujours être suivie. Il en résulte que le droit
« gradué, qui remplace aujourd'hui le droit fixe de 2
« fr. auquel étaient précédemment tarifées les proro-
« gations de délai, doit être perçu dans tous les cas où
« ce dernier était dû, partant dans celui que prévoit
« votre lettre.
« Mais il faut remarquer que, dans le cas de subro-
« gation prévue par l'art. 1250, n° 2 du Code civil,
« aucun droit particulier n'est dû pour la convention
« (qualifiée improprement de prorogation), par laquelle
« on fixe le délai dans lequel la somme empruntée sera
« remboursée.
« En effet, d'après deux arrêts de la Cour de cassa-
« tion du 19 janvier 1838 (instruction 2118, § 8), le
« droit proportionnel d'obligation est seul dû pour
« l'enregistrement de l'acte qui constate à la fois : 1° le
« prêt fait dans les termes de l'art. 1250, n° 2 du
« Code civil ; 2° le paiement effectué entre les mains
« d'un tiers créancier pour réaliser la subrogation
« promise. Ces arrêts ont spécialement reconnu qu'un
« droit particulier de quittance n'est pas exigible,
« attendu que le paiement fait au créancier avec les
« deniers empruntés à cet effet par le débiteur, est
« l'accomplissement de la condition sans laquelle le
« prêt n'aurait pas eu lieu : de sorte que, quand l'em-
« prunt et le paiement, qui sont les éléments de la
« subrogation, sont constatés par le même acte, ce
« sont là deux dispositions dont l'une est affranchie
« de tout droit par l'art. 11 de la loi du 22 frimaire
« an 7, comme dérivant nécessairement de l'autre.
« Or, il y a pareille raison de décider, dans ce même
« cas de subrogation, que la convention. qui fixe
« l'époque du remboursement de la somme prêtée est
« une disposition essentiellement dépendante du con-
« trat de prêt, et que dès lors elle n'opère pas plus le
« droit gradué sous l'empire de la loi du 28 février 1872,
« qu'elle n'opérait le droit fixe sous l'empire de la lé-
« gislation antérieure. »

6711. Sous-comptoir d'escompte. — Le droit fixe
auquel sont spécialement assujettis les actes qui ont
pour objet de constituer des nantissements au profit

des sous-comptoirs par voie de transport ou autrement, et d'établir leurs droits comme créanciers, n'est pas applicable aux prorogations de délai accordées pour le remboursement de crédits ouverts par ces établissements et réalisés. Ces prorogations sont sujettes au droit gradué. — Seine. 29 mars 1873 :

« Attendu qu'aux termes de deux actes notariés du « 30 juill. 1872, le sous-comptoir des entrepreneurs « a prorogé d'un an deux crédits, l'un de 180,000 fr., « l'autre de 350.000 fr. ouverts à la Société Anssart et « Cie, et réalisés intégralement depuis cette époque ; « — que, lors de l'enregistrement de ces deux actes. « le receveur, considérant qu'ils renfermaient. sous « la qualification de prorogation de la durée des cré- « dits, une prorogation du délai de remboursement « des sommes dues par suite de la réalisation de ces « crédits, a perçu, en vertu de la loi du 28 févr. 1872, « art. 1er, n° 8. la somme de 864 fr. dont la Société « Anssart demande la restitution ;

« Attendu que les décrets des 25 mars et 4 juill. « 1848 et la loi du 10 juin 1853 disposent que : tous « actes qui auront pour objet de constituer les nantis- « sements au profit d'un sous-comptoir par voie de « transport ou autrement, et d'établir leurs droits « comme créanciers, seront enregistrés au droit fixe « de 2 fr. 20 c.; que lesdits décrets et lois ne font « aucune mention des prorogations de délai qui, « avant la loi de 1872, étaient, pour les sous-comptoirs « comme pour tous les contribuables. soumises au « droit fixe de 2 fr. ; — que la loi de 1872, en déter- « minant, suivant un tarif nouveau, la quotité du « droit fixe auquel sont assujetties les prorogations de « délai, n'a pas fait d'exception en faveur des sous- « comptoirs, restés, sous ce rapport, réduits au droit « commun après comme avant cette loi ; — que la loi « de 1872, à raison de la généralité de ses termes, de « sa volonté expresse de maintenir au droit qu'elle « transforme la nature légale du droit fixe, de son « silence à l'égard des sous-comptoirs, leur serait « applicable, lors même qu'il serait permis de com- « prendre les prorogations de délai au nombre des « actes ayant pour objet d'établir le droit des sous- « comptoirs comme créanciers, prévus par les décrets « de 1848 ; — qu'il n'y a aucun argument à tirer en « faveur des sous-comptoirs de ce que les ouvertures « de crédit consenties par eux ne sont, même aujour- « d'hui, frappées que d'un droit fixe de 3 fr. ; — que « si elles échappent, en effet, à la loi de 1871, c'est « par le double motif que pour les ouvertures de cré- « dit cette loi n'a fait qu'établir un nouveau mode de « perception des droits proportionnels, dont la loi de « leur institution affranchit les sous-comptoirs, et « que le rapport de la commission qui a préparé la loi « de 1871 déclare expressément maintenir à leur pro- « fit les immunités des décrets de 1848 ; — qu'on ne « trouve rien de pareil dans les travaux préparatoires « de la loi de 1872, et que, dans le silence de la loi, il « n'appartient pas aux juges de créer par voie d'inter- « prétation des exceptions et exemptions d'impôt. »

6712. Quittance. — La prorogation de délai pour le

paiement d'une somme *restant due* sur une plus forte est sujette au droit de quittance, parce que cet acte équivaut à un règlement de compte et que le créancier ne serait pas fondé à réclamer le payement intégral de la créance. — Dél. 10 sept. 1833 ; J. E. 10737.

6713. PROROGATION DE JURIDIC-TION. — Extension de la compétence d'un tribunal. — V. *Compétence.*

6714. PROSPECTUS. — Espèce d'avis imprimé portant un fait à la connaissance du public.

Les prospectus sont exempts de timbre. — 23 juin 1857, art. 12.

PROTÊT.

Ch. I. — Notions générales, 6715.

Ch. II. — Questions fiscales, 6722.

Ch. I. — Notions générales.

6715. Définition. — Le protêt est l'acte par lequel le porteur d'un effet de commerce fait constater que le tiré ou le souscripteur a refusé de l'accepter ou de le payer.

Il y a donc deux sortes de protêt : le protêt *faute d'acceptation* et le protêt *faute de paiement.*

6716. Protêt faute d'acceptation. — Le refus d'accep-tation est constaté par un acte que l'on nomme *protêt faute d'acceptation.* — C. com. 119. — L'acceptation ne peut être conditionnelle; mais elle peut être restreinte quant à la somme acceptée. Dans ce cas. le porteur est tenu de faire protester la lettre de change pour le surplus. — Id. 124.

6717. Protêt faute de paiement. — Le refus de paiement doit être constaté le lendemain de l'échéance par un acte que l'on nomme *protêt faute de paiement.* Si ce jour est un jour de fête légale, le protêt est fait le jour suivant. — Id. 162.

Le porteur n'est dispensé du protêt faute de paiement ni par le protêt faute d'acceptation, ni par la mort ou faillite de celui sur qui la lettre de change est tirée. Dans le cas de faillite de l'accepteur avant l'échéance, le porteur peut faire protester, et exercer son recours. — Id. 163.

6718. Acceptation en paiement par intervention. — Lors du protêt faute d'acceptation, la lettre de change peut être acceptée par un *tiers intervenant* pour le tireur ou pour l'un des endosseurs. L'intervention est men-

tionnée dans l'acte de protêt; elle est signée par l'intervenant. — Id. 126.

Une lettre de change protestée peut être payée par tout intervenant pour le tireur ou pour l'un des endosseurs. *L'intervention et le paiement* sont constatés dans l'acte de protêt ou à la suite de l'acte. — Id. 158.

6719. Par qui et chez qui le protêt doit être fait. — Les *protêts faute d'acceptation ou de paiement* sont faits par *deux notaires*, ou par un notaire et deux témoins ou par *un huissier et deux témoins.* Le protêt doit être fait au domicile de celui sur qui la lettre de change était payable, ou à son domicile connu; au domicile des personnes indiquées par la lettre de change pour la payer au besoin; au domicile du tiers qui a accepté par intervention; le tout par un seul et même acte. En cas de fausse indication de domicile, le protêt est précédé d'un acte de perquisition. — Id. 173.

6720. Forme. — L'acte de protêt contient la *transcription littérale* de la lettre de change, de l'acceptation, des endossements et des recommandations qui y sont indiqués; la sommation de payer le montant de la lettre de change, la présence ou l'absence de celui qui doit la payer; les motifs du refus de payer, et l'impuissance ou le refus de signer. — Id. 174.

Nul acte de la part du porteur de la lettre de change ne peut suppléer l'acte de protêt, hors le cas prévu par les art. 150 et suiv. touchant la perte de la lettre de change. — Id. 175.

6721. Obligations des officiers publics. — Les notaires et les huissiers sont tenus, à peine de destitution, dépens, dommages et intérêts envers les parties, de laisser copie exacte des protêts, et de les inscrire en entier, jour par jour et par ordre de dates, sur *un registre particulier*, coté, paraphé et tenu dans les formes prescrites pour les répertoires. — Id. 176.

Ch. II. — Questions fiscales.

6722. Tarif. — Le droit des protêts est de 1 fr., qu'il s'agisse d'un protêt simple, d'un protêt à deux domiciles, d'un protêt de deux effets, d'un protêt de perquisition, ou d'un protêt au parquet. — D. 23 mars 1848, art. 1.

6723. *Notaire.* — Ce tarif est applicable aux protêts faits par les notaires, attendu que ces protêts sont assimilés en tout point à ceux des huissiers et doivent être considérés comme des actes extrajudiciaires. — Dél. 2 juill. 1850.

6724. *Intervention.* — L'intervention forme une disposition indépendante du protêt et donne ouverture à un droit spécial de 1 fr. — Dél. 28 janv. -9 fév. 1842; I. 1668-5. — D. 23 mars 1848, art. 1. — Dél. 6 juin 1848; I. 1825-11.

6725. Délai. — Les actes de protêt faits par les notaires doivent être enregistrés dans le même délai que ceux faits par les huissiers, c'est-à-dire dans le délai de quatre jours. — Frim. art. 20. — 24 mai 1834, art. 23.

6726. *Protêt notarié enregistré tardivement.* — Par une conséquence nécessaire de cette assimilation, si un protêt notarié est enregistré après l'expiration du délai, on ne peut réclamer au notaire que l'amende de 5 fr. — D. F. 26 oct. 1840; I. 1634-12.

6727. Timbre des effets protestés. — Aucun notaire ou huissier ne peut protester un effet négociable ou de commerce non écrit sur papier du timbre prescrit, ou non visé pour timbre, sous peine de supporter personnellement une amende de 20 fr. pour chaque contravention; il est tenu, en outre, d'avancer le droit de timbre et les amendes encourues dans les cas déterminés par les art. 19. 20, 21 et 22 de la loi, sauf son recours contre les contrevenants. L'art. 13 L. 16 juin 1824 est abrogé en ce qu'il peut contenir de contraire à ces dispositions. — 24 mai 1834, art. 23.

Il est défendu aux receveurs d'enregistrer des protêts d'effets négociables sans se faire représenter ces effets en bonne forme, à peine d'une amende de 10 fr. — Brum. art. 25 et 26. — 16 juin 1824, art. 10.

Les lettres de change tirées par seconde, troisième ou quatrième, peuvent, quoique étant écrites sur papier non timbré, dans le cas de protêt, sans qu'il y ait lieu au droit de timbre et à l'amende, pourvu que la première, écrite sur papier au timbre proportionnel, soit représentée conjointement au receveur de l'enregistrement. — 1er mai 1822, art. 6.

6728. Dénonciation de protêt. — Les dénonciations de protêt sont assujetties au droit fixe de 1 fr. — D. 23 mars 1848, art 1.

L'assignation, soit au souscripteur, soit aux endosseurs de l'effet protesté, contenue dans la dénonciation, est un accessoire de cette dénonciation et ne saurait donner lieu à un droit particulier. — Dél. 6 juin 1848; I. 1825-11.

6729. Registre des protêts — Communication. — L'art. 52 frim. qui prescrit aux officiers publics et ministériels de communiquer leurs répertoires à toute réquisition des employés de l'enregistrement qui se présentent chez eux, contient une disposition générale qui s'applique spécialement à tous les registres tenus par les huissiers, et le registre prescrit par l'art. 776 C. com. est un répertoire spécial pour les protêts; d'où la conséquence que ce registre doit être communiqué aux employés de l'enregistrement, qui doivent constater par un procès-verbal le refus de communication qui leur serait opposé. — Soissons, 19 avril 1836; J. N. 9772. — Avignon, 4 avril 1837; J. N. 9772. — Châteaudun, 28 avril 1837; J. N. 9772. — Périgueux,

24 juin 1837 ; J. N. 9772. — Cass., 8 juill. 1839 ; J. E. 12344 ; J. N. 10463 ; I. 1601-22.—Seine, 29 déc. 1848 ; J. N. 13669,

Dans le cas de refus de communication, l'administration a le droit de poursuivre le recouvrement de l'amende encourue, en vertu de l'art. 52 frim. — Cass. 20 janvier 1840 ; J. E. 12478.

6730. *Visa trimestriel.* — Les registres des protêts ne sont pas soumis au visa trimestriel des receveurs, l'art. 176 C. com. ne dispensant point les officiers publics de porter les protêts sur le répertoire destiné aux actes de leur ministère. — I. 420.

6731. *Défaut de registre.* — Il n'y a pas lieu de constater la non-existence d'un registre particulier pour l'inscription des protêts dans l'étude d'un notaire qui n'a pas rédigé d'actes de cette nature. — D. F. 6 juin 1829 ; I. 1293-18.

6732. *Preuve des contraventions.*—Les registres des protêts, par cela même qu'ils doivent être communiqués, à toute réquisition, aux agents de l'Administration, peuvent fournir la preuve des contraventions que peuvent commettre les officiers publics qui les tiennent, sans qu'aucune allégation puisse être admise contre les faits relevés sur les registres et constatés par l'administration. Il suit de là que la transcription d'un protêt sur le registre des protêts établit la preuve régulière de l'existence du protêt, et que si ce protêt, ainsi que le billet protesté, n'ont pas été enregistrés, on est fondé à réclamer les droits d'enregistrement dont le Trésor a été frustré, et les amendes de contravention pour défaut d'enregistrement et omission au répertoire. — Rouen, 27 août 1825 ; J. E. 13860-3. — Seine, 29 déc. 1848 ; J. N. 13669.—Seine, 19 mars 1870 ; R. P. 3140.

6733. *Omission.* — Ce registre des protêts a une nature et un objet tout à fait distincts du répertoire : aussi l'omission d'un acte sur ce registre est une contravention à l'art. 176 C. com., qui ne tombe pas sous l'application de l'art. 49 frim., qui est spécial au répertoire général. — Seine, 24 févr. 1847 ; J. N. 12995. V. *Copie de pièces.*

6734. PROTOCOLE. — Se dit de l'intitulé des actes, et généralement de tout formulaire. Anciennement ce mot était employé pour désigner les cahiers ou registres de minutes que tenaient les notaires. — Dict. N. *eod. v°.*

6735. PROTUTEUR. — Tuteur chargé de l'administration des biens du mineur situés hors du territoire continental. — C. 417. — V. *Avis de parents.*

6736. PROVISION. — Ce mot comporte plusieurs significations. — V. *Jugement, Lettre de change.*

Il se dit de la somme existant entre les mains du tiré pour payer la lettre de change à l'échéance ; dans le commerce, on emploie, en ce sens, le mot *couverture.*

On entend aussi par provision la somme adjugée provisoirement à l'une des parties, en attendant le jugement définitif.

Un jugement est exécutoire par provision, lorsqu'on ne peut pas en paralyser l'exécution jusqu'à sa réformation.

6737. PRUD'HOMMES. — Juridiction spéciale, composée de négociants, de fabricants, de chefs d'ateliers et d'ouvriers choisis parmi les personnes les plus recommandables de leur profession.

6738. Attributions. — Les conseils de prud'hommes sont principalement institués : — 1° pour terminer, *par la voie de la conciliation,* les différends qui peuvent s'élever journellement, soit entre des fabricants et des ouvriers, soit entre des chefs d'ateliers et des compagnons ou apprentis ; — 18 mars 1806, art. 6.— 2° pour juger, entre les mêmes personnes, toutes les contestations, quelle qu'en soit la valeur, qui n'ont pu être terminées par la voie de la conciliation ; — D. 11 juin 1809, art 23. — 3° pour prononcer comme arbitres, sous l'autorité du tribunal de commerce, dans les contestations relatives aux marques de fabrique. — Id. art. 4, 6 et 12.

Ils statuent en dernier ressort jusqu'à concurrence de 100 fr., et à charge d'appel devant le tribunal de commerce, lorsque les sommes sont supérieures. Les jugements sont exécutoires par provision, à quelque somme que les condamnations s'élèvent, mais en fournissant caution, quand elles sont au-dessus de 300 fr. — D. 3 août 1810, art. 2 et 3.

6739. Enregistrement et timbre. — Dans les contestations entre patrons et ouvriers devant les conseils de prud'hommes, les actes de procédure, ainsi que les jugements et les actes nécessaires à leur exécution, sont rédigés sur papier visé pour timbre, conformément à l'article 70 de la loi du 22 frimaire an 7.—L'enregistrement a lieu en *débet.* — 7 août 1850, art. 1.

Ces dispositions sont applicables aux causes du conseil des prud'hommes portées en appel ou devant la Cour de cassation. — Id. art. 2.

Le visa pour timbre est donné sur l'original au moment de son enregistrement. — Id. art. 3.

La partie qui succombe est condamnée aux dépens envers le Trésor ; le recouvrement a lieu suivant les règles ordinaires contre les parties condamnées. — Id. art. 4.

6740. *Timbre.* — Le visa pour timbre a lieu en *débet,* et il est donné au moment de l'enregistrement.

Pour assurer le recouvrement des droits, le visa pour timbre de l'original des exploits doit faire connaître le montant des droits de timbre concernant les copies délivrées, aussi bien que le droit de timbre de l'original. — I. 1861.

6741. *Expédition.* — Les expéditions des jugements et autres actes doivent être présentées au visa en débet avant d'être délivrées aux plaideurs, si elles n'ont pas reçu le visa en même temps que les minutes. — I. 1861.

6742. *Limites de la loi.* — Le bénéfice du visa pour timbre en débet doit, suivant le rapport de la commission, demeurer dans les limites des contestations entre patrons et ouvriers ou entre ouvriers seulement. — I. 1861.

6743. *Enregistrement.* — L'enregistrement a lieu *en débet* au droit fixe de 50 c. pour les assignations et tous autres exploits devant les prud'hommes. — 28 avril 1816, art. 43, n. 2. — 7 août 1850, art. 1. — I. 1861.

6744. *Gratis.* — Toutefois, les citations, procès-verbaux de conciliation, jugements et actes devant les prud'hommes doivent être enregistrés *gratis*, toutes les fois qu'ils constatent que l'objet de la contestation n'excède pas en total 25 fr. — D. F. 20 juin 1809; I. 437. — 30 août 1847; I. 1796-11.

6745. *Recouvrement.* — Les droits des actes enregistrés en débet sur tous les actes, tant en action qu'en défense, relatifs à la même contestation, sont à la charge de la partie qui succombe; le jugement doit en porter condamnation au profit du Trésor, et le recouvrement doit en être poursuivi d'après les extraits des jugements qui doivent être fournis aux employés par les greffiers, conformément au dernier alinéa du § 1 de l'art. 70 frim. — I. 1861, 1879.

6746. *Actes préparatoires.* — En présence de cette disposition, on s'est demandé si les droits de timbre et d'enregistrement en débet des citations devant les conseils des prud'hommes doivent être considérés comme tombés en non-valeur, lorsque, à défaut de jugement définitif, il n'y a pas de partie condamnée contre laquelle le recouvrement puisse être poursuivi. Cette question est résolue par le texte même de la loi, qui exige qu'une condamnation soit prononcée, pour que les droits de timbre et d'enregistrement puissent être réclamés à la partie qui succombe. Aussi le M. F. a-t-il décidé, le 15 janvier 1852, que les droits de timbre et d'enregistrement en débet des citations devant les conseils des prud'hommes doivent être considérés comme tombés en non-valeur lorsqu'il n'y a pas de partie condamnée. Et l'Administration, en portant cette décision à la connaissance des employés par l'I. 1958, a reconnu que cette décision s'applique à tous les actes de procédure et jugements préparatoires intervenus avant le jugement définitif, quoiqu'elle ne le désigne pas, le défaut de condamnation ne permettant pas de réclamer les droits d'aucun des actes judiciaires ou extrajudiciaires auxquels la contestation a donné lieu.

6747. Juge de paix. — Assistance judiciaire. — L'art. 27 de la loi du 22 janvier 1851, sur l'assistance judiciaire, n'est qu'un appendice de la loi du 7 août 1850, concernant le visa pour timbre et l'enregistrement *en débet* des actes de procédure et des jugements relatifs à la juridiction des prud'hommes. Cet article 27 porte que les dispositions de la loi du 7 août 1850 sont applicables : 1° à toutes les causes qui sont de la compétence des conseils des prud'hommes, et dont les juges de paix sont saisis dans les lieux où ces conseils ne sont pas établis; 2° à toutes les contestations énoncées dans les n. 3 et 4 de l'art. 5 de la loi du 25 mai 1838. Ainsi, sans que les parties soient obligées de se faire admettre au bénéfice de l'assistance judiciaire, il y a lieu de viser pour timbre et d'enregistrer *en débet*, conformément à la loi du 7 août 1850, les actes de procédure devant la justice de paix, les jugements et les actes nécessaires à leur exécution, lorsqu'il s'agit de contestations entre les maîtres et les gens de travail, ouvriers, apprentis et domestiques, pour engagements et salaires. Ce privilège s'étend, en vertu de l'art. 2 de la loi du 7 août 1850, aux causes de cette nature portées en appel ou devant la Cour de cassation. — I. 1879.

6748. PUTATIF. — Qualité attribuée par erreur, ou indûment prise de bonne foi : *enfant putatif, mariage putatif.*

Q

6749. QUALITÉS. — C'est l'acte d'avoué contenant les noms, professions et demeures des parties qui figurent dans un jugement, leurs conclusions respectives, les points de fait et de droit. Toutes ces énonciations doivent être reproduites dans le jugement, et en précéder les motifs et le dispositif. — C. P. 142. V. *Avoué*.

6750. Timbre. — Les qualités contiennent un des éléments du jugement, et même sont indispensables pour le compléter. Il suit de là qu'elles doivent être rédigées sur papier timbré, alors même qu'elles ne sont pas signifiées. — Sol. 17 oct. 1821.

6751. *Notes.* — Mais les notes fournies aux greffiers des tribunaux de commerce pour la rédaction des jugements ne constituent que de simples renseignements et sont dispensées du timbre. — Sol. 8 oct. 1867 ; R. P. 2810.

6752. Règlement de qualité. — On ne peut considérer comme jugement un simple règlement de qualités, qui n'est susceptible ni d'opposition ni d'appel, qui n'est pas dans le cas d'être signifié, et qui n'est autre chose qu'une ordonnance d'ordre intérieur. Les décisions et ordonnances du juge ne doivent, en conséquence, être soumises, dans l'espèce, à aucun droit d'enregistrement. — D. F. 15 novembre 1816; I. 758.

6753. Réclamation de droits. — L'insuffisance d'une déclaration faite pour la perception peut résulter des qualités d'un jugement. — Riom, 5 août 1865 ; R. P. 3245.

6754. QUASI-CONTRAT. — Fait *licite*, purement volontaire, dont il résulte un engagement quelconque envers un tiers, et quelquefois un engagement réciproque des deux parties. C'est un engagement qui intervient sans convention. — C. 1370, 1371. — V. *Obligation*.

6755. QUASI-DÉLIT. — C'est le fait par lequel on cause du dommage à autrui, sans mauvaise intention, mais seulement par imprudence ou négligence. — V. *Obligation*.

6756. QUESTION PRÉJUDICIELLE. — Question qui, dans un procès, doit être jugée avant une autre, parce que celle-ci serait sans objet, si la personne qui l'élève succombait sur celle-là. — Dict. N. *eod. v°.*

Par exemple, si, dans une demande en partage d'hérédité, les héritiers opposent que le demandeur est étranger à la famille, il y a là une question préjudicielle à juger avant toute autre. — Merl. *eod. v°.*

6757. QUINT. — Ce que l'on payait pour l'acquisition d'un fief, au seigneur dont le fief était mouvant. — Favard, *eod. v°.*

QUITTANCE.

Cн. I. — Notions préliminaires, 6758.

Cн. II. — Enregistrement, 6761.

Cн. I. — Notions préliminaires.

6758. Définition. — La quittance est l'acte par lequel le créancier déclare qu'il a reçu du débiteur tout ou partie de l'objet de l'obligation.

6759. Forme. — La quittance peut être notariée ou sous signatures privées. C'est au débiteur à payer les frais de quittance. (C. 1248.) — Toullier, t. 7, n. 94. — Duranton, n. 780.

6760. Caractère translatif de la quittance. — Tout contrat d'*obligation* est *translatif*, puisqu'il fait passer à l'obligé la propriété de la chose qui est l'objet du

contrat (C. 1893). Il en résulte que tout contrat de *libération* est pareillement *translatif*, car ce n'est que par une transmission que la chose qui était devenue la propriété du débiteur peut redevenir celle du créancier.

CH. II. — ENREGISTREMENT.

SECT. I. — TARIF.

6761. **Tarif.** — Les quittances, remboursements ou rachats de rentes et redevances de toute nature et tous actes et écrits portant libération de sommes et valeurs mobilières sont sujets au droit de 50 c. %. — Frim. art. 69, § 2, n. 11. — 7 août 1850, art. 9. — 5 mai 1855, art. 15. — V. *Faillite.*

6762. *Dessaisissement.* — De quelque nature que soit le titre de la créance, dès qu'il y a eu obligation de sommes et valeurs mobilières, c'est le droit de 50 c. % qui doit être perçu sur l'acte qui constate l'extinction de l'obligation, car les termes de la loi ne comportent aucune distinction.

Ainsi, le droit proportionnel de libération et non le droit fixe de décharge est dû sur l'acte qui constate le paiement d'une somme donnée entre-vifs et stipulée payable à terme, car la donation a opéré la saisine actuelle du donataire et lui a constitué une créance contre la succession. — Cass. civ. 20 nov. 1839; Sir. 39. 1. 980; I. 1615-6; J. N. 10553. — Civ. 10 mars 1851; Sir. 51. 1. 267; I. 1883-12; J. E. 15152. — Lyon, 18 mars 1864; R. P. 2100.

6763. *Absence de dessaisissement.* — Mais si le créancier n'a pas été saisi de la chose qui fait l'objet du contrat, aucun droit de quittance ne peut être perçu par la suite. Ainsi :

6764. *Rapport.* — Le rapport des sommes prêtées par le défunt n'opère pas le droit de libération. Car :
« Aux termes de l'art. 829 C., l'héritier étant obligé
« de rapporter à la masse les dons qui lui ont été faits
« et les sommes dont il est débiteur, le silence de
« l'art. 843, relativement aux sommes dont l'héritier
« est débiteur, ne détruit pas cette disposition de
« l'art. 829. D'ailleurs, quoiqu'il soit vrai de dire que
« la succession a une action contre l'héritier débiteur,
« indépendamment de toute donation, on doit recon-
« naître aussi qu'il doit faire le rapport de sa dette,
« comme il fait le rapport d'une chose donnée; que,
« dès l'ouverture de la succession, cette dette en fait
« partie, et qu'il serait fondé à conserver la somme
« due jusqu'à concurrence de sa part dans la succes-
« sion, comme il serait fondé à conserver une somme
« donnée en avancement d'hoirie. Or, dès que l'origine
« de la dette, dès que la différence qu'il pouvait
« y avoir entre cette dette et une somme donnée
« s'efface, relativement au rapport qui doit en être fait
« par suite du décès du créancier, il s'ensuit qu'il ne
« peut non plus exister de différence dans la percep-
« tion. Ainsi, comme les rapports en nature de sommes
« données n'opèrent point de droit de libération, de
« même les rapports de sommes résultant de dettes ne
« doivent point en opérer non plus. » — Dél. 5 juin 1838.

6765. *Restitution du prix d'une vente annulée pour nullité radicale.* — Une vente annulée pour cause de nullité radicale n'a jamais existé ; si le prix de cette vente a été payé, il n'a pas été aliéné pour cela, et dès lors l'acte qui en constate le remboursement ne contient pas une libération et ne peut engendrer que le droit fixe. — *Contrà* : Sol. 11 juin 1825 ; Cont. 950.

6766. *Paiement d'une somme non due.* — Le paiement d'une somme qui n'est pas due n'est autre chose qu'un prêt, qu'une obligation. Par exemple, si l'acquéreur verse immédiatement entre les mains du vendeur le prix de la vente faite entre eux sous condition suspensive, le droit de 1 % est exigible. — Sol. belge, 7 oct. 1869 ; R. P. 3141.

6767. **Droit de titre.** — Quel est le droit exigible sur la quittance d'une somme payée en vertu d'une convention verbale ? est-ce le droit de quittance qu'il faut percevoir, ou le droit déterminé par la nature de la convention ?

La jurisprudence décide que le droit de la convention est dû si la quittance est de nature à former le titre de la convention ; dans ce cas, alors, le droit de quittance n'est pas perçu ; dans le cas contraire, il doit l'être à l'exclusion de tout autre. La difficulté, en cette matière, est tout entière dans l'appréciation des faits et circonstances.

Le droit de titre a été reconnu exigible : sur la quittance du prix d'une vente d'objets mobiliers détaillés ; — Sol. 16 avril 1831. — sur celle d'un prix de vente de pharmacie ; — Dél. 22 mars 1848 ; Dall. R. 247. — sur celle d'un prix de vente de meubles ; — Valenciennes, 17 août 1853. — Ch. Rig. 130. — sur celle d'un à-compte payé sur le prix de constructions ; — Seine, 18 déc. 1844. — sur celle du prix d'un marché ; — Rouen, 21 janv. 1864. — sur celle d'une somme due pour indemnité d'un remplacement militaire ; car cet acte établit, en définitive, l'obligation contractée par le remplaçant de libérer le remplacé du service militaire et de restituer le prix, dans le cas où, par son fait, le remplacé ne recueillerait pas le bénéfice espéré du contrat. — Civ. 12 mai 1847 ; Sir. 47. 1. 626; I. 1796-21 ; J. E. 14265.

Au contraire, ce droit a été reconnu non exigible : sur une quittance constatant le paiement d'une location verbale ; — Sol. 11 août 1811. — sur le remboursement d'une rente perpétuelle due sans titre ; — Dél. 12 juin 1824. — Rennes, 29 nov. 1847. — sur le paiement d'un à-compte sur le prix d'un marché. — Le Havre, 28 déc. 1864 ; R. P. 2171.

Ce dernier jugement jette un jour tout particulier sur la question, et il ne sera pas inutile de le mettre sous les yeux de nos lecteurs.

Par jugement du tribunal de la Seine du 29 nov. 1862, la comtesse de Pourtalès-Gorgier, mariée sous le régime dotal, a été autorisée à aliéner, jusqu'à concurrence d'un capital de 200,000 fr., une rente sur l'État de 35,546 fr., à la charge de faire emploi de ce capital à des réparations et constructions sur des terrains situés au Havre et lui appartenant. M⁰ Delapalme, notaire à Paris, a été commis pour recevoir cette somme de 200,000 fr., et pour payer les ouvriers et entrepreneurs d'après le règlement adressé par M. Ponthieu, architecte.

Un acte passé devant M⁰ Bérard, notaire au Havre, le 19 janv. 1863, après avoir rapporté ces faits, constate que M⁰ Delapalme a, du consentement des époux de Pourtalès, et sur l'indication de M. Ponthieu, payé une somme totale de 119,000 fr. aux sieurs Brien, architecte, Desrocques, maître menuisier, et Lucas, entrepreneur, « en raison de l'état de situation des travaux exécutés jusqu'à ce jour, conformément au devis présenté au tribunal. » Le sieur Brien a touché 5,000 fr. à valoir sur ses honoraires ; le sieur Desrocques, 12,000 fr. « imputables, jusqu'à concurrence de 6,500 fr., sur les travaux de réparation faits à une maison sise rue de Berry, n⁰ 25, et pour 5,500 fr. sur ceux de même nature faits à la maison rue Caroline, n⁰ 5, au Havre. » Les 102,000 fr. restants ont été remis au sieur Lucas et stipulés imputables pour 30,000 fr. « sur la maison construite rue Caroline, n⁰ 9, et pour 72,000 fr. sur celle construite à l'angle des rues des Pincettes et Bernardin-de-Saint-Pierre. »

Il n'a été perçu, lors de l'enregistrement de cet acte, que le droit de 50 c. % pour quittance sur la somme payée. Mais l'administration a pensé, depuis, que cette quittance constituait entre les parties la preuve d'un marché écrit, et que le droit de 1 fr. % était exigible ; elle a réclamé, en conséquence, par voie de contrainte, un supplément de droit de 714 fr. Sur l'opposition, le tribunal du Havre a rendu, le 28 déc. 1864, un jugement ainsi conçu :

« Attendu que l'administration entend justifier la « contrainte par elle décernée par deux motifs : 1° que « le paiement constaté dans la quittance du 18 janv. « 1863 fait supposer l'existence d'un marché écrit an-« térieur ; — 2° et qu'au moins cette quittance cons-« tate par elle-même ce marché en établissant la « garantie des entrepreneurs, son point de départ et « sa durée ;

« Attendu, quant au premier moyen, que l'existence « d'un marché antérieur est niée par les opposants ; « qu'il n'en est rapporté d'autre preuve par l'adminis-« tration que la présomption par elle tirée de cette « énonciation de l'acte, que les sommes sont reçues « par les entrepreneurs et architectes à valoir sur ce « qui leur revient pour leurs travaux de construction « et de réparations ; mais que cette énonciation n'est « nullement exclusive d'une convention verbale et « même de l'absence de toute convention sur la na-« ture, l'importance et le prix des travaux en cours « d'exécution ; qu'il n'est donc pas possible d'en tirer « les conséquences que nécessairement il y a eu un « marché, et encore moins un marché par écrit ;

« Que les termes de la quittance font même suppo-« ser le contraire, puisque les sommes sont versées non « à valoir sur ce qui serait dû en vertu d'une conven-« tion à forfait ou à prix fait, mais en raison de l'état « de situation des travaux exécutés conformément au « devis ; et qu'un devis n'est, par le sens ordinaire du « mot et de la définition de l'Académie, qu'une éva-« luation, la convention résultant non du devis, mais « du marché, s'il en a été fait ; — que le premier « moyen doit être écarté ;

« Attendu, quant au second, que d'abord il est évi-« dent que les parties n'ont voulu, par l'acte du « 19 janv. 1863, que constater des paiements, c'est-à-« dire faire une quittance, et nullement constater, « ostensiblement ou d'une manière occulte, les condi-« tions d'un contrat de louage d'industrie, soit à forfait, « soit à prix fait, c'est-à-dire un marché ;

« Qu'il ne reste donc qu'à rechercher si, arrière de « toute intention, elles l'ont fait ; — qu'il n'est pas pos-« sible de voir un marché dans un acte qui est complè-« tement muet sur la nature des travaux et sur leur « prix ; — que, pour les actes non assujettis à l'enre-« gistrement dans un délai fixé par la loi, la présenta-« tion de l'acte à l'enregistrement a pour but et pour « effet d'assurer aux parties l'existence des conventions « et leur date ; — que vainement on chercherait ces « avantages, quant au prétendu marché, dans l'enre-« gistrement de la quittance du 19 janv. 1863 ; — qu'il « est insignifiant, en droit, que la comtesse de Pourtalès « y puisse éventuellement trouver la preuve d'une res-« ponsabilité contre les entrepreneurs, et qu'il est « inexact, en fait, qu'elle y trouve la preuve du point « de départ de la durée de cette responsabilité, et les « entrepreneurs le point de départ de la prescription « contre son action ;

« Qu'en effet, ce sont les actes contenant marché, « c'est-à-dire, en matière de louage d'industrie, l'énon-« ciation des travaux et leur prix, qui sont passibles « du droit de 1 % en cas de présentation à l'enregis-« trement, et ce qui rend la délivrance des avantages que présente aux « parties l'accomplissement de la formalité ; que ces « avantages ne résulte pas de l'enregistrement de la « quittance du 19 janv., et qu'il n'est pas possible de « leur assimiler celui résultant de la preuve d'une « simple responsabilité éventuelle ; que soutenir le « contraire c'est aller jusqu'à dire que le droit d'obli-« gation devra nécessairement et contrairement au « texte même de l'art. 69, § 3, n° 2, et § 3, n° 1, de la « loi du 22 frim. an 7, être perçu sur toute quittance « donnée d'une somme prêtée verbalement, puisqu'aux « termes précis de l'art. 1376 C. celui qui reçoit ce qui « ne lui est pas dû s'oblige à le restituer à celui de qui « il l'a indûment reçu, et que toute quittance constate, « par suite, la preuve de la responsabilité incombant « éventuellement au signataire ; que l'assimilation de « cette hypothèse à l'espèce n'a rien de forcé, puisque « les sommes payées pour travaux ne sont légalement « dues qu'en cas de bonne exécution, et que l'action « en responsabilité intentée postérieurement peut être « considérée comme une répétition de l'indû ;

« Qu'il n'est pas exact que la quittance contienne la

« preuve du point de départ de la durée de la respon-
« sabilité et de la prescription contre l'action qu'en
« résulte, puisque la durée de la responsabilité
« commence à la fin des travaux, et que la quit-
« tance reconnaît qu'ils sont en cours d'exécution ;
« et que, d'un autre côté, il en est de même de la
« prescription, soit qu'on veuille la faire courir de
« l'achèvement des travaux ou de la manifestation des
« vices ;
« Par ces motifs, le tribunal dit à tort la contrainte
« délivrée le 3 juin dernier... et condamne l'adminis-
« tration aux dépens. »

6768. Exemption. — Sont exempts de l'enregistrement : les quittances des intérêts résultant d'inscription
sur le grand-livre ; les acquits des rescriptions, mandats
ou ordonnances de paiement sur les caisses publiques ;
les quittances de contributions, droits, créances et revenus payés à l'Etat ; celles pour charges locales ;
celles des fonctionnaires et employés salariés par
l'Etat, pour leurs traitements et émoluments ; les quittances relatives aux décharges, réductions, remises ou
modérations d'impositions ; celle pour prêt et fourniture, tant pour le service de terre que pour le service
de mer ; enfin les acquits de lettres de change, billets
à ordre ou autres effets négociables. — Frim. art. 70,
§ 3. — V. n. 6795 suiv.

SECT. II. — LIQUIDATION DU DROIT.

6769. Principe. — La liquidation du droit est déterminée, pour les quittances et autres actes de libération, par le total des sommes ou capitaux dont le
débiteur se trouve libéré. — Frim. art. 14, n. 3. — V.
Intérêts, Jugement.
Tel est le principe : le droit est perçu sur les sommes
dont le débiteur est libéré, sans que l'on ait à se préoccuper de celles dont il lui est donné quittance.

6770. Quittance pour solde. — La quittance *pour
solde* d'un capital donne ouverture au droit de 50 c. %
sur l'intégralité de ce capital, si les quittances antérieures n'ont pas été enregistrées, car c'est du capital
entier que le débiteur se trouve libéré. — Cass. belge,
21 oct. 1852 ; R. G. 10234. — Sol. belge, 9 déc. 1856 ;
R. P. 831.

6771. Délégation. — Lorsqu'un acte sous seings
privés établit que le débiteur d'une somme spécifiée
n'en doit plus qu'une partie dont il se libère au moyen
d'une délégation, au profit du créancier, il est dû, s'il
n'est pas justifié d'une quittance en forme, le droit de
libération sur la différence entre la dette primitive et
la somme déléguée. — Saint-Dié, 23 août 1851 ; J. E.
15283-2.

6772. Forfait. — Si, par un forfait, le débiteur
paie au nu-propriétaire de la créance de 11000 fr. la
somme de 6000 fr., moyennant quoi il obtient quittance
définitive, sauf à continuer à servir les intérêts de 11000
fr. à l'une des parties, le droit de quittance est dû sur
11000 fr. — Dél. 28 nov. 1834 ; J. E. 11162.

6773. Prorogation de délai. — La prorogation de
délai accordée au débiteur qui accepte, pour le paiement d'une somme restant due, n'ouvre aucun droit,
donne ouverture au droit de quittance sur le surplus, à
moins qu'il ne soit justifié d'actes enregistrés. — Dél. 10
sept. 1833 ; J. E. 10737.

6774. Déclaration estimative. — Si les capitaux
dont le débiteur se trouve libéré ne sont pas déterminés dans l'acte, le receveur doit demander une déclaration estimative, conformément à la disposition
générale de l'art. 16 frim. — Charleville, 30 déc. 1836 ;
J. E. 11992.

6775. Célébration de mariage équivalant à quittance.
— Lorsque, dans un contrat de mariage, il est stipulé
qu'une partie de la dot constituée à la future par ses
père et mère sera payée le jour même de la célébration du mariage, *qui vaudra quittance*, l'acte
ultérieur par lequel le mari déclare avoir reçu la
somme formant le solde de la dot est passible du droit
de 50 c. % seulement sur le complément de la dot,
dont cet acte constate le paiement. En effet, la stipulation du contrat de mariage portant que la célébration
de mariage vaudra quittance d'une partie de la dot
équivaut à la quittance même donnée dans le contrat,
puisque cet acte n'acquiert sa perfection que par la
célébration du mariage. Or, aux termes de l'art. 10
frim., la quittance donnée dans un acte de transmission
de biens n'est point sujette à un droit particulier d'enregistrement. — Dél. 23 fév. 1852 ; J. N. 14684.

SECT. III. — DISPOSITIONS INDÉPENDANTES.

6776. Principe. — Dans le cas de transmission de
biens, la quittance donnée par le même acte, pour
tout ou partie du prix, entre les contractants, ne peut
être sujette à un droit particulier d'enregistrement. —
Frim. art. 10.

6777. Office. — Cette disposition est applicable
quelle que soit la quotité du droit exigible pour la
transmission et, par exemple, aux cessions d'office,
car les transmissions d'offices sont assujetties au
droit proportionnel. Ainsi la quittance de l'obligation
contenue dans l'acte de cession pour tout ou partie du
prix, soit de l'office, soit des créances ou autres valeurs
mobilières, ne donne point ouverture à un droit particulier d'enregistrement. — I. 1514.

6778. Parties autres que les contractants. — Mais
l'affranchissement du droit est limité à la quittance de
tout ou partie du prix *entre les contractants*. Si donc

les créanciers du vendeur, délégataires ou non, interviennent à l'acte de vente et donnent quittance à l'acquéreur de tout ou partie du prix, le droit de quittance est exigible :

« Attendu que, dans l'acte du 23 sept. 1840, il n'y « a que deux parties réellement contractantes, savoir : « Casati, vendeur, et Puy, acquéreur ; — que si les « créanciers de Casati sont intervenus à l'acte, ce « n'est que pour recevoir leur paiement et donner « quittance des sommes qui leur étaient déléguées ; « mais que cette intervention était tout à fait inutile « pour la perfection et la validité du contrat de vente, « qui était déjà légalement formé par le seul consen- « tement du vendeur et de l'acheteur et sur la chose et « sur le prix ; — attendu que la clause qui constate « le paiement fait à ses créanciers forme évidemment « une disposition tout à fait distincte et indépendante « de la vente même ; — qu'en effet, non-seulement « l'acquéreur Puy se trouve libéré vis-à-vis de son « vendeur, par suite de ce paiement, ce qui, aux « termes de l'art. 10 de la loi du 22 frim. an 7, ne « donne lieu à aucun droit particulier d'enregistre- « ment, mais que le vendeur Casati se trouve lui- « même libéré vis-à-vis de ses créanciers ; — attendu « que cette dernière libération ne résultait pas néces- « sairement et virtuellement du contrat de vente inter- « venu entre Puy et Casati ; qu'elle ne pouvait donc « s'opérer qu'à l'aide d'une stipulation spéciale qui « aurait pu elle-même donner lieu à la rédaction d'un « acte particulier ; qu'ainsi le droit de quittance a été « légalement perçu par le préposé de l'enregistrement ; « — déboute. » — Lyon, 10 août 1841. — V. dans le même sens : Laon, 15 janv. 1833. — Seine, 17 juin 1852 ; J. N. 15010.

6779. Quittance par un autre acte. — Il faut, de plus, que la quittance soit donnée dans l'acte même de transmission.

Ainsi, lorsque le droit de mutation a été perçu sur un acte judiciaire constatant l'existence d'une vente d'immeubles, le droit de quittance est dû sur l'acte ultérieur qui établit la libération de l'acquéreur, lors même qu'il y serait déclaré que le paiement a eu lieu comptant. — Saint-Omer, 9 août 1850 ; J. E. 15058.— Douai, 4 déc. 1862 ; R. P. 1716.

Lorsqu'une vente a été faite à la mesure et que le prix est quittancé par l'acte ultérieur qui constate la mensuration définitive, le droit de quittance est dû sur cet acte concurremment avec un supplément de droit de vente, s'il y a lieu, car le premier acte constatait la transmission, et ce n'est pas dans cet acte que le prix a été quittancé. — Marseille, 29 août 1871 ; R. P. 3502.

De même encore, si l'on a vendu des biens prove- nant d'un partage testamentaire fait par des père et mère dont l'un est décédé, et que le prix n'ait été tou- ché que pour la part venant de la succession ouverte. on ne peut se soustraire au payement du droit de quit- tance sur l'autre moitié du prix, en donnant, après le décès du second donateur, la forme d'une vente com- plémentaire au paiement de ce restant de prix. — Laon, 26 fév. 1849 ; J. E. 14861.

6780. *Vente sous condition suspensive.* — Lorsqu'une vente a été consentie sous une condition suspensive, et que dans l'acte qui constate l'accomplissement de la condition on donne quittance du prix, on ne peut per- cevoir le droit de quittance en même temps que celui de vente, attendu que la vente et la quittance se trou- vant simultanément constatées, par suite de l'accom- plissement de la condition, la quittance se trouve exempte de tout droit, d'après la règle commune. — Dél. 11 mai 1842 ; J. E. 13066.

6781. Quittance dans l'acte de transmission. — Dès que la quittance du prix est donnée dans l'acte même de transmission, elle ne peut donner ouverture à aucun droit, lors même que la transmission se trouverait, par une disposition spéciale, affranchie du droit propor- tionnel.

Ainsi, le droit de quittance ne doit pas être perçu sur l'acte, sujet au droit fixe gradué, qui constate une vente d'immeubles situés à l'étranger. — Dél. 11 août 1821.

Le prix d'un bail de biens situés à l'étranger, quoi- que stipulé payable en France et hypothéqué sur des biens français, n'est passible d'aucun droit proportion- nel. — Dél. 9 avril 1825 ; J. N. 5092.

Dans une espèce où le prix de la vente, passée en France, de l'immeuble situé en pays étranger, avait été converti en une rente perpétuelle payable en France, jugé que le droit de 2 %, comme constitution de rente, n'était pas exigible, attendu que cette rente, étant réel- lement le prix de la vente, s'en trouvait une des dispositions essentielles, qui ne pouvait donner ouverture à un droit particulier. — Valenciennes, 24 fév. 1841 ; J. N. 11146.

6782. Double libération. — Si dans l'acte même de vente, l'acquéreur paie son prix aux créanciers *inscrits*, *non délégataires*, du consentement du vendeur, il n'est dû qu'un seul droit de quittance, le créancier inscrit étant subrogé de plein droit aux lieu et place du ven- deur, et l'acquéreur, en recevant quittance du créancier, étant valablement libéré envers le vendeur. — Limo- ges, 2 mars 1837 ; Acq. dél. 4 août 1837 ; I. 1562-24 ; J. N. 9932.

Seulement, dans un cas, il doit être perçu un droit de 3 fr. sur le consentement du vendeur. — I. 1562-24.

Même règle lorsque le prix est payé en vertu d'un ordre amiable. — Compiègne, 24 août 1837 ; J. E. 11886-2.

6783. *Créanciers chirographaires.* — Mais si l'ac- quéreur paie son prix aux créanciers chirographaires en présence et du consentement du vendeur, le droit de double libération est exigible, car le prix n'était dû qu'au vendeur, et l'acquéreur ne pouvait se libérer qu'entre ses mains, puisqu'il n'y avait pas de créancier hypothécaire. — R. G. 10220-2.

6784. *Créance donnée en garantie.* — De même, si une créance donnée en garantie d'une obligation n'a pas été transportée d'une manière définitive, l'acte par lequel le débiteur paie la créance au délégataire, en présence du créancier, donne ouverture à deux droits de libération, attendu que le créancier n'a pas été dessaisi de sa créance par la garantie qu'il a donnée. — Dél. 18 mars 1836 ; J. E. 11620.

SECT. IV. — SOLUTIONS DIVERSES.

6785. **Acte de complément.** — Lorsque l'acquéreur d'un immeuble, dont le prix était-payable au vendeur ou à ses créanciers inscrits, a versé avec subrogation (C. 1251-2) une certaine somme entre les mains de ces créanciers, par un acte postérieur au contrat de vente et sur lequel le droit de 50 c. % a été perçu, il n'est point dû un nouveau droit de quittance, en ce qui concerne cette même somme, sur le procès-verbal d'ordre amiable qui déclare que les créances des créanciers désintéressés par l'acquéreur demeurent compensées jusqu'à due concurrence, à raison du paiement effectué par ce dernier. — Cass. civ. 5 janv. 1869 ; R. P. 2838.

6786. **Déclaration.** — La déclaration de paiement émanant du débiteur seul ne peut pas engendrer le droit de quittance ; car il n'est pas possible de se faire un titre à soi-même. — Dél. 15 mai 1811. — Cass. 13 mai 1811.

6787. *Déclaration du créancier.* — La déclaration du créancier seul est sujette au droit de quittance, attendu qu'elle équivaut à un aveu et fait titre au profit du débiteur.

Ainsi jugé dans une espèce où un mari se reconnaissait nanti de la dot constituée à sa femme dans son contrat de mariage, et dont aucun acte antérieur n'avait constaté le paiement — Cass. 2 mai 1837 ; J. E. 11800 ; I. 1562-23.

Si un seul acte contient plusieurs quittances, on est fondé à percevoir le droit sur toutes les sommes payées et qui libèrent les débiteurs, quoique quelques-uns ne soient pas présents à l'acte. — Seine, 25 janv. 1843 ; J. E. 13181.

Cependant, décidé que la déclaration par le mari qui effectue un remploi au nom de sa femme, que les deniers servant à ce remploi proviennent d'une dot payable à terme, ne donne pas lieu au droit de quittance, si cette déclaration n'a pas pour but de constater le paiement de la dot, mais simplement de motiver le remploi. — Sol. 21 janv. 1869 ; R. P. 3055.

6788. *Déclaration d'un tiers.* — La déclaration de paiement faite par un tiers né peut pas, en règle générale, donner ouverture au droit de quittance, car le créancier seul a qualité pour recevoir le paiement et libérer son débiteur. — Dél. 15 mai 1811. — V. *Contrat de mariage.*

6789. **Etranger.** — La quittance, passée en France, du prix d'une vente de biens situés en pays étranger, est passible du droit de libération, lorsqu'elle est donnée par un acte *postérieur* au contrat de vente, parce que la loi n'ayant excepté du droit proportionnel que les actes translatifs de biens situés à l'étranger, tous autres actes relatifs à ces biens sont soumis aux droits ordinaires. — Seine, 13 mars 1833 ; J. E. 10604.

6790. **Intervention.** — Est passible du droit fixe de 3 fr. la clause de la quittance constatant l'intervention à l'acte des frères et sœurs du débiteur, qui reconnaissent que la somme payée provient de ses épargnes. — Sol. belge, 12 août 1870 ; R. P. 3345.

6791. **Livres de commerce.** — Le droit de quittance n'est pas exigible sur l'extrait des livres d'un commerçant, quoique certifié par lui, attendu que cet extrait ne libère que sauf vérification. — Dél. 15 juin 1825.

6792. **Prix de vente réglé en billets.** — Si l'acquéreur souscrit des billets causés valeur pour quittance du prix de vente, il n'y a pas libération actuelle, mais engagement de se libérer à une époque déterminée ; par conséquent, l'acte qui constate ultérieurement le paiement des billets est distinct de l'acte de vente et ne peut être considéré comme un acte complémentaire. Dès lors, la disposition de l'art. 10 frim. ne peut le soustraire au paiement du droit de quittance. — Cass. civ. 5 nov. 1834 ; I. 1481-12 ; J. E. 11068 ; Sir. 35. 1. 119. — *Contrà :* Seine, 16 déc. 1864 ; R. P. 2115.

Lorsqu'il est stipulé, dans un contrat de vente d'immeubles, que le prix a été payé à l'instant même au vendeur, qui a déclaré *tenir quitte l'acquéreur,* en un mandat de pareille somme sur le receveur général des finances, payable à quatre-vingt-dix jours, temps pendant lequel l'acquéreur devra remplir les formalités de la purge, cette disposition n'emporte pas quittance du prix de la vente. Dès lors, si, par un acte postérieur, le vendeur se reconnaît entièrement désintéressé et donne purement et simplement mainlevée de l'inscription d'office prise par le conservateur des hypothèques, au moment de la transcription du contrat, le droit de quittance doit être perçu. — Cass. civ. 26 mars 1849 ; Sir. 49. 1.433 ; I. 1837-4 ; J. E. 14718.

CH. III. — TIMBRE.

SECT. I. — DISPOSITIONS GÉNÉRALES.

6793. **Quittances en général.** — Tous actes et écritures, soit publics, soit privés, devant ou pouvant faire titre, ou être produits pour décharge, sont assujettis au timbre de dimension. — Brum. art. 12, n. 1. — Il est prononcé une amende de 50 fr. pour chaque acte ou écrit s. s. p. fait sur papier non timbré et une amende de 20 fr. pour chaque acte public écrit sur papier non timbré. — Brum. art. 26. — 2 juill. 1862, art. 22. — 23 août 1871, art. 23.

Sont exemptes du timbre, les quittances de traitement et émoluments des fonctionnaires et employés salariés par l'État; les quittances ou récépissés délivrés aux percepteurs et receveurs de deniers publics; celles que les percepteurs des contributions directes peuvent délivrer aux contribuables; celles des contributions indirectes qui s'expédient sur les actes, et celles de toutes autres contributions qui se délivrent sur feuilles particulières, et qui n'excèdent pas 10 fr.; les quittances des secours payés aux indigents, et indemnités pour incendies, inondations, épizooties et autres cas fortuits, et toutes autres quittances, même celles entre particuliers, pour créances et sommes non excédant 10 fr., quand il ne s'agit pas d'un à-compte ou d'une quittance finale sur une plus forte somme. — Brum. art. 16, n. 1.

6794. Quittances délivrées par les comptables publics. — Le timbre des quittances de produits et revenus de toute nature délivrées par les comptables de deniers publics est fixé à 25 c., sans addition de décimes. Le droit est perçu au moyen de l'apposition de timbres mobiles. La délivrance de ces quittances est obligatoire. Le prix du timbre, lorsqu'il est exigible, s'ajoute de plein droit au montant de la somme due et est soumis au même mode de recouvrement. Sont maintenues les dispositions de l'article 16 de la loi du 13 brumaire an 7 concernant les contributions directes, et celles des articles 19 et et 243 de la loi du 28 avril 1846, relatives aux quittances des douanes et à celles des contributions indirectes. — 8 juill. 1865, art. 4. — D. 21 juill. 1865. art. 1. — 23 août 1871, art. 2.

Les quittances et acquits des douanes et des contributions indirectes sont marqués d'un timbre spécial dont le prix est recouvré par les employés de ces administrations. — 28 avril 1816, art. 19 et 243.

Les reconnaissances de valeurs cotées et délivrées par les employés des postes sont exemptes de timbre. — 25 janv. 1873. art. 8.

SECT. II. — TIMBRE SPÉCIAL.

6795. Quittances sous signatures privées. — Sont soumis à un droit de timbre de 10 centimes, les quittances ou acquits donnés au pied des factures et mémoires, les quittances pures et simples, reçus ou décharges de sommes, titres, valeurs ou objets et généralement tous les titres, de quelque nature qu'ils soient, signés ou non signés, qui emporteraient libération, reçu ou décharge. — Le droit est dû pour chaque acte, reçu, décharge ou quittance; il peut être acquitté par l'apposition d'un timbre mobile, à l'exception toutefois du droit sur les chèques, lesquels ne peuvent être remis à celui qui doit en faire usage sans qu'ils aient été préalablement revêtus de l'empreinte du timbre à l'extraordinaire. — Le droit de timbre de 10 c. n'est applicable qu'aux actes faits sous signatures privées et ne contenant pas de dispositions autres que celles spécifiées ci-dessus. — 23 août 1871, art. 18.

Sont seuls exceptés du droit de timbre de 10 c. : 1° les acquits inscrits sur les chèques, ainsi que sur les lettres de change, billets à ordre et autres effets de commerce assujettis au droit proportionnel; — 2° les quittances de 10 fr. et au-dessous, quand il ne s'agit pas d'un à-compte ou d'une quittance finale sur une plus forte somme; — 3° les quittances énumérées en l'article 16 de la loi du 13 brumaire an 7, à l'exception de celles relatives aux traitements et émoluments des fonctionnaires, officiers des armées de terre et de mer, et employés salariés par l'Etat, les départements, les communes et tous les établissements publics; — 4° les quittances délivrées par les comptables de deniers publics, celles des douanes, des contributions indirectes et des postes, qui restent soumises à la législation qui leur est spéciale. — 5° les quittances, reçus ou décharges de toute nature, les reconnaissances et reçus donnés, soit par lettres, soit autrement, pour constater la remise d'effets de commerce à négocier, à accepter ou à encaisser. — Toutes autres dispositions contraires sont abrogées. — Id. art. 20. — 30 mars 1872, art. 4.

Art. I. — Exigibilité du droit de timbre.

6796. Nomenclature — Nous reproduisons ci-dessous deux circulaires du directeur général de la comptabilité publique qui tranchent un grand nombre de difficultés soulevées par l'application des lois sur le timbre des quittances.

6797. *Circulaire du 14 avril 1872.* — L'application de la loi du 23 août 1871 a donné lieu à différentes questions d'interprétation qui ont, pour la plupart, été résolues, de concert avec l'administration de l'enregistrement, de la manière indiquée ci-après. Je vous invite, dans l'intérêt du Trésor comme dans votre intérêt personnel, à assurer la ponctuelle exécution de ces dispositions.

Je rappellerai d'abord que la circulaire aux payeurs du 30 mars 1844, n° 140, § 4, avait recommandé à ces comptables de contrôler la régularité des perceptions de droit de timbre et d'enregistrement qui se trouvent constatées sur les actes produits à l'appui des paiements, et, dans le cas de dissentiment avec l'ordonnateur, d'en déférer au directeur de l'enregistrement de leur département, à l'autorité duquel ils devaient toujours déférer. Si donc il se présentait une difficulté non prévue dans la présente Instruction, il conviendrait, par analogie, de prendre tout d'abord l'avis de ce directeur et d'y avoir égard, sauf à me saisir de la question, en cas de dissentiment sérieux.

Malgré l'explication contenue dans le dernier alinéa, § 2, de la circulaire du 1er décembre dernier, quelques comptables éprouvent de l'incertitude sur la quotité du droit de timbre exigé pour les mandats de paiement. Je dirai encore un mot à ce sujet.

Les quittances, reçus ou décharges étaient déjà assujettis au timbre par des lois antérieures; mais la loi du 23 août a modifié le principe du droit, le tarif et le mode de perception.

Ainsi, les mandats de paiement étaient passibles, à cause de l'acquit des parties prenantes, d'un droit de timbre de 50 centimes, quelle que fût la dimension du papier ; ce droit n'est plus aujourd'hui que de 10 centimes, et il remplace celui de 50 centimes. Quant aux factures ou mémoires qui accompagnent lesdits mandats, ils doivent toujours être rédigés sur papier timbré, suivant la dimension, au prix de 60 centimes, 1 fr. 20 c., 2 fr. 40 c., etc., et si le *pour acquit* est donné sur ces pièces, on doit y apposer en outre le timbre spécial de quittance, qui est de 10 centimes ; mais, dans ce cas, la quittance souscrite au bas du mandat est simplement d'ordre et n'est assujettie à aucun timbre.

Toutefois, on remarquera que les états de journées d'ouvriers employés aux travaux communaux et aux chemins vicinaux de grande et de moyenne communication, qui étaient établis sur timbre de dimension, en raison de ce que ces états collectifs devaient être considérés comme une seule pièce comptable, et que ces différents acquits qui s'y trouvent portés concernent une seule et même dépense, ne sont plus assujettis à cette formalité. D'après la nouvelle loi, la quittance de chacune des parties prenantes devra donner lieu à l'apposition d'un timbre de 10 centimes, lorsqu'elle sera au-dessus de 10 francs.

Je vais maintenant énumérer les principales quittances qui sont ou non passibles du droit de timbre.

Contributions et revenus publics.

1. Contributions directes et taxes y assimilées (redevances des mines, taxe des biens de mainmorte, droits de vérification des poids et mesures, droits de visites chez les pharmaciens, contributions sur les chevaux et voitures, taxe sur les billards et taxe sur les cercles).

Exemption de timbre pour les quittances à souche délivrées par les percepteurs aux contribuables, et pour les récépissés des receveurs des finances aux percepteurs. L'exemption contenue à l'art. 17 de la loi du 13 brumaire an 7 a été maintenue par l'art. 20 de la loi du 23 août 1871.

2. Produits des coupes et aliénation de bois de l'Etat.

Timbre de 25 centimes pour les récépissés délivrés aux adjudicataires, qu'il s'agisse de versements en numéraire ou en traites et obligations. Le récépissé ne constate ordinairement, il est vrai, que la libération provisoire du débiteur (la remise des traites); mais il peut lui servir à justifier de l'accomplissement de cette obligation, qui lui est imposée par le cahier des charges.

3. Produits universitaires.

Timbre de 25 centimes pour les quittances à souche délivrées par les secrétaires-agents comptables des facultés et établissements d'enseignement supérieur. Exemption de timbre pour les récépissés des receveurs des finances aux agents comptables. Timbre de 10 centimes pour les quittances de remboursement de consignation

4. Taxes de la télégraphie privée.

Exemption de timbre pour les quittances à souche des percepteurs aux receveurs de stations télégraphiques, et pour les récépissés des receveurs des finances auxdits receveurs des stations et aux percepteurs.

5. Retenues pour le service des pensions civiles.

Exemption de timbre quand les retenues ne sont qu'un prélèvement opéré sur les traitements et ne constituent pas un versement effectif. Dans le cas contraire, le versement des retenues est soumis à un droit de timbre de 25 centimes.

6. Taxe de brevets d'invention.

Timbre de 25 centimes. Les versements concernent des intérêts privés et les récépissés opèrent la libération des débiteurs. Timbre de 10 centimes pour les restitutions de taxes dans les cas autorisés.

7. Pensions et trousseaux des élèves des écoles du gouvernement.

Les *récépissés* délivrés aux parties sont sujets au timbre de 25 centimes, sauf ceux qui concernent l'Ecole militaire de Saint-Cyr et l'Ecole de Brest, dont les élèves sont considérés comme *gens de guerre* (Lois du 13 brumaire an 7, art. 16, et du 29 juillet 1871, art. 20). Pour ces deux écoles, le timbre n'est pas dû. Il est dû également lorsque les pensions sont payées, à titre de bourses, par les départements ou les communes ; mais alors la quittance d'ordre donnée sur le mandat imputable sur le budget départemental ou communal n'est pas soumise au timbre, parce que le récépissé timbré est joint au mandat, et que celui-ci est quittancé simplement pour ordre.

8. Retenue de 2 pour 100 sur la solde des officiers de terre et de mer.

Exemption de timbre par les mêmes motifs qu'en ce qui concerne les retenues pour pensions civiles (§ 5).

9. Retenue pour cause de cumul des fonctionnaires députés.

Exemption de timbre par les mêmes motifs.

10. Produit de la vente des publications du gouvernement.

Assujettissement au timbre de 25 centimes. Il s'agit d'intérêts privés, et le récépissé opère la libération du débiteur.

11. Produit du travail dans les ateliers et prisons militaires.

Les récépissés sont soumis au timbre de 25 centimes quand les versements sont faits directement par les redevables. Exemption lorsqu'ils ont lieu par intermé-

diaire, c'est-à-dire par un greffier ou agent comptable, qui a dû exiger le timbre au moment de la constatation de la recette réelle.

12. Frais de surveillance des lignes télégraphiques électriques.

Assujettissement au timbre de 25 centimes, les frais de surveillance étant, non un impôt, mais une charge de la concession, et le récépissé pouvant servir de justification de l'acquittement de cette charge.

13 Produits des maisons centrales de force et de correction, et produits des prisons départementales.

Les récépissés sont soumis au timbre de 25 centimes quand les versements sont faits directement par les redevables. Exemption lorsqu'ils ont lieu par un intermédiaire (voir § 11).

14. Recettes accidentelles à différents titres.

Sont en général sujets au timbre de 25 centimes :

1° Les récépissés relatifs aux débets envers l'Etat, parce qu'ils peuvent servir aux parties versantes à justifier de leur libération. Toutefois, les débets pour pensions des élèves de l'Ecole de Saint-Cyr et de l'Ecole navale sont exempts de timbre (voir le § 7 ci-dessus) ;
2° Les récépissés pour versements du prix d'objets mobiliers cédés par l'Etat à des particuliers ;
3° Les sommes acquises au Trésor à titre de dommages-intérêts pour inexécution de marchés ;
4° Les versements faits par les associations, entreprises ou industries qui ont obtenu des prêts sur les fonds de l'Etat;
5° Les sommes restituées à l'Etat par d'anciens élèves boursiers des écoles normales primaires;
6° Le produit de la vente des marchandises et des poudres abandonnées en douane et dans les magasins de l'Etat;
Et, en général, toutes les recettes imprévues et accidentelles effectuées par des particuliers.
Sont exempts du timbre de 25 centimes :
1° Les récépissés pour versements faits par des corps de troupes ou des militaires, marins, ouvriers de port, et, en général, par les *gens de guerre*, quels qu'ils soient et quels que soient les objets des versements (Lois du 13 brumaire an 7, art. 16, et du 23 août 1871, art. 20) ;
2° Les récépissés effectués par les comptables publics, lorsqu'il s'agit de simples virements de fonds ou d'opérations de trésorerie (*idem*) ;
3° Les récépissés pour reversements de trop-payé, ces reversements n'étant que la suite d'erreurs, et ne constituant, dès lors, que des opérations d'ordre intérieur.
Est soumise au droit de 10 c. toute annulation de recette donnant lieu à un remboursement effectif en numéraire et quittance par la partie remboursée.

15. Produits éventuels départementaux.

Sont sujets au timbre de 25 c. les récépissés des receveurs des finances relatifs :

1° Aux produits de vente des propriétés tant mobilières qu'immobilières ;
2° Aux revenus de ces dernières propriétés;
3° Aux droits de péage, lorsqu'ils sont affermés ;
4° Aux ressources des sociétés d'agriculture et des comices agricoles, ainsi qu'aux ressources applicables aux cours d'accouchement;
5° Aux frais et honoraires à la charge des particuliers pour travaux publics ;
6° Aux produits de dons, legs et donation ;
7° Aux emprunts départementaux ; toutefois, si, à raison de leur forme ou des circonstances de leur délivrance, ces récépissés peuvent être considérés comme constituant, dans les mains des porteurs, des titres d'obligations provisoires ou définitifs ils sont passibles, non du timbre de 25 centimes, non plus que du timbre de dimension, mais du timbre proportionnel établi par l'art. 27 de la loi du 5 juin 1850, à moins qu'il n'ait été contracté un abonnement en exécution de l'art. 31 de la même loi ; dans ce dernier cas, il n'y a lieu qu'à la taxe d'abonnement ;
On doit notamment considérer comme constituant des titres provisoires régis par la loi du 5 juin 1850 les récépissés délivrés pour la réalisation d'emprunt faits à des particuliers par voie de souscription, lorsque, d'après les conditions arrêtées, ils doivent être remplacés par des titres définitifs extraits de registres à souche, conformément à l'art. 28 de la même loi ;
8° Aux ressources afférentes aux chemins de grande communication (contingents communaux, souscriptions particulières, etc.) ;
9° Aux subventions de l'Etat ;
10° Et, en général, à tous les produits divers et éventuels recouvrés sur les communes et les particuliers.
Sont exempts de timbre les récépissés relatifs :
1° Aux droits d'expédition d'actes des préfectures et des sous-préfectures, ces droits étant perçus par un agent intermédiaire, qui les reverse à la recette des finances ;
2° Aux droits de péage, lorsqu'ils ne sont pas affermés : ils sont, dans ce cas, perçus par un intermédiaire;
3° Aux remboursements d'avances et aux reversements de trop-payé, ces remboursements et reversements constituant de simples opérations d'ordre intérieur;
4° Aux quittances délivrées par les agents du service vicinal qui acquittent soit en argent, soit en nature, leurs journées de prestations, cette taxe étant assimilée aux contributions directes pour lesquelles il y a exemption de timbre (voir n° 1).
Sont soumises au timbre de 10 c. les quittances de remboursement par voie d'annulation de recette.

16. Produits destinés aux dépenses des écoles primaires, et produits destinés au service de l'instruction primaire.

Sont assujettis au timbre de 25 centimes les récépissés relatifs :

1° Aux intérêts des fonds placés à la Caisse des dépôts;

2° Aux subventions des départements et des communes ;

· 3° Aux pensions, compléments de pensions ou autres rétributions et frais à la charge des élèves ou des familles des élèves ;

4° Aux remboursements de prix de bourses par d'anciens élèves ;

5° Aux prix de bourses créées par des particuliers ;

6° Aux bourses créées par les départements, les communes et les établissements charitables. Dans ce cas, le mandat, imputable sur le budget du département. de la commune ou de l'établissement, n'est pas soumis au timbre, parce que le récépissé timbré est annexé au mandat, et que celui-ci est simplement quittancé pour ordre ;

7° Et en général à tous les produits divers et accidentels.

Sont exempts de timbre les récépissés relatifs aux arrérages de rentes sur l'Etat ; ils font double emploi avec les quittances des arrérages, qui sont elles-mêmes dispensées du timbre (V. ci-après § 19).

Sont soumises au droit de timbre de 10 centimes les quittances de remboursement par voie d'annulation de recette.

17. Frais de surveillance des chemins de fer et des associations ouvrières, sociétés et établissements divers.

Assujettissement au timbre de 25 centimes, les frais de surveillance étant non un impôt, mais une charge de la concession, et le récépissé pouvant servir de justification de l'accomplissement de cette obligation.

18. Intérêts de la dette flottante. Frais de trésorerie. Emoluments des trésoriers généraux et receveurs particuliers.

Sont assujetties au timbre de 10 centimes, en exécution de l'art. 18 de la loi du 23 août 1871, les quittances des trésoriers généraux apposées sur les extraits trimestriels d'autorisation de paiement, ainsi que les quittances du trésorier général et des receveurs particuliers produites à l'appui des décomptes d'émoluments, de remises sur placement des communes et d'autres allocations ; mais ces extraits ou décomptes, constituant des pièces d'ordre intérieur, ne sont pas timbrés.

19. Arrérages des rentes sur l'Etat.

Exemption du droit de timbre. (Décision ministérielle du 27 novembre 1871. — Circulaire du 1er décembre suivant.)

20. Arrérages des obligations trentenaires.

Exemption de timbre, cette nature de valeurs étant de tout point assimilable aux rentes sur l'Etat ; sont également affranchis du timbre les quittances ou reçus auxquels donne lieu l'échange des obligations trentenaires (Circulaire du 14 décembre 1871), attendu que cette opération est faite exclusivement dans l'intérêt du Trésor.

21. Arrérages des obligations de l'emprunt de 250 millions.

Exemption de timbre, ces valeurs étant assimilables aux rentes sur l'Etat.

22. Intérêts de cautionnement.

Assujettissement au timbre (art. 18 de la loi du 23 août 1871).

23. Pensions de toute nature.

Assujettissement au timbre, y compris les rentes viagères d'ancienne origine et rentes viagères de la vieillesse.

24. Dépenses budgétaires des ministères.

Les quittances données pour toutes les dépenses de personnel et de matériel excédant 10 fr. sont soumises au droit de timbre de 10 centimes. Le droit peut être acquitté au moyen d'un *timbre mobile* qui est « apposé sur les quittances ou acquits donnés au pied des factures et mémoires, les quittances pures et simples, les reçus ou décharges de sommes, titres, valeurs ou objets, et généralement sur tous les titres, de quelque nature qu'ils soient, signés ou non signés, et qui emporteraient libération, reçu ou décharge. Ce timbre est collé et immédiatement oblitéré par l'apposition, *à l'encre noire*, en travers du timbre, de la *signature* du créancier ou de celui qui donne reçu ou décharge, ainsi que la *date de l'oblitération*. » (Règlement du 27 novembre 1871, art. 2.)

Toutefois, l'art. 20 de la loi du 23 août 1871 a excepté, notamment, les quittances de 10 fr. et au-dessous, quand il ne s'agit pas d'un à-compte ou d'une quittance finale sur une plus forte somme, ainsi que les quittances énumérées en l'art. 16 de la loi du 13 brum. an 7, à l'exception de celles relatives aux traitements et émoluments de fonctionnaires, officiers des armées de terre et de mer, et employés salariés par l'Etat, les départements, les communes et tous les établissements publics.

Pour les dépenses du *personnel*, le droit de timbre est acquitté comme l'explique la circulaire du 1er déc. 1871, § 3 et 4, et notamment par l'apposition d'un timbre mobile sur les états d'émargement.

Voir, en ce qui concerne les dépenses de *matériel*, les explications contenues dans la circulaire elle-même.

L'application de la loi donne lieu aux observations ci-après :

1° Les quittances des *salaires*, lors même qu'ils sont payés des deniers du Trésor, tombent sous l'application de la nouvelle loi en tant que la somme payée est supérieure à 10 fr. Mais l'impôt n'est pas dû lorsque, par application des règlements. les ouvriers et autres salariés ne souscrivent pas de quittance à l'appui du paiement. Il n'est pas dû non plus pour l'acquit apposé sur les mandats collectifs de salaires délivrés au nom d'agents de l'Etat chargés, par la nature de leurs fonctions de la répartition entre les ouvriers de la somme

ordonnancée. En effet, l'agent désigné sur le mandat agissant en ce cas dans l'exercice de ses fonctions, il ne serait pas possible de lui faire supporter personnellement le droit du timbre. Ce serait donc le service auquel il appartiendrait qui aurait à payer ce droit, contrairement au principe suivant lequel l'État ne doit pas payer d'impôt à lui-même;

2° Les mandats de *solde* et de toute nature en général, émis au profit des *sous-officiers et soldats*, sont affranchis du timbre;

3° Cette exemption s'applique également aux *indemnités de route* allouées aux sous-officiers et soldats;

4° L'acquittement du droit de timbre dû pour la *solde et les autres allocations des officiers* doit avoir lieu conformément aux dispositions de la circulaire du 1er déc. 1871, § 3 et 4, l'administration de l'enregistrement n'ayant point admis que ce droit fût acquitté, au moyen de l'apposition, sur le registre d'ordre des officiers payeurs, de timbres mobiles qui seraient oblitérés par les officiers au moment de l'émargement;

5° Dans les *services régis par économie*, les quittances données sur les mandats d'avances, par les agents intermédiaires, sont exemptes de timbre; mais les acquits des créanciers réels donnés sur les pièces à l'appui desdits mandats sont soumis au timbre;

6° Les mandats de traitements délivrés *pour ordre* au nom d'intermédiaires (préfets, secrétaires de facultés, greffiers de cours et tribunaux, etc.) sont également affranchis du droit de timbre, parce que les quittances de traitement ou états d'émargement à l'appui doivent naturellement être timbrés;

7° Les nécessités de la comptabilité exigent, attendu la diversité des opérations productives de *remises aux percepteurs*, des décomptes distincts et des quittances séparées. Il ne serait pas équitable d'assujettir au timbre chacune des quittances données *pour le même mois*. Il suffira de timbrer les quittances mensuelles de remises *sur contributions directes*, et on considérera comme quittance d'ordre les quittances de remises sur redevances des mines, taxe des biens de mainmorte, droits de vérification des poids et mesures, etc., etc.; à la condition, toutefois, de récapituler au verso de la quittance, pour contributions directes, les diverses remises sur taxes spéciales, et de quittancer l'ensemble par duplicata;

8° Les quittances concernant les *restitutions de centimes communaux* et les *dégrèvements et non-valeurs sur les contributions directes et les taxes y assimilées*, jouissent de l'exemption de timbre édictée par la loi du 13 brumaire an 7 et maintenue dans celle du 23 août 1871;

9° Il en est de même des *frais de distribution des premiers avertissements*, l'allocation de 2 centimes par avertissement ne constituant pas pour le percepteur un émolument personnel, mais étant un simple remboursement de ses avances pour un service public;

10° L'art. 16 de la loi du 13 brumaire an 7, qui exempte de timbre les demandes de secours, et dispense également les *quittances des secours payés aux indigents*, ainsi que les quittances des *indemnités pour incendies, inondations, épizooties et autres cas fortuits*.

Ces dispositions ont été maintenues par la loi du 23 août 1871;

11° En ce qui concerne les *secours*, la condition indispensable pour l'exemption des quittances, c'est *l'indigence des parties*. Toutes les fois donc que des secours auront été accordés pour toute autre cause à d'anciens militaires ou à des veuves d'anciens militaires qui ne se trouveraient pas dans les cas prévus par la loi du 13 brumaire an 7, les quittances de ces secours devront être assujetties au droit de timbre de 10 centimes;

12° En conséquence, les *secours dits permanents* du ministère de la guerre, dont parle la circulaire du 10 août 1867, § 4, étant des secours spéciaux et périodiques assimilés à des pensions dont ils tiennent lieu, tombent sous l'application de la loi, et sont passibles du droit de quittance de 10 centimes.

Services spéciaux.

25. Fonds de concours pour dépenses publiques.

Assujettissement au timbre de 25 centimes, pour tous les versements faits par les départements, les communes, les associations ou les particuliers. Dans les deux premiers cas, la quittance d'ordre donnée sur les mandats départementaux ou communaux n'est pas soumise au timbre de 10 centimes.

26. Versement et remboursement de cautionnement en numéraire.

Timbre de 25 centimes, pour les versements. Il s'agit d'intérêts privés, et le récépissé opère la libération du débiteur. Timbre de 10 centimes pour les remboursements effectués, même lorsqu'ils ont lieu par voie d'annulation de recette.

27. Produits extraordinaires des forêts de l'État.

Voir le paragraphe 2 ci-dessus.

28. Produits affectés au rachat des offices des courtiers de commerce.

Timbre de 25 centimes. Il s'agit d'intérêts privés, et le récépissé opère la libération du débiteur.

29. Produits des emprunts de l'État.

Exemption de timbre, aussi bien pour les récépissés de souscription que pour la constatation des versements ultérieurs sur les certificats provisoires.

30. Dédommagements aux victimes de la guerre.

Exemption de timbre, par application de l'art. 16 de la loi du 13 brumaire an 7, qui en affranchit les quittances des indemnités pour incendie, inondations, épizooties et *autres cas fortuits*.

87

Opérations de trésorerie.

31. Émission et paiement de mandats sur le caissier central du Trésor.

Exemption de timbre. (Art. 20 de la loi du 23 août. — Décision ministérielle du 6 janvier 1872.)

32. Communes et établissements publics ι/c de fonds placés avec intérêts ; — Divers établissements ι/c de fonds placés sans intérêts.

Le placement et le remboursement des fonds placés au Trésor par les communes et les établissements publics ne constituent pas une opération réelle de recette ou de dépense. C'est un véritable prêt dont le titre consiste en un récépissé du receveur des finances, que le receveur municipal ou hospitalier conserve comme une valeur de portefeuille, et non comme un récépissé libératoire dans le sens ordinaire du mot. Ce récépissé est de tout point assimilable aux effets publics (bons du Trésor, traites, obligations, etc.), et à ce titre, il est exempt du timbre de 25 centimes.

Par le même motif, les retraits des fonds ne sauraient être soumis au timbre de 25 centimes, ni même à celui de 10 cent., bien que ces retraits n'entraînent pas la restitution des récépissés primitifs de dépôt quittancés par les parties, et que les quittances de remboursement soient données sur de simples mandats administratifs.

33. Divers corps de troupes, ι/c de fonds en dépôt au Trésor.

Exemption de timbre, aussi bien pour les placements et remboursements effectifs que pour les opérations de virement. Il s'agit d'un service public effectué dans l'intérêt exclusif du Trésor.

34. Recouvrements et paiements pour le compte du trésorier général des invalides de la marine.

Exemption de timbre pour les récépissés que les receveurs des finances se délivrent à eux-mêmes ou qu'ils remettent aux trésoriers des invalides ; timbre de 25 c. pour les récépissés qui seraient délivrés aux simples particuliers.

En ce qui concerne la dépense, il n'y a pas lieu de frapper d'un timbre de 10 centimes les quittances données par les trésoriers des invalides au pied des certificats de demandes de fonds, cette opération étant purement d'ordre. Mais les pièces de dépenses acquittées pour le compte du trésorier général des invalides doivent être timbrées à 10 centimes, à raison de la quittance y apposée.

35. Caisse des dépôts et consignations. — Légion d'honneur.

Des instructions seront données par chacune de ces administrations.

36. Recouvrements en vertu de contraintes.

Exemption de timbre pour les quittances à souche et les récépissés à talon, lorsqu'il s'agit de contributions directes. Même exemption en ce qui concerne les dépenses qui ne sont d'ailleurs que des opérations d'ordre.

37. Excédants de versement sur contributions publiques.

Ne sont pas soumis au timbre les récépissés d'ordre que les receveurs des finances se délivrent à eux-mêmes. Pour la dépense, l'exemption du timbre est spéciale au cas où il s'agit de contributions. Quand il s'agit d'excédants de versement sur le produit des pensions, les produits départementaux, etc., la quittance est soumise au droit de 10 centimes.

38. Droits de permis de chasse.

Les quittances à souche délivrées par les percepteurs pour le prix des formules de permis de chasse font double emploi avec le prix du permis indiqué sur le titre lui-même. Exigées à titre de mesure purement administrative, ces quittances sont exemptes du timbre. Il en est de même des récépissés d'ordre que les receveurs des finances délivrent aux percepteurs.

Sont également affranchis du timbre les récépissés par les receveurs d'enregistrement des quittances afférentes aux permis de chasse délivrés.

Les quittances de remboursement en cas de refus de permis sont soumises au timbre de 10 centimes.

39. Cotisations municipales et particulières.

Timbre des récépissés à 25 cent., lorsqu'il s'agit de versements faits par les particuliers. Exemption de timbre pour les versements des communes et des établissements publics, ces versements constituant une opération d'ordre intérieur, et ayant pour but de centraliser les fonds destinés à l'acquittement des dépenses.

Quant aux quittances données aux dépenses de cette nature, elles sont soumises aux mêmes règlements qu'en matière de dépenses publiques. (Voir paragraphe 24.)

40. Reliquats sur divers services.

Les récépissés délivrés pour l'application des recettes audit compte, étant purement d'ordre, sont exempts de timbre. Quant aux quittances données pour les remboursements en numéraire, elles tombent sous l'application de la loi, et conséquemment sont passibles ou non du timbre à 10 centimes, suivant la nature du service primitif.

41. Bénéfices et frais de gestions intérimaires des receveurs des finances.

Les récépissés d'ordre que les receveurs des finances se délivrent à eux-mêmes ne sont pas assujettis au timbre. Exemption de cette formalité pour l'état récapitulatif des frais ; mais la quittance du gérant, pour l'indemnité qu'il reçoit, doit être timbrée à 10 centimes, et les pièces fournies pour justifier des frais de gestion

sont soumises au timbre de 10 centimes ou au timbre de dimension, suivant leur nature.

42. Dépôts en numéraire de soumissionnaires de fournitures et travaux.

Timbre de 25 centimes pour les récépissés de dépôts remis aux parties versantes.

Quittance de remboursement soumise au timbre de 10 centimes.

Ces deux solutions sont applicables aux reconnaissances de dépôt et retraits de dépôts en rentes sur l'État.

43. Versements des agents comptables des établissements d'enseignement supérieur.

Exemption de timbre pour les placements et retraits de fonds, ces opérations étant simplement d'ordre intérieur.

44. Poursuites pour le recouvrement des contributions.

Exemption de timbre pour les récépissés de recouvrement.

Les acquits des porteurs de contraintes sur les états de frais, rendus exécutoires par les sous-préfets, sont soumis au timbre de 10 centimes.

45. Restes à recouvrer sur les contributions.

Opérations d'ordre. Exemption de timbre aussi bien pour la recette que pour la dépense.

46. Dégrèvement sur les pensions des élèves du gouvernement.

Les recettes et dépenses d'ordre du montant des états de dégrèvement sont affranchies du timbre. Mais, en cas de remboursement des trimestres de pension compris dans lesdits états, les parties intéressées doivent donner une quittance sur timbre à 10 centimes. Les récépissés ou déclarations de versement constatant l'application au compte des excédants de versements sur les contributions publiques des excédants résultant des ordonnances de dégrèvement versées par les percepteurs, sont exempts de timbre.

47. Remboursements de taxes de brevets d'invention.

Exemption de timbre pour le récépissé d'ordre que se délivre le trésorier général.

Timbre à 10 centimes de la quittance donnée par la partie remboursée. (Voir paragraphe 6.)

48. Souscriptions aux emprunts de l'État.

Ne sont point soumis au timbre les récépissés et les acquits donnés en remboursement d'excédants. (Voir paragraphe 29.)

49. Remboursements à des comptables hors de fonctions.

Les quittances fournies par les parties remboursées sont sujettes au timbre de 10 centimes (application de l'art. 18 de la loi du 23 août 1871).

50. Versements des receveurs de l'enregistrement ; — Versements des receveurs des douanes ; — Versements des receveurs des contributions indirectes ; — Versements des receveurs des postes ; — Versements des directeurs de la fabrication des monnaies ; — Remises du caissier du Trésor ; — Fonds reçus des trésoriers généraux : — Fonds reçus des trésoriers payeurs d'Afrique ; — Fonds reçus des trésoriers payeurs des colonies ; — Remises des payeurs d'armée ; — Reversement de l'agent comptable des traites de la marine ; — Versements de fonds de subvention aux receveurs de l'enregistrement ; — Versements de fonds de subvention aux receveurs des douanes ; — Versements de fonds de subvention aux receveurs des contributions indirectes ; — Versements de fonds de subvention aux receveurs des postes ; — Envois au caissier du Trésor ; — Fonds envoyés aux trésoriers généraux ; — Fonds envoyés aux trésoriers payeurs d'Afrique ; — Fonds envoyés aux trésoriers payeurs des colonies ; — Envois aux trésoriers payeurs des colonies ; — Envois aux payeurs d'armées.

Exemption de timbre des récépissés délivrés aux titres ci-dessus, comme versements faits de comptable à comptable pour les besoins du service.

51. Percepteurs, l/c de passe-ports à l'étranger.

Même solution que pour les permis de chasse.

52. Percepteur, l/c de restes à recouvrer sur contributions.

Opérations d'ordre. Exemption du timbre aussi bien pour la recette que pour la dépense.

53. Percepteurs, l/c d'envois de fonds pour le service du Trésor.

Opération d'ordre. Exemption du timbre aussi bien pour la recette que pour la dépense.

54. Divers, l/c de restitutions au Trésor.

Les récépissés opérant la libération des débiteurs sont soumis au timbre ; la dépense d'ordre en est affranchie.

55. Divers, l/c de fournitures de l'Imprimerie nationale.

Timbre des récépissés à 25 centimes, quand il s'agit de versements faits par des particuliers. Exemption de timbre pour les versements des comptables et pour ceux des communes et des établissements publics, ces versements constituant une opération d'ordre intérieur, et ayant pour but de centraliser les fonds destinés au paiement du prix des fournitures.

56. Receveurs des communes et établissements publics, l/c d'obligations des coupes ordinaires de bois.

Exemption de timbre pour les récépissés de dépôt de traites à la trésorerie générale et le retrait de ces traites, ces opérations étant simplement d'ordre administratif.

57. Communes et établissements publics, L/c d'obligations de coupes extraordinaires de bois.

Timbre de 25 centimes pour les récépissés délivrés aux adjudicataires (Voir paragraphe 2). La dépense d'ordre constatant le placement au Trésor du montant des traites à l'échéance est affranchie du timbre.

58. Receveurs d'hospices et d'établissements de bienfaisance, L/c d'intérêts de cautionnements.

Les récépissés délivrés pour versement de comptable à comptable ne sont pas soumis au timbre; mais les quittances données par les titulaires de cautionnements sont passibles du timbre à 10 centimes.

59. Divers, L/c de versements pour le service des enfants assistés.

Exemption de timbre des récépissés délivrés pour cet objet.

Toutefois, s'il s'agissait de sommes versées par les parents des enfants en nourrice aux caisses spéciales établies dans certaines villes et notamment à Paris, les quittances de ces sommes devraient être soumises au timbre. Si la caisse présentait les caractères d'un établissement municipal, les quittances délivrées par le caissier seraient passibles du droit de 25 c. (Art. 4 de la loi du 8 juill. 1855, et 2, n° 2, de la loi du 23 août 1871.)

Exemption de timbre pour les quittances des nourrices ou autres, assimilées aux quittances de secours payés à des indigents. (Art. 16 de la loi du 13 brumaire an 7.)

60. Receveurs d'établissements de bienfaisance, L/c de recouvrements de rentes et créances.

Les récépissés délivrés par les receveurs des finances aux percepteurs et les quittances que délivrent les receveurs d'hospice pour les sommes recouvrées pour leur compte sont affranchis du timbre; les débiteurs seuls doivent le droit de timbre, lorsqu'ils se libèrent entre les mains des percepteurs.

61. Caisse des retraites de la vieillesse, s/c de versements des intermédiaires.

Opérations d'ordre exemptes de timbre en recette et en dépense.

62. Divers, L/c de retenues pour la caisse des retraites de la vieillesse.

Opérations d'ordre exemptes de timbre en recette et en dépense.

63. Écoles du gouvernement, L/c de produits à classer.

Voir les explications ci-dessus, n° 7.

64. Divers, L/c de retenues, à classer.

Voir ci-dessus Pensions civiles, n° 5.

65. Divers, L/c de retenues, à classer.

Voir ci-dessus Recettes accidentelles, n° 14,

66. Service local des colonies, s/c de recouvrements.

Sont assujettis au droit de timbre de 25 cent. les récépissés délivrés par les receveurs des finances dans un intérêt privé aux parties versantes. Les dépenses, étant d'ordre, sont affranchies de cette formalité.

67. Divers, L/c, rachats de rentes sur l'Etat; — Divers, L/c de ventes de rentes sur l'Etat.

Les reconnaissances de dépôt doivent être assujetties au droit de 10 cent., par application de l'art. 18 de la loi du 23 août 1871.

Lors du remboursement du prix de vente ou de la remise des titres achetés, la quittance apposée au bas de la reconnaissance de dépôt est également soumise au timbre de 10 cent.

68. Divers, L/c de quittance de rentes sur l'Etat.

Exemption de timbre. La recette constitue une opération d'ordre. Quant à la dépense, la quittance réelle est soumise au timbre s'il s'agit de pensions (§ 23), ou en est exemptée s'il s'agit de rentes (§ 19).

69. Divers comptables du département, L/c de mandats du trésorier général.

Les quittances ou acquits apposés sur ces mandats sont exempts de timbre, par application de l'art. 20 de la loi du 23 août 1871.

70. Divers, L/c de placements en bons du Trésor; — Divers, L/c de bons du Trésor à rembourser; — Divers, L/c de bons du Trésor à renouveler.

L'art. 20 de la loi du 23 août a exempté du droit de timbre établi par l'art. 18 les acquits sur les chèques, ainsi que sur les lettres de change, billets à ordre et autres effets de commerce assujettis au droit proportionnel : or, les bons du Trésor constituent des valeurs négociables qui peuvent être assimilées sous tous les rapports aux effets de commerce ordinaires; s'ils ont été exemptés du timbre, c'est uniquement parce qu'ils sont émis dans l'intérêt exclusif du Trésor. Ces bons rentrent donc, par leur nature, dans l'exemption établie par l'art. 20 précité de la loi du 23 août, et il convient de ne pas exiger le timbre pour les acquits et décharges dont ils peuvent être revêtus.

Les bons du Trésor ne pouvant, par suite des règlements, être émis qu'à la caisse centrale, à Paris, les reconnaissances de dépôts délivrées par les receveurs des finances sont de simples pièces d'ordre intérieur, et ne sont conséquemment pas assujetties au timbre.

71. Divers, L/c d'arrérages de rentes italiennes.

Exemption de timbre pour les reconnaissances de dépôts délivrées par mesure d'ordre. Timbre à 10 cent. pour les quittances données par les parties intéressées.

72. Fonds particuliers.

1º Reconnaissances de dépôt de fonds remboursables à terme, avec les intérêts échus. Ces reconnaissances présentent tous les caractères d'obligation de sommes, et doivent être rédigées sur du papier timbré au timbre proportionnel. (Loi du 5 juin 1850, art. 1ᵉʳ, et du 23 août 1871, art. 2, § 1ᵉʳ.)

2º Coupons au porteur des obligations du Crédit foncier et des obligations communales ou départementales. Le payement fait à la même personne, et *d'après le même bordereau*, ne donne lieu, lorsque le total est supérieur à 10 fr., qu'à la perception d'un seul droit de timbre de 10 c., puisque ce bordereau, quel que soit le nombre de coupons, ne constitue qu'un seul acte libératoire. Mais s'il n'est pas rédigé de bordereau, il est dû un droit de 10 c., puisque ce bordereau, quel que soit le nombre de coupons, ne constitue qu'un seul acte libératoire. Mais s'il n'est pas rédigé de bordereau, il est dû un droit de 10 c. par chaque coupon payé supérieur à 10 fr.; le coupon entre les mains du receveur des finances constitue un *écrit non signé emportant libération*, qui tombe sous l'application de l'art. 18 de la loi du 23 août 1871.

3º Quittances délivrées au nom de la ville de Paris. Les sommes provenant des emprunts contractés par les villes et les communes forment un véritable produit ou revenu municipal, et les quittances de ces sommes, quel que soit le comptable qui les délivre, rentrent dans la catégorie des quittances de deniers publics, prévues par l'art. 4 de la loi du 8 juillet 1865. Or, ces quittances ont été exceptées du principe général posé par l'art. 18 de la loi du 23 août et par l'art. 20, n. 4, de la même loi, et elles sont restées soumises à la législation qui leur est spéciale. Les quittances dont il s'agit sont donc passibles du droit de 25 c. (art. 4 de la loi du 8 juillet 1865, et 2 de la loi du 23 août 1871); mais les dispositions de l'art. 23 de la loi du 13 brumaire an 7, d'après lesquelles il peut être donné, sans contravention, plusieurs quittances sur une même feuille de papier timbré, pour à-compte d'une seule et même créance, leur sont applicables. Conséquemment, lorsque la quittance d'un terme d'emprunt de la ville de Paris a été assujettie au timbre, les versements des termes ultérieurs en sont affranchis.

OBJETS DIVERS.

73. Pétitions.

La circulaire du 10 septembre 1871 a rappelé que, par application de la loi du 13 brumaire an 7, art. 12, toutes les pétitions, réclamations et demandes adressées aux administrations et établissements publics sont assujetties au timbre; la loi du 2 juillet 1862 a simplement élevé à 50 fr. en principal l'amende dont est passible toute contravention à cette disposition.

Il y a toutefois lieu de faire les distinctions ci-après:

1º Lettres adressées par les notaires aux trésoriers payeurs généraux au sujet des pensionnaires de l'État. Les demandes de renseignements et les demandes de liquidation de sommes dues à l'héritier d'un pensionnaire décédé sont sujettes au timbre, par application de la disposition de loi (art. 12 de la loi du 13 brum. an 7) qui assujettit à cet impôt les pétitions et mémoires, « même en forme de lettres présentés à toutes autorités constituées, aux commissaires de la trésorerie, à ceux de la comptabilité et aux administrations ou établissements publics ».

2º En ce qui concerne les lettres d'envoi de pièces justificatives du droit de l'héritier, lorsqu'elles n'ont d'autre but et d'autre effet que d'annoncer officiellement la transmission de pièces justificatives des droits de l'héritier du pensionnaire décédé, elles rentrent dans la catégorie des pièces relatives à la correspondance administrative et, comme telles, échappent à l'impôt; mais elles y seraient soumises si elles tendaient, même indirectement, à remplacer la demande de liquidation ou toute autre pièce justificative assujettie par elle-même à la formalité.

3º Enfin, quant aux correspondances relatives au visa ou au *vu bon à payer*, cette formalité étant exigée dans l'intérêt du service et comme contrôle, la lettre qui a pour but de la demander est exempte du timbre, comme pièce se rattachant à une mesure d'ordre intérieur requise dans l'intérêt du Trésor.

En terminant, je ferai remarquer que l'examen des nombreuses questions qu'a fait naître l'application de la loi du 23 août 1871 a obligé l'administration de donner, au début, des solutions provisoires, dont quelques-unes peuvent même se trouver en contradiction avec les énonciations du tableau qui précède. Les trésoriers généraux doivent donc ne se guider, à l'avenir, que d'après les solutions notifiées dans la présente circulaire et veiller à leur ponctuelle exécution.

6798. *Circulaire du 14 juin 1872.* — Aux termes de l'art. 16 de la loi du 13 brum. an 7, dont les dispositions, sur ce point, ont été maintenues par la loi du 23 août 1871 (sauf en ce qui concerne le traitement des officiers), « sont exemptés du droit et de la formalité du timbre les quittances pour prêt et fournitures, billets d'étapes, de subsistance et de logement, et autres pièces concernant les gens de guerre, tant pour le service de terre que pour le service de mer ».

L'immunité résultant de ces dispositions a paru applicable aux quittances concernant certaines dépenses militaires (ou de la marine) que je vais énumérer ci-après, savoir:

1º Les états hebdomadaires de blanchissage du linge de la troupe;

2º Les états de perte et dégradations à la literie, lorsque l'indemnité doit être supportée par les soldats ou sous-officiers;

3º Les fournitures des ordinaires de la troupe;

4º La solde des hommes de troupe détachés de leurs corps;

5º Les états d'abonnement des maîtres ouvriers, pour les travaux dont le prix est à la charge des hommes de troupe;

6º Les feuilles de prêt pour la solde de la troupe;

7º Les états de hautes paies et de paiement pour la

dotation de l'armée, traitements de la Légion d'honneur et de la médaille militaire, en ce qui concerne les titulaires non officiers et en activité de service ;

8° Les mandats de secours à la masse d'entretien ;

9° Le remboursement des dépenses des écoles régimentaires ;

10° Les états décomptés des primes de travail ou de gratification allouées par les règlements aux militaires des sections d'infirmiers et aux ouvriers militaires d'administration ;

11° Les mandats d'indemnité de route et de transport délivrés à des militaires non officiers voyageant isolément ;

12° Les factures des dépenses intérieures des corps et les frais d'impression pour le service des corps, lorsque ces frais et dépenses doivent être supportés par les soldats ou sous officiers ;

13° Les quittances des allocations journalières à payer à titre de subsides aux sous-officiers et soldats blessés, en expectative de pensions où à titre de gratifications de réforme renouvelables ;

14° Les quittances qui se rapportent à de simples mouvements de fonds, tels que, par exemple, la transmission d'un corps à un autre de la masse individuelle, pour les hommes changeant de régiment.

Les exemptions du droit de timbre de 10 centimes sur les quittances spécifiées ci-dessus ont fait l'objet d'une note du ministre de la guerre aux ordonnateurs secondaires de son département, insérée au *Journal militaire*.

J'invite les trésoriers généraux à prendre note de cette nouvelle décision et à veiller à son exécution.

6799. Bordereaux de titres. — Coupons au porteur. —Le bordereau fait par le détenteur d'actions ou d'obligations et présenté à la compagnie lors du paiement des intérêts ou dividendes ne constitue pas un écrit libératoire dans le sens de la loi du 23 août 1871, et ne donne pas lieu au droit de timbre de 10 centimes. — Il en est de même de la remise à la compagnie des coupons d'intérêts au porteur, s'il n'est rédigé aucune quittance spéciale du paiement.

Lorsqu'un porteur de titres, actions ou obligations d'une compagnie, se présente pour toucher les intérêts ou dividendes afférents à ces titres, on lui remet un bordereau qu'il doit remplir, et qui est divisé en deux parties.

La première, celle du haut, est destinée à recevoir l'indication précise et détaillée des titres présentés, avec leurs numéros, le nom de celui qui les présente et la somme réclamée, mais aucune signature.

La seconde partie, celle du bas, était jusqu'à ces derniers temps une formule de reçu, reproduisant succinctement les indications de la première et signée par celui qui présentait les titres ou coupons. Elle était généralement ainsi conçue : « Je soussigné... reconnais avoir reçu de la compagnie... la somme de... sur le vu de mes certificats ou coupons. . . »

Ces pièces restaient dans les archives des compagnies comme pièces de comptabilité et échappaient à l'impôt du timbre

Mais est survenue la loi du 23 août 1871, qui, par son art. 18, a soumis au droit de timbre de 10 centimes tous les titres, de quelque nature qu'ils soient, signés ou non signés, qui emporteraient libération, reçu ou décharge. En même temps, l'art. 22 donnait à l'administration un droit d'investigation qui ne permettait plus de soustraire aucune pièce à la perception fiscale. Cependant, la Compagnie de Lyon a cru trouver un moyen d'éviter l'application du nouvel impôt sur ses bordereaux, au moins ceux qui étaient relatifs à des titres au porteur ; elle a changé la formule de la seconde partie du bordereau. Au lieu des mots : « Je reconnais avoir reçu », il n'y a plus que ceux-ci : « Nombre de coupons. à raison de tant, représentant une somme de... la date et la signature. »

Cette manière de procéder n'a été adoptée que pour les titres au porteur ; pour les titres nominatifs, la formule est restée la même et la Compagnie y appose le timbre de 10 centimes, et en voici la raison. Dans le rapport, il a été dit que l'on entendait imposer tous titres signés, ou non signés, qui emporteraient libération, reçu ou décharge, pour empêcher qu'on ne parvienne à éluder les dispositions fiscales au moyen de conventions ou déclarations faites à l'avance ou de tout autre signe conventionnel qui remplaceraient les quittances, bien que la signature ne fût pas apposée sur le titre. La Compagnie a pensé qu'à défaut d'un reçu signé, l'estampille apposée au dos du titre nominatif pourrait être considérée comme une de ces signes conventionnels dont parlait le rapport, et comme telle soumise à l'impôt de 10 centimes : dès lors, il était sans intérêts de changer la formule; on l'a conservée.

Mais pour les titres au porteur il n'en était pas ainsi. Le même rapporteur avait dit ailleurs : « Il est bien entendu que la quittance ne sera pas obligatoire. Si le débiteur veut s'exposer à payer une seconde fois ou ças de réclamation nouvelle de la part du créancier, par suite d'oubli ou d'autres causes, il sera libre de ne pas se faire donner une quittance... » Usant de ce droit, la Compagnie a supprimé la formule de quittance pour y substituer une simple indication des titres présentés et de la somme réclamée, n'exprimant point formellement que cette somme ait été reçue par le signataire.

Néanmoins, un inspecteur de l'enregistrement ayant trouvé deux pièces ainsi libellées dans la comptabilité de la Compagnie, les a considérées comme constituant de véritables reçus, comme titres emportant libération ou décharge, comme preuve du payement; il les a, en conséquence, saisies, a dressé procès-verbal, aux termes de l'art. 23, contre le créancier comme tenu personnellement du montant des droits. Deux contraintes ont été décernées contre les signataires des deux bordereaux saisis, les sieurs Bertrand et Maurice, toutes deux pour la somme de 60 fr. 10 c. — *Rapport du juge au tribunal.*

C'est sur l'opposition à ces deux contraintes que le tribunal de la Seine a rendu, le 31 août 1872, un jugement ainsi conçu :

« Attendu que la pièce saisie, intitulée « borde-

« reau », et portant la signature du sieur Bertrand,
« constate simplement, dans l'une comme dans l'autre
« de ses deux parties détachées, la présentation par le
« signataire à la caisse de la Compagnie Paris-Lyon-
« Méditerranée, d'un nombre déterminé de coupons
« échus et formant une somme totale de 116 fr. 04 c. ;
« que les termes dans lesquels ce bordereau est
« conçu n'impliquent nullement que la susdite somme
« ait été payée au signataire ; qu'il est même constant,
« en fait, que de semblables pièces restent souvent aux
« mains de la Compagnie, bien qu'il n'y ait pas eu
« paiement ; que l'apposition à l'aide d'un timbre du
« mot « payé » est un fait personnel à la Compagnie,
« étranger au signataire, et qui ne peut lui être op-
« posé ; attendu, dès lors, que le susdit bordereau ne
« constitue ni une quittance, ni un titre emportant
« libération, reçu ou décharge, qu'il n'y a donc point
« lieu de lui appliquer l'art. 18 de la loi du 23 août
« 1871. En ce qui concerne les conclusions subsidiai-
« res de l'Administration : attendu qu'elles ne sont
« point recevables du chef de l'application au susdit
« bordereau de l'art. 12 de la loi du 13 brumaire an 7 ;
« qu'en effet, ni dans le procès-verbal de saisie, ni
« dans la contrainte, l'Administration n'a visé ladite
« contravention ; qu'elle ne peut la relever par simple
« voie de mémoire signifié ; attendu que ces mêmes
« conclusions subsidiaires sont recevables du chef de
« l'application aux coupons de l'art. 18 de la loi du
« 23 août 1871, le procès-verbal de saisie ayant com-
« pris les coupons et s'étant exprimé ainsi que la con-
« trainte en termes généraux sur l'application de la
« susdite loi aux pièces saisies ; mais attendu, au fond,
« que le coupon, fragment du titre principal déjà
« timbré, et lui-même titre partiel de la créance, ne
« saurait être considéré comme constituant en même
« temps un titre de libération ; que, sans doute, sa
« remise au moins du débiteur implique le paiement,
« mais que cette remise est un fait qui échappe à la loi
« fiscale, laquelle a pour objet d'imposer non le paie-
« ment, mais l'instrument destiné à en faire preuve ;
« que si la loi du 23 août 1871 a voulu atteindre tous
« les signes conventionnels destinés à remplacer les
« quittances, aucun de ses termes ne permet de saisir
« comme constituant un de ces signes le titre de
« créance lui-même, par cela seul qu'il est passé aux
« mains du débiteur. » — R. P. 3526.

6800. Mont-de-piété. — Les quittances supérieures
à 10 fr. concernant les monts-de-piété sont assujetties
au timbre de 10 c. — Les exemptions de timbre établies par l'art. 8 de la loi du 24 juin 1851, en faveur
des actes concernant l'administration des monts-de-
piété, subsistent, même depuis la loi du 23 août 1871,
sauf pour les quittances, reçus et décharges faits sous
signatures privées, que l'art. 18 de cette loi a soumis
à un timbre de 10 c., et ces derniers actes, seuls,
parmi ceux concernant l'administration des monts-de-
piété, sont assujettis au timbre. — D. F. 30 avril 1872.

6801. Hospice des Quinze-Vingts. — Les quittances
apposées sur les certificats de vie produits à titre de

justification du paiement des secours viagers accordés
aux aveugles de l'hospice des Quinze-Vingts sont
exemptes du timbre, attendu que la loi du 23 août 1871,
art. 20, a maintenu les dispositions de l'art. 16 de la
loi du 13 brumaire an 7, aux termes desquelles sont
affranchies du timbre les quittances de secours payés
aux indigents, ainsi que les certificats d'indigence ;
et les secours attribués aux aveugles de l'hospice de
Quinze-Vingts doivent être rangés dans cette catégorie.
— D. F. 27 avril 1872.

6802. Cartes postales. — Les quittances, reçus ou
décharges contenus dans les cartes postales sont soumis au timbre de 10 c. Les dispositions de l'art. 4 de
la loi du 30 mars 1872 ne laissent aucun doute à cet
égard, puisqu'il en résulte formellement que les *lettres
missives* ne sont exemptes du timbre des quittances,
reçus ou décharges de toute nature, que lorsqu'elles
constatent la remise d'*effets de commerce à négocier, à
accepter ou à encaisser*. C'est la seule exception qu'il
soit possible d'admettre en faveur des cartes postales,
qui ne sont autre chose que des lettres missives à
découvert. — D. F. 29 janv. 1873. — Ma s les agents
des postes n'ont pas le droit de lire les cartes postales
pour y rechercher les contraventions. — D. F. 15 fév.
1873 ; *Courrier*, n. 103.

6803. Accusé de réception. Correspondance. — Les
accusés de réception ou décharges formulés dans la
correspondance sont assujettis au timbre de 10 c. — On
a demandé si les accusés de réception, décharges, etc.,
formulés dans la correspondance, sont dispensés de l'impôt. Mais je ne puis, à raison de la multiplicité des cas
auxquels cette question se rapporte, me prononcer d'une
manière générale. — Toutefois, je vous prie de remarquer que la disposition précitée de la loi du 23 août
assujettit au timbre en termes absolus « tous les titres
emportant libération », reçu ou décharge, et que la
lettre missive ne figure pas au nombre des exceptions
créées ou maintenues par cette loi. — J'ajoute que,
comme l'exprime le rapport de la commission de l'Assemblée nationale, la loi française a été calquée, et
dans son type et dans ses pénalités, sur la loi anglaise,
et que, dans la Grande-Bretagne, les lettres missives,
même adressées à l'étranger, et contenant libération,
reçu ou décharge, sont revêtues du *stamp one penny*. —
Je ne doute pas que le commerce français ne se montre
aussi fidèle observateur de la loi que le commerce
anglais. Il y est d'ailleurs sérieusement intéressé, car
si une correspondance emportant libération, reçu ou
décharge était produite en justice sans être revêtue du
timbre de 10 c., les signataires seraient exposés à des
poursuites en paiement des droits non acquittés et des
amendes qui seraient encourues. — Lettre du ministre
des finances du 27 nov. 1871.

6804. Caisse d'épargne. — Les mentions inscrites
sur les livrets pour constater le versement et le remboursement de sommes appartenant aux déposants
continueront à jouir de l'immunité du timbre ; mais
toutes les autres quittances données ou reçues par la

Caisse doivent être assujetties à cet impôt, ainsi qu'il a été entendu lors de la discussion de la loi du 5 juin 1835 ; le droit qui leur est applicable est celui de 10 centimes. — D. F. 10 déc. 1872.

6805. Produits communaux. — Le récépissé délivré par le trésorier général pour des produits versés pour le compte de plusieurs communes n'est passible que d'un seul droit de timbre. En matière de timbre, et en principe, le droit s'applique à l'acte ou instrument servant à constater les conventions plutôt qu'aux conventions elles-mêmes ; d'un autre côté, le récépissé, bien que pouvant intéresser plusieurs communes, est délivré au nom d'une seule personne, le percepteur ou receveur municipal, et il sert à constater seulement le fait du versement, par ce comptable, d'une somme déterminée. En conséquence, ce récépissé, ne constituant qu'un seul acte, n'est passible que d'un seul droit de timbre à 25 centimes. — Circ. compt. 29 mai 1872.

6806. Reçus d'objets à transporter. — Les reçus d'objets à transporter donnés par le voiturier sur le registre d'expédition de la maison qui lui remet ces objets sont assujettis au timbre de 10 c. — Rouen, 13 mars 1873 :

« Attendu que Juvet, employé d'Auger, entrepreneur de transports à Rouen, a pris livraison de « divers colis les 1er, 15 et 20 décembre 1871, chez « Follet et Fournout, pour les transporter à Bolbec et « à Anvéville ;

« Attendu que cette livraison a été constatée par des « reçus signés Auger sur le registre d'expédition de la « maison Follet et Fournout ; que le 10 février 1872, « la régie a reconnu qu'aucun desdits reçus n'était « revêtu du timbre mobile de 10 centimes, prescrit « par la loi des 23-25 août 1871 ;

« Qu'elle a saisi ledit registre et dressé procès-verbal « contre Juvet, contrevenant ;

« Attendu, sur le refus de ce dernier de reconnaître « ces contraventions, qu'une contrainte lui a été signi- « fiée le 18 juin dernier, ainsi qu'au sieur Auger, son « patron, civilement responsable ; que, par cette con- « trainte. M. le directeur de l'enregistrement réclame « à Juvet et Auger :

« 1º Quatre droits de timbre à 10 c., pour quatre « reçus donnés sans paiement de l'impôt. 0fr.40c.

« 2º Quatre amendes s'élevant avec le « décime à.   240   »

« 3º Les frais du procès-verbal étant de.   3   »

Ensemble. . . .   243 fr. 40 c.

« Attendu que, par exploit du 21 juin suivant, les « sieurs Juvet et Auger ont formé une opposition à « l'exécution de cette contrainte ; qu'ils ont assigné « M. le directeur de l'enregistrement devant le tri- « bunal, pour voir dire que sa prétention constituait à « leur égard une violation flagrante de l'art. 18 de la « loi du 23 août 1871 ; qu'ils soutiennent que l'article « invoqué n'assujettit au droit de timbre de 10 centi-

« mes que les reçus, décharges ou actes emportant « libération, et qu'on ne saurait l'appliquer à des « mentions qui indiquent le contraire, c'est-à-dire « qui ne sont que la mention pour ordre des contrats « de transports par lesquels ils s'obligent à expédier « et à remettre au destinataire les divers colis qu'ils « n'ont reçus qu'à ce seul effet ;

« Attendu que, pour apprécier le mérite des préten- « tions respectives des parties, il faut se reporter au « texte et à l'esprit de la loi des 23-25 août 1871 ;

« Qu'il ressort de l'ensemble des dispositions de « cette loi, comme des débats de l'Assemblée nationale « (séance du 22 août 1871. *Journal officiel* du 23, p. « 289), que le droit de timbre de 10 c. est exigible « pour tout reçu d'objet dont la valeur dépasse 10 fr. ; « que le législateur n'a établi aucune distinction « entre les divers reçus ; qu'ainsi, dans l'espèce « il importe peu que le reçu constate la remise, à un « voiturier de colis à transporter ou la remise par « celui-là au destinataire ; que, dans les deux cas, « l'impôt est dû et qu'il y a contravention chaque fois « que l'impôt n'a pas été acquitté ;

« Attendu, dans tous les cas, que les reçus donnés « par Juvet au nom d'Auger sur les registres de la « maison Follet et Fournout constituent réellement « au profit de Juvet et Auger une véritable décharge, « et qu'ainsi, même en admettant leur système, ils « seraient encore soumis au droit de timbre de 10 cen- « times ; que, dès lors, aucun des quatre reçus sus- « mentionnés n'en étant revêtu, Juvet et Auger tom- « bent sous l'application de l'art. 23 de la même loi, « et sont passibles du montant des sommes réclamées « dans la contrainte qui leur a été signifiée le 18 juin « dernier, à la requête de M. le directeur de l'enregis- « trement ; qu'en conséquence. il y a lieu de déclarer « mal fondée leur opposition du 21 juin 1872 à cette « contrainte. »

6807. Récépissés délivrés aux agents de la force publique. — Décharges de pièces de conviction. — M. le procureur général, des difficultés se sont élevées sur l'application de l'art. 18 de la loi du 23 août 1871. Cet art. assujettit au timbre de 10 cent. les quittances ou acquits donnés au pied des factures et mémoires, les quittances pure et simples. reçus ou décharges de sommes. titres, valeurs ou objets, et généralement tous les titres de quelque nature qu'ils soient, signés ou non signés, qui emporteraient libération, reçu ou décharge. Il s'est agi de savoir si ce timbre est exigé pour les récépissés délivrés par les greffiers aux agents de la force publique qui font le dépôt de pièces à conviction, et pour les décharges données sur le registre des pièces à conviction. lors de la restitution desdites pièces aux ayants-droit. — Malgré la généralité des termes de l'art. 18 précité, il m'a paru qu'une immunité était consacrée par l'art. 16 de la loi du 13 brum. an 7, tant au profit des agents qui, en déposant au greffe des objets saisis à la suite d'une information pour crime ou délit, n'accomplissent qu'un acte de police judiciaire et de vindicte publique, qu'au profit des greffiers, qui sont certainement fondés à comprendre les registres des pièces de conviction

loi du 23 août, excepte d'ailleurs du timbre de 10 c. les quittances énumérées dans l'art. 16 de la loi de brum. an 7. sauf celles relatives aux traitements et émoluments des fonctionnaires, officiers des armées de terre et de mer et employés salariés par l'Etat, les départements, les communes et tous les établissements publics. — M. le ministre des finances a bien voulu accueillir les observations que je lui ai adressées sur ces deux points, et je m'empresse de vous informer de sa décision. — Mon collègue a, de son côté, invoqué le concours de mon département pour assurer à la loi et au décret portant règlement d'administration publique, en date du 27 nov. 1871, toute leur efficacité. L'art. 23 de la loi dispose qu'une amende de 50 fr. en principal est due par chaque acte, écrit, quittance, reçu ou décharge pour lequel le droit de timbre n'a pas été acquitté; le même article donne pouvoir aux employés de l'enregistrement, aux officiers de police judiciaire, aux agents de la force publique, aux préposés des douanes, des contributions indirectes , des octrois, de constater les contraventions par procès-verbaux auxquels doivent être annexées les pièces non timbrées. — Le décret portant règlement d'administration publique a trait principalement à la création d'un timbre mobile qui doit être collé sur les quittances et immédiatement oblitéré par l'application à l'encre noire, en travers du timbre, de la signature du créancier ou de celui qui donne reçu ou décharge, ainsi que de la date de l'oblitération, conditions sans lesquelles le timbre est considéré comme n'existant pas. — M. le ministre des finances demande que l'attention des officiers de police judiciaire soit appelée principalement sur les points suivants : — 1º La loi ne demande pas compte aux rédacteurs des procès-verbaux des moyens par lesquels la contravention est parvenue à leur connaissance (rapport du rapporteur de la commission du budget), et il suffit que les pièces en contravention soient représentées; — 2º Les procès-verbaux rédigés par eux doivent être remis avec les pièces saisies aux receveurs de l'enregistrement, qui auront à faire les diligences et poursuites nécessaires pour le recouvrement des droits, amendes et frais; — 3º La loi attribue aux agents verbalisateurs un quart des amendes recouvrées. — Je vous prie de vouloir bien signaler les graves intérêts qui s'attachent à l'exacte exécution de la loi du 23 août 1871 aux parquets et aux juges de paix de votre ressort. Ces derniers magistrats, placés plus près des gardes champêtres, forestiers, agents de la force publique, pourront les guider utilement pour la constatation des contraventions. — Je vous prie de vouloir bien m'accuser réception de la présente circulaire. — Lett. du M. J. aux procureurs généraux, du 30 mai 1872.

6808. Moment où le timbre devient exigible. — Le droit de timbre n'est exigible sur les quittances qu'au moment où elles sont remises au débiteur, et non sur les quittances qui sont rédigées et signées d'avance par le créancier en vue du paiement, et qui sont saisies entre les mains de ce créancier avant leur remise aux débiteurs. — Vouziers, 30 janv. 1873:

« Considérant que l'art. 18 de la loi du 23 août 1871 « soumet à un droit de timbre de 10 centimes les quit- « tances ou acquits, reçus ou décharges, et générale- « ment tous les titre comportant libération, reçus ou « décharges ; qu'il n'a entendu frapper de l'impôt que « l'acte qui fait acquérir au créancier ce qui lui est dû « et qui en même temps libère le débiteur; que s'il en « était autrement, le créancier ne pourrait rédiger d'a- « vance et garder en sa possession la quittance jusqu'au « paiement sans s'exposer à payer le droit ou à être « frappé de l'amende , même sans avoir reçu ; que le « texte de l'article lui-même repousse la prétention de « l'administration ; en effet, il pose en principe que le « droit est dû *pour chaque acte,* c'est-à-dire pour chaque « quittance, puis il ajoute, quant à l'exécution pour le « paiement de droit et pour la facilité de la perfection, « *il peut être acquitté par l'apposition d'un timbre mobile,* « etc., d'où suit qu'ayant rédigé la quittance sur une « facture non timbrée, on peut la soumettre au fonc- « tionnaire chargé de la perception de l'impôt (rédigée « et signée sans doute), ou y apposer un timbre mobile, « ce qui démontre que la signature sur la quittance, « sans timbre mobile, ne peut faire encourir l'amende: « — considérant que vainement l'administration « allègue la fraude qui pourra être pratiquée; qu'en « effet, 1º la fraude ne se présume pas, elle doit être « prouvée; 2º la loi y a pourvu en exigeant que la « quittance soit revêtue, aux mains du débiteur, du « visa du créancier qui en est dessaisi, à peine d'être « le créancier personnellement tenu des droits, frais et « amendes ; — considérant encore que dans l'espèce « il est démontré qu'il n'y a aucune fraude, puisque « Depoix, transmettant les quittances en *groupe* à Pous- « sinet, qui devait timbrer les quittances en recevant, « et oblitérer les timbres comme la loi lui en donnait « la faculté (art. 2, décret du 20 nov. 1871); — par « ces motifs, déclare nulle et de nul effet la contrainte « décernée par l'administration de l'enregistrement ; « en conséquence , ordonne la discontinuation des « poursuites commencées, et condamne ladite admi- « nistration aux dépens. »

V. dans le même sens : Seine (trib. de commerce). 27 janv. 1873 ; R. P. 3643.

6809. Mentions de paiement sur les minutes. — L'art. 1332 du Code civil est ainsi conçu : « L'écriture mise par le créancier à la suite, en marge ou au dos d'un titre qui est toujours resté en possession, fait foi, quoique non signée ni datée par lui, lorsqu'elle tend à établir la libération du débiteur. »

On peut inférer de ces dispositions que les mentions mises par les notaires sur leurs minutes, indiquant les paiements de frais et honoraires effectués par les clients de ces officiers publics, peuvent, en général, servir à prouver la libération des débiteurs.

Mais faut-il en conclure que ces annotations sont atteintes par l'art. 18 de la loi du 23 août 1871, qui soumet à un droit de timbre de 10 cent. *tous les titres, de quelque nature qu'ils soient, signés ou non signés, qui emporteraient libération, reçu ou décharge?* parmi les registres des tribunaux. — L'art. 20, § 3, de la

88

Nous croyons avoir d'excellentes raisons pour adopter la négative.

Le client a toujours le droit d'exiger quittance des sommes par lui versées pour frais et honoraires; cela est incontestable. Si l'on assujettit au timbre, d'une part, le reçu délivré par le notaire à son client; d'autre part, l'annotation correspondante mise pour ordre par le notaire sur sa minute, l'on taxe deux fois le même acte. Or, l'équité nous défend cette perception cumulative : *Non bis in idem*.

Mais, par ce temps de nécessités budgétaires, les motifs d'équité sont de peu de poids. Cherchons donc, dans la loi elle-même, des arguments juridiques.

D'après l'art. 23 de la loi du 23 août 1871, le créancier qui *donne* quittance sur papier non timbré est tenu personnellement du montant des droits, frais et amendes.

Aux termes de l'article 2 du décret du 27 novembre 1871, le timbre doit être revêtu de la signature du créancier ou de celui qui *donne* reçu ou décharge.

Nous trouvons dans le rapport de la commission la répétition du même mot et de la même idée.

La loi, dit le rapporteur, prononce une amende de 50 fr. contre le créancier qui consent à *délivrer* une quittance non timbrée. Il est bien entendu, ajoute-t-il, que la quittance n'est pas obligatoire. Si le débiteur veut s'exposer à payer une seconde fois, en cas de réclamation nouvelle de la part du créancier, par suite d'oubli ou d'autre cause, il est libre de ne pas se faire *donner* une quittance. Mais s'il y a quittance sans paiement du droit de timbre, l'amende est encourue.

Le mot *donner* a une signification connue de tout le monde. Il faut bien admettre que le législateur l'a employé dans son acception ordinaire. Si j'acquitte entre les mains de mon notaire les droits et honoraires de mon contrat de mariage, et que mon notaire se contente d'indiquer ce paiement sur la minute de l'acte, il ne me *donne* pas de quittance, et je n'ai à supporter aucun droit de timbre. Si, au contraire, il me *délivre* un reçu, cette pièce doit être revêtue d'un timbre de 10 c.

Les citations que nous venons de faire jettent une si vive lumière sur la question qu'une discussion plus longue est superflue. Concluons donc en disant que les mentions inscrites par les notaires sur leurs minutes pour indiquer que les frais et honoraires de ces actes sont payés en tout ou en partie, sont, dans tous les cas, dispensées du timbre des quittances : car la loi n'a soumis à cette taxe que les écrits libératoires remis aux débiteurs, et les minutes des notaires ne sont pas susceptibles d'être jamais délivrées aux parties. — V. à ce sujet, Seine, 27 janv. 1373; R. P. 3643. — Vouziers, 30 janvier 1873; J. N. 20576.

Au reste, ce n'est pas d'hier que les écrits libératoires sont assujettis au timbre; la loi du 13 brumaire an 7 y avait soumis « tous actes et écritures, soit publics, soit privés, devant ou pouvant faire titre, ou être produits pour obligation, décharge, justification, demande ou défense ». En dépit de cette disposition formelle, nous ne pensons pas que jamais personne ait élevé la prétention de faire supporter le droit de timbre aux mentions de paiement écrites par le créancier sur son registre ou sur les papiers en sa possession. Il n'y a pas de motif de déroger aujourd'hui à cet ancien usage. Le *Journal officiel* du 25 novembre 1871 a donné une longue nomenclature des écrits sujets au timbre de 10 c.; cette nomenclature ne comprend pas les mentions qui font l'objet de cet article.

Cependant on attribue à l'administration, mais sans la rapporter *in extenso*, une solution d'après laquelle l'emploi du timbre serait de rigueur en cette matière. V. J. E. 19104-2. — R. P. 3585.

Art. 2. — Apposition du timbre.

6810. Timbre extraordinaire. — Une remise de deux pour cent sur le timbre est accordée, à titre de déchet, à ceux qui font timbrer préalablement leurs formules de quittances, reçus ou décharges. — 23 août 1871, art. 19.

6811. Décret du 27 novembre 1871. — Il est établi, pour l'exécution de l'article 18 de la loi du 23 août 1871, un timbre mobile à 10 c. conforme au modèle annexé au présent décret. — L'administration de l'enregistrement, des domaines et du timbre fera déposer au greffe des cours et tribunaux des spécimens de ce timbre mobile. Le dépôt sera constaté par un procès-verbal dressé sans frais. — Art. 1.

Ce timbre mobile est apposé sur les quittances ou acquits donnés au pied des factures et mémoires, les quittances pures et simples, les reçus ou décharges de sommes, titres, valeurs ou objets, et généralement sur tous les titres, de quelque nature qu'ils soient, signés ou non signés, et qui emporteraient libération, reçu ou décharge. — Ce timbre est collé et immédiatement oblitéré par l'apposition, *à l'encre noire*, en travers du timbre, de la signature du créancier ou de celui qui donne reçu ou décharge, ainsi que de la date de l'oblitération. — Cette signature peut être remplacée par une griffe apposée *à l'encre grasse*, faisant connaître la résidence, le nom ou la raison sociale du créancier et la date de l'oblitération du timbre. — Art. 2.

Les ordonnances, taxes, exécutoires et généralement tous mandats payables sur les caisses publiques, les bordereaux, quittances, reçus ou autres pièces, peuvent être revêtus du timbre à 10 c. par les agents chargés du paiement. — Le timbre est oblitéré au moyen d'une griffe par ces agents, qui demeurent responsables des contraventions commises à raison des pièces acquittées à leur caisse. — Les sociétés et compagnies, assureurs, entrepreneurs de transport et tous autres assujettis aux vérifications des agents de l'enregistrement par l'article 22 de la loi du 23 août 1871 et par les lois antérieures peuvent également, sous leur responsabilité, user de la même faculté, en ce qui concerne les actions, obligations, dividendes et intérêts payables au porteur, les rentes sur l'étranger, ainsi que toutes autres pièces de dépenses, états de solde et d'émargement. — Art. 3.

Les sociétés, compagnies et particuliers qui, pour

s'affranchir de l'obligation d'apposer et d'oblitérer les timbres mobiles, veulent soumettre au timbre à l'extraordinaire des formules imprimées pour quittances, reçus ou décharges, sont tenus de déposer ces formules et d'acquitter les droits (sauf la remise de 2 °/₀ accordée à titre de déchet) au bureau de l'enregistrement de leur résidence ou à celui qui sera désigné par l'administration, s'il existe plusieurs bureaux dans la même ville. — Art. 4.

Les formules d'états de solde ou de paiement, dits états *d'émargement* , les registres de factage ou de camionnage et des autres documents pour lesquels il est dû un droit de timbre, par chaque paiement excédant 10 fr. ou par chaque objet reçu ou déposé, ne peuvent être timbrés à l'extraordinaire qu'autant que le droit à percevoir, par chaque page, correspondra à l'une des quotités des timbres de dimension en usage. — Art. 5.

Les billets de place délivrés par les compagnies et entrepreneurs, et dont le prix excède 10 fr., peuvent, si la demande en est faite, n'être revêtus d'aucun timbre; mais ces compagnies et entrepreneurs sont tenus de se conformer au mode de justification et aux époques de paiement déterminés par l'administration. — Art. 6.

6812. Infraction. — Toute infraction aux dispositions du règlement ci-dessus est punie d'une amende de 20 fr. — 23 août 1871, art. 24.

Sont considérés comme non timbrés : 1ᵒ les actes, pièces, ou écrits sur lesquels le timbre mobile aurait été apposé sans l'accomplissement des conditions prescrites par le règlement d'administration publique, ou sur lesquels aurait été apposé un timbre ayant déjà servi ; 2ᵒ les actes, pièces ou écrits sur lesquels un timbre mobile aurait été apposé en dehors des cas prévus par l'article 18. — Id. ibid.

6813. Délits. — Ceux qui auront sciemment employé, vendu ou tenté de vendre des timbres mobiles ayant déjà servi, seront poursuivis devant le tribunal correctionnel et punis d'une amende de 50 francs à 1,000 francs. En cas de récidive, la peine sera d'un emprisonnement de cinq jours à un mois, et l'amende sera doublée. — Il pourra être fait application de l'art. 463 du Code pénal. — Id. ibid. — 11 juin 1859; art. 21.

Art. 3. — Contraventions.

6814. Texte de la loi. — Toute contravention aux dispositions de l'article 18 sera punie d'une amende de 50 francs. L'amende sera due par chaque acte, écrit, quittance, reçu ou décharge, pour lequel le droit de timbre n'aurait pas été acquitté. — Le droit de timbre est à la charge du débiteur ; néanmoins, le créancier qui a donné quittance, reçu ou décharge en contravention aux dispositions de l'article 18, est tenu personnellement et sans recours , nonobstant toute stipulation contraire , du montant des droits, frais et amendes. — *La contravention sera suffisamment établie par la représentation des pièces non timbrées et annexées aux procès-verbaux* que les employés de l'enregistrement, les officiers de police judiciaire, les agents de la force publique , les préposés des douanes, des contributions indirectes et ceux des octrois sont autorisés à dresser, conformément aux articles 31 et 32 de loi du 13 brumaire an 7. Il leur est attribué un quart des amendes recouvrées. — 23 août 1871, art. 23.

6815. Constatation des contraventions. — D'après l'art. 23, la contravention est suffisamment prouvée par la représentation des pièces non timbrées, annexées aux procès-verbaux qui sont rapportés.

Ainsi, toute contravention doit être tenue pour certaine et irrécusable du moment qu'elle résulte d'un procès-verbal auquel est joint l'écrit délictueux ; les tribunaux n'ont aucune autre preuve à exiger de l'administration.

La contravention est, en effet, *suffisamment prouvée* ; elle est palpable ; l'existence matérielle en est mise sous les yeux du juge. On serait donc mal venu à la contester. L'amende doit être prononcée ; il n'y a à cela aucune difficulté.

Tel est le sens que présente, à première lecture, la disposition législative que nous avons citée.

Puis, en réfléchissant, en pesant les mots, en sondant l'idée, l'esprit stupéfait, scandalisé, rencontre une seconde signification.

La contravention sera suffisamment établie..... Ne serait-ce pas à dire que, pourvu qu'on leur produise un procès-verbal et une pièce non timbrée, les juges n'auront plus qu'à prononcer la condamnation, sans pouvoir s'inquiéter de la manière dont la découverte a été faite ?

Hélas ! tel est, en effet, le sens et le vœu même de la loi.

L'honorable M. Mathieu Bodet, rapporteur de la Commission du budget, nous le dit en termes explicites : *La loi ne demande pas compte aux agents des moyens par lesquels ils se sont procuré les pièces qui constatent la contravention.*

Cette phrase, qui sert de commentaire officiel à la loi, a été soumise aux méditations de MM les représentants ; tous ont pu la lire et l'apprécier ; et cependant, nul d'entre eux n'a demandé la parole lors de la discussion. L'article 23 a été voté avec cette signification par l'Assemblée nationale.

Dans l'Instruction générale nᵒ 2413, à la suite du texte de la loi, l'administration de l'enregistrement a reproduit le même passage du rapport de la Commission. C'est accepter sans réserve la doctrine de la Commission et la donner pour règle.

Tous les auteurs ont cité le mémorable phrase de M. Mathieu Bodet. Les uns se sont abstenus de toute réflexion ; les autres ont simplement exprimé leur surprise. — V. M. Garnier, *Rép. pér.*, art. 3360. — *Contrôleur de l'enregistrement,* art. 14726. — *Revue du Notariat,* nᵒ 3002. — M. Demante, *Explication de la loi du 23 août 1871,* nᵒˢ 136 et suiv.

Il est donc bien avéré que *tous les moyens sont bons* pour découvrir les contraventions au timbre des quittances. Par conséquent, la constatation de ces contraventions est légale et l'amende doit être prononcée :

Lors même que, pour jouer un mauvais tour à son créancier, un débiteur feindrait d'accepter sans difficulté un reçu non timbré qu'il s'empresserait ensuite d'aller remettre à qui de droit pour faire relever la contravention ;

Lors même que la représentation de l'écrit non timbré serait requise sans droit, et ne serait obtenue que par ruse ou par intimidation ;

Lors même que, sur le refus d'une femme de donner communication, en l'absence de son mari, des écrits, lettres et factures concernant leur commerce, les agents de la loi enfonceraient le meuble où ces pièces sont déposées ;

En un mot, il faut admettre que la loi a pris à son service la mauvaise foi, la violence, la délation, les perquisitions vexatoires ; et l'infraction doit être punie, quel que soit l'odieux du moyen employé pour la découvrir. — V. Arras, 5 février 1873 ; *Revue du Notariat*, n° 4360 ; *Courrier*, n. 28.

Telles sont, du moins, les discussions qu'en froide logique, et abstraction faite de l'honnêteté des fonctionnaires français, l'on doit tirer des termes de la loi et du rapport de M. Mathieu Bodet.

O Allemands ! vous ne vous êtes pas contentés d'une conquête matérielle ; vous vous êtes emparés de nos esprits, vous y avez insinué vos idées et vos principes ; et voilà que, germanisant nous-mêmes notre législation, nous y inscrivons la devise de votre grand homme : *La force prime le droit !*

A une époque où le Trésor public était plus pauvre encore que de nos jours, Duchâtel, directeur général de l'enregistrement, disait au conseil des Cinq-Cents : *C'est surtout aux principes qu'il faut s'attacher, et il serait injuste de les violer pour se procurer une augmentation quelconque dans les produits.* Ces paroles étaient applaudies unanimement.

Nous, Français de 1872, nous nous soucions peu des principes, pourvu que les produits augmentent. Nos pères songeaient au droit, nous ne pensons qu'à l'argent. Nos pères se demandaient : l'impôt nouveau que nous allons créer est-il juste ? La seule question que se posent leurs fils est celle-ci : cette taxe nouvelle remplira-t-elle nos caisses ?

Aussi, dans notre préoccupation exclusive du résultat, il nous arrive de donner à nos lois un sens contraire à la justice et à l'équité, et, par suite, de voter, sans nous apercevoir, des dispositions inapplicables.

Tel est le cas de l'article 23 la loi du 23 août 1871. On a vu que cet article est susceptible de deux significations. Nous avons dit quel est, selon nous, le sens dans lequel il doit être entendu ; puis, nous avons cité les paroles de l'honorable M. Mathieu Bodet, paroles qui ont reçu l'approbation de l'Assemblée nationale et de l'administration.

Eh bien ! la doctrine et la jurisprudence protestent contre une semblable interprétation.

Ne s'agit-il pas d'une loi pénale ? Or, la loi pénale doit être strictement renfermée dans ses termes, sur lesquels ne peut jamais prévaloir l'esprit même de la loi : *odia restringenda*. — Merlin, *Répertoire*, v° **Loi**, § 10. — Mailher de Chassat, § 114 et suiv. — Chauveau et Hélie, t. I, p. 37. — Morin, v° *Lois criminelles*. — Toullier, t. I, p. 147. — Zachariæ, p. 79. — Cass. 20 février et 19 octobre 1821 et 19 mars 1831. — Nul ne peut donc rechercher quel est l'esprit de la loi du 23 août 1871 : le texte de cette loi présente un sens clair et naturel, l'on doit s'y arrêter.

Il résulte aussi du motif de l'arrêt du 19 octobre 1821, que nous venons de citer, que lorsque la loi présente des doutes dans son interprétation, elle doit être entendue *dans le sens le plus généreux et le plus moral*. Nous n'ajouterons rien à ces considérations, que l'on dirait formulées exprès pour la cause que nous défendons.

Il n'y a donc pas d'hésitation possible : l'article 23 signifie que la contravention est suffisamment prouvée par un procès-verbal appuyé de la pièce délictueuse, et que toute autre preuve est superflue. C'est là le sens littéral et naturel de la loi ; c'en est aussi le sens généreux et moral. Une autre interprétation ne peut être admise.

Art. 4. — Questions diverses.

6816. Paiement des droits. — Le droit de timbre est à la charge du débiteur, porte l'art. 23. Mais lorsque les quittances sont fournies à l'Etat ou délivrées en son nom, le timbre est à la charge des particuliers qui les donnent ou qui les reçoivent. — Brum. art. 29.

6817. Communication. — Les sociétés, compagnies, assureurs, entrepreneurs de transports et tous autres assujettis aux vérifications des agents de l'enregistrement par les lois en vigueur, sont tenus de représenter auxdits agents leurs livres, registres, titres, pièces de recette, de dépense et de comptabilité, afin qu'ils s'assurent de l'exécution des lois sur le timbre. — Tout refus de communication sera constaté par procès-verbal, et puni d'une amende de 100 à 1,000 fr. — 23 août 1871, art. 22.

QUITUS. — V. *Certificat.*

6818. QUOTITÉ DISPONIBLE.—On entend par *quotité* ou *portion disponible* la portion de biens dont il est permis de disposer à titre gratuit.

La portion dont on ne peut pas disposer au préjudice de certains héritiers porte le nom de *réserve légale* ou simplement de *réserve*. Les héritiers à qui cette réserve est due sont appelés *héritiers réservataires* ou simplement *réservataires*.

6819. Quels héritiers ont droit à une réserve. —

Les descendants ou les ascendants ont seuls droit à une réserve. A défaut des uns et des autres, les libéralités peuvent épuiser la totalité des biens. — C. 916.

6820. Réserve des descendants.—Les libéralités soit par actes entre-vifs, soit par testament, ne peuvent exéder la *moitié* des biens du disposant, s'il ne laisse à son décès qu'*un enfant* légitime ; le *tiers*, s'il en laisse *deux;* le *quart*, s'il en laisse *trois* ou un plus grand nombre.

Sont compris sous le nom d'*enfants*, les descendants en quelque degré que ce soit ; néanmoins, ils ne sont comptés que pour l'enfant qu'ils représentent dans la succession du disposant. — C. 913 et 914.

6821. *Enfant naturel.* — On admet généralement que l'enfant naturel a droit à une réserve, plus restreinte, il est vrai, que celle de l'enfant légitime, mais qui doit s'exercer de la même manière, c'est-à-dire s'étendre sur les donations entre-vifs comme sur les libéralités testamentaires. — Arg. C. 756 suiv. et 908. — Grenier, t. 2, n. 65. — Toullier, t. 4, n. 263. — Chabot, sur l'art. 761, n. 1. — Demante, t. 3, n. 80 bis. — Duranton, t. 6, n. 309. — Marcadé, 914 et 916.—Troplong, t. 2, n. 773. — Demolombe, t. 2, n. 34 bis et 121. — Cass. 29 juin 1857; J. P. 58. 373.

6822. Réserve des ascendants. — Si, à défaut d'enfants, le défunt laisse un ou plusieurs *ascendants* dans chacune des lignes paternelle et maternelle, les libéralités ne peuvent excéder la *moitié* des biens, et les *trois quarts* s'il ne laisse d'ascendants que dans une seule ligne. — C. 915.

6823. Quotité disponible pour le mineur.—Le mineur âgé de *moins de seize ans* ne peut disposer que par contrat de mariage et seulement en faveur de son futur époux; il peut donner à ce futur époux tout ce que la loi permet à l'époux majeur de donner à l'autre conjoint. — C. 903, 1095.

Le mineur parvenu à l'âge de seize ans peut, en outre, disposer au profit de qui bon lui semble, mais par testament seulement et seulement jusqu'à concurrence de la moitié des biens dont la loi permet au majeur de disposer. — C. 904, 1095.

6824. Quotité disponible entre époux. — L'époux peut pendant le mariage, pour le cas où il ne laisserait pas d'enfants ni descendants, disposer en faveur de l'autre époux, en propriété, de tout ce dont il pourrait disposer en faveur d'étrangers, et en outre de l'usufruit de la totalité de la portion dont la loi prohibe la disposition au préjudice des héritiers. Et, pour le cas où l'époux donateur laisserait des enfants ou descendants, il peut donner à l'autre époux *ou un quart en propriété* et un autre quart en usufruit, *ou la moitié de tous ses biens* en usufruit seulement. — Id. 1094.

L'homme ou la femme qui, ayant des enfants du premier lit, contracte un second ou subséquent mariage, ne peut donner à son nouvel époux qu'une part d'enfant légitime le moins prenant, et sans que, dans aucun cas, ces donations puissent excéder le quart des biens. — Id. 1098.

6825. Cumul de la réserve et de la quotité disponible par l'héritier renonçant. — L'héritier renonçant ne peut retenir, outre la quotité disponible, sa part dans la réserve. Cette question importante, qui a si longtemps divisé les docteurs et les tribunaux, a reçu enfin une solution définitive. Un arrêt rendu par la Cour suprême, en audience solennelle, le 27 nov. 1863, est conçu en ces termes :

« Attendu que l'art. 913 C. N., qui détermine la
« portion des biens que les pères et mères peuvent
« donner soit à leurs enfants hors part, soit à des
« étrangers, il résulte que la réserve n'est autre chose
« que la succession elle-même diminuée de cette por-
« tion, s'il en a été disposé; — que les enfants n'ont
« dès lors droit à cette réserve et ne la recueillent qu'à
« titre d'héritiers, et qu'aucune disposition du Code ne
« sépare la qualité de réservataire et celle d'héritier;
« — qu'ils succèdent, aux termes de l'art. 745, à tous
« les biens du défunt, et sont investis, par les art.
« 920 et 921, du droit de former, contre tous les dona-
« taires, la demande en réduction des donations qui
« excèdent la quotité disponible ;
« Attendu que, si la donation a été faite à un suc-
« cessible réservataire, il y a lieu de distinguer si elle
« a été faite avec ou sans dispense de rapport ; — que
« ce n'est que lorsqu'elle a été faite avec dispense de
« rapport, en vertu du droit que la loi a conféré aux
« pères et mères comme un attribut de la puissance
« paternelle, que le donataire peut, en venant à la
« succession , cumuler avec la quotité disponible sa
« part dans la réserve;
« Mais que, lorsque cette dispense n'a pas été
« expressément stipulée par le donateur, le donataire
« doit, s'il accepte, faire le rapport du don qu'il a
« reçu, et que, s'il renonce, il ne peut le retenir qu'à
« titre de donataire et jusqu'à concurrence de la quo-
« tité disponible ;—que, si le don excède cette quotité,
« il ne peut y avoir lieu de l'imputer d'abord sur la
« part du donataire dans la réserve, et subsidiaire-
« ment sur la portion disponible, puisque, suivant
« l'art. 785, le donataire renonçant n'a plus la qualité
« d'héritier ;
« Enfin, que les héritiers acceptants ne peuvent être
« privés du droit de demander la réduction sous pré-
« texte qu'ils seraient nantis de leur part personnelle
« ou que les biens seraient sortis de la succession,
« puisque, d'une part, les héritiers sont appelés collec-
« tivement à la succession, et, par conséquent, à la
« réserve, et puisque, d'une autre part, ils exercent
« tous les droits et actions qui sont attachés à leur titre
« d'héritiers ;
« D'où il suit qu'en décidant que la donation faite à
« la dame Lavialle ne sera admise dans la liquidation
« de la succession du sieur Croizet que jusqu'à concur-

« rence de la quotité disponible, l'arrêt attaqué n'a
« fait qu'une juste application de l'art. 845 C. N. et
« n'a violé aucune loi. »

6826. Forme. — La *quotité disponible* peut être donnée
en tout ou en partie, soit par acte entre-vifs, soit par
testament, aux enfans ou autres successibles du donateur, sans être sujette au rapport par le donataire ou le
légataire venant à la succession, pourvu que la disposition ait été faite *expressément à titre de préciput ou
hors part.* La déclaration que le don ou legs est à titre
de préciput ou hors part *peut être faite* soit par l'acte
qui contient la disposition, soit *postérieurement*, dans
la forme des dispositions entre-vifs ou testamentaires.
— C. 919.

6827. Réduction ou caducité des donations. — Les
dispositions, soit entre-vifs, soit à cause de mort, qui
excèdent la quotité disponible, sont réductibles à cette
quotité lors de l'ouverture de la succession. —
Id. 920.

Il n'y a jamais lieu à réduire les donations entre-vifs,
qu'après avoir épuisé la valeur de tous les biens compris dans les dispositions testamentaires ; et lorsqu'il
y a lieu à cette réduction, elle se fait en commençant
par la dernière donation, et ainsi de suite en remontant
des dernières aux plus anciennes. — Id. 923.

Si la donation entre-vifs réductible a été faite à l'un
des successibles, il peut retenir sur les biens donnés la
valeur de la portion qui lui appartiendrait, comme
héritier, dans les biens non disponibles, s'ils sont de la
même nature. — Id. 924.

Lorsque la valeur des donations entre-vifs excède ou
égale la quotité disponible, toutes les dispositions testamentaires sont caduques. — Id. 925.

Lorsque les dispositions testamentaires excèdent soit
la quotité disponible, soit la portion de cette quotité
qui resterait après avoir déduit la valeur des donations
entre-vifs, la réduction est faite au marc le franc, sans
aucune distinction entre les legs universels et les legs
particuliers. — Id. 926.

Néanmoins, dans tous les cas où le testateur a expressément déclaré qu'il entend que tel legs soit
acquitté de préférence aux autres, cette préférence a
lieu ; et le legs qui en est l'objet n'est réduit qu'autant
que la valeur des autres ne remplirait pas la réserve
légale. — Id. 927.

6828. *Qui peut demander la réduction.* — La réduction des dispositions entre-vifs ne peut être demandée que par ceux au profit desquels la loi fait la
réserve, par leurs héritiers ou ayants-cause. Les donataires, les légataires, ni les créanciers du défunt, ne
peuvent demander cette réduction ni en profiter. —
Id. 921.

6829. *Calcul de la réduction.* — La réduction se
détermine en formant une masse de tous les biens existants au décès du donateur ou testateur. *On y réunit
fictivement ceux dont il a été disposé par donation entre-
vifs,* d'après leur état à l'époque des donations et leur
valeur au temps du décès du donateur. *On calcule sur
tous ces biens, après en avoir déduit les dettes,* quelle est,
eu égard à la qualité des héritiers qu'il laisse, la quotité dont il a pu disposer. — Id. 922.

R

6830. RABAIS. — Une adjudication au rabais est celle qui est tranchée au profit de celui qui s'engage à exécuter une chose moyennant le plus bas prix. — V. *Marché.*

RACHAT. — V. *Réméré, Rente.*

6831. RADIATION DU ROLE.—Le jugement, quelque soit le tribunal qui le rende, qui ordonne la radiation d'une cause du rôle, pour un motif quelconque, est un simple jugement d'ordre intérieur, non sujet à l'enregistrement, sauf le cas où le tribunal stipule la *restriction* que la cause ne pourra être replacée au rôle que sur le vu de l'expédition du jugement, *dont le coût restera à la charge de l'avoué,* conformément à l'art. 29 du règlement du 30 mars 1808, car, dans ce cas, il y a une condamnation personnelle contre l'avoué. — D. F. 30 avril 1823; I. 1080. — Sol. 15 juill. 1831 ; J. E. 10085.

RAISON SOCIALE. — V. *Société.*

RAPPORT. — V. *Brevet, Capitaine de navire. Expert, Procès-verbal.*

6832. RAPPORT A SUCCESSION. — C'est la réunion à la masse de la succession des objets donnés par le défunt à ses héritiers, pour que ces objets soient, comme les autres biens de la succession, partagés entre tous les héritiers.

Le rapport a pour objet de rétablir l'égalité entre les successibles.

6833. Par qui est dû le rapport. — Le rapport est dû par tout héritier, même bénéficiaire, qui vient à une succession. — C. 843.

Il est dû par celui qui n'était pas héritier présomptif au jour de la donation et qui se trouve successible au jour de l'ouverture de la succession. — C. 846.

6834. *Dispense du rapport.* — Ce qui a été donné par préciput et hors part, ou avec dispense de rapport, n'est pas susceptible d'être rapporté; mais si le don excède la quotité disponible, l'excédant est sujet à rapport. — Id. 843, 844.

L'héritier qui renonce peut retenir le don entre-vifs ou réclamer le legs à lui fait, jusqu'à concurrence de la quotité disponible. — C. 845. — V. *Quotité disponible.*

Les dons et legs faits au fils de celui qui se trouve successible à l'époque de l'ouverture de la succession. sont toujours réputés faits avec dispense de rapport. Le père venant à la succession du donateur n'est pas tenu de les rapporter. — C. 847.

Le fils venant de son chef à la succession du donateur n'est pas tenu de rapporter le don fait à son père. même quand il aurait accepté la succession de celui-ci. Mais si le fils ne vient que par représentation, il doit rapporter ce qui avait été donné à son père, même dans le cas où il aurait répudié sa succession. — Id. 848.

Les dons et legs faits au conjoint d'un successible sont réputés faits avec dispense de rapport. Si les dons et legs sont fait conjointement à deux époux dont l'un seulement est successible, celui-ci en rapporte la moitié; si les dons sont faits à l'époux successible, il les rapporte en entier. — Id. 849.

6835. A qui est dû le rapport. — Le rapport n'est dû que par le cohéritier à son cohéritier, il n'est pas dû aux légataires ni aux créanciers de la succession. — C. 857.

6836. A quelle succession se fait le rapport. — Le rapport ne se fait qu'à la succession du donateur. — C. 850.

6837. De quoi est dû le rapport. — Le rapport *est dû* de tout ce que l'héritier a reçu du défunt. par donation entre-vifs. directement ou indirectement; — C. 843. — de ce qui a été employé pour l'établissement d'un des cohéritiers ou pour le paiement de ses dettes; — C. 851. — des sommes prêtées à l'héritier par le défunt. — C. Bordeaux, 8 août 1838; J. P. 38. 2. 670. — Chabot, sur l'art. 843, n. 23. — Duranton. t. 7, n. 312.

Le rapport *n'est pas dû* des frais de nourriture. d'entretien, d'éducation, d'apprentissage, des frais ordinaires d'équipement, des frais de noces et présents d'usage; ni des profits que l'héritier a pu retenir de conventions passées avec le défunt, si ces conventions ne présentaient aucun avantage indirect lorsqu'elles ont été faites; ni de l'immeuble qui a péri par cas fortuit et sans la faute du donataire; ni pour les associations faites sans fraude entre le défunt et l'un de ses héritiers, lorsque les conditions en ont été réglées par un acte authentique. — C. 852 suiv.

Les fruits et les intérêts des choses sujettes à rapport ne sont dus qu'à compter du jour de l'ouverture de la succession. — C. 856.

6838. Comment s'effectue le rapport. — Le rapport se fait *en nature* ou *en moins prenant*. — C. 858.

Le rapport se fait *en nature* quand l'héritier remet à la masse la chose même qui lui a été donnée. Il a lieu *en moins prenant* lorsque la valeur de la chose donnée est imputée sur la part de l'héritier. Dans ce cas, le rapport se fait fictivement, afin qu'on puisse déterminer le montant de la masse partageable et la part de chaque héritier. — Chabot, sur l'art. 858, n. 1. — Toullier, t. 4, n. 489.

Le rapport se fait en moins prenant lorsqu'il s'agit de mobilier, d'argent comptant, ou d'immeubles aliénés par le donataire avant l'ouverture de la succession. Il se fait en nature dans les autres cas. — C. 859, 860, 868, 869.

6839. RATIFICATION. — La ratification est l'approbation que donne une personne à un acte fait par un tiers en son nom, ou même à un acte auquel elle a concouru, mais qui était susceptible d'être annulé. L'approbation de l'acte annulable auquel on a concouru est plus particulièrement appelée *confirmation*.

6840. Tarif. — Ratifications pures et simples d'actes en forme, 3 fr. — Frim. art. 68, § 1, n. 38. — 18 mai 1850, art. 8. — 28 fév. 1872, art. 4.

Il importe peu que la ratification soit donnée par le tiers dont on a promis la ratification, ou par celui qui a été mis en ses lieu et place. — Montbrison, 4 août 1843; J. N. 12174.

6841. *Ratification non pure et simple.* — Le droit de quittance est exigible lorsqu'un immeuble ayant été vendu deux fois, la première par un mandataire, la seconde par le propriétaire, le second acquéreur ratifie la première vente et en reçoit le prix. — Dél 1er févr. 1838.

Il en est de même lorsque les deux ventes successives ayant été faites par le propriétaire lui-même, la ratification est donnée par le premier acquéreur qui touche le prix. — Sol. 2 fév. 1836.

Le droit de quittance est encore exigible, quand, les biens ayant été vendus en toute propriété par celui qui n'était qu'usufruitier, le propriétaire ratifie la vente. — Dél. 8 février 1828.

Lorsque la vente des biens d'une femme mariée, faite sans les formalités nécessaires à sa validité, est confirmée moyennant une somme, il y a lieu au droit de libération. En effet, la somme payée ne peut être regardée ni comme un supplément de prix, puisque la vente n'est pas nulle pour vilité de prix, ni comme le prix d'une nouvelle vente, puisque, la première ayant été ratifiée, il n'y a pas de nouvelle mutation. Elle n'est autre chose que la représentation du prix de la première vente, qui, n'ayant pas été payé valablement, aurait pu être exigé une seconde fois, d'où il suit qu'il ne peut être dû qu'un droit de libération. — Seine, 17 déc. 1823; J. E. 7604.

6842. *Acte entaché de nullité.* — Du moment que les actes entachés de nullité ont dû être frappés du droit proportionnel lors de leur présentation à l'enregistrement, la confirmation de ces actes ne peut encourir que le droit fixe, sans jamais pouvoir fournir un prétexte à la demande du droit proportionnel sur l'acte confirmé, si la prescription biennale couvre cet acte. — Jugé, dans ce sens, par le tribunal de Jonzac, le 28 avril 1846, que la ratification par l'adjudicataire sur folle enchère de la vente d'une partie des immeubles, consentie par l'acquéreur fol enchérisseur, n'est passible que du droit fixe, et non point du droit de vente immobilière. — R. G. 10399. — V. *Nullité.*

6843. Pluralité. — La pluralité des droits à percevoir sur les ratifications se détermine, non par le nombre des personnes qui ratifient, mais uniquement par le nombre des actes ratifiés, car la loi n'a pas assujetti les ratifications à autant de droits qu'il y a de parties, comme elle l'a fait pour les exploits. Exemples :

L'acte contenant ratification de plusieurs actes distincts est soumis à autant de droits fixes qu'il y a d'actes ratifiés, bien que cette ratification ait lieu par une seule et même disposition. Ainsi, quand un individu ratifie cinq contrats, dont lesquels sa mère et ses frères se sont portés forts pour lui, il y a lieu de percevoir cinq droits de 3 fr. — Cass. civ. 20 fév. 1839; Sir. 39.1.-301; I. 1590-12; J. E. 12243; J. N. 10291.

Lorsqu'un mineur devenu majeur ratifie, par un seul acte, plusieurs actes passés en son nom pendant sa minorité, il est dû autant de droits qu'il y a d'actes ratifiés. — Sol. 5 août 1836; J. E. 11572.

La ratification d'une adjudication d'immeubles donne lieu à autant de droits qu'il y a d'adjudicataires distincts et non solidaires, lors même que les adjudicataires ne seraient pas nominativement désignés dans l'acte. — Dijon, 2 déc. 1839; J. E. 12795-4. — Fontainebleau, 23 déc. 1841; J. N. 11224. — Clermont, 10 fév. 1842; J. N. 11645. — Metz, 17 mars 1842; J. N. 11388. — Arcis-sur-Aube, 15 juill. 1842; J. E. 13063.

La ratification de plusieurs actes de vente opère autant de droits fixes qu'il y a d'actes ratifiés. — Marseille, 12 mai 1859; R. P. 1191.

La ratification par trois personnes d'un partage passé pendant leur minorité n'est passible que d'un seul droit. — Sol. 8 oct. 1841; J. E. 12842-3.

6844. *Mainlevée.* — La ratification par le mandant de la mainlevée consentie par le mandataire à divers acquéreurs est passible de la pluralité, car elle équivaut à la ratification d'autant d'actes de mainlevée qu'il y a d'acquéreurs distincts. — Sol. 16 nov. 1869; R. P. 3172.—*Contrà* : Doullens, 21 oct. 1870; R. P. 3317.

6845. Perception sur l'acte sujet à ratification. — La perception sur l'acte sujet à ratification se règle suivant la nature de la transmission que cet acte constate, car le mandataire ou le porte-fort tient la place de celui pour qui il stipule. — Cass. 17 avril 1816. — 11 fév. 1839.

6846. *Condition suspensive.* — Mais, évidemment, si la ratification est imposée comme condition suspensive. le droit proportionnel ne doit pas être perçu sur le contrat, mais seulement sur l'acte de ratification. — Dél. 22 fév. 1826; Cont. 1083. — Sol. 29 avril 1842; R. G. 10384.

6847. RATURE. — Trait de plume au moyen duquel on efface un ou plusieurs mots d'un acte. — V. *Notaire.*

6848. RÉALISATION. — Clause d'un contrat de mariage par laquelle les époux stipulent que leur mobilier, présent ou futur, leur restera propre, en tout ou en partie, et n'entrera point en communauté.

6849. RÉASSURANCE. — Contrat par lequel l'assureur se fait lui-même assurer par un tiers, à raison des risques qu'il a garantis, tout en restant tenu envers les personnes assurées par lui. — C. com. 342.

6850. RÉBELLION. — Le notaire qui arrache violemment des mains d'un vérificateur de l'enregistrement un acte rédigé en contravention à la loi sur le timbre, le déchire et s'oppose à la continuation de la vérification commencée, se rend coupable du délit de rébellion prévu et puni par les art. 209 et 212 C. pén. — C. Rouen, 25 janv. 1844 ; J. P. 44. 2. 126.

6851. RECÉLÉ. — C'est l'action de celui qui, ayant droit dans une communauté ou dans une succession, s'approprie frauduleusement quelques-uns des objets qui en dépendent, soit qu'il les soustraie, soit qu'il omette sciemment de les faire connaître. Cette action s'appelle, dans le premier cas, *divertissement.* et dans le second, *recel* ou *recélé.*

L'héritier coupable de divertissement ou de recélé est déchu de la faculté de renoncer ; il demeure héritier pur et simple, nonobstant sa renonciation ; de plus, il ne peut prétendre aucune part dans les objets divertis ou recélés. — C. 792.

La veuve qui a diverti ou recélé quelques effets de la communauté est déclarée commune, nonobstant sa renonciation. Il en est de même à l'égard de ses héritiers. — C. 1460.

Celui des époux qui a diverti ou recélé quelques effets de la communauté est privé de sa portion dans ces effets. — C. 1477.

6852. RÉCÉPISSÉ. — Ecrit par lequel on reconnaît avoir reçu, en dépôt ou en communication, des titres, des papiers. des effets.

Ce mot désigne aussi les reconnaissances de sommes versées dans une caisse publique ou entre les mains d'un tiers. — V. *Connaissement, Lettre de voiture.*

6853. Agent de change. — Les récépissés délivrés par les agents de change des sommes que leurs clients déposent entre leurs mains pour achat de valeurs sont assujettis au timbre. — D. F. 10 fév. 1865 ; I. 2341-9.

6854. Avoué. — Les récépissés que les avoués se délivrent les uns aux autres pour constater les communications de pièces sont sujets au timbre. — Circ. J. 5 mai 1866 ; I. 2341-8.

6855. Banque. — Doivent être timbrés les récépissés délivrés soit par la Banque de France. soit par les autres établissements de crédit, pour constater les dépôts volontaires de titres. effets publics et objets reçus par eux. — D. F. 21 janv. 1865; I. 2341-10.

6856. Brevet d'invention. — Les récépissés de sommes excédant 10 fr. que délivrent les trésoriers généraux pour les annuités de taxes de brevets d'invention sont assujettis au timbre. — Dijon, 18 mai 1858 :

« Considérant qu'aux termes des art. 1 et 12 de la « loi du 13 brum. an VII, tous actes pouvant être pro- « duits pour obligation ou décharge sont assujettis au « droit de timbre, sauf les exceptions nommément « formulées dans la loi;

« Considérant que le récépissé, délivré le 19 août « 1857 par le receveur général de la Côte-d'Or, d'une « somme de 1,300 fr. pour treize annuités de taxe d'un « brevet d'invention mentionné dans l'acte reçu le « lendemain par Me Durandeau, notaire à Dijon, ne « rentre dans aucune des exceptions prévues par la « loi; qu'on ne peut placer cette pièce. ainsi que le « veut l'opposant, dans la catégorie des récépissés déli- « vrés aux contribuables pour les collecteurs des contri- « butions formellement exceptés du timbre par le § 7, « n. 1, de l'art. 16 de ladite loi; qu'en effet il ne s'agit « pas, dans l'espèce, de contributions directes, puisque « ces contributions sont nominativement désignées par « le budget ; que leur chiffre en est fixé d'avance par « les lois de finances annuelles, et que la taxe payée « par les inventeurs pour l'obtention de leur brevet ne « peut, sous aucun rapport, être considérée comme « une contribution directe; qu'alors même que la taxe « des brevets d'invention serait exclue, ainsi que le « prétend l'opposant, de la nomenclature des contri- « butions indirectes, cette circonstance ne suffirait pas « pour les classer dans celle des contributions direc- « tes, puisqu'il existe *d'autres contributions,* ainsi que « l'exprime le texte même qu'il invoque. et que les « taxes des brevets d'invention figurent au budget sous « le titre de *produits divers ;*

« Considérant, dès lors , que le récépissé dont il « s'agit était passible de l'impôt du timbre, et par

« conséquent aurait dû être annexé à l'acte dans
« lequel il était mentionné pour être soumis avant lui
« à la formalité du timbre, en exécution de l'art. 13
« de la loi du 16 juin 1824. »

6857. Chemin de fer. — Les récépissés que les compagnies de chemins de fer sont tenues de délivrer aux expéditeurs, lorsque ces derniers ne demandent pas de lettres de voiture, énoncent la nature, le poids et la désignation des colis, les noms et l'adresse du destinataire, le prix total du transport et le délai dans lequel ce transport doit être effectué. — Un double du récépissé accompagne l'expédition et est remis au destinataire. — Toute expédition non accompagnée d'une lettre de voiture doit être constatée sur un registre à souche, timbré sur la souche et sur le talon, à peine d'une amende de 50 fr. — 13 mai 1863, art. 10.

Ces récépissés sont sujets à un droit de timbre de 35 c., droit de la décharge à donner par le destinataire compris. Le droit, y compris aussi celui de la décharge, est de 70 c., pour chacun des transports effectués autrement qu'en grande vitesse. — Id. ibid. — 28 fév. 1872, art. 11. — 30 mars 1872, art. 1. — Ces droits ne sont pas soumis aux décimes. — 23 août 1871, art. 2. — 30 mars 1872, art. 1.

6858. *Transports non effectués en grande vitesse.* —Les récépissés délivrés par les chemins de fer, en exécution de la loi du 13 mai 1863, pour les transports effectués autrement qu'en grande vitesse, peuvent servir de lettres de voiture pour les transports qui, indépendamment des voies ferrées, empruntent les routes, canaux et rivières. Les modifications qui peuvent survenir en cours d'expédition, tant dans la destination que dans le prix et les conditions du transport, peuvent être écrites sur ces récépissés. — 30 mars 1872, art. 1.

6859. *Groupage.* — Les entrepreneurs de messageries et autres intermédiaires de transports, qui réunissent en une ou plusieurs expéditions des colis ou paquets envoyés à des destinataires différents, sont tenus de remettre aux gares expéditrices un bordereau détaillé et certifié, écrit sur papier non timbré, et faisant connaître le nom et l'adresse de chacun des destinataires réels. — Il sera délivré, outre le récépissé pour l'envoi collectif, un récépissé spécial à chaque destinataire. Ces récépissés spéciaux ne donneront pas lieu à la perception du droit d'enregistrement au profit des compagnies de chemins de fer ; mais ils seront établis par les entrepreneurs de transports eux-mêmes, sur des formules timbrées que les compagnies de chemins de fer tiendront à leur disposition, moyennant remboursement des droits et frais. Les numéros de ces récépissés seront mentionnés sur le registre de factage ou de camionnage que lesdits entrepreneurs ou intermédiaires seront tenus de faire signer pour décharge par les destinataires. — Ces livres ou registres seront représentés à toute réquisition aux agents de l'enregistrement. — Chaque contravention aux dispositions qui précèdent sera punie d'une amende de 50 fr., et de

100 fr. en cas de récidive dans le délai d'un an. — Ces contraventions seront constatées par tous les agents ayant qualité pour verbaliser en matière de timbre et par les commissaires de surveillance administrative.—Id. art. 2.

Les motifs et l'explication de ces dispositions se trouvent dans les paroles suivantes prononcées par le rapporteur de la commission à la séance du 30 mars 1872 :

« A côté des chemins de fer il s'est organisé une « autre industrie qui consiste à grouper les colis, « c'est-à-dire à en expédier plusieurs réunis en un « seul. Cette industrie profite des arrondissements de « poids et des minimums de perception.

« Dans le cahier des charges des compagnies de « chemins de fer, il est établi que les fractions de « poids ne seront comptées, tant pour la grande que « pour la petite vitesse, que par centièmes de tonnes « ou par 10 kilogrammes.

« Il en résulte que, lorsqu'un particulier expédie un « colis de 24 kilogrammes, il paie comme pour 30 « kilogrammes. Si, au contraire, un groupeur réunit « 10 colis de 24 kilogrammes, il ne paie que pour « 240 kilogrammes au lieu de payer dix fois 30 kilo-« grammes, ce qui lui procure un bénéfice sur 60 kilo-« grammes.

« Cet usage n'est interdit par aucune disposition de « loi, et il procure aux groupeurs un bénéfice légitime.

« Ils ont encore un autre bénéfice sur le minimum « de la perception.

« Comme conséquence, ils profitent de la partie « correspondante de l'impôt dit du dixième, qui est « maintenant de 23 % sur tous les transports en « grande vitesse. Ils réalisent encore des profits par-« faitement légitimes dans les opérations du factage et « du camionnage.

« Ces entrepreneurs se sont créé, d'ailleurs, une « clientèle qui préfère s'adresser à eux que d'aller jus-« qu'aux gares de chemins de fer. Ils ont encore « une clientèle de négociants de grand détail qui « aiment mieux n'avoir affaire qu'à une seule grande « maison d'expédition qu'à plusieurs compagnies de « chemins de fer.

« Telles sont les causes légitimes des bénéfices des « groupeurs et qui constituent pour eux un profit in-« contestable et incontesté.

« Mais à côté de ces bénéfices ils peuvent en faire et « ils en font un autre au détriment du Trésor ; c'est « ce bénéfice que nous voulons atteindre.

« En effet, comme j'ai eu l'honneur de vous l'expli-« quer, les expéditions faites en grande ou en petite « vitesse, et particulièrement celles qui se font en « grande vitesse, — car l'industrie du groupage a par-« ticulièrement pour objet les envois en grande vitesse, « — doivent être accompagnées d'un récépissé au timbre « de 35 centimes ; or, il est évident que si l'on groupe « en un seul 10, 20, 30 ou 40 colis présentés à une « seule compagnie de chemin de fer, on ne paie « qu'une fois le timbre de 35 centimes, au lieu de le « payer 10, 20, 30 ou 40 fois.

« C'est là un bénéfice que votre commission trouve

« et que vous trouverez comme elle illégitime, car il
« est fait au détriment du Trésor ; c'est un profit
« immoral.

« Vous ne pouvez pas accepter, vous ne pouvez pas
« admettre qu'on fasse un bénéfice sur l'impôt. Il est
« certain que le jour où un pareil fait serait admis ou
« toléré, il vaudrait mieux supprimer l'impôt que de
« le laisser inappliqué aux uns, tandis qu'il pèse lour-
« dement sur les autres.

« Permettez-moi de faire observer qu'il est d'autant
« plus important d'atteindre le groupage sur le point
« que je viens d'indiquer, que vous avez élevé le
« taux du timbre du récépissé pour la grande vitesse ;
« car c'est particulièrement de la grande vitesse qu'il
« faut s'occuper dans cette question ; le prix du tim-
« bre n'était que de 20 centimes, vous l'avez élevé, par
« la loi du 23 août 1871, à 25 centimes. Vous y avez
« réuni depuis le droit de décharge, ce qui en porte
« le prix à 35 cent. : de telle sorte que les groupeurs
« réaliseraient un bénéfice d'autant plus grand que
« vous auriez plus élevé l'impôt. »

6860. Comptables publics. — Les récépissés délivrés
aux percepteurs des contributions, aux receveurs des
deniers publics et des contributions locales, sont
exempts de la formalité du timbre et de celle de l'enregistrement. — Brum. art. 16. — Frim. art. 70, § 3,
n. 7.

6861. Directeur de la monnaie. — Les récépissés ou
bons à souche délivrés par les directeurs des monnaies
aux personnes qui font des dépôts de valeurs à échan-
ger en espèces monnayées sont passibles du timbre de
dimension, et assujettis à l'enregistrement lorsqu'il en
est fait usage en justice ou autrement. — D. F. 6 déc.
1834 ; J. E. 11272.

6862. Extraits de jugements. — Les récépissés que
les receveurs de l'enregistrement délivrent aux greffiers,
des extraits de jugements que ces derniers doivent
fournir, en exécution de l'art. 37 frim., et qu'ils sont
tenus d'inscrire sur leurs répertoires, sont exempts de
timbre. — 28 avril 1816, art. 38.

6863. Magasins généraux. — Les récépissés délivrés
par les magasins généraux sont assujettis au timbre
proportionnel. Ils ne donnent lieu, pour l'enregistrement, qu'à un droit fixe de 1.50. — 28 mai 1858, art. 13.

6864. Mont-de-piété. — Les récépissés de sommes
versées à la caisse des monts-de-piété sont passibles du
droit de 1 °/₀, comme reconnaissance de somme ou
obligation, quand ils sont présentés à la formalité, et
lors même qu'ils seraient délivrés à des hospices. —
D. F. 5 nov. 1811 ; J. E. 4207.

6865. Pièces. — Les récépissés de pièces sont assujettis à un droit de 3 fr. — Frim. art. 68, § 1, n. 22. —
28 avril 1816, art. 43, n. 8. — 28 fév. 1872, art. 4.

6866. Recettes communales. — Les récépissés des
receveurs généraux ou d'arrondissement délivrés aux
percepteurs ou préposés spéciaux, pour versements de
sommes prélevées sur les recettes communales, ne sont
point passibles du timbre. — D. F. 22 août 1809 ; J. E.
3330.

6867. Trésoriers généraux. — Les récépissés délivrés par les trésoriers généraux, des fonds et titres qui
leur sont remis, soit pour achat ou vente de rentes sur
l'État, soit pour emploi en bons du Trésor, sont
exempts de timbre. — Arg. Ord. 14 avril 1819, art. 21.
— D. F. 10 fév. 1865 ; I. 2341-9.

RÉCEPTION DE CAUTION. — V. *Caution.*

6868. RECHANGE. — C'est la nouvelle lettre
de change que tire le porteur d'un effet protesté, afin
de se rembourser. — V. *Billet, Lettre de change.*

6869. RECHERCHE. — On entend par *droit
de recherche* la rétribution allouée aux receveurs pour
les recherches qu'on leur demande de faire dans leurs
archives. — V. *Communication, Extrait.*

6870. RÉCIDIVE. — Réitération d'un crime,
d'un délit ou d'une contravention. — V. *Timbre.*

La réitération d'une contravention peut, relativement à la peine, ne constituer qu'un délit successif,
tant que la *récidive* n'est pas *prouvée*. Pour qu'il y ait
récidive, il faut que la *contravention* ait été *réprimée*,
soit par le paiement volontaire de l'amende, en conséquence d'un premier procès-verbal, soit par un jugement de condamnation intervenu avant les procès-
verbaux subséquents. — D. F. 15 janv. 1818 ; J. E.
6252.

6871. RÉCLAMATION. — Les particuliers
qui se croient fondés à réclamer près du ministre des
finances soit des remises ou des modérations d'amendes ou de droits en sus et doubles droits, soit des prorogations de délais pour le paiement des sommes par
eux dues au Trésor, peuvent, toutes les fois qu'ils le
jugent convenable, et au lieu de les transmettre directement au ministre, déposer ou faire déposer leurs
mémoires ou pétitions entre les mains du directeur de
l'enregistrement du département où est situé le bureau
de perception, en ayant soin cependant de ne rien
changer à la forme de ces réclamations, qui doivent
toujours énoncer que c'est au ministre des finances
qu'elles sont adressées.—Décis. min. fin. 10 oct. 1821 ;
I. 1002.

Quand un redevable réclame pour la première fois et que l'administration, après avoir examiné l'affaire, reconnaît qu'elle présente des points douteux et favorables à la demande, elle peut faire suspendre les poursuites jusqu'à ce qu'une décision ait été rendue sur la réclamation; mais lorsque la demande a été rejetée, les préposés de l'enregistrement doivent, aussitôt que cette décision leur a été notifiée, faire les diligences nécessaires pour le recouvrement des sommes dues à l'administration. — D. F. 16 oct. 1826; I. 1002.

RÉCOGNITIF. — V. *Acte récognitif.*

6872. RÉCOLEMENT. — Acte par lequel on vérifie si, parmi les objets compris dans un inventaire ou un procès-verbal de saisie, il n'en a point été détourné. — V. *Forêts, Inventaire, Saisie.*

6873. RÉCOLTE. — Les récoltes pendantes par racines sont immeubles. Dès que les grains sont coupés, quoique non enlevés, ils sont meubles. Si une partie seulement de la récolte est coupée, cette partie seule est meuble. — C. 520. — V. *Bail, Vente.*

6874. RÉCOMPENSE. — Indemnité due par un époux à la communauté. — V. *Partage, Succession.*
Chaque époux doit récompense à la communauté des sommes qui en ont été tirées : 1° pour acquitter ses dettes et charges personnelles ; 2° pour recouvrer, conserver ou améliorer ses propres; 3° pour tout profit personnel qu'il a pu tirer des biens de la communauté. — C. 1437.

6875. RÉCONDUCTION. — On appelle *tacite réconduction* le nouveau bail qui se forme lorsque, à l'expiration d'un premier bail, le preneur reste et est laissé en possession de la chose louée.
Le bail par tacite réconduction, n'étant pas autre chose qu'une location verbale, doit être déclaré dans les délais fixés par la loi du 23 août 1871. — V. *Location verbale.*
Et, alors, le droit doit être perçu sur le prix du bail à raison du temps qui est nécessaire au preneur pour recueillir tous les fruits de l'héritage affermé, ou à raison du temps qui est fixé par l'usage des lieux, s'il s'agit d'une maison ou d'un appartement. — C. 1759, 1774, 1776.

6876. RECONNAISSANCE. — Se dit, en général, de tout acte par lequel on déclare tenir pour vrai une obligation préexistante, un fait déjà accompli. — V. *Enfant, Inventaire, Partage, Récépissé.*
Les reconnaissances pures et simples ne contenant aucune obligation ni quittance sont sujettes au droit fixe de 3 fr. — 28 avril 1816, art. 43, n. 19.

6877. RECONVENTION. — Demande faite par le défendeur, dans le cours de l'instance, contre celui qui l'a introduite. Le demandeur appelle en justice, *convenit* ; le défendeur appelle en justice à son tour, *reconvenit.* — Dict. N. *eod. v°.*

RECOURS. — V. *Pourvoi.*

6878. RECOUVREMENT. — Rentrée d'une somme qui est due. — Le recouvrement des droits et impôts perçus par l'Administration se fait d'après des règles et des formes spéciales. On ne peut, comme cela avait lieu avant l'organisation de l'Administration de l'enregistrement sur ses bases actuelles, subroger un particulier dans les actions que l'administration exerce au profit de l'Etat. Les employés doivent seuls faire le recouvrement sur les redevables, sauf les cas où les huissiers sont autorisés à recevoir.—D. F. 4 févr. 1826; I. 1189-14.

RECTIFICATION. — V. *Etat civil.*

REÇU. — V. *Acquit, Quittance, Récépissé.*

6879. RÉCUSATION. — Droit accordé aux parties de s'opposer, dans certains cas, à ce qu'un juge connaisse de l'affaire portée à son tribunal. — C. P. 44 suiv., 378 suiv.

6880. Enregistrement. — Le visa du greffier mis sur l'acte de récusation du juge de paix, le dépôt de la copie fait au greffe, s'il n'en est pas dressé d'acte, et la déclaration du juge portant son acquiescement ou son refus, ne sont pas sujets à l'enregistrement. Le dépôt de pièces qui doit avoir lieu en cas de récusation, est également exempt du droit, à moins qu'il ne soit fait un acte séparé. — I. 436-8-32-33.

RÉDACTION. — V. *Greffe.*

RÉDUCTION. — V. *Quotité disponible.*

6881. RÉFÉRÉ. — Recours devant le président du tribunal de première instance, qui a pour but de faire statuer *provisoirement* et avec rapidité sur les difficultés relatives à l'exécution des actes exécutoires et aux affaires urgentes. — Dict. N. *eod. v°.* — V. *Ordonnance.*

6882. Acte en conséquence. — Lorsqu'une ordonnance de référé porte qu'elle sera exécutée avant enregistrement, l'huissier n'est pas passible d'amende s'il ne l'a fait enregistrer qu'après avoir procédé à la saisie qu'elle autorise. — Seine, 4 fév. 1852 ; J. N. 19594. — D. F. 13 juin 1809.

RÉGIME. — V. *Communauté, Dot.*

REGISTRE.

Ch. I. — Préliminaires, 6883.

Ch. II. — Questions diverses, 6889.

Сн. I. — Préliminaires.

6883. Définition. — Livre où l'on écrit les actes et les affaires de chaque jour. — V. *Acte à la suite d'un autre, Acte en conséquence d'un autre, Cote et paraphe, Etablissement public, Extrait.*

6884. Registres privés.—Les registres des *marchands* font preuve contre eux ; mais ils ne font point, contre les personnes non marchandes, preuve des fournitures qui y sont portées. — C. 1329, 1330.

Les registres domestiques ne font pas titre pour celui qui les a écrits, mais ils font foi contre lui : 1° dans tous les cas où ils énoncent formellement un paiement reçu ; 2° lorsqu'ils contiennent la mention expresse que la note a été faite pour suppléer le défaut du titre en faveur de celui au profit duquel ils énoncent une obligation. — C. 1331.

6885. Registres publics. — La transcription d'un acte sur les registres publics ne peut servir que de commencement de preuve par écrit ; il faut même pour cela : 1° qu'il soit constant que toutes les minutes du notaire, de l'année dans laquelle l'acte paraît avoir été fait, soient perdues, ou que l'on prouve que la perte de la minute de cet acte a été faite par un accident particulier ; 2° qu'il existe un répertoire en règle du notaire, qui constate que l'acte a été fait à la même date. — Lorsqu'au moyen du concours de ces deux circonstances la preuve par témoin est admise, il est nécessaire que ceux qui ont été témoins de l'acte, s'ils existent encore, soient entendus. — C. 1336.

6886. Enregistrement. — Les registres, ne contenant que des renseignements particuliers ou l'indication de ce qui se fait journellement chez la personne qui les tient, il tombe sous le sens qu'ils ne sont pas de nature à être enregistrés : aussi aucune disposition de la loi de l'enregistrement ne s'en est-elle occupée. Si donc un registre quelconque se trouve produit en justice, les juges pourront, sans contrevenir à l'art. 47 frim., procéder à son examen, alors même qu'il ne serait pas enregistré. — R. G. 10515.

6887. Timbre. — *Sont assujettis au timbre :* les registres de l'autorité judiciaire où s'écrivent des actes sujets à l'enregistrement sur les minutes, et les répertoires des greffiers ; — ceux des préfectures, sous-préfectures et mairies, tenus pour objets qui leur sont particuliers, n'ayant point de rapport à l'administration générale, et les répertoires de leurs secrétaires ; — ceux des notaires, huissiers et autres officiers publics et ministériels, et leurs répertoires ; — ceux des receveurs des droits et des revenus des communes et des établissements publics ; — ceux des compagnies et sociétés d'actionnaires ; — ceux des établissements particuliers et des maisons particulières d'éducation ; — et généralement tous livres, registres et minutes de lettres qui sont de nature à être produits en justice et dans le cas d'y faire foi, ainsi que les extraits, copies et expéditions qui sont délivrés desdits livres et registres. — Brum. art. 12, n. 2.

Sont exemptés du timbre : les registres de toutes les administrations publiques et des établissements publics pour ordre et administration générale ; — ceux des tribunaux et des magistrats du ministère public où il ne se transcrit aucune minute d'actes soumis à la formalité de l'enregistrement ; — ceux des receveurs des contributions publiques, et autres préposés publics. — Id. art. 16, n. 2.

Сн. II. — Questions diverses.

6888. Agents de change et courtiers. — Les livres tenus par les agents de change et les courtiers de commerce en vertu de l'art. 84 C. com. sont exempts du timbre. — Sol. 24 févr. et 6 mars 1838.

6889. Certificat de vie. — Les registres de certificats de vie délivrés par les notaires certificateurs aux rentiers et pensionnaires de l'État sont exempts du timbre. — D. F. 7 févr. 1807 ; Circ. du 10.

6890. Commerce. — Les livres de commerce sont affranchis du timbre. — 20 juill. 1837, art. 4.

6891. Commune. — *Registres sujets au timbre :* 1° journal général et livre de caisse, sur toutes les feuilles ; — D. F. 19 mai 1812 ; I. 582. — 2° livre des recettes et dépenses diverses, pour les feuilles employées, à l'exception de celles destinées à la récapitulation

des recouvrements effectués sur les contributions publiques. — D. F. 21 mai 1819 ; I. 895.

Registres exempts du timbre : 1° le grand-livre des comptes de recettes et dépenses diverses ; — D. F. 19 mai 1812 ; I. 582. — I. 918. — 2° journal à souche ; — I. 895, 1263-7. — 3° livre des dettes des communes, sauf à ne délivrer les extraits de ce livre que sur timbre. — D. F. 23 juin 1812, 16 févr. 1813 ; J. E. 4556.

6892. *Feuilles.* — La feuille de tête du registre des recettes et dépenses diverses tenu par les percepteurs receveurs municipaux est affranchie du timbre ; mais cette exemption ne peut s'appliquer à la feuille de tête du registre de recette des receveur municipaux qui ne réunissent pas les fonctions de percepteur des contributions. — D. F. 23 oct. 1822 ; J. E. 7358.

6893. Douanes. — Les registres des rapports de navigation, tenus par les préposés des douanes, sont exempts de timbre. — D. F. 26 pluv. an 11.

6894. Ecole normale. — Les livres-journaux de recettes et dépenses des écoles normales primaires sont sujets au timbre. — D. F. 20 mars 1863 ; I. 2390-2.

6895. Ecrou. — Le registre d'écrou tenu en matière correctionnelle ou criminelle, sans intervention de partie civile, est dispensé du timbre. — D. F. 4 juill. 1820 ; J. E. 6757.

6896. Etablissement public. — Les établissements publics pourront tenir, pour les actes relatifs à leur administration, deux registres : l'un pour les actes de *police intérieure, et sans aucun rapport avec des personnes étrangères à l'établissement*, et l'autre, pour les actes d'administration *temporelle et extérieure.* Le premier registre sera exempt de *timbre; aucun acte sujet à l'enregistrement ne pourra être inscrit sur ce registre.* — Si. sur le registre destiné aux actes d'administration temporelle et extérieure, il était porté des actes reçus par un secrétaire ou autres officiers de l'établissement, et qui constateraient qu'on s'est présenté devant lui pour rédiger les conventions y portées, lesdits actes seraient alors sujets à l'enregistrement dans les vingt jours, comme ceux des secrétaires des administrations centrales ou municipales. — Tous les autres actes qui seraient consignés sur le registre en papier timbré, en forme de délibération des membres de l'établissement, même avec le concours des particuliers, ne seront considérés que comme actes sous seings privés, qu'il suffira de faire enregistrer lorsqu'on voudra en faire un usage public, excepté ceux qui renfermeraient des dispositions translatives de propriété, d'usufruit ou de jouissance de biens immeubles, lesquels doivent être enregistrés dans les trois mois de leur date. — D. 4 mess. an 13, art. 3, 4, 5.

6897. Fabriques. — Les registres des fabriques sont exempts du timbre. — D. 30 déc. 1809, art. 81. — D. F..... I. 941.—Mais, d'après l'art. 78 de la loi du 15 mai 1818. les actes dans lesquels des tiers contractent avec les fabriques ne peuvent sans contravention être inscrits sur des registres non timbrés. — D. F. 12 mars 1827 ; I. 1210-14.

6898. Feuilles. — Les fonctionnaires chargés de tenir des registres timbrés ont la faculté de ne les composer que du nombre de feuillets proportionné à leurs besoins. — I. 373.

6899. *Feuilles ajoutées.* — Il y a contravention dans l'intercalation de feuilles de papier libre parmi les feuillets de papier timbré : « Attendu que les registres « dont il s'agit sont dans la classe de ceux énoncés par « l'art. 12 de la loi du 13 brum. an 7, ainsi que le « reconnaît le jugement attaqué; qu'il est aussi « reconnu par le même jugement que, depuis le tim- « bre originairement apposé sur ce registre, il y a été « intercalé des feuilles entières non timbrés; que, par « l'effet de cette intercalation (que ne peut excuser « l'allégation, bien ou mal fondée, de l'apposition et « du paiement d'un double timbre sur chacune des « feuilles originaires), la contravention à l'art. 12 a « été commise et l'amende prononcée par l'art. 26 « encourue. » — Cass. 11 prair. an 10; J. E. 9668.

6900. Forêts. — Le registre des déclarations de surenchère en matière d'adjudication de coupes de bois de l'Etat, établi au secrétariat de l'autorité qui a présidé à la vente (C. F. 25), doit être en papier timbré; les droits de timbre sont avancés par le secrétaire chargé de recevoir les déclarations dont il s'agit, et il est remboursé par l'adjudicataire, en même temps que des droits de timbre et d'enregistrement concernant l'adjudication. — D. F. 1er mai 1828 ; I. 1251-2.

6901. Garde-port. — Les registres des garde-ports destinés à constater la réception, la livraison et l'enlèvement des marchandises déposées sur les ports sont exempts de timbre. — D. 21 août 1852, art. 25.

6902. Hospice. — Bureau de bienfaisance. — Les registres des hospices et des bureaux de bienfaisance, tenus pour les actes d'administration temporelle et extérieure, sont sujets au timbre. — D. F. 21 janv. 1820 ; I. 941.—Un tribunal ne pourrait les en exempter sous prétexte que leurs receveurs seraient dans l'habitude de n'avoir qu'un seul registre pour toutes leurs opérations, que leurs administrations étaient en parfaite sécurité sur l'infraction dont ils se rendaient coupables, qu'enfin la médiocrité des revenus de l'établissement a pu jusqu'à un certain point l'autoriser. — Cass. 23 nov. 1807 ; J. E. 2958.

6903. Mairies. — Les registres à souche sur lesquels s'inscrivent les permis de construire ou de répa-

rer, sont exempts du timbre pour la partie réservée aux minutes ; ils sont sujets au timbre de 1. 80 c. pour celle destinée aux expéditions.— Le registre de recette des droits de voirie doit être sur papier timbré. — D. F. 14 fév. 1809; J. E. 3158.

6904. Messageries. — Les registres des entrepreneurs de messageries et de voitures publiques tenus en vertu des règlements de police, sont exempts de timbre comme livres de commerce. Mais les extraits de ces registres, délivrés aux parties pour leur faire titre, sont soumis au timbre. — D. F. 16 janv. 1838; J. N. 11960.

6905. Nourrices. — Les registres de l'administration du bureau des *nourrices* de la ville de Paris et de ses préposés sont exempts du timbre.—D. 30 juin 1806.

6906. Octroi. — Les registres des employés des octrois ne sont pas assujettis au timbre de dimension ; mais ils sont soumis au timbre particulier de l'Administration des contributions indirectes. — D. F. 25 août 1812; I. 597. — Ord. 9 déc. 1814. — Ceux de l'octroi de la navigation ne sont sujets à aucun timbre. — Circ. 10 frim. an 12.

6907. Préfecture. — Il doit être tenu dans les préfectures et les sous-préfectures deux registres, l'un en papier timbré pour inscrire les actes sujets à l'enregistrement, l'autre en papier libre pour les actes non sujets à la formalité, et relatifs à des objets d'ordre et d'administration générale. — D. 4 mess. an 13. — D. F. 17 oct. 1809; I. 454.—7 févr. 1817; I. 765.

6908. Poste. — Les registres de l'administration des postes sont exempts de timbre. — Circ. 1705.

6909. Séminaire. — Plusieurs supérieurs de séminaires ayant prétendu que les dispositions des instructions 953, 1187 et 1239 n'étaient applicables qu'à ceux de ces établissements qui reçoivent des élèves payant pension, le ministre des finances a écrit à l'Administration, le 8 nov. 1830, que, afin de faire cesser ces difficultés, des ordres ont été donnés pour que, dans tous les collèges, dans les grands et petits séminaires, *sans exception*, les registres de recette et de dépense de ces établissements soient tenus en papier timbré, et communiqués aux agents de l'enregistrement, excepté le registre de recette de la rétribution universitaire, qui est exempt de la formalité. — V. n. 2413.

6910. RÈGLEMENT DE JUGES. — Décision de l'autorité supérieure vidant un conflit de juridiction entre plusieurs tribunaux saisis d'une même affaire.

6911. RÉHABILITATION. — Réintégration d'un individu dans ses droits civils perdus par suite d'une condamnation à une peine afflictive ou infamante ou pour cause de faillite. — V. *Jugement*.

6912. Timbre. — Un certain nombre de pièces doivent accompagner les demandes en réhabilitation soumises à la chancellerie. Voici, parmi ces pièces, celles qui sont sujettes au timbre et celles qui en sont exemptes, d'après une décision du ministre des finances du 9 août 1853. — I. 1975.

PIÈCES SUJETTES AU TIMBRE.

6913. *Amende et frais.* — Quittance de l'amende s'il en avait été prononcé, et, dans tous les cas, celle des frais de justice.

6914. *Dommages-intérêts.* — Quittance des dommages-intérêts qui ont pu être alloués à la partie civile, ou l'acte constatant la remise que celle-ci en aurait consenti.

6915. *Certificat.* — A défaut des pièces ci-dessus indiquées, certificat établissant que le réclamant a subi le temps de contrainte par corps déterminé par la loi, ou encore, s'il s'agit de dommages-intérêts, déclaration de la partie civile qu'elle entend renoncer à ce moyen d'exécution.

6916. *Banqueroute frauduleuse.* — Dans le cas où le demandeur en réhabilitation aurait été condamné pour banqueroute frauduleuse, quittance du passif de la faillite, en capital, intérêts et frais, ou acte de remise accordé par la masse des créanciers.

6917. *Demande en réhabilitation.* — La demande en réhabilitation tombe sous l'application du dixième alinéa de l'art. 12 brum., qui assujettit au timbre toutes les pétitions en général, quels qu'en soient la forme et l'objet. — I. 1975.

PIÈCES EXEMPTES DE TIMBRE.

6918. *Attestation de résidence* — Attestations de chacun des conseils municipaux des communes où le condamné aurait résidé depuis sa libération, attestations provoquées et rédigées dans la forme déterminée par l'art. 624 C. crim.

6919. *Avis des diverses autorités.* — Avis particulier du maire de chacune desdites communes ; avis du juge de paix de chacun des cantons qu'aurait habités le condamné ; avis du sous-préfet de chacun des arrondissements où sont situés ces cantons.

6920. *Certificats des chefs de corps.* — Pour le temps passé sous les drapeaux depuis la mise en liberté, les

certificats des chefs de corps tiennent lieu des attestations exigées ci-dessus.

6921. *Expédition.* — Expédition de l'arrêt ou du jugement de condamnation, à la suite de laquelle doivent être mentionnées avec soin, comme sur la minute même, les décisions gracieuses qui ont pu intervenir en faveur du condamné. En matière correctionnelle et en cas d'appel, il y a lieu/de joindre l'expédition de l'arrêt ou du jugement qui a statué sur cet appel à celle du jugement de première instance.

6922. *Extrait des registres de détention.* — Extrait des registres de détention du lieu où le condamné a subi sa peine, constatant la date de l'écrou et celle de la radiation, ainsi que la conduite du détenu.

6923. *Avis du ministère public.* — Avis motivé du procureur de la république qui a procédé à l'instruction.

6924. *Conclusions du ministère public et avis de la chambre d'accusation.* — Conclusions pareillement motivées qui ont dû être déposées par le procureur général, ou, en son nom, à la chambre d'accusation; l'avis délibéré par cette chambre.

6925. *Informations supplémentaires.* — En cas d'informations supplémentaires ordonnées par elle, en vertu de l'art. 627, expédition de l'arrêt, et, s'il y a lieu, réquisitoires qui les auraient provoquées, ainsi que toutes pièces les constatant ou s'y rattachant.

6926. *Acte de naissance.* — Acte de naissance du condamné, pièce destinée à faciliter la mention de la réhabilitation au casier judiciaire.

6927. *Inventaire.* — Enfin, inventaire détaillé des pièces du dossier.

6928. *Mention de destination des pièces.* — Au surplus, il convient de faire remarquer que les extraits, copies ou expéditions délivrés au ministère public, ne pro tant de l'exemption qu'à raison de l'emploi auquel ils sont spécialement destinés, doivent contenir la mention indiquée au deuxième alinéa du n. 1er de l'art. 16 brum., et qu'on ne pourrait, sans contravention, en faire un autre usage.

6929. RÉINTÉGRANDE. — Action en complainte possessoire, lorsqu'il y a eu dépossession par violence et voie de fait. — V. *Action.*

6930. RELATION D'ENREGISTREMENT. — La quittance de l'enregistrement est mise sur l'acte enregistré, ou sur l'extrait de la déclaration du nouveau possesseur. Le receveur y exprime en toutes lettres la date de l'enregistrement, le folio du registre, le numéro, et la somme des droits perçus. — Lorsque l'acte renferme plusieurs dispositions opérant un droit particulier, le receveur les indique *sommairement* dans sa quittance, et y énonce distinctement la quotité de chaque droit perçu, à peine d'une amende de 5 fr. pour chaque omission. — Frim. art. 57. — 16 juin 1824, art. 10.

6931. Instruction administrative. — L'inobservation de cette dernière disposition a pour résultat que les notaires ni les parties ne peuvent apprécier la perception des différents droits dont le receveur a jugé les actes étaient passibles. L'Administration a rappelé aux receveurs l'obligation qui leur est imposée d'énoncer d'une manière distincte dans leurs quittances la quotité de chacun des droits perçus sur les actes contenant des dispositions indépendantes l'une de l'autre, en les prévenant qu'à l'avenir l'amende de 5 fr. pour chaque omission serait sévèrement exigée. —.I. 1393.

En ce qui concerne les adjudications d'immeubles en détail, l'Administration a particulièrement enjoint aux receveurs d'énoncer distinctement dans la relation de l'enregistrement, le droit perçu sur chaque lot adjugé, au lieu d'indiquer seulement les droits des divers lots par une note marginale, et de n'exprimer dans la quittance que le total des droits résultant de toutes les adjudications réunies. Ce dernier mode a le double inconvénient d'obliger les notaires à transcrire cette quittance intégrale dans les extraits partiels du procès-verbal d'adjudication, qu'ils délivrent aux différents acquéreurs individuellement, et de ne pas faire connaître à chaque adjudicataire la portion de droits à sa charge. — Id.

Les quittances de receveurs doivent exprimer séparément le montant des décimes, lorsque l'acte n'est passible que d'un seul droit, comme lorsqu'il en est perçu plusieurs; distinguer les droits simples, les droits en sus et les amendes qui sont perçues à l'instant de l'enregistrement, et indiquer la nature de la contravention et la disposition de la loi en vertu de laquelle la *peine* pécuniaire est appliquée. — Id. — Circ. 838.

6932. Insuffisance du papier. — Lorsque le papier employé à la rédaction d'un acte présenté à l'enregistrement est tellement couvert d'écriture qu'il devient impossible d'y placer la quittance des droits, les receveurs sont autorisés à ajouter, aux frais des parties, ur e feuille de papier timbré à 25 c. pour y placer la relation. — Sol. 25 fév. 1832; J. E. 10291.

6933. Billet. — La mention sur les billets doit être placée de manière à ne point laisser présumer qu'elle s'applique aux à-compte annotés au dos, qui n'entrent point dans la perception. — Sol. 29 prair. an 7.

6934. Contre-lettre. — La relation sur la contre-lettre déclarée nulle par l'art. 40 frim. doit être ainsi

conçue : Reçu le... par forme d'amende, la somme de... payée par... conformément à l'art. 40 de la loi du 22 frim. an 7. — Circ. 1109.

REMBOURSEMENT.

Ch. I. — Notions générales, 6935.

Ch. II. — Remboursement de rente, 6937.

Ch. III. — Remboursement de redevance, 6946.

Ch. I. — Notions générales.

6935. Définition. — Paiement d'une somme à celui qui l'a déboursée.

6936. Tarif. — Le remboursement constaté par écrit, étant un acte libératoire, est assujetti au droit de 50 c. %. — Frim. art. 69, § 2, n. 11. — 7 août 1850, art. 9. — 5 mai 1855, art. 15.

Ch. II. — Remboursement de rente.

6937. Définition. — Paiement du capital d'une rente pour en opérer l'extinction. — V. *Rente.*
Toute rente établie *à perpétuité* pour le prix de la vente d'un immeuble, ou comme condition de la cession à titre onéreux ou gratuit d'un fonds immobilier, est essentiellement rachetable. Il est néanmoins permis au créancier de régler les clauses et conditions du rachat. Il lui est aussi permis de stipuler que la rente ne pourra lui être remboursée qu'après un certain terme qui ne pourra excéder *trente* ans. — C. 530.

6938. Tarif. — Les remboursements ou rachats de rente sont assujettis au droit de 50 c. %. — Frim. art. 69, § 2, n. 11. — 7 août 1850, art. 9. — 5 mai 1855, art. 15.

6939. Liquidation du droit. — Pour l'amortissement ou rachat des rentes soit perpétuelles, soit viagères, ou des pensions créées à titre onéreux, le droit est liquidé sur le capital constitué, quel que soit le prix stipulé pour l'amortissement. Pour l'amortissement des rentes ou pensions créées sans expression de capital, le droit est liquidé, sur un capital formé de vingt fois la rente perpétuelle, et de dix fois la rente viagère ou la pension, quel que soit le prix stipulé pour l'amortissement. Il n'est fait aucune distinction entre les rentes viagères et pensions créées sur une tête, et celles créées sur plusieurs têtes, quant à l'évaluation. Les rentes et pensions stipulées payables en nature sont évaluées aux mêmes capitaux, estimation préalable faite des objets d'après les dernières mercuriales du canton de la situation des biens, à la date de l'acte, s'il s'agit d'une rente créée pour aliénation d'immeubles, ou,

dans tout autre cas, d'après les dernières mercuriales du canton où l'acte a été passé (15 mai 1818, art. 75). Il est rapporté, à l'appui de l'acte, un extrait certifié des mercuriales. S'il est question d'objets dont les prix ne peuvent être réglés par les mercuriales, les parties en font une déclaration estimative. — Frim. art. 14, n. 7 et 9. — V. *Mercuriales.*

6940. *Somme payée supérieure au capital de la rente.* — L'acte portant libération du service d'une rente viagère n'est passible du droit proportionnel que sur le capital au denier dix de la rente, encore bien que l'amortissement se ferait moyennant paiement par le débirentier d'une somme supérieure à ce capital au denier dix. Il n'y a là qu'un simple amortissement, et non une libéralité pour tout ce dont la somme remboursée dépasse le capital au denier dix. Il n'en pourrait être autrement qu'autant qu'il serait déclaré, en fait, qu'une fraude se cache sous l'amortissement prétendu. — Cass. civ. 22 juin 1870; R. P. 3178; J. E. 18866-1.

6941. *Rente en nature.* — Dans le cas où, pour l'évaluation des rentes en nature, les mercuriales n'existent pas dans un marché, et dans l'hypothèse où il existe des lacunes, il faut y suppléer par des appréciations que l'autorité locale constate, soit sur les rapports de marchands de chaque espèce de denrées, soit d'après tous autres renseignements qu'on peut se procurer, et qui doivent être approuvés par le préfet du département. — Dél. 31 mai 1820; J. E. 6784.
Le droit sur un remboursement de rente en nature doit être liquidé d'après les mercuriales du marché le plus voisin, sans qu'il y ait lieu de faire, sur le montant de cette rente, la déduction d'un cinquième pour contributions. — Strasbourg. 22 juin 1835; J. E. 12246.

6942. Droit de transcription. — Les actes de rachat de rentes créées avant la loi du 11 brum. an 7, produisant l'effet d'éteindre au lieu de transférer, ne sont point passibles du droit de transcription. — Dél. 25 juill. 1818; J. E. 6231. — En effet, l'acte n'est pas de nature à être transcrit. La loi n'a voulu que faire payer à l'enregistrement le droit qui précédemment s'acquittait aux hypothèques. Or, si l'acte de remboursement était transcrit, on ne pourrait l'assujettir au droit proportionnel, qui n'est exigible que pour les actes emportant mutation. Aussi, le droit de transcription n'est pas dû, parce que la lettre de la loi même s'y oppose, les inscriptions croulant avec la rente. — Sol. 30 sept. 1833, 27 mars 1835; Rec Roll. 4204 et 4758. — 8 mars 1843 ; J. E. 13193. — V. *Transcription.*

6943. Soumission. — La soumission faite par le débiteur de faire le remboursement de la rente ne donne lieu qu'au droit fixe. — I. 1027.

6944. Résiliement. — Le résiliement d'un contrat de constitution de rente viagère, contenant remboursement du capital moyennant lequel cette rente avait été constituée, ne peut, malgré les dispositions des

art. 1978 et 1979 C., être assujetti qu'au droit de 50 c. %. — Sol. 19 sept. 1825 ; J. E. 8301.

6945. Terme. — Le terme ne constituant pas novation, l'acte par lequel on fixe l'époque où une rente perpétuelle sera remboursée n'opère pas novation. Il n'est par conséquent passible que du droit fixe. — Cass. 11 août 1836.

Ch. III. — Remboursement de redevances.

6946. Tarif. — Sont sujets au droit de 50 c. %. les remboursements des redevances de toute nature. — Frim. art. 69, § 2, n. 11. — 7 août 1850, art. 9. — 5 mai 1855, art. 15.

6947. Privilége de banalité. — L'acte portant rachat d'un privilége de banalité ne peut être assujetti au droit de 5. 50 %, comme cession d'un droit immobilier, lorsqu'il a été reconnu que ce privilége est *purement conventionnel* ; car, dans ce cas , la banalité constitue un droit *rachetable* d'après la loi du 15 mars 1790, dont l'art. 24 a excepté de la suppression que cette loi prononce, et déclaré *rachetables* les banalités établies par des conventions. Or, l'art. 69. § 2, n. 11 frim. soumettant au droit de 50 c. % les *rachats de redevances de toute nature*, c'est ce droit qui est applicable. — Dél. 9 mars 1838 ; J. N. 9965.

6948. Péage. — Il a été décidé par le ministre des finances. les 16 avril 1849 et 11 nov. 1851, que le rachat par la ville de Paris du péage des ponts des Arts, de la Cité, d'Austerlitz et de la Réforme, n'était sujet qu'au droit fixe d'enregistrement. Les motifs de ces décisions sont que la loi des finances a maintenu l'exercice des droits de péage qu'on peut ranger parmi les impôts indirects ; que la ville de Paris, en désintéressant la compagnie concessionnaire des droits de péage établis sur les ponts dont il s'agit, a obtenu d'elle une subrogation dans l'exercice de ces droits et ne retirera aucun avantage direct, aucun produit de la renonciation de la compagnie ; que la somme payée pour le rachat peut être assimilée à l'acquit d'un impôt qui devait être à la charge des habitants, et qu'il est de principe qu'un impôt ne peut donner lieu à la perception d'un autre impôt sur le produit du premier. — J. N. 14614.

RÉMÉRÉ.

Ch. I. — Questions générales.

6949. Définition. — On entend par *réméré* le pacte par lequel le vendeur se réserve de reprendre la chose vendue. dans un certain délai. moyennant la restitution du prix principal et le remboursement des frais, loyaux coûts et impenses. — C. 1659.

Les mots *pacte de rachat* ou *pacte de réméré* sont des expressions impropres ; car il ne s'agit pas pour le vendeur de racheter la chose, mais bien d'opérer la résolution de la vente primitive. La condition de réméré est donc une condition: résolutoire, et le réméré, un *retrait conventionnel*. — Pothier , *Vente* , 412. — Marc. 1659. — Troplong , *Vente*, 695. — Duranton. t. 16, n. 388. — C. 1658.

Le réméré n'est pas autre chose qu'une variante du prêt sur hypothèque. L'emprunteur vend sa chose en se réservant de la reprendre moyennant le remboursement de la somme qui lui a été prêtée. c'est-à-dire de celle qui forme le prix de la vente. C'est pourquoi les retraits de réméré ne sont sujets qu'au droit de 50 c. %.

6950. Tarif. — Les retraits exercés en vertu de réméré, par actes publics, dans les délais stipulés. ou *faits sous signatures privées. et présentés à l'enregistrement avant l'expiration de ces délais*. sont assujettis au droit de 50 c. %. — Frim. art. 69, § 2, n. 11. — 7 août 1850, art. 9. — 5 mai 1855, art. 15.

Les retraits exercés après l'expiration du délai convenu par les contrats de vente, sous faculté de réméré, sont assujettis au droit de 5. 50 %. — Frim. art. 69, § 7, n. 6. — 28 avril 1816, art. 52.

Dans ce dernier cas, en effet, la vente est devenue irrévocable par l'expiration du délai, et le droit de 5. 50 % est exigible sur l'acte de retrait, qui produit alors l'effet d'une rétrocession immobilière.—I. 1320-8.

Ch. II. — Délai dans lequel le réméré peut être exercé.

6951. Délai. — La faculté de rachat ne peut être stipulée pour un terme excédant cinq années. — Si elle a été stipulée pour un terme plus long, elle est réduite à ce terme. — Le terme fixé est de rigueur, et ne peut être prolongé par le juge. — Faute par le vendeur d'avoir exercé son action de réméré dans le terme prescrit, l'acquéreur demeure propriétaire irrévocable. — C. 1660, 1661, 1662.

6952. Retrait après le délai expiré. — Aussitôt que le délai de cinq ans est expiré, le vendeur ne peut rentrer en possession de sa chose que par une rétrocession enregistrable au droit de 5. 50 %. — Cass. 16 germ. an 6 ; J. E. 3. — Les parties allégue-

raient vainement, soit qu'elles ont prorogé *verbale-ment* le délai primitivement fixé, soit que l'acte de vente était simplement un contrat pignoratif; la perception se détermine d'après la substance des actes et leur forme extrinsèque, sans que l'on puisse opposer à l'administration la simulation dont ils pourraient être entachés. — Sol. 7 mai 1830, 17 août 1835; Rec. Roll. 2962. 4921. — Cass. civ. 9 juill. 1839 ; Sir. 39. 1. 686; 1601-17; J. E. 12342. — Vitré, 22 janv. 1840; J. E. 12446. — Roanne, 18 déc. 1848; J. E. 14647.

6953. *Prorogation par le juge.* — Le retrait exercé après le terme fixé dans le contrat de vente, mais avant l'expiration de la prorogation de délai accordée par justice, doit être considéré comme une rétrocession soumise au droit de mutation. Le jugement qui a prorogé le délai primitif n'a d'effet qu'entre les parties et ne peut porter aucun préjudice au Trésor. — Cass. civ. 22 brum. an 14; Sir. 6. 2. 715; J. E. 2245.

6954. *Prorogation par les parties.* — Le retrait exercé après le terme fixé dans le contrat de vente, mais avant celui résultant d'une prorogation de délai n'excédant pas cinq ans consentie par les parties, n'opère que le droit de 50 c. %. — Av. fin. 13 janv. 1830; I. 1320-8 :

« Considérant que la faculté de rachat, dans les « ventes à réméré peut être stipulée pour cinq ans « (art. 1660 C. Nap.) ; que le terme fixé dans le contrat « ne peut être prolongé par le juge, mais que pareille « défense n'étant pas faite aux contractants, ils ont la « faculté de proroger les délais fixés dans le contrat de « vente, pourvu que la faculté de rachat ne s'étende « pas au delà de cinq années ; — qu'ainsi, toutes les « fois que les parties, avant l'expiration du délai fixé « pour exercer le réméré, le prorogent, cette proroga-« tion supend le droit qu'a l'acquéreur de devenir « propriétaire irrévocable, et si le retrait s'effectue « dans le temps prescrit, qui ne saurait dépasser cinq « années, il n'opère pas plus de mutation que s'il eût « été fait dans les délais convenus dans le contrat « primitif; — considérant qu'aux termes de la loi du « 22 frim. an 7, les retraits exercés en vertu de réméré « ne sont passibles que du droit de 50 c. p. 100 fr. « comme quittance et remboursement, mais que ceux « qui s'exercent après l'expiration des délais sont « assujettis au droit de 4 p. 100 comme les ventes ; — « d'où il suit que la loi du 22 frim. a eu évidemment « pour but de n'astreindre qu'au droit de 50 c. p. 100 fr. « tout retrait exercé avant que l'acquéreur soit devenu « propriétaire irrévocable; — que la prorogation d'un « acte de réméré ayant le même effet que si le nouveau « délai stipulé eût été porté dans le contrat de vente, « le droit de mutation peut être dû quand le retrait est « opéré dans le terme de la loi, bien que le § 7, n. 6, « de l'art. 69 ne parle que du délai porté dans le contrat « de vente; — que l'acte qui proroge ne fait que d'un « seul acte avec le contrat de vente, et qu'exiger, dans « un cas semblable, le droit de mutation, ce serait « être en opposition avec le § 2, n. 11, du même art. »

« 69 de la loi du 22 frim. an 7, qui veut qu'en cas de « retrait on ne paye que 50 c. p. 100 fr. ; — que l'arrêt « de la Cour de cassation du 22 brum. an 14 porte sur « un cas différent, puisqu'il ne fait que décider un « point de droit qui fait l'objet de l'art. 1661 C. civ., « savoir : que le juge ne peut prolonger le terme fixe « dans le contrat de vente à réméré; — considérant, « quant au droit de 1 et demi p. 100, que, d'après l'art. « 54 de la loi du 28 avr. 1816, ce droit ne doit être exigé « que dans les cas où les actes seront de nature à être « transcrits au bureau des hypothèques; qu'en cas « de retrait dans les délais d'une part, que la mutation « ne s'est pas opérée irrévocablement de l'autre, que le « vendeur doit rentrer dans son héritage exempt de « toutes charges et hypothèques; qu'ainsi il n'y a pas lieu « à transcription: — qu'il n'en serait pas de même si « le retrait avait lieu après le terme prescr t, puisque, « dans ce cas, la première vente serait devenue irré-« vocable et que la rétrocession serait une nouvelle « aliénation; — considérant, dans l'espèce, que le « contrat de vente porte le délai de réméré à un an ; « qu'avant l'expiration de ce délai, les contractants « l'ayant prorogé d'une seconde année, le retrait a eu « lieu avant le terme fixé par les parties, lequel n'ex-« cédait pas le délai de cinq ans;

« Est d'avis que le retrait opéré dans un délai de « moins de cinq ans, soit que ce délai ait été porté au « contrat de vente, soit qu'il ait été prorogé avant l'ex-« piration du premier délai, n'est passible que du droit « de 50 c. p. 100 fr. »

6955. *Calcul du délai.* — *Jour à quo.* — Lorsqu'une vente a été faite sous faculté de rachat pendant un an, à partir du jour de la passation de l'acte, le retrait exercé à pareil jour de l'année suivante n'est soumis qu'au droit de quittance. — Sol. 2 oct. 1816, et 23 avril 1821; Dél. 16 nov. 1822; Rec. Roll. 488; J. E. 7503.

6956. *Jour ad quem.* — Mais le jour *ad quem* fait partie du délai; et si le jour de l'échéance est un jour férié, le délai n'est pas prorogé jusqu'au lendemain. — Cass. req. 7 mars 1834; Sir. 34.1.216.

Ch. III. — Qui peut exercer le réméré.

6957. Qui peut exercer le réméré. — Le droit d'exercer un réméré étant un bien, est par conséquent transmissible. Il peut donc être exercé, non-seulement par le vendeur, mais aussi par son cessionnaire, par son héritier, etc.

6958. Cessionnaire du vendeur. — Le retrait de réméré exercé par le cessionnaire du vendeur constitue une véritable vente passible du droit de 5. 50 %. — Cass. civ. 21 germ. an 12; Sir. 4. 2. 175; J. E. 1754. — Blois. 23 janv. 1868 ; R. P. 2664.

Voici l'arrêt du 21 germ. an 12 :

« Attendu 1° que, dans les vrais principes, la vente « à faculté de réméré est translative de propriété et

« parfaite, quoique résoluble sous condition, lorsqu'en
« vertu de cette clause le vendeur exerce lui-même le
« retrait dans le délai fixé par la vente; — que l'acte
« par lequel s'opère ce retour de l'immeuble aliéné
« dans les mains de l'ancien propriétaire n'est qu'une
« simple résolution de la vente, et qu'il n'opère aucune
« mutation; — que c'est par cette raison que le n. 1,
« § 2, de l'art. 69 de la loi du 22 frim. an 7 range cette
« espèce de contrat dans la classe des actes qui, ne por-
« tant qu'une simple libération de sommes et valeurs
« mobilières, ne sont assujettis qu'au droit fixe de
« 50 c. %; attendu 2° qu'il n'en est pas de même lors-
« que-le retrait est exercé par un tiers en vertu de la
« cession que le vendeur lui a faite de la faculté de
« réméré qu'il s'était réservée; que, dans ce cas, la
« remise de l'immeuble consentie en faveur de ce ces-
« sionnaire doit opérer incontestablement le même
« effet que si le vendeur eût exercé lui-même le retrait
« conventionnel, et qu'il eût ensuite vendu les biens
« au tiers qui en est mis en possession; qu'ainsi la
« transmission de propriété n'est point faite par l'ac-
« quéreur que le retrait exproprie, mais bien par le
« vendeur originaire, au nom duquel le retrait est
« exercé; — attendu 3° que ces principes, générale-
« ment reconnus et constamment suivis, n'ont point
« été changés ni modifiés par la loi du 22 frim. an 7;
« qu'ils doivent continuer à servir de règle pour dis-
« tinguer le retrait proprement dit, c'est-à-dire celui
« qui est exercé par le vendeur lui-même, et auquel
« s'appliquent les dispositions du n. 11, § 2, de l'art. 69
« de ladite loi, de celui qui, étant fait par un tiers ces-
« sionnaire de la faculté de réméré, opère de fait une
« nouvelle mutation dont le prix se compose, tant de
« la somme stipulée pour le prix de la cession de la
« faculté de réméré, que de celle remboursée au pre-
« mier acquéreur; — attendu 4° que le retrait dont il
« s'agit est de cette espèce; d'où il suit qu'en affran-
« chissant sa seconde vente, ou pour mieux dire l'acte
« d'exercice du retrait cédé au défendeur, du droit de
« mutation qui en était la suite nécessaire, les juges
« du tribunal de Gand ont fait une fausse application
« du n. 1 dudit § 2 de l'art. 69 de ladite loi; — casse. »

6959. *Condition suspensive.* — On ne serait pas
fondé à opposer que le cessionnaire est acquéreur sous
condition suspensive seulement, parce qu'il aurait été
convenu avec le cédant que le contrat serait considéré
comme non avenu, à défaut de paiement aux créanciers inscrits de la somme restant due sur le prix stipulé. — Cass. civ. 16 avril 1845; Sir. 45. 1. 607; I.
1743-11.

6960. Héritier du vendeur. — Lorsqu'un héritier du
vendeur opère le retrait, tant pour sa part que pour
celle de ses cohéritiers, le droit de 50 c. % est exigible
sur le montant de la somme qui représente le prix de
la part de cet héritier dans l'immeuble et le droit de
vente sur l'excédant. — Cass. 5 août 1806; Cod. M.D. 3638.

6961. *Héritier présomptif.* — Si le réméré, est

exercé en temps utile, non par le vendeur lui-
même, mais par son héritier présomptif, le droit de
vente est dû. Il n'y a plus simple résolution du contrat, mais nouvelle mutation. — Même arrêt.

Il en serait autrement si l'héritier présomptif exerçait le rachat au nom du vendeur, et se réservait seulement son recours en remboursement des sommes
payées. Il ne serait dû que 50 c. %. — Dél. 15 sept.
1819.

6962. **Remploi.** — Si c'est le mari qui a le droit
d'exercer le réméré et qu'il déclare l'exercer pour servir
de remploi à sa femme qui accepte, le droit de 5.50 %
est dû. — Cass. civ. 4 août 1835; Sir. 35. 1. 865;
I. 1504-7; J. N. 9033; J. E. 11303.

Сн. IV. — FORME DU RETRAIT DE RÉMÉRÉ.

6963. **Principe.** — La loi civile est muette en ce qui
concerne les formes à observer pour l'exercice du droit
de réméré. L'exercice de ce droit peut donc avoir lieu,
soit verbalement, soit par acte sous seings privés, soit
par acte authentique, soit par voie d'action, s'il y a
lieu.

6964. **Retrait verbal.** — Si aucun acte enregistré ne
constate la rentrée en possession du vendeur sous
faculté de rachat, et que celui-ci, après l'expiration du
délai, vende ou afferme une partie des biens, la demande du droit de rétrocession est suffisamment justifiée; il y a présomption que le retrait n'a été exercé
qu'après les délais déterminés par le contrat de vente.
— Cass. civ. 2 août 1808; Sir. 10. 1. 150; J. E. 3353.

6965. **Acte sous seings privés.** — Si le retrait a lieu
par un acte sous seings privés, il faut que cet acte soit
présenté à l'enregistrement avant l'expiration du délai
fixé pour le réméré. — Frim. art. 69, § 2, n. 11.

6966. **Acte public.** — La contexture de cet article,
où une virgule est placée après les mots *sous signatures
privées*, a fait demander s'il fallait que les rémérés par
acte public fussent, comme ceux par acte sous seings
privés, présentés à l'enregistrement avant l'expiration
du délai. Il a paru évident que l'intention du législateur a été de n'exiger l'enregistrement dans le délai
même du réméré que des actes de rachat faits sous
seings privés. Les actes authentiques ont date certaine
et font foi du jour où ils sont passés. — J. E. 2131.

6967. **Retrait par voie d'action.** — Le vendeur n'est
pas tenu, quand il veut reprendre son immeuble, de
faire le paiement effectif du prix ou des offres réelles;
il suffit qu'il notifie, par exploit, à l'acquéreur son
intention d'exercer le réméré, sous les conditions
déterminées par la loi. — Cass. req. 5 févr. 1856; Sir.
56. 1. 671:

« Attendu qu'aucune disposition de la loi ne règle

« expressément le mode suivant lequel doit être exer-
« cée l'action en réméré ; que notamment il n'est
« prescrit nulle part au vendeur à pacte de rachat, de
« faire, à peine de déchéance, dans le délai fixé par
« les conventions, soit le paiement effectif du prix et
« de tout ou partie des accessoires de ce prix, soit des
« offres réelles destinées à suppléer ledit paiement ;
« qu'il résulte même de l'art. 1675 du C. Nap. que,
« dans l'esprit du législateur, la validité de l'exercice
« du réméré n'est pas, absolument subordonnée au
« paiement du prix dans le délai, ledit article établis-
« sant au profit de l'acheteur, jusqu'au rembourse-
« ment intégral du prix et des accessoires, un droit
« de rétention qui serait sans utilité réelle, si, par
« le seul fait du défaut de paiement dans le délai, le
« vendeur à réméré devait être déclaré déchu de son
« droit ; qu'enfin la faveur due au réméré ne permet
« pas d'en soumettre l'exercice à la condition, quel-
« quefois impossible à remplir, de déterminer immé-
« diatement le montant total des restitutions, lorsque
« surtout les parties ont, comme cela est constaté en
« fait dans l'espèce, des prestations réciproques à se
« faire ;
« Attendu, dès lors, que l'arrêt attaqué a pu, sans
« violer aucune disposition de la loi, décider, comme
« il l'a fait, que le réméré avait été, dans l'es-
« pèce, valablement exercé, au moyen de la notifica-
« tion régulièrement faite par le vendeur dans le délai,
« de son intention de reprendre l'immeuble, en se
« soumettant aux obligations légales que lui imposait
« le réméré et à la charge de rentrer en possession
« qu'après avoir satisfait entièrement à ces obligations
« dans les termes du compte à régler par justice pour
« en déterminer l'importance ;
« Rejette. »

6968. *Notification faite dans le délai.* — La rentrée
en possession de l'acquéreur, n'eût-elle eu lieu qu'après
les délais de réméré, le droit de 50 c. % n'en serait pas
moins le seul droit exigible, si les offres réelles, à la
suite desquelles le réméré aurait été opéré, avaient eu
lieu *avant l'expiration de ce délai*, alors même que les
offres auraient été faites à l'acquéreur non trouvé à son
domicile, et *qu'elles n'auraient pas été suivies de consignation.* — Sol. 4 mai 1830; Rec. Roll. 2970.

Ch. V. — SOLUTIONS DIVERSES.

6969. Consentement au retrait. — L'acte portant
consentement par l'acquéreur à ce que le vendeur
reprenne l'immeuble en remboursant le prix ne constitue en réalité qu'une promesse de vente unilatérale,
car son effet étant, d'après les principes du droit civil,
de n'obliger le propriétaire de la chose à la vendre,
moyennant un prix convenu, que lorsque celui envers
qui l'engagement est pris voudra acheter, elle ne transmet pas actuellement la propriété ; dès lors le seul droit
exigible est le droit fixe de 3 fr., comme acte innomé.
— Dél. 19 janv. 1835; J. E. 11160-1.

6970. Divisibilité. — *Vendeurs.* — S'il y a plusieurs
vendeurs, quand même la vente aurait porté sur un
héritage commun entre eux, et aurait été faite conjointement et par un seul et même acte, chacun d'eux ne
peut exercer l'action en réméré que pour la part qu'il
y a : c'est le vœu de l'art. 1668. Si donc, après une
vente ainsi faite conjointement par divers copropriétaires d'un immeuble, l'un exerce à son profit le retrait,
tant de la part qu'il y avait que de celles d'un ou de
plusieurs de ses covendeurs, il encourt le droit de
50 %·sur le montant du remboursement de sa portion
personnelle, et celui de 5. 50 % sur l'excédant auquel,
d'après le même article, il n'avait aucun droit. — I.
245-1.

6971. *Héritiers.* — De même, si le vendeur a laissé
plusieurs héritiers, l'action en retrait se divise entre
eux de plein droit, et chacun ne peut, aux termes de
l'art. 1669, l'exercer que pour la part qu'il prend dans
la succession. La règle du numéro précédent est naturellement applicable ici, c'est-à-dire que si l'héritier
exerçait le retrait conventionnel, tant de sa portion
personnelle que de celle de ses cohéritiers, il devrait le
droit de 50c. % sur sa part, et celui de vente sur les portions qu'il retirerait du chef de ses cohéritiers. — I.
245-1.

6972. Donation. — La clause de rachat n'est com-
patible qu'avec la vente ; elle serait sans portée si elle
était stipulée dans un acte de donation : par exemple,
le donateur qui reprendrait la chose en en payant le
prix, deviendrait propriétaire à nouveau titre. Dès lors,
le donateur qui s'est réservé le droit de rentrer en possession de l'immeuble donné en remettant la valeur,
doit payer 5. 50 % lorsqu'il exerce ce droit. — Lyon,
31 mai 1845; J. E. 13807. — Villeneuve, 29 mars 1848;
J. E. 14463.

6973. Licitation. — Si l'acquéreur à pacte de réméré
d'une partie indivise d'un héritage s'est rendu adjudicataire de la totalité, sur une licitation provoquée contre lui, il peut obliger le vendeur à retirer le tout lorsque celui-ci veut user du pacte. — C. 1667.
Le retrait exercé dans ce cas, tant de la portion
vendue à pacte de celle licitée, n'est sujet
qu'au droit de 50 c. % parce que la licitation ayant été
faite sous l'influence de la condition résolutoire stipulée
par le premier contrat, est réputée, par une fiction de
droit, avoir été éventuellement faite au profit du vendeur, dans le cas où il userait de la faculté par lui
réservée. Il y a d'autant moins à distinguer entre la
portion vendue à réméré et celle à licitée, et à considérer
le retrait de celle-ci comme une cession opérant une
nouvelle mutation, qu'il n'est pas volontaire de la part
du retrayant. — I. 245-1.

6974. Meubles — Le retrait de réméré d'une
créance à terme n'est passible que du droit de 50 c. %,
s'il est exercé en temps utile. — Dél. 7 avril 1826; Rec.
Roll. 1431.

6975. Prorogation de délai. — La prorogation de délai pour l'exercice du rachat n'opère que le droit fixe, sauf la perception du droit de vente, s'il y a lieu, lors du rachat. — Dél. 23 déc. 1834; J. E. 11160.

6976. Remboursement. — Le vendeur qui use du pacte de rachat doit rembourser non-seulement le prix principal, mais encore les frais et loyaux coûts de la vente, les réparations nécessaires et celles qui ont augmenté la valeur du fonds, jusqu'à concurrence de cette augmentation. Il ne peut entrer en possession qu'après avoir satisfait à toutes ces obligations. — C. 1673.

6977. *Cas où l'acquéreur n'a rien payé.* — Le retrait de réméré n'est passible que du droit fixe, comme acte de complément, si aucun remboursement n'a lieu, l'acquéreur n'ayant rien payé. — Sol. 24 oct. 1834; Rec. Roll. 4736.

6978. *Cas où l'acquéreur n'a pas payé son prix.* — Si l'acquéreur n'a rien payé sur le prix de son acquisition, le droit doit être liquidé, non pas sur le prix, puisqu'à cet égard il n'y a pas remboursement, mais seulement sur les loyaux coûts de la vente et autres sommes dont l'acquéreur a effectué le paiement. — Cass. civ. 26 août 1823 :

« Attendu qu'il résulte des termes sainement enten-
« dus de l'art. 69, § 2, n. 11, de la loi du 22 frim.
« an 7, que dans cette loi le législateur n'a envisagé
« l'exercice du réméré stipulé dans un contrat de
« vente que sous le rapport de la libération à la-
« quelle cette action donne lieu, et que c'est à raison
« de cette libération que l'article précité applique au
« réméré exercé dans le délai le droit de 50 c. %
« auquel il soumet *tous autres actes emportant libéra-*
« *tion de sommes ou valeurs mobilières ;* attendu que
« cette libération que la loi a eue en vue ne peut évi-
« demment concerner l'acquéreur, qui, par l'effet
« immédiat du retrait, cesse de plein droit d'être débi-
« teur du prix ou de la portion du prix qu'il n'a pas
« encore payé, et devient, au contraire, créancier de
« ce qu'il a payé sur ce prix, ainsi que des frais et
« loyaux coûts de la vente et des réparations qu'il a
« faites pour l'entretien ou l'amélioration du fonds,
« aux termes de l'art. 1673 du Code civil; mais que
« la libération dont il s'agit s'applique naturellement
« au vendeur, qui, en exerçant le retrait, doit rem-
« bourser à l'acquéreur toutes les avances dont on
« vient de parler, et qui ne peut même réaliser le
« retrait, et rentrer en possession de l'objet vendu
« *qu'après avoir satisfait à toutes ces obligations,* selon
« la disposition formelle de ce même article du Code
« civil; attendu qu'il suit de là que, dans l'espèce, le
« sieur S... n'ayant rien payé du prix de son acquisi-
« tion à l'époque du retrait exercé par le duc d'A..., et
« ce dernier n'ayant à lui rembourser que les 12.000 fr.
« payés par cet acquéreur pour frais et loyaux coûts
« du contrat, le droit proportionnel de 50 c. % n'a été
« exigible que sur cette somme, et qu'en le décidant

« ainsi le jugement attaqué n'a fait qu'une juste appli-
« cation de la loi. »

6979. Rétrocession. — Lorsqu'un contrat de vente à réméré a été exécuté par les parties et qu'après l'expiration du délai de réméré le vendeur est maintenu en possession de l'immeuble par un jugement qui déclare que la vente déguise un contrat pignoratif, le droit de rétrocession est dû. — Constantine, 14 févr. 1865; R. P. 2048.

6980. Réserve de réméré. — La faculté de réméré doit être stipulée *dans le contrat de vente.* — C. 1669.

Si le réméré a été convenu entre les parties, par acte séparé, fût-il *authentique* et *du jour même* de la vente, l'acte ultérieur qui remettrait le vendeur en possession, devrait, comme rétrocession, subir le droit de mutation. — I. 245-1.

6981. Retrait partiel. — Le retrait partiel, s'il est fait en temps utile, n'est passible que de 50 c. % : la loi n'exige pas, en effet, que le retrait soit effectué en une seule fois. — D. F. 30 janv. 1818; J. E. 6268.

6982. *Obligation.* — Lorsque le réméré est exercé en temps utile, et que l'acte de retrait constate le paie-
ment d'une partie du prix, et l'obligation de payer le surplus à *l'échéance* du terme fixé pour le retrait, on ne doit percevoir que le droit de quittance sur la première disposition ; celui d'obligation n'est pas dû sur la seconde. — Dél. 6 sept. 1826; I. 1204-8.

6983. Tiers acquéreur. — Le vendeur à pacte de rachat peut exercer son action contre un second acquéreur, quand même la faculté de réméré n'aurait pas été déclarée dans le second contrat. — C. 1664.

Le retrait exercé en temps utile contre un tiers acquéreur, lors même qu'il aurait acquis sans réserve ni mention de la condition de rachat stipulée dans le premier contrat, n'est passible que du droit de 50 c. %.
— I. 245.

6984. Vente. — La cession du droit de réméré, au profit de l'un des vendeurs ou de l'un des héritiers du vendeur, par tous les autres covendeurs ou cohéritiers, est assujettie au droit de 5. 50 % sur le prix de cette subrogation, dont l'objet est classé parmi les immeubles par l'art. 526 C. — Cass. 5 août 1806; Cod. M. D. 3638.

REMISE. — V. *Amende.*

6985. REMISE DE CAUSE. — Renvoi du jugement d'une affaire à un autre jour que celui où elle a été appelée.

6986. **Exemption.** — Les jugements portant remise de cause ou continuation d'audience sont exempts de la formalité de l'enregistrement, lorsqu'ils ne sont pas rendus pour la production de pièces ou de preuves ordonnées. — D. F. 27 fév. 1822, 26 janv. 1826; I. 1026, 1189-3.

6987. *Commerce.* — Les remises de cause en matière de commerce sont, comme celles prononcées dans les autres affaires, exemptes de la formalité dans les cas prévus par les décisions ci-dessus. — I. 1012-2, 1026.

6988. *Justice de paix.* — Une D. F. 26 janv. 1826 (I. 1189-3) a reconnu que les décisions ci-dessus s'appliquent aux jugements des justices de paix comme à ceux des tribunaux civils et de commerce.

6989. *Conciliation.* — Les procès-verbaux de remise de cause en matière de conciliation sont sujets à l'enregistrement. — Sol. 30 avril 1868; R. P. 2690.

6990. *Empêchement.* — Lorsque les jugements de remise de cause n'interviennent que par suite de l'empêchement des juges, du ministère public, ou même des avocats et avoués, il n'y a rien qui profite aux parties ni à l'instruction du procès. C'est le résultat d'un événement indépendant de toute volonté, et l'exemption de la formalité dérive de cette circonstance. — I. 1146-7.

Il en est de même du jugement d'un tribunal de commerce qui, en matière de faillite, nomme un nouveau juge-commissaire, pour l'empêchement de celui désigné précédemment par un jugement enregistré. — Sol. 12 mai 1824; I. 1146-7.

6991. **Instruction par écrit.** — Les jugements qui prescrivent une *instruction par écrit* sont sujets à l'enregistrement. — I. 1012 et 1026.

6992. **Mise en cause.** — Le jugement ainsi conçu : « Attendu que la mise en cause de la veuve F... est in-« dispensable, elle aura lieu à la diligence de la partie « de .... renvoie l'affaire à l'audience de .... » ne peut être assimilé à un jugement portant une simple remise ou continuation d'audience. C'est un jugement préparatoire ou interlocutoire assujetti à la formalité. — Sol. 6 avril 1831; J. E. 9961.

6993. **REMISE DE DETTE.** — Acte par lequel le créancier déclare son débiteur libéré, quoiqu'il n'en ait reçu aucun paiement. La remise de dette est un mode d'extinction des obligations. — C. 1234. — V. *Acceptilation.*

6994. **Caractère.** — La remise de dette est une véritable libéralité ; en général, il y a lieu de la considérer comme donation lorsque le contraire ne résulte pas des circonstances, par exemple si elle n'est pas la suite d'une sorte de transaction, d'une obligation naturelle, d'arrangements avec un débiteur en faillite. — Duranton, t. 12, n. 341. — Toullier, t. 7, n. 32. — Cass. req. 2 avril 1823 ; Sir. 23. 1. 238.

6995. **Enregistrement.** — Ces principes doivent être appliqués en matière fiscale. Ainsi, en général, et particulièrement lorsque l'intention de donner résulte des termes employés, la remise de dette doit être assujettie au droit de donation. Par exception, elle peut être considérée comme quittance et soumise seulement au droit de 50 c. %.

Toutefois, il est impossible, en cette matière, de formuler une règle fixe. Nous nous bornerons donc à l'analyse des décisions rendues.

6996. **Droit de donation.** — Toutes les fois que les *circonstances* qui environnent un acte, portant remise pure et simple de dette, donnent à cet acte un caractère de *libéralité* et non de simple libération, le droit de donation est exigible. — Sol. 4 janv. 1844 ; J. E. 13590-4.

La stipulation par laquelle le créancier fait *donation* au débiteur de sa propre dette ne peut être considérée comme remise de dette. Le droit de donation est exigible. — Clermont, 8 avril 1847 ; J. E. 14228. — Cognac, 10 juill. 1848 ; J. E. 4575.

6997. *Droits successifs.* — Un neveu avait consenti, en 1810, au profit de sa tante, une cession de droits successifs, moyennant une somme de 3.250 fr. payables, sans intérêts, un an après le décès de la cessionnaire. En 1822, le neveu déclare, par un acte entre-vifs, que, voulant donner à sa tante *des preuves d'amitié et d'attachement,* il réduit et modère le prix de 3.250 fr. à 2.000 fr. payables de la manière exprimée dans l'acte de cession. Décidé que le droit de donation mobilière était exigible sur 1.250 fr. — Dél. 29 sept. 1824 : J. N. 4843.

6998. *Legs.* — Un individu meurt laissant un fils issu d'un premier lit, et sa femme en secondes noces. Il avait légué à celle-ci une rente viagère de 3.000 fr. et l'usufruit de tout son mobilier. Il est établi par un acte notarié que ce legs excède de 15.000 fr. la valeur des biens dont pouvait disposer le défunt en faveur de sa veuve ; mais le fils, par égard pour la position de sa belle-mère et par respect pour les dernières volontés de son père, fait remise de cet excédant à sa belle-mère. Le tribunal de Marseille a jugé, le 11 avril 1851, que le droit de donation était exigible. — J. N. 14372.

6999. *Rapport.* — La remise par des cohéritiers à l'un d'eux d'une somme qu'il doit à la succession, est passible du droit de donation. — Versailles, 1er avril 1852; J. E. 15627. — bien qu'il soit allégué, *mais sans preuve,* que cette remise n'est que l'exécution de la volonté du testateur. — Saint-Etienne, 21 déc. 1847 ; J. E. 14485.

7000. *Rente.* — On doit considérer comme donation la réduction d'une rente viagère créée à titre de douaire, laquelle réduction avait été consentie volontairement par une veuve au profit de son fils, dans le contrat de mariage de celui-ci. — Dél. 14 avril 1826 ; J. E. 8434.

La clause d'un contrat de mariage par laquelle le créancier d'une rente viagère déclare faire donation au futur époux débirentier de ce qui reste à courir de la rente est passible du droit de donation. — Louviers, 24 mai 1866 ; Seine, 2 juin 1866 ; R. P. 2475.

7001. *Vente.* — Une vente par un père à son fils d'un immeuble moyennant 30,000 fr., contenant donation de ces 30,000 fr., par portions égales, tant à l'acquéreur qu'à ses deux frères, donne ouverture au droit de vente sur la totalité des immeubles et à celui de donation sur la totalité du prix. — Cass. 14 mai 1817 ; J. E. 5863. — V. *Office.*

Le droit de vente et celui de donation sont exigibles, si les père et mère de l'un des futurs, après lui avoir fait donation d'une somme déterminée, lui vendent un immeuble *par le même contrat*, sur le prix duquel il doit compenser la somme donnée. — Dél. 16 déc. 1834 ; J. E. 11187-5.

7002. Droit de quittance. — Par acte notarié, P... a déclaré renoncer à toute répétition contre P... son frère, au sujet d'une somme de 3,000 fr. que celui-ci lui devait suivant acte en forme, le tenant quitte de cette somme et lui en faisant toute remise. Le tribunal de Chalon-sur-Saône a jugé, le 1er août 1850, que le droit de libération était le seul exigible, attendu que, bien que la remise de dette sans condition onéreuse soit au fond une libéralité, cela n'empêche pas que ce ne soit, dans la vérité, un acte de libération, et pas autre chose. — J. N. 14175.

L'acte par lequel une mère fait remise pure et simple à ses deux filles mineures d'une somme dont elles sont débitrices envers elle est sujet au droit de 50 c. %. — Sol. 3 déc. 1861 ; R. P. 1618.

7003. *Bail.* — La réduction volontaire du prix d'un bail est une acceptation passible du droit de quittance sur le montant cumulé de la réduction. — Sol. 3 juin 1828 ; I. 1256-1. — Seine, 25 juin 1845 ; J. E. 13793.

7004. *Caution.* — Si la caution, en acquittant la dette, déclare renoncer à tout recours contre le débiteur principal, le droit de quittance peut être exigible. — Embrun, 10 janv. 1865 ; R. P. 2027.

7005. *Compte de tutelle.* — Jugé que le droit de quittance était seul exigible, dans une espèce où un tuteur créancier d'un reliquat de compte de tutelle avait fait remise de cette dette à son pupille. — Bourges, 10 avril 1848 ; J. N. 13546.

7006. *Marché.* — Lorsqu'un marché a été conclu pour l'éclairage d'une ville pour un temps déterminé, moyennant un prix fixé par heure et par bec de gaz, et que, avant l'expiration du marché, ce prix se trouve réduit par un nouveau marché, il y a remise de dette à raison de la somme que la ville se trouve dispensée de payer pour le temps restant à courir d'après les bases du nouveau marché, et le droit de quittance est exigible sur cette somme. — Lille, 22 juin 1850 ; J. E. 14994-3.

7007. *Paiement anticipé.* — Il en est de même lorsque le donataire d'une somme de 20,000 fr., payable au décès du donateur, déclare ce dernier quitte et libéré au moyen du paiement de 8,500 fr. Le droit de 50 c. % est dû sur 20,000 fr. Le créancier ne donne rien, car il peut y avoir avantage pour lui dans ce paiement anticipé. — Sol. 13 avril 1830 ; J. E. 9601.

7008. *Paiement partiel.* — La remise par le créancier, qui reçoit la majeure partie de sa créance, du surplus de cette créance, ne donne ouverture qu'au droit de quittance. — Oléron, 20 mai 1843 ; J. E. 13331-4

7009. *Rente.* — La convention par laquelle le créancier, d'une rente viagère consent à réduire de moitié pour l'avenir le taux des arrérages ne constitue pas une donation déguisée, par cela seul que la décharge serait accordée gratuitement, et comporte, au contraire, le caractère d'une remise de dette passible du seul droit de libération, s'il apparaît des documents de la cause que c'est non pas à titre de libéralité, mais en vue de son intérêt et à titre de transaction que le créancier a déchargé son débiteur de la moitié de la dette. — Cass. civ. 28 fév. 1870 ; J. E. 18839.

7010. *Titre égaré.* — L'acte par lequel le créancier déclare qu'ayant perdu le titre de sa créance sur une personne décédée, il abandonne purement et simplement cette créance eu égard au peu de fortune des héritiers, donne ouverture au droit de quittance. — Dél. 16 mars 1835 ; J. E. 11187-4.

7011. Décisions diverses. — *Compte de tutelle.* — Dans une espèce où il s'agissait d'un compte de tutelle, dans lequel le tuteur se trouvait avoir dépensé pour ses pupilles au delà de leur revenu, sans y avoir été autorisé par le conseil de famille, et déclarait les dispenser de lui faire le paiement de l'excédant, jugé qu'il n'y avait ni libération, ni donation, *parce que le tuteur n'avait pas d'action contre les mineurs*, et qu'en conséquence la clause n'était passible que du droit fixe. — Vervins, 1er févr. 1830 ; Acq. dél. 19 mars 1830 ; J. E. 9577.

7012. *Marché.* — La remise de dette, tarifée au droit de 50 c. %, suppose l'abandon pur et simple et sans aucune compensation, par le créancier, de ses droits ; dès lors, on ne peut voir qu'un acte de complément, passible du droit fixe, et non une remise de dette ou une résiliation de bail, passible du droit pro-

portionnel, lorsque la remise d'une partie de la redevance annuelle imposée par une ville au concessionnaire
d'une entreprise de voitures publiques a lieu moyennant
l'obligation consentie par le concessionnaire d'abaisser
son tarif et de renoncer à certaines réclamations. —
Cass. civ. 22 juin 1870; J. E. 18921. — Sur cette question, le tribunal de renvoi s'est prononcé dans le même
sens :

« Attendu que, pour déterminer le véritable carac-
« tère de la convention dont il s'agit et lui faire une
« juste application de la loi fiscale, il importe de con-
« sidérer les circonstances qui l'ont provoquée et
« accompagnée, et de rechercher aussi quelle a été
« l'intention des parties contractantes, quel est le
« but qu'elles se sont proposé ;

« Attendu qu'il est bien établi qu'en autorisant en
« 1863 un service de bateaux à vapeur sur la Saône, et
« en augmentant les droits d'octroi sur les fourrages
« et les avoines, la ville de Lyon avait fait subir des
« pertes considérables à la Compagnie des Omnibus et
« l'avait placée dans l'impossibilité de remplir ses
« engagements ;

« Attendu que cet état de choses a été formellement
« reconnu par le conseil municipal de Lyon, dans sa
« délibération du 2 mars 1866 qui a eu pour objet
• « d'approuver le traité du 2 février 1866, ainsi qu'un
« autre traité de même nature intervenu le même jour
« avec la Compagnie des Mouches, concessionnaire du
« service à vapeur ; que cet acte du 21 février 1866
« n'a été qu'une simple révision de ceux consentis en
« 1855 et 1857, révision que la situation créée par la
« ville rendait nécessaire ; que, suivant les termes de
« la délibération, cet acte consacre la convention ori-
« ginaire, n'en change pas la durée et substitue, seu-
« lement des conditions nouvelles à celles dont l'exé-
« cution était devenue impossible; que si l'on compare
« les deux traités du 21 février 1866, il ne saurait être
« douteux qu'ils n'ont été l'un et l'autre que l'exécu-
« tion d'un plan général de réorganisation des divers
« services de transport dans Lyon, réorganisation dont
« le seul but était, ainsi que l'a encore reconnu le
« conseil municipal, de conserver à la population
« lyonnaise tous les moyens de transport à la disposi-
« tion d'un plus grand nombre de personnes par
« l'abaissement du tarif des places, de maintenir une
« recette municipale importante en la faisant payer
« par les deux compagnies ;

« Attendu qu'ainsi expliqué, l'acte dont il s'agit ne
« contenait pas autre chose que le complément de la
« convention primitive et n'était passible que du droit
« fixe de 2 francs (L. du 22 frim. an 7, art. 68, § 1,
« n. 6) ;

« Attendu qu'il ne pouvait donner lieu à la percep-
« tion d'un droit de remise de dette ou de rétrocession
« de bail, parce que, d'une part, le représentant de la
« ville n'a pas eu l'intention de faire l'abandon d'une
« créance, et que la diminution de la redevance a été
« stipulée, comme la réduction du tarif, non dans
« l'intérêt de la Compagnie, mais en vue d'un intérêt
« public, — et parce que, d'autre part, la ville de Lyon
« n'a repris aucune portion de la chose louée ; qu'il

« n'est pas dû non plus de droit de transaction, parce
« que les parties n'ont jamais eu la pensée de faire une
« transaction ; qu'elles n'en ont pas rempli les for-
« malités, et que d'ailleurs la renonciation de la Com-
« pagnie aux réclamations qu'elle avait élevées sur
« l'augmentation des droits d'octroi n'est qu'une stipu-
« lation très-accessoire dans laquelle on aurait tort de
« rechercher le véritable caractère du contrat ;

« Par ces motifs... » — Bourg. 11 juin 1872.

7013. REMPLOI. — Remplacement légal d'une
chose par une autre; spécialement, on dit qu'il y a *remploi* dans la société conjugale, lorsque le propre aliéné
de l'un des époux est remplacé par l'acquisition d'un
autre bien au profit de ce même époux. — Dict. N.
eod. v°.

7014. Droit civil. — S'il est vendu pendant la communauté un immeuble appartenant à l'un des époux,
de même que si l'on s'est rédimé en argent de services
fonciers dus à des héritages propres à l'un d'eux, et
que le prix en ait été versé dans la communauté, le
tout sans remploi, il y a lieu au prélèvement de ce prix
sur la communauté, au profit de l'époux qui était propriétaire soit de l'immeuble vendu, soit des services
rachetés. — C. 1433.

Le remploi est censé fait à l'égard du mari toutes les
fois que, lors d'une acquisition, il a déclaré qu'elle
était faite des deniers provenus de l'aliénation de
l'immeuble qui lui était personnel, et pour lui tenir
lieu de remploi. — Id. 1434.

La déclaration du mari que l'acquisition est faite des
deniers provenus de l'immeuble vendu par la femme
et pour lui servir de remploi, ne suffit point, si ce remploi n'a été formellement accepté par la femme ; si elle
ne l'a pas accepté, elle a simplement droit, lors de la
dissolution de la communauté, à la récompense du
prix de son immeuble vendu. — Id. 1435.

7015. Remploi déclaré dans l'acte d'acquisition. —
L'objet de la déclaration de remploi est de faire connaître pour qui l'acquisition est faite. Il est donc impossible de considérer cette déclaration comme indépendante du contrat d'acquisition, car il ne peut y
avoir d'acquisition sans acquéreur. — Ch. Rig. 2849.
— Dall. R. 3472. — Rodière et Pont, t. 2, n. 747. —
Dém. 1867. — Bastine. *Droit fiscal.* 731. — R. G. 10697
suiv. — Vitré, 13 juill. 1836; J. E. 11676. — Dreux,
30 nov. 1842, 26 août 1846; J. N. 11599, 12855. — Sol.
belge, 9 mai 1854; R. P. 164. — Sol. 26 août 1864;
R. P. 1980. — Sol. 10 sept. 1873 ; J. E. 19270.

Cette dernière solution est basée sur les considérations suivantes :

« La déclaration de remploi constitue-t-elle ou non
« une disposition indépendante du contrat de vente
« dans lequel elle est faite ?

« Il est difficile que cette question puisse être résolue
« affirmativement; une solution affirmative ne pour-

« rait prévaloir qu'autant qu'on prouverait que la
« déclaration a pour résultat de donner naissance à
« une convention spéciale, ayant son caractère propre
« et ses effets particuliers. Car ce serait une erreur
« que de soutenir que les deux opérations, quoique
« concomitantes, demeurent cependant aussi distinctes
« que si elles avaient fait l'objet de deux actes séparés ;
« qu'il y a toujours, en droit, une acquisition pour la
« communauté, puis une libération, par voie de lotis-
« sement, au profit de celui des conjoints pour lequel
« le remploi est opéré. Et en effet, si la déclaration
« de remploi était juridiquement isolée de la vente,
« l'immeuble, avant d'être un propre, serait d'abord
« un conquêt et ne deviendrait propre de la femme
« que par une sorte de partage indépendant de l'ac-
« quisition. Mais s'il en était ainsi, l'immeuble serait
« d'abord affecté, comme conquêt, des hypothèques
« du chef du mari, et suivrait cet immeuble entre les
« mains de la femme, et ces hypothèques le suivraient
« même, après la dissolution de la communauté, entre
« les mains de la femme acceptante.

« Or, ce résultat est inadmissible en droit. La décla-
« ration de remploi étant liée au contrat de vente,
« l'immeuble passe directement du patrimoine du
« vendeur dans celui de la femme, sans que la pro-
« priété ait reposé un instant de raison sur la tête du
« mari ; le bien n'est pas, dès lors, grevé d'hypothè-
« ques procédant du chef de ce dernier, et, s'il en est
« ainsi, c'est que la déclaration de remploi est néces-
« sairement liée à la vente et renferme une disposition
« qui dérive nécessairement de la vente et qui en est
« inséparable. Cette déclaration ne peut donc donner
« lieu à la perception d'un droit particulier. »

Il faut donc admettre comme règle aujourd'hui que, *dans aucun cas*, la clause d'un contrat de vente par laquelle l'un des époux acquéreurs déclare que l'acquisition est faite à titre de remploi, ne peut donner ouverture à la perception d'un droit particulier.

7016. Remploi déclaré par acte postérieur. — La déclaration de remploi au profit de la femme peut être faite et acceptée par acte postérieur à l'acte d'acquisition. Dans ce cas, il faut percevoir le droit fixe de 3 fr. et le droit de transcription. Le mari dispose de l'immeuble commun, comme de sa chose propre, et le fait irrévocablement sortir de la communauté, la femme le reçoit, non pas à titre de commune ou d'associée et en vertu d'une sorte de partage indépendant des époux, mais à titre d'acquisition et en vertu d'un droit privatif. S'il est dans l'esprit de la loi de dispenser un pareil acte du droit de mutation, en vue de favoriser les époux et de faciliter les arrangements de famille, il n'en résulte pas, comme conséquence, l'affranchissement du droit de transcription. La femme n'est pas, en effet, personnellement tenue des obligations contractées par la communauté, à l'occasion de cet immeuble ; elle n'en est tenue qu'en qualité de tiers détenteur : aussi doit-elle remplir les formalités prescrites pour la purge des hypothèques, afin de consolider la propriété entre ses mains et s'assurer de l'efficacité du remploi. — Dél. 3 juill. 1827, 19 avril 1828, 10 fév. 1836 ; J. N.

6517, 6356. — Fougères, 22 mars 1843 : J. E. 12310. — Montbéliard, 6 avril 1843 ; J. E. 14527. — Blois. 16 janv. 1844 ; J. E. 13451. — Rennes, 20 mars 1844 ; J. E. 13508. — Rambouillet, 29 mars 1844 ; J. E. 13465-3. — Clermont, 14 fév. 1845 ; J. E. 13691. — Rouen, 26 août 1845 ; J. E. 13827. — Arcis-sur-Aube et Civray, 30 avril et 5 juin 1846 ; J. N. 12813. — Beaune, 27 mars 1846 ; J. E. 13976. — Strasbourg. 3 janv. 1848 ; J. N. 13302. — Blois, 20 juin 1848 ; J. E. 14598. — Avallon et Amiens. 30 janv. et 29 nov. 1850 ; J. E. 15174-1. — Cass. civ. 5 juill. 1850 ; Sir. 50. 1. 678 ; I. 1875-10 ; J. E. 14982 ; J. N. 14408. — Bourg. 16 juill. 1850 ; J. E. 15003. — Reims et Périgueux. 30 et 31 juill. 1851 ; J. E. 15296. — Charolles, 3 août 1850 ; J. E. 15069-11. — Dél. 31 déc. 1850 ; J. N. 14247. — Cass. civ. 18 avril 1853 ; Sir. 53. 1. 335 ; I. 1982-2 ; J. E. 15652 ; J. N. 14944. — Civ. 7 juin 1853 ; Sir. 53. 1. 505 ; I. 1982-2 ; J. E. 15681 ; J. N. 14997. — Chinon. 9 juin 1860 ; R. P. 1398. — Guéret, 4 nov. 1861 ; R. P. 1699.

7017. *Mandat.* — Mais si, dans l'acte d'acquisition. le mari a agi au nom de sa femme, ou s'est porté fort pour elle, on n'est pas autorisé à penser qu'il a acquis pour lui-même, et alors la ratification ultérieure de la femme ne saurait opérer le droit de transcription. — Neufchâtel, 16 fév. 1865 ; R. P. 2282. — Carpentras, 21 janv. 1867 ; R. P. 2725.

7018. *Propres du mari.* — Si ce ne sont pas des biens de communauté qui sont abandonnés en remploi, le droit de vente est exigible. — I. 392.

Ainsi, lorsque le mari a déclaré dans un acte de partage que, renonçant, en tant que de besoin, au bénéfice de l'art. 1408 C., il paiera des deniers de sa femme, et pour tenir lieu à celle-ci du prix de ses propres aliénés, la soulte qui est à sa charge, le droit de 5. 50 %. indépendamment de celui de quittance, doit être perçu sur l'acte qui constate plus tard le paiement de cette soulte fait avec les deniers de la femme, avec acceptation par celle-ci du remploi stipulé en sa faveur. — Bordeaux, 11 mars 1850 ; J. E. 14953.

Le droit de vente est exigible si, dans l'acte de quittance du prix d'un immeuble acquis antérieurement à son mariage, le mari déclare que ce prix lui provient des deniers de sa femme, mariée sous le régime de la communauté, et que celle-ci accepte le remploi, — Evreux, 21 janv. 1843 ; J. E. 13350-3.

L'abandon fait à la femme par le mari, en remploi de ses reprises, d'un immeuble dont il était propriétaire par indivis et qu'il avait acquis pendant le mariage, est passible de 5. 50 %, attendu qu'aux termes de l'art. 1408 C. cet immeuble était propre au mari. — Limoges, 7 nov. 1843 ; J. E. 13380. — Dél. 5 mars 1833 ; J. E. 10560.

7019. *Communauté dissoute.* — Lorsque la femme n'accepte qu'après la dissolution de la communauté, un remploi de deniers dotaux fait antérieurement par son mari, cette acceptation produit une véritable vente et

donne lieu à la perception du droit de mutation. — Cass. req. 15 mai 1839; Sir. 39.1.524; I. 1601-19; J. E. 12304; J. N. 10393. — Saverne, 29 août 1848; J. E. 14576-4.

7020. *Acte sous seings privés.* — Le même droit de vente serait exigible alors même que la déclaration de remploi aurait été faite par un acte sous seings privés dans lequel aurait comparu la femme pour accepter, antérieur au jugement de séparation, mais qui, n'ayant pas date certaine, n'aurait été présenté à l'enregistrement que postérieurement à la renonciation. — Seine, 12 fév. 1845; J. E. 13704.

7021. *Renonciation ultérieure de la femme à la communauté.* — Si la femme renonce ultérieurement à la communauté, il y a lieu d'exiger le droit de 4 % complétant, avec celui de 1. 50 % déjà perçu, le droit de 5.50 % acquis au Trésor par suite de cette renonciation. L'acte n'a pu être, en effet, affranchi du droit proportionnel que sous la condition ou sur la présomption que la femme aurait à partager la communauté. La prescription de ce supplément ne court qu'à partir du jour de la renonciation. — Cass. req. 28 fév. 1868; J. E. 18518; R. P. 2621.

7022. Régime dotal. — Sous le régime dotal, avec société d'acquêts, l'abandon fait par le mari à la femme, pour la remplir du prix de l'immeuble dotal aliéné, de biens acquis pendant l'existence de la société d'acquêts, ne donne pas ouverture au droit de mutation. En effet, la société d'acquêts donne au mari, même sous l'empire du régime dotal, les mêmes droits sur l'acquisition que ceux à lui conférés par le régime de la communauté pure. Il peut en disposer comme il l'entend. Il suit de là que, dans le cas d'une société d'acquêts, comme dans le cas où il s'agit des biens de la communauté, c'est l'immeuble commun qui est attribué à la femme en remplacement de son immeuble personnel; dès lors aucun droit de mutation ne peut être perçu sur l'acte de déclaration de remploi. — Dél. 5 fév. 1834, 5 août 1835, 2 fév. 1836; J. N. 9190.
Mais le droit de mutation est exigible si ce sont des propres du mari qui sont attribués à la femme en remploi. — Evreux, 26 nov. 1842; Clermont-Ferrand, 28 août 1843; J. E. 13130, 13303.

7023. Remploi excessif. — Lorsque l'immeuble acquis en remploi, pour un prix *notablement* supérieur à la valeur des propres aliénés, passe, après le décès du mari, dans le lot de la femme, *qui a renoncé à la communauté*, et qui paie aux héritiers du mari la différence entre le prix de ses propres et la valeur de l'immeuble, le droit de mutation à 4 % est dû sur cette différence. — Châteaudun, 11 août 1851; J. N. 14471.

7024. Cession d'action en remploi. — Pour déterminer le droit de mutation à percevoir sur la cession par les héritiers de l'époux prédécédé, de l'action en remploi de ses propres aliénés, il est nécessaire de constater si cette action aura à s'exercer sur les meubles ou sur les immeubles. Dans une espèce où il n'existait ni inventaire ni partage qui pût faire connaître la nature des biens composant la communauté. l'Administration a décidé que l'on pouvait prendre pour base de calculs la déclaration de succession de l'époux décédé. — Sol. 29 sept. 1830; J. E. 10095.

7025. Remploi in futurum. — Il est loisible aux époux, sous tous les régimes, de déclarer que l'immeuble acquis est destiné à venir en remploi de propres de l'un d'eux qu'ils se proposent d'aliéner et qui ne le sont pas encore. Ce remploi est valable quand les conditions requises par la loi sont remplies. — Marc. 1435-4. — Troplong, *Cont. de mariage*, 1154. — Roll. *eod.* v°, 39. — Pont et Rodière, t. 1, n. 512. — Cass. 5 déc. 1854; Sir. 55. 1. 523. — 6 janv. 1858; Sir. 58. 1. 273.
Alors, l'acceptation ultérieure de ce remploi par la femme donne lieu seulement au droit fixe et au droit de transcription, l'immeuble ayant pu être grevé d'hypothèques du chef du mari. — Poitiers, 27 août 1845; J. E. 13843. — Schelestadt, 5 juill. 1849; J. E. 14908. — Châlons, 24 janv. 1850; J. E. 14890. — Les Andelys, 7 juill. 1851; J. N. 14526. — Abbeville, 22 mars 1852; J. E. 15561. — Saint-Quentin, 21 fév. 1855; R. P. 401. — Le Hàvre, 30 août 1855; R. P. 478. — Abbeville, 12 juin 1855; R. P. 889. — Cass. civ. 14 janv. 1868; Sir. 68. 1. 136; I. 2366-3; J. E. 18481; R. P. 2599. — Cet arrêt est ainsi conçu:
« Attendu qu'aux termes de l'art. 1435 C. Nap., la
« déclaration du mari, dans un contrat d'acquisition,
« qu'elle est faite pour tenir lieu à la femme de remploi,
« n'acquiert tout son effet qu'autant qu'elle est formel-
« lement acceptée par celle-ci ;
« Attendu qu'il est de principe que cette déclaration
« du mari, lorsqu'elle est faite en termes généraux et
« sans application précise à des propres de la femme
« déjà aliénés, s'étend à ceux qui ne le seront que par
« la suite, et que l'acceptation en peut être valablement
« faite pendant toute la durée de la société civile des
« époux ;
« Attendu qu'une acceptation équivaut, à l'égard du
« mari, à la ratification par le mandant des actes du
« mandataire, conformément à la maxime de droit
« *ratihabitio mandato comparatur* ; — qu'à la vérité,
« déclarant que l'immeuble est acquis pour servir de
« remploi à sa femme, le mari ne stipule pas comme
« un mandataire ordinaire, ni comme se portant fort
« dans les termes de l'art. 1120 C. Nap., puisqu'il est, en
« tout état de cause, directement obligé envers le ven-
« deur, et demeure acquéreur pour son compte en cas
« de refus de sa femme ; mais qu'au point de vue de
« sa responsabilité vis-à-vis de cette dernière, il tient
« de la loi, et que, spécialement dans la cause, Fouque
« tenait, en outre de son contrat de mariage qui le
« soumettait au régime dotal, avec obligation d'em-
« ployer en acquisition d'immeubles le prix des pro-
« pres de la défenderesse, un mandat d'une nature

« particulière et d'un accomplissement subordonné à
« l'acceptation de la femme ;

« Attendu, d'autre part, que l'acceptation, lors-
« qu'elle intervient postérieurement à l'acquisition ,
« rétroagit entre les époux, et sauf les droits de tiers,
« au jour du contrat, et rend la femme propriétaire
« de l'immeuble, à compter de cette époque ; qu'en
« conséquence il ne s'opère pas alors plus de mutation
« de propriété du mari à la femme que si celle-ci avait
« accepté le remploi par le contrat même. »

7026. Emploi. — La condition d'*emploi* a pour
objet l'acquisition de biens avec les deniers propres
à l'un des époux. Stipulée accessoirement à un contrat,
elle ne peut donner ouverture à un droit particulier,
car elle ne peut être considérée que comme une convention sans laquelle l'époux n'aurait pas permis l'a-
liénation de son bien, et, dès lors, comme une disposition dépendante de l'acte d'aliénation.

RENONCIATION.

Ch. I. — Notions générales.

7027. Définition. — On entend par renonciation
l'acte par lequel on abandonne ses droits à une communauté, à un legs, à une succession, etc.

Celui qui renonce ne transmet rien, car il n'a rien
recueilli.

7028. Forme. — La renonciation à une succession
ne se présume pas : elle ne peut être faite qu'au greffe
du tribunal de première instance dans l'arrondissement
duquel la succession s'est ouverte, sur un registre particulier tenu à cet effet. — C. 784 — C. P. 997.

7029. Qui peut renoncer. — Tout héritier peut renoncer à la succession ; il n'est déchu de ce droit que
s'il a fait acte d'acceptation expresse ou tacite, ou s'il a
diverti ou recélé des effets de la succession. — C. 778
suiv., 792.

7030. Deux sortes de renonciation. — La renoncia-
ion est *pure et simple* lorsque l'héritier se borne à
déclarer qu'il renonce aux droits qui lui sont échus.
Dans ce cas, il est censé n'avoir jamais été héritier,
et sa part accroît à ses cohéritiers, ou, s'il est seul, au
degré subséquent. — C. 785, 786.

Mais si l'héritier renonce, soit à titre onéreux, soit
à titre gratuit, au profit d'un tiers, il est clair qu'alors
sa renonciation n'est pas pure et simple ; car, alors, il
transmet ses droits, et, pour les transmettre, il faut qu'il
les ait recueillis. — C. 780.

7031. Tarif. — Renonciation à successions, legs ou
communautés, lorsqu'elles sont pures et simples, si elles
ne sont pas faites en justice, 3 fr.; si elles sont faites en
justice, 4. 50. — Frim. art. 69, § 1, n. 1; § 2, n. 6. —
28 avril 1816, art. 44, n. 10. — 18 mai 1830, art. 8. —
28 fév. 1872, art. 4.

7032. Pluralité. — Il est dû un droit par chaque
renonçant, et pour chaque succession à laquelle on
renonce. — Frim. *ub. sup.* — La Flèche, 6 janv. 1840;
J. E. 12442.

Mais il faut appliquer ici, comme toujours, le princi-
cipe des dispositions dépendantes.

Ainsi : il n'est dû qu'un seul droit sur l'acte par lequel une veuve renonce à la fois à la communauté qui
a existé entre elle et son mari, et à l'usufruit que ce
dernier lui a légué ; — Sol. 19 mai 1843 ; Rec. Roll. 6748.
— sur l'acte par lequel un successible, qui se trouve
en même temps légataire universel, renonce à la succession et au legs. — Sol. 9 oct. 1832 ; J. E. 10479.

Ch. II. — Renonciation non pure et simple.

Sect. I. — Renonciation conditionnelle.

7033. Principe. — Pour imposer une condition à
une renonciation, il faut nécessairement se prévaloir
de cette renonciation ; il faut user de sa qualité d'héritier ou de légataire pour commander quelque chose ;
ce qui implique une acceptation des plus énergiques
de la succession ou du legs. — R. G. 10756. Dans
une espèce où se présentait un acte par lequel des
collatéraux, institués légataires universels par un testament antérieur et non révoqué depuis, renonçaient,
en présence de sa veuve, tutrice du mineur, à l'effet de ce legs, en cas
où ce fils vivrait, se marierait et aurait des enfants,
tout en se réservant tous leurs droits, s'il venait à
mourir sans postérité, abandonnant l'usufruit à la
veuve jusqu'à cette époque, l'Administration a décidé
qu'il y avait cession de droits successifs, par les motifs
suivants : « Les légataires ne renoncent pas à l'effet
« de leur legs, ils en disposent. Ce qu'ils auraient re-
« cueilli par la réduction du testament à la quotité
« disponible, ils le transmettent en nue propriété au
« mineur acceptant par sa mère, et en usufruit à cel-
« le-ci agissant en son propre nom. Ils reçoivent, pour
« l'équivalent de cette cession, l'assurance de l'exécu-
« tion pleine et entière du testament, dans le cas de

« décès du mineur sans enfants, et comme s'il n'eût
« jamais existé. Il n'y a point à opposer que la renon-
« ciation prématurée, faite par la veuve, à la portion
« qui lui reviendrait dans la succession de son fils
« encore vivant, ne serait pas valable : une convention
« nulle peut avoir son exécution si les parties n'en re-
« quièrent pas la nullité; et, d'ailleurs, l'Administra-
« tion ne doit point entrer dans l'examen de la validité
« des stipulations. » — I. 1173-7.

7034. *Condition inutile.* — Toutefois, si les conditions imposées sont surabondantes et ne doivent pas
produire plus d'effet que si elles n'étaient pas stipulées,
la renonciation reste sujette au droit fixe.
Ainsi en est-il de la renonciation à la communauté
par une veuve en faveur des héritiers de son mari, à
condition que ceux-ci lui paieront le montant de ses
reprises. — Sol. 19 août 1830; J. E. 9735.

Sect. II. — Renonciation partielle.

7035. **Principe.** — On ne peut diviser sa renonciation : *nemo pro parte hœres.* La renonciation à une
partie seulement d'une succession emporte adition
d'hérédité.

7036. **Legs.** — Lorsque le légataire universel renonce à l'usufruit d'une succession dont la nue propriété
a été léguée pour partie à un tiers, il doit le droit de
mutation par décès. — Saint-Omer, 15 mars 1845 ;
J. E. 13717. — Bordeaux, 23 janv. 1849 ; J. E. 14828-3.
Même solution si le légataire universel en usufruit
renonce à l'usufruit d'un immeuble de la succession
échu à un tiers. — Gray, 22 août 1851 ; J. E. 15304.
L'acte par lequel un légataire universel déclare, en
présence des héritiers collatéraux, conserver le mobilier et l'usufruit des immeubles de la succession et
renonce à la nue propriété, au moyen de quoi les héritiers consentent l'exécution du testament, et s'engagent
à payer les frais de la renonciation, donne ouverture
au droit de donation sur la nue propriété abandonnée.
— Bar-le-Duc, 4 mai 1843 ; J. E. 13263.

7037. *Legs à titre universel.* — Le légataire de
l'usufruit de tous les immeubles et de la propriété de
tous les meubles peut renoncer à son legs en ce qui
concerne l'usufruit, pour s'en tenir à la propriété des
meubles ; cette renonciation le dispense du paiement
des droits de mutation par décès sur l'usufruit. — Cass.
civ. 5 mai 1856 :
« Attendu qu'aux termes de son testament olographe
« du 22 août 1849, la demoiselle Guilbert a fait, au profit
« de Zéphirin Guilbert, son frère, *deux legs distincts* le
« premier de l'usufruit de tous ses immeubles ; le
« second de toute la propriété de ses meubles : que ces
« deux legs sont d'un et l'autre des legs à titre univer-
« sel ; — que le légataire n'en était donc pas saisi de
« plein droit, et qu'il ne s'opérait pas de transmission
« à son profit par la seule force de la loi ; — qu'il était

« tenu d'accepter ces legs et d'en demander la déli-
« vrance aux héritiers du sang ; — qu'ainsi la trans-
« mission de biens et par suite la mutation ne
« pouvaient s'opérer que par le concours de cette
« acceptation et de cette délivrance ; — que, du reste,
« ces deux legs étant distincts, le légataire à titre uni-
« versel n'aurait été tenu de les accepter tous deux
« qu'autant qu'ils auraient été indivisibles ; — mais
« qu'ils n'étaient indivisibles ni en fait, puisqu'ils
« s'appliquaient tous deux à des choses séparées, et de
« nature indifférente ; ni par la volonté de la testatrice,
« qui n'avait imposé à cet égard aucune autre obliga-
« tion au légataire que celle de payer la totalité des
« charges de la succession (obligation qui a été remplie
« par le légataire), laquelle ne suffisait pas pour établir
« entre deux dispositions distinctes, le lien d'indivisibi-
« lité ; — qu'ainsi Zéphirin Guilbert a pu accepter l'un
« de ces legs et répudier l'autre ; et que, par suite de
« cette répudiation, n'ayant été ni de fait ni de droit
« saisi de l'usufruit des immeubles, il ne s'est opéré à
« son profit aucune mutation qui puisse donner lieu à
« la perception du droit d'enregistrement pour cet
« usufruit ; — que cette renonciation par lui faite n'a
« pas d'ailleurs été critiquée par les héritiers du sang,
« au profit desquels seulement s'est opérée en consé-
« quence et directement la mutation qui a été le résul-
« tat du décès de la testatrice ; — d'où il suit qu'en
« jugeant, au contraire, qu'il y avait lieu à la perception
« du droit de mutation à raison de l'usufruit immobi-
« lier légué à Zéphirin Guilbert, l'arrêt attaqué a violé
« les articles précités ; — casse. »

7037-1. **Quotité disponible.** — Si la donation excède
la quotité disponible, l'époux survivant peut la réduire,
par acte notarié, à cette quotité, sans que cette réduction donne ouverture à aucun droit, soit de transcription, soit de mutation par décès sur la portion réduite.
C'est la conséquence du principe, que l'Administration
a reconnu, en vertu duquel l'époux survivant peut,
sans le concours ou la demande des héritiers à réserve,
réduire dans la déclaration qu'il fait de son legs, après
le décès de son conjoint, ce legs à la quotité disponible
sans être tenu du paiement des droits de mutation
par décès sur la portion réduite. — Dél. 18 oct. 1833 :
I. 1431-5.
Dans tous les cas où il y a lieu de réduire un legs
qui excède la quotité disponible, la renonciation à une
partie de l'usufruit pour s'en tenir à l'autre partie, au
mobilier également légué, est censée faite en vue de
la réduction, encore que cette intention de réduire le
legs à la quotité disponible ne soit pas explicitement
formulée. — Dél. 16 oct. 1834 ; J. E. 11048.

7038. *Renonciation au profit d'un héritier.* — Mais
le légataire de la quotité disponible qui renonce à
une partie de son legs, au profit de l'un des héritiers
du défunt, est réputé acceptant pour le tout et doit,
dès lors, acquitter le droit de mutation sur la valeur
de l'intégralité de son legs. — Cass. civ. 10 nov. 1847 :
Sir. 47. 1. 810; I. 1814-13 ; J. E. 14373.

7039. Usufruit. — La renonciation partielle à un usufruit emporte acceptation pour le tout. — Tulle, 15 déc. 1852; J. E. 15535. — Seine, 18 avril 1857; R. P. 864.

7040. *Héritier d'un usufruitier.* — L'héritier d'un individu décédé sans avoir payé les droits de succession sur le legs à lui fait d'une toute propriété de meubles et d'un usufruit d'immeubles, ne peut renoncer, du chef du défunt, à l'usufruit des immeubles et conserver les meubles, sans avoir à payer les droits sur la totalité du legs fait au *de cujus*. — Tours, 28 déc. 1849; J. E. 14891.

7041. *Usufruit et nue propriété.* — Si un père, héritier de son fils de 1/2 en toute propriété et de 1/3 en usufruit, renonce seulement à cet usufruit, le droit est dû sur l'usufruit comme sur la nue propriété. — Dél. 4 nov. 1840; J. E. 12609.

SECT. III. — RENONCIATION A TITRE ONÉREUX OU GRATUIT.

7042. Renonciation à titre onéreux. — La renonciation faite moyennant un prix, même au profit de tous les cohéritiers indistinctement, emporte acceptation, — C. 780. — et par conséquent rend le droit proportionnel exigible.

7043. Renonciation à titre gratuit. — La renonciation, même gratuite, au profit d'un ou de plusieurs des cohéritiers, emporte également acceptation. — C. 780. — Cass. 17 août 1815; J. E. 5365.

7044. *Renonciation au profit de tous les cohéritiers.* — Si la renonciation à titre gratuit est faite au profit de tous les cohéritiers indistinctement, l'ordre établi par la loi pour les successions, n'est point modifié et cette clause surabondante ne peut rendre l'acte passible du droit proportionnel. — Saint-Quentin, 30 janv. 1833; Seine, 30 avril 1847; R. G. 10736.

Il en est ainsi dans le cas où il n'y a qu'un seul cohéritier, lorsque la renonciation est faite à son profit *comme preuve d'attachement*, car cette expression ne caractérise pas une donation. — Sol. 22 mai 1827; J. E. 8822. — *Contrà* : Lyon, 27 mars 1858; R. P. 1109.

7045. *Renonciation à titre de donation.* — Mais si la renonciation est faite *à titre de donation*, elle emporte acceptation et donne ouverture au droit proportionnel. — C. 780.

7046. *Donation implicite.* — Il n'est pas nécessaire, du reste, pour que les droits de donation soient exigibles, que la donation soit formellement exprimée; il suffit qu'elle résulte des circonstances.

Lorsque, dans le contrat de mariage de l'un des enfants, il est déclaré que ceux-ci n'entendent pas faire réduire à la quotité disponible les avantages faits à leur mère par leur père décédé, et que d'ailleurs celle-ci a payé les droits de mutation par décès, la renonciation que fait la mère à ces avantages opère donation en faveur des enfants. — Rennes, 24 août 1846; J. E. 14145-2.

L'acte par lequel le légataire universel, se déclarant fidéicommissaire du défunt, fait abandon en cette qualité à ceux auxquels ils étaient destinés, des biens de la succession, rend exigibles un droit de mutation par décès sur le legs et le droit de donation sur l'abandon de ce legs. — Condom, 17 juill. 1841; R. G. 10733-1.

CH. III. — RENONCIATION ILLUSOIRE OU FRAUDULEUSE.

7047. Principe. — La renonciation *pure et simple* seule est assujettie au droit fixe. Par conséquent, dès qu'une renonciation prend le caractère d'un acte translatif, dès qu'elle est faite moyennant un prix expressément stipulé ou dissimulé, c'est le droit proportionnel qui devient exigible.

7048. Acceptation bénéficiaire. — Celui qui a accepté bénéficiairement ne peut plus renoncer. Ainsi, la renonciation faite après une acceptation sous bénéfice d'inventaire serait sujette au droit proportionnel. — Seine, 20 fév. 1858; R. P. 1094.

7049. Acceptation tacite. — Il en est de même au sujet de l'acceptation tacite : elle rend illusoire toute renonciation ultérieure.

Le bail à ferme consenti par un héritier relativement à des biens de la succession emporte acceptation tacite; l'héritier ne peut donc plus renoncer postérieurement à ce bail. — Cass. 7 mars 1855; I. 2042-6.

La qualité de donataire en usufruit prise par la veuve dans le partage de la succession de son mari oblige cette veuve à acquitter les droits de succession, nonobstant toute renonciation ultérieure. — Vesoul, 8 mars 1852; J. E. 15647.

Même solution au sujet de la même qualité prise par la veuve dans l'inventaire de la succession ; car si, d'après l'art. 777 C., les actes purement conservatoires n'emportent pas addition d'hérédité, lorsque l'on n'y a pris ni le titre, ni la qualité d'héritier, il doit en être autrement toutes les fois que l'on prend ce titre ou cette qualité ; et l'on ne peut distinguer entre les héritiers institués par la loi et ceux institués par disposition contractuelle ou testamentaire. — Blois, 18 déc. 1852; J. N. 14962.

Le légataire d'un usufruit qui donne, en cette qualité, pouvoir à un tiers d'administrer les biens grevés de cet usufruit, accepte par là son legs d'une manière irrévocable. Est nulle, en conséquence, la renonciation qu'il a faite plus tard au greffe, eût-elle eu lieu à une époque où le mandataire n'avait pas encore accepté ou exécuté son mandat. Les art. 778 et 769 C. s'appliquent, en effet, à l'acceptation d'un legs comme à l'acceptation d'une succession. — Cass. civ. 4 avril 1849; Sir. 49. 1. 438 ; I. 1844-8 ; J. E. 14720.

Lorsque la délivrance du legs a été faite au moyen d'un transport ou de tout autre acte, on ne peut se soustraire au paiement du droit de mutation par décès par une renonciation. — Seine, 6 janv. 1841 ; J. E. 12657.

Le légataire qui a formé une demande en délivrance de son legs ne peut se soustraire, en offrant de renoncer, au paiement des droits de succession., — Montpellier, 20 mai 1861 ; R. P. 1500.

Il en serait de même si le légataire renonçait effectivement. — Seine, 19 janv. 1867 ; R. P. 2421.

Cependant, dans une espèce où le mari, usufruitier, après avoir renoncé à cet usufruit par acte notarié et fait le partage anticipé de ses biens entre ses enfants, en y comprenant ceux de leur mère, et se réservant seulement l'usufruit de quelques biens propres, avait pris la qualité de donataire de sa femme, dans un acte de quittance fait postérieurement, décidé que la qualification de donataire prise par le mari était sans doute le résultat d'une erreur du notaire rédacteur, et ne pouvait suffire pour faire considérer la donation comme non avenue et autoriser la demande des droits de mutation par décès. — Fontainebleau, 29 août 1839 ; J. E. 12381.

7050. Acte de propriétaire. — Si, après avoir renoncé aux avantages résultant de son contrat de mariage, une veuve afferme et vend, tant en son nom qu'au nom de ses enfants, des biens propres de la succession de son mari, les droits de succession sont dus. Il importerait peu que, depuis la demande de l'Administration, la veuve eût renouvelé sa renonciation et rectifié les actes invoqués contre elle. — Valenciennes, 8 mai 1862 ; R. P. 1705.

Lorsqu'après renonciation par une veuve aux avantages résultant de son contrat de mariage, la veuve dispose à titre onéreux d'une partie de ces mêmes avantages, on ne peut regarder la renonciation comme sérieuse. — Avesnes, 6 avril 1859 ; R. P. 1152.

La renonciation faite par la veuve à l'usufruit que son mari lui avait donné par leur contrat de mariage n'est pas sincère lorsque, ultérieurement, dans les comptes de tutelle de ses enfants, elle s'est réservé néanmoins ses droits d'usufruit, et lorsque dans le contrat de mariage de l'un d'eux elle a fait l'abandon, au profit de ce dernier, de l'usufruit grevant la part de cet enfant dans la succession de son père, en se réservant son droit d'usufruit sur la part de l'autre enfant. L'administration est, par conséquent, fondée à réclamer de la veuve le paiement des droits de mutation par décès sur l'usufruit qui lui avait été donné par son mari. — Cass. civ. 17 août 1863 ; Cuën. 10792.

7051. Communauté. — La faculté de renoncer à la communauté n'appartient pas au mari, ni à ses héritiers. Il résulte de là que, malgré toute renonciation de l'espèce faite par les héritiers du mari, l'abandon qui est fait par ceux-ci à la veuve des biens de la communauté, à la charge d'en payer les dettes, constitue une cession au profit de cette dernière, dont le prix est la moitié du passif à la charge des héritiers, et que de plus le droit de mutation par décès reste exigible sur la moitié appartenant au mari dans la communauté. — Péronne, 17 juill. 1844 ; J. E. 13548.

7052. Constitution de rente. — Une fille constitue au profit de son père une pension annuelle de 900 fr. Quelques jours après, par acte au greffe, le père renonce à l'usufruit à lui légué sur les propres de sa femme défunte. Décidé que la pension n'était pas autre chose que le prix de la renonciation, et que les droits de succession étaient exigibles sur l'usufruit. — Arras, 14 août 1844 ; J. E. 13611.—V. dans le même sens, Napoléon-Vendée, 8 déc. 1856 ; R. P. 923.

Même solution au sujet de la renonciation faite par une veuve, dans une position de fortune peu aisée, à l'usufruit des biens de son mari, avec constitution de rente le même jour, par ses enfants, sur sa tête et celle de son second mari. — Béthune, 9 juill. 1844 ; J. E. 13540.

La renonciation à un usufruit, en considération de ce que les héritiers assurent une existence à l'usufruitier, ne peut dispenser du droit de mutation par décès sur cet usufruit. — Pont-Audemer, 14 janv. 1851 ; J. E. 15238-6.

Lorsqu'une renonciation pure et simple a eu lieu et que le même jour ou quelques jours avant ou après, il y a eu au profit du renonçant constitution d'une rente viagère *moyennant un prix*, les droits de succession sont exigibles. — Alençon, 18 nov. 1850 ; J. E. 15076. — Cass. req. 27 mars 1855 ; Sir. 55. 1. 378 ; I. 2042-8 ; J. E. 16049.

Un acte de liquidation de communauté établit que la veuve a droit pour sa part à 260,000 fr. qui lui sont attribués. Le surplus est accordé aux héritiers pour en jouir à l'extinction de l'usufruit de la veuve, *à moins qu'elle n'y renonce*. Quelques jours plus tard, les héritiers constituent sur la tête de la veuve une rente viagère de 13,330 fr. moyennant un prix de 66,666 fr. payé hors de la vue du notaire. Dix jours après, la veuve renonce à son usufruit par acte au greffe. Décidé que la renonciation était frauduleuse et les droits de succession exigibles. — Seine, 25 juill. 1850 ; J. E. 15005.

Lorsque, après renonciation par acte au greffe à la communauté et aux avantages à elle constitués par son mari, une veuve reçoit de ses enfants une pension alimentaire, cette pension doit être considérée comme le prix de la renonciation et emporte exigibilité des droits de cession à titre onéreux et de mutation par décès ; et s'il s'est écoulé plus de trois mois depuis la renonciation, et plus de six mois depuis le décès, les droits en sus sont dus. — Nantes, 21 janv. 1841 ; J. E. 12715.

Lorsque l'époux survivant, donataire en usufruit des biens de son conjoint, partage tous ses biens entre ses enfants, moyennant une rente viagère de beaucoup supérieure à l'importance de la donation, et que le même jour il renonce purement et simplement à son usufruit, la renonciation est frauduleuse. — Coutances, 4 avril 1857 ; R. P. 885.

Lorsqu'une veuve renonce à la donation qui lui a été faite par son mari, et que le même jour elle donne

à ses enfants des immeubles d'un revenu de 200 fr. moyennant une rente viagère de 390 fr., la renonciation n'est pas frauduleuse, si, *eu égard à l'âge de la donatrice*, la rente viagère n'est pas supérieure, en capital, à la valeur des immeubles. — Beaune, 25 août 1864 ; R. P. 2104.

Lorsqu'une veuve renonce à l'usufruit des biens de son mari produisant une somme de 588 francs, et que, dans un acte du même jour contenant le partage anticipé de ses biens, elle impose aux héritiers le service d'une pension viagère de 600 fr., on doit admettre que la renonciation a été faite pour éviter le paiement des droits de succession. — Montargis, 28 mai 1872; R. P. 3334.

S'il est constaté par un jugement et par un acte postérieur intervenu entre les parties que la renonciation faite par l'héritier de la femme à la société d'acquêts a eu lieu moyennant une rente viagère, la transmission opérée au profit du mari survivant donne lieu au droit proportionnel de mutation à titre onéreux : « Attendu « que s'il est prétendu qu'il n'y a pas eu transmission « par le sieur Duval au marquis d'Albon de sa part « dans les biens meubles et immeubles composant la « société d'acquêts qui avait existé entre les époux « d'Albon, et que la renonciation par lui faite à cette « société était gratuite et pure et simple, il résulte du « traité supplémentaire des 31 janvier et 4 février 1867 « sous seings privés et dont l'existence n'a été révélée à « l'Administration qu'au mois de septembre 1867, « qu'elle l'a été à titre onéreux; qu'en effet, si le sieur « Duval déclare dans cet acte renouveler et ratifier la « renonciation faite en son nom au greffe du tribunal « de Villefranche, le 24 septembre précédent, il y est « stipulé qu'en considération des dispositions nouvelles « contenues dans cette acte , la rente viagère à servir « par le marquis d'Albon au sieur Duval , et qui avait « été fixé à 10,000 fr. dans un acte de cession du 19 « septembre 1866, était portée au chiffre de 60,000 fr.: « que la stipulation relative à cette renonciation et aux « biens composant la société d'acquêts, dont il n'avait « pas été question dans l'acte de 1866 , est ainsi une « des causes de cette augmentation; qu'en outre une « demande en nullité de cette renonciation ayant été « formée par le sieur Duval, un jugement du tribunal « civil de la Seine l'a rejetée par le motif qu'il résultait « de ces actes qu'elle n'avait été ni spontanée, ni sans « compensation; qu'en décidant donc qu'elle n'était « pas gratuite et pure et simple, qu'elle avait eu lieu « moyennant un prix, et que la transmission par le « sieur Duval au marquis d'Albon de ses droits mobi- « liers et immobiliers dans la société d'acquêts , était « régie, quant au mode de liquidation de la valeur et « à la quotité des droits à percevoir, par les art. 15, 16 « et 69, § 7, de la loi du 22 frimaire an 7, le jugement « a fait une juste appréciation des faits et des actes et « une exacte application des dispositions de ladite « loi. » — Cass. req. 31 déc. 1872.

Une veuve, donataire de son mari d'un quart en propriété et un quart en usufruit, renonce purement et simplement au bénéfice de cette donation et fait, *deux jours après*, le partage anticipé de ses biens, con-

sistant uniquement en 1,500 fr. de reprises contre ses enfants, à charge par eux de lui servir une rente viagère de 600 fr. Cette rente viagère n'étant nullement en rapport avec l'importance de la donation, doit être considérée comme étant le prix de la renonciation. D'où la conséquence que le droit de mutation par décès est exigible. — Montpellier, 1er juill. 1850; J. E. 14999.

7053. Réserve de la chose répudiée. — On ne peut considérer comme sérieuse la renonciation faite par l'époux survivant à l'usufruit à lui légué par son conjoint prédécédé, lorsque soit dans l'acte même qui contient cette renonciation, soit dans un acte postérieur, l'époux renonçant se réserve l'usufruit auquel il a renoncé, ou impose aux héritiers avec lesquels il contracte l'obligation de le laisser jouir de cet usufruit. — Pont-l'Evêque. 17 oct. 1846; J. E. 14367-2. — Mortagne, 22 juill. 1847; J. N. 13701. — Montmédy, 20 juin 1852; J. E. 15544-5. — Brignoles, 17 déc. 1858; R. P. 1110. — Le Mans, 26 juin 1863; R. P. 1815. — Seine, 15 juill. 1864; R. P. 1956. — Saint-Omer, 2 juin 1866; R. P. 2358. — Dunkerque, 18 juill. 1867; R. P. 2728. — *Contrà* : Nancy, 17 fév. 1862; R. P. 1680.

Par un traité intervenu entre un père et ses enfants, celui-ci renonce à tous les avantages de la succession de sa femme qui résultent de son contrat de mariage et d'un testament, et qui consistent en la propriété des valeurs mobilières et l'usufruit des immeubles, sauf réduction à la portion disponible ; de leur côté, les enfants abandonnent à leur père, à titre de partage, tous leurs droits dans les valeurs mobilières de la succession et de la communauté, et, à titre de pension alimentaire, l'usufruit de tous les biens composant la succession de leur mère. Les droits de mutation par décès sont exigibles sur les avantages que le mari a recueillis par le décès de sa femme. — Alençon, 21 déc. 1846; J. E. 14367-3.

7054. Somme payée. — Si, après renonciation faite au greffe par le légataire universel et déclaration de la succession par l'héritier, on obtient la preuve, par un acte sous seings privés, que l'héritier a payé ou devait payer une somme au légataire universel, la renonciation n'ayant évidemment pas été gratuite, on doit exiger le droit de mutation par décès dû par le légataire universel, sans imputation de celui payé par l'héritier. — Les Andelys, 7 juill. 1851; J. E. 15321.— Lille, 15 mai 1858 ; R. P. 991.

7055. Solutions diverses. — Dans une liquidation de succession, la veuve renonce purement et simplement à l'usufruit auquel elle a droit sur la succession de son mari, et l'héritier se charge des dettes de la communauté et de la succession qui incombent à la veuve; les droits de mutation par décès perçus sur cet usufruit ne sont pas restituables. — Rennes, 5 fév. 1849; J. E. 14667.

Lorsqu'un légataire, après avoir renoncé à son legs

par acte au greffe, se prévaut des impositions assises sur l'objet de ce legs pour exercer des droits électoraux et donne congé à des fermiers, solidairement avec l'héritier, la renonciation a été simulée, et les droits de mutation par décès sont exigibles. — Pamiers, 22 mars 1847 ; J. E. 14232.

Lorsqu'il résulte de diverses circonstances, et notamment du peu de fortune d'un légataire particulier, et d'une vente à lui faite par les héritiers, le lendemain de sa renonciation, pour un prix déclaré payé comptant, et à peu près égal au montant de son legs, que la renonciation qu'il a faite est mensongère, et qu'il a reçu la somme léguée, les droits de succession sont dus. — Sainte-Menehould, 15 mars 1833 ; J. E. 13764.

L'abandon que font des enfants dans la liquidation de la succession de leur mère, des reprises qu'ils ont à exercer sur leur père, du chef de celle-ci, doit être considéré comme le prix de la renonciation, en apparence pure et simple, que fait celui-ci à l'usufruit auquel il avait droit sur la partie des biens laissés par sa femme. — Yvetot, 26 août 1851 ; J. E. 13278.

Lorsqu'une veuve, après s'être rendue cessionnaire des droits de ses enfants sur les biens de la communauté, possédant un prix dont la moitié est payable *sans intérêts après son décès*, renonce purement et simplement à l'usufruit des biens de son mari qui lui avait été assuré par contrat de mariage, on ne peut dire qu'il y a là renonciation gratuite, et la veuve est tenue de payer les droits de mutation par décès sur son usufruit. — Cusset, 3 avril 1856 ; R. P. 757.

Si un époux renonce à une donation en usufruit à lui faite par son conjoint et obtient des avantages d'une valeur semblable d'un autre contrat passé avec les héritiers, la renonciation est frauduleuse. — Dunkerque, 7 juill. 1864 ; R. P. 1971-6.

Si un époux, après sa renonciation, se fait donner par les héritiers pouvoir de gérer les biens auxquels s'applique cette renonciation, et opère les recouvrements et les placements en son nom personnel, la renonciation est frauduleuse. — Saint-Amand, 5 déc. 1867 ; R. P. 2687.

CH. IV. — QUESTIONS DIVERSES.

7056. Communauté. — La renonciation à une communauté, bien qu'elle soit pure et simple, peut quelquefois être la cause d'un droit de mutation. Si, par exemple, le mari a acquis par licitation des biens dont sa femme était copropriétaire par indivis, et que sur cette acquisition le droit n'ait été perçu, à 4 %, que sur la moitié des biens, par application de l'art. 1408 C. le droit de 1.50 % sur la part alors acquise et celui de 5.50 % sur l'autre part qui était censée appartenir à la femme, deviennent exigibles, lorsque, après le décès de la femme morte sans avoir accepté l'acquisition faite par son mari, ses enfants renoncent à la communauté. — Bar-sur-Aube, 9 janv. 1849 ; J. E. 14817.

7057. Forme. — « Le Code civil ayant déterminé « une forme pour les renonciations aux successions *ab* « *intestat*, elle doit également s'appliquer aux renon- « ciations qui sont faites à toutes les espèces de suc- « cessions testamentaires ; mais il n'y a que les per- « sonnes intéressées qui puissent faire valoir les droits « qui peuvent résulter pour elles d'une renonciation « faite dans une autre forme ; les renonciations faites « chez les notaires devant nécessairement être enre- « gistrées et portées sur le répertoire, elles ne peu- « vent échapper à la surveillance des agents ; d'ail- « leurs , l'administration ayant incontestablement le « droit de poursuivre soit l'héritier, soit le légataire, « pour le paiement de ce qui peut être dû pour la « succession jusqu'à ce que la renonciation soit repré- « sentée, il est indifférent pour elle que cette renon- « ciation soit faite au greffe ou par-devant notaire. » — D. F. J. 20 avril-7 mai 1808 ; I. 386-27. — V. dans le même sens : Cass. 11 août 1825 ; Dall. R. 306.

L'administration étant un tiers , nous soutenons qu'il ne peut y avoir pour elle de renonciation que celle passée dans les formes déterminées par la loi, c'est-à-dire sur le registre particulier tenu au greffe. Une renonciation devant notaire ne saurait être opposée à la demande des droits de succession. — V. dans ce sens : Dall. R. 306. — Le Hâvre, 24 juin 1839 ; J. E. 12581. — Rennes, 5 févr. 1849 ; J. E. 14667. — Avranches, 28 déc. 1855 ; J. E. 16296. — *Conf.* : Cass. 15 juill. 1840 ; I. 1634-7.

7058. *Donation.* — Dans tous les cas, la renonciation, *par acte notarié*, à une *donation* d'usufruit faite par un époux à son conjoint, à titre de gain de survie, n'est pas essentiellement et radicalement nulle, bien que le bénéfice de cette donation s'ouvre seulement au décès du donateur. Une pareille renonciation, dont l'unique résultat est d'opérer la réunion de l'usufruit à la nue propriété, ne doit être écartée par l'administration qu'autant qu'il vient s'y joindre des preuves de simulation et de fraude. — Cass. civ. 24 nov. 1857 ; Sir. 58. 1. 240 ; I. 2118-6 ; J. E. 16636 ; R. P. 926.

7059. Irrévocabilité. — Le caractère d'irrévocabilité qu'a pu avoir la donation de l'usufruit n'empêche pas le donataire d'y renoncer après le décès du donateur, d'après le principe que nul ne peut être tenu d'accepter un legs ou une succession. — Saint-Quentin, 30 janv. 1833 ; dél. 23 juill. 1833 ; I. 1446-5.

7060. Renonciation du chef d'un tiers. — Lorsque celui à qui une succession est échue est décédé sans l'avoir acceptée ou répudiée expressément ou tacitement, ses héritiers peuvent l'accepter ou la répudier de son chef. — C. 781.

Dans le cas où cette faculté est exercée, aucun droit de mutation n'est dû. — Dél. 23 avril 1833 ; J. E. 10684. — Villefranche, 4 mars 1836 ; J. N. 9408. — Caen, 17 juin 1847 ; J. E. 14738. — Pont-l'Evêque, 30 juill. 1847 ; J. N. 13103. — Dél. 28 août 1849 ; J. N. 13831.

Lorsque de deux individus, auxquels une même succession est échue et qui sont respectivement héri-

tiers présomptifs l'un de l'autre, l'un vient à mourir sans avoir ni accepté, ni renoncé, le survivant peut répudier la succession commune du chef de son cohéritier et, par suite, se dispenser d'acquitter; à l'occasion de la transmission que le décès de celui-ci a réalisée en sa faveur, le droit de mutation sur la moitié des valeurs de cette même succession. La moitié dont il s'agit est, en effet, dévolue à l'héritier survivant par droit d'accroissement. La solution ne serait pas différente, quand bien même ce dernier n'aurait accepté que sous bénéfice d'inventaire la succession de son cohéritier, car sa renonciation à la succession commune n'aurait eu alors pour effet que de le rendre héritier pur et simple du successible, dont il aurait exercé les droits, en renonçant de son chef. — Cass. 6 juin 1815; Sir. 15. 1. 319. — Civ. 2 mai 1849; Sir. 49. 1. 522.

7061. *Défunt ayant fait acte d'héritier.* — Mais si le défunt du chef de qui on renonce a fait acte d'héritier, ses héritiers ne peuvent se dispenser de payer les droits de succession en renonçant en son nom à l'héritage ou au legs. — Cass. 27 juin 1837; I. 1562-16. — Laon, 14 avril 1842; J. E. 12972. — Cass. 4 avril 1849; I. 1844-8. — Blois, 5 août 1851; J. E. 15271.

7062. *Renonciation par le mari du chef de sa femme à la communauté.* — Le mari légataire de sa femme ne s'affranchit pas du paiement des droits de succession en renonçant du chef de celle-ci à la communauté, car le droit de renoncer n'appartient qu'à la femme. — Cass. civ. 8 mars 1842; Sir 42. 1. 193; I. 1675-4; J. E. 12988; J. N. 11278. — Tours, 8 mars 1847; J. E. 14452-4. — Seine, 7 déc. 1848 et 22 fév. 1849; J. E. 14673, 14708-10. — Cass. req. 26 nov. 1849; I. 1857-6; J. E. 14854.

RENTE.

Ch. I. — Notions générales, 7063.

Ch. II. — Rentes en général, 7065.

Ch. III. — Rentes sur l'Etat, 7080.

Ch. IV. Questions diverses, 7090.

Ch. I. — Notions générales.

7063. **Définition.** — La rente est un revenu annuel, soit en argent, soit en denrées.

7064. **Diverses espèces.** — On distingue : la rente *perpétuelle*, la rente *constituée* proprement dite, et la rente *viagère*.

La rente *perpétuelle* est celle qui est constituée pour prix de l'aliénation à titre onéreux ou gratuit de biens immeubles; cette rente est essentiellement rachetable; seulement il est permis de stipuler que le remboursement ne pourra être exigé qu'après un certain temps, qui ne peut dépasser 30 ans. — C. 530.

La rente *constituée* représente l'intérêt d'un capital que le prêteur ou le donateur s'interdit d'exiger, mais seulement pendant moins de 10 ans. — C. 1909, 1911.

La rente *viagère* est celle dont la durée est subordonnée à l'événement du décès d'une ou plusieurs personnes indiquées au contrat, qui peut être fait à titre onéreux ou gratuit. Elle n'est pas rachetable, comme la rente perpétuelle. — C. 1968 suiv.

La loi de l'enregistrement prévoit une autre espèce de rente sous le nom de *pension*. On doit entendre par ce mot, soit ce qui est donné à une personne pour se procurer les objets nécessaires à la vie, contrat qui rentre dans la catégorie des baux à nourriture; soit ce qui est donné à quelqu'un pour ses aliments, convention qui se rattache alors à la constitution de rente. — R. G. 10777.

Ch. II. — Rentes en général.

Sect. I. — Tarif.

7065. **Tarif.** — Sont sujettes au droit de 2 % les constitutions de rentes, soit perpétuelles, soit viagères, et de pension *à titre onéreux*, et les cessions, transports et délégations qui en sont faits au même titre. — Frim. art. 69, § 5, n. 2. — V. *Bail.*

7066. *Constitution à titre gratuit.* — Si la rente est établie *à titre gratuit,* c'est le droit de donation qui est exigible. — Mantes, 14 août 1840; J. E. 12573. — Meaux, 18 déc. 1845; J. E. 13946.

7067. *Donation déguisée.* — Si une rente viagère est constituée moyennant un capital dont elle représente l'intérêt légal, le contrat, pour la perception, doit en général être considéré comme une donation déguisée et non comme une constitution de rente. — Châtillon-sur-Seine, 28 déc. 1858; R. P. 1202. — Castres, 1er juill. 1859; R. P. 1343. — Le Mans, 30 août 1867; R. P. 2718. — Mortagne, 3 déc. 1868; R. P. 2812. — Versailles, 30 juin 1870; R. P. 3209. — Laon, 23 mars 1871; R. P. 3435. — *Contrà* : Civray, 31 déc. 1858; R. P. 1202.

Citons, comme exemple, le jugement du tribunal de Laon :

« Attendu, en premier lieu, qu'il est de principe « incontestable que les magistrats ont le droit d'examiner et de rechercher si les stipulations contenues « dans un acte notarié répondent à la qualification qui « lui a été donnée, et dans le cas contraire, de resti-

« tuer à cet acte la qualification véritable qui lui appartient ;

« Attendu, en second lieu, qu'en droit pur la base essentielle d'un contrat de rente viagère est l'aléa ; que là où ce caractère fondamental fait défaut, le contrat aléatoire disparaît pour faire place à un contrat d'une autre nature ;

« Attendu que par l'acte passé le 23 février 1869, devant M° Lemaire, notaire à Bucy-lez-Pierrepont, contenant aliénation par l'abbé Quaniaux d'un capital de 20,000 fr., au profit des sieur et dame Bontemps-Quaniaux, sous la condition d'une rente viagère fixée au chiffre annuel de 800 fr. pendant onze ans, à compter du 1er janvier 1869 jusqu'au 31 décembre 1880, la rente devant s'élever, à partir de cette dernière date, à la somme de 1,100 fr. par an, il a été expressément convenu entre les parties que ladite rente ne serait pas éteinte au décès de l'abbé Quaniaux, âgé de 70 ans, et qu'elle serait réversible à partir de cette époque sur la tête de :

« 1° dame Ursule Quaniaux, âgée de 50 ans, épouse de Similien Quaniaux ; 2° et après son décès, sur la tête de ses quatre enfants : Alexande, âgé de 25 ans ; Julien, âgé de 23 ans ; Adélia, âgée de 19 ans, et Anna, âgée de 17 ans ;

« Attendu que, d'après cette combinaison, les débirentiers ne paieront pendant onze années qu'une somme de 800 fr., inférieure de 200 fr. à l'intérêt à 5 % du capital aliéné ;

« Que les 200 fr. capitalisés durant cette période auront produit une somme de 2,200 fr., qui devrait même être augmentée de plus des deux tiers, si l'on capitalisait les intérêts des intérêts, à mesure de l'échéance de ces derniers, ci . . . . 2,200 fr.

« Qu'en ajoutant cette somme au capital versé par l'abbé Quaniaux, soit 20,000 fr. 20,000

« On trouve un chiffre total de . . 22,200 fr.

« Attendu qu'en présence de ces stipulations, le receveur de Liesse a considéré cet acte comme étant, au fond, une véritable donation, sous réserve d'usufruit, et a perçu l'impôt établi pour les libéralités, au lieu du droit de 2 % auquel sont assujetties les constitutions de rentes ;

« Attendu que l'analyse qui vient d'être faite de l'acte du 23 février 1869 suffit pour démontrer qu'en réalité il n'est rien autre chose qu'un contrat de bienfaisance ;

« Qu'en effet, pendant la première période, les débirentiers paient une rente inférieure au taux légal de l'intérêt du capital aliéné ;

« Que, pendant la seconde période, cette même rente atteint à peine au taux de ce même intérêt ;

« Qu'il s'ensuit que les sieur et dame Bontemps ne courent aucune chance défavorable ; que le capital aliéné leur aura été dévolu sans autre charge que le service des intérêts légaux, que c'est donc un avantage qu'ils recueillent sans équivalent de leur part ; que par conséquent l'élément aléatoire manque dans le contrat en question, et que c'est le cas

« d'admettre la demande en supplément de droit de la régie. »

7068. Eventualité. — L'acte par lequel une sœur remet 1,100 fr. à son frère, sous la condition que, si elle lui survit, elle aura droit à une rente viagère de 200 fr. et à un logement, contient une constitution de rente et non pas une donation. — Grasse, 18 juillet 1864 ; R. P. 1963.

7069. Disposition principale. — L'abandon d'une créance, *même conditionnelle*, moyennant une rente est passible du droit de 2 % ; car, d'une part, l'équivalent de la rente peut consister en toute chose mobilière appréciable (C. 1968) ; et, d'autre part, la loi fiscale n'a pas distingué entre la rente établie moyennant l'aliénation d'un capital, et celle établie comme prix d'une chose mobilière appréciable. — Cass. req. 31 déc. 1867 ; I. 2368-1.

L'art. 69, § 3, n° 2, frim., en tarifant au droit de 2 % les constitutions de rentes viagères, n'a entendu parler que de celles de ces rentes qui sont constituées *à prix d'argent*, où la rente est la cause principale du contrat. Lorsqu'au contraire une rente viagère est stipulée comme prix de la cession d'une valeur mobilière, le contrat ne peut plus être considéré comme une constitution de rente viagère ; mais est, en réalité, une vente mobilière, *dont la rente n'est plus que le prix*. En conséquence, l'acte par lequel on cède un immeuble et une créance, moyennant deux prix distincts convertis en une rente viagère, ne donne ouverture qu'au droit de 5. 50 pour mutation immobilière à titre onéreux et de 1 % pour transport de créance. — Cass. civ. 29 déc. 1868 ; Sir. 69. 1. 86 ; J. E. 18617 ; R. P. 2850.

Il en est de même pour la rente constituée en meubles et créances, s'il s'agit d'une cession faite dans le but de terminer un partage. — Seine, 22 janv. 1870 ; R. P. 3108.

7070. Subrogation. — Le tarif de 2 % ne s'applique pas seulement à la cession de rente, mais aussi à toute subrogation qui opère cession et transport de la rente. — D. F. 24 nov. 1820 ; R. G. 10781.

SECT. II. — LIQUIDATION DU DROIT.

Art. 1. — Rentes constituées à titre onéreux.

7071. Création de rente. — Pour les créations de rentes, soit perpétuelles, soit viagères, ou de pensions, *à titre onéreux*, la valeur sur laquelle le droit est liquidé et payé est le capital constitué et aliéné. — Frim. art. 14, n. 6.

Le droit doit être assis, *dans tous les cas*, sur le capital aliéné pour la constitution de la rente.

Ainsi, le droit de 2 % est exigible sur 90.000 fr. si, par forme de transaction et pour se libérer de pareille somme, un débiteur constitue au profit de son créan-

cier une rente viagère de 1,500 fr. au capital non remboursable de 45,000 fr. — Versailles, 1er avril 1852; J. E. 15627.

De même, s'il s'agit d'une rente stipulée remboursable en argent ou en grains, à la volonté du débirentier, le droit doit être assis sur le capital constitué, bien que la valeur des grains excède ce capital. — Dél. 5 fév. 1830; R. G. 10789.

7072. Cession et amortissement. — Les cessions ou transports de rentes, soit perpétuelles, soit viagères, ou de pensions, *créées à titre onéreux*, leur amortissement ou rachat, sont passibles du droit sur le *capital constitué*, quel que soit le prix stipulé pour le transport ou l'amortissement. — Frim. art. 14, n. 7.

Ainsi, la cession d'une rente créée au capital de 20,000 fr. pour éteindre une créance de 8,000 fr. est passible du droit sur 20,000 fr. — Seine, 6 déc. 1849; J. N. 13999.

7073. Usufruit réservé. — La perception doit avoir lieu sur le capital entier, lors même que le vendeur réserverait l'usufruit de la rente. — Cass. 1er sept. 1806; R. G. 10793.

7074. Rente viagère. — La cession d'une rente viagère à un moment où l'âge avancé de l'usufruitier doit la faire considérer comme touchant à son terme, donne ouverture au droit sur le capital constitué. —Sol. 15 mai 1838; R. G. 10794.

7075. Cession partielle. — Mais la cession partielle d'une rente viagère donne ouverture au droit calculé, non sur le prix stipulé ni sur tout le capital constitué, mais sur la partie du capital correspondant à la portion de rente cédée. — Rouen, 12 juill. 1848; J. N. 14485.

Art. 2. — Rentes créées sans expression de capital.

7076. Règle. — Le droit proportionnel est liquidé pour les rentes et pensions créées *sans expression de capital*, leurs transports et amortissements, à raison d'un capital formé de vingt fois la rente perpétuelle et de dix fois la rente viagère ou la pension, et *quel que soit le prix stipulé pour le transport ou l'amortissement*. — Frim. art. 14, n. 9.

Que le prix stipulé pour le transport ou l'amortissement soit supérieur ou inférieur au capital formé d'après les bases déterminées par la loi, c'est sur ce capital que le droit doit être liquidé *dans tous les cas*, car la loi est formelle — Cass. 22 fév. 1832; J. E. 10259. — Dél. 8 mai 1833; Bernay, 22 fév. 1836; Seine, 13 avril 1842; Lure, 28 déc. 1843; R. G. 10799. — Dél. 25 mai 1838; J. E. 12054. — Seine, 19 fév. 1864; R. P. 1947-1.

7077. Capital exprimé dans un acte précédent. — Le capital peut n'être pas exprimé dans un acte postérieur à l'acte constitutif, sans que pour cela on doive adopter les bases d'évaluation fournies par le n. 9 ci-dessus de l'art. 14. Il peut n'y avoir dans une pareille omission qu'un oubli qu'il est nécessaire de réparer. Jugé, en ce sens, que si une rente perpétuelle, sans expression de capital, se trouve mise à la charge de l'acquéreur d'un immeuble, on doit ajouter au prix de la vente, comme charge, non le capital formé de 20 fois la rente, mais celui qui se trouve exprimé dans l'acte de constitution de cette rente. — Pont-Audemer, 9 mai 1851; J. E. 5290.

7078. Rente créée sur plusieurs têtes. — Il n'est fait aucune distinction entre les rentes viagères et pensions créées sur une tête et celles créées sur plusieurs têtes, quant à l'évaluation. — Frim. art. 14, n. 9.

7079. Rente en nature. — Les rentes et pensions stipulées payables en nature sont évaluées aux mêmes capitaux, estimation préalable faite des objets d'après les dernières mercuriales. Il est rapporté, à l'appui de l'acte, une extrait certifié des mercuriales. S'il est question d'objets dont le prix ne puissent être réglés par les mercuriales, les parties en font une déclaration estimative. — Id. ibid. — V. *Mercuriales.*

Dans le cas où, pour l'évaluation des rentes en nature, les mercuriales n'existent pas dans un marché, et dans celui où il existe des lacunes, il faut y suppléer par des appréciations que l'autorité locale constate, soit sur les rapports de marchands de chaque espèce de denrées, soit d'après tous autres renseignements qu'on peut se procurer, et qui sont approuvés par le préfet du département. — Dél. 31 mai 1820; J. E. 6784.

Le droit sur une cession de rente en nature doit être liquidé d'après les mercuriales du marché le plus voisin, sans qu'il y ait lieu de faire, sur le montant de cette rente, la déduction d'un cinquième pour contributions. — Strasbourg, 22 juin 1835; J. E. 12246.

Ch. III. — Rentes sur l'état.

7080. Mutation à titre gratuit. — Les mutations par décès et les transmissions entre-vifs à titre gratuit d'inscriptions sur le grand-livre de la dette publique sont soumises aux droits établis pour les successions ou donations. — Le capital servant à la liquidation du droit d'enregistrement est déterminé par le cours moyen de la Bourse au jour de la transmission. — 18 mai 1850, art. 7.

7081. Moyens de contrôle. — Le transfert ou la mutation au grand-livre de la dette publique, d'une inscription de rente provenant de titulaires décédés ou déclarés absents, ne peut être effectué que sur la présentation d'un certificat délivré sans frais par le receveur de l'enregistrement, et visé par le directeur du département, constatant l'acquittement du droit de mutation par décès établi par l'article 7 de la loi du 18 mai 1850. — Dans les départements autres que celui

de la Seine, la signature du directeur doit être légalisée par le préfet. — 8 juill. 1852, art. 25.

Cette disposition a été édictée dans le but de fournir des moyens efficaces pour réprimer les fraudes de toute espèce qui pourraient être commises au sujet des mutations par décès. — I. 2003-2.

7082. Mutation à titre onéreux. — Sont exempts d'enregistrement les transferts des inscriptions sur le grand-livre de la dette publique. — Frim. art. 70, § 3, n. 3.

L'exemption subsiste lors même que le transfert serait irrégulier : par exemple, s'il était fait par acte notarié. — Cass. 28 août 1837 ; J. E. 11877 ; J. N. 9753. — Dél. 17 avril 1838 ; R. G. 10815.

Mais la stipulation d'un contrat de mariage par laquelle le futur époux fait donation à sa future épouse de l'usufruit d'une rente sur l'Etat, pour l'immatricule et livraison de laquelle il lui confère l'action nécessaire, ne peut être considérée comme un transfert de rente affranchi de tous droits. — Cass. 14 juill. 1830.

7083. Arrérages. — L'acte notarié portant cession d'arrérages à échoir pendant un certain nombre d'années, d'une rente sur l'Etat, moyennant un prix payé comptant, n'est pas sujet au droit proportionnel, car l'exemption portée en l'art. 70 frim. est applicable non-seulement aux traités constatant la vente du capital de la rente, mais encore à ceux qui peuvent donner lieu à une inscription annuelle avec mention attributive d'un droit quelconque en faveur d'un tiers autre que le propriétaire. — Seine, 9 mai 1851 ; J. N. 14367.

7084. Stipulations particulières. — Ce que la loi affranchit de l'impôt c'est uniquement la mutation à titre onéreux ; mais les stipulations particulières qu'il plaît aux contractants d'insérer dans le contrat restent soumises aux droits ordinaires. — D. F. 14 sept. 1825 ; I. 1180-4. — 19 oct. 1833 ; J. E. 10743. — Pontoise, 24 août 1841 ; J. E. 12818.

7085. Rente viagère. — Ainsi quand , pour le prix de la rente cédée , le cessionnaire a constitué au profit du cédant une rente viagère, cette constitution de rente donne ouverture au droit de 2 %. — Cass. civ. 7 nov. 1826 ; Sir. 27. 1. 85 ; I. 1205-12 ; J. E. 8584. — 20 fév. 1839 ; I. 1590-13 ; J. N. 19299 ; J. E. 12242. — Dél. 21 janv. 1834 ; J. E. 10824.

7086. Dation en paiement. — Le droit proportionnel de libération est dû sur la cession de rentes sur l'Etat, en paiement d'une dette préexistante ; ce n'est point là un transfert pur et simple. — Sol. 2 août 1831 ; I. 1388-8. — Cass. civ. 31 déc. 1834 ; Sir. 35.1.22 ; I. 1481-6 ; J. E. 11112 ; J. N. 8763. — Seine, 9 juin 1841 ; J. E. 12812.

7087. Prêt. — Le transfert, par acte notarié, d'une rente sur l'Etat n'est pas exempt du droit proportionnel de 1 %, si de l'ensemble des stipulations il résulte que ce transfert a principalement pour objet un véritable prêt, représenté par le capital de la rente transférée ; il en est notamment ainsi quand le prix du transfert est payable dans deux ans avec intérêts, en argent ou en une pareille rente, et que le cessionnaire consent une affectation hypothécaire. — Cass. civ. 29 juin 1835 ; Sir. 35.1.553 ; I. 1498-9 ; J. E. 11235. — Réun. 24 avril 1839 ; Sir. 39. 1. 402 ; I. 1601-9 ; J. E. 12290 ; J. N. 10377.

Même solution, lorsqu'un terme est accordé pour le paiement, qu'il y a constitution d'hypothèque et que la femme, à laquelle appartenaient les rentes transférées, accepte la créance du prix en remplacement de ces rentes. — Cass. civ. 5 mai 1840 ; Sir. 40.1.537 ; I. 1630-5 ; J. E. 12537.

Sans contestation possible, l'acte notarié qui constate un prêt de rente sur l'Etat, dont le prix sera remis à l'emprunteur, restituable en valeurs semblables, avec garantie hypothécaire et remboursement d'intérêts au cas où la rente rendue n'emporterait pas avec elle un semestre d'arrérages, est passible du droit d'obligation sur la valeur de la rente abandonnée. — Dél. 6 déc. 1833 ; J. E. 10791. — Seine, 31 déc. 1851 ; J. N. 14558. — On ne peut voir, en effet, dans une pareille convention, le transfert de rente exempté par la loi de la formalité. — R. G. 10812-4.

7088. Bail à nourriture. — Si, pour prix de la cession, le cessionnaire constitue au cédant une rente viagère et s'oblige, de plus, à le nourrir, cette constitution de rente et cette obligation forment deux dispositions indépendantes passibles chacune du droit de 2 %. — Cass. civ. 20 fév. 1839 ; Sir. 39. 1. 220 ; I. 1590-13 ; J. E. 12242.

7089. Rente perpétuelle. — Le transfert de rentes sur l'Etat moyennant la constitution d'une rente perpétuelle donne ouverture au droit de constitution de rente. — Saint-Brieuc, 9 juill. 1860 ; R. P. 1384.

CH. IV. — QUESTIONS DIVERSES.

7090. Amortissement. — Le droit de donation mobilière serait seul exigible quand il serait stipulé que l'amortissement de la rente donnée pourra avoir lieu, soit au moyen du paiement d'une somme, soit par l'abandon d'un immeuble au choix des donateurs. — Sol. 20 mars 1841 ; J. E. 12711-1. — Seine, 12 fév. 1845 ; J. E. 13700.

7091. Caution. — Le remboursement volontaire d'une rente par la caution qui est subrogée aux droits du créancier et déchargée de l'effet du cautionnement. est passible du droit de cession de rente ; il n'est rien dû pour la décharge du cautionnement. — D. F. 17 nov. 1807 ; J. E. 2785.

7092. Délégation. — La vente d'un immeuble, moyennant un prix déterminé et à charge de servir à un tiers une rente viagère, due en vertu d'un *titre enregistré*, n'est point passible du droit de 2 °/₀ indépendamment du droit de mutation immobilière. — Cass. civ. 13 nov. 1826 ; Sir. 27. 1. 281 ; I. 1205-3 ; J. E. 8588.

Lorsqu'un créancier abandonne un capital à celui qui le doit, à la charge par le cessionnaire de payer une rente viagère en l'acquit du cédant, envers un tiers présent et acceptant, la présence et l'acceptation de ce tiers complètent la délégation, et cette délégation équivaut au transport ou cession de la rente : le droit de 2 °/₀ est donc exigible. — Dél. 21 avril 1826 ; Rec. Roll. 1499.

Si le vendeur d'un immeuble qui l'avait acquis à titre d'échange délègue le prix de cet immeuble à son coéchangiste, à charge par celui-ci de servir une rente viagère et de payer une somme qui grevaient l'immeuble qu'il avait abandonné en échange, les droits de délégation à 2 et 1 °/₀ sont exigibles. — Forcalquier, 19 août 1843 ; J. E. 13336-4.

7093. Droit de titre. — La quittance au profit d'une compagnie d'assurances sur la vie, d'un semestre de rente viagère, ne peut donner ouverture au droit de 2 °/₀ comme constitution de rente, si le titre constitutif non enregistré n'est pas mentionné dans l'acte, attendu que cette quittance, qui n'est qu'un acte *unilatéral*, ne peut fournir, sous aucun rapport, au créancier contre la compagnie, la preuve écrite ou même un commencement de preuve par écrit de l'obligation du paiement des rentes. — Rennes, 29 nov. 1847 ; J. N. 13299.

Sur une clause ainsi conçue : « A... déclare avoir « reçu de B... la somme de 8,000 fr., pour l'amortis- « sement d'une rente perpétuelle due par convention « anciennement arrêtée, sans pouvoir en représenter « le titre », il n'y a pas lieu de percevoir le droit de 2 °/₀, par le motif que la perception de ce droit frapperait sur une convention n'existant plus. — Dél. 12 juin 1824 ; Cont. 722.

7094. Durée. — A le caractère perpétuel la rente annuelle que le donateur se réserve de rembourser moyennant une somme représentative du capital au denier vingt de la rente. — Seine, 13 avril 1867. — Saint-Malo, 30 janv. 1869 ; R. P. 2470, 2888.

7095. Inscription. — Sont exemptes d'enregistrement et de timbre les inscriptions sur le grand-livre de la dette publique ; — Brum. art. 16, n. 1. — Frim. art. 70. § 3. n. 3. — ainsi que les certificats d'inscription. — D. F. 15 janv. 1823 ; I. 1073.

7096. Mutation à titre gratuit. — Le droit de mutation par décès doit être perçu, pour les rentes dépendant d'une succession, sur le capital constitué, et non sur l'évaluation qui en est faite par l'héritier ; c'est le n. 7 de l'art. 14 frim. qui doit servir de base à la liquidation du droit, même dans les transmissions par décès, ou, suivant l'occurrence, le n. 9, et non le n. 8, qui n'a trait qu'aux objets mobiliers dont la valeur ne peut être déterminée autrement que par la déclaration de l'héritier. — Cass. 28 mers. an 13.

« Attendu qu'il résulte des dispositions de l'art. 14, « n. 6 et 7 de la loi du 22 frim. an 7, ainsi que de la « combinaison de différents autres articles de la loi, « que le législateur n'a voulu se référer à la déclara- « tion estimative des parties qu'autant qu'il n'existerait « pas d'ailleurs des bases fixes et certaines qui pussent « déterminer la perception des droits, et encore, s'il « s'agit d'immeubles et si la déclaration estimative « paraît inférieure à la valeur, a-t-il autorisé la voie « de l'expertise ; — qu'à l'égard des rentes, il s'est « exprimé d'une manière si positive, qu'il ne peut y « avoir aucun doute que c'est toujours le capital cons- « titué et aliéné qui doit servir de base à la perception, « et jamais le prix vénal ou d'estimation, sauf le seul « cas où il s'agit d'objets dont les prix ne puissent pas « être réglés par les mercuriales, et sauf encore les « autres moyens indiqués par la loi pour déterminer « le capital, s'il n'a été ni exprimé ni fixé. »

7097. Novation. — Lorsque, après avoir été convertie en une obligation ou créance à terme, il est convenu que la rente viagère continuera à être servie, il y a nouvelle constitution passible du droit de 2 °/₀, car la rente primitive était éteinte. — Dél. 21 nov. 1835 ; J. E. 11402-2.

7098. Pouvoir. — Un décret du 6 février 1862 porte : « Les transferts d'inscriptions de rentes directes « ou départementales pourront s'opérer, tant à Paris « que dans les départements, sur la production de « procurations signatures privées, légalisées par « les maires, et qui seront soumises, quant au droit « d'enregistrement, *au minimum du droit déterminé* « *par la loi*. Elles ne seront point assujetties à la for- « malité du dépôt. » C'est la même règle de percep- tion tracée déjà par l'ordonnance du 5 mars 1823. Le minimum du droit est de 3 fr. — I. 2212-1.

7099. Prix de vente. — L'acte qui contient une cons- titution de rente viagère, consentie moyennant l'aban- don par le crédirentier d'un immeuble et d'une créance, est passible, indépendamment du droit de 5 fr. 50 c. °/₀ sur la valeur de l'immeuble, du droit de 1 °/₀ sur le montant de la créance, et non du droit de 2 °/₀ pour constitution de rente. — Cass. civ. 29 déc. 1868 :

« Attendu que lorsque la loi du 21 frim. au VII, « son art. 69, § 5, n° 2, a grevé d'un droit de 2 °/₀ les « constitutions de rentes viagères, elle n'a entendu « parler que de celles de ces rentes constituées à prix « d'argent, où la rente est la cause principale du con- « trat ;

« Que lorsqu'au contraire une rente viagère est sti- « pulée comme prix de l'abandon d'un immeuble ou « de la cession d'une valeur mobilière, le contrat ne « peut plus être considéré comme une constitution de

« rente viagère, mais est en réalité une vente soit
« mobilière, soit immobilière, dont la rente n'est plus
« que le prix; — qu'en pareil cas le droit d'enregistre-
« ment à percevoir n'est plus celui de l'art. 69. § 5.
« n° 2. édicté pour les constitutions de rentes, mais le
« droit établi pour les transmissions de biens par
« l'art. 69. § 3, n° 3, pour les valeurs mobilières, et
« par l'art. 69. § 7, n° 1er, pour les valeurs immobiliè-
« res; — et attendu que, par l'acte du 1er mai 1863,
« Millet a d'abord abandonné à ses sœurs un immeu-
« ble et une créance et que la stipulation de la rente
« viagère n'est venue ensuite que comme représentant
« dans son chiffre total autant le prix de la cession de
« créance que celui de la vente d'immeuble; qu'il n'y
« a eu en réalité qu'un seul contrat, une transmission
« de valeurs ne devant donner ouverture qu'à une
« seule nature de droit, dont la quotité seulement peut
« varier suivant qu'il s'applique à l'immeuble ou à la
« créance transportée; — qu'en le jugeant ainsi, le
« jugement attaqué n'a fait qu'une saine application
« de la loi; — rejette. »

7100. Prix payé par un tiers. — L'acte de constitution d'une rente, dont le prix est payé par un tiers,
en vertu de la faculté accordée par l'art. 1973, renferme
deux dispositions corrélatives; or, comme la disposition principale consiste dans la constitution de rente,
le droit de 2 % est seul exigible; on ne peut pas percevoir en même temps celui de donation. — Cass. civ.
21 juin 1847; Sir. 47. 1. 621; I. 1814-8; J. E. 14270

7101. Remboursement. — L'acte de remboursement
de partie d'une créance à terme, constatant que l'autre
partie reste entre les mains du débiteur, qui pourra la
garder tant qu'il lui plaira en payant les intérêts, est
passible, outre le droit de quittance sur la somme remboursée, de celui de constitution de rente à 2 % sur
celle qui ne l'est pas. — Dél. 4 janv. 1823.
Si dans un acte d'obligation il est stipulé que le débiteur ou ses représentants ne pourront jamais être
contraints à rembourser le montant de la dette, dont
ils seront néanmoins libres de s'acquitter d'un commun
accord, le droit de 2 %, comme constitution de rente,
est exigible par interprétation de l'art. 1909 C. —
Guingamp, 7 janv. 1836; J. E. 12439.
Si une veuve s'interdit le droit de réclamer à ses enfants le montant de ses reprises, à condition que ceux-ci
lui en serviront les intérêts jusqu'à son décès, une
constitution de rente viagère passible de 2 % sur le
montant des reprises. — Carpentras. 9 janv. 1850; J.
E. 14912-4.

7102. Transcription. Les cessions de rentes antérieures au Code civil, réputées immeubles et, par conséquent, susceptibles d'hypothèques, sont, aujourd'hui
encore, de nature à être transcrites et doivent être, par
conséquent, soumises, lors de l'enregistrement, au droit
de 1.50 %, nonobstant les dispositions de la loi du 11
brumaire an 7, qui ont mobilisé les rentes. — Cass.
civ. 22 déc. 1823; Sir. 24. 1. 155; J. E. 7626. —
Civ. 12 mai 1824: Sir. 24. 1. 316: I. 1146-3 — Civ. 4
mai 1828; Sir. 28. 1. 161; I. 1249-7; J. E. 8994.

7103. Justification de transcription. — Mais les cessions de rentes foncières constituées antérieurement à
la loi du 11 brum. an 7 ne donnent ouverture au droit
de transcription que s'il n'est pas justifié d'une transcription postérieure à cette loi, attendu que cette loi
et le Code civ., en mobilisant les rentes foncières, ont
respecté les hypothèques antérieures à leur promulgation, et que pour purger ces hypothèques il est nécessaire de faire transcrire. — Villefranche, 30 déc. 1847:
J. E. 14401.
Dans le même ordre d'idées, l'administration a reconnu que, lors même qu'il y a eu précédemment cession d'une rente créée avant la loi du 11 brum. an 7,
et susceptible d'hypothèques, les cessions ultérieures
de cette même rente continuent d'être sujettes au droit
de 1.50 %, à moins qu'il ne soit justifié, d'une part,
que la première cession a été transcrite, et, d'autre
part, qu'il n'existe sur la rente cédée, à la date de la
cession actuellement soumise à l'enregistrement, aucune inscription qui rendrait une nouvelle transcription nécessaire. — Sol. 5 août 1828; I. 1263-1.

7104. Usufruit. — La clause par laquelle des enfants pour désintéresser leur mère de ses reprises, lui
abandonnent l'usufruit d'une rente perpétuelle, avec
faculté d'exiger le remboursement du capital, constitue
une cession d'usufruit de rente passible de 2 % sur la
moitié de la valeur de la rente. — Avranches, 14 fév.
1868; R. P. 3238.

7105. RENVOI. — Nom qu'on donne à la marque
qui, dans un acte ou un écrit quelconque, renvoie à une
marque semblable, laquelle est suivie d'une addition
qui doit faire partie du texte. On appelle aussi renvoi
l'addition elle-même. — V. Notaire.

RÉPERTOIRE.

Ch. I. — Dispositions générales.

7106. Définition. — Registre sur lequel certains
fonctionnaires et officiers publics doivent inscrire,
sommairement et par ordre chronologique, tous les
actes qu'ils reçoivent ou rédigent.
Le répertoire a pour but d'assurer la perception des

droits d'enregistrement, de prévenir les antidates, d'assurer la conservation des actes, et d'aider, dans certains cas, à la preuve de leur existence. — Toullier, t. 8, n. 470. — Rolland, *eod. r°*, 2.

7107. Quels officiers doivent tenir un répertoire. — Les notaires, huissiers, greffiers et les secrétaires des préfectures, sous-préfectures et mairies doivent tenir des répertoires à colonnes, sur lesquels ils inscrivent jour par jour, sans blanc ni interligne et par ordre de numéros, savoir : 1° les notaires, tous les actes et contrats qu'ils reçoivent, même ceux qui sont passés en brevet, à peine de cinq francs d'amende pour chaque omission ; 2° les huissiers, tous les actes et exploits de leur ministère, sous peine d'une amende de cinq francs pour chaque omission ; 3° les greffiers, tous les actes et jugements qui, aux termes de la loi, doivent être enregistrés sur les minutes, à peine d'une amende de cinq francs pour chaque omission ; 4° et les secrétaires, à peine d'une amende de cinq francs pour chaque omission, les actes dénommés, dans l'art. 78 L. 15 mai 1818, c'est-à-dire ceux portant transmission de propriété, d'usufruit et de jouissance, les adjudications ou marchés de toute nature aux enchères, au rabais, ou sur soumissions, et les cautionnements y relatifs. — Frim. art. 49. — 15 mai 1818, art. 82. — 16 juin 1824, art. 10. — V. *Assurance.*

7108. *Epoque de l'inscription.* — Les actes doivent être portés aux répertoires le jour de leur date et non pas seulement après l'enregistrement. — Cass. 5 fév. 1811 ; J. E. 3845. — Mais lorsque les actes rédigés par un suppléant de juge de paix ne peuvent, à raison des distances ou de la difficulté des communications, surtout dans les mauvais temps, être déposés au greffe qu'après leur date, ce qui s'oppose à l'inscription au répertoire à leur ordre, ils doivent être, le jour de leur remise, visés par le juge de paix, et portés au répertoire par le greffier, en ayant soin d'y insérer la date du visa du juge. — D. F. 31 juill. 1810 ; J. E. 3762.

7109. *Absence d'acte.* — Les officiers publics et fonctionnaires assujettis à la tenue d'un répertoire sont tenus, quoiqu'ils n'aient pas fait d'actes, d'en avoir un et de le présenter au visa du receveur de l'enregistrement. — D. F. 28 juin 1822 ; J. E. 7413.
Les maires ou leurs secrétaires qui ne reçoivent pas d'actes sujets à être répertoriés, ne peuvent, pour cette raison, se dispenser de tenir des répertoires et de les soumettre au *visa* du receveur tous les trois mois. — D. F. 22 juin 1822 ; J. E. 7413.

7110. Mode d'inscription. — Chaque article doit contenir : 1° son numéro, 2° la date de l'acte, 3° sa nature, 4° les noms et prénoms des parties et leurs domiciles, 5° l'indication des biens, leur situation et le prix, lorsqu'il s'agit d'actes qui auront pour objet la propriété, l'usufruit ou la jouissance de biens-fonds ; 6° la relation de l'enregistrement. — Frim. art. 50. —

25 vent. an 11, art. 29. — D. F. 20 germ. an 12 ; J. E. 1712.
Outre ces mentions, les huissiers doivent marquer au répertoire, dans une colonne particulière, le coût de chaque acte ou exploit, déduction faite de leurs déboursés. — D. 14 juin 1813, art. 47.

SECT. 1. — VISA TRIMESTRIEL.

7111. Règle. — Les notaires, huissiers, greffiers et les secrétaires des préfectures, sous-préfectures et mairies doivent présenter, tous les trois mois, leurs répertoires aux receveurs de l'enregistrement de leur résidence, qui les visent et qui énoncent dans leur *visa* le nombre des actes inscrits. Cette présentation a lieu chaque année, dans les dix premiers jours des mois de janvier, avril, juillet et octobre, à peine d'une amende de 10 fr., quelle que soit la durée du retard. — Frim. art. 51. — 16 juin 1824, art. 10.

7112. *Retard de plusieurs trimestres.* — Une seule amende est exigible pour tout le temps pendant lequel le répertoire n'a pas été présenté au visa du receveur, et on ne peut en réclamer qu'une seule pour le défaut de visa du répertoire de plusieurs trimestres, lorsque la contravention n'a pas été constatée particulièrement et l'amende exigée à l'échéance de chaque trimestre. — Dél. 4 mars 1834 ; Rec. Roll. 4413. — D. F. 22 même mois ; I. 1458-10.

7113. *Retard d'un jour.* — L'amende est aussi bien encourue pour le retard d'un ou de deux jours à présenter le répertoire au visa, que si le retard était de dix jours entiers. — Cass. civ. 31 janv. 1809 ; J. E. 3559.

7114. Motifs d'excuse. — L'huissier qui ne présente pas son répertoire au visa trimestriel est passible d'amende, lors même qu'il n'aurait pas l'usage de ses facultés intellectuelles. — Cass. civ. 31 janv. 1814 ; Sir. 14.1.211 ; J. E. 4794.
Cependant, les juges peuvent admettre comme excuse l'impossibilité *réelle* où s'est trouvé un huissier de satisfaire aux injonctions de la loi. — Cass. 13 prair. an 8.

7115. Scellés. — Lorsque les scellés ont été apposés sur les minutes d'un notaire décédé, et qu'il se trouve ensuite que des actes n'ont pas été enregistrés en temps utile, et que le répertoire n'a pas été soumis au visa trimestriel, le nouveau titulaire, en présentant les actes et le répertoire au receveur, aussitôt la remise qui lui en a été faite à lui-même, a fait tout ce qu'il lui était possible de faire, et ne peut être passible de la peine d'un retard qui n'est pas de son fait et relativement à des actes antérieurs à sa nomination. — D. F. 18 avril, 7 mai 1837 ; Rec. Roll. 5277.

7116. Expiration du délai. — Le délai pour la présentation du répertoire au visa expire avec le dernier

jour de la première dizaine du trimestre. — Dél. 22 vend. an 8.

Lorsque le dix du premier mois d'un trimestre est un jour férié, les répertoires peuvent n'être présentés au visa du receveur que le lendemain. — Sol. 2 sept. 1814; J. E. 4903. — 30 juill. 1835; Rec. Roll. 5366.

7117. Répertoire terminé. — Le notaire doit présenter au visa le répertoire terminé dans le cours du précédent trimestre, et celui commencé depuis. Le défaut de présentation de ce dernier ne prouve pas l'omission des actes reçus depuis la clôture de l'autre. — Sol. 25 juillet 1867; R. P. 2576. — *Contrà* : Thionville, 16 août 1827; J. N. 13752.

7118. Double répertoire des greffiers. — Les greffiers des cours et tribunaux sont tenus d'avoir deux répertoires pour inscrire séparément les actes et jugements en matière civile et correctionnelle. — D. F. J. 1er déc. 1819; I. 920.

En cas de retard du visa de ces deux répertoires, il n'est dû qu'une seule amende. — D. F. 25 mai 1827; J. E. 8768.

7119. Constatation du visa. — La présentation au visa du receveur et la vérification qu'il fait du répertoire sont constatées par un enregistrement, dans une case particulière, à la date du jour de la présentation, sur le principal registre du bureau; cet enregistrement doit indiquer le nombre des actes inscrits depuis le dernier visa, les omissions, doubles emplois, renvois, intercalations et ratures, ainsi que la date des procès-verbaux, s'il en est rapporté. Les mêmes mentions sont faites sur le répertoire, où l'on indique la date, le folio et la case de l'enregistrement. — D. F. 9 sept. 1806; I. 318.

7120. Poursuites. — Les receveurs doivent, dans le cours de chaque année, à l'époque du 11 des mois de janvier, avril, juillet et octobre, décerner contrainte contre ceux des officiers publics de leur arrondissement qui ne leur ont pas présenté le répertoire des actes qu'ils ont reçus pendant le trimestre précédent, et faire payer les amendes encourues. Pour assurer cette mesure, chaque receveur, avant d'arrêter son registre de recette, doit enregistrer, dans une ou plusieurs des cases qui précèdent celle où il mettra son arrêté, les noms des officiers publics qui ont satisfait à l'art. 51 frim., et de ceux qui y ont contrevenu, avec mention des contraintes décernées contre ces derniers. — Circ. 1617.

SECT. II. DÉPÔT AU GREFFE.

7121. Règle. — Les notaires publics sont tenus de déposer, dans les deux premiers mois de chaque année, au greffe du tribunal de leur immatriculation, un double par eux certifié du répertoire des actes qu'ils ont reçu dans le cours de l'année précédente, à peine

d'une amende de 10 fr. — 29 sept. 6 oct. 1791, titre 3. art. 16. — 16 flor. an 4, art. 1.

Le procureur de la république près le tribunal demeure chargé, sous sa responsabilité, de poursuivre les notaires en retard; il les fait condamner à l'amende déterminée ci-dessus, et cette amende est recouvrée par le receveur des domaines de la résidence du notaire qui l'a encourue. — 16 flor. an 4. art. 2.

Le silence de la loi du 25 vent. an 11 ne dispense pas les notaires de cette obligation. — Circ. 22 niv. an 12; I. 318. — Cass. 24 avril 1809; J. E. 3237.

Ces dispositions sont applicables aux commissaires-priseurs et aux courtiers de commerce. — Arg. L. 16 juin 1824, art. 11. — Cass. civ. 7 fév. 1843; Sir. 43. 1. 254; J. E. 13244-5; J. N. 11686. — mais non aux huissiers. — D. F. J. 11-19 oct. 1813; J. E. 4795.

7122. Expiration du délai. — Le délai fixé pour le dépôt expire le dernier jour du mois de février; l'amende est donc encourue le 1er mars, si le dépôt n'a pas été effectué. — Cass. 6 juin 1809; I. 453. — 12 juin 1811; Sir. 11. 1. 267. — 31 janv. 1816; J. E. 5437. — 30 juill. 1816; J. E. 5573. — 10 mai 1819; J. E. 6447. — 4 juill. 1820; J. E. 6970. — 15 mai 1822; J. E. 7282.

7123. *Jour férié.* — On ne peut alléguer, pour se soustraire à l'amende, que le dernier jour était un jour férié. — C. Orléans, 26 mai 1858; R. P. 1084.

7124. *Envoi par la poste.* — C'est au greffe même du tribunal civil de leur résidence que les notaires doivent déposer un double du répertoire de leurs actes; ainsi, il ne suffirait pas que le paquet contenant le double à déposer eût été mis à la poste par le notaire avant l'expiration de ce délai. — Cass. civ. 6 juin 1809; Sir. 10. 1. 257; I. 453; J. E. 3952.

7125. *Justification du dépôt.* — Les circulaires ministérielles, qui prescrivent de constater sur un registre spécial tenu au greffe le dépôt du double des répertoires des notaires, n'ont pas force de loi et ne sont pas obligatoires pour les tribunaux. Les juges peuvent admettre comme constituant, en l'absence de toute inscription, une preuve suffisante du dépôt, le récépissé délivré à un notaire par le greffier. — Cass. req. 11 janv. 1816; Sir. 16. 1. 366.

7126. Absence d'actes. — Un officier public n'est pas tenu de déposer un certificat négatif pour tenir lieu du double du répertoire, lorsqu'il n'a reçu aucun acte dans le cours d'une année. — D. J. F. 2-14 juill. 1812; J. E. 4399.

7127. Répertoire du prédécesseur. — L'obligation imposée aux notaires de déposer au greffe un double du répertoire des actes reçus par eux ne s'étend pas au répertoire des actes reçus par leur prédécesseur. — Cass. req. 7 déc. 1820; Sir. 21. 1. 343; J. E. 7062.

7128. Acte de dépôt. — Le dépôt au greffe du double des répertoires doit être constaté par un acte. — D. J. 27 juin 1808 ; I. 390-12. — Le greffier rédige autant d'actes distincts qu'il y a de notaires déposants ; ceux-ci ne peuvent être astreints à lever l'expédition de ces actes. — D. F. 20 mars 1810 ; J. E. 3777. — D. J. F. 24-30 juin 1812 ; I. 590.

Les actes de dépôts des répertoires des notaires (D. J. F. 24-30 juin 1812 ; I. 590), et des commissaires-priseurs.(Dél. 15 avril 1817 ; J. E. 5739), sont exempts de l'enregistrement, mais assujettis au timbre. Cette délibération doit s'appliquer aux courtiers de commerce. — Dict. Fess. eod. v⁰, 101.

7129. Obligations des receveurs. — Les receveurs près les tribunaux d'arrondissement constatent le premier mars de chaque année, sous leur responsabilité, quels sont les officiers publics qui ont omis de déposer le double des répertoires ; ce procès-verbal est remis au procureur de la République, qui poursuit les condamnations.— D. F. 9 sept. 1806 ; I. 318. — D. F. J. 15 mars-25 avril 1808 ; I. 384 et 453.

Ch. II. — Solutions diverses.

7130. Absence. — Le notaire qui n'a pas inscrit jour par jour ses actes sur son répertoire ne peut alléguer comme justification une absence nécessitée par la rédaction des actes omis. — Belley, 4 avril 1838 ; J. E. 12051.

7131. Acte à deux dates. — Les actes ayant plusieurs dates peuvent être *indifféremment* portés à la première date ou à la dernière. — Dél. 11 nov. 1834 ; Rec. Roll. 4625. — Sol. 10 août 1865 ; R. P. 2195. — *Confer* : D. F. J. 27 avril-9 mai 1809 ; I. 432-3. — Dél. 22 mars 1823 ; J. N. 4315. — Sol. 29 mars 1831 ; J. N. 7405. — Fontainebleau, 13 août 1838 ; J. N. 10153.

7132. Acte du juge. — Il n'y a pas obligation d'inscrire au répertoire les actes et ordonnances dressés par le juge seul par lui remis aux parties, sans la participation du greffier. — Dél. 9 août 1817 ; J. E. 5866.

Il en est de même d'une ordonnance d'envoi en possession. — Sol. 7 juill. 1832 ; J. E. 10397.

7133. Acte de greffe. — Tous les actes de greffe sujets à l'enregistrement doivent être portés au répertoire. — D. F. 19 janv. 1824 ; J. E. 7620. — Seine, 14 fév. 1838 ; J. E. 11988.

7134. Affirmation de voyage. — Les actes d'affirmation de voyage doivent être répertoriés. — Dél. 4 nov. 1825 ; J. E. 5262.

7135. Approbation. — Les actes sujets à l'approbation de l'autorité supérieure doivent être portés au répertoire le jour de leur rédaction. — D. F. 27 frim, an 12 ; I. 290-5. — I. 386, 561.

7136. Assurance.—Les compagnies d'assurances sur les fleuves et canaux doivent, comme les compagnies d'assurances maritimes, tenir un répertoire. — D. F. 13 août 1851 ; J. E. 15249.

7137. *Notaire.* —Les polices d'assurances maritimes rédigées par les notaires dans la forme d'actes sous seings privés ne sont pas assujetties à l'inscription sur le répertoire. — Marseille, 1er août 1844 ; J. N. 12137.

7138. Brevet. — Tous les actes délivrés en brevet par les greffiers sont sujets à l'enregistrement et, par conséquent, à l'inscription au répertoire. — D. F. 19 janv. 1824 ; J. E. 7620. — Cass. 14 nov. 1837 ; I. 1562-26 ; J. E. 11913. — Seine, 1er fév. 1838 ; J. E. 11988-2.

7139. Casier judiciaire. — Il n'y a lieu de porter au répertoire que les certificats du casier judiciaire délivrés aux particuliers. — I. 1957.

7140. Certificat de propriété. — Les certificats de propriété des rentes sur l'État, n'ayant pas le caractère d'actes publics, peuvent, sans contravention, n'être pas portés au répertoire. — D. F. 1er août 1821 ; J. E. 7010. — Il en est de même des certificats de propriété destinés au retrait des fonds versés dans les caisses d'épargne. — Cass. civ. 9 mars 1859 :

« Sur le moyen unique tiré de la fausse application « de la loi du 28 flor. an 7 , de l'art. 3 de la loi du « 7 mai 1853, de la violation des art. 49 de la loi du « 22 frim. an 7, 29 de celle du 25 vent. an 11 :

« Attendu que les actes et contrats notariés soumis « à la formalité du répertoire ne sont , d'après les « termes de la loi sur le notariat, que les actes passés « devant deux notaires ou un notaire assisté de deux « témoins, signés par les parties ou portant déclara- « tion des motifs qui les ont empêchés de signer ;

« Attendu qu'on ne saurait assimiler à ces actes un « simple certificat de propriété délivré par un notaire, « à la demande des parties, mais sans leur concours « pour attester, en vertu des titres dont il est déten- « teur, le droit de propriété ou de jouissance d'une ou « de plusieurs personnes à une rente sur le grand- « livre, à un décompte d'arrérages, à un cautionne- « ment, ou à toute autre somme et valeur à délivrer « par le Trésor public ; — que le notaire certificateur « procède, dans ce cas, moins comme notaire que « comme simple détenteur des titres, et de la même « manière que le juge de paix appelé à le suppléer, si « ces titres ne sont pas entre ses mains ;

« Attendu que, par l'art. 3 de la loi du 7 mai 1853, « les certificats de propriété destinés au retrait des « fonds versés dans les caisses d'épargne ont été sou- « mis aux règles et formes prescrites par la loi du « 28 flor. an 7 ; — d'où il suit qu'en déclarant que

« Burtz, notaire, n'avait point été obligé de porter sur
« son répertoire les deux certificats dont il s'agissait,
« relatifs l'un et l'autre au retrait de sommes versées
« dans une caisse d'épargne, et en le relaxant des fins
« de la poursuite, le jugement attaqué n'a violé aucune
« loi ; — rejette. »

7141. *Commune.* — Mais les certificats de propriété
délivrés à des héritiers par un notaire détenteur de
l'inventaire, à l'effet de toucher une somme *due par
une commune*, doivent être enregistrés et portés au
répertoire. — Epernay, 8 juin 1855 ; R. P. 419.

7142. Certificat de vie. — Il en est des certificats de vie
comme des certificats de propriété. Ainsi, ceux délivrés
par les notaires à l'effet de toucher les arrérages d'une
rente ou d'une pension sur une commune, ne sont
exempts ni de l'enregistrement ni de l'inscription au
répertoire. — Saumur, 3 août 1850.; J. E. 15027-1.

7143. Chiffres. — On peut exprimer en chiffres le
numéro, la date des actes, celle de l'enregistrement, et
les droits perçus. — D. F. 5 mai 1807 et 10 mai 1808 ;
I. 363 et 382.

7144. Commissaire de la marine. — *Les commissaires de la marine*, quoique recevant divers actes assujettis à l'enregistrement, ne sont pas obligés de tenir
un répertoire. — D. F. 8 nov. 1808 ; J. E. 3068.

7145. Commissaire-priseur. — Les dispositions des
lois relatives à la tenue et au dépôt des répertoires sont
applicables aux commissaires-priseurs, mais seulement pour les procès-verbaux de vente de meubles et
de marchandises, et pour les actes faits en conséquence
de ces ventes (16 juin 1824, art. 11). — I. 1136.

7146. Cote et paraphe. — Les répertoires doivent
être cotés et paraphés, savoir :

7147. *Greffiers.* — Ceux des greffiers de la justice de
paix, par le juge de paix de leur domicile ; ceux des
greffiers des cours et tribunaux, par le président ou le
juge qu'il commet. — Frim. art. 53.

7148. *Notaires.* — Ceux des notaires, par le président du tribunal de première instance de leur arrondissement. — 25 vent. an 11, art. 30.

7149. *Huissiers.* — Ceux des huissiers audienciers,
par le président de la cour ou du tribunal, ou par le
juge qu'il commet à cet effet ; ceux des huissiers ordinaires qui résident dans les villes où siègent les tribunaux de première instance, par le président du tribunal ou par le juge qu'il commet ; ceux des autres
huissiers, par le juge de paix du canton de leur résidence. — Av. d'Et. 3-6 juill. 1810 ; I. 486. — D.
14 juin 1813 ; I. 659.

7150. *Préfectures, sous-préfectures et mairies.* —
Ceux des secrétaires généraux de préfecture, et ceux
des sous-préfets qui les tiennent eux-mêmes, par le
préfet. — D. F. 9 sept. 1806 ; I. 318.
Ceux des maires, par les sous-préfets. — I. 318. —
En cas de délégation d'un employé, le cote et paraphe
est fait par le maire. — D. F. 12 fév. 1807 ; I. 325.

7151. *Défaut de cote et paraphe.* — La loi ne prononce pas d'amende pour le défaut de cote et paraphe
des répertoires ; mais les employés sont chargés de
rendre compte au ministère public des irrégularités
commises à cet égard. — I. 486.

7152. Courtier de commerce. — Les dispositions
des lois relatives à la tenue et au dépôt des répertoires sont applicables aux courtiers de commerce, mais
seulement pour les procès-verbaux de ventes de meubles et de marchandises et pour les actes faits en
conséquence de ces ventes. — 16 juin 1824, art. 11. —
D. F. 9 août 1867 ; I. 2361-7.
Dans tous les cas, les courtiers de commerce d'une
même ville ne peuvent être admis à ne tenir, pour eux
tous, qu'un seul répertoire qui serait confié au syndic
de la compagnie, parce que ce ne serait atteindre
qu'imparfaitement le but de la loi, qui a eu pour objet
d'assurer la date des actes, et parce que, d'ailleurs,
l'obligation de la tenue d'un répertoire individuel est
imposée par l'art. 49 frim. — D. F. 4 mars 1833 ; J. E.
10563.

7153. Coût. — Il doit être ajouté une colonne au
répertoire des huissiers pour faire mention du coût
des actes ou exploits, déduction faite des déboursés ;
en cas d'omission, il doit en être rendu compte au procureur de la république. — D. 14 juin 1813 ; I. 659.
Cette disposition n'a pas été abrogée par l'art. 8 Ord.
26 juin 1822, d'après lequel chaque huissier doit produire, à l'appui du versement trimestriel au trésorier
de la bourse commune, un extrait de son répertoire
comprenant le numéro d'ordre, la date des actes, leur
nature et le coût de l'original. — Sol. 9 avril 1832 ;
J. E. 10338.

7154. Décharge. — La décharge ou quittance
donnée personnellement à un notaire à la suite d'un
acte par lui reçu doit rester en la garde du notaire
dont elle opère la libération, quoique signée par un
autre notaire ; elle est néanmoins enregistrée au bureau
du domicile du notaire qui l'a reçue et portée sur son
répertoire avec mention de la garde par l'autre notaire, dispensé de l'inscrire sur le sien. — D. F. J.....
I. 909.

7155. Délégation. — Les préfets, sous-préfets et
maires sont autorisés à déléguer un employé de leurs
bureaux pour la tenue des répertoires ; mais, dans ce
cas, ils doivent, remettre au directeur de l'enregistrement et au procureur de la république une copie de

l'arrêté de délégation, avec l'acceptation de l'employé. — D. F. I. 4 déc. 1806 et 19 fév. 1807; I. 322 et 325. — D. F. 7 fév. 1823; I. 1069.

7156. Dépôt. — Il n'y a pas lieu de répertorier les actes de dépôt des signatures et paraphes des notaires. — I. 1008.

7157. Dessins de fabrique. — Les actes de dépôt de dessins aux conseils de prud'hommes, étant exempts du timbre et de l'enregistrement, peuvent n'être pas portés au répertoire; mais les certificats de dépôt, qui sont sujets à la formalité du timbre et de l'enregistrement *gratis*, doivent y être inscrits. Il en est de même lorsque les greffiers des tribunaux civils et de commerce rédigent ces actes à défaut de conseils de prud'hommes. — Dél. 8 juill. 1828; J. E. 9122.

7158. Double minute. — L'acte rédigé en double minute doit être inscrit sur le répertoire de chacun des deux notaires. — Pithiviers, 26 nov. 1857; R. P. 967.

7159. Double répertoire. — Un *notaire* ne peut tenir deux répertoires, l'un pour les brevets, l'autre pour les minutes. — Sol. 23 mai 1810.

Les *greffiers* des tribunaux de première instance et ceux des cours d'appel doivent tenir deux répertoires, l'un pour les matières civiles, l'autre pour les affaires correctionnelles. — D. F. J. 1er déc. 1819; I. 920.

Les *huissiers audienciers* peuvent tenir deux répertoires, l'un pour les actes qu'ils font en cette qualité, l'autre pour les actes de leur clientèle particulière; chacun de ces répertoires doit être visé par le receveur qui enregistre les actes. — D. F. 29 déc. 1820; J. E. 6809. — 19 fév. 1823; I. 1075.

Cependant un huissier n'est pas en contravention lorsqu'il ne tient qu'un seul répertoire pour tous les actes de son ministère. — Sol. 24 oct. 1831; J. E. 10156.

7160. Etat de frais. — Lorsque les états des dépens adjugés sont remis par les avoués aux greffiers avant l'enregistrement des jugements ou arrêts, le montant de la liquidation de ces dépens doit être compris dans le dispositif. et il sert ainsi de base à la perception des droits. Dans ce cas, l'enregistrement des états n'est pas obligatoire. Mais, si les états de frais, en matière ordinaire, sont déposés au greffe après l'enregistrement des jugements ou arrêts, et avant la délivrance des expéditions, comme ils doivent être signés tant du juge taxateur que du greffier, aux termes de l'art. 5 du décret de 1807, ils sont sujets à l'inscription au répertoire à la date de la taxe, et, dans les vingt jours, à l'enregistrement. — D. J. 29 juill. 1859; I. 2158.

7161. Etat estimatif. — Bien que l'état estimatif qui accompagne une donation soit signé par le notaire rédacteur de l'acte, celui-ci n'est pas tenu de l'inscrire sur son répertoire, parce que son existence est suffisamment constatée par l'acte de donation. — I. 351. — D. F. 24 avril 1810; J. E. 3713.

7162. Exécutoire. — D'après la décision du ministre de la justice du 1er déc. 1845 (I. 1984), les exécutoires de dépens doivent être rédigés en minute. Ce sont des actes judiciaires qui rentrent dans l'application des art. 20 et 49 frim., et, par conséquent, les greffiers sont tenus de les inscrire à leur date sur le répertoire et de les présenter à l'enregistrement dans le délai de vingt jours. — D. J. 29 juill. 1859; I. 2158. — Sol. 5 oct. 1832; J. E. 10517.

7163. Expédition. — Les extraits et expéditions que délivre un notaire comme successeur d'un notaire décédé, ne sont pas sujets à l'inscription sur le répertoire. — D. F. 22 juin 1813.

7164. Garde forestier. — Quoique les préposés et agents forestiers puissent faire des actes extrajudiciaires, ils ne sont point obligés à la tenue d'un répertoire. — D. F. 12 déc. 1809; I. 458.

7165. Greffier. — Le greffier de la Cour de cassation, — D. F. 28 déc. 1813; J. E. 4793. — ceux des tribunaux de commerce, — D. F. 14 déc. 1813; J. E. 4802. — Ord. 14 sept. 1814; J. E. 5022. — sont soumis à toutes les dispositions des lois relatives à la tenue du répertoire.

7166. Huissier. — Les huissiers près les tribunaux criminels sont soumis aux mêmes obligations que les huissiers ordinaires. — D. F. 9 fév. 1808; I. 388.

7167. Epoque d'inscription. — Un huissier est obligé, sous peine de 5 fr. d'amende, d'inscrire sur son répertoire ses significations le jour même qu'il les donne aux parties, de sorte que l'amende est due, comme omission, si l'on prouve qu'un acte n'a été répertorié que quelques jours après sa rédaction. — Cass. 4 déc. 1816; J. E. 5626.

Cette obligation existe pour tous les actes de leur ministère sujets à l'enregistrement, que la formalité ait lieu en débet, gratis ou au moyen du paiement immédiat des droits. — D. F. 9 fév. 1808; I. 388.

7168. Inventaire. — Les inventaires ne sont pas soumis à une inscription particulière pour chaque vacation. — Circ. 1737. — On les porte à leur première date, en indiquant à la suite et dans le même contexte les dates des autres vacations. — D. F. 18 août 1812; I. 596. — Lorsque l'inventaire a été passé hors de l'arrondissement du bureau où réside le notaire, l'acte doit être porté sur le répertoire, en indiquant les jours qu'il a duré, les divers enregistrements dans chaque bureau, leur date, et les noms des bureaux. — D. F. 12 therm. an 12; I. 290-32.

7169. Juge de paix. — Les actes et procès-verbaux des juges de paix désignés par la loi pour remplacer les juges d'un tribunal civil, en cas de prestation de serment, nomination d'experts, etc., étant rédigés avec la participation du greffier, doivent être portés au répertoire. — D. J. F. 24 déc. 1811-7 janv. 1812; J. E. 4313.

Il en est de même lorsque le juge de paix est commis par le tribunal ou le juge commissaire, quoique l'acte soit déposé au greffe du tribunal.—D. F. 24 mai 1826; J. E. 8453.

7170. Notaire commis. — Cahier des charges. — Le cahier des charges signé par le notaire commis seul doit être porté au répertoire. — Bourg, 21 janv. 1843; J. N. 12300. — Altkirch, 13 déc. 1843; J. N. 11932. — Reims, 3 déc. 1845; J. N. 12589. — *Contrà* : Laval, 6 mars 1843; J. N. 11623.

Toutefois, l'inscription de cet acte et celle de l'acte de dépôt peuvent être faites en un seul article. — Sol. 11 mai 1859; R. P. 1155.

7171. *Fixation de jour.* — L'acte par lequel un notaire commis fixe les jours et termes d'ouverture des opérations du partage et des liquidations, *est parfait* quoique rédigé en l'absence des parties et témoins, et doit être inscrit sur le répertoire. — Toul, 22 août 1850; J. E. 15069-10. — Cass. 14 avril 1854; I. 2019-8. — Même règle pour l'acte par lequel un notaire, requis de recevoir un compte, fixe le jour et l'heure auxquels il procédera à ce compte. — Altkirch, 24 nov. 1843; J. E. 13403-5.

7172. *Ordonnance.* — Il en est de même pour les ordonnances des notaires commis par justice, ou même par les parties, pour procéder à une liquidation, licitation, etc. — Vesoul, 8 déc. 1851; J. N. 14640.

7173. *Projet de liquidation.* — Le procès-verbal dressé, en conformité de l'art. 977 C. P., par un notaire qui, pour un partage judiciaire, a été chargé de faire la liquidation et de composer les masses, est susceptible d'être répertorié, quoiqu'il ne doive être signé que du notaire seul, parce que l'acte n'en est pas moins un acte parfait, tel que le prescrit la loi. — Metz, 31 déc. 1827; J. E. 8932. — Dél. 18 fév. 1834; J. N. 8432. — Evreux, 6 fév. 1841; J. N. 10900.

7174. *Vente.* — Les ventes de biens de mineur par un notaire commis doivent être répertoriées. — Cass. 8 prair. an 12.

7175. Visite de lieux. — Lorsqu'un notaire dresse un procès-verbal de visite de lieux, comme chargé de cette opération par ordre du tribunal, il doit inscrire ce procès-verbal sur son répertoire. — D. F. 24 oct. 1817; J. E. 5930.

7176. Notaire substituant. — Bien que, par une fiction consacrée par l'usage, le notaire substitué soit censé avoir reçu l'acte que le collègue qui l'a substitué a rédigé pour lui, l'acte n'en est pas moins reçu en réalité par le notaire *substituant*, et doit être porté sur son répertoire. C'est d'ailleurs ce qui a été reconnu, puisqu'il est prescrit de porter la minute de l'acte ainsi reçu sur le répertoire du notaire substituant et sur celui du notaire substitué. — I. 909.

7177. *Brevet.* — Les actes en *brevet* doivent être portés sur le répertoire du notaire substituant *seulement*, attendu que la remise de l'acte en brevet n'ayant pas été faite dans l'étude du notaire substitué, celui-ci n'est pas obligé d'en constater le dépôt sur son répertoire. — Dél. 16 déc. 1843; J. N. 12152.

7178. *Ordonnance sur requête.* — Les greffiers ne sont pas tenus d'inscrire les ordonnances sur requête à leur répertoire. — Dél. 7 juill. 1832; J. E. 10397.

7179. *Omission. — Intercalation.* — Les intercalations prouvent que les actes n'ont pas été inscrits jour par jour sur le répertoire ; il est dû autant d'amendes qu'il y a d'actes intercalés. — Cass. civ. 19 déc. 1808; I. 1156-10; Sir. 9.1.231; J. E. 3317. — Castel-Sarrasin, 29 août 1842; J. E. 13131.

Il y a intercalation parfaitement caractérisée et, dès lors, contravention à l'art. 49 frim., lorsqu'un article du répertoire se trouve compris entre deux lignes tracées au crayon à des distances égales à celles existant partout dans le répertoire. — Mortain, 9 juin 1847; J. E. 14333-2.

7180. *Rature.* — Les inscriptions des actes doivent être faites *jour par jour* ; ainsi tout acte fait un jour doit être inscrit avant tout acte de jours postérieurs. Il s'ensuit que lorsque des actes d'abord inscrits sur le répertoire ont ensuite été rayés pour inscrire des actes d'une date *antérieure*, il y a preuve suffisante que ces derniers actes n'avaient pas été portés sur le répertoire le jour de leur confection, et que la rature des actes de date postérieure n'a eu lieu que pour réparer l'omission d'abord commise. Le nombre des amendes encourues est donc égal à celui des actes qui ont été inscrits entre les actes raturés, et le report postérieur qui en a été fait sur le répertoire. — D. F. 13 août 1823; J. E. 7649. — 16 déc. 1824; I. 1156-10. — Cass. 28 mars 1827; I. 1210-8. — Rambouillet, 29 déc. 1837; J. E. 11975. — Fontainebleau, 13 août 1838; J. E. 12123. — Rennes, 29 août 1842; J. E. 13094. — Seine, 29 déc. 1848; J. N. 13669. — Soissons, 31 juill. 1850; J. E. 15025. — Castel-Sarrasin, 4 nov. 1856. — Charleroy, 14 août 1857; R. P. 900. — Rouen, 20 mars 1862; R. P. 1599.

7181. *Procès-verbal de cote et paraphe.* — Le procès-verbal de cote et paraphe ne prouve pas que les actes inscrits avant la date de ce procès-verbal aient été omis. — Sol. 24 oct. 1854; Rec. Roll. 4580. — Sol. 3 juill. 1865; R. P. 2147. — *Contrà* : Sol. 11 avril 1831; J. E. 9992.

7182. *Foi due aux registres de recette et aux répertoires.* — Les mentions existant sur les registres de formalité font foi jusqu'à preuve contraire de la date des actes enregistrés et, par suite, des omissions et des transpositions qui peuvent exister sur les répertoires des officiers publics. — Cass. 2 oct. 1810; J. E. 3769. — Rouen. 23 août 1845 ; J. E. 13927-6.—Oloron, 7 mai 1846; J. E. 14125-6.—Seine, 4 fév. 1852 ; J. N. 14662. — Marseille, 23 juill. 1863; R. P. 1816.

Si, au contraire, un huissier a porté sur son répertoire différents actes avec mention de leur enregistrement, quoique ces actes ne se trouvent pas portés sur les registres de recette, il a encouru l'amende de 5 fr. pour défaut d'enregistrement de chaque acte.

7183. Porteurs de contraintes. — Les porteurs de contraintes sont obligés de tenir des répertoires. — D. F. 13 nov. 1807; I. 363.

Ces répertoires sont sur papier visé pour timbre gratis. — D. F. 19 avril 1808, 26 août 1820; I. 382; J. E. 6779.

7184. Prescription. — Les huissiers ne peuvent se dispenser de représenter leur répertoire, sous prétexte qu'après deux années cette représentation n'est plus nécessaire; en cas de refus, il doit être dressé procès-verbal. — D. F. 16 mai 1819; J. E. 6440.

7185. Prud'hommes. — Les officiers chargés de remplir les fonctions d'huissier et de greffier auprès des conseils de prud'hommes sont tenus d'avoir un répertoire. — D. F. I. 20 juin 1809; I. 437.

7186. Récépissé. — Les récépissés donnés par les receveurs de l'enregistrement, des extraits de jugements dont les droits n'ont pas été payés, doivent être inscrits au répertoire. — 28 avril 1816, art. 58. — L'omission de cette formalité n'entraîne aucune peine. — D. F. 29 mars 1819; J. E. 6439.

L'inscription des extraits ne dispense pas de porter les jugements auxquels ils se rapportent. — D. F. 18 vend. an 10 ; J. E. 970.

7187. Remise de cause. — Les jugements de remise de cause *qui sont exempts de l'enregistrement* ne sont pas susceptibles d'être inscrits sur le répertoire, d'après l'art. 49 frim. — Sol. 3 juin 1831 ; J. E. 10052.

Les procès-verbaux de remise, *en matière de conciliation,* doivent être repertoriés et enregistrés. — Sol. 30 avril 1868; R. P. 2690.

7188. Saisie. — Tous actes et jugements qui interviennent sur saisie immobilière, entre la date du dépôt du cahier des charges et celle de l'adjudication définitive, doivent être portés distinctement sur les répertoires des greffiers. — Dél. 16 juill. 1822; J. E. 7272.

7189. Scellés. — Le greffier de la justice de paix est tenu de faire une mention distincte au répertoire du procès-verbal de reconnaissance et de celui de levée de scellés. — Sol. 15 mars 1816 ; J. E. 5466.

7190. Signification. d'avoué à avoué. — Les significations d'avoué à avoué. doivent être inscrites au répertoire comme les autres actes. — D. J. F. 16 pluv. an 13, 19 frim. an 14, 19 janv. et 15 juill. 1806 ; J. E. 1936, 2367.

7191. Testament. — Les testaments reçus par les notaires doivent être portés au répertoire à leur date et avant le décès des testataires. — D. J. 6 vend. an 13 ; J. E. 1864.— Cass. civ. 19 déc. 1808 ; J. E. 3317; I. 1156-10.

7192. Testament olographe. — Les notaires doivent répertorier, sous peine d'amende, les testaments olographes,à la date de l'ordonnance du juge qui en prescrit le dépôt entre leurs mains, si l'expédition de cette ordonnance leur est remise immédiatement, et, dans le cas contraire, à la date de l'acte du dépôt qu'ils rédigent. — Sol. 2 et 24 sept. 1831 ; J. E. 10145. — Seine, 1er fév. 1841;J. E. 12879. — Sol. 19 déc. 1867 ; R. P. 2849.

L'inscription sur le répertoire du testament olographe et mystique doit être faite, qu'il soit ou non dressé acte de dépôt. — Seine, 11 août 1841, J. E. 12873-3.

Si le notaire a été présent lorsque le président a rendu l'ordonnance, comme le testament lui a été remis, il doit le porter sur le répertoire le jour même de cette ordonnance. — Dél. 2 et 24 sept. 1831 ; J. E. 10145.

Le notaire, dépositaire d'un testament mystique, n'est pas tenu de répertorier l'ouverture de ce testament faite après le décès du testateur. — Sol. 20 mai 1868 ; R. P. 2706.

7193. Timbre. — Les répertoires des notaires, huissiers, greffiers et secrétaires des préfectures, sous-préfectures et mairies, doivent être en papier timbré, sous peine d'une amende de 20 fr. — Brum. art. 12 et 26. — Cass. 19 déc. 1808 ; Sir. 9. 1. 231 ; I. 1156-10; J. E. 3317. — V. *Timbre.*

7194. *Nombre de feuilles.* — Les officiers publics peuvent composer leurs répertoires de tel nombre de feuilles qu'ils jugent convenable. — D. F. 22 germ. an 7; Circ. 1566.

7195. REPRÉSENTATION. — La représentation est une fiction de la loi, dont l'effet est de faire entrer le représentant dans la place, dans le degré et dans les droits du représenté. — C. 739.

7196. Motif du droit de representation. — Le droit de représentation est établi sur l'ordre naturel des affections du défunt,parce qu'on doit présumer que le défunt avait reporté sur les enfants, après la mort du

père, toute l'affection qu'il avait pour le père lui-même, et qu'en conséquence il est dans sa volonté que les enfants lui succèdent, comme le père lui aurait succédé, s'il lui eût survécu. — Chabot, sur l'art. 739, n. 2.

7197. Quelles personnes on peut représenter. — On ne représente pas les personnes vivantes, mais seulement celles qui sont mortes. — C. 744.

On peut représenter celui à la succession duquel on a renoncé. — Id. ibid.

7198. Partage dans le cas de représentation. — Le partage s'opère par souche, dans tous les cas où la représentation est admise. Si une même souche a produit plusieurs branches, la subdivision se fait aussi par souche dans chaque branche, et les membres de la même branche partagent entre eux par tête. — C. 743.

7199. Descendants. — La représentation a lieu à l'infini dans la ligne directe descendante. Elle est admise dans tous les cas, soit que les enfants du défunt concourent avec les descendants d'un enfant prédécédé, soit que tous les enfants du défunt étant morts avant lui, les descendants desdits enfants se trouvent entre eux en degrés égaux ou inégaux. — Id. 740.

7200. Ascendants. — La représentation n'a pas lieu en faveur des ascendants; le plus proche, dans chacune des deux lignes, exclut toujours le plus éloigné. — Id. 741.

7201. Collatéraux. — En ligne collatérale, la représentation est admise en faveur des enfants et descendants de frères ou sœurs du défunt, soit qu'ils viennent à sa succession concurremment avec des oncles et tantes, soit que, tous les frères et sœurs du défunt étant prédécédés, la succession se trouve dévolue à leurs descendants en degrés égaux ou inégaux. — C. 742.

7202. REPRISE D'INSTANCE. — Acte par lequel on déclare donner suite à une instance interrompue par la mort de l'une des parties ou par la cessation des fonctions de l'un des avoués occupants.

7203. REPRISE MATRIMONIALE. — On entend par reprises matrimoniales les biens et valeurs restés propres aux époux et qui doivent leur être rendus à la dissolution du mariage. — V. *Dation en paiement, Partage, Renonciation, Succession.*

7204. Objet des reprises. — Sur la masse des biens, chaque époux ou son héritier prélève : 1° ses biens personnels encore existants qui ne sont point entrés en communauté ou ceux qui ont été acquis en remploi; 2° le prix de ses immeubles qui ont été aliénés pendant la communauté et dont il n'a pas été fait remploi; 3° les indemnités qui lui sont dues par la communauté. — C. 1470. — Par ces indemnités, il faut entendre tout ce dont il a enrichi la communauté à ses dépens et tout ce qu'elle lui doit à un autre titre. — Pothier, *Commun*, 384, 676.

7205. *Linges et hardes.* — La femme, même renonçante à la communauté, a droit de reprendre en nature les linges et hardes à son usage personnel. — C. 1492.

7206. *Obligation solidaire de la femme.* — La femme, a droit à une indemnité pour les obligations qu'elle a contractées solidairement avec son mari pour les affaires de la communauté, lorsqu'elle a payé de ses deniers personnels. — C. 1431.

7207. *Services fonciers rachetés.* — Si l'on s'est rédimé en argent de services fonciers dus à des héritages propres à l'un des époux, et que le prix en ait été versé dans la communauté, sans remploi, il y a lieu au prélèvement de ce prix sur la communauté au profit de l'époux qui était propriétaire des services rachetés. — C. 1433.

7208. *Ordre dans l'exercice des reprises.* — Les prélèvements de la femme s'exercent avant ceux du mari. Ils s'exercent pour les biens qui n'existent plus en nature, d'abord sur l'argent comptant, ensuite sur le mobilier, et subsidiairement sur les immeubles de la communauté; dans ce dernier cas, le choix des immeubles est déféré à la femme et à ses héritiers. — C. 1471.

Le mari ne peut exercer ses reprises que sur les biens de la communauté. La femme et ses héritiers, en cas d'insuffisance de la communauté, exercent leurs reprises sur les biens personnels du mari. — C. 1472.

7209. REQUÊTE. — Ce terme a plusieurs significations, il se dit : 1° de l'acte par lequel une partie supplie le président d'un tribunal ou un juge-commissaire, soit de lui accorder une permission quelconque, soit d'indiquer un jour pour procéder à certaines opérations; 2° des écritures signifiées respectivement par les parties dans les instances ordinaires pour développer leurs moyens et conclusions; 3° enfin, de l'acte par lequel certaines demandes doivent être introduites. — Bioche, *eod. v°*, 1. — V. *Ordonnance.*

7210. REQUÊTE CIVILE. — Voie extraordinaire par laquelle on peut, dans certains cas, obtenir la rétractation de jugements qui ne sont susceptibles ni d'appel ni d'opposition. — C. P. 480.

7211. RESCISION. — Action que l'on a pour se faire restituer contre une convention ou contre un acte, pour cause de dol, violence, erreur ou lésion. — Dict. N. *cod. v°.* — V. *Résolution.*

7212. Enregistrement. — L'action en rescision est un droit immobilier, si elle a pour objet des immeubles. Par conséquent, la cession d'une action de cette nature opère le droit de 5. 50 %. — Dél. 12 juin 1835. — Seine, 9 mars 1838.

7213. RESCRIPTION. — C'est la même chose que le mandat de paiement. — V. n. 5329.

7214. RÉSERVE. — On appelle *réserve légale* ou simplement *réserve* la portion de biens dont il est défendu de disposer lorsque l'on a des héritiers en ligne directe. — V. *Quotité disponible.*

7215. RÉSILIATION. — Acte par lequel les parties consentent à ce qu'un acte précédent soit considéré comme nul et non avenu. Lorsque l'annulation d'une convention est ordonnée en justice, elle prend le nom de *résolution.* — V. *Bail, Résolution.*

RÉSILIEMENT. — V. *Résiliation.*

RÉSOLUTION.

Ch. I. — Préliminaires, 7216.

Ch. II. — Résolution judiciaire, 7224.

Sect. I. — Nullité radicale, 7224.

Sect. II. — Non-paiement du prix, 7249.

Ch. III. — Résolution volontaire, 7260.

Ch. IV. — Questions diverses, 7264.

Ch. I. — Préliminaires.

7216. Définition. — La *résolution* est l'annulation d'un contrat pour défaut d'exécution des clauses et conditions de ce contrat de la part de l'une des parties.

Le droit d'obtenir la résolution constitue l'*action résolutoire.*

7217. Deux espèces de résolution. — Le mot *résolution* s'entend plus particulièrement de la résolution prononcée par justice.

Si la résolution a lieu du consentement mutuel des parties, elle prend le nom de *résiliation.*

7218. Cas divers. — La condition résolutoire est toujours sous-entendue, dans les contrats synallagmatiques, pour le cas où l'une des deux parties ne satisfera point à son engagement. Dans ce cas, le contrat n'est point résolu de plein droit. La partie envers laquelle l'engagement n'a point été exécuté a le choix ou de forcer l'autre à l'exécution de la convention, lorsqu'elle est possible, ou d'en demander la résolution avec dommages et intérêts. — La résolution doit être demandée en justice, et il doit être accordé au défendeur un délai, selon les circonstances. — C. 1184.

7219. Bail. — Le contrat de louage se résout par la perte de la chose louée, et par le défaut respectif du bailleur et du preneur de remplir leurs engagements. — C. 1741. — Le contrat de louage n'est point résolu par la mort du bailleur, ni par celle du preneur. — Id. 1742.

En cas de *résiliation* par la faute du locataire, celui-ci est tenu de payer le prix du bail pendant le temps nécessaire à la relocation, sans préjudice des dommages et intérêts qui ont pu résulter de l'abus. — Id. 1760.

7220. Marché. — Le maître peut *résilier*, par sa seule volonté, le marché à forfait, quoique l'ouvrage soit déjà commencé, en dédommageant l'entrepreneur de toutes ses dépenses, de tous ses travaux et de tout ce qu'il aurait pu gagner dans cette entreprise. — Id. 1794.

7221. Vente. — Si le vendeur manque à faire la délivrance dans le temps convenu entre les parties, l'acquéreur pourra, à son choix, demander la résolution de la vente, ou sa mise en possession, si le retard ne vient pas du fait du vendeur. — Id. 1610.

Si l'acquéreur est évincé d'une partie de la chose, et qu'elle soit de telle conséquence relativement au tout que l'acquéreur n'eût point acheté sans la partie dont il a été évincé, il peut faire *résilier* la vente. — Id. 1636.

Si l'héritage vendu se trouve grevé, sans qu'il en ait été fait de déclaration, de servitudes non apparentes, et qu'elles soient de telle importance qu'il y ait lieu de présumer que l'acquéreur n'aurait pas acheté s'il en avait été instruit, il peut demander la *résiliation* du contrat, si mieux il n'aime se contenter d'une indemnité. — Id. 1638.

Si l'acheteur ne paie pas le prix, le vendeur peut demander la *résolution de la vente.* — Id. 1654.

La résolution de la vente d'immeubles est prononcée de suite, si le vendeur est en danger de perdre la chose et le prix. Si ce danger n'existe pas, le juge peut accorder à l'acquéreur un délai plus ou moins long, suivant les circonstances. Ce délai passé sans que l'acquéreur ait payé, la résolution de la vente sera prononcée. — Id. 1655.

S'il a été stipulé, lors de la vente d'immeubles, que,

faute de paiement du prix dans le terme convenu, la vente serait résolue de plein droit, l'acquéreur peut néanmoins payer après l'expiration du délai, tant qu'il n'a pas été mis en demeure par une sommation ; mais, après cette sommation, le juge ne peut pas lui accorder de délai. — Id. 1656.

En matière de *vente de denrées et effets mobiliers*, la résolution de la vente aura lieu de plein droit, et sans sommation, au profit du vendeur, après l'expiration du terme convenu pour le retirement. — Id. 1657.

7222. *Rescision.* — Indépendamment des causes de nullité ou de résolution et de celles qui sont communes à toutes les conventions, le contrat de vente peut être résolu par l'exercice de la faculté de rachat et par la vilité du prix. — C. 1658.

Si le vendeur a été lésé de plus de sept douzièmes dans le prix d'un immeuble, il a droit de demander la rescision de la vente, quand même il aurait expressément renoncé dans le contrat à la faculté de demander cette rescision, et qu'il aurait déclaré donner la plus-value. — Id. 1674.

Pour savoir s'il y a lésion de plus de sept douzièmes, il faut estimer l'immeuble suivant son état et sa valeur au moment de la vente. — Id. 1675.

La preuve de la lésion ne peut être admise que par jugement, et dans les cas seulement où les faits articulés seraient assez vraisemblables et assez graves pour faire présumer la lésion. — Id. 1677.

Dans le cas où l'action en rescision est admise, l'acquéreur a le choix ou de rendre la chose en retirant le prix qu'il en a payé, ou de garder le fond en payant le supplément du juste prix, sous la déduction du dixième du prix total. Le tiers possesseur a le même droit, sauf garantie contre son vendeur. — Id. 1681.

Si l'acquéreur préfère garder la chose en fournissant le supplément réglé par l'article précédent, il doit l'intérêt du supplément du jour de la demande en rescision ; s'il préfère la rendre et recevoir le prix, il rend les fruits du jour de la demande ; l'intérêt du prix qu'il a payé lui est aussi compté du jour de la même demande, ou du jour du paiement, s'il n'a touché aucun fruit. — Id. 1682.

La rescision pour lésion n'a pas lieu en faveur de l'acheteur. — Id. 1683.

Elle n'a pas lieu en toutes ventes qui, d'après la loi, ne peuvent être faites que d'autorité de justice. — Id. 1684.

La rescision pour cause de lésion n'a pas lieu dans le contrat d'échange. — Id. 1706.

7223. Caractère de la résolution. — Une transmission étant parfaite par le seul consentement, indépendamment de tout acte d'exécution, la résolution de cette transmission opère une transmission nouvelle, car elle ne peut empêcher que le possesseur dessaisi n'ait été propriétaire des biens. — Duranton, t. 16, n. 386. — Duvergier, t. 2, n. 5.

Ce principe est de la plus haute importance. Nous en verrons l'application en matière fiscale.

CH. II. — RÉSOLUTION JUDICIAIRE.

SECT. I. — NULLITÉ RADICALE.

7224. Tarif. — Les jugements des *tribunaux civils* rendus en première instance ou sur appel, portant résolution de contrat ou de clause de contrat pour cause de *nullité radicale*, ne sont sujets qu'au droit fixe. — Frim. art. 68, § 3, n. 7. — V. *Jugement.*

7225. Tribunaux civils. — Par la désignation de *tribunaux civils*, la loi n'a pas entendu excepter les *arbitres*. — D. F. 22 nov. 1808; J. E. 3090.

7226. Nullité radicale. — Par *nullité radicale*, il faut entendre toute nullité qui empêche le contrat de se former.

Je vous vends mon domestique. La vente est *radicalement* nulle, car mon domestique n'est pas une chose vénale. Le jugement qui prononcerait la nullité du contrat ne le résoudrait pas : on ne résout que ce qui a existé.

Je vous vends la maison de mon pupille. La vente est *relativement* nulle, attendu qu'il sera loisible à mon pupille d'en demander l'annulation ; mais il pourra la confirmer.

Dans le cas de nullité radicale, le juge *constate* qu'il n'y a pas eu de contrat ; dans le cas de nullité relative, il *résout* le contrat. Dans le premier cas, le droit fixe est seul dû, car il ne s'agit que d'une *déclaration* ; dans le second, il s'effectue une *transmission*, et le droit proportionnel doit être perçu.

Tels sont les principes. Nous allons passer en revue l'application qui en a été faite par la jurisprudence.

7227. *Bien d'autrui.* — La résolution de la vente du bien d'autrui ne peut pas être sujette au droit proportionnel. Bien plus, il a été décidé que le jugement portant résolution d'une vente d'immeubles par le motif que *partie* de ces immeubles n'appartenait pas au vendeur, ne donne pas ouverture au droit proportionnel, attendu que l'erreur applicable à la chose vendue a vicié le contrat dans sa source, comme dans son essence, et que le tribunal ayant annulé ce contrat dans son entier, l'Administration n'a pas le droit de ne voir une nullité radicale que relativement à la partie des immeubles qui n'appartenait pas au vendeur. — Dél. 29 mars 1843 ; J. E. 13302-4. — 16 juill. 1836 ; J. E. 11561. — Sol. 28 mars 1832 ; J. E. 10324.

N'est passible que du droit fixe le jugement qui prononce la résolution d'une vente faite par le mari seul : 1° du cinquième appartenant à sa femme dans un immeuble ; 2° et des quatre autres cinquièmes qu'il avait acquis en son privé nom, mais en état d'indivision. — Sol. 4 janv. 1830 ; J. E. 9663.

7228. *Bien vendu deux fois.* — Si la même chose a été vendue par le propriétaire et par le mandataire, ayant agi simultanément et l'un à l'insu de l'autre, il y

a vente de la chose d'autrui, à l'égard de celui qui s'est rendu acquéreur le premier ; si donc un jugement annule la seconde vente, il n'y a pas de rétrocession. — Dél. 18 sept. 1822 ; R. G. 11078-2.

7229. *Dol.* — Le dol est une cause de nullité de la convention lorsque les manœuvres pratiquées par l'une des parties sont telles qu'il est évident que, sans ces manœuvres, l'autre partie n'aurait pas contracté. — C. 1116.

7230. *Droit proportionnel.* — Le dol qui n'est accompagné d'aucune fraude contre l'ordre public, les bonnes mœurs ou les droits des tiers, ne forme pas par lui-même un vice emportant nullité radicale. — Cass. 14 vent. an 13 ; Sir. 20. 1. 476. — Réun. 7 août 1807 ; Sir. 7. 1. 750. — Civ. 23 oct. 1808 ; Sir. 10. 1. 167 ; J. E. 3637 — 5 déc. 1810 ; J. E. 3780. — 23 août 1813 ; J. E. 4682. — 1er mars 1815 ; J. E. 5135. — 8 janv. 1817 ; J. E. 5747. — Réun. 29 déc. 1821 ; J. E. 7279. — 2 juill. 1823. 12 nov. 1834 , 23 nov. 1836 ; J. E. 7546, 11088, 11686 ; I. 1481-5. — Schelestadt, 22 juill. 1842 ; J. E. 13060. — Lyon, 25 juin 1859 ; R. P. 1201. — *Contrà* : Dél. 16 fév. 1825 ; J. E. 7972.

L'arrêt solennel du 29 déc. 1821 est ainsi conçu :

« Attendu que la simulation volontaire d'une vente, « lorsqu'elle n'est employée ni pour éluder une inca- « pacité établie par la loi, ni pour donner une couleur « légale à un acte prohibé , lorsqu'enfin elle n'est « accompagnée d'aucune fraude contre l'ordre public. « les bonnes mœurs ou les droits des tiers, ne forme « pas par elle-même un vice emportant la nullité ra- « dicale et absolue d'un acte que les parties ont voulu « et pu consentir, et qu'il ne dépend que d'elles de « maintenir ; et qu'à l'égard des tiers. un tel acte « transfère légalement sur la tête de l'acquéreur la « propriété de l'objet vendu ;— que si, par un change- « ment spontané de leur volonté, les parties ou l'une « d'elles. provoquent ultérieurement l'annulation de « cet acte, sous prétexte de la simulation qui y est « intervenue. le nouvel acte ou le jugement qui pro- « nonce cette annulation, et qui fait repasser la chose « vendue dans les mains du vendeur, opère évidem- « ment, au regard des tiers. une nouvelle mutation de « propriété sujette au même droit d'enregistrement « que la précédente ; — attendu, en second lieu, que, « lorsque cette annulation est prononcée , comme « dans l'espèce, par un jugement arbitral motivé sur « la reconnaissance faite par les parties devant les « arbitres de la simulation intervenue dans l'acte de « vente, un tel jugement qui, en droit, ne peut jamais « être opposé à des tiers. aux termes de l'art. 1022 « C. Proc. civ.. ne doit être considéré, par rapport à « l'administration de l'enregistrement , que comme « l'instrument d'une rétrocession volontaire, acte sujet « au même droit que la vente, suivant l'art. 69, § 7, « n. 1, de la loi du 22 frim. an 7 ; — attendu qu'il « suit de là que le jugement dénoncé, qui, en considé- « rant le jugement arbitral du 22 juill. 1807 comme « une résiliation pour cause de nullité radicale et « absolue de l'acte de vente du 24 avr. 1806 , a

« déchargé le défendeur de la contrainte décernée « contre lui en paiement du droit proportionnel au- « quel ce jugement arbitral donnait ouverture, et a « réduit la perception au droit fixe de 3 fr., énoncé « en l'art. 68, § 3, n. 7, de ladite loi. a tout à la fois « méconnu les principes du droit civil sur la matière « des simulations. ceux du Code de procédure civile « sur l'autorité des jugements arbitraux, faussement « appliqué l'art. 68, et directement violé l'art. 69 de « la loi du 22 frim. an 7. »

Le jugement qui déclare qu'une vente n'est autre chose qu'un contrat pignoratif et en prononce la réso- lution est sujet au droit proportionnel. — Cass. 23 nov. 1836 et 9 juill. 1839 ; I. 1539-5, 1601-17 ; J. E. 11686, 12342. — Nogent-le-Rotrou. 22 août 1844 ; J. E. 13605. — Saint-Dié, 24 août 1849 ; J. E. 14853.

7231. *Droit fixe.* — Mais, si le dol est accompagné de fraude contre l'ordre public, les bonnes mœurs ou les droits des tiers, le contrat est vicié d'une nullité radicale, et le jugement qui en prononce la résolution n'est passible que du droit fixe.

Ainsi. le jugement qui déclare qu'une vente n'est qu'une donation déguisée au profit d'un successible et la résout n'opère que le droit fixe. — Draguignan, 19 juin 1833 ; Dél. 24 janv. 1834 ; J. E. 11825.

Les actes de nature à frustrer les héritiers réserva- taires de tout ou partie de leur légitime étant essentiel- lement prohibés,la vente faite par un père pour porter atteinte à la réserve de ses enfants est entachée de nullité radicale,et le jugement qui en prononce la réso- lution n'est passible que du droit fixe. — Seine, 3 juin 1859 ; R. P. 1200.

Il est permis au créancier de faire annuler tous actes faits par son débiteur en fraude de ses droits — C. 1167. — Une pareille annulation ayant pour but de réparer une fraude contre *les droits des tiers* s'appuie sur une nullité radicale, et n'encourt que le droit fixe. — Dél. 14 janv. 1832.

7232. *Dot.* — L'aliénation de l'immeuble dotal, en dehors des circonstances et des formalités prévues (C. 1558). est nulle de plein droit. Aussi. dans ce cas, le jugement d'annulation n'encourt que le droit fixe. — Sol. 4 janv. 1830, 16 déc. 1831, 14 sept. 1832 ; J. E. 9663. 10251, 10457. — 15 avril 1834 ; I. 1467-3.

Cette dernière solution porte :

« Il a été considéré que, d'après les articles 1554 et « 1560 C. civ., l'immeuble dotal est inaliénable. sauf « les cas d'exception expressément déterminés. et que « toute aliénation qui en aurait été faite par la femme, « même avec le consentement du mari, soit à titre « onéreux, soit à titre gratuit, est sujette à révocation ; « que, dans l'espèce, le jugement établit que l'immeu- « ble cédé par le sieur Costedouat à sa femme pour la « remplir de sa dot en numéraire était devenu dotal « par l'effet de cette cession ; que l'aliénation qui en « avait été faite ultérieurement par la femme était « nulle, et que cette nullité était radicale et absolue, « puisque la loi n'a laissé au donataire aucun moyen « de faire maintenir la donation. Le jugement dont il

« s'agit n'a donc opéré aucune mutation au profit de
« la femme Costedouat, qui est rentrée de plein droit
« dans sa propriété. Il n'était sujet, en vertu de l'art:
« 68, § 3, n. 7, de la loi du 22 frim. an 7, qu'au droit
« fixe d'enregistrement. »

7233. *Erreur.* — Il n'y a pas de consentement valable s'il n'a été donné que par erreur. — C. 1109.

7234. *Erreur sur la substance.* — L'erreur sur la
substance même de la chose qui fait l'objet de la convention est une cause de nullité. — C. 1109.

Ainsi, lorsqu'il est prouvé que l'acheteur n'a point
reçu les objets qu'il avait achetés, soit quant à la nature,
soit quant à la qualité, la résolution judiciaire de la
vente n'opère que le droit fixe, car elle n'a rien de
translatif, la vente n'ayant pas eu lieu. — Dél. 16 déc.
1828 ; J. E. 9193. — Sol. 7 juill. 1864 ; R. P. 1947-3.
— Dall. R. 2486. — Ch. Rig. 392.

7235. *Faillite.* — Sont nuls et sans effet, relativement à la masse, lorsqu'ils auront été faits par le débiteur depuis l'époque déterminée par le tribunal comme
étant celle de la cessation de ses paiements, ou dans
les dix jours qui auront précédé cette époque : — tous
actes translatifs de propriétés mobilières ou immobilières à titre gratuit ; — tous paiements soit en espèces,
soit par transport, vente, compensation ou autrement,
pour dettes non échues ; — tous paiements faits autrement qu'en espèces ou effets de commerce ; — toute
hypothèque conventionnelle ou judiciaire, et tous
droits d'antichrèse ou de nantissement constitués sur
les biens du débiteur pour dettes antérieurement contractées. — C. com. 446.

La nullité de ces actes étant de *plein droit*, il en
résulte qu'aucun droit de rétrocession ne peut être
perçu lorsque les biens retournent des mains des acquéreurs, des donataires ou légataires en la possession
de l'actif de la faillite. « Attendu que l'effet de l'état de
« faillite, par rapport à l'application des droits d'en-
« registrement, a été d'exempter du droit proportionnel
« de mutation l'arrêt de la Cour de Colmar du 30 juil.
« 1819, qui, à raison de cet état de faillite, a prononcé
« la résolution de ladite vente. » — Cass., 31 déc.
« 1823 ; Sir. 24. 1. 248 ; J. E. 7666.

7236. *Incapacité.* — « La capacité de contracter est
« une des quatre conditions essentielles déterminées
« par l'article 1188 du Code civil pour la validité des
« conventions. Or, aux termes de l'art. 1121 du même
« Code, les mineurs sont incapables de contracter ;
« l'acte d'acquisition consenti par un individu en état
« de minorité est donc vicié dans son essence, et
« entaché d'une nullité radicale.

« Sous l'ancienne législation, le défaut de capacité
« des parties, telles que les femmes, les interdits, les
« mineurs, les insensés, était rangé parmi les causes
« primitives et inhérentes de nullité qui rendaient la
« résolution de l'acte exempt du droit de centième
« denier. Le même principe est applicable sous la

« législation actuelle, à l'égard du droit de rétroces-
« sion immobilière, lorsque la résolution du contrat
« est prononcée en partie. » — Dél. 31 déc. 1830 ;
I. 1354-5. — *Contrà* : Cass. 5 germ. an 13.

7237. *Inexécution des conditions.* — La rescision
du contrat prononcée pour cause d'inexécution des
conditions emporte rétrocession passible du droit proportionnel ; il n'y a pas là de *nullité radicale*, puisqu'il
s'agit d'une circonstance *postérieure* à la mutation,
d'un vice *ex post facto*.

C'est ce qui a été décidé en matière :
De *donation*; — Cass. 14 nov. 1815. — 22 mai 1844 ;
I. 1723-3; J. E. 13523; J. N. 12036. — 30 déc. 1844;
I. 1732-4; J. E. 13646; J. N. 12205.

De *cession* du droit d'exploiter une mine ; — Ancenis. 25 janv. 1850 ; J. E. 14952.

De *cession* d'office ; Sol. 11 fév. 1832 ; J. E. 10401.
— Nevers. 26 fév. 1833 ; J. E. 10630. — Dél. 7 févr.
1834 ; J. E. 10846.

De *partage anticipé* : le droit est alors dû à 2. 50 %
sur les meubles et à 4 % sur les immeubles ; — Sol.
21 août 1832 ; J. E. 10423. — Saint-Quentin, 11 mai
1849 ; J. E. 13020.

De *transport* de créances. — Sol. 2 oct. 1833 ; J. E.
10883.

7238. *Ingratitude.* — L'annulation d'une donation
pour cause d'ingratitude n'opère pas une rétrocession ;
elle ne fait que remettre les choses dans l'état où elles
étaient avant la donation, par l'effet d'une résolution
prévue par la loi. Ainsi le jugement qui prononce cette
résolution n'est passible que du droit fixe, déterminé
pour les jugements portant résolution de contrats pour
cause de nullité radicale. — Dél. 30 janv. 1829 ; J. E.
9279.

7239. *Interdit.* — Un simple droit fixe est dû sur
le jugement qui prononce la résolution, pour cause
de nullité, de la vente faite par un interdit, même
avant son interdiction : « Attendu que la cause de la
« nullité était et devait être notoire (C. 503) ; que,
« dès lors, l'acquéreur ne pouvait pas s'opposer avec
« succès à la décision judiciaire qui devait en résulter ;
« que cette nullité était radicale, puisqu'elle ne pou-
« vait être couverte ni par une ratification, ni par
« aucun autre moyen, dès que cette incapacité, juri-
« diquement déclarée, subsistait toujours : d'où résul-
« tait que l'art. 68, § 7, de la loi du 22 frim. an 7, était
« applicable, et qu'il n'était dû que le droit fixe. »
— Dél. 4 nov. 1831 ; I. 1398-3.

7240. *Lésion.* — La nullité résultant de la lésion
n'est point une nullité radicale, mais seulement une
cause de rescision du contrat. Dès lors, le jugement
qui prononce la rescision d'une vente pour cause de
lésion est passible du droit de rétrocession. — Cass. 5
germ. an 13. — 17 déc. 1811; J. E. 4114. — D. F.
23 sept. 1830; I. 1347-4. — Cass. 11 nov. 1833; I.
1451-2; J. E. 10806. — Lyon, 14 août 1839; J. E.

12357. — Seine, 7 déc. 1848 ; J. E. 14651. — Cass. 11 janv. 1871.

Ce dernier arrêt est conçu en ces termes :

« Vu l'art. 68, § 3, n° 7, de la loi du 22 frim. an VII ; « l'article 69, § 7, n° 1er, de la même loi ; et l'art. « 45, n° 5, de celle du 28 avr. 1816 ; — attendu qu'il « résulte des dispositions de l'article 68 ci-dessus cité « que, pour que la résolution d'un contrat ne donne « lieu qu'à la perception d'un droit fixe d'enregistre- « ment, il faut que cette résolution soit prononcée « pour cause de nullité radicale ; — attendu que l'ac- « quisition mentionnée dans le contrat de vente d'im- « meuble objet de la demande primitive n'était point « radicalement nulle ; — attendu, en effet, que l'action « en rescision pour cause de lésion, loin d'impliquer « l'idée d'une nullité radicale affectant le contrat dans « son essence même, et par conséquent dans son « caractère obligatoire entre les contractants, suppose, « au contraire, la validité et la force obligatoire de la « convention jusqu'au jour où le vendeur en fait pronon- « cer la rescision ; que l'on ne saurait, d'ailleurs, « reconnaître au simple vice de lésion le caractère et « les effets d'une nullité radicale, puisqu'il est de la « nature d'une telle nullité d'engendrer une action « qui ne se prescrirait que par un long espace de « temps, tandis que l'action en rescision pour cause « de lésion est renfermée par la loi dans un délai très- « court, ce qui implique nécessairement, de la part du « législateur, la volonté de protéger le contrat de « vente contre toute attaque qui se produirait après « ce court délai, et puisqu'en outre le défendeur à « l'action pourrait écarter cette action en payant le « supplément du prix ; — attendu qu'il résulte de là « que la résolution de vente qui s'est opérée dans « l'espèce ne peut être regardée que comme une nou- « velle transmission, sujette par conséquent au droit « proportionnel, et qu'en déclarant, contre la demande « de la Régie, que le jugement constatant cette réso- « lution avait été valablement enregistré moyennant « un droit fixe, le jugement attaqué a violé les dispo- « sitions de loi invoquées par le pourvoi ; — casse. »

7241. *Échange.* — A fortiori, en est-il de même si un échange est résolu pour cause de lésion, puisque la rescision n'a pas lieu dans le contrat d'échange (C. 1706). — I. 245.

7242. *Servitude.* — Le jugement qui résout une vente pour servitude occulte inconnue de l'acheteur est fondé sur une nullité radicale et passible du droit fixe. — Dél. 28 nov. 1865 ; R. P. 2249.

7243. *Succession future.* — La donation faite par un père à ses enfants de tous ses biens présents, dont un quart par préciput, à la charge de payer à ses frères acceptant une somme fixe pour les remplir de leurs droits, est nulle comme constituant un traité sur une succession non ouverte. Donc le jugement qui l'annule par ce motif n'est sujet qu'au droit fixe. — Sol. 15 fév. 1832 ; J. E. 10299.

7244. **Délai pour l'exercice de l'action en résolution.** — Dans tous les cas où l'action en nullité ou en rescision d'une convention n'est pas limitée à un moindre temps par une loi particulière, cette action dure dix ans. — Ce temps ne court, dans le cas de violence, que du jour où elle a cessé ; dans le cas d'erreur ou de dol, du jour où ils ont été découverts ; pour les actes passés par les femmes mariées non autorisées, du jour de la dissolution du mariage. Le temps ne court. à l'égard des actes faits par les interdits, que du jour où l'inter- diction est levée ; et à l'égard de ceux faits par les mi- neurs, que du jour de la majorité. — C. 1304.

Toute résolution prononcée après l'expiration du délai ci-dessus doit être considérée comme faite du seul consentement des parties ; car, le délai expiré, la con- vention était devenue inattaquable. Une pareille réso- lution serait donc, dans tous les cas, passible du droit proportionnel.

7245. **Liquidation du droit.** — Dans tous les cas où un jugement prononçant la résolution d'un contrat est passible du droit proportionnel, ce droit est dû d'après les bases du contrat résolu. — Cass. 14 mai 1823 ; Pr. chron. 603. — Dél. 16 juin 1835 ; J. E. 11221. — Seine, 16 juin 1841 ; J. E. 12776.

7246. *Nue propriété.* — Le droit proportionnel de rétrocession ne doit être perçu que d'après le revenu de l'immeuble multiplié par dix, et la moitié du capi- tal des créances et autres valeurs mobilières, sur un jugement qui prononce la résolution d'une donation d'immeubles sous réserve d'usufruit, parce que, par ce jugement, on n'a acquis que la nue propriété des biens, puisque la donation révoquée ne contenait des- saisissement actuel que de la nue propriété, et que d'ailleurs la partie avait recueilli le bien, objet de la donation. Ainsi l'art. 15, n. 8. frim., est dans ce cas parfaitement applicable.—Sol. 23 juin 1837 ; I. 1562-14.

7247. *Résolution partielle.* — Lorsqu'un jugement portant résolution de contrat de vente donne acte au poursuivant de ce qu'au lieu de rentrer dans tous les biens par lui vendus, il consent le maintien des sous-ventes, à la charge par les sous-acquéreurs de lui payer l'intégralité de leur prix, le droit de rétrocession n'est exigible que sur le prix réel des immeubles rentrés dans ses mains.— Dél. 14 juin 1823 ; Rec. Roll. 633.

7248. **Quotité du droit.** — En principe, lorsque le droit proportionnel est exigible, le droit qu'il faut percevoir est celui auquel est tarifé le contrat résolu. — Dél. 16 juin 1835 ;—J. E. 11221.—Sol. 2 oct. 1833 ; J. E. 10883. — Dél. 7 fév. 1834 ; J. E. 10846. — Au- cenis, 25 janv. 1850 ; J. E. 14952. — V. *Rétrocession.* — (7237).

Cependant, la résolution d'une donation doit être assujettie au droit de 5.50 °/₀ sur la valeur vénale des biens au jour du jugement, à déclarer par les parties ; car la résolution, étant accordée au donateur en répa- ration du préjudice qu'il a souffert par l'inexécution des

conditions imposées aux donataires, a lieu à titre onéreux. — Cass. 22 mai et 30 déc. 1844 (7237). — Evreux, 24 août 1850; Saint-Quentin, 5 fév. 1851 ; J. E. 15047-4, 15216-2.

Si la résolution de la donation n'était pas basée sur l'inexécution des conditions, c'est le droit de donation qui serait exigible. — Sol. 21 août 1832 ; J. E. 10423. — Saint-Quentin, 11 mai 1842 ; J. E. 13020.

SECT. II. — NON-PAIEMENT DU PRIX.

7249. Règle. — Les jugements portant résolution de contrats de *vente* pour *défaut de paiement* quelconque sur le prix de l'acquisition, lorsque l'acquérenr n'est *point entré en jouissance*, ne sont assujettis qu'au droit *fixe* d'enregistrement, tel qu'il est réglé par l'art. 68 de la loi du 22 frim., § 3, n. 7, pour les jugements portant résolution de contrats pour cause de *nullité radicale*. — 27 vent. an 9, art. 12.

7250. Vente. — Cette disposition n'est applicable qu'aux contrats de vente, d'après le texte formel de la loi.

7251. Non-paiement du prix. — S'il y a eu un paiement *quelconque* effectué sur le prix de l'acquisition, le droit proportionnel est exigible. — Cass. 6 déc. 1820, 18 nov. 1822, 15 avril 1823.

7252. Billets. — Si le vendeur a reçu des billets à valoir sur le prix de la vente, ces billets constituent un paiement, même s'ils n'ont pas été payés à l'échéance, et la résolution est passible du droit proportionnel. — Cass. 18 nov. 1822, 31 déc. 1823.

7253. Frais. — On ne doit pas considérer comme un paiement fait sur le prix la somme versée pour droits d'enregistrement et frais d'acte. — Sol. 17 nov. 1829; J. E. 9612.

7254. Vente à la mesure. — Le jugement qui prononce, pour défaut d'exécution, la résolution d'une vente de denrées faite à la mesure moyennant un prix partiellement payé, donne ouverture au droit de 2 %. — Carcassonne, 9 fév. 1869; R. P. 2952.

7255. Preuve du paiement. — La preuve de paiement qui résulte d'un acte authentique ne peut être détruite par une contre-lettre :

« Vu l'art. 12 de la loi du 27 vent. an 9, et l'article « 69, § 7, n. 1, de la loi du 22 frim. an 7; — attendu « qu'il résulte de l'acte public du 9 août 1807 la preuve « que le prix de la vente consenti par cet acte a été « payé comptant; que, vis-à-vis de l'administration de « l'enregistrement et des domaines, cette preuve ne « peut être détruite par le jugement du 24 juin 1812, « qui n'a été rendu qu'entre les parties contractantes, « sur leurs simples déclarations et sur une contre-lettre

« du contrat de vente, qui, outre qu'elle n'a acquis de « date certaine que le 8 mai 1810, jour de son enregis-« trement, ne peut produire aucun effet contre les tiers; « que, dès lors, l'administration de l'enregistrement et « des domaines a été bien fondée à considérer la réso-« lution du contrat de vente prononcée par ledit juge-« ment, comme une rétrocession déguisée, assujettie « au droit proportionnel réglé par l'art. 69, § 7, n. 1, « de la loi du 22 frim. an 7, et qu'en écartant la « demande en paiement de ce droit, le tribunal civil « de Mont-de-Marsan a fait une fausse application de « l'art. 12 de la loi du 27 vent. an 9, et, par suite, a « violé le § 7, n. 1, de l'art. 69 de celle du 22 frim. an « 7 ; — casse. » — Cass. 11 juill. 1814.

Dans le même cas, la preuve du paiement ne pourrait être non plus détruite par l'aveu des parties. — Cass. 12 nov. 1834; I. 1484-5; J. E. 11088.

7256. Preuve tardive. — C'est au moment de l'instance que l'administration doit fournir la preuve du paiement.

Ainsi, le jugement qui prononce la résolution d'une vente, par le motif que le vendeur n'a rien reçu sur le prix, et que le contrat de vente n'a encore reçu aucune exécution de la part de l'acquéreur, n'est passible que du droit fixe; et l'on ne peut revenir contre cette perception, pour réclamer le droit proportionnel, quand même on découvrirait ultérieurement que l'acquéreur avait fait acte de propriété en affermant les biens. — Dél. 2 avril 1830; J. E. 9582.

7257. Entrée en jouissance. — Le bénéfice du droit fixe ne peut être accordé que si l'acquéreur n'est point entré en jouissance.

L'entrée en jouissance dont parle la loi est une entrée en jouissance de *fait;* il ne suffit pas qu'aux termes du contrat, la jouissance soit acquise à l'acquéreur du jour même de ce contrat; il faut de plus qu'il ait fait acte de possession, par exemple affermé, cultivé, revendu, etc. — Ch. Rég. 489. — Dall. R. 2517. — R. G. 11118. — Cass. 31 déc. 1823. — Seine. 16 juin 1841. — Alais. 28 juin 1848; J. E. 14530. — Cass. 14 mars 1849; I. 1837-11; J. E. 14603. — Nantes. 6 juill. 1850; J. E. 15052-4. — Seine, 26 janv. 1867; R. P. 2418.

La preuve de l'entrée en jouissance peut résulter du rapprochement des clauses du contrat de vente avec les faits révélés dans la procédure de résolution; — Seine. 15 déc. 1865; R. P. 2443. — ou du chef du jugement portant autorisation au demandeur d'expulser les acquéreurs. — Seine, 24 août 1867; R. P. 2673.

Mais des dévastations commises par l'acquéreur sur l'immeuble dont la vente est résolue faute de paiement du prix ne sont pas une preuve d'entrée en jouissance réelle. — Dél. 17 nov. 1829; J. E. 9612.

Le jugement qui résout la vente d'une entreprise de voitures de place et du brevet de circulation donne lieu au droit proportionnel, si l'acquéreur a fait de ces valeurs l'objet de sa mise dans une société créée pour l'exploitation de l'entreprise. — Seine. 3 mai 1843 ; J. E. 10129.

7258. Inexécution des conditions. — Il y a rétrocession passible de 5. 50 %, lorsque l'acquéreur, *étant entré en jouissance*, fait résoudre la vente faute *par le vendeur* d'avoir exécuté les conditions imposées. — Metz, 8 juin 1849; J. E. 14840.

7259. Constatation d'une résolution volontaire. — Le droit fixe n'est applicable qu'aux résolutions prononcées par jugement. Dès lors, le jugement qui constate que la vente d'un immeuble a été volontairement et verbalement résolue, faute de paiement du prix; est passible du droit simple et même du double droit de rétrocession, si plus de trois mois se sont écoulés depuis cette résolution. — Tarbes, 10 juin 1844; J. E. 13546.

Ch III. Résolution volontaire.

7260. Principe. — Les résolutions *volontaires* sont assujetties au droit proportionnel. — Cass. 5 germ. an 13, 30 janv. 1815, 21 mars 1821. — Ploërmel, 1er fév. 1853; J. E. 15566.

L'arrêt du 21 mars 1821 est conçu en ces termes :

« Attendu que, quelque absolue et radicale que pût
« être, dans l'opinion des parties contractantes, la nul-
« lité de l'acte de vente passé par Carrie à Daveau, le
« 30 fructidor an 10, cette nullité ne pouvait être éta-
« blie contre la régie, et avoir l'effet de soustraire la
« rétrocession de l'objet vendu à la perception d'un
« droit proportionnel de mutation qu'autant que cette
« nullité aurait été prononcée par un jugement, parce
« que la disposition de l'art. 69, qui assujettit à ce droit
« toute rétrocession d'immeubles, est générale et ne
« fait aucune exception en faveur des *rétrocessions*
« volontairement opérées, pour cause même de nullité
« radicale; que seulement l'art. 68 *excepte* du droit
« proportionnel et soumet à un simple droit fixe de
« 3 fr., *les jugements portant annulation de contrat pour
« cause de nullité radicale*, disposition qui a évidemment
« pour objet de prévenir les collusions frauduleuses
« par lesquelles des parties annuleraient volontaire-
« ment des ventes librement consenties et même exé-
« cutées, comme dans l'espèce, sous le prétexte d'une
« prétendue nullité radicale, que la régie n'est ni obligée
« ni à portée de discuter, et échapperaient ainsi à la per-
« ception du droit proportionnel : d'où il suit que, hors
« le cas d'une nullité judiciairement reconnue et pro-
« noncée, toute *rétrocession volontaire* rentre dans la dis-
« position de l'art. 69 de la loi : qu'ainsi le jugement
« attaqué, en affranchissant du droit proportionnel établi
« par cet article, la *rétrocession volontaire* de Daveau au
« profit de son vendeur Carrie, de l'immeuble par lui
« acquis par l'acte du 30 fructidor an 10, a fait, tout à
« la fois, une fausse application de l'art. 68, et une vio-
« lation directe de l'art. 69 de ladite loi du 22 frim. an
« 7, aux numéros ci-dessus énoncés; — casse. »

7261. Chose d'autrui. — La résolution volontaire de la vente du bien d'autrui donne lieu au droit proportionnel, car le droit fixe n'est applicable qu'aux résolutions prononcées par jugement. — Sol. 8 juin 1831; Rec. Roll. 3328. — Moissac, 5 juin 1838; J. E. 12078.

On doit considérer comme une rétrocession volontaire sujette au droit proportionnel l'acte par lequel l'acquéreur du bien d'autrui consent à le restituer contre le versement du prix et des frais aux héritiers des vendeurs qui en étaient personnellement propriétaires. — Bergerac, 19 fév. 1868; R. P. 2741.

7262. Résolution dans les vingt-quatre heures. — Cependant ne sont sujets qu'au droit fixe de 3 fr. les résiliements *purs et simples* faits par *actes authentiques* dans les *vingt-quatre heures* des actes résiliés. — Frim. art. 69, § 1, n. 40. — 28 avril 1816, art. 43, n. 20. — 28 fév. 1872, art. 4.

7263. Droits de l'acte résilié. — Mais, dans ce cas, l'acte résilié n'en reste pas moins soumis au droit proportionnel :

« Attendu que l'art. 68, n. 40, de la loi du 22 frim.
« an 7, et l'art. 43, n. 20, de la loi du 28 avril 1816,
« ont soumis à un droit fixe les résiliements purs et
« simples faits par actes authentiques dans les vingt-
« quatre heures des actes résiliés, mais qu'ils n'ont
« point dit que les actes résiliés ne seraient soumis
« qu'à un simple droit fixe, comme les actes qui les
« résilient; — attendu qu'aucune disposition de la loi
« n'affranchit du droit proportionnel un acte d'adjudi-
« cation à raison de l'événement ultérieur de sa rési-
« liation, par le consentement volontaire des parties;
« — attendu que, dans l'espèce, une adjudication a
« eu lieu, par-devant notaire, le 5 oct. 1841, au profit
« des époux Verneray; — que le jugement attaqué, en
« refusant de déclarer cet acte passible du droit pro-
« portionnel, par le motif que les parties l'ont volon-
« tairement résilié par acte du lendemain, a faussé-
« ment appliqué l'art. 43, n. 20, de la loi du 28 avril
« 1816, et formellement violé les articles précités, et
« notamment l'art. 52 de la loi du 28 avril 1816, qui
« fixe à 5 et demi % le droit d'enregistrement des
« ventes d'immeubles; — sans qu'il y ait lieu de sta-
« tuer sur le deuxième moyen; — casse. » — Cass.
9 avril 1844; I. 1723-6.

Ch. IV. — Questions diverses.

7264. Appel. — Un jugement qui prononce la résolution de la vente d'un immeuble, pour défaut de paiement du prix, l'acquéreur étant entré en possession, et fait ainsi entrer dans la main du vendeur la propriété dont il n'avait plus la jouissance, est passible du droit proportionnel, nonobstant l'appel qui peut être interjeté. — Av. d'Et. 1er juin 1807 et 22 juin 1808. — Cass. 21 nov. 1827; I. 1230-6.

7265. Conciliation. — La résolution constatée dans un procès-verbal de conciliation ne peut profiter du bénéfice du droit fixe. — Cass. 1er frim. an 9, 19

germ. an 13. — Ploërmel, 1er fév. 1853 ; Bull. M. D. 3804.

L'arrêt du 19 germ. an 13 porte :

« Attendu que, par acte reçu de notaire, le 13 mess.
« an 4, Henri Dejon avait vendu à François Soudan la
« généralité de ses biens meubles et immeubles,
« moyennant 20,000 fr., dont 12,000 furent payés
« comptant, et le surplus fut délégué aux créanciers
« du vendeur ; — que cette vente, ainsi faite sous con-
« dition résolutoire, réunissait tous les caractères d'une
« vente pure, qui avait reçu sa perfection et sa con-
« sommation définitive à l'instant même de la rédac-
« tion du contrat ; — attendu que le même Dejon avait
« fait citer le même Soudan en conciliation par-de-
« vant le bureau de paix de la Roche, par acte du
« 26 vent. an 9, pour se concilier sur la demande en
« nullité de ladite vente, comme ne l'ayant consentie
« qu'en haine de la loi du 17 niv. an 2 ; — que ledit
« Soudan avait reconnu, dans le procès-verbal auquel
« il avait comparu, la sincérité de cette assertion, et
« avait consenti, en conséquence, à la résolution de
« ladite vente ; que ledit Dejon avait accepté ledit con-
« sentement. et que ledit juge de paix avait donné acte
« aux parties de tout ce qui venait de se passer par-
« devant lui ; — attendu que ledit procès-verbal, loin
« de présenter les caractères d'une véritable résolution,
« ne pouvait au contraire être considéré que comme
« une rétrocession faite par l'acquéreur au profit de
« son vendeur des objets compris dans la première
« vente, rétrocession qui donnait nécessairement ou-
« verture à l'exigibilité du droit proportionnel ; — et
« attendu encore qu'en la qualifiant de résolution du
« premier contrat, et comme telle, en ne la déclarant
« passible que d'un droit fixe de 3 fr., les juges du tri-
« bunal de Bonneville ont fait tout à la fois une fausse
« application dudit art. 68, et ont également contre-
« venu au § 7, n. 1, dudit article 69 de ladite loi du
« 22 frim. an 7, ci-dessus rappelés ; — casse. »

7266. Condition résolutoire. — Lorsqu'une vente a été consentie sous une condition résolutoire et que, sans attendre la réalisation de cette condition, les parties annulent la vente volontairement, comme si la condition s'était réalisée. le droit de rétrocession est dû. — Romorantin, 27 avril 1849 ; J. E. 14729.

La résolution opérée en vertu d'une condition résolutoire stipulée dans un acte est passible du droit proportionnel. — Cass. 6 déc. 1820, 15 avril 1823, 22 mai et 30 déc. 1844. — Arlon, 25 juill. 1867 : R. P. 2715.

7267. Condition suspensive. — La résolution prononcée *conditionnellement* n'est jamais passible que du droit fixe. puisqu'elle n'opère pas mutation. — Cass. 22 août 1815. 23 févr. 1818, 27 mai 1823.

Ainsi, le droit fixe est seul applicable au jugement qui prononce une résolution de vente d'immeubles, au cas où le prix ne serait pas payé dans un délai déterminé. Mais du moment qu'il est établi que les vendeurs se sont mis en possession de l'immeuble dont l'acquéreur devait être évincé, au cas où il n'aurait pas soldé son prix dans le délai indiqué, le droit de rétrocession

devient exigible. — Brives. 23 janv. 1850 ; J. E. 15052-2. — Saverne, 16 avril 1851 ; J. E. 15245.

7268. Mutation affectée d'une condition suspensive. — Lorsque la transmission n'a pas été effectuée, la résolution du contrat ne peut produire de nouveaux droits de mutation. Il y a condition suspensive dans une clause d'adjudication volontaire portant que la vente du fonds de commerce adjugé n'aura son effet et n'opérera transmission au profit de l'adjudicataire qu'autant que celui-ci aura. dans la huitaine, payé les frais de l'adjudication et fourni caution. Par suite, l'acte par lequel l'adjudicataire. en se désistant du bénéfice de l'adjudication, reconnaît n'avoir pas rempli cette condition, et n'avoir jamais eu, sur les objets vendus, aucun droit de propriété, n'est point une rétrocession volontaire des mêmes objets, et n'opère pas de droit proportionnel. — Cass. 8 juill. 1822 ; Pr. chron. 530.

7269. Donation. — L'acte volontaire par lequel le donateur et les donataires résilient la donation d'un commun accord, dans l'intérêt et pour l'utilité réciproque de chacune des parties, est passible, non du droit de mutation à titre gratuit, mais du droit de mutation à titre onéreux sur la valeur vénale des biens. — Cass. civ. 24 août 1869.

« Vu les art. 69, § 5, n° 1, et § 7, n° 1, de la loi du 22 frim.
« an 7, et 52 de la loi du 28 av. 1816 ; — attendu que
« le traité du 20 sept. 1866, par lequel Anne Baillet et
« les deux enfants nés de son premier mariage ont,
« d'un commun accord. résilié la donation à titre de
« partage anticipé du 20 fév. 1865, a été passé dans
« l'intérêt et pour l'utilité réciproque de chacune des
« parties ; qu'en effet les donataires ont rétrocédé à la
« donatrice, leur mère, les meubles et les immeubles
« objets de la donation, en vue de s'affranchir de la
« rente viagère dont le service à eux imposé comme
« charge de la donation était insuffisamment garanti
« entre eux à raison du mode suivant lequel les lots
« avaient été composés, et que la rétrocession n'a été
« acceptée par la donatrice que pour prévenir l'action
« récursoire que son second mari aurait pu exercer à
« cause de l'abandon par elle fait, en pleine propriété,
« d'immeubles sur lesquels ce dernier avait eu un droit
« d'usufruit, aux termes de son contrat de mariage du
« 12 février 1865 ; — attendu que, dans ces circons-
« tances, la rétrocession avait les caractères juridiques
« d'un contrat intéressé ou commutatif ; qu'à la vérité
« elle a été opérée sans stipulation de prix, mais que
« l'absence d'un prix ne suffit pas pour enlever à la
« convention le caractère de contrat intéressé que lui
« imprimeraient les concessions réciproques faites par
« les parties à raison des difficultés auxquelles au-
« rait donné lieu l'exécution de l'acte de partage ;
« que par cela même la rétrocession était passible du
« droit proportionnel de transmission auquel sont
« tarifés les actes translatifs à titre onéreux ; — d'où il
« suit qu'en décidant le contraire et en jugeant en
« conséquence que la résolution volontaire de la dona-
« tion était un contrat de même nature que l'acte

« résilié et, à ce titre, assujetti au droit de donation
« ordinaire, le jugement attaqué a fait une fausse ap-
« plication des art. 69, § 4, n° 1. et § 6, n° 2, de la loi
« du 22 frim. an 7, 54 de la loi du 28 av. 1816, 10 de
« la loi du 18 mai 1850, et ouvertement violé les art.
« 69, § 5, n° 1, et § 7, n° 1, de la loi du 22 frim. an
« 7, et 52 de la loi du 28 av. 1816 ; — casse. »

Il en est de même au sujet de la résolution d'une
donation pour inexécution des conditions. — Cass.
14 nov. 1815. — 22 mai et 30 déc. 1844 ; I. 1723-3,
1732-4 ; J. E. 13523, 13646.

7270. *Remboursement d'une somme donnée.* — L'acte
par lequel le donataire, sur la demande du donateur,
rembourse à ce dernier la somme que celui-ci lui a
donnée. donne ouverture au droit de donation.—Dreux,
28 mai 1862 ; R. P. 1628.

7271. Jugement d'expédient. — Le jugement d'*expédient* n'étant autre chose que la constatation des
arrangements survenus entre les parties, la résolution
prononcée par un jugement de cette nature donne
ouverture au droit proportionnel. — Cass. 7 févr. 1854 ;
I. 2015-6.

7272. Jugement par défaut. — Lorsqu'un jugement
de résolution encourt le droit de rétrocession, ce droit
est exigible lors même qu'il a été rendu par défaut et
sans qu'il soit nécessaire d'attendre la prise de possession réelle de l'immeuble par le vendeur. — D. F.
6 pluv. an 13 ; J. E. 1960. — Cass. 14 frim. an 14 ;
J. E. 2260. — 7 mai 1806 ; J. E. 2450.

7273. Jugement sur consentement des parties. —
Le jugement qui, sur le consentement des parties,
prononce la résolution d'un contrat de vente ne peut
être considéré que comme une rétrocession volontaire
donnant lieu au droit proportionnel. — Cass. 24 avril
1822 ; J. E. 7260. — 11 nov. 1833 ; I. 1451-2 ; J. E.
10806. — Seine, 7 déc. 1848.

7274. Jugement sur prorogation de compétence. —
De même. la résolution d'un contrat prononcée par un
juge de paix, dont les parties ont prorogé la compétence, ne constitue pas la résolution par jugement dont
parle la loi de l'an 7. C'est là uniquement une résolution faite par le consentement des parties. Décidé en
ce sens que le jugement de juge de paix qui, sur prorogation de compétence, prononce la résolution d'une
cession d'action de la banque de France pour cause
de non-livraison est passible du droit proportionnel.—
Seine, 12 juill. 1838 ; J. E. 12121.

7275. Mandat. — Le jugement qui résout un acte
d'échange passé par un mandataire en dehors des
limites de son mandat ne prononce pas un résolution
pour vice radical : « Attendu que l'acte d'échange du
« 16 juillet 1838 n'a été déclaré nul par le jugement
« du 5 février 1841 que par des motifs tirés de la faute

« des parties, et non par suite de nullité radicale de
« l'acte lui-même ; d'où il suit qu'en décidant que
« cet acte avait entraîné une mutation nouvelle, le
« jugement attaqué, loin d'avoir violé les dispositions
« de la loi du 22 frim. an 7, en a fait au contraire une
« juste application. »—Cass. 24 janv. 1844 ; I. 1713-7 ;
J. N. 11990 ; J. E. 13513-1.

7276. Obligation de faire. — La résolution prononcée par jugement d'une convention verbale et d'a-
près laquelle une partie s'était engagée, moyennant
une somme déterminée, à fournir certains objets
mobiliers, n'opère pas une rétrocession de la propriété
de ces objets. donnant ouverture à la perception d'un
droit proportionnel : une telle convention ne peut être
assimilée à une vente, mais à une promesse de faire,
dont l'exécution ne pourrait se résoudre qu'en dommages-intérêts, sans que l'arrêt qui le décide ainsi, par
l'interprétation des contrats, puisse subir la critique
de la Cour de sassation. — Cass. 29 janv. 1839.

7277. Prescription. — Quelle que soit la cause de
la résolution, on ne peut voir une rétrocession dans le
jugement que prononce contre l'acquéreur la résolution d'une vente avec déclaration, néanmoins, que
cette résolution doit se résoudre en dommages-intérêts, attendu que les sous-acquéreurs ont prescrit ; car
on ne peut voir une translation de propriété dans cette
espèce où le vendeur ne peut rentrer en possession de
son immeuble. — Dél. 23 nov. 1840 ; J. E. 12623.

7278. Prise de possession partielle. — Lorsque la
vente d'une usine et de son matériel réputé immeuble
par destination. a été consentie pour des prix distincts,
le jugement qui, prononçant la résolution du contrat
pour défaut de paiement de prix. constate que l'acquéreur n'avait pris possession que du matériel, donne
ouverture au droit fixe, en ce qui concerne l'usine et
au droit de 2 % en ce qui regarde le matériel. — Sol.
belge, 6 juill. 1858 ; R. P. 1113.

7279. Quittance. — Des père et mère, après avoir
reconnu que la dot par eux constituée à leur fille, et
dont la célébration du mariage devait valoir quittance,
n'avait pas été payée, et s'étant obligés de l'acquitter
dans un délai déterminé en fournissant hypothèque,
décidé que le droit d'obligation n'était pas exigible. Le
donateur reconnaissant lui-même que le paiement n'a
pas eu lieu, la présomption légale de libération qui
existait à son profit, aux termes de l'art. 1352 C. a
disparu, et l'aveu de la partie intéressée faisant la loi
des contractants, on doit admettre pour constant que
la dette n'a réellement jamais été éteinte, ce qui
éloigne la perception du droit d'obligation, et ne laisse
exigible que le simple droit fixe. — Sol. 31 janv. 1850 ;
R. G. 11026.—*Contra :* Sol. 21 déc. 1837 ; J. E. 11995.

7280. Ratification.—Le droit de 5 50 % est exigible
sur l'acte par lequel l'acquéreur d'un immeuble,

vendu pendant la minorité des propriétaires, reçoit de la mère de ceux-ci le prix de ces immeubles qui sont remis aux mineurs devenus majeurs qui ont refusé de ratifier, lorsque d'ailleurs la nullité de la vente n'a pas été judiciairement prononcée. — Vassy, 19 déc 1844; J. E. 13710. — Bergerac, 19 fév. 1868; Cuёn. 11426-3.

Le sieur et dame Delatouche ont *vendu une pièce de terre à la demoiselle Fouré, majeure, non présente, mais représentée par son père acceptant pour elle. Ultérieurement, et par un autre acte notarié, les vendeurs ont déclaré, en présence du sieur Fouré, « révoquer le consentement par eux donné à la vente. attendu que ce dernier, en acceptant pour sa fille, ne s'était point porté fort pour elle avec promesse de la faire ratifier; qu'il n'avait aucun mandat de sa part à l'effet d'acquérir, et qu'enfin, la ratification n'avait pas été faite. » Le droit proportionnel perçu sur ce second acte a été restitué, par le motif que la demoiselle Fouré n'ayant pas ratifié, il ne s'était jamais formé de contrat entre elle et les acquéreurs. — Dél. 14 avril 1829; R. G. 11016-2.

7281. *Femme mariée.* — Si le mari qui a vendu le propre de sa femme résilie le contrat pour défaut de ratification de celle ci, le droit fixe seul est dû. — Sol. 14 nov. 1868:

« Suivant l'art. 69, § 7, n° 1, le droit proportionnel
« de vente d'immeubles s'applique aux actes de vente,
« revente, cession, *rétrocession*, et en général aux
« actes translatifs de propriété ou d'usufruit à titre
« onéreux : il y a donc lieu de déterminer si l'acte de
« résiliation, pour refus de ratification, d'une vente
« faite sous la promesse de ratification du propriétaire,
« opère une rétrocession; la négative est certaine; en
« effet, une vente faite sous condition de la ratification
« du propriétaire qui refuse cette ratification n'a point
« transmis la propriété; la résiliation pour refus de
« ratification ne peut ainsi être une rétrocession; par
« ce motif, une délibération du 14 avril 1829 a décidé
« qu'il n'est point dû de droit proportionnel sur la
« résiliation d'un contrat de vente, par suite du refus
« de ratification de la part du tiers au nom duquel
« l'acquisition avait été faite; en effet, le tiers désigné
« pour acquéreur n'ayant jamais été propriétaire, l'im-
« meuble n'a pas cessé d'appartenir au vendeur; il
« doit en être de même lorsque, comme dans l'espèce,
« c'est l'individu pour le compte duquel on a vendu
« qui refuse de ratifier la vente; il n'a jamais cessé
« d'être propriétaire; l'immeuble n'a point été trans-
« mis à la personne qui s'est portée pour acquéreur;
« en conséquence, la résiliation du contrat pour cause
« de refus de ratification ne peut opérer une mutation
« nouvelle. — On ne saurait prétexter que l'acte dont
« il s'agit aurait *le caractère d'une rétrocession, parce
« que la femme, ne comparaissant à l'acte ni par elle
« ni par son mandataire, ne vient pas déclarer formel-
« lement son refus de ratification.* Le refus de ratifica-
« tion est suffisamment établi par l'abstention de la
« femme et la déclaration de son mari, son mandataire
« légal. Ces faits justifient pleinement l'impossibilité
« où se trouve le mari de procurer à ceux avec qui il

« avait traité un titre définitif de propriété. L'acte qui
« le délie de l'obligation personnelle qu'il avait con-
« tractée à cet égard et le libère de tout recours qui
« pourrait être dirigé contre lui ne peut être considéré
« comme translatif de propriété à aucun point de vue. »

7282. Réméré. — Le jugement qui déclare le vendeur déchu de la faculté de réméré, faute d'avoir payé
annuellement à l'acquéreur. suivant les conditions du
contrat, les intérêts du prix pour lui tenir lieu de la
jouissance jusqu'à l'expiration du délai de réméré,
n'est pas translatif de propriété, puisqu'il n'a pour effet
que de faire cesser la jouissance réservée, et que cette
propriété n'a pas discontinué de résider dans les mains
de l'acquéreur; ainsi, il n'est pas sujet au droit de
mutation. — Sol. 5 janv. 1832; J. E. 10236.

7283. Renonciation. — Une simple renonciation à
une donation ne pourrait produire l'effet d'une rétrocession ou d'une rétrodonation, qu'autant qu'elle
serait acceptée. Jusqu'à cette acceptation, la renonciation peut être révoquée comme toute promission non
convertie en contrat synallagmatique. La transcription
qui résulterait de la renonciation ne serait parfaite,
comme toute autre mutation. que par le consentement
des deux parties. Il est de principe que toute donation
non acceptée n'est passible que du droit fixe. Il doit
en être de même à l'égard d'une renonciation à une
donation; elle ne peut être considérée comme opérant
une nouvelle donation que lorsqu'elle est acceptée. —
Sol. 8 oct. 1835.

7284. *Acceptation.* — La renonciation à une donation faite par contrat de mariage, relative à des biens
présents, à la seule charge de payer les dettes existantes
à l'époque où elle avait été faite et acceptée, ne peut
tomber sous l'empire de l'article 68, § 1, n. 1, frim., qui,
en soumettant au droit fixe les abstentions, répudiations
ou renonciations à succession. legs ou communauté,
est évidemment inapplicable au cas de la répudiation
d'une donation acceptée. parfaite et consommée, qui,
par là même, lorsqu'elle arrive, emporte rétrocession
de la part du donataire des objets à lui donnés, en
faveur du donateur, et, par une conséquence nécessaire, transmission de propriété à son profit. — Cass.
28 juill. 1806.

7285. Rente viagère. — Sous le prétexte que l'art.
1679 C. interdit au débiteur le droit de racheter la
rente viagère. on ne peut percevoir le droit de 2 º/₀,
comme rétrocession de rente, sur le contrat par lequel
un crédirentier consent la résolution de la rente viagère constituée sur sa tête. Il n'est dû que le droit de
50 c. º/₀ comme remboursement de rente, attendu que si
le créancier ne peut recevoir son capital malgré lui, il
ne s'ensuit pas qu'il ne puisse l'accepter volontairement, ce qui, alors, constitue un simple rachat. — Sol.
19 sept. 1825; Cont. 1026.

95

7286. *Vente.* — La résolution, même volontaire, d'une vente à rente viagère restée sans effet, d'après l'art. 1975 C., parce que le vendeur est décédé. dans les vingt jours de la date du contrat, de la maladie dont il était atteint, ne donne pas lieu au droit proportionnel. — Dél. 27 mai 1828; J. E. 9046.

7287. Résolution non demandée. — Le jugement qui, sur la demande d'un créancier dirigée simultanément contre l'acquéreur et le vendeur d'un immeuble, condamne ceux-ci au paiement de la somme réclamée en déclarant que la vente faite n'était pas sérieuse. ne donne pas ouverture au droit de rétrocession, car l'objet de la demande n'était nullement la résolution de la vente que le tribunal ne prononce pas, puisqu'il se contente d'apprécier la vente. — Saint-Lô, 16 fév. 1836 ; J. E. 11517.

7288. Supplément de droit. — Dès qu'un contrat a été judiciairement résolu, les suppléments de droits auxquels il aurait pu donner ouverture ne peuvent être exigés; car aucune action ne peut être accordée à l'Administration basée sur un acte annulé. — Cass. 15 mai et 20 août 1854; I. 2060-3.

7289. *Constructions.* — On ne peut refuser le paiement d'un supplément de droit sur un jugement qui constate que le vendeur a payé à l'acquéreur la valeur des constructions élevées par ce dernier sur un terrain dont la vente a été résolue antérieurement. — Seine. 1er fév. 1860 ; R. P. 1316.

7290. Transaction. — La transaction sur procès, par laquelle l'une des parties reconnaît la nullité d'une donation entre-vifs, qui lui avait été faite et qu'elle avait acceptée, donne ouverture au droit de rétrocession, alors même qu'un jugement postérieur à cette transaction aurait résolu la donation pour cause de nullité radicale. Ce n'est pas en effet du jugement ultérieur que résulte la résolution. mais de la transaction. C'est un droit qui a été définitivement acquis. — Cass. 30 janv. 1815 ; J. E. 5070. — Sol. 28 sept. 1830; J. E. 9923.

7291. *Jugement.* — Le jugement qui homologue une transaction. ne faisant que sanctionner une résolution volontaire. est passible du droit proportionnel. — Cass. 16 prair. an 13.

7292. *Ratification.* — Si un père, agissant comme se portant fort de sa fille mineure avec promesse de ratification, a vendu un immeuble propre à celle-ci, et que plus tard la fille, ayant refusé sa ratification, rentre en possession de l'immeuble par suite de transaction, le droit de vente n'est pas exigible. — Sol. 22 janv. 1838 ; R. P. 1294.

7293. Transcription. — Tout jugement prononçant la résolution, nullité ou rescision d'un acte transcrit,

doit, dans le mois à dater du jour où il acquiert l'autorité de la chose jugée, être mentionné en marge de la transcription faite sur le registre. — 23 mars 1855, art. 4.

Il faut nécessairement conclure de ces dispositions que les jugements de l'espèce sont dispensés d'une transcription effective et doivent, par suite, n'être assujettis, lorsqu'il y a lieu au droit proportionnel, qu'à celui de 4 %, à l'exclusion du droit de transcription.

C'est ce qui avait été reconnu, du reste, sous la législation précédente, par le motif que l'ancien propriétaire reprenant son bien franc et libre de toutes les charges et hypothèques que l'acquéreur aurait pu consentir, le jugement de résolution n'est pas de nature à être transcrit, en vertu de l'art. 2125 C., qui veut que « ceux qui n'ont sur l'immeuble qu'un droit suspendu par une condition, ou résoluble dans certains cas, ou sujet à rescision, ne puissent consentir qu'une hypothèque somise aux mêmes conditions ou à la même rescision. » — Seine. 3 mars 1820 ; Dél. 30 sept. 1820, 28 sept. 1822 ; D. F. 7 nov. 1823; Sol. 31 juill. 1828.

En présence des termes formels de la loi du 23 mars 1855. il semble qu'il n'y ait plus à tenir compte aujourd'hui de la jurisprudence qui assujettissait au droit de transcription la résolution prononcée au profit d'un cessionnaire ou d'un créancier du vendeur. — Cherbourg, 29 mai 1833 ; J. E. 10726. — Cass. 26 août 1839, 6 mars 1855 ; I. 1601-4, 2042-11. — La loi dit en effet : *tout jugement.* — *Contrà* : Mamers, 3 août 1859 ; R. P. 1256.

7294. Transport. — Le jugement qui prononce la résolution de la cession d'une créance faite moyennant une rente viagère. à défaut de service de cette rente, est sujet au droit de rétrocession de 1 %. et non à celui de 50 c. %, parce qu'il fait rentrer le cédant dans la chose qu'il avait cédée. et qu'il n'y a pas remboursement. - Sol. 2 oct. 1833 ; J. E. 10883.

7295. RESPONSABILITÉ. — Obligation où l'on est de répondre d'un fait.—V. *Acte en conséquence, Caution, Obligation.*

7296. RESSORT. — Ce mot signifie l'étendue du pouvoir attribué à une autorité, soit au point de vue du territoire, soit au point de vue des faits ou des actes. Il exprime aussi le degré de juridiction. — V. *Jugement, Notaire.*

RESTITUTION.

Ch. I. — Notions générales.

7297. Définition.—On entend par *restitution* le remboursement d'une somme indûment exigée ou reçue.

7298. Principe. — Tout droit *régulièrement perçu* en conformité de la loi ne peut être restitué, *quels que soient les événements ultérieurs*, sauf les cas prévus. — Frim. art. 60. — V. *Prescription*.

7299. Qui a le droit de demander la restitution. — C'est aux parties contractantes seules qu'appartient le droit de demander la restitution. Ce droit leur appartient à toutes indistinctement. Mais il ne peut être invoqué par des personnes étrangères aux actes ou aux déclarations. — Arg. frim. art. 61. — Seine, 31 mai 1838; J. E. 12184. — Schelestadt, 20 janv. 1848. — Le Hâvre, 3 mai 1849.

7300. *Créancier.* — Le créancier d'un redevable peut, en exerçant les droits de celui-ci sans son consentement et sans autorisation de justice, demander la restitution des droits indûment exigés de son débiteur (C. art. 1166), sauf à l'Administration à mettre en cause le redevable, si elle le juge utile. — Cass. civ. 23 janv. 1849; Sir. 49. 1. 193; I. 1837-2; J. E. 14659.

7301. *Notaire.* — Les notaires étant obligés d'acquitter pour les parties, au moment de l'enregistrement et sans pouvoir différer, le montant des droits des actes passés devant eux, et se trouvant ainsi débiteurs directs de ces droits vis-à-vis de l'Administration, il s'ensuit, par une conséquence nécessaire, qu'ils ont qualité pour répéter vis-à-vis d'elle ce qu'elle a perçu en trop. — Cass. civ. 5 févr. 1810; Sir. 10. 1. 137; J. E. 4786. — Civ. 1er mars 1825; Sir. 25. 1. 371; J. E. 8017.

Et pour former leur demande en restitution, les notaires ne sont pas obligés d'établir qu'ils ont fait l'avance des droits et n'en ont pas été remboursés. — Seine, 22 juill. 1829; Rec. Roll. 3400.

7302. *Notaire hors de fonctions.* — Le notaire hors de fonctions ne cesse pas d'avoir qualité pour obtenir la restitution des droits indûment perçus sur les actes de son ministère. Pour accueillir une réclamation de cette nature, il suffit que le droit soit restituable, et que la réclamation soit faite par le notaire qui a reçu l'acte dont la perception est irrégulière, sans qu'on ait à examiner s'il est ou non encore en fonctions. — Sol. 6 mai et 13 juin 1833; Rec. Roll. 4103.

7303. *Succession.* — Mais aux droits perçus sur les actes de leur ministère, s'arrête la faculté qui appartient aux notaires d'intervenir directement dans les demandes en restitution : ainsi un notaire n'a pas qualité pour former personnellement la demande en restitution d'un droit de mutation par décès acquitté par un de ses clients, encore bien qu'il en ait fait l'avance. — Seine, 29 mars 1843; J. E. 13239.

7304. *Droits mis à la charge de l'une des parties.* — Si les droits d'un acte ont été mis expressément à la charge de l'une des parties, les autres parties n'ont pas qualité pour en demander la restitution. — Seine, 29 juin 1842. — 26 août 1871; J. E. 19118.

Ch. II. — Régularité de la perception.

7305. Violation de la maxime : Non bis in idem. — Une seule et même mutation ne peut donner ouverture qu'à un seul droit proportionnel. Si deux droits ont été perçus, la perception n'est pas régulière, et il y a lieu à restitution. Ainsi :

7306. *Vente volontaire suivie d'adjudication judiciaire.* — Lorsque la même personne a acquis un immeuble par un acte volontaire, postérieur à la dénonciation de la saisie de cet immeuble, et s'en est ensuite rendue adjudicataire en justice, il n'est dû qu'un seul droit de mutation. En conséquence, le droit d'enregistrement perçu sur le jugement d'adjudication doit être intégralement restitué, si le prix de cette adjudication est inférieur à celui de la vente volontaire. — Dél. 1er avril 1842; J. N. 11295.

7307. *Lettre de change.* — Les droits de timbre et les amendes perçus sur une lettre de change par seconde non timbrée, à laquelle n'a pas été annexée la première, revêtue de la formalité du timbre, ne sont pas restituables, alors qu'à l'appui de la réclamation on apporterait la preuve que la première avait été revêtue du timbre proportionnel. Car rien ne peut prouver que cette première n'a pas été écrite sur papier timbré depuis l'enregistrement de la seconde. — Dél. 24 janv. 1834; J. E. 10868.

7308. *Expertise et contre-lettre.* — Si, après qu'une expertise a donné lieu au paiement d'un droit simple et d'un droit en sus sur le montant d'une dissimulation de prix reconnu dans un acte de vente, une contre-lettre est découverte et enregistrée, les droits payés par

suite de l'expertise doivent être imputés sur le triple droit exigible. — Colmar, 4 mai 1857 ; R. P. 930.

7309. Acte imparfait. — Si un acte imparfait a été soumis au droit proportionnel, il y a eu perception irrégulière, et la restitution doit être faite. Ainsi :

La promesse de vente, faite par une lettre missive, au pied de laquelle se trouve une acceptation sans date émanée d'un tiers se portant fort pour l'acquéreur, ne vaut point vente et n'est point passible du droit de mutation, alors qu'il est constant en fait que l'auteur de cette lettre a rétracté sa promesse six jours après. Si le droit proportionnel a, néanmoins, été perçu, il y a lieu de le restituer, bien qu'un jugement de première instance, infirmé plus tard en appel, ait ordonné l'exécution de la vente. L'administration ne serait pas fondée à refuser ce remboursement, en opposant que le droit aurait pu être régulièrement exigé sur le jugement, et que, s'il eût été perçu dans ces conditions, les parties n'auraient pas été recevables à en demander ultérieurement la restitution. — Cass. civ. 16 mai 1849 ; Sir. 49.1.526 ; J. E. 14742.

La vente à deux acquéreurs dont l'un n'a pas signé ne peut pas donner ouverture au droit de mutation. — Napoléon-Vendée, 23 août 1865 ; R. P. 2808.

Ne peut être considéré comme cession de créance, passible de 1%, l'écrit lequel une personne déclare accepter certaines créances telles qu'elles sont fixées dans un état dressé entre elles et le prétendu cédant, même si les juges ont vu là un commencement de preuve par écrit. En conséquence, si le droit de 1 % a été perçu, il est restituable après un arrêt qui a infirmé le jugement. — Rennes, 14 mars 1865 ; R. P. 2090.

7310. Simulation. — Les droits perçus sur une vente d'immeubles ne deviennent pas restituables, par la raison que la vente ayant été simulée, le prétendu acquéreur ne serait jamais entré en possession. — Toulouse. 27 mai 1859 ; R. P. 1230.

7311. Evaluation non exigée. — Un jugement par défaut condamne à *parfaire* l'exécution d'un marché pour vente de marchandises convenu pour 14,000 fr. ; sur l'opposition, il est déclaré que la valeur des objets à livrer n'excède pas 6.000 fr. Si le droit proportionnel a été exigé sur 14.000 fr., il est restituable pour la différence de 14.000 à 6.000 fr., parce que primitivement le receveur aurait dû exiger la déclaration de la valeur des objets à livrer. — Sol. 30 avril 1831 ; J. E. 9987.

7312. Perception provisoire. — Le droit perçu à titre provisoire, en matière de marchés, par exemple, est régulièrement perçu ; si donc le prix payé définitivement est inférieur à l'évaluation des parties, il n'y a pas lieu à restitution. — V. n. 5395.

Cependant, l'Administration a quelquefois tempéré la rigueur de ce principe. Voici des exemples :

7313. Condamnation. — Lorsqu'un jugement porte condamnation à payer 100 sacs de farine, sauf à fournir la preuve que 40 sacs seulement ont été livrés, la perception qui est établie sur le pied de 100 sacs ne peut être considérée que comme provisoire, et si un second jugement constate que la preuve offerte a été fournie, la perception doit être réduite d'une somme proportionnelle. — Sol. 28 juin 1830 ; J. E. 9941.

Même solution au sujet d'un jugement de tribunal de commerce qui, conformément à l'art. 439 C. P., ordonne, sauf appel, l'exécution provisoire d'une convention. Une partie des droits de titre perçue sur le montant de la convention est restituable si un jugement ultérieur en fixe définitivement l'importance à un chiffre moins élevé. — Sol. 30 avril 1832 ; J. E. 9987.

7314. Cession de biens. — Si, dans une cession de biens, donnant lieu au droit proportionnel, ce droit a été assis sur une valeur provisoire supérieure à la valeur définitive résultant d'une adjudication en justice, le droit perçu sur l'excédent est restituable. — Sol. 28 déc. 1831 : J. E. 10243.

SECT. I. — CONDITION RÉSOLUTOIRE.

7315. Principe. — Une mutation frappée d'une condition résolutoire est sujette au droit proportionnel, car la mutation ne s'en réalise pas moins immédiatement. Le droit proportionnel perçu dans ce cas est donc régulièrement perçu et ne peut pas être restitué lorsque la condition résolutoire se réalise. — Cass. 14 juill. 1807. — Dél. 4 avril 1826.

7316. Qualité et contenance de la chose vendue. — Lorsque l'acquéreur d'une mine s'est réservé la faculté de résoudre la convention, pour le cas où les assertions du vendeur sur l'étendue et la qualité de cette mine seraient reconnues inexactes après vérification, la vente est soumise à une condition non pas suspensive, mais simplement résolutoire ; le droit de mutation auquel elle a été assujettie a donc été régulièrement perçu ; aussi n'est-il pas restituable, si le contrat est ensuite résolu. — Cass. civ. 23 juill. 1833 ; Sir. 33. 1. 503 ; I. 1446-11 ; J. E. 10698.

Lorsque l'acte de vente d'un immeuble contient stipulation de garantie de la contenance indiquée, et qu'une expertise ordonnée en justice a postérieurement constaté un déficit de contenance, le droit d'enregistrement perçu sur l'acte de vente ne doit pas être partiellement restitué, en raison de la réduction du prix résultant de cette expertise. — Vassy, 27 fév. 1852 ; J. N. 14735.

7317. Survenance d'enfants après donation. — Les droits perçus sur une donation ne sont pas restituables, encore bien qu'elle soit annulée pour cause de survenance d'enfants. — Dél. 17 juill. 1824 ; J. E. 7788.

7318. Obligation de purger. — On ne peut considérer comme une condition suspensive l'obligation imposée à l'acquéreur d'acquitter les créances inscrites,

de manière que si elles ne sont pas payées, la vente doit rester sans effet; les droits, dans ce cas, ne sont pas restituables. — Cass. 28 août 1815; J. E. 5295.

7319. Promesse non accomplie. — Lorsque le vendeur d'un immeuble a promis quelque chose à l'acquéreur, et que la vente est résolue par suite du non-accomplissement de sa promesse, le droit de mutation n'est pas restituable, parce que la condition était résolutoire et non suspensive. — Toulouse, 6 juin 1831; J. E. 15309-7.

Sect. II. — Condition suspensive.

7320. Principe. —L'obligation contractée sous condition suspensive ne se réalise qu'au moment où la condition s'accomplit elle-même; c'est donc à cette dernière époque seulement que le droit proportionnel doit être perçu. S'il a été perçu antérieurement, il y a eu irrégularité, et, dès lors, la restitution doit être effectuée, si la condition ne s'accomplit pas.

7321. Vente. — Lorsque l'immeuble vendu en totalité n'appartient que pour moitié au vendeur, que l'autre moitié appartient à des tiers, dont l'acquéreur se réserve d'obtenir le consentement dans un délai déterminé, et qu'il est justifié que ce consentement n'a pas été donné, le droit perçu sur la moitié dont la transmission n'est pas réellement effectuée, est restituable. — Dél. 22 fév. 1826; J. E. 8342. — V. *Vente*.

Si l'individu auquel on a dénoncé une saisie immobilière poursuivie contre lui, vend de gré à gré les biens saisis, sous la condition expresse que les ventes seront considérées comme non avenues dans le cas où l'expropriation forcée s'effectuerait, le droit proportionnel perçu sur ces mêmes ventes est restituable lorsque l'événement prévu se réalise. — D. F. 16 janv. 1822; Rec. Roll. 636.

Dans le cas d'un acte de vente consenti par un copropriétaire, tant en son nom qu'au nom de ses deux copropriétaires indivis, dont l'un est mineur et l'autre n'a pas donné des pouvoirs suffisants, acte qui est reconnu ne pas constituer une vente parfaite à l'égard de ceux-ci, vis-à-vis desquels l'acquéreur est chargé même de poursuivre la licitation et de se rendre adjudicataire, mais sans pouvoir payer un prix moindre que celui fixé dans l'acte, le droit proportionnel ne peut être perçu que sur le tiers pour lequel y a vente immédiate; et s'il y a eu perception sur la totalité, le droit doit être restitué à l'égard des deux autres tiers. — Cass. 13 juin 1827.

Lorsque deux ventes d'un même objet ont été faites simultanément sous condition suspensive, et que l'une d'elles est annulée par des conventions amiables avec toutes les apparences de la bonne foi, le droit d'enregistrement qu'elle a subi est restituable. — Dél. 31 juill. 1824; J. E. 7900.

Lorsqu'une même chose a été vendue simultanément à deux personnes différentes, il n'y a pas lieu de res-

tituer le droit proportionnel perçu sur l'un des deux actes. — Seine, 17 août 1807; J. E. 2786. — Dél. 2 juill. 1817, 17 mars 1819 ; J. E. 5804, 6371. — 20 oct. 1824 ; Rec. Roll. 1053.

Lorsqu'une vente porte que le prix sera réduit en cas d'insuffisance de contenance déterminée par des experts, le droit perçu sur le montant de la réduction est restituable dans les deux ans de la perception. — Dél. 10 fruct. an 12; J. E. 2158. — 11 juin 1833; J. E. 10627. — 16-27 fév. 1836; J. E. 11474.

7322. Condamnation alternative. — Lorsqu'un acquéreur en retard de payer le prix de son acquisition est condamné à délaisser l'immeuble vendu ou à en payer le prix dans un délai déterminé, et qu'il a souscrit, pour se libérer avant l'expiration de ce délai, une obligation à terme au profit de son vendeur, il y a lieu de restituer le droit proportionnel de mutation qui a été perçu sur le jugement d'envoi en possession. — D. F. 5 nov. 1819 ; J. E. 6575. — Dél. 6 nov. 1829; J. E. 9465.

Le droit proportionnel de mutation perçu sur un jugement qui ordonne la résolution d'une vente dans le cas où le prix exigible ne serait pas payé dans un délai fixé, est sujet à restitution lorsqu'il est justifié que le paiement a eu lieu avant l'expiration de ce délai. — Dél. 19 déc. 1828; Rec. Roll. 2405.

Il en est de même sur un jugement portant qu'une vente d'immeuble est résolue si l'acquéreur ne se libère dans quinzaine, lorsque dans ce délai celui-ci justifie que le vendeur a renoncé au bénéfice de ce jugement. — Toul. 8 juill. 1820; Acq. Dél. 18 oct. suiv.; J. E. 6810.

Il y a lieu de restituer le droit proportionnel perçu sur un jugement qui condamne l'acquéreur à justifier du paiement du prix, faute de quoi prononce la résolution de la vente, lorsque la justification est faite. — Dél. 21-27 juin 1836; J. E. 11539.

7323. Condamnation éventuelle. — Le droit perçu sur une condamnation subordonnée à un événement devient restituable quand, par suite de l'éventualité, la condamnation n'est pas maintenue. — Sol. 28 juin 1830; J. E. 9941.

7324. Etablissement public. — L'acceptation provisoire d'une donation faite à un établissement public, par les administrateurs de cet établissement. ne rend pas exigible le droit proportionnel d'enregistrement, tant qu'un décret n'a pas autorisé l'acceptation définitive. Si le droit a été perçu, il doit être restitué. — Dél. 11 juill. 1837.

7325. Partage anticipé. — Lorsqu'une donation entre-vifs d'immeubles ayant été faite par un père à ses enfants acceptant, sous la réserve d'effectuer entre eux le partage dans un délai fixé, le droit de 4 % est perçu sur la donation, il y a lieu de restituer ce qui a été perçu au delà de 1%, droit auquel sont soumises les

donations d'ascendants, si ce partage a lieu, même
après le terme fixé. Le partage, dans ce cas, quoique
fait par acte séparé, doit être considéré comme le
complément indispensable de la donation. — Dél. 1er
oct. 1833 ; J. E. 10735.

7326. Société. — Le droit proportionnel d'enregistrement perçu sur les stipulations contenues dans un
acte constitutif d'une société anonyme, doit être restitué. lorsqu'il est établi que la société n'a point été
autorisée par le gouvernement. — Dél. 29 août 1834.
— Bordeaux, 13 janv. 1836.

SECT. III. — ERREUR.

7327. Principe. — En droit strict, lorsque le
receveur a fait une exacte application de la loi de l'impôt à l'acte qui lui est présenté ou à la déclaration qui
lui est faite, *la perception est régulière*, et l'Administration ne saurait être *judiciairement* contrainte à une
restitution, quelle que soit l'erreur commise par les
parties. — D. F. 29 mai 1830; I. 1862.—Seine, 8 août
1868; R. P. 2866.
Mais l'Administration tempère fréquemment dans la
pratique la rigueur de ce principe, et généralement
elle consent à la restitution toutes les fois qu'il ne
s'agit que d'une erreur purement matérielle, d'une
erreur de fait. Elle y a, du reste, été autorisée par une
D. F. 12 avril 1808. — I. 386-30.

7328. *Justifications.* — Mais ces restitutions à titre
gracieux ne sont évidemment consenties que si les
erreurs de fait sont clairement établies.
L'Administration n'est aucunement tenue d'accepter
de simples allégations non justifiées. — Cass. 4 déc.
1821. — Dél. 23 juin 1835 ; J. E. 11229. — Toulouse,
30 nov. 1849 ; J. E. 14892-1.
Elle peut également refuser d'accepter comme
moyens de preuve des actes sous signatures privées
ou passés en pays étranger. — Avesnes, 17 avril 1860;
R. P. 3067.
Ces préliminaires posés, nous passons à l'analyse
des décisions rendues sur la matière.

7329. Adjudication. — Si un jugement postérieur
réduit le prix d'une adjudication faite en justice, par
la distraction de biens qui avaient été compris par
erreur parmi ceux adjugés, il y a lieu à une restitution
proportionnelle des droits, dans les deux ans à partir
du jour du jugement rectificatif.—D. F. 8 juill. 1813;
J. E. 4563. — Dél. 21 juin 1836; J. E. 11553. — Largentière, 28 août 1844 ; J. N. 12512.

7330. Donation. — *Parenté.* — Lorsque le droit
proportionnel établi pour les donations entre personnes
non parentes a été perçu sur une donation qui n'é-
nonçait pas le degré de parenté du donateur et du donataire, il y a lieu d'effectuer la restitution de la différence, s'il est ensuite justifié du degré de parenté. —

Andelys. 2 mai 1837 ; Acq. dél. 5 juin suiv. ; Rec.
Roll. 5375.

7331. *Revenu.* — Les droits ne sont pas restituables
au sujet d'une donation où la valeur vénale des biens
a été indiquée comme étant le revenu. — Dél.
9 oct. 1835.
Lorsque le revenu d'immeubles donnés a été évalué
en bloc, impôts compris, on ne peut prétendre que les
impôts ont figuré dans le revenu pour un chiffre supérieur à leur importance réelle et demander la restitution de partie des droits perçus. — Blois, 25 juill.
1848; J. E. 14618.

7332. *Erreur de personne.* — Bien qu'il résulte d'un
acte qu'une donation antérieure a été faite par erreur
au gendre du donateur au lieu de l'être à sa fille, les
droits perçus ne sont pas restituables. — Dél. 29 nov.
1836; J. E. 11674.

7333. Echange. — Lorsqu'après l'enregistrement
d'un acte d'échange il est reconnu et constaté que le
revenu attribué aux biens a été, par erreur, porté à un
taux trop élevé, les parties ne peuvent, même avant
l'expiration du délai fixé pour la prescription, demander
la réduction de la perception.—Dél. 26 juill. 1823; Sol.
25 juill. 1832 ; J. E. 7500, 10376.

7334. Licitation. — Le colicitant adjudicataire,
qui a trop payé lors de l'enregistrement du jugement,
parce qu'il avait négligé de faire connaître, dans le
cahier de charges et par l'adjudication, sa qualité de
donataire d'une partie des biens licités, peut réclamer
la restitution du droit perçu sur la portion qui lui
revenait par suite de la donation, parce qu'il s'agit
d'une erreur de fait suffisamment constatée par l'acte
préexistant de cette donation, et que, dans ce cas particulier, on ne doit pas appliquer les dispositions de
l'art. 60 frim., qui interdit la restitution de tout droit
régulièrement perçu, quels que soient les événements
ultérieurs. — Seine, 12 juill. 1838; Acq. dél. 4 sept.
suiv. ; Rec. Roll. 5577.

7335. Succession. — *Biens déclarés par erreur.* —
Le droit de mutation par décès régulièrement perçu
sur un immeuble compris dans la déclaration d'une
succession n'est pas restituable, quoique les parties
prétendent plus tard qu'il n'aurait dû y figurer que
pour un tiers. Un tribunal violerait la loi, en ordonnant le remboursement de ce droit, sous le prétexte
d'une erreur et en se fondant sur de simples présomptions. — Cass. 4 déc. 1821; J. E. 7129.
Quand un immeuble a été volontairement compris
dans la déclaration d'une succession, on exciperait
vainement, pour demander la restitution des droits
acquittés, d'un acte et d'un jugement postérieurs établissant que cet immeuble appartient personnellement
à l'héritier. — Cass. civ. 1er déc. 1835 ; I. 1513-4; J.
N. 9115.

Il n'y a pas lieu à restituer jusqu'à due concurrence les droits régulièrement perçus sur la déclaration des cohéritiers appelés à une succession, bien qu'en vertu de titres produits ultérieurement, les biens dussent être attribués en totalité à l'un des successibles plus proche en degré, spécialement lorsque la mère survivante, qui, d'après la déclaration, n'aurait eu droit qu'à un quart, aurait dû, par suite d'un droit de retour, recueillir tous les biens composant la succession de son fils, décédé sans postérité. — Montargis, 22 janv. 1855; J. E. 15986.

Si les héritiers du fermier qui a élevé des constructions sur le terrain qu'il avait loué, ont déclaré non-seulement ces constructions, mais encore le sol sur lequel elles ont été élevées, en fixant un seul revenu pour le tout, ils peuvent obtenir la restitution des droits applicables au terrain. — Seine, 13 fév. 1864 ; R. P. 1988.

7336. *Legs à un établissement public.* — Les droits payés par l'héritier sur le legs fait à un établissement public sont restituables s'il est établi que l'héritier ne les a acquittés que par erreur et parce qu'il pensait que le legs ne serait pas accepté. — Dél. 19 nov. 1840; J. E. 12625.

7337: *Bail non courant.* — Si, au lieu de prendre pour base le revenu résultant du bail courant au décès, les héritiers déclarent le prix de ferme plus élevé d'un autre bail qui ne doit commencer à courir que postérieurement au décès, il y a lieu à restitution:

« La règle établie par le n. 7, art, 15 de la loi du 22 « frim. an 7. est obligatoire pour l'administration « comme pour les contribuables. Ni l'une ni les autres « ne peuvent invoquer que les baux courants ; ils « excluent non-seulement les baux non courants, quel « qu'en soit le prix supérieur ou inférieur, mais en- « core l'expertise. La perception, dans l'espèce, n'était « pas régulière, puisqu'elle reposait sur une base que « la loi répudie. L'art. 60 de la loi de frimaire n'était « donc pas applicable. En conséquence, la restitution « doit être ordonnée. » — Dél. 21 oct. 1836.

7338. *Estimation excessive dans l'inventaire.* — De ce qu'un office, ensuite vendu, a été évalué dans l'inventaire à une somme plus forte que le prix de vente fixé par le gouvernement, il ne s'ensuit pas que les héritiers soient fondés à réclamer, s'ils ont déclaré l'estimation de l'inventaire au lieu du prix de la vente. — Bordeaux, 20 nov. 1848 ; J. E. 14630.

7339. *Usufruit excédant la quotité disponible entre époux.* — La dame Mevolhon légua à son époux l'usufruit de tous ses biens, et décéda laissant deux enfants. — Les droits de mutation furent perçus pour la totalité de l'usufruit sur la déclaration qu'en fit le mandataire de M. Mevolhon. — Celui-ci a réclamé contre cette perception, en se fondant sur ce que son manda-taire s'était trompé en déclarant l'usufruit entier, puisque, aux termes de l'art. 1094 C., cet usufruit était réductible de moitié. — Le receveur opposa que le sieur Mevolhon ne produisait pas un acte d'option émané des héritiers, conformément à l'art. 917 C.

Solution de l'Administration du 28 déc. 1832, ainsi conçue :

« Attendu que, lorsque dans le cas d'existence d'hé-« ritiers à réserve, la disposition entre-vifs ou testa-« mentaire, faite en usufruit, par un époux au profit « de son conjoint survivant, excède la quotité disponi-« ble également en usufruit, l'époux donataire ou « légataire a incontestablement le droit de réduire « l'effet de cette disposition à l'usufruit de la moitié « des biens, quotité déterminée par l'art. 1094 C. civ.; « que ce n'est là que l'exercice d'une faculté naturelle, « qui ne peut, en aucune manière, dépendre du con-« sentement des héritiers à réserve; qu'il n'y aurait lieu « d'appliquer la disposition de l'art. 917 C. civ. au « legs ou à la donation faite par un époux à l'autre « de l'usufruit de tous ses biens, que dans le cas où « celui-ci voudrait retenir l'usufruit entier ; qu'alors « les enfants auraient le droit de lui retenir cet usu-« fruit, en optant pour l'abandon d'un quart en pro-« priété et d'un autre quart en usufruit; mais que cette « option serait sans objet du moment que l'époux « donataire ou légataire de la totalité de l'usufruit s'est « de lui-même réduit à la moitié de l'usufruit, quotité « évidemment inférieure à celle d'un quart en pro-« priété et d'un autre quart en usufruit, que les enfants « auraient eu à lui délaisser dans le cas d'option prévu « par l'art. 917 C. civ. ; — attendu que la réduction « du legs n'ayant point été exprimée dans la déclara-« tion faite au bureau de l'enregistrement, par l'effet « d'une erreur matérielle commise par le mandataire « de M. de Mevolhon, celui-ci pouvait être admis à « faire une déclaration rectificative, par suite de la-« quelle la moitié des droits perçus sur la première « déclaration devait lui être restituée. »

7340. *Testament.* — Si l'on fait enregistrer un testament avant le décès du testateur, on ne peut invoquer l'erreur pour demander la restitution des droits. — Sol. 4 avril 1821; J. E. 12682-1.

Le droit fixe perçu sur un testament présenté volontairement à la formalité n'est pas restituable, quoique le legs soit caduc et que le testateur soit encore vivant. — Dél. 15-19 sept. 1835; J. E. 11307.

Le 5 juill. 1834, le testament de la dame L... est présenté à l'enregistrement par Me G..., notaire, qui s'aperçoit, peu de jours après, que c'était celui du sieur L... qu'il aurait dû faire enregistrer. Dès qu'il a reconnu sa méprise, il se hâte de soumettre le testament de celui-ci à la formalité, et demande en même temps que le droit perçu sur le premier lui soit restitué. — La présentation du testament de la dame L... à la formalité, a dit l'Administration, n'a eu lieu que par erreur et sans avoir été requise par la testatrice ; d'ailleurs, le testament ne contenait qu'un legs d'usufruit devenu caduc par le prédécès du sieur L..., au profit duquel il

était fait. En conséquence, la restitution a été ordonnée. — Dél. 9 déc. 1834.

7341. Vente. — *Immeuble exproprié.* — On ne peut pas restituer les droits perçus sur une vente d'immeubles dont le vendeur se trouvait exproprié pour cause d'utilité publique, au moment de la vente, surtout si l'expropriation n'avait pas absorbé la contenance totale des biens vendus. — Montpellier, 27 août 1849 ; J. E. 14892-2.

7342. Chose d'autrui. — Il n'y a pas lieu de restituer les droits perçus sur une vente d'immeubles, dont partie a été reconnue ne pas appartenir au vendeur. — Dél. 16 oct. 1815 ; J. E. 5250.

7343. Double vente. — Les droits perçus sur une vente sous seings privés faite par une personne comme se portant fort pour le propriétaire, ne sont pas restituables, bien que le propriétaire ait lui-même vendu les mêmes biens à une autre personne, par acte authentique enregistré avant l'acte sous seings privés. — Cass. 14 fév. 1839 ; J. N. 10283 ; J. E. 12244.

7344. Prix erroné. — Bien que le prix d'un acte de vente ait été porté par erreur à une somme supérieure au prix convenu entre les parties, les droits ne sont pas restituables, bien que l'erreur matérielle soit prouvée. — Dél. 22 août 1834.

SECT. IV. — DROITS PAYÉS SPONTANÉMENT.

7345. Principe. — Les droits dont on pouvait contester l'exigibilité et que l'on paie cependant volontairement ne sont pas restituables. Exemples :

7346. Enregistrement requis dans la crainte d'encourir une amende. — Si l'on présente *inutilement* un acte à la formalité, les droits perçus ne sont pas remboursables, lors même que l'on alléguerait que l'on n'a fait enregistrer l'acte que dans la crainte d'encourir le droit en sus, d'après une consultation officieuse prise auprès du directeur du département. — Marseille, 26 août 1851 ; J. E. 15286.

7347. Timbre. — Les droits de timbre de papiers employés pour des bulletins qui n'y étaient pas assujettis ne sont pas restituables : « Il résulte de la nature « de la perception du droit de timbre que le papier « n'est imposé au droit que sur la demande des par- « ties ; qu'en effet, les administrateurs du *Journal de* « *Paris* ont acquitté les droits sur toutes les feuilles « présentées par eux indistinctement, sans faire de « réserve ni de réclamation ; que dès lors une fois le « timbre apposé, le droit a été régulièrement perçu, et « ne peut jamais être susceptible de restitution, même « à cause du défaut d'emploi du papier timbré. » — « D. F. 31 juill. 1828 ; J. E. 9121.

Une fois le papier timbré acheté, le prix ne peut en être remboursé, même s'il a été acheté mal à propos. — I. 1291, 1381-10. — Ambert, 14 juin 1831. — Seine, 26 août 1864 ; R. P. 2070.

Il en est surtout ainsi au sujet des expéditions où le nombre minimum des lignes et des syllabes fixées par la loi n'est pas atteint, puisque les expéditions ne sont jamais l'œuvre de l'administration. C'est à l'officier public, auteur du préjudice, que doit être demandée la réparation. — Seine, 27 nov. 1869 ; R. P. 3124.

7348. Déclaration de succession inutile. — Lorsque, dans un partage sous seings privés fait entre des enfants mineurs d'un premier lit et leur beau-père, pour le règlement de la communauté dissoute par la mort de la mère, tous les immeubles de cette communauté ont été abandonnés au mari, et que néanmoins, postérieurement à ce partage, on comprend la moitié desdits immeubles dans une déclaration faite, au nom des mineurs, de la succession de leur mère, ce partage, qui manque des formalités nécessaires pour être définitif, doit alors être considéré comme un simple règlement de jouissance provisoire entre les parties, et comme se conciliant ainsi avec la déclaration. Ce partage ne peut donc être une raison de demander la restitution du droit perçu sur la déclaration, sous prétexte que cette déclaration n'avait aucun motif légitime. — Cass., 4 juin 1817.

7349. Renonciation à prescription. — Les héritiers qui ont payé, sur simple avertissement, des droits de succession prescrits, ne sont pas fondés à en demander la restitution, le paiement volontaire qu'ils ont fait impliquant, de leur part, renonciation à la prescription. — Dél. 3 janv. 1824 ; J. E. 7673.

7350. Succession vacante. — Le curateur d'une succession vacante, qui a payé, de ses deniers personnels, les droits de mutation par décès, ne peut obtenir la restitution de ces droits qu'en prouvant l'insuffisance des valeurs de la succession pour l'acquit de ces droits. — Cass. 3 déc. 1839 ; J. N. 10570 ; J. E. 12444.

7351. Contravention non régulièrement constatée. — L'amende payée par un notaire pour contravention à la loi sur le notariat n'est pas restituable sous le prétexte que la condamnation n'en a pas été prononcée par jugement. — Rennes, 13 août 1844 ; J. N. 12183.

On ne peut réclamer la restitution d'amendes de timbre volontairement payées sous le prétexte que les contraventions n'auraient pas été régulièrement constatées par la rédaction d'un procès-verbal, attendu que l'aveu des contraventions et le paiement des amendes avaient rendu le procès-verbal inutile, puisque les amendes ne devaient pas prendre naissance dans la rédaction du procès-verbal, mais étaient la conséquence directe de la contravention. — Foix, 9 mai 1837 ; J. E. 11787.

7352. Pourvoi en cassation. — Lorsque des droits

d'abord contestés et dont l'exigibilité a été repoussée par un tribunal contre la décision duquel le pourvoi de l'administration a été admis, sont acquittés volontairement sur la signification de l'admission de ce pourvoi par la Cour de cassation, on n'est plus fondé à en demander la restitution. — Le Hâvre, 17 août 1848; J. E. 14547.

SECT. V. — NULLITÉ.

7353. Principe. — Les nullités qui vicient un acte présenté à la formalité ne sont pas de nature à mettre obstacle à la perception des droits ordinaires. Le droit proportionnel perçu sur un acte nul n'est donc pas restituable. — Dél. 16 oct. 1815; J. E. 5250 — Cass. 31 déc. 1823; J E. 7666. — Seine, 25 juill. 1825 ; J. E. 16181. — Dél. 27 mai 1828; J. E. 9046. — 28 juill. 1829; J. E. 9364. — Sol. 18 mai 1832. — 8 sept. 1832; J. E. 10419. — Cass. 17 avril 1833; I. 1433-14. — Dél. 10 août 1833; J. E. 10691. — 3-8 avril 1835; J. E. 11161. — Cass. 16 juin 1835 ; I. 1498-2; J. E. 11242 ; J. N. 8936. — Dél. 26 avril-18 mai 1839; J. E. 12306. — Cass. 24 juill. 1839; J. N. 10441. — Cass. 2 août 1843. — 23 avril 1845 ; I. 1743-14; J. E. 13761. — Moissac, 29 avril 1845; J. E. 13971. — La Châtre, 6 mai 1846; J. E. 14021. — Cass. 13 nov. 1849; I. 1857-11. — Limoux, 3 janv. 1850; J. E. 14892-2. — Autun, 7 août 1850 ; J. E. 15054-1. — Muret, 17 avril 1851 ; J. E. 15188. — Rouen, 28 déc. 1864; R. P. 2031. — La ochelle, 6 mars 1867 ; R. P. 3340.

7354. Acte produit au cours d'instance. — Les droits proportionnels perçus sur des actes s. s. p., produits au cours d'une instance, enregistrés après le jugement qui prescrivait cette formalité et qui pourtant en prononçait la nullité, ne sont pas restituables. — Dél. 1er-26 déc. 1821 ; Rec. Roll. 299. — Seine, 12 juill. 1838 ; Rec. Roll. 5580.

7355. *Droit non perçu sur l'acte annulé. Réclamation de ce droit après l'annulation.* — Si le droit proportionnel n'a pas été perçu sur un acte qui a été ensuite annulé, on ne peut pas le réclamer postérieurement à l'annulation. — Dél. 7 déc. 1832 :

« Attendu que si, d'après les termes de la loi, on « doit se refuser à restituer le droit perçu sur un juge- « ment qui est ensuite annulé, on ne pourrait pas « équitablement soutenir qu'un droit non perçu sur « une mutation qui ne serait née que d'un jugement « anéanti, puisse encore être exigé après l'annulation « de ce jugement, et lorsqu'il est constant, comme « dans l'espèce, qu'aucune mutation ne s'est opérée, « et qu'ainsi il n'existe plus ni cause ni base de percep- « tion. »

7356. Amende. — Les droits de timbre et d'enregistrement et les amendes de contravention perçus sur un billet présenté à l'enregistrement ne sont pas restituables, alors même que ce billet aurait été annulé.— Nancy, 13 mars 1844 ; J. E. 13465-5.

7357. Renonciation à communauté. — Les droits perçus sur la déclaration de la succession d'un individu qui a compris tous les biens ayant fait partie de la communauté qui avait existé entre cet individu et sa femme, qui avait renoncé à la communauté, du vivant de son mari, par suite de séparation de biens, ne sont pas restituables malgré toutes réserves faites dans la déclaration de succession, par suite de l'annulation en justice de cette renonciation qui a fait disparaître de la succession la part que la femme avait dans cette communauté. — Cass. 2 août 1843 ; J. N. 11701 ; J. E. 13392.

7358. Signature. — Rappelons ici un principe que nous avons énoncé au mot *nullité* : c'est qu'un contrat sans signature, c'est-à-dire sans consentement. n'est pas un acte nul, mais n'est pas même un acte. Le droit proportionnel ne peut être perçu sur un écrit semblable ; s'il l'a été, c'est irrégulièrement, et il y a lieu à restitution.— Mais, d'après une délibération du 26 avril-18 mai 1839 (J. E. 12306).on doit repousser la restitution des droits perçus sur une vente d'immeubles par acte sous seings privés, alors que la demande s'appuie sur cette considération que la vente a été annulée sur appel, comme étant revêtue de signatures fausses.

7359. Substitution. — Le droit de transcription perçu lors de l'enregistrement d'un testament contenant substitution n'est pas restituable par suite de l'annulation ultérieure de la substitution. — Caen, 19 août 1870 ; R. P. 3467.

7360. *Révocation de testament.* — Le droit de transcription serait restituable si le legs à charge de restitution avait été annulé par un testament postérieur. Le legs était en effet soumis à une double éventualité, le décès du testateur et le maintien de la disposition du testament. Cette disposition ayant été révoquée, le legs n'a jamais existé, et n'a pu, par conséquent, être régulièrement assujetti à aucune perception. — Sol. 22 avril 1836 ; I. 1528-14.

7361. Vente. — Il n'y a pas lieu à restitution sur la vente annulée comme faite en fraude des droits des créanciers, encore que l'acquéreur évincé ait acquis une seconde fois les mêmes immeubles de la personne qui s'en était rendue adjudicataire en justice à la suite de l'éviction. — Saverne, 23 août 1845 ; J. E. 13856. Mais il en serait autrement si le vendeur évincé se rendait lui-même acquéreur à la barre du tribunal, attendu que la même mutation ne peut donner ouverture à deux droits proportionnels. — Dél. 5 sept. 1834 ; J. E. 11039. — 9 avril 1842 ; J. E. 12994.

CH. III. — EVÉNEMENTS ULTÉRIEURS.

7362. Principe. — *Dès que la perception a été faite régulièrement,* aucune restitution ne peut avoir lieu,

96

quels que soient les événements ultérieurs. — Frim. art. 60.

Or, la perception est régulière quand le receveur fait une exacte application du tarif à l'acte qui lui est présenté, d'après les stipulations mêmes de cet acte. — Cass. 7 fév. 1838; I. 1577-11; J. E. 11977.

7363. Perception irrégulière régularisée. — Il peut arriver qu'une perception originairement irrégulière se trouve régularisée par un événement ultérieur, de telle sorte que la restitution qui eût été de droit, ne peut plus être demandée.

7364. *Droit de transcription.* — Ainsi, lorsque le droit de transcription a été indûment perçu à l'enregistrement sur un acte de société constatant des apports immobiliers, la restitution ne peut plus avoir lieu dès que cet acte a été effectivement transcrit au bureau des hypothèques, puisque ce droit aurait été perçu par le conservateur s'il ne l'eût été par le receveur. — Seine, 10 juin 1846; J. E. 14019-5. — Cass. 12 janv. 1847; J. E. 14160; J. N. 12939; 1. 1796-31. — 21 fév. et 26 mars 1849; J. E. 14686 et 14719; J. N. 13660 et 13681; I. 1837-12. — 17 avril et 2 mai 1849; J. E. 14731 et 14744; J. N. 13774 et 13818; I. 1844-20. — Châtillon-sur-Seine, 23 juin 1849; Seine. 2 août 1849 et 5 juin 1850; J. E. 14773-1, 14809-1, 15090. — Cass. 30 janv. 1850; J. E. 14897; J. N. 13947; I. 1857-15. — 21 août 1850; J. E. 15011; J. N. 14229; I. 1875-11.

Même solution au sujet d'un acte par lequel une femme mariée sous le régime dotal déclarait soumettre à ce régime des immeubles paraphernaux, pour rendre libres des immeubles dotaux de même valeur; — Cass. 28 mai 1845; I. 1743-1.

Et d'une adjudication sur licitation tranchée au profit d'un colicitant. — Evreux, 21 janv. 1843; J. E. 13158.

7365. *Crédit.* — Le droit mal à-propos perçu sur un acte d'ouverture de crédit n'est pas restituable, s'il est établi que le crédit a été réalisé depuis, attendu qu'il s'opère une compensation entre les droits dont l'administration s'est trouvée débitrice pour les avoir mal à-propos perçus sur l'acte d'ouverture, et ceux dont elle est devenue créancière sur l'acte de réalisation. — Versailles. 6 mai 1841; J. E. 12768. — Cass. 29 avril 1844; J. E. 13521.

7366. Événements antérieurs. — Si les parties basent leur demande en restitution sur des événements antérieurs à l'enregistrement, leur demande doit être accueillie. Ainsi :

7367. *Etranger.* — Lorsque des fonds publics étrangers ont été compris dans la déclaration d'une succession non régie par la loi française, les droits perçus sont restituables si les justifications nécessaires sont faites dans les deux ans de la perception. — Seine, 8 mai 1858; R. P. 1004.

7368. *Testament.* — Les droits payés par l'héritier sont restituables si, dans les deux ans, cet héritier est évincé par suite de la découverte d'un testament. En effet, le legs établi par ce testament n'est pas un événement ultérieur, mais bien un *fait préexistant* découvert ultérieurement. — Dél. 2 oct. 1846; J. N. 12830.

7369. Réserves. — Les droits perçus régulièrement ne deviennent pas restituables par suite d'événements ultérieurs, même lorsque les parties n'ont payé ces droits qu'en faisant « toutes protestations et réserves ». Car ces réserves ne peuvent leur créer un droit que la loi leur refuse. — Cass. civ. 6 août 1849; Sir. 49. 1. 568; I. 1844-14. — Pont-Audemer, 31 août 1849; J. E. 14856-6. — Lille, 5 mars 1859; R. P. 1154.

SOLUTIONS DIVERSES.

7370. Affectation hypothécaire. — Les droits de cautionnement perçus sur une obligation contenant affectation hypothécaire par le débiteur d'immeubles indivis. *du consentement de copropriétaire intervenant*, ne deviennent pas restituables par l'attribution qui serait faite postérieurement, par un acte de partage, de la totalité de ces immeubles au débiteur. — Dél. 19 avril 1836; J. E. 11507.

7371. Annulation volontaire. — L'annulation faite volontairement par les parties d'un acte qui a été soumis au droit ne peut aucunement rendre ce droit restituable. — Sol. 27 janv. 1830; J. E. 9546. — Dél. 6 oct. 1843; J. E. 6856. — Le Mans, 23 fév. 1849; J. E. 14774-6.

7372. Cautionnement de personne à représenter en justice. — Le droit perçu sur un cautionnement de personne à représenter en justice n'est pas sujet à restitution, alors qu'un jugement ayant mis hors de toutes poursuites la personne cautionnée, l'acte de cautionnement est resté sans effet. — Sol. 27 sept. 1832; J. E. 10453.

7373. Changement de jurisprudence. — De ce qu'une décision ministérielle porte que les actes antérieurs à une époque déterminée ne sont pas assujetis à la perception d'un droit dont l'exigibilité a été reconnue, il ne s'ensuit pas que la restitution de ce droit doive être faite lorsqu'il a été perçu sur des actes enregistrés antérieurement. — Seine, 5 déc 1849; J. E. 14859.

7374. Condition. — Lorsqu'un testateur a légué l'usufruit de ses biens à une personne, avec chance de recueillir la pleine propriété, et la nue propriété à une autre personne, pour le cas seulement où celle-ci atteindrait sa majorité, si le nu-propriétaire sous condition vient à mourir avant l'époque fixée, l'usufruitier ne doit aucun droit pour la nue propriété qui lui est dévolue, car l'impôt dû au Trésor a été payé par le

légataire décédé, pour lui d'abord et éventuellement pour ceux qui pourraient le remplacer; mais il ne serait pas fondé, non plus, à demander la restitution des droits acquittés sur la valeur de son usufruit, le décès du nu-propriétaire étant un événement ultérieur, qui ne peut porter atteinte à une perception régulièrement faite. Cette demande serait à plus forte raison inadmissible, si plus de deux ans s'étaient écoulés depuis le paiement des droits. — Cass. civ. 30 juin 1841; Sir. 41. 1. 628; I. 1661-12; J. E. 12813; J. N. 11601.

7375. Contrat de mariage. — L'annulation de l'acte de célébration de mariage est un de ces événements ultérieurs qui ne permettent pas de restituer les droits perçus lors de l'enregistrement du contrat de mariage. — Cass. 25 mai 1841; J. E. 12761.

7376. Droits successifs. — Les droits perçus sur la vente faite par un cohéritier de ses droits dans une succession immobilière, ne sont pas sujets à restitution, lors même que le seul immeuble qui existait dans la succession est, par suite de licitation, adjugé à l'un des cohéritiers : ici ne s'applique pas l'art. 883 C., aux termes duquel l'héritier ou son cessionnaire est censé n'avoir jamais eu la propriété de la part échue à son cohéritier, ou acquise par lui sur licitation. — Cass. req. 6 juill. 1825.

On ne peut restituer les droits perçus sur une cession des droits successifs faite par un héritier à ses cohéritiers jusqu'à concurrence d'une somme dont il était débiteur envers la succession, par le motif que cette somme aurait été comprise en moins prenant, dans le lot attribué au cédant dans un partage ultérieur. — Dél. 14 juill. 1835; J. E. 11245.

L'arrêt qui prononce la rescision pure et simple pour lésion d'une cession de biens indivis ayant pour effet de replacer immédiatement entre les mains du cédant la propriété des immeubles qu'il avait aliénés est passible du droit de 4 %, qui n'est pas restituable dans le cas où le cessionnaire a fourni ultérieurement au cédant un supplément de prix représentant la lésion subie par ce dernier. — Cass. req. 27 fév. 1872; J. E. 19140.

7377. Expropriation pour utilité publique. — Lorsqu'un marché ayant été passé entre un entrepreneur et une commune pour le percement d'une rue, il est postérieurement justifié qu'une partie du prix a été employée par l'entrepreneur à l'acquisition de terrains nécessaires pour le percement de la rue, le droit de 1 % perçu sur le marché n'est pas restituable par suite de l'emploi des deniers ainsi fait, cet emploi étant un événement postérieur. — Cass. req. 22 nov. 1838; J. N. 10189; J. E. 12191; I. 1590-9.

7378. Alignement. — Les droits perçus sur l'acquisition faite par une commune pour l'exécution d'un alignement arrêté par une ordonnance qui ne déclare pas l'utilité publique, ne sont pas restituables, bien qu'une ordonnance postérieure à la vente ait déclaré cette utilité. — Villefranche, 28 fév. 1850; J. E. 14921.

7379. Héritier évincé. — Lorsque l'héritier collatéral qui a appréhendé tous les biens de la succession est évincé pour partie par un autre successible, tel qu'un enfant naturel, l'administration ne peut pas être tenue de restituer à l'héritier évincé les droits de mutation par décès acquittés par lui sur la valeur des biens dont il est dessaisi, surtout si sa demande en restitution est formée plus de deux ans après la perception. — Cass. civ. 15 juill. 1840; Sir. 40. 1. 589; I. 1634-13, n° 2; J. E. 12588; J. N. 10722.

7380. Legs. — La réduction volontaire que fait un légataire ou donataire de l'importance de son legs ou donation, alors surtout que ce legs n'excède pas la quotité disponible, ne peut autoriser la restitution de partie des droits de mutation par décès perçus sur ce legs. — Montargis, 23 fév. 1850; J. E. 15036-5. — Seine, 24 nov. 1848; J. E. 14638.

La même règle s'applique, malgré toutes réserves faites dans la déclaration de succession, au legs de la quotité disponible qui par acte postérieur à la déclaration a été reconnu ne pouvoir sortir à effet, parce que la quotité disponible avait été épuisée par des donations entre-vifs. — Lille, 16 fév. 1850 ; J. E. 15036-6.

7381. Legs facultatif. — Lorsque le testateur a réservé au légataire universel la faculté de remplir, par l'abandon d'une pleine propriété, les légataires à titre particulier de divers immeubles en nue propriété, on ne peut demander la restitution des droits de succession payés sur la nue propriété, en se fondant sur l'attribution effectuée ultérieurement de la pleine propriété aux légataires. — Cambrai, 26 fév. 1857; R. P. 868.

7382. Liquidation. — Le jugement qui annule une liquidation entre époux est un événement ultérieur qui ne peut entraîner la restitution des droits perçus sur cette liquidation. — Seine, 11 avril 1862 ; R. P. 1693.

7383. Renonciation. — La renonciation postérieure à la déclaration de la succession est un événement ultérieur sans influence sur la perception. — Dél. 16 juill. 1833 ; J. E. 10670. — Nîmes, 16 déc. 1839 ; J. E. 12443. — Cass. civ. 10 août 1852 ; Sir. 52. 1. 716 ; I. 1946-6 ; J. E. 15489.

7384. Communauté. — Le droit de 4 %, perçu sur l'acte par lequel un père s'est rendu acquéreur d'un immeuble dépendant de la communauté ayant existé entre lui et sa femme, décédée, laissant des enfants mineurs, n'est pas restituable, bien que la renonciation postérieure de ceux-ci à la communauté rende le père propriétaire de cet immeuble en dehors de son acte d'acquisition. — Joigny, 2 févr. 1843; J. E. 13210.

7385. *Dommages-intérêts.* — Le droit de 2 %, perçu sur un jugement par défaut, qui prononce des dommages-intérêts à défaut d'exécution de la condamnation principale, ne doit pas être restitué, quoique par un acte particulier le demandeur ait renoncé à se prévaloir de ce jugement. — Dél. 20 févr. 1827 ; J. E. 8666.

7386. *Droits litigieux.* — Lorsque des droits litigieux ont été acquis par un acte sur lequel le droit proportionnel a été perçu et que, plus tard, l'acquéreur renonce à faire valoir ses droits, il ne peut prétendre à la restitution de ce qu'il a payé, en alléguant son désistement. — Soissons, 4 mai 1859 ; R. P. 1194.

7387. *Promesse de vente.* — Lorsque les droits ont été perçus sur une promesse de vente, réunissant toutes les conditions pour valoir vente, le droit perçu n'est pas restituable par la raison que les acquéreurs auraient renoncé à se prévaloir de cette promesse. — Cass. 19 mars 1850 ; J. E. 14920 ; I. 1857-18.

7388. Société. — Les droits régulièrement perçus ne sont pas restituables sur un acte de société, bien que la société ait été frappée de nullité à défaut de publication dans le délai légal et soit restée sans effet. — Seine, 1er déc. 1841 ; J. E. 12875.

7389. Testament. — Les droits de succession perçus en conformité d'un testament ne sont pas restituables si le testament est annulé postérieurement à l'enregistrement. « Car, tant qu'il n'est pas annulé, le testament « constitue, en effet, un titre apparent, en vertu du- « quel l'héritier institué, qui se présente pour faire la « déclaration, est le véritable débiteur des droits ; la « perception établie, d'après sa déclaration, est donc « régulière et définitive, quels que soient les événe- « ments ultérieurs. » — Cass. 11 mars, 7 avril et 1er juill. 1840 ; I. 1618-8, 1630-7, 1634-13 ; J. N. 10614, 10697. 10721 ; J. E. 12498. 12491, 12552. — 6 août 1849 ; I. 1844-14 ; J. N. 13810 ; J. E. 14783. — Carcassonne, 11 janv. 1868 ; R. P. 3271.

7390. *Administrateur provisoire.* — Lorsqu'un administrateur provisoire a payé les droits de mutation par décès dus pour une succession que se disputent un légataire non parent et un héritier naturel, la liquidation définitive de ces droits est subordonnée, quant au tarif à appliquer, au résultat du procès ; il suit de là que la demande en restitution des droits de mutation, qui peuvent avoir été perçus en trop, intervient en temps utile, si elle est formée dans les deux ans du jugement. — Cass. civ. 18 juin 1839 ; Sir. 39. 1. 592 ; J. E. 12324 ; J. N. 10458. — Seine, 31 janv. 1849 ; J. N. 13644.

7391. Timbre. — Les droits et amendes de timbre régulièrement perçus sur une reconnaissance faite sur papier libre ne sont pas restituables lorsqu'un jugement ultérieur décide que cette reconnaissance n'est qu'une donation déguisée. — Sens, 22 mai 1868 :

« Attendu que le contrat de mariage des époux Doge, « du 17 août 1856, constate en termes exprès que « la demoiselle Sydonie Loubière, future épouse, ap- « porte une somme de 30,000 fr., consistant en une « créance sur particulier, d'un recouvrement certain « et dont il a été justifié ;

« Attendu qu'il est établi que le titre de cette créance « de 30,000 fr. n'était autre chose qu'une reconnais- « sance de pareille somme souscrite sur papier libre « par les époux Cébert solidairement, au profit de la « demoiselle Loubière, leur nièce, le même jour 17 « août 1856 ;

« Attendu que l'énonciation du jugement de ce « tribunal du 17 février 1865, d'après laquelle cette « reconnaissance aurait pour origine une pensée de « libéralité déguisée sous la forme d'un contrat à titre « onéreux, n'a jamais eu et ne pouvait avoir pour « résultat d'invalider ladite reconnaissance ; que celle- « ci, au contraire, a reçu son plein et entier effet par « la collocation de la dame Doge dans l'ordre ouvert « sur le prix des immeubles de Cébert pour la somme « de 20,000 fr. restant due sur le montant total du « titre ;

« Attendu que, dès lors, Gilbon et consorts sont sans « droits pour réclamer la restitution du droit de timbre « et de l'amende de timbre régulièrement perçus sur « la reconnaissance du 17 août 1856 qui formait le titre « de la dame Doge contre les époux Cébert. »

Ch. IV. — Exceptions.

7392. Observation. — Diverses exceptions ont été apportées au principe rigoureux posé par l'art. 60 frim. — V. *Absent, Délégation, Expropriation, Office.*

Sect. I. — Droit de titre.

7393. Principe. — Toutes les fois qu'une condamnation sera rendue ou qu'un arrêté sera pris sur un acte enregistré, le jugement, la sentence arbitrale ou l'arrêté en fera mention, et énoncera le montant du droit payé, la date du paiement et le nom du bureau où il aura été acquitté : en cas d'omission, le receveur exigera le droit, si l'acte n'a pas été enregistré dans son bureau ; sauf restitution, dans le délai prescrit, s'il est ensuite justifié de l'enregistrement de l'acte sur lequel le jugement aura été prononcé ou l'arrêté pris. — Frim. art. 48.

7394. *Quittance.* — Ainsi, le droit perçu sur un jugement qui constate une libération est restituable s'il est justifié que cette libération résultait d'un acte antérieur et enregistré. — Sol. 5 nov. 1833 ; J. E. 10850.

7395. Règle. — « Le conseil d'Etat ; — considé-
« rant : 1° que l'art. 7 de la loi susdatée assujettit à
« l'enregistrement, dans les vingt jours, les jugements
« portant transmission de propriété d'immeubles ; que
« la même loi, ni aucune autre, ne contient d'excep-
« tion pour les jugements dont il est interjeté appel ;
« et que l'art. 28 dit expressément que le paiement des
« droits ne peut être différé par quelque motif que ce
« soit, sauf aux parties à se pourvoir en restitution.
« s'il y a lieu ; 2° que l'art. 60 porte, à la vérité, que
« tout droit d'enregistrement régulièrement perçu ne
« peut être restitué, quels que soient les événements
« ultérieurs ; mais que, par ces derniers mots, l'inten-
« tion de la loi n'a pu être que d'empêcher l'annula-
« tion des actes par des collusions frauduleuses, et de
« tarir dans la source les abus qui pourraient en résul-
« ter pour le Trésor public et pour les particuliers ;
« que ces motifs cessent d'être applicables à une adju-
« dication légalement annulée, et qu'il est juste alors
« de restituer le droit ; — est d'avis que les adjudica-
« tions d'immeubles faites en justice doivent être en-
« registrées dans les vingt jours de leur date et sur la
« minute, soit qu'on en ait ou non interjeté appel ; —
« que le droit perçu est restituable, lorsque l'adjudi-
« cation est annulée par les voies légales. » – Av.
d'Et. 22 oct. 1808.
Telle est la règle. Pour qu'elle soit applicable, il
faut :
1° Qu'il s'agisse d'un *jugement d'adjudication ;*
2° Que l'adjudication soit relative à des *immeubles ;*
3° Que l'annulation soit requise et prononcée par les
voies légales, c'est-à-dire par la voie de l'*appel*, car,
jusqu'à la prononciation de l'arrêt, la transmission
reste imparfaite.
En quelques lignes, voilà le résumé de la jurisprudence que nous allons analyser.

**7396. Adjudication attaquée par voie d'action princi-
pale.** — Si le jugement d'adjudication est attaqué par
voie d'action principale, pour cause de dol et de fraude,
et vient à être annulé, aucune restitution ne peut avoir
lieu. — Cass. req. 11 nov. 1846 ; Sir. 47. 1. 104 ; J. N.
12919 ; I. 1786-5 ; J. E. 14179. — Civ. 19 nov. 1849 ;
Sir. 50. 1. 62 ; I. 1857-12 ; J. E. 14852 ; J. N. 13905. —
Civ. 23 avril 1849 ; Sir. 49. 1. 447 ; I. 1844-13 ; J. E.
14736. — Civ. 26 nov. 1860 ; S. 61. 1. 372 ; I. 2190-8 ;
J. E. 17259.

7397. Incapacité. — Le droit perçu sur un acte
d'adjudication consenti au profit d'un incapable n'est
pas susceptible de restitution, lorsque l'acquisition a
été ultérieurement annulée pour défaut de capacité de
l'acquéreur, attendu que, dans l'espèce, le droit a été
régulièrement perçu, puisque la vente par adjudication
était réelle, et que, pour ne pas recevoir son effet, elle
a eu besoin d'être annulée. — Cass. 23 avril 1845 ; I.
1743-14 ; J. E. 13761. — Cass. réun. 18 fév. 1854 ; I.
2015-10 ; Sir. 54. 1. 366 ; J. E. 15819.

7398. *Insolvabilité de l'acquéreur.* — L'avis du conseil d'Etat du 22 oct. 1808 ne peut faire ordonner la
restitution des droits perçus sur une adjudication dont
les créanciers inscrits ont demandé l'annulation, par
suite de l'insolvabilité notoire de l'adjudicataire. —
Lure, 8 juill. 1843 ; J. E. 13328.

7399. *Dénonciation de saisie.* — La même décision
s'applique sans difficulté à l'adjudication faite après
dénonciation au vendeur de la saisie immobilière, dans
le cas où l'immeuble vendu, par suite de la consignation, par l'acquéreur d'une somme suffisante pour acquitter la créance inscrite, a été postérieurement adjugé
à un tiers et soumis à un second droit d'adjudication.
— Cass. 17 avril 1833 ; I. 1437-14 ; J. E. 10616.

7400. *Annulation à la requête d'un précédent vendeur.* — Le droit proportionnel perçu lors de l'enregistrement d'une adjudication d'immeuble faite en
justice n'est pas restituable, par le motif que cette
adjudication est demeurée sans effet par suite de la
résolution du contrat, en vertu duquel l'exproprié
possédait cet immeuble. — Compiègne, 9 déc. 1841 ;
J. E. 12882.

7401. Adjudication administrative. — L'avis du conseil d'Etat du 22 oct. 1808 n'est pas applicable aux
adjudications passées en la forme administrative de
biens domaniaux, annulés faute d'exécution des conditions ; car, ici, il ne s'agit pas d'adjudication judiciaire,
ni d'une annulation par voie d'appel, mais d'une
déchéance encourue pour non-paiement du prix. —
Cass. 14 mars 1834 ; I. 1539-9 ; J. E. 11742.

7402. Adjudication devant un notaire commis. — Cet
avis n'est pas applicable non plus aux adjudications
passées devant notaires commis, attendu que ces
adjudications ne sont pas attaquées par la voie de
l'appel. — Cass. 31 déc. 1839 ; I.1615-7 ; J. N. 10608 ; J.
E. 12642. — 21 avril 1841 ; I. 1661-10 ; J. N. 10964 ; J.
E. 12732. — Sol. 6 mai 1841 ; J. E. 12758-1. — Charolles, 11 déc. 1841 ; J. E. 12893. — Seine, 4 mai 1842 ;
J. E. 12977.

**7403. Jugement ne portant pas adjudication infirmé
en appel.** — L'avis du conseil d'Etat est spécial aux
jugements d'adjudication. Dès lors, les droits perçus sur
tous les autres jugements, contradictoires ou par défaut,
ne sont pas restituables, si ces jugements sont ensuite
annulés par la voie de l'appel. — Cass. 8 fév. 1813 ; J.
E. 4456. — 6 déc. 1820. — 7 nov. 1821 ; J. E. 7108. —
Civ. 19 fév. 1823 ; Sir. 23.1.254 ; J. E. 7501. — 14 juill.
1824 ; I. 1159-7 ; J. E. 7881. — Req. 11 déc. 1824 ; Pr.
chron. 509. — Civ. 11 avril 1825 ; Sir. 26. 1. 145 ; I.
1173-4 ; J. E. 8095. — 17 avril 1826 ; I. 1200-9 ; J. E.
8435. — 2 août 1826 ; I. 1204-5. — 7 août 1826 ; Sir.
27. 1. 85. — Réun. 15 nov. 1828 ; Sir. 28. 1. 411 ; I.
1498-3 ; J. E. 9198. — Sol. 30 sept. 1831 ; J. E. 10131.

— Cass. civ. 28 avril 1835 ; Sir. 35. 1. 370 ; 1. 1498-3 ; J. E. 11200. — C. Rouen, ch.réun. 11 juin 1835 ; J. E. 11276. — Req. 14 janv. 1836 ; Sir. 36. 1. 93 ; J. E. 11407. — Civ. 7 fév. 1838 ; Sir. 38. 1. 237 ; I. 1577-11 ; J. E. 11977. — Civ. 17 fév. 1840 ; Sir. 40. 1. 332 ; I. 1618-2 ; J. E. 12479. — Civ. 12 fév. 1850 ; Sir. 50. 1. 396 ; I. 1857-13 ; J. E. 14904 ; J. N. 13981. — Seine, 3 avril 1850 ; J. E. 14929-6. — Lyon, 31 mars 1855 ; R. P. 451. — Cass. civ. 2 août 1859 ; Sir. 59. 1. 855 ; I. 2163-5 ; J. E. 16981 ; R. P. 1199. — Ruffec, 22 août 1861 ; R. P. 202.).

Voici l'arrêt du 15 nov. 1828 :

« Attendu que le jugement par défaut, obtenu le « 6 janv. 1808, par le défendeur, contre son frère, « contenait, au profit du défendeur, une transmission « de propriété immobilière, puisqu'il prononçait la « résiliation d'une vente d'immeubles et qu'il faisait « rentrer le vendeur dans la possession de ces immeu- « bles ; qu'ainsi ce jugement était passible, lors de son « enregistrement, du droit proportionnel réglé par « l'art. 69. § 7, n. 1. de la loi du 22 frim. an 7, lequel « ne fait aucune distinction entre les jugements rendus « par défaut et ceux contradictoires, d'où la consé- « quence que la perception de ce droit a été réguliè- « rement faite ; — attendu que la régularité de cette « perception ne pouvait être subordonnée aux circons- « tances qui avaient pu motiver, de la part du défen- « deur, l'obtention dudit jugement, ni à celles qui ont « pu motiver, depuis, l'appel de ce jugement et son « infirmation par la Cour royale de Caen, parce que « la perception du droit d'enregistrement s'établit sur « les dispositions matérielles des actes judiciaires et « sur leur effet légal, indépendamment des motifs « qui ont pu déterminer les parties à provoquer ces « actes, ou à faire prononcer ultérieurement leur « annulation ; — attendu que l'article 60 de la loi pré- « citée prohibe expressément toute restitution de « droits d'enregistrement régulièrement perçus, quels « que soient les événemets ultérieurs ; qu'à la vérité, « cet article ajoute, sauf les cas prévus par la présente ; « mais que cette loi ne prévoit que deux cas de resti- « tution, ceux énoncés dans les art. 48 et 69, § 3, n. 3, « lesquels sont absolument étrangers à l'espèce de la « cause actuelle ; — attendu que, si le principe géné- « ral posé dans l'art. 60 a reçu une exception à l'égard « des adjudications faites en justice sur saisie immo- « bilière, d'après l'avis du conseil d'Etat du 22 oct. « 1808, cette exception, dont les motifs ne peuvent « s'appliquer à d'autres espèces, doit, par sa nature « même, être restreinte à l'objet particulier pour « lequel elle a été établie ; — attendu qu'il suit de là « que le tribunal civil de Caen, en ordonnant la resti- « tution du droit d'enregistrement perçu sur le jugement « du tribunal civil de Falaise du 6 janv. 1808, a fait à « la cause une fausse application de l'avis du conseil « d'Etat du 22 oct. 1808, et a formellement violé les « art. 28, 60 et 69 de la loi du 22 frim. an 7 ; — par « ces motifs, casse ;... renvoie la cause et les parties « devant la Cour royale de Rouen. »

Sur le renvoi, le 11 juin 1835, chambres réunies, la Cour de Rouen, a rendu l'arrêt suivant :

« Attendu que le droit de 2,484 fr. 79 cent. a été « régulièrement perçu sur le jugement du 6 janv. 1808, « ce qui n'est pas contesté ; — attendu que peu im- « porte que ce jugement ait été rendu par défaut et « qu'il ait depuis été infirmé sur l'appel, que la loi n'a « point fait de distinction entre les jugements par dé- « faut ou contradictoires, en premier ou en dernier « ressort ; qu'elle n'admet que deux cas de restitution, « lesquels sont tout à fait étrangers à l'espèce de la « cause actuelle ; — attendu que les principes généraux « sur les effets des jugements par défaut sont inappli- « cables aux matières régies par les lois spéciales, et « notamment en matière d'enregistrement ; que ces « droits, qui constituent un impôt, touchent à des in- « térêts publics, et sont sous l'influence de principes « et considérations distincts ; — attendu qu'un de ces « principes est la stabilité de l'impôt ; que des percep- « tions provisoires, variables suivant les actes ou les « jugements, compromettraient le service public et « l'intérêt de l'Etat ; — attendu que le décret du 22 « oct. 1808, a bien admis une exception au « principe de non-restitution posé dans l'art. 60 de la « loi du 22 frim. an 7 ; mais que cette exception, faite « pour le cas d'une adjudication en justice de biens « immeubles, annulée légalement et sur appel, ne « s'applique point à un renvoi en possession prononcé « par un jugement par défaut, infirmé plus tard, soit « sur opposition, soit sur appel ; — attendu, en effet, « ainsi que l'a jugé la Cour de cassation par un ar- « rêt du 29 nov. 1806, qu'entre la position de l'adju- « dicataire qui a contracté en justice et sous la foi « publique, et celle de la partie qui volontairement « sollicite de la justice un renvoi en possession injuste « qui peut être plus tard rétracté comme nul, il n'y a « aucune identité, et que la faveur due au premier est « loin d'être méritée par le second ; — attendu qu'en « matière de perception de droits d'enregistrement il « ne suffit pas, comme dans les matières civiles, que la « fraude ne soit pas prouvée, mais qu'il faut que la « fraude soit impossible ; qu'autrement on parviendrait « facilement, et sous l'apparence d'actes ou de juge- « ments qui en annuleraient d'autres précédents, à « anéantir des perceptions de droit régulièrement faites, « ce que l'art. 60 de la loi a précisément prévu et pro- « hibé ; — faisant droit sur la demande de M. le « directeur général de l'enregistrement et des domai- « nes ; — ordonne que le chevalier Hélie de Combray « remboursera immédiatement à l'administration de « l'enregistrement et des domaines, entre les mains du « receveur des actes judiciaires de Falaise, la somme « qui lui a été restituée le 19 avril 1820 et celle de « 555 fr. 13 cent., montant des dépens de l'instance « avancés par l'administration des domaines ; — con- « damne ledit chevalier de Combray en tous les autres « dépens des diverses instances, etc. »

7404. RÉTENTION. — On entend par droit de

rétention le droit de conserver la possession d'une chose jusqu'au remboursement des avances faites à l'occasion de cette chose. (C. 867, 1673, 1749, 1948.) — Dict. N. *eod. v°.*

RETENUE. — V. *Intérêts.*

RETOUR (soulte). — V. *Echange, Partage.*

7405. RETOUR (donation). — C'est le droit en vertu duquel, en cas de prédécès du donataire, la chose donnée revient au donateur.

7406. Retour conventionnel. — Le retour conventionnel est celui stipulé au profit du donateur. des objets donnés, en cas de prédécès, soit du donataire seul, soit du donataire et de ses descendants. Ce droit ne peut être stipulé qu'au profit du donateur seul. — C. 951.

7407. *Effet du droit de retour.* — L'effet du droit de retour est de résoudre toutes les aliénations des biens donnés, et de faire revenir ces biens au donateur francs et quittes de toutes charges, sauf néanmoins l'hypothèque de la dot et des conventions matrimoniales, si les autres biens de l'époux donataire ne suffisent pas, et dans le cas seulement où la donation lui aura été faite par le même contrat de mariage duquel résultent ces droits et hypothèques. — Id. 952.

7408. *Mutation par décès.* — Le retour conventionnel s'opère par l'effet d'une condition résolutoire attachée au contrat de donation ; les biens qui retournent ainsi au donateur ne font pas partie de la succession du donataire ; d'où la conséquence qu'aucun droit de mutation par décès ne peut être perçu. — D. F. 29 déc. 1807 ; I. 366-18. — Dél. 25 juin 1822 ; J. N. 6160.

7409. *Héritier du donateur* — Quoique résultant des dispositions du contrat de donation, le retour donne ouverture au droit de mutation par décès s'il a été stipulé au profit des héritiers du donateur, dans les pays où ces stipulations étaient autorisées par les coutumes: ceux-ci, ne rentrant dans les biens que comme héritiers, doivent acquitter les mêmes droits que s'ils les eussent recueillis dans la succession du donateur, et ils sont tenus, sous peine du demi-droit en sus, d'en passer déclaration dans les délais fixés par l'art. 24 frim., à compter du jour de l'événement du retour. — Circ. 1689. — Dél. 17 avril 1827 ; R. G. 11329-1.

7410. Retour légal. — *En faveur de l'adoptant.* — Si l'adopté meurt sans descendants légitimes, les choses données par l'adoptant. ou recueillies dans sa succession, et qui existeront en nature lors du décès de l'adopté, retourneront à l'adoptant ou à ses descendants. à la charge de contribuer aux dettes, et sans préjudice des droits des tiers. — C. 351.

En faveur des ascendants. — Les ascendants succèdent, à l'exclusion de tous autres, aux choses par eux données à leurs enfants ou descendants décédés sans postérité, lorsque les objets se retrouvent en nature dans la succession. — Si les objets ont été aliénés, les ascendants recueillent le prix qui peut en être dû. Ils succèdent aussi à l'action en reprise que pouvait avoir le donataire. — Id. 747.

7411. *Mutation par décès.* — La réalisation du retour légal donne ouverture au droit de mutation par décès. — D. F. 29 déc. 1807 ; I. 366-18. — Cass. 18 déc. 1829. — Cet arrêt est conçu en ces termes :

« Attendu que le code civil ne reconnaît que deux « espèces de retour : le retour conventionnel, autorisé « par les art. 951 et 952, qui fait rentrer le donateur « dans les biens par lui donnés francs et quittes de « toutes charges et hypothèques du chef du donataire, « en vertu de la clause résolutoire sous-entendue dans « l'acte de donation ; et le retour légal, qui, aux « termes de l'art. 747, donne à celui qui l'exerce le « droit de *succéder* aux choses par lui données. lors-« qu'elles se retrouvent en nature dans la succession du « donataire, ce qui l'assujettit au paiement des droits « de mutation par décès ;

« Attendu qu'il est constant que ce n'est pas le « retour conventionnel qui est accordé à l'adoptant par « l'art. 351, puisque cet article porte expressément « que le retour n'a lieu qu'à la charge par l'adoptant « de contribuer aux dettes, sans préjudice des droits « des tiers ;

« Qu'ainsi c'est le retour légal qu'il autorise, sans « qu'aucune disposition de ce même article donne à « ce retour légal un caractère et des effets différents « du retour légal autorisé par l'art. 747 C. civ. ;

« Attendu enfin que, si ces expressions de l'art. 351, « *retourneront à l'adoptant*, pouvaient, prises isolé-« ment, s'entendre indifféremment du retour conven-« tionnel et du retour légal à titre de successibilité, le « législateur a fait cesser toute équivoque en ajoutant, « dans l'art. 352, qu'au cas qui y est prévu, l'adoptant « succédera aux choses par lui données, *comme il est* « *dit dans l'article précédent;*

« Qu'il suit de là qu'il n'y a nul prétexte pour assi-« miler le retour autorisé par l'art. 351 au retour « conventionnel, ou pour lui supposer des effets diffé-« rents du retour légal qui s'opère à titre successif. »

7412. *Action en reprise.* — Si une femme qui a été dotée de 30,000 fr. meurt sans enfant, laissant pour héritiers ses père et mère, donateurs. et des frères et sœurs, et que la communauté ayant existé entre elle et son mari, et dans laquelle n'est pas entrée la dot, ne se compose que de 30,000 fr. de valeurs mobilières, les père et mère, qui exercent le retour légal, ont droit de prélever ces valeurs pour se remplir de l'objet de leur donation, et le droit de mutation par décès n'est dû

qu'en ligne directe. — Dél. 22 nov. 1839; I. 1615-5; J. N. 10581.

7413. RÉTRACTATION.—Ce terme est employé en matière de requête civile pour exprimer l'annulation du jugement attaqué (C. P. 480). En matière de faillite, le débiteur a le droit de rétracter la déclaration de faillite qu'il a faite, tant qu'il n'est pas intervenu de jugement déclaratif; et lorsque ce jugement est intervenu d'office, il peut être rétracté sur l'opposition du failli et de tout créancier ou autre partie intéressée. — Dict. N. *eod. r°.*

7414. Enregistrement. — Les actes portant rétractation sont passibles du droit fixe de 3 fr. — 28 avril 1816, art. 43, n. 21. — 28 fév. 1872, art. 4.

7415. RETRAIT.— C'est, en général, le droit de reprendre une chose que l'on a aliénée. — V. *Droits litigieux, Réméré, Retrait d'indivision.*

7416. Retrait successoral.— Toute personne, même parente du défunt, qui n'est pas son successible, et à laquelle un cohéritier aurait cédé son droit à la succession, peut être écartée du partage, soit par tous les cohéritiers, soit par un seul, en lui remboursant le prix de la cession. — C. 841. — Le retrait dont il est question dans cet article est appelé retrait *successoral.*

7417 Tarif. — Le retrait successoral est passible du droit de 50 c. p. % sur les sommes à rembourser au cessionnaire, pourvu que les droits soient encore indivis lors du retrait. Il est indifférent que le non-successible ait été subrogé dans l'intégrité des droits de son vendeur, ou seulement dans ceux mobiliers ou immobiliers qu'il avait dans la succession indivise; parce que, dans l'un comme dans l'autre cas, il aurait droit d'intervenir au partage, et que les autres héritiers ont pu conséquemment user de la faculté de l'en écarter par l'exercice du retrait. — D. F. 11 flor. an 12; I. 245-3. — Dél. 15 mai 1840; J. E. 12641-5.

7418. *Usufruit.* — Le retrait successoral exercé par une veuve, légataire à titre universel des biens de son mari, envers l'acquéreur des droits successifs de l'un de ses enfants, n'est passible que du droit de 50 c. %. — Dél. 24 avril 1840; J. N. 10738.

7419. *Cessation de l'indivision.* — Le retrait est passible du droit de mutation si l'indivision a cessé par un partage ou tout autre acte intervenu entre les héritiers et le cessionnaire, depuis la cession. — I. 245-3.
Et alors, dans ce cas, le droit de transcription est exigible. — Dél. 3 déc. 1819; J. E. 6425.

7420. *Remboursement du prix.* — Ce ne serait pas rembourser au cessionnaire le prix qu'il a payé que de lui attribuer des *créances* de la succession; ce serait virtuellement l'admettre au partage. Dans ce cas, il y aurait lieu de percevoir le droit de partage. — Sol. 30 juill. 1831; R. G. 11396.

7421. RETRAIT D'INDIVISION. — « L'acquisition faite pendant le mariage, à titre de licitation ou autrement, de portion d'un immeuble dont l'un des époux était propriétaire par indivis, ne forme point un conquêt, sauf à indemniser la communauté de la somme qu'elle a fournie pour cette acquisition. « — Dans le cas où le mari deviendrait seul, et en son nom personnel, acquéreur ou adjudicataire de portion ou de la totalité d'un immeuble appartenant par indivis à la femme, celle-ci, lors de la dissolution de la communauté, a le choix ou d'abandonner l'effet à la communauté, laquelle devient alors débitrice envers la femme de la portion appartenant à celle-ci dans le prix, ou de retirer l'immeuble, en remboursant à la communauté le prix de l'acquisition. » — C. 1408.

Si, à la dissolution de la communauté, la femme retient l'immeuble acquis par son mari, elle exerce ce qu'on est convenu d'appeler le *retrait d'indivision.* — V. *Licitation, Succession.*

D'ailleurs, sous cette rubrique *retrait d'indivision,* nous traitons ici tous les cas prévus par l'art. 1408 C.

7422. Première règle. — Lorsque l'un des époux étant propriétaire d'une part indivise d'un immeuble, une autre part du même immeuble est acquise pendant le mariage, sur licitation ou autrement, la part acquise devient propre à cet époux, sauf récompense à la communauté pour le prix d'acquisition qu'elle a payé.

Cette disposition est conçue en termes généraux. Par conséquent, la part acquise reste propre à l'époux propriétaire indivis, et ne forme point un conquêt, lors même que *les deux époux auraient concouru à l'acte d'acquisition,* lors même que l'acquisition aurait été faite *conjointement,* lors même que l'indivision subsisterait encore après l'acquisition. — Cass. 30 janv. 1865; R. P. 2020. — Bourganeuf, 21 déc. 1865; R. P. 2244.

Donc, dans ce cas, que ce soit le mari ou la femme qui soit propriétaire indivis, le droit de 4 % est seul exigible, POURVU QUE L'INDIVISION CESSE. — Nantes, 16 fév. 1837; J. N. 10038; J. E. 12006. — Dél. 15-27 sept. 1837; J. E. 11882. — Sol. 27 juin 1838; J. N. 10507; J. E. 12104-2. — Dél. 14 janv. 1859; I. 2325-5.

7423. *Indivision subsistant.* — Si l'indivision subsiste après l'acquisition, le droit de 1.50 % est exigible, conformément aux règles que nous avons tracées au mot *Licitation.*

Si, par exemple, après que des époux ont acquis par indivis la moitié d'une maison, l'un des deux (la femme) recueille, à titre successif, un quart de cette maison, le droit de 5.50 % est exigible sur l'acquisition du quart restant, bien qu'il soit propre à la femme,

attendu que l'art. 1408 C. n'a pu faire que, rétroactivement, la moitié indivise précédemment acquise
devint également propre à la femme. — Sol. 30 déc.
1844 ; J. E. 13642-6.

Lorsque deux époux achètent sur licitation un immeuble dont moitié dépendait de leur communauté et
dont le quart appartenait personnellement à la femme,
le droit de transcription est dû sur la totalité du prix.
— Seine, 17 fév. 1866 :

« Attendu que la contrainte a pour objet les droits
« de transcription qui seraient dus sur deux jugements
« aux termes desquels les époux Émile Flury se sont
« rendus adjudicataires de différents immeubles qui
« appartenaient par indivis, pour moitié à la commu-
« nauté existant entre eux, pour un quart en propre à
« la dame Émile Flury, pour le dernier quart à la suc-
« cession bénéficiaire de Ferdinand Flury ;

« Attendu que ces jugements n'ont pas fait cesser
« d'une manière absolue l'indivision préexistante. qui a,
« au contraire, continué entre les époux Émile Flury ;
« qu'il s'ensuit qu'ils ne peuvent être considérés
« comme ayant opéré partage, qu'ils n'ont pas eu
« l'effet purement déclaratif attribué par la loi aux
« actes ayant ce caractère ; — qu'ils étaient de nature
« à être transcrits et assujettis, comme tels, aux ter-
« mes de l'art. 54 de la loi du 28 avril 1816, aux droits
« de transcription ;

« Attendu qu'il résulte de l'art. 25 de la loi du 21
« vent. an 7 que ces droits sont établis sur le prix
« intégral de la mutation ; — qu'aucune disposition
« de la loi n'autorise à distraire de ce prix, pour la
« fixation des droits, la somme représentant la part
« dont l'acquéreur sur licitation était originairement
« propriétaire ;

« Attendu d'ailleurs que, s'il a été déclaré par
« l'avoué adjudicataire que lesdits jugements devaient
« profiter jusqu'à concurrence de moitié à la commu-
« nauté d'entre les époux Émile Flury, pour un quart
« à la femme Émile Flury, pour un quart enfin à
« Émile Flury, il n'est pas résulté de cette déclaration
« que la vente doive être considérée comme restreinte
« à la part qui dépendait de la succession de Ferdi-
« nand Flury, les autres parts étant restées inven-
« dues ; que le contrat n'en a pas moins pour objet
« la totalité des immeubles mis en vente et adjugés
« pour un prix unique ; — que les différents adjudi-
« cataires sont devenus débiteurs solidaires du prix
« dû à la succession Ferdinand Flury ; qu'ils ont tous
« intérêt égal à la purge. qui peut seule consolider la
« propriété entre leurs mains, et que la transcription
« a pour but de préparer ; — qu'il en résulte des
« jugements, pour chacun d'eux, un titre nouveau,
« exclusif des droits de la succession bénéficiaire ;
« — Attendu, dès lors, que la contrainte procède régu-
« lièrement à fin de paiement des droits de transcrip-
« tion calculés sur l'intégralité des prix d'adjudica-
« tion ; — par ces motifs.... »

7424. Deuxième règle. — Si le mari a acquis seul
et en son nom personnel une portion ou la totalité
d'un immeuble appartenant par indivis à la femme,

celle-ci a le choix ou d'abandonner l'immeuble à la
communauté ou de se l'approprier.

D'où il résulte que le mari devient tout d'abord propriétaire exclusif de l'immeuble ainsi acquis par lui,
sauf l'exercice du droit d'option ou de retrait réservé
à la femme. — Cass. civ. 31 mars 1835 ; I. 1490-7 ; J. E.
11175 ; Dall. P. 35. 1. 210. — Req. 25 juill. 1844 ; Dall.
P. 44. 1. 429. — Toull. liv. 3, tit. 5, ch. 2, n. 161. —
Locré, t. 13. p. 191, 192. — C. Nancy. 9 juin 1834 ;
Sir. 54. 2. 785. — C. Caen, 31 juill. 1858 ; Sir. 59. 2.
102.

Par conséquent, le mari qui achète seul un immeuble appartenant par indivis à sa femme doit le droit de
vente à 5. 30% sur la totalité du prix. — Saint-Etienne.
27 déc. 1865 ; R. P. 2227. — Sol. 28 juin 1867 ; R. P.
3294.

« Attendu, porte le jugement du tribunal de Saint-
« Etienne.

« En fait, — que le 10 juillet, par jugement d'adju-
« dication sur licitation, le sieur Grubis a acquis en
« son nom personnel, pour le prix de 279,665 fr. 32 c.
« un immeuble dans lequel sa femme, Augustine
« Porrol, avait une part indivise s'élevant à trois sei-
« zièmes ; — que le droit de mutation n'a été perçu
« que sur 13/16es du prix ; que, le 26 juill. 1854, l'ad-
« ministration de l'enregistrement et des domaines a
« décerné une contrainte en paiement de droit de
« de 2,517 fr. 12 c.. pour supplément de droit sur les
« 3/16es indûment déduits par le receveur ;

« En droit, — attendu que le sort de l'immeuble
« acquis par Grubis est réglé par le § 2, et non par le
« § 1er de l'art. 1408 C. Nap. ; — que si ce 1er § dis-
« pose que l'acquisition faite pendant le mariage, à
« titre de licitation ou autrement, de portion d'un im-
« meuble dont l'un des époux était propriétaire par
« indivis. reste propre à cet époux. cette disposition
« ne s'applique qu'au cas où l'indivision existait en
« faveur du mari ou au cas où. la part indivise appar-
« tenant à la femme, l'acquisition a eu lieu soit par
« les deux époux conjointement, soit par le mari seul ;
« mais au nom et pour le compte de sa femme ; —
« que le cas d'acquisition par le mari seul et en son
« nom personnel de l'immeuble appartenant pour une
« part indivise à la femme est prévu par le 2e § ;
« — que ces deux paragraphes, s'appliquant à des hypo-
« thèses différentes, n'ont pas entre eux une connexité
« si intime que l'exception aux règles de la commu-
« nauté écrite dans le premier domine nécessairement
« les dispositions du second ; — qu'en effet. les excep-
« tions sont de droit étroit et ne peuvent être étendues
« au delà des cas prévus par la loi ; — que la pensée
« qui a dicté le second alinéa de l'art. 1408 est évi-
« demment une pensée de faveur pour la femme ; —
« que le législateur, en lui ouvrant, à la dissolution
« de la communauté, l'option entre l'immeuble acquis
« ou la part lui revenant dans le prix, a voulu la pro-
« téger tout à la fois et contre la spoliation par un
« mari avide d'un immeuble auquel se rattacheraient
« des liens d'affection et de famille, et contre les con-
« séquences d'une acquisition onéreuse ; — que ce
« serait aller directement contre cette pensée du légis-

97

« lateur que de déclarer la femme propriétaire dès le
« jour de l'adjudication, puisque ce serait mettre à ses
« risques et périls la perte et les dégradations de l'im-
« meuble avant même qu'il lui soit possible de déclarer
« si elle entend le retirer ou l'abandonner ;

« Attendu que le texte comme l'esprit de l'art. 1408
« excluent cette interprétation ; — que ces expres-
« sions, *retirer l'immeuble*, démontrent qu'il s'agit ici
« d'un véritable retrait ; qu'elles sont si claires, que
« la jurisprudence et la doctrine désignent unanime-
« ment sous le nom de *retrait d'indivision* la faculté
« concédée à la femme ;

« Attendu que tout retrait suppose la propriété entre
« les mains de celui contre lequel il est ouvert; que
« cela, vrai du retrait successoral, du retrait litigieux,
« est également vrai du retrait d'indivision, puisqu'il
« est impossible d'admettre qu'on puisse retirer à une
« personne la propriété d'un objet sans admettre
« qu'elle soit investie de cette propriété ;

« Attendu, en outre, que, si la loi avait transféré de
« plein droit la propriété sur la tête de la femme, cette
« dernière, par une conséquence inévitable, répon-
« drait personnellement sur tous ses biens des char-
« ges de l'acquisition, tandis qu'aux termes de notre
« article elle n'est tenue que des droits réels et du
« remboursement du prix de cette acquisition ;

« Attendu que, la loi n'établissant pas une présomp-
« tion de propriété pour la femme, cette présomption ne
« saurait s'induire de ce que le mari, en acquérant
« l'immeuble dont elle possédait une part indivise, est
« censé avoir agi pour elle comme son mandataire
« tacite, ou du moins comme son gérant d'affaires ; —
« que nul, sans une manifestation précise de sa vo-
« lonté, ne saurait être réputé stipuler pour autrui ; —
« que, dans l'espèce, Grubis, loin d'agir pour sa femme,
« a formellement déclaré acquérir pour son compte ;

« Attendu que, dans notre droit, le mari, à l'excep-
« tion de cas très-rares, n'est pas le représentant
« nécessaire, le procureur forcé de sa femme, mais
« seulement son tuteur, et le mandat qu'il tient de
« la loi se borne aux simples actes d'administration ;

« Attendu, dès lors, que la femme ne pouvant être,
« sous aucun point de vue, considérée comme proprié-
« taire avant son acceptation, il en résulte forcément
« que le droit de mutation est dû sur l'intégralité du
« prix d'acquisition, puisque, jusqu'au jour où la
« femme reprend le libre exercice de ses droits, la
« propriété appartient soit à la communauté, soit au
« mari, suivant le régime adopté par les époux, et que
« cette propriété n'est frappée que de la condition
« résolutoire du retrait d'indivision, condition qui,
« aux termes de l'art 1183 C. N., ne suspend pas la
« propriété ;

« Attendu, il est vrai, que c'est là, au point de vue
« fiscal, une conséquence rigoureuse, puisqu'en sup-
« posant qu'à la dissolution de la communauté la
« femme s'approprie l'immeuble, le droit régulièrement
« perçu ne peut être restitué, aux termes de l'art. 60
« de la loi du 22 frimaire an VII, et que la femme se
« trouve avoir payé un droit de mutation sur une part
« d'immeuble lui appartenant ;

« Mais attendu que cette conséquence est écrite
« dans la loi ; qu'elle s'applique à tous les cas où la
« propriété se trouve soumise à une condition résolu-
« toire, aux pactes à réméré, aux retraits litigieux,
« aux retraits successoraux ; qu'elle se justifie, du
« reste, par les nécessités d'une perception immédiate
« et irrévocable des droits du Trésor ; — par ces
motifs... »

7425. *Acquisition au nom de la femme.* — Mais si le
mari déclare acquérir *pour* sa femme ou *au nom* de sa
femme, l'immeuble devient immédiatement propre
à celle-ci, et il n'est dû que le droit de 4 %. — Dél.
20-23 mai 1864. — Cass. civ. 2 déc. 1867 (en matière
civile); R. P. 2697.

La délibération du 23 mai 1864 est ainsi conçue :

« En lisant attentivement l'art. 1408 C. Nap., on voit
« que le législateur a prévu deux hypothèses distinctes:
« la première est relative à l'acquisition faite par les
« deux époux conjointement, pendant le mariage, de
« portion d'un immeuble dont le surplus est propre à
« l'un d'eux. La portion acquise ne forme point un
« conquêt de communauté : donc c'est un accroisse-
« ment de propre.

« La seconde hypothèse concerne l'acquisition faite
« par le mari, seul et en son nom personnel, de tout
« ou partie d'un immeuble appartenant par indivis à
« la femme.

« C'est une question très-controversée que celle de
« savoir si, dans cette seconde hypothèse, l'immeuble
« acquis par le mari devient immédiatement un propre
« de la femme, ou demeure un conquêt de commu-
« nauté, jusqu'au moment où la femme retire cet im-
« meuble, en vertu du droit d'option que lui confère
« la disposition finale de l'art. 1408 précité.

« M. Troplong soutient que l'immeuble revêt, tout
« d'abord, le caractère de propre (nos 648 et suiv.).
« Cette opinion paraît être aussi celle de Marcadé,
« quoiqu'il ne soit pas formellement exprimée dans
« son commentaire sur l'art. 1468. Les tribunaux d'Alt-
« kirch et de Bernay se sont prononcés dans ce sens
« les 25 août 1857 et 12 août 1858. Toullier soutient
« l'opinion contraire. (V. I. 1446-4.) La Cour de cassa-
« tion elle-même semble disposée à admettre que la
« portion acquise par le mari appartient provisoire-
« ment à la communauté (arrêts du 31 mars 1835 et du 25 juill. 1844 (I. 1490-7).
« Toutefois, ces arrêts perdent un peu de leur valeur
« lorsqu'on les examine de près, les circonstances
« particulières dans lesquelles ils ont été rendus ne
« permettent pas de les considérer comme des arrêts
« de principe.

« Au point de vue de l'application des droits d'enre-
« gistrement, la question présente un intérêt capital;
« car, si l'immeuble devient immédiatement propre à
« la femme, le contrat d'acquisition n'est passible que
« du droit de 4 % (L. 22 frim. an 7, art. 69, § 7, n° 4);
« tandis que, s'il appartient provisoirement à la com-
« munauté, le droit exigible est celui de 5 fr. 50 c. %
« (L. 28 avril 1816, art. 52).

« Quoi qu'il en soit à cet égard, et sans rien préjuger

« sur le fond de la question dans l'hypothèse indiquée
« où le mari acquiert seul et en son nom personnel,
« il convient de remarquer que la même difficulté ne
« se présente pas dans la première hypothèse, c'est-à-
« dire lorsqu'il s'agit d'une acquisition faite par les
« deux époux conjointement de portion d'un immeuble
« appartenant par indivis à la femme. Dans ce cas,
« l'immeuble devenant aussitôt propre à la femme, le
« droit de mutation n'est dû qu'à raison de 4 %.

« Il semble qu'il doit en être de même lorsque
« le mari, sans acquérir conjointement avec sa femme,
« acquiert cependant pour le compte exclusif de cette
« dernière.

« En effet, d'après le texte même de l'art. 1408, pour
« que la femme puisse exercer son droit d'option, ou,
« en d'autres termes, pour qu'il puisse arriver que
« l'immeuble n'appartienne pas à la femme, il faut
« que le mari ait acquis seul et en son nom personnel;
« le deuxième alinéa de l'article le déclara formelle-
« ment. Par conséquent, toutes les fois que le mari n'a
« pas acquis en son nom personnel, l'immeuble doit
« appartenir nécessairement à la femme, en vertu du
« premier alinéa, d'après lequel l'acquisition ne forme
« point un conquêt.

« J'inclinerais à penser, dit Pothier, que c'est en
« qualité de mari, plutôt qu'en mon nom propre et
« personnel, que j'ai traité dans cet acte avec les co-
« héritiers de ma femme, parce que la qualité de mari
« doit faire facilement présumer que, dans les actes
« qui concernent les affaires de ma femme, c'est en
« cette qualité de mari et pour ma femme que j'y pro-
« cède. Or, l'acte dont il est question concerne les af-
« faires de ma femme, puisqu'il tend à faire cesser la
« communauté et l'indivision qui était entre elle et ses
« cohéritiers. Je dois donc être facilement présumé y
« avoir traité en ma qualité de mari et pour ma
« femme. » (Communauté, n° 151.)

« M. Troplong, qui traite avec soin la question, con-
« clut de l'examen du texte, que l'immeuble acquis
« par la femme, quoique à son insu, est propre pen-
« dant le mariage, et que ce serait le plus insoutenable
« des paradoxes que de lui donner la qualité d'ac-
« quêts. » (n° 655, in fine.)

« Dans le contrat du 8 fév. 1864, le sieur J..., en se
« rendant acquéreur des trois quarts de la maison in-
« divise entre sa femme et les vendeurs, a déclaré ac-
« quérir à titre de licitation, au profit de sa femme, et
« pour servir de partage entre cohéritiers. Ainsi, dans
« l'espèce qui nous occupe, il n'est pas douteux que
« l'acquisition profite immédiatement et exclusivement
« à la dame J..., en sorte que le contrat est réellement
« une licitation passible du droit de 4 %. »

RETRAITE. — V. *Lettre de change.*

7426. RÉTROCESSION. — Acte par lequel
nous remettons à un autre le droit qu'il nous avait cédé
auparavant. — V. *Résolution.*

7427. Convention verbale. — Lorsque la rétrocession
s'est opérée secrètement sans titre apparent, le droit
de mutation doit être perçu sur une déclaration estimative, susceptible d'être attaquée par voie d'expertise,
sans que l'on puisse prétendre que le droit doit être
établi sur le prix de la première vente. — Sol. 19 mars
1832; J. E. 10307.

7428. Donation. — L'acte par lequel un individu
qui aurait reçu, à titre de donation entre-vifs, un immeuble, à charge de servir une rente viagère au donateur, *rend* et *rétrocède* cet immeuble au donateur,
moyennant l'extinction de la rente viagère, ne produit
d'autre effet que n'en avait produit l'acte de donation
lui-même, et dès lors il est passible du droit de donation, et non de celui de vente. — Sol. 29 sept. 1832;
J. E. 10448.

7429. Partage anticipé. — Si un père qui a fait un
partage anticipé entre ses trois enfants, dont un mineur
qui a néanmoins accepté, procède, après la majorité
de ce mineur qui a ratifié le partage depuis sa majorité,
à un nouveau partage, dans lequel il reprend l'immeuble précédemment attribué au mineur pour lui
donner une somme d'argent en remplacement, le droit
de rétrocession est exigible, attendu qu'aux yeux de
l'administration, la première donation, bien qu'acceptée par un mineur, a dû être considérée comme valable
à son égard. — Dél. 11 déc. 1836; J. E. 11779.

RÉUNION D'USUFRUIT. — V. *Usufruit.*

REVENTE. — V. *Vente.*

RÉVERSIBILITÉ.

Ch. Ier. — Préliminaires.

7430. Définition. — On entend par réversibilité une
clause qui a pour effet d'assurer à une personne déterminée, si elle vit à une certaine époque, un avantage
qui doit préalablement reposer sur la tête d'une autre
personne.

7431 Distinction. — Lorsque la clause de réversibilité constitue une libéralité soumise à l'événement du décès, elle donne lieu, lors de l'enregistrement du contrat où elle est renfermée, au droit fixe de 7. 50, et, lors de la réalisation, au droit proportionnel de mutation par décès.

La question de savoir si la clause de réversibilité constitue ou non une libéralité reçoit des solutions diverses, suivant la nature des biens aliénés, la qualité des parties, et le genre des contrats d'aliénation.

7432. *Intention de donner formellement exprimée.* — Dans tous les cas, si celui qui stipule la réversibilité déclare vouloir faire une donation à celui au profit de qui il la stipule, le droit fixe est exigible immédiatement et, lors de la réalisation de la condition prévue, le droit proportionnel de mutation.

Ch. II. — RÉVERSIBILITÉ AU PROFIT D'UN TIERS.

7433. Règle. — L'aliénation d'un bien, moyennant une rente viagère réversible sur la tête d'un tiers, s'il survit au vendeur, donne lieu au droit de vente et au droit de donation éventuelle, sauf la perception du droit de mutation par décès, si l'éventualité se réalise. — Cass. réun. 23 déc. 1862; Sir. 63. 1. 46; I. 2244-4; J. E. 17588. — Civ. 23 juill. 1866; Sir. 66. 1. 408; I. 2349-5; J. E. 18222.

« Attendu, porte l'arrêt du 23 déc. 1862, que par « l'acte notarié du 5 janvier 1846, le chevalier de « Beausset a vendu aux sieurs Borelly et Regnis divers « immeubles situés à Marseille, moyennant : 1° une « somme de 260,000 fr. en capital, et 2° la réserve à son « profit d'une rente viagère de 9,000 fr., qu'il a stipulée « réversible, à sa mort, sur la tête du sieur Gontard, « et ce, porte le contrat, à titre de reconnaissance des « soins donnés par ce dernier à la liquidation de la « succession du marquis de Beausset, son frère ;

« Attendu que la constitution de rente et la clause « de libéralité acceptée par Gontard, qui rend réver-« sible en sa faveur ladite rente, forment deux disposi-« tions bien distinctes, savoir : une constitution de « rente viagère à la charge des acquéreurs, et une « stipulation de libéralité par réversibilité de ladite « rente au jour du décès du vendeur;

« Attendu que, si la première de ces dispositions, « c'est-à-dire la constitution de la rente, est évidem-« ment un des éléments du prix de la vente, en ce « qu'elle affecte les droits et la situation des acquéreurs, « et si elle en est ainsi une dépendance et une dériva-« tion nécessaire, il n'en est pas de même de la seconde;

« Attendu, en effet, que cette réversibilité, fruit de « la libéralité du vendeur vis-à-vis de Gontard, qui « était sans qualité pour intervenir au contrat de vente, « est complétement étrangère aux acquéreurs, qui, « nonobstant la mort du vendeur, doivent continuer « le paiement de la rente, et qui même, dans le cas où « la libéralité aurait été révoquée ou annulée, n'en « seraient pas moins tenus de servir la rente aux héri-« tiers de Beausset jusqu'au décès de Gontard ;

« Attendu qu'en réalité la stipulation relative au « dernier n'a, au regard des acquéreurs, de valeur que « pour déterminer l'époque précise où l'obligation du « service de ladite rente prendra fin ; que cette indica-« tion peut et doit subsister, quels que soient les évé-« nements ; que, par conséquent, l'une des dispositions « pouvant cesser d'exister sans que l'autre en soit « affectée, il en résulte qu'elle en est manifestement « distincte ; qu'ainsi, à aucun titre, elle ne dépend ni « ne dérive nécessairement de la vente dont s'agit ;

« Attendu que l'art. 1973 C. N. ne saurait infirmer « cette conséquence, puisque, ayant pour but d'affran-« chir des formes des donations les constitutions de « rentes viagères introduites dans les contrats au profit « de tiers qui n'en ont pas fourni les fonds, il ne saurait « avoir pour effet, au point de vue fiscal, de soustraire « aux droits déterminés par les lois de la matière les « conventions qui en sont légalement passibles ;

« Et attendu que le chevalier de Beausset est décédé « à Paris ; que Gontard, qui a recueilli, conformément « à la disposition sus-énoncée. la rente dont s'agit, n'a « point fait, dans le délai voulu, la déclaration et le « paiement auxquels il était tenu, et que, dès lors, le « tribunal de Versailles, en le déboutant de l'opposi-« tion par lui formée à la contrainte décernée contre « lui par l'administration de l'enregistrement, n'a pas « violé l'art. 11 de la loi du 22 frim. an VII, ni les « autres lois de la matière ; — rejette. »

7434 *Enfant du vendeur.* — La même perception doit être faite si le tiers au profit de qui la réversibilité est stipulée est l'enfant du vendeur. — Lyon, 7 avril 1865; R. P. 2086.

7435. *Contrat de mariage.* — Lorsque, dans le contrat de mariage de leur fille, les père et mère lui constituent une rente annuelle, avec stipulation que si le mari survit, la pension continuera de lui être servie, le droit exigible sera celui de mutation par décès entre époux, par le motif que la donation a été faite à la future seule, c'est-à-dire qu'elle en a été seule investie et que le mari ne tient pas ses droits à la pension de son contrat de mariage seul, mais encore du prédécès de sa femme, et enfin que la stipulation de la réversi-bilité n'a pas le caractère d'une donation entre-vifs, dans le sens de la loi de l'impôt, mais qu'elle a celui d'une stipulation à cause de mort. — Sol. 19-22 juill. 1844 ; J. E. 14096.

La donation d'une rente viagère à l'un des futurs, avec réversion au profit des enfants à naître ou de l'autre époux, forme à l'égard de ces derniers, une donation éventuelle, passible à l'événement du droit proportionnel fixé par l'art. 14. n. 9, de la loi du 21 juin 1832. — Avranches, 2 juill. 1848.

7436. *Partage anticipé.* — Si, dans le partage anti-cipé de ses biens, un individu stipule à son profit une rente viagère réversible, à l'époque de son décès, sur la tête de sa sœur qui accepte, le droit de mutation par

décès sur cette rente est dû au décès du donateur. — Fougères, 10 août 1836; Dél. 9 déc. suiv.; J. E. 11710-6.

CH. III. — RÉVERSIBILITÉ ENTRE COMMUNISTES.

7437. Vente. — *Rente.* — La réversibilité au profit du survivant des vendeurs de la rente viagère formant le prix de la vente d'un immeuble leur appartenant par indivis doit être considérée non comme une libéralité, mais comme une condition de la vente, de laquelle elle dérive nécessairement, et ne donne pas lieu, dès lors, à la perception du droit proportionnel de mutation par décès à l'événement.—Yvetot,18 août 1863; R. P. 1842. — Angers, 6 avril 1867; R. P. 2613. — Besançon, 26 juill. 1867; R. P. 2868. — Cass. req. 17 juin 1868. — Civ. 26 janv. 1870 (I. 2401-6), ainsi conçu :

« Attendu que, dans le cas où, comme dans l'espèce,
« deux copropriétaires vendent à un tiers une chose
« indivise entre eux par parties égales, moyen-
« nant une rente viagère payable, pendant leur vie,
« moitié à l'un et moitié à l'autre. et après la mort du
« prémourant des vendeurs, au survivant d'eux en
« totalité, la rente ainsi déterminée quant à sa quotité
« et à son doublement éventuel ne fait que représenter
« le prix que chacun des vendeurs, également inté-
« ressé et partie au contrat, a personnellement et dans
« son propre intérêt stipulé pour l'aliénation de sa
« chose; que ce prix tout entier, sous les conditions
« auxquelles il a été convenu, est l'un des éléments
« substantiels de la vente consentie par chacun des
« vendeurs; que si le survivant d'entre eux est appelé
« à jouir de la totalité de la rente viagère, il tient ce
« droit de sa propre stipulation, et non d'une libéralité
« qui lui aurait été faite par le prédécédé; que cette
« convention forme l'une des conditions essentielles et
« intégrantes du contrat, et ne peut, en conséquence,
« être rangée parmi les dispositions indépendantes ou
« ne dérivant pas nécessairement les unes des autres;
« que l'art. 11 de la loi du 22 frim. an 7 assujettit,
« selon leur espèce, à un droit particulier; qu'en le
« décidant ainsi, le jugement attaqué n'a contrevenu à
« aucun des articles invoqués par le pourvoi; —
« rejette. »

7438. Usufruit.—Mais si la réversibilité s'applique à l'usufruit des biens aliénés, il y a donation. Car les cessions d'immeubles, qu'elles soient pures et simples. ou qu'elles dérivent d'une convention principale, donnent toujours ouverture au droit de mutation, car les immeubles ne peuvent changer de mains sans acquitter l'impôt. — Le Mans, 27 déc. 1850; Rec. Fess. 8317.

7439. Acquisition. — Quand plusieurs individus ont fait en commun une acquisition d'immeubles, en stipulant qu'au décès de chacun d'eux, l'apport du décédé, ou sa part dans les biens acquis, deviendra la propriété de l'association, qui continuera avec les autres, pour ne finir, sauf les cas prévus de dissolution et de partage, que lorsqu'il n'existera plus qu'un seul associé survivant. auquel appartiendra alors la totalité de l'actif social, il y a là un contrat aléatoire où chacune des parties court également des chances de perte et de gain, et reçoit l'équivalent de ce qu'elle donne; d'où la conséquence qu'à chaque prédécès, il y a mutation à titre onéreux et non mutation à titre gratuit, et que c'est le droit à 5. 50 % qui est exigible. — Cass. civ. 10 août 1853; Sir. 53. 1. 640; I. 2150-1; J. E. 15713-2; R. P. 16.—Civ. 15 déc. 1852; Sir. 53. 1. 125; I. 2150-1; J. E. 15565. — Civ. 12 juill. 1853; Sir. 53. 1. 540; I. 2150-1; J. E. 15703. — Civ. 26 avril et 26 juill. 1854; Sir. 54. 1. 463; I. 2150-1; J. E. 15883 et 15924-5.—Civ. 9 avril 1856; Sir. 56. 1. 541; I. 2150-1; R. P. 706. — V. n. 2365 et *Succession.*

Dès lors, aucun droit de donation éventuelle ne peut être perçu sur l'acte d'acquisition.

7440. *Immeuble vendu avant le décès.* —La solution est la même si l'immeuble a été vendu avant le décès; mais le droit de mutation à titre onéreux n'est plus dû alors que sur la portion de la créance du prix qui s'ajoute, par droit d'accroissement, à la part des associés survivants. — Cass. civ. 14 juin 1858; I. 2150-1; J. E. 16753; R. P. 1018.

7441. *Accroissement stipulé au profit de quelques-uns des acquéreurs seulement.* — Cependant, quand il a été convenu, dans l'acte constatant une acquisition faite en commun par *trois* personnes, que la propriété de l'immeuble et des constructions qui y seront élevées, restera à *un* ou à *deux* des acquéreurs, suivant certaines éventualités prévues. le droit de mutation *à titre gratuit* doit être exigé aussitôt que la transmission s'est réalisée par l'accomplissement de la condition, bien qu'il ait été formellement déclaré. dans le contrat. que *l'acquéreur exclu* serait censé n'avoir jamais été propriétaire. — Cass. req. 19 mars 1855; Sir. 55.1.837; I. 2042-1.

CH. IV. — RÉVERSIBILITÉ ENTRE ÉPOUX.

7442. Nullité. — D'après l'art. 1097 C., les époux ne peuvent, pendant le mariage, se faire. ni par acte entre-vifs, ni par testament, aucune donation mutuelle et réciproque par un seul et même acte. Par conséquent, toutes les fois que la clause de réversibilité n'est qu'une donation entre époux, elle est entachée de nullité; mais cette nullité ne peut être un obstacle à la perception des droits. — Cass. req. 30 mars 1868. — V. *Nullité.*

SECT. I. — DONATION.

7443. Acquêts. — *Rente.* — Si une rente viagère est stipulée comme condition d'une donation de biens communs et.qu'il soit dit que cette rente sera réversi-

ble sur la tête du survivant des donateurs, cette disposition ne constitue pas une donation donnant ouverture à un droit particulier, car chacun des donateurs n'a consenti à stipuler un avantage aléatoire au profit de son conjoint que parce que lui aussi pouvait être appelé à recueillir l'équivalent. — Dél. 12 janv. 1827, 21 oct. 1831 ; J. E. 8831, 10150. — Altkirch, 10 déc. 1857 ; R. P. 972.— Rouen, 18 mars 1869 ; Cont. 14394. — Beauvais, 11 nov. 1867 ; R. P. 2614.

7444. *Récompense.* — De plus, aucune récompense n'est due par l'époux qui profite de la réversibilité : « Considérant que le droit de transmission sur les « immeubles de la communauté a été acquitté lors de « l'enregistrement de l'acte du 7 avril 1863, puisque « les époux, en faisant donation de leurs biens de « communauté, se dépouillaient irrévocablement de « leurs droits sur ces biens ; que la prétention de la « régie est contraire à la règle qui veut que la même « valeur ne soit pas passible de deux droits, puisqu'on « ne peut soutenir que la moitié de récompense que « l'on imposerait à l'épouse survivante est une créance « réelle ; qu'elle ne saurait être considérée que comme « une valeur essentiellement fictive, et les héritiers, ne « devant supporter que les droits de mutation que sur « ce qu'ils recueillent réellement, n'ont rien à payer « sur une valeur qui ne leur advient pas ; — considé- « rant, de plus, qu'il n'est point dû de récompense « par l'époux, parce que l'art. 1437 n'entend parler « que du profit réalisé par l'époux survivant avant la « dissolution de la communauté, et non de celui qui « advient après cette dissolution ; que, du reste, il n'y « a pas profit personnel, parce que l'aléa résultant « de la clause pouvait tourner à l'avantage de l'un ou « de l'autre époux. » — Dunkerque, 20 juill. 1871.

7445. *Usufruit.* — Lorsque l'usufruit des biens donnés est réservé aux donateurs qui doivent en jouir jusqu'au décès du survivant d'eux, le droit de donation éventuelle est exigible, et à l'événement, celui de mutation par décès. — Sédan, 4 août 1858 ; R. P. 1088. — Chinon, 5 mars 1864 ; R. P. 1925. — Saint-Quentin, 11 fév. 1863 ; R. P. 2219.

7446. *Fraude.* — Le droit n'en serait pas moins exigible si, dans l'intention de l'éviter, les parties avaient stipulé que le survivant recevrait son usufruit, non du prémourant, mais du donataire, et trois jours seulement après le décès. Cette dernière stipulation ne devrait être considérée que comme une combinaison suggérée pour dissimuler une véritable donation mutuelle et éventuelle entre les donateurs ; et l'usufruit qui, lors du décès prévu, arriverait aux mains du survivant d'eux, émanerait du prémourant et non des donataires ; dès lors, la stipulation par laquelle chacun des époux se serait, avec le concours à l'acte, et par conséquent avec le consentement tacite de l'autre, réservé, en cas de survie, l'usufruit de la part du prémourant, constitue- rait, dans leur intention commune, une donation mu- tuelle et éventuelle qui ne saurait être considérée

comme une dépendance et une condition de la dona- tion. — Cass. civ. 14 nov. 1865.

Lorsque deux ascendants, dans le partage anticipé qu'ils ont fait de leurs biens, se sont réservé, chacun personnellement, l'usufruit des biens par lui donnés, et ont stipulé en outre que les donataires laisse- raient jouir le survivant des biens du prémourant, cette clause, dont l'appréciation appartient à la Cour de cassation, constitue, outre la donation actuelle en nue propriété faite aux enfants, une véritable libéralité entre époux soumise à l'événement du décès, et passi- ble du droit de mutation par décès entre époux. — Cass. civ. 26 juill. 1869 :

« Vu les art. 4, 11, 15 nº 7, 24, 27, 39 de la loi du « 22 frim. an VII, et 53 de la loi du 28 avril 1816 ; — « attendu que toute transmission de propriété, d'usu- « fruit ou de jouissance de biens meubles ou immeu- « bles, soit entre-vifs, soit par décès, est soumise à un « droit proportionnel de mutation ; — attendu qu'il « est constaté par le jugement attaqué que, suivant « acte public du 23 juin 1864, les époux Vigneron ont « fait, entre leurs deux enfants, le partage anticipé « tant de leurs biens immeubles propres que de ceux « qui dépendaient de leur société d'acquêts, en stipu- « lant que les donataires auraient la propriété à comp- « ter de la date de l'acte, mais n'en prendraient la « jouissance qu'à partir du jour du décès, et en expli- « quant cette disposition par la clause suivante : « Les « donateurs font réserve, chacun pour soi et pendant « sa vie, de l'usufruit de la portion lui appartenant « dans les immeubles présentement donnés ; et, de « plus, celui qui survivra à l'autre fait et consent la « présente donation sous la condition expresse que ses « enfants lui laisseront pendant sa vie et jusqu'à son « décès l'usufruit de la part du prémourant dans les « biens donnés ; — attendu qu'il résulte de ces clau- « ses, dont l'appréciation appartient à la Cour de cas- « sation, que l'acte du 23 juin 1864 constituait, outre « la donation actuelle en nue propriété faite aux « enfants, une véritable libéralité entre époux soumise « à l'événement du décès, en tant qu'il attribuait au « survivant des donateurs l'usufruit de la portion « d'immeubles donnés par le prémourant aux enfants « communs ; qu'à la vérité les donateurs, au lieu de se « réserver l'usufruit des biens par eux et le survivant « d'eux, ont stipulé chacun personnellement la réserve « de l'usufruit des biens par lui donnés, et imposé aux « donataires l'obligation de le laisser jouir pendant sa « vie de la part du prémourant ; mais que ce n'a été « là qu'un moyen détourné, ou, comme l'exprime le « jugement attaqué lui-même, un circuit fait pour « assurer au survivant la jouissance de la totalité des « immeubles, et par conséquent de ceux du prémou- « rant aussi bien que des siens propres ; que cette « combinaison, imaginée en vue de dissimuler la pensée « véritable de l'acte, n'en saurait changer les disposi- « tions ; et qu'en réalité, la stipulation par laquelle « chacun des époux s'était, avec le concours à l'acte et « par conséquent avec le consentement tacite de l'autre, « réservé, en cas de survie, l'usufruit de la part du « prémourant, avait constitué, dans leur intention

« commune, une donation mutuelle et éventuelle qui
« ne peut être considérée comme une dépendance et
« une condition de la donation par eux faite aux
« enfants communs ; — attendu, dès lors, que lorsque
« l'événement prévu est arrivé par le décès de Vigne-
« ron, survenu le 2 août 1865, il s'est opéré, de celui-
« ci à sa femme survivante, une transmission de l'usu-
« fruit des immeubles à lui appartenant dans ceux qui
« avaient fait l'objet du partage du 23 juin 1864, et
« qu'en supposant que l'acte d'où elle procédait fût
« annulable, cette transmission n'en aurait pas moins
« été passible du droit de mutation, la mission de
« l'administration de l'enregistrement consistant à per-
« cevoir l'impôt et nullement à contrôler les actes ; —
« d'où il suit qu'en décidant le contraire et en annu-
« lant de ce chef la contrainte décernée par l'Adminis-
« tration, sous prétexte que la constitution d'usufruit
« faite par l'acte du 23 juin 1864 émanait des enfants
« donataires et n'était soumise à aucun droit, comme
« étant une charge de la donation faite à ceux-ci, le
« jugement attaqué a expressément violé les disposi-
« tions ci-dessus visées ; — casse. »

7447. *Réserve d'une partie des acquêts seulement.* — Si
l'usufruit réservé au profit du survivant des époux ne
s'applique qu'à une partie des acquêts, le droit de succession ne doit être perçu, à l'événement, que si le revenu de ces acquêts excède celui de la moitié de tous
les biens de même nature figurant dans la donation.
— Sol. 5 janv. 1869 ; R. P. 2865.

7448. Propres. — S'il s'agit de biens propres, le
droit de 7. 50 et, ensuite, le droit de succession sont
dus. — Cass. 3 niv. an 13. — D. F. 23 sept. 1828 ; J. E.
9148. — Dél. 21 oct. 1831 ; J. N. 7595. — 10 nov. 1837 ;
J. E. 11906. — Laon, 10 mai 1838 ; J. E. 12052-1. —
Beaugé, 10 nov 1843 ; J. E. 12532. — Saint-Etienne,
5 déc. 1843 ; J. E. 13456. — Cass. 15 juin 1846 ; I.
1767-6 ; J. E. 14033 ; J. N. 12707. — Loudéac, 14 août
1846 ; J. E. 14060. — Nogent-le-Rotrou, 24 juin 1848 ;
J. E. 14525. — Chalon-sur-Saône, 7 déc. 1848 ; J. N.
13692. — Montluçon, 6 avril 1852 ; J. N. 14866. —
Hazebrouck, 8 mai 1852 ; J. E. 15798. — Cass. 8 et 31
août 1853 ; I. 1986-8-9. — 30 janv. 1856 ; I. 2078-3.
— Evreux, 16 févr. 1857 ; J. E. 16470. — Cass. civ.
24 janv. 1860 ; I. 2174-8. — Saint-Quentin, 9 août
1861 ; R. P. 1518.

SECT. II. — VENTE.

7449. Acquêts. — *Rente.* — Si deux époux vendent
des biens communs moyennant une rente viagère irréductible au décès du prémourant, cette condition est
un des éléments de la vente, une stipulation sans laquelle ni l'un ni l'autre des conjoints n'auraient consenti à l'aliénation, et qui est affranchie de tout droit.
— Dél. 9 janv. 1812 ; J. E. 4115. — Rennes, 26 août
1863 ; Château-Thierry, 12 mars 1864 ; Vitry-le-Français, 15 avril 1864 ; R. P. 1906-2. — Bressuire, 27 fév.

1866 ; R. P. 2234. — Cass. civ. 15 mai 1866 ; Sir.
66.1.304 ; I. 2355-6 ; J. E. 18178. — Tarascon, 4 janv.
1867 ; Brest, 6 fév. 1867 ; R. P. 2442.

« Attendu, porte l'arrêt du 15 mai 1866, que par di-
« vers contrats de vente les époux Briand ont, pendant
« l'existence de leur communauté, aliéné, sous leur
« garantie solidaire, des capitaux et des immeubles
« qui en dépendaient, moyennant des rentes viagères
« constituées sur la tête de l'un et de l'autre, avec sti-
« pulation expresse qu'elles ne seraient pas réduites
« au décès du prémourant ; — qu'il n'en est pas de ce
« cas comme de celui d'une vente faite moyennant une
« rente viagère. stipulée réversible, au décès du ven-
« deur, sur un tiers qui n'en a pas fourni les fonds ;
« — qu'il y a sans doute dans cette clause de réversi-
« bilité de la rente au profit du tiers une libéralité
« ajoutée au contrat à titre onéreux et qui n'en est
« pas une dépendance nécessaire ;
« Mais qu'il en est autrement dans l'espèce actuelle ;
« — qu'on ne peut voir dans la stipulation relative
« aux rentes viagères une donation réciproque et éven-
« tuelle de la moitié de ces rentes, que le survivant des
« époux Briand aurait été appelé à recueillir dans la
« succession du prédécédé ; — que le prix stipulé tout
« entier au profit du dernier vivant desdits époux est
« un des éléments de la vente des choses qui leur ap-
« partenaient en commun ; — qu'il forme une condi-
« tion sans laquelle ni l'un ni l'autre des conjoints
« n'aurait consenti aux aliénations, et qui ne peut être
« séparée ; — que cette convention ne peut donc pas
« être rangée dans la classe des dispositions indépen-
« dantes et ne dérivant pas nécessairement les unes
« des autres, qui ne peuvent, aux termes de l'art. 11
« de la loi du 22 frim. an 7, se rencontrer dans le
« même acte sans donner ouverture pour chacune
« d'elles à un droit particulier d'enregistrement ; —
« qu'il suit de là qu'en ordonnant la restitution à Mé-
« nard, ayant cause de Pierre-François Briand, des
« droits payés par ce dernier pour la moitié des rentes
« dont il s'agit, à raison de la prétendue mutation qui
« se serait opérée à son profit par le prédécès de la
« dame Briand, le jugement attaqué n'a pas contre-
« venu à la loi ; — rejette. »

7450. *Récompense.* — Mais, dans ce cas, l'époux
survivant, qui profite seul de la totalité de la rente,
doit à la communauté une indemnité représentative
du profit personnel qu'il retire de la réversion ; et cette
indemnité doit être ajoutée à l'actif de la communauté
pour fixer la part du défunt dans la masse et déterminer la valeur totale passible du droit de mutation par
décès à la charge des héritiers ou des légataires. —
Cass. req. 16 déc. 1867 ; R. P. 2562. — La Flèche et
Mamers, 7 nov. et 31 déc. 1870. — Civ. 20 mai 1873 .
ainsi conçu :

« Vu les art. 1437 C., 4. 29 et 39 de la loi du 22 fri-
« maire an 7 :
« Attendu que, par actes notariés du 5 août 1867,
« les époux Pellerin ont vendu conjointement un im-
« meuble dépendant de leur communauté, moyennant

« un prix payé comptant, et, en outre, des rentes
« viagères et des charges annuelles évaluées ensem-
« ble, dans les contrats, au capital de 16.850 fr., les-
« quelles charges et rentes étaient stipulées réversi-
« bles ou payables jusqu'au décès du survivant des
« vendeurs sans aucune réduction au décès du pré-
« mourant, et que Pellerin, institué légataire univer-
« sel de sa femme suivant testament authentique du
« 5 août 1867, a survécu à celle-ci, décédée le 22 juil-
« let 1869, et a ainsi recueilli seul, à la faveur de la
« clause de réversibilité, l'avantage dont la commu-
« nauté avait fourni le prix;

« Attendu qu'en cette situation, Pellerin, dans la
« déclaration qu'il a faite à l'Enregistrement le 21
« janvier 1870, comme légataire universel de sa femme,
« avait à tenir compte, pour l'établissement de l'actif
« de la communauté, dont 1/2 à la succession de
« celle-ci, des rentes viagères et des charges annuelles
« créées durant le mariage avec des valeurs prises
« dans le fonds commun; qu'il est de principe, en
« effet, dans le régime de la communauté, d'une part,
« qu'en dehors des exceptions établies par la loi, toute
« acquisition faite à titre onéreux durant la société
« conjugale constitue un conquêt de communauté
« destiné à être partagé entre les ayants droits lors de
« sa dissolution, et, d'une autre part, d'après l'art.
« 1437 du Code civil, que, généralement, toutes les
« fois que l'un des époux a tiré un profit personnel
« des biens de la communauté, il en doit la récom-
« pense; que le jugement attaqué oppose vainement
« que, les contrats du 5 août 1867, loin de procurer
« un avantage exclusif et personnel, soit à l'un, soit à
« l'autre des époux, avaient ménagé aux deux égale-
« ment les mêmes chances aléatoires; qu'il résultait
« du caractère aléatoire de ces contrats, non qu'ils ne
« procureraient pas au survivant des époux un profit
« qui lui serait personnel, mais uniquement qu'il était
« incertain, au moment de leur formation, quel serait
« celui des deux en faveur duquel l'avantage se réali-
« serait; que toute incertitude à cet égard a cessé à
« l'événement du décès de la femme, et que le mari
« survivant, au profit de qui l'avantage a été alors
« définitivement évalué, a été placé par là dans la
« nécessité de satisfaire à l'obligation consacrée par
« l'art. 1437; que c'est donc à tort qu'il a omis, dans
« sa déclaration du 21 janvier 1870, de faire état, en
« établissant l'actif de la communauté, des charges
« dont il s'agit au procès, et que l'effectif de la succes-
« sion sur lequel était dû le droit de mutation par
« décès s'étant trouvé amoindri par là la part qui
« devait être attribuée à ladite succession, l'Adminis-
« tration de l'enregistrement a été fondée à relever
« l'omission, en s'autorisant de l'art. 24 de la loi du
« 22 frimaire an 7, et à exiger que la perception fût
« établie conformément aux dispositions de cet article;

« D'où il résulte qu'en décidant le contraire et en
« annulant, par suite, la contrainte décernée par
« l'Administration en paiement du droit dû à raison
« de l'omission, le jugement attaqué a formellement
« violé les dispositions de la loi ci-dessus visées;
« Casse. »

7451. *Calcul de la récompense.* — Pour la liquidation
du droit de mutation par décès, on doit faire figurer
dans l'actif commun, comme indemnité, la valeur de
la rente dont le survivant profite; cette valeur est représentée, aux termes de l'art. 14, n° 6, frim., par le
capital constitué, à moins que l'indemnité n'ait été déterminée par un partage ou tout autre acte équivalent,
antérieurement à la déclaration de succession. — I.
2355-6. — Seine, 16 mai 1868; R. P. 2704. — Coulommiers, 27 nov. 1868; R. P. 2983.

« Attendu que, s'il est nécessaire, lorsqu'il s'agit
« d'une liquidation de communauté et de succession,
« d'établir la base sur laquelle doit se faire la récom-
« pense due à la succession de l'époux prédécédé par
« l'époux survivant, qui a profité seul d'une rente via-
« gère réversible, acquise avec les biens de la commu-
« nauté, il en est autrement lorsqu'il s'agit purement
« et simplement de l'application d'une loi fiscale; que
« dans la perception du droit d'enregistrement en ma-
« tière de rente viagère, bien que par la force même
« des choses une rente viagère perde de sa valeur à
« mesure que celui sur la tête de qui elle est instituée
« avance en âge, l'estimation, à quelque moment
« qu'elle soit faite, donne ouverture au droit propor-
« tionnel, liquidé sur la même base que le capital
« constitué; que, par suite, l'offre d'évaluer la rente
« d'après l'âge de la donataire est inacceptable. » —
Le Mans, 19 mai 1870.

Suivant d'autres décisions qui ne nous paraissent
pas acceptables *en matière fiscale*, la valeur de la rente
doit être déterminée d'après les tarifs adoptés par les
compagnies d'assurances sur la vie. — Melun, 27 août
1868; Alençon, 3 juin 1870; R. P. 2787, 3660.

7452. *Usufruit.* — Lorsque deux époux aliènent
des immeubles de leur communauté, en s'en réservant
l'usufruit jusqu'au décès du survivant d'eux, cette
clause est une dépendance de la vente et ne peut
motiver la perception d'un droit de donation éventuelle. — Seine, 13 juin 1868; R. P. 2716.

7453. Propres. — Lorsque l'un des époux vend un
bien à lui propre, moyennant une rente viagère réversible en partie sur la tête de son conjoint, aucun droit
de mutation par décès n'est exigible, à la mort du
vendeur, sur le capital de la portion de rente que la
femme est appelée à recueillir. La clause de réversibilité se lie à la disposition principale et forme avec
elle un contrat unique de vente. — Briey, 20 nov.
1848; Rec. Fess. 8166. — Cass. civ. 29 janv. 1850;
Sir. 50. 1. 292 ; J. E. 14898. — Civ. 10 mai 1854 ; Sir.
54. 4. 460 ; J. E. 15890-2. — Civ. 19 août 1857 ; Sir.
57. 1. 852 ; J. E 16593 ; R. P. 866. — Villefranche,
7 mars 1860 ; R. P. 1362. — *Contrà* ; Seine, 10 mars
1830; J. E. 9581. — Angers, 21 juin 1851; J. N. 14590.
— Seine, 20 avril 1852 ; J. E. 15474. — Cass. civ.
8 août 1853 ; Sir. 53. 1. 637 ; I. 1986-8 ; J. E. 15728.

Suivant un jugement de Rennes, du 30 juin 1858
(R. P. 1062), lorsqu'un propre du mari est vendu avec
l'assistance de la femme, la clause de réversibilité repré-

sente le prix de l'abandon, par cette dernière, de son hypothèque légale, et la compensation du risque de la garantie à laquelle elle se soumet accessoirement.

S'il s'agit de biens dotaux, porte un jugement de Marseille du 30 mars 1867 (R. P. 2777), la réversibilité de la rente sur la tête du mari n'est pas non plus une libéralité, mais une condition inhérente à la vente et en dépendant ; car le mari n'est pas un tiers étranger à la vente ; sa participation et son consentement sont nécessaires.

Cependant, le tribunal du Hâvre a jugé, le 31 janvier 1867, que les droits sont dus dans le cas de vente d'un propre du mari : « Attendu que la rente est un « avantage concédé à la femme par son mari, puisque « lui seul fait les frais de la constitution ; que la « femme ne peut soutenir que l'acte est onéreux à « son égard parce qu'elle donne mainlevée de son « hypothèque légale sur les biens vendus ; qu'elle « trouve la compensation de cette mainlevée dans la « rente profitant au ménage ; que, pour apprécier la « nature de la stipulation dont il s'agit, il suffit de « supposer une femme ayant reçu toute la quotité « disponible, obtenant postérieurement une conces- « sion de cette nature, et de se demander si cette « femme pourrait faire valoir cet avantage en sus de « la quotité disponible, où si elle ne serait pas obli- « gée de rapporter, soit cet avantage lui-même, soit la « valeur à l'aide de laquelle il aurait été constitué. »

SECT. III. — ACQUISITION.

7454. Deniers communs. — Lorsque deux époux acquièrent un immeuble avec des deniers communs, et stipulent qu'il appartiendra pour la totalité au survivant, aucun droit de donation éventuelle n'est exigible sur l'acte d'acquisition, ni aucun droit de succession au décès du prémourant ; car le droit de l'époux survivant résulte, non d'une libéralité du défunt, mais du contrat d'acquisition. — Cass. 11 germ. an 7 ; Sir. 1. 2. 660 ; J. E. 1298. — Dél. 27 août 1844 ; J. N. 12130.

7455. *Renonciation à la communauté.* — Dans ce cas, quoique les héritiers du mari recueillent tous les biens de la communauté, par suite de la renonciation de la femme, ils ne doivent comprendre dans la déclaration de la succession de leur auteur que la moitié de l'immeuble. En effet, la deuxième disposition de l'art. 1404 C., qui fait entrer *dans la communauté* les immeubles acquis dans l'intervalle du contrat de mariage à la célébration, n'est susceptible d'*aucune extension*, et doit être renfermée *dans son cas prévu;* or ce serait étendre cette disposition que l'appliquer aux immeubles acquis *par le contrat de mariage.* — Strasbourg, 29 août 1836 ; J. N. 9448.

7456. Deniers propres. — Si l'acquisition a été faite avec les deniers propres à l'un des époux, il est dû le droit de 7. 50 et. à l'événement, le droit de succession. — Sol. 10 fruct. an 10.

RÉVERSION. — V. *Retour, Réversibilité.*

7457. RÉVOCATION. — Résolution, anéantissement d'un acte ou d'une disposition quelconque. — V. *Testament.*

7458. Tarif. — Les révocations sont assujetties au droit de 3 fr. — Frim. art. 68, § 1, n. 41. — 28 avril 1816, art. 43, n. 21. — 28 fév. 1872, art. 4.

7459. ROLE. — C'est un feuillet ou deux pages d'écriture. Les receveurs doivent parapher chaque rôle des actes qui leur sont présentés pour être enregistrés. — *Ordres généraux de régie,* 30.

On entend aussi par rôles des listes nominatives. — V. *Contributions publiques, Greffe, Militaire.*

ROULAGE. — V. *Police, Procès-verbal.*

S

SAISIE.

Ch. I. — Notions générales.

7460. Définition. — On nomme saisie l'acte par lequel un créancier, pour sauvegarder sa créance, met sous la main de la justice la chose de son débiteur.

7461. Règle générale. — Il ne peut être procédé à aucune saisie mobilière ou immobilière qu'en vertu d'un titre exécutoire, ou pour choses liquides et certaines. Si la dette exigible n'est pas d'une somme en argent, il doit être sursis, après la saisie, à toutes poursuites ultérieures, jusqu'à ce que l'appréciation en ait été faite. — C. P. 551.

7462. Diverses espèces. — Nous distinguerons ici trois espèces principales de saisie : la *saisie-arrêt*, la *saisie-exécution* et la *saisie immobilière*.

Ch. II. — Saisie-arrêt.

7463. Définition. — La *saisie-arrêt* ou *opposition* est l'acte par lequel un créancier (le *saisissant*) met sous la main de la justice les sommes et effets mobiliers appartenant à son débiteur (le *saisi*) et existant entre les mains d'un tiers (le *tiers saisi*), et s'oppose à ce que ce tiers se dessaisisse de la somme qu'il doit ou de la chose qu'il détient, avant que le juge en ait déterminé la destination. — Carré-Chauveau, t. 4, p. 536.

7464. Titres en vertu desquels on peut saisir. — Tout créancier peut, en vertu de *titres authentiques ou privés*, saisir-arrêter entre les mains d'un tiers les sommes et effets appartenant à son débiteur, ou s'opposer à leur remise. S'il n'y a pas de *titre*, le juge du domicile du débiteur, et même celui du domicile du tiers saisi, peuvent, sur requête, permettre la saisie-arrêt et opposition. — C. P. 557, 558.

7465. Énonciations du procès-verbal. — Tout exploit de saisie-arrêt ou opposition fait en vertu d'un titre doit contenir l'*énonciation du titre*, et la somme pour laquelle elle est faite ; si l'exploit est fait en vertu de la permission du juge, l'ordonnance énonce la somme pour laquelle la saisie est faite, et il est donné copie de l'ordonnance en tête de l'exploit ; l'exploit doit contenir aussi élection de domicile dans le lieu où demeure le tiers saisi, si le saisissant n'y demeure pas ; le tout à peine de nullité. — C. P. 559.

7466. Fonctionnaires publics. — La saisie-arrêt ou opposition formée entre les mains des receveurs, dépositaires ou administrateurs de caisses ou de deniers publics, en cette qualité, ne sera point valable, si l'exploit n'est fait à la personne préposée pour le recevoir, et s'il n'est visé par elle sur l'original, ou, en cas de refus, par le procureur de la république. — Id. 561.

7467. Dénonciation au saisi et au tiers saisi. — Dans la huitaine de la saisie-arrêt, outre un jour pour 3 myriamètres de distance entre le domicile du tiers-saisi et celui du saisissant, et un jour pour 3 myriamètres de distance entre le domicile de ce dernier et celui du débiteur saisi, le saisissant sera tenu de dénoncer la saisie-arrêt au débiteur saisi, et de l'assigner en validité. — Id. 563.

Dans un pareil délai, outre celui en raison des distances à compter du jour de la demande en validité, cette demande sera dénoncée, à la requête du saisissant, au tiers saisi, qui ne sera tenu de faire aucune déclaration avant que cette dénonciation lui ait été faite. — Id. 564.

Faute de demande en validité, la saisie ou opposition sera nulle ; faute de dénonciation de cette demande au tiers saisi, les paiements par lui faits jusqu'à la dénonciation seront valables. — Id. 565.

En aucun cas, il ne sera nécessaire de faire précéder la demande en validité par une citation en conciliation. — Id. 566.

La demande en validité, et la demande en mainlevée formée par la partie saisie, seront portées devant le tribunal du domicile de la partie saisie. — Id. 567.

7468. Déclaration du tiers saisi. — Le tiers saisi ne pourra être assigné en déclaration, s'il n'y a titre authentique, ou jugement qui ait déclaré la saisie-arrêt ou l'opposition valable. — Id. 568.

Les fonctionnaires publics dont il est parlé à l'art. 561 ne seront point assignés en déclaration, mais ils délivreront un certificat constatant s'il est dû à la partie saisie, et énonçant la somme, si elle est liquide. — Id. 569.

Le tiers saisi sera assigné, sans citation préalable en conciliation, devant le tribunal qui doit connaître de la saisie, sauf à lui, si la déclaration est contestée, à demander son renvoi devant son juge. — Id. 570.

Le tiers saisi assigné fera sa déclaration et l'affirmera au greffe, s'il est sur les lieux; sinon, devant le juge de son domicile, sans qu'il soit besoin, dans ce cas, de réitérer l'affirmation au greffe. — Id. 571.

Si la déclaration n'est pas contestée, il ne sera fait aucune autre procédure, ni de la part du saisi, ni contre lui. — Id. 576.

Le tiers saisi qui ne fera pas sa déclaration ou qui ne fera pas les justifications ordonnées par les articles ci-dessus, sera déclaré débiteur pur et simple des causes de la saisie. — Id. 577.

Si la saisie-arrêt ou opposition est formée sur effets mobiliers, le tiers saisi sera tenu de joindre à sa déclaration un état détaillé desdits effets. — Id. 578.

7469. Jugement. — Si la saisie-arrêt ou opposition est déclarée valable, il sera procédé à la vente et distribution du prix. — Id. 579.

7470. Choses insaisissables. — Les traitements et pensions dus par l'État ne pourront être saisis que pour la portion déterminée par les lois ou par les règlements. — Id. 580.

Seront insaisissables: 1° les choses déclarées insaisissables par la loi; 2° les provisions alimentaires adjugées par justice; 3° les sommes et objets disponibles déclarés insaisissables par le testateur ou donateur; 4° les sommes et pensions pour aliments, encore que le testament ou l'acte de donation ne les déclare pas insaisissables. — Id. 581.

Les provisions alimentaires ne pourront être saisies que pour cause d'aliments; les objets mentionnés aux nos 3 et 4 du précédent article pourront être saisis par des créanciers postérieurs à l'acte de donation ou à l'ouverture du legs, et ce en vertu de la permission du juge, et pour la portion qu'il déterminera. — Id. 582.

7471. Paiement au préjudice d'une saisie. — Le paiement fait par le débiteur à son créancier, au préjudice d'une saisie ou d'une opposition, n'est pas valable à l'égard des créanciers saisissants ou opposants. — Id. 1242.

7472. Compensation. — La compensation n'a pas lieu au préjudice des droits acquis à un tiers: ainsi celui qui, étant débiteur, est devenu créancier depuis la saisie-arrêt faite par un tiers entre ses mains, ne peut, au préjudice du saisissant, opposer la compensation. — Id. 1298.

7473. Enregistrement. — Les procès-verbaux de saisie-arrêt sont assujettis au droit fixe de 2 fr. — Frim. art. 68, § 1, n. 30. — 28 avril 1816, art. 43, n. 13.

7474. Déclaration du tiers saisi. — La déclaration d'un tiers saisi dans un exploit de saisie-arrêt, portant qu'il doit une somme déterminée, sans énonciation de titre enregistré, n'est pas passible du droit d'obligation. — Sol. 13 fév. 1832; J. E. 10245. — Arg. Cass. 9 janv. 1838; J. N. 4066.

Ch. III. — Saisie-exécution.

7475. Définition. — C'est la saisie du mobilier corporel et saisissable du débiteur, pour être vendu et le prix en être employé au paiement de la dette ou distribué entre le saisissant et les autres créanciers du saisi.

7476. Commandement préalable. — Toute saisie-exécution sera précédée d'un commandement à la personne ou au domicile du débiteur, fait au moins un jour avant la saisie, et contenant notification du titre, s'il n'a déjà été notifié. — C. P. 583.

Il contiendra également élection de domicile jusqu'à la fin de la poursuite, dans la commune où doit se faire l'exécution, si le créancier n'y demeure; et le débiteur pourra faire à ce domicile élu toutes significations, même d'offres réelles et d'appel. — Id. 584.

La saisie peut avoir lieu sans commandement préalable:

1° Lorsqu'elle est autorisée par le président du tribunal dans les cas qui requièrent célérité; — C. P. 417.

2° Lorsqu'elle a été permise par le juge au porteur d'une lettre de change. — C. com. 172.

7477. Procès-verbal de saisie. — L'huissier sera assisté de deux témoins, français, majeurs, non parents ni alliés des parties ou de l'huissier, jusqu'au degré de cousin issu de germain inclusivement, ni leurs domestiques; il énoncera sur le procès-verbal leurs noms, professions et demeures: les témoins signeront l'original et les copies. La partie poursuivante ne pourra être présente à la saisie. — Id. 585.

Si les portes sont fermées, ou si l'ouverture en est refusée, l'huissier peut établir gardien aux portes pour empêcher le divertissement; il se retire sur-le-champ, sans assignation, devant le juge de paix, ou, à son défaut, devant le commissaire de police, et, dans les communes où il n'y en a pas, devant le maire, et, à son défaut, devant l'adjoint, en présence desquels l'ouverture des portes, même celle des meubles fermants, est faite au fur et à mesure de la saisie. L'officier qui se transporte ne dresse point de procès-verbal; mais il signe celui de l'huissier, lequel ne peut dresser du tout qu'un seul et même procès-verbal. — Id. 587.

S'il y a des deniers comptants, il est fait mention du nombre et de la qualité des espèces; l'huissier les dépose au lieu établi pour les consignations, à moins que le saisissant et la partie saisie, ensemble les opposants, s'il y en a, ne conviennent d'un autre dépositaire. — Id. 590.

Si le saisi est absent, et qu'il y ait refus d'ouvrir aucune pièce ou meuble, l'huissier en requiert l'ouverture;

et, s'il se trouve des papiers, il requiert l'*apposition des scellés* par l'officier appelé pour l'ouverture. — Id. 591.

En cas de saisie d'animaux et ustensiles servant à l'exploitation des terres, le juge de paix peut, sur la demande du saisissant, le propriétaire et le saisi entendus ou appelés, établir un gérant à l'exploitation. — Id. 594.

Le procès-verbal de saisie contient indication du jour de la vente. — Id. 595.

7478. *Saisie antérieure.* — L'huissier qui, se présentant pour saisir, trouve une saisie déjà faite et un gardien établi, ne peut pas saisir de nouveau; mais il peut procéder au récolement des meubles et effets sur le procès-verbal que le gardien est tenu de lui représenter. Il saisit les effets omis, et fait sommation au premier saisissant de vendre le tout dans la huitaine. Le procès-verbal de récolement vaut opposition sur les deniers de la vente. — C. P. 611.

7479. Gardien. — Si la partie saisie offre un gardien solvable, et qui se charge volontairement et sur-le-champ, il est établi par l'huissier. — Id. 596.

Le gardien peut demander la décharge, si la vente n'a pas été faite au jour indiqué par le procès-verbal. S'il y a eu empêchement, il peut la demander deux mois après la saisie. — C. P. 605.

La décharge est demandée par une assignation en est référé. Il préalablement procédé au récolement des effets saisis. — Id. 606.

7480. Opposition. — Celui qui se prétend propriétaire d'objets saisis peut s'opposer à la vente par exploit signifié au gardien, et dénoncé au saisissant et saisi, avec assignation. C. P. 608.

Les créanciers du saisi, pour quelque cause que ce soit, même pour loyers, ne peuvent former opposition que sur le prix de la vente. — Id. 609.

7481. Récolement. — Faute par le saisissant de faire vendre dans le délai ci-après fixé, tout opposant ayant titre exécutoire peut, sommation préalable faite au saisissant, et sans former aucune demande en subrogation, faire procéder au récolement des effets saisis, *sur la copie du procès-verbal de saisie* que le gardien est tenu de représenter, et de suite à la vente. — Id. 612.

Il doit y avoir au moins huit jours entre la signification de la saisie au débiteur et la vente. — Id. 613.

Le procès-verbal de récolement qui précède la vente ne contient aucune énonciation des effets saisis, mais seulement de ceux en déficit, s'il y en a. — Id. 616.

7482. Vente. — La vente est faite au plus prochain marché public, aux jour et heure ordinaires des marchés, ou un jour de dimanche. Elle est annoncée par quatre placards au moins, affichés, l'un au lieu où sont les effets, l'autre à la porte de la maison commune, le troisième au marché du lieu, et, s'il n'y en a pas, au marché voisin, le quatrième à la porte de l'auditoire de la justice de paix; et, si la vente se fait dans un lieu autre que le marché ou le lieu où sont les effets, un cinquième placard est apposé au lieu où doit se faire la vente. La vente est en outre annoncée par la voie des journaux, dans les villes où il y en a. — Id 617.

Les placards indiquent les lieu, jour et heure de la vente, et la nature des objets, sans détail particulier. Id. 618.

L'apposition est constatée par exploit, auquel est annexé un exemplaire du placard. — Id. 619.

S'il s'agit de barques, chaloupes et autres bâtiments de mer du port de dix tonneaux et au-dessous, bacs, galiotes, bateaux et autres bâtiments de rivière, moulins et autres édifices mobiles, assis sur bateaux ou autrement, il est procédé à leur adjudication sur les ports, gares ou quais où ils se trouvent. — Id. 620.

La vaisselle d'argent, les bagues et joyaux de la valeur de 300 fr. au moins, ne peuvent être vendus qu'après placards apposés en la forme ci-dessus, et trois expositions, soit au marché, soit dans l'endroit où sont lesdits effets. — Id. 621.

Le procès-verbal de vente constate la présence ou le défaut de comparution de la partie saisie. — Id. 623.

L'adjudication est faite au plus offrant, en payant comptant. Faute de paiement, l'effet est revendu sur-le-champ, à la folle enchère de l'adjudicataire. — Id. 624.

Les commissaires-priseurs et huissiers sont personnellement responsables du prix des adjudications, et font mention, dans leurs procès-verbaux, des noms et domicile des adjudicataires. Ils ne peuvent recevoir d'eux aucune somme au-dessus de l'enchère, à peine de concussion. — Id. 625.

7483. Enregistrement. — Les procès-verbaux de saisie-exécution sont sujets au droit fixe de 2 fr. — Frim. art. 68, § 1, n. 30. — 28 avril 1816, art. 43, n. 13.

Ce droit est invariable, quel que soit le nombre d'heures employées à la rédaction du procès-verbal. — Dél. 26 mars 1833; J. E. 7425.

7484. *Gardien.* — S'il est établi un gardien *autre que le saisi*, il est dû pour cette disposition un droit particulier de 2 fr. Mais il ne serait dû qu'un seul droit, s'il était établi plusieurs gardiens. — D. F. 2 fruct. an 7; Circ. 1655. — 31 mai 1830: I. 1336-7. — Sol. 29 août 1831; J. E. 10100.

Ch. IV. Saisie immobilière.

7485. Définition. — Saisie de l'immeuble du débiteur pour être vendu et le prix en être employé au paiement de la créance du saisissant.

7486. Biens saisissables. — On peut saisir: 1° les biens immeubles et leurs accessoires; 2° l'usufruit appartenant au débiteur sur les biens de même nature. — C. 2204.

Le créancier ne peut poursuivre la vente des biens qui ne lui sont pas hypothéqués, qu'en cas d'insuffisance de ceux qui lui sont hypothéqués. — C. 2209.

Si la partie saisie justifie, par baux authentiques, que le revenu net et libre de ses immeubles pendant une année suffit pour le paiement de la dette en capital, intérêts et frais, et s'il en offre la délégation au créancier, la poursuite en expropriation peut être suspendue par les juges, sauf à être reprise, s'il survient quelque opposition ou obstacle au paiement. — C. 2212.

7487. Commandement. — Le commandement est le préalable obligé de la saisie immobilière ; il doit être fait, à la diligence et requête du créancier, à la personne du débiteur ou à son domicile, par le ministère d'un huissier. — En tête du commandement doit être donnée copie du titre en vertu duquel la saisie est faite. — C. P. 673.

Le commandement doit précéder la saisie au moins de trente jours, et si le créancier laisse écouler plus de trois mois entre le commandement et la saisie, il doit les réitérer dans les formes et avec les délais ci-dessus. — C. P. 674.

7488. Procès-verbal de saisie. — Le procès-verbal de saisie contiendra, outre les formalités communes à tous les exploits : 1° l'énonciation du titre exécutoire en vertu duquel la saisie est faite ; 2° la mention du transport de l'huissier sur les biens saisis ; 3° l'indication des biens saisis, savoir :

Si c'est une maison, l'arrondissement, la commune, la rue, le numéro s'il y en a, et, dans le cas contraire, deux au moins des tenants et aboutissants ; si ce sont des biens ruraux, la désignation des bâtiments quand il y en aura, la nature, et la contenance approximative de chaque pièce, le nom du fermier ou colon s'il y en a, l'arrondissement et la commune où les biens sont situés.

4° La copie littérale de la matrice du rôle de la contribution foncière pour les articles saisis ; 5° l'indication du tribunal où la plainte sera portée ; 6° et enfin constitution d'avoué chez lequel le domicile du saisissant sera élu de droit. — C. P. 675.

Le procès-verbal de saisie sera visé, avant l'enregistrement, par le maire de la commune dans laquelle sera situé l'immeuble saisi ; et, si la saisie comprend des biens situés dans plusieurs communes, le visa sera donné successivement par chacun des maires à la suite de la partie du procès-verbal relative aux biens situés dans sa commune. — C. P. 676.

7489. Dénonciation au saisi. — La saisie immobilière sera dénoncée au saisi dans les quinze jours qui suivront celui de la clôture du procès-verbal, outre un jour par cinq myriamètres de distance entre le domicile du saisi et le lieu où siége le tribunal qui doit connaître de la saisie. L'original sera visé dans le jour par le maire du lieu où l'acte de dénonciation aura été signifié. — Id. 677.

7490. Transcription aux hypothèques. — La saisie immobilière et l'exploit de dénonciation seront transcrits, au plus tard, dans les quinze jours qui suivront celui de la dénonciation, sur le registre à ce destiné au bureau des hypothèques de la situation des biens, pour la partie des objets saisis qui se trouvent dans l'arrondissement. — Id. 678.

Si le conservateur ne peut procéder à la transcription de la saisie à l'instant où elle lui est présentée, il fera mention, sur l'original qui lui sera laissé, des heures, jour, mois et an auxquels il aura été remis, et en cas de concurrence, le premier présenté sera transcrit. — Id. 679.

S'il y a eu précédente saisie, le conservateur constatera son refus en marge de la seconde ; il énoncera la date de la précédente saisie, les noms, demeures et professions du saisissant et du saisi, l'indication du tribunal où la saisie est portée, le nom de l'avoué du saisissant et la date de la transcription. — Id. 680.

7491. Séquestre. — Si les immeubles saisis ne sont pas loués ou affermés, le saisi restera en possession jusqu'à la vente, comme séquestre judiciaire, à moins que, sur la demande d'un ou de plusieurs créanciers, il n'en soit autrement ordonné par le président du tribunal, dans la forme des ordonnances sur référé. — Les créanciers pourront néanmoins, après y avoir été autorisés par ordonnance du président rendue dans la même forme, faire procéder à la coupe et à la vente, en tout ou en partie, des fruits pendants par racines. — Les fruits seront vendus aux enchères ou de toute autre manière autorisée par le président, dans le délai qui aura été fixé, et le prix sera déposé à la caisse des dépôts et consignations. — Id. 681.

7492. Fruits et revenus postérieurs à la transcription. — Les fruits naturels et industriels recueillis postérieurement à la transcription, ou le prix qui en proviendra, seront immobilisés pour être distribués avec le prix de l'immeuble par ordre d'hypothèque. — Id. 682.

Le saisi ne pourra faire aucune coupe de bois, ni dégradation, à peine de dommages-intérêts auxquels il sera contraint par corps, sans préjudice, s'il y a lieu, des peines portées dans les art. 400 et 434 du Code pénal. — Id. 683.

Les baux qui n'auront pas acquis date certaine avant le commandement, pourront être annulés, si les créanciers ou l'adjudicataire le demandent. — Id. 684.

Les loyers et fermages seront immobilisés à partir de la transcription de la saisie, pour être distribués avec le prix de l'immeuble par ordre d'hypothèque. Un simple acte d'opposition à la requête du poursuivant ou de tout autre créancier vaudra saisie-arrêt entre les mains des fermiers et locataires, qui ne pourront se libérer qu'en exécution de mandements de collocation, ou par le versement de loyers ou fermages à la caisse des consignations ; ce versement aura lieu à leur réquisition, ou sur la simple sommation des créanciers. A défaut d'opposition, les paiements faits au débiteur

seront valables, et celui-ci sera comptable, comme séquestre judiciaire, des sommes qu'il aura reçues. — Id. 685.

7493. Aliénation des immeubles par le saisi. — La partie saisie ne peut, à compter du jour de la transcription de la saisie, aliéner les immeubles saisis, à peine de nullité, et sans qu'il soit besoin de la faire prononcer. — Id. 686. — Néanmoins, l'aliénation ainsi faite aura son exécution si, avant le jour fixé pour l'adjudication, l'acquéreur consigne somme suffisante pour acquitter en principal, intérêts et frais, ce qui est dû aux créanciers inscrits, ainsi qu'au saisissant, et s'il leur signifie l'acte de consignation. — Id. 687. — Si les deniers ainsi déposés ont été empruntés, les prêteurs n'auront d'hypothèques que postérieurement aux créanciers inscrits lors de l'aliénation. — Id. 688. — A défaut de consignation avant l'adjudication, il ne pourra être accordé, sous aucun prétexte, de délai pour l'effectuer. — Id. 689.

7494. Formalités préalables à la vente. — Dans les vingt jours au plus tard après la transcription, le poursuivant déposera au greffe du tribunal le cahier des charges contenant : 1° l'énonciation du titre exécutoire en vertu duquel la saisie a été faite, du commandement, du procès-verbal de saisie, ainsi que des autres actes et jugements intervenus postérieurement ; — 2° la désignation des immeubles, telle qu'elle a été insérée dans le procès-verbal ; — 3° les conditions de la vente ; 4° une mise à prix de la part du poursuivant, — Id. 690. Dans les huit jours au plus tard après le dépôt au greffe, outre un jour cinq myriamètres de distance entre le domicile du saisi et le lieu où siége le tribunal, sommation sera faite au saisi, à personne ou domicile, de prendre communication du cahier des charges, de fournir ses dires et observations, et d'assister à la lecture et publication qui en sera faite, ainsi qu'à la fixation du jour de l'adjudication. Cette sommation indiquera le jour, lieu et heure de la publication.— Id. 691. — Pareille sommation sera faite dans le même délai de huitaine, aux créanciers inscrits sur les biens saisis, aux domiciles élus dans les inscriptions. Si, parmi les créanciers inscrits, se trouve le vendeur de l'immeuble saisi, la sommation à ce créancier portera qu'à défaut de former sa demande en résolution et de la notifier au greffe avant l'adjudication, il sera définitivement déchu, à l'égard de l'adjudicataire, du droit de la faire prononcer.— Id. 692. Mention de la notification prescrite par les deux articles précédents sera faite dans les huit jours de la date du dernier exploit de notification, en marge de la transcription de la saisie au bureau des hypothèques. Du jour de cette mention, la saisie ne pourra plus être rayée que du consentement des créanciers inscrits, ou en vertu de jugements rendus contre eux. — Id. 693. Trente jours au plus tôt et quarante jours au plus tard après le dépôt du cahier des charges, il sera fait à l'audience, et au jour indiqué, publication et lecture du cahier des charges. — Trois jours au plus

tard avant la publication, le poursuivant, la partie saisie et les créanciers inscrits seront tenus de faire insérer, à la suite de la mise à prix, leurs dires et observations ayant pour objet d'introduire des modifications dans ledit cahier. Passé ce délai, ils ne seront plus recevables à proposer de changements, dires ou observations. — Id. 694.

Au jour indiqué par la sommation faite au saisi et aux créanciers, le tribunal donnera acte au poursuivant des lecture et publication du cahier des charges, statuera sur les dires et observations qui y auront été insérés, et fixera les jour et heure où il procédera à l'adjudication. Le délai entre la publication et l'adjudication sera de trente jours au moins et de soixante au plus. Le jugement sera porté sur le cahier des charges à la suite de la mise à prix ou des dires des parties. — Id. 695.

Quarante jours au plus tôt et vingt jours au plus tard avant l'adjudication, l'avoué du poursuivant fera insérer, dans un journal publié dans le département où sont situés les biens, un extrait signé de lui et contenant : 1° la date de la saisie et de sa transcription ; 2° les noms, professions, demeures du saisi, du saisissant et de l'avoué de ce dernier ; 3° la désignation des immeubles, telle qu'elle a été insérée dans le procès-verbal ; 4° la mise à prix ; 5° l'indication du tribunal où la saisie se poursuit, et des jour, lieu et heure de l'adjudication. — A cet effet, les cours d'appel, chambres réunies, après un avis motivé des tribunaux de première instance respectifs, et sur les réquisitions écrites du ministère public, désigneront chaque année, dans la première quinzaine de décembre, pour chaque arrondissement de leur ressort, parmi les journaux qui se publient dans le département, un ou plusieurs journaux où devront être insérées les annonces judiciaires. Les cours d'appel régleront en même temps le tarif de l'impression de ces annonces. Néanmoins toutes les annonces judiciaires relatives à la même saisie seront insérées dans le même journal. — Id. 696.

Lorsque, indépendamment des insertions prescrites par l'article précédent, le poursuivant, le saisi, ou l'un des créanciers inscrits, estimera qu'il y aurait lieu de faire d'autres annonces de l'adjudication par la voie des journaux, le président du tribunal devant lequel se poursuit la vente pourra, si l'importance des biens paraît l'exiger, autoriser cette insertion extraordinaire. Les frais n'entreront en taxe que dans le cas où cette autorisation aurait été accordée. L'ordonnance du président ne sera soumise à aucun recours. — Id. 697.

Il sera justifié de l'insertion aux journaux par un exemplaire de la feuille, contenant l'extrait énoncé en l'article précédent ; cet exemplaire portera la signature de l'imprimeur, légalisée par le maire. — Id. 698. — Extrait pareil à celui qui est prescrit par l'art. 696 sera imprimé en forme de placard et affiché, dans le même délai : 1° à la porte du domicile du saisi ; 2° à la porte principale des édifices saisis ; 3° à la principale place de la commune où le saisi est domicilié, ainsi qu'à la principale place de la commune où les biens sont situés, et de celle où siége le tribunal devant lequel se poursuit la vente ; 4° à la porte extérieure des mairies

du domicile du saisi et des communes de la situation des biens; 5° au lieu où se tient le principal marché de chacune de ces communes, et, lorsqu'il n'y en a pas, au lieu où se tient le principal marché de chacune des deux communes les plus voisines de l'arrondissement; 6° à la porte de l'auditoire du juge de paix de la situation des bâtiments, et, s'il n'y a pas de bâtiments, à la porte de l'auditoire de la justice de paix où se trouve la majeure partie des biens saisis; 7° aux portes extérieures des tribunaux du domicile du saisi, de la situation des biens et de la vente. — L'huissier attestera, par un procès-verbal rédigé sur un exemplaire du placard, que l'apposition a été faite aux lieux déterminés par la loi, sans les détailler. Le procès-verbal sera visé par le maire de chacune des communes dans lesquelles l'apposition a été faite. — Id. 699.

Selon la nature et l'importance des biens, il pourra être passé en taxe jusqu'à cinq cents exemplaires des placards, non compris le nombre d'affiches prescrit par l'art. 699. — Id. 700.

Les frais de la poursuite seront taxés par le juge, et il ne pourra être rien exigé au delà du montant de la taxe. Toute stipulation contraire, quelle qu'en soit la forme, sera nulle de droit. Le montant de la taxe sera publiquement annoncé avant l'ouverture des enchères, et il en sera fait mention dans le jugement d'adjudication. — Id. 701.

7495. Adjudication. — Au jour indiqué par l'adjudication, il y sera procédé sur la demande du poursuivant, et, à son défaut, sur celle de l'un des créanciers inscrits. — Id. 702.

Néanmoins l'adjudication pourra être remise sur la demande du poursuivant, ou de l'un des créanciers inscrits, ou de la partie saisie, mais seulement pour causes graves et dûment justifiées. Le jugement qui prononcera la remise fixera de nouveau le jour de l'adjudication, qui ne pourra être éloigné de moins de quinze jours, ni de plus de soixante. Ce jugement ne sera susceptible d'aucun recours. — Id. 703.

Dans ce cas, l'adjudication sera annoncée huit jours au moins à l'avance par des insertions et des placards, conformément aux art. 696 et 699. — Id. 704.

Les enchères sont faites par le ministère d'avoués et à l'audience. Aussitôt que les enchères seront ouvertes, il sera allumé successivement des bougies préparées de manière que chacune ait une durée d'environ une minute. L'enchérisseur cesse d'être obligé si son enchère est couverte par une autre, lors même que cette dernière serait déclarée nulle. — Id. 705.

L'adjudication ne pourra être faite qu'après l'extinction de trois bougies allumées successivement. S'il ne survient pas d'enchères pendant la durée de ces bougies, le poursuivant sera déclaré adjudicataire pour la mise à prix. Si, pendant la durée d'une des trois premières bougies, il survient des enchères, l'adjudication ne pourra être faite qu'après l'extinction de deux bougies sans nouvelle enchère survenue pendant leur durée. — Id. 706.

L'avoué dernier enchérisseur sera tenu, dans les trois jours de l'adjudication, de déclarer l'adjudicataire et de fournir son acceptation, sinon de représenter son pouvoir, lequel demeurera annexé à la minute de sa déclaration; faute de ce faire, il sera réputé adjudicataire en son nom, sans préjudice des dispositions de l'art. 711. — Id. 707.

Toute personne pourra, dans les huit jours qui suivront l'adjudication, faire, par le ministère d'un avoué, une surenchère, pourvu qu'elle soit du sixième au moins du prix principal de la vente. — Id. 708.

Les avoués ne pourront enchérir pour les membres du tribunal devant lequel se poursuit la vente, à peine de nullité de l'adjudication ou de la surenchère, et de dommages-intérêts. — Ils ne pourront sous les mêmes peines enchérir pour le saisi ni pour les personnes notoirement insolvables. L'avoué poursuivant ne pourra se rendre personnellement adjudicataire ni surenchérisseur, à peine de nullité de l'adjudication ou de la surenchère et de dommages-intérêts envers toutes les parties. — Id. 711.

7496. Forme. — Le jugement d'adjudication ne sera autre que la copie du cahier des charges rédigé ainsi qu'il est dit en l'art. 690; il sera revêtu de l'intitulé des jugements et du mandement qui les termine, avec injonction à la partie saisie de délaisser la possession aussitôt après la signification du jugement, sous peine d'y être contrainte par corps. — Id. 712.

7497. Paiement du prix et des frais. — Le jugement d'adjudication ne sera délivré à l'adjudicataire qu'à la charge, par lui, de rapporter au greffier quittance des frais ordinaires de poursuite, et la preuve qu'il a satisfait aux conditions du cahier des charges qui doivent être exécutées avant cette délivrance. La quittance et les pièces justificatives demeureront annexées à la minute du jugement, et seront copiées à la suite de l'adjudication. Faute par l'adjudicataire de faire ces justifications dans les vingt jours de l'adjudication, il y sera contraint par la voie de la folle enchère, sans préjudice des autres voies de droit. — Id. 713.

7498. Enregistrement. — Les procès-verbaux de saisie immobilière sont assujettis au droit fixe de 2 fr. par chaque séance, quel que soit le nombre d'heures dont cette séance se compose. — Frim. art. 68. § 1, n. 30 — 28 avril 1816, art. 43, n. 13. — Dél. 26 mars 1823; J. E. 7425.

7499. Délai. — Chaque séance doit être enregistrée dans les quatre jours de sa date. — I. 390-13.

Ch. V. — Questions diverses.

7500. Jugement. — N'est passible que du droit fixe de 7. 50, le jugement qui se borne à déclarer bonne et valable l'opposition formée sur un individu, entre

les mains d'un tiers, pour sûreté de paiement d'une créance résultant d'un acte sous seings privés enregistré. — Seine, 21 avril 1830; Acq. Dél. 1er oct. suiv.; J. E. 9773.

Le jugement qui valide l'opposition formée par le cessionnaire, suivant acte sous seings privés enregistré, pour le recouvrement d'une créance établie par acte authentique, n'est sujet qu'au droit fixe de 7. 50, parce que ce dernier acte a seul servi de base à l'opposition et au jugement de validité. — Sol. 1er mars 1828; J. E. 8979.

Il est dû deux droits proportionnels sur un jugement portant condamnation au paiement d'une créance due par titre enregistré, et autorisation au demandeur de toucher une somme due par un tiers saisi; cette dernière disposition, comme indépendante de la condamnation, donne lieu au droit de collocation de 50 c. %. — Seine, 9 juin 1820; J. E. 6791.

7501. Saisie-brandon. — Saisie des fruits pendants par racines. Cette dénomination vient de l'usage où l'on était, en certains pays, de placer sur les champs dont la récolte était saisie des faisceaux de paille appelés *brandons*, suspendus à des pieux fichés en terre. — R. J. P. *eod. v°*, 2.

7502. *Procédure.* — La saisie-brandon ne peut être faite que dans les six semaines qui précèdent l'époque ordinaire de la maturité. — C. P. 626.

Le procès-verbal de saisie doit contenir l'indication de chaque pièce de terre, sa contenance au moins approximative, sa situation, deux au moins des tenants et aboutissants, et la nature des fruits saisis. — C. P. 627.

Le garde-champêtre est établi gardien, à moins qu'il ne soit dans l'exclusion de l'art. 508 C. P., ou que les fruits n'existent sur des pièces de terre situées dans diverses communes voisines. — C. P. 628.

La vente doit être précédée de placards apposés une huitaine franche avant le jour où elle doit avoir lieu, et renouvelés, en observant le délai, si la vente n'a pas lieu au jour indiqué. — C. P. 629, 630.

La vente doit être faite un jour de dimanche ou de marché, — C. P. 632. — soit sur les lieux, soit sur la place de la commune où est située la majeure partie du bien, soit sur le marché de cette commune, soit sur le marché le plus voisin. — C. P. 633.

7503. *Enregistrement.* — Les procès-verbaux de saisie-brandon sont assujettis au droit fixe de 2 fr. — Frim. art. 68, § 1, n. 30. — 28 avril 1816, art. 43, n. 13.

7504. *Gardien.* — Si c'est le *garde champêtre* qui est établi gardien, il n'est pas dû de droit particulier sur cette disposition qui est l'exécution pure et simple de la loi (C. P. 628). — Dél. 14 fév. 1854; I. 1995.

7505. Saisie foraine. — Saisie pratiquée par le créancier sur les effets trouvés en la commune qu'il habite, appartenant à son débiteur *forain*.

La saisie foraine est assujettie aux mêmes règles que la saisie-exécution. Elle peut être faite sans titre ni commandement, mais avec une permission du juge, et le saisissant est établi gardien des effets, s'il les détient. — On ne peut vendre les effets qu'après jugement de validité. Le saisissant ou le gardien, s'il en a été établi, sont alors condamnés à la représentation des effets. — C. P. 822 suiv.

7506. *Enregistrement.* — Le procès-verbal de saisie foraine est passible des droits ordinaires. — Frim. art. 68, § 1, n. 30. — 28 avril 1816, art. 43, n. 13

7507. Saisie gagerie. — C'est un acte conservatoire et d'exécution, par lequel le propriétaire ou principal locataire d'une maison ou d'une ferme fait saisir les objets garnissant la maison ou la ferme, et sur lesquels il a un privilège. — C. P. 819.

Cette saisie est assujettie aux mêmes règles que la saisie-exécution, et elle est passible des mêmes droits. — C. P. 819 suiv. — Frim. art. 68, § 1, n. 30. — 28 avril 1816, art. 43, n. 13.

7508. SAISINE. — Mise en possession. Les héritiers légitimes sont saisis de plein droit de l'héritage du défunt. — C. 724.

7509. SCEAU. — Type sur lequel sont gravées les armes soit d'un particulier, soit d'un fonctionnaire public, soit de l'Etat.

7510. Notaire. — Les grosses et expéditions des actes notariés doivent être revêtues de l'empreinte du sceau ou cachet notarial. — 25 vent. an 11, art. 27. — V. *Notaire.*

7511. Droit de sceau. — On entend par droit de sceau celui qui est perçu au profit du trésor public à l'occasion de l'empreinte du sceau de l'Etat sur les lettres patentes émanées du chef du gouvernement. — V. *Dispense, Etranger, Indigent, Noblesse.*

SCELLÉ.

Сн. I. — Questions civiles.

7512. Définition. — Empreinte de cire faite avec un sceau ou un cachet, par autorité de justice, sur des

serrures, des portes, des meubles, pour empêcher qu'on ne les ouvre. — Dict. E. *eod. v°.*

7513. Cas où il y a lieu à l'apposition des scellés. — Les scellés doivent être apposés : en cas d'absence ; — C. 114. — en cas de séparation de biens ; — C. P. 509. — en cas de demande en séparation de corps ; — C. 270, 1445. — en cas de faillite ; — C. com. 455 suiv. — lorsque l'ouverture d'un meuble a été refusée en cas de saisie-exécution ; — C. P. 591. — lorsque, dans une succession, il y a des absents, des mineurs ou des interdits ; — C. 819, 1031. — lorsque les créanciers de la succession le demandent ; — C. 820. — lorsque le conjoint survivant ou l'Etat prétend avoir droit à la succession ; — C. 769. — lorsque le décédé était dépositaire public ; — C. 819 ; C. P. 911. — ou officier général ou supérieur de toute arme. — Arr. 13 niv. an 10, art. 1.

7514. Qui doit apposer les scellés. — Lorsqu'il y a lieu à l'apposition des scellés après décès, elle est faite par les juges de paix, et, à leur défaut, par leurs suppléants. — C. P. 907.

Les juges de paix et leurs suppléants se servent d'un sceau particulier qui reste entre leurs mains, et dont l'empreinte est déposée au greffe du tribunal de première instance. — Id. 908.

7515. Qui peut requérir l'apposition des scellés. — L'apposition des scellés peut être requise : — 1° par tous ceux qui prétendent droit dans la succession ou dans la communauté ; — 2° par tous créanciers fondés en titre exécutoire, ou autorisés par une permission soit du président du tribunal de première instance, soit du juge de paix du canton où le scellé doit être apposé ; — 3° et en cas d'absence soit du conjoint, soit des héritiers, ou de l'un d'eux, par les personnes qui demeuraient avec le défunt, et par ses serviteurs et domestiques. — Id. 909.

Les prétendants-droits et les créanciers mineurs émancipés peuvent requérir l'apposition des scellés sans l'assistance de leur curateur. — S'ils sont mineurs non émancipés, et s'ils n'ont pas de tuteur, ou s'il est absent, elle peut être requise par un de leurs parents. — Id. 910.

Le scellé est apposé soit à la diligence du ministère public, soit sur la déclaration du maire ou du juge de la commune, et même d'office par le juge de paix : — 1° si le mineur est sans tuteur, et que le scellé ne soit pas requis par un parent ; — 2° si le conjoint, ou si les héritiers ou l'un d'eux sont absents ; 3° si le défunt était dépositaire public ; auquel cas le scellé n'est apposé que pour raison de ce dépôt et sur les objets qui le composent. — Id. 911.

7516. Moment de l'apposition. — Si le scellé n'a pas été apposé avant l'inhumation, le juge constate, par son procès-verbal, le moment où il a été requis de l'apposer, et les causes qui ont retardé soit la réquisition, soit l'apposition. — Id. 913.

Lorsque l'inventaire est parachevé, les scellés ne peuvent être apposés, à moins que l'inventaire ne soit attaqué, et qu'il ne soit ainsi ordonné par le président du tribunal. — Si l'apposition des scellés est requise pendant le cours de l'inventaire, les scellés ne sont apposés que sur les objets non inventoriés. — Id. 923.

7517. Forme. — Le procès-verbal d'apposition contient : — 1° la date des an, mois, jour et heure ; — 2° les motifs de l'apposition ; — 3° les noms, profession et demeure du requérant, s'il y en a, et son élection de domicile dans la commune où le scellé est apposé, s'il n'y demeure ; — 4° s'il n'y a pas de partie requérante, le procès-verbal énonce que le scellé a été apposé d'office ou sur le réquisitoire, ou sur la déclaration de l'un des fonctionnaires dénommés dans l'art. 911 ; — 5° l'ordonnance qui permet le scellé, s'il en a été rendu ; — 6° les comparutions et dires des parties ; — 7° la désignation des lieux, bureaux, coffres, armoires, sur les ouvertures desquels le scellé a été apposé ; — 8° une description sommaire des effets qui ne sont pas mis sous le scellé ; — 9° le serment, lors de la clôture de l'apposition, par ceux qui demeurent dans le lieu, qu'ils n'ont rien détourné, vu ni su qu'il ait été rien détourné directement ni indirectement ; — 10° l'établissement du gardien présenté, s'il a les qualités requises ; sauf, s'il ne les a pas, ou s'il n'en est pas présenté, à en établir un d'office par le juge de paix. — Id. 914.

Les clefs des serrures sur lesquelles le scellé a été apposé restent, jusqu'à sa levée, entre les mains du greffier de la justice de paix, lequel fait mention, sur le procès-verbal, de la remise qui lui en a été faite, et le juge ni le greffier ne peuvent aller, jusqu'à la levée, dans la maison où est le scellé, à peine d'interdiction, à moins qu'ils n'en soient requis, ou que leur transport n'ait été précédé d'une ordonnance motivée. — Id. 915.

Si, lors de l'apposition, il est trouvé un testament ou autres papiers cachetés, le juge de paix en constate la forme extérieure, le sceau et la suscription, s'il y en a, il paraphe l'enveloppe avec les parties présentes, si elles le savent ou le peuvent, et indique les jour et heure où le paquet sera par lui présenté au président du tribunal de première instance ; il fait mention du tout sur son procès-verbal, lequel est signé des parties, sinon mention est faite de leur refus. — Id. 916.

Sur la réquisition de toute partie intéressée ; le juge de paix fait, avant l'apposition du scellé, la perquisition du testament dont l'existence a été annoncée ; et, s'il le trouve, il procède ainsi qu'il est dit ci-dessus. — Id. 917.

Aux jour et heure indiqués, sans qu'il soit besoin d'aucune assignation, les paquets trouvés cachetés sont présentés par le juge de paix au président de première instance, lequel en fait l'ouverture, en constatant l'état, et en ordonne le dépôt, si le contenu concerne la succession. — Id. 928.

Si les paquets cachetés paraissent, par leur suscription, ou par quelque autre preuve écrite, appartenir à des tiers, le président du tribunal ordonne que ces

tiers soient appelés dans un délai qu'il fixe, pour qu'ils puissent assister à l'ouverture : il la fait au jour indiqué, en leur présence ou à leur défaut, et si les paquets sont étrangers à la succession, il les leur remet sans en faire connaître le contenu ou les cachète de nouveau pour leur être remis à leur première réquisition. — Id. 919.

Si un testament est trouvé ouvert, le juge de paix en constate l'état et observe ce qui est prescrit en l'article 916. — Id. 920.

7518. Référé. — Si les portes sont fermées, s'il se rencontre des obstacles à l'apposition des scellés, s'il s'élève, soit avant, soit pendant le scellé, des difficultés, il y est statué en référé par le président du tribunal. A cet effet, il est sursis et établi par le juge de paix garnison extérieure, même intérieure, si le cas y échet; et il en réfère sur-le-champ au président du tribunal. — Le juge de paix peut néanmoins, s'il y a péril dans le retard, statuer par provision, sauf à en référer ensuite au président du tribunal. — Id. 921.

Dans tous les cas où il en est référé par le juge de paix au président du tribunal, soit en matière de scellé, soit en autre matière, ce qui sera fait et ordonné est constaté sur le procès-verbal dressé par le juge de paix; le président signe ses ordonnances sur ledit procès-verbal. — Id. 922.

7519. Procès-verbal de carence. — S'il n'y a aucun effet mobilier, le juge de paix dresse un procès-verbal de carence. — S'il y a des effets mobiliers qui soient nécessaires à l'usage des personnes qui restent dans la maison, ou sur lesquels le scellé ne puisse être mis, le juge de paix fait un procès-verbal contenant description sommaire desdits effets. — Id. 924.

7520. Registre d'inscription des scellés. — Dans les communes où la population est de vingt mille âmes et au-dessus, il est tenu, au greffe du tribunal de première instance, un registre d'ordre pour les scellés, sur lequel sont inscrits, d'après la déclaration que les juges de paix de l'arrondissement sont tenus d'y faire parvenir, dans les vingt-quatre heures de l'apposition : — 1° les noms et demeures des personnes sur les effets desquelles le scellé a été apposé; — 2° le nom et la demeure du juge qui a fait l'apposition; — 3° le jour où elle a été faite. — Id. 925.

7521. Opposition aux scellés. — Les oppositions aux scellés peuvent être faites soit par une déclaration sur le procès-verbal de scellé, soit par exploit signifié au greffier du juge de paix. — Id. 926.

Toutes oppositions à scellé contiennent, à peine de nullité, outre les formalités communes à tout exploit : — 1° élection de domicile dans la commune ou dans l'arrondissement de la justice de paix où le scellé est apposé, si l'opposant n'y demeure pas; — 2° l'énonciation précise de la cause de l'opposition. — Id. 927.

7522. Levée des scellés. — Le scellé ne peut être levé et l'inventaire fait que trois jours après l'inhumation, s'il a été apposé auparavant, et trois jours après l'apposition, si elle a été faite depuis l'inhumation, à peine de nullité des procès-verbaux de levée de scellés et inventaire, et des dommages et intérêts contre ceux qui les ont faits et requis : le tout, à moins que, pour des causes urgentes et dont il est fait mention dans son ordonnance, il n'en soit autrement ordonné par le président du tribunal de première instance. Dans ce cas, si les parties qui ont droit d'assister à la levée ne sont pas présentes, il est appelé pour elles, tant à la levée qu'à l'inventaire, un notaire nommé d'office par le président. — Id. 928.

Si les héritiers ou quelques-uns d'eux sont mineurs non émancipés, il n'est pas procédé à la levée des scellés, qu'ils n'aient été préalablement pourvus de tuteurs ou émancipés. — Id. 929.

Tous ceux qui ont droit de faire apposer les scellés peuvent en requérir la levée, excepté ceux qui ne les ont fait apposer qu'en exécution de l'art. 909, n. 3, ci-dessus. — Id. 930.

7523. Formalités préalables. — Les formalités pour parvenir à la levée des scellés sont : — 1° une réquisition à cet effet consignée sur le procès-verbal du juge de paix ; — 2° une ordonnance du juge, indicative des jour et heure où la levée sera faite; — 3° une sommation d'assister à cette levée, faite au conjoint survivant, aux présomptifs héritiers, à l'exécuteur testamentaire, aux légataires universels et à titre universel s'ils sont connus, et aux opposants. — Il n'est pas besoin d'appeler les intéressés demeurant hors de la distance de cinq myriamètres, mais on appelle pour eux, à la levée et à l'inventaire, un notaire nommé d'office par le président du tribunal de première instance. — Les opposants sont appelés aux domiciles par eux élus. — Id. 931.

7524. Qui peut assister à la levée des scellés. — Le conjoint, l'exécuteur testamentaire, les héritiers, les légataires universels et ceux à titre universel, peuvent assister à toutes les vacations de la levée du scellé et de l'inventaire, en personne ou par un mandataire. — Les opposants ne peuvent assister, soit en personne, soit par un mandataire, qu'à la première vacation. Ils sont tenus de se faire représenter, aux vacations suivantes, par un seul mandataire pour tous, dont ils conviennent; sinon il est nommé d'office par le juge. — Si, parmi ces mandataires, se trouvent des avoués près le tribunal de première instance du ressort, ils justifient de leurs pouvoirs par la représentation du titre de leur partie; et l'avoué le plus ancien, suivant l'ordre du tableau, des créanciers fondés en titre authentique, assiste de droit pour tous les opposants; si aucun des créanciers n'est fondé en titre authentique, l'avoué, le plus ancien des opposants fondés en titre privé, assiste. L'ancienneté est définitivement réglée à la première vacation. — Id. 932.

Si l'un des opposants avait des intérêts différents de

ceux des autres ou des intérêts contraires, il peut assister en personne ou par un mandataire particulier à ses frais. — Id. 933.

Les opposants, pour la conservation des droits de leur débiteur, ne peuvent assister à la première vacation, ni concourir au choix d'un mandataire commun pour les autres vacations. — Id. 934.

7525. Nomination des experts. — Le conjoint commun en biens, les héritiers, l'exécuteur testamentaire, et les légataires universels ou à titre universel, peuvent convenir du choix d'un ou deux notaires, et d'un ou deux commissaires-priseurs ou experts ; s'ils n'en conviennent pas, il est procédé, suivant la nature des objets, par un ou deux notaires, commissaires-priseurs ou experts, nommés d'office par le président du tribunal de première instance. Les experts prêtent serment devant le juge de paix. — Id. 935.

7526. Procès-verbal de levée des scellés. — Le procès-verbal de levée contient : — 1° la date ; — 2° les noms, profession, demeure et élection de domicile du requérant ; — 3° l'énonciation de l'ordonnance délivrée pour la levée ; — 4° l'énonciation de la sommation prescrite par l'art. 931 ci-dessus ; — 5° les comparutions et dires des parties ; — 6° la nomination des notaires, commissaires-priseurs et experts qui doivent opérer ; — 7° la reconnaissance des scellés, s'ils sont sains et entiers ; s'ils ne le sont pas, l'état des altérations, sauf à se pourvoir ainsi qu'il appartient pour raison desdites altérations ; — 8° les réquisitions à fin de perquisitions, le résultat desdites perquisitions et toutes autres demandes sur lesquelles il y a lieu de statuer. — Id. 936.

7527. Inventaire. — Les scellés sont levés successivement et au fur et à mesure de la confection de l'inventaire ; ils sont réapposés à la fin de chaque vacation. — Id. 937.

On doit réunir les objets de même nature, pour être inventoriés successivement, suivant leur ordre ; ils sont, dans ce cas, replacés sous les scellés. — Id. 938.

S'il est trouvé des objets et papiers étrangers à la succession et réclamés par des tiers, ils sont remis à qui il appartient ; s'ils ne peuvent être remis à l'instant, et qu'il soit nécessaire d'en faire la description, elle est faite sur le procès-verbal des scellés, et non sur l'inventaire. — Id. 939.

Si la cause de l'apposition des scellés cesse avant qu'ils soient levés, ou pendant le cours de leur levée, ils sont levés sans description. — Id. 940.

Ch. II. — Questions fiscales.

7528. Tarif. — Les procès-verbaux d'apposition, de reconnaissance et de levée de scellés sont sujets à un droit fixe de 6 fr. par chaque vacation. — Frim. art. 68, § 2, n. 3. — 19 juill. 1845, art. 5. — 28 févr.

1872, art. 4. — V. *Acte d'office, Carence, Description* (procès-verbal de), *Faillite, Inventaire.*

7529. Dépôt public. — Les actes de perquisition, d'apposition ou de levée de scellés, dressés dans l'intérêt de l'Etat, soit d'office, soit de réquition *chez tout dépositaire public de valeurs ou papiers,* doivent être visés pour timbre, sur la minute et sur l'expédition, et enregistrés *gratis.* La gratuité n'est accordée que dans l'intérêt de l'Etat ; par conséquent, les dépositaires publics, leurs héritiers et les tiers intéressés ne peuvent s'en prévaloir sans que leur intervention rende immédiatement exigibles les droits ordinaires. — D. F. 20 nov. 1846 ; I. 1769. — 24 juill. 1867 ; I. 2361-5.

7530. Cure. — Les procès-verbaux d'apposition de scellés, faits d'office après le décès du titulaire d'une cure, ou de levée de ces scellés, sont passibles des droits ordinaires de timbre ; mais ils doivent être enregistrés gratis. — Arg. D. 6 nov. 1813, art. 16 et 17. — Sol. 8 juill. 1868 ; R. P. 3004.

7531. Disposition indépendante. — *Gardien.* — La nomination de gardien faite dans le procès-verbal d'apposition de scellés n'est passible d'aucun droit particulier. — D. F. 25 avril 1809 ; I. 436-72.

7532. Experts. — Les procès-verbaux de levée de scellés contenant nomination d'experts et prestation de serment (C. P. art. 935) donnent lieu à un droit sur la prestation de serment, plus le droit exigible à raison du nombre des vacations. — D. F. 25 juill. 1810 ; J. E. 4367.

7533. Opposition. — Les oppositions à levée de scellés par comparution personnelle dans le procès-verbal, les ordonnances et mandements d'assigner les opposants à scellés, sont passibles du droit de 1. 50. — Frim., art. 68, § 1. n. 46. — 28 févr. 1872, art. 4.

7534. Ordonnance. — La requête pour parvenir à la levée de scellés n'est pas sujette à l'enregistrement. L'ordonnance du juge, mise à la suite, est seule passible du droit fixe de 1. 50. — D. F. 1er juill. 1814 ; J. E. 4837.

7535. Procès-verbal de description. — Lorsqu'au lieu d'apposer les scellés sur les meubles et effets d'une succession, le juge de paix dresse un procès-verbal descriptif, ce procès-verbal donne lieu au droit fixe de 6 fr. par vacation. — Sol. 10 fév. 1831 ; J. E. 9897 ; Rec. Roll. 3202.

SECOURS MUTUELS. — V. *Société.*

SECRÉTAIRE. — V. *Acte administratif, Acte en conséquence d'un autre, Etablissement public.*

SÉMINAIRE. — V *Etablissement public.*

SENTENCE. — V. *Arbitrage.*

7536. SÉPARATION DE BIENS. — La séparation de biens est le régime sous lequel chaque époux a la propriété et l'administration de ses biens.

Elle est *contractuelle* ou *judiciaire.*

Elle est *contractuelle* lorsqu'elle est établie par contrat de mariage; dans ce cas, elle est irrévocable. — C. 1536, 1593. — V. *Contrat de mariage.*

Elle est *judiciaire* lorsqu'elle est prononcée par jugement dans l'intérêt de la femme dont la dot est compromise par la mauvaise administration du mari. — C. 1443 suiv. — V. *Jugement.*

7537. Reprises. — Lorsque les reprises de la femme séparée de biens et ayant renoncé à la communauté sont liquidées par un notaire commis, le droit de titre est exigible sur toutes celles qui ne reposent pas sur un titre enregistré, que le mari ait ou non comparu à l'acte de liquidation. — Louhans, 10 juill., et Reims, 16 oct. 1846; J. E. 1404, 14124.

Mais, si les reprises de la femme reposent sur un titre enregistré, le droit d'obligation ne peut être perçu. — Seine, 27 févr. 1840; J. E. 12474-1.

7538. Ordonnance. — L'ordonnance qui autorise la demande en séparation de biens est sujette à l'enregistrement dans les vingt jours. — I. 436-67.

7539. SÉPARATION DE CORPS. — La séparation de corps, c'est-à-dire l'autorisation accordée par justice à deux époux de ne plus habiter ensemble, peut avoir lieu pour cause d'excès, sévices ou injures graves de l'un des époux envers l'autre ; pour cause d'adultère de la femme, et de celui du mari lorsqu'il a tenu sa concubine dans la maison commune ; enfin pour cause de la condamnation de l'un des époux à une peine infamante. — C. 261 et 306.

7540. Effets de la séparation de corps. — La séparation de corps emporte séparation de biens. — C. 311.

En outre, elle révoque de plein droit les avantages faits par son conjoint à celui contre qui elle est prononcée. — Cass. réun. 23 mai 1845; J. P. 45. 1. 625. — Demolombe, n. 522.

7541. Enregistrement. — Sous le régime dotal, si des biens ont été acquis par le mari, au nom de la femme, ils sont la propriété de celle-ci. lors même que sa dot n'aurait pas suffi au paiement du prix ; si donc, par suite de séparation de corps, il est jugé que ces mêmes biens appartiendront au mari, le droit de vente est exigible; et si ce droit n'a pas été perçu sur le jugement, il peut l'être sur l'acte de liquidation qui se

conforme pour l'attribution des biens à ce même jugement. — Marseille, 5 mai 1851; J. E. 15356.

7542. SÉPARATION DE PATRIMOINES. — Tout créancier peut demander la *séparation des patrimoines*, c'est-à-dire le paiement de sa créance sur les biens qui la garantissent, lorsqu'ils viennent à être transmis par succession, par préférence aux créanciers personnels de l'héritier. — V. *Partage.*

SÉPULTURE. — V. *Concession.*

7543. SÉQUESTRE. — Remise d'une chose litigieuse entre les mains d'un tiers qui s'oblige à la garder et à la remettre, après la contestation vidée, à celui auquel elle sera adjugée. — V. *Décharge, Prescription, Succession.*

On appelle aussi *séquestre* celui à qui est confié la garde de la chose.

7544. Deux espèces de séquestre. — Le séquestre est *conventionnel* ou *judiciaire*, c'est-à-dire établi par les parties elles-mêmes ou par jugement. — C. 1955.

7545. *Séquestre conventionnel.* — Le séquestre conventionnel est le dépôt fait, par une ou plusieurs personnes, d'une chose contentieuse, entre les mains d'un tiers qui s'oblige de la rendre, après la contestation terminée, à la personne qui sera jugée devoir l'obtenir. — C. 1956.

Le séquestre peut avoir pour objet non-seulement des effets mobiliers, mais même des immeubles. — Id. 1959.

Le séquestre peut n'être pas gratuit. — Id. 1957.

Lorsqu'il est gratuit, il est soumis aux règles du dépôt proprement dit. — Id. 1958.

Mais le dépositaire chargé du séquestre ne peut être déchargé, avant la contestation terminée, que du consentement de toutes les parties intéressées, ou pour une cause jugée légitime. — Id. 1960.

7546. *Séquestre judiciaire.* — La justice peut ordonner *le séquestre :* 1° des meubles saisis sur un débiteur; 2° d'un immeuble ou d'une chose mobilière dont la propriété ou la possession est litigieuse entre deux ou plusieurs personnes ; 3° des choses qu'un débiteur offre pour sa libération. — Id. 1961.

L'établissement d'un gardien judiciaire produit, entre le saisissant et le gardien, des obligations réciproques. Le gardien doit apporter, pour la conservation des effets saisis, les soins d'un bon père de famille. Il doit les représenter, soit à la décharge du saisissant pour la vente, soit à la partie contre laquelle les exécutions ont été faites, en cas de mainlevée de la saisie. L'obligation du saisissant consiste à payer au gardien le salaire fixé par la loi. — Id. 1962.

Le séquestre judiciaire est donné soit à une personne dont les parties intéressées sont convenues entre elles, soit à une personne nommée d'office par le juge. Dans l'un et l'autre cas, celui auquel la chose a été confiée est soumis à toutes les obligations qu'emporte le séquestre conventionnel. — Id. 1963.

7547. SERMENT. —Acte solennel par lequel on jure de « bien et fidèlement remplir les fonctions » auxquelles on a été appelé.

7548. Agents de l'État, des départements et des communes. — Les actes de prestation de serment des agents salariés par l'État, les départements et les communes, dont le traitement et ses accessoires n'excèdent pas 1,500 fr., sont soumis à un droit fixe de 4.50. Un droit fixe de 22. 50 est applicable à tous les autres fonctionnaires.—Frim. art. 68, §3, n. 3; §6, n. 4.—28 fév. 1872, art. 4. —*Rapport de la Commission*, § 4.—*Séance de l'Assemblée nationale* du 26 fév. 1872. — I. 2433, ch. 1, § 2.

7549. *Indication du traitement.* — Pour que l'application du tarif soit possible, le chiffre du traitement et de ses accessoires doit être indiqué dans l'acte de prestation de serment. — D. F. 12 therm. au 12, 25 nov. 1806, 5 juill. 1809, 25 oct. 1816 et 9 mai 1817; I. 248, 290, 745.

7550. *Surnuméraire.* — Les prestations de serment des surnuméraires ne sont assujetties qu'au droit fixe de 1. 50 ou de 3 fr., selon qu'elles ont lieu par acte judiciaire ou par acte civil; car les surnuméraires ne sont pas des employés proprement dits. — D. F. 25 juill. 1809; J. E. 3303. — Sol. 11 nov. 1836; I. 1539-8. — 20 déc. 1844; I. 1732-9.

7551. *Augmentation de traitement.* — Lorsque la prestation de serment d'un employé dont le traitement n'excède pas 1,500 francs a donné lieu au droit de 4. 50, il n'est dû aucun droit nouveau quand l'employé obtient, *sans changer de grade*, un traitement supérieur à ce chiffre. — D. F. 13 juill. 1873 :

La loi du 28 février 1872 porte. art. 4, alinéa 2 : « Les actes de prestation de serment des gardes des « particuliers et des agents salariés par l'État, les dépar- « tements et les communes, dont le traitement et les « accessoires n'excèdent pas 1,500 francs. ne seront « soumis qu'à un droit de 3 francs. »

« Quant aux employés salariés par l'État et qui reçoi- « vent plus de 1,500 francs par an, leur prestation de « serment donne lieu au droit de 22 fr. 50 cent. en « principe. (Lois des 22 frim. an 7, art. 68. § 6, et 28 « fév. 1872, art. 4, n. 1.)

« Il en résulte qu'aucun agent salarié par l'État, les « départements ou les communes ne devrait arriver à « une fonction dont les émoluments dépasseraient « 1,500 francs, sans avoir payé, pour la prestation de « serment, le droit fixe maximum.

« Il n'en est pas ainsi cependant dans un grand « nombre de cas, tantôt parce que les agents à traite- « ment fixe qui ont prêté serment à un moment où ce « traitement était inférieur à 1.500 francs passent à un « traitement supérieur sans prêter un serment nouveau « lorsqu'ils ne changent que de grade, tantôt parce « que les agents rétribués au moyen de remises varia- « bles n'acquittent à l'origine que le droit de 3 francs, sous « prétexte que les remises sont en moyenne inférieures « à 1.500 francs et ne paient aucun droit nouveau « quand elles augmentent, parce qu'en l'état actuel « des choses cette augmentation n'entraîne pas la « nécessité de prêter un nouveau serment.

« Pour obvier à cet inconvénient qui est certaine- « ment contraire à l'esprit de la loi, on a demandé: « 1° que le droit maximum de serment fût perçu lors de l'enregistrement du « premier serment prêté par un agent investi d'une « fonction susceptible d'être immédiatement ou ulté- « rieurement rétribuée par un salaire supérieur à 1.500 « francs; 2° ou qu'un nouveau serment fût exigé de « tout agent qui, n'ayant supporté que le droit de 4 fr. « 50 cent. pour sa première prestation, obtiendrait un « traitement excédant 1,500 francs (accessoires compris).

« Aucune de ces propositions ne peut être accueillie. « 1° Il suffit, d'après la loi du 28 février 1872, que « le traitement d'un agent n'excède pas 1.500 francs au « moment de sa prestation de serment pour que le droit « fixe de 4 fr. 50 cent. doive être perçu. Or, s'il est « dans les attributions administratives d'interpréter « une loi dont la portée peut paraître douteuse, c'est « au pouvoir législatif à modifier, surtout quand la « modification doit ajouter aux charges des contribua- « bles une disposition dont les termes ne prêtent à « aucune ambiguïté.

« La mesure proposée serait d'ailleurs en opposition « avec l'intention de la loi. En ne soumettant qu'à un « droit minime les prestations de serment des agents « peu rétribués, le législateur a certainement voulu « ménager les faibles ressources qu'ils tirent de leur « premier traitement, les seules qu'ils puissent, en « effet, affecter au paiement de l'impôt. Peut-être « aussi lui a-t-il paru que la présomption qu'un agent « devra être appelé à recevoir un jour des émoluments « supérieurs à 1,500 francs ne saurait servir de base à « une tarification équitable, attendu que les chances « d'avenir que présentent les carrières administratives « sont empreintes d'une éventualité qui ne se rencon- « tre pas dans les actes ni dans les faits considérés « comme matière imposable.

« 2° Quant à la seconde proposition, on ne pourrait « appliquer qu'aux agents relevant directement du « département des finances une décision portant qu'un « nouveau serment sera exigé de tout agent qui, n'ayant « supporté que le droit de 4 fr. 50 cent. pour sa pre- « mière prestation de serment, obtiendrait un traite- « ment de 1500 francs, accessoires compris.

« L'obligation de prêter un nouveau serment cons- « tituerait non une mesure fiscale, mais une mesure « administrative qui, pour être généralisée, devrait « obtenir l'adhésion de tous les autres départements.

« ministériels. Or, il suffirait qu'un ministre, cédant
« au désir de protéger les intérêts de ses agents, refusât
« son consentement pour que le département des
« finances soit forcé de renoncer à ses projets, sous
« peine de vicier le principe de l'égalité de tous devant
« l'impôt.

« En outre, il serait injuste de faire supporter,
« d'abord un droit de 4. 50, puis un second droit de
« 22. 50 à un agent dont la carrière s'ouvre par un
« emploi d'un traitement de moins de 1.500 fr. pour ne
« s'améliorer que lentement, alors qu'un fonctionnaire
« dont le traitement de début est immédiatement supé-
« rieur à ce chiffre, n'aurait à acquitter que le second
« de ces droits. »

7552. *Changement de grade.* — L'employé qui passe
à un grade supérieur est tenu de prêter un nouveau
serment et de payer un nouveau droit. — Lettre M. F.
28 vent. an 10 ; D. F. 31 mai et 5 juill. 1808 ; I. 400-8.

7553. *Nomination à une conservation d'hypothèques.* —
Le fonctionnaire du domaine, quel que soit son grade,
qui est nommé à une conservation d'hypothèques, doit
prêter un nouveau serment devant le tribunal civil de
l'arrondissement. — D. F. 22 oct. 1819 ; I. 910.

7554. *Douanes.* — Le serment prêté par un agent
des douanes est valable pour tout le temps où il reste
en exercice. — 21 avril 1818, art. 65.

Dès lors, les employés des douanes ne sont pas
assujettis à renouveler leur serment lorsqu'ils changent de grade. — Av. fin. 26 déc. 1832 ; I. 1429.

7555. *Changement de résidence.* — Le changement
de résidence, sans élévation de grade, ne nécessite pas
un nouveau serment. — D. F. 6 pluv. an 13 . 30 mai
1809 ; I. 269, 438. — 7 nov. 1850 ; J. E. 15047-5.

7556. *Renouvellement de serment.* — Toutefois il y a
lieu de ne percevoir que le simple droit fixe de 1.50
ou 3 fr. comme salaire de la formalité, pour les prestations de serment des employés qui, ayant seulement
changé de résidence sans changer de grade, ni d'attributions, renouvelleraient un serment déjà prêté dans
un autre département. — D. F. 12 déc. 1821 ; I. 1025.
— 17 avril 1822 ; I. 1034. — 11 déc. 1824 ; J. E.
7904. — Sol. 4 juill. 1830; J. E. 9883.

7557. **Gardes des particuliers.** — Les actes de prestation de serment des gardes des particuliers sont
passibles d'un droit fixe de 4. 50. — 28 fév. 1872,
art. 4.

7558. **Agréé.** — Les prestations de serment des
agréés aux tribunaux de commerce ne sont passibles
que du droit fixé pour les actes innomés. — D. F.
17 août 1813 ; J. E. 4760.

7559. **Avoué.** — Le droit est de 22 fr. 50 pour les
prestations de serment des avoués. — 27 vent. an 9,
art. 14.—D. 31 mai 1807, art. 1.— 28 fév. 1872, art. 4.

7560. **Avocat.** — Il en est de même pour celles des
avocats et défenseurs officieux.— D. 31 mai 1807, art. 1.
— 28 fév. 1872, art. 4.

7561. **Faillite.** — L'acte de prestation de serment
des agents provisoires nommés dans les faillites est passible du droit des actes innomés. — Sol. 22 sept.
1832 ; J. E. 10468.

7562. **Greffier.** — Pour les greffiers des justices de
paix, 4. 50 ; pour les autres, 22. 50. — Frim. art. 68,
§ 3, n. 3 ; § 6, n. 4. — 28 fév. 1872, art. 4.

7563. *Commis-greffier.* — Les commis-greffiers des
tribunaux de première instance, de commerce et des
cours d'appel ont à supporter le droit de 22 fr. 50. —
D. F. 22 vent. an 10 ; J. E. 1039. — Cass. 17 fév. 1806;
J. E. 2278. — D. F. 21 mai 1811 ; I. 525.

7564. *Nomination comme greffier en chef.* — Un
nouveau droit de 22. 50 est exigible si le commis-greffier est nommé greffier en chef. — Cass. civ. 21 janv.
et 17 fév. 1806; J. E. 2278, 2381.

7565. *Commis-greffier adjoint.* — La prestation de
serment du commis-greffier adjoint à un tribunal civil
est passible du droit de 22. 50, que cet employé reçoive
ou non des appointements. — Saint-Malo, 17 août
1848 ; Le Mans, 31 janv. 1851 ; J. E. 14560, 15159-5.

« Attendu que, le 12 août 1872, le sieur B... a prêté
« serment en qualité de commis-greffier adjoint au
« tribunal civil; que l'art. 68, § 6. n° 4, de la loi du
« 22 frimaire au VII, soumet au droit fixe de 15 francs,
« surélevé de moitié par la loi du 28 février 1872, les
« prestations de serment des greffiers des tribunaux
« civils, sans distinguer entre les greffiers en chef et
« les commis-greffiers ; que les attributions des uns et
« des autres sont identiques ; qu'ils ont le caractère
« de fonctionnaires publics d'une façon permanente ;
« que la loi ne distinguant pas, il est d'autant moins
« possible de distinguer que le législateur, qui a voulu
« astreindre à un droit de prestation de serment moins
« élevé les greffiers de justice de paix, a eu soin de
« l'énoncer ; — attendu que le sieur B... invoque en
« vain l'art. 4 de la loi du 28 février 1872; que cette
« disposition législative n'a trait qu'à l'enregistrement
« du procès-verbal de serment des employés des dépar-
« tements, de l'Etat et des communes, dont le traite-
« ment est inférieur à 1.500 fr., et non à celui des
« greffiers, qui sont des officiers publics, et plus spé-
« cialement à celui du sieur B..., qui, en sa qualité de
« commis-greffier adjoint, ne touche de traitement
« que du greffier en chef. » — Angoulême, 12 août 1873.

7566. *Justice de paix.* — Le commis-greffier suppléant du greffier de justice de paix doit, pour sa prestation de serment, 4. 50. — Sol. 11 févr. 1831 ; J. E. 9901.

7567. *Commis-greffier temporaire.* — Si, au moment de l'audience ou d'une opération quelconque, le juge de paix se trouve dans la nécessité de faire remplacer le greffier absent, par un individu auquel il confère à l'instant la qualité nécessaire pour suppléer ce greffier, cette fonction *temporaire* ne peut être assimilée aux fonctions de commis-greffier; aussi a-t-il été décidé que la prestation de serment de greffier temporaire n'est passible que du droit de 1. 50, indépendamment des droits de l'acte ou du jugement qui contient la prestation de serment. — Sol. 8 mai 1830 ; J. E. 9628.

7568. *Simple police.* — La prestation de serment du greffier de simple police est sujette au droit de 4. 50. — D. F. 11 août et 5 nov. 1811 ; I. 537, 549. — Sol. 4 avril 1825 ; J. E. 8025.

7569. *Greffier destitué.* — Un greffier qui a été destitué et qui est ensuite réintégré dans ses fonctions, ne doit payer pour son nouveau serment que le droit d'un simple acte judiciaire. — D. F. 23 juin 1817.

7570. Huissier. — Huissiers des justices de paix, 4. 50; autres huissiers, 22. 50. — Frim. art. 68, § 3, n. 3 ; § 6, n. 4. — 28 févr. 1872, art. 4.

7571. *Tribunaux de commerce et justices de paix.* — Les tribunaux de commerce et les juges de paix n'ayant pas le droit de nommer des huissiers, les uns et les autres ne peuvent plus choisir que parmi les huissiers des tribunaux de première instance ceux qu'ils veulent attacher à leur juridiction ; ces huissiers ainsi chargés d'un service spécial n'acquièrent pas un nouveau caractère, ils ne peuvent être tenus de prêter un nouveau serment en cette qualité, et ces officiers n'ont à payer le droit de 22. 50 que sur la prestation de serment qu'ils font comme huissiers d'un tribunal de première instance. — D. F. J. 22 mai 1824 ; I. 1133.

7572. *Huissier audiencier.* — L'huissier nommé huissier audiencier doit prêter un nouveau serment qui, comme acte de complément. n'a à payer que le droit de 1. 50. — D. F. 3 janv. 1822.

7573. Interprète. — C'est le droit de 1. 50 qui est exigible sur la prestation de serment des interprètes des langues étrangères. — D. F. 12 therm. au 12 ; I. 290-24.

C'est dans la même catégorie qu'il faut ranger le serment des interprètes jurés près les tribunaux de commerce. — Dél. 23 juill. 1830 ; I. 1347-8.

7574. Notaire. — Les prestations de serment des notaires sont passibles du droit de 22. 50. — Frim. art. 68, § 6, n. 4. — 28 févr. 1872, art. 4.

7575. *Changement de résidence.* — Un notaire autorisé à s'établir dans une autre commune du même canton est dispensé de prêter un nouveau serment, et partant d'acquitter un nouveau droit. — D. F. 28 déc. 1838.

7576. Enregistrement gratis. — *Inspecteurs des manufactures.* — Les prestations de serment des inspecteurs du travail dans les manufactures doivent être enregistrées gratis. — D. F. 14 oct. 1841 ; I. 1650.

7577. Exemption d'enregistrement. — *Avocat.* — *Avoué.* — Est exempt de tout droit, le serment prêté par les avoués et avocats de ne rien dire, ni publier, comme défenseurs ou conseils, de contraire aux lois, aux règlements, aux bonnes mœurs et à la sûreté de l'État, et de ne jamais s'écarter du respect dû aux tribunaux et à l'autorité publique. Ce serment est indépendant du serment prêté de remplir leurs fonctions avec exactitude et probité. — D. F. 3 flor. an 13 ; I. 290-56.

Quant au renouvellement annuel du serment des avocats, à la rentrée des cours et tribunaux , c'est un acte d'ordre et de discipline intérieure. qui, à ce titre, est exempt de la formalité. — D. F. 2 juin 1812.

7578. *Commissaire de police.* — Les fonctions des commissaires de police étant d'ordre public. la prestation de serment de ces fonctionnaires est exempte de la formalité. — D. F. 4 therm. an 13 ; I. 290-8.

7579. *Gendarmerie.* — Sont affranchies de toute formalité, comme actes concernant la police générale et la sûreté publique. les prestations de serment des membres du corps de la gendarmerie. — D. F. 21 sept. 1821 ; I. 995.

7580. *Légion d'honneur.* — Les membres de la Légion d'honneur sont également dispensés de la formalité pour leur prestation de serment. — I. 290-56.

7581. *Magistrature.* — L'exemption s'applique à la prestation de serment des juges de paix, des juges et des membres du parquet près les cours et tribunaux, en ce que ces serments tiennent à l'administration publique et à la police intérieure des tribunaux. — I. 290-43.

7582. *Médecin.* — La prestation de serment des médecins délégués pour constater l'état d'invalidité ou les infirmités des employés faisant valoir leurs droits à la retraite pour incapacité de servir, sont exempts de la formalité de l'enregistrement, qu'elle ait eu lieu soit devant l'autorité administrative, soit devant le juge de paix. — D. F. 2 fév. 1854 ; Circ. F. 31 août 1854 ; I. 1990. 2013.

7583. *Préfectures et sous-préfectures.* — Sont exemptes de toute formalité comme se rattachant à des fonctions d'administration publique, les prestations de serment des préfets, sous-préfets, conseillers de préfecture et secrétaires généraux. — D. F. 8 pluv. an 9; J. E. 728.

7584. Pluralité. — Le serment étant individuel, il en résulte que lors même qu'un seul procès-verbal réunirait plusieurs prestations, il serait dû un droit particulier pour chaque fonctionnaire ayant prêté le serment. — D. F. 7 pluv. an 8; Circ. 1798.

7585. *Notaire.* — Il est dû un droit pour chaque prestation de serment, lors même qu'il n'a été rédigé qu'un seul acte de serment de plusieurs notaires admis sur un appel nominal. — I. 204.

7586. SERVITUDE. — La servitude est une charge imposée sur un héritage, pour l'usage ou l'utilité d'un héritage appartenant à un autre propriétaire. — C. 637.

7587. Origine des servitudes. — Les servitudes dérivent de la situation naturelle des lieux, ou des obligations imposées par la loi, ou des conventions entre les propriétaires. — C. 639.

Il est permis aux propriétaires d'établir sur leurs propriétés, ou en faveur de leurs propriétés, telles servitudes que bon semble, pourvu néanmoins que les services établis ne soient imposés ni à la personne, ni en faveur de la personne, mais seulement à un fonds et pour un fonds, et pourvu que ces services n'aient d'ailleurs rien de contraire à l'ordre public. — C. 686.

La servitude n'établit aucune prééminence d'un héritage sur l'autre. — Id. 638.

7588. Espèces diverses. — Les servitudes sont établies ou pour l'usage des bâtiments, ou pour celui des fonds de terre. Celles de la première espèce s'appellent *urbaines*, soit que les bâtiments auxquels elles sont dues soient situés à la ville ou à la campagne; celles de la seconde espèce se nomment *rurales*. — Id. 687.

Les servitudes sont ou *continues* ou *discontinues*. Les servitudes *continues* sont celles dont l'usage est ou peut être continuel sans avoir besoin du fait actuel de l'homme : tels sont les conduites d'eau, les égouts, les vues et autres de cette espèce. Les servitudes *discontinues* sont celles qui ont besoin du fait actuel de l'homme pour être exercées : tels sont les droits de passage, puisage, pacage et autres semblables. — Id. 688.

Les servitudes sont *apparentes* ou *non apparentes*. Les servitudes *apparentes* sont celles qui s'annoncent par des ouvrages extérieurs, tels qu'une porte, une fenêtre, un aqueduc; les servitudes *non apparentes* sont celles qui n'ont pas de signe extérieur de leur existence, comme, par exemple, la prohibition de bâtir sur un fonds, ou de ne bâtir qu'à une hauteur déterminée. — Id. 689.

7589. Cessation de la servitude. — Les servitudes cessent lorsque les choses se trouvent en tel état qu'on ne peut plus en user. — Id. 703.

Elles revivent si les choses sont rétablies de manière qu'on puisse en user, à moins qu'il ne se soit déjà écoulé un espace de temps suffisant pour faire présumer l'extinction de la servitude. — Id. 704.

Toute servitude est éteinte lorsque le fonds à qui elle est due et celui qui la doit sont réunis dans la même main. — Id. 705.

7590. Enregistrement. — Les servitudes ou services fonciers sont immeubles. — C. 526.

Par conséquent, l'acte par lequel le propriétaire d'un héritage consent, au profit d'un tiers à titre onéreux, l'établissement d'une servitude perpétuelle sur ce fonds est passible du droit de 5. 50 % fixé pour les ventes d'immeubles. — Sol. 27 sept.-4 oct. 1826; I. 1205-13.

La renonciation à une servitude sur un bien-fonds, faite moyennant un prix que s'oblige à payer le propriétaire du fonds servant, emporte transmission d'un droit réel immobilier et donne ouverture au droit de 5. 50 %. — Sol. 22 mars 1844.

Si l'on consent à recevoir sur son terrain les eaux pluviales provenant des bâtiments de son voisin, il y a création d'une servitude foncière. Le droit de vente est dû sur le prix stipulé. — D. F. 18 sept. 1811; J. E. 3997.

Le droit de 5. 50 % est dû sur l'acte par lequel un particulier, pour ne plus recevoir sur son terrain les eaux provenant de la maison de son voisin, consent à construire à ses frais un puisard dans la cour de celui-ci. — Dél. 22 oct. 1817; J. E. 5894.

7591. *Bail.* — Si la servitude n'est établie que pour un temps déterminé, moyennant une redevance annuelle ou autres conditions qui impriment à la convention le caractère de louage, l'acte n'est passible que du droit de 20 c. %. Ainsi, l'acte par lequel le propriétaire d'une maison concède pour vingt-cinq ans au propriétaire d'une maison voisine le droit d'établir des jours et baies de fenêtres dans le mur qui sépare leurs propriétés, moyennant une redevance annuelle de 300 fr., et une somme de 800 fr., une fois payée, n'est sujet, comme bail, qu'au droit de 20 c. %. — Seine, 6 déc. 1843; R. G. 11684.

7592. *Liquidation des droits.* — Bien que la servitude soit qualifiée de *charge* par l'art. 637 C., elle constitue néanmoins un démembrement de la propriété; il résulte de là que la servitude, en cas de transmission de l'immeuble à titre onéreux, n'est pas une charge dont la valeur doive être ajoutée au prix pour la liquidation et le paiement du droit proportionnel. — Sol. 15 mai 1825, 6 sept. 1828 et 11 avril 1829; R. G. 11685.

Il en résulte encore que, lorsqu'il s'agit d'acquitter les droits de mutation par décès sur un immeuble grevé de servitudes, il faut, dans l'évaluation qui est faite de cet immeuble, avoir égard à la diminution de revenu résultant des servitudes. — Sol. 15 mai 1844.

7593. *Concession réciproque de passage.* — Il n'est dû aucun droit proportionnel, soit d'échange, soit de vente, sur l'acte par lequel plusieurs copropriétaires se concèdent réciproquement le droit de passer sur les fonds qu'ils possèdent sur le même terroir. — Sol. 13 sept. 1830, 17 oct. 1843.

7594. SIGNATURE. — La signature est le nom d'une personne écrit de sa main sur un acte. — V. *Acte, Notaire.*

7595. Signature et paraphe des notaires. — Les signatures et paraphes des notaires, qui sont destinés à être déposés aux greffes des tribunaux, et à celui de la municipalité de la résidence de ces officiers publics, doivent être sur une feuille distincte de papier timbré. Chaque feuille donnera lieu à un acte de dépôt séparé pour chaque notaire dont les signatures et paraphes seront constatés. — D. F. J. 17 oct. 1821 ; I. 1008.

7596. SIGNIFICATION. — C'est la notification, la connaissance que l'on donne d'un arrêt, d'un jugement, d'un acte quelconque, par la voie extrajudiciaire. — V. *Exploit.*

SIMULATION DE PRIX OU DE RE-VENU. — V. *Expertise, Succession.*

SOCIÉTÉ.

7597. Définition. — La société est un contrat par lequel deux ou plusieurs personnes conviennent de mettre quelque chose en commun, dans la vue de partager le bénéfice qui pourra en résulter. — C. 1832.

7598. Nature de la société. — Le but de la société est de *partager le bénéfice* que la chose commune ou les travaux communs pourront produire. C'est par ce caractère essentiel que la société se distingue de la communauté où l'idée de bénéfice n'existe pas.

7599. Conditions essentielles du contrat. — Toute société doit avoir un objet licite, — C. 1833. — Car il n'est pas permis de s'unir pour faire le mal. — Troplong. 85.
Chaque associé doit apporter de l'argent ou d'autres biens, ou son industrie. — C. 1833. — Le montant des *apports* ou des *mises* forme le *fonds social.*
Enfin, toute société doit être contractée dans l'intérêt commun des parties. — C. 1833.

7600. Toute société forme un être moral. — Aussitôt qu'une société est formée, naît un *être moral* qui se substitue activement et passivement, aux associés ; c'est cet être moral qui s'oblige, c'est envers lui qu'on s'oblige, c'est lui qui possède ; tant que dure la société, les associés n'ont qu'un droit au *fonds social* : ce fonds social est la propriété de la société ; or les droits des associés ne sont donc représentés que par une somme d'argent; voilà pourquoi les actions ou intérêts dans les sociétés sont toujours meubles, tant que dure la société, encore que les associés aient apporté des immeubles. — C. 529.

7601. Forme du contrat. — Toutes sociétés doivent être rédigées par écrit, lorsque leur objet est d'une valeur de 150 fr. — La preuve testimoniale n'est point admise contre et outre le contenu en l'acte de société, ni sur ce qui serait allégué avoir été dit avant, lors et depuis cet acte, encore qu'il s'agisse d'une somme ou valeur moindre de 150 fr. — C. 1834.

7602. Deux sortes de sociétés. — La loi distingue deux sortes de sociétés : les sociétés *civiles* et les sociétés *commerciales.*

Sect. I. — Sociétés civiles.

7603. Définition. — Les sociétés civiles sont celles qui ont pour objet des opérations étrangères au commerce. Telles sont : la société pour l'exploitation d'une mine, pour l'embellissement d'un quartier ou d'une rue, la société de cheptel, etc. — Troplong, 317, 322 suiv.
Les sociétés civiles sont *universelles* ou *particulières.* — C. 1835.

100

7604. Société universelle. — Nulle société universelle ne peut avoir lieu qu'entre personnes respectivement capables de se donner ou de recevoir l'une de l'autre, et auxquelles il n'est point défendu de s'avantager au préjudice d'autres personnes. — Id. 1840.

On distingue deux sortes de sociétés universelles : la société de *tous biens présents* et la société *universelle de gains*. — C. 1836.

7605. *Société de tous biens présents.* — La société *de tous biens présents* est celle par laquelle les parties mettent en commun tous les biens meubles et immeubles qu'elles possèdent actuellement et les profits qu'elles pourront en tirer. Elles peuvent aussi y comprendre toute autre espèce de gains ; *mais les biens qui pourraient leur advenir par succession, donation ou legs,* n'entrent dans cette société que pour la jouissance ; toute stipulation tendant à y faire entrer la propriété de ces biens est prohibée, sauf entre époux, et conformément à ce qui est réglé à leur égard. — Id. 1837.

7606. *Société universelle de gains.* — La société *universelle de gains* renferme tout ce que les parties acquerront par leur industrie, à quelque titre que ce soit, pendant le cours de la société. Les meubles que chacun des associés possède au temps du contrat y sont aussi compris ; *mais leurs immeubles personnels* n'y entrent que pour la jouissance seulement. — Id. 1838.

La simple convention de société universelle, faite sans autre explication, n'emporte que la société universelle de gains. — Id. 1839.

7607. Société particulière. — La société particulière est celle qui ne s'applique qu'à certaines choses déterminées, ou à leur usage, ou aux fruits à en percevoir. — Id. 1841.

Le contrat par lequel plusieurs personnes s'associent, soit pour une entreprise désignée, soit pour l'exercice de quelque métier ou profession, est aussi une société particulière. — Id. 1842.

7608. A quelle époque commence la société. — La société commence à l'instant même du contrat, s'il ne désigne une autre époque. — Id. 1843.

7609. Durée de la société. — S'il n'y a pas de convention sur la durée de la société, elle est censée contractée pour toute la vie des associés, sauf la modification portée en l'art. 1869 C., ou, s'il s'agit d'une affaire dont la durée soit limitée, pour tout le temps que doit durer cette affaire. — Id. 1844.

7610. Obligations des associés envers la société. — Chaque associé est débiteur, envers la société, de tout ce qu'il a promis d'y apporter. — Lorsque cet apport consiste en un corps certain, et que la société en est évincée, l'associé en est garant envers la société, de la même manière que le vendeur l'est envers son acheteur. — Id. 1845.

L'associé qui devait apporter une somme dans la société et qui ne l'a point fait, devient, de plein droit et sans demande, débiteur des intérêts de cette somme à compter du jour où elle devait être payée. — Il en est de même à l'égard des sommes qu'il a prises dans la caisse sociale, à compter du jour où il les en a tirées pour son profit particulier ; — le tout sans préjudice de plus amples dommages-intérêts, s'il y a lieu. — Id. 1846.

Les associés qui se sont soumis à apporter leur industrie à la société, lui doivent compte de tous les gains qu'ils ont faits par l'espèce d'industrie qui est l'objet de cette société. — Id. 1847.

Lorsque l'un des associés est, pour son compte particulier, créancier d'une somme exigible envers une personne qui se trouve aussi devoir à la société une somme également exigible, l'imputation de ce qu'il reçoit de ce débiteur doit se faire sur la créance de la société et sur la sienne dans la proportion des deux créances, encore qu'il eût, par sa quittance, dirigé l'imputation intégrale sur sa créance particulière ; mais s'il a exprimé dans sa quittance que l'imputation serait faite en entier sur la créance de la société, cette stipulation doit être exécutée. — Id. 1848.

Lorsqu'un des associés a reçu sa part entière de la créance commune, et que le débiteur est depuis devenu insolvable, cet associé est tenu de rapporter à la masse commune ce qu'il a reçu, encore qu'il eût spécialement donné quittance *pour sa part.* — Id. 1849.

Chaque associé est tenu, envers la société, des dommages qu'il lui a causés par sa faute, sans pouvoir compenser avec ces dommages les profits que son industrie lui aurait procurés dans d'autres affaires. — Id. 1850.

Si les choses dont la jouissance seulement a été mise dans la société sont de corps certains et déterminés, qui ne se consomment point par l'usage, elles sont aux risques de l'associé propriétaire. — Si ces choses se consomment, si elles se détériorent en les gardant, si elles ont été destinées à être vendues, ou si elles ont été mises dans la société sur une estimation portée par un inventaire, elles sont aux risques de la société. — Si la chose a été estimée, l'associé ne peut répéter que le montant de son estimation. — Id. 1851.

7611. Droits des associés. — Un associé a action contre la société, non-seulement à raison des sommes qu'il a déboursées pour elle, mais encore à raison des obligations qu'il a contractées de bonne foi pour les affaires de la société, et des risques inséparables de sa gestion. — Id. 1852.

Lorsque l'acte de société ne détermine point la part de chaque associé dans les bénéfices ou pertes, la part de chacun est en proportion de sa mise dans le fonds de la société. — A l'égard de celui qui n'a apporté que son industrie, sa part dans les bénéfices ou dans les pertes est réglée comme si sa mise eût été égale à celle de l'associé qui a le moins apporté. — Id. 1853.

Si les associés sont convenus de s'en rapporter à l'un

d'eux ou à un tiers pour le règlement des parts, ce règlement ne peut être attaqué, à moins qu'il ne soit évidemment contraire à l'équité. Nulle réclamation n'est admise à ce sujet, s'il s'est écoulé plus de trois mois depuis que la partie qui se prétend lésée a eu connaissance du règlement, ou si ce règlement a reçu de sa part un commencement d'exécution. — Id. 1854.

La convention qui donnerait à l'un des associés la totalité des bénéfices est nulle. — Il en est de même de la stipulation qui affranchirait de toute contribution aux pertes les sommes ou effets mis dans le fonds de la société par un ou plusieurs des associés. — Id. 1855.

7612. Administration de la société. — L'associé chargé de l'administration par une clause spéciale du contrat de société, peut faire, nonobstant l'opposition des autres associés, tous les actes qui dépendent de son administration, pourvu que ce soit sans fraude. — Ce pouvoir ne peut être révoqué sans cause légitime, tant que la société dure; mais s'il n'a été donné que par acte postérieur au contrat de société, il est révocable comme un simple mandat. — Id. 1856.

Lorsque plusieurs associés sont chargés d'administrer, sans que leurs fonctions soient déterminées, ou sans qu'il ait été exprimé que l'un ne pourrait agir sans l'autre, ils peuvent faire chacun séparément tous les actes de cette administration. — Id. 1857.

S'il a été stipulé que l'un des administrateurs ne pourra rien faire sans l'autre, un seul ne peut, sans une nouvelle convention, agir en l'absence de l'autre, lors même que celui-ci serait dans l'impossibilité actuelle de concourir aux actes d'administration. — Id. 1858.

A défaut de stipulations spéciales sur le mode d'administration, l'on suit les règles suivantes : 1° les associés sont censés s'être donné réciproquement le pouvoir d'administrer l'un pour l'autre. Ce que chacun fait est valable, même pour la part de ses associés, sans qu'il ait pris leur consentement, sauf le droit qu'ont ces derniers, ou l'un d'eux, de s'opposer à l'opération avant qu'elle soit conclue. — 2° Chaque associé peut se servir des choses appartenant à la société, pourvu qu'il les emploie à la destination fixée par l'usage, et qu'il ne s'en serve pas contre l'intérêt de la société, ou de manière à empêcher ses associés d'en user selon leur droit. — 3° Chaque associé a le droit d'obliger ses associés à faire avec lui les dépenses qui sont nécessaires pour la conservation des choses de la société. — 4° L'un des associés ne peut faire d'innovations sur les immeubles dépendants de la société, même quand il les soutiendrait avantageuses à cette société, si les autres associés n'y consentent. — Id. 1859.

L'associé qui n'est point administrateur ne peut aliéner ni engager les choses même mobilières qui dépendent de la société. — Id. 1860.

7613. Sous-société. — Chaque associé peut, sans le consentement de ses associés, s'associer une tierce personne relativement à la part qu'il a dans la société : il ne peut pas, sans ce consentement, l'associer à la société, lors même qu'il en aurait l'administration. — Id. 1861.

7614. Engagements des associés à l'égard des tiers. — Dans les sociétés autres que celles de commerce, les associés ne sont pas tenus solidairement des dettes sociales, et l'un des associés ne peut obliger les autres, si ceux-ci ne lui en ont conféré le pouvoir. — Id. 1862.

Les associés sont tenus envers le créancier avec lequel ils ont contracté, chacun pour une somme et part égales, encore que la part de l'un d'eux dans la société fût moindre, si l'acte n'a pas spécialement restreint l'obligation de celui-ci sur le pied de cette dernière part. — Id. 1863.

La stipulation que l'obligation est contractée pour le compte de la société, ne lie que l'associé contractant et non les autres, à moins que ceux-ci ne lui aient donné pouvoir, ou que la chose n'ait tourné au profit de la société. — Id. 1864.

7615. Dissolution de la société. — La société finit : 1° par l'expiration du temps pour lequel elle a été contractée; 2° par l'extinction de la chose, ou la consommation de la négociation; 3° par la mort naturelle de quelqu'un des associés; 4° par la mort civile, l'interdiction ou la déconfiture de l'un d'eux; 5° par la volonté qu'un seul ou plusieurs expriment de n'être plus en société. — Id. 1865.

La prorogation d'une société à temps limité ne peut être prouvée que par un écrit revêtu des mêmes formes que le contrat de société. — Id. 1866.

Lorsque l'un des associés a promis de mettre en commun la propriété d'une chose, la perte survenue avant que la mise en soit effectuée opère la dissolution de la société par rapport à tous les associés. — La société est également dissoute dans tous les cas par la perte de la chose, lorsque la jouissance seule a été mise en commun, et que la propriété en est restée dans la main de l'associé. — Mais la société n'est pas rompue par la perte de la chose dont la propriété a déjà été apportée à la société. — Id. 1867.

S'il a été stipulé qu'en cas de mort de l'un des associés, la société continuerait avec son héritier, ou seulement entre les associés survivants, ces dispositions seront suivies; au second cas, l'héritier du décédé n'a droit qu'au partage de la société, eu égard à la situation de cette société lors du décès, et ne participe aux droits ultérieurs qu'autant qu'ils sont une suite nécessaire de ce qui s'est fait avant la mort de l'associé auquel il succède. — Id. 1868.

La dissolution de la société par la volonté de l'une des parties ne s'applique qu'aux sociétés dont la durée est illimitée, et s'opère par une renonciation notifiée à tous les associés, pourvu que cette renonciation soit de bonne foi, et non faite à contre-temps. — Id. 1869.

La renonciation n'est pas de bonne foi lorsque l'associé renonce, pour s'approprier à lui seul le profit que les associés s'étaient proposé de retirer en commun; elle est faite à contre-coup lorsque les choses ne sont plus entières, et qu'il importe à la société que sa dissolution soit différée. — Id. 1870.

7616. Partage. — Les règles concernant le partage des successions, la forme de ce partage, et les obliga-

tions qui en résultent entre cohéritiers, s'appliquent au partage entre associés. — Id. 1872.

Sect. II. — Sociétés commerciales.

7617. Définition. — Les sociétés commerciales sont celles qui ont pour objet des actes de commerce. Telle est une compagnie d'assurance à prime. — Troplong, 343 suiv.

La différence d'une société commerciale avec une société civile existe : 1° dans les formes constitutives de la société ; 2° dans l'habitude d'opérer avec les tiers sous une raison sociale ; 3° dans certaines attributions du gérant ; 4° dans l'étendue de la responsabilité, qui est solidaire dans les sociétés de commerce et qui ne l'est pas dans les sociétés civiles : solidarité d'où résulte que la personne morale, quoique distincte des associés, s'incarne en quelque sorte, au regard des tiers, dans chaque associé, et arrive à un plus haut degré d'homogénéité ; 5° dans les formes de la liquidation ; 6° dans le jugement des contestations entre associés. — Troplong, 1072.

7618. Loi à appliquer. — Les sociétés commerciales se règlent par le droit civil dans tous les points qui n'ont rien de contraire aux lois et usages du commerce, par le droit commercial, par les habitudes du commerce et par les conventions des parties. — C. 1873. — C. com. 18.

7619. Diverses espèces. — On distingue quatre espèces de sociétés commerciales : 1° la *société en nom collectif* ; 2° la *société en commandite* ; 3° la *société anonyme* ; 4° et la *société en participation.* — C. com. 19, 47.

Art. 1. — Société en nom collectif.

7620. Définition. — La société en nom collectif est celle que contractent deux personnes ou un plus grand nombre, et qui a pour objet de faire le commerce sous une raison sociale. — C. com. 20.

7621. Raison sociale. — La raison sociale est le nom sous lequel existe la société, et sous lequel sont signés les engagements pris pour son compte. — Troplong, 360.

Les noms des associés peuvent seuls faire partie de la raison sociale. — C. Com. 21.

7622. Des engagements de la société. — Les associés en nom collectif, indiqués dans l'acte de société, sont solidaires pour tous les engagements de la société, encore qu'un seul des associés ait signé, pourvu que ce soit sous la raison sociale. — Id. 22.

Dans la société en nom collectif, les associés sont tenus des dettes de la société, non pas jusqu'à concurrence seulement de leurs mises, mais sur tous leurs biens. — Arg. C. com. 23 et 26.

Art. 2. — Société en commandite.

7623. Définition. — La *société en commandite* se contracte entre un ou plusieurs associés responsables et solidaires, et un ou plusieurs associés simples bailleurs de fonds, que l'on nomme *commanditaires* ou *associés en commandite.* — Elle est régie sous un nom social, qui doit être nécessairement celui d'un ou de plusieurs associés responsables et solidaires. — C. com. 23.

Lorsqu'il y a plusieurs associés solidaires et en nom, soit que tous gèrent ensemble, soit qu'un ou plusieurs gèrent pour tous, la société est à la fois société en nom collectif à leur égard, et société en commandite à l'égard des simples bailleurs de fonds. — Id. 24.

Le nom d'un associé commanditaire ne peut faire partie de la raison sociale. — Id. 25.

7624. De l'associé commanditaire. — L'associé commanditaire n'est passible des pertes que jusqu'à concurrence des fonds qu'il a mis ou dû mettre dans la société. — Id. 26.

L'associé commanditaire ne peut faire aucun acte de gestion, même en vertu de procuration. — Id. 27.

En cas de contravention à la prohibition mentionnée dans l'article précédent, l'associé commanditaire est obligé solidairement, avec les associés en nom collectif, pour les dettes et engagements de la société qui dérivent des actes de gestion qu'il a faits, et il peut, suivant le nombre et la gravité de ces actes, être déclaré solidairement obligé pour tous les engagements de la société ou pour quelques-uns seulement. — Les avis et conseils, les actes de contrôle et de surveillance n'engagent point l'associé commanditaire. — Id. 28.

7625. Division du capital en actions. — Les sociétés en commandite peuvent diviser leur capital en actions. — Id. 38.

7626. Loi du 24 juillet 1867. — *Formation de la société.* — Art. 1er. Les sociétés en commandite ne peuvent diviser leur capital en actions ou coupons d'actions de moins de cent francs lorsque ce capital n'excède pas deux cent mille francs, et de moins de cinq cents francs lorsqu'il est supérieur. — Elles ne peuvent être définitivement constituées qu'après la souscription de la totalité du capital social et le versement, par chaque actionnaire, du quart au moins du montant des actions par lui souscrites. — Cette souscription et ces versements sont constatés par une déclaration du gérant dans un acte notarié. — A cette déclaration sont annexés la liste des souscripteurs, l'état des versements effectués, l'un des doubles de l'acte de société, s'il est sous seing privé, et une expédition, s'il est notarié s'il a été passé devant un notaire autre que celui qui a reçu la déclaration. — L'acte sous seing privé, quel que soit le nombre des associés, sera fait en double original, dont l'un sera annexé, comme il est dit au paragraphe qui précède, à la déclaration de souscription du capital et de versement du quart, et l'autre restera déposé au siége social.

Art. 2. Les actions ou coupons d'actions sont négociables après le versement du quart.

Art. 3. Il peut être stipulé, mais seulement par les statuts constitutifs de la société, que les actions ou coupons d'actions pourront, après avoir été libérés de moitié, être convertis en actions au porteur, par délibération de l'assemblée générale. — Soit que les actions restent nominatives après cette délibération, soit qu'elles aient été converties en actions au porteur, les souscripteurs primitifs qui ont aliéné les actions et ceux auxquels ils les ont cédées avant le versement de moitié restent tenus au paiement du montant de leurs actions pendant un délai de deux ans, à partir de la délibération de l'assemblée générale.

7627. *Apport ne consistant pas en numéraire.* — Art. 4. Lorsqu'un associé fait un apport qui ne consiste pas en numéraire , ou stipule à son profit des avantages particuliers, la première assemblée générale fait apprécier la valeur de l'apport ou la cause des avantages stipulés. — La société n'est définitivement constituée qu'après l'approbation de l'apport ou des avantages, donnée par une autre assemblée générale , après une nouvelle convocation. — La seconde assemblée générale ne pourra statuer sur l'approbation de l'apport ou des avantages qu'après un rapport qui sera imprimé et tenu à la disposition des actionnaires , cinq jours au moins avant la réunion de cette assemblée. Les délibérations sont prises par la majorité des actionnaires présents. Cette majorité doit comprendre le quart des actionnaires et représenter le quart du capital social en numéraire. Les associés qui ont fait l'apport ou stipulé des avantages particuliers soumis à l'appréciation de l'assemblée n'ont pas voix délibérative. — A défaut d'approbation, la société reste sans effet à l'égard de toutes les parties. — L'approbation ne fait pas obstacle à l'exercice ultérieur de l'action qui peut être intentée pour cause de dol ou de fraude. — Les dispositions du présent article relatives à la vérification de l'apport qui ne consiste pas en numéraire ne sont pas applicables au cas où la société à laquelle est fait ledit apport est formée entre ceux seulement qui en étaient propriétaires par indivis.

7628. *Conseil de surveillance.* — Art 5. Un conseil de surveillance, composé de trois actionnaires au moins, est établi dans chaque société en commandite par actions. — Ce conseil est nommé par l'assemblée générale des actionnaires immédiatement après la constitution définitive de la société et avant toute opération sociale. — Il est soumis à la réélection aux époques et suivant les conditions déterminées par les statuts. — Toutefois le premier conseil n'est nommé que pour une année.

Art. 6. Ce premier conseil doit , immédiatement après sa nomination, vérifier si toutes les dispositions contenues dans les articles qui précèdent ont été observées.

7629. *Nullité.* — Art. 7. Est nulle et de nul effet à l'égard des intéressés toute société en commandite par actions constituée contrairement aux prescriptions des articles 1er, 2, 3, 4 et 5 de la présente loi. — Cette nullité ne peut être opposée aux tiers par les associés.

Art. 8. Lorsque la société est annulée, aux termes de l'article précédent, les membres du premier conseil de surveillance peuvent être déclarés responsables , avec le gérant, du dommage résultant, pour la société ou pour les tiers, de l'annulation de la société ou pour les tiers, de l'annulation de la société. — La même responsabilité peut être prononcée contre ceux des associés dont les apports ou les avantages n'auraient pas été vérifiés et approuvés conformément à l'arti. le 4 ci-dessus.

Art. 9. Les membres du conseil de surveillance n'encourent aucune responsabilité en raison des actes de la gestion et de leurs résultats. — Chaque membre du conseil de surveillance est responsable de ses fautes personnelles, dans l'exécution de son mandat, conformément aux règles du droit commun.

7630. *Attributions du conseil de surveillance.* — Art. 10. Les membres du conseil de surveillance vérifient les livres, la caisse, le portefeuille et les valeurs de la société. — Ils font , chaque année, à l'assemblée générale, un rapport dans lequel ils doivent signaler les irrégularités et inexactitudes qu'ils ont reconnues dans les inventaires, et constater, s'il y a lieu, les motifs qui s'opposent aux distributions des dividendes proposés par le gérant. — Aucune répétition de dividendes ne peut être exercée contre les actionnaires , si ce n'est dans le cas où la distribution en aura été faite en l'absence de tout inventaire ou en dehors des résultats constatés par l'inventaire. — L'action en répétition, dans le cas où elle est ouverte, se prescrit par cinq ans, à partir du jour fixé pour la distribution des dividendes. — Les prescriptions commencées à l'époque de la promulgation de la présente loi , et pour lesquelles il faudrait encore, suivant les lois anciennes , plus de cinq ans, à partir de la même époque, seront accomplies par ce laps de temps.

Art. 11. Le conseil de surveillance peut convoquer l'assemblée générale et, conformément à son avis, provoquer la dissolution de la société.

Art. 12. Quinze jours au moins avant la réunion de l'assemblée générale, tout actionnaire peut prendre par lui ou par un fondé de pouvoir , au siége social, communication du bilan, des inventaires et du rapport du conseil de surveillance.

7631. *Infractions à la loi.* — Art. 13. L'émission d'actions ou de coupons d'actions d'une société constituée contrairement aux prescriptions des articles 1er, 2 et 3 de la présente loi, est punie d'une amende de cinq cents à dix mille francs. — Sont punis de la même peine : — le gérant qui commence les opérations

sociales avant l'entrée en fonctions du conseil de surveillance ; — Ceux qui, en se présentant comme propriétaires d'actions ou de coupons d'actions qui ne leur appartiennent pas, ont créé frauduleusement une majorité factice dans une assemblée générale, sans préjudice de tous dommages-intérêts, s'il y a lieu, envers la société ou envers les tiers ; — Ceux qui ont remis les actions pour en faire l'usage frauduleux. — Dans les cas prévus par les deux paragraphes précédents, la peine de l'emprisonnement de quinze jours à six mois peut, en outre, être prononcée.

Art. 14. La négociation d'actions ou de coupons d'actions dont la valeur ou la forme serait contraire aux dispositions des articles 1er, 2 et 3 de la présente loi, ou pour lesquels le versement du quart n'aurait pas été effectué conformément à l'article 2 ci-dessus, est punie d'une amende de cinq cents à dix mille francs. — Sont punies de la même peine toute participation à ces négociations et toute publication de la valeur desdites actions.

Art. 15. Sont punis des peines portées par l'article 405 du Code pénal, sans préjudice de l'application de cet article à tous les faits constitutifs du délit d'escroquerie : 1° ceux qui, par simulation de souscriptions ou de versements ou par publication, faite de mauvaise foi, de souscriptions ou de versements qui n'existent pas, ou de tous autres faits faux, ont obtenu ou tenté d'obtenir des souscriptions ou des versements ; — 2° ceux qui, pour provoquer des souscriptions ou des versements, ont, de mauvaise foi, publié les noms de personnes désignées, contrairement à la vérité, comme étant ou devant être attachées à la société à un titre quelconque ; — 3° les gérants qui, en l'absence d'inventaires ou au moyen d'inventaires frauduleux, ont opéré entre les actionnaires :a r partition de dividendes fictifs. — Les membres du conseil de surveillance ne sont pas civilement responsables des délits commis par le gérant.

Art. 16. L'article 463 du Code pénal est applicable aux faits prévus par les trois articles qui précèdent.

Art. 17. Des actionnaires représentant le vingtième au moins du capital social peuvent, dans un intérêt commun, charger à leurs frais un ou plusieurs mandataires de soutenir, tant en demandant qu'en défendant, une action contre les gérants ou contre les membres du conseil de surveillance, et de les représenter, en ce cas, en justice, sans préjudice de l'action que chaque actionnaire peut intenter individuellement en son nom personnel.

Art. 3. — Société anonyme.

7632. Définition. — La *société anonyme* n'existe point sous un nom social ; elle n'est désignée par le nom d'aucun des associés. — C. com. 29.

Elle est qualifiée par la désignation de l'objet de ses entreprises. — Id. 30.

7633. Responsabilité. — Les administrateurs ne sont responsables que de l'exécution du mandat qu'ils ont reçu. — Ils ne contractent, à raison de leur gestion, aucune obligation personnelle ni solidaire, relativement aux engagements de la société. — Id. 32.

Les associés ne sont passibles que de la perte du montant de leur intérêt dans la société. — Id. 33.

7634. Division du capital en actions. — Le capital de la société anonyme se divise en actions et même en coupons d'action d'une valeur égale. — Id. 34.

L'action peut être établie sous la forme d'un titre au porteur. — Dans ce cas, la cession s'opère par tradition. — Id. 35.

La propriété des actions peut être établie par une inscription sur les registres de la société. — Dans ce cas, la cession s'opère par une déclaration de transfert inscrite sur les registres, et signée de celui qui fait le transport ou d'un fondé de pouvoir. — Id. 36.

7635. Loi du 24 juillet 1867. — *Formation de la société.* — Art. 21. Les sociétés anonymes pourront se former sans l'autorisation du gouvernement. — Elles pourront, quel que soit le nombre des associés, être formées par un acte sous seing privé fait en double original.

Art. 22. Les sociétés anonymes sont administrées par un ou plusieurs mandataires à temps, révocables, salariés ou gratuits, pris parmi les associés. — Ces mandataires peuvent choisir parmi eux un directeur, ou, si les statuts le permettent, se substituer un mandataire étranger à la société et dont ils sont responsables envers elle.

Art. 23. La société ne peut être constituée si le nombre des associés est inférieur à sept.

Art. 24. Les dispositions des articles 1er, 2, 3 et 4 de la présente loi sont applicables aux sociétés anonymes (V. n. 7626 suiv.). — La déclaration imposée au gérant par l'article 1er est faite par les fondateurs de la société anonyme ; elle est soumise, avec les pièces à l'appui, à la première assemblée générale, qui en vérifie la sincérité.

Art. 25. Une assemblée générale est, dans tous les cas, convoquée, à la diligence des fondateurs, postérieurement à l'acte qui constate la souscription du capital social et le versement du quart du capital, qui consiste en numéraire. Cette assemblée nomme les premiers administrateurs ; elle nomme également, pour la première année, les commissaires institués par l'article 32 ci-après. — Ces administrateurs ne peuvent être nommés pour plus de six ans : ils sont rééligibles, sauf stipulation contraire. — Toutefois, ils peuvent être désignés par les statuts avec stipulation formelle que leur nomination ne sera point soumise à l'approbation de l'assemblée générale. En ce cas, ils ne peuvent être nommés pour plus de trois ans. — Le procès-verbal de la séance constate l'acceptation des administrateurs et des commissaires présents à la réunion. — La société est constituée à partir de cette acceptation.

7636. *Des administrateurs.* — Art. 26. Les administrateurs doivent être propriétaires d'un nombre d'actions déterminé par les statuts.—Ces actions sont affectées en totalité à la garantie de tous. les actes de la gestion, même de ceux qui seraient exclusivement personnels à l'un des administrateurs. — Elles sont nominatives, inaliénables, frappées d'un timbre indiquant l'inaliénabilité et déposées dans la caisse sociale.

7637. *Des assemblées générales.* — Art. 27. Il est tenu, chaque année, au moins une assemblée générale à l'époque fixée par les statuts. Les statuts déterminent le nombre d'actions qu'il est nécessaire de posséder, soit à titre de propriétaire, soit à titre de mandataire, pour être admis dans l'assemblée, et le nombre de voix appartenant à chaque actionnaire, eu égard au nombre d'actions dont il est porteur. — Néanmoins, dans les assemblées générales appelées à vérifier les apports, à nommer les premiers administrateurs et à vérifier la sincérité de la déclaration des fondateurs de la société, prescrite par le deuxième paragraphe de l'article 24, tout actionnaire, quel que soit le nombre des actions dont il est porteur, peut prendre part aux délibérations avec le nombre de voix déterminé par les statuts, sans qu'il puisse être supérieur à dix.

Art. 28. Dans toutes les assemblées générales, les délibérations sont prises à la majorité des voix. — Il est tenu une feuille de présence ; elle contient les noms et domiciles des actionnaires et le nombre d'actions dont chacun d'eux est porteur. — Cette feuille, certifiée par le bureau de l'assemblée, est déposée au siége social et doit être communiquée à tout requérant.

Art. 29. Les assemblées générales qui ont à délibérer dans des cas autres que ceux prévus par les deux articles qui suivent, doivent être composées d'un nombre d'actionnaires représentant le quart au moins du capital social. — Si l'assemblée générale ne réunit pas ce nombre, une nouvelle assemblée est convoquée dans les formes et avec les délais prescrits par les statuts, et elle délibère valablement, quelle que soit la portion du capital représentée par les actionnaires présents.

Art. 30. Les assemblées qui ont à délibérer sur la vérification des apports, sur la nomination des premiers administrateurs, sur la sincérité de la déclaration faite par les fondateurs aux termes du paragraphe 2 de l'article 24, doivent être composées d'un nombre d'actionnaires représentant la moitié au moins du capital social. — Le capital social, dont la moitié doit être représentée pour la vérification de l'apport, se compose seulement des apports non soumis à vérification. — Si l'assemblée générale ne réunit pas un nombre d'actionnaires représentant la moitié du capital social, elle ne peut prendre qu'une délibération provisoire. Dans ce cas, une nouvelle assemblée générale est convoquée. Deux avis, publiés à huit jours d'intervalle, au moins un mois à l'avance, dans l'un des journaux désignés pour recevoir les annonces légales, font connaître aux actionnaires les résolutions provisoires adoptées par la première assemblée, et ces résolutions deviennent définitives si elles sont approuvées par la nouvelle assemblée, composée d'un nombre d'actionnaires représentant le cinquième au moins du capital social.

Art. 31. Les assemblées qui ont à délibérer sur des modifications aux statuts ou sur des propositions de continuation de la société au delà du terme fixé pour sa durée, ou de dissolution avant ce terme, ne sont régulièrement constituées et ne délibèrent valablement qu'autant qu'elles sont composées d'un nombre d'actionnaires représentant la moitié au moins du capital social.

Art. 32. L'assemblée générale annuelle désigne un ou plusieurs commissaires, associés ou non, chargés de faire un rapport à l'assemblée générale de l'année suivante sur la situation de la société, sur le bilan et sur les comptes présentés par les administrateurs. — La délibération contenant approbation du bilan et des comptes est nulle, si elle n'a été précédée du rapport des commissaires. — A défaut de nomination des commissaires par l'assemblée générale, ou en cas d'empêchement ou de refus d'un ou de plusieurs des commissaires nommés, il est procédé à leur nomination ou à leur remplacement par ordonnance du président du tribunal de commerce du siége de la société, à la requête de tout intéressé, les administrateurs dûment appelés.

7638. *Communication des livres et documents.* — Art. 33. Pendant le trimestre qui précède l'époque fixée par les statuts pour la réunion de l'assemblée générale, les commissaires ont droit, toutes les fois qu'ils le jugent convenable dans l'intérêt social, de prendre communication des livres et d'examiner les opérations de la société. — Ils peuvent toujours, en cas d'urgence, convoquer l'assemblée générale.

Art. 34. Toute société anonyme doit dresser, chaque semestre, un état sommaire de sa situation active et passive. — Cet état mis à la disposition des commissaires. — Il est, en outre, établi chaque année, conformément à l'art. 9 du Code de commerce, un inventaire contenant l'indication des valeurs mobilières et immobilières et de toutes les dettes actives et passives de la société. — L'inventaire, le bilan et le compte des profits et pertes sont mis à la disposition des commissaires le quarantième jour, au plus tard, avant l'assemblée générale. Ils sont présentés à cette assemblée.

Art. 35. Quinze jours au moins avant la réunion de l'assemblée générale, tout actionnaire peut prendre, au siége social, communication de l'inventaire et de la liste des actionnaires, et se faire délivrer copie du bilan résumant l'inventaire et du rapport des commissaires.

7639. *Fonds de réserve.*—Art. 36. Il est fait annuellement, sur les bénéfices nets, un prélèvement d'un vingtième au moins, affecté à la formation d'un fonds.

de réserve. — Ce prélèvement cesse d'être obligatoire lorsque le fonds de réserve a atteint le dixième du capital social.

7640. *Dissolution.* — Art. 37. En cas de perte des trois quarts du capital social, les administrateurs sont tenus de provoquer la réunion de l'assemblée générale de tous les actionnaires, à l'effet de statuer sur la question de savoir s'il y a lieu de prononcer la dissolution de la société. — La résolution de l'assemblée est, dans tous les cas, rendue publique. — A défaut par les administrateurs de réunir l'assemblée générale, comme dans le cas où cette assemblée n'aurait pu se constituer régulièrement, tout intéressé peut demander la dissolution de la société devant les tribunaux.

Art. 38. La dissolution peut être prononcée sur la demande de toute partie intéressée, lorsqu'un an s'est écoulé depuis l'époque où le nombre des associés est réduit à moins de sept.

Art. 39. L'article 17 est applicable aux sociétés anonymes (V. n. 7631).

7641. *Prohibitions.* — Art. 40. Il est interdit aux administrateurs de prendre ou de conserver un intérêt direct ou indirect dans une entreprise ou dans un marché fait avec la société ou pour son compte, à moins qu'ils n'y soient autorisés par l'assemblée générale. — Il est, chaque année, rendu à l'assemblée générale un compte spécial de l'exécution des marchés ou entreprises par elles autorisés, aux termes du paragraphe précédent.

7642. *Nullité.* — Art. 41. Est nulle et de nul effet à l'égard des intéressés toute société anonyme pour laquelle n'ont pas été observées les dispositions des articles 22, 23, 24 et 25 ci-dessus.

7643. *Responsabilité.* — Art. 42. Lorsque la nullité de la société ou des actes et délibérations a été prononcée aux termes de l'article précédent, les fondateurs auxquels la nullité est imputable et les administrateurs en fonctions au moment où elle a été encourue, sont responsables solidairement envers les tiers, sans préjudice des droits des actionnaires. — La même responsabilité solidaire peut être prononcée contre ceux des associés dont les apports ou les avantages n'auraient pas été vérifiés et approuvés conformément à l'art. 24.

Art. 43. L'étendue et les effets de la responsabilité des commissaires envers la société sont déterminés d'après les règles générales du mandat.

Art. 44. Les administrateurs sont responsables, conformément aux règles du droit commun, individuellement ou solidairement suivant les cas, envers la société ou envers les tiers, soit des infractions aux dispositions de la présente loi, soit des fautes qu'ils auraient commises dans leur gestion, notamment en distribuant ou en laissant distribuer sans opposition des dividendes fictifs.

7644. *Infractions à la loi.* — Art. 45. Les dispositions des articles 13, 14, 15 et 16 de la présente loi, sont applicables en matière de sociétés anonymes, sans distinction entre celles qui sont actuellement existantes et celles qui se constitueront sous l'empire de la présente loi. Les administrateurs qui, en l'absence d'inventaire ou au moyen d'inventaires frauduleux, auront opéré des dividendes fictifs, seront punis de la peine qui est prononcée dans ce cas par le n° 3 de l'article 15 contre les gérants des sociétés en commandite. (V. n. 7631).— Sont également applicables en matière de sociétés anonymes les dispositions des trois derniers paragraphes de l'article 10. (V. n. 7630).

Art. 4. — Société en participation.

7645. **Caractères distinctifs.** — Les associations en participation sont relatives à une ou plusieurs opérations de commerce; elles ont lieu pour les objets, dans les formes, avec les proportions d'intérêt et aux conditions convenues entre les participants. — C. com. 48.

La *société* fait que toute l'affaire réside dans la personne de chaque associé; que ce qui se fait au nom de l'un est censé fait au nom des autres; que tout est commun, simultané, de même que dans un corps animé ce qui touche une des parties agit sur tout l'ensemble. Au contraire, dans la *participation*, l'affaire est propre à celui qui agit : elle est sienne, elle est individuelle. Seulement quand l'opération est terminée, il y a à rendre un compte des profits et pertes. En un mot, la société forme un corps moral; la participation ne reconnaît que des individus. — Troplong, 495.

Il y a société en participation entre ceux qui s'associent pour les achats qu'ils feront isolément dans une foire, sauf ensuite à se rendre respectivement compte de leurs opérations. — Id. 490 suiv.

7646. **Preuve de la société en participation.** — Les associations en participation peuvent être constatées par la représentation des livres, de la correspondance, ou par la preuve testimoniale, si le tribunal juge qu'elle peut être admise. — Id. 49.

7647. **Formalités.** — Les associations commerciales en participation ne sont pas sujettes aux formalités prescrites pour les autres sociétés. — Id. 50.

Art. 5. — Dispositions générales.

7648. **Nécessité d'un acte.** — Les sociétés en nom collectif ou en commandite peuvent être constatées par des actes publics ou par des actes sous signatures privées, en se conformant, dans ce dernier cas, à l'art. 1325 C. — C. com. 39.

Aucune preuve par témoin ne peut être admise contre tout le contenu dans les actes de société, ni sur ce qui serait allégué avoir été dit avant l'acte, lors de l'acte et depuis, encore qu'il s'agisse d'une somme au-dessous de cent cinquante francs. — Id. 41.

7649. Publication des actes de société. — Dans le mois de la constitution de toute société commerciale, un double de l'acte constitutif, s'il est sous seings privés, ou une expédition, s'il est notarié, est déposé au greffe de la justice de paix et du tribunal de commerce du lieu dans lequel est établie la société. — À l'acte constitutif des sociétés en commandite par actions et des sociétés anonymes sont annexées : 1° une expédition de l'acte notarié constatant la souscription du capital social et le versement du quart ; 2° une copie certifiée des délibérations prises par l'assemblée générale dans les cas prévus par les articles 4 et 24 (V. n. 7627 et 7635). — En outre, lorsque la société est anonyme, on doit annexer à l'acte constitutif la liste nominative, dûment certifiée, des souscripteurs, contenant les noms, prénoms, qualités, demeure et le nombre d'actions de chacun d'eux. — 24 juill. 1867, art. 55.

Dans le même délai d'un mois, un extrait de l'acte constitutif et des pièces annexées est publié dans l'un des journaux désignés pour recevoir les annonces légales. — Il sera justifié de l'insertion par un exemplaire du journal certifié par l'imprimeur, légalisé par le maire et enregistré dans les trois mois de sa date.— Les formalités prescrites par l'article précédent et par le présent article seront observées, à peine de nullité, à l'égard des intéressés ; mais le défaut d'aucune d'elles ne pourra être opposé aux tiers par les associés. — Id. art. 56.

L'extrait doit contenir les noms des associés autres que les actionnaires ou commanditaires, la raison de commerce ou la dénomination adoptée par la société, et l'indication du siége social ; la désignation des associés autorisés à gérer, administrer et signer pour la société ; le montant du capital social et le montant des valeurs fournies [ou à fournir par les actionnaires ou commanditaires, l'époque où la société commence, celle où elle doit finir, et la date du dépôt fait aux greffes de la justice de paix et du tribunal de commerce. — Id. art. 57.

L'extrait doit énoncer que la société est en nom collectif ou en commandite simple, ou en commandite par actions, ou anonyme, ou à capital variable. — Si la société est anonyme, l'extrait doit énoncer le montant du capital social en numéraire et en autres objets, la quotité à prélever sur les bénéfices pour composer le fonds de réserve. — Enfin, si la société est à capital variable, l'extrait doit contenir l'indication de la somme au-dessous de laquelle le capital social ne peut être réduit. — Id. art. 58.

Si la société a plusieurs maisons de commerce situées dans divers arrondissements, le dépôt prescrit par l'article 55 et la publication prescrite par l'article 56 ont lieu dans chacun des arrondissements où existent les maisons de commerce. — Dans les villes divisées en plusieurs arrondissements, le dépôt sera fait seulement au greffe de la justice de paix du principal établissement. — Id. art. 59.

L'extrait des actes et pièces déposés est signé, pour les actes publics, par le notaire, et, pour les actes sous seings privés, par les associés, en nom collectif, par les gérants des sociétés en commandite ou par les administrateurs des sociétés anonymes. — Id. art. 60.

Sont soumis aux formalités et aux pénalités prescrites par les articles 55 et 56 tous actes et délibérations ayant pour objet la modification des statuts, la continuation de la société au delà du terme fixé pour sa durée, la dissolution avant ce terme et le mode de liquidation, tout changement ou retraite d'associés et tout changement à la raison sociale. — Sont également soumises aux dispositions des articles 55 et 56 les délibérations prises dans les cas prévus par les articles 19, 37, 46, 47 et 49 ci-dessus (V. n. 7640). — Id. art. 61.

Ne sont pas assujettis aux formalités de dépôt et de publication les actes constatant les augmentations ou les diminutions du capital social opérées dans les termes de l'article 48, ou les retraites d'associés, autres que les gérants ou administrateurs, qui auraient lieu conformément à l'article 52. — Id. art. 62.

Lorsqu'il s'agit d'une société en commandite par actions ou d'une société anonyme, toute personne a le droit de prendre communication des pièces déposées aux greffes de la justice de paix et du tribunal de commerce, ou même de s'en faire délivrer à ses frais expédition ou extrait par le greffier ou par le notaire détenteur de la minute. — Toute personne peut également exiger qu'il lui soit délivré au siége de la société une copie certifiée des statuts, moyennant paiement d'une somme qui ne pourra excéder un franc. — Enfin, les pièces déposées doivent être affichées d'une manière apparente dans les bureaux de la société. — Id. art. 63.

Dans tous les actes, factures, annonces, publications et autres documents *imprimés* ou *autographiés*, émanés des sociétés anonymes ou des sociétés en commandite par actions, la dénomination sociale doit toujours être précédée ou suivie immédiatement de ces mots, écrits lisiblement en toutes lettres : *Société anonyme*, ou *Société en commandite par actions*, et de l'énonciation du montant du capital social. — Si la société a usé de la faculté accordée par l'art. 48, cette circonstance doit être mentionnée par l'addition de ces mots : *à capital variable*. — Toute contravention aux dispositions qui précèdent est punie d'une amende de 50 fr. à 1000 fr. — Id. art. 64.

7650. Sociétés à capital variable. — Il peut être stipulé, dans les statuts de toute société, que le capital social sera susceptible d'augmentation par des versements successifs faits par les associés ou l'admission d'associés nouveaux, et de diminution par la reprise totale ou partielle des apports effectués. — Les sociétés dont les statuts contiendront la stipulation ci-dessus seront

soumises, indépendamment des règles générales qui leur sont propres suivant leur forme spéciale, aux dispositions des articles suivants. — 24 juill. 1867, art. 48.

Le capital social ne pourra être porté par les statuts constitutifs de la société au-dessus de la somme de deux cent mille francs. — Il pourra être augmenté par des délibérations de l'assemblée générale, prises d'année en année; chacune des augmentations ne pourra être supérieure à deux cent mille francs. — Id. art. 49.

Les actions ou coupons d'actions seront nominatifs, même après leur entière libération; ils ne pourront être inférieurs à cinquante francs. — Ils ne seront négociables qu'après la constitution définitive de la société. — La négociation ne pourra avoir lieu que par voie de transfert sur les registres de la société, et les statuts pourront donner, soit au conseil d'administration, soit à l'assemblée générale, le droit de s'opposer au transfert. — Id. art. 50.

Les statuts détermineront une somme au-dessous de laquelle le capital ne pourra être réduit par les reprises des apports autorisées par l'article 48. — Cette somme ne pourra être inférieure au dixième du capital social. — La société ne sera définitivement constituée qu'après le versement du dixième. — Id. art. 51.

Chaque associé pourra se retirer de la société lorsqu'il le jugera convenable, à moins de conventions contraires et sauf l'application du paragraphe 1er de l'article précédent. — Il pourra être stipulé que l'assemblée générale aura le droit de décider, à la majorité fixée pour la modification des statuts, que l'un ou plusieurs des associés cesseront de faire partie de la société. — L'associé qui cessera de faire partie de la société, soit par l'effet de sa volonté, soit par suite de décision de l'assemblée générale, restera tenu, pendant cinq ans, envers les associés et envers les tiers, de toutes les obligations existant au moment de sa retraite. — Id. art. 52.

La société quelle que soit sa forme, sera valablement représentée en justice par ses administrateurs. — Id. art. 53.

La société ne sera point dissoute par la mort, la retraite, l'interdiction, la faillite ou la déconfiture de l'un des associés; elle continuera de plein droit entre les autres associés. — Id. art. 54.

Ch. II. — Questions fiscales.

Sect. I. — Tarif.

7651. Actes de formation et de prorogation de société. — Les actes de formation et de prorogation de société qui ne contiennent ni obligation, ni libération, ni transmission de biens meubles ou immeubles, entre les associés ou autres personnes, sont sujets au droit fixe gradué. La quotité de ce droit est déterminée par le montant total des apports mobiliers et immobiliers, déduction faite du passif. — 28 fév. 1872, art. 1, n. 1. — V. Droit.

7652. *Détermination en augmentation ultérieure des apports.* — Le droit gradué doit être perçu sur les actes constitutifs de la société postérieurs à l'acte social et rédigés après la vérification des apports en nature et sur les actes portant augmentation du capital social pendant la durée de la société. En effet, l'impôt étant créé sur le montant des apports, il importe peu que ces apports soient constitués par l'acte même de société ou dans un acte ultérieur. Dans les deux cas, le droit doit être perçu. — Sol. 11 nov. 1872; R. P. 3688. — *Séance de l'Assemblée nationale* du 5 juin 1873.

7653. *Apport d'industrie.* — Du moment que l'industrie d'un individu fait spécialement l'objet de son apport dans une société, et qu'il lui est attribué un émolument et une part de bénéfices en représentation de cet apport, on doit le considérer, avec les parties, comme ayant une valeur particulière en capital indépendante de celle des autres objets apportés soit le même, soit par les autres associés. — L'estimation en capital de la valeur de cet apport peut être faite d'après la proportion de la division des bénéfices entre les divers apports constatés (C. 1853.), ou d'après une déclaration des parties. — Sol. 8 juill. 1873; J. E. 19334.

7654. *Passif mis à la charge de la société.* — Le droit est assis sur le montant total des apports des associés, *déduction faite du passif.* Ces expressions ne s'appliquent qu'à la liquidation du droit fixe gradué pour laquelle on déduira les dettes et charges dont pourra'ent être grevés les apports admis en société; car si, d'après les stipulations de l'acte, ce passif était mis à la charge de la société, il donnerait lieu à la perception des droits proportionnels exigibles d'après la législation et la jurisprudence en vigueur (Cass. 15 déc. 1868; I. 2384-1). — I. 2433-1.

7655. *Actes de dissolution.* — Les actes de dissolution de société qui ne portent ni obligation, ni libération, ni transmission de biens meubles ou immeubles entre les associés ou autres personnes, sont sujets au droit fixe de 7.50. — Frim. art. 68, § 3, n. 4. — 28 avril 1816, art. 45, n. 2. — 28 fév. 1872, art. 4.

7656. *Partage.* — Si l'acte de dissolution contient partage, il est sujet au droit fixe gradué, à l'exclusion du droit fixe. — 28 fév. 1872, art. 1. n. 5. — I. 2433-1.

7657. *Droit proportionnel.* — Lorsqu'un acte de dissolution de société est de nature à donner ouverture au droit proportionnel, le droit fixe n'en doit pas moins être perçu.

Cependant, si la disposition qui donne ouverture au droit proportionnel est elle-même la cause déterminante de la dissolution de la société, le droit fixe ne doit pas être perçu, car la dissolution est une conséquence de cette disposition. Ainsi, lorsque la dissolution de la société a lieu par la cession de la part de l'un des associés à l'autre, le droit fixe n'est pas exi-

gible indépendamment du droit de cession. — Sol. 30 déc. 1844.

Sect. II. — Questions diverses.

7658. Adhésion. — *Société en commandite.* — Lorsque, après la constitution d'une société en commandite des tiers adhèrent aux statuts et entrent dans la société en qualité d'associés en nom et en faisant apport d'une somme qui réduit la part des précédents sociétaires en nom ou de quelques-uns d'entre eux, il s'opère entre les anciens et les nouveaux associés une cession de parts sociales passible du droit de 50 c. %.

« Attendu que par l'acte des 26, 29 juin et 2 juill. 1867, Picard et Stevens ont été adjoints comme « gérants associés en nom collectif à Vitali et Charles, « dans la société formée par l'acte du 22 mai précé-« dent entre ces derniers et quinze commanditaires ; « que cet acte d'adhésion a modifié les obligations et « les droits de Vitali et Charles, tels qu'ils résultaient « de l'acte constitutif de la société ; qu'en effet, leur « apport, fixé d'abord à la somme totale de 2 millions « à verser par chacun d'eux, a été réduit à « 1,500,000 fr., et que les 500,000 fr. de différence se « sont trouvés représentés jusqu'à concurrence dans la « somme de 1,500,000 fr. ; que, de leur côté, Picard et « Stevens se sont obligés à apporter, en adhérant aux « statuts de la Société ; qu'ainsi, par l'effet de cette « convention nouvelle, Vitali et Charles ont perdu une « partie de leurs droits dans l'association au profit de « Picard et Stevens, qui, pour cette partie, ont été « subrogés à leurs obligations ; que, dès lors, la con-« vention nouvelle constituait une cession de parts « sociales, passible du droit proportionnel d'enregis-« trement. » — Cass. civ. 17 août 1870.

7659. Société en nom collectif. — L'acte en vertu duquel une société en nom collectif formée entre neuf personnes se trouve modifiée par l'adhésion de trois nouveaux membres, dont le concours et les apports viennent, non pas augmenter le capital social, mais diminuer l'apport des associés primitifs et changer leur part dans les bénéfices, n'est pas un simple acte modificatif de la première société, susceptible du droit fixe. Il donne ouverture au droit proportionnel de cession, comme constituant une vente, par les anciens associés aux nouveaux, des parts que ceux-ci acquièrent à la décharge proportionnelle des versements à faire par les premiers. — Cass. civ. 7 mars 1866 ; I. 2355-3. — Seine, 29 fév. 1868 ; R. P. 2535.

7660. Apport. — Les apports sont de l'essence du contrat de société (C. 1832, 1833) ; il s'ensuit qu'ils ne peuvent donner lieu à un autre droit que celui perçu sur l'acte de société, en quoi qu'ils consistent et quelle que soit la nature des sociétés. — Dél. 29 therm. an 12 ; I. 290-9. — Sol. 8 déc. 1807 ; I. 360. — 30 oct. 1822 ; J. E. 7405. — Châteauroux, 19 fév. 1837 ; Bruxelles, 30 juin 1837 ; R. G. 11793-1-2. — Dél. 14

sept. et 13 nov. 1838 ; J. N. 10194. — 6 nov. 1840 ; J. E. 12614-8. — Tours, 22 mars 1844 ; J. E. 13472-3.

Mais il n'en est ainsi que lorsque les apports sont purs et simples ; si, au contraire, ils sont faits à des conditions autres que celles que comporte le contrat de société, un droit particulier est exigible. Tel est le principe appliqué par les décisions que nous allons analyser.

7661. Bail. — L'apport par un associé dans une société, du droit au bail d'un immeuble, à charge par la société d'acquitter les loyers et d'exécuter toutes les conditions du bail, constitue une cession de bail passible du droit proportionnel. — Réthel, 9 juin 1854 ; J. E. 15911. — Seine, 28 mars 1868 ; R. P. 2634. — 8 mai 1869 ; R. P. 2999. — Cass. civ. 2 arr. 18 janv. 1871 ; J. E. 18993, 19000 ; R. P. 3214, 3215.

« Attendu, porte l'un de ces arrêts, que, si l'article 68 « de la loi du 22 frim. an 7 ne soumet qu'au droit fixe « les actes de société, c'est à la condition qu'ils ne « contiendront pas transmission de biens meubles ou « immeubles ; — attendu qu'il y a transmission de « biens par un associé à la société dont il fait partie, « lorsque l'apport en société n'est pas fait purement et « simplement moyennant une part de droits sociaux, « mais moyennant un équivalent à fournir ou à payer « par la société ; qu'en effet, dans ce dernier cas, les « valeurs fournies par la société, ou les engagements « pris par elle, profitent immédiatement à l'associé et « ne sont plus assujettis aux chances de bonne ou de « mauvaise fortune que la société peut courir, ce qui « enlève à l'apport son caractère de mise sociale pour « y substituer celui d'une transmission ordinaire s'a-« joutant au contrat de société ; — attendu que, dans « l'espèce, en retour de l'apport par lui fait de dix-« neuf locations, Duval a reçu non-seulement des « droits sociaux représentés par une fraction indéter-« minée de 5,000 actions qu'il s'est fait attribuer, mais « même l'engagement pris par la société d'acquitter « les loyers ou autres charges qui étaient la dette per-« sonnelle de Duval, et que la cession ainsi consentie « a mis à la charge de la société ; d'où il suit qu'en « déclarant exigible le droit proportionnel de cession « de bail, le jugement dénoncé a sainement appliqué « les dispositions de loi invoquées par le pourvoi. »

7662. Obligation. — L'apport d'une somme mise en dehors des chances de gain et de perte, remboursable dans un délai déterminé et productive d'intérêts, n'est autre chose qu'un prêt fait à la société. Dans ce cas, le droit d'obligation est exigible. — Dél. 8 fév. 1828 ; J. E. 8933. — Soissons, 16 mars 1859 ; R. P. 1156. — Seine, 31 août 1860 ; R. P. 1380. — Cass. req. 30 juill. 1861 ; Sir. 61.1.789 ; I. 2223-7 ; J. E. 17333. — Seine, 21 juill. 1865 ; R. P. 2211. — Seine, 30 déc. 1870 ; R. P. 3455.

7663. Vente. — Si, en représentation de l'apport en meubles ou immeubles fourni par un associé, il lui est attribué une somme en argent, le droit de vente est dû,

attendu que l'apport se trouve de la sorte soustrait aux risques sociaux. Il en est de même s'il est attribué à l'associé, pour son apport, un certain nombre d'actions remboursables en numéraire sur les premiers fonds qui seront réalisés. — Valenciennes, 27 juin 1839; J. E. 12330. — Dél. 25 oct. 1839; J. E. 12408-3. — Seine, 28 avril 1841; Sir. 42. 1. 202; I. 1675-7; J. E. 12965. — Req. 18 août 1842; Sir. 42.1. 806; J. E. 13110; J. N. 11437. — Tours, 21 juill. 1843; J. E. 13583. — Vervins, 1er mars 1844; J. E. 13465-6. — Bordeaux, 11 juin 1845. — Cass. civ. 8 juill. 1846; Sir. 46. 1. 688; I. 1786-10. —Lyon, 23 mai 1849; J. E. 14773-2. — Cass. civ. 30 janv. 1850; Sir. 50. 1. 291; I. 1857-15; J. E. 14897; J. N. 13947. — Seine, 29 nov. 1854; J. E. 15962. — Cass. civ. 18 janv. 1871; R. P. 3215.

7664. *Passif de l'apport mis à la charge de la société.* — La solution est la même au sujet de l'apport grevé d'un passif qui est mis à la charge de la société, par exemple, de l'apport d'un immeuble dont la société doit payer le prix d'acquisition; sauf à ne percevoir le droit de vente que sur la portion du prix qui est mise à la charge de la société. — Cambrai, 28 juin 1838; J. E. 13110. — Dél. 15 mai 1840; J. E. 12527. — Seine, 28 avril 1841; J. E. 12746. — Nantes, 21 août 1843; J. E. 13460. — Seine, 6 mars 1844; J. E. 13593. — Seine. 11 juin 1845; Lyon, 13 fév. 1847; J. E. 13778, 14204. — Saint-Quentin, 30 août 1848; J. N. 13607. — Altkirch, 8 déc. 1848; J. E. 14646. — Cass. civ. 5 janv. 1853; I. 1967-9. — Rethel, 9 juin 1854; J. E. 15911. — Marseille, 14 sept. 1858; R. P. 1111. — Seine, 18 août 1860; R. P. 1397. — Charleville, 20 juin 1861; R. P. 1549. — Cass. req. 20 nov. 1861; Sir. 62. 1. 94; I. 2223-6; J. E. 17386. — Seine, 19 déc. 1863; R. P. 1882. — Cass. belge, 23 janv. 1864; R. P. 1937. — Marseille, 9 mai 1865; R. P. 2136. — Bruxelles, 29 juill. 1869; R. P. 3270. Solution analogue la même que le paiement du passif grevant l'apport devrait avoir lieu au moyen de la vente de cet apport. — Seine, 16 déc. 1865; R. P. 2214.

7665. *Versement d'une somme à valoir sur le passif.* — Si l'apport étant grevé d'un passif mis à la charge de la société, l'associé verse une somme à valoir sur ce passif, le droit de vente n'est dû que sur la différence, puisque la somme versée par l'associé ne se trouve plus par le fait à la charge de la société. —Seine, 18 juill. 1857; R. P. 892.

7666. *Circonstances diverses.* — Il importerait peu, dans les cas ci-dessus, que la société soit restée à l'état de simple projet, si d'ailleurs l'acte de formation portait que *la société commencera du jour de sa date*; — Nîmes, 6 mars 1844; J. E. 13459. Ou que les parties prétendissent, sans le prouver, que l'immeuble avait été acquis pour le compte de la société; — Cass. 20 mars 1855; I. 2042-9. Ou que la vente ne fût pas explicite si elle résultait suffisamment des diverses circonstances de la cause; —

Metz, 11 mars 1839; Nancy, 18 janv. 1848; Seine, 14 juill. 1850; J. E. 12257, 14457, 15024-3. Ou que l'associé qui aurait fait l'apport s'obligeât à reprendre, sur estimation, à la dissolution de la société, les biens par lui cédés à la société; il n'y aurait pas là, en effet, une condition suspensive du droit. — Saint-Quentin, 21 juin 1848; J. E. 14526.

7667. *Apport qui ne fera pas partie du fonds social.* — L'apport d'un immeuble qui ne doit pas faire partie du fonds social et dont l'associé se réserve de reprendre la valeur et les intérêts, constitue une vente. — Seine, 21 juill. 1865; R. P. 2211.

7668. *Cas où la chose appartient à tous les sociétaires.* — Lorsque deux copropriétaires indivis d'un immeuble acheté par eux forment une société à laquelle ils font apport de cet immeuble, à charge par la société d'en payer le prix encore dû, il n'y a pas lieu à la perception du droit de vente. — Cass. civ. 28 déc. 1870; J. E. 18973.

7669. *Condition suspensive.* — Lorsqu'un acte constate l'apport en société d'un immeuble grevé de dettes hypothécaires, en même temps que l'attribution faite à cet associé d'un certain nombre d'actions représentant la valeur de la partie libre de cet immeuble, avec cette clause que pour la valeur de l'autre partie d'autres actions lui seront délivrées après le paiement des dettes, mais que si ce paiement n'est pas encore effectué au moment du décès de l'associé, la société libérera elle-même l'immeuble et retiendra les actions non délivrées, il y a vente sous condition suspensive au profit de la société, et, par conséquent, ouverture au droit de mutation sur le montant de ces actions, si l'associé meurt sans avoir dégrevé l'immeuble. — Cass. civ. 8 nov. 1864; Sir. 65. 1. 47; I. 2324-2; J. E. 17905; R. P. 2001.

7670. *Société nouvelle.* — Lorsque, une société étant dissoute, ses membres apportent son actif à une société nouvelle à la charge d'acquitter le passif, le droit de vente est dû *sur l'intégralité du prix*. — Beauvais, 13 mars 1860; R. P. 1427. — Seine, 16 nov. 1860; R. P. 1445. — Cass. civ. 22 déc. 1868; R. P. 2821.

7671. *Apport d'un associé versé par son coassocié.* — Lorsque la mise sociale en numéraire est faite par un seul des associés, et que l'autre s'oblige à verser la moitié de cette mise dans la société au profit de son coassocié, qui prélèvera sur le fonds social de quoi se rembourser de l'avance qu'il fait, le droit d'obligation est exigible. — Seine, 31 mars 1841; J. E. 12710. Il en est de même lorsque, dans une société formée de deux personnes, l'une fournit seule le fonds de roulement dont la moitié lui sera restituée avec intérêts, par son coassocié, à des termes convenus. — Seine, 13 déc. 1843 et 22 janv. 1845; J. E. 13407, 13677. Il en est encore de même lorsque l'un des associés est dispensé de verser le montant de son apport, at-

tendu que son coassocié est son débiteur d'une somme égale à cet apport. — Rennes, 25 juin 1845.

Deux frères étant associés, l'un d'eux constate avoir versé, en sus de sa mise sociale, une somme déterminée provenant d'un propre de sa femme, et l'autre consent qu'il soit pris hypothèque sur ses biens personnels pour sûreté de la moitié de cette somme. Le droit d'obligation est dû sur cette moitié. — Dél. 13 juill. 1835 ; J. E. 11244.

Lorsque l'un des associés s'oblige à verser à la caisse sociale, dans un délai déterminé, l'apport de son coassocié, à la condition qu'il reprendra la somme dès que ce coassocié aura versé lui-même les fonds, le droit de 1 % est dû. — Rouen, 21 janv. 1864 ; R. P. 2026.

Et si l'associé qui verse l'apport de son coassocié doit prélever une part plus grande dans les bénéfices, le droit de cession d'actions est dû sur le montant de cet apport. — Seine. 27 janv. 1865 ; R. P. 2102.

Si l'apport ainsi versé doit être remboursé par des prélèvements annuels sur la part des bénéfices revenant à celui pour lequel cet apport est versé, le droit de 1 % est dû. — Alençon, 17 août 1868 ; R. P. 3154.

Lorsque, dans une société en nom collectif, l'un des associés apporte un fonds de commerce et que l'autre lui paie une somme qui représente sa mise sociale, le droit de 2 % est exigible sur cette somme. — Seine, 14 juin 1838 ; J. E. 12182. — Compiègne, 8 fév. 1849 ; J. E. 14766.

Si l'un des associés s'engage à payer à l'autre une somme déterminée pour l'indemnité d'achalandage et de clientèle dont il doit profiter, à raison de la mise en société par l'autre associé d'un fonds de commerce en pleine exploitation, le droit de 2 % est exigible. — Orléans, 28 juillet 1845 ; J. E. 13850.

Il ne peut y avoir doute dans le cas où la mise de l'un des associés provient d'une cession de portion d'établissement à l'instant faite par un autre associé. — Rouen, 15 janv. 1851 ; J. E. 15219-2.

7672 *Apport versé par un tiers.* — Si l'apport d'un associé est fourni par un tiers avec stipulation d'intérêts, ce tiers qui ne prend aucune part dans les bénéfices est un prêteur ordinaire, bien qu'on l'ait qualifié de commanditaire. Par suite, le droit de 1 % est dû. — Yvetot, 28 juin 1864 ; R. P. 2121.

7673. *Prélèvement stipulé au profit de l'apport le plus élevé.* — Si l'associé qui apporte le lot le plus fort doit percevoir, *avant partage des bénéfices*, une somme équivalente à l'excédant de sa mise, le droit de vente est dû sur cet excédant. — Valenciennes, 23 juill. 1846 ; J. E. 14077. — Seine, 17 mars 1847 ; J. E. 14233. — Toulouse, 18 fév. 1848 ; J. E. 14455. — Saint-Quentin, 21 juin 1848 ; J. E. 14526. — Rouen, 8 mai 1850 ; J. E. 15219. — Seine, 25 avril 1851 ; J. E. 15190.

Même solution si le prélèvement doit avoir lieu lorsque l'associé le jugera convenable. — Avesnes, 1er juin 1859 ; R. P. 1186.

7674. *Assurances.* — Les compagnies d'assurances à prime étant toujours formées dans la vue d'un bénéfice pour l'assureur, les actes de constitution de ces compagnies sont passibles du droit gradué. — D. F. 21 déc. 1821 ; Cont. 336.

7675. Bail. — Le bail consenti au profit d'une société par un de ses membres est passible du droit proportionnel sur la totalité du prix stipulé. On prétendrait vainement que le bailleur réunissant dans sa personne les qualités de locataire et de propriétaire, il ne peut être dû de droit sur la partie du prix qui reste à sa charge, comme sociétaire ; les obligations qui résultent de ces deux qualités n'ont, en effet, ni la même source, ni les mêmes effets. — Dél. 13 nov. 1824 ; I. 1156-1. — Cass. civ. 3 janv. 1827 ; Sir. 27. 1. 231 ; I. 1210-1 ; J. E. 8667 ; J. N. 5995. — Lyon. 21 août 1866 ; R. P. 2503.

La solution est la même si la société a pour unique objet l'exploitation de l'immeuble qui lui est loué par l'un des associés. — Sol. 23 févr. 1867 ; R. P. 2435.

7676. *Cession de bail.* — Le droit de cession de bail est exigible si l'un des associés cède à la société un bail qui lui a été consenti à la charge de payer les loyers. — Dél. 9 juin 1854 ; J. E. 15911. — Seine, 15 mai 1857 ; R. P. 862. — Beauvais, 13 mars 1860 ; R. P. 1427.

7677. *Bail à un associé.* — Si un logement dans un immeuble de la société est concédé à un associé moyennant un loyer annuel payable de ses *deniers personnels*, le droit de bail est dû. — Seine, 21 juill. 1865 ; R. P. 2211.

Et si la durée du bail n'est pas limitée, c'est le droit de bail à vie qui doit être perçu. — Dél. 25 oct. 1823 ; J. E. 7791.

7678. Brevet d'invention. — Lorsque l'objet qui est mis en société est l'exploitation d'un brevet d'invention, sa valeur ou partie de sa valeur doit être payée à l'inventeur, le droit de 2 % est exigible. — Seine, 20 juill. 1848 ; J. E. 14545.

7679. Cautionnement. — Si le cautionnement que la société est tenue de fournir au gouvernement est versé par un associé en dehors de sa mise sociale, et que la société s'oblige à lui payer l'intérêt de cette somme versée, le droit d'obligation est exigible. — Dél. 5 juin 1836 ; J. E. 11546.

7680. Cession de parts sociales. — *Tarif.* — Les cessions de parts sociales faites pendant l'existence de la société sont soumises, *en tout état de cause*, au droit de 50 c. %, quelle que soit la forme des sociétés, dès que ces sociétés constituent des êtres moraux, indépendants des sociétaires eux-mêmes. — Frim. art. 69, § 2. n. 6. — Cass. civ. 16 juill. 1845 ; Sir. 45.1.664 ; I. 1755-9. — Civ. 3 mai 1864 ; Sir. 64.1.293 ; J. E. 17833. — Civ. 7 mars 1866 ; Sir. 66.1.173 ; I.

2355-3 ; J. E. 18156.— Civ. 6 févr. 1867 ; Sir. 67.1.135;
J. E. 18348. — Douai, 8 juin 1867 ; R. P. 2746. —
Civ. 16 nov. 1868 ; Sir. 68.1.456; J. E. 18614; R. P.
2805. — Réun. 29 déc. 1868; J. E. 18614; R. P. 2837;
I. 2384-4. — Civ. 14 févr. 1870 ; R. P. 3085. — Civ.
27 juill. 1870 ; R. P. 3186. — Sarreguemines, 20 juill.
1870; R. P. 3327.—Cass. civ. 4 déc. 1871; R. P. 3375.

« Attendu, porte l'arrêt du 29 déc. 1868, que l'art.
« 69, § 2, n. 6, de la loi du 22 frimaire an 7, a apporté
« une exception à la règle qui frappe de 2 francs par
« 100 francs les ventes ou cessions d'objets mobiliers;
« — qu'il a été évidemment édicté en vue de favoriser
« le commerce et l'industrie en facilitant la circula-
« tion des capitaux qui y sont engagés, et que, dès
« lors, en se pénétrant de son esprit, on doit reconnaî-
« tre qu'il s'applique d'une manière générale à toutes
« les divisions d'un capital social, quelle qu'en soit la
« dénomination, pourvu que leur transmission puisse
« avoir lieu en faisant abstraction des meubles et des
« immeubles appartenant aux sociétés ou compagnies;
« — que peu importe d'ailleurs, dans cet ordre
« d'idées, que la propriété dont la cession est ainsi
« favorisée ne soit point constatée au profit de chacun
« des associés par des titres distincts, séparés de l'acte
« social, nominatifs ou au porteur, et ne puisse être
« cédée que par des actes particuliers, au lieu de pou-
« voir l'être soit par voie d'endossement ou de trans-
« fert, soit par une simple tradition manuelle ; —qu'il
« suffit, pour l'application de la modération du droit,
« qu'elle résulte de l'acte constitutif de la société,
« qu'elle soit meuble dans le sens de l'art. 529 C. Nap.,
« et qu'elle soit négociable à un titre quelconque ; —
« attendu enfin que la disposition du nº 6 du § 2 s'ap-
« plique à toutes les sociétés, sous quelque forme
« qu'elles soient constituées, la loi n'ayant fait à cet
« égard aucune distinction. »

7681. *Société en participation.* — L'association en
participation ne constitue pas, vis-à-vis des tiers, une
personne morale distincte de la personne des associés ; les choses mises en commun, loin d'y être mises
en société, restent la propriété de celui qui les a
apportées ou qui les a acquises en son nom personnel
durant l'association.

Par conséquent, si l'un des associés, seul propriétaire ostensible et apparent de l'actif social, cède les
valeurs composant cet actif à son copartageant, la cession doit être considérée comme donnant ouverture au
droit proportionnel de vente déterminé par la nature
des valeurs cédées. — Pontoise, 9 déc. 1869; R. P.
3229. — Cass. civ. 13 nov. 1872; R. P. 3543.

7682. *Société dissoute.* — Si la cession de parts a lieu
après la *dissolution* de la société, le droit est alors exigible suivant la nature des biens cédés. Toutefois, la
société subsistant encore comme être moral pendant la
liquidation, on ne peut exiger que le droit de 50 c. %
tant que cette liquidation n'est pas terminée. — Cass.
9 mai 1864, 29 mai 1865, 3 fév. 1868, 6 mars 1872.

C'est le droit de vente qui est exigible si c'est la
cession même des parts qui opère la dissolution de la

société. Cette circonstance ne peut être de nature à
modifier la solution ; car, d'après le principe qui veut
qu'aucune mutation de propriété ne puisse s'opérer
sans payer le droit qui lui est propre, il faut, du moment que l'apport en société ne donne pas ouverture à
ce droit, qu'il soit payé lorsque l'apport passe dans des
mains autres que celles qui l'ont fait, alors que la
société cesse d'exister. — Seine, 30 août 1854; J.
E. 15929.

7683. *Société irrégulière.* — Si les membres d'une
société *non constatée par acte régulier* cèdent leurs droits
dans l'entreprise, il y a lieu d'appliquer non pas le
tarif des cessions d'actions, *parce qu'il n'existe point
d'être moral au regard de l'Administration,* mais le droit
de vente selon la nature des biens cédés. — Cass.
30 mars 1842, 18 juin 1862, 14 févr. 1870.

Mais, si l'Administration a reconnu l'existence d'une
société verbale en réglant la liquidation du droit à
percevoir sur une cession de parts dans cette société,
elle ne saurait plus la repousser pour l'application du
tarif, et la cession est sujette au droit de 50 c. % créé
pour les cessions d'actions sociales. — Cass. 6 mars
1872.

7684. *Cession subordonnée au décès de l'un des associés.* — S'il a été stipulé dans l'acte de société qu'ar-
vivant le décès de l'un des associés, les survivants resteront propriétaires de sa part moyennant un prix, un
droit de mutation est exigible lors de la réalisation de
l'événement. Si la société n'est pas dissoute par l'effet
du décès, ce droit est celui de 50 c. % (frim. art. 69,
§ 2; n. 6); dans le cas contraire, il faut percevoir le
droit de mutation à titre onéreux, selon la nature des
biens transmis. — Tours, 10 juin 1848; J. E. 14509.—
Cass. req. 20 mars 1849; I. 1837-13; J. E. 14697; J.
N. 15004. — Tours, 14 janv. 1850; J. E. 15024.—
Seine, 19 mars 1850; J. N. 15003.—Saint-Dié, 18 janv.
1851; J. E. 15219-3. — Seine, 18 mars 1853; J. E.
15635. — Cass. req. 18 avril 1859; Sir. 59. 1. 501; I.
2160-6 ; J. E. 16927. — Req. 8 juin 1859; Sir. 59.1.
501 ; I. 2160-6; J. E. 16972. — Seine, 3 mars 1860; R.
P. 1341. — 5 janv. 1861; R. P. 1474. — 17 janv. 1862;
R. P. 1594. — Rouen, 25 nov. 1863; R. P. 1878. —
Seine, 22 janv. 1864; R. P. 1910. — Cass. 9 mai 1864;
R. P. 1898. — Req. 7 fév. 1866; R. P. 2257. — Req.
5 déc. 1866; R. P. 2391. — Château-Thierry, 19 janv.
1867; R. P. 2662. — Cass. civ. 19 mai 1868; Sir. 68.1.
345; J. E. 18536. — Civ. 22 déc. 1868; R. P. 2821. —
Seine, 23 janv. 1869; R. P. 3017. — Cass. 27 juill.
1870; R. P. 3186. — Nantes, 17 janv. 1871; R. P.
3326. — Bordeaux, 4 janv. 1871; R. P. 3713. — Cass.
civ. 4 déc. 1871. — Req. 7 fév. 1872; J. E. 19430.

7685. *Pièces à produire.* — Si la valeur de la part
cédée a été constatée dans le dernier inventaire, les
parties sont tenues de produire cette pièce et ne peuvent être admises à faire une déclaration estimative.
— Verviers, 2 déc. 1863 ; Yvetot, 25 avril 1865 ; Château-Thierry, 19 janv. 1867 ; R. P. 2213, 2142, 2662.

7686. *Délai.* — Dans le cas où c'est le droit de 5.50 % qui est exigible, la mutation doit être déclarée dans les trois mois du décès. — Chartres, 30 juill. 1869 ; Le Mans, 27 août 1869 ; Nantes, 17 janv. 1871 ; R. P. 3025, 3137, 3326.

7687. *Simple faculté.* — Si la stipulation concernant la part du décédé ne constitue pour les survivants qu'une simple faculté, c'est à l'Administration à prouver la réalisation de la mutation. — Seine, 1er fév. 1862 ; R. P. 1683. — Angers, 20 juill. 1866 ; R. P. 3155. — Seine, 27 janv. 1866 ; R. P. 2280.

7688. *Associé survivant héritier.* — L'exigibilité du droit applicable à la cession à titre onéreux est tout à fait indépendante de la perception à laquelle donne lieu la mutation par décès, de l'indemnité due au défunt. Quoique les associés survivants soient les héritiers du défunt et qu'ils recueillent à ce titre le prix de la cession, ils n'en doivent pas moins, en leur nom personnel, le droit de mutation à titre onéreux, pour l'acquisition opérée à leur profit de la part de leur auteur dans la société, et, en qualité d'héritiers, le droit de mutation par décès, pour la transmission sur leur tête du prix de la cession. — Saint-Quentin, 11 déc. 1868 ; R. P. 2830. — Bordeaux, 4 janv. 1871 ; R. P. 3713. — Mortain, 30 août 1873 ; *Courrier,* 70.

7689. *Prescription.* — L'action en recouvrement des droits ne se prescrit que par trente ans, attendu qu'il ne s'agit ni d'un supplément de droits, ni d'une omission. — Bordeaux, 26 août 1856 ; R. P. 842. — Cass. civ. 27 juill. 1870 ; R. P. 3186.

7690. *Vente subordonnée à un événement prévu.* — S'il est stipulé dans l'acte de société qu'à l'expiration de la société, l'un des associés restera seul propriétaire du fonds social, à la charge de rembourser aux autres la valeur de leurs parts, le droit de mutation à titre onéreux devra être perçu à l'événement, — Seine, 24 mars 1860 ; R. P. 1349. — 11 nov. 1865 ; R. P. 2212.

S'il est stipulé dans l'acte de société que l'associé qui se retirera recevra sa part en argent, le droit proportionnel est exigible lorsque la retraite d'un associé a lieu. — Cass. civ. 9 mai 1864.

S'il a été convenu dans l'acte de société que l'un des associés pourrait devenir propriétaire de la part de l'autre, moyennant un prix convenu en le prévenant à l'avance, la signification extrajudiciaire par laquelle il lui notifie sa volonté d'acquérir rend le droit proportionnel exigible, même si les parties réalisent ensuite la convention sous la forme d'une dissolution de la société. — Seine, 2 fév. 1867 ; R. P. 2504.

7691. *Événement imprévu.* — Si c'est au moment du décès ou de la retraite volontaire de l'un des associés que la vente doit se réaliser, elle ne se réalise pas si cet associé est exclu de la société par suite d'un autre événement, par exemple pour cause d'aliénation mentale. — Seine, 5 mai 1865 ; R. P. 2132.

7692. *Déduction du passif.* — Le droit proportionnel dû sur la cession de la part d'un associé ne doit être liquidé que sur l'actif net, déduction faite des dettes. — Cass. civ. 9 mai 1864 :

« Attendu que si, pour la perception des droits, la « part d'un héritier dans une succession doit être « évaluée sans déduction des charges dont cet héritier « est personnellement tenu par l'effet de la saisine et « de la division des dettes opérée de plein droit par « la loi, la même règle n'est point applicable lorsqu'il « s'agit d'évaluer la part d'un associé qui se retire de « la société; que, pendant sa durée, la société, per-« sonne morale, est, comme propriétaire du fonds « social, créancière ou débitrice soit envers les tiers, « soit même envers les associés, qui ne sont point « tenus personnellement des dettes tant que l'actif « commun est suffisant pour les acquitter ; que ce « principe, qui domine les sociétés civiles comme les « sociétés commerciales, continue de subsister durant « leur liquidation ; qu'en conséquence, la part de l'as-« socié qui se retire de la société se compose de son « émolument tel qu'il est déterminé par le résultat de « la liquidation, déduction faite du passif sur l'actif, « et qu'ainsi le droit à percevoir doit être calculé sur « la part de l'associé, non dans l'actif brut de la « société, mais dans le reliquat net fixé par cette « opération. »

7693. *Chemin.* — Si plusieurs personnes stipulent qu'elles entretiendront, chacune pour sa part, un chemin qui conduit à leurs propriétés, l'acte est passible du droit de société. — Dél. 11 sept. 1822.

7694. *Compte courant.* — Lorsqu'un associé *s'oblige* à verser des sommes en compte courant à la société, lesquelles sommes seront remboursables à terme avec intérêts, le droit d'obligation est dû. — Lyon, 23 mai 1849 ; J. E. 14773-2.

Et si le compte courant est réalisable en espèces ou en marchandises, il y a lieu au droit de 2 %, sauf justification que la réalisation a eu lieu en espèces. — Lyon, 15 janv. 1872 ; R. P. 3471.

7695. *Condition suspensive.* — Le droit d'obligation n'est pas dû si l'associé qui prend l'engagement n'est tenu de verser les sommes en compte courant que si les besoins de la société l'exigent. — Seine, 16 nov. 1850 ; R. P. 1445.

7696. *Confusion.* — Les sociétés forment, même pendant leur liquidation, une personne civile distincte de la personne des associés ; dès lors, lorsqu'une société civile, dont font partie plusieurs des membres d'une ancienne société civile en état de liquidation, se rend adjudicataire d'un immeuble dépendant de cette liquidation, le droit de vente est dû sur *la totalité du*

prix. Lorsque la nouvelle société a été formée par des actionnaires de l'ancienne société, qui ont stipulé que ceux qui adhéreraient aux statuts de la nouvelle auraient autant d'actions qu'ils en possédaient dans l'ancienne, qu'ils n'auraient aucun versement à faire, et que la société nouvelle était subrogée, à l'égard des biens vendus par l'ancienne société, dans tous les droits afférents auxdites actions, la société nouvelle qui se rend adjudicataire est à la fois créancière et débitrice, *jusqu'à concurrence des actions provenant de l'ancienne société*, et ne doit pas de droit de quittance sur cette portion du prix de l'adjudication. — Cass. civ. 3 fév. 1868.

7697. Délibération. — C'est comme acte innomé que l'on doit tarifer au droit fixe de 3 fr. la délibération d'une société d'actionnaires qui oblige chacun de ses membres à verser une somme déterminée par action dans la caisse de la société. Une pareille délibération rentre, en effet, dans le cercle des actions de l'administration de la société. — Dél. 5 mai 1814; J. E. 4816.

7698. Fusion. — L'acte par lequel une société apporte en bloc tout son actif à une autre société, avec laquelle elle se fusionne, contre l'obligation prise par la nouvelle société de lui délivrer un certain nombre d'actions, en représentation de son apport, et d'acquitter la totalité de son passif, opère en réalité la cession à titre onéreux, au profit de la nouvelle société, de l'actif apporté, dans la proportion de l'importance du passif; il y a, par conséquent, lieu d'exiger le droit de 5.50 % sur le montant des dettes que la société nouvelle prend à sa charge. — Cass. civ. 15 déc. 1868; R. P. 2819.

7699. Marché. — Si l'acte de société constate l'apport d'un immeuble et engagement par celui qui l'apporte d'achever des travaux commencés, à charge par la société de laisser prélever, sur le premier versement des actions, par cet associé, une somme représentant la valeur des travaux exécutés et à exécuter et celle de l'immeuble apporté, le droit de mutation et celui de marché sont exigibles, encore bien qu'il ait été justifié, par un acte postérieur, que cet associé a tout simplement pris des actions pour représenter la valeur de sa mise sociale. — Cass. 8 mars 1842; J. E. 12965; J. N. 11273; I. 1675-7.

La clause d'un acte de société pour l'exploitation d'une usine à gaz, par laquelle deux associés s'obligent à construire l'usine, à charge d'un prélèvement sur le fonds social d'une somme de 750,000 fr., donne ouverture au droit de 1 %, comme marché. — Lyon, 10 févr. 1847; J. E. 14196-2. — Cass. 17 mai 1848; J. E. 14501; I. 1825-12.

7700. Matières premières. — La convention par laquelle l'un des associés s'engage à fournir, moyennant un prix, les matières nécessaires à l'exploitation de l'industrie sociale, donne lieu à la perception d'un droit de vente particulier. — Cass. civ. 20 avril 1870, ainsi conçu :

« Vu les art. 2 et 92, § 6, n° 1, de l'ordonn. du 31 « déc. 1828, portant établissement de l'enregistrement « à la Martinique ; — attendu que les conventions des « 11 et 16 août 1865, annexées à l'acte de formation de « société du 30 décembre suivant, si elles étaient acces- « soires et faites en vue de la constitution de la société, « n'étaient pas cependant de l'essence du contrat; que, « pour assurer aux associés, pendant dix ans, une « manipulation annuelle d'une certaine quantité de « barriques de sucre, elles constituaient réellement « des marchés entre les planteurs, associés ou non « associés, qui s'engageaient à livrer ou à faire livrer « par leurs mandataires à la société, pendant dix ans « à partir de l'année où l'usine commencerait à fonc- « tionner, toutes les cannes produites par les habita- « tions de chacun d'eux, et les gérants, qui, de leur « côté, s'obligeaient à prendre livraison de ces cannes « et à payer le prix sur des bases et conformément à « un tarif déterminés; que ces conventions étaient « absolument indépendantes de la convention de « société, et qu'en les déclarant passibles d'un droit « particulier, outre le droit fixe établi sur les actes de « société, la Cour impériale de la Martinique s'est con- « formée au principe d'après lequel les dispositions « distinctes et indépendantes d'un même acte donnent « ouverture à des droits distincts, et n'a nullement « violé l'art. 91, § 4, n° 2, de l'ordonn. du 31 déc. 1828, « lequel, conforme à l'art. 68, § 3, n° 4, de la loi du « 22 frim. an VII, n'assujettit les actes de société à un « droit fixe qu'autant qu'ils ne portent ni obligation ni « transmission de biens meubles ou immeubles entre « les associés individuellement ou envers d'autres per- « sonnes ; — mais attendu que les marchés intervenus, « dans l'espèce, entre les planteurs et les gérants de la « société, étaient par eux-mêmes et immédiatement « productifs d'obligation ; qu'en effet, dès la formation « du contrat, les planteurs étaient obligés pendant dix « ans à livrer, de même que la société était obligée à « payer, les cannes récoltées chaque année par les « premiers, jusqu'à concurrence des quantités déter- « minées par le traité; que sans doute il pouvait arri- « ver que, soit une année, soit une autre, les récoltes « fussent insuffisantes ou même nulles; mais que cette « éventualité touchait uniquement à l'exécution du « contrat, et non au contrat lui-même ou aux engage- « ments des parties, lesquels engagements, parfaits « par l'acte même qui les constituait, constituaient des « marchés sérieux, dont la force obligatoire n'était « subordonnée à aucune obligation; que la Régie trou- « vait la base de la perception et l'assiette de l'impôt « dans les évaluations faites par les parties elles-mêmes « dans leurs conventions, et que, dans ces circons- « tances, les conditions qui pouvaient affecter l'exécution « de la convention sans affecter la convention elle- « même ne faisaient pas obstacle à la perception im- « médiate du droit établi sur le marché-vente par l'art. « 92, § 6, n° 1, de l'ordonn.; d'où il suit qu'en consi- « dérant le contrat comme affecté d'une condition « suspensive, et en jugeant, en conséquence, que la

« perception ne devait pas avoir lieu actuellement sur
« l'acte même constitutif de la convention, mais qu'elle
« était subordonnée à la livraison effective des cannes
« promises, l'arrêt attaqué a formellement violé les
« dispositions de loi ci-dessus visées ; — casse. »

La Cour s'était prononcée en sens contraire par un
arrêt du 18 nov. 1857 ; Sir. 58. 1. 319 ; J. E. 16652.

7701. Mine. — L'apport à la société de la jouissance
d'une mine de pétrole et des terrains servant à son exploitation, moyennant le paiement par la société d'une
redevance annuelle, constitue une vente mobilière en
ce qui concerne la mine et un bail à l'égard des terrains. Les droits de 20 c. et de 2 % sont exigibles en
conséquence. — Seine, 21 nov. 1868 ; R. P. 2913.

7702. Carrière. — L'apport d'une carrière dont la
société paie le prix encore dû aux vendeurs donne lieu,
non au droit de 2 %, mais à celui de 5.50 %. —
Nevers, 9 mars 1869 ; R. P. 3000.

7703. Obligation. — Le droit de 1 % doit être
perçu à raison de la promesse faite par des associés,
de verser dans la société, indépendamment de leur
mise sociale, des sommes qui, sans leur donner droit
à une plus grande part dans les bénéfices, produiront
intérêt à 5 %, et ne pourront être retirées qu'à la dissolution de la société. — Altkirch, 8 déc. 1848 ; J. E. 14646.

Le droit d'obligation est exigible sur la clause d'un
acte par lequel l'un des associés verse, indépendamment de sa mise, une somme qu'il se réserve de retirer, en tout ou en partie, quand bon lui semblera. —
Nantes, 18 août 1840 ; J. E. 12584.

Il faut faire la même perception sur la clause par
laquelle plusieurs associés s'engagent à mettre à la
disposition du gérant une somme déterminée, qu'il
sera tenu d'employer à solder des obligations par lui
contractées avant la formation de la société. — Briey,
30 août 1843.

Le droit de 1 % est dû si un associé s'engage à avancer
à la société une somme déterminée dont les conditions
et l'époque de remboursement sont fixées. — Châtillon-sur-Seine, 10 déc. 1861 ; R. P. 1601. — Rouen,
25 août 1868 et 8 juill. 1869 ; R. P. 3154.

Si l'un des associés promet de fournir à la société
tous les fonds qui lui seront nécessaires jusqu'à concurrence d'une somme déterminée, cette disposition
renferme une promesse de prêt faite à un être moral et
rend exigible le droit de 1 %, dès qu'il est prouvé que
ce prêt a été réalisé. — Cass. req. 29 juill. 1863 ; Sir.
63. 1. 447 ; I. 2274-10 ; J. E. 17708 ; R. P. 1818.

Si un associé s'engage à verser dans la caisse sociale
les sommes nécessaires pour former un fonds de roulement indispensable aux opérations de la société, le
droit de 1 % est dû. — Seine, 23 mars 1867 ; R. P. 2459.

Si chaque associé a le droit de verser au delà de sa
mise une somme productive d'intérêts, il y a condition
suspensive, et le droit d'obligation ne peut pas être
perçu immédiatement. — Saint-Quentin, 12 avril
1865 ; R. P. 2187.

Si un associé, outre son apport, avance à la société
une somme déterminée productive d'intérêts, sans stipulation de terme de remboursement, le droit de 1 %
est dû. — Anvers, 19 nov. 1869 ; R. P. 3154.

La clause d'un acte de société portant qu'outre son
apport l'un des associés fournira à la société un capital remboursable à des époques déterminées, avec
intérêts à 6 % jusqu'au remboursement, constitue
une obligation actuelle et immédiate de sommes passible du droit de 1 %. — Cass. req. 25 nov. 1872 ; R.
P. 3563.

7704. Partage. — Les partages entre associés sont
assujettis au droit fixe gradué. — V. n. 6136 suiv.

**7705. Immeuble attribué à un autre associé que
celui qui en a fait l'apport.** — C'est par une faveur
spéciale qu'il n'est perçu qu'un droit fixe lorsqu'un
associé apporte dans la société la propriété d'un immeuble. Si, lors du partage, cet immeuble est attribué à un associé autre que l'ancien propriétaire, la
mutation définitive arrive, et le droit de vente qui n'a
pas encore été payé doit être perçu, à l'occasion de
cette mutation, sur la valeur totale de la chose. —
I. 360. — D. F. 3 oct. 1828 ; 1. 1272-3. — Cass. 3 janv.
1832 ; I. N. 8442 ; J. N. 10344. — Req.
25 avril 1833 ; Sir. 33. 1. 469 ; I. 1437-13 ; J. E. 10618.
— Civ. 12 août 1839 ; Sir. 39. 1. 673 ; I. 1601-12 ; J.
E. 12369. — Civ. 29 janv. 1840 ; Sir. 40. 1. 539 ;
I. 1618-9 ; J. E. 12453. — Civ. 13 juill. 1840 ; Sir. 40.
1. 586 ; I. 1634-14 ; J. E. 12562. — Seine, 30 juin
1841 ; J. E. 12786. — Cass. réun. 6 juin 1842 ; Sir. 42.
1. 484 ; I. 1683-8 ; J. E. 13018 ; J. N. 11340. — Req.
9 nov. 1842 ; Sir. 43. 1. 336 ; I. 1693-4 ; J. E. 12790.
— Toulouse. 24 mai 1844 ; J. E. 13319-2. — Dél.
30 mars 1844 ; J. E. 13642-3. — Cass. civ. 14 avril
1847 ; Sir. 47. 1. 378 ; I. 1796-23 ; J. E. 14224. —
Saint-Quentin, 7 juin 1848 ; J. E. 14500. — Seine.
7 mars 1851 ; J. E. 15155. — Cass. civ. 14 fév. 1866 ;
I. 2348-4 ; J. E. 18127. — Seine, 9 mai 1868 ; R. P.
2745.

7706. Améliorations. — Les améliorations et constructions appartiennent à la société qui les a faites ;
dès lors, si l'immeuble amélioré ou augmenté est attribué à celui qui en a fait l'apport, il doit payer le droit
de 4 % à raison de la plus-value que son immeuble a
acquise, sur tout ce qui excède sa part dans cette plus-
value. — Cass. req. 17 déc. 1838 ; Sir. 38. 1. 539 ; J. E.
12207 ; J. N. 10228. — 10 juill. 1840 ; I. 1634-14 ; J. E.
12562 ; J. N. 10713. — Reims, 31 mars 1860 ; R. P. 1371.

**7707. Attribution à un autre que celui qui a fait l'ap-
port.** — Et si, dans ce cas, l'immeuble amélioré est attribué à un autre associé que celui qui a fait l'apport,
le droit de 4 % n'est exigible sur les améliorations qui
forment un bien commun, qu'autant que la valeur de
ces améliorations excède la part sociale de l'attributaire. — Dél. 3 nov. 1842 ; J. E. 13117. — Cass. civ. 8
nov. 1864 ; R. P. 2000.

102

7708. *Attribution à des actionnaires.* — La société constituée par actions ne peut faire que les actionnaires, autres que ceux qui fournissent le fonds social, puissent acquérir sur ce fonds des titres de propriété qui les dispensent de tout paiement de droit de mutation. En conséquence, lorsque, à la dissolution de la société, des portions du fonds social sont abandonnées à des actionnaires pour les remplir de la valeur de leurs actions, il est dû un droit de mutation. — Cass. 12 août 1839; I. 1601-12; J. N. 10477; J. E. 12369. — 8 nov. 1853; I. 1999-9. — Seine, 19 fév. 1870; R. P. 3235.

7709. *Avances.* — Si, pour remplir un associé des avances qu'il a faites à la société, on lui attribue, lors du partage, des biens sociaux, le droit de mutation est dû. — Seine, 1er mars 1843; J. E. 13220. — Reims, 31 mars 1860; R. P. 1371.

7710. *Biens acquis par la société elle-même.* — Les biens acquis par la société pendant son cours se trouvent appartenir indivisément aux associés lors de la dissolution. Si donc ces biens sont partagés entre les associés *suivant leurs droits respectifs*, aucun autre droit que le droit fixe gradué ne peut être perçu ; et, dans le cas contraire, le droit de soulte est dû. — Cass. 19 mars 1831 ; J. E. 9978. — Mirecourt, 11 déc. 1858 ; R. P. 1141. — Saint-Quentin, 12 avril 1865 ; R. P. 2187. — Reims, 29 janv. 1865 ; R. P. 2236.

7711. *Tout l'actif à un seul.* — Que si toutes les valeurs de la société sont attribuées à un seul associé qui reste chargé du paiement de la totalité du passif, le droit de mutation est dû sur tout ce qui excède sa part dans l'actif abandonné. — Montpellier, 22 déc. 1851. — Seine, 23 mars 1852. — Cass. civ. 8 nov. 1864; Sir. 65. 1. 137 ; I. 2324-1 ; J. 17910.
Et la règle demeure la même si l'associé investi de tout le fonds social est nommé liquidateur de la société. — Saint-Pol, 23 nov. 1844; J. E. 13625. — Rouen, 29 juill. 1848 ; J. E. 14534. — Saint-Etienne, 10 avril 1850; J. E. 14956-7.

7712. *Immeuble indivis mis en société.* — Lorsque deux associés ont apporté, lors de la formation de la société, un immeuble indivis entre eux, et que, par le partage, cet immeuble est attribué en totalité à l'un des associés, à l'effet de le remplir de ses droits, sans soulte ni retour, ce partage est passible du droit de soulte sur la valeur de la moitié de l'immeuble. — Cass. 14 avril 1847; I. 1796-23; J. E. 14224; J. N. 13017. — Belfort, 5 déc. 1849; J. E. 14869. — Cass. 21 fév. 1853; I. 1967-8.

7713. *Attributions non corrélatives aux droits des associés.* — Dans le même ordre d'idées, jugé que l'acte par lequel , après la dissolution d'une société dont le fonds social a été composé d'immeubles indivis entre associés dans des proportions inégales, on attribue ces immeubles aux associés dans des proportions autres que celles qui existaient au moment de la formation de la société, donne ouverture au droit de 4 % sur les différences qui existent entre cette attribution et la mise sociale, encore que les associés qui reçoivent moins que leur mise immobilière en soient dédommagés au moyen d'immeubles par destination ayant fait partie du fonds social. — Altkirch, 6 déc. 1843 ; J. E. 13414.—Rennes, 15 mai 1861; R. P. 1820.

7714. *Meubles à l'un, immeubles à l'autre.* — Si, après la dissolution d'une société formée entre trois personnes, il intervient un acte par lequel il est attribué à un associé la totalité d'un immeuble acquis en commun et aux deux autres des objets mobiliers appartenant à l'association, cette convention constitue un simple partage passible du droit fixe gradué. — Cass. 9 mars 1831; J. E. 9978.

7715. *Société en participation.* — La société en participation ne formant pas d'être moral, chaque associé devient propriétaire des immeubles qu'il achète. Par conséquent, si ces immeubles sont attribués, lors du partage, à un autre associé, à charge de payer le passif, le droit de vente est dû sur le passif payé à la décharge du cédant. — Pontoise, 9 déc. 1869; R. P. 3229.

7716. *Reconstitution.*—Lorsque, en exécution d'une clause portant qu'une société sera dissoute par la mort d'un des associés, sauf la faculté pour les autres de reprendre sa part, un acte constate la dissolution prévue, mais que par un second acte du même jour il est formé entre les associés survivants une société nouvelle dans laquelle ces derniers prennent la place de l'associé décédé, en ajoutant à leur parts d'intérêt la part de l'associé défunt et en versant en sus de leur apport primitif la somme représentant la valeur de cette part, il s'opère une véritable cession d'actions passible du droit proportionnel. — Cass. req. 15 avril 1872; R. P. 2420.
Lorsque, par suite de la retraite volontaire d'un des associés, la société est déclarée dissoute, puis immédiatement reconstituée entre les anciens associés et un étranger prenant la place de celui qui s'est retiré, sans qu'il y ait aucune modification ni dans la durée de l'entreprise ni dans la constitution du capital social, ces actes divers réalisent, sous forme de dissolution, une cession de parts d'intérêts passible du droit proportionnel. — Cass. req. 15 avril 1872; R. P. 2421.

7717. *Dissolution réelle.* — La stipulation dans un acte de dissolution de société, en nom collectif entre deux des associés et en commandite à l'égard du troisième qui avait seul fait une mise de fonds, que la société se reconstituera par un acte séparé, sans l'intervention de ce dernier, et demeurera seule chargée à ses risques et périls de l'actif et du passif de la société dissoute, donne ouverture au droit de vente sur le tiers de l'actif social :
« Attendu que, d'après l'art. 1872 C., les règles

« concernant le partage des successions s'appliquent « aux partages de société; qu'ainsi chaque associé « devait prendre dans l'actif une part équivalente à « ses droits, et que, si l'un d'eux reçoit au delà, il « s'opère, au point de vue du droit fiscal, une trans- « mission réelle de propriété tombant sous l'applica- « tion de l'art. 4 frim. » — Montpellier, 15 mars 1854.

7718. Retraite d'un associé. — Lorsque d'une société *à durée non limitée* (C. 1865, 1869), se retire l'un des associés, la restitution à cet associé des valeurs composant son apport a le caractère d'un simple lotissement qui n'est passible que du droit gradué. Dans ce cas, en effet, la société est dissoute. et chaque associé est copropriétaire de la masse dans la proportion de son intérêt. Il n'y a donc qu'un partage partiel. — Sol. 15 sept. 1865; R. P. 2356.

S'il s'agit, au contraire, d'une société *à durée limitée*, la retraite d'un associé n'opérant pas la dissolution de la société, la remise qui lui est faite de sa part sociale n'est autre chose qu'une cession sujette au droit de 50 c. %. — Cass. 5 avril 1854; I. 2019-10. — Cass. belge, 31 mai 1866; R. P. 2483. — Versailles, 9 juin 1869; R. P. 2984.

7719. *Associé qui se retire remplacé.* — Le même droit de 50 c. % est exigible si l'associé qui se retire en prélevant une somme déterminée pour sa part d'intérêt est à l'instant remplacé par une autre personne dont le versement égale le prélèvement de l'associé. — Seine, 7 mars 1868; R. P. 2654.

7720. Secours mutuels. — Tous les actes intéressant les sociétés de secours mutuels approuvées sont exempts des droits de timbre et d'enregistrement. — D. 26 mars 1852, art. 11.

Ces dispositions ne s'appliquent qu'aux *actes*, et non aux *transmissions de biens*, même constatées par des actes, ni aux *mutations par décès.* — D. F. 6 juill. 1852; I. 1932. — Saint-Dié, 24 avril 1863; R. P. 1799.

7721. *Actes de l'état civil.* — La production aux présidents des commissions de surveillance des sociétés de secours mutuels, dans les différents cas où ils pourraient en avoir besoin, des expéditions d'actes de naissance et de mariage des membres des sociétés de secours mutuels, intéressant la société; considérée comme personne morale, plutôt que les sociétaires pris isolément, ces pièces rentrent dans l'exception résultant du décret du 26 mars 1852. Aussi une D. F. 25 fév. 1854 (I. 2003-6) porte-t-elle que les expéditions dont il s'agit, lorsqu'elles seront délivrées aux présidents des sociétés, dans l'intérêt des associations, seront visées pour timbre gratis, pourvu qu'elles contiennent la désignation expresse de leur objet et de leur destination spéciale.

7722. *Actes n'intéressant que les sociétaires.* — Si tous les actes intéressant les sociétés de secours mutuels approuvées sont exemptés des droits de timbre et d'enregistrement. cette exemption n'existe qu'en faveur des actes qui intéressent les sociétés elles-mêmes, considérées comme personnes morales, et non les sociétaires personnellement ou leurs familles. — Ainsi, les mandats d'articles d'argent concernant les fonds reçus par les membres des sociétés de secours mutuels, ou envoyés par ces sociétés à leurs membres, aux veuves de ceux-ci et aux économes des lycées, sont assujettis aux droits ordinaires de timbre. — Il en est de même des quittances des économes constatant le paiement, par les sociétés, du prix du trousseau ou de la pension des enfants des sociétaires. — D. F. 8 nov. 1867; I. 2361-9.

7723. *Quittances et décharges.* — Les actes intéressant les sociétés de secours mutuels approuvées qui avaient été exemptés de droit de timbre par décret du 20 mars 1852 (I. 1934) sont aujourd'hui assujettis au droit de 10 cent. établi par l'art. 18 de la loi du 23 août 1871, toutes les fois qu'il s'agit d'actes sous seings privés signés ou non signés, emportant libération, reçu ou décharge, ne rentrant pas dans les exceptions admises par l'art. 20 de cette dernière loi. — Sol. 12 sept. 1873; *Courrier*, 105.

7724. Sous-société. — Lorsqu'un associé qui a une somme à verser dans une société s'adjoint une ou plusieurs personnes avec lesquelles il déclare former une société, à l'effet de partager les bénéfices et de supporter les charges afférentes à sa part sociale ; que les croupiers doivent verser dans la caisse de la société principale, en l'acquit de l'associé, une partie de sa mise sociale ; qu'ils peuvent toucher directement leur part d'intérêts et de bénéfices : il n'y a pas un triple apport dans la sous-société, mais une cession de part sociale passible du droit proportionnel. — Cass. civ. 6 déc. 1865 :

« Vu les articles 4, 68, § 4, 1.° 4, et 69, § 5, n° 1, de « la loi du 22 frimaire an VII; — attendu que l'acte du « 16 janv. 1860. qualifié par les parties comme sous- « société, contient en réalité. d'une part, la cession par « Delloye-Lelièvre à Briant de deux quatre-vingt-qua- « trièmes dans la compagnie des lits militaires, et de « deux quatre-vingt-quatrièmes aux époux Ribourt; « d'autre part, la stipulation du prix moyennant lequel « la cession est faite, et que ni l'objet cédé ni le prix « stipulé ne peuvent être considérés comme formant « une mise sociale passible seulement d'un droit fixe « d'enregistrement ;

« Attendu, quant à l'objet cédé, qu'il devient la pro- « priété personnelle des cessionnaires, que ceux-ci « comptent directement avec la compagnie Chambry « de leur part d'intérêt ; que c'est d'elle et non de la « sous-société qu'ils en touchent les produits; que leur « part d'intérêt dans la compagnie Chambry, à l'ex- « ploitation de laquelle ils demeurent étrangers, ne se « confond point avec la part que Delloye-Lelièvre s'est « réservée, et en reste complètement distincte ;

« Attendu, quant au prix stipulé, qu'il a dû être versé,

« non à la sous-société, mais à la compagnie Chambry ;
« qu'ainsi il n'a pas formé pour la sous-société un
« actif ; que, dans tous les cas, il ne saurait être consi-
« déré comme un simple apport social, puisqu'il a été
« la contre-valeur des quatre quatre-vingt-quatrièmes
« dont Delloye-Lelièvre cessait d'être propriétaire, et
« qui devenaient la propriété de Briant et des époux
« Ribourt ; — qu'à ce dernier titre et dans l'hypothèse
« même d'une sous-société sérieusement formée et ayant
« une destination précise et spéciale, l'article précité
« de la loi de frimaire an VII ne serait point applicable,
« puisqu'il ne dispense du droit proportionnel et ne
« réduit au droit fixe les actes de société que lorsqu'ils
« ne portent ni obligation, ni libération, ni transmis-
« sion de biens entre associés ou autres personnes ;
« tandis, au contraire, qu'il résulte de ce qui précède
« qu'il y a eu. dans l'espèce, cession et transmission
« par Delloye-Lelièvre d'une portion de son intérêt
« dans la Compagnie Chambry ; — d'où il suit qu'en
« ordonnant, au profit des défendeurs à la cassation,
« la restitution des sommes perçues au delà du droit
« fixe de 5 fr.. le jugement attaqué a faussement appli-
« qué l'art. 68, § 3, nº 4. de la loi du 22 frimaire an
« VII, et, par suite. violé tant ledit article que les art.
« 4 et 69, § 5, nº 1, de la même loi ; — casse. »
V. dans le même sens : Seine, 21 juill. 1866 ; R.
P. 3280.

7725. Traitement du gérant. — L'attribution d'un
traitement fixe au gérant de la société est une dépendance du contrat et ne donne lieu à aucun droit particulier. — Dél. 26 janv. 1825 ; J. E. 7978. — Seine,
20 août 1858 ; R. P. 1074. — Sol. 26 janv. 1866 ; R. P.
2362. — Cass. civ. 29 nov. 1869 ; R. P. 3030. — Civ.
17 août 1870 ; R. P. 3195. — Versailles, 19 déc. 1871 ;
R. P. 3378. — Vouziers. 10 mai 1872 ; R. P. 3425.
Ce dernier jugement porte :
« Considérant qu'aux termes de l'art. 11 de la loi du
« 22 frim. an 7, pour qu'il y ait ouverture à plusieurs
« droits particuliers sur l'acte constitutif d'une société,
« il faut qu'il y ait plusieurs dispositions indépen-
« dantes ou ne dérivant pas nécessairement les unes
« des autres ; que la chambre civile de la Cour de cas-
« sation, dans un arrêt du 11 mars 1863, a exprimé le
« but et la portée de la loi, quand elle dit : « qu'il
« importe de ne pas laisser aux parties la faculté
« d'échapper à l'un des droits de mutation et même au
« plus onéreux. en réunissant dans un même acte des
« conventions qui, séparées, seraient passibles chacune
« du droit spécial que comporte sa nature » ; que l'un
« des moyens de décider si l'acte contient plusieurs
« dispositions distinctes, indépendantes, est donc de
« rechercher s'il y a apparence de mutation ou de con-
« vention ne se rapportant pas essentiellement à la
« constitution même de la société, s'il se peut que les
« parties aient eu pour but, par l'agencement de leurs
« conventions et de l'acte qui les rapporte, d'éviter
« l'application de l'impôt ;
« Considérant que. dans l'espèce, l'art. 20 des statuts
« donne à Lemmens, gérant : 1º un traitement de
« 6,000 fr. par an payable par douzième à partir de la

« constitution de la société ; 2º une habitation conve-
« nable dans l'établissement projeté, et jusqu'à son
« achèvement une indemnité calculée à raison de
« 500 fr. par an ; que ce traitement sera pris sur l'actif
« social en passant au compte des frais généraux ;
« Considérant que le droit de recevoir ce traitement
« constitue à Lemmens, gérant responsable, pouvant
« à ce titre stipuler une plus grande part que la pro-
« portion de sa mise (art. 1853 et 1855 du C. civ.),
« prend naissance avec la société et finit avec elle ; que
« ce droit, tiré de la société même, ne reconnaît et ne
« confère à Lemmens. dès l'origine et en dehors de
« cette société, aucun bien particulier, indépendant de
« ses obligations et de ses droits comme associé ; que
« Lemmens doit percevoir le traitement au fur et à
« mesure de la marche de la société et de l'accomplis-
« sement de ses devoirs complets comme associé
« gérant ; que ce traitement doit disparaître nécessai-
« rement et absolument avec la société même et selon
« l'aléa de sa fortune commerciale ; qu'en effet, il est
« pris sur les premiers fonds réalisés de valeurs sociales
« à chaque échéance mensuelle , le tout devant être
« passé au compte des frais généraux, sans préjudice
« aux obligations du gérant associé en nom collectif et
« tenu pour le total, aux termes de l'art. 22 du Code
« de commerce ; que dès lors on ne peut trouver dans
« ce règlement de la part d'intérêt de l'ancien gérant,
« sur les ressources sociales, part légalement détermi-
« née, un autre contrat que la société, c'est-à-dire un
« autre contrat qui serait un louage d'industrie et qui
« ferait figurer, en quelque sorte, à la convention et à
« l'acte, trois personnes distinctes, débattant et con-
« tractant entre elles ; à savoir : 1º la société ; 2º Lem-
« mens, associé gérant, solidairement responsable ;
« 3º le même Lemmens stipulant en dehors de la
« société, lui louant son industrie (quand toute cette
« industrie constitue déjà sa mise en société), et tirant
« de cette société des rétributions non sociales à son
« égard, pour l'accomplissement d'obligations qui se-
« raient autres que celles qui lui incombent et qu'il a
« déjà promises comme associé gérant et chargé du
« nom collectif ; qu'il ne peut en être ainsi quand rien
« dans la loi ne prohibe (au contraire) la faculté pour
« un associé de gérer et de prendre en conséquence
« une part plus grande que la proportion de sa mise,
« soit sur les bénéfices sociaux , soit sur les premiers
« fonds réalisés et à passer en frais généraux, lesquels
« font certainement partie des ressources et de la comp-
« tabilité sociales, peuvent certainement périr dans la
« gestion, et ne donnent au gérant d'autre obligation,
« pour recevoir son traitement, que l'actif de la société
« même. »

7726. Transcription. — L'acte constatant l'apport
d'un immeuble en société n'est pas de nature à être
transcrit et n'est point, par conséquent, passible du
droit de 1.50 %. Aux yeux de la loi fiscale, en effet,
il n'y a pas actuellement mutation : tout dépend du partage, et si l'immeuble est attribué à l'associé qui en a fait
l'apport, la propriété sera censée ne pas avoir cessé de
résider sur la tête de cet associé. — Cass. civ. 5 arrêts

du 23 mars 1846; Sir. 46. 1. 312; I. 1767-10; J. N. 12642; J. E. 13966. — Civ. 8 juill. 1846; Sir. 46. 1. 688; J. N. 12738; I. 1786-10; J. E. 14039.—Civ. 5 janv. 1848; Sir. 48. 1. 197; I. 1814-14; J. E. 14417; J. N. 13269. — Civ. 27 juill. 1863; R. P. 1817.

V. dans le même sens : Châlons-sur-Marne, 19 mai 1843; J. N. 11849. — Montpellier, 29 mai 1843 ; J. N. 11799. — Bar-le-Duc, 20 mars 1844 ; J. N. 11988. — Prades, 23 déc. 1844; J. N. 12264. — Lyon, 26 mars 1844; J. N. 12441. — Foix, 13 août 1844; J. N. 12263. — Lille, 23 août 1844 ; J. N. 12227. — Sedan , 6 fév. 1845; J. N. 12312.—Privas, 16 août 1847 ; J. N. 13721.

7727. *Condition de purge ou de transcription.* — Et cette jurisprudence doit être appliquée même s'il y a stipulation expresse de transcription et de purge. — Cass. civ. 5 fév. 1850; Sir. 50.1.145; I. 2163-6; J. E. 14896. — Sol. 16 sept. 1850; I. 2163-6.

7728. *Restitution après transcription effective.* — Quoi qu'il en soit, si le droit de 1. 50 % a été perçu lors de l'enregistrement, ce droit n'est plus restituable dès que l'acte a été transcrit effectivement. — Cass. req. 23 juin 1846; Sir. 46.1.526; I. 1767-18; J. E. 14017. — Civ. 17 avril 1849; Sir. 49.1.445; I. 1844-20; J. E. 14731. — 2 mai 1849; I. 1844-20; J. E. 14744-2. — Civ. 21 fév. 1849; Sir. 49.1.271; I. 1837-12; J. E. 14686.— Civ. 26 mars 1849; Sir. 49. 1. 271 ; I. 1837-12; J. E. 14719. — Civ. 30 janv. 1850; Sir. 50. 1. 291; I. 1857-15; J. E. 14897. — Civ. 21 août 1850; Sir. 50. 1. 680; I. 1875-11; J. E. 15011.

7729. *Vente.* — *Société nouvelle.* — Lorsqu'une société nouvelle, dans laquelle sont entrés plusieurs actionnaires d'une société dissoute et y ont apporté des actions de celle-ci, se rend adjudicataire d'immeubles dépendant de l'actif de l'ancienne société. le droit de 5.50 % est dû sur la totalité du prix. — Cass. 15 déc. 1857; Cuën. 9860.

7730. *Société en liquidation.* — Les sociétés forment, même pendant leur liquidation. une personne civile; dès lors, lorsqu'une société civile, dont font partie plusieurs des membres d'une ancienne société civile en liquidation, se rend adjudicataire d'un immeuble social, le droit de vente est dû sur la totalité du prix.—Cass. civ. 3 fév. 1868; Cuën. 11326.

7731. *Vente aux associés avant la dissolution.* — Lorsque, *avant la dissolution d'une société.* les immeubles en dépendant sont mis en adjudication et acquis conjointement par deux associés. il s'opère de la société, être moral et unique propriétaire. aux associés ayant seulement droit à des actions mobilières ou parts d'intérêt, une mutation passible du droit proportionnel de 5.50 sur l'intégralité du prix de l'adjudication. — Vervins, 7 mars 1873 ; R. P. 3761.

7732. *Société non encore formée.* — Le contrat par lequel l'une des parties déclare vendre et l'autre acheter divers biens, moyennant un prix payable en actions d'une société industrielle à former entre les parties, constitue une vente passible du droit proportionnel de mutation, et non un apport social soumis à un simple droit fixe, surtout s'il résulte des dispositions de cet acte que la vente n'a pas été subordonnée à la constitution de la société. — Cass. civ. 11 mai 1859; Sir. 59.1.672; I. 2160-8; J. E. 16960; R. P. 1189.

7733. *Vente déguisée sous l'apparence d'une société.* — L'acte qualifié société civile, intervenu entre le concessionnaire du percement d'une rue projetée et une tierce personne, par lequel celle-ci s'engage à apporter une somme d'argent représentant une quantité de terrains à acquérir en bordure de la rue projetée, dont elle restera propriétaire moyennant un prix déterminé, tandis que le concessionnaire restera chargé de tous les autres risques de l'entreprise, ne constitue qu'une promesse de vente par ce dernier de tous les terrains qu'il acquerrait comme subrogé aux droits de la ville et non nécessaire à l'établissement de la rue, et les actes constituant la remise au tiers de tous ces terrains sont passibles du droit de vente immobilière. — Cass. civ. 20 août 1867; Sir. 67. 1. 407; I. 2362-1; J. E. 18421; Cuën. 11287.

L'acte portant la qualification de contrat de société et par lequel l'une des parties s'engage à mettre une certaine quantité de chênes-liéges à la disposition de l'autre partie, qui devra faire abattre, écorcer et brûler les chênes, ne peut être considéré comme renfermant une vente, par cela seul que l'engagement de la personne qui doit fournir les arbres a été contracté moyennant une somme payée comptant et la promesse de recevoir, en outre, ultérieurement une somme déterminée par chaque kilogramme de liége; le droit fixe de 5 fr. doit être seul perçu. Si les différentes clauses ont présenté quelques imperfections. elles n'ont cependant rien d'absolument incompatible avec la qualification d'acte de société. — Cass. civ. 7 janv. 1835; Sir. 35.1.540; Rec. Roll. 4647.

7734. *Licitation.* — Lorsque, à la dissolution de la société, les biens qu'elle a acquis sont adjugés à un associé, l'indivision existant au sujet de ses biens, les règles de la licitation sont applicables. — Cass. 17 août 1836; I. 1528-13; J. E. 11620. — Mirecourt, 20 juin 1851; J. E. 15282. — Cass. 22 nov. 1853; I. 1999-5; J. E. 15778. — Cass. civ. 3 janv. 1865. — Sol. 30 juin 1867; R. P. 2578.

7735. *Immeuble adjugé à celui qui l'a apporté.* — Le droit n'étant dû dans ce cas que sur les parts acquises, si l'immeuble est adjugé à celui qui l'a apporté, aucun droit de mutation n'est dû. — Dél. 11 fév. 1834 ; J. E. 10844.

7736. *Immeubles adjugés à celui qui n'a apporté que des valeurs mobilières.* — Lorsque, après la dissolution de la société, les immeubles qui en dépendaient sont

adjugés, par licitation, à celui des associés dont la mise sociale s'était uniquement composée de valeurs mobilières, le droit de 5.50 % est exigible sur le prix intégral de l'adjudication, et non pas seulement sur la somme excédant la part indivise de l'adjudicataire dans les immeubles licités :

« Attendu, porte un arrêt du 13 juillet 1840 (I. 1634), « que, suivant l'art. 4 de la loi du 22 frim. an 7, un « droit proportionnel est établi sur tous les actes conte- « nant transmission de biens meubles et immeubles, « et que, suivant l'art. 69, ce droit est fixé à 4 fr. sur « les adjudications et sur tous actes translatifs de pro- « priété ou d'usufruit de biens immeubles; — attendu « que l'acte de société du 8 mars 1828 n'avait pas « opéré, au profit de la société Boissard et Grillon, « une transmission actuelle et complète de la pro- « priété de la brasserie dont Boissard était proprié- « taire, et que le résultat de cette transmission était « subordonné au partage qui serait fait entre les asso- « ciés, lors de la dissolution de la société, partage par « l'événement duquel Boissard pouvait conserver la « propriété de cet immeuble ; — attendu que l'effet « de l'adjudication du 1er août 1835 a été de trans- « mettre à Grillon la propriété pleine, entière et défi- « nitive de la brasserie qui avait appartenu à Boissard ; « — que la seule transmission réelle et effective qui « ait eu lieu est celle qui est résultée de cette adjudi- « cation ; — qu'une pareille transmission n'a pu s'o- « pérer sans donner ouverture au droit proportionnel « établi par l'art. 69 de la loi du 22 frim. an 7, et était « de nature à être transcrite ; — qu'il suit de là qu'en « considérant l'adjudication dont il s'agit comme un « partage entre associés, qui ne pouvait donner lieu « qu'à un droit de soulte sur la moitié seulement du « prix de l'adjudication, et en décidant que cette adju- « dication n'était pas de nature à être transcrite, le « jugement attaqué a fait une fausse application de « l'art. 68, § 3, n. 3, de la loi du 22 frim. an 7, et a « formellement violé l'article 4, l'art. 69, § 7, n. 1. de « la même loi, et l'art. 54 de la loi du 28 avril 1816. »

7737. *Immeuble apporté par un seul adjugé à tous les associés.* — L'attribution, faite par acte de licitation, à tous les actionnaires d'une société dissoute, d'une mine exploitée par cette société et dont l'un d'eux avait fait l'apport, donne ouverture au droit de mutation sur le prix stipulé, déduction faite de la part pour laquelle l'actionnaire, de qui provient l'immeuble, demeure propriétaire, par suite de cette licitation. Peu importe que, d'après l'acte constitutif de la société, chaque actionnaire dût donner droit à une quote-part de la propriété des valeurs sociales. — Cass. 14 fév. 1866 ; R. P. 2258.

7738. *Adjudication au profit de la veuve de l'associé.* — Lorsque, pendant le mariage contracté sous le ré- gime de la communauté, un immeuble a été acquis *par une société* dont le mari faisait partie, et qu'après la dissolution de la société survenue par le décès du mari, la veuve devient adjudicataire d'une portion de l'immeuble, on ne doit pas déduire, pour la perception du droit de mutation, la part à laquelle celle-ci aurait eu droit, comme commune en biens avec son mari, dans l'immeuble acquis par la société. La société en effet a des droits distincts et indépendants de ceux des associés, et l'acquisition faite par elle ne peut pas être censée faite par le mari sociétaire, jusqu'à concurrence de ses droit dans la société, ce qui exclut toute idée de conquêt à attacher à cette acquisition, jusqu'à con- currence des droits du mari. — Cass. 22 nov. 1833 ; J. E. 15778 ; I. 1999-5.

SOLIDARITÉ.

Ch. I. — Questions civiles.

7739. Définition. — La solidarité est une sorte de confusion établie entre les obligations de plusieurs coïntéressés, de manière que chacun d'eux peut être contraint pour la totalité et que le paiement fait par un seul libère les autres envers le créancier. — C. 1200.

7740. Solidarité à l'égard du créancier. — Dans le cas où la solidarité existe, le créancier peut s'adresser à celui des débiteurs qu'il préfère, sans que celui-ci puisse opposer le bénéfice de division. — C. 1203.

Le créancier qui consent à la division de la dette à l'égard de l'un des codébiteurs, conserve son action solidaire contre les autres, mais sous la déduction de la part du débiteur qu'il a déchargé de la solidarité. — Id. 1210.

7741. Solidarité à l'égard des débiteurs. — L'obliga- tion contractée solidairement envers le créancier se divise de plein droit entre les débiteurs, qui n'en sont tenus entre eux que chacun pour sa part et portion. — Id. 1213.

Le codébiteur d'une dette solidaire, qui l'a payée en entier, ne peut réclamer contre les autres que les parts et portions de chacun d'eux. Si l'un d'eux se trouve insolvable, la perte qu'occasionne son insolvabilité se répartit, par contribution, entre tous les autres codé- biteurs solvables et celui qui a fait le paiement. — Id. 1214.

Dans le cas où le créancier a renoncé à l'action soli- daire envers l'un des débiteurs, si l'un ou plusieurs des autres codébiteurs deviennent insolvables, la por- tion des insolvables sera contributoirement répartie entre tous les débiteurs, même ceux précédemment déchargés de la solidarité par le créancier. — Id. 1215.

Si l'affaire pour laquelle la dette a été contractée solidairement ne concernait que l'un des coobligés solidaires, celui-ci serait tenu de toute la dette vis-à-vis

des autres codébiteurs, qui ne seraient par rapport à lui que comme ses cautions. — Id. 1216.

7742. La solidarité doit être expresse. — La solidarité ne se présume point; il faut qu'elle soit expressément stipulée, à moins qu'elle n'ait lieu de plein droit, en vertu d'une disposition de la loi. — Id. 1202.

7743. Poursuites. — Les poursuites faites contre l'un des débiteurs n'empêchent pas le créancier d'en exercer de pareilles contre les autres. — Id. 1204.

Les poursuites faites contre l'un des débiteurs solidaires interrompent la prescription à l'égard de tous. — Id. 1206.

La demande d'intérêts formée contre l'un des débiteurs solidaires fait courir les intérêts à l'égard de tous. — Id. 1207.

7744. Obligations de nature différente. — L'obligation peut être solidaire, quoique l'un des débiteurs soit obligé différemment de l'autre au paiement de la même chose; par exemple, si l'un n'est obligé que conditionnellement, tandis que l'engagement de l'autre est pur et simple, ou si l'un a pris un terme qui n'est point accordé à l'autre — Id. 1201.

Ch. II. — Questions fiscales.

7745. Acquisition solidaire. — Lorsqu'une acquisition est faite solidairement par deux personnes et n'a lieu, cependant, que dans l'intérêt de l'une d'elles, le droit de cautionnement est exigible. Ainsi :

L'acte par lequel des père et mère, déclarant agir uniquement dans l'intérêt de leur fils, acquièrent, solidairement avec celui-ci, un office de notaire qui lui est destiné, doit être assujetti au droit de cautionnement. — Dél. 21 juill. 1837.

Si deux personnes acquièrent un office, ce même droit est dû, lors même qu'il ne serait pas exprimé que l'acquisition est faite pour le compte de l'une d'elles seulement, attendu que la nature de l'objet cédé exclut la possibilité d'une acquisition indivise. — Chambon, 24 mars 1845 ; J. E. 13938.

7746. *Acquisition réelle par chacun des obligés.* — Mais la solution est différente et aucun droit de cautionnement ne peut être perçu, si chacun de ceux qui s'engagent solidairement est réellement acquéreur, surtout si cet engagement solidaire est contracté en conformité d'une condition insérée au contrat. Il importe peu, du reste, que les parts acquises par chacun soient égales ou inégales. — Sol. 2 avril 1849 ; Rec. Fess. 7931. — Lille, 17 janv. 1863 ; R. P. 1737. — Cass. civ. 3 janv. 1865 ; Dél. 21-26 avril 1865 ; I. 2325-1.

L'arrêt du 3 janv. 1865 porte :

« Vu les art. 1216 C. Nap., et 67, §2, n°8, de la loi du « 22 frim. an VII ; — attendu que le cahier des charges « de l'adjudication du 9 nov. 1860 dispose que l'actif

« social sera licité en un seul lot, et que si plusieurs per- « sonnes se rendent conjointement adjudicataires de « l'actif dont s'agit, elles seront tenues solidairement « l'une pour l'autre et une seule pour le tout, au choix « des colicitants ou des créanciers, des clauses et condi- « tions dudit cahier des charges ;

« Attendu que l'adjudication ayant été prononcée au « profit d'un certain nombre de colicitants, la régie a « perçu, indépendamment du droit de mutation, le droit « proportionnel de cautionnement sur l'intégralité du « prix, se fondant sur ce que, dans l'espèce, tous les ad- « judicataires sont cautions solidaires à l'égard des por- « tions de prix concernant chacun de leurs codébiteurs ;

« Mais attendu, en droit, que le cautionnement ne se « présume pas, qu'il doit être exprès (art. 2015 C. Nap. « que si, d'après l'art. 1216 du même Code, le coobligé « solidaire peut être réputé caution par rapport à son « codébiteur, c'est seulement lorsque l'affaire pour la- « quelle la dette a été contractée concerne exclusivement « ce dernier ;

« Attendu que si, aux termes de l'art. 11 de la loi du « 22 frim. an VII, il peut être perçu exceptionnellement « deux ou plusieurs droits proportionnels sur un seul « et même acte, c'est lorsque cet acte contient deux « ou plusieurs dispositions indépendantes, ne dérivant « pas nécessairement les unes des autres ;

« Or, attendu que, dans l'espèce, le cahier des char- « ges qui forme, avec l'adjudication et la déclaration « de command, la convention des parties en contient « aucune stipulation de cautionnement ; que les adju- « dicataires de l'actif social, licité en un seul lot, sont « déclarés dans ledit cahier des charges coobligés soli- « daires ; que ladite solidarité entre les adjudicataires « dérive donc de l'obligation commune par eux con- « tractée et ne constitue point une disposition indé- « pendante de cette même obligation ;

« Attendu qu'il n'est point allégué qu'un ou plu- « sieurs d'entre eux soient sans intérêt dans l'adjudi- « cation ou n'y aient qu'un intérêt insignifiant et « illusoire, qui en réalité dissimulerait un cautionne- « ment sous l'apparence d'une obligation solidaire ; que « la régie reconnaît au contraire que tous les adjudi- « cataires sont intéressés ; d'où il suit que le jugement « attaqué, en maintenant la perception faite sur ce « chef, a faussement appliqué les articles ci-dessus « visés ; — Casse. »

7747. *Fraude.* — Cependant, lorsque deux acqué- reurs solidaires partagent l'immeuble acquis dans des proportions tellement inégales que l'un ait la presque totalité du bien, le droit de cautionnement est exigible sur ce qui excède la part de ce dernier dans le prix d'acquisition. — Marseille, 21 fév. 1868 ; R. P. 2740.

7748. *Acquisitions distinctes.* — Dans tous les cas, si les ventes étaient *distinctes* et que les acquéreurs s'obligeassent à payer solidairement le prix, le droit de cautionnement deviendrait exigible sur la différence existant entre les deux prix. — Reims, 3 juin 1843 ; J. E. 13272. — Sol. 2 avril 1849 ; Rec. Fess. 7931.

7749. Emprunt solidaire. — Si un emprunt est contracté par plusieurs personnes qui prennent des *parts égales*, aucun droit de cautionnement ne peut être perçu. — Sol. 27 oct. 1832 ; J. N. 7980. — Moissac, 11 août 1835 ; J. N. 9198.

Il en serait de même si les obligés prenaient des *parts inégales* dans l'emprunt. — Ch. Rig. 1375. — Dall. R. 1384. — Dél. 25 mai 1822 ; Cont. 544. — 9 juill. 1825 ; Cont. 926. — 24 sept. 1830 et 27 oct. 1832 ; J. N. 7277 et 7980. — Vienne, Toul et Moissac, 19 mars. 30 avril 1834 et 11 août 1835 ; J. N. 8508. 8611 et 9198. — Pontoise. Seine, Montmorillon, 6 avril 1837, 22 nov. 1838, 6 déc. 1843, 20 juill. 1841 ; Cont. 6138, 6949, 5230, 5435.

7750. *Fraude.* — Cependant, le droit de cautionnement devrait être perçu sur la différence des parts prises par les obligés solidaires, si quelques-unes de ces parts étaient, relativement aux autres, tout à fait insignifiantes, et si ceux à qui elles étaient attribuées étaient réellement étrangers à l'emprunt. Il en serait ainsi, par exemple, si une part était de 200 fr. et l'autre de 40.000. Il y aurait évidemment là un cautionnement déguisé. — Cass. 21 fév. 1838 ; I. 1577-2 ; J. N. 9937 ; J. E. 11990 et 11997. — 27 janv. 1840 ; I. 1618-7 ; J. N. 10611 ; J. E. 12452.

7751. *Obligé solidaire ne prenant rien.* — Si l'un des obligés solidaires ne prend rien, il ne peut être considéré que comme caution (C. 1216), et le droit de 50 c. % doit être exigé. — Dél. 15 avril 1813 ; J. N. 1027. — D. F. 26 oct. 1831 ; I. 1384-2 ; J. E. 9854 ; J. N. 7592. — Chartres, 21 mai 1842 ; Seine, 12 juin 1844 ; Bernay, 22 juin 1846 ; Compiègne, 7 déc. 1848 ; J. E. 13016, 13529, 14024, 14670.

7752. *Preuve.* — La preuve de ce fait, si elle ne ressort de l'acte même d'emprunt, peut être fournie par d'autres actes, antérieurs ou postérieurs, émanés des parties. — Angers, 30 juin 1838 ; Chalon-sur-Saône, 29 mai 1845 ; Versailles, 15 juill. 1847 ; J. E. 12093, 14123, 14328. — Auxerre, 15 déc. 1858 ; R. P. 1134.

7753. Epoux. — D'après un avis du comité des finances du conseil d'Etat, du 27 juin 1832, il n'y a pas lieu de percevoir le droit de cautionnement, soit sur les ventes solidaires faites par le mari et la femme, de biens propres à l'un ou à l'autre époux, soit sur les obligations consenties solidairement par le mari et la femme, pour les affaires de la communauté ou du mari. — D. F. 14 juill. 1832 ; I. 1403.

Ainsi lorsqu'un notaire s'est engagé, dans l'acte d'acquisition de son office, à faire obliger solidairement avec lui la femme qu'il épouserait, l'acte ultérieur qui constate l'engagement de la femme au paiement du prix de l'office doit être considéré comme une opération qui profite personnellement à la femme, et non comme un cautionnement. — Pithiviers, 28 janv. 1846 ; Dalloz, R. 1379.

Le droit de cautionnement n'est pas dû sur l'acte par lequel la femme s'oblige solidairement au paiement d'une dette antérieurement contractée par son mari. — Sol. 18 juin 1860 ; R. P. 1934-1.

7754. *Cautionnement exprimé.* — Cependant, si, dans l'obligation contractée solidairement par un mari et sa femme, celle-ci s'oblige *comme caution de son mari*, le droit de cautionnement est exigible ; car, sans qu'il y ait lieu d'examiner l'effet des stipulations générales de l'acte, il suffit que le cautionnement soit exprimé pour que le droit soit exigible. — Sol. 10 août 1836 ; J. E. 11964-1. — Périgueux, 30 août 1845 ; J E. 14110-4.

Toutefois, jugé que la femme, commune en biens, de l'acquéreur d'un office, qui se porte *caution et garantie solidaire* de son mari pour le paiement du prix, ne s'engage que pour une chose sur laquelle elle a des droits éventuels, et dès lors aucun droit de cautionnement n'est exigible. — Rouen, 27 mai 1847 ; J.E. 14311.

7755. Vente solidaire. — Si un tiers intervient dans un contrat de vente, pour se rendre garant de l'exécution du contrat et s'engager avec le vendeur, au cas où l'acquéreur viendrait à être évincé, à lui payer une certaine somme, à titre de dommages-intérêts, pour les réparations qu'il se propose de faire aux immeubles compris dans la vente, le droit de cautionnement est exigible sur le prix stipulé et l'indemnité promise, malgré le caractère éventuel de l'obligation contractée par le tiers, car ce caractère est de l'essence même du cautionnement. — Cass. civ. 17 mai 1841 ; I. 1661-3 ; J. E. 12761.

7756. *Covendeurs.* — L'acte par lequel l'usufruitier et le nu-propriétaire d'un immeuble le vendent conjointement et garantissent solidairement la vente, ne donne pas ouverture au droit de cautionnement, attendu que cette garantie est, pour l'usufruitier et le nu-propriétaire, la conséquence de leur qualité de covendeurs. — Dél. 1er oct. 1834 ; J. E. 11047.

7757. *Donateur.* — Lorsque le donateur vend solidairement avec le donataire le bien qu'il lui a donné par acte entre-vifs *non encore transcrit*, le droit de cautionnement n'est pas dû, attendu que le donateur, n'étant pas complétement dessaisi, doit être considéré comme covendeur. — Cass. civ. 13 avril 1856 ; Sir. 56. 1. 617 ; J. E. 16286.

Mais le droit de cautionnement serait exigible si l'acte de donation avait été transcrit antérieurement à la vente. — Le Hâvre, 22 mars 1855 ; R. P. 331. — Angoulême, 7 juin 1865 ; R. P. 2327.

7758. *Mandataire ou porte-fort.* — Quand un individu vend, tant *en son nom* que comme mandataire

d'un tiers ou comme se portant fort pour ce tiers, un immeuble sur lequel il n'a personnellement aucun droit de propriété, et qu'il garantit, néanmoins, à l'acquéreur l'exécution du contrat de vente, l'Administration ne peut exiger le droit de cautionnement. La garantie est la suite et la conséquence de la qualité de covendeur. —Cass. req. 12 juill. 1832; Sir. 32. 1. 616; J. E. 10392. — Civ. 7 mai 1834; Sir. 34. 1. 339; J. E. 10927.

Mais il ne pourrait y avoir aucun doute si le mandataire, *au lieu de se porter covendeur*, ne stipulait que comme simple mandataire et s'obligeait solidairement à toutes les garanties de fait et de droit; le droit de cautionnement serait exigible. — Dél. 6 oct. 1826, 28 oct. 1828; J. E. 8582, 9284. — Cosne, 6 juin 1849; J. E. 14758-6. — Charolles, 5 janv. 1857; R. P. 806.

7759. *Tuteur.* — La vente consentie par un père, comme se portant fort pour ses enfants mineurs, avec stipulation qu'en cas d'éviction après le paiement du prix, le vendeur remboursera ce prix à l'acquéreur et lui paiera une somme déterminée, pour intérêts et frais ou à titre de dommages-intérêts, ne donne pas ouverture au droit de cautionnement, indépendamment du droit du mutation. En se portant fort pour ses enfants, le père ne les a obligés ni directement, ni indirectement; c'est lui seul qui de fait a vendu les biens et qui, pour cette raison, s'est soumis à la garantie que la loi accorde aux acquéreurs contre les vendeurs. — Cass. civ. 18 avril 1831; Sir. 31. 1. 178; I. 1381-8; J. E. 10008.

7760. *Vendeurs distincts.* — Si les propriétaires de deux *immeubles distincts* vendent solidairement et pour un prix particulier leurs deux immeubles, le droit de cautionnement est exigible sur chaque prix de vente. — Seine, 19 juill. 1847; J. E. 15579-5.

7761. SOLUTION. — Décision rendue sur une difficulté. *Les solutions* de l'administration sont les décisions qui émanent du directeur général, à la différence *des délibérations,* qui sont l'œuvre des administrateurs et du directeur général réunis en conseil d'administration. — R. G. 11852.

SOMMATION. — V. *Acte respectueux, Exploit.*

7762. SOUCHE. — Terme de généalogie qui indique l'auteur d'une génération, le premier d'une suite de descendants. On dit succéder par *souche,* quand plusieurs enfants ou descendants ne recueillent que la portion qu'aurait eue leur auteur. — R. J. P. *eod. v°.* — V. *Succession.*

SOULTE. — V. *Echange, Partage, Partage d'ascendant.*

SOUMISSION.

Cʜ. I. — Insuffisance de prix ou d'évaluation, 7763.

Cʜ. II. — Marché, 7768.

Cʜ. I. — Iɴsᴜғғɪsᴀɴᴄᴇ ᴅᴇ ᴘʀɪx ᴏᴜ ᴅ'ᴇ́ᴠᴀʟᴜᴀᴛɪᴏɴ.

7763. Définition. — Les parties contre lesquelles l'Administration a requis ou veut requérir une expertise, à l'effet de constater l'insuffisance du prix ou de l'évaluation en revenu des immeubles transmis, peuvent faire des offres et se soumettre à payer les droits sur un supplément débattu entre elles et les représentants de l'Administration. Ces soumissions n'engagent les redevables qu'autant que les droits qu'elles ont pour objet sont réellement dus; car, s'il y avait erreur démontrée, l'engagement serait nul : dans tous les cas, ces soumissions n'engagent les contribuables qu'autant qu'elles ont été acceptées par l'administration ou par le directeur. — I. 1624. — V. *Expertise.*

7764. Refus de réalisation. — Celui qui, après avoir souscrit une soumission, refuse de la réaliser doit être poursuivi par voie de contrainte, et non plus par voie d'expertise. — Coulommiers, 3 août 1849; J. E. 14798-4. — Colmar, 4 nov. 1844; J. E. 13612-5. — Bourgoin, 5 déc. 1846; J. E. 14168-6. — Pont-l'Evêque, 8 nov. 1844; J. E. 13640. — Briançon, 27 mars 1846; J. E. 13970.

7765. Solidarité. — La soumission souscrite par un héritier, pour éviter l'action en expertise de l'administration, n'engage que ce cohéritier pour sa part dans l'augmentation stipulée, s'il ne s'est pas porté fort pour ses cohéritiers. — Briançon, 26 mars 1847; J. E. 13970.

7766. Surenchère. — Lors même que l'acquéreur qui avait souscrit une soumission aurait été dépossédé par une surenchère, il n'en devrait pas moins payer le montant de sa soumission, et s'il s'était rendu adjudicataire moyennant une surenchère supérieure au supplément porté dans sa soumission, il n'en devrait pas moins payer le droit en sus porté dans la soumission, dont le droit en sus se compenserait avec celui exigible sur la surenchère. — Lyon, 25 mars 1846; J. E. 13982.

7767. Soumission acceptée. — La soumission une fois acceptée constitue une transaction et devient la loi des parties. Après l'acceptation, l'administration n'a donc plus le droit de se prévaloir d'un acte qu'elle vien-

drait à découvrir et qui établirait que la transaction a été basée sur un chiffre insuffisant.—Marseille, 26 août 1873 ; R. P. 3771.

CH. II. — MARCHÉ.

7768. Définition. — En matière de marché, une soumission est un acte par lequel l'on se charge d'un ouvrage, d'une fourniture, d'une entreprise, à telles ou telles conditions. — V. *Acte administratif, Marché.*

Les soumissions sont faites *aux enchères*, ou *au rabais* sur la somme proposée.

7769. Règle. — Dès qu'une soumission sous signatures privées a été acceptée par l'autorité supérieure, elle devient un *marché administratif,* assujetti au timbre et soumis à l'enregistrement dans le délai de vingt jours aux droits fixés pour ce genre d'actes. — Evreux, 21 janv. 1837 ; J. E. 11770. — Cass. 22 janv. 1845 ; I. 1743-6 ; J. E. 13653 ; J. N. 12260. — Valenciennes, 8 mai 1850 ; J. E. 14964-5. — Lille, 2 août 1872, ainsi conçu :

« Attendu qu'aux termes de huit écrits en date des « 21 et 28 octobre, 5 et 8 novembre 1870, déposés à la « préfecture du Nord, Casse et fils se sont engagés à « opérer diverses fournitures pour le service des gardes « nationaux mobiles ; que les engagements spécifient « que les fournitures seront conformes à un échantillon « ou type déposé, moyennant un prix déterminé ; que, « revêtus de l'approbation du préfet, ils ont été suivis « des livraisons d'objets y mentionnés ;

« Attendu que ces écrits constituent des soumissions « sur lesquelles interviennent les marchés de gré à gré « entre particuliers et administrations publiques, con- « formément aux dispositions de l'ordonnance du 14 « décembre 1836 ;

« Attendu qu'à tort Casse et fils prétendent qu'il n'y « a pas eu soumission de leur part, mais offre pure et « simple comme il s'en fait journellement entre com- « merçants ; que la formule seule de l'engagement « exclut cette prétention ;

« Attendu qu'aux termes de l'art. 78 de la loi du 15 « mai 1818, sont soumis à la formalité du timbre et de « l'enregistrement tous actes de l'autorité administra- « tive portant marchés de toute nature au rabais ou « sur soumission ; que, d'ailleurs, l'offre ou la soumis- « sion, comme on voudra l'appeler, ne crée pas seule- « ment l'obligation de livrer au cas où elle est agréée, « mais qu'elle crée, en outre, des droits corrélatifs au « profit de celui qui l'émet, notamment celui de s'en « prévaloir pour demander la nullité d'un marché passé « avec un concurrent à des conditions moins avanta- « geuses ; qu'un tel acte, par conséquent, est soumis « à la formalité du timbre, suivant l'art. 12 de la loi « du 13 brumaire an 7, puisqu'il peut être produit « pour obligation, justification, demande ou défense ; « qu'approuvé par le préfet, il reçoit un usage public « qui l'assujettit à la formalité de l'enregistrement. »

7770. *Droit sur l'acceptation.* — L'offre contenue

dans la soumission et son acceptation par l'autorité constituent deux opérations distinctes, mais non pas actes séparés. Elles ne forment qu'un seul tout. C'est leur réunion qui constitue le contrat tarifé par la loi. Aussi un droit unique est-il exigible. — Dél. 5 août 1819 ; J. E. 6468. — D. F. 2 mai 1818 ; J. E. 6291.

7771. Réunion de divers actes constituant un marché. — Lorsqu'une délibération d'un conseil municipal a autorisé la construction d'un autel dans l'église de la commune ; que le plan et le devis de construction ont été dressés par l'architecte du département, et la dépense estimée par lui ; que, d'après cette estimation, un particulier s'est obligé à construire l'autel, conformé- ment aux plan et conditions qui lui ont été communi- qués, et moyennant la somme fixée ; et qu'enfin la délibération du conseil municipal et la soumission de construire ont été approuvées par arrêté du préfet, on ne peut s'empêcher de voir, dans la réunion de ces divers actes, un marché sujet à l'enregistrement dans les 20 jours, à compter de celui où l'approbation de la soumission par le préfet est parvenue à la mairie. — Dél. 22 mai 1824 ; J. E. 7779.

SOUS-BAIL. — V. *Bail.*

7772. SOUS-COMPTOIR. — On entend par *sous-comptoirs d'escompte* des établissements destinés à procurer aux commerçants, industriels et agriculteurs, soit par engagement direct, soit par aval, soit par en- dossement, l'escompte de leurs titres et effets de com- merce auprès du comptoir d'escompte, moyennant garanties ou nantissements. — V. 2520 suiv.

7773. Sous-comptoir des entrepreneurs. — L'immu- nité du droit fixe d'enregistrement de 3 fr., accordée aux actes ayant pour objet d'établir les droits du Sous- Comptoir des entrepreneurs de bâtiments, comme créancier, est subordonnée à la condition que les fonds empruntés seront exclusivement employés aux travaux de construction. En conséquence, lorsqu'un crédit ou- vert par le Sous-Comptoir, avec stipulation que le fonds partie des fonds sera employée au paiement de créances privilégiées ou hypothécaires, grevant les terrains sur lesquels ont été ou doivent être élevées des construc- tions, a été réalisé conformément à l'emploi stipulé, l'acte qui constate la réalisation donne ouverture, pour cette portion de la somme empruntée, au droit d'obligation de 1 %. — Seine, 7 mars 1868 ; J. E. 18567. — Cass. civ. 29 nov. 1869 ; J. E. 18901. — Civ. 2 arr. 28 juin 1870 ; R. P. 3185.

L'un de ces derniers arrêts porte :

« Vu l'art. 69, § 3, de la loi du 22 frim. an 7 ; « attendu qu'en règle générale, les obligations de « sommes sont, aux termes de cette disposition, pas- « sibles du droit proportionnel de 1 % ; — attendu « que si, par exception à cette règle, l'art. 6 du décret

« du 4 juill. 1848, combiné avec l'art. 10 du décret du
« 24 mars précédent, a établi un simple droit fixe de
« 2 fr. sur les actes de prêts sur garanties mobilières
« et immobilières de toute nature faits par les sous-
« comptoirs aux entrepreneurs constructeurs, il résulte
« de ce décret, de ses motifs et des circonstances
« mêmes dans lesquelles il est intervenu, qu'il a eu en
« vue de venir en aide à l'industrie du bâtiment, et
« par cela même, que l'immunité fiscale qu'il a con-
« sacrée est subordonnée à la condition que les fonds
« empruntés seront exclusivement employés aux tra-
« vaux de constructions ; — attendu, dans l'espèce,
« que le crédit ouvert par le Sous-Comptoir des entre-
« preneurs à Comte, suivant les actes des 22 juin 1863,
« 3 juin 1864 et 25 juin 1866, a été réalisé jusqu'à
« concurrence de la somme de 151,617 fr. 92 c., dont
« le paiement a été effectué par le Sous-Comptoir ;
« mais qu'il résulte de l'acte notarié du 3 déc. 1866,
« qui constate le paiement, que ladite somme a été
« employée, non point pour l'industrie du bâtiment,
« mais au paiement du prix des terrains entre les mains
« des créanciers hypothécaires ou privilégiés de Comte ;
« qu'un tel emploi sortant des prévisions des décrets
« de 1848, le crédit, dans la mesure de la réalisation
« constatée par l'acte du 3 déc. 1866 était sous l'em-
« pire du droit commun établi par l'art. 69, § 3, n. 3,
« de la loi du 22 frim. an 7 ; — d'où il suit qu'en
« déclarant le droit proportionnel de 1 fr. % réglé
« sur la somme 151,617 fr. 92 c., le jugement attaqué,
« loin d'avoir violé les décrets de 1848, a justement
« refusé d'en faire l'application aux faits de la cause ;
« — rejette. »

7774. *Qualité de l'emprunteur* — Dès que le prêt doit
être consacré exclusivement à des travaux de construction, le droit de 3 fr. est seul exigible, quelle que soit
d'ailleurs la qualité des emprunteurs. — Seine, 29 juil.
1871 ; R. P. 3358.

7775. SOUSCRIPTION. — Engagement écrit
de payer une certaine somme pour une entreprise
quelconque, de contribuer à une œuvre charitable, de
prendre, moyennant un prix convenu, un ou plusieurs
exemplaires d'un ouvrage qui doit paraître dans un
certain laps de temps, etc.
La *reconnaissance* de souscription, pouvant faire titre,
ou être produite pour obligation ou demande, est sujette au timbre de dimension. — Brum. art. 12, n. 1.

7776. SOUS-PRÉFET. — Première autorité
administrative de l'arrondissement. — V. *Acte administratif.*

STAGE. — V. *Notaire.*

7777. STELLIONAT. — Délit de celui qui vend
ou hypothèque un immeuble dont il sait n'être pas
propriétaire, ou qui présente comme libres des biens
hypothéqués, ou déclare des hypothèques moindres
que celles dont ces biens sont chargés. — C. 2057. 2136.

7778. STIPULATION. — Synonyme de convention.

7779. Stipulation pour autrui. — Les conventions
n'ont d'effet qu'entre les contractants ; elles ne peuvent
nuire ni profiter aux tiers. — C. 1165. — V. *Mandat.*
On ne peut donc, en général, stipuler que pour soi-
même. — C. 1119.
Cependant, on peut se porter fort pour un tiers en
promettant la ratification de celui-ci ; si la ratification
est refusée, il y a lieu à indemnité de la part de celui
qui s'est porté fort. — C. 1120. — Mais la convention
faite par lui ne l'engage pas. — Toullier, t. 6, n. 155.

SUBROGATION.

Ch. I. — Droit civil, 7780.
Ch. II. — Droit fiscal, 7784.

Ch. I. — Droit civil.

7780. Définition. — La subrogation est la substitution, à la place du créancier, du tiers qui l'a payé de
ses deniers.

7781. Deux espèces de subrogation. — Il y a deux
espèces de subrogation : la *subrogation conventionnelle*
et la *subrogation légale.* — C. 1249.

7782. Subrogation conventionnelle. — La subrogation conventionnelle a lieu :
1º Lorsque le créancier recevant son paiement d'une
tierce personne, la subroge dans ses droits, actions,
privilèges ou hypothèques contre le débiteur ; cette
subrogation doit être expresse et faite en même temps
que le paiement. — C. 1250.
2º Lorsque le débiteur emprunte une somme à l'effet de payer sa dette et de subroger le prêteur dans les
droits du créancier. Il faut, pour la validité de cette
subrogation, que dans l'acte d'emprunt il soit déclaré
que la somme a été empruntée pour faire le paiement,
et que dans la quittance il soit déclaré que le paiement
a été fait des deniers fournis à cet effet par le nouveau
créancier. Cette subrogation s'opère sans le concours
de la volonté du créancier. — Id. 1250.

7783. Subrogation légale. — La subrogation légale
ou de plein droit a lieu :
1º Au profit de celui qui, étant lui-même créancier,

paie un autre créancier qui lui est préférable à raison de ses priviléges ou hypothèques ;

2° Au profit de l'*acquéreur* d'un immeuble qui emploie le prix de son acquisition au paiement des créanciers auxquels cet héritage était hypothéqué ;

2° Au profit de celui qui, étant tenu avec d'autres, ou pour d'autres, au paiement de la dette, avait intérêt de l'acquitter ;

4° Au profit de l'*héritier bénéficiaire* qui paie de ses deniers les dettes de la succession. — C. 1251.

Ch. II. — Questions fiscales.

7784. Distinction. — La subrogation n'est pas nommément tarifée par la loi fiscale ; mais comme, par sa nature, elle entraine transmission, elle rend exigible le droit proportionnel Ce droit varie suivant qu'il s'agit de paiement sans subrogation, de subrogation conventionnelle ou de subrogation légale.

7785. Paiement sans subrogation. — Si la dette est acquittée par un tiers, *sans subrogation à son profit*, le seul droit de quittance est exigible.

En effet, d'une part, le débiteur est libéré vis-à-vis de son créancier (C. 1236) ; d'autre part, si ce débiteur est obligé envers celui qui a payé en son acquit, sa nouvelle dette s'est formée sans aucun engagement de sa part, et, dès lors, ne peut être atteinte par le droit d'enregistrement, qui n'est établi que sur les obligations résultant du consentement des parties. — D. F. 2 févr. 1821.

7786. *Présence du débiteur.* — Mais si, dans ce cas, le paiement est effectué en présence du débiteur, et surtout s'il est déclaré que c'est sur sa demande que le paiement est fait, le droit d'obligation est exigible. — Béziers, 11 mai 1858 :

« Attendu que, lorsqu'une créance est acquittée « en l'absence du débiteur, sans subrogation, le seul « droit de libération doit être perçu, il ne peut en être « de même lorsque le débiteur est présent à l'acte, et « qu'il y est expliqué que c'est à sa demande que le « paiement est effectué ; que, dans ce dernier cas, il « s'établit une véritable convention entre celui-ci et le « bailleur de fonds, par suite de laquelle une nouvelle « dette étant substituée à l'ancienne, le droit d'obliga- « tion est exigible ;

« Attendu que l'exception prise de ce que la dame « Laborde n'a contracté aucun engagement vis-à-vis « de ses gendres dans l'acte dont il s'agit, et que cet « acte n'exprime pas d'obligation de sa part de rem- « bourser la somme payée pour son compte ne saurait « être admise, puisque ce ne sont pas les termes sacra- « mentels d'un acte qui doivent servir de base à la « perception des droits, mais la saine interprétation « des conventions que cet acte contient ; que, dans « l'espèce, à moins qu'on ne voulût soutenir que les « sieurs Fuzier et Genson ont voulu faire don à leur « belle-mère des 50,000 fr. par eux payés à sa

« décharge, ce qui donnerait lieu à la perception d'un « droit bien plus considérable, il est impossible de ne « pas reconnaître que le paiement constitue de leur « part un prêt comportant nécessairement et sans que « cette clause soit exprimée l'obligation de la part de « la dame Laborde de rembourser la somme prêtée, « et que, si les prêteurs n'ont pas exigé la stipulation de « cette obligation, et se sont mis par là dans le cas de « ne pouvoir la contraindre à ce remboursement par la « voie de l'exécution parée, cela ne détruit pas le prin- « cipe et le véritable sens de la convention, et qu'ils « n'ont pu éluder par là le paiement des droits aux- « quels cette convention devait donner lieu ;

« Attendu que l'acte dont il s'agit constate que les « sieurs Fuzier et Genson ont payé, à la décharge de « leur belle-mère et à sa prière, non-seulement les « 10,000 fr. formant le solde du legs fait en faveur de « la dame Simonneau, mais encore les 40,000 fr. anté- « rieurement comptés ;

« Par ces motifs.... »

7787. Subrogation conventionnelle. — Lorsqu'il y a subrogation conventionnelle , c'est-à-dire lorsque le paiement est fait par un tiers non intéressé dans le sens de l'art. 1251 C., le droit de 1 °/° est exigible, attendu qu'il faut voir, dans un contrat de cette nature, une véritable cession de créances. — Ch. Rig. 1253. — Dall. R. 1858. — R. G. 11928. — Ainsi :

Le paiement fait avec subrogation par la compagnie d'assurance des créanciers hypothécaires, à des créanciers assurés, est sujet au droit de transport de 1 °/°, et non à celui de quittance. — Seine, 4 déc. 1834 ; Rec. Roll. 4742.

Le droit de 1 °/° est exigible sur l'acte par lequel le créancier d'une somme prêtée pour fournir au cautionnement de son débiteur , reconnaît avoir reçu cette même somme d'un tiers , qu'il subroge dans le privi- lége du second ordre qu'il avait acquis comme bailleur de fonds. — Dél. 29 janv. 1823 ; Rec. Roll. 490.

L'acte par lequel un père, tuteur de son fils mineur, paie, avec subrogation , les dettes de la succession de sa femme, échue à son fils mineur, ne donne ouverture qu'au droit de libération, attendu qu'en faisant ce paie- ment , le tuteur n'a pu devenir propriétaire d'une créance sur son pupille, il n'a fait qu'un acte d'admi- nistration. Mais si l'enfant , à la décharge duquel le père paie, avec subrogation, la dette de la mère, est majeur, le droit de subrogation conventionnelle est exigible, encore bien que le père soit usufruitier des biens de sa femme ; car en cette qualité il n'était obligé que de tenir compte des intérêts de la dette. — Dél. 27-31 oct. 1835 ; J. E. 11378.

La femme séparée de biens a des intérêts distincts de ceux de son mari, et la subrogation au profit d'un tiers, emportant novation du titre du créancier, a l'effet d'une cession de créance. — D. F. 23 oct. 1826 ; L. 1205-11. — Dél. 27-31 oct. 1835 ; J. E. 11378.

Si une dot est constituée par la mère sur ses biens personnels et que le père la paie de ses deniers avec subrogation, la subrogation doit être considérée comme

conventionnelle. et le droit proportionnel auquel elle donne ouverture est exigible. — Dél. 27 août 1833 ; J. E. 10708.

Le régime dotal avec société d'acquêts est un régime mixte tout différent, quant à ses conséquences, des clauses qui établissent la communauté : il permet à l'époux de posséder *des deniers propres et personnels*, et si le mari paie de *ses deniers personnels* le montant des acquisitions faites par sa femme, en remploi de ses biens dotaux aliénés, et qu'il soit subrogé aux droits de sa femme contre les acquéreurs de biens dotaux, le droit de subrogation est dû, car ce n'est ni comme administrateur des biens de sa femme, ni comme administrateur de la société d'acquêts, mais en son nom personnel et comme propriétaire de *ses propres deniers* qu'il a fait ce paiement. — Cass. req. 16 juill. 1849 ; J. E. 14816 ; J. N. 13840 ; I. 1844-5.

7788. *Rente.* — Puisque la subrogation conventionnelle équivaut à une cession de créance, le droit de 2 % doit être perçu, comme cession de rente, sur l'acte par lequel un tiers rembourse une rente aux créancier qui le subroge expressément dans tous ses droits d'hypothèque résultant du contrat de constitution passé à son profit par le débiteur. — D. F. 24 nov. 1820 ; J. E. 6885.

7789. *Droit de quittance.* — Lorsque. *par le même acte*, le débiteur emprunte une somme à l'effet de payer sa dette avec promesse de subroger le prêteur dans les droits du créancier. et qu'effectivement il paie sa dette et subroge son prêteur, il n'est dû que le droit de 1 %, et non pas ce droit et celui de quittance. — Dél. 28 déc. 1832 et 5 nov. 1833 ; Rec. Roll. 3917, 4305. — Cass. civ. 2 arr. 19 janvier 1858 :

« Attendu, porte l'un de ces arrêts, en droit, que « quand la subrogation s'opère dans les conditions « prévues par le n. 1 de l'art. 1250 C. Nap., il n'est « dû qu'un droit proportionnel d'enregistrement ; « qu'il n'est pas dû de droit de quittance indépen- « damment du droit d'obligation ou de transport ; — « qu'il n'en peut être autrement quand la subrogation « a lieu dans les conditions déterminées par le n. 2 du « même article et au moyen d'un seul acte ; qu'en « effet, dans l'un et l'autre cas, le créancier ou la loi « pour lui est censé faire la cession de la créance à « celui dont les fonds servent à le désintéresser ; que « cette créance est transmise à ce dernier avec les « hypothèques et autres garanties qui y sont atta- « chées ; que le débiteur n'est pas libéré ; qu'il ne fait « que changer de créancier ; — qu'on rentre ainsi dans « les termes de l'art. 10 de la loi du 22 frim. an 7, « d'après lequel , en cas de transmission de biens, la « quittance donnée par le même acte pour tout ou « partie du prix entre les contractants n'est pas sujette « à un droit particulier d'enregistrement ; « Attendu d'ailleurs que, dans le cas prévu par le « n. 2 de l'article 1250, le paiement fait au créancier « avec les deniers empruntés à cet effet par le débiteur « est l'accomplissement de la condition sans laquelle

« le prêt n'aurait pas eu lieu : de sorte que , quand « l'emprunt et le paiement, qui sont les deux éléments « de la subrogation, sont constatés par le même acte, « ce sont là deux dispositions dont l'une est affranchie « de tout droit par l'art. 11 de la loi précitée, comme « dérivant nécessairement de l'autre ;

« Attendu, en fait, que l'acte authentique du 26 mai « 1854 constate : 1° que les époux Marmier ont em- « prunté aux époux de Chalambert et de Masson « 45,000 fr., avec déclaration que ces fonds étaient « destinés à payer aux sieurs Hesse pareille somme « qu'ils leur devaient en vertu d'obligation hypothé- « caire ; 2° que les sieurs Hesse sont intervenus audit « acte et ont reconnu avoir été payés de leur créance « avec les deniers empruntés ; 3° qu'au moyen de ce « paiement les époux Chalambert et Masson ont été « subrogés dans les droits. actions et hypothèques « desdits sieurs Hesse contre les époux de Marmier ;

« Qu'en décidant qu'en vertu de cet acte de subro- « gation il était dû un droit de quittance, indépen- « damment du droit d'obligation, le jugement atta- « qué a violé les articles ci-dessus visés ; — casse. »

7790. *Actes distincts.* — Mais si l'emprunt avec déclaration de destination des deniers empruntés et le paiement avec déclaration d'origine des deniers et subrogation ont lieu par actes distincts, nul doute que le droit de quittance soit exigible sur l'acte qui constate la libération. — Dél. 24 sept. 1833 ; J. E. 10744. — Cass. 12 mars 1844 ; I. 1713-6 ; J. E. 13484 ; J. N. 11960.

Seulement, dans ce cas, il n'est pas dû de droit de 3 fr. pour la déclaration d'origine des deniers. — Sol. 26 juin 1830 ; J. E. 9943.

7791. *Subrogation légale.* — La subrogation légale ne rend exigible que le droit de quittance et non celui de transport, attendu qu'un transport ne s'effectue que par le consentement des parties et non par la force de la loi. D'ailleurs, le seul droit de quittance serait exigible, lors même que le créancier payé subrogerait expressément celui qui le paie à ses droits. car une pareille déclaration est surabondante, la subrogation étant la conséquence forcée du paiement. Or, il est de principe que les dispositions d'un acte qui sont le résultat des dispositions de la loi, ne peuvent donner lieu à un droit particulier d'enregistrement. — Seine, 29 nov. 1838.

7792. *Créancier payant un créancier préférable.* — Il n'est dû que 50 c. % lorsqu'un créancier paie un autre créancier qui lui est préférable. à raison de ses privilèges et hypothèques. — Sol. 26 déc. 1834. — Cass. civ. 24 déc. 1839 ; Sir. 40. 1. 181 ; I. 1615-8 ; J. E. 12436 ; J. N. 10563. — Civ. 27 juin 1842 ; I. 1683-9 ; J. E. 13046 ; J. N. 11386.

7793. *Justification.* — Si le créancier qui opère le paiement n'établit pas que sa créance était primée par la créance de celui qu'il désintéresse, il y a subrogation

conventionnelle passible de 1 %. — Seine, 28 nov. 1842; J. E. 13143.

7794. *Créances non distinctes.* — Si le cessionnaire de portion d'une créance hypothécaire paie, par un acte postérieur à l'acte de cession, le surplus de cette créance au cédant, avec réserve d'antériorité, le droit de 1 % est exigible, attendu que pour qu'il y ait subrogation légale au profit du tiers payant la dette du débiteur, il faut que ce tiers ait une *créance distincte de celle qu'il acquitte*, tandis que dans l'espèce il n'existe qu'une seule créance divisée. — Seine, 15 mars et 5 juill. 1843; J. E. 13235, 13287-3.

7795. *Novation.* — Si la créance payée a été novée, c'est le droit de transport qui est dû. — Saint-Omer, 23 janv. 1847; J. E. 14251.

7796. *Acquéreur payant les créanciers inscrits.* — Il n'est dû que le droit de quittance sur l'acte qui constate que l'acquéreur des biens du mari a payé à la femme le montant de ses reprises, et qui porte que celle-ci le subroge dans l'effet de son hypothèque légale. — Dél. 22 mai 1827; I. 1229-10.

L'acte par lequel l'acquéreur chargé de servir une rente viagère à la décharge du vendeur, au moyen d'une partie du prix restée provisoirement entre ses mains, fait le remboursement de cette rente et est subrogé dans l'hypothèque du créancier intervenant à l'acte à cet effet, n'est passible que du droit de quittance sur le capital au denier dix de la rente. — Id. ibid.

7797. *Acquéreur payant au delà de son prix.* — L'acquéreur qui paie au delà de son prix n'en est pas moins *subrogé légalement pour la somme entière payée par lui.* Dès lors, dans ce cas, il n'y aurait pas lieu de percevoir le droit de 1 % pour l'excédant, car la subrogation est de droit pour cet excédant comme pour le surplus du prix. — Epernay, 22 août 1834; Rec. Roll. 5435. — *Contrà*: Valognes, 3 fév. 1832; Rec. Roll. 3786.

7798. *Paiement sans délégation préalable.* — La subrogation étant de droit pour l'acquéreur qui paie son prix à des créanciers hypothécaires, la circonstance que le prix n'aurait pas été délégué ne peut avoir aucune influence sur la perception du droit de quittance. En ce sens il a été décidé : 1° qu'on ne doit exiger que le droit de quittance, lorsque l'acquéreur d'un immeuble paie avec subrogation, sans délégation préalable, le prix dû par un précédent acquéreur sur le même bien ; — Dél. 2 janv. 1827; Rec. Roll. 1782.

2° Qu'il n'est dû que le droit de quittance sur l'acte par lequel, en vertu d'une délégation *qui ne désigne point les créanciers*, l'acquéreur d'un immeuble paie une partie du prix de son acquisition à un créancier hypothécaire. — Dél. 11 avril 1818; J. E. 6035.

7799. *Absence du vendeur.* — Le droit de 50 c. % est le seul exigible, aussi bien dans le cas du paiement fait par l'acquéreur en la présence du vendeur, que dans celui du paiement fait en l'absence de ce dernier, attendu que, dans l'une et l'autre hypothèse, la subrogation a la même origine, la même nature et les mêmes effets relativement à la perception. — Sol. 17 déc. 1817.

7800. *Paiement par celui qui est tenu avec d'autres ou pour d'autres.* — Dans ce cas, la subrogation ayant lieu de plein droit, le droit exigible est celui de 50 c. %.

L'acte par lequel la caution paie la dette du débiteur principal, en se faisant subroger dans les droits du créancier, n'est passible que du droit de quittance, et non celui de cession de créance (C. 2029). — Dél. 20 oct. 1829; J. E. 9451.

Mais s'il s'agit d'une rente. et que la caution du débiteur rembourse *volontairement* le *capital* au créancier, le droit de transport est dû, et non celui de libération, parce que la subrogation ne rend pas la dette exigible, et que la caution devient propriétaire de la rente. — D. F. 17 nov. 1807; J. E. 2785.

Comme il y a subrogation légale quand l'un des débiteurs solidaires paie en entier la dette, dans ce cas, la subrogation ne donne ouverture qu'au droit de 50 c. %. — Dél. 24 août 1821 ; Rec. Roll. 160.

Il en serait ainsi alors même que le débiteur solidaire paierait volontairement. — Dél. 20 oct. 1829; J. E. 9451.

7801. *Trésorier payeur.* — Les trésoriers-payeurs généraux sont responsables des débets des receveurs particuliers envers le Trésor. (D. 4 janv. 1808.) Si, par suite de cette responsabilité, le Trésor subroge le trésorier général qui paie ses droits contre le débiteur, il n'est pas dû le droit de 1 %, car la subrogation est de droit. Le ministre des finances a même décidé. le 19 mai 1812, qu'il n'est dû, dans ce cas, que le droit fixe, lors même que le receveur subrogé aux droits de l'Etat n'aurait pas été cooblîgé envers le Trésor. — J. E. 6650.

7802. *Paiement par l'héritier bénéficiaire.* — C'est là le quatrième cas prévu par l'art. 1251 C. Il n'y a lieu, comme dans les autres hypothèses que nous venons de passer en revue, de percevoir que le droit de quittance.

7803. SUBROGÉ-TUTEUR. — Personne chargée de surveiller l'administration du tuteur et d'agir pour le pupille dans tous les cas où ses intérêts sont en opposition avec ceux du tuteur. Dans toute tutelle, il y a un subrogé-tuteur. — C. 420. — V. *Avis de parents.*

SUBSTITUTION.

Ch. I. — Questions civiles.

7804. Définition. — La *substitution* est la donation ou le legs fait à quelqu'un d'une chose qu'il est tenu de conserver jusqu'à son décès, et de rendre à cette époque à un tiers.

Le donataire ou légataire à charge de restitution est appelé le *grevé;* celui à qui il doit rendre la chose, *l'appelé.*

7805. La substitution est prohibée. — La substitution, telle qu'elle est définie au n° précédent, avait pour effet de changer l'ordre des successions tel qu'il est établi par la loi, de mettre hors du commerce les biens donnés à charge de restitution, de faciliter la fraude au préjudice des créanciers du grevé. — Marcadé, 896.

C'est pourquoi la loi civile a aboli les substitutions. En effet : « les substitutions sont prohibées et toute « disposition par laquelle le donataire, l'héritier insti- « tué, ou légataire, est chargé de conserver et de ren- « dre à un tiers, est nulle, même à l'égard du donataire, « de l'héritier institué, ou du légataire. » — C. 896.

7806. *Exception.* — Les biens dont les pères et mères ont la faculté de disposer peuvent être par eux donnés en tout ou en partie à un ou plusieurs de leurs enfants, par actes entre-vifs ou testamentaires, avec la charge de rendre ces biens aux enfants nés et à naître, au premier degré seulement, desdits donataires. — C. 1048.

Est valable, en cas de mort sans enfants, la disposition que le défunt a faite par acte entre-vifs ou testamentaire, au profit d'un ou plusieurs de ses frères ou sœurs, de tout ou partie des biens qui ne sont point réservés par la loi dans sa succession, avec la charge de rendre ses biens aux enfants nés et à naître au premier degré seulement, desdits frères ou sœurs donataires. — Id. 1049.

Les dispositions permises par les deux articles précédents ne sont valables qu'autant que la charge de restitution est au profit de tous les enfants nés et à naître du grevé, sans exception ni préférence d'âge ou de sexe. — Id. 1050.

7807. *Tiers appelé à la place du donataire.* — La disposition par laquelle un tiers serait appelé à recueillir le don, l'hérédité ou le legs, dans le cas où le donataire, l'héritier institué ou le légataire ne le recueillerait pas, ne sera pas regardée comme une substitution, et sera valable. — Id. 898.

7808. *Nue propriété à l'un, usufruit à l'autre.* — Il en sera de même de la disposition entre-vifs ou testamentaire par laquelle l'usufruit sera donné à l'un et la nue propriété à l'autre. — Id. 899.

7809. Ouverture du droit des appelés. — Les droits des appelés sont ouverts à l'époque où, par quelque cause que ce soit, la jouissance de l'enfant, du frère ou de la sœur, et de tout autre grevé de restitution, cesse. — C. 1053.

7810. Publicité par la transcription et l'inscription. — Les dispositions par actes entre-vifs ou testamentaires, à charge de restitution, doivent être à la diligence, soit du grevé, soit du tuteur nommé pour l'exécution, rendues publiques savoir : quant aux immeubles, par la transcription des actes sur les registres du bureau des hypothèques du lieu de la situation ; et quant aux sommes colloquées avec privilège sur des immeubles, par l'inscription sur les biens affectés au privilège. — C. 1069.

7811. Droits du grevé. — Comme la propriété ne peut jamais rester en suspens, il en résulte que le grevé est véritable *propriétaire* et non pas simple *usufruitier* de la chose à lui léguée à charge de restitution. — Delvincourt, t. 2, p. 101. — Grenier, t. 1, p. 365. — Merlin, *eod.* v°, sect. 12, § 1, n. 2. — Duranton, t. 9, n. 585. — Marcadé, 1048, n. 1. — Coin-Delisle, n. 30. — Furgole, ch. 7, sect. 4, n. 39. — Pothier, *eod.* r°, n. 5. — Toullier, t. 5, n. 736. — Troplong, t. 4, n. 2257. — Massé et Vergé sur Zachariæ, t. 3, p. 200, § 470 et note 4. — Cass. 5 mai 1830; Sir. 30. 1. 162. — C. Paris, 23 juill. 1850 ; J. P. 50. 2. 267; Sir. 50. 2. 459.

Ch. II. — Droit fiscal.

Sect. I. — Droit d'enregistrement.

7812. Mutation du donateur au grevé. — Le grevé recevant la pleine propriété des biens qui lui sont donnés, doit le droit sur la valeur entière de ces biens d'après le tarif des donations entre-vifs ou d'après celui des mutations par décès, selon les cas. — I. 2190-6.

7813. Mutation du grevé à l'appelé. — Par la même raison, l'appelé qui recueillera le bien au décès du grevé devra acquitter le droit de succession sur la valeur entière du bien, d'après son degré de parenté avec le *grevé,* et non avec le *donateur;* car, si l'appelé tient son droit du testateur, la chose lui vient du grevé. — Foix, 4 mars 1867 ; R. P. 2492. — Cass. civ. 11 déc. 1860; Sir. 61. 1. 185 ; I. 2190-6; J. E. 17249; R. P. 1455.

7814. *Abandon anticipé.* — Enfin, si le grevé, voulant anticiper la jouissance des appelés, leur abandonne, à titre gratuit, les biens grevés, le droit de donation est exigible non pas seulement sur l'usufruit, mais encore sur la pleine propriété de ces biens. — Sol. 28 oct. 1834; I. 1481-3.

7815. Legs de residuo vel si quid supererit. — La disposition par laquelle on déclare que *si quelque chose reste* du bien légué à une première personne à son décès, ce quelque chose passera à un second légataire qu'on désigne, ne peut être considérée comme renfermant une substitution prohibée ; car il n'y a pas charge de conserver. — Cass. 14 mars et 5 juill. 1832, 17 fév. 1836, 27 fév. 1843 ; Sir. 32. 1. 604. 32. 1. 430, 36. 1. 82, 43. 1. 440. — C. Paris, 11 déc. 1873 ; Rev. not. 4508.

Tel est le legs fait sous la condition que si le légataire n'a pas disposé des biens à son décès arrivé sans enfants, les biens légués reviendront aux héritiers du testateur. En conséquence, si la condition se réalise au décès du légataire, les héritiers doivent le droit de succession d'après leur degré de parenté avec le *testateur*. — Bourganeuf, 14 avril 1859 ; R. P. 1188.

7816. Nullité. — Les droits ordinaires sont dus, dans le cas de substitution prohibée, sans que l'administration ni les parties puissent arguer de la nullité du legs, dès que ce legs a été exécuté. — Lyon, 4 fév. 1854 ; R. P. 26. — Cass. civ. 15 fév. 1854 ; Sir. 54. 1. 272 ; I. 2015-7 ; J. E. 15812. — Dreux, 9 mai 1855 ; J. E. 16086. — Cass. civ. 11 déc. 1860 ; Sir. 61. 1. 485 ; I. 2190-6 ; J. E. 17249. — Civ. 5 mars 1866 ; Sir. 66. 1. 122 ; I. 2348-7 ; J E. 18155.

L'arrêt de 1854 est ainsi conçu :

« Attendu que la loi ne reconnaît pas de nullités de « plein droit ; que les nullités, fussent-elles absolues, « les actes qu'elles vicient n'en conservent pas moins « tous leurs effets, tant qu'ils n'ont pas été annulés, « soit sur la demande des parties intéressées, soit, dans « certains cas, par les tribunaux prononçant d'office « ou sur les réquisitions des fonctionnaires investis du « droit de leur énoncer ces actes dans un intérêt géné-« ral et d'ordre public ;

« Attendu que ce droit n'a jamais été confié à la ré-« gie de l'enregistrement ; que, dans la sphère de ses « attributions toutes spéciales, sa mission se borne au « recouvrement de l'impôt qu'elle est chargée de per-« cevoir ; qu'il ne lui appartient pas, sauf le cas de « fraude ou de simulation, de rechercher la valeur « obligatoire des actes qui, en dehors de l'application « de la loi fiscale dont elle doit assurer l'exécution, « ne sont pas soumis à son contrôle ;

« Attendu que la régie a toujours repoussé, et avec « raison, la prétention, élevée par les contribuables, « de soustraire les actes, sous prétexte de leur nullité, « aux perceptions qui doivent les frapper ; qu'elle ne « peut donc réclamer pour elle un droit justement re-« fusé aux parties ;

« Attendu qu'en supposant, en fait, avec la régie, « que les legs faits par Boudent de la Godelinière aux « enfants de son frère Fleury Boudent pussent être « attaqués par celui-ci comme entachés de substitu-« tion prohibée, la nullité de ces legs n'a jamais été « prononcée ni même demandée ;

« Qu'au contraire, Fleury Boudent, seul héritier de « sa sœur Julienne Boudent, légataire universelle de « Boudent de la Godelinière, a fait délivrance desdits « legs à ses enfants par acte devant Duhamel, notaire, « du 3 mai 1850 ;

« Qu'en jugeant, dans ces circonstances : 1° que les « biens compris dans ces legs n'avaient fait partie ni « du legs universel recueilli par Julienne Boudent, ni « de la succession de celle-ci, dévolue à Fleury Bou-« dent ; 2° que l'acte de délivrance de ces legs ne « constituaient pas, de Fleury Boudent à ses enfants, « une transmission à titre gratuit de biens légués à « ceux-ci par leur oncle, et en annulant, en consé-« quence, les contraintes décernées par la régie, tant « contre Fleury Boudent que contre ses enfants, le tri-« bunal d'Avranches n'a ni violé, ni faussement appli-« qué les articles de loi invoqués ; qu'il a, au contraire, « fait une juste application des principes de la matière ; « — rejette. »

Sec. II. — Droit de transcription.

7817. Règle. — Tout testament contenant substitution, prohibée ou licite, doit être assujetti, lors de l'enregistrement, au droit de 1. 50 %, en sus du droit fixe, en vertu des dispositions combinées de l'art. 1069 C. et de l'art. 54 L. 28 avril 1816, lorsque la substitution porte sur des immeubles. — Sol. 22 avril 1836 ; I. 1528-14 ; J. N. 9540. — Cass. civ. 28 nov. 1848 ; Sir. 49. 1. 119 ; I. 1837-14 ; J. E. 14624 ; J. N. 13555. — Civ. 25 avril 1849 ; Sir. 49. 1. 440 ; I. 1844-17 ; J. E. 14733 ; J. N. 13735. — V. *Restitution, Testament*.

7818. Caducité présumée de la disposition. — Une institution d'héritier, avec charge de conserver et de rendre, donne ouverture au droit de transcription, quoiqu'elle paraisse devoir être sans objet, par suite de donations antérieures de sommes d'argent absorbant l'actif héréditaire, lorsqu'il est constant, en fait, que la succession comprend des immeubles dont le testateur n'a pas disposé. — Cass. civ. 2 janv. 1850 ; Sir. 50. 1. 143 ; I. 1857-17 ; J. E. 14888 ; J. N. 13935.

7819. Dation en paiement. — Le droit de transcription doit être perçu sur le testament par lequel une personne, usufruitière de divers capitaux, sous la condition d'en faire emploi en immeubles pour le compte du nu-propriétaire grevé de substitution, lègue à celui-ci divers immeubles pour remplir cette condition et tenir lieu des capitaux substitués. Les dispositions de l'art. 1069 C. s'appliquent aussi bien à l'acte par lequel des capitaux compris dans une substitution sont employés en acquisition d'immeubles, qu'à l'acte originaire constitutif de la substitution. — Cass. civ. 10 août 1852 ; Sir. 52. 1. 716 ; I. 1946-5 ; J. E. 15489 ; J. N. 14752.

7820. Meubles. — Le droit de transcription devrait être perçu, lors même qu'un partage notarié et homologué n'aurait affecté que des valeurs mobilières au legs de la quotité disponible frappé de substitution, attendu qu'au moment du décès les héritiers se sont trouvés

saisis proportionnellement de tous les biens héréditaires et que le droit exigible d'après cette base, ayant
été définitivement acquis au Trésor, n'a pu recevoir
d'atteinte par suite d'une liquidation postérieure. —
Seine, 2 juill. 1841, 15 nov. 1856 ; J. E. 16417.

La solution serait la même si. les immeubles grevés
de substitution ayant été vendus par le légataire, la substitution n'avait plus pour objet que des valeurs mobilières. — Seine, 18 juin 1840 ; J. N. 10809.

7821. Réduction du legs à la quotité disponible.
— Si la substitution dépasse la quotité disponible
et que les parties aient déclaré au receveur, avant
l'enregistrement du testament, vouloir opérer la
réduction, le droit de 1. 50 % n'est dû que sur la
quotité disponible. — Rouen, 25 août 1864 ; Cuën.
10896.

7822. Partage testamentaire. — Si, dans un partage
testamentaire, un des lots est grevé de substitution
jusqu'à concurrence de la portion disponible, le droit
de transcription est dû sur la valeur de la quotité. —
Senlis, 12 juin 1838 ; J. N. 10407.

SUCCESSION.

Ch. 1. — Droit civil.

7823. Définition. — On entend par *succession* la
transmission universelle des droits actifs et passifs
d'une personne morte à une ou plusieurs vivantes qui
prennent sa place et qu'on nomme ses *héritiers*. On
donne aussi le nom de *succession* à l'universalité des
biens et charges laissés par le défunt.

7824. Deux sortes de successions. — Les successions sont déférées par la volonté de l'homme ou par
la loi ; les premières sont appelées successions *testamentaires ;* les secondes, successions *ab intestat*.

Sect. I. — Ouverture des successions.

7825. Ouverture des successions. — Un seul événement ouvre la succession d'une personne : c'est sa
mort. — C. 718.

La mort civile ayant été abolie par la loi du 31 mai
1854, art. 1, les successions ne s'ouvrent plus que par
la mort naturelle.

7826. Commorientes. — Si plusieurs personnes,
respectivement appelées à la succession l'une de l'autre, périssent dans un même événement, sans qu'on
puisse reconnaître laquelle est décédée la première, la
présomption de survie est déterminée par les circonstances du fait, et, à leur défaut, par la force de l'âge
et du sexe. — C. 720.

Si donc l'on peut savoir, par témoins ou autrement,
laquelle des deux personnes a succombé avant l'autre,
il n'est pas besoin d'avoir recours aux circonstances
du fait. — Marc. 720-1.

Si le décès ne peut être établi de cette manière, on
doit avoir recours aux circonstances du fait. Ainsi,
quand deux personnes ont péri dans l'incendie d'une
maison, si cet incendie a pris au bas de la maison, on
doit décider que la personne trouvée morte au premier

étage a péri après celle dont on trouve le cadavre au rez-de-chaussée. — Id. ibid.

Si, enfin, les circonstances font défaut, la présomption de survie est déterminée par la force de l'âge et du sexe.

7827. *Présomptions.* — Si ceux qui ont péri ensemble avaient moins de quinze ans, le plus âgé sera présumé avoir survécu. S'ils étaient tous au-dessus de soixante ans, ce sera le moins âgé. Si les uns avaient moins de quinze ans et les autres plus de soixante, ce seront les premiers. — C. 721.

Si les uns avaient moins de quinze ans et les autres plus de quinze ans et moins de soixante, les plus âgés seront présumés avoir survécu. Si les uns avaient plus de quinze ans et les autres plus de soixante, ce seront les moins âgés. — Delvincourt, t. 2. p. 20. — Toullier, t. 4, n. 74. — Duranton, t. 6, n. 43. — Vazeille, n. 2. — Demolombe, t. 13, n. 102. — Marc. 720-2.

On voit que les présomptions adoptées par la loi et par les docteurs sont basées sur la nature elle-même.

7828. *Présomption résultant du sexe.* — Si ceux qui ont péri ensemble avaient quinze ans accomplis et moins de soixante, le mâle est toujours présumé avoir survécu, lorsqu'il y a égalité d'âge, ou si la différence n'excède pas une année. S'ils étaient du même sexe, le plus jeune sera présumé avoir survécu. — C. 722.

7829. **Deux classes d'héritiers.** — La loi reconnaît deux classes d'héritiers : les héritiers *parfaits* sont tous ceux autres que les enfants naturels, le conjoint survivant et l'État, qui sont les héritiers *imparfaits* ou *irréguliers*.

Les héritiers parfaits ont la *saisine*, que les héritiers imparfaits n'ont pas ; de plus, les premiers sont tenus de toutes les dettes du défunt, même au delà de l'importance des biens, ce qui n'a pas lieu pour les autres. C'est là ce que la loi exprime en ces termes :

7830. **Saisine.** — Les héritiers légitimes sont saisis de plein droit des biens, droits et actions du défunt, sous l'obligation d'acquitter toutes les charges de la succession ; les enfants naturels, l'époux survivant et l'État doivent se faire envoyer en possession. — C. 724.

7831. **Qualités requises pour succéder.** — On ne peut être héritier qu'à la condition d'être *capable* de succéder et de ne pas être *indigne* de succéder.

7832. *Incapacité.* — Pour succéder, il faut nécessairement exister à l'instant de l'ouverture de la succession. — Ainsi sont incapables de succéder : 1º celui qui n'est pas encore conçu ; 2º l'enfant qui n'est pas né viable. — C. 725.

7833. *Etranger.* — Les étrangers ont le droit de succéder en France, de la même manière que les Français, dans toute l'étendue de la République. — 14 juill. 1819, art. 1.

7834. *Indignité.* — Sont indignes de succéder, et, comme tels, exclus des successions : 1º celui qui serait condamné pour avoir donné ou tenté de donner la mort au défunt ; 2º celui qui a porté contre le défunt une accusation capitale jugée calomnieuse ; 3º l'héritier majeur qui, instruit du meurtre du défunt, ne l'a pas dénoncé à la justice. — C. 727.

Les enfants de l'indigne, venant à la succession de leur chef, et sans le secours de la représentation, ne sont pas exclus par la faute de leur père ; mais celui-ci ne peut, en aucun cas, réclamer sur les biens de cette succession l'usufruit que la loi accorde aux pères et mères sur les biens de leurs enfants. — Id. 730.

SECT. II. — SUCCESSIONS RÉGULIÈRES.

7835. **Ordre de la succession.** — Les héritiers réguliers succèdent dans l'ordre suivant : les descendants, les ascendants, les collatéraux. Les collatéraux peuvent se trouver en concours avec les ascendants. — C. 731. 746 suiv.

7836. **Division entre les lignes.** — Toute succession échue à des ascendants ou à des collatéraux se divise en deux parts égales : l'une pour les parents de la ligne paternelle, l'autre pour les parents de la ligne maternelle.

Les parents utérins ou consanguins ne sont pas exclus par les germains ; mais ils ne prennent part que dans leur ligne. Les germains prennent part dans les deux lignes.

Il ne se fait aucune dévolution d'une ligne à l'autre, que lorsqu'il ne se trouve aucun ascendant ni collatéral de l'une des deux lignes. — C. 733. — V. *Ligne.*

Cette première division opérée entre les lignes paternelle et maternelle, il ne se fait plus de division entre les diverses branches ; mais la moitié dévolue à chaque ligne appartient à l'héritier ou aux héritiers les plus proches en degrés, sauf le cas de la représentation. — C. 734. — V. *Représentation.*

7837. **Successions déférées aux descendants.** — Les enfants ou leurs descendants succèdent à leurs père et mère, aïeuls, aïeules, ou autres ascendants, sans distinction de sexe ni de progéniture, et encore qu'ils soient issus de différents mariages. Ils succèdent par égales portions et par tête, quand ils sont tous au premier degré et appelés de leur chef ; ils succèdent par souche, lorsqu'ils viennent tous ou en partie par représentation. — C. 745.

7838. **Successions déférées aux ascendants.** — Si le défunt n'a laissé ni postérité, ni frère, ni sœur, ni descendants d'eux, la succession se divise par moitié entre les ascendants de la ligne paternelle et les ascen-

dants de la ligne maternelle. — L'ascendant qui se trouve au degré le plus proche recueille la moitié affectée à sa ligne, à l'exclusion de tous autres. — Les ascendants au même degré succèdent par tête. — C. 746. — V. Retour.

7839. Successions déférées aux collatéraux. — En cas de prédécès des père et mère d'une personne morte sans postérité, ses frères, sœurs ou leurs descendants sont appelés à la succession, à l'exclusion des ascendants et des autres collatéraux. — Ils succèdent, ou de leur chef, ou par représentation. — C. 750.

7840. *Partage.* — Le partage des biens dévolus aux frères ou sœurs s'opère entre eux par égales portions, s'ils sont tous du même lit. S'ils sont de lits différents, la division se fait par moitié entre les deux lignes paternelle et maternelle du défunt : les germains prennent part dans les deux lignes, et les utérins ou consanguins chacun dans leur ligne seulement ; s'il n'y a des frères ou des sœurs que d'un côté, ils succèdent à la totalité, à l'exclusion de tous autres parents de l'autre ligne. — C. 752.

7841. Concours des père et mère et des collatéraux. — Si les père et mère du défunt lui ont survécu, ils recueillent la moitié de la succession, et l'autre moitié est déférée aux frères et sœurs ou à leurs descendants. — Si le père ou la mère est prédécédé, le survivant recueille un quart de la succession, et les trois autres quarts reviennent aux frères et sœurs ou à leurs descendants. — C. 748, 749, 751.

7842. Concours des ascendants avec des collatéraux éloignés. — A défaut de frères ou de sœurs, ou de descendants d'eux, et à défaut d'ascendants dans l'une ou l'autre ligne, la succession est déférée par moitié, aux ascendants survivants; et pour l'autre moitié aux parents les plus proches de l'autre ligne. — S'il y a concours de parents collatéraux au même degré, ils partagent par tête. — C. 753.
Dans le cas de l'art. 753, le père ou la mère survivant a l'usufruit du tiers des biens auxquels il ne succède pas en propriété. — C. 754.

7843. Parents au delà du douzième degré. — Les parents au delà du douzième degré ne succèdent pas; à défaut de parents au degré successible dans une ligne, les parents de l'autre ligne succèdent pour le tout. — C. 755.

Sect. III. — Succession irrégulière.

Art. 1. – Enfants naturels.

7844. Principe. — Les enfants naturels ne sont point héritiers : la loi ne leur accorde de droits sur les biens de leurs père ou mère décédés que lorsqu'ils ont été légalement reconnus. Elle ne leur accorde aucun droit sur les biens des parents de leurs père ou mère. — C. 756.

7845. Droits des enfants naturels. — L'enfant naturel a droit à la totalité des biens, lorsque ses père ou mère ne laissent pas de parents au degré successible. — C. 758.
Si le père ou la mère de l'enfant naturel a laissé des descendants légitimes, le droit de l'enfant naturel sur la succession de son père ou de sa mère est d'un tiers de la portion héréditaire qu'il aurait eue s'il eût été légitime ; il est de la moitié lorsque les père ou mère ne laissent pas de descendants, mais des ascendants ou des frères ou sœurs ; il est des trois quarts lorsque les père ou mère ne laissent ni descendants, ni ascendants, ni frères, ni sœurs. — Id. 757.

7846. *Descendants de l'enfant naturel.* — En cas de prédécès de l'enfant naturel, ses enfants ou descendants peuvent réclamer les droits fixés ci-dessus. — Id. 759.

7847. *Imputation.* — L'enfant naturel ou ses descendants sont tenus d'imputer, sur ce qu'ils ont droit de prétendre, tout ce qu'ils ont reçu du père ou de la mère dont la succession est ouverte, et qui serait sujet à rapport, d'après les règles établies par la loi. — Id. 760.
Toute réclamation leur est interdite, lorsqu'ils ont reçu, du vivant de leur père ou de leur mère, la moitié du droit qui leur est attribué, avec déclaration expresse, de la part de leur père ou mère, que leur intention est de réduire l'enfant naturel à la portion qui leur est assignée. Dans le cas où cette portion serait inférieure à la moitié de ce qui devrait revenir à l'enfant naturel, il ne pourra réclamer que le supplément nécessaire pour parfaire cette moitié. — Id. 761.

7848. Succession de l'enfant naturel. — La succession de l'enfant naturel décédé sans postérité est dévolue au père ou à la mère qui l'a reconnu, ou par moitié à tous les deux, s'il a été reconnu par l'un et par l'autre. — Id. 765.
En cas de prédécès des père et mère de l'enfant naturel, les biens qu'ils en avaient reçus passent aux frères et sœurs légitimes, s'ils se trouvent en nature dans la succession ; les actions en reprise, s'il en existe, ou le prix de ces biens aliénés, s'il est encore dû, retournent également aux frères et sœurs légitimes. Tous les autres biens passent aux frères et sœurs naturels ou à leurs descendants. — Id. 766.

7849. Enfants adultérins et incestueux. — Les enfants adultérins ou incestueux n'ont aucun droit sur les biens de leurs père ou mère décédés. La loi ne leur accorde que des aliments. — C. 762. — V. n. 3828.

Art. 2. — Epoux survivant et Etat.

7850 Conjoint. — Lorsque le défunt ne laisse ni parents au degré successible, ni enfants naturels, les biens de sa succession appartiennent au conjoint qui lui survit. — C. 767.

7851. Etat. — A défaut de conjoint survivant, la succession est acquise à l'Etat. — C. 768. — Et l'Etat peut, comme tout héritier, ne pas s'immiscer dans une succession à laquelle il est appelé. — I. 1118. — D. F. 13 août 1832; I. 1407.

7852. Envoi en possession. — Les enfants naturels *appelés à défaut de parents*, le conjoint survivant et l'Etat, doivent demander l'envoi en possession au tribunal de première instance dans le ressort duquel la succession est ouverte. — Id. 770 et 773.

Sect. IV. — Acceptation et répudiation des successions.

7853. Principe. — Une succession peut être acceptée, soit purement et simplement, soit sous bénéfice d'inventaire, ou elle peut être répudiée, car nul n'est tenu d'accepter une succession qui lui est échue. — C. 774, 775. — V. *Bénéfice d'inventaire, Renonciation.*

7854. Acceptation pure et simple. — L'acceptation est expresse ou tacite. L'acceptation est expresse quand on prend le titre ou la qualité d'héritier dans un acte authentique ou privé; elle est tacite, quand l'héritier fait un acte qui suppose nécessairement son intention d'accepter, et qu'il n'aurait droit de faire qu'en sa qualité d'héritier. — Id. 778.

7855. *Actes emportant adition d'hérédité.* — Les actes purement conservatoires, de surveillance ou d'administration provisoire, ne sont pas des actes d'adition d'hérédité, si l'on n'y a pas pris le titre ou la qualité d'héritier. — Id. 779.

La donation, vente ou transport que fait de ses droits successifs un des cohéritiers, emporte de sa part acceptation de la succession. Il en est de même : 1° de la renonciation, même gratuite, que fait un des héritiers au profit d'un ou de plusieurs de ses cohéritiers; 2° de la renonciation qu'il fait même au profit de tous ses cohéritiers indistinctement, lorsqu'il reçoit le prix de sa renonciation. — Id. 780.

7856. Qui peut accepter une succession. — Toute personne peut accepter une succession qui lui est échue.

La femme mariée ne peut accepter qu'avec l'autorisation de son mari ou de justice. — C. 776.

Les successions échues aux mineurs et aux interdits ne doivent être acceptées que sous bénéfice d'inventaire. — C. 777.

7857. *Renonciation.* — Celui qui a renoncé à une succession ne peut plus l'accepter. Cependant, tant que la prescription du droit d'accepter n'est pas acquise contre lui, il peut accepter encore la succession, si elle n'a pas été déjà acceptée par d'autres héritiers.—C. 790.

7858. *Acceptation du chef d'un tiers.*—Lorsque celui à qui une succession est échue est décédé sans l'avoir répudiée ou sans l'avoir acceptée expressément ou tacitement, ses héritiers peuvent l'accepter ou la répudier de son chef. — Id. 781.

Si ces héritiers ne sont pas d'accord pour accepter ou pour répudier la succession, elle doit être acceptée sous bénéfice d'inventaire. — C. 782.

7859. *Effet de l'acceptation.* — L'effet de l'acceptation remonte au jour de l'ouverture de la succession. — C. 777.

7860. *Prescription.* — La faculté d'accepter ou de répudier une succession se prescrit pas trente ans. — C. 789; 2262.

« Cet article déclare que le successible, après trente
« ans depuis l'ouverture de la succession, aura perdu dé-
« finitivement *la faculté d'accepter ou de répudier*, c'est-à-
« dire le droit de choisir entre l'acceptation et la renon-
« ciation ; en sorte que, après ce délai, il ne peut plus
« opter, et sa position est irrévocablement arrêtée. Et
« quelle est cette position? rien de plus simple, ce nous
« semble... Par le fait même de la mort du défunt, le
« successible s'est trouvé revêtu du titre d'héritier; il
« a été saisi de la succession ; seulement il avait le
« choix, ou de rendre cette position irrévocable par
« une acceptation, ou de s'en dépouiller par une renon-
« ciation. Or la loi nous dit qu'après trente ans de
« silence, il n'a plus ce choix ; donc il reste alors *in*
« *statu quo*, c'est-à-dire qu'il demeure héritier sans
« qu'il lui soit désormais possible de renoncer. » Marc. 789.

Sect. V. — Questions diverses.

7861. Hospices. — Lorsque les enfants admis dans les hospices décèdent avant leur sortie de l'hospice, leur émancipation ou leur majorité, et qu'aucun héritier ne se présente, leurs biens appartiennent en propriété à l'hospice. — 15 oct. an 13.

Les effets mobiliers apportés par les malades décédés dans les hospices, et qui y ont été traités gratuitement, doivent appartenir à ces hospices, à l'exclusion des héritiers ; à l'égard des malades ou personnes valides, dont le traitement et l'entretien ont été acquittés de quelque manière que ce soit, les héritiers et légataires peuvent exercer leurs droits sur tous les effets apportés dans les hospices; mais, dans le cas de déshérence, les mêmes effets doivent appartenir aux hospices, à l'exclusion du domaine. — Av. d'Et. 14 oct.-3 nov. 1809. — Dans le même cas de déshérence, les valeurs autres que les effets appartiennent à l'État. — D. F. 24 août 1843; Rec. Roll. 6837.

7862. Succession future. — On ne peut même par contrat de mariage renoncer à la succession d'un homme vivant, ni aliéner les droits éventuels qu'on peut avoir à cette succession. — C. 791, 1130.

On ne peut faire aucune stipulation sur une succession non ouverte, même avec le consentement de celui de la succession duquel il s'agit. — C. 1130.

On ne peut vendre la succession d'une personne vivante, même de son consentement. — C. 1600.

« Il faut connaître son droit, et savoir en quoi il « consiste, pour y renoncer valablement. L'art. 791 « paraît contraire aux règles du contrat de vente, qui « permettent de vendre des choses à venir, telles que « des fruits à recueillir, des animaux qui peuvent « naître, et d'autres choses semblables, quoiqu'elles « ne soient pas encore en nature. On peut vendre une « espérance, un coup de filet, par exemple, une liqui-« dation de profits qui ne sont pas assurés; mais, dans « tous les cas, le vendeur est propriétaire. L'espérance « qu'il vend a un fondement réel dans le champ, dans « le troupeau, dans le coup de filet, desquels il est le « maître; au lieu que l'espérance d'un héritier « présomptif dans une succession future n'a point « de base réelle, et ne porte que sur la présomp-« tion souvent fautive qu'il succédera. D'ailleurs, en « établissant que tout ce que l'on peut avoir, posséder « ou recouvrer, est susceptible de vente, le peuple « sage, le conquérant et le législateur du monde, « excepta les ventes qui seraient contraires à la nature, « au droit des gens, ou aux bonnes mœurs.

« Or, la vente de la succession d'un homme vivant « offense les convenances; elle suppose autant le désir « que la trop active prévoyance de sa mort. La renon-« ciation, si elle est payée, est une vente qui a les « mêmes vices que la vente elle-même; si elle est gra-« tuite, elle est une sorte de mépris, une offense faite « à celui dont on répudie d'avance l'héritage; ou, s'il « la sollicite lui-même, elle peut être forcée par l'au-« torité qu'il exerce; elle peut entraîner, pour le re-« nonçant, une lésion que la loi ne doit pas souffrir. » — *Discours de Siméon au Corps législatif sur le titre des successions.*

7863. Succession vacante. — Lorsqu'après l'expiration des délais pour faire inventaire et pour délibérer, il ne se présente personne qui réclame une succession, qu'il n'y a pas d'héritier connu, ou que les héritiers connus y ont renoncé, cette succession est réputée vacante. — C. 811.

La succession est donc *vacante* quand aucun héritier ne se fait connaître. Elle est *en déshérence*, au contraire, quand il est certain, dans la limite de la certitude possible, qu'il n'y a pas d'héritiers autres que l'Etat. — V. *Déshérence.*

7864. Curateur. — Le tribunal de première instance dans l'arrondissement duquel la succession vacante est ouverte, nomme un curateur sur la demande des personnes intéressées, ou sur la réquisition du procureur de la République. — C. 812.

Le curateur à une succession vacante est tenu, avant tout, d'en faire constater l'état par un inventaire; il en exerce et poursuit les droits; il répond aux demandes formées contre elle; il administre, sous la charge de *faire verser* le numéraire qui se trouve dans la succession, ainsi que les deniers provenant du prix des meubles ou immeubles vendus, dans la caisse du receveur des domaines, pour la conservation des droits, et à la charge de rendre compte à qui il appartiendra. — C. 813.

Du reste, les dispositions sur les formes de l'inventaire, sur le mode d'administration et sur les comptes à rendre de la part de l'héritier bénéficiaire, sont communes aux curateurs à successions vacantes. — C. 814.

7865. Usufruit légal. — Le père, durant le mariage, et, après la dissolution du mariage, le survivant des père et mère, ont la jouissance des biens de leurs enfants jusqu'à l'âge de dix-huit ans accomplis, ou jusqu'à l'émancipation qui pourrait avoir lieu avant l'âge de dix-huit ans. — C. 384. — Cette jouissance est appelée *usufruit légal.*

La jouissance cesse à l'égard de la mère dans le cas d'un second mariage. — C. 386.

Les charges qui pèsent sur l'usufruit légal sont : 1° celles auxquelles sont tenus les usufruitiers; 2° la nourriture, l'entretien et l'éducation des enfants, selon leur fortune; 3° le paiement des arrérages ou intérêts des capitaux; 4° les frais funéraires et ceux de dernière maladie. — C 385.

L'usufruit légal ne s'étend pas aux biens que les enfants peuvent acquérir par un travail et une industrie séparés, ni à ceux qui leur sont donnés ou légués sous la condition expresse que les père et mère n'en jouiront pas. — C. 387.

Ch. II. — Droit fiscal.

Sect. I. — Tarif.

7866. Ligne directe. — 1 %. — Frim. art. 69, § 1, n. 3; § 3, n. 4. — 18 mai 1850, art. 10.

Enfant naturel succédant à défaut de parents au degré successible. — 9 %. — 28 avril 1816, art. 53.

7867. Entre époux. — 3 %. — 28 avril 1816, art. 53. — 18 mai 1850, art. 10.

7868. *Epoux survivant succédant à défaut de parents au degré successible.* — 9 %. — 28 avril 1816, art. 53. — Mais cette disposition n'est pas applicable au conjoint qui, en l'absence de parents au degré successible, recueille toute la succession *à titre de légataire*; dans ce cas, le droit est exigible à 3 % sur l'usufruit, et le droit de 9 % n'est dû que sur ce que l'époux recueille en nue propriété, c'est-à-dire sur la moitié de la succession. — Sol. 9 mai 1843; J. N. 11618; J. E. 13255-3.

7869. *Époux succédant à titre de parent.* — Si c'est à titre de *parent* que l'époux succède à son époux prédécédé, il doit acquitter les droits d'après son degré de parenté. — Sol. 30 mai 1806; J. E. 1424.

7870. Ligne collatérale. — *Entre frères et sœurs, oncles et tantes, neveux et nièces.* — 6. 50 %. — 21 avril 1832, art. 33. — 18 mai 1850, art. 10.
Entre grands-oncles et grand's-tantes, petits-neveux et petites-nièces, cousins germains. — 7 %. — 21 avril 1832, art. 33. — 18 mai 1850, art. 10.
Entre parents au delà du quatrième degré et jusqu'au douzième. — 8 %. — 21 avril 1832, art. 33. — 18 mai 1850, art. 10.

7871. Étrangers. — 9 %. — 21 avril 1832, art. 33. — 18 mai 1850, art. 10. — V. *Etablissement public.*

7872. Parenté. — Le degré de parenté est du domaine de la loi civile; il ne peut être modifié par un acte quelconque émané des particuliers. En ce sens, jugé que les énonciations contenues dans un testament relativement au degré de parenté du légataire avec le testateur, ne peuvent suffire pour établir la qualité réclamée, si d'ailleurs le légataire ne représente à l'appui de cette qualification aucun acte de l'état civil ou une autre justification régulière. — Seine, 25 mars 1844; J. E. 13480.

7873. Succession vacante. — *Héritiers connus.* — Dans le cas de renonciation à la succession par celui qui est appelé à la recueillir, les droits sont dus au taux fixé pour son degré de parenté. — 1. 290-70. — D. F. 7 juin 1808; 1. 386-33. — Seine, 7 juill. 1841; J. E. 12821-2. — Voici ce jugement :
« Attendu que, dans le dernier état de l'ancienne
« jurisprudence, les successions vacantes étaient sou-
« mises au paiement du droit de mutation; que la loi
« du 22 frim. an 7 n'a point dérogé à ce principe;
« qu'en effet, par son art. 4, elle assujettit au droit
« proportionnel toute transmission de propriété par
« décès ;
« Attendu que le fait seul du décès opère transmis-
« sion, la propriété des biens héréditaires ne pouvant
« demeurer incertaine, et que, conformément à la
« vieille maxime du droit français, consacrée par le
« Code civil, *le mort saisit le vif;* qu'à la vérité, l'hé-
« ritier présomptif a le droit de renoncer; mais qu'aux
« termes de l'art. 790 de ce Code, cette renonciation
« n'entraîne, de la part du renonçant, une abdication
« définitive et absolue de la succession qu'autant que
« la prescription du droit d'accepter est acquise contre
« ou que la succession est appréhendée par d'autres
« héritiers; que jusque-là le droit éventuel qu'il con-
« serve à l'hérédité doit faire considérer la qualité
« d'héritier comme reposant encore virtuellement sur
« sa tête, ce qui suffit pour autoriser l'administration
« de l'enregistrement à réclamer les droits de mutation

« de son chef, sauf à elle à exiger ultérieurement. le
« cas échéant, un droit supplémentaire, si les succes-
« sions se trouvent définitivement dévolues à des héri-
« tiers d'un degré subséquent. »

7874. *Héritiers inconnus.* — Lorsqu'une succession n'est point réclamée et que la déclaration est faite par un curateur, celui-ci est censé représenter les héritiers collatéraux actuellement inconnus, mais aptes à se présenter ultérieurement. et les droits doivent être perçus au taux fixé pour les héritiers collatéraux les plus éloignés jusqu'au douzième degré. — Sol. 6 août 1831; J. E. 10069.

7875. Donation. — Quelle que soit la nature de l'acte ou de la disposition qui forme le titre d'une libéralité, c'est le droit de mutation par décès qui est dû, dès que la réalisation de cette libéralité est soumise à l'événement du décès. — Cass. 23 mars et 7 juill. 1840; I. 1618-4, 1634-4.

7876. Minimum. — Suivant l'art. 3 de la L. 27 ventôse an 9, il ne peut être perçu moins de 25 cent. pour l'enregistrement des actes et mutations dont les sommes et valeurs ne produiraient pas 25 cent. de droit proportionnel. Pour la saine interprétation de cet article, il faut considérer qu'il n'a point pour objet *chacune* des différentes dispositions d'un même acte, mais le salaire de la formalité pour l'*acte entier*, et qu'ainsi la perception de 25 cent. ne peut être faite, comme *minimum* du droit, qu'autant que la perception sur les différentes dispositions n'atteindrait pas cette quotité.
Si l'on fait l'application de ce principe aux successions, il faut reconnaître que dans le cas d'une succession en ligne directe, par exemple, dont les immeubles donnent un capital de 40 fr. et les meubles une valeur de 20 fr., les droits doivent être cumulés, et que, si l'une des espèces de biens produit plus de 25 cent., le droit dû sur l'autre nature de biens ne doit être perçu que sur le montant de sa valeur, quelque faible que soit la somme qui en résulte. — R. G. 12492. — J. E. 1088, 1178, 3471.

SECT. II. — DÉLAI.

7877. Règle. — Les délais pour l'enregistrement des déclarations que les héritiers donataires ou légataires ont à passer des biens à eux échus ou transmis par décès, sont, savoir : — de *six mois*, à compter du jour du décès, lorsque celui dont on recueille la succession est décédé en France; de *huit mois*, s'il est décédé dans toute autre partie de l'Europe; d'*une année*, s'il est mort en Amérique; et de *deux années*, si c'est en Afrique ou en Asie. — Le délai de six mois ne court que du jour de la mise en possession, pour la succession d'un absent, celle d'un condamné si ses biens sont séquestrés, celle qui a été séquestrée pour toute autre cause, celle d'un défenseur de la

patrie s'il est mort en activité de service hors de son département, ou enfin celle qui est recueillie par indivis avec la nation. — Si, avant les derniers six mois des délais fixés pour les déclarations des successions de personnes décédées hors de France, les héritiers prennent possession des biens, il ne restera d'autre délai à courir, pour passer déclaration, que celui de six mois, à compter du jour de la prise de possession. — Frim. art. 24. — V. *Absence, Délai.*

7878. Prorogation de délai. — Malgré la prohibition formelle de l'art. 59 frim, le ministre des finances accorde souvent des prorogations de délai pour le paiement des droits de succession. Mais cet usage du droit de grâce est un attribut exclusif du pouvoir exécutif. Dans aucun cas et sous aucun prétexte, les juges ne peuvent octroyer aux parties des faveurs semblables. — (3204.)

D'ailleurs, les demandes en prorogation de délai ne peuvent, sauf de très-rares exceptions, être accueillies que si elles sont adressées au moins un mois avant l'expiration du délai légal, et si elles reposent sur des motifs concluants, tels que, par exemple, l'éloignement des héritiers du territoire français, l'introduction d'instances sur la validité des testaments ou sur la qualité des héritiers ou des légataires, etc. — Circ. 9 mai 1867.

7879. Acceptation. — Les droits dus pour les mutations par décès ne sont ni une dette de la succession, ni une charge imposée à la propriété, mais une contribution à laquelle sont soumis personnellement les héritiers, sans égard à l'appréhension de fait, à partir de la saisine qui s'opère par le décès du précédent propriétaire; il s'ensuit que, pour exercer contre eux son action, l'Administration n'a point à prouver qu'ils ont pris qualité. — Cass. 7 mars 1842; I. 1675-5; J. E. 12959.

Art. 1. — Point de départ du délai.

7880. Principe. — En règle générale, le délai court du *jour du décès*; mais il est des exceptions. — V. *Établissement public, Réversibilité.*

§ I. — *Délai courant du jour du décès.*

7881. Donation éventuelle. — Les droits dus sur les donations soumises à l'événement du décès doivent être acquittés dans les six mois du jour de ce décès. — Cass. 19 pluv. an 11; J. E. 1513. — 28 janv. 1810, 24 déc. 1819; I. 1173-6.

7882. Enfant conçu. — L'enfant qui est encore à naître au moment du décès est apte à recueillir la succession, parce que la loi considère comme *déjà existant* celui qui n'est encore que conçu. Il s'ensuit que ce n'est pas à dater de la naissance de l'enfant que doit courir le délai pour faire la déclaration des biens qu'il est appelé à recueillir, mais bien du jour de l'ouverture de la succession. — D. F. J. 9 oct. 1810; J. E. 3797.

7883. Héritier bénéficiaire. — Le délai pour l'héritier bénéficiaire est le même que pour l'héritier pur et simple, et les mêmes peines lui sont applicables. — Cass. civ. 29 germ. an 11; Sir. 3. 2. 311; I. 386-38; J. E. 1531. — 5 nivôse an 12; Sir. 4. 2. 52; J. E. 1935. — 21 août 1806; Cod. M. D. 1027. — 21 avril 1806; Sir. 6. 2. 589; J. E. 2500. — Req. 7 avril 1835; Sir. 35. 1. 292; I. 1498-7; J. E. 11186. — Civ. 12 juill. 1836; Sir. 36. 1. 670; I. 1528-10; J. E. 11590. — Civ. 28 août 1837; Sir. 37. 1. 811; I. 1562-19. — Thionville, 25 sept. 1850; J. E. 15238-1. — I. 1320-5.

7884. Instance. — Le legs doit être déclaré dans les six mois du jour du décès, lors même qu'une instance serait engagée au sujet de la validité du testament. Le retard dans le paiement des droits ne peut trouver une excuse dans l'événement futur et incertain de l'annulation demandée du testament, et de l'insuffisance de l'actif pour satisfaire à tous les legs, puisque la loi n'a subordonné les droits du Trésor ni à l'acceptation des legs ni à leur délivrance effective, mais a imposé des délais de rigueur auxquels les légataires sont tenus de se conformer, et passé lesquels la régie est tenue de poursuivre pour éviter la prescription. — Blois, 5 déc. 1848; J. N. 13768. — Seine, 8 août 1850; R. G. 12504 *bis.* — 7 juill. 1866; R. P. 2420.

7885. Légataire. — La loi ne fait aucune distinction entre les légataires saisis de plein droit et ceux qui sont obligés de demander la délivrance; il en résulte que dès qu'un legs existe, celui en faveur duquel il a été fait devient, s'il n'y a pas régulièrement renoncé, débiteur des droits auxquels la mutation donne ouverture, bien qu'il n'ait pas encore obtenu la délivrance dont la demande lui est imposée, et doit acquitter ces droits dans le délai ordinaire. — Cass. 16 janv. 1811, 4 fév. 1812; J. E. 3838. 4160. — Seine, 15 mars 1838; J. E. 12015-2. — 22 fév. 1849; J. N. 13665. — 8 août 1850; J. E. 15036-2. — Milhau, 31 août 1855; J. E. 16140.

7886. Décès avant acceptation. — Si le légataire décède avant d'avoir accepté le legs, ses héritiers ne peuvent prétexter le défaut d'acceptation de sa part pour différer le paiement des droits. — Cass. 16 janv. 1811; J. E. 3838. — Req. 10 mars 1829; I. 1307-9; J. N. 7132.

7887. Décès avant paiement des droits. — Si le légataire venait à décéder avant le paiement du droit, l'action de l'administration ne serait point éteinte pour cela, parce qu'il aurait transmis à ses héritiers le legs avec ses charges; mais si le legs n'était qu'un usufruit, devenant caduc par le décès du légataire avant la demande en délivrance, ou pour mieux dire, s'éteignant avec lui, les droits de mutation ne pourraient être récla-

més. dès qu'il n'aurait manifesté aucune intention de vouloir en profiter. Au contraire, s'il avait formé sa demande en délivrance, nonobstant qu'il décédât avant d'avoir acquitté les droits, la créance en serait acquise à l'administration, et elle pourrait en poursuivre le recouvrement contre les héritiers. — D. F. 7 août 1815; R. G. 12502. — Dél. 16 juill. 1830; J. E. 9714.

7888. *Déclaration de l'héritier.* — La déclaration faite par l'héritier ne dispense pas le légataire de déclarer son legs dans le délai fixé par la loi. — Orléans 23 déc. 1834; J. E. 11164. — Lyon, 6 déc. 1843; J. E. 13408.

7889. Militaire. — Le délai court du jour du décès pour la déclaration de la succession d'un militaire décédé *dans son département.* — D. F. 21 juill. 1820; J. E. 6746.

7890. Nue propriété. Le délai pour les déclarations des héritiers ou légataires de la nue propriété court du jour du décès, comme pour les déclarations d'usufruit ou de la propriété entière. On ne peut attendre l'époque de la réunion de l'usufruit. — Cass. 11 sept. et 18 déc. 1811, 31 juill. 1815; J. E. 4058, 4134, 5251.

7891. Partage provisoire. — Quoique les biens du défunt ne lui aient été assignés que par un partage *provisoire*, le délai court du décès. On ne peut prétexter qu'il faille attendre le partage définitif, et il n'est pas nécessaire de faire signifier *une contrainte pour mettre les héritiers en demeure.* — Cass. 7 niv. an 6; J. E. 140.

Un partage même définitif, même enregistré dans les six mois du décès, n'empêche pas que la peine du demi-droit ne soit encourue si la déclaration exigée par la loi n'a pas été faite. — Cass. 23 prair. an 9.

7892. Séquestre conventionnel. — En cas de séquestre *conventionnel*, le délai court du jour du décès; autrement, il ne tiendrait qu'aux parties de retarder le paiement des droits en faisant nommer un séquestre. — Cass. civ. 6 août 1810; Sir. 10. 1. 357; J. E. 3698.

7893. Terme. — Le legs fait à une personne pour n'en prendre possession qu'au décès d'un tiers doit être déclaré dans les six mois du décès du testateur, et non du tiers, attendu que ce legs n'est pas éventuel, mais à terme, et que si le légataire décédait avant le tiers, ses héritiers n'en recueilleraient pas moins la propriété de ce legs dont la délivrance est seule différée. — Dél. 26 nov. 1830; J. 1451-4.

7894. Tuteur. — Quoique le tuteur d'un héritier ou légataire n'ait pas encore été autorisé à accepter ou répudier la succession ou le legs, le délai court du jour du décès. — Cass. req. 21 oct. 1829; J. 1307-9.

7895. Usufruit. — Le délai dans lequel l'usufruitier

est tenu de payer le droit de mutation court du décès, lors même qu'il n'aurait pas encore demandé ni obtenu la délivrance; il suffit qu'il n'ait point renoncé. — Cass. 4 fév. 1812; J. E. 4160.

§ 2. — *Délai courant du jour de la mise en possession.*

7896. Déshérence. — Le délai pour la déclaration des successions appréhendées par l'État à titre de déshérence ne court que du jour de l'envoi en possession. — D. F. 8 frim. an 8; J. E. 673.

7897. Époux succédant à défaut d'héritiers. — Lorsque l'époux recueille, en vertu de l'art. 767 C., faute d'héritiers connus, la succession de son époux prédécédé, le délai ne court que du jour du jugement d'envoi en possession. — Dél. 13 oct. 1829; J. E. 9448.

7898. Éviction. — Lorsque les biens déclarés en ligne directe passent, par l'événement d'un procès, à des héritiers collatéraux, le délai pour la déclaration court *du jour du jugement.* C'est ce qui résulte de l'arrêt suivant :

« Considérant que les héritiers Süe ont été apelés à « la succession dont il s'agit par l'arrêt de la cour « d'appel de Montpellier, en date du 15 therm. an 11; « que, s'ils n'ont pas obtenu de fait la délivrance de « leur part héréditaire, il n'est pas moins vrai qu'ils « en ont été saisis de droit, qu'ils en ont acquis la pro-« priété et possession légale lorsque cet arrêt a été « rendu ; qu'il est de principe que c'est du moment de « cette saisine de droit, sans aucun égard à l'appréhen-« sion de fait, que les héritiers sont obligés envers les « créanciers de la succession qu'ils recueillent, et par « conséquent envers la régie de l'enregistrement pour « les droits qui lui sont dus ; qu'ainsi c'est à dater du « 15 thermidor an 11 que les héritiers Süe sont deve-« nus débiteurs du droit réclamé, et par conséquent « que c'est dans les six mois, à dater de cette époque, « qu'ils ont été tenus à la déclaration prescrite par « l'art. 24 ci-dessus cité ; considérant qu'à défaut de « déclaration dans ce délai, ils ont encouru l'amende « du demi-droit prononcée par l'art. 39 ; qu'ils ont « encouru cette amende, même en les supposant « exempts de fraude, car la contravention à une loi « fiscale ne s'écarte pas par l'intention. » — Cass. 11 fév. 1807.

7899. Militaire. — En règle générale, le délai pour déclarer la succession d'un militaire mort en activité de service hors de son département ne court que du jour de l'envoi en possession. — Frim. art. 24. — V. *Absence, Mutation.*

Cependant, ce délai peut courir de la date de l'inscription du décès sur le registre de l'état civil du domicile du défunt, de la date à laquelle l'acte de décès a été déposé dans l'étude d'un notaire qui en a dressé acte, ou du jour où le décès a été mentionné dans un acte public présenté à la formalité. Car, dans ces diver-

ses circonstances, les héritiers doivent être présumés avoir eu connaissance suffisante du décès. — V. n. 75, 76, 77.

Dans tous les cas, l'inscription sur les registres de l'état civil militaire ne peut remplacer celle sur les registres de la commune. — Cass. 29 avril 1818 ; J. E. 6177.

7900. *Demi-droit en sus.* — Lorsqu'il s'est écoulé plus de six mois depuis l'inscription du décès sur les registres de l'état civil, mais sans qu'on puisse opposer d'ailleurs aux héritiers l'entrée en possession, la contrainte ne peut avoir pour objet que le droit principal. et le demi-droit en sus ne peut être régulièrement exigé qu'autant que la mise en possession remonte à plus de six mois, sans qu'il y ait lieu de considérer si l'inscription du décès, a été faite ou non sur les registres de l'état civil.— D. F. 18 mai 1813 ; J. E. 4683.

§ 3. — *Questions diverses.*

7901. **Biens rentrés dans l'hérédité.** — Lorsque, après la déclaration de la succession, des biens sont rentrés dans l'hérédité par l'annulation de la vente qu'en avait consentie le défunt, le délai pour déclarer ces biens ne court que de la date du jugement ou de l'arrêt définitif qui annule la vente. — Tours, 10 août 1838. — Cass. 24 août 1841 ; J. E. 12845. — Seine, 21 juill. 1865 ; Calvi, 15 janv. 1866 ; R. P. 2154 , 2235.

7902. *Refus d'autorisation.* — L'héritier qui recueille un bien dont la nue propriété avait été léguée à un établissement public, est tenu d'acquitter les droits de mutation par décès, sous peine d'un demi-droit en sus, dans les six mois à partir du décret qui refuse à cet établissement public l'autorisation nécessaire pour accepter le legs. — Gap, 28 nov. 1849 ; J. E. 14899-4.

7903. *Valeurs inconnues.* — Des collatéraux avaient déclaré, le 20 mars 1811, les biens dépendant de la succession de leur oncle décédé le 1er octobre précédent, et avaient payé les droits. Surpris de n'avoir trouvé, dans cette succession, aucun argent comptant. ils firent des recherches, et parvinrent à découvrir un endroit secret pratiqué dans la maison d'habitation, où leur oncle avait caché une somme de 30,000 fr. Ils se représentèrent au bureau au mois de juillet 1811, c'est-à-dire plus de neuf mois après l'ouverture de la succession, et ils firent un supplément de déclaration pour cette somme.

Pour soutenir qu'un droit en sus était exigible, on disait que cette seconde déclaration n'avait pas été faite dans les six mois du décès, et que la première ne faisait pas mention de cette somme ; que d'ailleurs rien ne prouvait qu'elle n'eût été trouvée que plusieurs mois après le décès, et que par conséquent le double droit était dû.

Mais l'administration n'admit pas ces moyens, et voici quel fut son raisonnement : « Sous quelque rapport que l'on envisage cette déclaration supplémentaire, on ne peut y trouver ni omission , ni insuffisance. En effet, c'est de leur propre mouvement que les héritiers sont venus la faire. Sans leur bonne foi, la somme de 30,000 fr. qui en est l'objet serait restée tout à fait inconnue, et rien ne prouve qu'elle n'ait pas été réellement trouvée plus de neuf mois après l'ouverture de la succession. La première déclaration comprenait tout ce qui était connu ; et la peine dans l'espèce n'est pas encourue, puisque les héritiers n'ont pas pu déclarer plus tôt la somme dont il s'agit : il n'y a donc pas lieu au droit en sus. » — Sol. 1er juill. 1813 ; R. G. 13358-2.

7904. *Appel.* — Tout jugement, non exécutoire par provision, devient sans effet, quand il est frappé d'appel ; il en résulte que le délai de six mois, pendant lequel les héritiers doivent déclarer les biens qui leur sont échus , par suite de la rescision d'une vente consentie par le défunt, commence à courir non du jour du jugement qui a annulé la vente, mais du jour de l'arrêt confirmatif, s'il y a eu appel de ce jugement. — Cass. 20 août 1816 ; J. E. 5602.

7905. *Eviction.* — Lorsqu'une succession a été déclarée échue en totalité à la ligne directe, et qu'il survient des héritiers en ligne collatérale, ceux-ci doivent passer une nouvelle déclaration dans les six mois de l'acte qui a reconnu leurs droits, à peine du demi-droit en sus. et il y a solidarité entre eux et les héritiers de la ligne directe, pour le paiement du supplément de droit. — Seine, 25 mars 1852 ; J. E. 15451.

7906. *Faillite.* — Lorsque, pour obtenir sa réhabilitation , le failli concordataire paie aux héritiers du créancier prédécédé les sommes dont il avait obtenu la remise par son concordat, ces héritiers doivent faire, dans les six mois du paiement, une déclaration supplémentaire de ces sommes. C'est seulement à partir de cette époque que court la prescription des droits simples et en sus auxquels les paiements donnent lieu. — Sol. 3 mai 1867 ; R. P. 2580. — Cass. 26 avril 1870. — Voici cet arrêt :

« Vu les art. 4, 14 n° 8, 24, 27 et 39 de la loi du 22 « frim. an VII ; — attendu que la portion de créance « dont le concordat obtenu par le failli lui accorde la « remise, ne comportant qu'un recouvrement incertain « et éventuel, ne devient l'objet d'un droit positif au « profit des créanciers que par suite du paiement vo- « lontaire de cette partie de la créance, effectué dans « les mains du créancier par le débiteur ou pour lui « par un tiers agissant dans son intérêt ; — mais at- « tendu que si, à raison de l'incertitude et de l'éven- « tualité du recouvrement , la dette ne comporte « jusque-là aucune évaluation dans la déclaration de « succession dont , en cas de décès du créancier, les « héritiers sont tenus à l'égard de la régie dans les six « mois qui suivent le décès, il y a lieu, de leur part, à « déclaration supplémentaire après la réalisation de « la créance au moyen du versement qui a été fait, « postérieurement à la première déclaration, aux hé-

« ritiers du créancier par le débiteur failli ou en son
« nom, de la portion de dette dont il s'agit ; — attendu
« qu'en effet la somme ainsi recouvrée constitue,
« quoique volontairement acquittée, mais à titre d'o-
« bligation à laquelle le paiement effectué a restitué le
« caractère originaire d'obligation civile, une valeur
« afférente à l'hérédité, et ne saurait dès lors être
« exempte des droits de mutation auxquels sont assu-
« jettis les biens advenus aux héritiers en vertu de
« leur titre universel à la succession de leur auteur. »

7907. *Droits litigieux.* — Lorsque des héritiers ont
compris une créance litigieuse dans leur déclaration
pour un chiffre fixé provisoirement, ils sont tenus
de faire une déclaration supplémentaire dans les six
mois du jugement qui détermine ultérieurement l'importance réelle de la créance. — Yvetot, 27 fév. 1866 ;
R. P. 2329.

7908. *Indignes.* — Le délai pour les héritiers qui
recueillent la succession au lieu de celui qui est déclaré indigne de succéder ne court que du jour de
l'arrêt qui prononce sur l'accusation ; et il a même été
décidé que, s'il y a pourvoi en cassation, le délai ne
court que du jour de l'arrêt de rejet. — D. F. 7 juin
1808 ; I. 386-37 ; J. E. 2701.

7909. *Réduction de donation.* — Lorsqu'une donation est réduite par le tribunal, l'héritier dont la
réserve légale est augmentée doit passer une déclaration supplémentaire dans les six mois du jugement. —
Bernay, 19 déc. 1849 ; J. E. 15036-7. — Bagnères,
18 avril 1859 ; R. P. 1203.

7910. **Condition suspensive.** — Le délai pour le
paiement des droits d'un legs fait sous une condition
suspensive ne commence à courir que du jour où la condition s'accomplit, car jusque-là le légataire n'a pas été saisi.
— D. F. 22 avril 1806 ; J. E. 2296. — Château-Gontier,
27 août 1842 ; J. E. 13074. — Seine, 28 juill. 1865 ;
R. P. 2215.

7911. **Enfant conçu.** — Le délai pour faire la déclaration d'une succession à laquelle est appelé un enfant à
naître court du jour de l'ouverture de la succession, et
non du jour de la naissance de l'enfant, parce que
l'enfant conçu est présumé existant, et qu'on lui
nomme un curateur chargé de le représenter. — D. F.
J. 9 oct. 1810 ; J. E. 3797.
Si l'enfant ne naît pas viable, un autre ordre de succession s'ouvre, et le délai pour la déclaration des
héritiers appelés à recueillir la succession au défaut de
l'enfant ne court que du jour de l'accouchement. —
Dél. 7 août 1822.

7912. **Réméré.** — Lorsqu'un héritier cède la faculté
de réméré qui lui est échue par le décès du vendeur,
le délai pour acquitter les droits de mutation, non de
l'immeuble, puisqu'il n'en a pas exercé le retrait et

qu'il ne doit pas l'exercer, mais de l'action ou du droit
de retraite, classé par l'art. 526 C. *parmi les immeubles,*
court du jour de la cession, parce que, jusque-
là, il était incertain que l'héritier usât du droit qui lui
était échu. En le cédant, il agit comme s'il eût lui-
même exercé le retrait. — D. F. 2 juin 1812 ; J. E.
4312. — V. *Réméré.*

7913. *Séquestre.* — Dans une espèce où il s'agissait
d'une succession séquestrée, la Cour de cassation a
jugé, relativement à un immeuble rentré dans la succession, au moyen d'un réméré exercé par l'héritier,
que le délai avait commencé du jour de l'arrêté portant mainlevée définitive du séquestre, et non de la
date de l'acte de rachat, passé postérieurement. —
Cass. 18 déc. 1816 ; Pr. chron. 338.

7914. **Renonciation.** — Si la veuve renonce à la
communauté *avant l'expiration des délais*, les héritiers
doivent comprendre tous les biens de cette communauté dans leur déclaration. Si la renonciation n'est
faite qu'*après les six mois,* le délai, pour la déclaration
des biens rentrés dans la succession, court du jour de
la renonciation — Dél. 21 oct. 1814 ; J. E. 4058. —
Seine, 16 fév. 1821 ; J. E. 8127.

7915. **Réversibilité.** — Lorsque le défunt a légué à
deux personnes une rente viagère pour en jouir successivement, le délai, pour la déclaration à faire par celui
qui profite de la rente en dernier lieu, ne court que
de la date du décès du premier investi, et non de la
date du décès du donateur. — Sol. 14 déc. 1825 ; I.
1187-7. — V. *Réversibilité.*
Même décision au sujet d'un usufruit légué à plusieurs personnes pour en jouir successivement. — Sol.
14 avril 1826 ; I. 1200-15. — Le Hâvre, 25 juill. 1832 ;
I. 1422-8. — Cass. 30 déc. 1834 ; I. 1481-9.

7916. **Séquestre.** — Le délai de six mois, pour déclarer une succession placée sous le séquestre, court
seulement à partir du jour de la mise en possession des
héritiers, c'est-à-dire du jour de la mainlevée définitive.
Cass. 22 vend. an 9 ; J. E. 659. — 6 flor. et 20 prair.
an 10 ; J. E. 1935. — 14 août 1811 ; J. E. 4098. — 9
nov. 1813 ; J. E. 4713.

7917. **Substitution.** — Lorsqu'un testament a été
annulé pour cause de substitution prohibée, le délai
pour le paiement des droits par les nouveaux héritiers
court de la date du jugement d'annulation. — Langres,
14 nov. 1855 ; J. E. 16165.

7918. **Testament.** — Le délai pour la déclaration
d'un legs fait par testament olographe ou mystique ne
court que du jour de l'ouverture du testament, ou,
pour le premier, si son état n'a pas été constaté judiciairement, du jour du dépôt en l'étude d'un notaire ou
de son enregistrement. — I. 1200-14.

Art. 2. — Peine en cas de retard.

7919. Règle. — Les héritiers, donataires ou légataires qui n'ont pas fait, dans les délais prescrits, les déclarations des biens à eux transmis par décès, paient à titre d'amende un demi-droit en sus du droit dû pour la mutation. Les tuteurs et curateurs supportent personnellement cette peine, lorsqu'ils ont négligé de passer les déclarations dans les délais. — Frim. art. 39.

7920. Nécessité de la déclaration et du paiement des droits. — Il ne suffit pas que l'héritier fasse une déclaration ; il faut en outre que cette déclaration soit accompagnée du paiement des droits. — Cass. 29 germ. an 11, 5 niv. an 12, 21 avril et 28 oct. 1806. — Civ. 1er fév. 1830 ; Sir. 30. 1. 137 ; I. 1320-5 ; J. E. 9595.

La réciproque est vraie, c'est-à-dire que le versement des droits n'exempte pas de la déclaration. Et si la déclaration n'est faite qu'après l'expiration des délais, le demi-droit en sus est dû, parce que la loi impose cette peine au retard dans la déclaration ; mais alors le demi-droit en sus ne porte que sur le complément de droit simple exigible. — D. F. 18 mess. an 8. — 10 oct. 1831 ; Rec. Roll. 3484.

7921. Erreur. — *Bureau.* — Si l'on a payé les droits dans un bureau autre que celui où la déclaration devait être faite, et que l'erreur n'ait pas été réparée dans les délais, le demi-droit en sus doit être acquitté à ce dernier bureau, sauf restitution des droits acquittés au premier. — D. F. 28 sept. 1841 ; I. 1649.

7922. Date du décès. — Si la date du décès énoncée dans la déclaration est erronée et que cette déclaration ait été faite après l'expiration du délai, le demi-droit en sus est encouru. — Sol. 2 germ. an 8 ; J. E. 1605.

7923. Droit indûment perçu. — La donation de biens présents et à venir sous réserve d'usufruit, constitue une institution contractuelle, qui n'est assujettie au droit de mutation qu'au décès du donateur. Si donc la perception de ce droit a été faite par erreur, lors de l'enregistrement du contrat, sur la valeur des biens présents, les parties doivent, malgré cette perception irrégulière, souscrire après la mort du disposant une déclaration, même en ce qui concerne les biens dont la valeur a été déjà soumise à l'impôt, sauf à demander, par voie d'exception, l'imputation des droits indûment perçus sur le contrat. — Cass. civ. 24 déc. 1821 ; Sir. 22. 1. 334 ; J. E. 7291. — Civ. 13 avril 1825 ; Sir. 26. 1. 191 ; I. 1173-6 ; J. E. 8103.

7924. Succession négative. — Il n'est pas nécessaire de déclarer une succession négative. — Orange, 13 avril 1853 :

« Considérant qu'aucune disposition de la loi du « 22 frim. an 7 n'oblige un héritier à faire une décla- « ration négative ou pour mémoire à raison de droits « incorporels purement éventuels et litigieux dont « aucun titre ne constate l'existence ; — que d'une « part, en effet, la fiction : *qui habet actionem*, *rem* « *ipsam habere videtur*, ne saurait être appliquée en « matière de perception d'impôts, et que, d'autre part, « suivant l'art. 27 de la loi du 22 frim. an 7, l'enre- « gistrement des mutations par décès doit avoir lieu « sur la déclaration détaillée des héritiers, donataires « ou légataires, et, suivant l'art. 28 de la même loi, « être précédé du paiement des droits, ce qui sup- « pose qu'il n'existe aucune incertitude sur l'existence « des biens ou des créances dont se compose la suc- « cession qui fait l'objet de la déclaration ; — qu'il « suit de là qu'Eusèbe Rolland n'était et n'est encore, « en l'état, tenu à aucune déclaration au bureau de « l'enregistrement de Vaison, à raison de la succession « de la femme Chave, sa sœur, et que c'est à bon droit « qu'il a formé opposition à la contrainte décernée contre « lui le 4 juin 1851. »

7925. Etranger. — Les héritiers, domiciliés à l'étranger, d'un étranger domicilié et décédé hors de France, encourent le demi-droit en sus, s'ils ne déclarent pas dans le délai les rentes sur l'Etat français recueillies par eux dans la succession de leur auteur. En effet, l'art. 39 frim. porte que les héritiers, donataires ou légataires qui n'auront pas fait, dans les délais prescrits, la déclaration des biens à eux transmis, paieront, à titre d'amende, un demi-droit en sus du droit qui sera dû pour la mutation. Cette disposition, conçue en termes généraux, ne distingue pas entre les nationaux et les étrangers ; elle les soumet les uns comme les autres, dans le cas qu'elle indique, à l'amende de retard, par cela seul qu'ils ont laissé expirer le délai déterminé sans passer la déclaration qu'ils étaient tenus de fournir. La raison et la justice exigent qu'il en soit ainsi en France, où les étrangers succèdent comme les nationaux, et l'on doit même reconnaître que la disposition pénale de l'art. 39, qui a pour objet d'assurer le paiement régulier des droits de succession, est particulièrement nécessaire à l'égard des étrangers, contre lesquels l'administration n'a que des moyens d'actions restreints. — D. F. 26 mai 1853 ; I. 2003-2. — V. *Etranger.*

7926. Faillite. — Lorsqu'après la mort d'un failli, les syndics de la faillite ont fait en temps utile la déclaration des biens de la succession, en se réservant la faculté de souscrire une déclaration supplémentaire, après la levée des scellés, le curateur nommé à cette succession, devenue vacante, n'encourt pas la peine du demi-droit en sus, s'il ne fournit point cette déclaration supplémentaire dans les six mois de la levée des scellés. Il n'y a eu dans la première déclaration ni omission, ni fausse évaluation ; les syndics ont déclaré avec vérité que les créances ne pourraient être connues qu'après la levée des scellés.—Cass. civ. 26 nov. 1810 ; Sir. 11. 1. 254 ; J. E. 3768.

7927. Débiteur du demi-droit en sus. — *Héritier.* — Les peines étant personnelles, les héritiers de celui qui

les a encourues n'en sont point responsables. à moins que le délai pour la déclaration à faire par le décédé n'étant pas expiré au jour de son décès, il n'ait dépendu que d'eux de se conformer à la loi avant l'échéance de ce délai. — D. F. 15 juill. 1806; J. E. 2352.

7928. *Tuteur.* — Le tuteur est personnellement responsable du demi-droit en sus. — Frim. art. 39. — I. 386-34. — Seine, 22 mai 1858; R. P. 1059. — 6 juill. 1867, 2 janv. 1869; R. P. 2585, 2916.

« Attendu qu'il n'y a pas lieu de s'arrêter davantage « à l'exception tirée de ce que le tuteur n'aurait encore « perçu aucune des valeurs appartenant au mineur ; « que nulle part la loi n'autorise, en pareil cas, le « tuteur à différer la déclaration qui lui incombe et ne « le dispense, pour ce motif, de supporter la peine du « demi-droit en sus; qu'il n'en pourrait être ainsi; « qu'en effet, dans aucun cas l'administration ne serait « en mesure de vérifier ni la sincérité d'une semblable « allégation, ni jusqu'à quel point le tuteur serait ou « non en faute; que, si une pareille exception était « admise, l'administration se trouverait à la merci du « mauvais vouloir ou de la mauvaise foi des tuteurs, et « qu'il en résulterait inévitablement un grave désordre « dans la perception de l'impôt. »— Bordeaux, 10 fév. 1857.

7929. *Administrateur légal.* — Le père, administrateur légal, est, comme le tuteur, passible du demi-droit en sus encouru pour défaut de déclaration dans le délai d'une succession échue à son enfant mineur. — Toulouse, 5 mars 1863; R. P. 1906-1. — Marseille, 12 mars 1869; R. P. 2953.

7930. *Succession vacante.* — On ne saurait exiger le demi-droit en sus du curateur à une succession vacante, lorsque, soit par suite de l'époque tardive de sa nomination, soit parce qu'il n'a pas trouvé dans la succession les fonds nécessaires, il a été dans l'impossibilité de faire sa déclaration dans le délai. — C. Bruxelles, 4 nov. 1815; Dall. R. 4035. — Seine, 11 mai 1861; R. P. 1498. — Tours, 14 mars 1862; R. P. 1590.

De plus, le demi-droit en sus étant une peine prononcée contre les personnes, ne peut pas être mis à la charge de l'hérédité. — Mêmes autor. — *Contrà* : D. F. 1er juill complém. an 12; J. E. 1830. — Seine, 7 juill. 1841; Rec. Roll. 6264.

7931. *Exécuteur testamentaire.* — L'exécuteur testamentaire n'est pas personnellement passible du droit en sus d'omission, qui demeure à la charge de la succession. — Marseille, 25 juillet 1867 ; R. P. 2597.

Sect. III. — Bureau.

7932. Immeubles. — Les mutations de propriété ou d'usufruit par décès sont enregistrées au bureau de la situation des biens. — Frim. art. 27.

7933. *Usufruit.* — La veuve, légataire de l'usufruit de la moitié des biens de son mari, doit faire sa déclaration dans tous les bureaux de la situation des biens, à moins qu'un partage ne lui ait *assigné* les biens qui se trouveront spécialement grevés de cet usufruit. — Sens, 10 nov. 1848; J. E. 14617-5.

7934. Meubles ayant une assiette déterminée. — Les biens meubles doivent être déclarés au bureau dans l'arrondissement duquel ils se sont trouvés au décès de l'auteur de la succession. — Frim. art. 27.

7935. *Intérêt dans une coupe de bois.* — L'intérêt que pouvait avoir l'auteur de la succession dans une coupe de bois doit être déclaré au bureau dans l'arrondissement duquel les bois sont situés. — Sol. 6 sept. 1810; R. G. 12566-3.

7936. *Entrepôt.* — Les marchandises entreposées dans les villes françaises doivent être déclarées au bureau du domicile de la personne décédée. Il en est de même des marchandises, appartenant à des Français, entreposées dans des villes étrangères. — I. 1166-7.

7937. Biens meubles sans assiette déterminée. — Les rentes et les autres biens sans assiette déterminée lors du décès sont déclarés au bureau du domicile du décédé. — Frim. art. 27.

Par les termes *biens meubles sans assiette déterminée*, il faut entendre les rentes foncières ou constituées, les obligations de sommes et créances, les actions tendant à revendiquer des sommes exigibles ou les effets mobiliers, les actions dans les sociétés anonymes ou en commandite et les intérêts dans les autres sociétés; les arrérages d'intérêts de capitaux. de fermages ou de rentes. — Dict. Fess. *eod.* v°, 611. — Dict. É. *eod.* r°, 310.

7938. *Étranger.* — Les biens meubles sans assiette déterminée dépendant d'une succession ouverte dans les colonies ou à l'étranger doivent être déclarés au bureau du domicile du débiteur. — (4120.)

7939. *Rentes sur l'État.* — Ainsi, les rentes sur l'État, directes ou départementales, doivent être déclarées à Paris au bureau dans l'arrondissement duquel se trouve établi le Trésor public, car c'est là que se tient le grand livre de la dette publique qui forme le titre des créanciers. — D. F. 10 mai 1853; I. 2003-3. — I. 2148-3. — *Contrà* : Seine, 14 août 1858; R. P. 1071.

7940. *Numéraire.* — Le numéraire doit être déclaré au bureau du lieu où il a été trouvé. — Sol. 3 avril 1864; R. P. 1947-6.

7941. *Billets de banque.* — Les billets de banque doivent être déclarés au bureau du domicile du défunt. — Id. ibid.

7942. *Legs de sommes n'existant pas en nature.* — Les legs de sommes d'argent n'existant pas en nature dans la succession doivent être déclarés au bureau dans l'arrondissement duquel le décédé avait son domicile, et non dans le bureau de la situation des immeubles de la succession. — Sol. 17 sept. 1828 ; J. E. 9181. — 18 avril 1861 ; R. P. 1597. — 2 janv. 1866 ; R. P. 2423.

7943. *Mineur.* — C'est au domicile du curateur que doivent être déclarées les rentes et créances dépendant de la succession d'un mineur. — D. F. 4 sept. 1810 ; J. E. 3978.

7944. *Intérêt.* — Un coupon d'intérêt dans une entreprise, trouvé dans les papiers du défunt, doit être déclaré au bureau du domicile du décédé. — Sol. 5 mars 1811 ; R. G. 12567-5.

7945. *Reprise.* — A défaut d'option, les reprises sont censées devoir être prélevées en nature, et il y a lieu de les déclarer aux bureaux de la situation des biens sur lesquels elles s'imputent. — Sol. 9 sept. 1868 ; R. P. 2803.

7946. *Créance sur un colon.* — Les créances dues par un colon à un métropolitain doivent être déclarées en France au bureau du domicile de ce dernier. — Sol. 17 fév. 1866 ; R. P. 2297. — Seine 20 juill. 1867 ; R. P. 2552. — Cass. 24 fév. 1869 ; R. P. 2851. — Agen, 12 fév. 1870 ; R. P. 3224. — Cass. civ. 16 déc. 1870. Cet arrêt est ainsi conçu :

« Vu l'art. 27 de la loi du 22 frim. an VII et l'art. 4 « de l'ordonnance royale du 19 oct. 1841 ; — attendu « que la mutation par décès de propriété des biens « meubles doit être déclarée au bureau de l'arron- « dissement dans lequel ces biens se trouvent au « jour du décès de l'auteur de la succession ; — « que les rentes et autres meubles sans assiette « déterminée doivent être déclarés au bureau du « domicile du décédé ; attendu que les biens incor- « porels sans assiette déterminée sont réputés situés « au domicile du décédé, lorsqu'il était domicilié en « France ou dans une des colonies où l'enregistrement « est établi, lesquelles sont assimilées à la France ; « attendu que cette situation fictive a pour but d'as- « surer, dans toutes les hypothèses, le recouvrement de « l'impôt de mutation dû au Trésor public ; — attendu « que, dans l'espèce, la succession de Philippe Beugin « s'est ouverte à Arras, lieu de son domicile ; que de « cette succession dépendait une créance sur Dela- « combe, domicilié en Algérie, colonie où l'enregistre- « ment est établi par l'ordonnance royale du 19 oct. « 1841 ; — attendu que cette valeur incorporelle était « réputée située à Arras, lieu de l'ouverture de la « succession ; qu'elle était soumise au droit de muta-

« tion fixé pour les valeurs situées en France, et ne « profitant pas de l'exemption accordée par l'ordon- « nance du 19 oct. 1841 à la mutation des biens meubles « opérée par décès en Algérie ; — attendu que l'hypo- « thèque ne constitue pas la créance, mais n'en est « que l'accessoire ; que la loi fiscale ne fait pas de « distinction entre les obligations personnelles et celles « qui sont garanties par hypothèque ou privilège ; que, « par conséquent, l'hypothèque consentie par Dela- « combe sur des immeubles sis en Algérie ne modifiait « en rien le caractère de la créance de la succession de « Beugin, relativement à la déclaration de transmission « et à la perception du droit ; — d'où il suit qu'en « annulant la contrainte décernée par la Régie le « jugement dénoncé a violé l'art. 27 de la loi du 22 « frim. an VII, et faussement appliqué l'art. 4 de « l'ordonnance royale du 19 oct. 1841 ; — casse. »

7947. *Erreur.* — Toute déclaration de mutation par décès faite à un bureau autre que celui qui est déter- miné par l'article 27 frim. doit être considérée comme non avenue, sauf restitution aux parties des droits qu'elles auraient payés par erreur ; l'Administration est fondée à exiger d'elles une déclaration régulière au bureau compétent, ainsi que le paiement des droits. — D. F. 23 sept. 1841 ; I. 1649.

Lorsqu'une déclaration de succession embrasse des biens qui, en raison de leur situation, n'ont pas dû être compris dans ladite déclaration, et que d'ailleurs ces biens ne sont pas déclarés dans le seul bureau où ils pourraient l'être, il y a, par rapport à ces biens, *absence totale* de déclaration. — Corbeil, 23 août 1834 : J. E. 15907.

Si les héritiers n'ont fait aucune déclaration au bureau de l'enregistrement du domicile du défunt, bien qu'il soit constaté que des valeurs mobilières dé- pendant de la succession existaient au lieu du domicile, ils ne peuvent se dispenser de passer la déclaration exigée par la loi, sous prétexte qu'en faisant au bureau de la situation des immeubles la déclaration de muta- tion par décès, ils ont acquitté la totalité des droits dont ils étaient redevables. — Seine, 4 déc. 1830 : J. E. 15091.

SECT. IV. — PERSONNES CHARGÉES DE DÉCLARER.

7948. **Règle.** — Les déclarations des mutations par décès doivent être faites par les héritiers, donataires ou légataires, leurs tuteurs ou curateurs. — Frim. art. 27.

7949. *Légataire.* — La déclaration faite par le léga- taire universel ne dispense pas les légataires particuliers d'une déclaration spéciale, lorsqu'elle ne mentionne pas leurs legs. Il importe peu, d'ailleurs, que les légataires particuliers n'aient pas encore obtenu la délivrance de leurs legs, du moment qu'ils n'y ont pas renoncé. — Seine, 1er fév. 1862 ; R. P. 1658. — I. 1156-7.

7950. *Cessionnaire.* — On ne peut contraindre le

cessionnaire de droits successifs à passer déclaration des biens, quoiqu'il ait été chargé du paiement des droits de succession par l'acte de cession ; cependant, si ce cessionnaire se présente volontairement, et dépose un extrait de l'acte de cession, il semble qu'on doit admettre sa déclaration ; la condition qui lui est imposée par le cédant doit tenir lieu de pouvoir, et l'on ne pourrait, dans tous les cas, refuser le paiement qu'il offrirait. — Vendôme, 26 fév. 1819 ; J. E. 6560.

7951. *Usufruitier.* — L'usufruitier ne peut acquitter les droits au nom du nu-propriétaire que s'il est pourvu d'un mandat. — Dél. 27 janv. 1826.

7952. *Transaction.* — Lorsqu'il y a transaction entre un légataire universel et les héritiers non réservataires, et qu'il est remis à ceux-ci une partie des biens de la succession, le légataire universel n'en doit pas moins la déclaration et le paiement des droits pour tous les biens dont il était saisi de plein droit. — I. 1229-11.

7953. **Pouvoir.** — Si la déclaration est faite par un fondé de pouvoirs, le mandat doit être accepté par lui et rester annexé au registre. — I. 443-5, 1318-20.

Le mandat à l'effet de déclarer les biens sujets au droit de mutation par décès est censé autoriser une déclaration dans les termes et les formes de droit, de manière que, si cette déclaration contient des omissions ou fausses évaluations, le mandant encourt les peines prononcées par la loi. — Cass. 18 août 1829 ; J. E. 9760.

SECT. V. — FORME.

7954. **Principe.** — C'est aux parties qu'il appartient de faire leurs déclarations ; les receveurs doivent les recevoir telles qu'elles leur sont faites, sauf à eux à les vérifier, et à appliquer les peines prononcées par la loi, s'il y a fraude. — D. F. 16 nov. 1812 ; J. E. 4398. — Amiens, 12 juin 1856 ; J. E. 16375.

Mais, puisque le receveur a le devoir de vérifier l'exactitude des déclarations, il est nécessaire que ces déclarations contiennent les éléments et les détails suffisants pour que la vérification soit possible. Ainsi, chaque déclaration doit énoncer : 1° les noms et prénoms des héritiers, donataires et légataires ; 2° ceux du décédé ; 3° la date du décès ; 4° si la ligne dans laquelle la succession est ouverte est directe ou collatérale ; 5° le détail, *article par article*, des biens par nature, consistance et situation ; 6° s'ils sont affermés ou non ; 7° leur produit ou le prix des baux courants, sans distraction des charges à l'époque du décès ; 8° le capital de ce revenu ; 9° enfin la quotité et le montant du droit perçu. — I. 443, 1318.

7955. **Meubles.** — Les héritiers, donataires ou légataires rapportent à l'appui de leurs déclarations de biens meubles un inventaire ou état estimatif, article par article, par eux certifié, s'il n'a pas été fait par un officier public ; cet inventaire est déposé et annexé à la déclaration, qui est reçue et signée sur le registre du receveur de l'enregistrement. — Frim. art. 27.

7956. *Héritiers illettrés.* — Les héritiers qui ne savent pas écrire, peuvent se dispenser de rapporter, à l'appui des déclarations de mutation par décès, l'état estimatif des biens meubles appartenant à la succession ; mais, dans ce cas et lorsqu'il n'existe pas d'ailleurs d'inventaire fait devant notaire, la déclaration doit contenir le détail des objets mobiliers, avec l'estimation pour chaque article, et le receveur atteste, par sa signature, la déclaration de la partie portant qu'elle ne sait pas écrire. — I. 1400.

7957. *Inventaire.* — Lorsqu'il existe un inventaire authentique, il n'est pas nécessaire qu'il soit déposé et annexé à la déclaration. Dans ce cas, les héritiers sont seulement tenus d'en faire mention dans leur déclaration, et d'en indiquer la date, ainsi que le nom et la résidence de l'officier public devant lequel il a été passé. — D. F. 22 prair. an 7.

7958. *Déclaration non détaillée.* — Le receveur est en droit de refuser une déclaration de succession dans laquelle on ne fait figurer qu'en bloc, en capital et intérêts, les créances laissées par le défunt, et les héritiers qui ont refusé le détail de ces créances sont passibles du demi-droit en sus après le délai de six mois. Guingamp, 14 fév. 1849 ; J. E. 14689. — Diekirch, 14 janv. 1870 ; R. P. 3440.

Le receveur est en droit de refuser une déclaration à l'appui de laquelle les héritiers prétendent ne fournir aucun état estimatif, relativement aux créances et valeurs mobilières qu'ils offrent néanmoins de détailler dans la déclaration. — Sarlat, 19 juin 1848 ; J. E. 14713.

7959. **Immeubles.** — La déclaration des immeubles doit être détaillée et signée sur le registre. — Frim. art. 27.

Chacun des immeubles dépendant de la succession doit être détaillé dans la déclaration, article par article, avec l'énonciation du nom particulier ou *lieu-dit* sous lequel il peut être connu, de la commune sur le territoire de laquelle il est situé, de sa nature, de sa consistance et contenance, et enfin de son évaluation en revenu ou valeur locative. Toute déclaration qui ne contiendrait pas à cet égard tous les éléments nécessaires pour en vérifier l'exactitude doit être refusée par le receveur. — Cass. 16 janv. 1811 ; J. E. 3838. — Saint-Pons, 29 nov. 1853 ; R. G. 12625-2.

7960. *Domaine.* — Il est suffisamment satisfait à la disposition de la loi qui exige le détail des biens, lorsque la déclaration contient tous les éléments nécessaires pour mettre les préposés à même d'en vérifier l'exactitude. Ainsi, quand une succession comprend

plusieurs domaines, le vœu de la loi est rempli par la désignation de chaque domaine; on n'est pas obligé de fournir le détail de toutes les parcelles qui le composent. — Cass. civ. 14 mars 1814; Sir. 14. 1. 274; J. E. 4912.

7961. *Arbres épars.* — Les arbres épars, en massifs ou en bordure ne nécessitent pas des détails spéciaux quant à leur essence, à leur nombre, etc., puisqu'ils font corps avec le sol. — Hazebrouck, 12 août 1865; R. P. 2325. — *Contrà :* Yvetot, 18 août 1863 ; R. P. 2325.

7962. Signature. — La déclaration non signée par les parties est nulle et non avenue. — Cass. 26 avril 1808; J. E. 3103; Sir. 9. 1. 41.

Si l'héritier, sous prétexte qu'il n'a pas de fonds, refuse de signer sa déclaration, et que le délai s'écoule sans nouvelle déclaration, le demi-droit en sus est encouru. — Marseille, 13 avril 1849; J. E. 14709-5.

La déclaration du redevable et sa signature sur le registre sont une formalité de rigueur à laquelle il ne peut être suppléé ni par des offres ni par aucun acte équivalent ; mais lorsqu'un des héritiers produit au receveur la déclaration détaillée de tous les biens composant, suivant son dire, la succession, et somme le receveur de consigner cette déclaration et la signature sur ses registres, avec offres réelles des droits que le redevable prétendait rester dus, le receveur doit obtempérer à ces réquisitions. — Cass. civ. 3 févr. 1869 :

« Attendu qu'aux termes des art. 27, 28 et 29 de la « loi du 22 frim. an VII, les héritiers sont tenus de « passer déclaration détaillée, au bureau du receveur « de l'enregistrement, des mutations de propriété qui « ont eu lieu par suite du décès de leurs auteurs, de « signer cette déclaration sur les registres du receveur « et d'acquitter les droits avant l'enregistrement; — « attendu que la déclaration est la base de la percep- « tion du droit, que le chiffre des sommes à payer par « le redevable est assis sur les valeurs indiquées par « ladite déclaration, ainsi que sur les rectifications « dont les préposés de l'enregistrement la jugent sus- « ceptible; que le paiement, ainsi réglé, ne peut, sous « aucun prétexte, être différé, et doit précéder l'enre- « gistrement, sauf au redevable à se pourvoir en resti- « tution, s'il y a lieu ;— attendu qu'il suit de là, d'une « part, que la déclaration du redevable et sa signa- « ture sur le registre sont une formalité de rigueur à « laquelle il ne peut être suppléé, ni par des offres, « ni par aucun acte équivalent ; — qu'il suit également « de là, d'autre part, que les préposés sont tenus de « recevoir cette déclaration et cette signature toutes « les fois qu'elles sont offertes en forme régulière par « des personnes ayant qualité; que cette réception, « loin de porter atteinte aux droits et prétentions de « l'administration, met, au contraire, celle-ci en « mesure d'exercer son contrôle; qu'il ne peut pas « appartenir à son préposé de priver les redevables « des effets légaux attachés à l'accomplissement des

« formalités à eux prescrites et de les placer, par son « refus, dans l'impossibilité de se conformer à la loi ; « Attendu, en fait, que, par acte du 4 déc. 1861, « Reverdy, tant en son nom que comme solidaire avec « ses cohéritiers, s'est présenté en personne, et accom- « pagné d'un huissier, au bureau du receveur de l'en- « registrement à Richelieu; qu'il a produit la déclara- « tion détaillée de tous les biens composant, suivant « son dire, la succession de l'auteur commun; qu'il a « sommé le receveur de consigner cette déclaration « sur le registe à ce destiné et d'y recevoir sa signa- « ture; que cette sommation a été accompagnée d'of- « fres réelles en paiement des droits qu'il prétendait res- « ter dus ; que le receveur a refusé d'obtempérer à ses ré- « quisitions, et qu'enfin il est dit par le jugement attaqué « que Reverdy a fait tout ce qui lui était possible pour « obéir à la loi ; — attendu qu'en déclarant, dans cet « état des faits, l'administration mal fondée dans sa « demande en exécution de la contrainte par elle « décernée antérieurement à cette déclaration, le juge- « ment attaqué n'a violé aucune loi; — rejette. »

7963. Omission. — L'héritier est tenu de faire une déclaration supplémentaire sur les registres pour le paiement des droits d'une omission. — Cass. 29 déc. 1841 ; J. E. 12911. — Seine, 3 avril 1869; R. P. 3002.

7964. Offres réelles. — Un procès-verbal d'offres réelles ne peut pas suppléer à la déclaration qui doit, conformément à la loi, être faite et signée sur le regis- tre du receveur. — Cass. civ. 14 mars 1814; Sir. 14. 1. 274; J. E. 4912. — 18 août 1814; J. E. 5042. — Seine, 2 déc. 1840; J. E. 12637. — Cass. civ. 7 juill. 1863; Sir. 63. 1. 450; I. 2274-6; J. E. 17693. — Seine, 24 fév. 1865; R. P. 2081. — 2 janv. 1869; R. P. 2916.

L'arrêt du 14 mars 1814 porte : « Attendu que la base « fondamentale de la perception du droit proportionnel « sur la valeur des immeubles transmis par décès est la « déclaration des héritiers, qui doit être *enregistrée* au « bureau de la situation des biens, et signée sur le « registre par les déclarants, d'après l'art. 27 ; que, « sans l'existence de cette déclaration sur le registre où « elle doit être consignée, les préposés de l'administra- « tion, appelés successivement à faire des vérifications, « n'auraient aucune connaissance de cette déclaration, « et seraient dans l'impuissance de la vérifier ; que, « d'un autre côté, les héritiers seraient privés du béné- « fice de la prescription de trois ans, établie par le « n. 2 de l'art. 61, puisque cette prescription n'a com- « mencé à courir que du jour de l'enregistrement de sa « déclaration. »

SECT. VI. — BIENS A DÉCLARER.

7965. Principe. — Toute transmission par décès de propriété, d'usufruit ou de jouissance de biens meubles ou immeubles est assujettie au droit proportionnel, — Frim. art. 4. — et, par conséquent, doit être déclarée. Nous allons donner, dans l'ordre alphabétique,

l'analyse des décisions qui ont été rendues pour l'application de ce principe.

7966. Abandonnement. — Les biens qui ont fait l'objet d'un abandonnement doivent être déclarés si le débiteur meurt avant que ces biens soient vendus par les créanciers. — Grenoble, 31 août 1840; J. E. 12574. — V. n. 21.

7967. Absence. — Les biens à déclarer sont tous ceux qui composaient l'actif de l'absent au jour de l'envoi en possession provisoire. — Seine, 9 avril 1856; R. P. 840. — V. n. 64.

7968. Accroissement. — L'achalandage d'une maison de commerce doit être déclaré, car c'est un objet ayant une valeur distincte et susceptible d'être transmise. — Seine, 7 mai 1840; J. E. 12540. — 28 mai 1851; J. N. 14556. — Rouen, 17 mars 1856. — Ce dernier jugement porte :

« Attendu qu'en cet état la question est celle de
« savoir si la clientèle d'un fonds de commerce légué
« par testament est un bien meuble dont la transmis-
« sion puisse, aux termes de l'art. 4 de la loi du
« 22 frim. an 7, donner lieu à la perception d'un droit
« proportionnel ; — attendu que l'affirmative ne sau-
« rait être douteuse ; qu'en effet, rien n'est plus vénal
« et plus susceptible d'achat ; que rien, en effet, n'est
« plus fréquemment l'objet de mutation à titre onéreux
« ou gratuit qu'un achalandage de commerçant ; —
« attendu que vainement la dame Marquezy allègue
« que la clientèle qui lui a été léguée n'a qu'une va-
« leur idéale, parce qu'elle ne comprenait pas en
« même temps les marchandises qui se trouvaient dans
« les magasins de la demoiselle Arson ; — attendu, en
« effet, que chaque jour des commerçants qui se reti-
« rent des affaires vendent à un successeur, par le
« même acte, mais pour un prix complètement dis-
« tinct, leur clientèle d'une part , et leurs marchan-
« dises de l'autre, ce qui prouve qu'il y a là deux cho-
« ses ayant une valeur relative entièrement indépen-
« dante l'une dè l'autre ; — attendu que c'est bien
« ainsi que la dame veuve Marquezy l'entendait,
« puisque, depuis le décès de sa tante, elle a pris le
« titre de successeur de la maison de commerce, et
« comptant évidemment, à l'aide de cette qualité,
« tirer profit du crédit et de la position dont cette mai-
« son jouit depuis plusieurs années dans la ville de
« Rouen; attendu que la valeur réelle des clientèles
« de commerce est consacrée d'ailleurs par une juris-
« prudence constante, notamment par un arrêt de la
« Cour de cassation du 18 juill. 1840 et deux jugements
« du tribunal de la Seine, l'un du 7 mai 1840, l'autre
« du 28 mai 1851. »

7969. Assurance sur la vie. — Lorsqu'une personne s'engage à payer pendant sa vie, à une compagnie d'assurances sur la vie, une prime annuelle convenue, à condition qu'à son décès il sera payé un capital déter-

miné à ses *héritiers* et à ses *ayants droit*, ce capital fait partie de la succession de cette personne et doit figurer parmi les valeurs déclarées par ses héritiers. — Lille, 24 déc. 1868; R. P. 2880. — Saverne, 21 mai 1869; J. N. 19686. — Seine, 6 janv. 1871; R. P. 3329. — Cass. civ. 7 févr. 1872. — Arras, 27 mars 1872 ; R. P. 3429. — Avignon, 29 août 1872; R. P. 3583. — Voici l'arrêt du 7 févr. 1872 (1. 2447-1) :

« Vu les art. 4, 24, 27, 32 et 39 de la loi du 22 fri-
« maire an 7, 33 de la loi du 21 avril 1832, et 10 de la
« loi du 15 mai 1850 ;

« Attendu que Krieg a assuré à la Caisse générale
« des familles, sur sa tête, moyennant une prime
« annuelle de 450 francs, la somme de 20,000 francs
« payable à ses ayants droit, dans les quatre mois de
« son décès ;

« Attendu que le droit à cette somme de 20.000 francs,
« qui est la représentation de la prime payée par l'as-
« suré pour constituer la somme assurée au moyen
« des chances et des combinaisons aléatoires d'un
« contrat d'assurance, a fait partie du patrimoine de
« l'assuré, *qui pouvait en disposer et qui en a disposé*, et
« que la personne à laquelle Krieg avait légué cette
« somme de 20,000 francs n'ayant pas accepté ce legs,
« le bénéfice de l'assurance a été, à son décès, dévolu
« à ses héritiers qui l'ont trouvé dans succession ;

« Qu'il suit de là que la somme assurée devait être
« comprise dans la déclaration de succession à faire
« par les défendeurs, et était assujettie au droit de
« mutation par décès, et qu'en décidant le contraire,
« le jugement attaqué a violé les dispositions ci-dessus
« visées ; — Casse. »

7970. *Bénéficiaire désigné nominativement.* — Il en est de même dans le cas où le bénéficiaire est nominativement désigné. Dans ce cas, en effet, il est loisible à la personne qui a contracté l'assurance de la résoudre, soit en la rachetant, soit en ne payant pas exactement les primes, soit en changeant le nom de l'assuré. Comme il n'appartient qu'au propriétaire de disposer de sa propriété, il faut donc décider, ce cas comme dans le précédent, que le capital assuré doit être compris dans la succession du défunt et supporter le droit proportionnel, comme faisant l'objet d'une libéralité soumise à l'événement du décès. — Sol. 11 janv. 1868 ; R. P. 2880. — Seine, 3 mai 1873 ; *Courrier*, 4. — Ce jugement est conçu dans les termes suivants :

« Attendu que Hillecamp, décédé le 23 novembre
« 1870, avait, le 24 septembre 1868, contracté avec la
« Compagnie d'assurances générales une assurance
« sur la vie, aux termes de laquelle, moyennant le
« paiement de primes annuelles, la Compagnie s'en-
« gageait à verser au jour de son décès une somme de
« 100,000 francs à sa veuve pour l'usufruit, et pour la
« nue propriété à ses enfants ; — que la somme
« n'ayant été comprise ni parmi les biens laissés par
« le défunt lors de la déclaration de sa succession, ni
« l'objet d'une déclaration ultérieure dans le délai
« légal, l'Administration réclame sur cette somme le
« droit de mutation par décès et le droit en sus ;

« Attendu que le contrat d'assurance sur la vie, tel
« du moins qu'il est intervenu entre Hillecamp et la
« Compagnie, renferme, liée à un contrat aléatoire et
« synallagmatique entre l'assureur et l'assuré, une
« stipulation faite en vertu de l'article 1121 du Code
« civil par l'assuré au profit d'un tiers ; — qu'à l'égard
« de l'assuré et du tiers bénéficiaire, cette stipulation
« peut, suivant les circonstances et l'intention des
« parties, être à titre onéreux ou à titre gratuit, pure
« et simple, ou conditionnelle ; — qu'elle est à titre
« onéreux, et en même temps pure et simple,
« quand elle est faite par l'assuré, comme délé-
« gation ou garantie au profit d'un de ses créan-
« ciers qui, dès le jour du contrat, acquiert contre
« l'assureur un droit définitif et irrévocable ; — que,
« dans l'espèce, au contraire, cette stipulation est une
« libéralité, sous condition de survie, faite par Hille-
« camp à sa femme et à ses enfants ; — qu'en premier
« lieu c'est manifestement une libéralité ; — que si,
« en effet, dans la pensée prévoyante du père de famille,
« cette stipulation a eu pour but de réparer le dom-
« mage matériel que sa mort pouvait causer aux siens,
« et peut être considérée comme l'acquittement d'une
« dette morale, en droit, Hillecamp l'a faite librement,
« sans être légalement tenu, envers sa femme et ses
« enfants, qui, par conséquent, en ont reçu de lui le
« bénéfice, non comme ses créanciers et à titre d'in-
« demnité, mais à titre gratuit et comme ses dona-
« taires ; — que la condition de survie, pour n'être
« pas exprimée dans l'acte, n'en est pas moins cer-
« taine, et que le prédécès de la femme et des enfants
« aurait rendu caduque la disposition en leur faveur,
« sans porter d'ailleurs atteinte au contrat principal,
« ni diminuer les obligations réciproques de Hille-
« camp et de la Compagnie ; — qu'il reste donc à
« déterminer, au point de vue de la loi fiscale, le
« véritable caractère de cette libéralité, et à rechercher
« si elle constitue une donation ordinaire, sur laquelle
« le droit de mutation n'est exigible que si l'acte qui
« la constate est soumis à la formalité, ou une dona-
« tion subordonnée au décès, assujettie dans tous les
« cas au droit de mutation et devant faire l'objet d'une
« déclaration dans le délai légal ; — qu'en effet, pour
« asseoir la perception de l'impôt sur les divers actes
« de libéralité, le législateur s'est attaché à cette dif-
« férence, à ses yeux décisive, la transmission réelle
« et définitive de l'objet donné, qui rend le droit d'en-
« registrement exigible au moment du contrat, con-
« formément aux règles qui régissent les donations
« entre-vifs, ou la transmission éventuelle, subor-
« donnée au décès du donateur, qui renvoie à cette
« époque la perception du droit, et la place sous l'em-
« pire des règles propres aux mutations par décès ; —
« que la libéralité dont il s'agit dans l'espèce, bien que
« résultant d'un acte entre-vifs, ne confère au béné-
« ficiaire de l'assurance, ni un droit actuel sur la chose
« donnée, puisqu'elle ne doit avoir d'effet qu'à la
« mort du donateur, ni un droit transmissible par le
« donataire à ses héritiers ou ayants cause, puisque,
« s'il meurt avant le donateur, son droit disparait avec
« lui, ni le plus souvent un droit indépendant de la

« volonté du donateur, puisque, dans la plupart des
« cas, comme dans notre espèce, n'étant pas acceptée
« du vivant du donateur, elle est, jusqu'à sa
« mort, révocable, au gré de celui-ci ; — que le
« prédécès du stipulant n'est pas seulement le terme
« assigné au paiement de la chose donnée, mais la
« condition même de la transmission au profit du
« donataire, pour qui, jusqu'à ce moment, il demeure
« incertain s'il recueillera le bénéfice de l'assurance ;
« qu'ainsi faite en vue de la mort du donateur, révo-
« quée de plein droit par sa survie, le plus souvent
« révocable à son gré jusqu'à sa mort, ne faisant qu'à
« ce moment passer réellement et définitivement dans
« le patrimoine du donataire la créance contre l'assu-
« reur, la libéralité en question rentre dans la catégorie
« des dispositions que les lois fiscales ont frappées des
« mêmes droits que les successions, sous le nom de
« dispositions soumises à l'événement du décès ; —
« qu'il devient dès lors superflu de rechercher si la
« somme payée par la Compagnie est tombée dans le
« patrimoine de Hillecamp, et aurait dû, à ce titre,
« être comprise dans la déclaration de sa succession » [1].

7971. *Évaluation.* — Si, lors de son décès, une personne est intéressé dans un contrat d'assurance sur
la vie qui ne doit avoir son effet qu'au décès d'un tiers
existant à cette époque, les héritiers doivent évaluer,
dans leur déclaration cet intérêt d'après le mode tracé
par l'art. 14, n. 8, frim. — Cette évaluation ne peut, dans
tous les cas, être inférieure à la somme versée par la
défunte — Sol. 24 fév. 1868 ; R. P. 2642.

7972. Action. — Les actions des sociétés anonymes
qui possèdent des immeubles ne sont pas dispensées
du droit de mutation par décès. — Carcassonne, 10
janv. 1860 :

« Attendu que, d'après son texte précis et formel,
« la loi du 20 fév. 1849 n'a évidemment voulu frapper
« d'une taxe annuelle, représentative des droits de
« transmission entre-vifs et par décès, et calculée à
« raison du chiffre de la contribution foncière, que les
« immeubles réels ou par destination, appartenant
« soit aux gens de mainmorte proprement dite, soit
« aux sociétés anonymes, tous lesquels biens immeu-
« bles, par leur nature particulière, échappent aux
« droits de mutation, les premiers d'une manière
« absolue et indéfinie, les autres pendant la durée
« souvent très-longue desdites sociétés ; — qu'ainsi
« cette loi a eu pour unique objet de combler une la-
« cune préjudiciable au trésor public, c'est-à-dire de
« créer un nouvel impôt sur une certaine catégorie
« d'immeubles qui en étaient affranchis, et non d'a-
« bolir ou de modifier des perceptions déjà existantes,
« soit sur les autres immeubles, soit sur les biens im-
« meubles, et notamment sur les actions ou intérêts
« dans les compagnies de finance, de commerce et

---

1. Au moment de mettre sous presse, nous apprenons que la
Cour de cassation vient de se prononcer en sens contraire par
un arrêt du 11 déc. 1873. Jusqu'à plus ample information, nous
persistons dans notre opinion.

« d'industrie, que l'art. 529 C. Nap. déclare meubles
« par la détermination de la loi, encore que des im-
« meubles dépendant de ces entreprises appartiennent
« aux compagnies; — qu'à la vérité, surtout depuis la
« loi du 15 mai 1850, art. 10, qui assujettit les biens
« meubles aux mêmes droits que les immeubles, en
« cas de transmission à titre gratuit, entre-vifs et par
« décès, il peut sembler peu équitable que la société
« anonyme, après avoir elle-même, au moyen de la
« taxe annuelle, acquitté ou racheté le droit de muta-
« tion, en ce qui touche ses immeubles, y soit en
« quelque sorte soumise une seconde fois dans la
« personne des associés ou des actionnaires et au décès
« de chacun d'eux, par la perception successive du
« droit de mutation sur l'entière valeur des actions
« dont l'ensemble représente et comprend à la fois
« l'actif immobilier et mobilier de la société; — mais
« qu'en l'absence d'une disposition contraire et ex-
« presse, il n'est pas permis, même sous prétexte
« d'équité, de distinguer, surtout en matière fiscale,
« là où la loi ne distingue pas. »

7973. Antichrèse. — Les biens donnés à antichrèse
ne cessent pas d'appartenir au bailleur; s'il décède
avant sa rentrée en possession, ils doivent être compris
dans sa succession, alors même qu'il se serait réservé
la faculté de les abandonner pour se libérer de sa
dette. — Jug. 29 déc. 1825; J. E. 9760.

7974. Appel. — L'appel n'étant pas suspensif, les
biens adjugés en justice doivent être déclarés dans la
succession de l'adjudicataire, malgré l'appel interjeté
du jugement d'adjudication. — I. 436-87.

7975. Bail. — Il n'y a pas lieu de déclarer la jouissance à titre de ferme ou de location transmise par
décès, si avantageuse qu'elle puisse être pour les héritiers, car. cette jouissance doit être avant tout considérée comme le fruit direct de leur travail. — Ch. Rig.
3558. — R. G. 12656.

7976. Bail transférant la propriété. — Mais il y a lieu
de déclarer le bail s'il a transmis la propriété au preneur.
Ainsi, le bail à *locaterie perpétuelle* emportant aliénation du domaine utile, au décès du preneur, les immeubles qui sont l'objet de ce bail doivent être compris
dans la déclaration des héritiers. — Cass. civ. 5 oct.
1808; Sir. 9. 1. 118.
La propriété des fonds concédés à titre de *bail héréditaire* appartient au preneur, à la charge par lui de
remplir les conditions qui lui ont été imposées: par
suite, ces fonds doivent être réputés faire partie de sa
succession. — Cass. civ. 28 janv. 1833; Sir. 33. 1. 196;
I. 1425-7; J. E. 10576. — Jugé, cependant, que le *bail
héréditaire usité en Alsace* ne transfère pas au preneur
la propriété des biens, que cette propriété réside toujours sur la tête du bailleur, et que, par conséquent, les
héritiers du preneur ne doivent aucun droit de mutation
sur la valeur des biens affermés. — Cass. réun. 24 nov.
1837; Sir. 37. 1. 954; J. E. 11926; J. N. 9862.
Lorsque des immeubles sont possédés à titre de *bail*

emphytéotique. les héritiers du preneur doivent. à son
décès, les comprendre dans la déclaration de sa succession. Les baux de l'espèce sont, en effet, translatifs de
propriété. — Cass. civ. 1er avril 1840; Sir. 40. 1. 433;
J. E. 12501. — Civ. 24 juill. 1843; Sir. 43. 1. 830; J. E.
13306. — Civ. 6 mars 1850; Sir. 50. 1. 210; I. 1857-7;
J. E. 14915.

7977. Bénéfice de sous-location. — Le bénéfice que
le preneur d'un immeuble doit réaliser par suite d'une
sous-location consentie moyennant une somme supérieure au prix de son bail, constitue une valeur active
soumise au droit sur la plus-value annuelle multipliée
par le temps restant à courir de la sous-location. —
Seine, 23 fév. 1867, 26 août 1871; R. P. 2507, 3443.

7978. Bail à convenant. — L'art. 9 de la loi du 6
août 1791 est ainsi conçu : « Dans toutes les succes-
« sions directes ou collatérales qui s'ouvriront à l'ave-
« nir, les édifices et superfices des domaniers seront
« partagés comme immeubles, selon les règles pres-
« crites par la coutume générale de Bretagne, et *par
« les décrets déjà promulgués. ou qui pourront l'être par
« la suite comme lois générales pour tout le royaume.* Il
« en sera de même pour le douaire des veuves des
« domaniers, pour les sociétés conjugales et pour tous
« les autres cas, les édifices et superfices n'étant réputés
« meubles qu'à l'égard des propriétaires fonciers. »
Par suite, les héritiers de celui qui tient un domaine
congéable doivent déclarer la déclaration comme immeuble des
édifices et superfices, et comme meubles des bestiaux
attachés à la culture, des instruments aratoires et des
semences. lorsque ces objets ont été apportés par le
colon. — Dél. 4 sept. 1806; J. E. 2387.

7979. Bénéfice d'inventaire. — L'acceptation bénéficiaire transmet la succession à l'héritier aussi bien
que l'acceptation pure et simple; si donc cet héritier
décède, ses héritiers, bien qu'ils soient bénéficiaires eux-
mêmes, doivent déclarer la succession recueillie par lui
sous bénéfice d'inventaire. — Dél. 26 sept. 1832; J. N.
8655. — Seine, 23 août 1850; J. N. 14177.

7980. Bien rentré dans l'hérédité. — Lorsqu'une
délibération du conseil municipal, approuvée, a attribué à un habitant, d'une manière irrévocable, un lot
non désigné des biens communaux (10 juin 1793), et
que cet habitant décède avant le partage de ces biens,
le lot ultérieurement attribué à ses héritiers, de son
chef, doit être déclaré. — Bayeux, 25 août 1843; J.E. 13362.
Les valeurs détournées de la succession d'un conjoint
par l'époux survivant et que ce dernier est condamné
à restituer rentrent dans l'hérédité du défunt et sont
passibles du droit de mutation par décès. — Saint-Lô,
14 août 1872 : « Considérant que l'exclusion prononcée
« par l'art. 1477 du Code civil ne constitue qu'une sim-
« ple opération de partage donnant lieu à des rapports
« et à des prélèvements dans les formes usitées; que,
« dès lors, la restitution des objets divertis se faisant
« dans la forme ordinaire des rapports à succession et
« au moyen d'un prélèvement effectué par ceux au pré-

« judice desquels le détournement a eu lieu, ces
« valeurs, objet du prélèvement, doivent être consi-
« dérées comme ayant toujours fait partie de la succes-
« sion, et soumises, comme telles, au paiement des
« droits de mutation par décès; — considérant, d'ail-
« leurs, que les valeurs soustraites par le recéleur ne
« lui ont jamais appartenu, le recéleur ne pouvant
« devenir légalement propriétaire de l'objet qu'il
« détourne; qu'elles n'ont jamais, dès lors, cessé d'être
« la propriété des personnes morales représentant les
« successions à partager; que, par suite, la condamna-
« tion prononcée contre le recéleur n'a pas pour effet
« de le priver de la propriété de la chose lui appar te-
« nant, mais simplement d'accroître l'importance des
« successions dont il s'agit. »

Les donations faites par les père et mère à leurs
enfants ne sont considérées, en général et à moins de
stipulations contraires, que comme de simples avance-
ments d'hoirie (C. 829, 843 suiv.); de sorte que si,
depuis le décès des père et mère, la donation qu'ils ont
faite à leurs enfants est annulée par un jugement, cette
annulation, par suite de laquelle les enfants succèdent,
en qualité d'héritiers, à l'objet de la donation, n'opère
point une mutation nouvelle; elle ne fait que consolider
sur leur tête un titre de propriété qui leur était déjà
dévolu par la disposition de la loi; et, comme ils
ont déjà payé sur l'acte de donation un droit de
mutation plus considérable que celui qui serait dû
pour une mutation par décès, il en résulte que qu'un
tribunal, en les affranchissant de ce second droit,
ne fait qu'une juste application des principes du Code
civil et de ceux sur lesquels est fondée la perception
des droits de mutation. — Cass. civ. 5 juill. 1820; Sir.
21. 1. 140; J. E. 6969.

Lorsque, par suite de la renonciation de la veuve à la
communauté, toutes les valeurs de cette communauté
passent aux héritiers du mari, ces derniers doivent
faire une nouvelle déclaration dans les six mois de la
renonciation. — Seine, 30 nov. 1842, 7 déc. 1848; J.
E. 13162, 14680. — 30 mai 1868; R. P. 2727.

Une mère, tutrice de son enfant mineur, qui,
après avoir payé les droits de succession sur le quart
qu'elle avait recueilli dans la succession d'un enfant
prédécédé, renonce à cette succession, doit, à peine du
droit en sus, déclarer *dans les six mois de cette renonciation*, le quart qui s'est trouvé ainsi dévolu à l'enfant
vivant héritier bénéficiaire de son frère. — Avranches,
15 nov. 1849; J. E. 14878-3.

Lorsqu'un arrêt rendu sur la procédure intentée par
le défunt constate que certaines créances détournées
par des tiers appartenaient à ce dernier et doivent être
restituées à sa succession, les héritiers sont tenus d'en
faire la déclaration et d'acquitter le droit simple de
mutation par décès dans les six mois de l'arrêt, à peine
d'un demi-droit en sus. — Bagnères, 13 mai 1872;
Courrier, 96.

La résolution d'une vente faite par l'auteur de la
succession fait rentrer l'objet de cette vente dans l'hérédité et rend nécessaire une nouvelle déclaration. —
Seine, 3 juin 1859; R. P. 1200.

Si les valeurs rentrées dans l'hérédité comprennent
des intérêts échus, il y a lieu, jusqu'à preuve contraire,
de les calculer à 5 %. — Calvi, 15 janv. 1866; R. P.
2235.

Lorsque des héritiers, après avoir intenté du chef de
leur auteur une action en résolution d'un partage auquel il a figuré, renoncent à cette action moyennant une
somme d'argent, cette somme constitue un bien rentré
dans l'hérédité, et donne lieu au droit de mutation par
décès. — Angoulême, 16 déc. 1872; R. P. 3669.

L'indemnité due aux héritiers par suite de l'accident
qui a causé le décès de l'auteur de la succession est
passible du droit de succession, si elle résulte d'une
condamnation provoquée par le défunt, bien que rendue après son décès. — Seine, 8 août 1868; R. P. 2991.

7981. Cautionnement. — *Privilége de second ordre.*
— Celui qui a fourni les fonds nécessaires pour le cautionnement d'un fonctionnaire public, cesse d'en être
propriétaire, pour en devenir simple créancier, avec
privilége de second ordre. — Cass. 6 janv. 1840, 6 juill.
1849, 11 mars 1861; Sir. 40. 1. 16; 50. 1. 529; 61. 1
401. — Il suit de là que le cautionnement d'un comptable, alors même qu'il est affecté d'un privilége de
second ordre au profit d'un bailleur de fonds, n'en est
pas moins la propriété de ce comptable et doit figurer
dans l'actif de sa succession. — Aubusson, 10 mai 1860;
R. P. 1319. — Sol. 14 juill. 1865; R. P. 2273. — Bergerac, 3 janv. 1867; R. P. 3015. — Seine, 13 déc. 1872;
R. P. 3558. — Ce dernier jugement porte :

« Attendu qu'on ne peut être à la fois créancier pri-
« vilégié sur une chose et propriétaire de cette chose
« elle-même, et qu'en se réservant un privilége sur
« les deniers qu'il prête pour un cautionnement, le
« bailleur de fonds en transfère par là même la pro-
« priété à son emprunteur; que le cautionnement de
« Gibot, étant ainsi jusqu'à sa mort resté sa propriété,
« devait être compris dans la déclaration de succession,
« parmi les valeurs soumises au droit de mutation;
« qu'en conséquence la Régie réclame, à juste titre, le
« droit simple et le droit en sus sur le montant du
« cautionnement. »

7982. Colonies. — C'est la loi de la situation des
biens, et non la loi du lieu de l'ouverture de la succession, qui règle la perception du droit de mutation.
Ainsi, lorsqu'une succession ouverte aux colonies comprend une rente payable en France et hypothéquée
sur des immeubles situés en France, il y a lieu d'exiger
le droit de mutation par décès sur le capital de cette
rente, bien que les lois sur l'enregistrement ne soient
pas en vigueur aux colonies. — Cass. civ. 10 nov. 1823;
Sir. 24. 1. 80; I. 1229-4; J. E. 7639.

7983. *Rente sur l'État.* — La rente sur l'État dépendant d'une succession ouverte dans une Colonie
où l'enregistrement est établi est dispensée de tous
droits de mutation par décès, si les L. 18 mai 1850 et
8 juill. 1852 n'ont pas été promulguées dans cette colonie — Cass. civ. 12 août 1857 :

« Attendu que les colonies sont régies par des lois

« particulières ; que les lois de la métropole ne sont
« applicables aux colonies qu'autant qu'elles ont été
« promulguées sur leur territoire. dans les cas et dans
« les formes voulus par la Constitution ; — attendu
« que l'ordonnance du 31 déc. 1828 formait, au mo-
« ment où la succession dont il s'agit s'est ouverte, et
« forme encore la législation spéciale de la Martinique
« en matière d'enregistrement ; — attendu que cette
« ordonnance s'applique aux inscriptions de rentes
« sur l'Etat qui peuvent appartenir à des colons, puis-
« qu'elle déclare en termes formels que ces inscrip-
« tions, leurs transfert et mutation sont exempts de la
« formalité et du droit d'enregistrement ; que la loi du
« 18 mai 1850, qui a soumis au droit d'enregistrement
« les mutations par décès et les transmissions à titre
« gratuit d'inscriptions sur le grand-livre, et la loi du
« 8 juill. 1852, qui n'a pour but que d'assurer l'exé-
« cution de la loi précitée, n'ayant pas été promulguées
« dans les colonies. ne peuvent y recevoir aucune ap-
« plication ; — attendu qu'en vain la régie prétend
« que les inscriptions sur le grand-livre de la dette
« publique doivent être considérées comme biens si-
« tués en France. et sont, à ce titre, passibles des
« droits de mutation ; que les colonies font partie in-
« tégrante de l'empire français ; qu'il existe dans la
« colonie de la Martinique des bureaux d'enregistre-
« ment ; — attendu qu'il résulte des lois des 18 mai
« 1850 et 8 juill. 1852 que, pour les successions ou-
« vertes dans la métropole, la déclaration de mutation
« des rentes sur l'Etat doit être faite au bureau du do-
« micile du décédé. et que c'est là que les droits doi-
« vent être payés ; que c'est également au bureau du
« domicile du décédé que devait être faite la décla-
« ration des inscriptions de rentes sur l'Etat dépen-
« dant d'une succession ouverte dans les colonies : que
« c'est là que les droits devraient être payés, et que
« là les parties se trouvent en présence de la législa-
« tion spéciale et formelle qui exempte les inscriptions
« sur le grand-livre du paiement des droits de muta-
« tion ; qu'en décidant qu'il n'était dû aucun droit de
« mutation à raison des rentes sur l'Etat dépendant
« de la succession Domergue, l'arrêt attaqué, loin de
« violer les lois invoquées à l'appui du pourvoi, en a
« fait. au contraire, une juste application ; — rejette. »

7984. Condition. — Le legs de la nue propriété d'un
immeuble avec clause que si le légataire de l'usufruit
se marie ou parvient à l'âge de 21 ans, la nue propriété
se réunira de plein droit à l'usufruit, est fait sous condition résolutoire et non suspensive, et les droits de
mutation par décès sont exigibles du nu-propriétaire.
— Le Hâvre. Rouen et Neufchâtel, 8 fév. et 14 mai
1849 ; J. E. 14738 ; J. N. 13799. — Dél. 11 oct. 1831 ;
J. E. 10171.

Un legs fait sous condition que le légataire s'absten-
dra de prendre part dans une succession non encore
ouverte n'est pas faite sous condition suspensive. La
condition est seulement résolutoire, et les droits en sont
exigibles au décès du testateur. — Dél. 17 janv. 1834 ;
J. E. 10828.

On doit considérer comme actuel et assujetti au droit

le legs fait à une femme pour le cas où elle se séparerait
de son fils. car il dépend de la légataire de profiter du
legs du jour même du décès. — Dél. 15 janv. 1833 ; J.
E. 10541.

La clause d'un testament portant qu'une valeur
appartiendra à un tiers en usufruit s'il ne se marie pas
et n'a pas d'enfants, confère aux héritiers du disposant
le droit d'en recueillir la nue propriété sous condition
résolutoire. — Angers, 1er sept. 1866 ; R. P. 3304.

Les légataires qui ont déterminé le sens douteux de
leur legs dans la déclaration de succession ne sont plus
recevables à contester cette interprétation lors de la
cession faite par l'un d'eux à l'autre. — Bordeaux,
22 fév. 1871 ; R. P. 3338.

Si le testateur. après avoir légué l'usufruit de ses
biens à son conjoint, déclare que la nue propriété
appartiendra à un tiers au décès de l'usufruitier, mais dans le cas seulement où il
survivrait à ce dernier. le legs fait au tiers est sous
condition résolutoire. — Cass. civ. 9 août 1871.

« Vu les art. 1156 et 1183 du Code civil, 60 et 61
« de la loi du 22 frim. an 7 ; — attendu qu'il résulte
« des termes du testament du 11 mai 1854 que, dans
« la pensée de la testatrice, la nue propriété de sa part
« dans les biens de sa communauté ne pouvait revenir
« à Alphonse de Labrosse, son mari, que dans le cas
« où du vivant de ce dernier, sa propre famille à elle,
« alors représentée uniquement par Marie-Antoinette.
« de Vissac. sa nièce. viendrait à s'éteindre ; qu'il res-
« sort de là que tandis que la disposition de la nue
« propriété était faite en faveur d'Alphonse de Labrosse
« sous une condition purement suspensive. ce qui a
« été reconnu par toutes les parties, ainsi que l'exprime
« le jugement du 31 août 1860, elle était faite sous
« condition résolutoire au profit de. Marie-Antoinette
« de Vissac ; que celle-ci. investie dès lors, sauf réso-
« lution si par l'événement de la condition la mutation
« s'opérait en définitive sur la tête d'Alphonse de
« Labrosse, était tenue, à ce titre. de faire la décla-
« tion et d'acquitter le droit dans les six mois du décès
« de la testatrice, et que, faute par elle de s'être libérée
« dans ledit délai. elle était débitrice d'un second dé-
« cime, du droit simple et du demi-droit en sus. »

7985. Confusion. — La créance possédée par le défunt sur ses héritiers, bien que s'éteignant par confusion, doit être comprise dans les biens déclarés. La
confusion suppose en effet le passage de la créance du
créancier au débiteur, passage qui constitue la mutation
tarifée par la loi. — Pamiers. 30 déc. 1856 ; R. P. 816.
— Cass. 20 janv. 1858 ; I. 2118-5. — Chartres, 25 mars
1859 ; R. P. 1146. — Nérac, 14 août 1868 ; R. P. 2839.

Si l'acquéreur du propre de l'un des époux doit servir au vendeur et à son conjoint une rente viagère
irréductible, jusqu'au décès du survivant d'eux, il est
dû un droit de succession, lorsque l'acquéreur étant
devenu l'héritier du vendeur, la veuve renonce à la
rente. — Sol. 20 sept. 1869 ; R. P. 3145.

7986. Constructions. — Toutes constructions, plan-

tations et ouvrages sur un terrain sont *présumés* faits par le propriétaire, *à ses frais*, et lui appartenir, *si le contraire n'est prouvé.* — C. 553. — V. *Constructions.*

La déclaration que les constructions n'appartiennent pas au propriétaire du sol, appuyée de pièces et de documents, écrits établissant que les constructions ont été faites pour le compte et aux frais d'un tiers, peut, suivant l'appréciation des tribunaux, constituer la preuve contraire, autorisée par l'art. 553, et cette preuve peut résulter de ces diverses circonstances, savoir : 1º que l'acquéreur ou le tiers aurait seul payé tous les fournisseurs et ouvriers qui n'auraient traité qu'avec lui et ne se seraient adressés qu'à lui ; 2º qu'il aurait seul soutenu un procès à l'occasion d'une fourniture de matériaux ; 3º qu'il aurait seul demandé l'alignement et qu'il l'aurait seul obtenu ; 4º que la preuve du fait articulé ressort des registres de correspondance et d'extraits délivrés par le percepteur des contributions directes. — Cass. 22 avril 1840 ; I. 1630-8. — Péronne, 30 nov. 1849 ; J. E. 14899-2.

7987. *Condition du bail.* — Lorsque le bail d'un terrain a été consenti sous la condition que le preneur y élèverait des constructions qui, en fin de bail, appartiendraient au bailleur, sans indemnité, le droit de succession n'est pas dû, au décès du preneur, sur la valeur de ces constructions. — Seine, 12 janv. 1848 ; J. N. 13298.

7988. *Liquidation du droit.* — Les constructions élevées par le fermier étant des immeubles, leur valeur imposable s'établit par la capitalisation du revenu. — Seine, 13 fév. 1864 ; R. P. 1988. — 26 juill. 1865 ; R. P. 2176. — Cass. civ. 24 nov. 1869. — Seine, 26 août 1871 ; R. P. 3443. — V. *Constructions.* — L'arrêt du 24 nov. 1869 porte :

« Attendu qu'aux termes de l'art. 517 C. Nap., les « biens sont immeubles ou par leur nature, ou par « leur destination, ou par l'objet auquel ils s'appli- « quent ; que, suivant l'art. 518, les bâtiments sont, « comme les fonds de terre, immeubles par leur « nature ; et qu'aucune disposition de loi ne leur fait « perdre ce caractère et ne leur attribue la qualité « de meubles lorsqu'ils ont été construits par un « autre que par le propriétaire du sol ; — attendu « que c'est l'état actuel des choses qui en fixe la « qualité actuelle de meubles ou d'immeubles, et « qu'en matière d'enregistrement la qualité des « droits ne peut être déterminée que par la nature « et la qualité qu'a la chose transmise au moment où « la transmission en est opérée ; — attendu, dans l'es- « pèce, qu'il dépendait de la communauté des époux « Guérin le droit aux baux de deux terrains sur lesquels « lesdits époux avaient élevé des constructions au « cours de leur communauté ; que ces constructions, « immeubles par leur nature, avaient ainsi le carac- « tère d'acquêts immobiliers, et que tel était leur état « au moment où s'est ouverte la succession de la « femme Guérin ; — attendu que les baux des terrains « n'étant pas encore expirés à cette époque, il s'est,

« par suite, opéré au profit de Guérin, légataire uni- « versel de sa femme, relativement à la moitié de ces « acquêts qui dépendait de la succession, une muta- « tion à laquelle la qualité même de la chose trans- « mise imprimait le caractère immobilier ; qu'ainsi le « droit en avait dû être liquidé d'après la règle établie « par l'art. 15, nº 7, de la loi du 22 frim. an VII pour « les transmissions d'immeubles qui s'effectuent par « décès ; d'où il suit qu'en ordonnant la restitution « du droit qui avait été perçu sur la valeur desdits « acquêts calculée d'après les revenus multipliés par « le nombre des années restant à courir pour chaque « bail, et en décidant que la liquidation du droit « devait être faite sur la déclaration estimative des « parties, conformément à la règle établie par l'art. « 14, nº 8, de la loi du 22 frim. an VII pour les trans- « missions par décès des biens meubles, le jugement « attaqué a fait une fausse application de ce dernier « article et a expressément violé les art. 518 C. Nap. « et 15, nº 7, de la loi du 22 frim. an VII ;—casse, etc. ».

7989. **Convention de mariage.** — Lorsque, dans un contrat de mariage, les futurs font des stipulations dont l'effet doit être de changer plus tard le partage de leur communauté, tel qu'il est réglé par la loi, il ne faut voir dans ces stipulations, la plupart du temps, que des *conventions de mariage*, et non des libéralités. — V. *Contrat de mariage.*

7990. *Avantage stipulé à titre de convention de mariage et de donation.* — Dans cette stipulation il ne faut voir qu'une convention de mariage. — Cass. 8 mai 1854 :

« Attendu que le contrat de mariage des époux « Roussel, après avoir, par son article 1, établi une « communauté de biens à régir et à partager, confor- « mément aux dispositions du Code civil, mais sous « les modifications résultant des articles suivants, dis- « pose par son article 11 que les futurs époux se sont « fait, *à titre de convention de mariage, donation entre- « vifs, mutuelle et irrévocable, au profit du survivant,* « de tous les biens qui, au jour du décès du prémou- « rant, composeront la portion de celui-ci dans les « bénéfices de la communauté, à quelque somme que « puisse s'élever la valeur desdits biens, pour, par « ledit survivant, au moyen de la présente donation, « disposer en toute propriété de tous les bénéfices de « la communauté, tant de son chef que comme dona- « taire, et que, en conséquence, le survivant n'aura « aucun compte à rendre aux héritiers du prédécédé, « pour raison de ces mêmes bénéfices ;

« Attendu que, par cette clause, les contractants « déclarent expressément disposer à titre de conven- « tion de mariage, formulant ainsi leur stipulation « dans les termes mêmes de l'article 1525 Cod. Nap., « et manifestent en conséquence l'intention de modi- « fier leur communauté en conformité de cette dispo- « sition ; — attendu que la volonté exprimée par les « contractants et le caractère légal de leur stipulation « ne sauraient être contestés par l'administration de

« l'enregistrement, qu'autant que la clause ainsi qua-
« lifiée renfermerait des conditions ou des éléments
« contraires à la nature de la convention de mariage,
« et entre associés, et constituerait une véritable libé-
« ralité ;

« Attendu que si la qualification expressément don-
« née à cette stipulation est accompagnée de diverses
« énonciations où l'idée et le mot de *donation* ou de
« *donataire* se reproduisent plusieurs fois sous des
« formules différentes, ces dénominations accessoires
« et secondaires n'impliquent pas un sens contraire
« à la dénomination principale, la seule qui, répon-
« dant exactement à l'intention exprimée par les con-
« tractants, convienne d'ailleurs à leur pacte de société
« conjugale et à l'avantage notoire qui en est l'objet ;

« Attendu, en effet, que ce pacte, fidèle à la défi-
« nition qu'il a reçue du contrat, se renferme dans
« les limites tracées par l'art. 1525 ; qu'il se restreint
« aux acquêts ou bénéfices de la communauté, et
« subordonne à la condition de survie l'attribution du
« produit total de la collaboration commune ; qu'il
« réserve, dès lors, aux héritiers de l'épouse prédé-
« cédée la reprise des apports et capitaux tombés dans
« la communauté du chef de leur auteur ; qu'il inter-
« dit à ces mêmes héritiers de demander compte au
« survivant des bénéfices de communauté, lesquels
« doivent lui appartenir en totalité, quelle qu'en soit
« l'importance, disposition absolue qui ne distinguant
« pas entre les diverses classes d'héritiers, n'est sou-
« mise à aucune action en réduction, même dans la
« mesure de la réserve légale ; que ces conditions
« sont, dans leur ensemble, exclusives de l'idée juri-
« dique de donation, et essentiellement caractéristi-
« ques du pacte de société conjugale autorisé par
« l'art. 1525 précité ;

« D'où il suit qu'en jugeant le contraire, et en déci-
« dant que l'abandon des bénéfices de la communauté
« à l'époux survivant constitue, dans l'espèce, un
« avantage sujet aux règles relatives aux donations, et
« passible, à ce titre, des droits de mutation qui ont
« été l'objet de la contrainte décernée par l'adminis-
« tration de l'enregistrement, le tribunal civil de la
« Seine a violé la disposition ci-dessus visée ; —
« casse. »

7991. *Communauté universelle.* — Le contrat de
mariage du sieur Jean-Georges Fritsch et de dame
Marie Vandelick, en date du 14 févr. 1802, contenait
les dispositions suivantes :
« Art. 1er. — Il y aura communauté entre les futurs
époux en tous biens, tant en immeubles qu'en meubles,
apports de part et d'autre en mariage, et en ce qui
leur adviendra constant le mariage, par succession,
donation, ou legs, ou autrement, pour, en cas de dissolution, avec les acquêts et conquêts et mobilier, être
partagés par moitié entre le survivant et les héritiers
du prédécédé. — Art. 2. Parmi les apports en mariage
se trouve une maison située à Duppigheim ; *cette maison restera au survivant des époux en toute propriété, au
prix d'estimation de 1,600 fr.* »
Le sieur Fristch étant décédé, après avoir institué sa

femme sa légataire universelle, l'Administration a décidé
que cette dernière ne devait aucun droit sur la maison,
mais seulement sur la moitié du prix d'estimation de
cet immeuble. — Sol. 30 oct. 1832 ; I. 1422-7. — Cette
solution est ainsi conçue :
« L'art. 1526 du Code civil porte : Les époux peu-
« vent établir par leur contrat de mariage une com-
« munauté à titre universel de leurs biens, tant
« meubles qu'immeubles, présents et à venir ; ou de
« tous leurs biens présents seulement, ou de tous leurs
« biens à venir seulement :
« Dans le cas d'une communauté à titre universel
« autorisée par cet article, la propriété de tous les
« biens, tant immeubles que meubles, du chef des
« deux époux, est attribuée à la communauté. Ces
« biens se confondent et ne forment qu'une seule masse
« qui, lors de la dissolution du mariage, est divisible
« entre l'époux survivant et les héritiers du prédécédé,
« par portions égales, sans égard à la nature et à l'o-
« rigine des biens, ni à la différence de valeur qui
« pourrait exister entre les apports des deux conjoints.
« Sous l'ancienne jurisprudence, il avait été re-
« connu, d'après ces principes, par une décision du
« conseil du roi, du 20 mai 1772, que l'acte de par-
« tage d'une communauté, à titre universel par lequel
« des immeubles qui avaient appartenu à l'un des
« époux avant le mariage étaient attribués au lot de
« l'autre époux ou de ses héritiers n'opérait point de
« mutation de propriété, et ne donnait point, par
« conséquent, ouverture au droit de centième de-
« nier. » (Bosquet, *Dictionnaire des domaines*, vo *Contrat
de mariage*, § 17, n. 2, édition de 1782.)
« Sous la législation actuelle, cette règle de percep-
« tion serait encore applicable. Une autre conséquence
« des mêmes principes est qu'à la dissolution de la
« communauté universelle, les héritiers de l'époux
« prédécédé doivent acquitter les droits de mutation
« sur la moitié de tous les biens composant la com-
« munauté, sans distinction de nature ni d'origine.
« Dans l'espèce, la maison apportée dans la com-
« munauté par le sieur Fritsch a été recueillie par sa
« veuve, en vertu de la stipulation de préciput con-
« ventionnel exprimée dans leur contrat de mariage.
« Conformément à la décision du ministre des finan-
« ces, du 6 mai 1828, insérée dans l'instruction
« n. 1256, il n'était dû aucun droit de mutation im-
« mobilière sur la valeur de cette maison ; mais la
« veuve Fritsch devait acquitter le droit de mutation
« mobilière sur la moitié du prix d'estimation de cet
« immeuble, dont elle aurait été comptable envers la
« succession de son mari, d'après la disposition de
« leur contrat de mariage, si elle ne l'avait pas re-
« cueilli en totalité comme légataire universelle.
« C'est, au surplus, sans fondement qu'on a voulu
« appliquer à l'espèce les règles établies en matière
« d'ameublissement par la décision du ministre des
« finances insérée dans l'instruction n. 1272, § 3. Ces
« règles reposent sur le principe que la fiction d'après
« laquelle les biens ameublis perdent leur nature
« d'immeubles cesse à la dissolution de la commu-
« nauté ; qu'alors ils reprennent leur nature d'im-

« meubles et redeviennent propres de l'époux qui « avait effectué l'ameublissement ; d'où la consé- « quence que si, à cette époque, les immeubles ameu- « blis sont recueillis par l'époux auquel ils n'apparte- « naient pas originairement, il en résulte à son profit « une mutation sujette au droit proportionnel. Mais la « fiction légale, qui est le principe de l'ameublissement, « n'existe pas dans le cas d'une communauté à titre « universel, laquelle est spécialement régie par l'ar- « ticle 1526 du Code civil ; c'est dans ce cas bien « réellement que les biens meubles et immeubles « apportés par les deux conjoints deviennent la pro- « priété de la communauté, et, à la dissolution de « cette communauté, l'un ou l'autre des époux ou « leurs héritiers sont saisis d'un droit égal sur tous les « biens composant la masse commune.

« On peut d'ailleurs ajouter que, sous l'ancienne « législation, le droit de centième denier était dû, « lorsqu'à la dissolution de la communauté l'époux « survivant restait propriétaire de l'immeuble ameubli « par l'autre époux, tandis que ce droit n'était point « exigible, ainsi qu'il est dit ci-dessus, lorsque le « partage d'une communauté universelle attribuait à « l'un des époux les immeubles provenant du chef « de l'autre époux. » (Bosquet, *Dictionnaire des domai- nes, v° Contrat de mariage*, § 18.)

7992. *Avantage résoluble.* — La clause d'un contrat de mariage portant que, en cas de non-existence d'en- fant au moment de la dissolution de la communauté par la mort de l'un des conjoints, le survivant sera propriétaire et usufruitier de l'autre moitié, constitue une simple convention de mariage, alors même qu'il serait stipulé que l'usufruitier cessera, en cas de convol, et que le mot *donation* serait écrit dans la clause. — Lille, 20 nov. 1856; R. P. 774.

7993. *Survenance d'enfants.* — Dans le cas où l'avantage fait au survivant comprend à la fois des biens propres et des acquêts, la clause que cet avantage sera réduit à la quotité disponible en cas d'existence d'enfants, caractérise nettement la donation. — Cass. 15 févr. 1841 ; I. 1643-4.

7994. *Avantages accordés par la loi.* — La clause d'un contrat de mariage portant que le survivant des époux aura les avantages accordés par la loi au survi- vant constitue une donation sujette au droit de succes- sion à l'événement, et non une convention de mariage. — Boulogne, 31 déc. 1846; J. N. 13172. — Lille, 13 août 1853, ainsi conçu :

« Attendu que le contrat de mariage des époux « Lefebvre-Horvent porte la stipulation suivante, dont « le cas s'est réalisé : — Le survivant avec enfants « aura, dans tous les biens que délaissera le premier « mourant, tant en propriété qu'en usufruit, à son « choix, les avantages que le Code Nap. accorde à « pareil époux survivant, les considérant comme sti- « pulés au présent contrat; — attendu que cette stipu-

« lation se réfère expressément aux termes mêmes du « contrat, au Code Nap., dont l'art. 1094 détermine la « quotité des biens que l'un des époux pourra, lais- « sant enfants, donner à l'autre; que c'est bien à titre « de donation que l'art. 1094 permet de disposer ainsi, « différant en ce cas de l'art. 1525, qui permet de sti- « puler pour un cas qui ne s'est pas produit. et qui, « dès lors, n'a point d'application à l'espèce; — déboute « la dame veuve Lefebvre. »

7995. *Régime dotal.* — La Cour de cassation a jugé, le 28 mars 1854, qu'il y a donation véritable, sujette au droit proportionnel, et non pas convention entre associés, prévue par l'art. 1525 C., dans la clause du contrat de mariage sous le régime dotal, *sans société d'acquêts*, qui attribue à la femme, à titre de gain de survie, la moitié des biens meubles ou effets mobiliers qui appartiendront au futur époux au jour de son décès, et la moitié des immeubles que le futur acquerra du- rant le mariage et qui seront encore entre ses mains au jour de son décès.

Cet arrêt ayant renvoyé les parties devant d'autres juges, le trib. d'Evreux a rendu le jugement suivant. le 23 juin 1855 :

« Attendu que les époux Lecat se sont mariés sous « le régime dotal ; que, dès lors, la disposition de ce « contrat qui attribue à la femme, en cas de survie. la « moitié des biens immeubles ou effets mobiliers qui « appartiendront au futur époux au jour de son décès, « et la moitié des immeubles que le futur époux ac- « querra durant le mariage, et qui seront encore entre ses « mains au jour de son décès. contient au profit de la « femme une véritable donation ; — attendu, d'ail- « leurs, que la stipulation entre époux, et par contrat « de mariage, qualifiée de convention de mariage et « entre associés par l'art. 1525 C. N., n'existe qu'au- « tant que les héritiers de l'époux prémourant peuvent « exercer la reprise des apports et capitaux tombés « dans la communauté du chef de leurs auteurs ; mais « que la convention dont il s'agit ne donne aucun « droit de reprise aux héritiers de l'époux prédécédé, « ce qui établit clairement qu'une semblable stipula- « tion constitue une véritable donation. et non la « convention prévue par l'art. 1525 ; qu'il était dû, « par conséquent. un droit de mutation proportionnel « sur les biens donnés. »

7996. Créance. — *Terme.* — Toutes les créances qui ne sont exigibles qu'à une époque postérieure au décès d'une personne, doivent être comprises dans la déclaration de la succession de cette personne, à moins qu'il ne soit prouvé qu'elles ont été éteintes de son vivant. Cette preuve peut résulter de papiers domes- tiques, de quittances ou d'actes de transports sous signatures privées, mais non de simples allégations.— Colmar, 6 mai 1851; J. N. 14441. — Rethel, 27 août 1852 ; J. N. 14913. — Reims, 28 déc. 1853 ; R. P. 1.— Mortain, 6 juill. 1856 ; J. E. 16400. — Baume-les- Dames, 31 juill. 1856. — Montreuil, 27 août 1856. — Bar-sur-Aube, 12 févr. 1857 ; R. P. 809. — Dôle,

18 août 1859. — Chalon-sur-Saône, 21 janv. 1860; R. P. 1307. — Vouziers, 26 avril 1860. — Béziers, 19 janv. 1861; R. P. 1493. — Moissac. 11 août 1863; R. P. 1879. — Chinon, 28 avril 1866; R. P. 2336. — Lille, 9 juin 1866 : R. P. 2584. — Epinal. 11 juill. 1866. — Auxerre, 8 avril 1868. — Versailles,18 août 1868. — Chambéry. 22 févr. 1869. — Cass. civ. 30 mars 1870. — *Contra* : Mirecourt. 9 déc. 1864; R. P. 2073. — Boulogne, 13 déc. 1867; R. P. 2657. — Montmorillon, 31 déc. 1867; Vendôme, 29 août 1868 ; J. E. 18819. Troyes, 20 janv. 1869.

Voici l'arrêt du 30 mars 1870 :

« Vu les art. 4 et 39 de la loi du 22 frim. an 7 ; — « attendu que, d'après les articles précités, le droit « proportionnel de mutation par décès résulte de la « transmission des valeurs elles-mêmes. et que si, pour « les valeurs mobilières, la loi admet la déclaration « estimative des héritiers comme base légale du droit « à percevoir, les valeurs omises dans cette déclara-« tion, mais qui, de fait, existaient au moment du « décès, ne sont pas moins passibles du droit de mu-« tation par décès ; attendu qu'il résulte du jugement « attaqué que les valeurs que la Régie prétend avoir « été omises dans la déclaration des héritiers Léves-« que consistent en créances constituées par divers « actes authentiques.avec stipulation de termes non en-« core échus lors de l'ouverture de la succession ; — « attendu que les termes de paiement stipulés font « présumer que ces créances étaient encore dues au « moment du décès. et que cette présomption de droit « suffit pour infirmer la déclaration contraire des « héritiers, sauf à ces derniers à fournir la preuve. « dans les modes compatibles avec la procédure en « cette matière, que les créances avaient été éteintes « par des paiements anticipés ; — qu'en jugeant le « contraire le jugement attaqué a violé les articles ci-« dessus visés ; — casse. »

7997. *Créances sur l'Etat.* — Les sommes dues par l'Etat doivent être comprises dans la déclaration de la succession du créancier. — I. 1555.

7998. *Créances irrécouvrables.* — Les héritiers *peuvent être dispensés* du paiement des droits sur les créances devenues caduques par la prescription ou l'insolvabilité des débiteurs, *pourvu qu'ils y renoncent expressément dans la déclaration.* — D. F. 12 août 1806; J. E. 2543.

Les héritiers bénéficiaires peuvent invoquer à leur profit l'application de cette décision. — Sol. 4 oct. 1848; J. E. 13648.

7999. *L'exemption du droit n'est pas de rigueur.* — La décision ministérielle du 12 août 1806, qui permet à l'administration de ne pas percevoir les droits sur les créances dont les débiteurs seraient insolvables, avec la condition expresse de la renonciation, n'est qu'une faculté introduite dans le but de tempérer ce que l'exécution absolue des art. 4, 24. 27 et 28 frim. pourrait avoir parfois de trop rigoureux; mais il ap-

partient à l'Administration, *et à l'Administration seule et aux tribunaux* , d'user ou de ne pas user de cette faculté. selon les cas ou selon les justifications à elle produites, sans qu'il en résulte pour les redevables le fondement d'une action judiciaire en restitution. — Seine. 13 févr. 1857; R. P. 810. — Cass. civ. 3 arr. 24 avril 1861; Sir. 61. 1. 645; I. 2201, § 5, n. 1, 3, 4; J. E. 17290. — Exemples :

Si des créances prétendues douteuses ont été com-prises dans un partage, sans qu'il ait été dit qu'elles étaient irrécouvrables ; si au contraire l'un des coparta-geants a été chargé d'en suivre le recouvrement, le droit de succession est exigible, malgré l'offre que peuvent faire les héritiers d'y renoncer, vu l'insolva-bilité des débiteurs. — Seine, 27 janv. 1846 ; J. E. 13939.

L'offre de renoncer aux reprises d'une femme n'est pas admissible si les héritiers en ont fait l'objet d'une cession. — Seine, 27 août 1858; R. P. 1122.

Les héritiers ne peuvent invoquer la décision de 1806, au sujet d'une créance qu'ils ont omise à dessein et dont l'Administration leur réclame les droits. — Marseille. 22 mai 1840; J. E. 12533. — Cambrai, 25 mars 1859; R. P. 1143. — Seine, 13 juin 1863; R. P. 1870.

On ne peut renoncer à une créance qui a été relevée dans l'inventaire et comprise au partage. — Etampes, 7 août 1861; R. P. 1510.

La renonciation ne peut être admise lorsque les hé-ritiers ont touché une partie de la créance. — Cass. 4 avril 1861 ; R. P. 1488.

Les héritiers ne peuvent se prévaloir d'une renon-ciation aux reprises de la veuve qui n'a eu d'autre but que de sauvegarder les intérêts du mari, alors que les forces de la communauté sont suffisantes pour leur assurer le paiement de ces reprises. — Cass. 24 avril 1861; R. P. 1488.

On ne peut renoncer aux créances qui , bien que déclarées irrécouvrables dans l'inventaire,ont dans l'acte de liquidation été laissées en commun pour être par-tagées après recouvrement, et que l'un des héritiers a reçu mandat de toucher. — Seine, 3 juill. 1850.

On ne peut être admis à renoncer à une créance qui n'a pas même été comprise dans l'inventaire parmi les créances d'un recouvrement douteux. — Seine, 12 avril 1849 ; J. E. 14751.

8000. *La renonciation doit être expresse.* — La renonciation autorisée par la décision de 1806 doit être formelle ; il ne suffit pas de déclarer que la créance est d'un recouvrement incertain ou désespéré ; il faut y renoncer formellement. — Châteauneuf, 8 mars 1832; J. E. 10277. — Valenciennes, 5 juin 1845; J. N. 12439.

De même, l'offre de payer les droits dès que les créances seront devenues certaines ne peut dispenser de la renonciation. — Château-Chinon, 2 janv. 1851; J. E. 15238-2.

8001. *Evaluation.* — Les héritiers peuvent seulement renoncer à une créance qu'ils considèrent comme irré-couvrable ; mais aucun texte ne les autorise à faire

une *évaluation* de cette créance, car, en acceptant l'é-valuation des créances par les parties, on laisserait au contribuable la faculté de fixer lui-même le droit dont il serait débiteur. — Cass. 28 mess. an 13 et 4 mai 1807. — Cambrai, 25 mars 1859; R. P. 1143. — Cass. 24 avril 1861. — Briey, 19 avril 1866; Cuën. 11100. — L'arrêt de 1861 porte :

« Vu les art. 4 et 14 de la loi du 22 frim. an 7 ;

« Attendu qu'aux termes de ces articles, le droit « proportionnel d'enregistrement pour toute mutation « de propriété de biens meubles et immeubles est assis « sur les valeurs sans distinction des charges;

« Attendu que, pour déterminer les valeurs, ladite « loi n'a recours à la déclaration estimative des par-« ties qu'en l'absence de toute autre base ou moyen « d'évaluation ;

« Attendu, en ce qui concerne spécialement les *biens* « *meubles*, que si le n° 8 de l'article 14 dispose que, « pour la transmission entre-vifs ou par décès à titre « gratuit, la valeur sera fixée par la déclaration esti-« mative des parties, cette disposition ne s'applique « qu'aux meubles et effets mobiliers proprement dits, « qui n'ont pas, en effet, de valeur fixe et déterminée, « et non aux créances, dont le chiffre certain est cons-« taté par écrit, et pour lesquelles le n° 2 du même « article avait déjà disposé formellement de la manière « suivante : «Pour les *créances* à terme, leurs cessions « et transports et autres actes obligatoires *par le capital* « *exprimé dans l'acte et qui en fait l'objet* » ;

« Attendu qu'on objecte vainement que cette dispo-« sition du n° 2 de l'art. 14 est uniquement relative aux « cessions et transports de créances à titre onéreux, et « non à leur transmission à titre gratuit ou par décès; « que la disposition est absolue, générale; qu'elle em-« brasse d'abord toutes les créances et autres actes « obligatoires, sans distinguer le mode de transmis-« sion; et que si l'article ajoute... *leurs cessions et* « *transports*, c'est pour les soumettre aux mêmes droits « que les créances elles-mêmes, et compléter ainsi « cette règle de perception;

« Attendu que le n° 8 de l'art. 14, invoqué par le « jugement, n'admet la déclaration des parties, même « pour les meubles et effets mobiliers proprement dits, « qu'en l'absence d'une prisée par inventaire, qui, « d'après l'art. 27 de la même loi, doit toujours l'em-« porter sur cette déclaration des parties, tandis qu'elle « l'emporterait, au contraire, selon le jugement, sur « les titres les plus authentiques, établissant à la fois « l'existence et le chiffre d'une créance : ce qui serait « aussi contraire au texte qu'à l'esprit de la loi ;

« Attendu que des considérations d'équité ne sau-« raient en écarter l'application ; qu'à l'administration « seule appartient la faculté de modérer, selon les cas « et dans la mesure de ses attributions, la rigueur des « perceptions sur les créances reconnues par elle abso-« lument irrecouvrables ;

« Attendu que le jugement attaqué a néanmoins « donné la préférence à la déclaration des parties, « dont rien ne justifiait l'exactitude sur le procès-« verbal de liquidation et autres actes authentiques, « qui fixaient le montant de la créance de la dame

« Schulembourg sur son mari, en quoi ledit jugement « a violé l'art. 14, § 2, de la loi du 22 frim. an 7, et « faussement appliqué le n° 8 du même article ; — « casse. »

8002. *Faillite.* — Cependant, lorsqu'une succession comprend une créance due par un débiteur *dont la faillite a été déclarée antérieurement au décès*, l'héritier peut être admis, par dérogation à la règle tracée par les quatre arrêts de la Cour de cassation du 24 avril 1861, à ne comprendre dans sa déclaration que l'importance des dividendes qui doivent lui revenir. La raison en est que, dans ce cas, l'héritier ne trouve dans la succession qu'une valeur déjà réduite au jour de la transmission et dont l'importance réelle doit être fixée par un acte authentique soumis à la surveillance des agents de l'Administration. — Grenoble et Pontoise, 31 août et 30 nov. 1847; J. N. 13253, 13549. — Nantes, 20 nov. 1850. — Dél. 27 mars 1851. — Sol. 16 sept. 1863. — 11 mars 1866; R. P. 2489.

8003. *Déconfiture.* — Doit-il en être de même lorsque le débiteur de la créance était simplement en état de *déconfiture* lors de l'ouverture de la succession ?

« La situation de l'héritier n'est pas identique dans « les deux cas. En effet, lorsqu'il s'agit d'une faillite, « la fraude n'est pas à craindre, puisque la faillite est « prononcée par un jugement, que les opérations « s'accomplissent sous la surveillance du magistrat, et « que les résultats sont légalement constatés. Lors-« qu'il s'agit, au contraire, d'une simple distribution, « amiable ou judiciaire, l'insolvabilité du débiteur « peut n'être pas absolue, et il n'est pas impossible « que le créancier reçoive, en dehors de la distribu-« tion amiable, au moyen de valeurs non saisies sur « le débiteur, somme suffisante pour le désintéresser. « — En outre, par l'effet du concordat qui peut in-« tervenir en matière de faillite, le failli se trouve « libéré, et ce n'est que s'il veut obtenir sa réhabilita-« tion qu'il doit acquitter le reliquat des créances ori-« ginaires; au contraire, le créancier qui n'a reçu, dans « une distribution amiable, qu'une partie de sa dette, « conserve toujours ses droits, pour le surplus, contre « le débiteur, et s'il lui donne quittance complète et « définitive, c'est une véritable remise de dette qu'il lui « fait. — Malgré ces différences, l'administration admet « que la *déconfiture* peut être assimilée à la déclara-« tion de faillite, lorsqu'il est constaté, en fait, qu'elle « remonte à une époque antérieure au décès. » — Sol. 16 juill. 1868.

8004. *Propriété des créances.* — Les créances, valeurs et titres industriels, *au nom du défunt*, doivent être réputés sa propriété exclusive et figurer dans la déclaration de sa succession. Cette présomption ne peut être détruite que par des preuves régulières, et non point par des annotations faites par le défunt, ou par des notes ou déclarations émanant de lui. — Seine, 17 mars 1853; J. E. 15625. — D. F. 4 nov. 1863, —

Saint-Etienne, 31 déc. 1867; R. P. 2615. — Amiens, 18 mars 1868; R. P. 2874.

« La décision M. F. 4 nov. 1865 est fondée sur ce que « des notes, déclarations ou écrits, restés secrets, ne peu- « vent, bien qu'émanés du défunt, prévaloir contre le « contenu même des titres auxquels on les oppose; qu'ils « sont insuffisants, en effet, pour opérer un dessai- « sissement au profit d'un tiers qu'ils désignent, puis- « qu'ils ne constatent pas le consentement de ce tiers; « qu'ils ne sauraient, d'ailleurs, être opposés à l'ad- « ministration, parce que, ayant pour but de révoquer « des déclarations publiques, ils ont le caractère de la « contre-lettre, qui, suivant l'art. 1321 C. Nap., n'a « pas d'effet à l'égard des tiers, et que l'administration « est un tiers à l'égard des héritiers; que trois juge- « ments ont été rendus dans cet ordre d'idées par les « tribunaux de Bordeaux et de Dinan, les 4 fév. 1854, « 5 fév. 1858 et 8 avril 1862; que si l'administration « ne percevait pas le droit de mutation lors du décès « du propriétaire apparent, elle ne pourrait pas l'exi- « ger non plus lors de la mort du tiers; que les tiers « échapperaient ainsi complétement à l'impôt, et que « l'on ne saurait abandonner la ligne tracée par les « principes sans ouvrir la porte aux plus graves abus. » — Sol. 16 nov. 1865.

8005. *Valeurs au porteur.* — Mais s'il s'agit de va- leurs au porteur, on peut prouver par des notes éma- nées du défunt ou par des pièces quelconques que ces valeurs, bien que trouvées en la possession du défunt, n'étaient pas sa propriété. — Seine, 1er août 1868; R. P. 2874.

8006. Délégation. — La créance déléguée à des créanciers qui n'ont pas encore accepté la délégation au décès du débiteur doit être comprise dans la décla- ration de la succession de ce dernier. — Pontarlier, 1er mars 1856; R. P. 752. — Cass. req. 17 fév. 1857; Sir. 58. 1. 463; I. 2096-7; J. E. 16519. — Marseille, 25 juill. 1867; R. P. 2597. — Seine, 17 juill. 1869; R. P. 3020. — Cass. req. 19 juill. 1870, ainsi conçu :

« Attendu que la délégation n'est parfaite et n'opère « novation qu'autant qu'elle a été acceptée; que ce « principe est vrai même des créanciers inscrits sur « un immeuble vendu; que si, en effet, l'hypothèque « donne aux créanciers inscrits un droit de préférence « sur le prix, elle ne leur en transfère pas la propriété; « — et attendu qu'il résulte des constatations du ju- « gement attaqué que Delarochette a délégué partie « du prix de l'immeuble par lui vendu à cinq de ses « créanciers, il n'a pas été justifié que cette délégation « ait été acceptée; — attendu, d'autre part, que les « juges du fond n'ont fait qu'user de leur pouvoir sou- « verain d'appréciation en refusant de voir la preuve « de cette acceptation dans des lettres écrites par les « prétendus délégataires plus de deux ans après le « décès de Delarochette; — attendu, d'autre part, que « les motifs du jugement attaqué répondent explicite- « ment à ce moyen; d'où il suit qu'en décidant que la « partie du prix déléguée faisait partie de la succes-

« sion de Delarochette et aurait dû être comprise dans « la déclaration faite à son décès, le jugement n'a violé « aucune loi; — rejette, etc. »

8007. *Prix touché.* — Toutefois, si le prix d'une vente avait été délégué par le vendeur à ses créanciers et s'il avait été touché par eux, il n'y aurait pas lieu de le comprendre dans la déclaration de succession de ce vendeur, car ce prix alors ne ferait plus partie de la succession. — Cass. 22 déc. 1812.

8008. *Notification aux créanciers inscrits.* — L'ac- ceptation du créancier est du reste inutile, dès qu'il s'agit de créanciers inscrits et que l'acquéreur a fait notifier son contrat. Ainsi, lorsque, après la vente d'un immeuble hypothéqué, dont le prix a été délégué aux créanciers inscrits et après l'accomplissement des notifications prescrits par l'art. 3183 C., le vendeur vient à décéder, ses héritiers ne sont pas tenus de com- prendre le prix de cet immeuble dans la déclaration de sa succession ; peu importe que les créanciers aient usé de la faculté de surenchérir. — Vigan; 5 déc. 1833 ; Dél. 14-16 juin 1834 ; R. G. 12780-1.

8009. *Délégation en garantie.* — Si dans un acte de vente d'immeubles, le vendeur s'est déclaré passible de l'hypothèque légale de sa femme pour raison de ses dots et reprises, et a stipulé que sur le prix les ache- teurs retiendraient, sans pouvoir la consigner, une somme de 12,000 fr., dont ils lui paieraient intérêt à 5 %, se réservant même de toucher cette somme moyennant garantie, il ne résulte de cette clause ni délégation parfaite ou imparfaite, ni dépôt, et si le vendeur vient à mourir, cette créance non soldée doit être comprise dans la déclaration de sa succession. — Brives, 4 juin 1851 ; J. E. 15238.

Le transport fait par un débiteur à son créancier d'une créance dont le cédant se réserve le droit de poursuivre le recouvrement, et dont le créancier n'ac- cepte la cession qu'à titre de moyen de paiement et sans novation, ne fait pas sortir la créance du patri- moine du débiteur cédant, et doit être comprise dans la déclaration de la succession. — Cass. req. 14 juill. 1869 ; J. E. 18813.

8010. Dépôt. — Le droit de succession n'est pas dû sur les sommes comprises dans l'inventaire fait après le décès d'un *agent d'affaires*, lorsqu'il est dé- claré que ces sommes ne se trouvaient dans la caisse qu'à titre de dépôt. — Rennes, 17 juill. 1855 ; J. E. 16129.

Si un banquier dépositaire payait un intérêt au déposant, la somme déposée fait partie de la succes- sion de ce dernier et doit être déclarée. — Dreux, 28 mai 1851 ; J. E. 14587.

Bien qu'après le décès d'une personne qui avait déposé des actions de la banque de France, il soit dé- claré, dans un acte notarié, par sa veuve et sa fille et unique héritière, que ces actions appartiennent au mari de celle-ci, et qu'elles avaient été confiées au

défunt pour lui faciliter un dépôt qu'il était tenu de faire, ces actions n'en doivent pas moins être considérées comme faisant partie de la succession du défunt. — Seine, 28 juin 1849 ; J. E. 14825.

On ne doit pas comprendre dans la déclaration de la succession d'un défunt les so mmes ou valeurs mobilières trouvées à son domicile avec des notes indiquant qu'il en était simple dépositaire. — Sol. 1er juill. 1868 ; R. P. 3197.

8011. Donation. — Si par contrat de mariage les futurs se sont fait donation de l'usufruit de tous les biens meubles, immeubles par destination, récoltes sur pied, et de tous les biens immeubles personnels qui appartiendront au prémourant, le droit de succession est exigible sur toutes celles de ces valeurs et sur tous les immeubles qui, au décès du futur, composent sa succession soit pour ses droits dans la communauté. soit pour ses propres. — Lille, 22 mai 1847 ; J. E. 14339.

8012. *Confirmation de donation nulle*. — D'après l'art. 1399 C., le donateur ne peut réparer par aucun acte confirmatif les vices d'une donation entre-vifs, nulle en la forme ; il faut qu'elle soit refaite en la forme légale. Mais la faculté que l'art. 1399 refuse au donateur, l'art. 1340 l'accorde à ses héritiers ou ayants cause ; après son décès, ceux-ci peuvent confirmer, ratifier ou exécuter volontairement la donation viciée. Cette confirmation, ratification ou exécution emporte renonciation de leur part à opposer soit les vices de forme, soit toute autre exception. — Ainsi les héritiers n'ont pas à comprendre dans la déclaration de la succession du donateur les objets qui faisaient partie de la donation ainsi confirmée, puisque les objets sont censés avoir appartenu au donataire, du jour de la donation ou du moins de son acceptation. — Déi. 24 février 1832 ; R. G. 12799 *bis*.

8013. *Charge de payer une somme aux héritiers du donateur*. — La clause d'une donation entre-vifs, par laquelle le donateur charge le donataire de payer à son décès une certaine somme *à ses héritiers naturels. dans la proportion de leurs droits dans sa succession et d'après leurs qualités héréditaires à cette époque*, constitue, non une libéralité entre-vifs emportant dessaisissement actuel, mais une disposition gratuite subordonnée à la mort du donateur et passible à l'avénement du droit de mutation par décès. On ne peut considérer cette disposition comme renfermant une donation secondaire, affranchie de tout droit par l'avis du conseil d'État des 2-10 septembre 1808, car cet avis n'est applicable qu'aux droits dus concurremment et pour une même transmission, — Cas. civ. 21 mars 1860 ; Sir. 60. 1. 472 ; I. 2174-9 ; J. E. 17111 ; R. P. 1298.

8014. *Donateur indigent*. — Si un mari décédé sans laisser aucun bien a fait à sa femme une donation éventuelle garantie par les père et mère du donateur, aucun droit de succession n'est exigible, puisque ce droit ne peut être perçu que sur les valeurs laissées par le défunt ; et si, par suite du cautionnement, la veuve reçoit le montant de la donation, ce sera comme créancière et non comme donataire. — Sol. 19 avril 1867 ; R. P. 3281.

8015. Don manuel. — Les sommes données manuellement par le défunt et qui sont fictivement rapportées à la masse ne doivent pas être comprises dans la déclaration de succession, car la tradition des sommes données s'étant opérée au moment de la donation. la mort du donateur n'opère pas mutation. — Déi. 2 octobre 1843 ; J. E. 13977.

La déclaration que fait le donataire, soit pour prouver la légitimité de sa possession, soit pour rapporter la valeur des dons à ses cohéritiers, lors du partage, ne constitue point une créance active de la succession, et ne doit pas être comprise dans la déclaration. — Epernay, 3 août 1827 ; Déi. 26 oct. 1827 ; J. E. 8990, 9095.

8016. *Reconnaissance dans un testament*. — Dans le même ordre d'idées, il faut reconnaître que le don manuel étant un contrat réel indépendant de tout écrit, et qui doit son existence à un fait matériel, *la tradition*, il s'ensuit que la tradition opérée, le donateur perd son droit sur la chose mobilière, dont la possession vaut titre entre les mains du donataire. Dès lors, la disposition d'un testament portant qu'il est fait au besoin don et legs aux donataires des valeurs précédemment données manuellement ne peut faire perdre aux libéralités antérieures leur caractère de donation entre-vifs, et altérer le résultat de la transmission manuelle. Aussi le tribunal de Douai a-t-il jugé avec raison, le 25 mai 1832. que, dans ce cas, aucun droit de mutation par décès n'est exigible. — R. G. 13034-1.

8017. Dot. — Pour que, lors du décès d'une femme mariée sous le régime de la communauté, les valeurs mobilières qu'elle a apportées en dot puissent échapper au droit de mutation, il ne suffit pas qu'il soit allégué qu'elles n'existaient plus à ce moment, il faut que la perte de ces valeurs soit prouvée : « Considérant que Richard prétend que l'actif social « de la maison Aubert a été perdu en entier ; que, « suivant lui, la dot de sa femme y étant comprise. il « n'y avait pas lieu de faire la déclaration exigée par « l'administration ; — considérant que Richard ne « produit aucun acte constatant cette perte ; qu'il « allègue, à la vérité. certains faits d'où semblent « résulter des probabilités favorables à cette prétention, « mais qu'en toute matière, et surtout en matière fis- « cale, il faut des preuves positives ; — considérant « que, malgré les pressantes instances à cet égard de « la part de la Régie, Richard n'a produit aucun docu- « ment sérieux ; qu'en l'absence de preuves de ce « genre, et en présence du contrat de mariage, il est « impossible d'admettre la prétention de Richard ; — « considérant que, la perte de la dot de la femme « Richard n'étant pas prouvée, elle devait figurer dans

« la déclaration de sa succession; qu'il y a eu. à cet
« égard, omission de la part de Richard, à qui il y a
« lieu d'appliquer l'art. 30 de la loi du 22 frim. an 7;
« — par ces motifs, etc. » — Dunkerque, 3 janv. 1856;
R. G. 12890-1.

De même, si le contrat de mariage porte que l'un
des futurs s'est constitué une somme en deniers comptants, on ne peut refuser les droits de mutation par
décès sur cette somme en alléguant que cette constitution a été simulée, car aucune preuve ne peut être
admise contre et outre le contenu du contrat de
mariage. — Rouen, 27 fév. 1834; Dél. 27 oct. 1836;
J. E. 11632.

8018. Echange. — Lorsqu'un immeuble est acquis
en échange d'un immeuble propre de la femme, commune en biens, *moyennant une soulte*, et qu'il est
déclaré que le mari et la femme se réservent de convenir de la portion des biens échangés qui tiendra lieu
de remploi, les héritiers de la femme peuvent ne comprendre dans sa succession les immeubles acquis en
remploi que déduction faite de la moitié de la soulte
qui représente la part du mari. Il y a, en effet, dans
l'espèce, renonciation volontaire à l'exécution de l'art.
1407 C., qui porte que l'immeuble acquis pendant le
mariage, à titre d'échange contre l'immeuble propre de
l'un des époux, n'entre point en communauté. sauf
récompense s'il y a soulte, et cette dérogation est licite.
puisque la femme ou ses représentants ont la faculté
d'accepter ou de répudier le remploi d'un immeuble
personnel aliéné. et qu'il y a eu dans l'espèce acceptation *limitée* d'un remploi. — Cass. 31 juill. 1832;
J. E. 10440; I. 1414-3.

8019. Établissement public. — L'administration
n'ayant aucun moyen de contraindre un établissement
public à demander l'autorisation d'accepter un legs,
et l'établissement public ne pouvant être forcé à payer
les droits de mutation par décès que dans les six mois
de la réception de l'autorisation d'accepter, il en
résulte que, pour éviter la prescription, les héritiers
naturels qui restent saisis des biens jusqu'à ce que
l'acceptation des legs ait été autorisée doivent comprendre le legs dans leur déclaration de succession,
sauf à l'administration à réclamer un supplément, s'il
y a lieu, au moment de l'acceptation. — Sol. 20 oct.
1856; R. P. 819. — V. *Établissement public.*

8020. Legs délivré. — Lorsque la délivrance d'un
legs en argent fait à un hospice a été effectuée avant la
réception de l'autorisation d'accepter donnée par le
gouvernement, les droits de mutation par décès doivent être exigés avant la réception de cette autorisation. Il en est de même toutes les fois que l'administration a la preuve que le montant du legs a été
acquitté. — Sol. 20 oct. 1856; R. P. 819.

8021. Secours à l'héritier. — Si le legs universel
était fait à un hospice, et que le gouvernement n'en
autorisât l'acceptation que sous condition de payer

une somme déterminée à l'héritier, à titre de secours,
l'héritier ne serait pas passible du droit sur cette
somme, qu'il serait censé tenir de la munificence du
gouvernement, et non recueillir à titre d'héritier. —
Dél. 15 août et 7 oct. 1825; D. F. 17 déc. 1825; R. G.
13035 *bis*-5.

8022. Legs accepté pour partie. — Si, au contraire,
le legs n'était accepté que pour partie, l'héritier suc-
céderait pour le surplus. et devrait, par conséquent,
acquitter le droit. — Dél. 7 juill. 1826; R. G. 13035.
bis-6.

8023. Etranger. — Les créances dues par des Français à un étranger ont leur situation fictive en France
et ne peuvent être recueillies en France, à titre de succession, qu'en subissant le droit de mutation par décès,
sauf au receveur à se conformer, pour la liquidation
de ce droit, aux lois étrangères sur les successions. —
Cass. req. 27 juill. 1819; Sir. 19. 1. 493; J. E. 6543.
— Civ. 29 août 1837; Sir. 37. 1. 762; I 1562-18; J. E.
11880. — Aurillac, 31 déc. 1850; J. E. 15123. — Cass.
civ. 13 juill. 1869; R. P. 3014. — Req. 21 mai 1873;
J. E. 19324. — V. *Etranger.*

Il en est de même lorsque le titre constitutif de la
créance a été passé en France, et que les parties y ont
fait élection de domicile et se sont soumises à la juridiction française. — Cass. 20 janv. 1858; R. P. 981.

Même solution au sujet des actions ou parts d'intérêts dans une société en commandite française que
laisse un étranger qui décède dans son pays. — Le
Hâvre, 21 mars 1862; R. P. 1622.

8024. Lettre de change. — Les lettres de change tirées de l'étranger par des étrangers sur une place
française doivent être considérées comme ayant leur
assiette en France, lors même qu'elles n'auraient pas
été acceptées par les tirés. — Par suite, si ces lettres
de change ont été transmises par le décès du bénéficiaire, le droit de mutation est dû sur le capital qu'elles
représentent. — Cass. civ. 29 nov. 1858:

« Vu les art. 4; 24, 69. § 4. n. 2. de la loi du 22 frim.
« an 7, 7 et 33 de la loi du 21 avril 1832, 10 de celles du
« 18 mai 1850;

« Attendu que de ces dispositions légales il résulte
« que les valeurs mobilières et immobilières transmises
« par décès sont assujetties au droit proportionnel de
« mutation lorsqu'elles ont une assiette en France;

« Attendu, dès lors, que le capital représenté par les lettres de change tirées de
« l'étranger sur une place française, sans distinction
« entre celles qui seraient tirées par des étrangers et
« celles qui seraient tirées par des Français;

« Attendu qu'il n'importe pas davantage, au point
« de vue de l'exigibilité de l'impôt, qu'au moment où
« s'est opérée la mutation, ces lettres de change ne
« fussent pas encore acceptées par les tirés domiciliés
« en France; — qu'en effet le tireur qui, en émet-
« tant la lettre de change, reconnaît en avoir reçu la
« valeur du preneur auquel il la négocie, contracte
« l'obligation de faire payer le montant de cette traite

« au lieu sur lequel elle était tirée, et que cet engage-
« ment, qui tient à l'essence même du contrat de
« change, est indépendant du fait de la nationalité du
« tireur, comme du fait de l'acceptation de la traite
« par le tiré ; que, même au cas de refus d'acceptation
« ou de non-paiement à l'échéance, ces faits d'inexé-
« cut'on de l'obligation contractée par le tireur n'al-
« tèrent aucunement le droit qui appartient au porteur
« d'être payé au lieu sur lequel la traite est faite, non
« plus que l'obligation imposée à ce même porteur de
« demander, par le protêt, son paiement au tiré avant
« d'exercer son recours contre le tireur, ainsi que le
« tout résulte notamment de l'art. 110, des art. 177 et
« suiv., 163 et suiv. C. comm.;
« Attendu, pareillement, que si, à raison de l'ab-
« sence et de l'extranéité du tireur, le porteur non
« payé d'une traite sur la France se trouve dans la né-
« cessité de poursuivre ce tireur à l'étranger et devant
« des tribunaux étrangers, cette conséquence du fait
« de l'inexécution des engagements contractés envers
« le porteur ne peut aller jusqu'à dénaturer le droit
« certain qu'avait célui-ci d'être payé en France, en
« conformité du contrat de change;
« Attendu, néanmoins, que le jugement attaqué
« considère les lettres de change dont s'agit au procès
« comme des valeurs sans assiette en France, et, par
« suite, comme non soumises à l'impôt de mutation
« par décès, sur le seul motif qu'en l'absence de toute
« acceptation par les tirés le porteur de ces lettres de
« change n'avait d'autres débiteurs que les tireurs amé-
« ricains ;
« Attendu que de ce qui précède il résulte qu'en le
« décidant ainsi le jugement attaqué a méconnu les
« caractères légaux du contrat de change dans ses rap-
« ports avec la perception de l'impôt de mutation, et
« violé, en ne les appliquant pas, les dispositions des
« lois fiscales ci-dessus visées ; — casse. »

8025. Exécuteur testamentaire. — Le legs fait à
un exécuteur testamentaire, pour l'indemniser de ses
peines et soins, est passible du droit de mutation par
décès. Aucune rétribution personnelle n'est accordée
aux exécuteurs testamentaires pour le fait de leurs
fonctions, et l'on doit considérer comme une pure libéralité le legs qui leur est fait soit d'une somme d'argent, soit de toute autre valeur mobilière ou immobilière, pour les indemniser de leurs peines et soins. —
Dél. 24 déc. 1830 ; J. E. 9839.

8026. Faillite. — La déclaration de faillite ne
dépouillant pas le failli de la propriété de ses biens, ils
doivent être compris dans la déclaration de sa succession. — Seine, 19 août 1864 ; R. P. 2082. — V. *Faillite.*

8027. Folle-enchère. — Si l'adjudication sur folle-
enchère n'a été prononcée qu'*après* le décès du fol
enchérisseur, les biens acquis par lui et frappés de
folle-enchère font partie de sa succession et doivent
être déclarés. — Cass. 14 févr. 1825 ; I. 1166-9. —
Seine, 14 févr. 1844 ; J. E. 13442.

8028. Fruits civils. — Les fruits civils, au prorata,
soit de fermages, soit de loyers d'un immeuble affermé,
courus jusqu'au jour du décès du propriétaire, doivent
être déclarés par son héritier, et acquitter le droit
comme créance, indépendamment du droit à percevoir
pour l'immeuble. — Que si le propriétaire jouit par
lui-même, il ne s'opère à son décès, s'il a lieu lorsque
les récoltes sont encore pendantes par branches ou
racines, qu'une seule mutation immobilière, sans que
l'héritier soit tenu de déclarer la valeur des récoltes,
qui font elles-mêmes partie de l'immeuble dans ce cas-
là. — I. 1263-5.

8029. Hospice. — Les valeurs délaissées par les enfants trouvés et les orphelins décédés dans les hospices
sans héritiers, et attribuées à ces établissements par
l'art. 8 de la loi du 15 pluv. an 13, ne sont pas sujettes
au droit de mutation par décès. — D. F. 23 juin 1858 ; I.
2132-4.

8030. Etranger. — Les sommes et valeurs mobilières trouvées en la possession d'un étranger décédé
en France dans un hospice sont dévolues à l'Etat français à titre de déshérence. — Bordeaux, 12 fév. 1852 ;
R. P. 283.

8031. Indemnité. — Si un débiteur, après avoir
remboursé son créancier en assignats, lui fait un legs,
pour l'indemniser de la perte qu'il lui avait fait éprouver, ce legs bien qu'il ne fasse que reconstituer en réalité
le titre de la créance que le légataire avait sur le testateur décédé, n'en doit pas moins être assujetti au droit
de mutation par décès, parce que la créance avait été
légalement éteinte. — Dél. 11 déc. 1829 ; J. N. 7204.

8032. Indivision. — On ne peut se dispenser de
déclarer des biens indivis. — Lourdes, 6 févr. 1843 ; J.
E. 13254 :
« Attendu que le défaut de prise de possession réelle
« et l'époque de l'entrée en jouissance ne sont point
« des obstacles à la déclaration de mutation, quand ce
« droit, indivis ou non, à la chose est d'ailleurs bien
« établi ; que si cela est vrai que les héritiers de la
« nue propriété doivent, sous peine d'amende, payer
« le droit de mutation par décès dans les délais ordi-
« naires, sans attendre par la cessation de l'usu-
« fruit ils aient la jouissance effective; qu'il est de prin-
« cipe que c'est du moment de la saisine de droit, sans
« aucun égard à l'appréhension de fait, que les héri-
« tiers sont obligés envers les créanciers de la succes-
« sion, et par conséquent envers la régie de l'enregis-
« trement pour les droits qui lui sont dus; qu'il est
« donc bien indifférent que les tiers possèdent des biens
« à déclarer, et que ces biens soient en même temps
« l'objet d'une instance. »

8033. Interdit. — Lorsque les enfants d'un interdit,
administrateurs de ses biens, etc., en ont vendu une
partie sans autorisation pendant leur administration,

ils ne sont pas obligés de comprendre dans la déclaration de succession les biens aliénés, mais seulement la partie du prix des ventes due par les acquéreurs à l'époque du décès de l'interdit, — Sol. 16 juill. 1812; J. E. 4281.

8034. Jouissance légale. — La jouissance légale ne peut donner ouverture au droit de mutation par décès, par la raison que, si la loi du 22 frim. an 7 ne statue rien sur cette espèce d'usufruit, c'e-t que ce droit ayant été aboli par celle du 17 niv. an 2. il n'y avait plus lieu de s'en occuper alors; mais le Code civil l'ayant rétabli depuis, l'on doit aussi faire revivre la disposition exceptionnelle de la loi du 9 oct. 1791. Cette dernière loi portait, en effet, que « les pères qui viendront à l'admi- « nistration et jouissance que quelques coutumes leur « donnent, des biens appartenant aux enfants non « émancipés, en vertu de la simple puissance pater- « nelle, ne devront aucun droit, et il n'y aura pas lieu « pour eux à la déclaration prescrite par l'art. 2. » — Sol. 20 juin 1828; R. G. 13045. — « On doit d'autant « plus applaudir à cette décision de la Régie, que l'usu- « fruit légal est aujourd'hui de peu de durée. qu'il « comporte beaucoup de charges, et qu'il n'est qu'une « espèce de traitement que la loi accorde aux pères et « mères, pour l'exercice de la magistrature domestique « dont ils sont revêtus sur leurs enfants en bas âge. » — Proudhon, *Usuf.*, t. 2, p. 331.

8035. *Usufruit légué à celui qui a la jouissance légale.* — Quand, après avoir institué un mineur pour héritier universel, le testateur lègue à la mère de ce mineur l'usufruit des biens de sa succession, pendant la minorité de l'enfant, et sous la condition que les produits n'entreront point dans la communauté qui existe entre l'usufruitière et son mari, la valeur de cet usufruit doit être calculée, pour la perception de l'impôt, soit au denier 10, soit d'après le nombre des années qui doivent s'écouler jusqu'à la majorité du mineur (suivant les circonstances). La partie ne peut prétendre que l'usufruit légué se confond avec l'usufruit légal accordé au père et à la mère par l'art. 384 du Code civ. sur les biens de leurs enfants mineurs, et que la disposition du testament ne doit réellement produire effet qu'à partir du moment où le légataire universel aura atteint sa dix-huitième année.

La volonté du testateur se trouve, en effet, substituée à celle de la loi et forme le seul titre du légataire, sauf le droit de ce dernier de renoncer formellement au bénéfice de la libéralité. — Cass. 15 juin 1842; I. 1683-5; J. N. 11363; J. E. 13021.—Civ. 30 déc. 1850; Sir. 51. 1. 47; I. 1883-9; J. E. 15099; J. N. 14236.

8036. *Renonciation.* — Toutefois, le légataire pourvu de la jouissance légale peut éviter le paiement des droits dus à raison de son usufruit. en renonçant à cet usufruit. Mais cette renonciation est sans valeur si elle est faite après la délivrance du legs de l'usufruit. — Seine, 6 janv. 1841 :

« Attendu que l'usufruit légal se distingue de l'usu- « fruit ordinaire, soit quant aux avantages propres « dont il jouit, soit quant aux charges spéciales dont il « est grevé, par des différences qui ne permettent pas « de les considérer comme autant entre eux « quand ils se trouvent en concours ; attendu que, dans « l'espèce, il existait encore entre l'usufruit testamen- « taire et la jouissance légale des points de dissem- « blance particuliers résultant : 1° de ce que le premier « devait durer jusqu'au mariage des enfants, tandis « que la jouissance légale devait cesser par leur éman- « cipation, ou. en tout cas, lorsqu'ils auraient accompli « leur dix-huitième année ; 2° de ce que l'usufruit était « légué à chacun des deux époux personnellement « pour moitié, tandis que la jouissance légale appar- « tenait exclusivement au père pendant le mariage. « circonstance indifférente à la vérité tant qu'eût duré « la communauté légale établie entre les époux, mais « qui eût eu un résultat important en cas de sépara- « tion de biens ; attendu que ces considérations parti- « culières pouvaient déterminer les époux Canuel à « accepter l'usufruit testamentaire ; attendu que cette « acceptation résulte de la manière la moins équivo- « que : 1° de trois actes reçus par Thiac, notaire à Paris, « le 3 mars 1838, par lesquels le légataire universel de « Perier leur a cédé trois créances dépendant de la « succession, et s'élevant à 91,000 fr. pour les remplir « d'autant, ainsi que leurs enfants, du legs de la « somme de 100.000 fr., lequel transport, est-il dit « dans l'acte, est fait aux époux Canuel pour l'usufruit « jusqu'au mariage de leur fils ; 2° d'un autre acte reçu « le même jour par Cousin, notaire à Paris, portant « paiement par ledit légataire universel de Perier « auxdits époux Canuel du surplus des 100,000 fr. lé- « gués, dans lequel acte ils figurent comme usufruitiers « en vertu du testament ; et il est dit que le transport « précité leur a été fait personnellement pour l'usufruit « seulement, à l'effet de donner à leurs enfants une « garantie dont le testament ne dispensait point les « époux Canuel. et dont était affranchie la jouissance « légale ; attendu que ladite acceptation n'a pas été « conditionnelle et subordonnée au cas où la jouissance « légale viendrait à cesser avant l'usufruit testamen- « taire ; qu'elle a été absolue et pure et simple, et a eu « conséquemment pour résultat de saisir immédiate- « ment les époux Canuel dudit usufruit, testamentaire ; « attendu que. dans ces circonstances. la déclaration, « par eux postérieurement faite, qu'ils entendaient « s'abstenir dudit usufruit. n'a pu faire considérer « comme non avenue une transmission définitivement « consommée, ni frustrer le trésor public d'un droit de « mutation qui lui était irrévocablement acquis ; — « par ces motifs. le tribunal ordonne l'exécution de la « contrainte décernée contre les époux Canuel le « 30 janv. 1840, et les condamne aux dépens. »

8037. Legs. — Charge de vendre pour payer ce legs. — Si le testateur dispose qu'un immeuble de sa succession sera vendu pour le prix en être employé à acquitter les legs et le surplus être distribué aux pauvres, l'héritier doit déclarer cet immeuble qui, n'ayant

été légué à personne, est resté dans la succession; la condition d'employer le prix de la vente n'est qu'une charge non susceptible d'être déduite. — Sol. 19 août 1831; I. 1388-5. — Neufchâteau, 11 fév. 1836; J. E. 11480.

8038. Legs au créancier. — On doit considérer comme un legs passible du droit de succession la déclaration faite par un mari dans son testament qu'il a reçu de sa femme une somme déterminée. dont il lui fait au besoin *don et legs.*—Villefranche, 14 août 1829; Dél. 23 avril 1830; J. N. 7147.

8039. Legs pieux.—Le legs fait par un testateur aux *pauvres* et à ses *domestiques*, sans désignation de personnes, ne saurait donner ouverture au droit de mutation par décès. Le seul droit exigible est le droit de donation entre-vifs lors de l'enregistrement des actes d'acceptation des donations faites par la veuve et les enfants aux établissements publics et aux personnes qu'ils croient devoir gratifier. — Sol. 22 avril 1866.

Il en est de même lorsque le testateur charge son légataire universel d'employer une somme déterminée en œuvres de bienfaisance, sans spécifier les établissements hospitaliers ou charitables qui auront droit à cette somme. — Sol. 11 oct. 1867.

8040. Mutation secrète. — Il est sans difficulté que les biens acquis secrètement par le défunt doivent être déclarés par ses héritiers. — Cass. 11 avril 1815. — 8 mai 1826; I. 1200-13. — 18 nov. 1835; I. 1513-5. — V. *Mutation.*

8041. Non bis in idem. — Un tribunal n'a pu. sans encourir la cassation, déclarer qu'un immeuble est resté indivis entre deux frères, après le partage de la succession de la mère commune, et condamner celui de ces frères qui succède à l'autre, à payer des droits de succession collatérale, pour moitié de cet immeuble, lorsqu'il est constant, d'après les pièces du procès, que l'immeuble était tombé en entier dans le lot d'un des frères; qu'il n'a jamais cessé, depuis, de lui appartenir, et qu'en conséquence. celui-ci n'a pu le trouver parmi les *biens* de son frère décédé. — Cass. 7 flor. an 10.

Lorsqu'un parent collatéral se désiste de toutes ses prétentions sur une succession, moyennant une somme déterminée, au profit d'un enfant naturel, qui a appréhendé l'hérédité et a acquitté le droit de mutation en ligne directe, cet abandon à titre onéreux ne rend pas exigible un nouveau droit de mutation par décès en ligne collatérale. — Cass. civ. 24 flor. an 13; Sir. 5. 2. 677.

Le droit de mutation par décès n'est pas dû par un second légataire, lorsqu'il a déjà été acquitté par un premier, mis en possession de l'hérédité sur un titre annulé depuis. — Cass. 13 oct. 1814.

Si, après avoir fait donation entre-vifs de la nue propriété d'une créance, le donateur lègue au donataire la nue propriété d'une autre créance de même importance, sous la condition que la donation entre-vifs sera

caduque, on ne peut percevoir un droit de mutation par décès sur ce legs, qui ne fait qu'un avec la première donation qui a déjà été assujettie à un droit proportionnel. — Dél. 7 déc. 1830; J. E. 9853.

8042. Nullité.—On ne peut invoquer la nullité d'une cession d'office pour soutenir que l'office aurait dû être compris dans la succession du cédant. — Marseille, 20 janv. 1863; R. P. 1859.

8043. Office. — L'office que le titulaire a acquis et pour lequel il a obtenu un décret de nomination avant son mariage sous le régime de la société d'acquêts n'entre pas en communauté, mais demeure propre au mari. Il importe peu que le cautionnement n'ait été versé et le serment prêté qu'après la célébration du mariage. Cet office doit donc être intégralement compris dans la déclaration de la succession du titulaire. — Jonzac, 29 déc. 1868; R. P. 2889.

8044. Ordre. — Même après la clôture de l'ordre, même après la délivrance des bordereaux de collocation aux créanciers, la créance du prix de l'adjudication sur expropriation forcée, reste la propriété du débiteur saisi; et s'il meurt avant le paiement effectif de ce prix aux créanciers colloqués, ses héritiers doivent en comprendre le montant dans la déclaration de sa succession. — Dél. 5 fév. 1836; I. 1528-11. — Cass. 15 juill. 1856; I. 2096-6. — Aubusson, 25 août 1858; R. P. 1091. — *Contrà* : Redon. 28 avril 1833; J. E. 10659. — Seine, 10 fév. 1866; R. P. 2282. — L'arrêt du 15 juill. 1856 est ainsi conçu :

« Attendu qu'à l'époque du décès d'Antoine Bisson, « l'immeuble dont l'expropriation forcée avait été pour-« suivie contre lui par ses créanciers hypothécaires, « avait été adjugé à l'audience des criées du tribunal « de la Seine; mais que le prix n'ayant pas encore été « distribué aux créanciers en conséquence de l'ordre « ouvert à la suite de l'adjudication, la propriété de ce « prix résidait encore sur la tète dudit Antoine Bisson; « — qu'en effet, si le prix d'un immeuble exproprié « judiciairement est affecté aux créanciers hypothé-« caires c'est seulement en vertu de leur hypothèque « sur ledit immeuble, c'est-à-dire en vertu d'un droit « de gage, lequel ne transfère point la propriété tant « que le paiement n'est pas réalisé, et n'en est jus-« que-là qu'une charge; — que dès lors, en cet état, « la succession dudit Antoine Bisson était demeurée « propriétaire du prix de l'immeuble adjugé, sauf les « charges éventuelles résultant des créances susdites « produites à l'ordre, et qu'elle en devait en consé-« quence la déclaration ainsi que les droits de trans-« mission par décès, aux termes des art. 4, 14, 15, 24, « 27 et 39 de la loi du 22 frim. an 7; — d'où il suit « qu'en décidant ainsi. le jugement attaqué a fait une « saine application desdits articles et n'a violé aucune « loi ; — rejette. »

8045. Promesse de vente. — Les biens qu'une personne a promis de vendre avant son décès ne sont pas

susceptibles d'être compris dans la déclaration de sa succession, si la promesse a été acceptée. — Le Mans, 21 avril 1859; Seine, 15 mais 1862; R. P. 1246, 1765.

8046. Propres. — La créance dont le titre spécifie qu'elle provient du prix des propres aliénés de la femme ne fait pas partie de la succession du mari, bien que la femme ait renoncé à la communauté; elle doit être considérée comme un propre de celle-ci. — Sol. 3 avril 1832; J. E. 10309.

8047. Propriété apparente. — L'immeuble dont le défunt était propriétaire apparent comme l'ayant acquis en son nom, l'ayant fait porter au rôle sur sa tête et en ayant payé l'impôt, doit être compris dans la déclaration de sa succession, encore qu'un jugement, *postérieur à son décès*, ait déclaré qu'il avait acquis cet immeuble pour le compte d'un autre. — Seine, 26 janv. 1842; J. E. 12920.

Si un traité de cession d'office porte que le prix ne sera payable qu'après la prestation de serment, et que le cédant décède avant cette prestation, ses héritiers ne peuvent se dispenser de comprendre le prix de l'office dans leur déclaration de succession, en alléguant qu'une partie en avait é é perçue avant le décès, en produisant même une quittance à l'appui de leur assertion, car ce paiement fait contre le texte du traité ne peut être admis en justice. — Abbeville, 22 août 1842; J. E. 13092.

La déclaration des héritiers que l'acte de vente qu'ils passent d'un immeuble de la succession n'est que la réalisation de la vente verbale du même immeuble consentie par le défunt ne peut faire que cet immeuble ne soit pas compris dans la déclaration de la succession. — Toul, 24 août 1848; J. E. 14559.

8048. Quotité disponible. — Lorsqu'après avoir fait donation par contrat de mariage à son mari de la totalité des biens de sa succession, sauf ré luction en cas d'existence d'enfants, une femme est décédée sans postérité, mais laissant ses père et mère, le droit de mutation par décès est dû par l'époux survivant, tant sur l'usufruit de la moitié formant la réserve légale des ascendants, que sur la propriété entière de l'autre moitié. — Corbeil, 31 déc. 1846; J. N. 13052.

8049. Rapport. — Le droit de succession n'est pas dû sur les sommes données en avancement d'hoirie à des héritiers et rapportées par eux à la succession, lors même qu'elles seraient attribuées partiellement à d'autres héritiers non donataires. — Nevers, 24 mai 1870; R. P. 3168.

8050. Ratification. — Lorsqu'un frère majeur a acquis un immeuble, tant pour lui que pour son frère qui lui donnera sa ratification à sa majorité, si ce frère majeur mineur, décède avant que le mineur ait fait connaître sa ratification, l'immeuble acquis fait entièrement par-

tie de la succession. — Mirecourt, 22 fév. 1850; J. E. 15158.

Lorsqu'un individu acquiert un immeuble tant pour lui que pour une autre personne, il faut que cette personne accepte tacitement ou expressément, pour que la stipulation produise effet vis-à-vis d'elle; dès lors, si elle meurt sans avoir accepté, ni fait aucun acte de propriété, sa succession n'a aucun droit à la moitié des objets acquis. — Cass. 15 mai 1827; J. E. 8746.

8051. Recélé. — Les effets soustraits de la communauté par l'époux survivant doivent être compris dans la déclaration de la succession du décédé. — Dél. 19 nov. 1830.

8052. Récoltes. — Si la récolte, quoique non encore détachée, a été vendue à forfait avant le décès du propriétaire, elle forme une créance au profit de la succession, et doit être déclarée. — I. 1263-3.

8053. Fermier. — Les récoltes sont meubles à l'égard du fermier, et s'il meurt, avant de les avoir enlevées, ses héritiers doivent les comprendre dans la déclaration de sa succession, pour la valeur qu'elles ont au jour de son décès. — I. 1263-5. — Napoléon-Vendée, 22 déc 1858; R. P. 1347.

8054. Régime dotal. — *Acquisition conjointe.* — Aucune loi n'interdit à la femme mariée sous le régime dotal d'acquérir des immeubles en commun avec son mari. Si donc un immeuble est acquis conjointement par deux époux dotaux moyennant un prix payé comptant, sans indication de l'origine des deniers employés à ce paiement, la femme est devenue copropriétaire de l'immeuble et ses héritiers doivent comprendre sa part dans la déclaration de sa succession. — Dél. 26 nov. 1830; J. E. 9894.

8055. Remploi. — La femme qui a accepté, à titre de remploi de ses propres aliénés, l'immeuble acquis par son mari, est propriétaire irrévocable de cet immeuble; ses héritiers doivent donc le comprendre dans leur déclaration. Ils ne seraient pas recevables à opposer que la propriété résidait sur la tête du mari et que la femme n'avait qu'une simple créance. — Cass. civ. 4 août 1835; I. 1504-7. — Req. 9 fév. 1836; J. E. 11598.

8056. Prix non payé. — Pour que la propriété de l'immeuble acquis en remploi soit transmise à la femme, il suffit qu'il y ait eu, de la part du mari, déclaration que l'acquisition a été faite des deniers provenus de la vente d'un propre de la femme et, de la part de celle-ci, acceptation du remploi. La circonstance que le mari n'a pas payé le prix de l'immeuble ne nuit pas à l'efficacité du remploi, s'il est constant que le mari a eu entre ses mains, par suite de l'aliénation du propre, des deniers suffisants pour acquitter ce prix. En conséquence, au décès de la femme, l'im-

meuble. quoique non payé. fait partie de sa succession et doit figurer dans la déclaration de ses héritiers. — Cass. civ. 6 janv. 1858 ; Sir. 58. 1. 273 ; I. 2118-4 ; J. E. 16676 ; R. P. 964.

8057. *Remploi in futurum.* — Lorsque deux époux mariés sous le régime dotal. avec société d'acquêts, ont acheté un immeuble, en déclarant qu'il servirait de remploi à la femme tant pour des biens dotaux dont elle a été expropriée, que pour les autres biens de même origine qui pourraient être ultérieurement aliénés, l'immeuble acquis n'est propre à la femme que jusqu'à concurrence de l'indemnité reçue pour l'expropriation et du prix des ventes réalisées postérieurement ; le surplus dépend de la société d'acquêts. — Cass. civ. 24 nov. 1852 ; Sir. 52. 1. 798 ; I. 1982-4 ; J. E. 15560.

8058. **Renonciation.** — Les droits de mutation sont dus par le donataire en usufruit qui a renoncé à son legs. s'il est établi qu'une rente viagère constituée sur sa tête est le prix de sa renonciation. — Saint-Irieix, 17 janv. 1855 ; J. E. 15981. — V. *Renonciation.*

Lorsque l'époux survivant, donataire en usufruit des biens de son conjoint, renonce à son legs dans un traité avec les héritiers, et accepte une rente viagère de beaucoup supérieure au revenu des biens par lui abandonnés, les droits de succession sont exigibles. — Rocroy, 13 mars 1857 ; J. E. 16496.

La veuve. donataire en usufruit de son mari, ne peut se soustraire au paiement des droits par une renonciation, lorsque, conjointement avec ses enfants, elle a affermé des immeubles de la succession. — Péronne, 28 juin 1854 ; J. E. 15930.

Si, après avoir renoncé du vivant de son mari à l'usufruit que lui avait donné ce dernier par leur contrat de mariage pour le cas de survie, une veuve, après la mort de son mari, reçoit des héritiers, à titre de transaction, une quote-part en propriété de la succession pour lui tenir lieu de son usufruit, le droit de succession est dû. attendu que la veuve est redevenue usufruitière. — Marseille, 13 juill. 1835 ; J. E. 11763.

La renonciation partielle à un legs en usufruit ne dispense pas le légataire d'acquitter les droits de mutation par décès sur la totalité, surtout s'il résulte d'un acte postérieur que la renonciation partielle n'a pas été entièrement gratuite. — Tulle, 15 déc. 1852 ; Rec. Fess. 8826. — Seine, 18 avril 1857 ; R. P. 864.

8059. *Renonciation du chef d'un tiers.* — Lorsqu'un enfant mineur est décédé sans que la succession de son père ait été acceptée en son nom, ses héritiers peuvent, en renonçant de son chef à la succession du père, se dispenser de comprendre dans la déclaration de la succession de l'enfant la part qui lui revenait dans celle de son père. — Valence, 13 juill. 1853 ; J. E. 15918.

Mais on ne peut user de cette faculté que si le droit de renoncer ou d'accepter est encore entier, c'est-à-dire si le défunt n'a fait aucun acte pouvant impliquer une acceptation de sa part. En ce sens, le tribunal de Tours a jugé, le 28 déc. 1849, que lorsqu'une veuve donataire des meubles et de l'usufruit des immeubles de la succession de son mari, est morte, après avoir pris qualité comme donataire, un mois après le donateur, le frère et l'héritier de cette veuve ne peut renoncer du chef de la défunte à cet usufruit, pour s'en tenir à la pleine propriété des meubles, ni se dispenser d'acquitter les droits de mutation que sa sœur devrait sur cet usufruit. — R. G. 13039-5.

8060. **Rente.** — *Rente étrangère immobilisée.* — L'art. 7 de la loi du 18 mai 1850, qui a soumis au droit de mutation par décès les fonds publics étrangers dépendant d'une succession régie par la loi française, s'applique même à ceux de ces fonds qui, dans l'intérêt privé du défunt. ont été immobilisés suivant les conditions déterminées par la loi étrangère. Cette immobilisation ne saurait avoir pour effet de faire considérer ces fonds publics, meubles de leur nature, comme faisant partie du territoire étranger. et, par suite, de les soustraire, quant à la perception du droit de mutation, à l'application de la loi française. — Cass. civ. 28 juill. 1862 ; Sir. 62. 1. 988 ; I. 2.39-7 ; J. E. 17519 ; R. P. 1682.

8061. *Rente exigible jusqu'à une époque indéterminée.* — Lorsque, par contrat de mariage, et pour supporter les charges de l'association conjugale, il a été fait donation à la future, par ses père et mère, d'une pension annuelle, exigible sans réduction jusqu'au partage des biens des donateurs, le capital de la rente ainsi constituée ne peut être assujetti à un droit de mutation au décès soit de la donataire, soit de l'un de ses enfants, arrivé du vivant des donateurs. — Lons-le-Saulnier, 6 juill. 1857 ; R. P. 861.

8062. **Reprises.** — La disposition d'un contrat de mariage portant que l'un des époux renonce au droit de reprendre, lors de la dissolution de la communauté. le prix de ses propres aliénés dont il n'aurait pas été fait remploi, est une donation éventuelle au profit de l'autre époux, imputable sur la quotité disponible, attendu qu'elle constitue une dérogation à la loi qui exclut de la communauté, à moins de convention contraire. les immeubles propres des deux époux. — Cass. 3 déc. 1839 ; J. E. 12486-4 ; J. N. 10371.

8063. **Retour.** — *Retour conventionnel.* — Le retour conventionnel s'opérant par l'effet d'une condition résolutoire, d'une clause inhérente au contrat de donation , les biens qui y sont sujets ne font pas partie de la succession du donataire; d'où la conséquence qu'aucun droit de mutation par décès ne peut être perçu. — D. F. 29 déc. 1807; I. 366-18. — Dél. 25 juin 1822; J. N. 6160.

8064. *Adoption.* — Le retour à l'adoptant constitue un véritable droit successif et rend exigible le droit

de mutation par décès. — Dél. 6 fév. 1827; J. E. 8641. — Cass. 28 déc. 1829; I. 1307-11; J. N. 7084; J. E. 9525.

8065. Retrait d'indivision. — Le mari qui, *seul et en son nom personnel*, acquiert, pour la totalité ou pour une portion, un immeuble appartenant par indivis à sa femme, est seul propriétaire des parts ainsi acquises jusqu'à l'exercice du droit d'option ou de retrait réservé à la femme. — Arg. C. 1408. — V. *Retrait d'indivision, Vente.*

« Attendu que le second alinéa de l'article 1408 du « Code civil, qui n'est que le résumé de l'ancienne « jurisprudence sur la matière, décide formellement « que dans le cas où le mari devient seul et en son « nom personnel acquéreur ou adjudicataire de por- « tion ou de la totalité d'un immeuble appartenant « par indivis à la femme, celle-ci a la faculté de reti- « rer ledit immeuble, mais seulement lors de la dis- « solution de la communauté; que du texte comme « de l'esprit de cet article, il résulte que le mari, sur- « tout à l'égard des tiers, devient propriétaire de l'im- « meuble ainsi par lui acquis, sauf l'exercice du droit « d'option ou de retrait réservé à la femme, pour « l'époque où elle reprend l'administration de sa for- « tune. » — Cass. 25 juill. 1844.

Le Code admet, dans la dernière disposition de notre article 1408, en faveur de la femme seulement, et non du mari, une espèce de retrait, qu'on pourrait appeler retrait d'indivision, puisqu'il est fondé uniquement sur ce que les biens étaient indivis avec la femme. Le but de ce retrait est de prévenir le double abus que le mari pourrait faire de la puissance maritale, d'un côté en ne permettant pas à la femme d'acquérir pour elle-même, afin de faire seul, en son nom personnel, l'acquisition avantageuse des portions, ou même de la totalité d'un immeuble appartenant par indivis à la femme, acquisition qui deviendrait un conquêt de communauté, divisible par moitié, lors de la dissolution du mariage; d'un autre côté, en acquérant à un prix trop élevé les biens indivis à la convenance de son épouse, qui se trouverait obligée de tenir compte à la communauté de ce prix excessif à la dissolution de la communauté. C'est pour prévenir ces abus qu'après avoir, dans une première disposition, décidé que l'acquisition, faite pendant le mariage, des portions d'un immeuble dont l'un des époux était propriétaire par indivis, ne forme point un conquêt, l'article 1408 ajoute, dans une seconde disposition, que si le mari devient seul et en son nom personnel, adjudicataire de portion ou de la totalité d'un immeuble, appartenant par indivis à la femme, celle-ci, lors de la dissolution du mariage, a le choix ou d'abandonner l'effet à la communauté, laquelle devient alors débitrice, envers la femme, de la portion appartenant à celle-ci dans le prix, ou de retirer l'immeuble, en remboursant à la communauté le prix de l'acquisition. — Toullier, liv. 3, tit. 5, ch. 2, n. 161. — Locré, t. 13, p. 191, 192.

Par conséquent, si, à la mort du mari, la femme n'use pas de son droit d'option ou de retrait, les parts achetées doivent être déclarées par les héritiers du mari.

— Cass. civ. 31 mars 1835; Sir. 35. 1. 516; I. 1490-7; J. E. 11175. — Largentière, 6 fév. 1872; R. P. 3431.

8066. Concours de la femme. — Si la femme a donné son concours à l'acquisition, les portions indivises ainsi achetées lui sont propres.

Ainsi, un domaine dont une moitié indivise appartenait à la femme, et dont l'autre moitié a été *acquise par les deux époux*, durant la communauté, doit être considéré en totalité comme un propre de la femme, pour le paiement des droits de mutation par décès. — Sables-d'Olonne, 17 août 1852; J. E. 14816.

Si *deux époux achètent* des droits successifs mobiliers et immobiliers appartenant par indivis à la femme, la totalité de ces droits doit être comprise dans la déclaration de la succession de la femme. — Bourganeuf, 24 déc. 1865; R. P. 2244.

La solution est la même dans le cas d'*acquisition conjointe*. — Dél. 14 janv. 1859; I. 2325-5. — Cass. 30 janv. 1855 et 2 déc. 1867; R. P. 2020 et 2697.

8067. Secours viagers à d'anciens militaires. — Les arrérages de secours annuels et viagers aux anciens militaires de la République et de l'Empire, payés à leurs héritiers en vertu d'une décision du grand-chancelier de la Légion d'honneur, ne sont pas soumis au droit de mutation par décès. — Aux termes du règlement du 20 mars 1852, les secours viagers accordés en vertu des décrets des 14 déc. 1851 et 9 fév. 1852 sont éteints à la mort des bénéficiaires; que la concession des arrérages est purement facultative; que l'héritier admis à toucher les termes échus au décès ne les tient pas du défunt; et que, par suite, cet héritier n'est pas tenu de les comprendre dans la déclaration des valeurs dépendant de la succession. — D. F. 5 avril 1859; I. 2148-4.

8068. Services religieux. — La clause d'un testament portant qu'une somme déterminée sera employée à faire célébrer des messes ne constitue un legs que si le testateur a conféré à l'établissement ou à la personne désignée une action au moyen de laquelle les héritiers peuvent être contraints à exécuter la disposition. — Sol. 7 nov. 1868; R. P. 3323.

8069. Transaction. — Si un héritier paie, à titre de transaction, une somme déterminée à des tiers, auxquels le défunt avait légué des immeubles situés en pays étranger, le droit de mutation par décès est exigible sur le montant de cette somme. — Cass. req. 25 fév. 1846; Sir. 46. 1. 321; I. 1767-7; J. E. 13940.

8070. Réserve. — La loi ne créant de réserve qu'au profit des ascendants légitimes, le légataire universel étranger, institué par un enfant naturel reconnu, est saisi de plein droit de la totalité des biens du testateur, quoique la mère naturelle de ce dernier ait survécu. Dès lors, le légataire universel doit, s'il accepte la

succession, acquitter le droit de mutation à 9 °/₀ sur l'intégralité des biens composant l'hérédité de l'enfant naturel, encore que, par une transaction, il en ait abandonné une partie à la mère naturelle du défunt. — Cass. civ. 5 juin 1861; Sir. 61. 1. 738; I. 2201-8; J. E. 17310; R. P. 1492. — Réun. 12 déc. 1865; Sir. 66. 1. 73 ; I. 2347-4; J. E. 18109; Cuën. 11040.

8071. Travaux. — Lorsque des ouvrages ont été faits depuis le décès, dans l'usine et avec le matériel provenant de la succession, il n'y a lieu de déclarer que les matières employées, et non la valeur des travaux exécutés. — Arras, 23 nov. 1849 ; J. E. 15252.

8072. Tuteur datif. — Les honoraires annuels alloués par le testament au tuteur testamentaire, doivent être considérés comme donation rémunératoire et sont passibles du droit de mutation par décès. On ne peut voir, en effet, dans une pareille clause ni un mandat qui s'éteint à la mort du mandant, ni un marché, parce que dans un acte unilatéral, tel qu'un testament, il ne peut y avoir de lien de droit entre le testateur et celui qui s'éteint à l'objet de la disposition — Valognes, 3 janv. 1850; J. E. 14893; J. N. 14001.

8073. Usufruit. — Le légataire d'un usufruit qui a fait cession de l'objet de son legs aux héritiers, moyennant une rente viagère, doit acquitter le droit de mutation par décès, non pas sur la valeur de la rente, mais sur la valeur de l'usufruit qui lui a été légué. Peu importe qu'il soit dit dans l'acte que la cession a lieu à titre de partage et de licitation ; ces mots ne peuvent dénaturer la convention et lui faire perdre son véritable caractère de cession d'usufruit. — Dél. 19 nov. 1833 ; J. E. 10795. — Montargis, 31 août 1835; J. E. 11382. — Cass. civ. 19 nov. 1834; I. 1481-8 ; J. E. 11089. — Strasbourg, 29 mars 1849 ; J. E. 15036-1.

Sect. VII. — Liquidation des droits.

8074. A qui il appartient de liquider les droits. — Les héritiers sont maîtres de déclarer tels ou tels biens, de leur assigner telle ou telle valeur; mais la liquidation du droit sur les biens déclarés appartient exclusivement au receveur. C'est ce qui résulte sans aucun doute de l'art. 28 frim. qui ne permet à aucun redevable d'atténuer ou de différer le paiement des droits sous prétexte de contestation sur la quotité. — Saint-Brieuc, 25 août 1856; R. P. 721. — Seine, 21 janv. 1859; R. P. 1543. — Cass. civ. 3 fév. 1869; J. E. 18632.

8075. Bases de la liquidation des droits. — La valeur des biens transmis par décès est déterminée, pour la liquidation du droit proportionnel :

Pour les meubles, par la déclaration estimative des parties, sans distraction des charges; l'usufruit s'évalue à la moitié de la valeur entière de l'objet; — Frim. art. 14, n. 8 et 11.

Pour les immeubles, par l'évaluation qui est faite et portée à vingt fois le produit des biens ou le prix des baux courants, sans distraction des charges; — si les immeubles ne sont transmis qu'en usufruit, l'évaluation ne doit être portée qu'à dix fois le produit des biens ou le prix des baux courants, aussi sans distraction des charges. — Frim. art. 15, n. 7 et 8.

Art. 1. — Évaluation des meubles.

8076. Meubles par leur nature. — La valeur des biens meubles est déterminée par la déclaration estimative des parties. — Frim. art. 14, n. 8.

A l'appui de leur déclaration estimative, les parties doivent rapporter un état estimatif, article par article, certifié par elles, *s'il n'existe pas d'inventaire dressé par un officier public*. — Id. art. 27.

Lors donc qu'il existe un inventaire dressé par un officier public, cet inventaire doit être pris pour base de la déclaration des héritiers, à l'exclusion de tout état estimatif. — Seine, 15 janv. 1835; Dél. 12 mai 1835; Rec. Roll. 4715.

8077. *Vente de meubles.* — Aux termes de l'art. 14, n. 8 frim., la valeur des meubles transmis par décès est déterminée par la déclaration estimative des parties. Aux termes de l'art. 27 de la même loi, cette déclaration estimative doit être faite dans un état détaillé certifié par les parties, à moins qu'il n'y ait eu un inventaire dressé par un officier public, cas où la liquidation des droits doit être basée sur l'inventaire. Il résulte de ces dispositions que dès qu'un inventaire des effets mobiliers d'une succession a été dressé par un officier public, c'est cet inventaire qui doit exclusivement servir de base à la liquidation des droits, et que, si les effets mobiliers ont été vendus aux enchères, l'Administration ne peut obliger les parties à supporter les droits sur le chiffre de la vente, ni être contrainte par elles à liquider l'impôt sur ce chiffre lorsqu'il est inférieur au montant de la prisée. Mais, évidemment, l'Administration conserve le droit de prouver la fraude. — Seine, 15 janv. 1835; Dél. 12 mai 1835; Rec. Roll. 4715. — Sol. 29 nov. 1844; J. N. 8679; Rec. Fess. 7073. — Seine, 23 juin 1856; R. P. 979. — Cass. civ. 23 fév. 1858; I. 2163-4; J. E. 16695. — Civ. 10 mai 1858; Sir. 58. 1. 619; I. 2163-4; J. E. 16799-2. — Seine, 27 août 1858; R. P. 1107. — Bourges, 23 nov. 1865; R. P. 2237. — *Contrà* : Dél. 5 nov. 1833; Dall. R. 4452. — Compiègne, 18 mai 1848; J. N. 13431. — Alençon, 13 sept. 1852; Vendôme, 25 nov. 1854 ; Versailles, 15 fév. 1855; Laon, 12 mai 1855; Le Hâvre, 12 mars 1856 ; Bordeaux, 4 avril 1856; Seine, 6 fév. 1863; R. P. 224, 373, 402, 607, 639, 713, 1784.

Voici l'arrêt du 10 mai 1858 :

« Vu l'art. 14, n. 8, et l'art. 27 de la loi du 22 frim.
« an 7;

« Attendu que, suivant l'art. 14, n. 8, la valeur des
« biens meubles, quant à la liquidation et au paiement
« du droit proportionnel pour les transmissions par
« décès, est déterminée par la déclaration estimative
« des parties sans distraction des charges, et que,
« d'après l'art. 27, l'état estimatif, article par article,

« certifié par les parties, qui doit être rapporté par
« elles à l'appui de leur déclaration, est remplacé,
« lorsqu'il y a inventaire dressé par un notaire, par
« cet inventaire contenant l'estimation du commissaire-
« priseur dans les lieux où il en existe; que cette esti-
« mation, émanée d'un officier public assermenté, doit
« servir de base à la perception; qu'il suit de là que le
« jugement attaqué, en s'attachant, en l'absence de
« toute contestation sur l'exactitude et la sincérité de
« l'évaluation des biens meubles du sieur Hope décédé
« le 21 janv. 1855, faite par un officier public en l'in-
« ventaire dressé le 21 fév. suivant, non point à cette
« évaluation, mais au produit de la vente de ses biens
« meubles par les procès-verbaux du greffier de la jus-
« tice de paix de Saint-Germain-en-Laye, des 26, 27, 28,
« 29 et 31 mai 1855, pour la perception du droit de mu-
« tation sur ces biens meubles, a expressément violé les
« articles ci-dessus de la loi du 22 frim. an 7; —
« casse. »

8078. *Objets d'art.* — A fortiori, la solution serait
la même, si, s'agissant d'objets d'art, tels que tableaux
et médailles, l'élévation du prix de la vente a dépendu
des caprices, du goût des amateurs et des circonstances
particulières dans lesquelles ont eu lieu les enchères. —
Cass. civ. 11 fév. 1867 :

« Attendu que, suivant l'art. 14, n° 8, de la loi du
« 22 frim. an 7, la valeur des biens meubles, quant à
« la liquidation du droit proportionnel pour les trans-
« missions par décès, est déterminée par la déclaration
« estimative des parties, sans distraction des charges,
« et que, d'après l'art. 27 de la même loi, cette décla-
« ration est remplacée par l'inventaire dressé par un
« notaire, avec l'estimation d'un commissaire-priseur
« dans les lieux où il en existe, estimation qui, éma-
« nant d'un officier public assermenté, doit servir de
« base à la perception;
« Attendu que, dans l'espèce, le tribunal a pris pour
« base de la perception du droit sur les meubles dépen-
« dant de la succession de la veuve Tochon, d'Annecy,
« l'estimation faite par Hamonet, commissaire-priseur,
« dans l'inventaire dressé par Jaussant, notaire, les 10,
« 11, 13 et 14 sept. 1858, après avoir constaté que l'on
« ne pouvait reprocher à l'officier public qui avait pro-
« cédé à cette estimation ni impéritie ni connivence
« avec le redevable, et que si l'on avait obtenu, par
« une vente aux enchères des mêmes objets, un prix
« beaucoup plus élevé, cette élévation du prix s'ap-
« pliquant à des objets d'art, tableaux et médailles,
« dépendait des caprices, du goût des amateurs et des
« circonstances particulières dans lesquelles avaient
« eu lieu les enchères;
« Attendu qu'en s'attachant, dans ces circonstances,
« à l'estimation de l'officier public, et non au résultat
« de la vente aux enchères, le tribunal civil de la
« Seine, loin d'avoir violé la loi du 22 frim. an 7, a
« fait, au contraire, une exacte application des art. 14
« et 27 de cette loi; — par ces motifs, etc. » — V. dans
le même sens : Seine, 12 mars 1864 et 9 mars 1867; R.
P. 2032, 2481.

8079. *Impéritie de l'officier public.* — Si les parties
elles-mêmes, mettant en doute l'aptitude de l'officier
public qui a fait la prisée, font procéder à une seconde
expertise dans laquelle la valeur des objets est augmentée, c'est cette dernière estimation qui doit servir
de base à la liquidation des droits. — Rouen, 20 juill.
1871; R. P. 3350.

8080. Rentes sur l'Etat. Actions et obligations. —
Valeurs cotées à la Bourse. — Le capital servant à la
liquidation du droit est déterminé par le cours moyen
de la Bourse au jour du décès pour *les rentes sur l'Etat*
et pour les fonds publics et actions des compagnies ou
sociétés d'industrie et de finances *étrangers.* — 18 mai
1850, art. 7.
Et cette règle doit être appliquée à toutes les valeurs,
françaises ou étrangères, *cotées à la Bourse.* — 1. 747.
— Lyon, 28 fév. 1832; Cont. 2724. — 29 août 1843;
J. N. 11902. — Dél. 5 nov. 1850; J. N. 14210.

8081. *Valeurs non cotées à la Bourse.* — S'il s'agit
de valeurs non cotées à la Bourse, le capital est déterminé par la déclaration estimative des parties, conformément à l'art. 14 frim. — 18 mai 1850, art. 7.
Ce texte ne vise que les valeurs étrangères; mais il
n'y a pas de raison pour ne pas l'appliquer aux valeurs
françaises. — Sol. 6 sept. 1850; Bull. M. D. 377.

8082. *Arrérages et intérêts.* — Il importe de remarquer que les arrérages et intérêts produits par des
valeurs appartenant en propre à l'un des époux tombent en communauté, et que, par suite, les héritiers de
cet époux ne doivent supporter le droit de succession
que sur la moitié de ces arrérages et intérêts. — Sol.
4 août 1869; R. P. 3057.

8083. Créance. — Les créances doivent être déclarées pour le capital nominal porté dans le titre constitutif; on ne saurait admettre une déclaration estimative. L'art. 14, n. 2 frim., porte en effet : *pour les
créances à terme,* le droit est liquidé sur le capital
exprimé dans l'acte et qui en fait l'objet. — Cass. civ.
4 arrêts du 24 avril 1861 (8001).

8084. Rente. — S'il s'agit d'une rente créée avec
expression de capital, le droit doit être assis sur le capital constitué; dans le cas contraire, le droit est dû
sur un capital formé de vingt fois la rente perpétuelle
et de dix fois la rente viagère ou la pension. — Cass.
28 mess. an 13; J. E. 2163. — Civ. 4 mai 1807, ainsi
conçu :
« Attendu qu'il résulte des dispositions de l'art. 14,
« n. 6 et 7 de la loi du 22 frim. an 7, ainsi que de la
« combinaison de différents autres articles de la loi,
« que le législateur n'a voulu se référer à la déclara-
« tion estimative des parties qu'autant qu'il n'existerait
« pas d'ailleurs des bases fixes et certaines qui pussent
« déterminer la perception des droits, et encore, s'il
« s'agit d'immeubles et si la déclaration estimative

« paraît inférieure à la valeur, a-t-il autorisé la voie
« de l'expertise; — qu'à l'égard des rentes, il s'est
« exprimé d'une manière si positive, qu'il ne peut y
« avoir aucun doute que c'est toujours le capital cons-
« titué et aliéné qui doit servir de base à la perception,
« et jamais le prix vénal ou d'estimation, sauf le seul
« cas où il s'agit d'objets dont les prix ne puissent pas
« être réglés par les mercuriales, et sauf encore les au-
« tres moyens indiqués par la loi pour déterminer le
« capital, s'il n'a été ni exprimé ni fixé ; — casse. »

8085. *Rente temporaire.* — Le legs d'une rente ou
pension pendant un nombre d'années déterminé ne
doit être capitalisé qu'au denier dix, ou par le nombre
des années, s'il est inférieur à dix. — Sol. 16 avril
1823 ; J. E. 7420.

8086. Intérêt dans une société. — Si l'intérêt dans
une société n'est pas représenté par des actions émises
dans le commerce, les héritiers doivent faire la déclaration détaillée et estimative de tous les biens de la société. — I. 520.

8087. Clientèle. — Si la clientèle d'une maison de
banque a été évaluée dans l'acte de liquidation de la
succession, elle doit être comprise pour cette valeur
dans la déclaration, bien que dans un acte postérieur
elle ait été, par des considérations particulières, portée
à une valeur moindre. — Seine, 7 mai 1840 ; J. N.
10755.

Art. 2. — Evaluation des immeubles.

8088. Bail. — Lorsqu'il existe des baux courants à
l'époque du décès, ils doivent servir exclusivement de
base à l'évaluation du revenu. — Arg. frim. art. 15,
n. 7 et 8 ; art. 19. — V. n. 1436 suiv., 4251 suiv.

8089. *Considérations d'équité.* — Cependant, en
des circonstances exceptionnelles, l'Administration
pourrait faire fléchir les principes devant l'équité. Un
moulin est loué en 1823. Il est stipulé qu'en cas de
rupture de la chaussée le moulin chômera et que le
fermage cessera d'être payé jusqu'à ce que les réparations soient faites. La chaussée est en effet rompue en
juin 1824, et le bailleur décède le 10 juill. avant que
les réparations aient été faites. Les héritiers ont demandé que le prix du bail ne servît pas de règle, par
le motif qu'il avait cessé d'être exécuté par l'effet de la
rupture de la chaussée, ou que, du moins, la valeur
des réparations fût déduite du capital formé de vingt
fois le produit du bail, et l'administration a consenti à
cette déduction. — Sol. 1er avril 1828 ; J. E. 9013.

8090. *Retenues par le fermier pour constructions
ou impenses.* — Lorsqu'il est stipulé, dans un bail,
que le preneur ajoutera des constructions aux bâtiments loués et retiendra pour se payer une portion du
prix du bail, cette portion entre comme le surplus
dans le prix de la location, et le revenu des immeubles
est déterminé par l'intégralité du prix. — Valence,
26 juin 1871 :

« Attendu qu'il résulte d'un bail à loyer du 26 mars
« 1868, enregistré le 11 mars 1870, et qui avait pris
« cours dès le 10 avril 1868, que Brante, donateur de
« la dame Gambetta, sa sœur, a loué à Jullien les
« immeubles par lui donnés, pour dix-huit ans, au
« prix de 1,022 francs pour chaque année ; qu'il a été
« stipulé dans ledit bail que le preneur ajouterait des
« constructions aux bâtiments, mais retiendrait cha-
« que année pour cet objet, sur le prix de son bail,
« une somme de 222 fr. 22 c. ;
« Attendu que, pour déterminer le revenu des biens
« donnés, on ne peut pas admettre la réduction sur le
« prix du bail courant de la somme de 222 fr. 22 c.
« dont s'agit, parce qu'il est de toute évidence
« que si Brante ne doit recevoir du preneur que
« 800 francs chaque année, la valeur locative des
« biens affermés n'en est pas moins de 1,022 fr. 22 c.,
« puisque le propriétaire ne prête rien ; c'est le loca-
« taire obligé d'augmenter la maison qui avance une
« somme de 4,000 francs, dont il se remboursera en
« se retenant 222 fr. 22 c. sur chacune des dix-huit
« années de son bail. »
La solution serait évidemment la même si les sommes retenues par le fermier, au lieu d'être employées
en constructions, devaient l'être en impenses et améliorations. — *Contrà* : Trévoux, 11 avril 1867 ; R. P.
3479

8091. *Bail à périodes.* — Lorsqu'un bail a été fait
pour plusieurs périodes auxquelles correspondent des
prix différents, le droit doit être liquidé sur la moyenne
de toutes les années. — Seine, 13 juill. 1861 ; R. P.
1521. — 18 avril 1863 ; Rev. Not. 533. — Le Hâvre,
27 août 1868 ; R. P. 2893 — Saint-Etienne, 19 août
1873 ; Rev. Not. 4497. — V. n. 4255.
« Attendu, porte le jugement du 13 juill. 1861, que
« la loi ne dit pas que la perception sera établie sur
« le prix de l'année courante, mais sur le prix des baux
« courants ; que, lorsqu'un bail est fait pendant un cer-
« tain temps moyennant des prix qui varient suivant
« des périodes déterminées, le loyer de chaque pé-
« riode ne représente pas la valeur réelle du revenu
« de l'immeuble ; mais qu'il s'établit une compensa-
« tion des périodes entre elles, et que la valeur réelle
« ne peut être que le revenu moyen d'une année
« d'après les prix réunis de toutes les années de bail. »

8092. *Bail susceptible de prorogation.* — C'est le
bail courant au moment du décès qui doit servir de
base à la liquidation des droits. Dès lors, si le bail
renferme l'obligation réciproque des parties de le renouveler pour un prix supérieur, le droit est dû d'après
le prix du premier bail quand le décès arrive avant son
expiration. — Sol. 4 janv. 1867 ; R. P. 2581.

8093. *Allégations contraires aux énonciations du bail.*

— Le droit doit être perçu sur le prix intégral porté dans un bail, bien que les parties prétendent, mais sans en fournir la preuve, que ce prix s'applique pour partie à d'autres immeubles que ceux compris dans le bail ou à des constructions verbalement promises par le défunt et non édifiées. — Seine, 20 avril 1866; R. P. 2294.

8094. Contribution foncière. — Le revenu porté aux rôles fonciers ne peut servir de base pour l'évaluation des immeubles en matière de mutation par décès. — Cass. 4 août 1807 :

« Attendu que, selon les art. 15 et 19 de la loi du « 22 frim. an 7, les droits de mutation à raison de « succession doivent se payer d'après la véritable valeur « des immeubles, sans distraction des charges; qu'il « est de notoriété que cette véritable valeur des im- « meubles ne se trouve pas dans les rôles de la contri- « bution foncière, où l'évaluation est faite tout au plus « par approximation, et souvent au-dessous du prix « de l'immeuble; attendu que si, dans le cas de l'art. « 2165 du Code Napoléon, la valeur déterminée dans « le rôle des contributions foncières est suffisante pour « fixer l'étendue de l'hypothèque due à des créanciers, « c'est que la validité de cette évaluation ne leur nuit « pas, et que le débiteur aurait d'autant plus mauvaise « grâce de s'en plaindre, que plus l'évaluation est mo- « dique, moins il paie de contribution; d'où il suit « que le jugement attaqué, en refusant l'expertise dont « il s'agit, a fait une fausse application de l'art. 2165 « du C. Nap. et violé les art. 15 et 19 de la loi du 22 « frim. an 7; — casse. »

V. dans le même sens: Le Hâvre, 11 janv. 1838; J. E. 11959.

Art. 3. — Usufruit.

8095. Règle. — S'il s'agit de meubles, l'usufruit s'évalue à la moitié de la valeur entière de l'objet; s'il s'agit d'immeubles, l'usufruit est dix fois le produit des biens, ou le prix des baux courants, sans distraction des charges. — Frim. art. 14, n. 11; art. 15, n. 8

8096. Usufruit temporaire. — S'il s'agit d'un usu- fruit temporaire, le capital imposable s'ob- tient en multipliant le revenu par le nombre d'années qui représente la durée de l'usufruit. — Evreux, 18 août 1849; J. E. 14847.

Art. 4. — Nue propriété.

8097. Principe. — L'héritier de la nue propriété doit l'impôt sur le capital au denier vingt du revenu, sans égard à la charge de l'usufruit. — Cass. 29 juin 1809; Cod. M. D. 469; — 11 sept. et 18 déc. 1811; J. E. 4058 et 4134.

L'arrêt du 11 sept. 1811 est ainsi conçu :

« Attendu 1° qu'il résulte des dispositions de l'art.

« 14 et des §§ 7 et 8 de l'art. 15 de la loi du 22 frim. « an 7 que la propriété doit être évaluée à vingt fois le « produit des biens, sans égard à la charge de l'usufruit; « Attendu 2° que la loi n'est point facultative; qu'elle « ne laisse pas à l'héritier le choix du moment où il « doit acquitter les droits; qu'elle établit seulement « qu'il n'est rien dû pour la réunion de l'usufruit à la « propriété, lorsque le droit d'enregistrement a été « acquitté sur la valeur entière de la propriété; « Attendu 3° qu'en jugeant que l'héritier de la nue « propriété avait la faculté de payer à raison de la « propriété entière, ou de payer pour l'usufruit réuni « à la propriété, au moment où s'opère cette réunion, « le tribunal civil de Courtrai est formellement contre- « venu auxdits art. 14 et 15 ci-dessus cités, et qu'il a « fait en même temps une fausse application du der- « nier § du n. 7 dudit art. 15; — casse. »

8098. Mutation pendant la durée de l'usufruit. — Mais si le nu-propriétaire *qui a payé le droit sur la valeur de la propriété entière*, décède avant l'extinction de l'usufruit, ses héritiers n'auront à supporter l'im- pôt que sur le capital au denier dix du revenu des immeubles transmis en nue propriété. — Chartres, 27 fév. 1838; J. N. 10425. — Cass. 30 mars 1841; Sir. 41. 1. 347; I. 1816; J. E. 12729; J. N. 10425. — Pont-Audemer, 24 fév. 1842; J. N. 11360. — Rouen, 11 mai 1842; J. N. 11408. — Evreux, Château-Thierry et Seine, 21 mai, 11 et 15 juin 1842; J. E. 11441. — Corbeil, 24 août 1842; J. N. 11547. — Doullens, 6 déc. 1843; J. N. 12067. — Pithiviers et Etampes, 23 août et 19 nov. 1843; J. N. 12087, 12186. — Cass. civ. 9 avril 1845; Sir. 45. 1. 511; I. 1816. — Pont-Aude- mer, 22 août 1845; J. N. 12489. — Grasse, 24 nov. 1845; J. N. 12562. — Boulogne, 14 fév. 1846; J. N. 13237. — Cass. réun. 27 déc. 1847; Sir. 48. 1. 238; I. 1816; J. E. 14397. — Civ. 21 juin 1848; J. E. 14540; J. N. 13426.

« Attendu, porte l'arrêt du 27 déc. 1847, en droit, « que les actes qui opèrent une mutation de propriété « sont seuls, aux termes de la loi, passibles du droit « proportionnel d'enregistrement; d'où il suit que ce « droit ne peut être perçu toutes les fois qu'il n'y a pas « translation de propriété d'une personne à une autre; « — attendu qu'il résulte du rapprochement des lois « précitées qu'elles contiennent une exacte application « de ce principe de droit; qu'en effet, si elles soumet- « tent celui qui acquiert la nue propriété d'un immeu- « ble à payer, en même temps que le droit assis sur « cette nue propriété, le droit dont serait passible « l'usufruit dont il ne jouit pas encore, le paiement de « ce second droit constitue une perception par antici- « pation et à valoir sur la mutation future qui devrait « avoir lieu lorsque l'usufruit sera réuni à la nue pro- « priété; « Attendu qu'au moyen de cette perception anticipée, « le possesseur de la nue propriété est affranchi, de « plein droit, du paiement du droit dont il serait rede- « vable le jour de la réunion effective et actuelle de « l'usufruit à la nue propriété, s'il ne l'avait acquitté « d'avance; d'où il suit que, quel que soit le nombre

« des mutations subies par la nue propriété, il ne peut
« être dû, à leur occasion, aucun droit proportionnel
« pour l'usufruit qui est encore séparé et pour lequel
« le droit a été précédemment payé; que, s'il en était
« autrement, la régie percevrait un droit proportionnel
« sur l'usufruit à cause d'un acte qui n'emporterait
« point mutation de l'usufruit, et pour une disposition
« pour laquelle le droit proportionnel auquel elle serait
« soumise a déjà été payé; — qu'il importe peu qu'en
« ce cas l'usufruit puisse ou non être considéré comme
« une charge de la propriété, puisque, dans l'espèce,
« le droit a été payé d'avance sur la pleine et entière
« propriété, sans distraction des charges; — de tout
« quoi il résulte qu'en jugeant le contraire, le jugement
« attaqué a faussement appliqué les articles 4 et 15 de
« la loi du 22 frim. an 7, ainsi que le n. 6 de ce dernier
« article, et commis une violation expresse des dispo-
« sitions ci-dessus transcrites; — casse. »

8099. *Meubles.* — Les transmissions mobilières sont,
du reste, régies par les mêmes principes. — Senlis,
28 déc. 1848; J. N. 13652. — Péronne, 3 mai 1830; J.
N. 14150. — I. 2025-3.

8100. *Rente sur l'Etat.* — De même encore, si, en
vertu de l'exemption accordée par la législation antérieure à la loi du 18 mai 1850, un héritier a recueilli,
sans payer aucun droit, la nue propriété d'une rente
sur l'Etat, et qu'il soit décédé sous l'empire de la loi
de 1850, avant l'extinction de l'usufruit, ses héritiers
n'auront à supporter le droit de mutation par décès que
sur la moitié de la valeur de la rente; car l'exemption
de droit équivaut à paiement. — Seine, 28 juill. 1853;
R. G. 13236. — *Contrà* : Le Mans, 6 mai 1853; J. E.
15888.

8101. *Vente avec réserve d'usufruit.* — Lorsqu'une
vente d'immeubles a été faite sous réserve d'usufruit
au profit du vendeur, et que l'acquéreur décède avant
le vendeur, les héritiers du premier ne sont tenus
d'acquitter le droit de mutation par décès que sur un
capital formé de dix fois le revenu des biens, *car le
droit sur l'usufruit a été acquitté par anticipation.* —
Argentan, 18 déc. 1851; J. N. 14952.

8102. Cas où le droit est exigible sur la valeur entière.
— Si le droit a été acquitté sur la *valeur entière* par
celui qui transmet la nue propriété avant l'extinction de
l'usufruit, les héritiers n'ont à supporter le droit que
sur la moitié de la valeur. Dans le cas contraire, ils
doivent donc payer le droit sur la valeur entière.

8103. *Usufruit vendu.* — Si le propriétaire d'un
immeuble en vend l'usufruit et qu'il décède avant l'usufruitier, ses héritiers sont tenus de payer le droit sur
vingt fois le revenu; car, s'il en était autrement, à l'extinction de l'usufruit, cette valeur leur reviendrait sans
qu'ils eussent payé de droit, ce qui serait contraire à
l'art. 4 frim. — Saumur, 30 juill. 1853; R. G. 13232.

8104. *Usufruit abandonné comme condition d'une libéralité.* — Si, après qu'un père a donné à ses enfants la
nue propriété de la moitié d'une ferme dont ils ont
recueilli l'autre moitié dans la succession de leur mère,
à charge par eux de lui abandonner l'usufruit de cette
autre moitié, un des donataires meurt avant le père,
donateur, le droit est exigible sur vingt fois le revenu
de la part de cet enfant dans la moitié de ferme recueillie à titre héréditaire, car la moitié seule donnée par le
père a supporté un droit *sur la valeur entière*, tandis
que l'autre moitié, dont l'usufruit a été abandonné
comme condition de la donation, n'a pas supporté *ce
droit depuis que l'usufruit en a été séparé.* — Mamers,
20 janv. 1851; J. E. 15136.

8105. Double transmission. — Quand un testateur
a légué tous ses biens au mari et l'usufruit de ces
mêmes biens à la femme, mais à partir seulement du
décès du légataire universel, les enfants de celui-ci
doivent à sa mort acquitter le droit de mutation sur
un capital formé de vingt fois le revenu des biens,
quoiqu'ils ne recueillent qu'une nue propriété, par
suite de l'ouverture du legs d'usufruit fait à leur mère.
— Cass. civ. 5 avril 1864; I. 2288-4 :
« Vu l'art. 15, n° 7, de la loi du 22 frim. an VII; —
« attendu que cet article dispose que, pour les trans-
« missions de propriété qui s'effectuent par décès, le
« droit à percevoir se détermine par vingt fois le pro-
« duit des biens, et qu'il ne sera rien dû pour la
« réunion de l'usufruit à la propriété, lorsque le droit
« d'enregistrement aura été acquitté sur la valeur
« entière de la propriété »
« Attendu que de Warennes, décédé le 9 mars 1847, a,
« par son testament olographe du 27 avril 1835, insti-
« tué pour sa légataire universelle la dame de Louven-
« court, sa petite-nièce, et légué à de Louvencourt,
« mari de cette dernière, l'usufruit universel de ses
« biens, lequel ne devait commencer que du jour du
« décès de son épouse;
« Attendu qu'en vertu de la disposition faite à son
« profit, la dame de Louvencourt a recueilli, au décès
« de de Warennes, la pleine et entière propriété de
« tous les biens par lui délaissés; que c'est à titre de
« propriété et non à titre d'usufruit qu'elle en a joui
« jusqu'au moment de son décès; — qu'en consé-
« quence, lorsqu'au décès de Warennes, la dame
« de Louvencourt a payé le droit de mutation sur
« l'entière propriété dont elle s'est trouvée immédia-
« tement saisie, elle a acquitté ce droit pour son
« pre compte et sans aucune anticipation pour l'usu-
« fruit éventuel légué à son mari;
« Attendu qu'aux termes du testament de de Waren-
« nes, l'usufruit légué à de Louvencourt n'a dû
« commencer que du jour du décès de son épouse,
« légataire de la pleine propriété;
« Attendu que c'est seulement à cette époque que
« cet usufruit a pris naissance et qu'il a été démembré
« de la propriété;
« Attendu qu'au décès de la dame de Louvencourt,
« leur mère, les défendeurs ont ainsi recueilli dans sa
« succession la nue propriété des biens provenant de

« de Varennes, avec l'expectative d'un usufruit immé-
« diat, dont ils ont été les premiers grevés, et à raison
« duquel aucun droit de consolidation n'avait été payé
« d'avance, à leur décharge, par la dame de Louven-
« court, leur mère ;
« Attendu que, dans ces circonstances, ils ont dû
« payer le droit de mutation sur l'entière propriété,
« conformément à l'art. 15 n° 7, de la loi du 22 frim.
« an 7 ; qu'en décidant le contraire, le jugement
« attaqué a formellement violé ledit article ; — casse. »

Art. 5. — Charges.

8106. Principe. — Le droit est assis sur la valeur
des biens. **SANS DISTRACTION DES CHARGES.** —Frim.
art. 14, n. 8; art. 15, n. 7 et 8.

C'est-à-dire que nulle *charge*, nulle *dette* ne peut
être distraite de la valeur imposable. — Cass. 3 vent.
an 11 ; Sir. 3. 2. 294. — 17 niv. an 12 ; Cod M. D. 465.
— Sol. 22 juin 1830 ; J. E. 9703. — Seine, 19 déc.
1868 ; R. P. 2906.

C'est-à-dire qu'en définitive, le droit proportionnel
de mutation par décès est en raison directe du passif
et en raison inverse de l'actif, et que plus on doit, plus
on paie.

Iniquité monstrueuse, que l'on ne saurait trop flétrir,
et qui ternit à elle seule la gloire du législateur de l'an 7.

Nous allons rapporter ici, dans l'ordre alphabétique,
les solutions qui ont été rendues pour la consécration
de ce principe.

8107. Acquisition. — « Un particulier qui avait
« acquis un domaine est décédé *sans en avoir acquitté*
« *le prix*. Son héritier a prétendu que cet immeuble
« ne devait pas être compris dans la déclaration des
« biens dépendants de cette succession, attendu que la
« propriété d'un acquéreur n'est consolidée que par le
« paiement du prix de la vente ; que d'ailleurs celui-
« ci égalant la valeur de l'immeuble, on peut dire
« qu'il n'y a aucun bénéfice pour l'héritier. Mais il
« s'était opéré une mutation par le seul fait du décès
« de cet acquéreur ; dès lors le droit d'enregistrement
« qui en résultait, était acquis à la république sur la
« valeur entière du bien délaissé, quels que fussent
« les événements ultérieurs, le nombre 7 de l'art. 15
« de la loi du 22 frim. établissant la perception *sans*
« *distraction des charges ;* la prétention de cet héritier
« n'était donc point fondée. Au surplus il pouvait, si
« l'acceptation lui était onéreuse, y renoncer. Mais en
« l'acceptant il était tenu de l'acquittement du droit
« d'enregistrement de la mutation, comme étant une
« charge de cette succession. » — D. F. 8 frim. an 9 ;
J. E. 668.

8108. Régime dotal. — Lorsqu'une femme meurt
sans que rien ait été payé sur l'immeuble acquis et
accepté par elle, en emploi de ses deniers dotaux, cet
immeuble doit être déclaré pour sa valeur intégrale,
et la créance que la femme a sur son mari pour
sa dot doit être comprise dans sa succession. « En
« ce qui concerne la valeur des maisons non payées ;
« attendu qu'aux termes du § 7 de l'art. 15 de la loi
« du 22 frim. an 7, la valeur de la propriété les biens
« meubles transmis par décès est déterminée pour la
« perception des droits, sans distraction des charges ;
« que les immeubles constituaient, au moment du
« décès de madame Michel, une valeur active essen-
« tiellement distincte de la créance qu'elle avait pour
« ses reprises dotales ; que dès lors le droit a été régu-
« lièrement perçu. » — Montpellier, 14 juin 1852 ;
J. E. 15646.

8109. Affectation au paiement des dettes. — Les
sommes qui, destinées à acquitter des dettes échues
avant le décès, ont été déduites lors du partage de
l'actif de la succession, doivent être soumises au droit;
en procédant autrement, on ne déclarerait que l'actif
net, ce qui serait contraire à la loi. — Rouen, 10 mars
1856 ; J. E. 16239.

Si le donateur d'une forêt s'en est réservé la superficie pour l'exploiter et la vendre pour éteindre ses
dettes, en imposant à ses héritiers l'obligation de l'employer de cette manière s'il ne l'avait fait lui-même de
son vivant, les héritiers ne peuvent prétexter que la
surface, ayant reçu une destination, doit être déduite de
la succession. C'est une charge de la succession, voilà
tout. Si donc, après le décès du donateur, ils ont vendu
cette superficie dont il n'avait pas disposé, ils devront
payer les droits de mutation par décès au taux immobilier, sur le *revenu* de cette superficie, et non sur le
prix qu'elle a produit. — Dél. 11 nov. 1834 ; J. E.
11063.

8110 Communauté. — La part qui revient à l'é-
poux décédé dans la communauté doit être déclarée
sans distinction des charges et dettes qui peuvent grever cette communauté. — Dél. 11 sept. 1829 ; J. E.
9417. — Langres. 23 déc. 1842 ; J. E. 13201.

8111. Confusion. — On ne peut, sous prétexte qu'il
y a confusion, déduire de l'actif imposable une créance
de l'héritier sur le défunt. — Sol. 6 fév. 1829 ; Cont.
1782. — V. n. 7985.

8112. Contribution foncière. — On ne peut opérer
la distraction de la contribution foncière. — Charleville, 10 fév. 1860 ; R. P. 1433.

8113. Contribution des moères. — Les cotisations aux
frais d'entretien des travaux de desséchement connues
dans le Nord sous le nom de *contributions des moères*
doivent être ajoutées au prix du bail, pour la liquidation des droits, lorsque les fermiers sont chargés de les
acquitter. — Dunkerque. 7 sept. 1861 ; Cuën. 10470. —
Cass. req. 9 avril 1862 ; 1. 2239-6.

8114. Créance de la femme sur le mari. — Lorsqu'une femme mariée sous le régime dotal s'est consti-

tué en dot les biens à provenir de la succession de ses père et mère, et qu'aux décès de ceux-ci elle recueille dans leurs hérédités une créance due par son mari, cette créance forme, lors de la mort du mari, une dette ordinaire non susceptible d'être déduite des valeurs de sa succession. — Libourne, 2 août 1870; R. P. 3437.

8115. Deuil. — Les frais de deuil de la veuve sont une charge de la succession du mari et ne doivent pas être déduits de l'actif pour la perception du droit de mutation par décès. — Id. Ibid.

8116. Donation avec imputation sur la succession du prémourant. — Si un bien, propre à l'un des époux mariés sous le régime de la communauté a été constitué en dot à l'enfant commun, avec imputation sur la succession du prémourant, et que l'épo.ix auquel appartenait le bien survive à son conjoint, la valeur du bien donné ne peut être déduite de la succession du prémourant. — Avallon, 12 juin 1850; J. E. 14970. — Montargis, 22 déc. 1847; J. N. 13389. — Saint-Brieuc, 23 août 1856; R. P. 721. — Seine, 13 mars 1858; R. P. 1093. — Dijon, 25 fév. 1867; R. P. 2700. — Troyes, 10 juill. 1867; R. P. 2986. — Cass. civ. 11 août 1869, conçu en ces termes:

« Attendu que, quel que soit le régime adopté par
« les époux, l'action qui appartient à la femme sur les
« biens personnels du mari, à l'effet d'obtenir le rem-
« boursement de ses reprises pour dot, aliénation de
« propres ou *indemnités*, se fonde, non sur un droit
« de propriété sur lesdits biens, mais seulement sur
« un *droit de créance* garanti par son hypothèque lé-
« gale; que cette créance constitue, dès lors, une
« *charge* de la succession du mari, dont il ne doit pas
« être fait distraction sur les valeurs déclarées pour la
« liquidation et la perception des droits de mutation
« par décès; — attendu que la donation de 53,000 fr.
« ayant été faite à l'épouse Hoguais solidairement par
« les époux Merger, ses père et mère, avec stipulation
« qu'elle serait impuable sur la succession du pré-
« mourant et subsidiairement sur les biens du survi-
« vant, le paiement que la femme Merger a fait, pour
« sa part et de ses deniers, de la somme de 26.500 fr.,
« avant que la condition d'imputation fût réalisée, a
« créé pour elle le principe d'un recours éventuel qui
« s'est ouvert par le prédécès de son mari; que ce der-
« nier devant être rétroactivement considéré comme
« obligé principal, tenu de toute la dette vis-à-vis de
« sa veuve, coobligée solidaire, l'indemnité qui lui est
« due, en cette qualité, est de même nature que les au-
« tres reprises qu'elle a à exercer contre sa succes-
« sion; — d'où il suit qu'en décidant qu'il n'y avait
« pas lieu de distraire les reprises de ladite veuve
« Merger, mariée sous le régime de la communauté
« réduite aux acquêts, ensuite séparée de biens judi-
« ciairement et renonçante à ladite communauté, et
« en déclarant, en conséquence, le demandeur mal
« fondé dans son opposition à la contrainte décernée
« contre lui et dans ses conclusions tendantes au rem-
« boursement d'une partie des droits perçus, le juge-

ment attaqué n'a violé aucun des articles invoqués
« par le pourvoi et en a fait, au contraire, une exacte
« application; — rejette. »

8117. Donations de sommes encore dues au décès. — Les sommes données par actes entre-vifs soit à l'héritier, soit à une personne non successible, et stipulées payables au décès du donateur, doivent *dans tous les cas* être distraites de l'actif de la succession de celui-ci. — Cass. req. 18 fév. 1829; Sir. 29. 1. 97; I. 1293-4; J. E. 9271. — 1er avril 1829; J. N. 6878; J. E. 9305. — I. 1432, 1844-9, 1857-5. — Sol. 28 nov. 1837; I. 1562-17. — 19 mars 1839; I. 1590-10. — Cass. civ. 30 juill. 1862; Sir. 62. 1. 991; I. 2234-1; J. E. 17523. *Contrà:* Cass. civ. 2 avril 1839; Sir. 39. 1. 392. — Civ. 26 juin 1849; Sir. 49. 1. 652; I. 1844-9. — Civ. 20 nov. 1849; Sir. 49. 1. 763; I. 1857-5. — Civ. 31 janv. 1854; Sir. 54. 1. 204; I. 2010-9; J. E. 15795. — Req. 19 juin 1855; Sir. 56. 1. 822; I. 2054-7; J. E. 16094-6. — Req. 6 mai 1857; I. 2114-10; J. E. 16531; R. P. 841. — Civ. 13 nov. 1860; Sir. 61. 1. 375; I 2190-5; J. E. 17224; R. P. 1415.

L'arrêt du 30 juill. 1862, qui a mis fin à toutes les controverses et dont la doctrine a été adoptée par l'Administration (I. 2234-1), est ainsi conçu:

« Vu les art. 14, n° 8, et 15, n° 7, de la loi du 22
« frim. an 7;
« Attendu que, par les donations faites par Fulchiron
« à Bignan et à la femme Coppens dans leur contrat
« de mariage, le donateur s'est dessaisi actuellement
« et irrévocablement des sommes par lui données à
« son neveu et à sa petite-nièce; qu'aux yeux de la
« loi fiscale, ces donations ont opéré une véritable mu-
« tation dont les droits ont été perçus par la régie
« au moment de la présentation des contrats à la for-
« malité de l'enregistrement;
« Que, de ce moment, les sommes données ont cessé,
« au point de vue de la perception de l'impôt, de faire
« partie du patrimoine du donateur, et, par consé-
« quent, ont dû être distraites de la masse active de
« sa succession, lors de la déclaration qui en a été
« faite après son décès;
« Qu'on ne peut assimiler des libéralités provenant
« de la volonté du défunt à une charge de sa succes-
« sion, dont les choses données sont, au contraire, été
« détachées, dès le moment de sa disposition;
« D'où il suit qu'en refusant d'accorder la réduction
« demandée sur la succession Fulchiron, le jugement
« attaqué a insuffisamment appliqué, et, par suite, violé
« les articles ci-dessus visés; — casse. »

8118. *Paiement immédiat constaté.* — Mais la déduction de la somme donnée ne peut avoir lieu si le paiement en a été constaté dans l'acte de donation, lors même que, lors du partage de la succession les héritiers affirmeraient l'inexactitude de cette constatation. — Sarreguemines, 2 fév. 1864; R. P. 1957-8.

8119. Propriété apparente. — On doit comprendre dans la succession de l'un des époux la moitié d'une

créance hypothécaire faisant partie de la communauté, lors même que, postérieurement au décès, il a été reconnu, par une délibération du conseil de famille, que la moitié de cette créance appartient à un tiers qui a fourni les fonds. Il n'y a là qu'une charge non susceptible d'être déduite. — Dinan, 5 fév. 1838 ; R. P. 1016.

8120. Rente foncière. — Il n'y a pas lieu de déduire de la valeur du fonds la rente foncière qui le grève :
« Attendu que la loi du 22 frim. an 7, art. 15, prohibe la distraction des charges pour la fixation du droit d'enregistrement sur les immeubles transmis par décès, et qu'elle ne fait pas de distinction de la contribution foncière d'avec les autres charges ; attendu que les rentes foncières sont des charges des immeubles sur lesquels elles sont établies, et que la distinction adoptée par le tribunal de Brioude dans le jugement dont s'agit est contraire au texte et à l'esprit de la loi ci-dessus citée ; casse. » — Cass. 19 prair. an 11.

8121. Reprises. — Lors de la déclaration des biens de la communauté par les héritiers de l'époux prédécédé, on doit admettre, sur la masse commune, la déduction des reprises de l'époux survivant, qui les exerce alors comme copropriétaire et non comme créancier (C. 1474), et les héritiers ne doivent acquitter les droits que sur la portion des biens de la communauté qui leur revient. Par une conséquence nécessaire, les reprises que les héritiers de l'époux prédécédé pourraient exercer sur la communauté ou sur les biens de l'époux survivant doivent être déclarées et supporter les droits de succession. — D. J. F. 18 juill. 1817 ; I. 809-1.

8122. *Exercice des reprises de la femme sur les biens du mari.* — Quel que soit le régime adopté par les époux, l'action qui appartient à la femme sur les biens personnels du mari, à l'effet d'obtenir le remboursement de ses reprises pour dot, aliénation de propres ou indemnités, se fonde non sur un droit de propriété sur lesdits biens, mais seulement sur un droit de créance garanti par son hypothèque légale ; cette créance constitue, dès lors, une charge de la succession du mari, dont il ne doit point être fait distraction sur les valeurs déclarées pour la liquidation et la perception des droits de mutation par décès. — Cass. 2 oct. 1810 ; J. E. 3747. — Dél. 23 juill. 1823 ; J. E. 7514 *bis*. — Cass. 18 mai 1824 ; I. 1146-4. — Cass. civ. quatre arr. 11 août 1869 ; J. E. 18799 ; R. P. 2986. — Civ. 30 nov. 1869 ; R. P. 3035.

8123. *Reprises en nature.* — Quoi qu'il en soit, si la dot en argent de la femme se retrouve en nature dans la succession du mari, elle doit en être distraite pour la liquidation des droits. — Caltelsarrazin, 29 déc. 1869 ; R. P. 3127.

8124. *Reprises retenues par le mari comme donataire*

en usufruit de sa femme. — Si le mari, donataire en usufruit de sa femme, a conservé, pour exercer son droit d'usufruit. les valeurs attribuées à la succession de sa femme en paiement de ses reprises, il y a lieu de déduire ces valeurs de sa succession pour le paiement des droits. — Cass. civ. 28 fév. 1865 :
« Attendu qu'il est constaté, d'une part, par le jugement attaqué, que, par son testament du 26 sept. 1857, la femme Ghesquière a légué à son mari l'usufruit de tous ses droits dans leur communauté de meubles et immeubles, sans en rien excepter ni réserver ;
« Attendu qu'il en résulte, d'autre part : 1° que le mari figure dans l'inventaire après décès de cette dame, soit en son personnel à cause de leur communauté, soit comme légataire universel de l'usufruit, et qu'il y est dit, en outre, que c'est à ce dernier titre qu'il retiendra toutes les valeurs formant la part de ladite dame ; 2° que, dans l'acte liquidatif de la communauté, accepté par toutes les parties, le mari survivant maintient la double qualité par lui précédemment prise, et que l'on y déclare de nouveau qu'il retiendra comme usufruitier les valeurs susdites ;
« Attendu que, d'après la liquidation, ces valeurs y sont élevées au chiffre de 66,661 fr. qui représentent la part de la femme Ghesquière dans la communauté, et de plus le montant de ses reprises ;
« Attendu enfin que lorsque, après le décès du mari, cette somme a été remise aux héritiers de la femme Ghesquière, il fut dit dans la quittance qu'elle comprend, en effet, toutes les valeurs mobilières assignées auxdits héritiers par la liquidation et dont le mari avait conservé l'usufruit ; — de tout quoi il résulte que cette somme avait été directement dévolue à ces héritiers à titre de nue propriété et non de simple créance. puisque le mari ne l'avait pas retenue comme débiteur ordinaire, mais distinctement et spécialement comme usufruitier ;
« Attendu, d'ailleurs, qu'il n'appert d'aucun acte que le droit du mari, tel qu'il vient d'être défini et expliqué, ait été modifié par une novation ou une transformation quelconque ; — qu'il suit de là qu'en déclarant, en cet état des faits et des actes, que les valeurs appartenant à la femme Ghesquière, réglées à la somme de 66,661 fr. et restées entre les mains du mari survivant à titre qui vient d'être dit. avaient été directement transmises, quant à la nue propriété, aux héritiers de cette dame, et que, dès lors, au point de vue fiscal, ces valeurs n'ont pu être considérées comme une charge de la succession du mari, soumise à la déclaration des droits de mutation par décès, le jugement attaqué, loin de violer les art. 14 et 15 de la loi du 22 frim. an 7, en a fait au contraire une juste application ; — rejette. »

8125. *Novation.* — Quand, après le décès de la femme, les héritiers ont liquidé avec le mari les reprises et les droits de la défunte dans la communauté, en stipulant que le montant en sera payable après la mort

de l'époux survivant, institué par sa femme donataire de l'usufruit de tous ses biens, ces reprises se trouvent *transformées en une simple créance* qui ne doit pas être déduite de l'actif de la succession du mari, pour la liquidation du droit de mutation par décès. — Cass. req. 22 déc. 1856; Sir. 57. 1. 300; I. 2096-8; J. E. 16514; R. P. 835.

8126. *Renonciation.* — La somme à laquelle ont été liquidées les reprises d'une femme mariée, *après renonciation à la communauté*, ne doit pas, si le mari survivant l'a conservée entre ses mains en qualité d'usufruitier, être distraite de la succession de ce dernier, pour le paiement du droit de mutation. La nature primitive du titre n'a pas été changée par l'effet de l'usufruit du mari; au décès de celui-ci, les héritiers ou ayants droit de la femme sont restés créanciers de la succession, n'ayant qu'un titre de créance et non un droit de propriété sur aucun des biens héréditaires. — Cass. civ. 21 août 1861; Sir. 62. 1. 315; I. 2223-5; J. E. 17344-1; R. P. 1543.

8127. *Renonciation.* — Lorsque la femme a renoncé à la communauté dissoute par la mort du mari, les héritiers de celui-ci doivent acquitter le droit de mutation sur la valeur de tous les biens de communauté. sans qu'il y ait lieu d'en déduire le montant des reprises de la femme; ces reprises constituent, en effet. des dettes de la succession. — Cass. civ. 10 août 1830; Sir. 30. 1. 315; I. 1347-5; J. E. 9757.

8128. *Forfait.* — Lorsqu'il est stipulé, dans un contrat de mariage, que la femme n'aura qu'une somme fixe pour tous droits dans la communauté, les héritiers du mari doivent déclarer la totalité des valeurs de cette communauté, sans déduction de la somme attribuée à la veuve, à titre de forfait, par cette stipulation. — Cass. civ. 17 janv. 1854; Sir. 54. 1. 202; I. 2010-7; J. E. 15774:

« Attendu que, par le contrat de mariage des époux « Scheiwghauser, il avait été convenu qu'à la disso-« lution de la communauté. la future épouse ou ses « héritiers n'auraient pour tous droits qu'une somme « fixe élevée à 50,000 fr., si cette dissolution arrivait « après cinq ans à compter du mariage; — attendu « que cette stipulation, convenue à titre de forfait, « conformément aux art. 1520, 1522, 1524 C. Nap., « n'a constitué au profit de la femme qu'un droit de « créance, et qu'à la dissolution de la communauté les « héritiers du mari ont recueilli la propriété de tous « les biens qui la composaient; — attendu que si, « lors du règlement de ce qui était dû au trésor public « pour droit de succession après le décès de Benoit « Scheiwghauser, le receveur de l'enregistrement avait « perçu l'impôt sur l'actif de la communauté acquise « en entier à ses héritiers, sans tenir compte du forfait « de communauté, cette perception avait été régulière; « qu'en effet, les art. 14, n. 8, et 15, n. 7, l. 22 frim. « an 7. disposent que. pour les transmissions de biens « meubles ou immeubles qui s'effectuent par décès, les

« valeurs sur lesquelles l'impôt est assis se règlent par « la déclaration estimative des parties, *sans déduction* « *ni distraction des charges;* — attendu, dès lors. qu'en « ordonnant la restitution de la partie du droit fiscal « afférente à une somme de 50,000 fr., sur le motif « que cette valeur dans l'actif de la communauté « n'avait pas été transmiseaux enfants Scheiwghauser, « qu'elle avait passé de plein droit sur la tête de la « veuve. à qui elle était seulement due à titre de « créan e sur la communauté, le jugement attaqué a « formellement violé les dispositions des lois ci-dessus « visées. »

8129. *Justification des reprises.* — L'Administration ne peut admettre la déduction des reprises lorsqu'il y a lieu de le faire que lorsque ces reprises sont justifiées. La justification doit être faite au moyen d'actes authentiques ou même sous seings privés qu'il n'est pas nécessaire de faire enregistrer. — Sol. 24 pluv. an 12.

Mais elle ne pourrait résulter de la notoriété publique, ainsi que l'a jugé le tribunal de Civray, le 7 fév. 1850 (Cont. 8912). La loi de l'impôt n'admet pas ce genre de preuves.

Lorsque, d'après les termes du contrat de mariage. le mari a fait apport de valeurs mobilières, la déduction ne peut être faite sur la communauté lors de la déclaration de la succession de la femme, qu'autant qu'il est justifié de l'aliénation de ces valeurs pendant l'existence de la communauté. — Seine, 26 juill. 1850 :

« Attendu que, si l'énumération dans un contrat de « mariage de valeurs essentiellement mobilières appor-« tées par l'un des époux, auquel elles doivent « demeurer propres, pouvait servir de base à la pré-« somption que les mêmes valeurs ont été réalisées « pendant le mariage et sont, dès lors, entrées dans la « communauté, qui en doit récompense, si au jour de « l'inventaire après décès de l'un des conjoints, les « titres constitutifs ne se retrouvent pas, cette simple « présomption ne peut pas suffire pour faire, sans autre « preuve, que le montant total desdites valeurs soit « ajouté au chiffre des reprises de celui qui est censé « les avoir apportées; qu'en effet, une porte beaucoup « trop large serait ouverte à la fraude, puisque l'absence « des titres peut avoir pour cause la dissimulation qui « en serait faite; que cette absence n'établit. d'ailleurs « nullement que la communauté ait profité des valeurs « qui ont pu périr sans profit à personne; qu'une « créance, par exemple. a pu devenir mauvaise par la « déconfiture ou la faillite du débiteur, comme des « actious de compagnies industrielles ont pu devenir « une lettre morte aux mains de l'actionnaire; — que « l'époux qui prétend exercer des reprises est deman-« deur, soumis, même à l'égard de l'administration de « l'enregistrement, à l'obligation de prouver sa « demande, et que cette preuve ne peut être faite par « de simples allégations consignées dans l'inventaire; « que, dans l'espèce, Rodier est doublement deman-« deur, puisqu'il réclame la restitution de droits perçus « et par lui payés nonobstant les prétentions qu'il s'était « réservé de justifier; — que, depuis le 30 avr. 1844,

« date de la déclaration, et principalement depuis le « 27 avr. 1846, il est nécessairement en demeure de « rapporter, par la date de la quittance et par les bor- « dereaux des agents de change, la justification du « remboursement Brun de Villeret et de la vente des « actions du canal de Bourgogne et de celles du bleu « de France; que, n'ayant pas produit des preuves qui « ne peuvent lui manquer, si ses déclarations sont « sincères, il doit être débouté de sa demande. »

Il ne suffit pas de produire un acte constatant la vente d'un propre; il faut de plus établir que le prix de ce propre a été payé et est tombé en communauté. — Metz, 8 juill. 1855.

De simples allégations dans un inventaire ne prouvent pas le droit à reprise. — Seine, 15 fév. 1843; J. E. 13221.

Les reprises de la femme peuvent être établies par les papiers domestiques du mari (C. 1331, 1415). — Périgueux, 29 déc. 1849; J. N. 14066.

La quittance donnée par le mari dans le contrat de mariage de la dot de sa femme est un titre de reprise qui ne peut être détruit plus tard par des allégations non justifiées. — Seine, 9 déc. 1864; R. P. 2072.

8130. Société. — Il n'en est pas des valeurs dépendant d'une société comme de celles dépendant d'une succession ; celles-ci doivent être déclarées sans distraction des charges, et les autres avec la distraction des charges sociales. Le fonds social, pendant la durée de la société, appartient exclusivement à la collection des associés qui forme un être moral, lequel est créancier ou débiteur, soit envers les tiers, soit même envers chaque associé ; et chacun de ceux-ci n'a et ne peut avoir sur ce fonds social qu'un droit éventuel et subordonné aux résultats de la liquidation et du partage de la société. Le fonds social étant destiné à subir toutes les chances des opérations de la société, il s'ensuit que le droit qu'y a chacun des associés ne peut être considéré sans égard à ces chances et sans la déduction des dettes dont elles ont pu grever la société, que ce droit ne peut être par conséquent définitivement apprécié et déterminé que par le résultat de la liquidation et du partage. — Cass. 3 mars 1829; I. 1293-6.

8131. Succession. — Si une succession s'ouvre de laquelle font partie des biens provenant d'une succession antérieurement ouverte, c'est l'actif brut recueilli dans cette dernière succession, et non pas seulement l'émolument net revenant au défunt, qu'il y a lieu de déclarer. — Seine, 2 juill. 1851; J. E. 15269. — Cass. civ. 11 août 1869; R. P. 2986. —*Contrà* : Seine, 19 fév. 1859; R. P. 1241. — Tours, 14 mars 1862; R. P. 1590.

8132. Tutelle. — Lorsque le survivant de deux époux, communs en biens, décède sans avoir rendu aucun compte à leurs enfants mineurs, l'on doit déduire de sa succession les valeurs mobilières qu'il a conservées ou qu'il a reçues pour eux du chef de l'époux prédécédé. — Dél. 17 déc. 1833 :

« Aux termes de l'article 384 du Code Napoléon, le « survivant des père et mère a la jouissance des biens « de ses enfants jusqu'à l'âge de dix-huit ans ou « jusqu'à leur émancipation, et, d'après les articles « 469 et 470, tout tuteur n'est comptable de sa gestion « que lorsqu'elle finit. Il s'ensuit que le sieur Roi, « comme père et tuteur, a dû rester nanti des valeurs « mobilières appartenant à ses enfants, et que l'absence « d'un compte de tutelle, avant l'époque où ce compte « devait être rendu, ne peut être un motif pour con- « fondre l'avoir des mineurs avec celui de leur tuteur, « et convertir leur droit de propriété en une simple « créance. D'ailleurs, le défaut de liquidation de la « succession de la dame Roi n'empêchait point que le « sieur Roi dût être un jour comptable envers ses « enfants de la moitié de toutes les valeurs invento- « riées. Leurs droits ont été suffisamment établis par « l'inventaire dressé au décès de leur mère; les valeurs « y énoncées, quoique restées entre les mains de leur « père, ne faisaient point partie de sa succession ; « elles ne lui avaient pas été transmises; il ne les « détenait qu'en qualité de dépositaire; les enfants y « avaient conservé un droit de propriété. Or les sou- « mettre à une nouvelle déclaration, ce serait les frap- « per d'une double perception que la loi et la jurispru- « dence réprouvent, surtout si l'on considère que la « mort du père a suivi de près celle de la mère, et « qu'elle a eu lieu dix-huit jours seulement après la « déclaration des biens de la dame Roi. »

8133. Usufruit. — La loi n'établit aucune distinction entre la propriété et l'usufruit. L'un et l'autre doivent être déclarés sans distraction des charges. Ainsi :

Lorsque des sommes ont été données entre-vifs et qu'elles restent dues au décès du donateur, elles ne doivent pas être déduites de l'actif de la succession, pas plus pour liquider les droits exigibles des héritiers que ceux dus par l'usufruitier. — Cass. 6 mai 1857.

Ce n'est point seulement sur la somme restant entre les mains des héritiers après l'acquit des dettes de la succession que le droit de mutation par décès, à raison de l'usufruit légué, est exigible. Ce droit doit être perçu sur l'intégralité des biens donnés à l'usufruitier. — Seine, 19 août 1856; J. E. 16377.

Lorsqu'un établissement public a été institué légataire universel de la nue propriété des biens d'une succession, et que l'acceptation de ce legs n'a été autorisée que jusqu'à concurrence d'une somme déterminée, prise sur les valeurs héréditaires et payable avant le décès de l'usufruitier, celui-ci n'est pas fondé à demander une réduction proportionnelle des droits auxquels le legs à lui fait a donné ouverture. — Seine, 10 août 1855; J. E. 16141.

8134. Somme laissée entre les mains de l'usufruitier. — Lors du décès de celui qui a conservé entre ses mains une somme d'argent, comme en étant usufruitier, cette somme doit être déduite des valeurs de la succession pour la liquidation des droits. — Dél. 8 fév. 1831; J. E. 10132. — Seine, 10 janv. 1839; J. E. 12421.

Sol. 7 janv. 1857. — Cass. civ. 6 déc. 1858; Sir. 59. 1. 346; I. 2234-1; J. E. 16874. — Die, 11 nov. 1869; R. P. 3199.

L'arrêt du 6 déc. 1858, qui fait jurisprudence, est conçu en ces termes :

« Vu l'art. 15, n. 7 et 8, de la loi du 22 frim. an VII, et l'avis du Conseil d'État du 10 sept. 1808;

« Attendu que le marquis de Saint-Chamans avait, « par contrat de mariage en date du 17 août 1838, fait « donation à Gaëtan de Saint-Chamans, son cousin, « de la nue propriété de la somme de 300,000 fr. et à « la marquise de Saint-Chamans, son épouse, de « l'usufruit de la même somme, dans le cas où ceux- « ci lui survivraient; — qu'au décès du marquis de « Saint-Chamans, les droits de mutation sur la somme « de 300,000 fr. en nue propriété par Gaëtan, en « usufruit par la veuve de Saint-Chamans, ont été « payés ou doivent être considérés comme l'ayant été; « que, ces droits ainsi réglés, même pour l'avenir, il « n'y avait plus, lorsque surviendrait l'extinction de « l'usufruit, qu'à remettre à Gaëtan la somme qui lui « avait été donnée; qu'étant arrivé le décès de la veuve « de Saint-Chamans, la délivrance audit Gaëtan de la « somme de 300,000 fr. qui lui appartenait n'est autre « chose que la réalisation du droit antérieurement « acquis à ce dernier, et ne saurait constituer l'acquit « d'une charge de succession dans le sens de la loi « fiscale;

« D'où il suit qu'en déniant à Louis de Saint-Cha- « mans (en sa qualité de légataire universel de la veuve « de Saint-Chamans) le droit de faire distraction, sur « les valeurs laissées par ladite veuve, de la somme de « 300,000 fr. appartenant à Gaëtan, le jugement attaqué « a fait une fausse application de l'art. 15, n. 7 et 8, « de la loi du 22 frim. an VII, et violé l'avis du Con- « seil d'État en date du 10 sept. 1808; — casse. »

Art. 6. — Du partage relativement à la liquidation des droits.

8135. Principe. — En vertu de la règle que chaque copartageant est réputé propriétaire *ab initio* des biens qui lui sont échus par l'effet du partage, la jurispru-dence décide que si la déclaration de succession est précédée d'un partage, c'est ce partage qui doit servir de base à la liquidation des droits. — Cass. 16 juill. 1823; J. E. 7556. — Sol. 5 juill. 1826; J. N. 5780. — Tours, 1er sept. 1849; J. N. 13835.

« Attendu, porte l'arrêt de 1823, que, suivant l'ar- « ticle 883 combiné avec l'art. 1476 C. civ., l'effet du « partage entre héritiers, ou entre époux communs en « biens, est de faire considérer chaque copartageant « comme propriétaire *ab initio* des biens qui lui sont « dévolus par le partage; — qu'aucune disposition des « lois sur l'enregistrement n'exempte de l'application « de ce principe la perception des droits auxquels « l'ouverture des successions ou la dissolution des « communautés entre époux donne lieu; — qu'ainsi, « lorsque, par un partage antérieur à la déclaration « que les héritiers d'un époux décédé commun en biens « et l'époux survivant, sont tenus de faire des biens à

« eux échus dans les susdites qualités, une part avan- « tageuse dans les conquêts de la communauté est « attribuée à l'époux survivant, moyennant la récom- « pense qui en est attribuée aux héritiers du prédécédé « en valeurs mobilières, équivalentes, et existantes « dans ladite communauté, cette part avantageuse est « censée lui appartenir du jour de l'acquisition que « les deux époux en avaient faite, et n'est passible « d'aucun droit proportionnel de mutation résultant « de la dissolution de la communauté; d'où il suit « qu'en déclarant, dans l'espèce, Teissier exempt du « droit proportionnel de mutation sur l'immeuble con- « quêt à lui échu par le partage opéré entre lui et les « héritiers de son épouse, le jugement attaqué n'a violé « aucune loi, et a fait, au contraire, une juste applica- « tion des art. 883 et 1476 C. civ.; — rejette. »

8136. *Communistes.* — Cette règle s'applique au partage de biens acquis en commun aussi bien qu'au partage d'une communauté. — Bergerac, 3 janv. 1867; R. P. 3153.

8137. *Mobilier à l'un, immeubles à l'autre.* — Si une succession composée uniquement de valeurs mo-bilières est restée indivise entre trois cohéritiers, que, pendant l'indivision, ils aient acquis un immeuble en commun, que l'un d'eux vienne à mourir, et qu'en-suite un partage attribue seulement des valeurs mobi-lières à ses héritiers, ceux-ci ne doivent déclarer que ces valeurs. — Boulogne, 13 avril 1839; R. G. 13287 *bis.*

8138. *Usufruit et nue propriété.* — L'acte qui attri-bue la nue propriété à l'un et l'usufruit à l'autre peut être pris pour base de la déclaration. — Sol. 11 juin 1833; I. 1437-8. — Le Mans, 21 nov. 1843; J. E. 13376.

8139. *Colonies.* — Lorsqu'une succession échue à des héritiers de degrés différents comprend des biens en France et des biens aux colonies, et que, par un partage antérieur à la déclaration, les biens de France ont été attribués aux héritiers du degré le plus rap-proché, tandis que les autres héritiers ont reçu les biens coloniaux, les droits de mutation par décès exi-gibles doivent être liquidés conformément à cette attri-bution. On ne serait pas fondé à prétendre que chaque successible est saisi d'une quote-part de chaque espèce de biens et que la quotité et l'assiette du droit de mu-tation sont irrévocablement fixées par cette saisine; ce système serait, en effet, contraire aux dispositions de l'art. 883 du Code civil. — Cass. civ. 11 mars 1851; Sir. 51. 1. 263; J. E. 15153.

8140. Exceptions. — Mais pour que le partage puisse servir de base à la déclaration, il faut que ce partage soit *antérieur à la déclaration*, qu'il soit fait *sans soulte*, et qu'il ait pour objet unique de *diviser une masse commune* entre copropriétaires.

8141. *Étranger.* — Le partage antérieur à la décla-

ration de succession ne doit pas être pris pour base de la perception du droit de mutation par décès, dans le cas où, la succession comprenant des biens situés en France et des valeurs non assujetties à la loi fiscale française, le partage a attribué ces dernières valeurs à certains héritiers dans une proportion supérieure à leur part. — Cass. civ. 10 fév. 1869. — Contrà : Seine, 19 janv. 1867 ; J. E. 18763. — Versailles, 26 juill. 1870 ; R. P. 3233.

L'arrêt est ainsi conçu :

« Vu les art. 53 de la loi du 28 avril 1816, 10 de la
« loi du 18 mai 1850, et 883 C. Nap. ; — attendu , en
« droit, que si, dans une succession uniquement com-
« posée de biens situés en France, il est vrai de dire,
« en général, que le partage antérieur à la déclaration
« de succession doit être pris pour base des percep-
« tions de la régie, il n'en est pas ainsi dans le cas
« où la succession comprenant aussi des valeurs étran-
« gères non assujetties à la loi fiscale française, le
« partage a attribué ces valeurs à certains héritiers
« dans une proportion supérieure à leur part, et où
« cette attribution anormale peut être considérée
« contenant une soulte en retour de l'abandon con-
« senti par ces héritiers de tout ou partie des droits
« que la loi leur assignait dans les biens français ;
« que, dans ce cas particulier, ce n'est pas le partage,
« mais la dévolution héréditaire , qui doit régler la
« perception ; — ou, attendu que le jugement attaqué,
« sans contester en fait ou en droit que la veuve Basi-
« lewski ait été saisie, au regard de la régie, comme
« celle-ci le soutient, du quart des biens meubles
« situés en France, et que le partage lui ait soldé cette
« part en valeurs étrangères, sauf une somme de
« 39 fr. 48 cent., a néanmoins décidé que le partage
« devait seul servir de base aux perceptions de l'en-
« registrement, et a conséquemment ordonné la resti-
« tution demandée, en se fondant exclusivement sur
« l'art. 883 précité ; qu'en statuant ainsi, le jugement
« attaqué a faussement appliqué, et, par suite, violé
« ledit article, en même temps que les art. 53 de la loi
« du 28 avril 1816, et 10 de la loi du 18 mai 1850 ; —
« casse. »

8142. *Usufruit et nue propriété.* — L'acte qui attribue une portion de la pleine propriété au nu-propriétaire et à l'usufruitier, même lorsque ce dernier possède une portion de la nue-propriété, n'est pas un partage, mais un échange ; conséquemment, cet acte ne peut être pris pour base de la déclaration. — Cass. civ. 4 août 1869. — V. *Partage.*

8143. *Partage non définitif.* — Un partage provisionnel ne peut servir de base pour la perception des droits de mutation par décès ; il ne constitue qu'un simple règlement de jouissance provisoire entre les parties et laisse la propriété dans l'indivision. — Cass. civ. 4 juin 1817 ; Sir. 17. 1. 286 ; J. E. 6863. — Seine, 25 janv. 1868 ; R. P. 2659.

8144. *Transaction.* — L'acte intervenu entre une veuve et ses enfants à titre de pacte de famille, et pour éviter toutes difficultés relativement à l'interprétation de différents actes de libéralité de la part du mari en faveur de sa femme, ne doit pas être considéré comme un partage pur et simple , mais bien plutôt comme une transaction, ne pouvant , dès lors, servir de base pour la perception des droits de mutation par décès. — Corbeil. 23 août 1854 ; J. E. 15907.

L'acte qualifié *transaction* ou *partage* par lequel une veuve cède l'usufruit des biens de son mari dont elle est donataire, moyennant une rente viagère, est une cession et non un partage, et ne peut être admis. — Sarrebourg, 29 mars 1849 ; J. E. 15036-1.

L'acte par lequel l'époux survivant, donataire en usufruit de son conjoint, transige avec les héritiers sur des contestations relatives à son usufruit et à la liquidation de la communauté, ne saurait être considéré comme un partage devant servir de base à la déclaration de succession. — Dijon, 15 fév. 1864 ; R. P. 2037.

Mais un acte qui serait un partage réel ne perdrait pas ce caractère *par cela seul qu'il serait qualifié de transaction.* — Seine. 28 mars 1862 ; Lisieux, 18 janv. 1867 ; R. P. 1621, 2678.

8145. *Partage avec soulte.* — Si le partage contient stipulation d'une soulte au profit des héritiers. cette soulte ne peut être comprise comme valeur mobilière dans la déclaration de la succession ; car , suivant la disposition spéciale de la loi sur l'enregistrement, elle forme le prix d'une transmission immobilière opérée entre les héritiers. C'est donc la portion d'immeubles représentée par la soulte qui doit figurer dans la déclaration de la succession, d'après une évaluation en revenu , pour le paiement du droit de mutation par décès. — Sol. 26 déc. 1834 ; I. 1482-7. — 23 mai 1845 ; I. 1743-7.

8146. *Fraude.* — Lorsque des époux ont fait conjointement à leurs enfants donation d'une somme déterminée. et que dans l'acte de liquidation , qui a eu lieu après le décès de l'un des donateurs, il a été dit. dans une intention frauduleuse, que la somme donnée était imputable en totalité sur la succession du prédécédé, lorsque, aux termes de la donation, elle n'en était tenue que pour moitié, cette liquidation ne peut servir de base pour la déclaration de la mutation par décès. — Amiens, 12 juin 1856 ; J. E. 16375.

Un acte qualifié partage, par lequel on attribue au *légataire universel* des valeurs mobilières et l'on fixe arbitrairement les droits des héritiers ou des légataires, ne peut être pris pour base de la déclaration de succession. — Seine, 16 mars 1842 ; J. E. 12969-5.

8147. *Illégalité.* — Un partage où la formation de l'actif et l'appréciation des reprises et indemnités ne sont pas établies selon les règles du droit ne peut être admis. — Seine, 13 mars 1858 ; R. P. 1093.

8148. *Attributions à charge de payer les dettes.* — Si les valeurs mobilières de la communaut sont attri-

buées à la veuve, partie pour l'indemniser des dettes contractées par elle solidairement avec son mari, partie à charge par elle de payer les dettes de la communauté, l'attribution ne peut servir de base à la déclaration, en ce sens que la veuve ne peut se dispenser de payer les droits de mutation par décès sur la partie du mobilier qui représente dans ses mains la portion de dettes qui était à la charge des héritiers du mari. — Seine, 25 août 1841 ; R. G. 13296.

8149. *Partage postérieur à la déclaration.* — Un partage postérieur à la déclaration ne peut, *dans aucun cas*, être adopté comme base de cette déclaration. Il ne peut donc motiver, de la part des parties, une demande en restitution, ni. de la part de l'Administration, une demande en supplément de droits — « Selon l'art. 60 « de la loi du 22 frim. an 7, les droits *régulièrement* « *perçus* ne pouvant être restitués, quels que soient les « événements ultérieurs, on doit dire aussi que rien « être exigé au delà des droits *régulièrement acquittés*. « *On ne saurait, sans de graves inconvénients, soumettre* « *la perception des droits de mutation à l'événement im-* « *prévu d'un partage futur dont l'époque est toujours* « *incertaine.* » (Dél. 8 janv. 1830.) — Meaux, 20 août 1829 ; J. N. 7159. — Tours, 28 fév. 1840 ; J. N. 10806. — Etampes, 18 août 1840 ; J. E. 12575. — Nancy, 28 avril 1841 ; J. E. 12765. — Pontoise, 26 mai 1842 ; J. E. 13022. — Seine, 20 juill. 1842 ; J. E. 13093. — Mantes, 15 déc. 1843 ; J. E. 13401. — Seine, 12 déc. 1849 ; J. E. 14876. — Seine. 2 juill. 1856 ; R. P. 2019. — 25 juill. 1863 ; R. P. 2019. — Péronne, 13 janv. 1864 ; R. P. 2019.

Contrà : Seine, 4 juin 1859 ; R. P. 2019. — Sol. 24 août 1861 ; R. P. 1530. — Mamers. 2 juin 1863 ; R. P. 1814. — Sol. 3 oct. 1863 ; R. P. 2105.

Art. 7. — Legs.

8150. Non-déduction des charges. — Les droits de mutation par décès à acquitter par un *légataire univer- sel* ou *à titre universel* doivent être assis sur l'intégra- lité des biens qu'il recueille, en propriété ou en usu- fruit, et non pas seulement sur la somme lui revenant après le paiement des dettes de la succession. — Seine, 19 août 1856 :
« Attendu que, par son testament olographe en date « du 7 mai 1856, la femme Buisson, née Javey, a « voulu que sa succession fût divisée en deux parties « égales, dont l'une pour les héritiers de son mari et « l'autre pour ses héritiers naturels, parmi lesquels « figuraient les enfants Javey, ses neveux ; que, par « un codicille du 4 mai 1854, maintenant les disposi- « tions de ce testament, elle a ajouté qu'elle entendait « que la femme Javey, sa belle-sœur, eût l'usufruit « de la moitié de ce que ses enfants auraient dans la « succession ; — attendu que dans cette disposition « en usufruit, qui ne porte point sur une somme fixe « ou des objets déterminés, mais bien sur une *quote- « part* des biens de la défunte, la moitié de ceux qui « reviendront à ses neveux Javey dans sa succession,

« on ne saurait voir les caractères d'un legs particu- « lier. mais bien ceux d'un legs à titre universel, « suivant les règles tracées par l'art. 1010 C. Nap. ; — « attendu qu'aux termes des art. 612 et 1012 du même « Code, les légataires à titre universel, en propriété « ou en usufruit, sont tenus personnellement des « dettes et charges de la succession dans la proportion « de leurs droits, de même que les légataires univer- « sels et les héritiers ; qu'aux termes des art. 14, n. 8 ; « de 15, n. 7, et 32, de la loi du 22 frim. an 7, les droits « mutation par décès doivent être acquittés par les « héritiers, donataires et légataires, sur l'intégralité « des biens qui composent la succession, sans distrac- « tion des charges ; qu'il résulte des déclarations faites « au bureau du deuxième arrondissement, les 24 avril « et 14 mai 1855, après le décès de la testatrice, que le « quart revenant à ses neveux Javey dans la moitié de « sa succession attribuée à ses héritiers personnels « s'élevait au chiffre de 47,482 fr. 59 c., dont la moi- « tié léguée à la veuve en usufruit était de 23.646 fr. « 25 c.; que c'est donc avec raison que sur la moitié « de cette somme, soit sur 11,870 fr. 64 c., représen- « tant la valeur de l'usufruit, les droits proportionnels « ont été perçus par la régie, sans déduction des « dettes, conformément aux prescriptions des articles « précités de la loi de frimaire ; que si les héritiers, « après avoir employé une partie de la succession à « l'extinction des dettes, ont fait ensuite entre eux « le partage de l'actif net, ces dispositions qui leur « sont particulières et les concernent exclusivement, « ne sauraient être d'aucune influence sur l'applica- « tion de la loi fiscale ; — par ces motifs, etc. »

8151. *Legs particulier.* — De même, le legs par- ticulier fait sous certaines charges et dettes est assujetti au droit sur son intégralité, sans déduction de ces charges. — Soissons, 29 juill. 1868 ; Acq. dél. 8 sept. 1868 ; R. P. 3284.

8152. Legs en nature. — Les legs d'objets déter- minés qui se trouvent en nature dans la succession, doivent être distraits de la masse à déclarer par l'héri- tier ou le légataire universel , qui n'est tenu du paie- ment des droits de mutation que sur les biens restants ; et les légataires particuliers acquittent ceux à leur charge, d'après leur degré de parenté avec le testateur. — D. F. 17 fév. 1807 ; I. 366-91. — I. 1432.

8153. Legs de sommes n'existant pas en nature. — Les sommes léguées n'existent pas en nature dans la succession lorsqu'elles ne s'y trouvent représentées que par des immeubles. Mais ces legs existent en nature, non-seulement lorsque la succession com- prend du *numéraire*, mais aussi lorsqu'elle com- prend des *créances, titres de rente, effets mobiliers*, etc. Car la loi de l'impôt, en tarifant au droit de mutation par décès les valeurs mobilières sous la qualification générale de *meubles*, les a considérées comme étant toutes de même nature. — Cass. 11 mars 1840 ; I. 1723-4.

8154. *Imputation des legs particuliers.* — Le principe en cette matière est contenu dans un avis du conseil d'Etat du 2-10 sept. 1808, ainsi conçu : — 4e série, Bull. 206, n. 3772. — 1. 401.

« Le conseil d'État qui, en exécution du renvoi « ordonné par Sa Majesté, a entendu le rapport des « sections des finances et de législation, sur celui du « ministre des finances, présentant la question de « savoir :
« Si lorsqu'un légataire universel est grevé de legs « particuliers de sommes d'argent qui ne se trouvent « pas dans la succession, le droit proportionnel dû « par lui sur la valeur entière des biens qui la composent, doit être perçu indépendamment des droits « dus pour chacun de ces legs particuliers;
« Vu les art. 14, 15, 27 et 32 de la loi du 22 frim. « an 7 ; les art. 1016 et 1017 C. N. ;
« Considérant que la déclaration des héritiers ou léga-« taires à titre universel devant comprendre l'univer-« salité des biens de la succession, le droit propor-« tionnel qui est perçu d'après cette déclaration, « remplit le vœu de la loi, puisqu'il porte sur la totalité « de la succession ;
« Que la délivrance des legs particuliers, soit qu'ils « consistent en effets réellement existants dans la « succession, soit que les légataires universels ou les « héritiers doivent les payer de leurs propres deniers, « n'opère point de mutation de ces derniers aux léga-« taires particuliers ; que, dans les deux cas, la loi ne « regarde les héritiers ou légataires universels que « que comme de simples intermédiaires entre le testa-« teur, qui est censé donner lui-même, et les légatai-« res particuliers qui reçoivent;
« Que du système contraire il résulterait que le « même objet serait en définitive, assujetti à deux « droits de mutation; ce qui n'est ni dans le texte ni « dans l'esprit de la loi;
« Qu'enfin on ne doit pas assimiler le legs particu-« lier payé d'après la volonté du testateur, à une dette « de la succession;
« Est d'avis, que *lorsque des héritiers ou légataires* « *universels sont grevés de legs particuliers de sommes* « *d'argent non existantes dans la succession, et qu'ils* « *ont acquitté le droit proportionnel sur l'intégralité des* « *biens de cette même succession, le même droit n'est pas* « *dû pour ces legs; conséquemment que les droits déjà* « *payés par les légataires particuliers doivent s'imputer* « *sur ceux dus par les héritiers ou légataires universels.* »
Cet avis n'est autre chose que la consécration pure et simple de l'axiome : *non bis in idem.*
Ainsi, lorsqu'un individu décède laissant un légataire universel et un légataire particulier, ils doivent tous les deux le droit de succession, selon leur degré de parenté, le légataire universel sur toute l'hérédité, dé-duction faite du legs particulier, et le légataire particu-lier, sur la valeur des biens de son legs. — Cass. req. 27 mai 1806; Sir. 6. 2. 670. — 2 avril 1808; Sir. 8. 1. 265. — 8 sept. 1808; Sir. 7. 2. 1064. — Civ. 28 janv. 1824 ; Sir. 24. 1. 100; I. 1156-7; J. E. 7676. — 29 mars 1825 ; I. 1180-5. — Civ. 30 mars 1858; Sir. 58. 1. 381 ; I. 2234-1 ; J. E. 16705.

Ce dernier arrêt porte :
« Vu l'avis du Conseil d'État du 10 sept. 1808, les « art. 4 et 14 de la loi du 22 frim. an VII et l'art. 1016 « C. Nap. ;
« Attendu, en droit, que les legs ne sont pas une « dette de la succession, et qu'ils constituent, au con-« traire, une mutation directe entre le testateur et les « héritiers ou légataires; — que c'est par application « de ce principe que toutes les valeurs d'une succes-« sion ne sont passibles que d'un seul droit de muta-« tion, lequel varie seulement dans sa quotité à raison « du degré de parenté de chacun de ceux qui sont « appelés à les recueillir; qu'il en est ainsi, quel que « soit d'ailleurs le mode de disposition du testateur, « pourvu qu'il opère une dévolution immédiate de la « propriété des choses léguées sur la tête des léga-« taires;
« Qu'il n'y a pas non plus à distinguer à cet égard « entre le cas où les choses léguées existent en nature « dans la succession et le cas où elles n'y existent pas « sous cette forme; qu'il n'importe pas davantage que « le legs mis à la charge soit du légataire universel, « soit du légataire particulier, ait pour objet des som-« mes d'argent ou autres valeurs mobilières, tandis « que les forces de la succession seraient exclusive-« ment de nature immobilière; — qu'aucune de ces « circonstances ne pourrait en effet affecter le droit « de mutation en ce sens qu'elle le porterait ainsi au « delà des proportions déterminées par l'importance « des valeurs léguées et le degré de parenté de cha-« cun des héritiers ou légataires, sans renverser par « cela même les bases légales de la perception, puis-« que, en définitive, un pareil résultat impliquerait « nécessairement, et dans tous les cas, la violation di-« recte de cette règle absolue qu'en matière de succes-« sion la régie de l'enregistrement est complétement « désintéressée lorsque le droit a été acquitté sur tou-« tes les valeurs et eu égard au degré de parenté de « chacun des héritiers ou légataires;
« Attendu, en fait, qu'il est constaté par le juge-« ment attaqué que, par son testament olographe du « 31 août 1853, Thomas Debruge-Dumesnil a légué à « la femme Labarte, sa sœur, la moitié de la maison « indivise rue Drouot, n. 2, estimée 844,900 fr.; — « qu'il est constaté, en outre, par le même jugement, « que le legs de cette maison est fait à la charge et « sous condition d'acquitter le legs universel en faveur « de la femme de Larderel, fille naturelle reconnue « du testateur, et que l'importance du legs universel « a été fixée transactionnellement par les parties à « 420,000 fr., sans qu'il y ait eu contestation de la part « de la régie;
« Attendu qu'en jugeant, en cet état des faits, que « la femme Labarte devait, en raison de son degré de « parenté, payer au taux de 6 fr. 50 c. % le droit de « mutation sur la totalité de la somme de 844,900 fr., « valeur estimative de la maison, sans qu'il y eût lieu « à tenir compte de la différence fondée sur le degré « de parenté de la femme de Larderel, d'après lequel « le droit de mutation devait néanmoins être réduit à « *un pour cent,* jusqu'à concurrence de la somme de

« 420,000 fr. par elle recueillie dans la succession « comme légataire universelle, le jugement attaqué a « méconnu les principes de la matière et formellement « violé les dispositions des lois ci-dessus visées ; — « casse. »

8155. *Légataire universel ou à titre universel de l'usufruit.* — Le principe consacré, par l'avis du conseil d'Etat du 10 sept. 1808 est applicable au légataire, soit universel, soit à titre universel de l'usufruit. — Prades, 23 janv. 1856; R. P. 1114.

8156 *Legs à prélever sur les revenus.* — Bien que le testateur ait exprimé la volonté que les legs particuliers soient prélevés sur les revenus de ses biens, et que le légataire universel ne doive percevoir ces revenus que lorsque l'exécuteur testamentaire aura achevé d'éteindre les legs particuliers, les droits dus par ces légataires sont imputables sur ceux à payer par le légataire universel, car il ne s'agit pas ici d'un démembrement momentané de la propriété en faveur des légataires particuliers, et l'assimilation à un usufruit de la disposition relative au paiement des legs particuliers sur les revenus des biens, n'est pas admissible en présence des art. 578 et 587 C. — Nancy, 9 mai 1848; J. N. 13798.

8157. *Legs d'une rente viagère.* — La déduction doit être admise, en ce qui concerne le capital des rentes viagères n'existant pas en nature dans la succession et léguées à titre particulier. — Cass. 8 sept. 1808; Sir. 7. 2. 1064. — 17 mars 1812; Sir. 13. 1. 423; J. E. 4266. — D. F. 14 avril 1812; I. 574. — Cass. 24 mai 1813; Pr. chron. 147. — Civ. 19 mars 1866; I. 2355-5.

La déduction de la rente viagère doit être opérée, non sur le legs universel de la nue propriété, mais sur le legs universel de l'usufruit, à moins que le testateur n'ait mis expressément la rente à la charge de la nue propriété, attendu qu'aux termes de l'art. 610 C. les rentes sont de droit à la charge de l'usufruitier de toute la succession. — Le Mans. 27 janv. 1865; R. P. 2069. — Lyon, 3 avril 1868; R. P. 2699.

Cependant, si le testateur a déclaré qu'en cas de prédécès de son légataire en usufruit, le service de la rente viagère qu'il lui impose sera continué par les héritiers de la nue propriété, le legs de la rente grève la succession tout entière; de telle sorte que pour la liquidation du droit de mutation, on doit déduire le capital de la rente léguée du montant de l'estimation des biens de la succession, et non pas seulement de la valeur de l'usufruit recueilli par la veuve. — Cass. civ. 19 mars 1866; Sir. 66. 1. 448; I. 2355-5; J. E. 18168; R. P. 2250.

Le capital de la rente viagère léguée à titre particulier doit être déduit de la masse imposable, alors même que, pour assurer le service de cette rente, le testateur aurait prescrit l'achat d'une rente sur l'Etat, immatriculée pour l'usufruit au nom du crédi-rentier. — Sol. 11 août 1868; R. P. 2802.

8158. *Insuffisance de la succession.* — Lorsque les legs particuliers excèdent l'évaluation totale des biens meubles et immeubles de la succession, les droits de mutation ne doivent frapper. en définitive, que les valeurs imposables, alors même que les héritiers auraient non-seulement accepté la succession, mais encore acquitté le montant intégral des legs. — Cass. req. 6 fév. 1827; Sir. 27. 1. 418; I. 1210-6; J. E. 8670. — Civ. 7 juill. 1856; Sir. 57. 1. 543; I. 2234-2; J. E. 16352.

Alors, si les valeurs de la succession sont insuffisantes pour faire face à la totalité des legs de sommes d'argent, il y a lieu de répartir ces valeurs au marc le franc entre les divers légataires particuliers, et de percevoir sur les résultats de ce calcul les droits aux taux divers fixés par la loi. — Sol. 18 déc. 1846; I. 1786-7.

8159. *Mode d'évaluation des immeubles.* — Dans tous les cas, que la succession suffise ou non au paiement des legs, les immeubles doivent être évalués selon les règles ordinaires, lors même que de la sorte leur véritable valeur échapperait à l'impôt. — Cass. civ. 7 juill. 1856.

« Attendu qu'aux termes de l'art. 4 de la loi du « 22 frim. an 7 un droit proportionnel est établi pour « toute transmission de propriété par décès; que ce « droit est assis sur les valeurs; que la valeur pour les « meubles, d'après l'art. 14, est déterminée par la « déclaration des parties, et pour les immeubles, sui- « vant l'art. 15, par l'évaluation qui en est faite et « portée à vingt fois le produit des biens; — attendu « que si la quotité du droit peut varier suivant le « degré de parenté du légataire avec le défunt, les « valeurs sur lesquelles le droit est perçu ne varient « pas; que seules elles peuvent donner lieu à un droit « proportionnel, et que, lorsque les droits ont été « payés sur ces valeurs d'après le taux fixé suivant la « qualité des parties, le vœu de la loi est rempli et « l'administration n'a plus rien à réclamer ; — qu'ad- « mettre le système contraire serait autoriser l'admi- « nistration à percevoir des droits pour cause de décès « sur des valeurs qui, légalement, ne se trouvent pas « dans la succession, ou l'autoriser à prendre, pour « évaluer les immeubles de la succession, des bases « autres que celles qui sont déterminées par la loi; — « attendu que, dans l'espèce, le jugement attaqué « constate en fait que les héritiers de la veuve Segre- « tier ont fait une déclaration exacte des biens com- « posant la succession de leur auteur; que la valeur « de ces biens a été déterminée conformément aux « dispositions de la loi du 22 frim. an 7, et que les « droits ont été perçus sur la totalité des valeurs ainsi « déclarées, et payés par les légataires universels sur « les bases du droit le plus élevé qui pouvait être dû « pour des legs particuliers; que, dans ces circons- « tances, le jugement attaqué, en décidant que l'admi- « nistration, après avoir perçu les droits de mutation « pour cause de décès sur l'universalité des biens de « la succession, ne pouvait exiger des légataires parti- « culiers un supplément de droits, loin de violer la loi

« du 22 frim an 7, en a fait une juste application ; — « rejette. »

8160. Legs de sommes payables après le décès de l'héritier. — Le legs particulier d'une somme d'argent payable au légataire après le décès de l'héritier ou du légataire universel opère une transmission directe du testateur au légataire particulier. Par suite, au décès de l'héritier ou du légataire universel, le montant du legs particulier doit être déduit de sa succession pour la liquidation des droits. — Cass. civ. 18 nov. 1835 ; Sir. 35. 1. 908. — Châlons-sur-Marne, Saint-Gaudens et Seine, 18 janv. et 2 août 1839, 24 fév. 1845 et 19 juill. 1848 ; J. N. 9080. 10773, 12479 et 13608. — Le Havre, 24 août 1848 ; J. E. 14566. — Seine, 12 juin 1858 ; R. P. 1026. — Civ. 6 déc. 1858 ; Sir. 59. 1. 346 ; I. 2234-1 ; J. E. 16874. — Civ. 16 août 1859 ; Sir. 60. 1. 76 ; I. 2234-1 ; J. E. 16995. — Civ. 22 août 1859 ; Sir. 60. 1. 76 ; I. 2234-1 ; J. E. 16995. — Seine, 16 fév. 1861 ; R. P. 1471. — Civ. 25 juin 1862 ; Sir. 62. 1. 855 ; I. 2234-1 ; J. E. 17515.

Voici l'arrêt du 16 août 1859 :

« Vu les art. 4, 14, n° 8, 32, de la loi du 22 frim. « an 7, l'avis du Conseil d'Etat du 10 sept. 1808, les « art. 1014 et 1016 C. Nap. ;

« Attendu qu'il est de principe que tout legs pur et « simple, à titre particulier, donne au légataire, du jour « du décès du testateur, un droit sur la chose léguée ; « que ce droit passe directement du testateur au léga- « taire, qui, à raison de cette transmission directe, « doit payer un impôt proportionnel calculé d'après « son degré de parenté avec le testateur ; qu'ainsi, au « point de vue de la loi sur l'enregistrement, inter- « prétée en ce sens par l'avis du Conseil d'Etat du 10 « sept. 1808, l'héritier ou légataire universel n'est « considéré que comme un simple intermédiaire entre « le testateur, qui est censé donner lui-même, et le « légataire particulier, qui reçoit directement de lui ; « que cet héritier ou légataire universel, dans l'in- « térêt de tous investi de la saisine légale de l'hérédité « entière, est néanmoins, pour la perception de l'im- « pôt, réputé n'avoir jamais eu aucun droit à la chose « affectée aux legs particuliers, quelle qu'en soit la « nature ; que s'il meurt avant d'avoir opéré la déli- « vrance réelle, cette chose n'entre dans les mains de « ses héritiers que sous la même affectation, et non « en vertu d'une véritable transmission héréditaire « incompatible avec celle déjà consommée au profit « du légataire particulier, et sur laquelle le droit de « mutation a été perçu légalement ; qu'à moins de « soumettre le même objet à deux droits de mutation, « ce qui n'est ni dans l'esprit ni dans la lettre de la « loi, la chose léguée particulièrement ne peut donc « plus former un des éléments imposables de la suc- « cession de l'héritier ou légataire universel du testa- « teur ;

« Attendu que, par application des mêmes prin- « cipes, il est impossible d'assimiler le legs particu- « lier qui procède de la volonté du testateur, à une « charge de sa succession, ou même à une charge

« de la succession de son héritier ou légataire uni- « versel, succession dont la chose léguée se détache « au contraire, et dans le patrimoine de laquelle elle « est censée n'être jamais réellement entrée ;

« Attendu en fait qu'une somme de 525,164 fr. « 37 c. a été léguée à divers et à titre particulier par « Kemlin ; que ces legs étaient purs et simples ; que « le délai de deux ans accordé à Sausset, légataire « universel, pour désintéresser les légataires, n'en « avait pas changé le caractère ; qu'au décès de Kem- « lin ces légataires ont été saisis de la somme léguée, et « que le droit de mutation à leur charge a été payé eu « égard aux rapports de famille qui avaient existé « entre eux et le testateur ; qu'aucun droit n'a été « réclamé et ne pouvait être réclamé de Sausset, « étranger à cette mutation ; que sa mort, arrivée « avant l'exigibilité du legs, n'a pu donner lieu à la « transmission au profit de la dame de Montbressieux, « sa légataire universelle, d'une somme sur laquelle, « de son vivant, il n'avait jamais eu aucun droit ; que « l'impôt proportionnel ne pouvait donc porter sur « cette somme, et qu'il a été indûment perçu ; — « d'où il suit qu'en rejetant la demande en restitution « de cet impôt proportionnel, formée par la dame de « Montbressieux contre la régie de l'enregistrement, « le jugement attaqué a faussement appliqué, et par « suite violé l'art. 14, n° 8, de la loi du 22 frim. an 7 ; « qu'il a, en outre, violé les dispositions de la loi ci- « dessus visées ; — casse. »

8161. *Droit dû à raison de l'usufruit.* — Mais alors l'héritier ou le légataire universel qui conserve entre ses mains les sommes léguées et stipulées payables sans intérêts aux légataires particuliers lors de son décès, doit être considéré comme ayant l'usufruit de ces sommes, et doit acquitter, pour ce motif, un droit particulier de succession. — Vitry-le-Français, 12 mars 1863 ; Dinan, 13 mai 1864 ; Muret, 31 août 1864 ; R. P. 2184. — Marseille, 26 août 1867 ; R. P. 2970. — Cass. civ. 21 juin 1869, ainsi conçu : « Attendu que, lorsqu'une « succession a été dévolue, soit à l'héritier de la loi, « soit à un légataire universel, les legs particuliers faits « sous la condition qu'ils seront payés, sans intérêts « jusque-là, après le décès du légataire universel ou « de l'héritier, constituent en réalité un legs de nue « propriété ; qu'ils ne sont pas une dette de la succes- « sion, mais opèrent directement, du testateur aux « légataires particuliers, la transmission des objets « légués ; et que ces légataires, ainsi saisis directement « de la nue propriété à compter du décès du testateur, « sont, à raison de cette mutation, redevables d'un « droit proportionnel, calculé sur le degré de parenté « de chacun d'eux avec le testateur ; — attendu que le « même impôt ne peut être perçu deux fois pour le « même objet ; que la succession est libérée du droit « de nue propriété, et qu'elle ne reste redevable que « du droit d'usufruit ; qu'il n'importe en rien pour « l'application de cette règle que le bénéfice succes- « soral, ainsi réduit à l'usufruit, appartienne à l'héri- « tier de la loi ou à l'héritier testamentaire ; — attendu

« que, puisque l'usufruit demeure dans la succession, « un droit de mutation à raison de cet usufruit est dû « par celui qui tient de la succession la jouissance qu'il « en recueille; — attendu, en fait, que le demandeur « en cassation, héritier du sang et légataire universel « de la demoiselle Vion, sa sœur, a déclaré recueillir « la succession en sa seule qualité d'unique héritier du « sang, mais a consenti à l'exécution des legs particu- « liers auxquels la testatrice avait mis pour condition « qu'ils ne seraient payés qu'après le décès de son « frère, dans l'année dudit décès, sans intérêts jusqu'à « l'expiration de ladite année; — attendu que, dans « sa déclaration des valeurs de la succession, Vion en « a donné le chiffre comme égal au montant total des « legs particuliers; qu'un droit de mutation était dû « sur sa propriété pleine et entière de ces valeurs; et « que le droit perçu à raison des legs particuliers, lais- « sait à acquitter la partie du droit portant sur leur « jouissance usufruitière; — attendu qu'en mettant « cette partie du droit à la charge de Vion, qui recueil- « lait, en réalité, l'usufruit, le jugement attaqué, loin « de violer les dispositions de la loi du 22 frim. an 7, « en a fait, au contraire, une juste application; — « rejette. »

8162. *Epoque du paiement antérieur au décès.* — Que si l'époque fixée par le testateur pour le paiement des legs particuliers est antérieure au décès du légataire universel, et que, par suite, le droit de jouissance de ce dernier restreint à un petit nombre d'années dérive plutôt d'un simple terme destiné à faciliter le paie- ment que d'une intention de libéralité, le juge peut décider qu'il n'y a pas lieu de percevoir un droit d'usu- fruit. — Sol. 31 juill. et 6 nov. 1865 et 3 déc. 1866. — Périgueux, 21 déc. 1866; Aix, 10 avril 1867; R. P. 2518.

8163. *Cessionnaire du légataire universel.* — Lorsqu'un testateur a disposé au profit de sa femme de l'usufruit de tous ses biens et a imposé aux légataires de la nue propriété l'obligation de payer, après l'extinction de l'usufruit, à des tiers désignés, diverses sommes léguées à titre particulier, il y a lieu, si l'usufruitier se rend ultérieurement cessionnaire des droits des nu-proprié- taires, de déduire, à son décès, des valeurs de sa succes- sion le montant des legs particuliers, dont le paiement est à la charge de ses héritiers, en vertu des stipula- tions insérées dans l'acte de cession. — Cass. req. 29 nov. 1865; Sir. 66. 1. 29; J. E. 18181; R. P. 2221.

8164. *Usufruit.* — Le legs d'un usufruit ne com- porte aucune déduction. Ce legs est une sorte de pro- priété nouvelle, hors la consistance réelle de la succes- sion; la décision du conseil d'Etat du 2 septembre 1808 ne lui est pas applicable. — Cass. civ. 23 nov. 1811; Sir. 13. 1. 422. — I. 574.

SECT. VIII. — PAIEMENT DES DROITS.

8165. **Texte de la loi.** — Les droits des déclarations de mutation par décès seront payés par les héritiers,

donataires ou légataires. Les cohéritiers seront soli- daires. L'Etat aura action sur les revenus des biens à déclarer, en quelques mains qu'ils se trouvent, pour le paiement des droits dont il faudra poursuivre le recou- vrement. — Frim. art. 32.

8166. **Renonciation.** — Ainsi, l'obligation de payer les droits est absolue. Un héritier ne peut s'y soustraire qu'en justifiant d'un acte de renonciation. Cette justifi- cation faite, il est déchargé du paiement des droits, même si la renonciation a eu lieu après l'expiration du délai de six mois, et que les poursuites aient déjà commencé. — I. 385-7. — Dél. 20 fév. 1827; J. E. 8731. — 16 mars 1836. — Cass. 7 mars 1842; J. N. 11281; J. E. 12959.

8167. *Acceptation sous bénéfice d'inventaire.* — Mais on ne peut plus renoncer, pour se soustraire au paie- ment des droits, lorsqu'on a accepté sous bénéfice d'inventaire; car la qualité d'héritier bénéficiaire n'est pas moins indélébile que celle d'héritier pur et simple. — Cass. 29 déc. 1829, 1er fév. 1830; I. 1320-5. — 20 avril 1833; I. 1437-9; J. N. 8086; J. E. 10631. — Chartres, 5 août 1837; Uzès, 26 avril 1841; Roanne, 23 janv. 1849; Aubusson, 31 déc. 1849; J. E. 11863, 12741-1, 14828-2, 14912-5. — Strasbourg, 21 juill. 1851; J. E. 15271. — Tulle, 27 fév. 1854; R. P. 199.

8168. *Renonciation partielle.* — Celui qui a renoncé partiellement à la succession ou au legs a accepté; sa renonciation ne peut donc le soustraire au paiement des droits. — Fontenay, 8 nov. 1850; J. E. 15106-2. — Cass. civ. 18 nov. 1851; I. 1912-5; J. N. 14520; J. E. 15338.

8169. **Allégation que les droits ont été payés déjà.** — Le débiteur qui prétend avoir payé les droits de suc- cession ne peut opposer d'autres preuves à l'adminis- tration, qui en poursuit le recouvrement, que celles qui résultent de la consignation de la déclaration sur le registre spécial ou de la représentation d'une quit- tance délivrée par le receveur de l'enregistrement. — Auxerre, 19 juill. 1851; J. E. 15274-4.

8170. **Allégation que les droits réclamés sont exa- gérés.** — L'héritier ne peut se refuser au paiement des droits sous prétexte que ceux qu'on lui réclame sont exagérés; ce n'est qu'après avoir fait la déclaration qu'il pourra faire reconnaître cette exagération. — Seine, 9 août 1849; J. E. 14804-8.

8171. **A qui incombe l'obligation de payer les droits.** — L'obligation *personnelle* de payer les droits incombe : — V. Sect. 4 *suprà.*

A *l'héritier bénéficiaire*; — Cass. 1er fév. 1830; J. N. 7080. — 24 avril 1833; J. E. 8086. — 7 avril 1835; J. E. 11186; J. N. 8840; I. 1498-7. — 12 juill. 1836; J. E. 11590; J. N. 9293; I. 1528-10. — 28 août 1837; J. N. 9812; I. 1562-19. — C. Rouen, 27 déc. 1837; J. E. 12408-1. — 5 avril 1845; J. E. 14035-5. — C. Bor-

deaux, 1er déc. 1846; J. E. 14303-6. — 15 fév. 1849;
J. E. 14780-5. — Seine, 17 mai 1838; J. E. 12066. —
Aurillac, 9 janv. 1849; J. E. 14661-4. — Seine, 2 mai
1849; J. E. 14752-3. — 10 janv. 1850; J. E. 14894-4.
— Belfort, 17 fév. 1851; J. E. 15141-5. — Tulle et
Lyon, 27 fév. et 27 déc. 1854, 30 mars 1855; R. P. 199.
308, 400. — Cass. 24 juin 1857; R. P. 872. — Seine.
19 août 1864; R. P. 2082. — Calvi, 15 janv. 1866; R.
P. 2235.

Au *légataire universel;* — Falaise, 13 mars 1838;
J. E. 12010. — C. Douai, 10 mars 1845; J. E. 13889-4.
— Seine, 24 fév. 1848; J. E. 14828 — 20 août 1851;
R. G. 13325.

Au *légataire particulier,* bien que le testateur ait mis
le paiement des droits du legs à la charge de la succession; — Carpentras, 22 août 1855; J. E. 16110. —
Redon, 23 fév. 1870; R. P. 3122.

A l'*usufruitier.* — Seine, 7 mai 1851; J. E. 15231.

8172. *Legs à des malades.* — Le legs fait aux plus
pauvres des malades d'un hospice doit être versé
entre les mains de la commission administrative, légalement autorisée à le recevoir. C'est donc cette commission qui doit payer les droits de mutation par décès.
— C. Bordeaux, 26 juin 1845; J. N. 12488.

8173. **Solidarité.** — Les cohéritiers sont solidaires
pour le paiement des droits de mutation par décès. —
Frim. art. 32.

Cette solidarité s'étend aux droits et demi-droits en
sus comme aux droits simples. — Neufchâteau, 8 mars
1832; J. E. 10277. — Grenoble, 27 déc. 1847; J. E.
14460.

Un héritier ne peut donc être admis à payer seulement sa part du montant des droits. — Cass. 20 germ.
an 11, 12 fruct. an 12, 21 mai 1806; J. E. 1756, 1878,
2454. — Angoulême, 23 janv. 1850; J. E. 14905-2.

Il a même été jugé que lorsqu'une succession a été
déclarée échue en totalité en ligne directe, et qu'il
survient des héritiers en ligne collatérale, ceux-ci doivent passer une nouvelle déclaration dans les six mois
de l'acte qui a reconnu leurs droits, à peine du demi-
droit en sus, et il y a solidarité entre eux et les
héritiers de la ligne directe pour le paiement du supplément. — Seine, 25 mars 1852; J. E. 15451.

8174. *Héritier bénéficiaire.* — La solidarité s'applique à l'héritier bénéficiaire comme à l'héritier pur et
simple. la loi n'ayant pas fait de distinction. — Cass. 3
vent. an 11 et 27 juin 1809. — Grenoble, 31 août
1840; J. E. 12574. — Angoulême, 23 janv. 1850; J. E.
14905-2.

8175. *Légataire.* — La loi n'a parlé que des *cohéritiers;* il faut donc en conclure que les *légataires,* soit
universels, soit à titre universel, soit particulier, ne
sont aucunement solidaires ni entre eux, ni avec les
héritiers. — I. 239, 386-36. — Seine, 6 déc. 1848;
J. E. 14676-2. — Beaupréau, 26 août 1856; J. E. 16383.
— Seine, 23 nov. 1861; R. P. 1578. — Toulouse, 3

juill. 1862; R. P. 1652. — Lyon, 20 fév. 1868; R. P.
2767.

8176. *Enfant naturel.* — La solidarité n'atteint
pas l'enfant naturel *qui n'est pas héritier.* — I. 239,
386-36.

8177. **Usufruitier.** — L'usufruit ne pouvant procéder que d'une donation ou d'une disposition testamentaire, celui qui en est investi se trouve nécessairement
dans la catégorie des donataires ou des légataires, et
jamais dans celle des héritiers. Dès lors, aucune solidarité ne peut exister entre lui et les héritiers pour le
paiement des droits de mutation par décès. — Cass. 9
mai 1813; J. E. 5121.

Cependant, si l'usufruitier offrait le paiement des
droits dus par les héritiers de la nue propriété, on ne
pourrait le refuser pour diriger des poursuites contre
les héritiers. — Cass. 18 déc. 1811; J. E. 4134.

8178. **Nature de l'action du Trésor.** — L'étude des
questions qui se rattachent à l'action conférée au Trésor
pour le recouvrement des droits de mutation par décès
n'est pas du domaine de ce livre, dont la *Procédure* a
été exclue. Nous rappellerons seulement ici que, par
quatre arrêts du 23 juin 1857 (I. 2114-8), la cour suprême
a décidé que l'action du Trésor est privilégiée uniquement sur les *revenus* des biens de la succession, mais
qu'elle ne constitue ni un droit de prélèvement, ni un
privilége sur ces mêmes biens.

SECT. IX. — OMISSION ET INSUFFISANCE.

Art. 1. — Omission.

8179. **Pénalité.** — La peine pour les omissions qui
sont reconnues avoir été faites dans les déclarations de
successions est d'un droit en sus de celui qui se trouve
dû pour les objets omis. — Frim. art. 39.

8180. *Rectification avant l'expiration du délai.* —
Tant que le délai n'est pas expiré, les héritiers peuvent
rectifier leur déclaration comme il leur convient, sans
encourir aucune espèce de peine. — Mais, aussitôt ce
délai expiré, toute rectification, même spontanée, opère
le double droit. — I. 338. — V. n. 4289.

8181. **Caractère de l'omission.** — Il y a omission dès
qu'un *bien* de la succession n'a pas été *déclaré.* La loi
n'a, du reste, fait aucune distinction entre l'omission
involontaire et l'omission *frauduleuse :* toutes deux sont
passibles du double droit. — Cass. 13 mars 1812. —
16 mars 1814; J. E. 4901. — 30 janv. 1867; R. P. 2409.

Si l'omission porte sur la valeur de la chose et non
sur la chose elle-même, il y a *insuffisance,* et non pas
omission. — Seine, 22 nov. 1849; J. E. 14877-4.

Il n'y a pas non plus omission lorsque l'existence
de la chose que l'Administration prétend omise a été

révélée au receveur et qu'il a été mis à portée, par la déclaration de l'héritier, de liquider et de percevoir les droits. — Cass. 14 août 1850 ; I. 1875-6.

Ces principes vont être rendus plus sensibles par l'analyse des décisions rendues sur la matière.

8182. **Omission relativement à la chose elle-même.** — *Biens situés dans le ressort de plusieurs bureaux.* — Lorsqu'une personne laisse des biens dans le ressort de deux bureaux, et que les héritiers ne font qu'une seule déclaration, en ce qui concerne les biens situés dans l'arrondissement de l'un de ces bureaux, il y a, à l'égard des autres biens, non pas omission, mais défaut de déclaration. — Cass. civ. 28 juin 1820 ; Sir. 21. 1. 21 ; J. E. 6781.

8183. *Contenance déclarée inférieure à la contenance réelle.* — Quand les héritiers ont désigné tous les immeubles de la succession et le lieu de leur situation, s'il existe une différence entre la contenance réelle des biens et celle qui a été déclarée, l'administration ne peut prétendre que les parties ont commis une omission ; elle a seulement le droit de critiquer l'évaluation et de requérir l'expertise. —, Cass. 16 mars 1814 ; J. E. 4901.

8184. *Omission d'une des communes de la situation des biens.* — Lorsque, dans une déclaration de succession, la partie énonce que l'hérédité comprend un domaine dont les dépendances sont situées dans plusieurs communes, et qu'elle néglige d'indiquer le nom de l'une de ces communes, cet oubli peut ne pas emporter omission des parcelles situées dans cette commune. Les juges ne violent aucune loi, en décidant qu'il n'existe qu'une simple erreur de fait, ne rendant exigible aucun droit de mutation, et que l'administration a seulement la faculté de critiquer, si elle le juge à propos, l'évaluation du revenu des biens déclarés. — Cass. civ. 27 janv. 1823 ; Sir. 24. 1. 70 ; J. E. 8694.

8185. *Nature et qualité des biens.* — Il y a omission si un immeuble propre au défunt a été déclaré comme acquêt de communauté. — Vire, 6 juin 1850 ; J. E. 15036-12.

8186. *Rapport pour la fixation de la quotité disponible.* — Il y a omission si, pour fixer la valeur de la quotité disponible, par suite de la donation de l'usufruit de la moitié de ses biens faite par l'époux décédé à son conjoint survivant, on n'a pas rapporté fictivement dans la déclaration de succession les sommes données en avancement d'hoirie, pour les réunir à la masse des biens existant au jour du décès ; le droit simple et le double droit sont exigibles sur la différence en faveur de la quotité disponible qui résultera de l'opération rectifiée dans ce sens. — Seine, 27 avril 1842 ; J. E. 12987.

8187. *Mutation secrète.* — Lorsque des immeubles qui ont été reconnus avoir été secrètement acquis par le défunt, n'ont pas été compris dans la déclaration de sa succession, il y a omission, et le double droit est encouru. — Morlaix, 5 mars 1847 ; J. E. 14275-4.

8188. *Usufruit et nue propriété.* — Si, l'un des deux, de l'usufruitier et du nu-propriétaire, ne fait pas sa déclaration, l'autre s'étant conformé à la loi, il y a, de la part du premier, défaut de déclaration, et non pas omission. — Narbonne, 31 août 1846 ; J. E. 14333-1.

8189. *Production d'un acte frauduleux.* — Lorsque des époux ont fait conjointement à leurs enfants donation d'une somme déterminée, et que dans l'acte de liquidation qui a eu lieu après le décès de l'un des donateurs, il a été dit, dans une intention frauduleuse, que la somme donnée était imputable en totalité sur la succession du prédécédé, tandis que, aux termes de la donation, elle n'en était tenue que pour moitié, cette liquidation ne peut servir de base pour la déclaration de la succession, et les héritiers sont passibles du double droit sur les valeurs par eux remises dans leur déclaration faite sur les bases du prétendu partage. — Amiens, 12 juin 1856 ; J. E. 16375.

8190. **Omission relativement à la valeur de la chose.** — *Intérêts.* — Si dans la déclaration d'une succession est comprise une créance au capital de laquelle on n'ajoute pas les intérêts échus, il y a fausse évaluation, et non omission : le délai de prescription pour la demande d'un supplément de droit est celui de deux ans, déterminé par l'art. 61 frim., pour fausse évaluation. — Seine, 11 fév. 1852 ; J. E. 15450 ; J. N. 14620.

8191. **Omission relativement à la déclaration de la chose.** — *Erreur de calcul dans l'inventaire.* — Il n'y a pas omission, mais simple insuffisance de perception, lorsque le receveur n'a pas perçu la somme entière due au Trésor, par suite d'une erreur de calcul existant dans l'inventaire produit par les parties. C'était au receveur à vérifier les additions du document produit. Quant aux parties, elles ont satisfait à la loi. — Autun, 22 juill. 1833 ; Acq. dél. 13 nov. 1833 ; J. E. 10784.

8192. *Non-application de la loi par le receveur.* — Si les parties ont produit au receveur un acte de liquidation de la succession en déclarant expressément ne vouloir payer les droits que sur l'actif net, et que le receveur ait adhéré à leurs désirs, il n'y a pas omission ; on ne peut réclamer qu'un supplément de droits. — Seine, 19 déc. 1868 ; R. P. 2906.

Lorsque des héritiers interpellés par le receveur sur l'existence d'une valeur appartenant au défunt (une assurance sur la vie) reconnaissent cette existence, mais ajoutent qu'ils n'entendent pas la déclarer parce qu'ils la considèrent comme leur propriété personnelle, le receveur est suffisamment averti de l'existence de la valeur pour l'assujettir à l'impôt de mutation par

décès, si elle dépend réellement, en droit, de la succession. Le défaut de perception constitue, dans ce cas, un supplément de droit et non une omission. — Beauvais, 11 août 1873 :

« Attendu que, dans sa déclaration de succession, « faite le 26 novembre 1866, Morel a rappelé la « substance, du contrat d'assurance, ajoutant, il est « vrai, qu'il considérait le capital assuré comme sa « propriété personnelle ; mais qu'il importe peu que « cette déclaration, consignée sur les registres, ait été « faite par Morel en réponse à une interpellation du « receveur, aucune forme sacramentelle n'étant tracée « par la loi pour les déclarations après décès ; — « attendu qu'à son tour le tuteur de la mineure a « énoncé dans la déclaration, de la manière la plus « précise, l'existence d'une créance de 50,000 francs « contre la compagnie la Nationale, alléguant, quant « à lui, que cette créance était un conquêt dont la « succession profitait pour moitié seulement ; — attendu « que des circonstances sus relatées il résulte que, loin « de s'enfermer dans aucune réticence, Morel et le « tuteur se sont expliqués en termes nets et formels, « dans leur déclaration après décès, sur l'existence et « l'origine de la valeur de 50,000 francs qui donne « lieu au procès ; que si chacun d'eux, qualifiant ce « fait à son point de vue particulier, en a déduit les « conséquences les plus conformes à ses intérêts, la « Régie s'est trouvée, dès cette époque, à portée d'op-« poser à leurs appréciations une thèse contraire, et « de soutenir que les 50,000 francs dont s'agit ne « formaient ni un propre de Morel ni un conquêt de « communauté, mais une partie de l'actif de la succes-« sion de l'assurée ; — attendu que la divergence des « prétentions respectives du donataire et des héritiers « appelait sur ce point de droit litigieux toute l'atten-« tion de l'Administration ; que, pour se confirmer « dans son opinion, la Régie n'a eu besoin de com-« pulser aucun acte antérieur à la déclaration ni d'at-« tendre aucune révélation nouvelle sur un fait qui « lui était connu dans tous ses détails et dont il ne « restait à déterminer que les effets légaux ; — attendu « que c'est le cas de décider, comme l'a fait en 1850 « la Cour suprême, que les opposants n'ont commis « aucune omission de valeur dans leur déclaration de « 1866. »

8193. *Erreur imputable au receveur.* — Lorsque l'héritier comprend dans la déclaration une créance dont il représente le titre, en ajoutant que le dernier terme des intérêts est dû, l'erreur dans la fixation de ces intérêts est imputable au receveur et ne donne lieu qu'à un supplément de droits. — Bergerac, 3 janv. 1867 ; R. P. 3015.

8194. **Preuve de l'omission.** — L'omission ne peut pas être établie d'après les règles du droit commun ; en cette matière, l'élément de preuve doit reposer sur des faits et actes parvenus à la connaissance de l'Administration et propres à établir juridiquement les omissions qu'elle allègue, ou sur des présomptions graves, précises et concordantes. — Chartres, 25 mars 1859 ; R. P. 1146. — Cass. civ. 29 fév. 1860 (I. 21854) :

« Vu les art. 65 et 39 de la loi du 22 frim. an 7 ;
« Attendu que cette loi, qui, pour la liquidation et « la perception du droit proportionnel, a indiqué dans « divers articles, et notamment dans les art. 12, 13, « 17, 18 et 19, le mode de preuves qu'elle admet pour « constater les mutations qu'elle prévoit et déterminer « la valeur des immeubles transmis, dispose dans son « art. 14, n° 8, que pour les transmissions entre-vifs à « titre gratuit de biens meubles, et pour celles qui s'o-« pèrent par décès, la valeur est déterminée par la « déclaration des parties sans distraction des charges, « et que la même disposition est renouvelée par l'ar-« ticle 27, exigeant, à défaut d'inventaire, une décla-« ration détaillée et estimative des parties ; mais que « nulle part la loi fiscale n'indique ni ne suppose que « la preuve testimoniale puisse être admise pour dé-« terminer cette valeur et suppléer aux omissions qui « pourraient être faites ;

« Attendu qu'il ne résulte pas de l'art. 39 de la loi « précitée, qui prévoit et punit du double droit les « omissions reconnues et les insuffisances constatées » « dans les déclarations, que pour les établir on puisse « recourir à la preuve testimoniale ; que les expres-« sions mêmes de la loi, sainement entendues, démon-« trent que dans sa pensée elle s'est référée à un état « de choses où la preuve des omissions ou insuffisances « résulterait des actes émanés des parties elles-mêmes, « ou d'autres actes et faits constants au procès qui « leur seraient opposables ;

« Attendu, en effet, que sans doute la loi fiscale a « voulu que la régie pût contrôler et réprimer les dé-« clarations fausses ou incomplètes des parties ; mais, « quand il s'agit de valeurs mobilières qui ne sont pas « soumises à l'expertise, l'élément de preuve en har-« monie avec l'esprit de la loi doit reposer sur des « faits et actes parvenus à la connaissance de la régie, « et propres à établir juridiquement les insuffisances « ou omissions qu'elle allègue, tels que partages, trans-« actions, inventaires, liquidations, répertoires de « notaires, et autres actes soumis à la formalité par la « loi, et qu'il n'a pas été dans l'intention de la loi, pas « plus qu'il n'est dans son texte, de permettre à la « régie de se livrer à des recherches des forces mobi-« lières des successions par voie d'enquêtes, et de pé-« nétrer ainsi dans l'intérieur et le secret des familles « à l'aide de preuves testimoniales toujours dange-« reuses et de nature à y jeter l'inquiétude et le trouble ;

« Attendu, enfin, que ce mode de preuve et la pro-« cédure qu'il comporte sont incompatibles avec l'éco-« nomie de la loi fiscale et avec les formes prescrites « en cette matière par les art. 65 de la loi du 22 frim. « an 7 et 17 de celle du 27 vent. an 9, auxquelles il « n'a été fait exception que dans des cas particuliers, « dans lesquels ne rentrent pas ceux sur lesquels a « statué la loi du 22 frim. an 7. »

8195. *Actes.* — La preuve de l'omission peut résulter : De l'*inventaire* dressé, pour constater les forces de

la succession, postérieurement à la déclaration : — Cass. 25 mars 1812 et 11 avril 1815 ; J. E. 4171, 5170. — Sol. 18 janv. 1825 ; I. 1166-5. — Seine, 5 déc. 1849 ; J. E. 14877-2. — 6 fév. 1856 ; J. E. 16254.

D'une *reconnaissance de dette*, émanée du débiteur (s'il s'agit d'une créance), lors même qu'elle n'aurait pas été acceptée par le créancier ; — Grenoble, 27 déc. 1847 ; Rec. Fess. 7682. — Seine, 6 fév. 1856 ; R. G. 12785. — Cass. 1er nov. 1870 ; R. P. 3225.

D'un *interrogatoire sur faits et articles* ; — Château-Thierry, 2 fév. 1867 ; R. P. 2524.

D'une *déclaration* ou *aveu* de l'héritier ; — Bar-le-Duc, 15 avril 1863 ; Cognac, 12 janv. 1864 ; R. P. 1887. — Cass. req. 27 mai 1868 ; R. P. 2710.

D'un *avis de parents* ; — Marvejols, 21 juill. 1868 ; R. P. 2912.

D'une *cession de droits successifs* ; — Boulogne, 8 juill. 1870 ; R. P. 3578. — Cass. req. 21 mai 1873 ; R. P. 3649.

D'un *jugement*. — Seine, 8 juill. 1871 ; R. P. 3446.

8196. *Présomptions.* — *Succession recueillie avant le décès.* — L'omission ne peut résulter de la déclaration, faite par le défunt avant son décès, d'une succession à lui échue, — Seine, 8 mai 1833 ; Cont. 2865. — ni même d'un inventaire constatant les forces de cette succession. — Privas, 1er août 1870 ; R. P. 3208.

Lorsqu'un immeuble a été déclaré dans la succession du mari comme n'étant acquêt de communauté que pour les deux tiers, l'autre tiers étant supposé propre à la femme survivante, et qu'au décès de celle-ci l'immeuble a été déclaré acquêt pour le tout, et les droits acquittés sur la moitié seulement, l'administration peut réclamer le droit sur la différence en se fondant sur la première déclaration, et c'est à la partie à prouver que l'immeuble est réellement un acquêt pour le tout. — Cass. 27 mars 1854 ; J. E. 15945.

8197. *Vente de meubles.* — Lorsque les héritiers font procéder, au domicile mortuaire du défunt, à une vente de meubles sans indication d'origine, l'Administration peut établir que ces meubles dépendent de la succession. — Hazebrouck, 13 fév. 1864 ; R. P. 1931.

8198. *Prix de vente.* — Ne doit pas être réputé avoir été omis, le prix d'une vente d'immeubles passée par le mandataire du vendeur, le jour même du décès de ce dernier, mais avant l'événement, lorsque, par suite de l'existence de plusieurs créanciers chirographaires, parmi lesquels se trouvait l'acquéreur lui-même, il y a lieu de croire que le prix a pu être employé immédiatement à l'extinction de ces dettes par paiement ou compensation. — Chalon-sur-Saône, 21 janv. 1860 :

« Considérant que l'administration de l'enregistrement, pour établir que la somme de 50,000 fr., prix de la vente Chavériat, était encore entre les mains de M. Pagès au moment de son décès, et, par suite, devait être comprise dans la déclaration de sa succession, ne présente que deux moyens puisés dans l'acte de vente du 6 avril 1857, l'un résultant de ce

« que l'acte de vente déclare que le prix a été payé comptant entre les mains du mandataire de M. Pagès ; l'autre puisé dans le rapprochement de la date de cet acte avec celle du décès de M. Pagès, qui, selon elle, n'a pu permettre à ce dernier de se dessaisir de la somme payée avant l'époque de sa mort ;

« Considérant que les moyens invoqués par l'administration ne peuvent être acceptés comme une preuve suffisante, de nature à légitimer ses prétentions, en présence des documents de la cause et des vérifications faites par le tribunal, desquels il résulte. en premier lieu, que M. Pagès n'est décédé. le 6 avril 1857, qu'à huit heures du soir, et qu'il s'est écoulé un temps plus ou moins long entre la rédaction de l'acte de vente Chavériat, opérée dans la matinée du 6 avril, et l'instant du décès ; en second lieu, que le 28 février 1857, M. Pagès avait, dans Chalon même, lieu de son domicile, un grand nombre de créanciers chirographaires représentant entre eux un passif à sa charge de plus de 240,000 fr. ; deux mandataires, MM. Auguste et Julien Pagès, ses neveux chargés d'administrer toute sa fortune, de vendre ses immeubles, d'en recevoir le prix et de payer immédiatement ses créanciers ; — que ces mandataires avaient non-seulement la possibilité, mais encore une grande facilité, au moment où se réglait le prix de la vente Chavériat, de s'en dessaisir à l'instant, soit par voie de compensation avec M. Chavériat lui-même, soit par délégations en dehors de l'acte acceptées par lui, soit enfin par paiements effectués à l'instant même, M. Pagès n'ayant aucun créancier hypothécaire. »

8199. *Transaction.* — *Inventaire.* — Le sieur Launay, légataire universel de la demoiselle Brault, a fait une déclaration de la succession, et il a payé les droits de mutation sur une valeur mobilière de 2,467 fr. 90 cent., constatée par un inventaire notarié du 5 juin 1846.

Cependant le testament de la demoiselle Brault avait été attaqué, par le motif qu'il contenait un fidéicommis secret, destiné à faire passer la fortune de la testatrice à des établissements publics n'ayant pas capacité pour recevoir sans autorisation. Un sieur Boittin-Hardonnière avait été indiqué comme dépositaire de 26,000 ou de 30.000 fr. prix d'immeubles vendus par la demoiselle Brault. Le tribunal de Mayenne avait ordonné, les 26 mai et 23 juillet 1846, que les sieurs Launay et Boittin-Hardonnière seraient interrogés sur faits et articles, et, par un dernier jugement du 15 juill. 1847, confirmé sur appel, il avait admis l'appel des faits articulés. En cet état, les parties ont transigé, et, par actes notariés des 12 sept. et 30 oct. 1848, les héritiers demandeurs ont consenti l'exécution du testament moyennant l'obligation prise par les sieurs Launay et Boittin de leur payer 17,350 fr., et d'acquitter les frais, montant à 2.949 fr.

L'administration a pensé que cette transaction prouvait l'existence dans la succession de valeurs omises dans la déclaration, et s'élevant au moins à 20,299 fr., total des sommes que doivent acquitter les sieurs.

Launay et Boittin, et les droits simples et en sus ont été demandés. Une instance s'est engagée et le tribunal de Mayenne a donné gain de cause à l'administration par jugement du 5 déc. 1849. — R. G. 13391.

8200. *Billet à ordre.* — Si des billets passés à l'ordre du défunt sont protestés à la requête des héritiers, et n'ont pas été déclarés par ceux-ci, il y a omission. — Brioude, 19 mars 1873 :

« Attendu qu'il est établi par un extrait du registre « des protêts de l'huissier que les protêts des billets « ont été faits collectivement au nom des héritiers du « défunt, ce qui doit faire penser que ces effets étaient « bien sa propriété ; que vainement les héritiers allè- « guent que ces valeurs avaient été simplement passées « à l'ordre du défunt, pour en opérer le recouvrement ; « que le montant restait en conséquence la propriété « de ses correspondants ; qu'en effet, aucun des héri- « tiers n'a continué la banque ; que tout mandat de « recouvrer avait cessé par le décès du mandataire, et « que les billets recouvrés après le décès, collective- « ment au nom des héritiers, formaient évidemment « des valeurs de la succession non appartenant aux « correspondants du défunt ; que, s'il en était autre- « ment, il aurait fallu, après le décès du banquier, un « nouvel endossement ou un nouveau mandat donné « par les correspondants pour que les héritiers eussent « pu agir utilement ; que, dans l'espèce, ayant agi « comme simples héritiers, ils sont censés avoir agi « dans l'intérêt de la succession et, en réalité, n'avoir « cherché à recouvrer que des valeurs dont ils étaient « propriétaires. »

8201. *Registres des sociétés.* — Il y a présomption suffisante d'omission à l'égard d'une action qui, inscrite au nom du défunt sur les registres d'une société, n'a pas été déclarée par ses héritiers. — Cambrai, 22 déc. 1859 ; R. P. 1278.

8202. *Registres des contributions indirectes.* — Les renseignements inscrits sur les registres portatifs des employés des contributions indirectes, registres dont les agents des domaines sont autorisés à prendre com- munication (D. F. 23 avril 1855 ; I. 2039), peuvent établir les omissions, lorsqu'il s'agit des successions des débitants de boissons, de tabacs et de poudres. — Hazebrouck, 13 fév. 1864 ; Arbois, 11 août 1866 ; Seine, 13 fév. 1867 ; R. P. 1931, 2583, 2507.

8203. *Créances.* — Il y a présomption d'omission, si une créance exigible à une époque postérieure au décès d'une personne n'a pas été comprise dans la dé- claration de sa succession. — V. n. 7996.

Mais on ne peut s'appuyer sur ce seul fait pour établir qu'un père n'était plus, au jour du décès de son enfant, débiteur de la dot payable auparavant, et, par suite, refuser de déduire cette dot de la succession du constituant ou justifier l'existence d'un rapport à la charge de l'enfant doté. — Avranches, 30 juill. 1870 ; Largentière, 8 nov. 1870 ; R. P. 3402.

« Attendu, porte le jugement du tribunal d'Avran- « ches, que l'expiration du terme ne saurait jamais « être considérée comme une preuve de libération ; — « attendu que si l'on ne peut même y voir une pré- « somption suffisante de paiement entre débiteur et « créancier ordinaires, on ne peut à plus forte raison « y attacher la moindre importance quand il s'agit « d'une dot constituée par le père de famille à ses en- « fants, dot productive d'intérêts, dont le capital peut « très-bien ne pas avoir été réclamé à l'échéance, soit « parce que le créancier n'en avait nullement besoin, « soit parce que la bonne administration du père de « famille était pour lui un gage qu'il retrouverait cette « valeur dans la succession, soit parce qu'il eût fallu « vendre et convertir en argent des immeubles dans « des conditions désavantageuses, soit enfin parce « qu'il est facile de comprendre qu'un gendre, mû « cela par les sentiments les plus honorables, hésite « toujours à exiger d'un beau-père, surtout en l'action- « nant en justice, le paiement de ce que celui-ci s'est « engagé à fournir. »

8204. Preuve contraire. — Lorsque l'existence d'une omission est établie par l'administration confor- mément à la loi, les parties ne peuvent se soustraire au double droit en niant l'omission ou en formulant des allégations vagues et sans base certaine : il leur faut fournir la preuve contraire. — Seine, 5 déc. 1849 ; J. E. 14877-2. — Pontarlier, 1er mars 1856 ; J. E. 16392. — Cass. 27 mars 1854 ; I. 2015-4. — Chartres, 25 mars 1859 ; R. P. 1146. — Avesnes, 21 févr. 1868 ; R. P. 2663.

Quand des immeubles qui appartenaient à l'auteur de la succession, d'après les titres et les rôles de la contribution foncière, n'ont pas été compris dans la dé- claration, les héritiers ne peuvent se dispenser de payer les droits simple et en sus sur la valeur de ces biens, en alléguant, sans fournir de preuve, que leur auteur les avait aliénés, et que le prix faisait partie des valeurs mobilières déclarées. — Saint-Girons, 21 déc. 1849 ; Rec. Fess. 8132.

Lorsque l'administration réclame les droits de muta- tion par décès sur un immeuble qu'elle prétend dépendre d'une succession, en se fondant sur un acte constatant l'acquisition que le défunt avait faite de cet immeuble, sa demande ne peut être repoussée que par la production d'un titre authentique contenant la preuve que cet immeuble avait cessé de reposer sur la tête du défunt. — Pontarlier, 1er mars 1856 ; Sarlat, 31 déc. 1856 ; J. E. 6392, 16449.

Si l'omission d'une créance est prouvée, l'allégation que cette créance avait été cédée par le défunt ne peut être admise. — Grenoble, 27 déc. 1847 ; J. E. 14460-2.

S'il est établi, par l'acte de liquidation et partage d'une communauté entre époux, que les valeurs mo- bilières dépendant de la succession de la femme sont supérieures à la somme portée dans la déclaration, il y a omission passible du double droit. Les héritiers ne

peuvent se soustraire au paiement de ce double droit, en alléguant que les valeurs proviennent, pour la plus grande partie, d'une autre succession qui leur est échue personnellement, et qu'elles étaient restées entre les mains du mari de la défunte, lequel avait négligé d'en rendre compte. — Bar-sur-Aube, 18 déc. 1839; R. G. 13376.

A l'égard de l'omission d'une créance payable à une époque postérieure au décès, la preuve contraire peut résulter de quittances sous seings privés. — Chalon-sur-Saône, 21 janv. 1860; Cuën. 10268.

8205. *Quel genre de preuves peut être admis.* — Les preuves du droit commun, n'étant pas admises au profit de l'administration, ne peuvent être admises contre elles. On ne peut donc fournir la preuve contraire par la voie testimoniale. — Cass. civ. 19 mars 1862; Cuën. 10529.

8206. Responsabilité des tuteurs et curateurs. — Les tuteurs et curateurs qui ont fait des omissions supportent personnellement le double droit. — Frim. art. 39.

Dans ce cas, l'action en paiement doit donc être dirigée contre le tuteur ou le curateur personnellement, et sur ses biens propres pour le double droit, et sur les biens de ceux qu'il représente pour le droit simple. — D. F. 1er jour complém. an 12; J. E. 1830. — 7 juin 1808; I. 386-34. — Marseille, 22 mai 1840; Contr. 5819.

Art. 2. — Insuffisance.

8207. Définition. — Il y a insuffisance lorsque le bien déclaré est estimé à une valeur inférieure à sa valeur véritable.

8208. Pénalité. — Dans ce cas, il est dû un droit en sus, comme dans le cas d'omission. — Frim. art. 39. — Et ce droit en sus est dû dans tous les cas, soit que l'insuffisance ait été établie par une expertise, soit qu'elle résulte de toute autre preuve légale. — Cass. 22 mess. an 12; J. E. 9800.

8209. *Abandon de l'immeuble aux créanciers.* — L'abandon aux créanciers d'une succession des biens qui la composent, par l'héritier bénéficiaire, ne saurait le soustraire au paiement du double droit pour insuffisance dans sa déclaration. Aucune rétroactivité ne s'attache, en effet, à un pareil acte. — Seine, 20 mars 1844; R. G. 13361.

8210. *Renonciation.* — Mais si l'héritier qui a commis l'insuffisance renonce purement et simplement à la succession, il paraît difficile de soutenir qu'on peut, après sa renonciation, lui réclamer encore le double droit. Il est réputé, en effet, n'avoir jamais été héritier, et la pénalité prononcée par la loi ne peut frapper une personne étrangère à la succession. — V. en sens contraire : Bar-sur-Aube. 18 déc. 1849; Bull. M. D. 317. — Seine, 23 fév. 1842; Cont. 6270.

8211. Preuve de l'insuffisance. — L'insuffisance, *en matière d'immeubles*, est établie par des actes susceptibles de faire connaître le véritable revenu des biens ou par l'expertise. — V. *Expertise.*

En matière de meubles, l'insuffisance ne peut résulter, comme l'omission, que d'actes ou de présomptions graves, précises et concordantes; elle ne peut aucunement être établie d'après les règles du droit commun. — V. n. 8194.

Les mêmes principes sont donc applicables à l'omission et à l'insuffisance, en ce qui concerne la preuve, lorsqu'il s'agit de meubles. Nous nous contenterons donc de rapporter ici quelques décisions spéciales.

8212. *Rapport d'experts.* — Lorsque, dans une déclaration de succession, les meubles ont été évalués à une somme inférieure à celle résultant d'un procès-verbal d'estimation, rédigé en vertu d'un jugement ordonnant la liquidation et le partage de la communauté, les héritiers ne peuvent se dispenser d'acquitter les droits exigibles à raison de la différence, en alléguant qu'ils étaient restés étrangers à la prisée faite par les experts. — Beaune, 10 août 1855; J. E. 16118.

8213. *Inventaire et vente.* — Lorsque les meubles de la succession ont été prisés dans un inventaire, puis vendus, les héritiers ne sont tenus de déclarer que le chiffre de la prisée de l'inventaire, et nullement celui de la vente. On ne pourrait donc les poursuivre pour insuffisance, lors même que le chiffre de la vente serait supérieur à celui de la prisée. — V. n. 8076 suiv.

8214. *Office.* — Cette règle est applicable aux offices transmis. Le droit est dû d'après l'estimation portée en l'inventaire, quel que soit le prix pour lequel l'office a été cédé par les héritiers. — D. F. 13 août 1832; Cont. 2513. — Bordeaux, 20 nov. 1848; J. E. 14630.

8215. *Valeurs industrielles.* — A l'égard des valeurs industrielles, l'insuffisance peut être établie par des actes ou déclarations rapprochés du décès, émanés des parties ou de leurs représentants, spécialement des estimations faites pour la perception d'un droit de timbre. Mais une simple déclaration émanée d'un tiers qui, n'ayant jamais eu aucun droit sur un des objets transmis, n'avait ni titre ni qualité pour en faire l'évaluation, ne fait pas preuve de l'insuffisance de la déclaration. Il appartient aux tribunaux de rechercher si la valeur des meubles a varié entre la date du décès et celle des pièces produites; mais il appartient à la Cour de cassation de vérifier les bases de cette évaluation. En conséquence, doit être cassé le jugement qui, pour déclarer suffisante l'évaluation faite par les parties, se fonde sur des allégations sans précision et sur de simples probabilités dénuées de preuves. — Cass. civ.

10 fév. 1864; 1. 2288-5; Cuën. 10833. — Seine. 13 fév. 1869 ; Versailles, 15 mars 1870; R. P. 2994 , 3112.

Voici l'arrêt du 10 fév. 1864:

« Vu les art. 4, 14, 27 et 39 de la loi du 22 frim. an « 7 ; attendu qu'aux termes de ces articles, le droit « pour la mutation des biens meubles par décès se « règle, à défaut d'inventaire, par la déclaration esti- « mative des parties elles-mêmes ; mais qu'il appartient « à la régie de constater par pièces probantes que la « déclaration des parties a été incomplète ou que l'es- « timation est insuffisante ;

« Attendu que les actions de l'*Illustration*, estimées « à 700 fr. chacune par les représentants de J.-B. « Paulin, le 1er mai 1860, avaient été vendues par eux, « cinq jours auparavant, le 25 avril, à Marc et à Mœn- « del ; — que Lechevalier, liquidateur de la société « l'*Illustration*, a, le 20 juill. 1860, déclaré à l'admi- « nistration de l'enregistrement, pour la perception du « droit de transfert, que la valeur des actions vendues « était de 2,500 fr. ; — que l'administration de l'enre- « gistrement n'ayant pas voulu s'en tenir à cette décla- « ration du vendeur Lechevalier, l'acquéreur Marc a, « par une soumission du 8 août 1860, reconnu que la « réalité la vente a été faite au prix de 4,000 fr. par « action, et consenti à payer le droit sur ce prix ;

« Que, pour corroborer ces documents, la régie in- « voque : 1o l'acte constitutif de la société, qui attribue « à chaque action une valeur de 2,500 fr. ; 2o une dé- « claration de J.-B. Paulin lui-même, qui, le 9 avril « 1858, dix-huit mois avant sa mort, obtempérant aux « prescriptions de la loi du 28 mai 1857, avait estimé « à 4.000 fr. les actions de l'*Illustration* ; 3o un « nouvel acte de société, en date du 11 mai 1860, acte « auquel ont adhéré les représentants de J.-B. Paulin, « et dans lequel une valeur bien plus grande est attri- « buée aux actions ;

« Attendu que de l'ensemble de ces actes l'adminis- « tration de l'enregistrement concluait que les actions « de l'*Illustration* valaient plus de 700 fr., et que la « déclaration des défendeurs est insuffisante ; — que, « pour écarter les documents produits par la régie, le « jugement attaqué se fonde sur ce que ces pièces « n'émanent pas directement des défendeurs ; mais, « étant souscrites par Paulin, leur auteur, ou faites, « conformément aux prescriptions de la loi, soit par le « liquidateur de l'ancienne société de l'*Illustration*, « soit par l'acquéreur des actions, devenu gérant de la « société nouvelle, ces pièces étaient opposables aux « représentants de J.-B. Paulin ;

« Que le jugement attaqué ajoute que les documents « invoqués par l'administration de l'enregistrement « sont ou antérieurs ou postérieurs au décès ; que la « valeur des actions d'un journal est essentiellement « variable ; que la mort du gérant avait nécessairement « causé une certaine dépréciation des actions de l'*Il- « lustration*, et qu'elles ont pu se relever bientôt après « par diverses circonstances ;

« Attendu qu'il appartenait sans doute aux juges de « rechercher si la valeur des actions avait en effet « varié entre la date du décès et celle des pièces « produites, et dans quelle proportion cette valeur

« avait été amoindrie par la mort du gérant, mais qu'il « appartenait aussi à la Cour de cassation de vérifier, « en matière d'enregistrement, les bases de la décision ;

« Et attendu que le tribunal s'en est tenu sur ce « point à des allégations sans précision, à de simples « probabilités, à des affirmations qui ne reposent sur « aucune preuve ;

« Attendu, dès lors, qu'il ne suffisait plus de dire, « pour rejeter les pièces produites, qu'elles ne sont pas « du jour même du décès, et qu'ainsi ces pièces ont été « écartées sans cause légitime ; — casse. »

8216. **Responsabilité des tuteurs et curateurs.** — Comme en matière d'omission, les tuteurs et curateurs sont personnellement responsables du double droit prononcé pour l'insuffisance. — Frim. art. 39. — V. no 8206.

SECT. X. — QUESTIONS DIVERSES.

8217. **Acte en conséquence d'un autre.** — Quoique la déclaration de succession soit obligatoire, on ne l'assimile point aux actes publics, parce qu'elle n'est faite que dans l'intérêt de l'Etat, et non dans celui de la partie : d'où il suit que les héritiers peuvent, lorsqu'ils déclarent les biens qui leur sont échus, énoncer des actes sous seings privés, autres que ceux portant transmission d'immeubles, sans que les receveurs soient, à raison de cette énonciation, autorisés à exiger les droits d'enregistrement. — Sol. 24 pluv. an 12 ; J. E. 1677.

De plus, si, pour établir le revenu des immeubles, les parties communiquent des baux sous seings privés, cette communication n'ayant lieu qu'à titre confidentiel, l'administration ne saurait soutenir qu'elle a eu légalement connaissance des actes produits et exiger les droits. — Sol. 2 juill. 1864 ; R. P. 1934-10.

8218. **Arbres épars ou en bordure.** — Sans nul doute, le revenu de ces arbres doit être soumis à l'impôt, soit qu'on le calcule à part, si ces arbres ont été réservés par le bailleur, soit qu'on le fasse entrer dans la composition du revenu total du terrain sur lequel ils sont plantés. — Cass. 15 juill. 1812 ; Dall. R. 4810.

Parmi ces arbres, il en est, comme ceux des vergers, qui n'ont de valeur que par leurs produits annuels. Les autres, au contraire, comme le chêne, ne donnent chaque année que des produits insignifiants, mais, chaque année, prennent, par leur croissance, une augmentation de valeur.

On obtiendra donc le revenu des arbres épars ou en bordure, en tenant compte de ces deux éléments : les *produits annuels*, tels que les fruits, l'élagage, etc., et la *croissance annuelle*.

V. Hazebrouck, 14 mai 1858 ; R. P. 998. — 9 déc. 1859 ; R. P. 1274. — Cass. req. 24 juill. 1860 ; R. P. 1367. — Hazebrouck, 31 août 1861 ; R. P. 1527. — Cass. civ. 29 juin 1864 ; I 2288-1. — Le Hâvre, 26 déc. 1867 ; R. P. 2729.

« Attendu qu'aux termes de l'art. 4 de la loi du
« 22 frim. an 7 le droit proportionnel d'enregistrement
« pour toute transmission de propriété, d'usufruit ou
« de jouissance des biens immeubles, est assis sur les
« valeurs ; que lorsque la transmission est faite à titre
« onéreux, cette valeur est déterminée, suivant l'arti-
« cle 15 de la même loi, par le prix exprimé, en y
« ajoutant toutes les charges en capital, et que, lors-
« qu'elle est faite à titre gratuit, cette valeur est déter-
« minée par l'évaluation qui sera faite et portée à
« vingt fois le produit des biens ;
« Mais que dans l'un et l'autre cas, par l'emploi de
« l'un des procédés que la loi indique, c'est-à-dire
« soit par l'évaluation du produit des biens, soit par
« l'indication du prix exprimé, c'est la valeur entière
« du bien au jour de la transmission qu'il s'agit de
« rechercher et qui doit être atteinte par l'impôt ;
« Que l'accroissement que reçoivent par le laps de
« temps les arbres forestiers épars sur le sol des pâtu-
« rages ou en bordure sur les terres en labour, est
« évidemment un produit de l'immeuble ; que si ce
« produit ne se perçoit pas par année, il s'accumule
« et se perçoit à des époques plus ou moins éloignées,
« comprenant une certaine période d'années ; que la
« valeur est susceptible d'être appréciée d'après l'état
« des bois au moment où s'opère la mutation, afin
« d'en former un capital composé de vingt fois le pro-
« duit d'une année ;
« Que, s'il en était autrement, une portion et, sui-
« vant les circonstances, une portion considérable
« de la valeur de la propriété transmise à titre gratuit,
« échapperait, faute de l'évaluation de ses produits, à
« la perception du droit proportionnel auquel est as-
« sujettie la transmission des biens immeubles à titre
« gratuit ;
« Qu'il suit de là qu'en jugeant, comme il l'a fait,
« que la croissance annuelle de l'arbre est un produit
« de l'immeuble, produit distinct du sol. occasionnant
« un revenu dont la perception seule diffère des autres
« revenus, en homologuant par suite le rapport des
« experts, en ce que, pour apprécier la valeur des
« immeubles donnés par la dame Sockel, ils avaient
« déterminé la valeur du revenu par la croissance
« annuelle des arbres, et en condamnant par suite les
« enfants Sockel à verser entre les mains du receveur
« de l'enregistrement la somme de 2,973 fr. 36 c.,
« montant du supplément de droit simple en sus exi-
« gible, le tribunal de première instance d'Hazebrouck
« n'a violé aucune loi ; — rejette. » — Arrêt du 29
juin 1864.

8219. *Usufruitier.* — L'usufruitier de l'immeuble
sur lequel existent des arbres de bordure n'est pas
tenu de comprendre dans sa déclaration le produit de
la croissance annuelle des arbres. Ce produit ne doit
figurer que dans la déclaration de l'héritier de la nue
propriété ; car l'usufruitier n'a, en général, aucun droit
sur les arbres de futaie. (C. 591, 592. — C. Angers,
8 mars 1866 ; J. P. 67, 493.) — Sol. 5 fév. 1868 ; R.
P. 2656.

8220. *Terrain affermé.* — Si le terrain sur lequel
existent des arbres épars ou en bordure est affermé,
le bail, à moins de stipulation contraire, ne comprend
pas la valeur de la croissance. — C. Caen, 24 mai
1865. — Cette valeur doit donc être ajoutée au prix du
bail, pour la détermination du revenu imposable.

8221. *Bail.* — Lorsqu'un testateur impose à son
héritier l'obligation de donner à bail à un tiers désigné les immeubles de la succession, à des conditions
déterminées dans le testament, cette disposition ne
donne ouverture à aucun droit de succession, alors
même que l'administration, tout en reconnaissant les
caractères du bail, soutiendrait qu'il constitue pour
partie une libéralité au profit du preneur. — Compiègne. 7 févr. 1872 ; R. P. 3524.

8222. *Bois.* — Si les bois sont *affermés*, le revenu
est donné par les baux existants ; si, sans être affermés, ils sont *aménagés*, le revenu s'obtient en cumu-
lant les produits de toutes les coupes exploitées pendant une révolution d'aménagement, et en divisant le
total obtenu par le nombre des années que comporte
cette révolution. — Sol. 31 juill. 1827 ; I. 1229-2.

Si les bois ne sont ni *affermés*, ni *aménagés*, on
obtient le revenu en divisant le prix de la coupe par
le nombre d'années pendant lesquelles a duré la croissance. — Id. ibid. — Marennes. 25 fév. 1845 ; J. N.
12399. — V. aussi Cass. 24 mai 1843 ; J. E. 13470.

8223. *Arbres réservés.* — A l'égard des arbres réservés lors des exploitations, il faut distinguer. Si cette
réserve n'est que partielle, et si d'ailleurs la coupe
exploitée comprend des arbres anciens provenant
d'une révolution antérieure, il y a compensation dans
le produit moyen, et l'on n'a rien à ajouter, pour cet
objet, au prix de la coupe. Mais si ce prix ne porte
que sur le taillis, on doit y ajouter, par une évaluation
particulière, le produit présumé de la futaie réservée.
— Sol. 31 juill. 1827 ; I. 1229-2.

8224. *Produits accessoires.* — Les recépages, les
éclaircies dans les taillis ou dans les futaies, les arbres
exploités en jardinant. les châblis, et enfin le pâturage
et la glandée, lorsque *le propriétaire en tire un revenu,*
doivent entrer dans la déclaration estimative des parties, soit conjointement avec le prix des coupes, soit
distinctement, selon que les actes, documents ou déclarations relatifs au produit principal des bois, comprennent ou non ces accessoires. — Id. ibid.

8225. *Superficie vendue depuis le décès.* — Quoique
les héritiers aient vendu la superficie d'un bois depuis
le décès de leur auteur et avant la déclaration de succession, le droit doit être liquidé non sur le prix de la
vente, mais sur le produit des biens calculé d'après les
données ci-dessus. — Dél. 11 nov. 1834 ; J. E. 11063.

8226. *Chasse.* — S'il est vrai que l'on ne doit pas,

pour la perception des droits de mutation par décès, tenir compte du droit de chasse, lorsqu'il est exercé par le propriétaire, il en est autrement lorsque ce droit a été cédé par un bail courant et moyennant un prix déterminé. — Cass. civ. 7 avril 1868 :

« Vu les art. 15 et 19 de la loi du 22 frim. au 7;
« — attendu, en fait : 1° que le 4 janv. 1864, jour du
« décès d'Armand d'Hugonneau du Chastenet . sa
« ferme des Hautes-Loges, faisant partie de sa succes-
« sion, était louée par un bail authentique du 15 janv.
« 1855, moyennant le prix annuel de 14,000 fr.; et
« que, par un second bail, également authentique, du
« 19 mars 1863. le droit de chasse sur cette même
« ferme était loué à un autre preneur, moyennant le
« prix de 500 fr.; — 2° que les héritiers n'ayant pas
« compris ce dernier bail dans leur déclaration , la
« régie décerna contre eux une contrainte , mais que,
« sur l'opposition des défendeurs, cette contrainte a
« été annulée par un jugement du tribunal civil de
« Melun, du 20 juillet 1866; — que, pour justifier cette
« annulation , le tribunal et la défense se fondent sur
« ce que , d'une part , le droit de chasse , pris en lui-
« même , est inséparable du gibier qui en forme la
« matière et en est l'unique objet ; que c'est donc là
« qu'il faut chercher le principe même et le caractère
« véritable de ce droit; — d'autre part, que le gibier,
« juridiquement réputé *res nullius*, et appartenant à
« ce titre au premier occupant, ne peut pas être dès
« lors considéré comme un produit effectif, ni comme
« un démembrement réel du sol ; — d'où l'on conclut
« que les avantages procurés par l'exercice du droit
« de chasse ne doivent pas être rangés parmi les reve-
« nus et les produits définis par les articles précités de
« la loi du 22 frim. an 7 , lesquels , ce qui est un de
« leurs traits essentiels et distinctifs, sont toujours rat-
« tachés au sol par un lien quelconque d'origine ou
« d'adhérence matérielle ;

« Mais, attendu que si cela est vrai quand il s'agit
« du droit de chasse exercé par le propriétaire lui-
« même, et que si, à son égard, il peut être dit que la
« régie ne serait pas recevable à lui opposer les avan-
« tages que lui procure cet exercice, en tant que sus-
« ceptibles d'être atteints par le droit proportionnel
« de mutation après décès , il y a lieu toutefois de re-
« connaître qu'il en doit être autrement lorsque,
« comme dans l'espèce, le propriétaire a fait cession
« de son droit par un bail courant et moyennant un
« prix déterminé; — que l'on ne peut, en effet , nier
« dans ce cas , puisque telle est l'affirmation du pro-
« priétaire lui-même, que les produits de la chasse ne
« se rapportent directement aux biens transmis, et de
« plus que le bail n'en ait fixé la quotité d'une manière
« précise et souveraine ; tellement précise et souve-
« raine, qu'il est de principe que les énonciations du
« bail courant sur ce point font la loi absolue des par
« ties, tout aussi bien au regard de la régie qu'au re-
« gard des redevables; — d'où il suit qu'en annulant,
« en cet état du fait, la contrainte dénoncée par la
« régie, le jugement du tribunal de Melun du 20 juil-
« let 1866 a formellement violé les articles de la loi
« du 22 frim. an 7 ci-dessus visés ; — casse. »

8227. Compensation. — Aux termes de l'article 1290 C., la compensation s'accomplit de plein droit, même à l'insu des parties. Ainsi, du moment qu'une perception est faite et qu'elle contient une double erreur, la double erreur donne naissance à la dette de la partie envers l'administration pour insuffisance de perception, et à la dette de l'administration envers la partie pour excédant. D'où la conséquence que ces deux dettes s'éteignent jusqu'à concurrence du montant de la moindre à l'instant même où elles existent. Par application de ce principe, il a été reconnu par l'administration, le 5 nov. 1825 (Cont. 1020), que le double droit n'est pas dû si l'héritier qui omet de déclarer une chose a fait une erreur plus considérable à son préjudice. — R. G. 13367 *bis*.

8228. Déclaration antérieure. — On ne saurait admettre comme base d'évaluation des biens à déclarer celle qui serait contenue dans une autre déclaration faite longtemps avant le décès de celui dont les biens sont à déclarer. — Cass. 13 mars 1812.

8229. Démolition. — Le propriétaire peut être sous le coup d'une cause de démolition indépendante de sa volonté, telle, par exemple, que celle qui dériverait d'une expropriation pour cause d'utilité publique. Dans ce cas, ce ne serait pas un immeuble qu'il transmettrait à ses héritiers; ceux-ci ne recueilleraient dans sa succession que l'indemnité à recevoir par suite de l'expropriation. — Sol. 23 nov. 1809; J. E. 3434.

8230. Emigré. — Les rentes sur l'État, attribuées par la loi du 27 avril 1825 aux émigrés ou à leurs représentants pour les indemniser de la confiscation et de la vente de leurs biens immeubles , doivent être considérées comme choses immobilières, lorsqu'il s'agit de déterminer quel est celui, de l'héritier aux meubles ou de l'héritier aux immeubles de l'émigré , qui doit les recueillir. — Cass. 27 nov. 1855; R. P. 544.

8231. Erreur de perception. — Si , par erreur , une donation éventuelle a été frappée du droit proportionnel lors de l'enregistrement, un nouveau droit proportionnel n'en est pas moins exigible lorsque cette donation se réalise par l'effet du décès.— Cass. 13 avril 1825.
« Attendu que la donation portée au contrat de
« mariage du sieur Devoisins, du 21 juin 1810, était,
« de sa nature , éventuelle et subordonnée à l'événe-
« ment du décès du donateur, ainsi que l'a reconnu le
« jugement attaqué, et qu'ainsi les droits de mutation
« en résultant n'ont été ouverts qu'à l'époque de ce
« décès ;
« Attendu que si, par une erreur commune au pré-
« posé de l'enregistrement et au redevable, ces droits
« ont néanmoins été perçus comme ouverts à l'époque
« du contrat de mariage, cette erreur de droit n'a pu
« profiter à aucune des parties, ni constituer entre
« elles un contrat aléatoire dont rien ne justifie l'exis-
« tence, dans lequel d'ailleurs la régie serait intervenue
« sans pouvoir; ni enfin servir de base à une fin de

« non-recevoir contre la demande des droits ouverts
« postérieurement par le décès du donateur ;

« D'où il suit qu'en écartant, sur le fondement de ce
« prétendu contrat, la contrainte décernée par la ré-
« gie pour le recouvrement de ces droits, sous l'offre
« qu'elle faisait d'imputer, sur le montant desdits
« droits, ce qui avait été mal à propos perçu lors du
« contrat de mariage, le jugement attaqué a violé
« l'art. 59 de la loi du 22 frim. an 7 ; — casse. »

A fortiori, ne pourrait-on repousser la demande du
droit de mutation par décès sous le prétexte que la donation aurait dû être frappée du droit proportionnel, si
réellement c'était d'une donation soumise à l'événement
du décès et non d'une donation entre-vifs qu'il s'agissait. — Tulle, 9 mai 1843 ; J. E. 13292.

8232. Futaie. — Les futaies sont passibles de l'impôt sur leur revenu déterminé par l'évaluation de leur
croissance annuelle. — Cass. 18 juin 1855.

« Attendu qu'aux termes de l'art. 4 de ladite loi, le
« droit de mutation est assis sur les valeurs ; que,
« d'après l'art. 15, nº 7, de la même loi, cette valeur,
« en ce qui concerne les mutations qui s'effectuent
« par décès, est déterminée par l'évaluation qui en sera
« faite à vingt fois le produit des biens ou le
« prix des baux, sans distraction des charges ; — attendu
« que des art. 17, 18 et 19 de la même loi, il résulte
« que, lorsque le revenu, base de l'impôt, n'est pas
« établi par actes qui puissent en faire connaître le
« montant, et que la déclaration faite par les héritiers
« paraît insuffisante à la régie, l'évaluation doit en être
« faite par experts ; — attendu que les futaies, fruits
« naturels de la terre. constituent par leur croissance
« annuelle, qui en augmente la valeur, un véritable
« produit appréciable, et que cet accroissement annuel,
« ce produit, est passible de l'impôt, soit qu'il ait plu
« au propriétaire d'aménager ou non sa forêt, de la
« mettre en coupes réglées pour en percevoir périodique-
« ment les revenus, ou de les laisser s'accumuler pour
« les percevoir plus tard ; — attendu que les règles qui
« déterminent les droits respectifs de l'usufruitier et
« du propriétaire, comme aussi ceux de la communauté
« sur les futaies, ne sont pas applicables à la cause, où
« il s'agit de transmission de propriété et de l'évalua-
« tion de ses produits passibles de l'impôt ; — attendu
« que, dans l'espèce, l'expertise a été régulièrement
« requise par la régie ; qu'elle n'a porté que sur le
« produit des biens ; que la base prise par les experts
« pour déterminer ce produit de la futaie, résultant de
« l'âge moyen des arbres ou de leur croissance annuelle,
« n'est pas contraire à la loi, et que le tribunal, dès
« lors, en rejetant cette expertise, a faussement appli-
« qué et par conséquent violé les articles précités ; —
« casse. »

8233. Immeubles par destination. — Les immeubles
par destination ne sont pas susceptibles d'être déclarés
pour un revenu particulier. Leur annexion même à
l'immeuble auquel ils se trouvent affectés et dont ils
prennent la nature par l'effet du droit d'accession,

démontre qu'ils reçoivent leur destination pour augmenter le revenu de l'immeuble. et non pour produire
un revenu spécial. — Cass. 20 juill. 1812 ; J. E. 4284.
— D. F. 4 mai 1813 ; J. E. 4691. — Dél. 12 août 1828 ;
Cont. 1611.

8234. Licitation. — Lorsque les immeubles d'une
succession ont été vendus sur licitation. avant l'expiration du délai de six mois fixé par la loi pour le paiement des droits de mutation, les héritiers doivent
déclarer, non pas la créance du prix, mais les immeubles
eux-mêmes, quoique les héritiers aient obtenu une
prorogation du délai légal et que la licitation ait eu lieu
dans l'intervalle. Cette prorogation n'a pu avoir pour
effet de changer la nature et la quotité du droit dû par
les héritiers. — Cass. civ. 18 déc. 1839 ; Sir. 40. 1.
26 ; I. 1615-4 ; J. E. 12437 ; J. N. 10373.

8235. Loi applicable. — On ne peut réclamer aux
héritiers le paiement des droits que suivant le tarif en
vigueur au jour de l'ouverture de la succession. —
Cass. 31 mai 1836 ; J. E. 11538.

8236. Condition suspensive. — La condition qui
s'accomplit rétroagissant au jour de la convention, le
droit de succession dû sur un legs fait sous condition
suspensive, par exemple, en matière d'usufruit successif,
doit être liquidé d'après la loi en vigueur à l'époque du
décès du testateur. — Seine, 2 fév. 1842 ; J. N. 14351.
— 9 juin 1851 ; Rec. Fess. 8490. — 6 fév. 1855 ; J. E.
16227. — Contrà : Dél. 19 fév. 1851 ; J. E. 15131.

8237. Mines. — Les héritiers sont tenus de comprendre dans leur déclaration pour la fixation du revenu
des immeubles transmis par décès, non-seulement les
fruits proprement dits, mais encore tous les produits
périodiques que les immeubles peuvent donner et qui
sont de nature à en augmenter la valeur, notamment
les minerais de fer d'alluvion provenant d'une minière
en exploitation au moment de l'ouverture de la succession. — Le tribunal a le droit d'ordonner aux experts
chargés d'évaluer une minière de prendre pour base
de leur calcul la durée probable de l'exploitation. —
Briey, 15 avril 1864 ; R. P. 2005. — Cass. civ. 6 mars
1867.

Cet arrêt est conçu en ces termes :
« Attendu que le droit proportionnel pour toute
« transmission de propriété est assis sur sa valeur ;
« qu'à l'égard des immeubles lorsque la transmission
« s'opère par décès. la valeur est déterminée par l'éva-
« luation faite et portée à 20 fois le produit des biens
« ou le prix des baux courants, sans distraction des
« charges ; que le mot produit, employé par la loi,
« comprend dans sa généralité non-seulement les fruits
« proprement dits, mais encore tous les produits
« périodiques que l'immeuble peut donner, et qui sont
« de nature à augmenter sa valeur, dont aucune partie
« ne peut être affranchie de l'impôt ;

« Attendu que les minerais de fer d'alluvion prove-

« nant d'une minière en exploitation, au moment de
« l'ouverture de la succession, rentrent évidemment
« dans cette catégorie ; — que ces produits sont de
« même nature que ceux des mines et carrières assi-
« milés aux fruits mêmes de l'immeuble par les art.
« 582, 598 et 403 C. Nap. ; — que c'est donc avec rai-
« son que le tribunal civil de Briey les a compris au
« nombre des produits à multiplier par 20 pour
« déterminer la valeur des forêts de Bulte et de
« Bockoltz ; — que les héritiers de Lambertye ne sont
« pas plus fondés à critiquer la disposition du juge-
« ment qui ordonne aux experts, en fixant les produits
« de la minière, de prendre pour base de leur calcul
« la durée probable de l'exploitation ; — que cette
« exploitation étant nécessairement limitée dans sa
« durée, il en résultait un amortissement progressif du
« capital représenté par la minière, amortissement dont
« il était juste de tenir compte pour obtenir le véritable
« produit annuel de l'immeuble ; — que ce tempé-
« rament proposé par la régie, conforme à l'équité,
« non moins qu'à la lettre et à l'esprit de la loi, était
« d'ailleurs favorable aux demandeurs, qui n'ont aucun
« intérêt à s'en plaindre;
« Attendu, en fait, qu'en fixant aux experts un élé-
« ment d'appréciation sur lequel il y avait litige entre
« les parties, le jugement attaqué n'a fait qu'user de
« son droit, et n'a touché en rien à l'estimation pro-
« prement dite, qui appartient souverainement aux
« experts ; — d'où il suit qu'en fixant, comme il l'a
« fait, la mission des experts. le tribunal civil de Briey
« n'a violé aucune loi ; — rejette. »

8238. Non bis in idem. — Lorsque les droits de mutation par décès ont été payés par un héritier ou un
légataire universel sur tous les biens de la succession.
et qu'un héritier ou un second légataire est mis en
possession d'une partie de cette succession, aucun
droit nouveau n'est exigible, si celui payé par le premier déclarant, se trouvant supérieur à celui exigible
de l'héritier ou second légataire, a désintéressé le
Trésor. — Cass. 13 nov. 1814 ; J. E. 5395. — Brives,
15 mai 1835 ; Acq. dél. 19 juill. 1835; J. E. 11253.

8239. Parenté. — L'erreur ou la fraude commise
par les héritiers dans l'indication de leur degré de
parenté avec le défunt ne donne lieu qu'à un supplément de droit ; car aucun texte ne punit cette fausse
déclaration. — Le Puy, 31 août 1871 ; R. P. 3396. —
J. E. 3534.

8240. Propriété apparente. — Un fils ne peut faire
la distraction des biens qu'il prétend appartenir à sa
grand'mère et à sa mère, dans la succession de son
aïeul maternel, lorsqu'il est établi que celles-ci ont
reçu une somme fixe pour leur tenir lieu de quote-part
héréditaire. — Cass. 11 avril 1815 ; J. E. 5159.

8241. Rectification. — Les héritiers peuvent toujours, et sans encourir aucune peine, rectifier leur déclaration avant l'expiration des délais que la loi leur

accordait pour fournir cette déclaration ; mais après
l'expiration de ces délais, aucune rectification ne peut
être admise, même lorsqu'elle est offerte volontairement, sans perception des droits en sus, encourus
conformément aux dispositions pénales de la loi du
22 frim. an 7. — I. 337.

8242. Réduction des legs et donations. — Le receveur ne peut réduire d'office, pour la liquidation des
droits, les legs et donations à la portion disponible.
Mais il peut opérer cette réduction, si les parties y consentent, soit dans un acte, soit dans la déclaration de
succession. Et, une fois le consentement donné, les
parties ne peuvent revenir sur leur première détermination. — Laval, 14 mai 1832. — Dél. 28 déc. 1832;
J. E. 10756. — I. 1437-10.

8243. Rente foncière. — Lors de la *mutation par
décès*, l'immeuble grevé d'une rente foncière doit être
déclaré pour sa valeur entière, sans déduction de la
rente, comme les immeubles hypothéqués sont déclarés
sans déduction des créances hypothécaires. — Cass.
19 prair. an 11; J. E. 9799.

8244. Reprises. — Si les reprises de la femme
absorbent tout l'actif commun, cet actif doit être compris en entier dans la déclaration de sa succession, et
les droits payés d'après la nature des biens. — Epinal,
8 janv. 1850; J. N. 14203.

8245. Réserves. — Pour ne point compromettre les
droits du Trésor, il est essentiel que les receveurs li-
quident et perçoivent le droit de mutation par décès sur
tous les biens énoncés dans la déclaration de l'héritier,
sans égard aux réserves dont ces biens sont l'objet, sauf
à l'héritier à se pourvoir en restitution. s'il y a lieu,
comme le porte l'art. 28 frim. — I. 1875-6.

8246. Société. — La part du *de cujus* dans une
société que sa mort dissout (C. 529) doit être considérée comme *immobilière, si la société comprenait des
immeubles*. — Seine, 14 févr. 1844 :
« Attendu que, suivant jugement de l'audience des
« criées du 25 nov. 1837, la maison de banque établie
« à Cambrai sous la raison Podevin et fils s'est rendue
« acquéreur de la nue propriété d'une maison sise à
« Paris, rue Saint-Benoît ; que, suivant l'acte consti-
« tutif de la société, passé devant Leroy, notaire à
« Cambrai. le 15 juill. 1834, le sieur Podevin père a
« droit aux trois quarts du fonds social et son fils au
« dernier quart ; — attendu que, Podevin fils étant
« décédé, et la déclaration faite après son décès ayant
« compris le quart de la nue propriété ci-dessus, le
« receveur a perçu le droit sur le quart du revenu de
« ladite maison, multiplié par vingt ;—attendu que les
« héritiers Podevin demandent la restitution du droit
« liquidé sur le pied du revenu par deux moyens : le
« premier résultant de ce que l'immeuble dépendrait
« d'une société en état de faillite, le second résultant

« de la folle enchère poursuivie sur l'adjudication ; —
« attendu, sur le premier moyen, qu'aux termes de
« l'acte constitutif, la société a été dissoute par le
« décès de Podevin fils; qu'en conséquence les droits
« indivis de propriété dans la maison dont il s'agit
« faisaient partie de la succession jusqu'au partage;
« que la liquidation de la société ne pourrait avoir
« d'effet sur les droits de mutation qu'autant qu'elle
« aurait précédé la déclaration; mais qu'il n'est pas
« même allégué dans l'espèce qu'il ait été précédé à la
« liquidation de la société. »

8247. *Société non dissoute par le décès.* — Quand
une société a été formée entre plusieurs personnes
pour l'exploitation d'une forêt, dont elles sont copropriétaires dans des proportions déterminées, et qu'il a
été stipulé qu'au décès de l'une d'elles la société continuerait de subsister entre les héritiers de la personne
décédée et les autres sociétaires, la transmission d'intérêt qui s'opère à la mort de cet associé, au profit de
ses héritiers, est de nature purement mobilière,
attendu que, d'après l'art. 529, ces intérêts ont le caractère de meubles par la détermination de la loi, tant
que dure l'association; peu importe que la société ait
été créée ou non par action.—Cass. req. 14 août 1833;
Sir. 33. 1. 780; I. 1446-6; J. E. 10707.

8248. *Continuation de fait.* — Si la société, bien
que dissoute *de droit* après la mort de l'associé, continue
cependant *de fait*, la part du défunt n'en doit pas
moins être considérée comme immobilière. — Sol.
2 juin 1837 ; I. 1562-20.
« Aux termes de l'art. 529 du Code civil, les actions
« ou intérêts dans les compagnies de commerce ou
« d'industrie, même lorsque des immeubles appartien-
« nent à ces compagnies, sont réputés meubles à
« l'égard de chaque associé, *tant que dure la société*.
« Suivant l'art. 1865, la société finit *par la mort natu-*
« *relle de quelqu'un des associés*, à moins que, confor-
« mément à l'art. 1868, il n'ait été stipulé qu'elle
« continuerait en cas de mort de l'un des associés.
« Dans l'espèce, cette stipulation n'a point été insérée
« dans l'acte constitutif de la société ; l'association
« créée par l'acte du 16 nov. 1822 a donc été dissoute
« de droit par le décès du sieur Lemarchand père.
« arrivé en 1828, et en même temps a cessé la fiction
« de l'art. 529 du Code civil, d'après laquelle l'intérêt
« de chaque associé était censé meuble.
« On objecte que la société a continué *de fait*. Mais
« d'abord cette continuation n'a point été constatée
« suivant le mode prescrit par l'art. 46 du Code de
« commerce ; ensuite ce serait une société nouvelle, et
« non la continuation de l'ancienne, qui pourrait avoir
« lieu, puisqu'elle ne saurait être contractée entre les
« mêmes personnes. — Quant à l'arrêt du 14 août
« 1833, il s'agissait, dans l'espèce, d'une société qui,
« en cas de mort de l'un des associés, devait néan-
« moins durer jusqu'au terme fixé. La fiction admise
« par l'art. 529 du Code civil, *tant que dure la société*,
« avait donc subsisté après le décès de l'associé ; tan-
« dis que, dans l'espèce actuelle, le décès du sieur
« Lemarchand a dissous la société et fait évanouir la
« fiction légale. »

8249. *Communauté conjugale.* — La femme commune en biens avec son mari n'est point pour cela
partie contractante et nécessaire dans les actes de
société passés par celui-ci. La mort de la femme ne
rompt point l'association, comme cela aurait lieu
d'après l'art. 1685 C., si elle était sociétaire. La communauté conjugale, quoiqu'elle soit aussi une association, n'a que l'effet prévu par l'art. 1681, qui est de
faire participer la femme aux droits que le mari exerce
dans la société de commerce, mais sans l'y introduire
elle-même. Ainsi, elle n'est pas propriétaire des immeubles acquis par la société, et n'a droit qu'aux
bénéfices pour la portion qui résulte de l'association
distincte qu'elle a contractée avec son mari. — Sol.
19 mai 1824 ; I. 1146-10.

8250. *Usine.* — Les mécaniques, machines et
ustensiles placés pour l'exploitation d'une filature, sont
immeubles par destination, et doivent supporter le
même droit de mutation par décès que les immeubles
réels dont ils font partie. — Reims, 16 déc. 1829; J. E.
9543.

8251. *Usufruit.* — Lorsque, par testament, une
femme lègue à son mari l'usufruit de ses biens, *avec faculté d'aliéner à son profit des immeubles de la succession*.
il y a legs de la propriété même, et le mari doit payer les
droits sur la valeur entière des biens, les héritiers n'é-
tant investis d'aucun droit et dispensés, par conséquent,
de tout impôt. — Foix, 27 mai 1861 ; R. P. 1497.

8252. *Usufruit successif.* — En matière d'usufruits successifs, le droit est dû sur la valeur qu'a
l'objet légué. non pas au jour du décès du testateur, mais
à l'époque de la réalisation respective de chaque transmission. — Seine, 6 fév. 1855. — Cass. civ. 4 janv.
1871; J. E. 18987.
« Attendu, porte le jugement du tribunal de la Seine,
« que, si la loi fiscale sous laquelle s'ouvrent les suc-
« cessions est nécessairement la seule qui puisse régir
« la mutation des biens qui s'opère par suite du décès ou
« de la volonté du défunt, et que, si elle seule est appli-
« cable au second usufruit, qui ne doit commencer qu'au
« décès du premier usufruit institué, tout aussi bien
« qu'au premier usufruit par la raison que. dans l'un
« comme dans l'autre cas. la mutation s'opère du
« défunt à l'usufruitier, il n'en résulte pas pour cela
« que la valeur de l'usufruit à l'époque du décès doive
« également pour l'un et pour l'autre servir de base et
« d'assiette des droits; que. le second usufruit ne
« devant s'ouvrir qu'à une époque donnée, celle du
« décès du premier usufruitier est par cela même su-
« bordonné à une double condition : celle de l'exis-
« tence du second usufruitier à cette époque. et celle
« de l'existence de la chose elle-même ; que c'est donc

« cette chose telle qu'elle existe à ladite époque, si
« elle existe, accrue ou diminuée, qui lui a été trans-
« mise par le défunt ; qu'il s'ensuit que c'est sa valeur
« au jour du décès du premier usufruitier qui doit
« servir de base à l'assiette des droits proportionnels
« de mutation ; que cette appréciation n'est pas moins
« conforme aux principes du droit qu'aux lois de la
« raison et de l'équité ; qu'on ne saurait prétendre que
« l'ouverture du second usufruit a un effet rétroactif
« qui le reporte au jour du décès du testateur, et que,
« par suite, c'est la valeur de la chose à cette époque
« qui doit servir de base ; que cette prétention serait
« contraire à la nature même des faits, puisque le
« testateur a transmis le second usufruit pour s'ouvrir,
« non pas à son décès, mais au décès du premier usu-
« fruitier ; qu'on ne saurait donc accorder à ce second
« usufruit un effet rétroactif quelconque au delà de ce
« point de départ fixé par la loi ; qu'autrement la
« première conséquence de cette éventualité serait de
« donner au second usufruitier le droit de répéter les
« fruits perçus par le premier ; qu'ainsi c'est avec
« raison que, lors de la déclaration faite par le marquis
« de Villedeuil, second usufruitier, le 9 juill. 1851, les
« droits de mutation ont été perçus en prenant pour
« base la valeur de l'usufruit à l'époque du 13 janv.
« 1851, date du décès de Delaforest de Divonne, pre-
« mier usufruitier, et à tort qu'on prétend aujourd'hui
« que les droits devaient être assis sur la valeur des
« biens au jour du décès du testateur ;
« Par ces motifs, etc. »

8253. Valeur vénale. — Les parties doivent fournir,
pour la perception des droits, l'évaluation du *revenu*
des biens donnés, et non pas une simple estimation en
capital de ces mêmes biens. — Cass. civ. 19 déc. 1809 ;
J. E. 3487. — Dél. 19 nov. 1812, 28 juill. 1815 ; J. E.
5155, 5244. — 20 mars 1827 ; Cont. 1307. — Sarlat,
19 juin 1848 ; J. E. 14713.

8254. Viabilité. — Si l'administration prouve qu'un
enfant est né plus de cent quatre-vingts jours après sa
conception, cela même que cet enfant a
pu succéder et transmettre, et dès lors qu'un droit de
mutation est dû, par suite de son décès, alors même
que cet enfant n'aurait vécu que quelques heures. —
Dél. 7 janv. 1831.

À l'inverse, un droit de mutation par décès n'est pas
exigible par suite du décès d'un enfant posthume, né
avant le cent quatre-vingtième jour de la conception et
mort peu d'instants après sa naissance, attendu que
l'enfant né avant le cent quatre-vingtième jour de la
conception n'étant pas présumé légalement viable,
est incapable de succéder, et par conséquent de transmettre. — Dél. 24 nov. 1829.

SUPERFICIE. — V. *Contrat de superficie.*

8255. SUPPLÉMENT DE DROIT.—Somme

réclamée par l'Administration en cas de perception
insuffisante. — V: *Marché, Notaire.*

8256. Loi applicable. — Le supplément qui peut
être dû pour insuffisance de perception doit être réglé
par les lois en vigueur à cette date, lors même que,
dans l'intervalle de l'enregistrement de l'acte ou de la
déclaration, au paiement du supplément, la quotité
des droits aurait été ou augmentée ou diminuée. —
Sol. 2 germ. an 10 ; J. E. 1274.

8257. Paiement des suppléments de droit. — Toute
action en paiement d'un supplément de droits doit être
dirigée contre les parties, et non contre les officiers rédacteurs des actes. — D. F. 7 juin 1808 ; I. 386-28.

8258. Acte sous seings privés. — Lorsque l'administration ne peut représenter un acte sous seings
privés, les héritiers des parties peuvent se refuser au
paiement du supplément de droit qu'elle leur réclame,
au vu de l'enregistrement de l'acte, en déclarant qu'ils
ne connaissent pas l'acte, et en niant que leur auteur
y ait concouru et l'ait signé. — Narbonne, 18 nov.
1844 ; J. E. 13642-2.

8259. Remise d'amende. — L'huissier qui a obtenu
une remise d'amendes encourues pour contravention à
l'art. 42 frim., *sous la condition de payer les droits d'enregistrement et de timbre des actes énoncés*, et qui a satisfait à cette condition, est tenu au paiement des
suppléments de droits qui pourraient être reconnus
exigibles par suite d'une fausse liquidation au moment
de l'enregistrement des actes. — Seine, 14 janv. 1812 ;
J. E. 15458.

8260. Testament avec substitution. — Le tuteur à
la substitution qui fait enregistrer le testament est tenu
d'avancer le droit de transcription ; mais si ce droit
n'a pas été perçu, on ne peut le lui réclamer ultérieurement. — Caen, 31 janv. 1868 ; R. P. 2954.

8261. Acte annulé. — Le droit qui n'a pas été perçu
au moment de l'enregistrement d'un jugement, ne peut
plus être réclamé alors que le jugement a été annulé
sur appel, car de ce que le droit n'eût pas été restituable s'il eût été perçu, on ne peut conclure qu'il
reste exigible après l'annulation du jugement qui l'a-
vait fait naître. — Dél. 7 déc. 1832 ; J. E. 10501.

SURCHARGE. — V. *Notaire.*

8262. SURSIS. — Délai accordé pour l'exécution
d'une obligation.

8263. Jugement. — Le jugement de *juge de paix* par

lequel il est *sursis* à prononcer jusqu'après décision au fond par les tribunaux compétents est passible du droit de 3 fr. — Sol. 12 déc. 1830; J. E. 9850.

Le consentement donné dans un jugement à ce qu'il soit *sursis* à son exécution n'opère pas de droit particulier. — Sol. 8 mai 1830; J. E. 9638.

SUSCRIPTION. — V. *Acte de suscription*.

8264. SYNAGOGUE. — On nomme ainsi les lieux où s'assemblent les Israélites pour l'exercice public de leur religion, et la réunion des personnes chargées d'administrer les biens et revenus de l'établissement. — V. *Etablissement public*.

8265. Places dans les synagogues. — L'aliénation des places dans les synagogues, lorsqu'elle constitue une propriété transmissible, est soumise au droit de mutation immobilière. — Sol. 13 déc. 1830; J. E. 9863.

L'acte par lequel une communauté israélite fait entre ses membres la distribution des places dans une synagogue, moyennant des prix déterminés, sans aliénation de la propriété, doit être considéré comme un partage dont les soultes sont purement mobilières. — Strasbourg, 12 mai 1834; Cass. 8 mars 1836; J. E. 11459.

8266. SYNDIC. — Celui qui est chargé des affaires d'une communauté d'individus. συν δίκη. — V. *Faillite*.

T

TABLE. — V. *Etat civil.*

8267. TACITE RECONDUCTION. — Nouveau bail, *à titre verbal*, qu'on présume être tacitement intervenu entre les parties, lorsqu'après l'expiration d'un précédent bail le preneur a continué de jouir de la chose, et que le bailleur l'a laissé en possession. — V. *Bail, Location verbale.*

8268. TAILLE. — Petit morceau de bois fendu en deux parties, sur lesquelles on marque, par une incision corrélative, les fournitures qu'un marchand fait journellement à un particulier.

La partie qui reste entre les mains du fournisseur est appelée *taille;* celle qui est remise au consommateur, *échantillon.*

Les tailles corrélatives à leurs échantillons font foi entre les personnes qui sont dans l'usage de constater ainsi les fournitures qu'elles font ou reçoivent en détail. — C. 1333.

8269. TAXE. — Fixation, par un juge, des salaires, émoluments et déboursés dus à un officier public, à un expert, etc.

8270. Tarif. — La taxe de frais faite par le juge, conformément à l'art. 701 C. P., en matière de vente sur saisie immobilière, ne peut être assimilée à un exécutoire : car elle peut être contestée sans qu'il soit besoin de se pourvoir par opposition ou par toute autre voie; en un mot, elle ne forme pas un titre judiciaire obligatoire; elle n'est, à vrai dire, qu'une simple formalité, une mesure générale prescrite dans un intérêt d'ordre et destinée à garantir l'application régulière du tarif. Dans ce cas, elle ne doit donc supporter que le droit fixe de 1. 50, et non le droit proportionnel de condamnation. — Sol. 14 sept. 1857; Cuën. 9924. — D. J. 25 juill. 1859; I. 2158.—V. *Exécutoire.*

8271. Acte en conséquence d'un autre. — D'après l'art. 130 C. proc. civ., tout jugement doit porter la condamnation aux dépens contre la partie qui succombe.

Quand les dépens n'ont pas été liquidés dans le jugement qui les adjuge, la taxe qui est faite ultérieurement par le juge paraît former un titre distinct du jugement, ayant sa valeur et ses effets propres.

Cet acte, qui, suivant les cas, reste en dépôt au greffe, ou bien est remis à la partie ou à l'avoué, ne semble pas être assujetti à l'enregistrement dans un délai de rigueur ni à l'inscription sur le répertoire; seulement il doit être enregistré avant qu'il en soit fait usage, et aucun acte ne peut être fait en conséquence avant l'accomplissement de cette formalité, d'après les dispositions de l'art. 41 de la loi du 22 frim. an 7.

Quand, au contraire, les dépens ont été liquidés dans le jugement, la taxe faite par le juge, au vu des pièces, n'est qu'un document d'ordre intérieur ayant pour objet de faciliter la régularisation complète du jugement ; elle n'est pas destinée à servir de titre à la partie, qui trouve ce titre dans le jugement même, avec lequel la taxe se confond, et par ce motif elle n'est pas susceptible d'enregistrement.

Il doit en être de même dans le cas d'adjudication d'immeubles devant les tribunaux civils, lorsque le montant de la taxe n'est pas porté à la connaissance du public par des actes préliminaires au jugement d'adjudication et mentionnés dans le jugement.

Il semble, en effet, que dans ce cas, comme dans celui de jugements ordinaires qui contiennent la liquidation des dépens, la taxe des frais faits par le juge au moment de l'adjudication a le caractère d'un document d'ordre intérieur exempt de l'enregistrement.

Mais il en serait autrement si l'acte dont il s'agit était énoncé dans des actes préliminaires au jugement d'adjudication, tels que cahiers des charges, procès-verbaux de dires et autres actes rédigés par des avoués, conformément aux dispositions du Code de procédure civile, et pour la rédaction desquels le tarif leur alloue des honoraires. Les avoués, dans ce cas, contreviendraient à l'art. 41 de la loi du 22 frim. an 7, s'ils faisaient mention de la taxe des frais à acquitter par l'adjudicataire, sans avoir fait préalablement enregistrer ces actes. En effet, la Cour de cassation, par arrêt du 7 nov. 1853, rapporté dans l'instruction n. 1999, § 1, a décidé qu'il ne peut être fait mention de cette taxe dans un acte de notaire, sans qu'elle ait été soumise à l'enregistrement ; et, comme les dispositions des articles 41 et 42 de la loi du 22 frim. an 7 ont été étendues aux actes des avoués par la loi du 16 juin 1824, il s'ensuit que l'arrêt précité est applicable à ces officiers ministériels. — Mêm. autor.—V. *Acte en conséquence d'un autre.*

TÉLÉGRAPHE. — V. *Acte en cours d'instance.*

8272. TÉMOIN. — Celui qui atteste la vérité d'un fait dont il a la connaissance personnelle.

On appelle *témoins instrumentaires* ceux qui, par leur intervention et leur signature, assurent et confirment la vérité et la foi des actes. — V. *Notaire*.

8273. TERME. — Espace de temps fixé pour l'exécution d'une obligation. — V. *Novation, Obligation, Prorogation de délai*.

TESTAMENT.

Ch. I. — Questions civiles, 8274.

Ch. II. — Questions fiscales, 8302.

Ch. I. — Questions civiles.

8274. Définition. — Le testament est un acte révocable par lequel une personne dispose, pour le temps où elle n'existera plus, de tout ou partie de ses biens. — C. 895. — V. *Donation, Legs, Succession*.

8275. Capacité de tester. — Celui qui n'est pas sain d'esprit n'est pas capable de tester. — C. 901.
Le mineur parvenu à l'âge de seize ans peut disposer par testament, mais *jusqu'à concurrence seulement de la moitié des biens dont la loi permet au majeur de disposer*. — C. 904.
La femme mariée peut tester sans le consentement de son mari ou sans autorisation par justice. — C. 905.

8276. Capacité de recevoir. — Le mineur devenu majeur ne peut tester au profit de son ancien tuteur que lorsque le compte de tutelle a été préalablement rendu et apuré. — C. 907.
Les médecins, chirurgiens, officiers de santé et pharmaciens qui ont traité une personne *pendant la maladie dont elle est morte*, ne peuvent profiter des dispositions testamentaires faites en leur faveur pendant le cours de cette maladie. — C. 909.
Il en est de même au sujet des ministres du culte qui ont administré les secours spirituels pendant la même maladie. — C. 909.

8277. *Personne interposée*. — Toutes les fois qu'une libéralité ne s'adresse à une personne capable que pour être remise par celle-ci à la personne incapable, la disposition ainsi déguisée ou faite à la personne interposée est nulle, du moment que la simulation ou l'interposition ont été prouvées ; il en serait de même s'il était établi qu'une libéralité a été procurée à la personne incapable par toute autre voie indirecte, quelle qu'elle fût. Il est même un cas où l'interposition de personnes est présumée de plein droit, en sorte qu'elle n'a pas besoin d'être prouvée, et qu'on ne peut pas même prouver qu'elle n'existe pas : c'est quand le légataire se trouve être le père, la mère, le conjoint ou le descendant d'une personne incapable et actuellement vivante. — C. 911.

8278. Forme. — Toute personne peut disposer par testament, soit sous le titre d'institution d'héritier, soit sous le titre de legs, soit sous toute autre dénomination propre à manifester sa volonté. — C. 967.
Il n'y a donc point de termes sacramentels pour les testaments. Ils sont valables dès que la volonté du testateur résulte des termes de la disposition et de leur combinaison. — Coin-Delisle sur l'art. 967, n. 3.

8279. *Deux personnes testant par le même acte*. — Un testament ne peut être fait dans le même acte par deux ou plusieurs personnes, soit au profit d'un tiers, soit à titre de disposition réciproque et mutuelle. — C. 968.

8280. *Testament verbal*. — On ne peut tester que par écrit ; si le code ne le dit pas expressément, cela résulte de l'ensemble des textes. — Coin-Delisle, sur l'art. 969. — Merlin, *eod. v°*, sect. 2, § 1, art. 2, n. 1. — Duranton, t. 9, n. 11.

8281. Diverses espèces. — On distingue trois espèces de testaments : le testament *olographe*, le testament *public*, et le testament *mystique*.

8282. Testament olographe. — Le testament *olographe* n'est point valable s'il n'est *écrit* en entier, *daté* et *signé* de la main du testateur ; il n'est assujetti à aucune autre forme. — C. 970.

8283. *Formalités postérieures au décès*. — Tout testament olographe est, avant d'être mis à exécution, présenté au président du tribunal de première instance de l'arrondissement dans lequel la succession est ouverte. Ce testament est ouvert s'il est cacheté. Le président dresse procès-verbal de la présentation, de l'ouverture et de l'état du testament, dont il ordonne le dépôt entre les mains du notaire par lui commis. — C. 1007.

8284. Testament public. — Le testament par acte public est celui qui est reçu par deux notaires en présence de deux témoins, ou par un notaire en présence de quatre témoins. — C. 971.

8285. *Dictée et lecture*. — Si le testament est reçu par deux notaires, il leur est dicté par le testateur, et il doit être écrit par l'un de ces notaires *tel qu'il est dicté*. Si l'il n'y a qu'un notaire, il doit également être dicté par le testateur, et écrit par ce notaire. Dans l'un et l'autre cas, il doit en être donné lecture au testateur en présence des témoins. Il est fait du tout mention expresse. — C. 972.

8286. *Signature*. — Le testament *par acte public* doit

être signé par le testateur; s'il déclare qu'il ne sait ou ne peut signer, il est fait dans l'acte mention expresse de sa déclaration. ainsi que de la cause qui l'empêche de signer. — C. 973.

Il doit également être signé par les témoins; et néanmoins, dans les campagnes, il suffira qu'un des deux témoins signe, si le testament est reçu par deux notaires, et que deux des quatre témoins signent, s'il est reçu par un notaire. — C. 974.

8287. *Témoins.* — Ne peuvent être pris pour témoins du testament par acte public, ni les légataires, à quelque titre qu'ils soient, ni leurs parents ou alliés jusqu'au quatrième degré inclusivement, ni les clercs des notaires par lesquels les actes seront reçus. — C. 975.

8288. Testament mystique. — Lorsque le testateur voudra faire un testament mystique ou secret, il sera tenu de *signer ces dispositions*, soit qu'il les ait écrites lui-même, ou qu'il les ait fait écrire par un autre. Sera le papier qui contiendra ses dispositions ou le papier qui servira d'enveloppe, s'il y en a une, clos et scellé. Le testateur le présentera ainsi clos et scellé au notaire et à six témoins au moins, ou il le fera clore et sceller en leur présence; et il déclarera que le contenu de ce papier est son testament, écrit et signé de lui, ou écrit par un autre et signé de lui; le notaire en dressera l'*acte de suscription*, qui sera écrit sur ce papier ou sur la feuille qui servira d'enveloppe; cet acte sera signé tant par le testateur que par le notaire, ensemble par les témoins. Tout ce que dessus sera fait de suite et sans divertir à d'autres actes; et en cas que le testateur, par un empêchement survenu depuis la signature du testament, ne puisse signer l'acte de suscription, il sera fait mention de la déclaration qu'il en aura faite, sans qu'il soit besoin. en ce cas, d'augmenter le nombre des témoins. — C. 976. — V. *Acte de suscription.*

8289. *Testateur illettré.* — Si le testateur ne sait signer, ou s'il n'a pu le faire lorsqu'il a fait écrire ses dispositions, il sera appelé à l'acte de suscription un témoin, outre le nombre porté par l'article précédent, lequel signera l'acte avec les autres témoins; et il y sera fait mention de la cause pour laquelle ce témoin aura été appelé. — C. 977.

8290. *Testateur ne pouvant parler.* — En cas que le testateur *ne puisse parler*, mais qu'il puisse écrire, il pourra faire un testament mystique, à la charge que le testament sera entièrement écrit, daté et signé de sa main; qu'il le présentera aux notaires et aux témoins, et qu'au haut de l'acte de suscription il écrira en leur présence que le papier qu'il présente est son testament; après quoi le notaire écrira l'acte de suscription, dans lequel il sera fait mention que le testateur a écrit ces mots en présence du notaire et des témoins; et sera au surplus observé tout ce qui est prescrit par l'art. 976. — C. 979.

8291. Militaires. — Les *testaments des militaires* et des individus employés dans les armées peuvent. en quelque pays que ce soit, être reçus par un chef de bataillon ou d'escadron, ou par tout autre officier d'un grade supérieur, en présence de deux témoins, ou par deux commissaires des guerres, ou par un de ces commissaires en présence de deux témoins. — C. 981.

Ils peuvent encore. si le testateur est malade ou blessé, être reçus par l'officier de santé en chef, assisté du commandant militaire chargé de la police de l'hospice. — C. 982.

Les dispositions de ces deux articles ne s'appliquent point aux militaires qui sont en quartier ou en garnison dans l'intérieur, à moins qu'ils ne se trouvent dans *une place assiégée* ou dans une *citadelle* et autres lieux dont les portes soient fermées et les communications interrompues *à cause de la guerre*, et dans tous les cas le testament ainsi fait sera nul six mois après que le testateur sera revenu dans un lieu où il aura la liberté d'employer les formes ordinaires.—C. 983,984.

8292. Maladies épidémiques. — Les testaments faits dans un lieu avec lequel toute communication sera interceptée *à cause de la peste*, ou autre maladie contagieuse, pourront être faits devant le juge de paix, ou devant l'un des officiers municipaux de la commune, en présence de deux témoins. — C. 985. — Ils sont également nuls six mois après que les communications ont été rétablies dans le lieu où le testateur se trouve, ou six mois après qu'il a passé dans un lieu où elles ne sont point interrompues. — C. 987.

8293. Sur mer. — Les *testaments faits sur mer*, dans le cours d'un voyage, peuvent être reçus, savoir: *à bord des vaisseaux et autres bâtiments de l'État*, par l'officier commandant le bâtiment, ou, à son défaut, par celui qui le supplée dans l'ordre du service, l'un ou l'autre conjointement avec l'officier d'administration ou avec celui qui en remplit les fonctions; et *à bord des bâtiments de commerce*, par l'écrivain du navire ou celui qui en fait les fonctions, l'un ou l'autre conjointement avec le capitaine, le maître ou le patron, ou, à leur défaut, par ceux qui les remplacent. Dans tous les cas, ces testaments doivent être reçus en présence de deux témoins. — C. 988.

Sur les bâtiments de l'État, le testament du capitaine ou celui de l'officier d'administration, et sur les bâtiments de commerce, celui du capitaine, du maître ou patron, ou celui de l'écrivain, peuvent être reçus par ceux qui viennent après eux dans l'ordre du service, en se conformant pour le surplus aux dispositions de l'article précédent. — C. 989.

Dans tous les cas, il sera fait un *double original* des testaments mentionnés aux deux articles précédents. — C. 990.

Si le bâtiment aborde dans un port étranger, ceux qui l'auront reçu sont tenus de déposer l'un des originaux, clos et cacheté, entre les mains du commissaire des relations commerciales de France, qui le fait parvenir au ministre de la marine, pour en faire le

dépôt au greffe de la justice de paix du lieu du domicile du testateur. — C. 991.

8294. *Retour en France.* — Au retour du bâtiment en France, les deux originaux du testament, ou l'original qui reste, sont remis au bureau du préposé de l'inscription maritime, qui les fait passer sans délai au ministre de la marine. — C. 992. — Il est fait mention sur le rôle du bâtiment, à la marge du nom du testateur, de la remise qui a été faite des originaux du testament. — C. 993.

8295. *Relâche.* — Le testament n'est point réputé fait en mer, quoiqu'il l'ait été dans le cours du voyage, si, au temps où il a été fait, le navire avait abordé une terre soit étrangère, soit de la domination française, où il y avait un officier public français, auquel cas il n'est valable qu'autant qu'il a été dressé suivant les formes prescrites en France , ou, suivant celles usitées dans les pays où il a été fait. — C. 994.

8296. *Passagers.* — Les dispositions *ci-dessus* sont communes aux testaments faits par les simples passagers qui ne font point partie de l'équipage. — C. 995.

8297. *Nullité.* — Le testament fait sur mer, en la forme prescrite par l'art. 988, n'est valable qu'autant que le testateur meurt en mer, ou dans les trois mois après qu'il est descendu à terre, et dans un lieu où il a pu le refaire dans les formes ordinaires. — C. 996.

8298. *Incapacité.* — Le testament fait sur mer ne peut contenir aucune disposition au profit des officiers du vaisseau, s'ils ne sont parents du testateur. — C. 9J7.

8299. *Signature.* — Les testaments compris dans les articles ci-dessus sont signés par les testateurs et par ceux qui les ont reçus. Si le testateur déclare qu'il ne sait ou ne peut signer, il est fait mention de sa déclaration, ainsi que la cause qui l'empêche de signer. Dans les cas où la présence de deux témoins est requise, le testament est signé au moins par l'un d'eux, et il est fait mention de la cause pour laquelle l'autre n'a pas signé. — C. 998.

8300. *En pays étranger.* — Un Français qui se trouve en pays étranger peut faire ses dispositions testamentaires par acte sous signatures privées, ainsi qu'il est prescrit par l'art. 970. — C 999. Mais le testament ne peut être exécuté sur les biens situés en France *qu'après avoir été enregistré au bureau du domicile du testateur,* s'il en a conservé un, sinon au bureau de son dernier domicile connu en France ; et, dans le cas où le testament contiendrait des dispositions d'immeubles qui y seraient situés, il doit en outre être enregistré au bureau de la situation de ces immeubles, *sans qu'il puisse être exigé un double droit.* — C. 1000.

8301. **Révocation et caducité.** — Les testaments ne peuvent être *révoqués*, en tout ou en partie, que par un testament postérieur, ou par un acte devant notaires, portant déclaration du changement de volonté. — C. 1035.

Les testaments postérieurs qui ne révoquent pas d'une manière expresse les précédents n'annulent dans ceux-ci que celles des dispositions y contenues qui se trouvent incompatibles avec les nouvelles, ou qui sont contraires. — C. 1036.

La révocation faite dans un testament postérieur *a tout son effet, quoique ce nouvel acte reste sans exécution* par l'incapacité de l'héritier institué ou du légataire, ou par leur refus de recueillir. — C. 1037.

Toute aliénation, celle même par vente avec faculté de rachat ou par échange, que fera le testateur de tout ou de partie de la chose léguée, emporte la révocation du legs pour tout ce qui a été aliéné, encore que l'aliénation postérieure soit nulle, et que l'objet soit rentré dans la main du testateur. — C. 1038.

Les testaments peuvent, comme les donations, être révoqués pour cause d'*inexécution de conditions*, pour cause d'ingratitude, et pour cause de survenance d'enfants. — C. 1046, 1047.

Ch. II. — Questions fiscales.

8302. **Confusion.** — Si un mari se reconnaît, par testament, débiteur envers sa femme, et que celle-ci meure avant le testateur, les enfants communs deviennent créanciers de leur père ; mais le père étant à son tour décédé, les enfants se trouvent débiteurs de leur propre créance. Dans cet état de choses, le testament ayant été présenté à la formalité, on a perçu le droit d'obligation, à raison de la reconnaissance de dette qu'il contenait ; l'administration en a ordonné la restitution par le motif que la confusion s'étant opérée en la personne des enfants, *créanciers* par le décès de leur mère, et *débiteurs* par celui de leur père, il n'y avait plus ni créance ni dette. — Dél. 10 juill. 1824 ; J. E. 7817.

8303. **Consentement à l'exécution d'un testament.** — Si le consentement des héritiers à l'exécution d'un testament est donné moyennant une somme en outre de celle dont le légataire était tenu, il y a cession jusqu'à concurrence de l'excédant, et le droit proportionnel est exigible. — Sol. 24 flor. an 13 ; J. E. 2011.

Si le contrat de mariage de deux époux porte que la communauté appartiendra au survivant et que , nonobstant cette disposition, le mari dispose de la nue propriété de la moitié de la communauté, le droit de donation est exigible sur le consentement que donne à l'exécution de ce testament la femme postérieurement au décès de son mari, puisque toute la communauté lui appartenait en vertu de son contrat de mariage. — Pithiviers, 6 févr. 1840 ; J. E. 12511-1.

8304. **Dation en paiement.** — Lorsque, après avoir

reconnu être débiteur de l'un de ses enfants d'une somme déterminée, le testateur assigne à cet enfant des valeurs mobilières et immobilières, en compensation de sa créance, les droits de dation en paiement doivent être perçus, bien que le testament ait été attaqué en nullité par l'un des héritiers, si d'ailleurs les autres y ont acquiescé. — Privas, 8 mars 184., ; J. E. 13592.

8305. Délai. — Les testaments déposés chez les notaires, ou par eux reçus, doivent être enregistrés dans les trois mois du décès des testateurs, sous peine d'un double droit, à la diligence des héritiers, douataires , légataires ou exécuteurs testamentaires. — Frim. art. 21.

8306. *Testament olographe.* — Aucun délai n'est fixé pour les testaments olographes non déposés chez un notaire par le testateur.
Si un testament olographe est remis au notaire *par les héritiers* après le décès du testateur, l'enregistrement doit avoir lieu avant ou en même temps que la confection de l'acte du dépôt. — Frim. art. 42. — 16 juin 1824, art. 13. — I. 1132.
Si c'est en vertu d'*ordonnance judiciaire* (C. 1007) que le testament olographe a été déposé en l'étude d'un notaire, ce dernier n'est pas tenu de faire enregistrer le testament ; mais il doit délivrer un extrait de cet acte au receveur de l'enregistrement, dans les dix jours qui suivent l'expiration du délai de trois mois à compter du décès du testateur. — D. F. 24 sept. 1807 ; I. 359. — 11 mars 1873 ; R. P. 3656.

8307. *Testament mystique.* — Les testaments mystiques ou secrets, reçus par les notaires, sont assujettis à l'enregistrement dans le délai de trois mois, à compter du décès du testateur. Il en est de même des actes de suscription de ces testaments. — Dél. 12 germ. an 13 ; I. 290-73.

8308. *Militaire.* — Le délai pour l'enregistrement du testament d'un militaire en activité de service, décédé *hors du territoire français*, ne court que du jour de l'inscription de son acte de décès sur les registres de l'état civil de la commune où il a eu son dernier domicile. — D. F. 29 janv. 1811.
Même décision à l'égard du testament d'un militaire en activité de service, décédé en France, *mais hors de son département.* — Sol. 17 oct. 1832 ; J. E. 10456.

8309. *Enregistrement du vivant des testateurs.* — Il est défendu aux receveurs d'enregistrer les testaments pendant la vie des testateurs, à moins d'une réquisition expresse de leur part. — I. 432-3. — Dél. 28 juin-4 juill. 1839.

8310. *Caducité et révocation.* — Le testament qui est devenu caduc ou qui a été révoqué n'est plus de nature à être enregistré. — Gaillac, 16 août 1864 ; R. P. 1999.

Ainsi, on ne peut exiger l'enregistrement d'un testament qui ne contient qu'un legs de la quotité disponible, si le légataire se trouve être le seul héritier naturel du défunt, attendu que ce testament n'a plus d'objet. — Dél. 13 juin 1832 ; J. E. 10372.

8311. *Legs exempt du droit de succession.* — Le testament qui ne contient qu'un legs fait au curé d'une somme de 300 fr., pour être employée en prières, doit être enregistré dans le délai, bien que ce legs ne donne pas lieu au droit de succession. — Dél. 8 mars 1839 ; J. E. 12267.

8312. *Date du décès.* — Le notaire qui présente à l'enregistrement un testament qu'il a reçu n'est tenu de produire ni un certificat d'existence et d'individualité du testateur, ni l'acte de décès. — D. F. 16 nov. 1812 ; J. E. 4398.

8313. *Double droit.* — Les testaments notariés et ceux déposés chez les notaires sont passible du double droit d'enregistrement lorsqu'ils ne sont pas enregistrés dans les trois mois du décès du testateur. — Frim. art. 38.

8314. *Substitution.* — Lorsqu'un testament contenant une substitution est enregistré tardivement, il n'y a pas lieu au double droit de transcription. Car, ainsi que l'exprime un arrêt du 28 nov. 1848 (I. 1837-14), le droit proportionnel de transcription n'a pas changé de nature, bien que maintenant, en vertu de l'art. 53 de la loi du 25 avril 1815, on le perçoive au moment de l'enregistrement de l'acte de nature à être transcrit ; il reste toujours un *droit d'hypothèque* et n'est pas, dès lors, passible d'une peine qui n'atteint que le *droit d'enregistrement.* — Sol. 14 déc. 1857, 3 fév. 1864, 27 nov. 1867.

8315. *Renonciation* — Le testament auquel on a renoncé et qui est néanmoins présenté volontairement à la formalité, ne peut encourir le double droit, si le testateur est décédé depuis plus de trois mois, attendu que, par l'effet de la renonciation, le droit simple n'était pas même exigible. — Chaumont, 29 nov. 1864 ; R. P. 2033.

8316. *Révocation.* — Les révocations de testaments par acte notarié, considérées comme acte de dernière volonté, ne sont assujetties à l'enregistrement que dans le délai de trois mois, à compter du décès du testateur. — Dél. 11 niv. an 13.

8317. *Action de l'administration.* — L'administration peut poursuivre devant les tribunaux l'ouverture des testaments clos et déposés chez les notaires, en prouvant que les testateurs sont décédés depuis plus de trois mois. — D. F. 6 vent. an 7. — Tarbes. 2 flor. an 7. — Sol. 26 vend. an 8 ; J. E. 283. — I. 318. — Dél. 17 déc. 1832 ; Rec. Roll. 3978.

D'après la loi, les testaments doivent être enregistrés à la diligence des héritiers, légataires, etc. L'Administration ne peut donc pas forcer les notaires à présenter eux-mêmes à l'enregistrement les testaments des personnes décédées depuis plus de trois mois. — Sol. 22 janv. 1867 ; R. P. 2424.

8318. Dépôt. — Si le testateur déclare qu'il a reçu en dépôt, pour le compte d'un de ses enfants, il y a vingt ans, une somme de 20,000 fr., que celui-ci devra prélever avant tout partage, y compris les intérêts non composés, avec condition que, dans le cas où ce dépôt serait contesté, il fait donation de cette somme et des intérêts à son fils, à titre de précuput, le droit d'obligation est exigible sur 20,000 fr. — Epinal, 24 avril 1849 ; J. E. 15065. — V. *Obligation*.

8319. Disposition indépendante. — Si un testament contient des dispositions indépendantes, sans libéralité, ou ne dérivant pas nécessairement des libéralités faites par le testateur, il est dû, pour chacune de ces dispositions, et selon son espèce, un droit particulier dont la quotité est déterminée par les articles du tarif dans lesquels elles se trouvent classées. — I. 290-1, et 1282-9.

8320. Dot. — La reconnaissance par le testateur qu'un de ses enfants n'a pas reçu la totalité de la dot qu'il lui a constituée par contrat de mariage, avec dispense de rapporter l'excédant non payé, ne peut donner ouverture au droit de 1 °/₀ sur cet excédant ; il n'y a ni débiteur ni créancier. — Dél. 12 fév. 1828 ; J. E. 9071. — V. *Obligation*.

8321. Enveloppe. — On ne peut assimiler à un acte de suscription les indications mises sur l'enveloppe d'un testament olographe. Cette enveloppe n'est pas sujette à l'enregistrement. — Sol. 14 août 1830 ; Rec. Roll. 2931.

Elle n'est pas non plus assujettie au timbre, à moins que le notaire qui reçoit le testament en dépôt, n'y joigne l'enveloppe. Mais, même dans ce cas, aucune amende ne peut être exigée, parce que avant le dépôt l'enveloppe n'était qu'une simple feuille de papier, ne renfermant aucun acte, et qu'aucune loi ne soumet au timbre. — R. G. 13526.

8322. Exécuteur testamentaire. — Le legs fait à l'exécuteur testamentaire pour l'indemniser de ses peines et de ses soins ne peut donner ouverture au droit d'obligation ; c'est une libéralité qui n'est sujette qu'au droit de mutation par décès. — Dél. 24 déc. 1830 ; J. E. 9839.

8323. Expédition. — Une D. F. 25 avril 1809 (J. E. 3236 ; J. N. 207) porte que, lorsque le testateur demande au notaire l'expédition d'un testament qu'il a passé devant cet officier public, celui-ci peut lui délivrer cette expédition sans *soumettre la minute à l'enregistrement*.

Cette exception à l'art. 41 frim. est fondée sur le secret inviolable qui doit couvrir les dispositions à cause de mort, et qui a déterminé le législateur à ne les soumettre à l'enregistrement qu'après le décès du testateur. — R. G. 13528.

8324. Liquidation. — Une liquidation de succession faite *en exécution des volontés manifestées par le défunt dans son testament* ne laisse pas moins exigibles tous les droits auxquels peuvent donner lieu ses diverses clauses. — Yvetot, 26 août 1851 ; J. E. 15278.

A plus forte raison, si les héritiers n'ont à invoquer qu'une volonté *verbalement* exprimée par le testateur. — Seine, 11 juin 1845 ; J. E. 13788. — Saint-Etienne, 21 déc. 1847 ; J. E. 14485.

8325. Loi applicable. — Un testament est régi par la loi en vigueur à l'époque du décès du testateur, et non par celle en vigueur à l'époque de la confection du testament. — Coutances, 27 mai 1857 :

« Considérant que, le 15 janv. 1857, l'administration
« de l'enregistrement décerna une contrainte contre
« les héritiers de Cahouet, et prétendit que les droits
« perçus le 2 janv. 1856, n'étant devenus exigibles que
« le 2 nov. 1855. au décès de la dame veuve de
« Cahouet, auraient dû être liquidés, suivant les lois
« des 6 prair. an 7, art. 1er ; 5 mai 1855, art. 15, et
« 14 juill. 1855, art. 5, alors en vigueur, et produire
« pour une soulte de 120,000 fr. à 4 °/₀, 480 fr.
« pour obligation de 4,000 fr., à 1 °/₀. 40 fr. ; pour
« droit fixe, 5 fr. ; pour simple décime, 484 fr. 60 c., et
« pour double décime, 484 fr. 50 c. : différence entre
« ce qui avait été versé et ce qui devait être perçu,
« 506 fr. 50 ; — considérant que les trois héritiers de
« Cahouet formèrent opposition à cette contrainte,
« assignèrent l'Administration en justice et soutinrent
« que la perception du 2 janv. 1856 était conforme
« aux principes, parce qu'elle se rattachait à un acte à
« date certaine du 6 fév. 1855, passé, quant à l'impôt
« du décime, sous la loi du 6 prair. an 7 ; quant au
« droit d'obligation, sous la loi du 7 août 1850, et
« non pas sous les lois des 5 mai 1855 et 14 juill.
« 1855 ; — considérant que les trois héritiers de
« Cahouet argumentèrent de ce qu'appliquer ces
« deux dernières lois, ce serait leur donner un effet
« rétroactif, que la discussion au Corps législatif avait
« entendu prohiber formellement, que l'interprétation
« par le ministre des finances avait formellement in-
« terdit ; — considérant que la question est dans celle
« de savoir si, relativement à l'objet de la contrainte,
« impôt du décime, droit d'obligation, les lois qui
« doivent la contestation sont la loi du 6 prair. an 7
« ou la loi du 14 juill. 1855, la loi du 7 août 1850 ou
« la loi du 5 mai 1855 ; — Considérant que le testa-
« ment notarié et à date certaine n'est pas, plus qu'une
« disposition olographe ou mystique, l'expression d'une
« volonté définitive, arrêtée sans retour ; qu'il ne puise
« sa consécration, son caractère d'irrévocabilité absolue,
« que dans le fait du décès de son auteur ; que ce fait
« établit comme présomption légale qu'il a été persé-

« véré au testament et que son auteur l'a sanctionné une
« dernière fois au moment suprême, où, libre encore
« de l'annuler ou de le maintenir, il l'a confirmé en
« face de la mort; — considérant que vouloir, de la
« part du légataire investi à la mort et par la mort du
« testateur, échapper aux conséquences d'une muta-
« tion qui s'est alors accomplie sous l'empire d'une loi
« nouvelle et se mettre sous la protection d'une loi
« ancienne moins avantageuse au fisc, à laquelle se
« réfère la date des dispositions grevées, c'est subver-
« tir les règles les mieux établies, à moins qu'une
« exception tranchante n'autorise une telle prétention;
« — considérant que cette exception ne se rencontre
« ni dans la loi du 14 juill. 1855 (double décime), ni
« dans la loi du 4 mai 1855 (droit d'obligation); que,
« lors de la discussion de la loi du 14 juill. 1855 au
« Corps législatif, on voit seulement que des amende-
« ments ayant pour objet d'éviter la rétroactivité ont
« été rejetés, par la raison que les droits d'enregistre-
« ment applicables aux actes à date certaine et aux
« mutations pour décès ne sont dus que quand ils
« sont ouverts et sont régis par la loi en vigueur au
« moment de leur ouverture; que la conclusion à
« tirer de là se retourne entièrement contre les héri-
« tiers de Cahouet, dont le legs et les droits d'enre-
« gistrement ne se sont ouverts que depuis les 5 mai
« et 14 juill. 1855; — considérant que l'instruction
« ministérielle du 17 juill. 1855, invoquée par les
« héritiers de Cahouet, porte que l'art. 5 de la loi du
« 14 juill. 1855 ne devra pas être appliquée aux actes
« et mutation ayant date certaine avant la mise à exé-
« cution de la loi; mais que les héritiers de Cahouet
« font un singulier abus de cette instruction en omet-
« tant ce qu'elle signifie quant aux parties ayant date
« certaine avant la loi du 14 juill. 1855, et en se
« préoccupant seulement des actes ayant date certaine
« avant cette loi; — considérant que les héritiers de
« Cahouet séparent ainsi la mutation que le testament
« de leur mère a emportée après la loi du 14 juill.
« 1855 et celle du 5 mai précédent de l'acte à date
« certaine avant ces lois, et contenant le testament de
« leur mère; que pour eux cet acte est tout : la muta-
« tion ultérieure à cette époque, les lois sous lesquelles
« elle a eu lieu ne sont rien; — considérant qu'il n'est
« pas permis de raisonner de la sorte; que le langage
« des instructions ministérielles est clair, précis, et
« qu'il serait au moins étrange de l'entendre en ce
« sens que les mutations à la suite d'un testament
« authentique ont une date certaine avant le décès du
« testateur; — considérant que l'instruction ministé-
« rielle n'a dit qu'une chose, que les mutations, les
« actes sujets au droit d'enregistrement, consommés
« et à date certaine avant la promulgation des lois des
« 5 mai et 14 juill. 1855, ne tomberaient pas sous le
« coup de ces lois; — considérant qu'il n'y a point à
« distinguer, dans le testament de la dame de Cahouet
« mère, entre les legs et la reconnaissance d'une dette
« y relatés; que si les legs ne sont ouverts qu'au décès
« de la testatrice, la reconnaissance d'une dette n'a
« produit son effet qu'au décès de la testatrice; que
« jusque-là cette reconnaissance était irrévocable

« aussi bien que les legs, dont peut-être au fond elle
« ne différait pas; — par ces motifs, etc. »

8326. Mandat. — On doit considérer comme un simple mandat et non comme un bail la clause d'un testament par laquelle, après avoir disposé de ses biens en faveur de mineurs, le testateur désigne une tierce personne pour occuper les biens ou les affermer, à son profit, à la charge de payer chaque année une somme déterminée aux mineurs légataires. — Dél. 1er mai 1822; J. E. 7206.

8327. Mutation secrète. — Lorsque, par son testament, un père lègue à l'un de ses enfants, par préciput, un immeuble qu'il déclare lui avoir donné verbalement à l'époque de son mariage, l'administration est autorisée à poursuivre, contre le fils, le paiement du droit de donation de la jouissance de cet immeuble. — Dél. 29 nov. 1826; Rec. Fess. 9468.

8328. Nomination. — La nomination d'un tuteur, dans un testament, n'est passible d'aucun droit particulier; elle est de l'essence du testament qui la contient; il en est de même du conseil désigné par le père en vertu de l'art. 391 C., ainsi que de la nomination d'un ou de plusieurs exécuteurs testamentaires. — Dél. 5 juin 1816; J. E. 5487.

8329. Paiement des droits. — Le droit des *testaments* et autres *actes de libéralité à cause de mort* doit être acquitté par les héritiers, légataires et donataires, leurs tuteurs et curateurs et les exécuteurs testamentaires. — Frim. art. 25.

8330. *Le droit est indépendant du droit de succession.* — Les *héritiers* ne peuvent se refuser au paiement des droits sous prétexte qu'ils n'ont point fait usage du testament, parce que les droits auxquels les testaments sont assujettis sont une charge de la *succession*, qui doit être acquittée par *l'héritier*, et payée lors de la déclaration de succession. La perception du droit de succession n'empêche point l'exigibilité du *droit fixe dû, indépendamment du droit proportionnel.* — Cass. 24 oct. 1810; J. E. 3767.

8331. Testament onéreux. — L'héritier n'est pas moins tenu de payer les droits du testament, bien que ce testament lui soit plutôt onéreux qu'avantageux. — Tulle, 18 avril 1853:
« Attendu, en droit, que, d'après les dispositions
« expresses et positives de l'art. 29 de la loi du 22
« frim. an 7, les droits d'enregistrement des testaments
« et autres actes à cause de mort doivent être acquittés
« par les héritiers, donataires et légataires; — attendu
« que la loi ne distingue pas entre les héritiers naturels
« ou légitimes et les héritiers testamentaires; qu'elle
« ne distingue pas non plus entre le cas où le testa-
« ment profite à l'héritier et le cas où il ne lui profite
« pas;

« Attendu, en fait, que le sieur Descubes, opposant,
« est héritier et représentant de son père, dont il a
« accepté la succession, et qu'à ce titre il est tenu du
« paiement des droits auxquels doit donner lieu l'en-
« registrement de celui-ci, et ce droit étant devenu
« une charge de la succession ; — en ce qui concerne
« les droits que l'administration réclame pour l'enre-
« gistrement de la disposition par laquelle le sieur
« Descubes a déclaré dans son testament devoir à
« Elisabeth Buisson une somme de 3,000 fr.;
« Attendu que, d'après la législation spéciale sur
« l'enregistrement, il est de principe que la perception
« des droits doit avoir lieu suivant la teneur et la
« forme extérieure des actes, sans qu'il puisse être
« question, entre la régie et les redevables, de la vali-
« dité des actes qui peuvent être titre et du mérite des
« actes qui peuvent appartenir aux parties intéressées
« pour les faire annuler ou en faire restreindre les
« effets ; — attendu que, ce principe posé, le 'sieur
« Descubes n'est pas recevable à prétendre contre la
« régie que la disposition faite dans le testament au
« profit de Buisson constitue un legs déguisé sous la
« forme d'une obligation ; — attendu qu'il soutient
« encore vainement qu'il ne dépend pas de lui de
« déterminer Buisson à renoncer au testament ou à la
« disposition qu'il contient en sa faveur : car lors
« même que la renonciation de Buisson serait produite,
« les droits à percevoir, sur l'obligation contenue au
« testament, seraient dus nonobstant cette renonciation,
« s'agissant d'une dette reconnue, qui, par cela seul
« qu'elle est constatée, a nécessairement donné ouver-
« ture au droit d'enregistrement qui lui est applicable ;
« Attendu qu'à cet égard il ne saurait y avoir aucun
« doute, à la vue de l'art. 31 de la loi précitée, qui
« déclare que les droits des actes emportant obliga-
« tion doivent être supportés par les débiteurs ; —
« attendu, d'autre part, que l'enregistrement d'un
« acte est indivisible, et que tous droits auxquels il
« peut donner lieu doivent être perçus en même
« temps et recouvrés indistinctement et solidairement
« contre les parties qui y ont figuré, ou leurs héritiers,
« sauf l'exception concernant les légataires, lorsqu'il
« s'agit d'un testament ;
« Par ces motifs, le tribunal déclare Descubes mal
« fondé dans son opposition.»

8332. Renonciation. — L'héritier ou le légataire ne
peut se soustraire à l'obligation de faire enregistrer le
testament dans les trois mois du décès du testateur,
sous le prétexte qu'il n'a pas fait usage de ce testament,
qu'il s'est abstenu, etc. Une *renonciation formelle* peut
seule le dispenser du paiement des droits ; il n'est pas
nécessaire, du reste, que cette renonciation ait lieu
avant l'expiration des trois mois. — Dél. 6 déc. 1836.
— 17 janvier 1837; J. E. 11692. — 11 oct. 1838; J. E.
12171-6. — Montpellier, 26 déc. 1870; R. P. 3357.
« Attendu que l'obligation imposée *à tout légataire*
« de faire enregistrer dans les trois mois le testament
« portant quelques libéralités à son profit est absolue,
« et n'est point subordonnée à la preuve que ce léga-
« taire a connu le testament et qu'il en a fait usage ;

« qu'au contraire, d'après la seule existence du testa-
« ment, le légataire est, par rapport à l'enregistrement
« de cet acte, légalement présumé vouloir en profiter,
« jusqu'à ce qu'une renonciation formelle de sa part
« au legs qui y est contenu vienne détruire cette
« présomption légale ; — attendu, dans l'espèce, que
« rien ne justifie que la dame veuve Saunal ait, par
« un acte, répudié le legs fait à son profit par la dame
« Saunal, sa belle-mère, dans le testament de cette
« dernière, du 11 juin 1815 ; d'où il suit que cette
« veuve *a dû faire enregistrer ce testament dans les trois*
« *mois du décès de la testatrice*.» — Cass. 26 fév. 1823.

8333. Prescription. — Le *droit simple* d'un testament non enregistré ne se prescrit que par trente ans.
— D. F. 8 prair. an 9; Circ. 2013.— V. *Prescription.*
« Attendu qu'il est de principe général que les actions
« ne sont éteintes que par la prescription de trente
« ans ; que les prescriptions d'une moindre durée sont
« des exceptions, que l'on ne peut invoquer qu'autant
« qu'elles sont établies sur un texte précis de la loi ;
« que l'art. 61 de la loi du 22 frim. an 7, qui a établi
« des prescriptions de deux, trois et cinq ans, ne
« s'applique qu'au cas où il s'agit d'un droit non perçu
« sur une disposition particulière d'un acte présenté à
« l'enregistrement, d'un supplément de perception
« insuffisamment faite, d'une fausse évaluation ou
« omission de biens dans une déclaration, de la resti-
« tution d'un droit perçu, ou enfin d'une succession
« non déclarée ; et que cet article ne parle pas des pour-
« suites relatives à la perception des droits sur les
« testaments. » — Cass. 3 oct. 1806.

8334. Droit en sus. — La prescription biennale ne
court pas à l'égard du droit en sus du jour où le testament a été relaté dans la déclaration de la succession
du testateur, attendu qu'*aucun acte* présenté à la formalité n'ayant mis sur la trace du testament, l'art. 14 L.
16 juin 1824 n'est pas applicable.— Mirecourt, 10 nov.
1845 ; J. N. 12547.

8335. Contravention au notariat. — L'administration n'ayant aucun moyen, aux termes de l'art. 53
frim. qui dispose que les testaments ne pourront lui
être communiqués du vivant des testateurs, pour constater, durant la vie des testateurs, les contraventions
qui peuvent exister dans les testaments, il s'ensuit que
le cours de la prescription, pour constater ces contraventions, ne saurait commencer qu'au décès de ces
testateurs. — Limoges, 10 août 1849 ; Rec. Fess. 8472.
— C. Limoges, 1er juill. 1851; J. N. 14458.

8336 Reconnaissance de dettes. — La clause par
laquelle le défunt lègue à un créancier une somme qui
lui est due, à condition qu'il renoncera à en exiger le
paiement, ne constitue pas une reconnaissance de dette.
— Sol. 14 août 1867 ; R. P. 2586. — V. *Obligation.*
Lorsqu'une *femme dotale*, qui a verbalement garanti
les dettes de son mari, lègue aux créanciers de ce
dernier les sommes qui leur sont dues afin de faire

honneur aux engagements qu'elle a pris envers eux, il y a non pas une simple reconnaissance de dette sujette au droit d'obligation, mais une libéralité qui donne lieu à la perception du droit de mutation par décès. — Rouen, 22 fév. 1866 :

« Attendu que, pour apprécier le bien ou le mal « fondé de la prétention du demandeur, il faut recher- « cher à quel titre les personnes désignées dans le « testament ont pu exiger le paiement des sommes « dont elles ont donné quittance ; — qu'il résulte des « termes de ce testament, et de tous les documents de « la cause, que l'intention de la dame Pécourt a été « d'acquitter avec le prix de biens lui ayant été cons- « titués en dot des dettes contractées par son mari ; « qu'elle n'a pu valider, par une reconnaissance « insérée dans son testament, une dette qu'il lui était « interdit de contracter, et qui, par conséquent, n'a « jamais eu d'existence légal ; — que ce n'est donc « pas à titre de créanciers que des individus nommés « au testament ont été fondés à demander le paie- « ment des sommes dont ils ont donné quittance ; — « que les termes employés par la testatrice ne peuvent « laisser aucun doute sur sa volonté de les instituer « légataires, parce qu'elle prévoyait qu'ils seraient sans « droit pour réclamer l'exécution des engagements « qu'elle avait pris personnellement. « Les dispositions « qui précèdent, lit-on dans l'acte, ont pour but de « faire honneur aux engagements que j'ai pris, et « d'empêcher que, sous prétexte de régime dotal, « l'exécution de ces engagements soit refusée par qui « que ce soit. » — que c'est donc avec raison que le « créanciers de la faillite du sieur Pécourt ont pris le « titre de légataires dans les quittances par eux don- « nées, et que l'administration de l'enregistrement a « perçu les droits dont la restitution est demandée. »

8337. Rente. — Lorsque le testateur charge son légataire de continuer le service d'une rente viagère qu'il faisait à un tiers désigné, sans énonciation de titre enregistré, on ne peut cependant exiger un droit pro- portionnel de constitution de rente lors de l'enregistre- ment du testament ; mais le droit de succession peut être réclamé pour cette rente constituée à titre gratuit, dans les six mois du décès. — Dél. 12 oct. 1827 ; Rec. Roll. 1994.

8338. Reprises. — Lorsque, dans un testament, le tes- tateur reconnaît avoir reçu, pour le compte de sa femme, tant en mobilier qu'en argent comptant, une somme déterminée, qui devra être prélevée sur les biens de sa succession, cette disposition doit être considérée comme contenant l'exécution d'un contrat antérieur enregistré (le contrat de mariage), et non pas comme renfermant une obligation nouvelle, passible du droit proportionnel de 1 %. — Cass. civ. 8 août 1836 ; Sir. 36. 1. 837 ; J. E. 11605.

8339. Rétrocession. — La déclaration du testateur que des immeubles désignés, achetés sous son nom, appar- tiennent à son légataire universel, qui en a payé le prix,

ne donne pas lieu au droit de rétrocession ; il n'y a pas de vente : le droit de succession est dû. — D. F. 24 nov. 1831 ; Rec. Roll. 3555.

Substitution. — V. *Substitution.*

8340. Tarif. — Sont soumis au droit fixe de 7. 50 les testaments et tous autres actes de libéralité qui ne contiennent que des dispositions soumises à l'événe- ment du décès. — Frim. art. 68, § 3, n. 5. — 28 avril 1816, art. 45, n° 4. — 28 fév. 1872, art. 4.

8341. Timbre. — L'amende due pour un testament rédigé sur papier non timbré est exigible des héritiers. — 28 avril 1816, art. 76. — D. F. 10 sept. 1816 ; J. E. 6546.

L'amende est due pour un testament révoqué. — Dél. 31 mai 1823 ; J. E. 7444.

8342. THÉATRE. — L'acte par lequel l'autorité municipale alloue une subvention à la personne qui entreprend l'exploitation d'un théâtre donne ouverture au droit de garantie mobilière de 50 c. % sur le mon- tant de la subvention. — Cass. 16 nov. 1847 ; J. P. 47. 2. 539.

8343. TIERCE OPPOSITION. — Acte par lequel une personne s'oppose à l'exécution d'un juge- ment rendu sans qu'elle soit intervenue au procès. — V. 474 C. P.

TIMBRE.

Ch. I. — Notions préliminaires.

8344. Définition. — Contribution établie sur tous les papiers destinés aux actes civils et judiciaires, et aux écritures qui peuvent être produites en justice et y faire foi. — Brum. art. 1.

Nous n'étudions ici que les questions qui, à cause de leur nature générale, ne pouvaient trouver place sous aucune des autres rubriques de ce livre. De la sorte, le mot *timbre* est complété par tous les autres mots de notre dictionnaire ; c'est donc à ces mots que nous renvoyons le lecteur pour les décisions spéciales.

8345. Deux espèces de timbre. — La contribution du timbre est de deux sortes.—La première est le droit du timbre imposé et tarifé *en raison de la dimension* du papier dont il est fait usage ; la seconde est le droit du timbre créé pour les effets négociables ou de commerce, et gradué *en raison des sommes* à y exprimer, sans égard à la dimension du papier. — Brum. art. 2.

Il y a encore le timbre des quittances, qui est un impôt fixe. — V. *Quittance.*

8346. Dimensions des feuilles. — Les papiers destinés au timbre qui sont débités par l'administration sont fabriqués dans les dimensions déterminées suivant le tableau ci-après :

DÉNOMINATIONS.	DIMENSIONS (EN PARTIES DU MÈTRE) DE LA FEUILLE DÉPLOYÉE (SUPPOSÉE ROGNÉE).		
	Hauteur.	Largeur.	Superficie.
Grand registre.	0 4204	0 5946	0 2500
Grand papier.	0 3536	0 5000	0 1768
Moyen papier (moitié du gr. registre)	0 2973	0 4204	0 1250
Petit papier (moitié du gr. papier)	0 2500	0 3536	0 0884
Demi-feuille (moitié du petit papier)	0 2500	0 1768	0 0442
Effets de commerce (moitié de la demi-feuille du petit papier, coupée en long).	0 0884	0 2500	0 0221

Ils portent un filigrane particulier, imprimé dans la pâte même à la fabrication. — Id. art. 3.

8347. Des empreintes. — Il y a des timbres particuliers pour les différentes sortes de papiers. — Les timbres pour le droit établi sur la dimension sont gravés pour être appliqués *en noir*. — Ceux pour le droit gradué en raison des sommes sont gravés pour être frappés à *sec*. — Chaque timbre porte distinctement son prix et a pour légende les mots : RÉPUBLIQUE FRANÇAISE. — Id. art. 4.

L'empreinte à apposer sur les papiers que fournit l'administration est appliquée en haut de la partie gauche de la feuille (non déployée), de la demi-feuille et du papier pour effets de commerce. — Id. art. 6.

8348. Timbre de dimension. — Le droit de timbre établi en raison de la dimension du papier, est fixé ainsi qu'il suit, *non compris les deux décimes* :

La feuille *de grand registre*. . . . . . 3 fr.
Celle de *grand papier*. . . . . 2 »
Celle de *moyen papier*. 1 50
Celle de *petit papier*. . . . . 1 »
Et la demi-feuille de *petit papier*. . . . » 50

Il n'y a point de droit de timbre supérieur à 3 fr., ni inférieur à 50 c., quelle que soit la dimension du papier, soit au-dessus de grand registre, soit au-dessous de la demi-feuille de petit papier.— Brum. art. 8. — 2 juill. 1862, art. 17. — 23 août 1871, art. 2.

8349. *Usage du timbre de dimension.* — Le timbre de dimension frappe tous actes et écritures, extraits, copies et expéditions, soit publics, soit privés, devant ou pouvant faire titre, ou être produits pour obligation, décharge, justification, demande ou défense. — Brum. art. 12.

Timbre proportionnel. — V. *Billet.*

CH. II. — PAIEMENT DES DROITS.

8350 Solidarité. — Sont *solidaires* pour le paiement des droits de timbre et des amendes : — Tous les signataires, pour les actes synallagmatiques ; — les prêteurs et les emprunteurs, pour les obligations ; — les créanciers et les débiteurs, pour les quittances ; — les officiers ministériels qui ont reçu ou rédigé des actes énonçant des actes non timbrés. — 28 avril 1816, art. 75.

8351 Héritiers. — En cas de décès des contrevenants, les droits et amendes de timbre dus par leurs successeurs, et jouissent, soit dans les successions, soit dans les faillites ou tous autres cas, du privilége des contributions directes.—Id. art. 76. — V. *Privilége.*

8352 *Syndics.* — Ce privilége ne peut atteindre le syndic d'une faillite ; l'administration n'aurait d'action contre lui qu'autant qu'il serait dépositaire de sommes ou valeurs appartenant à la faillite. — Dél. 4 mai 1827 ; I. 1219-6.

8353. Actes entre l'Etat et les particuliers. — Le timbre des quittances fournies à la République, ou délivrées en son nom, est à la charge des particuliers qui les donnent ou les reçoivent ; il en est de même pour tous autres actes entre la République et les citoyens. — Brum. art. 29.

Ainsi, le droit de timbre d'une *quittance* de loyers payés par le Trésor est à la charge du bailleur.—D. F. 13. oct. 1832.

La *quittance* notariée donnée par un créancier de l'État pour fournitures ou entreprises, en vertu de marchés passés avec les diverses administrations, ne peut être visée pour timbre gratis ; le droit de timbre de la minute et de l'expédition est à la charge du créancier. — I. 1504-11.

D'après une D. F. 4 juin 1838 (I. 1577 16), les *usagers* dans les forêts de l'État sont, dans tous les cas, tenus de payer les droits de timbre des actes relatifs aux délivrances en nature.

L'expédition de l'état des frais d'une *délimitation* ou bornage d'une forêt, remise soit au receveur des domaines, soit au receveur d'une commune ou d'un

établissement public, pour opérer le recouvrement à la charge des riverains, doit être sur timbre. Si la forêt délimitée appartient à l'État, le droit de timbre doit être supporté par les propriétaires riverains, par application de l'art. 29 brum. — D. F. 26 oct 1841 ; J. E. 12866-7.

Le droit de timbre d'un *bail* consenti à l'État est à la charge du bailleur. — D. F. 19 nov. 1868 : I. 2390-4.

Décidé, cependant, que le droit de timbre de l'état taxé des dépens qui doivent être remboursés à l'avoué par le Trésor, en matière d'instance domaniale et forestière, est à la charge de l'État.—D.F. 17 sept. 1841 ; J. E. 12866.

Ch. III. — Altération du timbre.

8354. Règle. — L'empreinte du timbre ne peut être couverte d'écriture ni altérée, à peine d'une amende de 5 fr. contre le contrevenant. — Brum. art. 21 et 26. — 16 juin 1824, art. 10.

Cette règle s'applique à l'empreinte du timbre sec comme à celle du timbre noir, quoiqu'il n'ait été établi que depuis la loi du 13 brum. an 7. Ce timbre sert comme le timbre noir, et même plus efficacement, à prévenir la contrefaçon, et son altération ne peut rester impunie. — Cass. 4 juill. 1815 ; J. E. 5457.

8355. Revers du timbre. — Toutefois la défense ne s'applique qu'à la face des empreintes, et il n'y a pas de contravention, quoique le *verso* soit couvert d'écriture ou de traits de plume. — D. F. 16 juin 1807 ; J. E. 2619.

8356. Répertoire. — Les colonnes des répertoires, soit imprimées, soit tracées à la main, peuvent traverser les empreintes; il n'y a pas contravention. — D. F. 26 mai 1820 ; J. E. 6865. — Sol. 6 août 1832 ; Rec. Roll. 3850.

Il en est de même lorsque les chiffres des colonnes des numéros d'ordre ont été placés sur les timbres. — Sol. 3 déc. 1834 ; Rec. Roll. 4693.

Il en est encore de même lorsque l'on a écrit sur les timbres la date ou la nature de l'acte, parce que l'irrégularité provient de l'arrangement des colonnes, et non de l'intention d'altérer les timbres. — Sol. 3 avril 1835 ; Rec. Roll. 4786.

8357. Tableau en chiffres dans un acte. — S'il existe dans un acte des tableaux en chiffres, et que l'on se trouve amené à placer quelques chiffres sur les timbres, il n'y a pas contravention. — Sol. 6 août 1832 ; Rec. Roll. 3850.

8358. Droits de timbre. — Il n'y a pas lieu d'exiger le droit de timbre en sus de l'amende en cas de contravention, attendu que ce droit a été payé. — Belfort, 30 août 1832 ; J. E. 10469.

Ch. IV. — Usage de papier ayant déjà servi.

8359. Règle. — Le papier timbré qui a été employé à un acte quelconque ne peut plus servir à un autre acte, quand même le premier n'aurait été achevé, à peine d'une amende de 5 fr. contre les particuliers, et de 20 fr. contre les fonctionnaires et officiers publics. — Brum. art. 22 et 26. — 16 juin 1824, art. 10.

8360. Appréciation. — La feuille sur laquelle un huissier a dressé le projet d'un exploit qu'un autre huissier a signé, après y avoir rectifié, dans les formes légales, l'indication de l'immatricule de l'officier ministériel instrumentant, doit être considérée comme n'ayant servi qu'une seule fois et pour l'acte auquel elle avait été primitivement destinée. — Cass. 11 juill. 1815 ; Sir. 16. 1. 93.

On ne peut voir une contravention dans un acte recommencé à la suite d'un premier acte dont la rédaction a été biffée pour cause d'irrégularités, alors que le second n'a eu pour but que de les rectifier. — Dél. 3 déc. 1816 ; J. E. 5615.

Il n'y a pas contravention si, à la suite de lignes biffées *ne constituant pas un commencement d'acte*, un officier public a rédigé un contrat n'ayant aucun rapport avec les mots rayés. — Lesparre, 2 mai 1828 ; Dél. 29 juillet 1828 ; J. E. 9081.

Il y a méprise et non contravention à la loi, lorsqu'un notaire a commencé la rédaction d'un acte nouveau à la suite d'une vente, et qu'après avoir raturé les lignes commencées, il a rédigé la quittance du prix de la vente.. — Sol. 1er juin 1832 ; J. E. 10354.

La défense d'employer, pour la rédaction d'un acte, du papier ayant déjà servi pour un autre acte, même non achevé, ne s'applique pas à l'emploi d'une feuille de papier contenant plusieurs lignes d'écriture raturées, étrangères au second acte, si ces lignes ne renferment aucune indication soit de date, soit d'objet de convention, soit enfin de faits de nature à constituer un commencement d'acte. — Cass. req. 27 janv. 1836 ; Sir. 36. 1. 392 ; J. N. 9147 ; J. E. 11437.

Il n'y a pas contravention si, à l'extrait analytique d'un acte dressé sur une feuille de 1,50, on substitue, au moyen d'additions et ratures, l'expédition entière de cet acte, pour suppléer au défaut de renseignements de l'extrait analytique, attendu qu'il n'y a, en définitive, qu'une même copie d'un même acte. — Dreux, 13 nov. 1844 ; J. N. 12267.

Lorsqu'un exploit ne peut être notifié à la résidence présumée de la partie, à cause de son départ, on peut y faire les rectifications nécessaires pour qu'il soit signifié par un autre huissier à la résidence véritable. — Bernay, 19 déc. 1866 ; R. P. 2509.

Mais il y a contravention, quand on rédige un acte sur une feuille où se trouvent plusieurs lignes raturées, formant le *commencement d'un autre acte*; aucune excuse ne peut pallier cette contravention. — Cass. 1er frim. an 10 ; J. E. 1012. — Seine, 19 juill. 1838 ; J. E. 12156-1.

Ch. V. — Timbre extraordinaire.

8361. Définition. — Le timbre extraordinaire est celui qui n'est apposé sur les papiers qu'au moment où ces papiers sont présentés par les parties.

8362. Usage. — Tous les actes qui, aux termes des lois, doivent être écrits sur papier timbré, ne peuvent être timbrés à l'extraordinaire ni visés pour timbre sans amende. — Circ. 1402.

Cependant, les *particuliers* et les *administrations publiques* qui veulent se servir de papiers autres que ceux de l'administration, ou de parchemins, peuvent les faire timbrer avant d'en faire usage. Mais cette faculté est formellement interdite aux *officiers* ou *fonctionnaires publics*; en cas de contravention, ils seraient passibles d'une amende de 20 fr. — Brum. art. 7, 18 et 26. — 16 juin 1824, art. 10.

8363. Bureau. — La formalité du timbre extraordinaire ne peut être donnée qu'à l'atelier général du timbre à Paris, et au bureau du timbre extraordinaire établi au chef-lieu de chaque département, selon les cas. — V. *Assurances*, *Titres*.

8364. Applications diverses. — *Cahier des charges.* — Les cahiers des charges des adjudications à faire dans les ports peuvent être timbrés à l'extraordinaire. — D. F. 19 août 1817; I. 798. — V. n. 8384 suiv.

8365. *Caisse des consignations.* — Les récépissés à talon délivrés aux déposants par la caisse des dépôts et consignations doivent être timbrés à l'extraordinaire ou visés pour timbre, d'après leur dimension, *abstraction faite de celle du talon.* — D. F. 23 sept. 1831; J. E. 15279-2.

8366. *Certificat de vie.* — On peut timbrer à l'extraordinaire les formules des certificats de vie délivrés aux rentiers et pensionnaires de l'Etat par les notaires certificateurs. — D. F. 8 et 28 déc. 1806; Circ. 2 avril 1806.

8367. *Commission.* — Les commissions peuvent être délivrées sur papier libre, à la charge par les impétrants de les faire viser pour timbre dans tous les bureaux ou timbrer à l'extraordinaire au chef-lieu de département. — D. F. 18 therm. an 9; Circ. 2033. — 7 avril 1832; I. 1918.

8368. *Conservateur des hypothèques.* — Les conservateurs des hypothèques étant des employés d'une administration, et non pas des officiers ou fonctionnaires publics dans le sens rigoureux du mot, peuvent se servir de papier timbré à l'extraordinaire, mais non de papier visé pour timbre, pour leurs bulletins ou reconnaissances de dépôt. — Sol. 9 fév. 1832; J. E. 10365.

8369. *Consultation.* — Les consultations, mémoires et observations des hommes de loi, avocats et avoués, peuvent être timbrés à l'extraordinaire, lorsque ces consultations sont rédigées sur des formules imprimées à l'avance, et qu'elles n'ont pas été signées. — D. F. 5 pluv. an 11; I. 137-2.

8370. *Contributions indirectes.* — L'administration des contributions indirectes est autorisée à soumettre au timbre extraordinaire, dans les chefs-lieux de départements, ou au visa pour timbre dans les autres bureaux, *moyennant le paiement des droits*, les formules imprimées des procès-verbaux de saisie, des contraintes et des transactions. — I. 1249-11.

8371. *Enregistrement.* — Les contraintes concernant les droits dont la perception est confiée à l'administration de l'enregistrement, sont imprimées sur papier timbré, et les receveurs en comptent au Trésor comme des droits sur les fonds de leur caisse, sous le titre d'avance à charge de recouvrement ou de régularisation. Rien ne s'oppose cependant à ce qu'une contrainte soit rédigée sur papier libre et soumise ensuite au timbre extraordinaire. — Circ. 15 juill. 1806.

Les mémoires produits aux tribunaux dans les instances concernant l'administration peuvent également être écrits sur papier libre et soumis au timbre extraordinaire; mais ces formalités doivent être données au comptant. — I. 1551.

8372. *Établissement public.* — Peuvent être timbrés à l'extraordinaire : 1° les papiers destinés aux actes des établissements publics; 2° les mandats de paiement et quittances de fournisseurs, pourvu que la formalité soit donnée avant qu'il en soit fait usage. — I. 1180-9.

8373. *État civil.* — Les officiers de l'état civil sont des délégués de l'autorité judiciaire et ne peuvent employer, pour les actes et les tables de l'état civil, du papier timbré à l'extraordinaire. — Sol. 16 mai 1843, 29 déc. 1859, 3 déc. 1860, 18 avril 1863.

8374. *Greffier.* — Il y a contravention à l'art. 18 de la loi du 13 brum. an 7 de la part du greffier qui rédige un acte de tutelle sur papier timbré à l'extraordinaire. — Cass. 15 mess. an 11; J. E. 1540.

8375. *Huissier.* — L'art. 7 brum. accordant aux particuliers qui veulent se servir de papiers autres que ceux de l'administration, la faculté de les faire timbrer à l'extraordinaire, et l'art. 23 portant que les significations des huissiers peuvent être écrites à la suite des pièces dont il est délivré copie, il en résulte que, malgré les prescriptions de l'art. 18, les huissiers peuvent, sans contravention, écrire une signification à la suite de la copie signifiée, écrite sur papier frappé du timbre extraordinaire. — Dél. 9 juin 1833; J. E. 10624.

Les significations imprimées peuvent être timbrées à l'extraordinaire. — Sol. 29 sept. 1819; J. E. 6527.

8376. *Ministères.* — Les formules imprimées qui servent à la rédaction des mémoires et factures des marchands et fournisseurs et des autres dépenses des ministères, sont admises au timbre extraordinaire dans les chefs-lieux des départements, et au visa, pour valoir timbre, dans les autres localités, *avant qu'il soit fait usage de ces formules.* — Règlement 30 nov. 1840, art. 284.

8377. *Pêche de la morue.* — On peut présenter au timbre extraordinaire les pièces à produire à l'appui des demandes de primes pour la pêche de la morue.— I. 866.

8378. *Porteur de contraintes.* — Les porteurs de contraintes sont considérés comme préposés d'une administration publique; ils peuvent faire imprimer sur papier libre les projets d'actes de leur ministère, et ne faire timbrer ces impressions à l'extraordinaire qu'avant d'en faire usage. — D. F. 17 germ. an 7; Circ. 1566.

8379. *Postes.* — Doivent être visées pour timbre ou timbrées à l'extraordinaire avant qu'il en soit fait aucun usage, les formules des procès-verbaux de saisie des lettres et paquets transportés en fraude et en contravention aux lois sur les postes. — D. F. 4 août 1826; J. E. 8452.

Ch. VI. — Visa pour timbre.

8380. **Définition.** — Le visa pour timbre est une mention écrite et signée par l'employé de l'enregistrement, en tête ou à la marge d'un écrit ou de papiers destinés à certains actes, pour tenir lieu de l'empreinte du timbre.

8381. **Usage.** — Le visa pour timbre ne peut être employé, même dans les bureaux où il n'y a pas de timbre extraordinaire, pour des actes ou papiers qui doivent être ou sur du papier de la débite ordinaire ou timbrés à l'extraordinaire. — Circ. 40, 930, 1419.
Le visa pour timbre doit être employé : 1° dans tous les cas où il y a contravention et amende ;
2° Pour les effets négociables au-dessus de 20,000 fr; — brum. Art. 11.
3° Pour ceux venant de l'étranger ou des colonies françaises, où le timbre n'est pas établi; — Id. art. 15.
4° Pour toutes les écritures privées qui, faites sur papier non timbré sans contravention aux lois du timbre, ne peuvent être produites en justice sans avoir reçu cette formalité. — Id. art. 30.

8382. **Bureau.** — Le visa pour timbre peut être donné dans tous les bureaux. — Circ. 7 juin 1806.

Les actes sous seings privés annexés aux minutes des notaires ou déposés dans les études de ces officiers publics doivent être visés pour timbre par les receveurs des actes notariés ; les billets à ordre, lettres de change et autres effets négociables, par les receveurs des actes judiciaires; enfin, tous les autres actes sous seings privés, par les receveurs chargés de l'enregistrement des actes de cette nature. — I. 739, 2090.

8383. **Époque du visa.** — Le visa pour timbre doit être donné avant tout usage du papier.
Cependant, quand le visa est *en débet* ou gratis, il peut n'être donné qu'au moment de l'enregistrement. — Circ. 1155, 1566-14-33-34. — I. 290-7, 400-2, 613, 953, 1074, 1102. — D. F. 20 mars 1843; I. 1689.

8384. **Applications diverses.** — Cette rubrique est complétée par celle semblable existant au chapitre précédent, n°s 8364 suiv.

8385. *Acte administratif.* — Les actes administratifs ne peuvent être visés pour timbre. — Circ. 1566. — I. 72.

8386. *Acte d'office.* — Doivent être visés pour timbre *en débet* les procès-verbaux en matière civile, lorsqu'ils sont *faits d'office* ou requis *par le ministère public,* notamment en matière d'apposition et de levée de scellés, de nominations de tuteurs ou subrogés tuteurs en interdiction, et généralement dans les cas où le ministère public n'agit que dans l'intérêt de la loi. — I. 290-2-3, 390-1, 531, 1187-17).

8387. *Bail.* — Doivent être visés pour timbre *gratis* les papiers destinés aux baux de bâtiments et terrains dont le prix est à la charge de l'État. — D. F. 22 juin 1830; J. E. 9688.

8388. *Bordereau d'inscription.* — Peuvent être écrits sur papier visé pour timbre en débet les bordereaux d'inscriptions à la requête du ministère public, dans l'intérêt des mineurs, des interdits ou des absents, ou contre les comptables de deniers publics. — Circ. 1506, 1521, 1676. — I. 233, 868. — Les droits sont ensuite recouvrés sur les débiteurs.

8389. *Desséchement.* — Lorsque le gouvernement effectue le desséchement de marais, on doit admettre les agents qu'il emploie à faire viser pour timbre: 1° l'acte qui contitue le syndicat; 2° la nomination des experts; 3° les procès-verbaux d'expertise; 4° le rôle pour les indemnités. — I. 464.

8390. *Douanes.* — Doivent être visées pour timbre en debet, les décisions du jury en matière de douane, dans les cas prévus par l'art. 63 de la loi du 28 avril 1816. — D. F. 12 juin 1821; J. E. 6931.

8391. *Primes d'exportation.* — Les lettres d'avis de l'administration des douanes aux négociants qui ont droit à des primes d'exportation de marchandises, et qui contiennent liquidation de ces primes avec ordonnancement sur les caisses des douanes, sont sujettes au timbre et peuvent être visées pour timbre dans tous les bureaux; elles sont passibles du timbre proportionnel, lorsque les titulaires transmettent la prime à des tiers par forme d'*endossement*, et du timbre de dimension, quand, au lieu d'un *passé à l'ordre*, ces lettres contiennent une simple *autorisation de toucher* pour le compte de l'ayant droit. — I. 1572.

8392. *Échouement.* — Les procès-verbaux constatant des échouements peuvent être visés pour timbre en débet, lorsque les parties sont dans l'impossibilité d'acquitter les droits. — I. 402.

8393. *Effet de commerce.* — Pour les effets négociables des sommes supérieures à 20,000 fr., les papiers sont visés pour timbre au droit de 1 fr. par 1,000 fr. et sans fraction, conformément à l'art. 11 brum. — D. 27 juill. 1850. — V. *Billet.*
Les effets de commerce de 20,000 fr. et au-dessous, écrits sur du papier d'un timbre inférieur à celui de la somme pour laquelle ils sont tirés, sont faits en contravention à la loi du timbre ; ils ne peuvent pas être visés pour timbre sans amende. — I. 1441 et 1469.

8394. *Engagement volontaire.* — Doivent être enregistrées et visées pour timbre *gratis* les délibérations des conseils de famille ayant pour objet d'autoriser les tuteurs à consentir l'engagement volontaire des mineurs âgés de moins de vingt ans. — D. F. 9 nov. 1832; I. 1422-3.

8395. *Établissement public.* — On ne peut viser pour timbre les papiers destinés aux actes des établissements publics. — D. F. 4 août 1825; J. E. 8098.

8396. *État.* — On peut viser pour timbre en débet les papiers destinés aux procès-verbaux d'adjudication des biens domaniaux. — D. F. 28 janv. 1832; I. 1401-10.

8397. *Expédition.* — Lorsqu'au procès-verbal d'adjudication de biens de l'État on joint, au lieu de la minute du cahier des charges, l'expédition ou copie de ce cahier des charges, cette expédition doit être écrite sur papier timbré, ou sur papier visé pour timbre en débet, si l'adjudication est de nature à être soumise à l'approbation de l'autorité supérieure. — D. F. 28 janv. 1832 ; I. 1401-10.
On ne peut délivrer expédition du cahier des charges d'adjudication de coupes de bois, tant à l'adjudicataire qu'au receveur des domaines, au receveur municipal ou au trésorier de l'établissement public, qui représente le vendeur, que sur papier visé pour timbre. — I. G. 1401-10.

8398. *Forêts.* — Les formules des procès-verbaux d'adjudication des forêts de l'État (sol et superficie) sont assujettis à la formalité du visa pour timbre *en débet*, mais les droits de timbre doivent être acquittés par les acquéreurs, en même temps que ceux d'enregistrement des mêmes procès-verbaux. — D. F. 3 août 1831; I. 1379-1.

8399. *Interdiction.* — L'art. 118 du décret du 18 juin 1811 porte que les actes de procédure relatifs à des interdictions poursuivies d'office par le ministère public, doivent être visés pour timbre en débet; les frais doivent être recouvrés sur les biens de l'interdit ou sur ceux de ces père et mère, et même de son conjoint (art. 119).
Ces dispositions s'appliquent à la signification à la chambre des notaires, sur la réquisition du ministère public, d'un jugement d'interdiction. — J. E. 4817 et 4972.

8400. *Mandat.* — Dans le but de faciliter autant que possible le service des administrations départementales et communales, la faculté de faire viser pour timbre leurs formules a été accordée aux maires pour les mandats de paiement qu'ils délivrent. — D. F. 4 oct. 1831 ; I. 1398-5.

8401. *Receveur municipal.* — On peut admettre au visa pour timbre au comptant, aux bureaux de l'enregistrement établis par canton, les papiers destinés aux doubles des comptes de gestion des receveurs municipaux, qui sont remis à ces comptables pour leur décharge. — D. F. 14 mai 1819 et 4 août 1825 ; I. 454, 582 et 1180-9.

8402. *Signification.* — Sont visés pour timbre en débet les papiers destinés à la signification :
1° Des procès-verbaux des gardes forestiers de l'État, des communes et des établissements publics; — C. F. art. 104 ;
2° Des arrêtés des préfets relatifs à la délimitation des forêts de l'État ou des communes; — D. F. 7 nov. 1828; I. 1265-4 et 1294-5.
3° Des jugements par défaut et des commandements en vertu de jugements contradictoires; ces significations peuvent être écrites à la suite des jugements ou extraits de jugements.—Circ. 2033-6.—1.557 et 1265-7.
Il en est de même des papiers destinés aux significations des jugements de condamnation. ou de procès-verbaux et sommations, qui sont expédiées à la suite l'une de l'autre, faites par les gardes du génie. — Ord. 1er août 1821; I. 998.

8403. *Succession vacante.* — Les actes relatifs aux successions vacantes faites à la requête des procureurs de la république, ou à celle des curateurs nommés d'office, doivent être visés pour timbre en débet, sauf à réclamer le montant des droits sur le produit des successions. — D. F. 15 déc. 1820; J. E. 6862.

8404. *Travaux publics.* — Doivent être visés pour timbre gratis, les procès-verbaux d'expertises de bâtiments et terrains dont l'occupation est nécessaire pour les travaux publics, lorsque les frais sont à la charge du Trésor public.—D. F. 22 juin 1830; J. E. 9688

Ch. VII. — Timbres mobiles.

8405. **Définition.** — Les timbres mobiles consistent dans de petites gravures, gommées au verso, indiquant au recto leur destination et leur prix, et destinées à suppléer au timbre et au visa pour timbre. — Les timbres mobiles doivent être oblitérés selon des formes déterminées.

8406. **Usage.** — Il a été créé des timbres mobiles pour les effets de commerce venant de l'étranger; — pour ceux tirés de l'étranger sur l'étranger; — pour les effets de commerce français; — V. *Billet.*
Pour les warrants; — V. *Warrant.*
Pour les récépissés des chemins de fer; — V. *Récépissé.*
Pour les mandats sur la poste; — V. *Poste.*
Pour les quittances de deniers publics; — V. *Quittance.*
Pour les quittances, reçus et décharges sous signatures privées; — V. *Quittance.*
Pour les connaissements; — V. *Connaissement.*
Enfin, pour les actes qui, sujets au timbre de dimension, peuvent être visés pour timbres.
Nous ne nous occupons ici que de ces derniers timbres.

8407. **Texte de la loi.** — Les receveurs de l'enregistrement peuvent suppléer à la formalité du visa, pour toute espèce de timbres de dimension, au moyen de l'apposition de timbres mobiles. — 2 juill. 1862, art. 24.
Ces timbres sont conformes aux modèles annexés au décret du 25 juin 1872.

8408. **Oblitération.** — Les timbres mobiles doivent être annulés au moyen d'une griffe, immédiatement après leur apposition. — D. 29 oct. 1862, art. 1.

8409. **Fonctionnaires chargés de l'apposition et de l'annulation des timbres.** — Les timbres mobiles ne peuvent être apposés et annulés que par les receveurs de l'enregistrement ou par les fonctionnaires désignés à cet effet par le ministre des finances pour suppléer les receveurs. — Id. ibid.
Conformément à cette disposition, un arrêté du ministre des finances du 20 juill. 1863 contient ce qui suit (I. 2260) :

Art. 1er. Sont autorisés, conformément à l'article 1er du décret du 29 octobre 1862, à apposer des timbres mobiles sur les quittances et récépissés qu'ils délivrent, et sur les acquits et quittances qui leur sont donnés en leur qualité : 1º le caissier payeur central, les sous-caissiers et sous-payeurs du Trésor ; 2º les payeurs du Trésor dans les départements; 3º les caissiers et caissiers-adjoints de la caisse des dépôts et consignations; 4º les receveurs généraux et particuliers des finances; 5º les percepteurs ; 6º les receveurs municipaux; 7º les receveurs des établissements de bienfaisance; 8º ceux des asiles d'aliénés et des dépôts de mendicité; 9º les secrétaires agents comptables d'établissements d'enseignement supérieur.
L'application des timbres mobiles sur tous actes ou écrits autres que ceux désignés ci-dessus est expressément interdite à ces fonctionnaires.
Pourront aussi apposer le timbre mobile de dimension sur les lettres de voiture et connaissements, en exécution de l'arrêté du 24 décembre 1842, les receveurs des douanes établis dans les lieux où il n'existe pas de bureau d'enregistrement.

Art. 2. Les griffes dont les receveurs de l'enregistrement, des domaines et du timbre et les fonctionnaires indiqués au précédent article feront usage, pour annuler les timbres mobiles de dimension qu'ils auront apposés, conformément à l'art. 1er du décret du 29 octobre 1862, seront conformes aux modèles ci-joints.
Elles seront appliquées à l'encre grasse et de manière qu'une partie de leur empreinte soit imprimée sur la feuille de papier de chaque côté du timbre mobile.

Art. 3. Les directeurs des postes pourront apposer les timbres mobiles établis par l'art. 24 de la loi du 2 juillet 1862 sur les acquits et quittances relatifs aux dépenses de leur administration et sur les mandats d'articles dits d'argent. Ils annuleront ces timbres au moyen des griffes en usage pour l'oblitération des timbres-poste et en faisant porter l'empreinte, partie sur la feuille de papier timbré, et partie sur le timbre mobile.

Art. 5. Les infractions aux dispositions de l'art. 1er du décret du 29 octobre 1862, et à celles du présent arrêté pourront donner lieu, indépendamment des amendes et de la responsabilité édictées en cas de contravention, à l'application des peines disciplinaires autorisées par les lois et règlements.

8410. **Infractions.** — Sont considérés comme non timbrés les actes ou écrits sur lesquels le timbre mobile aurait été apposé sans l'accomplissement des conditions prescrites, ou sur lesquels aurait été apposé un timbre ayant déjà servi. — 2 juill. 1862, art. 27.
L'art. 26 de la loi du 2 juillet 1862 déclare applicables aux timbres mobiles de dimension les dispositions pénales de l'art. 21 de la loi du 11 juin 1859 relative aux timbres mobiles proportionnels, lequel est ainsi conçu :
« Ceux qui auront sciemment employé, vendu ou « tenté de vendre des timbres mobiles ayant déjà servi, « seront poursuivis devant le tribunal correctionnel et « punis d'une amende de 50 francs à 100 francs. En cas « de récidive, la peine sera de cinq jours à un mois,

« et l'amende sera doublée. — Il pourra être fait
« application de l'art. 463 du code pénal. »

8411. Applications diverses. — Il a été décidé que
des timbres mobiles pouvaient être apposés exceptionnellement sur : 1° des formules *imprimées et non encore
remplies*, destinées à la rédaction d'actes sous seings
privés ;—D. F. 12 janv. 1867.—2° des plans *manuscrits
et non encore signés* ;— Id :—3° des formules *imprimées*,
destinées à la rédaction de minutes d'actes administratifs ;—Sol. 11 juin 1866.—I. 2391-4.—4° des formules de concession de terrain dans les cimetières.—Sol.
19 sept. 1866. — 9 août 1869; R. P. 3076.

Créés pour remplacer le visa, les timbres mobiles ne
peuvent, en général, être apposés que sur les actes
pour lesquels le visa est autorisé. Ainsi, l'emploi de
ces timbres est interdit pour les répertoires, les tables
de l'état civil, les formules de police d'assurance et les
expéditions des actes administratifs. — Sol. 12 oct.
1864, 28 fév. 1865, 31 janv. et 19 sept. 1866.

Сн. VIII. — PAPIER SPÉCIAL ET TIMBRES MOBILES
POUR LES COPIES DE PIÈCES.

8412. Loi du 29 décembre 1873. — On lit dans *l'exposé des motifs* de la loi du budget pour l'exercice 1874
(*Journal officiel* du 16 avril 1873) :

« Nous vous proposons , afin de fermer une
« issue qui était encore ouverte, de prendre certaines
« mesures que nous considérons comme efficaces
« pour obliger les officiers ministériels à payer, en
« réalité, au Trésor le prix des timbres qu'ils se font
« rembourser par leurs clients.......Malgré les prescrip-
« tions des décrets de 1807 et de 1813 sur les tarifs
« civils, malgré les fréquentes instructions du minis-
« tère de la justice, les copies des exploits et des
« pièces signifiées ne sont pas toujours remises aux
« parties, qui néanmoins en acquittent le coût et les
« droits de timbre. — L'administration s'est constam-
« ment préoccupée des moyens de réprimer ce genre
« de fraude qui depuis longtemps enlève au Trésor
« des sommes importantes, et auquel l'augmentation
« des droits de timbre votée en 1871 a imprimé une
« nouvelle activité. Il est donc devenu nécessaire de
« recourir à la loi, non pour obtenir des moyens de
« répression nouveaux, mais pour entourer la percep-
« tion de garanties qui préviennent la fraude. »

C'est dans ce but qu'ont été inscrites dans la loi du
29 décembre 1873 les dispositions suivantes :

Art. 2. Le droit de timbre des copies des exploits, des
notifications d'avoué à avoué, et des significations de
tous jugements, actes ou pièces, sera acquitté au moyen
de timbres mobiles apposés sur l'original de l'exploit.
—Néanmoins ces copies ne pourront être faites que
sur un papier timbré spécial de la dimension des
feuilles aux droits de 50 c. ou de 1 fr., et qui sera
fourni gratuitement par l'administration de l'enregistrement, des domaines et du timbre.

Art. 3. Indépendamment des mentions prescrites
par l'article 48 du décret du 14 juin 1813 et par l'article 67 du Code de procédure civile , les huissiers
seront tenus d'indiquer distinctement au bas de l'original et des copies de chaque exploit : 1° le nombre des
feuilles de papier spécial employées tant pour les copies
de l'original que pour les copies des pièces signifiées ;
2° le montant des droits de timbre dus à raison de la
dimension de ces feuilles.

Art. 4. Il ne pourra être alloué en taxe, et les officiers ministériels ne pourront demander et se faire
payer, à titre de remboursement de droit de timbre
des copies, aucune somme excédant la valeur des
timbres mobiles apposés en exécution des dispositions
qui précèdent. — Un règlement d'administration publique déterminera la forme et les conditions d'emploi
du papier spécial et des timbres mobiles créés par la
présente loi, ainsi que toutes les autres mesures d'exécution. — Sont applicables à ces timbres, les dispositions de l'art. 21 de la loi du 11 juin 1859.

Art. 5. Chaque contravention aux dispositions des
art. 2 et 3 ci-dessus et à celles du règlement d'administration publique à intervenir sera puni d'une
amende de 50 francs. — Seront considérés comme non
timbrés les actes et pièces autres que les copies spécifiées en l'article 2 et qui auraient été écrits sur le
papier spécial exclusivement destiné à ces copies.

8413. Décret du 30 décembre 1873. — Art. 1er. L'administration de l'enregistrement, des domaines et du
timbre est autorisée à débiter, pour l'exécution de
l'article 2 sus-visé de la loi du 29 décembre 1873, des
feuilles et des demi-feuilles de petit papier de la dimension prescrite par l'article 3 de la loi du 13 brumaire an 7. — Chaque feuille est revêtue d'un timbre
apposé à l'encre grasse de couleur, et de l'empreinte
d'un timbre sec portant le mot *copies*. — Ces empreintes sont appliquées sur les feuilles ou demi-feuilles
de dimension, au haut de la partie gauche de la feuille
(non déployée) ou de la demi-feuille. — Provisoirement, l'empreinte du timbre sec pourra être remplacée par un timbre appliqué à l'encre grasse et
portant également le mot *copies*. — Il est en outre
établi, pour l'exécution dudit article 2 de la loi susvisée du 29 décembre 1873, des timbres mobiles conformes au modèle ci-annexé, mais dont la quotité
pourra varier de 50 centimes à 10 francs, non compris
les décimes. — L'administration de l'enregistrement,
des domaines et du timbre fera déposer aux greffes des
cours et tribunaux des spécimens du papier spécial,
et des timbres mobiles. — Le dépôt sera constaté par un
procès-verbal dressé sans frais.

Art. 2. Les huissiers et autres officiers ministériels
chargés de faire ou de signifier des copies d'exploits ou
de pièces ne peuvent s'approvisionner du papier
spécial et des timbres mobiles représentant la valeur
des droits de timbre exigibles d'après la dimension des
feuilles du papier spécial, qu'au bureau de l'enregistrement désigné à cet effet. — Les timbres mobiles et

le papier spécial seront délivrés en même temps ; il ne peut être remis de timbres mobiles que pour une valeur équivalente au droit de timbre exigible à raison de la dimension des papiers délivrés.

Art. 3. L'officier ministériel est tenu, avant toute signification de copies, d'apposer sur l'original de son exploit un ou plusieurs timbres mobiles représentant le montant des droits de timbres dus à raison du nombre et de la dimension des feuilles du papier spécial employé pour les copies. — Le timbre mobile est collé à la marge gauche de la première page de l'original, immédiatement au-dessous de l'empreinte du timbre sec. Le timbre mobile est oblitéré, lors de l'enregistrement de l'original de l'exploit, par le receveur, au moyen d'une griffe qui lui est fournie par l'administration.

Art. 4. Les huissiers et tous autres officiers ministériels chargés de faire les significations d'actes sont tenus de reproduire, dans les colonnes distinctes de leur répertoire, les indications prescrites par les numéros 1 et 2 de l'article 3 de la loi du 29 déc. 1873.

Ch. IX. — Questions diverses.

8414. Antidate. — Aucune contravention n'est encourue, *car la loi est muette à ce sujet,* parce qu'un acte serait rédigé sur une feuille de papier frappé d'un nouveau timbre, à une date antérieure à cette émission. — Dél. 25 août, 10 et 21 sept. 1847 ; J. E. 14359.

8415. Communication. — Les sociétés, compagnies, assureurs, entrepreneurs de transports et tous autres assujettis aux vérifications des agents de l'enregistrement par les lois en vigueur, sont tenus de représenter auxdits agents leurs livres, registres, titres, pièces de recette, de dépense et de comptabilité, afin qu'ils s'assurent de l'exécution des lois sur le timbre. Tout refus de communication est constaté par procès-verbal et puni d'une amende de 100 à 1.000 francs. — 23 août 1871, art. 22.

8416. Contravention. — Les employés de l'enregistrement sont autorisés à retenir les actes, registres ou effets en contravention à la loi du timbre, qui leur sont présentés, pour les joindre aux procès-verbaux qu'ils en rapportent, à moins que les contrevenants ne consentent à signer lesdits procès-verbaux ou à acquitter sur-le-champ l'amende encourue et le droit de timbre. — Brum. art. 31.

Ainsi, toutes les fois qu'il y a lieu de relever une contravention au timbre, elle doit être constatée par un procès-verbal auquel il faut annexer l'écrit délictueux, à moins que les contrevenants ne consentent à signer le procès-verbal. Cependant, il n'est pas nécessaire de saisir les écrits qui sont *conservés* dans les dépôts publics, puisqu'ils peuvent toujours être représentés aux juges en cas de discussion. — Seine, 28 avril

1852 ; J. E. 15440. — Sol. 22 nov. 1861 ; R. P. 1660. — Auxerre, 11 août 1864 ; R. P. 2114.

8417. Fraction de feuille. — Lorsqu'un acte est écrit sur une feuille de papier timbré dont la dimension a été réduite, il y a contravention à l'art. 22 brum., si on peut établir que la fraction de feuille enlevée a été employée à un autre acte terminé ou non. — Joigny, 30 août 1834, et Saint-Étienne, 21 août 1835 ; J. E. 11438. — Châteaudun, 28 avril 1837 ; J. E. 11793. — Reims, 14 mars 1849 ; J. E. 14707. — Sol. 11 nov. 1848 ; J. E. 14591.

Mais si rien ne constate qu'il y ait eu un premier acte quelconque non achevé, écrit sur la fraction enlevée, l'amende n'est pas encourue. — Cass. 27 janv. 1836 ; J. E. 11437.

8418. Lavage. — Ceux qui, dans une intention frauduleuse, ont altéré, employé, vendu ou tenté de vendre des papiers timbrés ayant déjà servi, sont poursuivis devant le tribunal correctionnel et punis d'une amende de 50 à 1,000 fr. En cas de récidive, la peine est d'un emprisonnement de cinq jours à un mois, et l'amende est doublée. Il peut être fait application de l'art. 463 C. pénal. — 2 juill. 1862, art. 21.

8419. Vente illicite. — Aucune personne ne pourra vendre ou distribuer du papier timbré, qu'en vertu d'une commission de l'administration, à peine d'une amende de 100 fr. pour la première fois, et de 300 fr. en cas de *récidive*. — Le papier qui sera saisi chez ceux qui s'en permettront ainsi le commerce sera confisqué au profit de la république. — Brum. art. 27.

TIMBRE EXTRAORDINAIRE. — V. *Timbre.*

TIMBRE MOBILE. — V. *Timbre.*

TITRE.

Ch. I. — Préliminaires.

8420. Observation. — Sous ce mot générique, nous traitons de tout ce qui a rapport aux actions, obligations, fonds d'états, titres d'emprunt, etc., émis par les gouvernements, villes, sociétés, compagnies, etc. — V. *Rente*. *Société*.

8421. Action. — L'*action* n'est autre chose qu'une part du fonds social. L'*actionnaire* profite des bénéfices réalisés par la société proportionnellement à la valeur de son action; il est tenu des pertes dans la même proportion.

L'action est d'une somme fixe, par exemple, de 500 fr.. de 1,000 fr., ou d'une quotité quelconque, comme de 1/100e, 1/1000e du capital.

L'action est *libérée* en tout ou en partie, suivant que l'actionnaire a versé à la caisse sociale le montant intégral ou une partie seulement de cette action.

L'action est représentée par un titre *nominatif* ou *au porteur*, indiquant le nom de la société, le montant de l'action, son numéro d'ordre dans l'émission, les époques d'échéance des divers termes.

8422. Obligation. — L'*obligation* est le prêt fait à une société, à un établissement public, à un être moral quelconque. L'*obligataire* n'a point droit aux bénéfices, mais il ne participe point aux pertes. Il ne peut réclamer que le remboursement de la somme prêtée à l'échéance convenue et le paiement exact des intérêts.

L'obligation, comme l'action, est représentée par un titre *nominatif* ou *au porteur*, contenant les mêmes indications que celles du titre délivré à l'actionnaire.

L'obligation est toujours d'une somme fixe.

8423. Remboursement. — Les obligations et les actions sont remboursées au moyen de tirages au sort annuels.

Généralement, ce remboursement donne lieu à une *prime*, c'est-à-dire à une somme en sus de celle qui a été réellement versée.

8424. Cession. — La transmission des titres nominatifs a lieu au moyen d'un *endossement* mis sur ces titres, ou par une déclaration de *transfert* sur les registres de la société.

Les titres au porteur sont transmis par la tradition réelle, purement et simplement.

Au surplus, la transmission peut être faite conformément à l'art. 1690 C., c'est-à-dire par un acte de transport dûment signifié ou accepté, si les statuts ne s'y opposent pas.

Ch. II. — Valeurs françaises.

Sect. I. — Timbre.

Art. 1. — Actions.

8425. Législation. — Chaque titre ou certificat d'action dans une société, compagnie ou entreprise quelconque. financière, commerciale, industrielle ou civile, que l'action soit d'une somme fixe ou d'une quotité, qu'elle soit libérée ou non libérée, émis à partir du 1er janvier 1851, sera assujetti au timbre proportionnel de cinquante centimes pour cent francs du capital nominal pour les sociétés, compagnies ou entreprises dont la durée n'excédera pas dix ans, et à 1 fr. % pour celles dont la durée dépassera dix années.—A défaut de capital nominal, le droit se calculera sur le capital réel, dont la valeur sera déterminée d'après les règles établies par les lois sur l'enregistrement. — L'avance en sera faite par la compagnie, quels que soient les statuts. — La perception de ce droit proportionnel suivra les sommes et valeurs de vingt francs en vingt francs inclusivement et sans fractions. — 5 juin 1850, art. 14.

Ces droits sont assujettis à deux décimes. — 23 août 1871, art. 2.

Les titres ou certificats d'actions seront tirés d'un registre à souche; le timbre sera apposé sur la souche et le talon. — 5 juin 1850, art. 16.

8426. Action. — On doit considérer comme régis par la loi de 1850 des titres émis sous le nom de *Bons de liquidation* par une société qui se liquide. — D. F. 30 mars 1859.

La loi de 1850 est applicable également à des titres qualifiés *délégations de coupons d'actions*, « attendu que « cette loi a eu pour objet d'assujettir à la perception « fiscale toute une partie de la fortune publique qui y « avait échappé jusque-là, et qui consistait en titres « émis sous certaines formes, circulant à l'aide de « modes particuliers de transmission et assurant à « leurs possesseurs des avantages d'une nature déter- « minée ; — qu'en désignant ces titres sous la quali- « cation générale d'action et obligation, elle n'a pas « entendu exempter de cette perception ceux qui, tout « en présentant les mêmes caractères généraux, seraient « émis sous une qualification différente et ne procure- « raient pas l'intégralité des mêmes avantages. » — Seine, 31 août 1872.

8427. Emission. — L'action est *émise*, et par conséquent devient sujette au droit de timbre, lorsqu'elle est délivrée matériellement au souscripteur. Cependant, lorsque la société est actuellement obligée à remettre les titres et qu'ils ont été attribués aux actionnaires, il est vrai de dire que ces titres existent réellement. qu'ils sont réellement émis et qu'ils donnent lieu au droit de timbre. — Sol. 18 nov. 1868 ; J. E. 18606.

Il faut remarquer, au surplus, que la loi de 1850 régit tous les *titres* émis depuis le 1er janvier 1851,

même ceux des sociétés constituées avant cette époque. — Dél. 29 mars 1853 ; J. E. 15870-2.

8428. *Déclaration estimative du capital réel.* — La déclaration estimative du capital réel, à défaut de capital nominal, doit être certifiée et signée par le représentant de la société, indiquer le nom, la nature et l'objet de la société, l'acte de constitution, la durée de la société et la valeur des actions. — I. 1854-3, 1867.

8429. *Perception de 20 fr. en 20 fr.* — Le droit doit être perçu de 20 fr. en 20 fr. inclusivement et sans fraction, à l'égard de chaque action. Toutefois, s'il est créé des titres collectifs de plusieurs actions, la portion de 20 fr. ne doit être complétée que pour chaque titre, et non pour chaque action. — Sol. 8 janv. 1856.

8430. Titre nouveau délivré par suite de transfert ou de renouvellement. — Le titre ou certificat d'action délivré par suite de transfert ou de renouvellement sera timbré à l'extraordinaire ou visé pour timbre gratis, si le titre ou certificat primitif a été timbré. — 5 juin 1850, art. 17.

8431. *Renouvellement.* — Le renouvellement d'un titre a lieu sans paiement de droits :
Lorsque l'ancien titre est adiré, lacéré, etc. ; — D. F. 13 août 1851 ; J. E. 15249-3.
Lorsqu'une nouvelle société formée pour la même entreprise avec les actionnaires de compagnies dissoutes délivre des titres nouveaux; — Dél. 7-13 sept. 1852. — D. F. 17 sept. 1852. — Dél. 7-10 oct. 1862.
Lorsqu'en échange de titres au porteur déposés dans la caisse sociale, il est délivré des certificats nominatifs destinés à remplacer ces titres dans la circulation. — D. F. 26 sept. 1857 ; I. 2107.

8432. *Titre d'une autre nature.* — L'art. 17 de la loi n'est applicable que s'il n'y a pas de changement dans la nature du titre nouveau.
Ainsi, si une société résultant de la fusion de deux sociétés préexistantes remettait aux actionnaires des compagnies fusionnées *des titres de remboursement,* et non des actions, ces titres devraient être considérés comme de véritables obligations passibles du droit de 1 %. — D. F. 31 janvier 1854.

8433. *Dans quelle mesure les titres nouveaux sont exempts de l'impôt.* — Lorsqu'une société constituée avant la loi du 5 juin 1850 émet, à la place d'actions anciennes, des actions nouvelles en nombre plus considérable, exprimant un capital supérieur, et destinées à être réparties soit entre les actionnaires, soit à être vendues, il n'y a renouvellement d'actions affranchi de l'impôt proportionnel que pour le nombre d'actions qui représente l'ancien capital. — Cass. 13 juin 1864 (I. 1388-7) :
« Attendu que lorsqu'une société constituée avant « la loi du 5 juin 1850 a obtenu, pour ses actions « alors émises le bénéfice de l'art. 20 de cette loi, « et que, se prorogeant ensuite avec une extension « de capital et un accroissement de ressources, elle « se propose le retrait des actions anciennes et l'émis- « sion nouvelle d'actions en nombre plus considérable « exprimant un capital supérieur, et destinées soit à « être réparties dans une certaine proportion en échange « des anciennes, soit à être, dans une proportion moin- « dre, vendues au profit de la société, on ne saurait voir « dans une semblable opération un simple renouvel- « lement d'actions, affranchi, aux termes des art. 17 « et 21 de la loi précitée, de l'impôt proportionnel « établi par l'art. 14; qu'il serait contraire à l'esprit « comme au texte de ces dispositions combinées « d'étendre au capital nouveau, représenté par les « nouvelles actions, une immunité qui doit se restrein- « dre à l'ancien capital sur lequel les anciennes « actions ont seul payé le droit en conformité de l'art. 20 « de la même loi. »

8434. Supplément de droit. — La présentation de titres à la formalité du timbre implique l'obligation d'acquitter intégralement l'impôt auquel cette formalité donne lieu ; par conséquent, si, après la réquisition de la formalité et le versement des droits liquidés par le receveur, l'atelier général, chargé d'apposer les empreintes du timbre, vient à relever une insuffisance de perception, les pièces déposées peuvent être retenues par l'administration jusqu'au paiement du droit supplémentaire. La partie n'est point fondée à demander la remise de ces pièces et la restitution des droits payés, en déclarant renoncer à la formalité requise. — Cass. civ. 13 juin 1864; Sir. 64. 1. 364; I. 2288-7; J. E. 17838.

8435. Prorogation de société. — Dans le cas de renouvellement d'une société ou compagnie constituée pour une durée n'excédant pas dix années, les certificats d'actions seront de nouveau soumis à la formalité du timbre, à moins que la société ou compagnie n'ait contracté un abonnement, qui, dans ce cas, se trouvera prorogé pour la nouvelle durée de la société. — 5 juin 1850, art. 26.

8436. Abonnement. — Les sociétés, compagnies ou entreprises pourront s'affranchir des obligations imposées par l'article 14, en contractant avec l'État un abonnement pour toute la durée de la société. — Le droit sera annuel, et de cinq centimes par cent francs du capital nominal de chaque action émise : à défaut de capital nominal, il sera de cinq centimes par cent francs du capital réel, dont la valeur devra être déterminée conformément au deuxième paragraphe de l'art. 14. — Le paiement du droit sera fait, à la fin de chaque trimestre, au bureau de l'enregistrement du lieu où se trouvera le siège de la société, de la compagnie ou de l'entreprise. — Même en cas d'abonnement, les art. 16 et 18 resteront applicables. Un règlement d'administration publique déterminera les

formalités à suivre pour l'application du timbre sur les actions. — 5 juin 1850, art. 22.

Les deux décimes ajoutés au principal des droits de timbre de toute nature par l'article 2 de la loi du 23 août 1871 sont applicables aux taxes d'abonnement exigibles depuis la mise à exécution de cette loi, quelle que soit d'ailleurs l'époque à laquelle l'abonnement a été contracté. — 30 mars 1872, art. 3,

8437. *Irrévocabilité de l'abonnement.* — L'abonnement est essentiellement facultatif ; mais, une fois qu'il a été contracté, il est irrévocable, tant que dure la société, et les parties ne peuvent plus y renoncer. — Seine, 8 mai 1855.

8438. *Actions annulées.* — Le droit proportionnel de timbre établi sur les actions des compagnies financières et industrielles, et payables par annuités sous forme d'abonnement, est irrévocablement acquis au Trésor par le seul fait de l'émission des actions ; et il ne cesse pas de l'être par cela seul qu'ultérieurement les actions auraient dû être annulées. — Cass. 23 juill. 1868 ; I. 2372-6 ; J. E. 18602.

8439. *Actions sans valeur.* — Il en est de même si les actions sont sans valeur ; — Seine, 13 août 1858 ; Cont. 11492.

8440. *Société restée à l'état de projet.* — Ou si l'on prétend que la société est restée à l'état de projet. lorsqu'elle n'a pas été régulièrement dissoute. — Seine, 16 mars 1852 ; I. 1982-8 ; J. N. 14616 ; Cont. 9678.

8441. *Actions transformées en obligations.* — L'abonnement autorisé par l'art. 22 de la loi du 5 juin 1850. pour le paiement du droit de timbre des actions d'une société, doit recevoir son entière exécution pendant toute la durée de la société, alors même qu'une partie des actions émises serait postérieurement annulée et que cette annulation serait suivie de la création. pour une valeur à peu près équivalente, d'obligations à l'égard desquelles les droits de timbre exigibles auraient été acquittés. Le droit de timbre dû pour les actions est irrévocablement acquis au Trésor par le seul fait de l'apposition de l'empreinte, sans distinction entre le cas où le paiement a eu lieu au comptant, et celui où il n'est effectué que par annuités, au moyen d'un abonnement. Dans ce dernier cas, l'engagement de la compagnie est définitif et indépendant des opérations ultérieures qu'elle peut entreprendre. — Cass. civ. 2 mai 1865 ; Sir. 65. 1. 286 ; I. 2326-1 ; J. E. 17990 ; R. P. 2111.

8442. *Actions remplacées par des récépissés.* — L'abonnement doit également recevoir son exécution, bien qu'il ait été décidé, par une délibération ultérieure de la société, que le fonds social cessera d'être divisé en actions et que les titres des actionnaires seront remplacés par des récépissés des sommes versés par les actionnaires, lesquels resteront simples commanditaires. La société ne s'est pas mise et n'a pas été mise en état de liquidation, elle a continué de payer des dividendes ou intérêts : elle ne se trouve donc dans aucun des cas où la loi dispense les sociétés et compagnies du paiement des droits de timbre. — Cass. civ. 9 août 1865 ; Sir. 65. 1. 424 ; J. E. 18067 ; I. 2326-1 ; R. P. 2149.

8443. *Abonnement contracté par erreur.* — Si l'abonnement a été souscrit par erreur (par exemple, pour des actions non timbrées, émises avant le 1er janvier 1851), il n'en doit pas moins être exécuté. — Cass. 27 juill. 1858 ; I. 2137-14 ; J. E. 16887 ; Cont. 11381.

8444. *Liquidation du droit.* — Le droit de l'abonnement se calcule sur le montant réel des titres, et non de 20 fr. en 20 fr. inclusivement et sans fraction. La disposition finale de l'art. 14 ne concerne que le droit au comptant. — Sol. 20 janv. et 4 août 1857 et 12 janv. 1858.

Le droit se calcule d'ailleurs d'après le nombre de jours auquel l'abonnement s'applique, l'année étant comptée de 360 jours, et non par année entière. — Dél. 4 nov. 1853. — Sol. 23 sept. 1854. — Sol. 29 mars et 30 avril 1858. — Sol. 19 juill. 1873.

8445. *Point de départ de l'abonnement.* — L'abonnement court du jour de l'émission, c'est-à-dire du jour de la délivrance des titres aux actionnaires, ou du jour où la société s'est obligée à les remettre. — Lyon, 31 juill. 1868 ; Acq. sol. 18 nov. 1868 ; J. E. 18606.

Cette solution est conçue en ces termes :

« L'abonnement autorisé par l'art. 22 de la loi du
« 5 juin 1830 n'est qu'un mode de paiement du droit
« de timbre créé par l'art. 14 de la même loi pour l'é-
« mission des titres ou certificats d'action dans les
« sociétés. Ce moyen de libération ne saurait donc in-
« fluer sur l'exigibilité de l'impôt. et il faut recon-
« naître que, dans tous les cas où le droit au comptant
« n'a pu prendre naissance, l: service de l'abonnement
« ne saurait lui-même être imposé. Ni le texte de la
« loi, ni les discussions dont elle a été précédée.
« ne permettent d'attribuer au contrat d'abonnement
« l'effet exorbitant d'atteindre les titres d'actions avant
« qu'ils aient été émis, c'est-à-dire avant l'existence
« du fait qui motive l'assujettissement au timbre. —
« Qu'il s'agisse du droit au comptant ou de la taxe
« annuelle qui le représente, l'impôt ne devient exi-
« gible qu'après l'émission du titre ou du certificat
« d'action. Il importe seulement de remarquer qu'au
« point de vue de l'exigibilité du droit de timbre, cette
« émission ne dépend pas toujours de la délivrance
« matérielle de la formule au souscripteur. Quand la
« société est actuellement obligée à remettre des titres,
« et qu'ils ont été attribués aux actionnaires. il est
« vrai de dire que ces titres existent réellement et ont
« été émis pour le paiement du droit de timbre. »

8446. Dispense du droit d'abonnement. — Seront dis-

pensées du droit les sociétés. compagnies ou entreprises abonnées qui, depuis leur abonnement, se seront mises ou auront été mises en liquidation . — Celles qui, postérieurement à leur abonnement, n'auront. dans les deux dernières années, payé ni dividendes ni intérêts. seront aussi dispensées du droit, tant qu'il n'y aura pas de répartitions de dividendes ou de paiement d'intérêts. — 5 juin 1850, art. 24. .

8447. *Non-paiement de dividendes ou d'intérêts.*— Du moment qu'aucun intérêt ni aucun dividende n'est payé aux actionnaires , la taxe d'abonnement cesse d'être exigible même si les écritures de la société font ressortir un bénéfice. — Sol. 19 septembre 1865. — Lyon, 23 juill. 1868; J. E. 18636. — Seine, 10 avril 1869 ; R. P. 3144. — Cass. 13 juill. 1870, ainsi conçu :

« Vu l'art. 24 de la loi du 5 juin 1850 ; — attendu
« qu'aux termes de cet article, les sociétés, compagnies
« ou entreprises qui, postérieurement à leur abonne-
« ment pour le timbre de leurs actions. n'auront dans
« les deux dernières années payé ni dividendes ni
« intérêts, seront dispensées du droit tant qu'il n'y
« aura pas de répartition ou de paiement d'intérêts;
« — attendu que cette disposition ne subordonne pas
« la dispense qu'elle prononce au profit des sociétés
« à la preuve à faire par les sociétés qu'elles n'ont
« produit aucun bénéfice et qu'elles sont restées
« infructueuses; — que le législateur, voulant, dans
« un but favorable aux entreprises commerciales ou
« industrielles, exonérer du droit de timbre les socié-
« tés infructueuses , a dû considérer comme telles
« celles qui, ne payant ni dividendes ni intérêts à
« leurs actionnaires, laissent sans fruits ni revenus
« les actions dont le capital sert d'assiette à ce droit ;
« — attendu qu'il importe peu que, dans l'espèce,
« l'art. 14 des statuts de la compagnie des port et gare
« de Saint-Ouen porte qu'après chaque inventaire, les
« fonds en caisse provenant soit des revenus de l'en-
« treprise, soit du produit des ventes d'immeubles,
« soit de toute autre cause, seront répartis à titre de
« dividende, à moins toutefois que la gérance ne juge
« que tout ou partie de ces fonds soit nécessaire aux
« besoins de l'entreprise; qu'en effet, on ne peut
« conclure de cet article des statuts que la distribu-
« tion des dividendes soit facultative de la part de la
« gérance, et que, par suite, l'absence de dividendes
« ne fasse pas preuve de l'absence de bénéfices;
« puisqu'il ne saurait y avoir de bénéfices quand les
« revenus de l'entreprise sont absorbés par les besoins
« sociaux. et qu'ainsi il ne reste aucuns fonds dispo-
« nibles pouvant être affectés à une distribution de
« dividendes; — attendu qu'il est constant en fait, et
« non d'ailleurs contesté, que, depuis 1856, la société
« des port et gare de Saint-Ouen n'a ni distribué des
« dividendes ni payé des intérêts ; que, dès lors, le
« jugement attaqué, en décidant que, nonobstant le
« paiement de dividendes ou d'intérêts, cette société
« n'était pas dispensée du droit de timbre, sous pré-
« texte qu'elle ne pouvait pas n'avoir fait aucuns

« bénéfices, a formellement violé l'art. 24 de la loi du
« 5 juin 1850 ; — casse. »

8448. *Paiement de dividendes ou d'intérêts.* — Mais, pour des motifs analogues, la taxe d'abonnement demeure exigible aussitôt qu'un dividende ou un intérêt quelconque, *si minime qu'il soit*, est distribué aux actionnaires. Il importerait peu que le dividende distribué fût prélevé sur le capital même, ou qu'il ne fût distribué qu'à un certaine catégorie d'actions. — Cass. 4 janv. 1865 ; I. 2325-2 ; J. E. 17698. — 23 juill. 1868 ; I. 2372-6 ; J. E. 18602. — 24 nov. 1869 ; I. 2397-4.

Voici l'arrêt du 4 janv. 1865 :

« Attendu que la loi du 5 juin 1850, en soumettant
« les sociétés et compagnies au droit proportionnel du
« timbre qu'elle établit par son art. 14, et qui doit être
« acquitté lors de l'émission des titres ou certificats
« d'actions, les autorise à s'affranchir de ce paiement
« en contractant avec l'État un abonnement pour lui
« substituer le paiement d'un droit annuel; — que,
« par son art. 24, elle dispense la société de ce droit
« annuel. dans les cas et les circonstances qu'elle a
« pris soin de déterminer; qu'il en est ainsi notam-
« ment. aux termes dudit article, lorsque, postérieure-
« ment à leur abonnement. les sociétés n'auront, dans
« les deux dernières années, payé ni dividende ni
« intérêt ;
« Mais, attendu que cette disposition exceptionnelle
« doit être renfermée. comme toute exception, dans les
« termes et dans les limites que la loi précise, et ne
« peut être étendue à d'autres cas; — que la loi ne
« distingue pas entre le cas où les intérêts payés par la
« société proviennent des bénéfices réalisés, et celui
« où ces intérêts sont payés au moyen d'un prélève-
« ment opéré sur le capital; — qu'elle ne distingue pas
« davantage entre le cas où les intérêts sont payés
« d'une manière générale et à tous les actionnaires, et
« celui où ils sont payés seulement à une catégorie
« déterminée ;
« Attendu que le texte de la loi est général et absolu;
« que son application doit avoir le même caractère;
« — qu'il n'est pas contesté et qu'il est même reconnu
« que des intérêts ont été payés par la société Karezas,
« dans les deux premières années de son existence, en
« exécution d'une clause formelle de ses statuts; —
« que cela suffit pour que la société n'ait pu, à l'expi-
« ration de ces deux années. réclamer le bénéfice de
« l'art. 24 de la loi du 5 juin 1850, et qu'à bon droit le
« jugement attaqué a refusé d'ordonner la restitution
« du droit payé par son directeur ; — rejette. »

8449. *Paiement frauduleux.* — Si c'est par fraude et en l'absence de tout bénéfice que le gérant de la société a distribué des dividendes, il y a lieu à la dispense de la taxe. Mais il faut que le fait résulte d'un jugement. Les registres de la société ne peuvent être admis comme pièces probantes. — Sol. 12 août 1859.

8450. *Abonnement non dû et cependant payé.* — Si une société, dispensée de la taxe d'abonnement comme se trouvant dans un des cas prévus par l'art. 24 de la loi, a cependant payé cette taxe. il y a lieu à restitution. — Dél. 6 nov. 1857, 16-20 avril 1858. 5-9 août 1859.

8451. *La taxe est due pendant les deux ans d'épreuve.* — « Attendu que, tout en renonçant à aggraver par la « perception du droit de timbre ou par le paiement « de l'abonnement la position d'une compagnie, dont « les résultats sont encore nuls, la loi devait rétablir « cette perception pour le cas où les opérations de la « société deviendraient fructueuses; que c'est pour « atteindre ce double résultat que le second paragraphe « de l'art. 24 a fixé un délai de deux années à compter « de leur abonnement, pour éprouver les forces des « sociétés et compagnies; que si, sans être mises en « liquidation, et en continuant, au contraire, leurs « opérations, les sociétés ou compagnies laissent écouler « deux années à compter de leur abonnement sans « distribuer ni dividende ni intérêts, elles sont dispen- « sées d'acquitter le droit; que cette dispense, qui ne « réagit pas sur le passé et maintient le droit perçu ou « assure l'action de la régie pour le percevoir, cessera « aussitôt que la société aura pu effectuer une réparti- « tion de dividende ou un paiement d'intérêt ; qu'il « suit de là que les deux années accordées par l'art. 24, « loin de constituer un terme pendant lequel la per- « ception du droit serait suspendue, assigne seulement « un temps d'épreuve pendant lequel le droit ayant été « perçu et la société n'ayant cependant payé ni divi- « dende ni intérêt, ce droit cesse d'être exigible jus- « qu'au moment où la société, ayant continué le cours « de ses opérations, sera en mesure de répartir un « dividende ou de payer les intérêts. » — Cass. req. 21 déc. 1857; I. 2118-9; J. E. 16670. — Seine, 26 mai 1860; Cont. 11789.

8452. Apposition du timbre. — Les actions dans les sociétés et les obligations négociables des départe- ments, communes, établissements publics et compa- gnies, ne pourront être timbrées au comptant qu'à l'atelier général du timbre à Paris, où elles seront frappées, à partir du 1er janvier 1851, d'un timbre noir et d'un timbre sec. Le timbre sec sera celui dont il est fait usage pour les formules d'effets de com- merce et de lettres de voiture. — Les sociétés. dépar- tements, communes. établissements publics et compa- gnies qui auront, dans les départements autres que celui de la Seine, à faire timbrer des actions et obliga- tion, devront les remettre. en feuilles détachées et en payant comptant les droits au receveur du timbre extraordinaire, au chef-lieu de chaque département. Ces titres seront transmis, par la poste, à l'adminis- tration centrale de l'enregistrement. qui les fera tim- brer sur la souche et le talon, conformément aux art. 16 et 28 de la loi, et les renverra immédiatement, ainsi qu'il est pratiqué pour les formules d'effets de commerce et de lettres de voiture. conformément à l'art. 6 de la loi du 11 juin 1842. portant fixation du budget des recettes pour l'exercice 1843. et à une ordonnance du même jour. — En cas d'abonnement pour les actions à émettre et les obligations à sous- crire, à partir du 1er janvier 1851, des timbres spé- ciaux seront appliqués sur la souche et le talon de ces titres au chef-lieu du département où l'abonnement aura été souscrit. et la formalité sera donnée après la souscription de cet abonnement. — Ces timbres. au nombre de deux. ne différeront des autres types que par la légende. qui portera ces mots : *Action-Abonne- ment*, ou ceux-ci : *Obligation-abonnement.*—D. 27 juill. 1850. art. 4 et 5.

8453. Contraventions. — Toute société, compagnie ou entreprise qui sera convaincue d'avoir émis une action en contravention à l'art. 14 et au premier paragraphe de l'art. 16, sera passible d'une amende de douze pour cent du montant de cette action. — 5 juin 1850. art. 18.

L'agent de change ou le courtier qui aura concouru à la cession ou au transfert d'un titre ou certificat d'action non timbré sera passible d'une amende de dix pour cent du montant de l'action.— Id. art. 19.

Cet article est applicable en cas d'abonnement. — I. 1873.

Chaque contravention aux dispositions du décret du 27 juill. 1850 (n. 8452) sera passible d'une amende de 50 fr. — 5 juin 1850, art. 23.

8454. Exceptions. — Les dispositions analysées ci- dessus ne s'appliquent pas aux actions dont la cession n'est parfaite. à l'égard des tiers. qu'au moyen des conditions déterminées par l'article 1690 du Code civil. ni à celles qui en ont été formellement dispensées par une disposition de la loi. — Id. art. 25.

Ces actions ne sont passibles que du timbre de dimension. comme extraits de l'acte de société. — I. 1873. — Sol. 24 mars 1855, 10 oct. 1859 19 juin 1866. — Valenciennes. 11 juin 1862 : R. P. 1639.

Art. 2. — Obligations.

8455. Législation. — Les titres d'obligations sous- crits à compter du 1er janvier 1851 par les départe- ments, communes. établissements publics et compa- gnies, sous quelque dénomination que ce soit. dont la cession, pour être parfaite à l'égard des tiers, n'est pas soumise aux dispositions de l'article 1690 du Code civil, seront assujettis au timbre proportionnel de 1 % du montant du titre. — L'avance en sera faite par les départements, communes, établissements publics et compagnies. — La perception du droit suivra les som- mes et valeurs de 20 fr. en 20 fr. inclusivement et sans fraction. — 5 juin 1850, art. 27.

Ces droits sont passibles de deux décimes. — 23 août 1871. art. 2.

Les titres seront tirés d'un registre à souche. — 5 juin 1850. art. 28.

Les art. 19, 23 et 25 de la loi du 5 juin 1850 sont applicables aux titres compris en l'art. 27. — Id. art. 32.

8456. *Emprunt de fonds destinés à l'État.* — Les obligations émises par une société en représentation de fonds qu'elle emprunte pour les prêter à l'État ne sauraient être assimilées à des titres de ladette publique et sont passibles des droits de timbre. — D. F. 21 déc. 1866.

8457. *Bons de dividendes.* — Les bons au porteur, payables à terme, remis par une société en paiement des dividendes qu'elle doit à ses actionnaires, sont de véritables obligations passibles du droit de timbre. — Sol. 16 nov. 1854.

8458. *Corporations.* — Les obligations émises par les corporations de notaires, avoués, huissiers et commissaires-priseurs sont régies par l'art. 27. — Sol. 25 mars 1873.

8459. *Paiement des intérêts.* — Le droit de 1 % est dû sur les obligations souscrites pour le paiement des intérêts. — D. F. 24 mars 1854 ; I. 2003-7.

8460. *Obligations non susceptibles d'être cotées à la Bourse.* — Lorsque les statuts d'une société de banque lui permettent d'émettre des engagements au porteur ou à ordre, portant intérêts, dont l'exigibilité ne pourra être moindre de trois mois ni excéder cinq ans, qui ont le caractère d'obligations purement privées, non susceptibles d'être cotées à la Bourse, ces engagements doivent être assujettis seulement au timbre de 10 c. par 100 fr. comme effets de commerce, et ne peuvent être assujettis au droit de timbre et de transmission comme obligations négociables. — Seine, 10 avril 1869 ; Cass. req. 17 août 1869 ; J. E. 18731.

« Attendu, porte cet arrêt, que la loi du 5 juin 1850 « sur le timbre distingue nettement deux classes « d'actes ; que pour la première, comprenant les lettres « de change, billets à ordre ou au porteur, mandats, « traites et autres effets négociables ou de commerce, « l'art. 1er maintient le timbre proportionnel de 5 cent. « par 100 fr. ; que pour la seconde classe, comprenant « les actions des sociétés et les obligations négociables « émises par les départements, les établissements « publics et les compagnies, l'art. 27 les soumet au « droit de timbre proportionnel de 1 %, sauf la faculté « d'abonnement établie par l'art. 31 ; que cette seconde « classe a été en outre soumise à un droit de trans- « mission variable selon que cette transmission s'opère « par ou sans transfert sur les registres de la société ; « — attendu qu'il résulte de la discussion de la loi « que l'intention du législateur a été de n'atteindre « du droit le plus élevé, celui de 1 %, que les titres « cotés à la Bourse ou susceptibles de l'être, c'est-à- « dire les obligations émises en représentation « d'emprunts d'une somme déterminée, offertes au « public par fractions égales et ordinairement rem- « boursables à long terme ou amortissables par voie « de tirage au sort ; — attendu que les billets à ordre « ou au porteur de trois mois à cinq ans de date et « portant intérêt remis à ses clients par la *Société* « *générale*, conformément à ses statuts, appartiennent « évidemment à la première classe et non à la deuxième ; « qu'ils n'affectent jamais le caractère d'une valeur « publique susceptible d'être cotée à la Bourse, mais « conservent le caractère d'obligations purement « privées, de même nature que tous autres effets à « ordre ou au porteur ; que vainement d'ailleurs la « régie tente de leur contester le caractère d'effets de « commerce, puisqu'ils sont précisément émis par « la *Société générale* comme moyen de favoriser le dé- « veloppement du commerce et de l'industrie, et sont « de sa part une véritable opération de banque ; — « d'où il suit qu'en annulant les contraintes du 20 « mars 1868, le jugement, loin de violer les lois invo- « quées, en a fait une juste application ; — rejette. »
V. dans le même sens : Sol. 19 janv. 1855, 19 fév. 1869, 8 août 1870, 12 sept. 1872.

8461. Abonnement. — Les départements, communes, établissements publics et compagnies pourront s'affranchir des obligations imposées par les articles 27 et 30, en contractant avec l'État un abonnement pour toute la durée des titres. Le droit sera annuel, et de cinq centimes par cent francs du montant de chaque titre. — Le paiement du droit sera fait à la fin de chaque trimestre, au bureau d'enregistrement du lieu où les départements, communes, établissements publics et compagnies auront le siège de leur administration. — En cas d'abonnement, le dernier paragraphe de l'art. 22 et l'art. 28 seront applicables. — 5 juin 1850, art. 31.

8462. *Calcul de la taxe.* — L'art. 27 de la loi du 5 juin 1850 n'a établi aucune différence entre les titres représentatifs, soit des capitaux empruntés, soit des intérêts de ces capitaux, lorsque les uns et les autres sont également revêtus de la forme d'une obligation négociable ; et suivant l'art. 31, le droit d'abonnement doit être calculé par trimestre, d'après la durée réelle et le montant de chaque titre.

Il suit de là que, dans le cas d'abonnement, tout titre ayant la forme d'une obligation négociable donne lieu au paiement du droit depuis le jour où il est souscrit jusqu'au jour où il cesse d'exister. Ce droit est dû à l'expiration de chaque trimestre, savoir : *pour trimestre entier*, sur les titres ayant existé de le premier jusqu'au dernier jour du trimestre ; — *depuis le premier jour du trimestre jusqu'à la date de l'extinction*, sur les titres remboursés pendant le trimestre ; — *depuis le jour de la souscription jusqu'à la fin du trimestre*, sur les titres souscrits pendant le trimestre et non remboursés. — Dél. 17 juin 1851. — D. F. 3 juill. 1851 ; I. 2003-7. — D. F. 11 juill. 1865 ; I. 2341-11.

8463. Dispense de la taxe. — L'abonnement con-

tracté pour le timbre des *obligations* doit être exécuté *pendant toute la durée des titres*, bien que la société soit tombée en faillite, sauf à ne liquider la taxe que sur la valeur admise au passif de la faillite, et non sur le capital nominal. — Seine. 17 janv. 1863; R. P. 1740. — 8 avril 1864; R. P. 1943. — 18 avril 1868; J. E. 18945. — 28 juin 1873, ainsi conçu:

« Attendu que l'engagement de payer des annuités « a été contracté conformément à l'art. 31 de la « loi du 5 juin 1850, pour toute la durée des « titres; — que la dispense portée par l'article 24 de « cette loi ne s'applique qu'aux actions; — que l'art. « 32 révèle manifestement l'intention du législateur « de restreindre cette dispense aux actions, puisque, « déclarant applicables aux obligations, les art. 15, 19, « 23 et 25, il omet à dessein l'art. 24; — que cette in- « tention s'applique par la nature différente des actions « et des obligations, dont les unes perdent le plus « souvent toute valeur par la liquidation ou la faillite, « tandis que les autres y trouvent l'occasion d'exercer « leur droit privilégié sur le fonds social.

La Cour de cassation s'est prononcée en sens contraire par deux arrêts du 8 août 1870 (J. E. 18945; Cont. 14641; R. P. 3194); mais nous n'adoptons pas sa jurisprudence qui nous paraît violer la loi.

8464. Contraventions. — Toute contravention à l'art. 27 et au premier paragraphe de l'art. 28 sera passible, contre les départements, communes, établissements publics et sociétés, d'une amende de dix pour % du montant du titre. — 5 juin 1850, art. 29.

Art. 3. — Questions diverses.

8465. Communication. — Les sociétés, compagnies, assureurs, entrepreneurs de transports et tous autres assujettis aux vérifications des agents de l'enregistrement par les lois en vigueur, sont tenus de représenter auxdits agents leurs livres, registres, titres, pièces de recette, de dépense et de comptabilité, afin qu'ils s'assurent de l'exécution des lois sur le timbre. — Tout refus de communication sera constaté par procès-verbal, et puni d'une amende de 100 à 1,000 fr. — 23 août 1871, art. 22.

8466. Prescription. — Le principe que l'action en recouvrement des droits de timbre dure trente ans, n'est pas applicable à l'action de l'administration qui conteste l'insuffisance d'une déclaration du capital réel d'une part dans une société industrielle. L'art. 14 de la loi du 5 juin 1850 ayant renvoyé, pour la détermination de la valeur, aux règles établies par les lois sur l'enregistrement, a, par là même, appliqué en ce point les règles sur la forme de la déclaration, son contrôle par l'administration et la prescription biennale. — Cass. 19 fév. 1866; 1. 2355-2; J. N. 18496; J. E. 18138.

Les droits de timbre applicables à des actions non déclarées ne sont soumis qu'à la prescription trentenaire. — Seine, 27 déc. 1861; Cont. 12141.

8467. Renouvellement. — Les renouvellements d'*actions* délivrés antérieurement au 1er janvier 1851 ne sont soumis qu'au droit de 5 c. %. — 5 juin 1850, art. 20 et 21.

Il en est de même des titres d'*obligations* :

« Attendu que la loi du 5 juin 1850, réunissant dans « un seul droit ceux du timbre et d'enregistrement, « qui avaient été séparés jusqu'alors, a, par les art. 14 « et 25, assujetti au timbre proportionnel de 50 c. pour « 100 fr. du capital nominal, pour les sociétés dont « la durée n'excéderait pas dix ans, et de 1 fr. pour « 100 fr. pour celles dont la durée dépasserait dix ans, « chaque titre ou certificat d'*action* émis à partir du « 1er janv. 1851, et dont la cession, pour être parfaite « à l'égard des tiers, ne serait pas soumise aux condi- « tions déterminées par l'art. 1690 C. Nap.;

« Attendu que par l'art. 29 elle a aussi frappé d'un « timbre proportionnel de 1 fr. pour 100 fr. les titres « d'*obligations* souscrits à compter du 1er janv. 1851 « par les départements, communes, établissements « publics et compagnies, et dont la cession, pour être « parfaite à l'égard des tiers, n'est pas soumise aux « dispositions dudit art. 1690; — que par l'art. 32 « elle a, au moyen de cet impôt, exempté les cessions « de ces titres d'*obligations* de tout droit et de toute « formalité d'enregistrement;

« Qu'après avoir ainsi réglé l'avenir, elle s'est occu- « pée du passé; — que, prévoyant le cas où des titres « ou certificats d'*actions* délivrés avant le 1er janv. « 1851 l'auraient été en contravention aux lois exis- « tantes, elle a, par l'art. 20, accordé un délai de six « mois pour les faire timbrer à l'extraordinaire, ou « viser pour timbre sans amende, au droit proportion- « nel de 5 c. pour 100 fr., et puni d'une amende de « 12 % du montant des titres la contravention à cette « prescription;

« Qu'elle a, dans la même prévision, accordé, par « l'art. 30, un délai de six mois pour faire timbrer à « l'extraordinaire sans amende ou viser pour timbre « *au droit fixé par les lois existantes*, les titres d'*obli- « gations* souscrites antérieurement au 1er janv. 1851, « et puni d'une amende de 10 % de l'infraction à cette « disposition;

« Que par l'art. 21 elle a assujetti au timbre propor- « tionnel de 5 c. p. 100 fr. les renouvellements des « titres ou certificats d'*actions* délivrés antérieurement « au 1er janv. 1851, et au droit d'enregistrement fixé « par les lois anciennes les cessions de titres ainsi re- « nouvelés;

« Que cette dernière disposition, en même temps « qu'elle rendait hommage au principe de non-rétroac- « tivité des lois, avait pour objet de mettre un terme « aux incertitudes qui existaient alors sur la quotité « du droit de timbre à percevoir sur les *actions;*

« Que cette difficulté n'existant pas relativement au « droit de timbre des *obligations*, il était inutile de « rappeler les dispositions de l'art. 21 pour les appli- « quer au renouvellement des titres d'*obligations* déli- « vrés avant le 1er janv. 1851; que le silence de la loi « sur ce point a suffi pour laisser leur empire aux lois « antérieures, qui fixaient à 5 c. par 100 fr. le droit

« de timbre, indépendamment du droit d'enregistrement de 1 fr. par 100 fr. pour les cessions d'obligations ;

« Qu'en effet l'ancienne loi subsiste et conserve son effet tant qu'elle n'est point abrogée, soit en termes exprès, soit par des dispositions nouvelles inconciliables avec elles ; — qu'on ne peut admettre, avec la régie, que l'art. 27 s'applique aux renouvellements de titres d'*obligations* souscrits avant le 1er janv. 1851, aussi bien qu'aux titres d'obligations qui ont été souscrits avant cette époque ;

« Que le texte de cet article résiste à cette supposition ; qu'elle n'est pas moins contraire soit à l'équité, qui ne permettait pas de soumettre le renouvellement des titres d'obligations à un droit d'enregistrement qu'ils avaient déjà payé au moment de leur émission, soit à l'esprit de la loi de 1850, qui a voulu appliquer, autant que possible, aux obligations les règles qu'elle a établies pour les actions. » — Cass. 29 avril 1861 ; I. 2201-7.

8468. *Loi du 23 août 1871.* — Si le renouvellement est opéré sous l'empire de la loi du 23 août 1870, le droit de timbre applicable est de 10 c. %. — Sol. 29 juin 1873.

8469. Restitution. — Du moment que le receveur a fait une exacte application du tarif à la déclaration faite au nom de la compagnie, aucune restitution de droits perçus ne peut être effectuée, quelle que soit l'erreur commise par la partie. — D. F. 26 oct. 1863. — Sol. 29 fév. 1868. — Seine, 25 juin 1873 ; R. P. 3752.

8470. Souscription. — La souscription par une personne à un certain nombre d'actions d'une société en voie de formation n'est autre chose qu'une adhésion aux statuts. Cet acte doit être fait sur timbre de dimension. — Sol. 23 juill. 1858.

Sect. II. — Droit de transmission.

Art. 1. — Transmissions gouvernées par la loi de 1857.

8471. Deux tarifs. — Indépendamment des droits établis par le titre 2 de la loi du 5 juin 1850, toute cession de titres ou promesses d'actions et obligations dans une société, compagnie ou entreprise quelconque, financière, industrielle, commerciale ou civile, quelle que soit la date de sa création, est assujettie, à partir du 1er juillet 1857, à un droit de transmission de 50 centimes par 100 francs de la valeur négociée. — Ce droit, pour les titres au porteur et pour ceux dont la transmission peut s'opérer sans un transfert sur les registres de la société, est converti en une taxe annuelle et obligatoire de 20 centimes par 100 francs du capital desdites actions et obligations, évalué par leur cours moyen pendant l'année précédente, et, à défaut de cours dans cette année, conformément aux règles établies par les lois sur l'enregistrement. — Ces droits ne sont passibles d'aucun décime. — 23 juin 1857, art. 6. — 16 sept. 1871, art. 11. — 30 mars 1872, art. 1. — 29 juin 1872, art. 3. — 30 déc. 1873, art. 2. (I. 2475).

Ces droits sont applicables à la transmission des obligations des départements, des communes, des établissements publics et de la société du crédit foncier. — 16 sept. 1871, art. 11.

8472. *Distinction.* — D'après le texte formel de la loi, la taxe annuelle et obligatoire de 20 c. % est établie *pour les titres au porteur et pour les titres nominatifs dont la transmission peut s'opérer sans un transfert sur les registres de la société.*

Il en résulte que, pour échapper à la taxe annuelle et être assujetti au droit de 50 c. %, un titre doit réunir deux conditions : 1° il doit être *nominatif ;* 2° il doit n'être transmissible que par voie de *transfert* sur les registres de la société. Si l'une de ces deux conditions fait défaut, ce n'est plus le droit de transfert qui est applicable, mais la taxe annuelle. Tel est le principe consacré par une jurisprudence constante. — Sol. 17 août et 22 sept. 1858. 3, 4, 8 et 12 fév. et 26 avril 1859. — Seine, 13 août 1859 ; Cont. 10214. — 16 mars 1860 ; J. E. 17135. — Cass. req. 4 avril 1860 ; Sir. 60 1. 811 ; I. 2174-3 ; J. E. 17135 ; J. N. 16832. — Sol. 27 juin 1860. — Mulhouse, 14 nov. 1861 ; Cont. 12127. — Cognac, 11 juin 1861 ; R. P. 1571. — Auxerre, 22 janv. 1862 ; J. E. 17431. — Cass. civ. 2 fév. 1863 ; Sir. 63. 1. 215 ; I. 2244-2 ; J. E. 17699. — Dunkerque, 25 juin 1864 ; J. E. 17907. — Saint-Malo, 4 fév. 1865 ; J. E. 17960. — Sol. 4 fév. 1865. — Valenciennes, 10 août 1865 ; J. E. 18237. — Cass. civ. 27 fév. 1866 ; Sir. 66. 1. 174 ; I. 2348-5 ; J. E. 18142. — 24 avril 1867 ; I. 2358-7 ; J. E. 18426. — Montpellier, 9 déc. 1867 ; J. E. 18537. — Lyon, 28 mars 1868 ; J. E. 18665.

8473. *Silence des statuts.* — Lorsque les statuts d'une société n'ont rien réglé touchant le mode de transfert des actions nominatives, ce transfert peut avoir lieu, non-seulement au moyen de l'inscription sur les registres sociaux, mais encore par tout autre mode du droit commun ; la taxe annuelle de 20 c. % est, par conséquent, exigible. — Cass. req. 4 déc. 1867 ; Sir. 68. 1. 39 ; I. 2362-5 ; R. P. 2560 ; J. E. 18462. — Seine, 18 août 1866 ; J. E. 18673. — Cass. 4 déc. 1867 ; I. 2362-5 ; J. E. 18462 ; J. N. 19123. — 15 déc. 1869 ; I. 2398-6 ; J. E. 18884 ; J. N. 19785 ; Cont. 14497 ; R. P. 3064. — 15 mars 1870 ; I. 2402-5 ; J. E. 18922 ; J. N. 19897.

8474. *Cession par endossement avec déclaration de transfert.* — C'est le droit de 50 c. % et non la taxe annuelle de 20 c. % qui est dû sur les actions nominatives d'une société qui sont transmissibles par voie d'endossement, lorsqu'il est stipulé dans les statuts que la transmission n'aura d'effet à l'égard de la société qu'autant que le transfert aura été régularisé par le cédant et le cessionnaire sur un registre spécialement tenu au siége de la société, cette déclaration, qui est exigée du cédant et du cessionnaire, constituant non

une simple mesure d'ordre intérieur, mais une condition essentielle de la transmission des titres et qui se rattache à l'endossement dont elle est le complément. — Marseille, 3 juin 1862; J. E. 17988. — Béthune, 23 avril 1866; J. E. 18273. — Cass. civ. 2 arr. 5 mars 1867; Sir. 67. 1. 136; J. E. 18342; R. P. 2438. — Sol. 22 janv. 1868. — Cass. 2 arr. 26 janv. 1869; J. E. 18669, 18673; R. P. 2836, 2898 — 8 déc. 1869; I. 2398-4; J. E. 18887; J. N. 19815; Cont. 14493.

L'un des arrêts du 26 janv. 1869 est ainsi conçu :

« Vu les art. 6 et 7 de la loi du 23 juin 1867; — « attendu, en droit, que si, aux termes de ces articles, « les actions et obligations des sociétés, aliénables par « la voie de l'endossement, sont soumises à une taxe « annuelle de 12 cent. de leur capital, c'est par suite « d'une exception au principe général qui veut que le « droit proportionnel soit dû seulement sur chaque « mutation et sur l'acte qui la constate; que cette « exception doit être renfermée dans ses termes et ne « saurait être étendue à des cas autres que ceux « qu'elle a prévus; — attendu, en fait, que si l'art. « 9 des statuts de la société Noël et Cⁱᵉ porte que « les actions de la société sont transmissibles par voie « d'endossement, il dit aussi que la transmission « n'aura d'effet, à l'égard de la société, qu'autant que « le transfert aura été régularisé par le cédant et le ces- « sionnaire sur un registre spécialement tenu au siége « de la société; que la restriction que renferme cette « dernière disposition est formelle; que la déclaration « qu'il exige du cédant et du cessionnaire constitue, « non une simple mesure d'ordre intérieur, mais une « condition essentielle de la transmission du titre et « qui se rattache à l'endossement dont elle est le com- « plément; que la transmission des actions dont il « s'agit ne s'opérant ainsi d'une manière définitive « qu'au moyen d'un transfert sur les registres de la « société, rentrait, par conséquent, dans la règle géné- « rale et ne pouvait, dès lors, être assujettie à la taxe « exceptionnelle de 12 c. °/₀ fr. et par an du capital « social; — d'où il suit qu'en décidant, dans ces cir- « constances, que cette taxe était due, le jugement « attaqué a faussement appliqué et par suite violé les « deux articles ci-dessus visés; — casse. »

8475. *Modifications des statuts.* — La taxe annuelle de 20 c. °/₀ cesse d'être exigible à partir du jour où les statuts modifiés en assemblée générale, mentionnent qu'une cession d'actions ne sera parfaite à l'égard de la société qu'au moyen d'une déclaration de transfert inscrite sur les registres tenus au siége social. — Mulhouse, 14 nov. 1861; Cont. 12127. — Sol. 4 mai 1866.

8476. Conversion. — Dans les sociétés qui admettent le titre au porteur, tout propriétaire d'actions et d'obli- gations a toujours la faculté de convertir ses titres au porteur en titres nominatifs, et réciproquement. — Dans l'un et l'autre cas, la conversion donne lieu à la perception du droit de transmission. — 23 juin 1857, art. 8.

8477. Déclaration d'existence et de modifications. — Les compagnies, sociétés et entreprises dont les actions et obligations sont assujetties au droit de transmission établi par l'art. 6 de la loi du 23 juin 1857, seront tenues de faire, au bureau de l'enregistrement du lieu où elles auront le siége de leur principal établissement, une déclaration constatant : 1° l'objet, le siége et la durée de la société ou de l'entreprise; 2° la date de l'acte constitutif et celle de l'enregistrement de cet acte; 3° les noms des directeurs ou gérants ; 4° le nombre et le montant des titres émis, en distinguant les actions des obligations. et les titres nominatifs des titres au porteur. — Cette déclaration devra être faite dans le mois de la constitution définitive. — En cas de modifications dans la constitution sociale. de change- ments de siége, de remplacement du directeur ou gé- rant, d'émission de titres nouveaux, lesdites sociétés, compagnies et entreprises devront en faire la déclara- tion, dans le délai d'un mois, au bureau qui aura reçu la déclaration primitive. — D. 17 juill. 1857, art. 1.

8478. Paiement des droits. — A la fin de chaque trimestre. lesdites sociétés sont tenues de remettre au receveur de l'enregistrement du siége social le relevé des transferts et des conversions, ainsi que l'état des actions et obligations soumises à la taxe annuelle. — 23 juin 1857, art. 7.

Si aucun mouvement ne s'est produit dans les titres, il y a lieu de déposer un certificat négatif, afin qu'il soit bien constaté qu'aucun droit n'est dû. — Sol. 21 mars 1866; J. E. 18251.

Si la société a été déclarée en faillite, il n'y a plus lieu au paiement des droits ni à la remise des états. — Cass. 23 mai 1870; I. 2403-3; Cont. 14604.

Mais si la faillite n'a pas été déclarée. les déclarations doivent être fournies et l'impôt acquitté, lors même que les actions seraient sans valeur ; — Seine. 13 août 1858; Cont. 11492. — ou que la société ne réaliserait pas de bénéfices. — Sol. 19 déc. 1857.

8479. *Droit de 50 c. °/₀.* — Le droit pour les titres nominatifs, dont la transmission ne peut s'opérer que par un transfert sur les registres de la société, est perçu au moment du transfert, pour le compte du Trésor, par les sociétés, compagnies et entreprises, qui en sont constituées débitrices par le fait du trans- fert. — 23 juin 1857, art. 7.

Le droit de 50 c. par 100 francs, établi par les art. 6 et 8 de la loi du 23 juin 1857 sur les transferts des actions et obligations nominatives, ainsi que sur les conversions de titres, sera acquitté, conformément à l'art. 7 de la même loi, par les sociétés, compagnies et entreprises, au bureau de l'enregistrement du siége social, après l'expiration de chaque trimestre, et dans les vingt premiers jours du trimestre suivant. — Le relevé des transferts et des conversions sera re- mis au receveur de l'enregistrement lors de chaque versement. — Ce relevé énoncera : 1° la date de chaque opération; 2° les noms, prénoms et domicile du cédant et du cessionnaire ou du détenteur des titres convertis

3° la désignation et le nombre des actions et obligations transférées ou converties ; 4° le prix de chaque transfert ou la valeur des actions et obligations converties ; 5° le total, en toutes lettres, de la somme soumise au droit de 50 cent. par 100 francs. — D. 17 juill. 1857, art. 2.

8480. *Titres convertis.* — La valeur des actions et obligations converties sera établie, pour celles cotées à la Bourse, d'après le dernier cours moyen constaté avant le jour de la conversion, et pour les autres, conformément à l'article 16 de la loi du 22 frimaire an 7. — Id. art. 3.

8481. *Transferts faits à titre de garantie.* — Les transferts faits à titre de garantie, n'emportant pas transmission de propriété, feront l'objet d'un état spécial joint au relevé trimestriel qui doit être remis au receveur de l'enregistrement, conformément à l'article 2 du présent règlement. — Il ne sera pas tenu compte de ces transferts dans la liquidation des droits. — Id. art. 4.

L'exemption des droits est applicable aux transferts, même purs et simples en la forme, opérés au profit de la Banque de France pour garantir les avances faites conformément à la loi du 17 mai 1834. — Sol. 15 oct. 1859.

8482. *Taxe de 20 c. %.* — Pour l'acquittement de la taxe établie sur les titres au porteur et ceux dont la transmission peut s'opérer sans un transfert sur les registres, les sociétés formeront un état distinct des actions et des obligations de cette nature existantes au dernier jour de chacun des trimestres de janvier, avril, juillet et octobre, et elles le déposeront entre les mains du receveur de l'enregistrement du lieu de l'établissement. — Cet état mentionnera le cours moyen, pendant l'année précédente, des actions et obligations cotées à la Bourse. A l'égard de celles non cotées dans le cours de cette année, il contiendra une déclaration estimative faite conformément à l'article 16 de la loi du 22 frimaire an 7. — La taxe sera payée dans les vingt jours qui suivront l'expiration de chaque trimestre, et perçue, pour le trimestre entier, d'après la situation établie conformément au premier paragraphe du présent article. — En ce qui concerne les compagnies qui seront créées après l'ouverture d'un trimestre, le droit ne sera liquidé, pour la première fois, que proportionnellement au nombre de jours écoulés depuis leur constitution. — D. 17 juill. 1857, art. 5.

8483. *Quand le titre est soumis à la taxe.* — Le titre est assujetti à la taxe dès qu'il est souscrit.

Il importe peu que les titres n'aient pas été délivrés et même qu'ils soient restés adhérents à la souche. — Sol. 23 nov. 1859, 4 févr. 1865. — Lyon, 23 mai 1868 ; R. P. 3024.

« Considérant qu'il résulte de l'acte reçu par « Me Lefebvre, notaire à Valenciennes, le 4 févr. 1863, « enregistré, et de l'acte sous seings privés des 30 juill.

« et 2 août de la même année, déposé en l'étude dudit « notaire le 6 octobre suivant, que les actions for-« mées entre le sieur Damois Boursier père et ses cinq « enfants ne sont pas de celles dont la transmission ne « peut s'opérer que par un transfert sur les registres de « la société ; les demandeurs ne soutiennent pas le « contraire, ils se bornent seulement à prétendre que « la taxe annuelle n'atteint que les titres d'actions « qui peuvent circuler de main en main, que ceux « qui, par conséquent, ont été délivrés aux actionnai-« res, et non ceux qui, comme dans l'espèce, sont « restés annexés à la souche ; — considérant qu'un « pareil système n'est pas admissible, parce que, sous « prétexte d'interpréter la loi, il la transforme et la « dénature, en y introduisant une distinction qu'elle « n'a pas faite ; au contraire, le décret du 17 juill. « 1857 est en parfaite harmonie avec la loi du 27 juin « précédent, pour l'exercice de laquelle il a été rendu, « lorsque dans les art. 1er, 7 et 8, il prend pour « point de départ de l'exigibilité de la taxe annuelle, « non la délivrance des actions, mais la date de la « constitution de la société ; qu'en vain, pour sou-« tenir le contraire, les demandeurs arguent de ce « que disait le rapporteur de la commission de 1857, « en parlant de la taxe annuelle : c'est la circulabilité « qu'on veut atteindre indirectement ; qu'autre chose « est la circulabilité, autre chose est la circulation ; « l'un de ces mots indique un fait possible, l'autre « un fait réalisé, et par conséquent, en s'expliquant « de la sorte, M. Alfred Leroux n'a fait qu'indiquer « la seule distinction qui se trouve dans la loi, « c'est-à-dire celle entre les titres dont la transmission « peut s'opérer sans un transfert sur les registres de « la société et ceux dont la transmission ne peut s'o-« pérer sans ledit transfert ; — que plus vainement « encore les demandeurs arguent de la loi du 25 juin « 1850, d'après laquelle (art. 14, 16, 17 et 20) les « titres passibles d'un droit ne sont que ceux délivrés, « c'est-à-dire ceux tirés d'un registre à souche et mis « en circulation, puisqu'à la différence de la loi de « 1859, qui crée un droit à forfait sur des mutations « effectives ou présumées, la loi de 1850 n'établit « qu'un droit de timbre, c'est-à-dire un droit qui, « étant le prix d'une empreinte spéciale sur les titres, « n'a aucun rapport avec celui qui grève la trans-« mission de la propriété de ces mêmes titres. » — Valenciennes, 10 août 1865.

Mais les titres ne peuvent être considérés comme souscrits par ce fait seul qu'une société de crédit s'est chargée de la souscription. — Seine, 22 janv. 1870 ; R. P. 3295.

8484. *Titres émis après l'ouverture d'un trimestre.* — Bien que la disposition finale de l'article 5 ne s'applique textuellement qu'aux *compagnies* créées dans le cours d'un trimestre, on l'applique cependant aux titres émis dans le cours d'un trimestre par une compagnie déjà existante. Dans ce cas, l'impôt n'est dû qu'en raison du nombre de jours écoulé depuis l'émission. — Sol. 18 juin 1870.

8485. *Titres amortis ou convertis dans le cours du trimestre.* — Le droit, d'après le décret, est établi en raison des titres existant au dernier jour du trimestre. Il s'ensuit qu'un titre émis le dernier jour du trimestre supporte le droit pour le trimestre entier, et qu'un titre amorti ou converti le dernier jour du trimestre précédent n'entre pas en ligne de compte pour la fixation de l'impôt afférent au trimestre qui suit. — Sol. 9 oct. 1857, 19 juill. 1873.

8486. *Qui doit payer la taxe.* — La taxe est avancée chaque trimestre par les sociétés, compagnies et entreprises, sauf recours contre les porteurs des titres. — 23 juin 1857, art. 7.

8487. *Cours moyen annuel.* — Le cours moyen qui, suivant l'art. 6 de la loi du 23 juin 1857, doit servir de base à la perception de la taxe sur les titres au porteur, sera établi en divisant là somme des cours moyens de chacun des jours de l'année, par le nombre de ces cours. — A l'égard des valeurs cotées dans les bourses des départements et à la bourse de Paris, il sera tenu compte exclusivement des cotes de cette dernière bourse pour la formation du cours moyen. — D. 17 juill. 1857, art. 7.
Les cours moyens annuels sont établis par la chambre syndicale des agents de change de Paris. — I. 2104-4.

8488. *Titres donnés en garantie.* — L'exemption de taxe accordée par l'art. 4 du décret du 17 juill. 1857 ne s'applique point aux transferts faits à titre de garantie de titres au porteur, et ne concerne que les titres nominatifs dont la transmission ne peut s'opérer que par un transfert sur les registres de la société. Il importe peu, en effet, qu'au lieu d'être délivrés, les titres au porteur aient été donnés en nantissement; à la vérité, l'art. 4 du décret dispose qu'il ne sera pas tenu compte, pour l'application des droits, des transferts faits à titre de garantie n'emportant pas transmission; mais cette disposition, écrite, ainsi que ses termes mêmes l'indiquent, en vue des titres sur lesquels le droit ne devient exigible que par le fait de la transmission, est inapplicable à ceux sur lesquels le droit est dû à raison de leur seule existence. — Seine, 26 déc. 1868 et 8 janv. 1870; R. P. 2960, 3296. — Cass civ. 6 avril 1870; I. 2402-8; J. E. 18925; Cont. 14568.

8489. *Sociétés nouvelles.* — Les titres au porteur des sociétés nouvellement formées ne supporteront la taxe, dans le courant de la première année de la constitution, qu'après une déclaration estimative, faite par ces sociétés, de la valeur de leurs titres, conformément à l'art. 16 de la loi du 22 frim. an 7. — D. 17 juill. 1857, art. 8.

8490. *Certification des relevés.* — Les états relevés et déclarations qui seront fournis au receveur de l'enregistrement, conformément aux articles précédents, seront certifiés véritables par les directeurs ou gérants des sociétés, compagnies ou entreprises. — Id. art. 6.

8491. *Titres non libérés.* — Le droit de transmission et la taxe annuelle ne doivent être perçus que sur la valeur négociée, déduction faite des versements restant à faire sur les titres non entièrement libérés. — 30 mars 1872, art. 1.

8492. Communication. — Les dépositaires des registres à souche et des regist es de transferts et conversions de titres de sociétés, compagnies et entreprises, seront tenus de les communiquer sans déplacement, ainsi que toutes les pièces et documents relatifs auxdits transferts et conversions, aux préposés de l'enregistrement, à toute réquisition, et de leur laisser prendre, sans frais, les renseignements, extraits et copies qui seront nécessaires dans l'intérêt du Trésor public, à peine de l'amende prononcée par l'art. 10 de la loi du 23 juin 1857, pour chaque refus. — Le refus de la société ou de ses agents sera établi, jusqu'à inscription de faux, par le procès-verbal du préposé, affirmé dans les vingt-quatre heures. — D. 17 juill. 1857, art. 9.

8493. Contraventions. — Toute contravention aux dispositions de la loi du 23 juin 1857 et à celles des règlements qui ont été faits pour leur exécution, est punie d'une amende de 100 fr. à 5.000 fr., sans préjudice des peines portées par l'art. 39 de la loi du 22 frim. an 7, pour omission ou insuffisance de déclaration. — 23 juin 1857, art. 10.
En cas d'infraction aux dispositions du décret du 17 juill. 1857 ou de retard, soit dans le paiement des droits, soit dans le dépôt des états, relevés et déclarations prescrits par le même décret, les sociétés, compagnies et entreprises seront passibles de l'amende prononcée par l'article 10 de la loi du 23 juin 1857, sans préjudice des peines portées par l'article 39 de la loi du 22 frimaire an 7, pour omission ou insuffisance de déclaration. — En cas d'omission ou d'insuffisance dans les états, relevés et déclarations, la preuve en sera faite comme en matière d'enregistrement. — D. 17 juill. 1857, art. 12.

8494. *Erreur.* — Les peines prononcées par les dispositions ci-dessus sont applicables dès qu'il y a infraction, fût-elle le résultat d'une simple erreur de comptabilité. — Seine, 26 déc. 1868; I. 2402-8.

8495. *Fixation de l'amende.* — L'amende est déterminée par l'administration, et, en cas d'instance, par les tribunaux. — Cognac, 8 avril 1867. — Seine, 5 déc. 1867; R. P. 2607. — Lyon, 28 mai 1868; R. P. 3024.

8496. *Preuve de l'insuffisance.* — L'administration est fondée à établir les insuffisances de l'évaluation d'actions dans les sociétés, pour la perception de la taxe, par des actes de vente de ces actions opérées

avant et après la déclaration de la compagnie. — Seine, 5 août 1859; J. E. 17036. — Angers, 23 déc. 1865; R. P. 2460.

8497. Restitution. — Il y a lieu à restitution, si, dans les deux ans de la perception, il est justifié :

Que des titres nominatifs ont été déclarés comme titres au porteur; — Sol. 24 juill. 1861.

Que des titres non émis ont été déclarés comme titres émis; — Sol. 6 déc. 1859.

Que des titres amortis ont été déclarés comme encore existants. — Sol. 6 déc. 1859.

Art. 2.—Transmissions non régies par la loi de 1857.

8498. Parts non négociables. — La loi de 1857 n'atteint que les titres négociables. S'il s'agit de parts non représentées par des titres négociables, c'est l'art. 69, § 2, n° 6, qui est applicable. — Seine, 16 mars 1860; Cont. 11770. — V. *Société*.

8499. Exemptions spéciales. — Sont exemptes de l'impôt établi par la loi de 1857, en vertu de traités homologués par des lois spéciales, les actions des compagnies des *Trois-Canaux*, des *Quatre-Canaux*, du *canal de Bourgogne*, et du *canal d'Arles à Bouc*. — D. F. 25 mai 1858.

8500. Transmission par donation entre-vifs et par succession. — Les titres transmis par succession ou donation entre-vifs supportent les droits de mutation ordinaires et sont, dès lors, exempts de ceux établis par la loi de 1857. Mais ceci ne doit s'entendre que du droit de transfert, et non de la taxe annuelle. — D. F. 4 nov. 1857; I. 2111-3. — V. *Donation, Succession*.

8501. Conversion. — Il est évident, du reste, que la conversion opérée par le donataire ou l'héritier est une opération distincte, tombant sous l'application de la loi de 1857. — Sol. 26 janv. 1864.

8502. Transferts d'ordre au nom des agents de change. — L'agent de change n'est pas réputé propriétaire des titres qu'il a acquis par l'ordre d'un client, bien qu'il les ait fait immatriculer en son nom personnel :

« Considérant, en effet, qu'aux termes de la législa- « tion spéciale à la profession des agents de change, « ces derniers ne peuvent agir que comme manda- « taires; qu'il leur est interdit, sous des peines déter- « minées, d'acheter ou de vendre pour leur compte « personnel, de telle sorte qu'ils ne sauraient être con- « sidérés comme propriétaires des titres ou valeurs « qu'ils achètent eux-mêmes; — que si, dans l'espèce, « les huit actions dont il s'agit portent l'immatricule « du nom de Banès, ce fait est la réalisation d'une me- « sure d'ordre en usage, ayant son explication dans la « nécessité de se conformer au secret exigé par la loi,

« le nom des clients intéressés ne devant être connu ni « des tiers, ni même des confrères avec lesquels stipule « l'agent de change; que l'immatriculation opposée « par les intimés a tellement ce caractère provisoire, « que, dans l'usage, l'immatriculation définitive, faite « au nom du client acheteur, n'est soumise qu'à un « droit unique de transfert, alors que les deux droits « devraient être exigés, si la propriété avait un moment « fait impression sur la tête de l'agent de change; — « considérant que l'agent de change mandataire fait « son mandant propriétaire des valeurs qu'il a reçu « l'ordre d'acheter pour lui. » — C. Paris, 6 juill. 1870; Cont. 14869.

Il résulte des mêmes principes que les *transferts d'ordre* passés au nom des agents de change, en leur qualité d'intermédiaires légaux de la négociation, sont exempts de tout droit. — Sol. 10 fév. 1858, 21 mars 1862, 4 janv. 1872.

8503. Actions immobilisées de la Banque de France. — Des actions de la Banque de France, immobilisées par le propriétaire, en vertu de l'art. 17 du décret du 16 janvier 1808, conservent, de plein droit, après la vente qui en est faite, le caractère d'immeubles entre les mains de l'acquéreur; de telle sorte qu'elles restent soumises, comme précédemment, aux lois concernant les priviléges et hypothèques. En conséquence, lorsque l'acquéreur vend à son tour ces actions ainsi immobilisées, le droit de 5. 50 % est exigible, si, du reste, les clauses du contrat n'établissent pas que les actions cédées ont dû prendre le caractère de meubles par l'effet de la cession. — Seine, 19 déc. 1832; I. 1422-2. — Cass. req. 22 mai 1833; Sir. 33. 1. 517; I. 1437-2; J. E. 10615. — Dél. 24 juill. 1863; R. P. 1962.

8504. Cession mobilière. — Si, après le décès d'une personne qui avait déposé des actions de la Banque de France, il est déclaré dans un acte notarié, par sa veuve et sa fille et unique héritière, que ces actions étaient la propriété du mari de celle-ci, et que la succession n'y a aucun droit, le droit de cession à 50 c. % est exigible comme cession d'actions; car, même en admettant que la transmission n'avait eu que fictive entre le gendre et le beau-père, elle n'en a pas moins un caractère définitif aux yeux de l'administration, ce qui suffit pour autoriser la perception du droit de rétrocession. — Seine, 28 juin 1849; J. E. 14825.

8505. Intérêts. — Un père a placé, pour le compte de sa fille mineure, une somme de 10,000 fr. en valeurs d'actions de la Banque de France. Les actions ayant baissé lors de la reddition de son compte, le père rend à la fille les 10,000 fr. et redevient propriétaire des actions. Il est dû un droit de cession de la fille au père à raison de 50 c. % sur le capital et les intérêts indistinctement, par le motif que l'intérêt des actionnaires de la Banque ne consiste que dans le produit annuel des actions. — D. F. 31 janv. 1815; J. E. 5309.

Ch. III. — Valeurs étrangères.

Sect. I. — Titres des gouvernements étrangers.

8506. Quotité du droit de timbre. — Les titres de rentes, emprunts et tous autres effets publics des gouvernements étrangers sont soumis à un droit de timbre fixé : — à 75 centimes pour chaque titre de 500 fr. et au-dessous ; — à 1 fr. 50 cent. pour chaque titre de 500 fr. jusqu'à 1.000 fr. ; — à 3 fr. pour chaque titre au-dessus de 1.000 fr. jusqu'à 2,000 fr., et ainsi de suite à raison de 1 fr. 50 c. par 1,000 fr. ou fraction de 1,000 fr. — Ce droit n'est pas assujetti aux décimes. — 13 mai 1863, art. 6. — 8 juin 1864, art. 7. — 25 mai 1872, art. 1.

8507. *Comment les titres sont timbrés.* — Les titres sont timbrés au moyen d'une mention de visa pour timbre. — 30 mars 1872, art. 2.

8508. Liquidation du droit. — Le droit est perçu sur la valeur nominale du titre. La valeur des monnaies étrangères en monnaies françaises est fixée annuellement par un décret. — 13 mai 1863, art. 6. — 25 mai 1872, art. 1. — I. 2446.

8509. Exigibilité du droit. — Le droit devient exigible lorsqu'il y a *transmission, usage, émission* ou *souscription.*

8510. *Transmission.* — Aucune transmission des titres énoncés ci-dessus ne peut avoir lieu avant que ces titres aient acquitté le droit de timbre. — 13 mai 1863, art. 7.

8511. *Usage.* — Nul ne peut négocier, exposer en vente ou énoncer dans des actes de prêt, de dépôt, de nantissement ou dans tout autre acte ou écrit, à l'exception des inventaires, des titres étrangers qui n'auraient pas été admis à la cote ou n'auraient pas été dûment timbrés. — Tout acte, soit public, soit sous seings privés, qui énoncera un titre de rente ou effet public d'un gouvernement étranger, ou tout autre titre étranger non coté aux bourses françaises, devra indiquer la date et le numéro du visa pour timbre apposé sur ce titre, ainsi que le montant du droit payé. — Chaque contravention à ces dispositions pourra être constatée, dans tous les lieux ouverts au public, par les agents qui ont qualité pour verbaliser en matière de timbre ; elle sera punie d'une amende de 5 % de la valeur nominale des titres qui seront négociés, exposés en vente, énoncés dans les actes, ou dont il aura été fait usage. En aucun cas, l'amende ne pourra être inférieure à 50 fr. — Toutes les parties seront solidaires pour le recouvrement des droits et amendes. — Une amende de 50 fr. sera encourue personnellement par tout officier public ou ministériel qui aura contrevenu aux dispositions qui précèdent. — 30 mars 1872, art. 2. — « Ces dispositions sont applicables aux titres de « rentes, emprunts et tous autres effets publics des « gouvernements étrangers. »

« Mais il importe d'en bien préciser le sens et la « portée.
« Les droits de timbre sont dus :
« Quand les titres sont *négociés* : la négociation « constitue en effet le principal usage des titres ;
« Quand ils sont *exposés en vente* : la mise en vente « n'implique pas nécessairement, à la vérité, l'aliéna- « tion effective, mais elle manifeste l'intention d'aliéner « d'une manière suffisante pour rendre exigible le « paiement du droit ;
« Quand les titres sont *énoncés dans un acte de prêt ou* « *de nantissement :* le prêt et le nantissement contiennent « l'un et l'autre le principe d'une aliénation. Celui qui « prête son titre à quelqu'un pour qu'il en fasse res- « source en autorise la vente ; — celui qui le donne en « nantissement le soumet à une aliénation éventuelle « pour le cas où l'obligation garantie ne serait pas « exécutée conformément aux conventions des parties ;
« Quand les titres sont *énoncés dans un acte de dépôt.*
« Il est nécessaire de donner quelques explications « pour préciser exactement le sens de cette disposition.
« L'énonciation de titres étrangers dans un acte de « dépôt ne donne pas toujours lieu à la perception des « droits de timbre. En effet, si quelquefois les actes « de dépôt contiennent le germe d'une transmission « éventuelle, dans d'autres cas, au contraire, ils n'im- « pliquent aucune disposition, aucun usage légal.
« Lorsque le titre est déposé pour servir de gage, « conformément à l'art. 2076 du Code civil, le créancier « gagiste acquiert un droit sur cette valeur ; il est donc « tout naturel, dans ce cas, que la formalité du timbre « soit exigée par application du principe de la loi du « 13 mai 1863.
« Il y a même des dépôts purs et simples qui donnent « lieu au paiement du droit de timbre : ce sont ceux « qui sont faits par acte notarié ou en exécution d'un « mandat de justice.
« Mais lorsque les dépôts sont faits uniquement en « vue de mettre les valeurs qui en sont l'objet en plus « grande sécurité, de les soustraire aux chances de « vol, d'incendie ou autres causes de perte (ce qui a « lieu lorsqu'on les dépose à la Banque de France ou « dans les caisses d'une société financière), les droits « de timbre ne sont plus exigibles. Il n'y a pas là usage « légal dans le sens de l'art. 2 de la loi du 30 mars « 1872 ; ces titres ne sont pas mis en circulation ; ils « restent toujours à la disposition absolue et exclusive « du déposant.
« L'article ajoute : *ou dans tout autre acte ou écrit.* « Une observation est encore nécessaire ici pour éviter « une interprétation erronée : les titres énoncés dans « des actes ou écrits quelconques ne sont soumis éga- « lement à la formalité de l'enregistrement que lorsque « ces acte ou écrit constatant une transmission directe « ou indirecte, immédiate ou future, définitive ou « éventuelle. » — *Rapport de la commission.*

8512. *Emission et souscription.* — Aucune émission ou souscription de titres de rentes ou effets publics des gouvernements étrangers ne peut être annoncée, publiée

ou effectuée en France, sans qu'il ait été fait. dix jours à l'avance, au bureau de l'enregistrement de la résidence, une déclaration dont la date est mentionnée dans l'avis ou annonce. — Les titres ou les certificats provisoires de titres souscrits ou émis en France ne pourront être remis aux souscripteurs ou preneurs sans avoir préalablement acquitté les droits de timbre fixés par la loi. — Si le droit a été payé sur le certificat provisoire, le titre définitif correspondant sera timbré sans frais sur la représentation de ce certificat. — 25 mai 1872. art. 2.

8513. *Renouvellement.* — La loi dispose que si le droit a été payé sur le certificat provisoire, le titre définitif correspondant sera timbré sans frais sur la représentation de ce certificat. Cette disposition, que le rapporteur appelle *une dérogation libérale aux principes de la matière*, a dû faire l'objet d'une mention formelle dans la loi ; « car le droit de timbre, étant, par essence, un droit de consommation du papier, ne peut jamais être remboursé ni être admis en compensation des droits de timbre exigibles sur un autre titre, fût-il de même nature ». (*Exposé des motifs.*)

Il suit de là qu'en cas de *renouvellement*, pour une cause quelconque, d'un titre de rente ou effet public d'un gouvernement étranger, un nouveau droit de timbre deviendra exigible, et qu'il n'y a pas lieu d'appliquer à ce cas les dispositions de l'art. 17 de la loi du 5 juin 1850, qui est spécial aux actions des sociétés. D'ailleurs, il ne faut pas perdre de vue que le droit de timbre des actions, qui ont toujours une durée limitée, est de 1 %, tandis que le tarif nouveau applicable aux rentes étrangères, qui sont perpétuelles, n'est que de 1 fr. 50 c. par 1,000 francs. — I. 2446.

8514. *Souscriptions reçues en France à un emprunt émis sur une place étrangère.* — En présence des termes généraux de l'article 2, on a demandé, lors de la discussion, si un banquier français qui n'aurait ni mission, ni pouvoir pour émettre les titres d'un gouvernement étranger, pourrait néanmoins recevoir des souscriptions sans que cette opération donnât ouverture au droit de timbre. — Le rapporteur a répondu à cette question ainsi qu'il suit :

« M. *Mathieu-Bodet*, rapporteur. — L'honorable « M. de Soubeyran suppose qu'un gouvernement « étranger fait une émission de titres de rentes. Si « cette émission était faite en France par un inter-« médiaire, mandataire du gouvernement emprun-« teur, qui aurait qualité pour délivrer aux sous-« cripteurs les titres définitifs de l'emprunt ou même « des certificats provisoires de ces titres, pas de « difficultés. Le droit de timbre serait incontestable-« ment dû par application des articles dont M. le pré-« sident vient de vous donner lecture. Mais ce n'est « pas là le cas prévu par M. de Soubeyran ; il suppose « que l'émission est faite à l'étranger, en Angleterre, « par exemple ; des souscriptions à cet emprunt sont « faites en France dans une maison de banque ; le « banquier qui reçoit les souscriptions en France n'est « pas le mandataire du gouvernement emprunteur ;

« il n'est que le mandataire, le représentant du ban-« quier ou agent étranger, chargé de réaliser l'emprunt ; « le banquier seul est mandataire du gouvernement « emprunteur. Dans ce cas, M. de Soubeyran dit que « le droit de timbre sur les certificats provisoires de « ces titres n'est pas dû.

« Il constate que la commission et le gouvernement « se sont expliqués sur ce point et qu'ils sont d'accord « avec lui pour donner à la loi que l'Assemblée est « appelée à voter en ce moment le sens qu'il vient « d'indiquer. Il m'invite à monter à cette tribune « pour confirmer ce qu'il vient d'exposer.

« Les explications de l'honorable M. de Soubeyran « me semblent un peu vagues et pourraient peut-être « donner lieu à des interprétations erronées ; aussi je « vais expliquer en termes précis la pensée du gou-« vernement et de la commission.

« Dans le cas d'une émission de rentes étrangères « faite à l'étranger, les souscriptions recueillies en « France donneront ou ne donneront pas ouverture à « la perception du droit de timbre sur les titres sous-« crits en France, suivant la distinction que je vais « faire et qui me paraît nécessaire.

« Si la personne qui fait l'émission des rentes d'un « gouvernement étranger, à l'étranger, en Angleterre, « comme nous le supposons tout à l'heure, fait savoir « par un procédé quelconque, soit en France, soit à « l'étranger, que le public pourra souscrire en France, « dans telle maison de banque ou dans une maison « quelconque, laquelle sera chargée de faire parvenir « la souscription et le montant de la rente souscrite « au mandataire étranger, et de remettre les titres aux « souscripteurs, bien que le banquier qui reçoit la « souscription en France ne soit pas mandataire, les « titres souscrits en France seront assujettis au droit « de timbre ; et cela est indispensable, car si l'on ad-« mettait l'opinion contraire, la loi serait toujours « éludée. En effet, on est très-ingénieux quand il s'agit « de se soustraire aux prescriptions fiscales ; et il ar-« riverait que les rentes ne seraient jamais émises par « un mandataire, ou que des discussions fréquentes « s'élèveraient sur la qualité de celui qui fait l'émission.

« Mais supposons, au contraire, l'émission d'un « emprunt d'un gouvernement étranger annoncée à « l'étranger seulement, sans qu'il soit dit que les sous-« criptions pourront se faire en France. Un capitaliste « français apprend par sa correspondance l'existence « de cette émission ; il n'a pas de relations dans le pays « où se fait l'émission ; il ne veut pas aller lui-même « faire la souscription. Il va s'adresser à un banquier « en France, à M. de Rothschild ou à tout autre ban-« quier ; il le prie de faire souscrire pour lui à cet em-« prunt dont l'émission a lieu à l'étranger ; il lui remet « la somme nécessaire pour payer les titres à souscrire ; « il le prie de la transmettre à la personne qui est « chargée de l'émission, et de lui faire parvenir les « titres quand cette personne les lui aura adressés. « Dans ce cas, le droit de timbre n'est pas dû, car il « s'agit uniquement ici d'une affaire privée, et comme « il n'y a eu ni publicité ni provocation quelconque à « souscrire, il n'y a pas par conséquent dans le sens de

« la loi fiscale émission ou souscription en France.

« Si je m'étais borné à confirmer purement et sim-
« plement les explications données par l'honorable
« M. de Soubeyran, je crois que des abus auraient pu
« se produire ; car, d'après ce qu'a dit mon honorable
« collègue, la perception de l'impôt aurait toujours été
« subordonnée à la solution de cette question : le
« banquier dans la maison duquel la souscription a été
« faite, est-il ou n'est-il pas le mandataire direct ou
« indirect du gouvernement emprunteur ?

« Eh bien ! je le répète, si la perception dépendait
« uniquement de la solution de cette question, les
« tribunaux français pourraient se trouver dans un
« grand embarras, et la loi que nous allons voter serait
« vraisemblablement éludée très-fréquemment, surtout
« si l'on pouvait annoncer en même temps que les
« coupons des titres de l'emprunt seraient payables en
« France.

« Le gouvernement et la commission entendent la
« loi comme je viens de l'expliquer. C'est donc dans ce
« sens qu'elle devra être appliquée par les tribunaux. »
— Séance du 25 mai 1872 ; *Journal officiel* du 26,
p. 3510.

8515. Bureau. — La déclaration pour l'émission ou
la souscription de fonds d'État étrangers sera faite au
bureau d'enregistrement qui a dans ses attributions la
perception des droits de timbre à l'extraordinaire, et
inscrite sur les registre de recette. Si le déclarant le
requiert, il lui sera délivré un extrait de sa déclaration
sans autres frais que le prix du papier timbré. — I.
2446.

8516. Contraventions. — Chaque contravention aux
dispositions des §§ 1er et 2 de l'article 2 pourra être
constatée dans les formes et conditions indiquées au
troisième paragraphe de l'article 2 de la loi du 30
mars 1872. Elle sera également punie d'une amende
de 5 % de la valeur nominale des titres annoncés
ou émis, sans que cette amende puisse être inférieure
à 50 francs. — L'amende est due personnellement et
sans recours par celui qui a fait des annonces sans
déclaration préalable, qui a émis ou qui a servi d'intermédiaire pour l'émission ou la souscription de titres
non timbrés. La même amende sera exigible à raison
d'émission ou de souscription faites sans déclaration
préalable. Le souscripteur ou le preneur de titres non
timbrés est tenu solidairement de l'amende, sauf son
recours contre celui qui a ouvert la souscription ou
émis les titres. — 25 mai 1872, art. 3.

Quant aux transmissions effectuées en contravention
aux dispositions de l'art. 7 de la loi du 13 mai 1863,
elles donnent lieu aux pénalités édictées par l'art. 2 de la
loi du 30 mars 1872 ci-dessus rapporté. Celles établies
par le deuxième paragraphe de l'art. 7 de la loi de 1863
doivent être considérées comme abrogées. — *Exposé
des motifs.* — *Rapport de la commission,* § 10.

L'art. 3 édicte des pénalités, soit pour l'annonce
d'une émission sans déclaration préalable, soit pour
l'émission sans déclaration, soit enfin pour l'émission de titres non timbrés. Quant à la négociation, à
l'exposition en vente ou à l'énonciation de titres de
fonds d'État étrangers en contravention aux lois sur
le timbre, elles sont punies par l'art. 2 de la loi du
30 mars 1872, qui, en termes généraux, dispose
que nul ne peut négocier, exposer en vente ou énoncer
dans des actes des titres étrangers qui n'auraient pas
été dûment timbrés. L'amende est, dans tous les cas,
de 5 % de la valeur nominale des titres, sans qu'elle
puisse être inférieure à 50 francs. Par suite, les pénalités
édictées par le deuxième paragraphe de l'art. 7 de la
loi du 13 mai 1863 se trouvent abrogées. — I. 2446.

SECT. II. — TITRES DES SOCIÉTÉS ET ÉTABLISSEMENTS
PUBLICS ÉTRANGERS.

8517. Quand une société est étrangère. — On doit
considérer comme une *société française,* dont les titres
d'actions sont assujettis au droit de transmission établi
par la loi du 23 juin 1857, la société qui a été créée par
acte publié en France, qui s'est soumise, pour les conditions de son existence et de sa liquidation, aux règles
de la loi française, qui est régie par un conseil d'administration qui se réunit en France, qui s'est placée sous
la juridiction des tribunaux français, et qui a fixé en
France son siège social, où elle émet, répartit et négocie
ses actions ; et il en est ainsi, encore que cette société
ait pour objet des travaux à exécuter à l'étranger. —
Cass. 20 juin 1870 ; I. 2403-5 ; J. E. 18928 ; Cont. 14610.

Réciproquement, une société qui a son siége et son
exploitation à l'étranger et qui est justiciable des
tribunaux étrangers, est une *société étrangère,* quand
même les statuts déféreraient aux tribunaux français
les contestations entre associés. — Dél. 8 déc. 1857.

8518. Règle générale. — Les titres émis par les sociétés, compagnies, entreprises, villes, provinces et corporations étrangères, quelle que soit leur dénomination,
et par tout autre établissement public étranger, sont
soumis à des droits de timbre et de transmission équivalents à ceux qui sont établis par les lois du 5 juin
1850, 23 juin 1857 et 30 mars 1872, art. 1. sur les
valeurs françaises. Ces titres ne pourront être cotés,
négociés, exposés en vente ou émis en France, qu'en
se soumettant à l'acquittement de ces droits. — Un
règlement d'administration publique fixera le mode de
perception et d'établissement de ces droits, dont l'assiette pourra reposer sur une quotité déterminée du
capital social. — 23 juin 1857, art. 9. — 30 mars 1872,
art. 1. — 29 juin 1872, art. 4.

8519. Etablissement et perception des droits. — Pour
l'exécution de l'article 9 de la loi du 23 juin 1857, les
sociétés, compagnies ou entreprises étrangères qui sont
autorisées à faire coter leurs actions et obligations, soit
à la Bourse de Paris, soit aux Bourses départementales,
sont tenues de désigner un représentant responsable
en France, et de le faire agréer par le ministre des
finances, avant toute émission ou souscription de titres,

sous peine de se voir retirer l'autorisation dont elles jouissent. — D. 17 juill. 1857, art. 10. — D. 6 déc. 1872, art. 3 et 4.

8520. *Responsabilité du représentant.* — Le représentant est personnellement responsable des droits et amendes. — D. 6 déc. 1872, art. 3. — Seine. 28 déc. 1867 ; J. E. 18531. — Cependant, en cas de faillite, il y a lieu de ne réclamer au représentant que les droits échus jusqu'au jour de la déclaration de faillite. — Sol. 26 sept. 1866.

8521. *Admission à la cote.* — Si l'admission à la cote est autorisée par la chambre syndicale des agents de change, il y a là un fait qui rend les droits exigibles. — Sol. 3 août 1865.
Mais dès que l'admission à la cote a été autorisée par le ministre, si la radiation des titres a lieu par le seul fait du syndicat des agents de change, sans la participation du ministre, les droits de timbre et de transmission continuent à être dus. — Seine, 31 août 1872; R. P. 3551.

8522. *Fixation du nombre des titres qui doit servir de base à la perception.* — Les sociétés remettent au ministre des finances une déclaration indiquant le nombre de leurs actions et obligations qui doit servir de base à l'impôt. — D. 17 juillet 1857, art. 10.
Le nombre des titres qui doit, en vertu de l'art. 10 du décret du 17 juillet 1857, servir de base à la perception des droits de timbre et de transmission sur les actions et obligations des sociétés étrangères, est fixé par le ministre des finances, sur l'avis préalable d'une commission composée ainsi qu'il suit : — le président de la section des finances au Conseil d'Etat, président ; — le directeur général de l'enregistrement, des domaines et du timbre ; — le directeur du mouvement général des fonds ; — un régent de la Banque de France ; — le syndic des agents de change de Paris. — La commission désigne son secrétaire, qui a voix consultative. — D. 24 mai 1872, art. 1.
Le nombre des titres assujettis aux droits de timbre et de transmission ne peut être inférieur, pour les actions, à un dixième, et pour les obligations, à deux dixièmes du capital. — D. 17 juill. 1857, art. 10.
Le nombre de titres fixé par le ministre des finances, conformément aux articles qui précèdent, peut être revisé tous les trois ans. S'il n'y a pas lieu à révision, la fixation précédente sert de base pour une nouvelle période de trois ans. S'il y a lieu à révision, elle est effectuée dans le trimestre qui précède l'échéance de la troisième année et sert de base pour une nouvelle période de trois ans. — Id. art. 3.

8523. Quotité et paiement des droits. — *Impôt de transmission.* — Les actions et obligations, sans distinction entre les titres nominatifs et les titres au porteur, sont uniformément soumises à la taxe annuelle et obligatoire de 20 c. par 100 francs, sans décimes. —

D. 17 juill. 1857, art. 10. — D. 24 mai 1872, art. 4. — 29 juin 1872, art. 3 et 4.
Les dispositions des art. 5 et 7 du D. 17 juill. 1857, relatives aux époques du paiement et à la fixation du cours moyen, sont applicables aux valeurs étrangères. — D. 17 juill. 1857, art. 10.

8524. *Droit de timbre* — Le droit de timbre auquel sont assujetties les actions et obligations émises par les sociétés françaises sera acquitté par les sociétés, compagnies et entreprises étrangères. Ce droit sera établi sur la quotité du capital déclaré, conformément à l'article 10 du D. 17 juill. 1857, et payé suivant le mode prescrit par les articles 22 et 31 de la loi du 5 juin 1850. — Un avis inséré au *Journal officiel* équivaudra à l'apposition du timbre. — D. 17 juill. 1857, art. 11.

8525. *Sociétés infructueuses.* — Les compagnies étrangères dont les titres sont cotés aux bourses françaises pourront désormais jouir, à l'égard de leurs *actions*, de la dispense de droits accordée par l'art. 24 de la loi du 5 juin 1850 aux sociétés françaises qui sont en liquidation, ou qui, dans les deux dernières années, n'auront payé ni dividende ni intérêts. — La justification sera faite en produisant à l'administration les procès-verbaux et délibérations des assemblées générales, les inventaires, balances et autres documents de comptabilité vérifiés et certifiés par les agents diplomatiques ou consulaires français. — D. 28 mars 1868. — I. 2373.
Ce décret n'a point été abrogé, explicitement ou implicitement, par celui du 24 mai 1872. — Sol. 29 nov. 1872.

8526. Contravention. — Les contraventions prévues par l'art. 12 D. 17 juill. 1857 sont punies conformément aux dispositions de cet article. — D. 17 juill. 1857, art. 12.
A défaut par les sociétés, compagnies, entreprises, d'acquitter les droits, les titres sont rayés de la cote. Néanmoins, le représentant établi en France, conformément à l'article 10 du décret du 17 juillet 1857, reste responsable des droits jusqu'à l'époque à laquelle les titres auraient cessé d'être cotés. — D. 24 mai 1872, art. 2.

8527. *Usage des titres.* — Nul ne peut négocier, exposer en vente ou énoncer dans des actes de prêt, de dépôt, de nantissement ou dans tout autre acte ou écrit, à l'exception des inventaires, des titres étrangers qui n'auraient pas été admis à la cote ou qui n'auraient pas été dûment timbrés au droit de 1 % du capital nominal. — Tout acte, soit public, soit sous seings privés, qui énoncera un titre de rente ou effet public d'un gouvernement étranger, ou tout autre titre étranger non coté aux bourses françaises, devra indiquer la date et le numéro du visa pour timbre apposé sur ce titre, ainsi que le montant du droit

payé. — Chaque contravention à ces dispositions pourra être constatée, dans tous les lieux ouverts au public, par les agents qui ont qualité pour verbaliser en matière de timbre ; elle sera punie d'une amende de 5 % de la valeur nominale des titres qui seront négociés, exposés en vente, énoncés dans des actes, ou dont il aura été fait usage. En aucun cas, l'amende ne pourra être inférieure à 50 fr. — Toutes les parties sont solidaires pour le recouvrement des droits et amendes. — Une amende de 50 fr. sera encourue personnellement par tout officier public ou ministériel qui aura contrevenu aux dispositions qui précèdent. — 30 mars 1872, art. 2.

« Ces dispositions ne sont que la consécration du « principe général en vertu duquel il ne peut être « fait usage d'aucun titre sans qu'il ait été assujetti « au droit de timbre. Les mots : *actes de dépôt*, rap- « prochés de ceux *tous autres actes ou écrits*, exigent « seuls une explication. Il arrive parfois que des « étrangers résidant en France sont porteurs de titres « qu'ils déposent dans des maisons de banque uni- « quement pour en assurer la conservation. Le même « fait se produit pour des Français qui, voulant se « soustraire aux risques de perte, de vol ou d'incendie, « déposent également leurs titres dans des maisons « spéciales qui se chargent de leur garde moyennant « un droit modique. Ces dépôts sont constatés, soit « par correspondance, soit par un récépissé ou certi- « ficat. Il a été entendu que pour opérer ces sortes de « dépôts, ainsi que les retraits qui en sont la consé- « quence, il ne serait pas nécessaire que les titres « étrangers fussent préalablement timbrés, car le « dépôt, dans ces conditions, ne constitue pas, à pro- « prement parler, un usage des titres, mais une sub- « stitution des titres multiples d'un titre collectif « qui n'en est que la représentation, sans novation « d'aucune sorte, sans avantage ni profit. Il est bien « entendu d'ailleurs que si, soit par correspondance, « soit par endossement ou autrement, le récépissé de « dépôt était négocié, prêté ou donné en nantissement, « les titres que ce récépissé représente devraient être « timbrés préalablement

« Il peut arriver également que des titres étrangers « soient énoncés dans des lettres ou correspondances. « On rappelle que les lettres sont des écritures privées « qui, aux termes de l'art. 30 de la loi du 13 brum. « an 7, ne sont assujetties au timbre de dimension « que lorsqu'elles sont produites en justice. La dispo- « sition de l'art. 2 de la loi du 30 mars 1872 ne s'ap- « plique donc pas aux titres énoncés dans des lettres « ou dans la correspondance, à moins que ces corres- « pondances ne consacrent elles-mêmes la négocia- « tion, le prêt, le nantissement ou l'usage juridique « des titres.

« Quant aux énonciations de titres étrangers non « cotés aux bourses françaises, et qui seraient faites « dans les actes soit publics, soit sous seings privés, « la loi oblige d'indiquer la date et le numéro du visa « pour timbre apposé sur le titre. Chaque contraven- « tion est punie d'une amende de 5 % de la valeur « nominale du titre, sans que l'amende puisse être

« inférieure à 50 fr. Les contraventions peuvent être « constatées par tous les agents ayant pouvoir de ver- « baliser en matière de timbre et dans tous les lieux « ouverts au public, ce qui comprend les boutiques « et comptoirs de change. Il importait, en effet, a dit « le rapporteur de la loi, « de mettre fin aux négo- « ciations irrégulières qui se font chez les changeurs, « dont les vitrines contiennent un nombre considéra- « ble de titres en contravention aux lois sur le tim- « bre. » — I. 2445.

8528 *Mention du visa pour timbre.* — L'énonciation dans un acte de *titres de gouvernements étrangers* doit être suivie, que les titres soient ou non cotés, de l'énonciation de la date et du numéro du visa pour timbre apposé sur les titres, ainsi que du montant des droits payés. En cas d'énonciation semblable de *titres de compagnies étrangères*, ces énonciations ne sont obligatoires qu'autant que les titres ne sont pas cotés à la Bourse. — Sol. 16 sept. 1873 :

« Aux termes des art. 9 de la loi du 25 juin 1837, « 11 du décret du 17 juillet suivant et 1er de la loi du « 30 mars 1872, les sociétés, compagnies, entreprises, « villes, provinces ou corporations étrangères, et tout « autre établissement public étranger, ne peuvent « faire coter en France leurs titres d'actions ou d'obli- « gations qu'après en avoir obtenu l'autorisation « préalable, et en se soumettant notamment à payer « par abonnement le droit de timbre de ces titres « suivant le mode prescrit par les art. 22 et 31 de la « loi du 5 juin 1850. Il n'en est pas de même des « titres des gouvernements étrangers désignés sous « le nom d'effets publics ou fonds d'État. Pour ces « titres, le droit de timbre est payable au comptant, « soit avant toute négociation, exposition en vente ou « énonciation dans un acte public ou sous seings privés, « s'ils ont été émis à l'étranger (L. 25 mai 1872, art. 2), « soit avant toute remise au souscripteur, dans le cas « d'émission ou de souscription en France (L. 25 « mai 1872, art. 2), mais non nécessairement avant « l'admission à la cote de la Bourse.

« Il suit de là que le fait de la cote à la Bourse, s'il « fournit la preuve du paiement du droit de timbre « pour les titres des sociétés, compagnies, villes, pro- « vinces ou corporations étrangères, ou de tout autre « établissement public étranger, ne fournit pas cette « preuve pour les titres des gouvernements étrangers.

« C'est pourquoi l'énonciation dans un acte de titres « de gouvernements étrangers doit être suivie, que « les titres soient ou non cotés, de l'énonciation de la « date et du numéro du visa pour timbre apposé sur « les titres, ainsi que du montant des droits payés ; « tandis que, en cas d'énonciation semblable de titres « de sociétés, compagnies, entreprises..., etc., étran- « gères, cette indication n'est obligatoire qu'autant « que les titres ne sont pas cotés à la Bourse (L. 30 « mars 1872, art. 2). »

V. dans le même sens : *Courrier*, art. 11, p. 47 et 50.

8529. *Responsabilité des parties et des notaires.* — On

ne peut pas réclamer d'amende aux parties qui omettent, en énonçant des titres timbrés dans un acte, d'indiquer que ces titres sont timbrés. Quant au notaire, il n'encourt dans le même cas qu'une seule amende, quel que soit le nombre des titres de nature différente énoncés par lui. — Sol. 16 sept. 1873 ; *Courrier*, 69.

8530. TITRE NOUVEL. — Acte par lequel le débiteur d'une rente en donne une nouvelle reconnaissance au créancier, afin d'empêcher la prescription du premier titre.

Après vingt-huit ans de la date du dernier titre, le débiteur d'une rente peut être contraint à fournir, à ses frais, un titre nouveau à son créancier ou à ses ayants cause. — C. 2263.

8531. Titre enregistré. — Les titres nouvels et reconnaissances de rentes dont les actes constitutifs ont été enregistrés, sont assujettis au droit fixe gradué. La quotité de ce droit est déterminée par le capital des rentes. — 28 fév. 1872, art. 1, n. 10.

8532. *Simple énonciation dans un acte.* — L'acte connu sous le nom de *titre nouvel* peut seul donner lieu à la perception de ce droit. Ainsi, l'énonciation, dans un partage, d'une rente due par les copartageants, suivant un titre prescrit, et dont l'un d'eux reste chargé, ne donne pas lieu à la perception du droit fixe gradué. — D. F. 26 déc. 1821 ; Rec. Roll. 313.

8533. *Conventions nouvelles.* — Les titres nouvels n'encourent le droit fixe gradué qu'autant qu'ils n'ont pour objet que de confirmer une obligation déjà existante, en vertu d'un titre en forme ; toute stipulation qui n'était pas insérée dans le titre primordial est une nouvelle convention qui donne lieu, selon sa nature, au droit proportionnel réglé par la loi. — D. F. 20 sept. 1821 ; I. 1027-2.

Cependant, le titre nouvel n'est pas exclusif de dispositions particulières qui seraient de nature à modifier le service de la rente, sans en altérer cependant la nature. — Par acte notarié du 21 sept. 1822, B... a passé titre nouvel d'une rente viagère de 5.800 fr., au profit de D..., et a déclaré que, pour se libérer du service de moitié de cette rente, il avait fait l'achat, en son nom, pour la propriété et au nom de D..., pour l'usufruit, pendant sa vie, d'une inscription de 2,900 fr. de rente sur le grand-livre de la dette publique, et qu'à l'égard des 2,900 fr. restants, il s'obligeait de les payer aux époques ordinaires, ce qui a été accepté par D... Le receveur ayant cru voir dans cet acte un remboursement de moitié de la rente, a perçu 50 c. % sur 2,900 fr. ; mais, sur la réclamation des parties, l'administration a décidé qu'il n'y avait, dans l'espèce, aucun remboursement de capital ; que l'application d'une inscription au service de moitié de la rente était simplement un mode de paiement de

l'intérêt, un dépôt de capital affecté à l'exécution du contrat antérieur ; mais que cette disposition n'opérait ni aliénation ni remboursement de capital, ni novation de titre. Et la restitution du droit de quittance perçu a été ordonnée. — D. F. 5 fév. 1823 ; J. E. 7595.

8534. Titre non enregistré. — Si les titres constitutifs de rentes n'ont pas été enregistrés, c'est le droit de 2 % qui est exigible. Et c'est ce droit qui doit être perçu, lors même qu'il serait inférieur à 5 fr., minimum du droit fixe gradué. — Dél. 8 avril 1836 ; I. 1528-15.

8535. *Titre exempt d'enregistrement.* — L'exemption de droit *équivalant à paiement*, le titre nouvel d'une rente établie originairement dans un pays où l'enregistrement n'était pas établi, ne peut donner ouverture qu'au droit fixe gradué, pourvu qu'il soit fait entre les mêmes personnes et pour la même créance. — Dél. 25 juill. 1806 ; J. E. 2371.

8536. TONTINE. — Sorte d'association par laquelle des biens ou des rentes sont mis en commun, avec cette clause que les survivants en deviennent propriétaires pour tout ou partie. *Tonti*, Italien, qui le premier en a conçu l'idée (en 1653), a donné son nom à ces établissements. — V. *Société*, *Succession*.

TOURBIÈRE. — V. *Mine*.

8537. TRADUCTION. — Version d'un acte dans une langue différente de celle dans laquelle il a été écrit.

8538. Enregistrement. — Tout acte rédigé en langue étrangère doit, lorsqu'il est présenté à l'enregistrement, être accompagné d'une traduction faite par un traducteur assermenté. — Arr. 24 prair. an 11. — D. 22 déc. 1812. — D. F. 7 mars 1833 ; I. 1425-1. — V. *Acte*.

La mention de l'enregistrement et la quittance des droits doivent être apposées sur la traduction authentique, mais une mention correspondante sur l'original ou l'expédition de l'acte ou du jugement doit indiquer la date de l'enregistrement, le folio et la case du registre du receveur, ainsi que le montant du droit perçu sur chaque disposition, et faire connaître que la formalité a été donnée sur la traduction. — Dél. 19 fév. 1833 ; I. 1425-1.

8539. *Acte de l'état civil.* — La loi ayant exempté de l'enregistrement les actes de l'état civil, ainsi que les extraits qui en sont délivrés, la traduction d'un acte de l'état civil passé à l'étranger est de même dispensée de l'enregistrement, même si elle est reçue en dépôt

par un notaire. — Strasbourg, 10 août 1857; Acq. dél. 29 sept. 1857.

Ce jugement porte :

« Attendu que la traduction en français d'un acte
« rédigé en langue étrangère, lorsque pour l'intelli-
« gence de cet acte elle y est jointe, ne forme avec lui
« qu'un seul tout avec ses charges et priviléges; —
« attendu que la distinction que prétend faire la régie
« entre une traduction signée et une traduction non
« signée est vaine, la signature du traducteur en cons-
« tatant seule le caractère, suitout aux yeux de l'offi-
« cier de l'état civil, auquel les instructions prescri-
« vent de n'admettre que celles qui émanent de
« traducteurs jurés; — attendu que le mot *certifié* qui
« précède la signature du traducteur, loin d'avoir
« l'importance que la régie parait y attacher aujour-
« d'hui, est absolument inutile faute de sens, le seul
« certificat d'exactitude que comporte une traduction
« étant dans la qualité même du traducteur assermenté
« qui l'a faite. »

8540. Timbre. — Les traductions faites par les traducteurs jurés doivent être sur papier timbré de
dimension. On peut employer du papier de toute
dimension. — D. J. 30 flor. an 12; J. E. 1797. — Dél.
13 oct. 1819; J. E. 6671.

TRAITE. — V. *Billet, Lettre de change.*

TRANSACTION.

Ch. I. — Questions civiles, 8541.

Ch. II. — Questions fiscales, 8547.

Sect. I. — Transaction avant jugement, 8550.

Sect. II. — Transaction après jugement, 8553.

Sect. III. — Questions diverses, 8557.

Ch. I. — Questions civiles.

8541. Définition. — La transaction est un contrat
par lequel les parties terminent une contestation née,
ou préviennent une contestation à naître. Ce contrat
doit être rédigé par écrit. — C. 2044.

8542. Qui peut transiger. — Pour transiger, il faut
avoir la capacité de *disposer* des objets compris dans la
transaction. — Le tuteur ne peut transiger pour le
mineur ou l'interdit que conformément à l'art. 467 au
titre *de la minorité, de la tutelle et de l'émancipation*, et
il ne peut transiger avec le mineur devenu majeur, sur
le compte de la tutelle, que conformément à l'art. 472
du même titre. — Les communes et établissements

publics ne peuvent transiger qu'avec l'autorisation
expresse du gouvernement. — Id. 2045.

8543. Sur quoi on peut transiger. — On peut transiger sur l'intérêt civil qui résulte d'un délit. — La
transaction n'empêche pas la poursuite du ministère
public. — Id. 2046.

8544. Clause pénale. — On peut ajouter à une
transaction la stipulation d'une peine contre celui qui
manquera de l'exécuter. — Id. 2047.

8545. Portée de la transaction. — Les transactions
se renferment dans leur objet : la renonciation qui est
faite à tous droits, actions et prétentions, ne s'entend
que de ce qui est relatif au différend qui y a donné lieu.
— Id. 2048.

Les transactions ne règlent que les différends qui s'y
trouvent compris, soit que les parties aient manifesté
leur intention par des expressions spéciales ou générales, soit que l'on reconnaisse cette intention par une
suite nécessaire de ce qui est exprimé. — Id. 2049.

Si celui qui avait transigé sur un droit qu'il avait de
son chef, acquiert ensuite un droit semblable du chef
d'une autre personne, il n'est point, quant au droit
nouvellement acquis, lié par la transaction antérieure.
— Id. 2050.

La transaction faite par l'un des intéressés ne lie
point les autres intéressés, et ne peut être opposée par
eux. — Id. 2051.

8546. Conditions de validité. — Les transactions
ont, entre les parties, l'autorité de la chose jugée en
dernier ressort. — Elles ne peuvent être attaquées pour
cause d'erreur de droit, ni pour cause de lésion. —
Id. 2052.

Néanmoins une transaction peut être rescindée, lorsqu'il y a erreur dans la personne ou sur l'objet de la
contestation. — Elle peut l'être dans tous les cas où
il y a dol ou violence. — Id. 2053.

Il y a également lieu à l'action en rescision contre
une transaction, lorsqu'elle a été faite en exécution
d'un titre nul, à moins que les parties n'aient expressément traité sur la nullité. — Id. 2054.

La transaction faite sur pièces qui, depuis, ont été
reconnues fausses, est entièrement nulle. — Id. 2055.

La transaction sur un procès terminé par un jugement passé en force de chose jugée, dont les parties,
ou l'une d'elles, n'avaient point connaissance, est
nulle. — Si le jugement ignoré des parties était susceptible d'appel, la transaction sera valable. — Id.
2056.

Lorsque les parties ont transigé généralement sur
toutes les affaires qu'elles pouvaient avoir ensemble,
les titres qui leur étaient inconnus, et qui auraient été
postérieurement découverts, ne sont point une cause
de rescision, à moins qu'ils n'aient été retenus par le
fait de l'une des parties; — mais la transaction serait
nulle, si elle n'avait qu'un objet sur lequel il serait

constaté par des titres nouvellement découverts, que l'une des parties n'avait aucun droit. — Id. 2057.

L'erreur de calcul dans une transaction doit être réparée. — Id. 2058.

Ch. II. — Questions fiscales.

8547. Absence de litige. — Une transaction ne peut intervenir qu'autant qu'il y a litige et qu'entre les personnes entre lesquelles il y a litige. — Cass. req. 10 fév. 1857.— Dès lors, le droit de donation est exigible, si celui au profit de qui l'abandon est fait n'a aucun droit à la chose litigieuse ; on ne peut voir dans une pareille convention qu'une donation déguisée. — Versailles, 20 avril 1843.

De même, lorsqu'un donateur se réserve de disposer d'une somme sur l'objet d'une donation, et qu'il meurt sans avoir disposé, cette somme revient à ses héritiers et non au donataire, car elle ne faisait pas partie de la donation ; et si, *par forme de transaction*, les héritiers abandonnent au donataire une partie de la somme, le droit de donation est exigible. — Dél. 18 juin 1833.

L'acte, *qualifié transaction*, qui, sur la demande en partage d'une succession formée par le curateur aux biens d'un des ayants-droit à cette succession, intervient, sur l'appel du jugement qui a accueilli la demande, entre ledit curateur et les cohéritiers de celui qu'il représente, transaction par laquelle le curateur renonce à toutes prétentions sur l'hérédité, au moyen d'une somme qu'on s'oblige à lui payer, doit être considéré comme une véritable cession de droits successifs, à titre onéreux, assujettie au droit proportionnel. — Cass. réun. 2 fév. 1808.

Un mari usufruitier, *sans contestation possible*, des biens de sa femme, abandonne aux héritiers la moitié de son usufruit ; le droit de mutation est exigible sur la moitié de cet usufruit. — Cass. 11 avril 1808 ; J. E. 10000.

8548. Droit fixe. — Sont passibles du droit fixe de 4.50, les transactions, en quelque matière que ce soit, qui ne contiennent aucune stipulation de sommes et valeurs, ni dispositions soumises à un plus fort droit d'enregistrement. — Frim. art. 68, § 1, n. 45. — 28 avril 1816, art. 44, art. 4. — 28 fév. 1872, art. 4.

Si donc il y a lieu de percevoir soit un droit fixe supérieur à 4.50, soit un droit proportionnel même inférieur à 4.50, ce droit de 4.50 n'est pas exigible. Ainsi, une transaction qui s'opère par le paiement d'une somme de 40 fr. ne donne lieu qu'au droit minimum de 25 c. — Dél. 5 sept. 1828 ; Rec. Roll. 2262. — 10 sept. 1830 ; I. 1347-9.

8549. Droit proportionnel. — Il y a lieu au droit proportionnel s'il y a transmission, s'il y a stipulation de sommes et valeurs, s'il y a obligation de sommes. — Frim. art. 4 ; art. 68, § 1, n. 45 ; art. 69, § 3, n. 3.

8550. Abandon de la chose litigieuse. — Lorsque la transaction s'opère au moyen de l'abandon de la chose litigieuse en tout ou en partie, par le *possesseur* de cette chose, le droit de mutation est exigible ; en effet, le titre de ce possesseur n'étant pas annulé, il est réputé seul propriétaire légal, et ce n'est que par l'effet d'une mutation que la chose possédée par lui peut passer à un autre. — Cass. req. 10 fév. 1857 ; I. 2096-14 ; J. E. 16504 ; R. P. 812.

« Les transactions entre parties sur des points litigieux ne sont dénommées dans la loi qu'autant qu'elles ne donnent ouverture qu'au droit fixe. Pour régler la perception. lorsque les transactions ne se trouvent pas dans ce seul cas nommément prévu, il faut apprécier les conventions que ces actes renferment, afin d'appliquer le tarif à chacune d'elles selon sa nature. Cette appréciation consiste à s'assurer si la convention a opéré quelque changement ou novation dans la situation respective, dans l'état de possession, dans les droits *apparents* des parties. Il ne s'agit que de droits apparents, car les tribunaux seuls auraient été juges des droits réels, d'après la validité des titres et la force des preuves que les parties auraient pu invoquer, et il n'appartient pas aux préposés de suppléer au jugement et à l'arrêt qui n'a pas été rendu. C'est l'état des choses au moment où les parties se rapprochent pour transiger, qui doit être pris comme point de comparaison avec les arrangements dont elles conviennent entre elles, afin de régler la perception, d'après les effets nouveaux qui résultent de cette convention. » — I. 1229-11.

8551. *Liquidation du droit.* — Dans le cas d'abandon de la chose litigieuse par le possesseur de cette chose, le droit doit être liquidé d'après une évaluation des parties. — Dél. 18 nov. 1843 ; J. N. 14963.

8552. *Nature du droit.* — C'est le droit de *vente* qui doit être perçu, car il y a contrat commutatif, et non libéralité. En effet, le possesseur abandonne la chose, la partie adverse se désiste de son action.

8553. *Stipulation de sommes.* — Si, au lieu d'abandonner la chose litigieuse, le possesseur de cette chose paie ou s'oblige de payer une somme à la partie adverse, moyennant quoi celle-ci renonce à ses prétentions, le droit de quittance ou celui d'obligation est exigible : le droit de quittance, si la somme est payée incontinent ; le droit d'obligation, s'il y a seulement obligation de la payer. En effet, dans ce cas, il n'y a pas mutation ; on ne se transmet rien ni d'un côté ni de l'autre. — Dél. 11 juin 1825, 22 déc. 1826, 25 fév. 1835 ; Rec. Roll. 1249, 1780, 4658. — I. 1229-11. — Rouen, 27 nov. 1827 ; Acq. dél. 19 fév. suiv. ; J. E. 8946.

8554. *Rente viagère.* — Si la transaction s'opère au

moyen de la constitution d'une rente viagère, c'est le droit de 2 % qui doit être perçu. — Dél. 8 sept. 1835. — Seine, 28 déc. 1842; J. E. 13167.

SECT. II. — TRANSACTION APRÈS JUGEMENT.

8555. Jugement passé en force de chose jugée. — Lorsque le litige a été définitivement tranché par un jugement passé en force de chose jugée, il n'y a plus de transaction possible. Par conséquent., l'acte passé entre les parties, postérieurement à ce jugement, qui modifie leur situation respective, telle qu'elle a été fixée par les juges, n'est pas une transaction; et, au point de vue fiscal, ce n'est aucunement d'après sa qualification, mais seulement d'après les effets qu'il produit, qu'il doit être taxé. Exemples :

Si, après avoir obtenu un jugement de condamnation à 20,000 fr., le créancier et son débiteur conviennent, *par rectification amiable* de ce jugement, de réduire la dette de 12,000 fr., le droit d'acceptation est dû sur 8,000 fr., parce qu'un jugement subsiste tant qu'il n'a pas été *judiciairement réformé*, que son existence ne saurait dépendre de la volonté de la partie qui l'a obtenu, et que la diminution du titre qu'il a formé entre les parties ne peut avoir lieu sans qu'il y ait libération pour le débiteur. — Seine, 6 déc. 1850; J. E. 15098.

Si les indemnités dues à la communauté par l'époux prédécédé, fixées à 6,000 fr., ont été réduites à 2,000 fr., *à titre de transaction*, dans la liquidation de succession, le droit de donation est exigible sur 2,000 fr., moitié revenant à la veuve dans la portion retranchée. — Saint-Omer, 16 fév. 1850; J. E. 14932.

8556. Jugement frappé d'appel. — Une transaction qui, sur l'appel d'un jugement, transporte à l'une des parties des droits de propriété qui, d'après le jugement, reposaient sur la tête de l'autre partie, ne doit pas. *quant à la perception des droits d'enregistrement*, être complétement assimilée à une décision judiciaire, et, par suite, être considérée comme simplement déclarative de droits préexistants; elle est, au contraire, attributive en tant qu'*elle opère un déplacement de propriété*, produit par la seule volonté des parties; ce déplacement doit, en conséquence, donner ouverture au droit proportionnel de mutation à titre onéreux. — Dél. 3 mars 1835. — Cass. req. 2 janv. 1844; Sir. 44. 1. 19; I.1713-8; J. E. 13447. — Civ. 19 août 1868; R. P. 2784. — Bazas, 7 juin 1870; R. P. 3492.

SECT. III. — QUESTIONS DIVERSES.

8557. Action en délaissement. — Lorsque, pour éviter l'action en délaissement, l'acquéreur d'un immeuble paie une somme au créancier inscrit, ce paiement ne constitue pas un supplément de prix; il n'est passible que du droit de 50 c. %. — Dél. 22 mai 1829; I.1293-9.

8558. Action en revendication. — Un individu ayant vendu un immeuble qui ne lui appartenait pas et qu'une commune revendiquait, celle-ci s'est désistée de son droit de revendication, moyennant l'obligation qu'a contractée le vendeur de lui payer une somme déterminée. L'administration. invoquant l'art. 526 C., a décidé qu'il y avait lieu d'exiger une déclaration estimative de la valeur des droits cédés par la commune, afin de percevoir sur cette valeur 5. 50 %. — Sol. 25 janv. 1841 ; J. E. 12676.

8559. Compensation. — La transaction par laquelle le créancier fait remise d'une partie de la dette ne donne pas ouverture au droit de libération, lorsqu'il était lui-même débiteur de certaines sommes dont il est également libéré, les deux dettes se trouvant éteintes par compensation. — Bordeaux, 4 avril 1855 ; J. E. 16046.

8560. Désistement. — Lorsqu'un arrêt de cour d'appel, prononçant la résolution d'une vente d'immeubles, sous la condition d'en rembourser le prix, a été soumis au droit de rétrocession, la transaction par laquelle l'acquéreur dépossédé se désiste de son pourvoi en cassation, moyennant une somme que l'autre partie s'engage à lui payer, ne donne pas ouverture au droit de mutation. Cette somme doit être considérée comme formant le prix d'un simple désistement du pourvoi. et non comme un supplément de prix applicable à une transmission immobilière; le droit de 1 % est seul exigible. — Cass. civ. 29 avril 1850; Sir. 51. 1. 620; I. 1875-12 ; J. E. 14947.

8561. Don manuel. — Le don manuel s'opérant par la tradition réelle qui saisit immédiatement le donataire de la propriété des choses données, il en résulte que celui-ci ne peut plus être dessaisi que par un acte de sa volonté, ou par un jugement. Si donc le donataire renonce volontairement à la totalité ou à une partie du don, il fait un acte de maître, qui, de sa part, est une libéralité envers ceux au profit desquels il renonce. Peu importe que cette libéralité ait lieu sous la forme d'une transaction sur procès, puisque le don manuel n'a pas été annulé par les tribunaux. Aussi l'administration a-t-elle délibéré, le 16 avril 1830, qu'un droit de donation mobilière est exigible sur la transaction par laquelle l'une des parties renonce partiellement à un don manuel au profit des héritiers du donateur. — R. G. 13804

8562. Douanes. — Les transactions en matière de douanes ne sont passibles que du droit fixe de 1. 50, attendu qu'elles n'ont pas le caractère d'actes civils et administratifs, et que, tenant lieu de jugements, elles restent dans la catégorie des actes judiciaires. — D. F. 16 sept. 1850; J. E. 15109. — Sol. 30 nov. 1833; J. E. 10783. — D. F. 6 avril 1833 ; J. E. 10590 ; I. 1428. — I. 1643-5 ; 2123-4.

Les soumissions par lesquelles les contrevenants se mettent à la discrétion de l'administration des douanes pour les conditions d'un arrangement amiable ne donnent ouverture, comme les transactions, qu'au droit

fixe de 1.50; si la soumission contenait la stipulation d'un cautionnement, un second droit serait exigible. — Sol. 25 sept. 1840; I. 1643-5. — I. 2123-4.

8563. Héritier. — Dans une espèce où la qualité d'héritier étant contestée, les héritiers de celui qui était l'objet de cette contestation ayant abandonné pour une certaine valeur de créances touchées par leur auteur dans la succession, cause du litige, l'administration a reconnu qu'il n'y avait pas donation, mais simple mutation de créances dont le prix était représenté par la valeur de l'action intentée. — Dél. 10 oct. 1834; J. E. 11030.

8564. Jugement par défaut. — Il n'y a pas lieu de percevoir le droit de rétrocession sur la transaction par laquelle le vendeur d'un immeuble dont l'aliénation a été résolue par un jugement *par défaut*, faute de paiement du prix, renonce au bénéfice de ce jugement. — Dél. 22 juill. 1828; Rec. Roll. 2204.

8565. Legs. — *Légataire universel.* — La transaction par laquelle le légataire universel, *saisi de plein droit en l'absence d'héritiers à réserve*, abandonne une partie de la succession aux héritiers naturels qui demandent l'annulation du testament, est passible du droit de vente. Et il n'y a aucune distinction à faire entre le legs universel résultant d'un testament olographe et celui résultant d'un testament authentique. — Cass. 15 fév. 1831; I. 1370-7. — Civ. 19 nov. 1839; I. 1615-9; J. E. 12496. — 26 juill. 1841; I. 1668-7; J. N. 11031; J. E. 12805. — 21 mars 1842; I. 1675-8; J. N. 11308; J. E. 12979. — 22 avril 1845; Sir. 45. 1. 444; I. 1743-12; J. N. 12363; J. E. 13727. — 17 mars 1846; I. 1767-11; J. N. 12683; J. E. 13959. — Vervins, 7 déc. 1860; R. P. 1465. — Cass. 2 arr. 5 juin 1861; Sir. 61. 1. 738; I. 2201-8; J. E. 17310. — Réun. 12 déc. 1865; Sir. 66. 1. 73; I. 2347-1; J. E. 18109; R. P. 2185. — Civ. 30 janv. 1866; Sir. 66. 1. 78; I. 2347-4; J. E. 18122. — Cass. civ. 11 avril 1866; R. P. 2259.

« Attendu, porte l'arrêt du 30 janv. 1866, que le « légataire universel institué par un testament, même « susceptible d'être annulé, qui, en l'absence de tout « héritier à réserve, a demandé et obtenu l'envoi en « possession et qui a accepté hérédité, est investi de « la qualité héréditaire et saisi de plein droit des biens « de la succession; — qu'en cet état, il ne peut, par « aucun acte de sa volonté, se dessaisir de cette qua- « lité, et qu'il est réputé héritier tant qu'un jugement, « prononçant la nullité du testament qui l'institue, n'a « pas déclaré que la succession a été, dès l'origine, « déférée aux héritiers *ab intestat*; — que si, abstrac- « tion faite de tout jugement, ce légataire abandonne, « à quelque titre que ce soit, aux héritiers *ab intestat*, « qui lui contestent son titre d'héritier, tout ou partie « des biens de la succession, cet abandon constitue une « véritable mutation de propriété par le légataire au « profit des héritiers *ab intestat*, puisque ceux-ci reçoi- « vent des biens abandonnés, non comme succédant « directement au défunt, mais par la volonté du léga-

« taire qui en était légalement saisi et qui n'en conserve « pas moins sa qualité d'héritier testamentaire. »

8566. *Existence d'héritiers à réserve.* — S'il y a des héritiers à réserve, la transaction ne peut, au contraire, être assujettie qu'au droit fixe, attendu qu'alors le légataire universel n'a pas été saisi de plein droit et que les héritiers sont censés tenir directement du testateur les objets qui leur arrivent par l'effet de la transaction. — Dél. 23 mars 1825. — Lyon, 21 déc. 1861; R. P. 1666.

Cependant le droit de vente serait exigible si la qualité de réservataire, reconnue par les parties, pouvait être contestée par l'administration. — Mâcon, 22 août 1866; R. P. 2393.

8567. *Légataire préciputaire.* — La transaction par laquelle les héritiers paient une somme déterminée pour tenir lieu de son précipt à leur cohéritier qui en était légataire, donne ouverture au droit de vente. — Lyon, 18 août 1847; J. E. 14345.

C'est le droit de 4 %, comme soulte de partage, qui est exigible sur l'acte par lequel le légataire précipuaire, qui a été maintenu dans son legs par un jugement, consent à ce que ce préciput soit partagé par moitié entre lui et son cohéritier qui lui paie une somme d'argent. — Villefranche, 22 mai 1841.

8568. *Caducité.* — La transaction portant abandon par l'héritier naturel de partie des biens d'une succession, au profit d'un légataire dont les droits devenus caducs par l'existence d'un testament postérieur peuvent revivre, si ce dernier testament reste sans effet, est passible du droit de vente. — Seine, 4 juill. 1855; R. P. 556.

L'acte intervenu entre un ascendant donateur et le conjoint du donataire prédécédé par lequel, avant de procéder au partage des biens de ce dernier, il est convenu, à titre de transaction, que l'ascendant exercera le retour légal des biens donnés, quoique ces biens aient été compris dans une donation entre-vifs postérieure, faite à l'époux survivant par le prédécédé, contient une transmission à titre onéreux passible du droit de 5. 50 % sur la valeur de la portion abandonnée dans les biens précédemment donnés par l'ascendant. — Dreux, 14 août 1855; J. E. 16133.

8569. *Legs facultatif.* — Lorsqu'un partage testamentaire laisse au successible la faculté d'opter entre le legs d'un immeuble et celui d'une somme d'argent, on ne peut percevoir de droit de mutation sur la transaction qui constate le successible a opté pour du numéraire. Et s'il lui est promis une autre somme en considération de la transaction, cette obligation ne peut non plus être envisagée comme le prix d'une mutation immobilière, mais comme un sacrifice que les parties font à leur tranquillité; le droit de 1 % est seul dû. — Dél. 9 mai 1828; Rec. Roll. 2212.

8570. *Legs annulé.* — La transaction par laquelle

un légataire universel institué par un testament annulé par un jugement dont il a interjeté appel, renonce à une partie de son legs moyennant une somme que l'héritier s'oblige à lui payer, n'opère pas transmission de biens, par la raison que l'effet du jugement avait été de remettre, jusqu'à ce qu'il fût statué sur l'appel, la propriété de l'hérédité aux mains de l'héritier, qui, dès lors. ne pouvait plus être acquéreur. — Cass. 21 août 1848 ; J. N. 13489 ; J. E. 14605.

8571. *Etablissement public.* — Ce n'est pas le droit de donation, mais celui de mutation par décès qui doit être perçu par suite de la transaction par laquelle un fils consent à payer à une commune une somme de 100,000 fr. pour tenir lieu de legs faits à cette commune par son père. et dont le gouvernement avait refusé d'autoriser la délivrance. Les droits perçus sur l'héritier qui a compris dans sa déclaration la totalité de la succession, sont d'ailleurs imputables sur ceux exigibles de la commune, sur cette somme de 100.000 fr. C'est, en effet, dans le testament que la commune a puisé le principe de son droit, et la transaction par laquelle elle a consenti à recevoir 100,000 fr. à la place du legs dont l'acceptation lui a été refusée n'a pas changé la nature de son titre, ni sa qualité de légataire. — Cass. 25 fév. 1846 ; J. E. 13940 ; J. N. 12622 ; 1. 1767-7.

8572. Lésion. — Le double droit n'est pas dû sur l'acte authentique portant que, pour éviter l'action en lésion, l'acquéreur consent à augmenter le prix de vente ; ce n'est pas le cas d'appliquer l'art. 5 L. 27 vent. an 9, qui suppose une expertise consommée. Le droit simple est le seul exigible. — Sol. 23 janv. 1833 ; Rec. Roll. 4067.
Lorsqu'un père, ayant acquis de deux de ses enfants leurs droits dans la communauté qui a existé entre leur père et leur mère décédée, abandonne, après le décès de l'un de ces enfants, à celui qui survit. tant à titre de partage définitif qu'à titre de transaction sur la cession qui pourrait être attaquée pour lésion, 30,000 fr. à prendre dans les valeurs mobilières de la communauté. le droit de 4 % est dû sur ces 30,000 fr. — Péronne, 16 mai 1851 ; J. E. 15268.

8573. Nullité. — Si une vente peut être attaquée pour cause de nullité, par exemple en cas de vente de la chose d'autrui ou de la chose d'un incapable sans l'accomplissement des formalités prescrites, la ratification de cette vente par le véritable propriétaire moyennant un supplément de prix ne donne lieu qu'au droit de quittance ou d'obligation, selon que ce supplément est ou non payé, mais non au droit de vente.
En effet, la somme payée ne peut être regardée ni comme un supplément de prix, puisque la vente n'est pas nulle pour vilité de prix. ni comme le prix d'une nouvelle vente, puisque la première ayant été ratifiée, il n'y a pas de mutation. — Seine, 17 déc. 1823 ; J. E. 7004. — Dél. 8 fév. 1828 ; J. E. 9102.

8574. Partage. — Lorsqu'un partage authentique, qui avait fait cesser l'indivision, est modifié sous prétexte qu'il y avait lésion, si, de l'acte modificatif intervenu à titre transactionnel, ressort une mutation immobilière opérée entre les copartageants, le droit de vente est exigible, attendu que la rescision du partage n'a pas été prononcée judiciairement. et que d'ailleurs la lésion ne rend pas le contrat radicalement nul. — Villefranche. 30 déc. 1847 ; J. E. 14403. — Bourganeuf. 28 juin 1850 ; J. E. 14990.

8575. Quasi-délit. — La transaction par laquelle on paie une somme à une personne à qui on a causé un dommage involontaire, pour éviter les poursuites qu'elle pourrait intenter, donne ouverture au droit de 50 c. %. S'il est constitué une rente viagère. le droit exigible est celui de 2 %. — Sol. 3 mars 1862 ; R. P. 1643.

8576. Quotité disponible. — Est passible du droit fixe gradué seulement. La transaction entre des héritiers à réserve et le légataire d'une rente viagère portant réduction de cette rente. en ce qu'elle excède la quotité disponible. — Sol. 21 déc. 1835 ; Rec. Roll. 4914.
Le droit de mutation est exigible sur l'acte par lequel l'héritier naturel ratifie. en faveur du donataire des biens immeubles, la donation qui excédait la quotité disponible, parce que cette ratification, moyennant un prix, est évidemment une cession immobilière de l'excédant de la portion disponible. — Dél. 22 mai 1827 ; J. E. 8961.

8577. Remise de dette. — Lorsque, dans une transaction intervenue après un jugement de condamnation frappé d'appel, les parties réduisent amiablement la dette résultant de ce jugement, et qu'il est stipulé que le montant de la créance ainsi réduite sera placé au nom et au profit du débiteur ou de son héritier, avec droit de retour, dans un cas donné. en faveur du créancier, il est dû, indépendamment d'un droit fixe, un droit de donation sur le capital de la créance réduite, car la transaction renferme, en ce qui concerne ce capital, une véritable libéralité. — Cass. civ. 16 avril 1866 ; Sir. 66. 1. 264 ; J. E. 18173 ; R. P. 2276.

8578. Renonciation. — Par un contrat de mariage passé, le 7 fév. 1832, entre M. F... et Mlle H..., le père de celle-ci lui constitue en dot une somme de 25.000 fr. exigible après son décès avec les intérêts à 4 %. En cas de prédécès de la dame F... sans enfants. le droit de retour devrait être exercé par le père, à la condition toutefois de laisser jouir de ladite constitution dotale le sieur F... sa vie durant, si son épouse décédait avant lui. — Le cas prévu étant arrivé, par transaction du 9 juill. 1833, le sieur H... a payé à son gendre 6.000 fr. au moyen de quoi ce dernier a renoncé à son usufruit. — Le droit de succession entre époux a néanmoins été perçu sur la valeur entière de l'usufruit. — Le sieur F... a demandé la restitution du droit perçu sur l'excédant des 6,000 fr.

117

« Lorsque, a répondu l'Administration, l'époux « appelé par sa survivance à recueillir des avantages « stipulés par contrat de mariage, y renonce purement « et simplement, avant son entrée en jouissance, le « droit de mutation par décès n'est pas exigible. Si, « au contraire, la renonciation a lieu moyennant un « prix quelconque, elle emporte, de la part du dona- « taire, acceptation de l'avantage qui lui était assuré ; « il est tenu d'en faire déclaration et d'acquitter les « droits sur la valeur entière, sans égard au prix « moyennant lequel l'abandon a été consenti ; le droit « perçu doit donc être maintenu. » — Dél. 19 nov. 1833.

8579. Résolution. — La transaction sur procès, par laquelle l'une des parties reconnaît la nullité d'une donation entre-vifs, qui lui avait été faite et qu'elle avait acceptée, donne ouverture au droit de rétroces- sion alors même qu'un jugement postérieur à cette transaction aurait résolu la donation pour cause de nullité radicale. Ce n'est pas en effet du jugement ulté- rieur que résulte la résolution, mais de la transaction. C'est un droit qui a été définitivement acquis. — Sol. 28 sept. 1830 ; J. E. 9923. — Cass. 30 janv. 1815 ; J. E. 5070.

8580. Restitution. — Lorsque des droits d'abord contestés et dont l'exigibilité a été repoussée par un tribunal contre la décision duquel le pourvoi de l'ad- ministration a été admis, sont acquittés volontaire- ment sur la signification de l'admission de ce pourvoi par la Cour de cassation, on n'est plus fondé à en de- mander la restitution. — Le Hâvre. 17 août 1848 ; J. E. 14547.

8581. Saisie. — Il n'est dû que le droit fixe de 4. 50 sur une transaction portant consentement par le saisi à ce que le tiers saisi verse entre les mains du créan- cier, acceptant, les sommes dont celui-ci se trouvera débiteur après qu'elles auront été liquidées et déter- minées. — Dél. 29 janv. 1830 ; Rec. Roll. 2882.

8582. Servitude. — L'acte par lequel des individus se concèdent réciproquement le droit de passer sur les prés qu'ils possèdent dans un *climat*, ne peut être con- sidéré comme un échange, c'est une transaction. — Dél. 13 sept. 1830 ; Rec. Roll. 3023.

8583. Transport. — La transaction entre des héri- tiers de deux lignes par laquelle ceux dont les droits sont contestés remettent aux autres des créances qui déjà leur avaient été attribuées par un partage, est sujette au droit de transport de créance, et non à celui de donation. — Dél. 5 sept. 1834 ; J. E. 11030.

8584. Usufruit. — L'acte par lequel une veuve, do- nataire universelle de l'usufruit des biens de son mari, constitue une pension à ses enfants qui consentent l'exécution de la donation, ne peut être envisagé

comme opérant une cession d'usufruit, puisque, en vertu de la donation faite en sa faveur, la veuve était déjà saisie de la jouissance de tous les biens. C'est une simple donation de somme, passible du droit de 2.50 % sur le capital au denier dix de la pension. — Dél. 21 oct. 1828 ; J. E. 2381.

8585. Vilité de prix. — Si, sur une demande en nullité d'un contrat de vente de meubles, pour cause de vilité de prix, l'acquéreur s'oblige à payer, à titre de transaction, une certaine somme à la masse des créanciers du vendeur, le droit de 2 % fixé pour les ventes mobilières doit être perçu sur la somme sti- pulée, car, « par son origine et par son but, cette somme constitue un supplément de prix ». — Cass. civ. 11 juill. 1853 ; Sir. 53. 1. 535 ; I. 1986-14 ; J. E. 15683.

8586. TRANSCRIPTION. — Copie entière, sur les registres du conservateur des hypothèques, des contrats translatifs de droits immobiliers, dans le but d'arriver à purger les priviléges et hypothèques dont les droits transmis peuvent être grevés.

Les questions qui se rattachent à la *Transcription* sont traitées sous les différentes rubriques de ce livre. Nous n'avons à ajouter ici que quelques mots.

8587. Règle. — Dans tous les cas où les actes sont de nature à être transcrits au bureau des hypothèques, le droit d'enregistrement doit être augmenté de 1. 50 %, et la transcription ne donne plus lieu à aucun droit proportionnel. — 28 avril 1816, art. 54.

C'est à la *nature de l'acte* que la loi a imposé le droit, et non au *fait de la transcription* : dès lors, le droit de 1. 50 % doit être perçu sur tous les actes de nature à être transcrits, lors même qu'il n'y aurait pas lieu à transcription par suite de non existence de priviléges ou hypothèques. — Dunkerque, 18 fév. 1858 ; R. P. 963.

8588. Bail à durée illimitée. — Le bail à durée illi- mitée, ne transmettant que la jouissance, ne saurait donner lieu au droit de transcription. Mais ce droit serait dû si le contrat produisait les effets d'une aliéna- tion de propriété ou d'usufruit. — Dél. 6 déc. 1817 et 17 août 1822. — V. n. 1526 suiv.

8589. Majorat. — Les mutations des biens affectés aux majorats ont à supporter le droit de transcription. — Dél. 25 juill. 1829 ; J. E. 9385 — V. *Majorat.*

8590. Renonciation. — La renonciation partielle emportant adition d'hérédité, la renonciation par un légataire à titre universel, à l'usufruit d'une partie des immeubles, est passible, lors de l'enregistrement, du droit de 1. 50 %, spécialement si la renonciation a lieu après entrée en jouissance du légataire, attendu

que cet acte est de nature à être transcrit. — Gray, 22 août 1851 ; J. E. 14697.

8591. TRANSFERT. — Cession d'une rente sur l'Etat, d'une action ou d'une obligation *nominative* dans une société. — V. *Rente, Titre.*

8592. Rente sur l'Etat. — Le transfert d'une inscription de rente sur l'État s'opère par une déclaration sur des registres tenus à cet effet ; cette déclaration doit être signée par le propriétaire de la rente, ou par un fondé de procuration spéciale, assisté d'un agent de change qui certifie l'individualité du vendeur , la véracité de sa signature, et celle des pièces produites ; l'agent de change devient alors responsable de la validité du transfert ; mais cette garantie n'a lieu que pendant cinq années à partir de la déclaration du transfert. — 27 prair. an 10, art. 15.

8593. TRANSIT. — Faculté de faire passer des marchandises dans une ville ou dans une certaine étendue de pays, sans paiement de droits. Le droit d'user de cette faculté est constaté par un *passavant*. — V. *Acquit-à-caution, Passavant.*

8594. TRANSMISSION. — Passage d'une chose d'une tête sur une autre. — Le droit proportionnel d'enregistrement est établi pour toute *transmission* de propriété , d'usufruit ou de jouissance de biens meubles et immeubles, soit entre-vifs, soit par décès. — Frim. art. 4.

TRANSPORT (droit de). — V. *Coût, Huissier.*

TRANSPORT (Cession).

Ch. I. — Notions préliminaires.

8595. Définition. — Le mot *transport* est un mot générique et signifie toute espèce de transmission.

Dans l'acception où nous le prenons ici il signifie *vente* de créances ou d'autres droits incorporels. — V. *Délégation, Subrogation.*

8596. Eléments du transport. — Le transport, étant une espèce de vente, n'existe, comme la vente, que par le consentement réciproque de deux parties sur une chose et sur le prix de cette chose. — V. *Vente.*

8597. Comment le cessionnaire est saisi. — Le *cessionnaire* est saisi de la créance, *à l'égard du cédant,* dès qu'il y a consentement des deux parties sur la chose et sur le prix ; mais il n'est saisi, *à l'égard des tiers,* que par la signification du transport au débiteur ou par l'acceptation de ce dernier dans un acte authentique. — C. 1690.

Ch. II. — Tarif.

8598. Tarif.— Les transports et cessions de *créances à terme* sont assujettis au droit de 1 %. — Frim. art. 69. § 3, n° 3. — 7 août 1850, art. 9. — 5 mai 1855, art. 18.

8599. *Créance sur l'Etat*. — Toute cession de créance sur le Trésor, avant qu'elle ait été liquidée et inscrite sur le grand-livre de la dette publique, mais qui est de nature à l'être, est exempte du droit proportionnel, comme le sont les cessions d'effets publics. — Cass. 27 niv. an 11 ; J. E. 5871.

8600. *Débet de comptable*. — On doit enregistrer *gratis*, comme étant fait dans l'intérêt de l'Etat, l'acte par lequel les parents d'un comptable *en débet* cèdent une créance sur un particulier pour solder le déficit. — D. F. 17 mai 1808, 17 mai 1819 et 7 oct. 1821. — I. 390-3.

8601. *Cession au débiteur*. — La cession de la créance au débiteur lui-même donne lieu au droit fixe ou au droit de titre, selon que le titre de la créance a été ou non enregistré.—Sol. 30 août 1862 ; Cherbourg, 9 déc. 1863 ; R. P. 2041.

8602. De la chose. — Il ne faut pas conclure de l'expression de *créance à terme* employée dans la loi que le droit ne serait pas dû d'un transport de créance *échue*. La loi n'a jamais été appliquée , et avec raison , dans ce sens , car telle ne paraît pas non plus avoir été la pensée du législateur, qui a employé l'expression *à terme* par opposition avec le prix dont il est fait délégation. — Ch. Rig. 1130. — Dalloz , 1736. — R. G. 2576.

8603. *Créance non déterminée*. — Le transport d'une créance indéterminée donne lieu au droit proportionnel d'après l'évaluation des parties. Bien que le chiffre du transport ne soit pas fixé , la transmission n'en existe pas moins, et dès lors est passible du droit proportionnel. Exemples :

8604. *Intérêts*. — La cession des intérêts à échoir

d'une créance *susceptible d'être remboursée par anticipation* donne lieu au droit de 1 %. — Nantes, 10 nov. 1840; Cont. 5935.

8605. *Loyers.* — Une cession de loyers à échoir est passible de 1 %. — Seine. 17 février 1846; Cont. 7515. — 21 mars 1862; Cuën. 10606. — 30 nov. 1869; R. P. 3074.

« Attendu, porte le jugement du 21 mars 1862, que « l'art. 14, n° 2, de la loi du 22 frim. an 7, soumet « au droit proportionnel les créances à terme, leurs « cessions et transports. en calculant le droit sur le « capital de la créance cédée ;

« Attendu que, le contrat de bail, au jour où il in- « tervient, impose au preneur comme au bailleur des « obligations respectives, actuelles et définitives ; — « qu'en ce qui touche la somme des loyers, les lois du « 22 frim. an 7 et du 16 juin 1824 portent que le « droit sera perçu sur le prix cumulé de toutes les an- « nées ; — que cependant le bail n'opère. soit envers « le preneur, soit envers le bailleur, que l'acquisition « d'un droit successif ;

« Attendu que la raison de la perception du droit « proportionnel sur le bail, c'est que. si l'une des par- « ties ne reçoit pas l'équivalent de ce qu'elle donne, « elle n'a point contracté sous une condition suspen- « sive, et ne peut que faire modifier ou résoudre son « engagement ;

« Attendu que Rocmelle, en se faisant transporter « la plus-value annuelle de 4,000 fr. que la femme « Kop devait retirer d'un transport de bail par elle « consenti à la femme Chauveau pour le temps qui « restait à courir de ce bail, a acquis une créance à « terme ; — que cette cession-transport au profit de « Rocmelle n'a été soumise à aucune condition sus- « pensive ; — que si, par un événement quelconque. « les loyers venaient à être arrêtés avant la fin du bail, « ce ne serait pas par suite de la réalisation d'une « condition suspensive qui n'a pas été stipulée. mais « de faits imprévus de nature à modifier le contrat de « bail ou même à le faire résilier. »

8606. *Prix d'une vente future.* — Le droit de cession d'une créance est exigible sur l'acte par lequel un débiteur cède à son créancier le prix d'une vente d'immeubles qu'il doit effectuer ultérieurement. — Seine. 16 déc. 1840; Cont. 6930.

8607. *Droits d'auteur.* — Même solution au sujet de la cession des droits dus à un auteur dramatique. en raison du nombre des représentations qui auront lieu. — D. F. 2 nov. 1821; Rec. Roll. 127. — Seine, 21 avril 1846; Cont. 7547.

8608. Du prix. — Le prix du transport peut être non-seulement une somme d'argent, mais encore toute chose appréciable.

8609. *Rente viagère.* — Si un transport est fait moyennant une rente, le droit à percevoir est celui de 1 %, et non celui de 2 %, bien que ce dernier droit soit le plus avantageux pour le Trésor. Car. ici, la rente n'est que le prix du contrat ; la convention principale est le transport. — Cass. civ. 29 déc. 1868 ; R. P. 2850. — Seine, 22 janv. 1870 ; R. P. 3108.

8610. Du consentement. — S'il n'y a pas consente- ment. il n'y a pas transport, et le droit de 1 % ne peut être perçu.

Ainsi. le droit de cession ne peut être perçu sur l'acte par lequel un père usufruitier, et ses enfants nus pro- priétaires, vendent conjointement un immeuble dont le prix est payable entre les mains des enfants, avec lesquels le père se réserve d'en compter pour la part qui lui revient. Le père, en effet, loin de transmettre la propriété du prix à ses enfants, se réserve d'en compter avec eux. Il y a absence de consentement. — Dél. 21 oct. 1828; Dall. R. 1703.

8611. *Consentement du débiteur.* — S'il est vrai qu'aux termes de l'art. 1690 C., le transport ne saisit point le cessionnaire. à l'égard des tiers, tant qu'il n'est pas, ou accepté par le débiteur, ou signifié à ce même débiteur ; en ce qui concerne *les parties*, le transport est parfait par l'acte qui constate leur consentement réciproque sur la chose et sur le prix, et par la déli- vrance de la créance. Aussi, la transmission étant com- plète entre les contractants sans l'intervention du débi- teur, le droit proportionnel est exigible sur l'acte passé entre le cédant et le cessionnaire. — R. G. 2574. — J. E. 2535.

CH. III. — LIQUIDATION DU DROIT.

8612. Règle. — Le droit est perçu, pour les cessions et transports de créances à terme, par le capital exprimé dans l'acte et qui en fait l'objet; — Frim. art. 14. n. 2. — c'est-à-dire sur le *montant de la créance cédée*, et non sur le prix. Cette disposition met le Trésor à l'abri de tout préjudice provenant de dissimulations de prix. — D. F. 8 germ. an 8; J. E. 451. — Dél. 16 juin 1829; J. E. 9341. — Seine, 17 fév. 1846; J. E. 13956.

8613. *Capital évalué par les parties.* — Lorsque, dans un acte de cession de créance, le *capital* cédé est évalué par les parties, le droit est exigible sur la somme déclarée. — Cass. civ. 30 août 1864 :

« Attendu que, par l'art. 3 de l'acte du 17 fév. 1860, « de Vars n'a pas cédé à Barjaud la totalité de la créance « qui lui était due par de Châteauneuf, son gendre, en « vertu de l'acte du 13 mai 1853, Gabet, notaire; mais « qu'il ne lui a cédé que la somme restant due, après « déduction sur cette créance des sommes, s'élevant « ensemble à 67,000 fr., que de Vars s'est réservées, « et qui, d'après l'art. 1er de l'acte du 17 février, « devaient lui être payées directement par collocation « sur le prix de l'adjudication dont le bénéfice a été « transporté à Barjaud par cet art. 1er;

« Attendu que la somme restant due sur cette créance.
« et cédée à Barjaud par l'art. 3, ayant été évaluée par
« les parties à 462,536 fr., c'est par relation à ce chiffre
« que le droit proportionnel exigible sur cet acte de
« cession a dû être fixé ; qu'en le décidant ainsi, le
« jugement attaqué n'a violé aucune loi ; — rejette. »

8614. *Annuités.* — La cession d'une créance non
productive d'intérêts, et composée d'un certain nombre
d'annuités, est passible du droit de 1 % sur le capital
formé de toutes les annuités réunies, sans qu'il y ait
lieu de déduire la partie des annuités représentant les
intérêts futurs. — Cass. req. 29 juill. 1868 :
« Attendu que, par acte du 14 janv. 1865, la Société
« Duchardoz a rétrocédé à la ville de Paris le privilége
« d'exploitation de l'abattoir des Batignolles, moyen-
« nant une somme de 1,925,000 fr., non productive
« d'intérêts, que le préfet de la Seine oblige la ville de
« payer en trente-cinq annuités de 55,000 fr. chacune:
« — que, par acte du 17 avril 1866, les liquidateurs de
« la Société ont cédé à forfait à la Compagnie d'assu-
« rance* sur la vie les trente-trois dernières de ces
« annuités, moyennant un prix de 710,000 fr., payé
« comptant ;
« Attendu, en droit, qu'aux termes de l'art. 14 de la
« loi du 22 frim. an 7, c'est sur le capital de la
« créance cédée, non sur le prix de la cession, que ce
« droit proportionnel de 1 % doit être perçu ;
« Attendu que si, lorsque le capital de la créance est
« productif d'intérêts non encore échus, le droit pro-
« portionnel ne porte que sur le capital, et non sur les
« intérêts à échoir, cette règle était sans application à
« la cause, où, par l'acte constitutif, la créance cédée
« était expressément déclarée non productive d'intérêts ;
« — qu'en le jugeant ainsi, le jugement n'a fait qu'une
« exacte application de la loi à l'acte du 17 avril 1866 ;
« — rejette. »

8615. Adjudication. — Lorsqu'une créance est adjugée à la barre d'un tribunal ou devant un notaire commis, on admet que le droit n'est dû que sur le *prix* de
la cession, et non sur le montant de la créance, attendu
que, dans ce cas, on ne peut pas supposer une dissimulation de prix. — Cass. 1er avril 1816 ; Sir. 16. 1. 403.
— Dél. 29 mars 1823 ; J. E. 7417. — 8 déc. 1829 ; I
1307-1 ; J. N. 7050 ; J. E. 9505.

8616. *Adjudication volontaire.* — Mais, en matière
d'adjudication volontaire devant notaire, le droit doit
être perçu sur le capital de la créance vendue, attendu
qu'aux termes de l'art. 14, n° 2, frim., le droit proportionnel pour les cessions de créances à terme est assis
sur le capital exprimé dans l'acte ; que cette disposition
est générale et absolue, et que si une exception a été
admise pour les ventes faites en justice, elle ne peut
pas être étendue aux ventes volontaires, même passées
devant un officier public. — Seine, 7 mars 1851 et 17
mars 1871 ; J. E. 15319, 19123.

8617. Créance litigieuse. — Les termes de la loi sont
généraux et absolus ; dès lors, la cession d'une créance
litigieuse doit supporter l'impôt sur le capital cédé, et
non sur le prix de la cession. — Dél. 2 oct. 1829 ; J. E.
9423. — Seine, 7 mars 1831 ; J. N. 14585.

8618. Créance douteuse. — La solution est la même
au sujet de la cession d'une créance mauvaise.
Ainsi, la cession d'une créance sur un failli, avec
condition que si le cessionnaire reçoit moins de 25 %,
il lui en sera tenu compte, et que s'il reçoit plus, il
paiera le surplus au cédant, donne ouverture au droit
proportionnel sur le capital cédé ; *sauf cependant, dans
ce cas, restitution si, dans les deux ans, il est justifié de
la somme à laquelle le dividende s'est élevé.* — Dél. 25
sept. 1829 ; J. E. 12880-13.

8619. Nue-propriété. — La vente de la nue-propriété
d'une créance est sujette au droit sur le *capital entier*
de la créance cédée. — Dél. 17 mai 1834 ; J. E. 10919.
— Saint-Omer, 23 août 1834 ; J. E. 11093. — Seine, 16
août 1838 ; J. E. 12168.

8620. Usufruit. — Mais si l'on cède l'usufruit d'une
créance, le droit doit être liquidé sur un capital formé
de dix fois l'intérêt de la créance cédée, par application
de l'art. 14, n. 9, frim., car cette cession n'est autre
chose que la cession d'une rente viagère. — Sol. 10 mai
1833 ; J. E. 10608. — Avranches, 14 fév. 1868 ; R. P. 3238.

8621. *Réunion de la nue propriété.* — Et si, plus
tard, l'usufruitier acquiert la nue propriété, la cession
n'est passible du droit que sur la moitié du capital cédé,
car le droit a déjà été perçu sur l'autre moitié. — Sol.
29 sept. 1832 ; Rec. Roll. 3909. — Dél. 29 avril 1834 ;
J. E. 10919.

8622. Intérêts. — Si l'on cède les intérêts *échus*
d'une créance cumulativement avec la créance, le droit
proportionnel est dû sur les intérêts comme sur le
capital. — Dél. 1er fév. 1822 ; R. G. 2505.

8623. *Prescription.* — Il en serait de même si,
outre le capital de la créance, la cession comprenait
dix années d'intérêts échus : le droit serait dû sur ces
dix années d'intérêts, comme sur le capital, quoique le
débiteur puisse opposer la prescription relativement
aux cinq premières années d'intérêts. Tant qu'il n'use
pas de cette faculté, ces intérêts sont exigibles, et font
partie de la créance cédée. Il n'appartient pas, d'ailleurs,
à l'administration d'établir les droits et actions des
parties autrement qu'elles ne l'ont fait ou voulu faire
elles-mêmes, dans les actes émanés de leur volonté. —
Seine, 31 juill. 1822 ; I. 1249-7.

CH. IV. — QUESTIONS DIVERSES.

8624. Cautionnement. — Si le bailleur des fonds
d'un cautionnement sur le Trésor transporte ses droits

à un tiers qui lui rembourse ou lui paie pareille somme que le cautionnement, le droit de 1 % est dû. — Dél. 4 déc. 1824.

8625. Compte-courant. — La cession qu'un particulier fait à un banquier d'une créance actuelle, moyennant l'ouverture d'un compte courant, est un transport sujet au droit de 1 %. — Le Hâvre, 27 avril 1864 ; R. P. 2007.

8626. Condition suspensive. — Toute cession subordonnée à une condition suspensive ne doit être soumise au droit proportionnel qu'au moment où la condition s'accomplit, et le droit fixe est seul exigible sur l'acte de cession. Ainsi décidé au sujet du transport de loyers échus ou à échoir, consenti *pour le cas seulement* où le propriétaire qui délègue ses loyers ne paierait pas les sommes dues à son créancier en vertu de titre enregistré. — Sol. 18 oct. 1826 ; I 1205-5. — V. *Condition.*

8627. Créance verbale. — La cession d'une créance verbale ou résultant d'un titre non enregistré ne donne pas lieu, lorsque le débiteur est absent, au droit de titre sur la créance cédée, indépendamment de celui exigible sur l'acte de cession. L'énonciation de la dette ne forme pas, en effet, titre contre le débiteur. La convention lui est étrangère et ne le lie en aucune façon. Cette proposition n'a jamais fait l'objet d'une contestation sérieuse. — D. F. 7 avril 1817 ; J. E. 5838. — Sol. 27 fév. 1828 ; J. E. 9068.

8628. Décharge. — On ne peut percevoir le droit de cession sur la décharge donnée au mandataire de la somme de.... provenant de la vente qu'il a faite, en supposant qu'il y a eu cession sur la faveur du prix de cette vente. si d'ailleurs cette cession ne ressort pas d'une manière précise des termes de l'acte. — Lons-le-Saulnier, 25 fév. 1843 ; Cont. 6967.

8629. Désistement. — Si, après avoir fait opérer la signification, le cessionnaire s'en désiste, le droit fixe est seul dû sur l'acte de désistement. Car le cessionnaire est saisi à l'égard du cédant en dehors de tout acte de signification, et son désistement n'a pas pour effet de le dessaisir et d'opérer une rétrocession. — Sol. 29 avril 1828 ; J. N. 6614. — Seine. 5 mai 1847 ; J. N. 13631. — Sol. 8 mars 1849 ; J. N. 13630.

Cependant le droit de 1 % pour rétrocession serait dû si le désistement contenait consentement exprès à ce que le cédant reçût la créance cédée. — Seine, 5 avril 1843, 7 août 1844 ; J. E. 13228, 13557. — 13 juill. 1867 ; R. P. 2544.

8630. Garantie. — Le gage reste la propriété du débiteur jusqu'à l'expropriation (C. 2079) ; c'est pourquoi le droit de cession de créance n'est pas perçu sur les contrats de gage, puisque les créances données en garantie ne sont pas transmises au créancier. Mais ce droit devient exigible, s'il résulte des clauses et circonstances de l'acte que les parties y traitent d'un *transport* véritable, et que l'effet de l'acte sera non un simple nantissement, mais un dessaisissement de la chose au profit du créancier. — V. n. 4643.

8631. Crédit. — Le transport d'une créance fait par le crédité au créditeur en garantie de l'ouverture de crédit donne lieu au droit fixe de 3 fr. — Seine, 31 mars 1865 ; R. P. 2135.

La clause d'une ouverture de crédit par laquelle le crédité cède au créditeur toutes les sommes qui lui sont et seront dues par un tiers et l'autorise à les recevoir directement sans autre autorisation, constitue non un transport actuel passible du droit de 1 %, mais une garantie soumise, comme l'ouverture de crédit, à la réalisation de la condition suspensive et provisoirement affranchie du droit proportionnel. — Seine, 28 mai 1870 ; R. P. 3401.

8632. Clause d'imputation. — A le caractère d'une cession de créance le contrat par lequel un débiteur déclare céder en garantie à son créancier une créance que ce dernier pourra toucher directement et devra imputer sur son obligation. — Seine, 24 août 1867 ; R. P. 2756. — Sol. 29 avril 1862.

8633. Procuration. — *Vente.* — Lorsqu'une procuration, donnée à l'effet de vendre un immeuble, n'est en réalité qu'une vente au profit du mandataire, elle est passible du droit de mutation ; si ce dernier, après avoir revendu les biens, substitue un tiers à son mandat, il en résulte une cession de créance sur le prix non payé de la revente. — Dél. 20 oct. 1820 ; J. N. 7134.

8634. Porteur de l'expédition. — Aucun droit particulier de procuration n'est exigible : 1° lorsque, dans un acte contenant cession d'une créance inscrite, il est donné pouvoir au porteur d'une expédition pour opérer la mention de la subrogation ; — Sol. belge, 14 nov. 1855 ; R. P. 613. — 2° lorsque l'acte de transport porte qu'il est donné pouvoir au porteur de l'expédition de faire signifier le transport à qui besoin sera. — Sol. belge, 14 nov. 1855 ; R. P. 614.

8635. Rétrocession. — La rétrocession de créance, bien que non tarifée nommément, n'en constitue pas moins une cession de créance où les rôles sont intervertis, et qui est passible du droit de 1 %. — Sol. 20 août 1836 ; J. E. 11638-5.

8636. Vente. — Si un vendeur a reçu, en paiement du prix dont il a donné quittance, des créances dont l'acquéreur lui a garanti le recouvrement, un droit de rétrocession de créance est exigible sur l'acte par lequel ce vendeur, reconnaissant qu'il n'a pu obtenir paiement des débiteurs délégués, rend ces créances à l'acquéreur, avec déclaration que la délégation faite

dans le contrat de vente est comme non avenue. — Seine, 28 déc. 1849; J. E. 15162.

8637. *Nullité.* — Le même droit, et de plus celui d'acceptation, est exigible sur l'acte par lequel un mari qui avait reçu à titre de cession de la part de sa femme une créance déterminée, rétrocède sa créance à celle-ci, *en présence du débiteur*, encore que l'on prétende que le transport au mari était nul. — Bourges, 9 sept. 1843; J. E. 13350-1.

8638. *Réméré.* — L'acte par lequel une personne qui avait cédé une créance non exigible, avec faculté de la racheter dans un délai déterminé, rembourse cette créance avant le terme d'exigibilité, mais après celui stipulé pour le rachat, est passible du droit de rétrocession de créance. — Réthel, 28 déc. 1848; J. E. 14826.

8639. *Indemnité d'incendie.* — Le transport consenti dans une obligation de l'indemnité qui sera due par une compagnie d'assurance, en cas d'incendie des bâtiments hypothéqués, n'étant qu'un supplément de garantie accordée par l'emprunteur, il en résulte que la renonciation à ce transport faite après l'événement de l'incendie ne peut être considérée comme une rétrocession de créance. — Dél. 2 mars 1830; J. N. 7155. — *Contrà*, Dél. 28 avril 1829; I. 1293-10.

8640. *Subrogation.* — Si le cessionnaire de partie d'une créance a été subrogé à l'hypothèque du cédant, et que plus tard il déclare donner mainlevée de cette subrogation, avec stipulation que l'hypothèque profitera de nouveau au créancier qui lui avait cédé partie de sa créance, il y a preuve que celui-ci est rentré en possession de sa créance, et le droit de rétrocession est exigible. — Versailles, 1er juill. 1841; J. E. 12784.

8641. Société. — La cession, par un associé commanditaire, d'une portion d'intérêt dans la société qui n'a point émis d'actions, est assujettie au droit de 1 %, comme transport de créance, et non à celui de 50 c. %, comme cession d'action. — Dél. 16 avril 1833; J. E. 10599.

8642. TRÉSOR PUBLIC. — Ensemble des finances et revenus de l'Etat. — V. *Contributions publiques, Domaine, Etat.*

TRIBUNAL. — V. *Compétence . Conciliation , Jugement.*

8643. TUTELLE. — Ce mot désigne l'autorité et les fonctions du *tuteur*, c'est-à-dire de celui qui est chargé de prendre soin de la personne d'un mineur non émancipé ou d'un interdit, d'administrer ses biens et de le représenter dans tous les actes civils. — V. *Avis de parents, Compte, Curateur, Succession.*

8644. Qui peut être tuteur. — Après la dissolution du mariage, la tutelle des enfants mineurs non émancipés appartient de droit au survivant des époux. — C. 390.

Le dernier mourant des père et mère peut choisir un tuteur. — Id. 397. — Dans ce cas, le tuteur prend le nom de *tuteur datif.*

A défaut de père, de mère, et de tuteur nommé par eux, la tutelle est déférée aux ascendants les plus proches. — Id. 402, 403, 404.

S'il n'y a ni père ni mère survivant, ni tuteur élu par eux, ni ascendants, le tuteur est nommé par le conseil de famille, présidé par le juge de paix. — Id. 405, 406, 407.

8645. TUTELLE OFFICIEUSE. — Contrat de bienfaisance par lequel une personne s'oblige de nourrir et élever gratuitement un mineur, d'administrer ses biens et de le mettre en état de gagner sa vie.

Ce contrat a été favorisé dans le but de faciliter l'adoption.

8646. Droit civil. — Tout individu âgé de plus de cinquante ans, et sans enfants ni descendants légitimes, qui veut, durant la minorité d'un individu, se l'attacher par un lien légal, peut devenir son tuteur officieux, en obtenant le consentement des père et mère de l'enfant ou du survivant d'entre eux, ou, à leur défaut, d'un conseil de famille ; ou enfin, si l'enfant n'a point de parents connus, en obtenant le consentement des administrateurs de l'hospice où il a été recueilli, ou de la municipalité du lieu de sa résidence. — C. 361.

Le juge de paix du domicile de l'enfant dresse procès-verbal des demandes et consentements relatifs à la tutelle officieuse. — Id. 363.

Cette tutelle ne peut avoir lieu qu'au profit d'enfants âgés de moins de quinze ans. — Id. 364.

Dans le cas où le tuteur officieux meurt sans avoir adopté son pupille, il est fourni à celui-ci, durant sa minorité, des moyens de subsister, dont la quotité et l'espèce, s'il n'y a été antérieurement pourvu par une convention formelle, sont réglées soit amiablement entre les représentants respectifs du tuteur et du pupille, soit judiciairement, en cas de contestation. — Id. 367.

8647. Enregistrement. — *Acte de tutelle officieuse.* — Les actes de tutelle officieuse sont sujets au droit fixe de 75 fr. — 28 avril 1816, art. 48, n. 1. — 28 fév. 1872, art. 4.

8648. *Obligation de nourrir.* — L'art. 364 C. impo-

sant au tuteur officieux la charge de mettre le pupille en état de gagner sa vie. il s'ensuit que l'acte de tutelle qui contient, de la part du tuteur officieux, l'obligation de nourrir le pupille, ne donne ouverture à aucun droit particulier. — D. F. 20 juin 1809; I. 449.

8649. *Acte séparé.* — Si cette obligation était contenue dans un acte séparé, le droit fixe serait seul exigible. — D. F. 20 juin 1809; I. 449.

8650. *Acte postérieur au décès.* — Il est dû 20 c. % par analogie avec les baux de nourriture de mineurs, sur les actes volontaires ou judiciaires par lesquels les droits des pupilles sont réglés après le décès des tuteurs officieux, et à défaut par ceux-ci d'avoir fait le règlement. Et, dans ce cas, il n'est pas dû de droit de succession sur les secours accordés au pupille (C. 367). — D. F. 23 sept. 1806; Circ. 24 nov. suiv.

8651. *Mutation par décès.* — *Décès du tuteur avant la cinquième année de tutelle.* — La conséquence de l'art. 366 C. est que si le tuteur qui a conféré l'adoption à ses pupilles par disposition testamentaire, en les instituant pour ses légataires universels, meurt avant cinq ans de tutelle, ceux-ci ne doivent plus être considérés à son égard, pour les droits de mutation par décès, que comme des légataires ordinaires, alors même que les héritiers de l'adoptant n'élèveraient aucune réclamation contre la régularité de l'adoption. Les droits sont alors exigibles au taux applicable au degré de la parenté naturelle qui pouvait exister entre le défunt et ses pupilles. — Seine, 30 avril 1851; J. E. 15198.

8652. *Décès du tuteur après la majorité, l'adoption n'ayant pas été renouvelée.* — Il résulte encore de l'art. 368 C. que lorsque le tuteur officieux décède après la majorité du pupille, qu'il a institué son légataire universel, l'adoption testamentaire faite pendant la minorité, et non renouvelée à la majorité, est nulle. D'où la conséquence que le légataire universel doit payer les droits de mutation par décès, comme si aucun lien d'adoption n'avait jamais existé entre lui et le défunt. — Sol. 2 oct. 1848; J. N. 13532. — Saint-Marcellin, 26 avril 1849; J. N. 13823.

Lorsqu'un tuteur officieux a déclaré par testament adopter son pupille, et l'a institué en outre légataire universel, pour le cas où l'adoption ne pourrait recevoir son exécution, qu'il est mort plusieurs mois après la majorité du pupille, étant, d'après le dire des parties, en état d'imbécillité, et sans avoir fait d'adoption contractuelle, qu'une transaction est intervenue entre les héritiers de l'adoptant et l'adopté, par laquelle la validité de l'adoption est reconnue, il n'y a pas d'acte d'adoption régulier, et le droit de mutation par décès entre étrangers est exigible. — Seine, 26 juill. 1873.

« Attendu que, entourée par la loi de formes spé-
« ciales et solennelles, l'adoption en principe ne peut
« intervenir qu'entre personnes majeures;

« Que, par exception à cette règle, l'art. 366 permet
« au tuteur officieux, dans la prévoyance de son décès
« avant la majorité du pupille, de lui conférer l'adop-
« tion par acte testamentaire;

« Mais qu'il résulte du texte de cet article et de sa
« combinaison avec les art. 368 et 369 que cette adop-
« tion devient caduque si le tuteur meurt après la
« majorité du pupille;

« Qu'Olivier l'a si bien compris, que, dans les six
« mois qui ont suivi sa majorité, il a. à deux reprises,
« adressé au sieur Mouchel des réquisitions à fin d'a-
« doption, qui sont restées sans effet;

« Que, s'il était permis d'étendre la disposition
« bienveillante de l'art. 366, ce serait seulement dans
« le cas où le tuteur serait mort au lendemain de la
« majorité de son pupille, sans avoir eu le temps ri-
« goureusement nécessaire pour accomplir l'adoption
« contractuelle;

« Que le sieur Mouchel est mort plus de dix mois
« après la majorité d'Olivier;

« Que vainement celui-ci allègue que l'état de folie
« doit, en cette matière, être assimilé à la mort, et que
« le sieur Mouchel, frappé d'imbécillité avant 1871,
« doit être censé décédé avant sa majorité;

« Qu'à supposer l'état de folie constaté, il n'appar-
« tient pas au juge de créer, par voie d'interprétation,
« des assimilations de cette nature;

« Qu'ainsi la transaction intervenue entre Olivier et
« les héritiers légitimes du sieur Mouchel ne saurait
« être opposée à la Régie, les lois relatives à l'état des
« citoyens intéressant l'ordre public et ne pouvant su-
« bir de dérogation par suite de conventions particu-
« lières;

« Qu'en conséquence, Olivier ne représentant pas
« un acte d'adoption régulier en la forme, c'est avec
« raison que la Régie lui réclame les droits de muta-
« tion calculés à 9 % sur son legs universel. »

U

8653. ULTRA PETITA. — Un jugement est infecté du vice d'*ultrà petita*, lorsqu'il accorde plus qu'on n'a demandé. — C. P. 480.

UNION. — V. *Faillite*.

UNIVERSITÉ. — V. *Etablissement public*.

8654. USAGE. — On entend par droit d'usage le droit appartenant à un individu de percevoir les fruits d'un fonds jusqu'à concurrence de ce qui est nécessaire à ses besoins et à ceux de sa famille. — V. *Cantonnement, Forêts*.

8655. Rachat. — Le droit d'usage constituant un service foncier, la renonciation à son droit par l'usager au profit du propriétaire, moyennant une somme d'argent, donne lieu au droit de 5. 50 %. — Cass. belge, 29 mars 1867; R. P. 2612.

8656. USANCE. — Ce mot, qui vient d'*usage*, indique le temps qu'il est d'usage, dans un pays, d'accorder pour le paiement d'une lettre de change. En France, ce délai est de trente jours, à partir du lendemain de la date. — V. *Lettre de change*.

USUFRUIT.

Ch. I. — Notions générales.

8657. Définition. — L'usufruit est le droit de jouir des choses dont un autre a la propriété, comme le propriétaire lui-même, mais à la charge d'en conserver la substance. — C. 578.

8658. Nature de l'usufruit. — L'usufruit constitue un démembrement de la propriété; il est au rang des meubles ou des immeubles, suivant qu'il s'exerce sur des choses mobilières ou immobilières. S'il porte sur un immeuble, l'usufruitier peut le grever d'inscriptions hypothécaires. — Id. 526, 529, 2118.

8659. Par qui et sur quels biens l'usufruit peut être établi. — L'usufruit est établi par la loi ou par la volonté de l'homme. — C. 579.

Il peut porter sur toute espèce de biens meubles ou immeubles. — C. 580.

8660. Divers modes d'établissement de l'usufruit. — L'usufruit peut être constitué ou purement, c'est-à-dire pour commencer de suite et finir par la mort de l'usufruitier, ou à certain jour, c'est-à-dire à terme fixe, ou à condition. — Id. 580.

8661. Comment l'usufruit prend fin. — L'usufruit s'éteint : par la mort de l'usufruitier; par l'expiration *du temps* pour lequel il a été accordé; par la consolidation ou la *réunion sur la même tête* des deux qualités d'usufruitier et de propriétaire; par le non-usage du droit pendant trente ans; par la perte totale de la chose sur laquelle l'usufruit est établi. — C. 617.

L'usufruit peut aussi cesser par l'abus que l'usufruitier fait de sa jouissance, soit en commettant des dégradations sur le fonds, soit en le laissant dépérir faute d'entretien. Les créanciers de l'usufruitier peuvent intervenir dans les contestations pour la conservation de leurs droits; ils peuvent offrir la réparation des dégradations commises, et des garanties pour l'avenir. Les juges peuvent, suivant la gravité des circonstances, ou prononcer l'extinction absolue de l'usufruit, ou n'ordonner la rentrée du propriétaire dans la jouissance de l'objet qui en est grevé que sous la charge de payer annuellement à l'usufruitier, ou à ses ayants cause, une somme déterminée, jusqu'à l'instant où l'usufruit aurait dû cesser. — Id. 618.

L'usufruit qui n'est pas accordé à des particuliers *ne dure que trente ans*. — Id. 619.

L'usufruit accordé jusqu'à ce qu'un tiers ait atteint un *âge fixe* dure jusqu'à cette époque, encore que le tiers soit mort avant l'âge fixé. — Id. 620.

8662. Vente de la chose grevée d'usufruit. — La vente de la chose sujette à usufruit ne fait aucun changement dans le droit de l'usufruitier; il continue de jouir de son usufruit, s'il n'y a pas formellement renoncé. — Id. 621.

8663. Enregistrement. — *Liquidation du droit.* —

418

L'usufruit *mobilier* transmis à titre gratuit s'évalue à la moitié de la valeur entière de l'objet. — Frim. art. 14. n. 11.

L'usufruit *immobilier* transmis à titre gratuit s'évalue à dix fois le produit des biens ou le prix des baux courants, sans distraction des charges. — Frim. art. 15, n. 8. — V. *Donation, Rente, Succession, Vente.*

8664. *Tarif.* — L'usufruit qui s'applique à des immeubles étant immeuble lui-même, c'est le droit de 5.50 °/o qui est dû lorsqu'un usufruit semblable est transmis à titre onéreux. — Cass. 20 août 1806 ; Cod. M. D. 3451. — Sol. 11 avril 1832 ; J. E. 10334.'— Reims. 18 déc. 1841 ; J. E. 12902. — Orléans, 24 janv. 1845.

Сн. II. — Réunion de l'usufruit a la nue propriété.

8665. Usufruit séparé par vente. — Si l'usufruit est réservé par le vendeur, il doit être évalué à la moitié de tout ce qui forme le prix du contrat, et le droit est perçu sur le total. — Frim. art. 15, n. 6.

Alors, il n'est rien dû ultérieurement pour la réunion de l'usufruit à la propriété. — Id. ibid.

Cependant, si la réunion s'opère par acte de cession, et que le prix soit supérieur à celui sur lequel le droit a été perçu lors de l'aliénation de la propriété, le droit de vente est dû sur l'excédant. Dans le cas contraire, l'acte de cession doit être enregistré au droit fixe de 4. 50. — Id. ibid. — Frim. art. 68, §1. n. 42.— 28 avril 1816, art. 44, n. 4. — 28 fév. 1872, art. 4.

Ces dernières dispositions sont très-claires et très-précises ; elles ne sont applicables que si l'usufruit a été séparé de la propriété lors d'une *aliénation à titre onéreux.* et que dans le cas où il s'y réunit par un *acte de cession.*

8666. *Nue propriété à l'un, usufruit à l'autre.* — Si l'acquéreur de la nue propriété ne doit aucun droit de mutation lorsque l'usufruit réservé lors de son acquisition se consolide sur sa tête, c'est parce qu'il a payé ce droit par avance. On ne peut donc le lui réclamer de nouveau.

Mais, lorsque l'usufruit n'a pas été réservé *par le vendeur,* qui l'a vendu en même temps que la nue propriété à un autre que l'acquéreur de cette nue propriété, ce dernier n'ayant eu à supporter le droit que sur le prix de son acquisition, non augmenté de la valeur de l'usufruit (V. *Vente),* doit payer le droit de mutation lorsque, *par l'effet d'une cession ou d'une donation,* l'usufruit se réunit entre ses mains à la nue propriété. — Cass. civ. 27 août 1844 ; Sir. 44. 1. 754 ; I. 1732-12 ; J. E. 13575 ; J. N. 12074. — I. 2188.

8667. *Extinction naturelle de l'usufruit.* — Cependant, si l'usufruit s'éteint *naturellement* et non par l'effet d'une donation ou d'une vente, l'acquéreur de la nue propriété n'a aucun droit supplémentaire à verser : il n'y a pas *transmission,* mais *extinction* de l'usufruit. — Dieppe, 26 déc. 1837 ; J. N. 9034. — Abbeville, 9 déc. 1839 ; J. N. 10752. — Epinal. 9 mars 1840 ; J. N. 10693. —Seine, 21 avril 1841 ; J. N. 11094. 1842 ; J. N. 11292. — Sol. 4 avril 1842 ; J. E. 12955-11. — Dél. 16 mai 1842 ; J. E. 12997-11. — I. 2188.

8668. Usufruit séparé par donation ou par testament. — En matière de transmissions de propriété entre-vifs, à titre gratuit ou par décès, il n'est rien dû pour la réunion de l'usufruit à la propriété, lorsque le droit d'enregistrement a été acquitté sur la valeur entière de la propriété. — Frim. art. 15, n. 7.

En effet, soit lors de l'enregistrement de la donation, soit lors de la déclaration de la succession, le donataire ou le légataire en nue propriété a payé, *par anticipation ,* le droit proportionnel sur la valeur de l'usufruit. — Cass. req. 29 mai 1832 ; Sir. 32. 1. 392 ; J. E. 10358. — Civ. 27 mai 1834 ; Sir. 34. 1. 425 ; I. 1467-7 ; J. E. 10933. — Civ. 12 août 1834 ; Sir. 34. 1. 532 ; J. E. 11031. — Dél. 8 oct. 1841 ; J. E. 13101-4. — I. 2188.

8669. *Réunion par cession ou donation.* — Et cette règle est applicable lors même que la réunion de l'usufruit à la nue propriété n'aurait pas lieu naturellement. mais serait l'effet d'un acte de cession ou de donation. car, dans cette circonstance, comme au cas de l'extinction naturelle de l'usufruit, les droits ont été payés par anticipation, et on ne peut les exiger de nouveau. — Cass. civ. 10 mai 1848 ; Sir. 48. 1. 339 ; I. 2188 ; J. E. 14484.

8670. *Réunion au profit du cessionnaire du nu-propriétaire.* — Il n'importe que la réunion se fasse au profit du nu-propriétaire lui-même ou au profit de son cessionnaire : quel que soit le nombre des mutations subies par la nue propriété. il ne peut être dû qu'un seul droit pour l'usufruit à la réunion de cette nue propriété, *car cette réunion ne se réalise qu'une seule fois;* or le droit dû pour cette réunion a été perçu par anticipation. — Mêmes décisions qu'aux deux numéros précédents. — Montauban, 20 juin 1843 ; J. N. 11794. — Evreux, 25 août 1843 ; J. N. 11870.

8671. *Acquisition simultanée de l'usufruit et de la nue propriété.* — Il n'y a aucune raison pour ne pas appliquer les mêmes principes à l'achat simultané, par un tiers. de la nue propriété et de l'usufruit. Dans ce cas, en effet. l'acquéreur est toujours le représentant du cédant, et doit profiter comme lui de l'exemption relative à la réunion de l'usufruit. — Sol. 23 avril 1866 ; R. P. 2402.

8672. Mutation de la nue propriété exempte de droit. — La renonciation à l'usufruit de rentes sur l'Etat dont la transmission avait eu lieu antérieurement à la

loi du 18 mai 1850 ne peut donner ouverture à un droit de mutation. sous le prétexte que le nu-propriétaire n'avait acquitté aucun droit sur sa nue propriété. En effet, l'exemption de l'impôt équivalant à paiement, il faut considérer la nue propriété de la rente comme se trouvant dans la position où l'aurait mise le paiement qui aurait été fait du droit de mutation sur la valeur entière. — Seine, 19 et 26 juill. 1854 ; J E. 15888.

8673. Nue propriété aliénée avant la réunion de l'usufruit. — Lorsqu'*après avoir aliéné sa nue propriété*, le nu-propriétaire qui a payé les droits sur la valeur entière acquiert l'usufruit, cette acquisition doit être assujettie au droit de 5.50 % sur le prix stipulé; la faveur du droit fixe ne peut être réclamée que pour les contrats par suite desquels l'usufruit se réunit à la nue propriété. — Cass. civ. 17 mars 1835 ; I. 1490-13 ; J. E. 11185.

8674. Perception du droit fixe et du droit de transcription. — L'usufruit a pu être grevé d'hypothèques. pendant sa séparation d'avec la nue propriété, et il ne peut en être purgé, avant l'époque de son extinction naturelle, qu'à l'aide de la transcription. Il résulte de ce principe que tout acte (donation, acquisition, vente) par l'effet duquel, avant l'échéance du terme fixé pour sa durée, l'usufruit se réunit à la nue propriété, est de nature à être transcrit et donne ouverture au droit de 1.50 %. — Cass. civ. 6 janv. 1830 ; Sir. 30. 1. 50 ; I. 1320-9 ; J. E. 9569.

Mais, si ce droit a été payé par anticipation par le nu-propriétaire, l'acte de réunion ne peut plus y être assujetti de nouveau.

Dans tous les cas, l'acte de réunion est passible du droit fixe de 4. 50, que le droit de transcription soit ou non exigible. — Cette règle découle d'une jurisprudence constante que nous passons en revue ci-dessous ; cependant, elle ne nous paraît pas juridique. D'après le texte même de la loi, le droit fixe de 4. 50 n'est dû que lorsque l'usufruit a été séparé lors d'une *aliénation à titre onéreux*, que la réunion a lieu par *acte de cession*. et que cette cession n'est pas faite pour un *prix supérieur* à celui sur lequel le droit a été perçu lors de l'aliénation de la propriété. — Frim. art. 68, § 1, n. 42. — Si l'une de ces trois conditions fait défaut, le droit fixe à percevoir devrait être déterminé par la nature de l'acte qui opère la réunion. Mais la jurisprudence n'a pas distingué.

Ces préliminaires posés, passons à l'examen des diverses hypothèses qui peuvent se présenter.

8675. Succession. — L'héritier de la nue propriété n'a poi..t payé le droit de transcription lors de la déclaration de succession ; il doit donc supporter ce droit, et en outre le droit fixe de 4. 50, sur l'acte par lequel il acquiert plus tard l'usufruit *à titre gratuit* ou *à titre onéreux*. — Sol. 11 avril 1832. — Toulouse, 17 janv. 1845 ; J. E. 13687-4. — Cass. 8 juin 1847 ; I. 1796-22 ; J. N. 13120; J. E. 14284. — Versailles, 17 fév. 1848 ; J. E. 14456. — Cass civ. 18 nov. 1851 ; Sir. 51. 1. 769 ; I. 1912-5; J. E. 15338.

8676. *Légataire.* — Quand, après le paiement du droit de mutation par décès, le légataire d'un usufruit renonce, au profit du nu-propriétaire, à l'objet de son legs. moyennant une certaine somme, le droit de transcription est exigible sur le prix, bien que cette renonciation ait eu lieu avant toute demande en délivrance du legs. Avant même la délivrance, le légataire est investi d'un droit réel, immobilier, dont il peut disposer. — Cass. civ. 2 déc. 1839 ; Sir. 40. 1. 41; I. 1615-10 ; J. E. 12430; J. N. 10567.

8677. *Renonciation pure et simple.* — La renonciation à l'usufruit d'un immeuble, avant l'époque fixée pour la réunion de cet usufruit à la nue propriété, est un acte de nature à être transcrit, car, aux termes de l'art. 2118 C., l'usufruitier a pu grever l'usufruit d'hypothèques pour toute la durée que cet usufruit devait avoir. — Dél. 21 mai 1825 ; I. 1173-15. — Cass. civ. 6 janv. 1830 ; Sir. 30. 1. 50 ; I. 1320-9 ; J. E. 9569.

8678. *Renonciation moyennant une rente viagère.* — La renonciation par l'héritier de l'usufruitier à cet usufruit au profit de l'héritier de la nue propriété, moyennant une rente viagère, donne lieu au droit fixe et au droit de transcription sur le capital de la rente. Mais il n'y a pas lieu d'exiger le droit de constitution de rente; car, ici, la rente n'est autre chose que le prix du contrat; il ne s'agit pas d'une rente constituée à prix d'argent. — Cass. civ. 10 août 1830; Sir. 30. 1. 315 ; I. 1347-1; J. E. 9747. — Pithiviers, 25 mai 1851 ; J. E. 15206. — Guéret, 31 août 1870 ; R. P. 3354.

8679. *Renonciation partielle.* — La renonciation partielle à un usufruit légué, avec ou sans condition, emporte acceptation du legs; et comme elle a pour effet de réunir l'usufruit à la nue propriété, elle donne naissance au droit fixe de 4. 50. et à celui de transcription. — Saint-Omer. 15 mars 1845 ; J. E. 13717. — Dél. 30 oct.-4 nov. 1840; J. E. 12609.

8680. *Bénéfice d'inventaire.* — Lorsqu'un legs en usufruit d'immeubles a été accepté sous bénéfice d'inventaire au nom des légataires mineurs, la renonciation à ce legs opère transmission et donne lieu au droit de 4. 50 et à celui de transcription. — Seine, 6 déc. 1850; J. E. 15166-1. — 18 nov. 1850; J. E. 15332 ; J. N. 14520 ; I. 1912-5.

8681. *Renonciation frauduleuse.* — La renonciation, par un acte autre qu'un partage anticipé, à l'usufruit que le survivant des époux a sur les biens de son conjoint prédécédé, en vertu de leur contrat de mariage, donne ouverture au droit de 4. 50 et au droit de transcription, lorsque l'usufruitier a fait acte de propriété, ou qu'il est prouvé que la renonciation n'est pas pure

et simple. — Avesnes, 30 janv. 1846; Orléans. 16 déc. 1846; Angers, 26 nov. 1847; J. E. 13923, 14152, 14379.

L'acte par lequel le mari survivant renonce à l'usufruit dont sa femme lui avait fait donation par contrat de mariage, moyennant la renonciation de ses enfants aux reprises qu'ils avaient à exercer contre lui, constitue un contrat commutatif, une cession à titre onéreux d'usufruit. passible, au moment de l'enregistrement, du droit de transcription, indépendamment du droit fixe de 4. 50. — Cass. req. 9 mars 1852; Sir. 52. 1. 367; I. 1929-5; J. E. 15417.

En rapprochant un acte constitutif de rente viagère, au profit d'un père par ses enfants nu-propriétaires, de la renonciation faite quelques jours avant par cet ascendant à une donation d'usufruit, l'administration est recevable à établir, à l'aide des présomptions que peuvent fournir soit le rapport qui existe entre le chiffre de la rente et l'importance de l'usufruit, soit les garanties inusitées prises pour assurer le service de cette rente, que la renonciation de l'usufruitier a eu lieu moyennant un prix, et à exiger, en conséquence. le droit de transcription. — Cass. req. 25 mars 1855; Sir. 55. 1. 378; I. 2042-8; J. E. 16049; R. P. 398.

8682. *Donation.* — L'abandon. à titre gratuit ou à titre onéreux. par le donateur au profit du donataire, de l'usufruit qu'il s'était réservé par l'acte de donation. ne donne pas ouverture au droit de transcription, attendu que ce droit a été perçu par anticipation sur la pleine propriété au moment de la donation. — Château-Thierry, 29 déc. 1838; J. N. 10333. — Montpellier. 30 mai 1839; J. N. 10547. — Vic, 25 nov. 1841; J. N. 11377. — Bellac, 23 juin 1843; Dél. 8 nov. 1843; J. N. 11806; J. E. 13375. — Sol. 27 oct. 1843; I. 1710-1.

8683. *Vente.* — Lorsque l'acte d'acquisition de la nue propriété a supporté le droit de 5. 50 % sur la valeur entière, l'abandon ultérieur de l'usufruit au nu-propriétaire ne donne pas ouverture au droit de transcription.

CH. III. — RÉUNION DE LA NUE PROPRIÉTÉ A L'USUFRUIT.

8684. Règle. — Lorsque l'usufruitier qui aura acquitté le droit d'enregistrement pour son usufruit, acquerra la nue propriété, il paiera le droit d'enregistrement sur sa valeur. sans qu'il y ait lieu d'y joindre celle de l'usufruit. — Frim. art. 15, n. 8.

Le mot *acquerra* dont s'est servi le législateur est un mot générique; dès lors. cette règle est applicable à tous les cas, aux acquisitions à titre gratuit, comme à celles à titre onéreux. Et la valeur de la nue propriété est représentée par le revenu capitalisé par dix, ou par la moitié de la valeur vénale de la propriété entière, suivant les cas. — I. 1200-17.

8685. Acquisition partielle. — L'imputation que la

loi autorise pour déterminer l'assiette de l'impôt n'est pas une imputation de droit sur droit, mais bien une imputation de valeur sur valeur : car elle s'effectue en dehors des modifications de tarif résultant soit du taux des droits, soit du degré de parenté des personnes. Il s'ensuit que la déduction de la valeur de l'usufruit doit s'opérer sur la valeur correspondante de la portion acquise de l'immeuble grevé de cet usufruit, et sans pouvoir l'excéder.

Si donc la veuve usufruitière de toute la succession achète un immeuble de cette succession, on ne doit déduire que la valeur de l'usufruit de cet immeuble, et non pas celle de l'usufruit de toute la succession. — Cass. civ. 9 août 1870; J. E. 18934.

8686. Prix payable sans intérêts à l'expiration de l'usufruit. — La vente d'une nue propriété faite à l'usufruitier moyennant un prix stipulé payable sans intérêt à l'expiration de l'usufruit, et représentant la valeur de la propriété entière, est passible du droit d'enregistrement sur la totalité de ce prix. — Cass. req. 9 avril 1872 :

« Attendu qu'il est formellement exprimé dans l'acte « du 20 juin 1868, contenant vente par le sieur Alphonse « Chaumont à la demanderesse de la nue propriété « d'une maison dont elle avait l'usufruit, que c'est la « somme de 650,000 francs exigible seulement après « l'extinction de l'usufruit, et non productive d'intérêts « jusqu'à cette époque qui forme le prix de la vente; « que, s'il est dit incidemment que le droit d'usufruit « portera sur cette somme. cette énonciation n'a eu « ni pour objet ni pour effet de faire annuler le prix « dans la nue propriété de la somme convenue, la- « quelle n'a pas cessé d'appartenir à l'acquéreur qui « s'obligeait et obligeait ses héritiers à la payer; qu'il « est seulement résulté de ces stipulations un droit de « créance à exercer par le vendeur à l'époque de l'exi- « gibilité ;

« Qu'en décidant, par suite et conformément à l'arti- « cle 15 de la loi du 22 frim. an 7, dont les disposi- « tions s'appliquent à toute transmission à titre « onéreux. que la valeur de la nue propriété était « déterminée. pour la liquidation et la perception des « droits, par le prix exprimé dans l'acte, sans déduc- « tion des charges et sans qu'il y eût à tenir compte « de ce que le prix était payable seulement avec déces « de l'acquéreur et sans intérêts jusque-là, le juge- « ment attaqué a fait une juste application dudit « article et n'a pu violer aucune des dispositions « invoquées; rejette. »

8687. Usufruit exempt de droit. — Si , pour une cause quelconque, l'usufruit a été affranchi de tout droit au moment de son acquisition, en vertu d'une disposition de la loi, l'acquisition ultérieure de la nue propriété ne donne lieu au droit que sur la moitié de valeur entière, car l'exemption équivaut au paiement. — Sol. 23 août 1831; I. 1388-7. — Seine, 24 avril 1869 ; R. P. 2907.

Ch. IV. — Questions diverses.

8688. Affectation hyppothécaire. — Lorsque, dans une obligation contenant affectation hypothécaire d'un immeuble grevé d'usufruit, l'usufruitier consent à ce que l'hypothèque du créancier soit exercée sans avoir égard à l'usufruit, l'acte est sujet au droit de cautionnement, mais non au droit fixe de 4. 50, ni au droit de transcription. — Evreux, 21 nov. 1835 ; Dél. 25 fév. 1836 ; Rec. Roll. 5027. — Réthel, 21 juin 1850 ; J. E. 14987-2. — V. *Affectation hypothécaire.*

8689. Aliments. — L'abandon de l'usufruit d'un immeuble, à titre de pension alimentaire, est sujet au droit ordinaire de donation, et non au droit de 20 c. %. — Compiègne, 21 déc. 1855 ; R. P. 591. — V. n. 968.

8690. Bail à vie. — Si. par acte au greffe, le détenteur d'un immeuble déclare le tenir à bail à vie et vouloir acquitter trois annuités, lorsqu'il sera justifié de la mainlevée des inscriptions grevant l'usufruit, le droit de 5. 50 % est exigible sur le capital, au denier 10 de l'annuité déclarée, comme mutation d'usufruit, et non celui de 4 % comme bail à vie. — Argentan, 11 août 1849 ; J. E. 14856-5.

8691. Communauté. — Par application de l'article 1408 C., lorsque deux époux communs en biens acquièrent l'usufruit d'un immeuble dont la femme possédait déjà la nue propriété par suite d'une donation, on ne peut considérer le mari comme acquéreur pour moitié de l'usufruit et astreint par suite à un droit de vente sur la moitié du prix de la cession. Cet usufruit se réunit tout entier sur la tête de la femme, et il n'y a lieu de percevoir que le droit fixe de 4. 50. — Castelnaudary, 12 août 1824 ; Délib. 20 oct. suiv. ; J. E. 7970. Dél. 5 juin 1839 ; J. N. 10537 ; J. E. 12402.

8692. Consentement. — L'acte par lequel l'usufruitier consent à la vente des biens, sous réserve d'exercer son usufruit sur le prix à provenir de l'aliénation, opère un désistement réel du droit d'usufruit, désistement de nature à être transcrit, et par conséquent soumis, lors de l'enregistrement, au droit de 1. 50 %. — Cass. 6 août 1823 ; Pr. chron. 622.
On ne doit pas considérer comme une réunion d'usufruit donnant lieu au droit fixe de 4. 50 et au droit de transcription l'acte par lequel l'usufruitier des immeubles consent la vente de la nue propriété et à l'entrée en jouissance de l'acquéreur. à la condition que les intérêts du prix resteront affectés à son usufruit. — Sol. 30 juin 1867 ; R. P. 2590.

8693. Déclaration de succession. — Lorsque le nu-propriétaire acquiert l'usufruit avant d'avoir passé la déclaration de la nue propriété qui lui est entièrement échue, il doit payer le droit proportionnel sur cette acquisition ; mais, lors de la déclaration, il y a lieu de lui restituer le droit perçu sur la cession d'usufruit,

puisqu'il n'est rien dû pour la réunion de l'usufruit à la propriété. Dans tous les cas, il ne doit être fait ni réserve ni perception de droits supplémentaires sur la somme qui pourrait excéder. dans le contrat d'acquisition de l'usufruit, l'évaluation de cet usufruit, attendu qu'il s'agit de mutations par décès, dont les droits sont payés sur la valeur entière de la propriété. et non de mutations à titre onéreux, que le n. 6 de l'art. 15. frim., parait avoir particulièrement pour objet. — D. F. 22 mars 1808 ; I. 386-39. — Dans ce dernier cas, la restitution ne doit avoir lieu que sous la déduction du droit fixe de 4. 50 et du droit de transcription. — Dél. 4 janv. 1826 ; Rec. Roll. 1381.

8694. Délai. — Les actes sous seings privés portant réunion d'usufruit d'immeubles à la propriété ne sont pas considérés , sous le rapport de la perception, comme translatifs de propriété. Il s'ensuit qu'ils ne sont pas sujets à l'enregistrement dans un délai déterminé. — Sol. 18 mai 1832 ; Rec. Roll. 4698.

8695. Intérêts. — Lorsque l'usufruitier d'une *somme* la remet au nu-propriétaire qui a payé les droits sur la valeur de l'usufruit. et qui s'oblige de lui en servir l'intérêt à 5 %, le droit proportionnel, comme obligation ou comme constitution de rente, n'est pas exigible ; le seul droit à percevoir est celui de 4.50 comme réunion anticipée de l'usufruit à la nue propriété. — Dél. 5 janv. 1836 et 30 oct. 1849 ; J. N. 9157 et 14258. — La dernière délibération est ainsi conçue :
« Il a été reconnu. par une délibération du conseil « d'administration du 25 janv. 1836, que le droit d'o- « bligation n'est pas dû su: l'acte par lequel le nu- « propriétaire d'une somme d'argent reconnaît l'avoir « reçue de l'usufruitier et s'oblige de lui payer l'intérêt, « et qu'un tel acte n'est passible que du droit fixe « de 4.50, établi pour les réunions d'usufruit à la « nue propriété. — Au cas actuel , c'est le droit « de 2 %, qui a été perçu, et non celui de 1 % le « receveur s'étant basé sans doute. pour considérer « l'acte du 6 août 1848 comme constitutif d'une rente « viagère, sur l'art. 1909 C. — Mais. dans le cas prévu « par cet article, il y a aliénation de capital. ce qui « n'existe pas dans la circonstance présente. puisque « le capital remis par la veuve Giraud, usufruitière. « aux dames Giraud Boca, leur appartenant déjà , « était leur propriété. La remise de ce capital n'avait « donc pas le caractère d'une véritable constitution de « rente faite à prix d'argent ; elle ne constituait « qu'une réunion de l'usufruit à la nue propriété, « donnant ouverture au droit fixe de 4. 50 seule- « ment. »

8696. *Obligation.* — Cependant, si la remise de la somme, faite par l'usufruitier au nu-propriétaire, était conçue en termes tels qu'on fût autorisé à y voir un acte obligatoire. ce ne serait plus un simple droit fixe, mais le droit de 1 % qui deviendrait exigible.

Ainsi décidé dans une espèce où l'usufruitier avait remis au nu-propriétaire la somme grevée d'usufruit, à charge de lui en payer l'intérêt à 5. 50 %, et avec stipulation expresse que cette somme serait remboursable à la volonté de l'une ou l'autre des parties. Cette condition de remboursement enlevait évidemment à la convention le caractère de consolidation de l'usufruit sur la tête du nu-propriétaire, caractère distinctif de l'acte que nous avons ici en vue, pour la ranger dans la classe des obligations ordinaires. — Sol. 18 sept. 1822 ; R. G. 13934.

8697. Pluralité. — On ne peut percevoir qu'un seul droit sur la renonciation à un usufruit au profit de plusieurs nu-propriétaires *indivis*. — Dél. 12 sept. 1835 ; Cont. 4206. — Château-Thierry, 29 déc. 1838 ; J. N. 10333.

Mais l'acte par lequel un père abandonne à ses enfants l'usufruit qu'il a sur les biens de ses enfants, donne ouverture à autant de droits fixes qu'il y a de donataires, *si ceux-ci possèdent la nue propriété divisément.* — Dél. 24 avril 1833 ; J. N. 8069. — *Contrà :* Dreux, 26 août 1846 ; J. N. 12858. — 6 mai 1863 ; R. P. 1915.

8698. Prescription. — Aucun autre droit que celui de 4. 50 et celui de 1. 50 % ne peut être exigé pour la réunion de l'usufruit à la propriété, lors même que le droit n'a pas été acquitté lors de la transmission sur la valeur entière des biens, si la prescription est acquise aux parties. — Cass. civ. 19 avril 1809 ; J. E. 3284 ; Sir. 14. 1. 184.

8699. Quittance. — L'acte par lequel le nu-propriétaire d'une créance en reçoit le montant des représentants de celui qui en était l'usufruitier *et le débiteur,* contient une libération passible du droit de quittance. — Sol. belge, 4 juin 1868 ; R. P. 2884.

8700. Renonciation. — La renonciation par l'usufruitier à son usufruit n'opère que le droit fixe, à l'exclusion du droit de transcripton, toutes les fois qu'elle n'est pas acceptée par le nu-propriétaire ; mais cette acceptation n'a pas besoin d'être formelle, elle résulte implicitement de la présence du nu-propriétaire à l'acte de renonciation, car alors le contrat devient synallagmatique. — Dél. 23 janv. 1835 ; J. E. 11216. — 10 août 1843 ; J. N. 12730.

8701. *Partage.* — Si, après le décès de l'un des époux mariés sous le régime de la communauté, ses héritiers ont payé les droits sur moitié, et que, par un partage postérieur, l'époux survivant n'ait eu pour sa part que l'usufruit, et que plus tard il abandonne cet usufruit aux nu-propriétaires, le droit de donation est exigible sur l'autre moitié de la communauté, attendu que les droits de mutation n'ont été perçus que sur la moitié de la communauté de la totalité de laquelle les héritiers se trouvent possesseurs par suite de la renonciation à l'usufruit. — Seine, 19 juill. 1843 ; J. E. 13305 ; J. N. 11839.

8702. *Rente viagère.* — La renonciation à l'usufruit d'une somme d'argent moyennant une rente viagère ne donne lieu qu'au droit fixe de 4. 50, lorsque le nu-propriétaire a payé le droit sur la somme entière. — Sol. 22 juin 1868 ; R. P. 3117.

8703. Retour. — Lorsque les donateurs d'un immeuble ont recueilli la nue propriété de cet immeuble dans la succession du donataire, *en vertu d'une clause de retour conventionnel affranchie du droit de mutation par décès,* l'acte par lequel le légataire en usufruit du même immeuble renonce à son usufruit en leur faveur ne donne pas lieu au droit de mutation. — Cusset, 1er juill. 1869 ; R. P. 2974.

8704. Rétrocession. — Si le donataire rétrocède au donateur, qui s'est réservé l'usufruit de l'immeuble donné, la nue propriété de cet immeuble, le droit de donation est dû sur 10 fois le revenu des biens, parce que la loi est applicable à l'acte par lequel le donataire de la nue propriété d'un immeuble rétrocède ses droits au donateur qui s'est réservé l'usufruit. — Sol. 23 juin 1837 ; Rec. Roll. 5351.

8705. USURPATION. — Les arrêtés qui, sur la demande des parties intéressées, confirment ou rectifient les rapports des commissaires chargés de faire la recherche des biens communaux usurpés, sont sujets à l'enregistrement dans les vingt jours de leur date et passibles du droit de 5. 50 % sur la valeur estimative des biens que les détenteurs conservent et auxquels ils n'ont pas droit. — D. F. 21 août 1820 ; J. E. 3953.

V.

8706. VACATION. — Séance d'une certaine durée employée par un officier public à une opération. — V. *Faillite, Inventaire, Saisie, Scellés.*

VAISSEAU. — V. *Navire.*

VALEUR. — V. *Titre.*

VENTE.

Cʜ. I. — Droit civil.

8707. Définition. — La vente est une convention par laquelle l'un s'oblige à livrer une chose et l'autre à la payer. — C. 1582.

8708. Forme. — La vente peut être faite par acte authentique ou sous signatures privées; elle peut même avoir lieu verbalement. — C. 1582, 1583. — Troplong, n. 18. — Duranton, n. 34.

8709. Eléments de la vente. — La vente se compose de trois éléments essentiels : *res, pretium, consensus.*

8710. Consentement. — La vente est parfaite entre les parties, et la propriété est acquise de droit à l'acheteur à l'égard du vendeur, *dès qu'on est convenu de la chose et du prix,* quoique la chose n'ait pas encore été livrée ni le prix payé. — C. 1583.

8711. Chose. — Lorsque des marchandises ne sont pas vendues en bloc, mais au poids, au compte ou à la mesure, la vente n'est point parfaite, en ce sens que les choses vendues sont aux risques du vendeur jusqu'à ce qu'elles soient pesées, comptées ou mesurées; mais l'acheteur peut en demander ou la délivrance ou des dommages-intérêts, s'il y a lieu, en cas d'inexécution de l'engagement. — Id. 1585.
Si, au contraire, les marchandises ont été vendues en bloc, la vente est parfaite, quoique les marchandises n'aient pas encore été pesées, comptées ou mesurées. — Id. 1586.
A l'égard du vin, de l'huile et des autres choses que l'on est dans l'usage de goûter avant d'en faire l'achat, il n'y a point de vente tant que l'acheteur ne les a pas goûtées et agréées. — Id. 1587.

8712. *Prix.* — Le prix de la vente doit être désigné par les parties. — Id. 1591.

Il peut cependant être laissé à l'arbitrage d'un tiers; si le tiers ne veut ou ne peut faire l'estimation, il n'y a point de vente. — Id. 1592.

8713. Conditions qui peuvent affecter la vente. — La vente peut être faite purement et simplement, ou sous une condition, soit suspensive, soit résolutoire. — Elle peut aussi avoir pour objet deux ou plusieurs choses alternatives. — Dans tous ces cas, son effet est réglé par les principes généraux des conventions. — Id. 1584.

La vente faite à l'essai est toujours présumée faite sous une condition suspensive. — Id. 1588.

8714. Frais de la vente. — Les frais d'actes et autres accessoires à la vente sont à la charge de l'acheteur. — Id. 1593.

8715. Promesse de vente. — La promesse de vente vaut vente, lorsqu'il y a consentement réciproque des deux parties sur la chose et sur le prix. — Id. 1589.

Si la promesse de vendre a été faite avec des arrhes, chacun des contractants est maître de s'en départir : celui qui les a données, en les perdant, et celui qui les a reçues, en restituant le double. — Id. 1590.

8716. Qui peut acheter ou vendre. — Tous ceux auxquels la loi ne l'interdit pas peuvent acheter ou vendre. — C. 1594.

8717. *Incapables en général.* — Ainsi, le mineur, l'interdit, la femme mariée, cette dernière dans les cas déterminés par la loi, ne peuvent ni vendre, ni acheter. — C. 1124.

8718. *Époux.* — Le contrat de vente ne peut avoir lieu entre époux que dans les cas suivants : — 1° celui où l'un des deux époux cède des biens à l'autre, séparé judiciairement d'avec lui, en paiement de ses droits; — 2° celui où la cession que le mari fait à sa femme, même non séparée, a une cause légitime, telle que le remploi de ses immeubles aliénés, ou de deniers à elle appartenant, si ces immeubles ou deniers ne tombent pas en communauté; — celui où la femme cède des biens à son mari en paiement d'une somme qu'elle lui aurait promise en dot, et lorsqu'il y a exclusion de communauté; — sauf, dans ces trois cas, les droits des héritiers des parties contractantes, s'il y a avantage indirect. — Id. 1595.

8719. *Tuteurs, mandataires, etc.* — Ne peuvent se rendre adjudicataires, sous peine de nullité, ni par eux-mêmes, ni par personnes interposées : — les tuteurs, des biens de ceux dont ils ont la tutelle; — les mandataires, des biens qu'ils sont chargés de vendre; — les administrateurs, de ceux des communes ou des établissements publics confiés à leurs soins; — les officiers publics, des biens nationaux dont les ventes se font par leur ministère. — Id. 1596.

Les juges, les suppléants, les magistrats remplissant le ministère public, les greffiers, huissiers, avoués, défenseurs, officiers et notaires, ne peuvent devenir cessionnaires des procès, droits et actions litigieux qui sont de la compétence du tribunal dans le ressort duquel ils exercent leurs fonctions, à peine de nullité, et des dépens, dommages et intérêts. — Id. 1597.

8720. Choses qui peuvent être vendues. — Tout ce qui est dans le commerce peut être vendu, lorsque des lois particulières n'en ont pas prohibé l'aliénation. — Id. 1598.

8721. *Chose d'autrui.* — La vente de la chose d'autrui est nulle; elle peut donner lieu à des dommages-intérêts, lorsque l'acheteur a ignoré que la chose fût à autrui. — Id. 1599.

8722. *Chose future.* — Une chose future peut être vendue, même lorsqu'il est incertain si elle existera un jour. — C. 1130.

Mais on ne peut pas vendre la succession d'une personne vivante, même de son consentement. — Id. 1600.

8723. *Blé en vert.* — La vente des grains en vert est interdite. — 6 et 23 mess. an 3.

8724. *Chose périe au moment de la vente.* — Si, au moment de la vente, la chose vendue était périe en totalité, la vente serait nulle. — Si une partie seulement de la chose était périe, il est au choix de l'acquéreur d'abandonner la vente, ou de demander la partie conservée, en faisant déterminer le prix par la ventilation. — C. 1601.

8725. Obligations du vendeur. — Le vendeur est tenu d'expliquer clairement ce à quoi il s'oblige. — Tout pacte obscur ou ambigu s'interprète contre le vendeur. — Id. 1602.

Il a deux obligations principales, celle de délivrer et celle de garantir la chose qu'il vend. — Id. 1603.

8726. *Délivrance.* — La délivrance est le transport de la chose vendue en la puissance et la possession de l'acheteur. — Id. 1604.

L'obligation de délivrer les immeubles est remplie de la part du vendeur, lorsqu'il a remis les clefs, s'il s'agit d'un bâtiment, ou lorsqu'il a remis les titres de propriété. — Id. 1605.

La délivrance des effets mobiliers s'opère, — ou par la tradition réelle, — ou par la remise des clefs des bâtiments qui les contiennent, — ou même par le seul consentement des parties, si le transport ne peut s'en faire au moment de la vente, ou si l'acheteur les avait déjà en son pouvoir à un autre titre. — Id. 1606.

La tradition des droits incorporels se fait, ou par la

remise des titres, ou par l'usage que l'acquéreur en fait du consentement du vendeur. — Id. 1607.

Les frais de la délivrance sont à la charge du vendeur, et ceux de l'enlèvement à la charge de l'acheteur, s'il n'y a eu stipulation contraire. — Id. 1608.

La délivrance doit se faire au lieu où était, au temps de la vente, la chose qui en a fait l'objet, s'il n'en a été autrement convenu. — Id. 1609.

Si le vendeur manque à faire la délivrance dans le temps convenu entre les parties, l'acquéreur pourra, à son choix, demander la résolution de la vente, ou sa mise en possession, si le retard ne vient que du fait du vendeur. — Id. 1610.

Dans tous les cas, le vendeur doit être condamné aux dommages et intérêts, s'il résulte un préjudice pour l'acquéreur, du défaut de délivrance au terme convenu. — Id. 1611.

Le vendeur n'est pas tenu de délivrer la chose, si l'acheteur n'en paie pas le prix, et que le vendeur ne lui ait pas accordé un délai pour le paiement. — Id. 1612.

Il n'est pas non plus obligé à la délivrance, quand même il aurait accordé un délai pour le paiement, si, depuis la vente, l'acheteur est tombé en faillite ou en état de déconfiture, en sorte que le vendeur se trouve en danger imminent de perdre le prix, à moins que l'acheteur ne lui donne caution de payer au terme. — Id. 1613.

La chose doit être délivrée en l'état où elle se trouve au moment de la vente. — Depuis ce jour, tous les fruits appartiennent à l'acquéreur. — Id. 1614.

L'obligation de délivrer la chose comprend ses accessoires et tout ce qui a été à son usage perpétuel. — Id. 1615.

Le vendeur est tenu de délivrer la contenance telle qu'elle est portée au contrat, sous les modifications ci-après exprimées. — Id. 1616.

Si la vente d'un immeuble a été faite avec indication de la contenance, à raison de tant la mesure, le vendeur est obligé de délivrer à l'acquéreur, s'il l'exige, la quantité indiquée au contrat; — et si la chose ne lui est pas possible, ou si l'acquéreur ne l'exige pas, le vendeur est obligé de souffrir une diminution proportionnelle du prix. — Id. 1617.

Si, au contraire, dans le cas de l'article précédent, il se trouve une contenance plus grande que celle exprimée au contrat, l'acquéreur a le choix de fournir le supplément du prix, ou de se désister du contrat, si l'excédant est d'un vingtième au-dessus de la contenance déclarée. — Id. 1618.

Dans tous les autres cas, — soit que la vente soit faite d'un corps certain et limité, — soit qu'elle ait pour objet des fonds distincts et séparés, — soit qu'elle commence par la mesure, — l'expression de cette mesure ne donne lieu à aucun supplément de prix, en faveur du vendeur, pour l'excédant de mesure, ni en faveur de l'acquéreur, à aucune diminution du prix pour moindre mesure, qu'autant que la différence de la mesure réelle à celle exprimée au contrat est d'un vingtième en plus ou en moins, eu égard à la valeur de la totalité des objets vendus, s'il n'y a stipulation contraire. — Id. 1619.

Dans le cas où, suivant l'article précédent, il y a lieu à augmentation de prix pour excédant de mesure, l'acquéreur a le choix, ou de se désister du contrat, ou de fournir le supplément du prix, et ce avec les intérêts, s'il a gardé l'immeuble. — Id. 1620.

Dans tous les cas où l'acquéreur a le droit de se désister du contrat, le vendeur est tenu de lui restituer, outre le prix, s'il l'a reçu, les frais de ce contrat. — Id. 1621.

L'action en supplément de prix de la part du vendeur et celle en diminution de prix ou en résiliation du contrat de la part de l'acquéreur doivent être intentées dans l'année, à compter du jour du contrat, à peine de déchéance. — Id. 1622.

S'il a été vendu deux fonds par le même contrat et pour un seul et même prix, avec désignation de la mesure de chacun, et qu'il se trouve moins de contenance en l'un et plus en l'autre, on fait compensation jusqu'à due concurrence; et l'action, soit en supplément, soit en diminution de prix, n'a lieu que suivant les règles ci-dessus établies. — Id. 1623.

La question de savoir sur lequel, du vendeur ou de l'acquéreur, doit tomber la perte ou la détérioration de la chose vendue avant la livraison, est jugée d'après les règles prescrites au titre *des contrats et des obligations conventionnelles en général.* — Id. 1624.

8727. *Garantie.* — La garantie que le vendeur doit à l'acquéreur a deux objets : le premier est la possession paisible de la chose vendue; le second, les défauts cachés de cette chose ou les vices rédhibitoires. — Id. 1625.

Quoique, lors de la vente, il n'ait été fait aucune stipulation sur la garantie, le vendeur est obligé de droit à garantir l'acquéreur de l'éviction qu'il souffre dans la totalité ou partie de l'objet vendu, ou des charges prétendues sur cet objet, et non déclarées lors de la vente. — Id. 1626.

Les parties peuvent, par des conventions particulières, ajouter à cette obligation de droit, ou en diminuer l'effet; elles peuvent même convenir que le vendeur ne sera soumis à aucune garantie. — Id. 1627.

Quoiqu'il soit dit que le vendeur ne sera soumis à aucune garantie, il demeure cependant tenu de celle qui résulte d'un fait qui lui est personnel; toute convention contraire est nulle. — Id. 1628.

Dans le cas même de stipulation de non-garantie, le vendeur, en cas d'éviction, est tenu à la restitution du prix, à moins que l'acquéreur n'ait connu, lors de la vente, le danger de l'éviction, ou qu'il n'ait acheté à ses périls et risques. — Id. 1629.

Lorsque la garantie a été promise, ou qu'il n'a rien été stipulé à ce sujet, si l'acquéreur est évincé, il a droit de demander contre le vendeur : 1° la restitution du prix; — 2° celle des fruits, lorsqu'il est obligé de les rendre au propriétaire qui l'évince; — 3° les frais faits sur la demande en garantie de l'acheteur, et ceux faits par le demandeur originaire; — enfin les dommages et intérêts, ainsi que les frais et loyaux coûts du contrat. — Id. 1630.

Lorsqu'à l'époque de l'éviction, la chose vendue se trouve diminuée de valeur, ou considérablement

détériorée, soit par la négligence de l'acheteur, soit par des accidents de force majeure, le vendeur n'en est pas moins tenu de restituer la totalité du prix. — Id. 1631.

Mais si l'acquéreur a tiré profit des dégradations par lui faites, le vendeur a droit de retenir sur le prix une somme égale à ce profit. — Id. 1632.

Si la chose vendue se trouve avoir augmenté de prix à l'époque de l'éviction, indépendamment même du fait de l'acquéreur, le vendeur est tenu de lui payer ce qu'elle vaut au-dessus du prix de la vente. — Id. 1633.

Le vendeur est tenu de rembourser, ou de faire rembourser à l'acquéreur, par celui qui l'évince, toutes les réparations et améliorations utiles qu'il aura faites au fonds. — Id. 1634.

Si le vendeur avait vendu de mauvaise foi le fonds d'autrui, il sera obligé de rembourser à l'acquéreur toutes les dépenses, même voluptuaires ou d'agrément, que celui-ci aura faites au fonds. — Id. 1635.

Si l'acquéreur n'est évincé que d'une partie de la chose, et qu'elle soit de telle conséquence, relativement au tout, que l'acheteur n'eût point acheté sans la partie dont il a été évincé, il peut faire résilier la vente. — Id. 1636.

Si, dans le cas de l'éviction d'une partie du fonds vendu, la vente n'est pas résiliée, la valeur de la partie dont l'acquéreur se trouve évincé, lui est remboursée suivant l'estimation à l'époque de l'éviction, et non proportionnellement au prix de la vente, soit que la chose vendue ait augmenté ou diminué de valeur. — Id. 1637.

Si l'héritage vendu se trouve grevé, sans qu'il en ait été fait de déclaration, de servitudes non apparentes, et qu'elles soient de telle importance qu'il y ait lieu de présumer que l'acquéreur n'aurait pas acheté, s'il en avait été instruit, il peut demander la résiliation du contrat, si mieux il n'aime se contenter d'une indemnité. — Id. 1638.

Les autres questions auxquelles peuvent donner lieu les dommages et intérêts résultant pour l'acquéreur de l'inexécution de la vente, doivent être décidées suivant les règles générales établies au titre *des contrats ou des obligations conventionnelles en général*. — Id. 1639.

La garantie pour cause d'éviction cesse lorsque l'acquéreur s'est laissé condamner par un jugement en dernier ressort, ou dont l'appel n'est plus recevable, sans appeler son vendeur, si celui-ci prouve qu'il existait des moyens suffisants pour faire rejeter la demande. — Id. 1640.

Le vendeur est tenu de la garantie à raison des défauts cachés de la chose vendue qui la rendent impropre à l'usage auquel on la destine, ou qui diminuent tellement cet usage, que l'acquéreur ne l'aurait pas acquise, ou n'en aurait donné qu'un moindre prix, s'il les avait connus. — Id. 1641.

Le vendeur n'est pas tenu des vices apparents et dont l'acheteur a pu se convaincre lui-même. — Id. 1642.

Il est tenu des vices cachés, quand même il ne les aurait pas connus, à moins que, dans ce cas, il n'ait stipulé qu'il ne sera obligé à aucune garantie. — Id. 1643.

Dans les cas des art. 1641 et 1643, l'acheteur a le choix de rendre la chose et de se faire restituer le prix, ou de garder la chose et de se faire rendre une partie du prix, telle qu'elle sera arbitrée par experts. — Id. 1644.

Si le vendeur connaissait les vices de la chose, il est tenu, outre la restitution du prix qu'il en a reçu, de tous les dommages et intérêts envers l'acheteur. — Id. 1645.

Si le vendeur ignorait les vices de la chose, il ne sera tenu qu'à la restitution du prix, et à rembourser à l'acquéreur les frais occasionnés par la vente. — Id. 1646.

Si la chose qui avait des vices a péri par suite de sa mauvaise qualité, la perte est pour le vendeur, qui sera tenu envers l'acheteur à la restitution du prix, et autres dédommagements expliqués dans les deux articles précédents. Mais la perte arrivée par cas fortuit sera pour le compte de l'acheteur. — Id. 1647.

L'action résultant des vices rédhibitoires doit être intentée par l'acquéreur, dans un bref délai, suivant la nature des vices rédhibitoires, et l'usage du lieu où la vente a été faite. — Id. 1648.

Elle n'a pas lieu dans les ventes faites par autorité de justice. — Id. 1649.

8728. Obligations de l'acheteur. — La principale obligation de l'acheteur est de payer le prix au jour et au lieu réglés par la vente. — Id. 1650.

S'il n'a rien été réglé à cet égard lors de la vente, l'acheteur doit payer au lieu et dans le temps où doit se faire la délivrance. — Id. 1651.

L'acheteur doit l'intérêt du prix de la vente jusqu'au paiement du capital, dans les trois cas suivants : — s'il a été ainsi convenu lors de la vente; — si la chose vendue et livrée produit des fruits ou autres revenus : — si l'acheteur a été sommé de payer. — Dans ce dernier cas, l'intérêt ne court que depuis la sommation. — Id. 1652.

Si l'acheteur est troublé ou a juste sujet de crainte d'être troublé par une action, soit hypothécaire, soit en revendication, il peut suspendre le paiement du prix jusqu'à ce que le vendeur ait fait cesser le trouble, si mieux n'aime celui-ci donner caution, ou à moins qu'il n'ait été stipulé que, nonobstant le trouble, l'acheteur paiera. — Id. 1653.

Si l'acheteur ne paie pas le prix, le vendeur peut demander la résolution de la vente. — Id. 1654.

La résolution de la vente d'immeubles est prononcée de suite, si le vendeur est en danger de perdre la chose et le prix. — Si ce danger n'existe pas, le juge peut accorder à l'acquéreur un délai plus ou moins long, suivant les circonstances. — Ce délai passé sans que l'acquéreur ait payé, la résolution de la vente sera prononcée. — Id. 1655.

S'il a été stipulé, lors de la vente d'immeubles, que, faute de paiement du prix dans le terme convenu, la vente serait résolue de plein droit, l'acquéreur peut néanmoins payer après l'expiration du délai, tant qu'il n'a pas été mis en demeure par une sommation : mais

après cette sommation, le juge ne peut pas lui accorder de délai — Id. 1656.

8729. Résolution. — En matière de vente de denrées et effets mobiliers, la résolution de la vente aura lieu de plein droit, et sans sommation, au profit du vendeur, après l'expiration du terme convenu pour le retirement. — Id. 1657.

Indépendamment des causes de nullité ou de résolution déjà expliquées dans ce titre, et de celles qui sont communes à toutes les conventions, le contrat de vente peut être résolu par l'exercice de la faculté de rachat et par la vilité du prix. — Id. 1658.

8730. Adjudication. — *L'adjudication* est la vente d'une chose en public et avec concurrence.

L'adjudication a lieu *aux enchères*, quand la chose est vendue à celui qui offre la plus forte augmentation sur la mise à prix ;

Et au *rabais* quand. la mise à prix étant exagérée à dessein, on la diminue progressivement jusqu'à ce qu'une personne prononce les mots : *je prends*.

La vente *à la criée* n'est qu'un mode particulier d'adjudication aux enchères, et ne s'applique qu'aux ventes de meubles.

8731. *Deux espèces d'adjudications d'immeubles.* — Les adjudications d'immeubles sont *volontaires* ou *judiciaires.*

Les *adjudications volontaires* sont celles auxquelles les majeurs peuvent faire procéder lorsqu'ils sont tous d'accord. — C. P. 743. — Ces adjudications sont faites par les officiers publics ou même par les simples particuliers. — Cass. 20 fév. 1843 et 19 mai 1847 ; J. N. 11571, 13043.

Les *adjudications judiciaires* ont lieu à la barre du tribunal ou par notaire commis. Doivent être adjugés judiciairement : les immeubles saisis ;— C. P. 743. — les immeubles appartenant à des incapables, ou dépendant de successions bénéficiaires. — C. P. 744, 953.

8732. *Folle-enchère.* — Si l'adjudicataire sur saisie immobilière n'exécute pas les clauses de l'adjudication, il est considéré comme ayant enchéri follement et l'immeuble est revendu à sa *folle-enchère.* — C. P. 733.

8733. *Surenchère.* — L'adjudication su' surenchère est celle qui a lieu lorsque, après l'adjudication, un tiers fait une offre supérieure au prix de cette adjudication.

S'il s'agit d'adjudication sur saisie immobilière, la surenchère doit avoir lieu dans les huit jours qui suivent l'adjudication, et être du sixième au moins du prix principal de la vente. — C. P. 708.

La surenchère sur aliénation volontaire doit avoir lieu suivant les formes et dans les délais fixés par les art. 832 suiv. C. P.

Ch. II. — Droit fiscal.

Sect. I. — Vente d'immeubles.

Art. 1. — Tarif.

8734. Tarif. — Les adjudications, ventes, cessions. rétrocessions et tous autres actes civils et judiciaires, translatifs de propriété ou d'usufruit de biens immeubles à titre onéreux, sont assujettis au droit de 5.50 %. — Frim. art. 69, § 7, n. 1. — 28 avril 1816, art. 52.

8735. Adjudications judiciaires.— Le tarif de 5. 50 % atteint les ventes judiciaires comme les ventes volontaires. — Cass. 25 juill. 1821 :

« Attendu que l'art. 52 de la loi du 28 avril 1816 « contient une disposition spéciale aux mutations à « titre de vente, et qu'en fixant le droit d'enregistre- « ment des ventes d'immeubles à 5.50 %, il n'a pas « distingué des ventes ordinaires. les ventes que l'a- « dication sur poursuites judiciaires ; — attendu que « la disposition particulière par laquelle le même « article a ajouté que la formalité de la transcription ne « donnera plus lieu à aucun droit proportionnel, n'a « eu pour objet que de dispenser à l'avenir les ventes, « lorsqu'elles seraient transcrites, du droit auquel « était précédemment assujettie la formalité de la « transcription ; — attendu enfin que l'art. 54 de « la même loi, loin de modifier l'art. 52. n'a fait qu'en « étendre la disposition ; d'où il suit que le jugement « attaqué n'a violé ni l'art. 52, ni l'art. 54 précités : « — rejette. »

Art. 2. — Liquidation des droits.

8736. Règle. — Le droit proportionnel est liquidé. pour les ventes, adjudications. cessions, rétrocessions. licitations et tous autres actes civils ou judiciaires portant translation de propriété ou d'usufruit. à titre onéreux, *sur le prix exprimé, en y ajoutant toutes les charges en capital, ou sur une estimation d'experts. dans les cas autorisés par la loi.* — Frim. art. 15, n. 6. — V. *Expertise.*

8737. Prix consistant en une rente. — *Rente viagère.* — Quand le prix d'une vente d'immeubles consiste en une rente viagère.le droit de 5.50 % ne doit être perçu ni sur le capital originaire de la constitution de rente. ni sur le capital au denier 10, si la rente a été constituée sans expression de capital, mais sur le montant d'une déclaration estimative à fournir par les parties, sauf à l'administration à requérir l'expertise, dans le cas où elle jugerait cette évaluation insuffisante. — Cass. req. 21 déc. 1829 ; Sir. 30. 1. 117 ; I. 1307-13; J. E. 9533. — Req. 23 août 1836 ; I. 1528-19 ; J. E. 11568. — Napoléon-Vendée, 8 déc. 1856 ; R. P. 923. — Cass req. 31 déc. 1872. portant :

« Attendu que les art. 14 et 15 de la loi du 22 frim.

« au 7 fixent distinctement le mode de liquidation des
« valeurs des propriétés, usufruits ou jouissances
« transférés par des actes ou jugements, selon qu'il
« s'agit de biens meubles ou de biens immeubles ; que
« le n° 9 de l'art. 14, relatif à la création et au trans-
« port des rentes viagères, est sans application au cas
« où ces rentes ont été stipulées et constituées comme
« prix d'une vente immobilière ; que leur évaluation,
« lorsqu'elle n'est pas exprimée dans le contrat, doit
« alors être faite par une déclaration estimative que
« les parties sont tenues de fournir dans la forme
« prescrite par la loi. »

8738. *Sommation.* — La sommation faite au receveur de percevoir le droit sur le capital au denier dix
de la rente viagère peut être considérée comme remplaçant la déclaration exigée. — Sol. 7 fév. 1839 ;
Rec. Roll. 5723.

8739. *Rente perpétuelle.* — Si le prix d'une vente
d'immeubles consiste en une rente perpétuelle, le
droit de mutation doit être liquidé, non pas sur la
somme convenue pour le prix du remboursement,
mais seulement sur le capital au denier 20 de la rente ;
l'art. 14, n° 9, frim. n'autorise que ce mode d'é-
valuation, quel que soit le prix stipulé pour l'amortissement — Cass. civ. 19 mai 1834; Sir. 34. 1. 488 ;
J. E. 10928. — Req. 17 déc. 1834; Sir 35. 1. 118; I.
1481-13 ; J. E. 11083.

8740. *Rente sur l'Etat.* — Lorsqu'une vente est
faite pour une somme déterminée qui est ou doit être
payée avec une inscription sur le grand-livre de la
dette publique, représentant au cours du jour de la
vente le prix stipulé, le droit ne doit pas être liquidé
sur le capital de l'inscription au denier vingt, mais
seulement sur le prix porté au contrat, parce que les
inscriptions ayant un cours public, on ne peut, dans
les transactions civiles, leur supposer une valeur plus
forte. — Dél. 22 prair.-10 therm. an 13 ; J. E. 2095.

§ I. — Des charges.

8741. Règle. — Le droit est dû sur le prix exprimé,
en y ajoutant toutes les charges en capital. — Frim.
art. 15, n. 6.

8742. Abonnement d'eau. — L'obligation imposée à
l'acquéreur de continuer l'abonnement d'eaux souscrit à la ville par le vendeur n'est pas une charge,
mais une cession de bail. — Marseille. 13 janv. 1868 ;
R. P. 3098

8743. Contribution foncière. — Lorsque, par le
contrat de vente d'un immeuble, l'acquéreur est chargé
d'acquitter l'impôt foncier échu antérieurement à son
entrée en jouissance. cette charge doit être évaluée et
ajoutée au prix. — Cass. 19 mai 1819 ; J. E 6525.

8744. Egout. — Si l'acheteur d'un terrain s'oblige
à construire des égouts sur le sol restant au vendeur,
c'est là une charge à ajouter au prix. — Seine, 3 fév.
1865 ; R. P. 2083.

8745. Emprunt. — Lorsque l'acheteur d'un immeuble s'oblige à acquitter en sus de son prix les
annuités d'un emprunt souscrit par le vendeur au
Crédit foncier, l'importance de la charge se compose
du capital restant à amortir au jour de l'acte. suivant
les tableaux officiels du Crédit foncier. — Seine. 16
mai 1868: R. P. 2731.

8746. Eventualité. — Une charge même éventuelle,
imposée à l'acquéreur, notamment la charge de supporter l'usufruit auquel la femme du vendeur pourrait
avoir droit, en cas de survie, doit être ajoutée au prix
de la vente. — Cass. 24 juin 1811 ; J. E. 4111. —
Seine, 12 juin 1812 ; J. E. 4366.
Si une cession de droits successifs est faite à la
charge par le cessionnaire de payer à une personne un
legs de 20,000 fr. qui grève les biens cédés , au cas où
cette personne se marierait et aurait des enfants, le
droit de vente doit être assis, non sur cette somme de
20,000 fr., mais sur une évaluation à faire de la charge
par les parties, sauf expertise, si le prix paraît inférieur
à la valeur vénale des biens, attendu qu'il s'agit ici
d'une charge dont la réalisation est tout à fait éventuelle. — Sol. 7 déc. 1831 ; J. E. 10481.

8747. Frais d'acte. — Les frais d'acte et autres accessoires sont, *de droit*, à la charge de l'acheteur, —
C. 1593. — Et, par conséquent, ne peuvent pas être
ajoutés au prix.
Mais il en est autrement des frais faits par le vendeur
pour parvenir à la vente; ils doivent supporter le
droit, s'ils sont mis à la charge de l'acquéreur. — C.
Pau, 25 juin 1833; J. E. 10856.

8748. *Frais à la charge du vendeur.* — Si le vendeur est chargé des frais, son prix en est diminué d'autant et, dès lors. ne doit supporter le droit que déduction faite de ces frais. — Sol. 18 janv. 1833; Rec.
Roll. 3998.
Ainsi, le prix de la vente est de 105 fr.; le droit
d'enregistrement est mis à la charge du vendeur. Les
droits devront donc être perçus sur (105 — 7. 92) 97.08.

8749. *Frais de quittance.* — Lorsque le vendeur est
chargé de payer les frais de la vente et ceux de la
quittance du prix. il faut, pour liquider le droit, distraire seulement du montant du prix les frais et droits
de la vente, et non ceux de la quittance. qui sont éventuels. — Dél. 24 août 1827 ; J. E. 9025.

8750. *Dation en paiement.* — Lorsqu'un immeuble
est cédé en paiement d'une créance , à la condition
que les frais du contrat seront à la charge du débiteur
cedant , le montant de ces frais doit être déduit du

capital de la créance, pour la perception du droit de vente d'immeubles. — Seine, 2 juin 1853; J. E. 14983. — 9 déc. 1859. — Sol. 4 oct. 1869; R. P. 3049.

8751. Indemnité. — La somme payée en sus du prix de la vente au négociant qui se trouve expulsé de la maison vendue n'est sujette, comme indemnité, qu'au droit de 50 c. %. — Sol. 1er oct. 1859; R. P. 1247.

Mais il n'en est pas de même de l'indemnité payée en matière d'expropriation, dans le cas d'acquisition sujette au droit, pour dépréciation de l'immeuble, lorsque cette indemnité concerne l'immeuble acquis et ne concerne pas les dommages causés à la propriété. — Le Mans, 12 août 1859; R. P. 1249.

8752. Intérêts. — Si l'acquéreur est tenu de payer des intérêts échus au jour de la vente, il y a là une charge susceptible d'être ajoutée au prix. — Dél. 19 mars 1823; Rec. Roll. 567. — Saverne, 23 août 1845; J. E. 13856.

8753. Taux légal. — Quoique les intérêts stipulés pour le prix d'une vente d'immeubles excèdent le taux légal, on ne doit pas, pour la perception, considérer l'excédant comme une charge susceptible d'être ajoutée au prix. — D. F. 28 mess. an 12; I. 290-76. — Dél. 15 fév. 1823 et 20 fév. 1835; Rec. Roll. 568, 4655.

8754. Dispense des intérêts. — Si l'acquéreur est dispensé de payer les intérêts pendant un temps déterminé, le droit de vente est dû sur le prix exprimé sans déduction, car le prix n'en reste pas moins entier pour le vendeur. — Oloron, 1er déc. 1842; J. E. 13190.

8755. Jouissance. — Lorsque, dans un acte de vente d'immeubles non loués ou affermés, le vendeur se réserve la jouissance pour un temps qui n'excéderait pas le terme courant s'ils étaient affermés (spécialement pendant trois mois), la valeur de cette jouissance ne doit pas être ajoutée au prix de la vente pour la perception du droit d'enregistrement. — Sol. 31 oct. 1864; R. P. 2016 :

« Il a été procédé le 29 déc. 1863, devant notaire, à « l'adjudication ordonnée par justice d'un immeuble. « Il a été stipulé que l'adjudicataire n'entrerait en « jouissance que dans trois mois. On a pensé que cette « réserve constituait une charge susceptible d'être « ajoutée au prix pour la perception du droit propor- « tionnel. — Cette opinion ne paraît pas devoir être « adoptée.

« Il résulte en effet d'une décision ministérielle du « 23 août 1808 qu'aucune addition ne doit être faite au « prix lorsque le vendeur se réserve le terme courant « du fermage ou du loyer (Inst., no 400, § 12). Cette « décision est fondée sur cette considération que la « réserve n'a le plus ordinairement pour but que de « prévenir les difficultés de l'attribution entre les par- « ties du prorata du loyer revenant à chacune d'elles. « Il semble qu'il doive en être de même quand l'im-

« meuble n'est pas loué, parce que l'attribution pro- « portionnelle des fruits naturels présente souvent plus « de difficultés que la répartition des fruits civils.

« Dans l'espèce, la réserve n'excède pas le terme « courant : il y avait donc lieu de faire l'application « de l'instruction précitée, et la perception du receveur « est dès lors à l'abri de la critique. »

8756. Paiement des impôts et des intérêts. — Dans une vente du 11 juin, l'acquéreur, qui entre en jouissance le 1er août suivant, est chargé de payer la contribution et les intérêts du prix, à partir du 1er juillet précédent : ici le paiement des intérêts concorde avec celui de la contribution qui échoit par douzième; l'acquéreur ne paie point une dette échue du vendeur : cette disposition ne constitue qu'une réserve de jouissance, pour une partie du terme courant; il n'y a rien à ajouter au prix. — Sol. 9 mai 1831; J. E. 10034.

8757. Loyers ou fermages. — Lorsque le vendeur se réserve le terme courant du fermage ou du loyer, aucune addition ne doit être faite au prix. — D. F. 13 août 1808; I. 400-12.

8758. Loyers de plusieurs années. — Mais la solution serait contraire si l'acquéreur, obligé de payer immédiatement les intérêts, était privé du loyer pendant plusieurs années. — Cass. civ. 25 nov. 1857; Sir. 58. 1. 383; I. 2118-10; J. E. 16650.

8759. Loyers payés d'avance. — Si le vendeur se réserve les loyers qui lui ont été payés d'avance par les locataires de l'immeuble vendu, et que l'acquéreur s'oblige, néanmoins, à servir l'intérêt du prix de la vente, à partir de la date du contrat, il y a lieu d'ajouter, pour l'assiette de l'impôt, le montant de ces loyers au prix convenu. — Cass. civ. 19 fév. 1845; Sir. 45. 1. 216; I. 1743-15. — Civ. 16 juin 1847; Sir. 47. 1. 704; I. 1796-26; J. E. 14263. — Seine, 24 nov. 1848 et 23 juill. 1851; J. E. 14635, 15289.

8760. Loyers cédés. — Même solution, lorsque des loyers à échoir ont précédemment fait l'objet d'une cession consentie par le vendeur, et que le prix de la vente est cependant immédiatement productif d'intérêts. — Lyon, 5 fév. 1839; J. E. 12246. — Cass. civ. 25 nov. 1857; Sir. 58.1.383; I. 2118-10; J. E. 16650; R. P. 937.

8761. Loyers réservés venant en déduction du prix. — Si les loyers perçus d'avance par le vendeur doivent venir en diminution du prix, aucune addition ne doit être faite, car ils équivalent à un à-compte payé par l'acquéreur; mais ils ne sont pas susceptibles d'être déduits. — Cass. civ. 19 fév. 1845; Sir. 45 1. 216; I. 1743-15.

8762. Pot-de-vin. — La réserve, que se fait le vendeur, d'une somme due par le fermier de l'immeu-

ble, à titre de pot-de-vin, en vertu d'un bail antérieur que l'acquéreur devra continuer, constitue, vis-à-vis de l'acquéreur, une véritable charge qui augmente d'autant le prix de la vente; la somme stipulée à titre de pot-de-vin, doit être répartie sur toutes les années du bail, et l'on doit percevoir le droit de 5. 50 % sur une fraction proportionnelle au nombre d'années restant à courir. — Cass. civ. 30 nov. 1853; Sir. 54. 1. 60; I. 1999-11; J. E. 15768.

8763 Remboursement de dépenses. — Si l'acquéreur s'engage par acte distinct à rembourser au vendeur certaines dépenses faites antérieurement sur les biens aliénés, ces dépenses ont le caractère d'un supplément de prix, et non pas de remboursements d'avances de mandataire. — Seine, 4 août 1866; R. P. 2387.

8764. Rente. — Lorsque l'acquéreur est chargé d'acquitter des rentes foncières, le droit doit être perçu tant sur le capital des rentes que sur le prix exprimé. — Cass. 13 niv. et 19 prair. an 11; I. 178.

Si, dans la vente d'une maison, on déclare qu'elle est grevée de deux rentes foncières et qu'il soit stipulé que, si le créancier intente une action en paiement à l'acquéreur, celui-ci sera tenu de se défendre à ses risques et périls, *sans aucun recours contre le vendeur*, le capital de ces rentes doit être ajouté au prix comme charge. — Les Andelys, 23 mai 1842; J. E. 13012-2.

Le jugement qui attribue à un enfant, à la charge par lui de payer les rentes qui le grèvent, un lot d'immeubles qui avait été donné à son frère par un partage anticipé, et dont celui-ci se trouve évincé par le tribunal, faute de paiement des rentes auxquelles il était tenu, donne ouverture au droit de vente sur le capital des charges. — Cherbourg, 17 janv. 1849; J. E. 14827.

8765. Réserve. — En principe, la valeur de la chose réservée ne peut pas être ajoutée au prix, *puisque cette chose n'est pas vendue.*

8766. Droit d'habitation. — Il faut ajouter au prix de la vente la valeur du droit d'habitation déterminée par une déclaration estimative; autrement, à l'extinction de ce droit, le propriétaire le recevrait sans avoir acquitté l'impôt. — Saverne, 6 mai 1869; R. P. 3319.

8767. Réserve de jouissance indéfinie. — Si le vendeur se réserve la jouissance de la superficie de l'immeuble vendu, *en quoi qu'elle puisse consister*, il y a lieu de liquider le droit de 5. 50 % sur le prix exprimé, augmenté de moitié en sus, car une pareille réserve équivaut à une réserve d'usufruit; on ne peut pas prétendre qu'à la différence d'un usufruit, la jouissance de la superficie doit passer, après le décès du vendeur, à ses héritiers ou ayants cause, attendu qu'il serait absurde de supposer que l'acquéreur a payé le prix d'une nue propriété éternellement improductive pour lui. — Cass. civ. 24 juin 1829; Sir. 29. 1. 260; I. 1293-11; J. E. 9430.

8768. Bois. — Si, dans la vente du fonds et de la superficie d'une haute futaie aménagée de vingt-quatre coupes, le vendeur se réserve dix coupes, cette réserve ne peut être assimilée à la réserve de l'usufruit de l'immeuble, et n'impose aucune privation de jouissance aux acquéreurs, qu'elle n'empêche pas de jouir, dès le moment de la vente, de tout ce qu'ils ont acheté. — Cass. civ. 1er fév. 1831; J. E. 9933; Sir. 31. 1. 104.

Mais il en serait autrement, si une vente d'immeubles était faite sous la réserve de la superficie des bois existants, sans que le délai dans lequel les coupes seront exploitées fût déterminé. Une pareille vente présenterait tous les caractères d'un usufruit, et le droit devrait dès lors être perçu sur la moitié en sus du prix stipulé, comme si le vendeur s'était réservé l'usufruit. — Seine, 22 nov. 1838; J. E. 12190. — Chaumont, 26 juin 1844; J. E. 13533-3.

Il en serait de même, si le vendeur d'une forêt se réservait la série des coupes constituant l'aménagement. — Seine, 25 mai 1842; J. E. 13006.

Même solution, si l'acquéreur d'un bois, moyennant un prix payé comptant, ne doit entrer en jouissance qu'après l'exploitation de la superficie vendue à un tiers et à enlever dans une longue période. — Cass. civ. 9 déc. 1872 : « Vu l'art. 4 et l'art. 15, n. 6, de la « loi du 22 frimaire an 7; — attendu qu'aux termes des « articles ci-dessus visés, le droit proportionnel est « dû pour toute transmission de propriété sur les « valeurs, et que la valeur de la propriété, pour la « liquidation et le paiement de ce droit, est détermi- « née pour les ventes d'immeubles par le prix exprimé, « en y ajoutant toutes les charges en capital, ou par « une estimation d'experts dans les cas autorisés par « la loi; — qu'il résulte de ces dispositions que, pour « asseoir la perception du droit proportionnel, il y a « lieu de prendre pour base de l'évaluation de l'im- « meuble aliéné non-seulement le prix exprimé, mais « aussi tout ce qui, d'après le contrat, constitue, en « dehors de ce prix, un équivalent de la transmission « de la propriété; — attendu que, par acte notarié « des 4 janvier et 14 février 1868, le comte de La « Rochefoucauld, duc de Bisaccia, a vendu à Schots- « mans le fonds seulement, comme terrain nu, des « forêts y désignées, pour le prix de 490,000 francs « payés comptant, et qu'il a été stipulé que l'acqué- « reur aurait la propriété des biens à lui vendus à « compter du 15 novembre 1867, mais que la jouis- « sance de ces forêts ne commencerait à son profit « qu'au fur et à mesure de l'enlèvement et de l'exploi- « tation de la superficie réservée par le vendeur, « exploitation qui devra avoir lieu aux époques réglées « par l'aménagement de cette superficie, et qui ne « pourra s'étendre au delà du 1er janvier 1887; — « attendu que cette privation partielle de jouissance « combinée avec le paiement immédiat du prix exprimé « ayant pour résultat, d'une part, de conférer au ven- « deur l'avantage de jouir simultanément, pendant un

« certain temps, de la chose vendue et du prix stipulé,
« et, d'autre part, de priver l'acheteur, contrairement
« à la nature de la vente, des fruits de la chose qui
« lui a été vendue et dont il a payé le prix comptant,
« constitue non une restriction de la chose vendue,
« mais une charge véritable qui impose à l'acquéreur
« un sacrifice au profit du vendeur et dont l'évalua-
« tion en capital, qui, au besoin, pourrait se faire par
« expertise, doit être ajoutée au prix exprimé dans
« l'acte pour asseoir le droit de mutation; — qu'en
« décidant le contraire, le tribunal de Saint-Omer a
« formellement violé les articles ci-dessus visés; —
« casse. »

8769. *Chemin réservé et entretenu moyennant indemnité.* — Lorsqu'en vendant un bois par lots, une
société se réserve la propriété des places et allées donnant accès aux lots en se chargeant de les entretenir,
et stipule à cette occasion de chaque acquéreur une
redevance de 1 c. par mètre carré, cette redevance doit
être considérée soit comme le prix de la servitude consentie aux acquéreurs sur les places et allées, soit
comme l'acquit par les acquéreurs de la dette du vendeur consistant à entretenir lesdites places et allées,
et, à l'un et à l'autre titre, elle constitue une charge
susceptible d'être ajoutée au prix pour la perception
du droit proportionnel d'enregistrement. — Cass. req.
5 mars 1867; Cuën. 11301; I. 2358-1.

§ 2. — *Réserve d'usufruit.*

8770. Règle. — Si l'usufruit est réservé par le vendeur, il est évalué à la moitié de tout ce qui forme le
prix du contrat, et le droit est perçu sur le total; mais
il ne sera dû aucun autre droit pour la réunion de
l'usufruit à la propriété. — Frim. art. 15, n. 6.

8771. *Evaluation par les parties.* — Le droit est dû
d'après les bases établies par la loi, bien que les parties
fassent dans l'acte l'évaluation de l'usufruit. — Lou-
dun, 27 déc. 1848; J. E. 14679.

8772. *Réserve au profit d'un tiers non dénommé.* —
Si le vendeur réserve l'usufruit au profit d'un tiers non
dénommé, et sans faire connaître les droits de ce tiers
à l'usufruit, le prix doit être augmenté de moitié pour
la perception. — Dél. 23 déc. 1834; J. E. 11187-3.

8773. *Biens indivis.* — Si un immeuble appartient
indivisément à deux personnes qui le vendent en s'en
réservant l'usufruit jusqu'au décès de l'une d'elles, le
droit est dû sur le prix augmenté de moitié. — Seine,
22 nov. 1849; J. E. 14868.

8774. *Vente sur saisie.* — Le débiteur restant propriétaire des biens saisis jusqu'à l'adjudication, il
résulte de là que bien qu'un immeuble soit vendu sur
expropriation, ce n'est pas moins le débiteur saisi qui

est le véritable vendeur; si donc l'usufruit est réservé
au vendeur, on doit ajouter au prix exprimé moitié en
sus pour représenter la réserve d'usufruit. — Dijon,
7 déc. 1835; J. N. 9517; I. 1528-18.

**8775. Vente de la nue propriété à l'un et de l'usufruit
à l'autre.** — Si la nue propriété d'un immeuble et
l'usufruit de ce même immeuble sont par le même
acte vendus respectivement à deux personnes, le droit
de 5. 50 % est perçu sur la réunion des prix exprimés,
sans aucune addition au prix payé par le nu-propriétaire, pour la valeur de l'usufruit. — Cass. 8 janv.
1822, 20 mars et 26 déc. 1826. — D. F. 4 oct. 1826; I.
1205-14.

« Attendu, porte le dernier arrêt, que suivant l'art.
« 15, n. 6 de la loi du 22 frim. an 7, la valeur des
« immeubles transmis en propriété ou en usufruit est
« déterminée, pour la liquidation et le paiement du
« droit proportionnel, par le prix exprimé au contrat,
« en y ajoutant toutes les charges en capital; — At-
« tendu que, dans ces expressions, *toutes les charges*,
« la loi n'a pas eu en vue la réserve de l'usufruit, la-
« quelle est bien moins une charge de la vente qu'un
« démembrement de la propriété vendue, démembre-
« ment sans lequel la transmission de la jouissance
« serait une conséquence nécessaire et immédiate de
« la transmission de la propriété; — attendu, au
« surplus, que la loi a prévu le cas où il y a réserve
« d'usufruit par le vendeur, et que, par le deuxième
« alinéa du même numéro dudit article 15, elle dis-
« pose que, dans ce cas, l'usufruit sera évalué à la
« moitié de tout ce qui forme le prix du contrat, et
« que le droit sera perçu sur le total; — mais qu'on
« ne peut appliquer cette disposition au cas où, au
« lieu de la réserve d'usufruit par le vendeur, il y a,
« de la part de celui-ci, vente du tout par un seul et
« même contrat, savoir : de la nue propriété à un ac-
« quéreur, moyennant un prix déterminé, et de l'usu-
« fruit à un autre acquéreur, moyennant un autre prix
« déterminé : 1° parce qu'il est de principe que, dans
« l'application des lois fiscales, et notamment en ma-
« tière d'impôts, on ne peut pas étendre, d'un cas à
« l'autre, par voie d'induction ou même d'analogie, la
« disposition de la loi; 2° parce qu'il y a, en effet,
« pour la détermination de la valeur et l'application
« du droit d'enregistrement à cette valeur, une diffé-
« rence essentielle entre le cas où la réserve de l'usu-
« fruit est faite par le vendeur, et celui où le vendeur
« transmet tout à la fois la nue propriété à un acqué-
« reur et l'usufruit à un autre; puisqu'au premier cas,
« le prix exprimé au contrat n'est pas censé représen-
« ter la valeur intégrale de l'immeuble vendu, et que,
« pour obtenir cette valeur intégrale, il faut y ajouter
« celle de l'usufruit dont l'expectative est aussi trans-
« mise à l'acquéreur avec la nue propriété, valeur
« que la loi évalue à la moitié du prix stipulé par le
« vendeur; tandis qu'au second cas, le prix exprimé
« au contrat, et qui se compose du prix stipulé pour
« la nue propriété et de celui stipulé pour l'usufruit,
« représente bien la valeur entière de l'immeuble
« vendu; par où le vœu de la loi, qui asseoit le droit

« proportionnel sur cette valeur, se trouve complète-
« ment rempli. »

8776. Vente d'une nue propriété dont l'usufruit appartient à un tiers. — La vente d'une nue propriété dont l'usufruit appartient à un tiers n'est sujette au droit que sur le prix du contrat. — Cass. 3 janv. 1827; I. 1210-9 ; J. E. 8647 :

« Attendu que, d'après la règle générale établie par « l'art. 4 de la loi du 22 frim. an 7 , on ne doit, pour « la vente soit de la propriété , soit de l'usufruit , que « le droit particulier à chacune de ces ventes ;

« Que l'exception portée en l'art. 15, n. 6, de la « même loi, est, sous un double rapport, inapplicable « à l'espèce : 1° parce qu'en matière fiscale, il n'est pas « permis de raisonner d'un cas à un autre ; 2° parce « qu'il n'y a aucune analogie entre le cas prévu par « ledit article et celui de la cause : dans le cas prévu « par l'art. 15, n. 6, c'est la même personne qui. pos-« sesseur de la propriété pleine et entière, vend la « propriété et s'en réserve l'usufruit, tandis que, dans « l'espèce, c'est la propriété nue qui est aliénée, parce « que le vendeur n'avait que cette propriété ;

« Attendu que l'usufruit ainsi séparé de la propriété « ne pouvait, sous aucun rapport, former une des « charges spécifiées dans ledit article 15, n. 6, et qu'en « décidant ainsi , le jugement attaqué a fait une juste « application de la loi. »

8777. Somme payée pour l'usufruit. — Mais lorsque les parties énoncent qu'en considération de la valeur en pleine propriété et jouissance de l'immeuble vendu, elles fixent le prix à une somme déterminée, immédiatement payable entre les mains du vendeur, qui devra en servir l'intérêt à l'acquéreur jusqu'à l'extinction de l'usufruit, le droit de mutation est exigible sur la totalité de cette somme qui forme le prix réel de la vente; on ne doit pas en déduire la valeur de l'usufruit antérieurement constitué au profit d'un tiers. — Cass. re *. 30 avril 1839 ; Sir. 39. 1. 522; J. E. 12305; I. 1601-19.

8778. Compensation de la réserve d'usufruit par l'exemption d'intérêts. — La réserve d'usufruit n'est point une charge à ajouter au prix de la vente, si la somme que représente cet usufruit n'est payable qu'après le décès de l'usufruitier, sans intérêts jusquelà. — Dél. 6 nov. 1822 ; Rec. Roll. 498.

Si le prix d'une vente d'immeubles faite avec réserve d'usufruit est stipulé payable dans douze ans. les deux premières années exemptes d'intérêts , on doit, pour liquider le droit, ajouter au prix moitié en sus et déduire deux années d'intérêts. — Dél. 15 janv. 1823 ; Rec. Roll. 573.

8779. Réserve d'usufruit à charge de payer une somme annuelle. — Si les époux vendeurs réservent l'usufruit jusqu'au décès du survivant d'eux, à charge de payer une somme annuelle à l'acquéreur, il y a bail à vie passible de 4 % sur le capital au denier 10 de la somme payable chaque année. — Vitry, 28 fév. 1845 ; J. E. 13750-5.

§ 3. — Vente de meubles et d'immeubles.

8780. Principe. — Lorsqu'un acte translatif de propriété ou d'usufruit comprend des *meubles* et *immeubles*, le droit d'enregistrement doit être perçu sur la totalité du prix, au taux réglé pour les immeubles, à moins qu'il ne soit stipulé un prix particulier pour les objets mobiliers, et que ces objets ne soient désignés et estimés article par article dans le contrat. — Frim. art. 9. — V. *Droits successifs.*

8781. Vente verbale. — Cette règle s'applique à la déclaration, faite à l'enregistrement. d'une mutation verbale ; — Cass. civ. 25 nov. 1839 ; Sir. 39. 1. 981 ; J. E. 12449.

8782. Meubles incorporels. — A la vente d'immeubles et de meubles incorporels, tels que rentes, créances, etc. — Cass. civ. 19 fév. 1873 ; 1. 2468-4. — Cet arrêt est ainsi conçu :

« Vu l'art. 9 de la loi du 22 frim. an 7;

« Attendu que l'acte de cession du 24 mars 1864 « consenti par Lavaux à la ville de Paris comprend, « sous la stipulation du prix total et unique de 70.000 « francs, outre la faculté d'acquérir les immeubles « loués aux prix et conditions fixées dans le bail des « 2 et 6 avril 1859 : 1° les constructions élevés et le « matériel de l'usine établie sur le terrain des bailleurs, « constructions et matériel constituant des immeubles « par nature ou destination; 2° le droit au bail et la « créance des fermages de la sous-location verbale « consentie au profit de Langenard, lesquels droit et « créance sont meubles par la détermination de la loi « et susceptibles tant d'une désignation spéciale que « d'un prix particulier;

« Attendu que la disposition dudit art. 9 est conçue « dans les termes les plus généraux et les plus absolus; « qu'elle n'admet, quant à la nécessité d'un prix dis-« tinct et d'une désignation explicative pour les objets « mobiliers, aucune distinction entre les meubles cor-« porels et les meubles incorporels, l'intérêt d'assurer « l'exacte application des tarifs étant le même dans « l'un et l'autre cas; qu'en conséquence, la cession « dont il s'agit a donné ouverture à la perception d'un « droit d'enregistrement sur la totalité du prix, au « taux fixé pour les immeubles; que ce droit, qui a sa « base légale dans la convention même des parties, a « été immédiatement acquis au Trésor par la présen-« tation de l'acte à la formalité, sans qu'il fût au pou-« voir d'aucune d'elles d'en modifier l'assiette et la « quotité par une déclaration ultérieure;

« Qu'en décidant le contraire, le jugement attaqué a « expressément violé l'art. 9 de la loi de frim. ci-des-« sus visé ; — casse. »

8783. Navire. — L'art. 9 frim. s'applique à la

vente d'un immeuble et d'un navire. — La Réole, 18 juill. 1838 ; J. N. 10389. — Versailles, 3 mai 1849 ; J. E. 14758-5.

8784. *Carrière.* — A la vente d'un immeuble et du droit d'exploiter une carrière ; — Valenciennes, 27 juin 1839 ; J. E. 12330.

8785. *Marchandises.* — A la vente de l'immeuble où s'exploite un fonds de commerce, une industrie, etc., et des marchandises et effets de commerce garnissant le fonds ; — Dél. 25 nov. 1828 ; I. 1272-18. — Cambrai. 28 juin 1838 ; J. E. 12108. — Nantes, 29 août 1840 ; J. E. 12649. — Lille, 2 juill. 1851 ; J. E. 13256.

8786. *Mine.* — A la vente du fonds et du droit d'exploiter une mine ; — Saint-Etienne, 8 janv. 1844 ; J. E. 13432.

8787. *Moulin.* — A la vente d'un immeuble et d'un moulin *sur bateau,* y compris tous les agrès et accessoires ; — Tournon , 18 mars 1846 ; J. E. 13960-5.

8788. *Office.* — A la vente d'une maison et d'un office ; — Cass. 25 nov. 1839 ; J. E. 12449.

8789. *Récolte.* — A la vente d'une ferme et des récoltes, tant sur pied que rentrés. — Dél. 9 nov. 1815 ; J. E. 5268.

8790. Nécessité d'une évaluation détaillée et d'une distinction dans le prix. — La loi est formelle : il faut que les meubles soient détaillés et estimés article par article, et qu'il soit stipulé à leur égard un prix particulier. Si l'une de ces conditions fait défaut, le droit est exigible à 5. 50 % sur la totalité du prix. — Cass. 5 mai 1817 ; I. 1209-1 ; J. E. 6850. — Dél. 1er oct. 1833 ; J. E. 10733. — Dél. 15 avril 1836 ; J. N. 9269. — Vervins, 30 nov. 1838. — Cass. 25 nov. 1839 ; Sir. 39. 1. 981. — Villefranche. 10 fév. 1843 ; J. E. 13216-9. — Saint-Etienne, 4 déc. 1844 ; J. E. 13678-5. — Lyon, 17 mars 1845 ; J. N. 12473. — Cass. 15 avril 1846 ; Sir. 46. 1. 396 ; I. 1767-13. — Ussel. 31 août 1849 ; J. E. 14886. — Tournon, 20 déc. 1849 ; J. E. 14871-11. — Cass. 2 août 1853 ; I. 1986-15. — Cass. civ. 7 août 1855 ; Sir. 56. 1. 439 ; I. 2054-1 ; R. P. 550. — Seine, 21 juill. 1866 ; R. P. 2444. — Cass. 13 nov. 1872 ; R. P. 3544. — Civ. 19 fév. 1873 ; I. 2468-4.

8791. *Estimation en bloc.* — A l'égard des objets qui forment une espèce de tout, que la pensée ne conçoit que réunis, et que l'on est dans l'usage d'estimer en bloc (par exemple, la batterie de cuisine), il n'est pas nécessaire que ces objets soient évalués pièce par pièce ; une estimation en bloc suffit pour

satisfaire au vœu de la loi. — Alençon, 6 déc. 1841 ; J. E. 12903.

Mais cette solution de faveur ne peut être appliquée à des objets qui n'ont aucun rapport entre eux, tels que les meubles meublants qui garnissent une même pièce, — Mantes, 17 nov. 1843 ; J. E. 13382. — les outils et ustensiles qui garnissent un atelier. — Nantes, 29 août 1840 ; J. E. 12649. — Bruxelles, 29 déc. 1869 ; R. P. 3159.

8792. Référence à un acte antérieur. — Les parties peuvent, pour le détail estimatif des meubles, s'en référer à un acte antérieur rédigé en la forme authentique et enregistré, tel qu'un inventaire dressé par un officier public. — Cass. 5 mai 1817 ; J. E. 6850. — Dél. 8 oct. 1823 et 5 juill. 1826 ; Rec. Roll. 718. 1614. — 15 janv. 1830 ; I. 1320-10. — Muret, 18 avril 1850 ; J. N. 14114.

8793. *Etat estimatif.* — La solution devrait être la même si l'on s'en référait à un état estimatif sous seings privés enregistré antérieurement ou présenté à la formalité en même temps que l'acte de vente. — Pau, 20 août 1834 ; Rec. Roll. 4735. — Coutances, 24 juin 1837 ; Rec. Roll. 5358. — Alençon, 6 déc. 1841 ; J. E. 12903. — *Contrà :* Dél. 1er oct. 1833 et 8 mars 1838 ; J. E. 10733 et 12009.

8794. Référence à un acte ultérieur. — Mais dans aucun cas, si le détail estimatif et la stipulation d'un prix particulier ne se trouvent pas dans l'acte même de vente, la référence à un acte ultérieur ou à une déclaration ultérieure ne peut être admise. — Besançon , 27 mars 1848 ; J. E. 14478. — Cass. 23 mai 1859 ; I. 2160-5.

8795. *Procès-verbal de saisie.* — Un procès-verbal de saisie ne peut empêcher l'application de l'art. 9 frim. — Clermont-Ferrand , 19 nov. 1850 ; J. E. 15094-7.

§ IV. — *Immeubles par destination.*

8796. Principe. — Si des immeubles par destination et des immeubles par leur nature sont vendus par le même acte, le droit de 5. 50 % est dû sur la totalité du prix. — I. 290-26.

Il importerait fort peu, dans ce cas, que les immeubles par destination fussent estimés article par article, qu'un prix distinct leur fût appliqué et qu'ils fussent qualifiés meubles. — Dél. 13 déc. 1833 ; Sédan, 30 juill. 1840. Etampes. 4 avril 1846 ; Lodève, 6 avril 1853 ; J. E. 10800, 12563, 14061, 15699.

8797. *Animaux.* — Tous les animaux livrés par le propriétaire d'un fonds à son fermier ou métayer, pour l'exploitation de ce fonds, doivent être réputés immeubles par destination, pour la vente qui en est faite avec le domaine ; Dél. 1er mai 1827 ; J. E. 8826. — Dél. 20

janv. 1829; Rec. Roll. 2452. — lors même que les bestiaux seraient estimés à part. — Dél. 15 avril 1836; Rec. Roll. 5089.

8798. *Cheptel.* — La vente d'un immeuble qui comprend un cheptel est passible du droit de 5, 5 ½ % sur le prix total. — Guéret, 15 mars 1837; J. E. 11576-7.

8799. *Glaces.* — La vente d'une maison et des glaces qui s'y trouvent doit être réputée vente mobilière, en ce qui concerne ces derniers objets, s'ils n'adhèrent pas à l'immeuble d'une manière apparente et durable. Il n'est pas nécessaire, sans doute, pour qu'ils aient le caractère d'immeubles par destination, *qu'ils soient scellés en plâtre, ou à chaux ou à ciment, ou qu'ils ne puissent être détachés sans être fracturés ou détériorés, ou sans briser ou détériorer la partie du fonds à laquelle ils sont attachés*; l'art. 525 C. n'exclut pas tous autres signes par lesquels le propriétaire peut manifester la volonté de fixer les objets en question à perpétuelle demeure, notamment des modes d'agencement et d'incorporation, qui, répondant à des goûts ou à des besoins nouveaux, prouveraient, avec non moins de certitude, la même destination. Néanmoins, il y aurait violation de la loi, si un tribunal attribuait à des glaces le caractère d'immeubles par destination, en s'appuyant sur ces seuls motifs que, d'après les habitudes actuelles, un appartement est incomplet sans ce genre de décoration, et que, de la part du propriétaire, le fait de poser des glaces dans un appartement et de les y laisser, atteste l'intention de les y laisser, à demeure. — Cass. civ. 17 janv. 1859; Sir. 59. 1. 519. — I. 2174-11; J. E. 16900; R. P. 1138.

8800. *Société.* — Lorsque l'associé, dont la mise a consisté en bâtiments, vend à la société une machine à vapeur établie dans ces bâtiments, le droit de vente est dû au taux immobilier, surtout si cette machine doit continuer à fonctionner dans ces bâtiments. — Seine, 28 avril 1841; J. E. 12746. — Cass. 18 août 1842; J. N. 11437.

8801. *Théâtre.* — Une D. F. du 4 mars 1806 porte que les machines, décorations, partitions de musique, et autres effets mobiliers d'un théâtre, n'étant pas de la même nature que les objets qui, aux termes de l'article 524 C., sont déclarés immeubles par destination, la perception du droit d'enregistrement ne doit avoir lieu sur les effets dont il s'agit, qu'à raison des quotités réglées pour les meubles. Mais cette décision ne peut recevoir d'application que dans le cas où, conformément à l'art. 9 frim. les objets mobiliers seraient estimés article par article dans le contrat; d'ailleurs, elle ne concerne pas les effets que le propriétaire est censé, d'après l'art. 525 C., avoir attachés à son fonds à perpétuelle demeure. — I. 366-42.

8802. *Usine.* — Quand l'acte de vente d'une filature comprend, en même temps, les machines et us-

tensiles qui s'y trouvent, et qu'au contrat est annexé un état estimatif, dans lequel on a désigné comme effets mobiliers et évalué article par article divers objets nécessaires à l'exploitation de l'établissement, c'est le droit de 5. 50 %, et non celui de 2 % qui doit être exigé sur le montant de l'estimation de ces objets. Le caractère d'immeubles par destination, déterminé par l'art. 524 C., ne peut être, en effet, altéré par une simple déclaration des parties. — Cass. req. 20 juin 1832; Sir. 32. 1. 594; I. 1410-12; J. E. 10458.

L'outillage et le matériel indispensables à l'exploitation d'une usine ne perdent pas le caractère d'immeubles par destination par cela seul que, dans le cahier des charges rédigé pour préparer l'adjudication, ils ont été estimés article par article, et qu'ils ont été vendus ensuite pour des *prix distincts*, par un même contrat au même acquéreur; la totalité du prix stipulé demeure soumise au droit de 5. 50 %, alors surtout que l'adjudication est prononcée au profit d'une société qui vient de se former pour l'exploitation de cette usine. — Cass. civ. 15 déc. 1857; Sir. 58. 1. 551; I. 2118-1; J. E. 16634; R. P. 966.

Si dans la vente d'une usine et de ses ustensiles consentie moyennant un prix, se trouvent énumérés parmi les meubles détaillés et estimés, article par article, et vendus moyennant un prix distinct des ustensiles et machines dépendant de l'usine, on est en droit de distraire ces ustensiles et machines de l'estimation des meubles pour leur appliquer le droit immobilier, encore bien qu'il soit déclaré que les ustensiles et machines sont mobilisés comme étant devenus inutiles au service de l'usine. — Seine, 12 juill. 1838; J. E. 12176.

Les machines propres à carder, à filer, qui composent une filature, sont réputées immeubles. Les métiers mis en œuvre au moyen d'une roue et d'un ventilateur, adaptés à un bâtiment, sont considérés comme partie intégrante et nécessaire de l'usine, et dès lors comme immeubles par destination; d'où il suit que la vente de ces mécaniques, faite en même temps que le fonds, doit être assujettie au droit de 5. 50 % quoiqu'elles soient estimées article par article dans l'acte qui contient un prix particulier pour leur cession. — Dél. 28 nov. 1828; I. 1272-17. — 27 mars 1829; J. E. 9274. — Cass. 20 juin 1832; I. 1410-12.

V. dans le même sens : Cass. 27 mars 1821; Rec. Roll. 18. — Cass. 30 mai 1826; I. 1200-18. — Sol. 27 mars 1829; J. E. 9274. — Dél 13 déc. 1833; J. E. 10800. — Cambrai, 28 juin 1838; J. E. 12108 — Seine et Pontoise, 30 juill. et 8 déc. 1840; J. E. 12563, 12645. — Auch, 27 déc. 1842; J. E. 13178-9. — Seine, 19 nov. 1851; J. N. 14712. — Le Havre, 19 mars 1856; J. E. 16248.

8803. *Intention des parties.* — Lorsqu'une manufacture qui a cessé d'être exploitée est vendue pour un seul prix, le droit de 5. 50 % n'est pas dû sur la totalité, si les machines et les ustensiles sont estimés article par article, si le procès-verbal d'adjudication contient une répartition du prix total entre les immeubles par nature et ceux par destination, et s'il ressort

de l'acte que l'intention des parties a été de rendre à ces derniers objets *leur nature mobilière*. — Cass. civ. 23 avril 1833; I. 1437-13.

Si donc l'on vend par le même acte, avec estimation détaillée et distinction de prix, un bâtiment où sont *déposées* des presses d'imprimerie, il est certain que le droit de 5. 50 % ne pourra pas être perçu sur le prix affecté à ces presses. — Sol. 12 juin 1857; R. P. 928.

De même, si le propriétaire d'un immeuble, après avoir mobilisé les immeubles par destination qui s'y trouvent, vend la propriété avec ces meubles au même individu moyennant des prix distincts et en assignant une estimation particulière à chaque objet, le droit de vente à 2 % est dû sur le prix des meubles, s'il n'y a pas fraude. — Seine, 18 juin 1864; R. P. 2017.

8804. Fraude. — Pour que des meubles devenus immeubles par destination reprennent leur qualité de meubles, il est nécessaire qu'ils soient détachés sans fraude de l'immeuble et réellement vendus séparément. Toutes les fois donc que les faits de la cause, appréciés sainement, établissent que la séparation des immeubles par destination n'a pas été effective et que leur vente comme meubles, soit qu'elle ait eu lieu par un acte séparé, soit qu'elle ait été comprise dans l'acte d'aliénation du fonds, n'a été faite d'après un détail estimatif article par article que pour frauder les droits d'enregistrement, on doit leur appliquer le droit de 5. 50 %.

Par exemple, si la vente de moitié des ustensiles et des machines d'une usine est faite par acte séparé sur lequel a été perçu le droit de 2 %, et que postérieurement, après la vente faite par le même vendeur au même acquéreur de moitié des bâtiments de l'usine, le tout soit mis en société entre eux pour exploiter l'usine, le droit de 5. 50 %. sauf l'imputation des droits perçus, devient exigible sur la première vente des ustensiles. — Cass. 18 nov. 1848; I. 1786-11; J. E. 14134.

Si les ustensiles et machines d'une usine sont vendus par un acte, et que les bâtiments soient acquis par acte postérieur par le même acquéreur, le droit de 5. 50 % est dû sur les deux prix, si, par un troisième acte, l'acquéreur a loué le tout sans distinction. — Pontoise, 8 déc. 1840; J. E. 12645-3.

Enfin, en règle générale, le droit de 5. 50 % est dû sur le prix total, s'il est établi que les ventes n'ont été faites séparément que pour atténuer la quotité des droits. — Cass. civ. 19 nov. 1823; Sir. 24. 1. 60; J. E. 9249. — Req. 16 nov. 1846; Sir. 47. 1. 32; I. 1786-11; J. E. 14134 — Saint-Etienne, 26 août 1845; J. E. 13036. — Lure, 16 juill. 1847; J. E. 14343.

§ V. — *Sol et superficie.*

8805. Principe. — En principe, la vente au même acquéreur de la superficie et du fonds d'un bois n'est point une circonstance suffisante pour donner lieu par elle-même au droit de 5. 50 % sur le prix total, lors-

qu'il y a stipulation distincte et séparée quant à la superficie. Mais cette circonstance peut être de nature à faire supposer l'intention d'éluder une partie des droits. Il appartient aux tribunaux d'apprécier, *en fait*, s'il y a eu simulation frauduleuse de deux ventes, lorsqu'il n'en existe qu'une seule, et, en cas d'affirmative, de condamner les parties à payer le droit sur la superficie au taux réglé pour les immeubles. — Toutes les fois que la vente au même acquéreur de la superficie et du fonds d'un bois, par des stipulations séparées, fera présumer l'intention d'éluder la perception d'une partie des droits, on doit percevoir ou réclamer. sur le prix total le droit de 5. 50 %. — Cass. 17 janv. et 4 avril 1827; I. 1210-13.—Dél. 18 nov. 1828; J. E. 9227. — Seine, 22 fév. 1838; J. E. 11999. —- V. *Construction.*

Ainsi, le droit de 5. 50 % est dû :

Si le vendeur et l'acquéreur forment une société pour l'exploitation d'arbres à prendre dans le bois vendu, cette circonstance dénotant que l'acquéreur n'a pas l'intention d'abattre immédiatement la superficie; — Seine, 6 août 1847; J. E. 14309.

Si l'acquéreur du sol a acquis la superficie par acte tenu secret; — Villefranche, 13 nov. 1842; J. E. 13007.

Si la charge d'abattre la superficie n'est pas imposée à l'acquéreur; — Beauvais, 12 mai 1834; J. E. 10957. — Pontailier, 19 mai 1841; J. E. 12753. — Auxerre et Villefranche, 24 déc. 1842; J. E. 13007, 13171-3 — Bourges, 30 mai 1844; J. E. 13519-3. — « Attendu. « porte le jugement du tribunal d'Auxerre, que les « arbres existant sur le sol d'une forêt sont immeubles « tant qu'ils y sont attachés; qu'ils ne perdent ficti- « vement cette qualité que quand ils sont vendus à un « acheteur qui doit les abattre dans un délai convenu « d'avance avec le propriétaire; que, dans l'espèce. « l'acquéreur du sol et des arbres y existants est devenu « maître absolu de couper les arbres, quand bon lui « semblerait; en sorte que, sous aucun rapport, la « superficie du bois n'a pu être considérée à son « égard comme chose mobilière. »

S'il est énoncé que l'acquéreur ne pourra prétendre à aucune indemnité pour places vides, ou autres causes. qu'il supportera les servitudes passives, sauf à profiter des servitudes actives, qu'il paiera la moitié des contributions, et qu'enfin il s'entendra avec un autre copropriétaire de la forêt pour la durée de l'exploitation; — Cass. civ. 12 nov. 1855; Sir. 56. 1. 55; I. 2060-7; J. E. 16193.

Si, après avoir acheté le sol d'une forêt dont le vendeur s'est réservé la superficie, l'acquéreur hypothèque le sol et la superficie; — Wissembourg, 28 août 1839 ; J. E. 12366.

Si l'acquéreur du sol se fait imposer pour le revenu imposable, sol et superficie, s'il fait poursuivre en son nom les délits commis dans les bois; — Compiègne, 18 janv. 1838; J. E. 11968. — Belfort, 23 déc. 1849; J. E. 14886.

Si le vendeur qui s'est réservé la superficie reçoit de l'acquéreur, à la date de l'acte de vente, une obligation à son profit d'une somme qui, ajoutée au prix de la vente, représente la valeur totale de l'immeuble ; — Vouziers, 19 avril 1860; R. P. 1344.

Si, la vente étant faite moyennant deux prix distincts applicables l'un au sol et l'autre à la coupe à exploiter actuellement, il est dit que l'immeuble est vendu dans son état actuel, et que l'acquéreur, entrant en jouissance de suite, le prendra comme il se trouve :
« Attendu qu'en principe les coupes ordinaires de « bois taillis ou de futaies mises en coupes réglées ne « deviennent meubles qu'au fur et à mesure que les « arbres sont abattus ; que par dérogation à ce prin-« cipe il a été admis que, quand la vente porterait sur « des coupes de bois non encore abattus, mais des-« tinés nécessairement à l'être, de par le contrat, « dans un temps rapproché, le droit transmis serait « mobilier, puisque en effet, dans ce cas, le contrat « n'a pour objet que des bois détachés du sol ; qu'il « ne peut en être de même quand l'acquéreur, comme « dans l'espèce, acquiert par un seul et même acte « fonds et superficie ; qu'en effet l'objet du contrat « n'est qu'un immeuble indivisible, indépendant de « l'exploitation et de l'abatage des arbres, que l'ac-« quéreur peut faire ou ne pas faire suivant sa volonté « et sans qu'il puisse y être contraint par la conven-« tion des parties. » — Meaux, 5 août 1871 ; R. P. 3488.

Lorsque, après que la superficie d'un bois a été attribuée au lot d'un héritier, il est établi, soit dans un inventaire, soit dans un acte de liquidation, que le copartageant au lot duquel est échu le sol a payé une somme de 70,862 fr. pour prix des bois et arbres réservés à son copartageant, il y a preuve qu'une soulte de 70,862 fr. avait été dissimulée dans l'acte de partage, au moyen de l'attribution supposée à l'une des parties, de la superficie des bois dépendant du sol attribué à un autre des copartageants, ce qui rend exigible le droit simple et le double droit de mutation immobilière. — Meaux, 27 nov. 1844 ; J. E. 13615. — Cass. 18 août 1845 ; J. N. 12493 ; J. E. 13842 ; I. 1755-12.

Quand la superficie d'un bois a été vendue au fils de l'acquéreur du sol le lendemain du jour de l'acquisition de ce sol, on peut considérer le fils comme personne interposée et percevoir le droit de 5. 50 % sur le prix de la superficie. — Vesoul, 11 mai 1864 ; R. P. 1979-7.

8806. Carrières et Tourbières. — Les dispositions ci-dessus sont applicables à la vente, par actes séparés, du droit d'exploiter une carrière ou une tourbière et de la propriété du fonds. — Amiens, 6 août 1832 ; I. 1422-13. — Sol. 11 fév. 1834 ; I. 1458-2 :
« Attendu, porte le jugement du tribunal d'Amiens, « que du rapprochement du bail à faculté de tourber « et du contrat de vente du fonds passés entre les mê-« mes parties devant le même notaire, l'un le 16 août « 1831, et l'autre le lendemain, il résulte que la trans-« mission de toute la propriété a été réellement l'objet « unique de la convention entre les sieur et dame « Varlet et les sieurs Lhomme et Caron ; qu'il est évi-« dent que cette vente de la propriété, possession et « jouissance des pièces de pré dont il s'agit n'a été « opérée par deux actes distincts que pour éluder le « droit proportionnel sur la majeure partie du prix de

« vente, et cela par abus de la disposition de la loi, « qui n'a établi que le droit de bail sur les cessions de « tourbage, qui cependant emportent presque toute « la valeur foncière ; — que la fraude ressort particu-« lièrement, dans l'espèce, des procurations données « par les propriétaires pour la vente pure et simple, « de la coïncidence des deux actes, de la corrélation « de leurs clauses, de la division du prix du tout en « trois paiements égaux à faire en trois années, bien « que le tourbage ne doive, d'après le bail, avoir lieu « qu'en dix années, et aussi de l'hypothèque étendue « par le contrat de vente à la garantie du prix du « bail. »

8807. Imputation des droits perçus. — Lorsque la vente de la superficie d'un bois doit être considérée comme immobilière par le fait de sa réunion, par un acte postérieur, au sol acquis par le même acheteur, le droit immobilier ne doit être perçu sur les deux prix réunis que déduction faite de celui déjà perçu sur la première vente considérée comme mobilière. — Dél. 12 juin 1826 ; J. E. 8503.

Art. 3. — Eléments de la vente.

8808. Principe. — La vente se compose de trois éléments indispensables : la chose, le prix et le consentement des parties. Si l'un de ces trois éléments fait défaut, il n'y a pas de vente, et, dès lors, il ne peut être perçu de droit proportionnel.

§ I. — De la chose.

8809. Désignation de la chose. — Si la chose vendue n'est pas désignée. il n'y a pas de vente ; le droit proportionnel ne peut donc être perçu. — Dél. 15 sept. 1824. — 29 janv. 1836 ; J. E. 11683.

8810. *Désignation insuffisante.* — Si la chose vendue n'est pas déterminée d'une manière certaine, si, par exemple, l'on vend *un champ*, la vente n'est pas complète et ne peut être assujettie qu'au droit fixe. — Montbrison, 8 août 1812. — Cass. 6 janv. 1813.

8811. *Désignation à faire par experts.* — Pierre Carteron devait à Jean, son frère, une somme de 8,000 fr. jusqu'à concurrence de laquelle il lui a cédé des biens immeubles. Cette cession a été faite par un acte sousseings privés du 17 juill. 1827, contenant nomination de deux experts pour estimer les biens. Le procès-verbal d'estimation a été rédigé le 15 août suivant, et, le 10 nov. de la même année, le premier acte a été enregistré moyennant 5, 50 %. On avait réclamé le double droit, mais il a été considéré que les frères Carteron n'étaient pas, au jour du contrat, d'accord sur la chose, puisqu'ils avaient chargé des tiers de déterminer quels biens le créancier recevrait en paiement de sa créance ; que c'est seulement le 15

août 1827, date de l'expertise, que les immeubles désignés par les experts sont devenus la propriété de Jean, du consentement de son frère, et conséquemment. c'est aussi de cette époque qu'a couru le délai de trois mois pour le paiement des droits de mutation. — Dél. 23 janv. 1829; R. G. 14099.

§ II. — *Du prix.*

8812. Absence de prix. — Il n'existe pas de vente, s'il n'y a pas de prix, et le droit proportionnel ne peut être perçu.

Et même, si les parties ne sont pas d'accord soit sur le mode de paiement du prix, soit sur l'époque de ce paiement, il n'y a lieu de percevoir qu'un simple droit fixe. — Montreuil, 27 janv. 1830; Acq. dél. 28 mai suiv.; J. E. 9683. — Brives, 28 mai 1843; R. G. 14049.

8813. *Fixation ultérieure.* — De même, il y aurait prix incertain, et, partant, absence de vente, dans une convention qui aurait lieu *moyennant un prix dont les parties conviendront plus tard.* Aussi une D. F. du 7 juillet 1830 a-t-elle rec nnu qu'un pareil.e vente, étant imparfaite, ne pourrait donner ouverture au droit de 5. 50 %. — J. E. 6944.

8814. Prix à fixer par experts. — *Experts nommés.* — Le contrat peut déférer le prix exclusivement à l'arbitrage de tiers *dès à présent nommés;* la convention rentre alors dans l'application de l'art. 1592 C.; la vente n'est point parfaite, car, si le tiers ne veut ou ne peut faire l'estimation, une des conditions essentielles à sa perfection, *le prix* n'existant pas, l'art. 1592 déclare qu'il n'y aura pas vente. Dans ce cas, le droit fixe est seul exigible, et le droit proportionnel est perçu sur le rapport d'experts qui *seul* opère la transmission de la propriété. — Pamiers, 25 avril 1825; J. N. 6571.

8815. *Fixation provisoire.* — Si le prix de la vente a été fixé provisoirement par les parties, qui ont laissé à des experts le soin de le déterminer définitivement, il y a réellement un prix actuel convenu entre les parties. sauf modification ultérieure, et le droit proportionnel est exigible. — Dél. 4 avril 1826; J. N. 5922. — Tournon, 10 nov. 1847; J. E. 14960. — Sol. 5 mai 1832; J. E. 10405. — Rodez. 11 fév. 1847; J. E. 14267.

Si le prix définitif fixé soit par les experts, soit par les parties elles-mêmes, est supérieur au prix fixé provisoirement, un supplément de droit est exigible. — Sol. 25 germ. an 8; J. E. 422. — 24 juill. 1828; J. N. 6742.

8816. *Restitution.* — Si le contrat reste sans effet par suite du refus des experts de déterminer le prix, le droit proportionnel perçu sur le prix provisoire n'est pas sujet à restitution; car il n'y a là qu'un événement ultérieur, sans influence sur la perception. — Cass. 11 avril 1807; Sir. 7. 2. 1248. — Sol. 4 avril 1826; J. N. 5922.

8817. *Annulation de la sentence arbitrale.* — Le droit de vente perçu sur la sentence arbitrale portant fixation du prix n'est pas restituable par suite de l'annulation de cette sentence, si, d'ailleurs, l'acte de vente et la sentence sont revêtus de toutes formes extérieures propres à constater la t. ansmission de la propriété. — Cass. req. 14 mai 1866; Sir. 66. 1. 303; I. 2349-2; J. E. 18206; R. P. 2302.

8818. *Convention laissée sans suite.* — Il n'y a pas lieu de restituer le droit de mutation perçu sur une promesse de vente, dont le prix devait être fixé par des experts, si, les parties renonçant à faire déterminer ce prix, la convention ne se réalise point par leur propre fait. — Cass. civ. 19 mars 1850; Sir 50. 1. 289; I. 1857-18; J. E. 14920; J. N. 13996.

8819. *Délai non fixé aux experts.* — A défaut par les parties d'avoir fixé un délai, on ne pourrait se prévaloir des art. 1007 et 1012 C. P. pour prétendre que le pouvoir des experts était limité de droit à une durée de trois mois, et pour soutenir. en conséquence, que le droit perçu dans ces circonstances est restituable, si l'évaluation des experts n'a pas été faite dans le délai légal — Sol. 5 mai 1832; J. E. 10405.

8820. *Evaluation faite seulement pour la perception.* — Il y aurait l.eu, cependant, à la restitution du droit perçu sur une vente dont le prix, laissé à l'arbitrage de tiers, qui ont ensuite refusé de procéder. n'avait été provisoirement déterminé dans l'acte *que pour la perception des droits d'enregistrement.* — Dél. 25 sept. 1840; J. N. 10783.

8821. Condition résolutoire. — Lorsque, dans une vente d'immeubles faite moyennant un prix déterminé, il est convenu que l'acquéreur. au lieu de verser immédiatement ce prix, en paiera le double s'il meurt avant le vendeur qui recevra les intérêts de ce dernier capital et aura le privilège ordinaire pour son recouvrement, le droit de vente est exigible sur la somme payable au décès, et non pas sur le prix stipulé. — Seine, 8 juin 1872; Cont. 14917. — Cass. civ. 5 nov. 1873, ainsi conçu:

« La Cour: — attendu qu'il est déclaré par l'acte
« authentique du 7 juin 1870 que la demoiselle de
« Puységur a cédé au comte de Puységur son frère ses
« droits immobiliers dans la succession de leur mère
« moyennant le prix principal de 500 000 fr.; mais
« qu'il est établi, en même temps, par ledit acte que
« 300.000 fr. seulement ont été payés comptant, et que
« le capital de 200,000 fr. restant dû est converti en
« un capital éventuel de 400,000 fr.. lequel, stipulé
« payable dans l'année du décès du cessionnaire ou de
« dernier de ses descendants légitimes, est indiqué
« dans le contrat *comme formant le solde du prix du*
« *transport;* que, dès lors, le prix exprimé dans l'acte
« était en réalité de 700,000 fr., composé tant des
« 300,000 fr. payés comptant que des 400,000 fr. res-
« tant dus et payables à terme; qu'à la vérité, remise

« était faite de cette dernière somme au cessionnaire
« dans le cas de prédécès de la cédante, mais que le
« capital de 400,000 fr., n'en restait pas moins un élé-
« ment de prix, puisque dans les termes même de
« l'acte de cession, il était garanti par le privilége du
« vendeur et l'action résolutoire expressément réservée
« par la cédante, et que, d'un autre coté, le comte de
« Puységur en était immédiatement constitué débiteur,
« puisque comme tout acquéreur à terme avec stipula-
« tion d'intérêts, il était obligé par l'acte à payer jusqu'au
« terme fixé les intérêts qui, en toute hypothèse, devaient
« rester acquis à la cédante; qu'ainsi la somme de
« 700,000 fr. était bien dans toutes ses parties le prix
« de la cession, et que donnant naissance à une obli-
« gation actuelle, sauf une éventualité de réduction
« dans un cas prévu, elle constituait le prix exprimé,
« qui, suivant l'art. 15, n° 6, de la loi du 22 frimaire
« an 7, devait servir de base pour la liquidation et
« le paiement du droit proportionnel; — d'où il suit
« qu'en le décidant ainsi, le jugement attaqué, loin
« d'avoir violé les dispositions de loi invoquées par le
« pourvoi, en a fait, au contraire, une exacte et juste
« application aux faits de la cause; — rejette...

8822. Annuités. — La vente d'un immeuble consentie
pour un prix représenté par un certain nombre d'annuités est passible du droit sur ces annuités cumulées,
et non pas sur la valeur déclarée par les parties comme
représentant le capital compris dans ces annuités. —
Cass. req. 2 janv. 1872 :
« Attendu qu'aux termes de l'art. 15 de la loi du 22
« frimaire an 7, la valeur de la propriété, de l'usufruit
« et de la jouissance des immeubles est déterminée,
« pour la liquidation et le paiement des droits propor-
« tionnels pour les ventes, par le prix exprimé au
« contrat ;
« Que la vente consentie au demandeur d'une mai-
« son sise à Grenelle, suivant acte reçu Vassal, notaire
« à Paris, le 30 novembre 1869, l'a été moyennant
« vingt annuités de 6,000 francs chacune, sans qu'il
« ait été dit que ces annuités se composaient d'un
« capital d'une part et des intérêts de l'autre; que,
« par suite, le montant de ces annuités réunies cons-
« tituait sans distinction et sans déduction le prix
« exprimé sur lequel les droits devaient être liquidés;
« Que la déclaration faite par les parties à la fin de
« l'acte qu'elles évaluaient pour la perception des droits
« d'enregistrement à 55,000 francs le capital compris
« dans ces annuités, était sans valeur et sans influence
« sur cette perception, les évaluations approximatives
« n'étant autorisées et admises que pour les sommes et
« valeurs non déterminées, et ne pouvant se substituer
« arbitrairement au prix qui a été exprimé, et changer
« la base légale de la perception;
« Que le jugement attaqué n'a donc pu violer l'art.
« 15 de la loi du 22 frimaire an 7, en maintenant une
« perception faite conformément à ses dispositions;
« qu'il n'a pu violer davantage l'art. 1672 du Code
« civil, lequel était sans application dès qu'il n'était
« pas prétendu que le prix stipulé consistant en
« annuités fût productif d'intérêts; — rejette. »

§ III. — *Du consentement.*

8823. Principe. — Si le consentement réciproque
des parties n'existe pas sur le prix ou sur la chose, il
n'y a pas de vente, et le droit fixe seul doit être perçu.
— Cass. 24 fruct. an 13.

Art. 4. — Promesse de vente.

8824. Principe. — La promesse de vente vaut
vente lorsqu'il y a consentement réciproque des parties sur la chose et sur le prix. — C. 1589.
Dès lors, dès qu'une promesse de vente renferme le
double consentement du vendeur et de l'acquéreur
sur la chose et sur le prix, elle encourt le droit proportionnel. — Rethel, 15 nov. 1838; J. E. 12183. —
Saint-Yrieix, 21 avril 1863 ; R. P. 1804.
Il importerait peu du reste que l'acte ne portât pas
que la promesse de vente vaudra vente. — Meaux, 29
janv. 1851 ; J. E. 15144.

8825. *Difficulté sur le choix du notaire.* — Le droit
proportionnel est dû dès qu'il y a consentement sur
la chose et sur le prix, lors même que les parties ne
seraient pas d'accord sur le choix du notaire qui ré-
digera l'acte de vente. — Cass. 13 avril 1829; Rec.
Roll. 79.

8826. *Ratification.* — La promesse de vente au
profit d'un mineur représenté par son père qui se fait
fort pour lui, avec obligation de lui faire ratifier la vente
dans le mois de sa majorité ou de faire accepter la
promesse de vente par tout autre acquéreur auquel
les vendeurs consentiraient directement vente, contient une vente parfaite donnant lieu à la perception
immédiate du droit proportionnel, lorsque surtout
l'époque de l'entrée en jouissance et celle du paiement
du prix sont fixées avant la majorité du mineur. —
Saint-Brieuc, 30 mars 1852 ; J. E. 15769.

8827. *Réalisation subordonnée au paiement du prix.*
— L'acte qualifié promesse de vente par lequel les
parties conviennent que l'acheteur ne pourra exiger
la réalisation de la vente avant d'en avoir payé le prix,
ne donne pas ouverture au droit proportionnel, *à moins
que tout ne démontre que la translation de propriété a
réellement eu lieu.* — Cambrai, 14 mars 1855. — Sol.
6 mai 1861 ; R. P. 1531.
Le jugement est ainsi conçu : « Attendu que la conven-
« tion arrêtée entre les parties réunit tous les éléments
« qui constituent le contrat de vente; que conséquem-
« ment elle doit valoir comme telle; — attendu que le
« nom de promesse de vente donné à la convention et le
« bail dont l'immeuble vendu a été l'objet ne sont que
« des moyens employés pour essayer d'échapper aux
« droits auxquels la mutation de propriété devait
« donner lieu; qu'il est en effet évident que les par-
« ties sont tombées d'accord sur la chose et sur le
« prix, qu'il y a eu conséquemment translation de

« propriété, avec terme de sept ans pour le paiement
« et clause résolutoire, toujours légalement sous-
« entendue, pour défaut de paiement au terme
« fixé; — attendu que toutes les autres clauses ne
« sont que la conséquence de la translation de pro-
« priété et du terme accordé; que les loyers de 60 fr.
« ne sont que l'intérêt du prix de vente et d'obligation
« de faire toutes les réparations que les charges incom-
« bent à la propriété; — attendu que la faculté
« réservée par le bailleur de faire vendre la maison à
« l'expiration du terme et l'obligation imposée au
« preneur de supporter la différence entre le prix fixé
« et celui donné par l'adjudication ne sont que les
« conséquences légales de la réalisation à défaut de
« paiement; — attendu que la vente apparaît malgré
« le voile dont le contrat a voulu la couvrir; — par
« ces motifs, le tribunal déboute les époux Pluchart
« de leur opposition, et les condamne aux dépens. »

8828. *Prix payé en partie* — Si non-seulement
il y a consentement réciproque sur la chose et sur le
prix, mais si, en outre, l'acquéreur a payé une partie
du prix, le droit proportionnel est dû sans difficulté;
— Cass. 12 juin 1854; I. 2019-6.
Même lorsqu'il s'agit d'une simple promesse verbale
de vente. — Gap, 19 nov. 1862; R. P. 1832.

8829. *Bâtiments à construire.* — Si une ville prend
à bail des terrains appartenant à un tiers et les constructions que ce tiers promet d'y élever pour des
écoles, avec stipulation qu'elle achètera le tout avant
l'expiration du bail moyennant le remboursement des
sommes ayant servi de base au prix de location, le contrat renferme une acquisition immédiate des terrains et
des constructions futures, et donne lieu au droit de
vente mobilière sur la totalité du prix stipulé. — Cass.
req. 28 janv. 1872 :
« Attendu que le jugement attaqué, appréciant,
« pour déterminer leur véritable caractère, les actes
« des 8 novembre 1864, 4 octobre et 17 novembre 1866,
« 7 juin et 11 juillet 1867, par lesquels la ville a pris
« en location des établissements scolaires à construire
« sur des terrains ne lui appartenant pas et qu'elle
« s'engage à acquérir à l'expiration du bail, déclare
« que, sous la double forme de baux et promesses de
« vente, on a dissimulé l'objet principal et le but
« définitif des contrats, qui consistaient dans l'acqui-
« sition, par la ville de Paris, d'établissements scolai-
« res à construire sur des terrains destinés, comme
« lesdits établissements, à devenir la propriété, moyen-
« nant un prix stipulé entre elle et les vendeurs, et
« que ces prétendues promesses de vente se manifes-
« tant par un engagement formel de la part des pro-
« priétaires de vendre à la ville et de la part de celle-ci
« d'acquérir, moyennant un prix convenu, des ter-
« rains et des constructions désignées, étaient autant
« d'actes translatifs de propriété, dont l'existence et
« la valeur actuelle ne pouvaient être contestées; —
« que le jugement ayant reconnu que la forme, soit
« de bail, soit de promesse de bail, n'était qu'apparente,

« et que les conventions renfermaient en réalité des
« ventes actuelles, ce sont ces ventes. et non les pro-
« messes de vente, qu'il a déclaré être assujetties au
« de 5 1/2 %; — qu'il n'est point établi que le tribu-
« nal ait mal apprécié les conventions dont il s'agit;
« — d'où il suit que ce moyen. fondé sur ce que
« seraient ces promesses qui auraient été soumises à
« ce droit, manque en fait; — rejette. »

8830. *Société.* — Lorsqu'il a été stipulé qu'en cas
de dissolution d'une société pour cause de décès de
l'un des associés, les droits des héritiers du décédé
seront fixés par le dernier inventaire. que la société
continuera de plein droit entre les associés survivants
qui auront droit à la propriété de toutes les valeurs
composant le fonds social, et que la part afférente à
l'associé décédé sera payée en argent à ses héritiers,
le droit de vente est exigible, s'il résulte de l'inventaire
fait après le décès du défunt que la promesse de vente
s'est réalisée. — Aix, 18 mai 1838; R. P. 1008.

8831. *Promesse unilatérale.* — Lorsqu'il n'existe
qu'une promesse unilatérale de vendre ou d'acquérir,
elle n'équivaut pas à une vente et ne peut opérer le
droit proportionnel. Si elle n'est pas acceptée par
l'autre partie, cette promesse n'est autre chose qu'une
offre, une pollicitation ; si elle est acceptée, elle engage
celui qui la fait, mais l'autre partie n'est point engagée. Dans les deux cas, il n'y a donc lieu qu'au droit
fixe. — Dél. 26 août 1828 et 18 oct. 1831. — Le Mans,
21 avril 1859 ; R. P. 1246.

8832. *Réalisation.* — Mais le droit proportionnel
doit être perçu aussitôt que la vente se réalise, c'est-à-
dire aussitôt que la partie au profit de laquelle a été
faite la promesse s'engage à vendre ou à acquérir. —
Senlis, 20 déc. 1838 ; Seine, 25 juill. 1850 ; Montpellier, 29 juill. 1851 ; J. E. 12205, 13004, 15292-6. —
Seine, 12 janv. 1867 ; R. P. 2433. — 22 juin 1867 ;
R. P. 3008.
Une fois que l'acquéreur s'est engagé, le droit proportionnel est dû, lors même qu'il renoncerait ensuite
au bénéfice de la promesse de vente et du jugement qui
en consacrait l'existence. — Cass. req. 22 août 1865 :—
« Attendu, en fait, que la promesse de vente de l'im-
« meuble dont il s'agit était subordonnée à l'unique
« condition que celui à qui elle avait été consentie
« manifesterait l'intention d'acquérir avant le 1er juin.
« 1861, et que c'est ce qui a eu lieu la veille de l'expi-
« ration du délai stipulé, suivant exploit du 31 mai
« 1861 ; - que, dès lors, à partir de cette manifestation
« de volonté, le sieur Gérard est devenu propriétaire
« dudit immeuble. et la mutation de propriété a été
« réalisée; qu'elle s'est opérée, non en vertu du juge-
« ment du 30 juill. 1861. qui n'était que déclaratif et
« non attributif de propriété, mais bien en vertu de la
« susdite déclaration du 31 mai, qui convertissait la
« promesse de vente en un contrat régulier, complet
« et définitif; — que, dans cet état des faits, il importe
« peu que Gérard se soit désisté du bénéfice du juge-

« ment du 30 juil. 1861, puisque son titre résultait de
« son acceptation de la promesse de vente faite à son
« profit; — qu'ainsi, en déclarant qu'il n'y avait pas
« lieu d'ordonner la restitution des droits de mutation,
« le jugement attaqué, loin de violer les dispositions
« de loi invoquées par le pourvoi, en a fait, au contraire,
« une juste application à la cause; — rejette. »

8833. *Condition potestative.* — La promesse de vente
faite par une personne à une autre qui devra donner
ou refuser son adhésion *avant une époque déterminée* ou
quand bon lui semblera n'oblige aucunement l'acquéreur
et ne donne ouverture au droit proportionnel que lors
de la réalisation de la transmission. — Dél. 15 sept.
1824, 26 août 1828, 27 janv. 1836. — Cass. req. 22 août
1865; I. 2326-7.

Lorsque la réalisation d'une promesse de vente est
subordonnée à un acte dépendant entièrement de la
volonté de l'acheteur, la promesse de vente ne donne
ouverture qu'au droit fixe. — Seine, 24 janv. 1862;
R. P. 1654.

8834. *Clause pénale.* — Il en serait de même alors
qu'une clause pénale aurait été imposée au futur acquéreur. Cette clause, en effet, loin de prouver un
consentement réciproque, témoigne au contraire de la
faculté réservée à l'une des parties de se départir de
son engagement. — Colmar, 9 mars 1836; Acq. dél.
16 sept. 1836; J. N. 9391.

8835. *Adhésion formellement promise par l'acquéreur.*
— La promesse de vente consentie par le vendeur et acceptée par l'acquéreur qui s'engage à donner ultérieurement son adhésion définitive donne ouverture au droit
proportionnel, à moins que l'acceptation de l'acquéreur
ne soit frappée d'une condition suspensive.

Il en est ainsi, par exemple, si dans l'adhésion de
l'acquéreur il y a eu réserve de s'entendre définitivement sur certaines stipulations à insérer dans l'acte à
passer devant notaire, et que cet acte n'ait pas eu lieu
faute d'avoir pu s'accorder sur les réserves faites. —
Cass. 4 fév. 1839; J. E. 12256.

8836. *Pacte de préférence.* — Le pacte de préférence
n'est autre chose qu'une promesse de vente unilatérale
frappée d'une condition potestative: *Si je me décide à
vendre mon immeuble, je vous promets de ne le rendre qu'à
vous.* Dans ce cas, il n'y a lieu, évidemment, qu'à la
perception du droit fixe. — Dél. 16 nov. 1825; Rec.
Roll. 1352. — Cass. 9 juill. 1834; J. E. 10997.

8837. **Cession ou rétrocession d'une promesse de vente.**
— La cession ou la rétrocession d'une promesse de
vente emporte transmission d'un droit éventuel immobilier; et la loi de frimaire a assujetti au droit proportionnel de 5.50 % toutes les transmissions d'immeubles
à titre onéreux, sans distinction; il s'ensuit donc que
la vente ou la rétrocession d'une promesse de vente

soit unilatérale, soit synallagmatique, donne ouverture
au droit de 5.50 % sur le prix exprimé.
V. *contrà* : Seine, 21 déc. 1861; R. P. 1667. — 13
janv. 1866; R. P. 2307. — 23 mars 1867; R. P. 2491.
— Cass. civ. 13 janv. 1869; R. P. 2831. — 5 fév. 1873;
R. P. 3574.

**8838. De la chose qui fait l'objet de la promesse de
vente.** — Si la chose vendue n'est pas désignée ou n'est
pas certaine, la promesse de vente ne contient pas alors
le consentement réciproque des parties sur cette chose,
et le droit proportionnel ne peut être perçu. — D. F.
7 juill. 1820; J. E. 6944. — Dél. 29 janv. 1836; J. N.
9575.

8839. Du prix. — De même, si le prix n'est pas fixé,
il n'y a lieu qu'au droit fixe.

Si le prix doit être fixé par experts que les parties
nommeront ou qui seront désignés par justice, la promesse de vente est parfaite en ce sens qu'elle ne contient pas de condition suspensive et doit être assujettie
au droit proportionnel. — Dél. 27 sept. 1833; J. E.
10792.

Les charges étant une portion du prix, la promesse
de vente ne vaut pas vente, si les parties, d'accord sur
le prix principal, ne le sont pas sur les charges. —
Cass. 16 août 1832; J. E. 10441.

8840. Déclaration estimative. — Lorsque le prix
d'une promesse de vente peut être fixé d'après les
données de l'acte, les parties ne doivent pas être
admises à faire une déclaration estimative inférieure à
ce prix. — Cass. 26 nov. 1822; J. E. 7396.

Art. 5 — Licitation.

8841. Tarif. — Les parts et portions indivises de
biens immeubles acquises par licitation ne sont sujettes qu'au droit de 4 %. — Frim. art. 69, § 7, n. 4. —
V. *Licitation.*

L'art. 52 de la loi du 28 avril 1816, qui a élevé à
5.50 %, le droit sur les ventes d'immeubles, en décidant que la transcription ne donnerait plus lieu à aucun droit proportionnel, ne parle pas des licitations.
Il s'ensuit qu'elles restent soumises au droit de 4 %
établi par la loi du 22 frim. an 7, *toutes les fois que
l'acte n'est pas de nature à être transcrit.* — Cass. 27
juill. 1819, 26 nov. 1821; J. E. 6550, 7113.

8842. *Conditions d'exigibilité du droit de 4 %.* —
Pour que la disposition ci-dessus transcrite de la loi de
frimaire soit applicable, quant au tarif et à la liquidation des droits, il faut :

1° Que l'indivision existe au moment de la licitation;
2° Que l'indivision résulte d'un titre commun ;
3° Que la licitation mette fin à l'indivision.

8843. Droit de transcription. — Si l'une de ces trois

conditions fait défaut, l'acte est de nature à être trans-crit, et, par conséquent :

Si l'adjudication est tranchée au profit d'un *étranger*, le droit de 5. 50 % doit être perçu sur la totalité du prix ; — 28 avril 1816, art. 54.

Si elle est tranchée au profit d'un *copropriétaire*, le droit de 4 % doit être perçu sur les *parts acquises*, et le droit de transcription sur la totalité du prix. — D. F. 30 sept. 1833 ; J. E. 10761. — Seine. 4 août 1837 ; J. E. 11855. — Falaise , 13 mars 1838 ; J. E. 12610. — Limoges, 19 nov. 1844 ; J. E. 13634-4. — Le Mans , 7 fév. 1846 ; J E. 13943. — Saint-Omer , 16 juill. 1847 ; J. E. 14320. — Versailles, 3 mai 1849 ; J. N. 13760. — Moulins , 21 déc. 1850 ; J. E. 15309. — Belfort. Sisteron, Montmorillon, 31 déc. 1849, 4 et 19 fév. 1850 ; J. E. 14912-2.— Dieppe et Orléans, 13 mars et 2 juill. 1851 ; J. E. 15295-1. — Seine, 27 juin 1851 ; J. E. 15281-1. — Marseille et Angers. 30 août 1850 ; J. E. 15089-3. — Evreux, 19 nov, 1853 ; J. E. 15771. — Seine , 7 juill. 1853 ; J. E. 15691. — Loudéac , 22 avril 1856 ; R. P. 732. — Lesparre, 26 nov. 1858 ; Montmorillon, 5 avril 1859 ; Briey, 15 déc. 1858 ; Saint-Quentin, 25 avril 1860 ; Nice, 6 janv. 1864 ; Epernay, 6 août 1868 ; R. P. 1121, 1231 , 1264, 1485. 2347. 3045. — Cass. civ. 15 juin 1840 ; Sir. 40. 1. 616 ; I. 1630-9 ; J. E. 12538. — Civ. 17 janv. 1842 ; Sir. 42. 1. 240 ; I. 1675-1 ; J. E. 12928. — Req. 17 nov. 1847 ; I. 1814-1 ; J. E. 14388. — Civ. 7 nov. 1849 ; Sir. 50. 1. 62 ; I. 1857-3 ; J. E. 14905. — Civ. 7 nov. 1849 ; I. 1857-3 ; J. E. 14837. — Civ. 3 arr. 16 avril 1850 ; Sir. 50. 1. 361 ; I. 1875-5 ; J. E. 14912. — Civ. 10 juin 1850 ; Sir. 50. 1. 682 ; I. 1875-5 ; J. E. 14984. — Civ. 26 août 1850 ; Sir. 50. 1. 681 ; I. 1875-5 ; J. E. 15010. — Civ. 2 déc. 1850 ; I. 1883-5 ; J. E. 15074. — Civ. 26 fév. 1851 ; Sir. 51. 1. 416 ; I. 1883-6 ; J. E. 15146. — Civ. 2 déc. 1851 ; Sir. 52. 1. 130 ; I. 1912-2 ; J. E. 15364-3. — Civ. 7 juill. 1852 ; Sir. 52. 1. 719 ; I. 1946-1 ; J. E. 15487. — Civ. 22 nov. 1853 ; Sir. 53. 1. 746 ; I. 1999-5 ; J. E. 15778. — Civ. 23 nov. 1853 ; Sir. 53. 1. 746 ; I. 1999-6 ; J. E. 15802-1. — Civ. 9 janv. 1854 ; Sir. 54. 1. 124 ; I. 2010-6 ; J. E. 15802-2.— Req. 18 mai 1858 ; Sir 58. 1. 656 ; I. 2137-7 ; J. E. 16756 ; R. P. 1015. — Civ. 13 août 1862 ; Sir. 62. 1. 99 ; I. 2239-4 ; J. E. 17529 ; R. P. 1749. — Civ. 3 janv. 1865 ; Sir. 65. 1. 139 ; I. 2325-1 ; J. E. 17946 ; R. P. 2035. — Civ. 17 janv. 1865 ; Sir. 65. 1. 139. — Civ. 17 janv. 1865 ; Sir. 65. 1.140 ; I. 2325-3 ; J. E. 17953 ; R. P. 2036. — Civ. 6 déc. 1871 ; R. P. 3377.

L'arrêt du 13 août 1862 porte :

« Vu l'art. 54 de la loi du 28 avril 1816 , portant : « Dans tous les cas où les actes seront de nature à être « transcrits au bureau des hypothèques, le droit sera « augmenté de 1. 1/2 %, et la transcription ne don-« nera plus lieu à aucun droit proportionnel » ;

« Attendu qu'aux termes de cet article , dans tous « les cas où les actes sont de nature à être transcrits « au bureau des hypothèques, il y a lieu à la percep-« tion du droit proportionnel de 1. 1/2 % ; que ces « actes doivent, suivant l'art. 2181 C. Nap., être trans-« crits *en entier* par le conservateur des hypothèques « dans l'arrondissement duquel les biens sont situés ;

« qu'il résulte de ces dispositions combinées que le « droit proportionnel de transcription se perçoit sur « le prix total énoncé au contrat ; que ce droit est in-« dépendant de celui dû pour la mutation de propriété « et peut être exigé séparément ; que si les copro-« priétaires qui , dans l'hypothèse d'une licitation, se « rendent adjudicataires d'un immeuble indivis entre « eux et d'autres copropriétaires, n'ont pas à payer le « droit de mutation sur les parts qui leur apparte-« naient avant l'adjudication , ils n'en doivent pas « moins le droit proportionnel de transcription sur la « totalité du prix ; que la transcription , en effet, est « indivisible comme les hypothèques mêmes dont elle « est destinée à préparer la purge ; que , l'immeuble « indivis ayant été , dans l'espèce, sur la demande de « quelques-uns des copropriétaires, mis en licitation « dans son intégralité, et adjugé, moyennant un prix « total de 54,000 fr., aux défendeurs, c'est ce prix qui, « pour la purge des hypothèques, devait être l'objet « soit des notifications ou déclarations prescrites par « les art. 2183 et 2184 C. Nap., soit de la base du droit « de surenchère attribué aux créanciers hypothécaires « par l'art. 2185 du même Code ; qu'ainsi. au point « de vue de la transcription et de ses effets légaux , il « n'y aurait point à distinguer , dans ce même prix, « entre la fraction représentative des parts afférentes « aux colicitants adjudicataires et la fraction représen-« tative de la part afférente aux copropriétaires ;

« D'où il suit qu'en décidant le contraire , le juge-« ment dénoncé a formellement violé la disposition « ci-dessus visée ; — casse. »

« Vous avez souvent décidé , disait M. le premier « avocat général Blanche en concluant à la cassation « prononcée par l'arrêt du 6 déc. 1871,que le droit de « transcription établi par les lois de l'an 7 et de 1816 « n'avait pas la même nature que le droit d'enregis-« trement proprement dit. Celui-ci est un impôt ap-« plicable à la mutation actuelle de la propriété, tan-« dis que le droit de transcription est le prix de la « formalité remplie par le conservateur. Il représente « la rémunération du service rendu aux parties par la « transcription du contrat sur les registres des hypo-« thèques. Vos arrêts l'ont nettement reconnu. Je « signale à votre attention . parmi eux, ceux des 3 « juillet 1850, 18 avril et 7 juin 1853 , 2 juin 1863 et « 5 novembre 1861.

« Il est évident qu'il n'y a pas à distinguer , pour « l'application de la jurisprudence, entre le droit « perçu d'avance avec le droit de mutation lors de « l'enregistrement de l'acte assujetti à la transcription, « et celui qui est payé au bureau des hypothèques au « moment de la présentation volontaire du contrat à « la formalité. Dans les deux cas, le droit est le même, « et il se fonde sur les mêmes causes. Son exigibilité « demeure donc soumise à des règles identiques ; la « seule différence réside dans l'époque du paiement.

« La conséquence qui découle de ces principes. c'est « que le droit de transcription et le droit d'enregistre-« ment ne sont pas subordonnés l'un à l'autre. A la « vérité, l'art. 25 de la loi du 21 ventôse an 7 déclare « que le droit de 1. 50 % sera perçu *suivant qu'il aura*

« été réglé à l'enregistrement. Mais il y a longtemps
« que le sens de ces expressions a été déterminé par
« la jurisprudence. Elles ne signifient pas que le
« droit sera perçu dans tous les cas sur les mêmes
« sommes que le droit de mutation ; elles veulent dire
« que le prix intégral passible du droit de transcrip-
« tion sera évalué et composé comme il le serait si ce
« prix était passible du droit d'enregistrement.

« Cette situation se produit notamment en matière
« de licitation. Vous avez admis que le droit d'enre-
« gistrement n'est dû que sur la part réellement ac-
« quise par le colicitant adjudicataire, parce que le
« contrat n'opère mutation actuelle de propriété que
« pour cette part ; mais vous avez admis en même
« temps que si pour une cause quelconque, la licitation
« était de nature à être transcrite, le droit de 1. 50 %
« devenait exigible sur le prix intégral de l'immeuble
« licité. »

§ I. — Existence de l'indivision.

8844. Indivision quant aux biens. — La licitation
n'étant autre chose qu'un véritable partage (C. 883), et
le partage ne pouvant avoir lieu qu'au sujet de *biens
indivis*, il ne peut de même y avoir licitation que s'il y
a indivision.

Si donc l'on fait entrer dans les immeubles à liciter
des biens qui n'appartiennent pas à l'indivision, le
droit proportionnel est exigible, à 5. 50 %, sur la
totalité du prix. — Brives, 21 nov. 1848 ; J. E. 14619-2.

8845. Indivision quant aux personnes. — De même,
l'indivision n'existant nullement pour celui qui n'a
aucun droit indivis dans la chose. si l'adjudication sur
licitation est tranchée au profit d'une personne étrangère à l'indivision, le droit de 5. 50 % est exigible. —
Bosquet, v° *Licitation.* — Fonmaur, n. 306. — Rennes,
8 fév. 1847 ; Dall. P. 48. 3. 86.

8846. Usufruitier et nu-propriétaire. — Aucune
indivision n'existe entre l'usufruitier et le nu-propriétaire. — (6141.)

Par conséquent, si un immeuble appartient pour la
nue propriété à une personne et pour l'usufruit à une
autre personne, et que la nue propriété soit cédée à
l'usufruitier, ou l'usufruit au nu-propriétaire, il n'y a
pas licitation, et les droits sont dus à 5. 50 %, sauf
l'application des règles spéciales qui sont analysées au
mot *Usufruit.* — Dél. 15 avril 1835 ; J. E. 11297-3. —
Cass. 30 mars 1841 ; Sir. 41. 1. 350 ; I. 1643-7 ; J. E.
12722. — Arras, 11 juill. 1843 ; J. E. 13542-6. — Seine,
27 juin 1831, 7 juill. 1833 ; J. N. 15281, 15691. —
Dieppe, 24 déc. 1863 ; R. P. 1990. — Cass. civ. 13 janv.
1867 ; Sir. 67. 1. 181 ; I. 2357-1 ; J. E. 18296 ; R. P. 2412.
— Seine, 26 août 1871 ; R. P. 3494 — V. *Partage.*

Mais la situation change lorsque l'usufruitier a une
portion de la nue propriété, ou lorsque le nu-propriétaire a une portion de l'usufruit ; alors, l'indivision
existe. dans le premier cas, pour la nue propriété ; dans

le second, pour l'usufruit. Dans ces deux hypothèses,
le partage est possible et, par conséquent, la licitation,
— Proudhon, *Usufruit*, n. 1245. — Duvergier, *Vente*,
148. — *Demolombe*, 343, 344. — et il n'y a lieu de percevoir que le droit de 4 %. — Cass. 24 juin 1863 ; Sir.
63. 1. 340.

8847. Sol et superficie. — Lorsque le sol et la superficie d'un domaine ont été acquis séparément par deux
personnes, le procès-verbal d'adjudication par lequel
l'acquéreur de la superficie se rend adjudicataire du fonds
du domaine, constitue, non une licitation, mais une
vente passible du droit de 5. 50 %, alors même qu'il
résulte des énonciations du jugement qui a ordonné la
vente et des actes préparatoires, que les immeubles
mis en adjudication avaient été acquis en commun par
les deux acquéreurs, pendant l'existence d'une société
verbale établie entre eux en vue de cette acquisition, et
dont la dissolution a été prononcée en justice. — Cass.
civ. 17 nov. 1857 ; I. 2118-3 ; J. E. 16646 ; R. P. 973.

8848. Société. — Tant que dure une société, elle est
seule propriétaire des biens qui forment le fonds social ;
il n'y a aucune indivision entre elle et les associés. D'où
la conséquence que toute vente d'immeubles sociaux
faite à un associé, pendant l'existence de la société,
doit être assujettie au droit de 5. 50 % et non à celui
de 4 %. — Cass. 17 août 1836 ; J. E 11619 ; I. 1328-
13. — Seine, 1er déc. 1848 ; J. E. 14650.

L'adjudication sur licitation prononcée au profit d'une
société civile formée par quelques-uns des colicitants
pour l'exploitation et la revente de l'immeuble adjugé
est passible du droit de 5 fr. 50 % sur la totalité du
prix. — Seine, 7 avril 1866 :

« Attendu que le 18 janv. 1864 il a été formé entre
« Charles et Octave Mariotte et les époux Binder une
« société civile ayant pour objet l'acquisition sur lici-
« tation du domaine de Tiessy, dont les frères Mariotte
« et la femme Binder étaient copropriétaires par indi-
« vis conjointement avec la veuve Mariotte, leur mère,
« l'exploitation , la mise en valeur et la revente en
« détail de cet immeuble ; — qu'il était dit aux
« statuts que la société constituerait, à partir du jour
« même de l'acte, une personne juridique ; que le
« fonds social consistait dans la terre de Tiessy, dont
« le prix devait être fourni jusqu'à concurrence du
« tiers par chaque associé, les époux Binder ne repré-
« sentant ensemble qu'une seule tête ; qu'il était con-
« venu enfin, entre autres stipulations, que, survenant
« le décès de l'épouse de l'un ou de l'autre des frères
« Mariotte , ses héritiers n'auraient aucun droit de
« copropriété dans les immeubles dépendant de la
« société, mais de simples droits conjugaux à régler
« en dehors de la société avec le mari survivant et ne
« conférant pas hypothèque légale , puisque , d'une
« part, les acquisitions devaient être faites au nom de
« la société, et que, d'autre part, cette société consti-
« tuait une personne juridique ;

« Attendu que, l'adjudication de l'immeuble étant
« survenue le 19 janv. 1864, il a été énoncé à la décla-

« ration de command qui l'a suivie, qu'elle était pour
« le compte de Charles et Octave Mariotte et de la
« femme Binder, tous trois associés civilement pour
« l'acquisition sur licitation, ce qui a été accepté
« notamment par Binder, au nom de son épouse,
« qu'il déclarait représenter en vertu de l'acte consti-
« tutif de la société ;
« Attendu que dans ces circonstances les parties
« colicitantes doivent être réputées s'être rendues
« adjudicataires de l'immeuble, non dans leur intérêt
« privatif, mais en leur qualité d'associés et pour le
« compte de la société, qui est devenue propriétaire
« par le fait même de l'adjudication.
« Attendu en effet que les associés s'étaient obligés,
« envers la personne civile qu'ils constituaient, au
« paiement de la somme représentant le prix de l'im-
« meuble, dont l'acquisition directe par la société était,
« aux termes formels de l'acte, le principal objet du
« pacte social; que leur apport ne consistait pas dans
« un immeuble qu'ils auraient pris l'engagement
« d'acquérir, mais dans une somme qu'ils promettaient
« de payer ; — qu'ils entendaient que le procès-verbal
« d'adjudication fût le titre immédiat de la société, et
« que dans ce but ils ont pris soin d'agir comme ses
« représentants ; — que par ce moyen les agissements
« de la société, et notamment les reventes qu'elle se
« proposait d'effectuer, se trouvaient simplifiés, la
« purge des droits hypothécaires qui auraient procédé
« du chef personnel des colicitants étant ainsi rendue
« superflue;
« Attendu d'ailleurs que chacun des associés appor-
« tant à la société, non la part dont il était proprié-
« taire antérieurement à l'adjudication, mais le tiers
« du prix moyennant lequel la totalité de l'immeuble
« devait être acquise, la société ne peut être considé-
« rée comme s'étant rendue adjudicataire sur licita-
« tion d'un immeuble qui eût été indivis entre elle et
« la veuve Mariotte, dès lors que l'adjudi-
« cation a été tranchée, non au profit de plusieurs des
« colicitants, mais au profit d'un tiers, et que c'est,
« par suite, avec raison que le droit de 5 fr. 50 c. % a
« été réclamé sur l'intégralité du prix; — par ces
« motifs..... »

8849. *Nouvelle société.* — Lorsqu'un immeuble,
acquis en commun par trois associés, est adjugé sur
licitation à deux de ces associés et à un tiers, le droit
de transcription doit être perçu sur le procès-verbal
d'adjudication. Cette dernière acquisition a substitué,
en effet, une société nouvelle à l'ancienne; les engagements de l'une ne peuvent lier l'autre, et il y a, pour
ce motif, nécessité de purger. — Cass. civ. 13 avril
1847; Sir. 47. 1. 376; J. E. 14280.

§ II. — *Titre commun.*

8850. Principe. — Si l'acquéreur n'est pas copropriétaire à titre commun avec les vendeurs, le droit
de 5. 50 % est exigible, et non celui de 4 %.

Doivent être considérés comme copropriétaires au
même titre :
Les *cohéritiers* ; — Cass. 27 juill. 1819 ; 1. 903. —
D. F. 30 sept. 1833; I. 1446-1.
Les *coacquéreurs* ; — Cass. 14 juill. et 10 août 1824 ;
I. 1150-8.
Les *codonataires* ; — Cass. 27 nov. 1821 ; Sir.
22. 1. 211 ; J. E. 7113.
Le *légataire universel* et l'héritier, car le légataire
universel est un véritable héritier (Toullier, t. 5, n.
495) ; — Seine, 11 juin 1845 ; J. N. 12446.
Enfin, tous ceux qui possèdent en commun le même
immeuble et qui ont le même titre de propriété. —
D. F. 29 therm. an 4; Circ. 1101.

8851. Tiers acquéreur. — Celui qui, après avoir
acquis une part indivise de l'immeuble, acquiert en-
suite le surplus, doit supporter le droit de 5. 50 %,
même si l'indivision cesse complétement. — Cass. req.
30 mai 1826; I. 1205-9. — Dél. 4 oct. 1826 ; J.E. 8569.
— Rouen, 13 août 1835, 23 mars 1836 ; J. E. 11492-1.
— Sol. 13 nov. 1835; I. 1513-6. — Senlis, 4 déc. 1838 ;
J. E. 13192. — Laon, 17 janv. 1839 ; J. E. 12221. —
Cass. civ. 21 janv. 1840; Sir. 40. 1. 309 ; I. 1618-10;
J. E. 12460; J. N. 10622. — Soissons, 20 janv. 1841;
J. E. 12670. — Saint-Quentin, 27 janv. 1841 ; J. E.
12670. — Châlons-sur-Marne, 21 mai 1841 ; J. E.
12766-3. — Chartres, 9 avril 1842; J. E. 12971. —
Limoges, 6 déc. 1842 ; J. E. 13163-3. — Rethel, 13
janv. 1843; J. E. 13210-4. — Strasbourg, 18 janv. 1843 ;
J. E. 13159. — Oloron, 20 mai 1843 ; J. E. 13331. —
Saint-Amand, 14 juin 1843; J. E. 13278. — Orléans,
19 juin 1843 ; J. E. 13312. — Bellac, 24 août 1843 ; J.
E. 13342 — Nantes, 29 août 1843 ; J. E. 13318. —
Altkirch, 30 août 1843; J. E. 13333. — Seine, 14 fév.
1844 ; J. E. 13440. — Seine, 3 juil. 1844 ; J. E. 13560.
— Montmorillon, 3 juill. 1844 ; J. E. 13552-11. —
Saint-Etienne, 26 août 1844 ; J. E. 13603. — Seine. 4
déc. 1844 ; J. E. 13661-3. — Bagnères, 27 nov. 1845 ;
J. E. 13877. — Cass. réun. 19 déc. 1845 ; I. 1755-15 ;
J. E. 13885 ; J. N. 12569. — Mayenne, 30 déc. 1845;
J. E. 14019-7. — Baupréau, 20 janv. 1846 : J. E. 13911-3.
— Blois, 22 janv. 1846; J. E. 13937. — Charolles, 31
janv. 1846; J. E. 13922. — Cass. civ. 11 fév. 1846;
Sir. 46. 1. 113 ; I. 1767-12; J. E. 13929; J. N. 12626.
— Cosne, 18 mai 1847 ; J. E. 14316-4. — Cass. req.
15 juin 1847 ; J. E. 14344. — Corbeil, 7 juill 1847;
J. E. 14321. — Cass. civ. 9 nov. 1847; Sir. 48. 1. 60;
I. 1814-19; J. E. 14381; J. N. 13223. — Civ. 26 janv.
1848; Sir. 48. 1. 246 ; I. 1814-19; J. E. 14421; J. N.
13275. — Nevers, 18 déc. 1848; J. E. 14785-4. —Cass.
Civ. 18 déc. 1848; Sir. 49. 1. 61; I. 1837-15; J. E. 14634.
— 14 fév. 1849; J. E. 14671. — Muret, 20
avril 1850; J. E. 14937-7. — Lunéville, 3 mai 1850;
J. E. 14964-4. — Seine, 5 déc. 1850; J. E. 15088. —
Cass. 9 janv. 1854; I. 2010-6; J. N. 15142 ; J.E.15802.
— Saint-Etienne, 2 avril 1857; R. P. 931. — Seine.
20 juin 1857; Cass req. 2 mars 1858; R. P. 980.
L'arrêt du 19 déc. 1845 est conçu en ces termes :
« Attendu que le domaine de Soisy, provenant du

« marquis d'Urigny, et ensuite de la succession de la
« dame Damphernet, veuve Dubois, et de la demoi-
« selle Damphernet, sa sœur, était possédé indivisé-
« ment, savoir : pour une moitié par les héritiers de
« la veuve Dubois, et pour l'autre moitié par Pierre
« Damphernet, héritier de la demoiselle Damphernet;
« qu'après avoir acquis la moitié indivise appartenant
« aux héritiers de la veuve Dubois, Mauger, Auguy et
« le comte Ogier, acquièrent aussi la moitié indivise
« de Pierre Damphernet;
« Attendu que, soit les auteurs de ce dernier, soit
« lui-même pendant qu'il y avait conservé la propriété
« de la moitié du domaine de Soisy, avaient pu vala-
« blement l'affecter à leurs créanciers hypothécaires ;
« Attendu que la vente consentie par Pierre Dam-
« phernet à Mauger et consorts n'a opéré à leur égard
« qu'une substitution dans les droits de leur vendeur ;
« qu'ainsi l'acte du 14 juill. 1836, loin de constituer
« une licitation ou un partage, réunit toutes les con-
« ditions d'une vente pure et simple ; que dès lors, en
« jugeant que cet acte était déclaratif et non attributif
« de propriété, et que par conséquent il ne rentrait
« pas sous l'application des art. 52 et 54 de la loi du
« 28 avril 1816, et qu'il n'était pas susceptible de
« transcription, ni passible des droits déterminés par
« ces articles, le jugement attaqué les a expressément
« violés et faussement appliqué les art. 883 et 2125 du
« Code civil ; — casse. »

8852. *Société.* — Si le tiers acquéreur de vingt-
trois actions dans une société dissoute, et de laquelle
dépendaient des immeubles. se rend ultérieurement
adjudicataire de toutes les autres actions, cette adjudication n'a pas le caractère d'une licitation ; elle doit
être assujettie au droit de 1. 50 %. — Cass. req. 16
juin 1847; I. 1796-25; J. E. 14432-5.

8853. *Loi du 23 mars 1855.* — Le droit de 1. 50 %
est exigible, même depuis la loi du 23 mars 1855, sur
l'adjudication d'un immeuble indivis, prononcée au
profit du cessionnaire des droits de l'un des copropriétaires. — Cass. req. 21 juill. 1858; Sir. 58. 1. 767;
I. 2137-6; J. E. 16794; R. P. 1075. — Cass. 26 fév.
1862. ainsi conçu :
« Vu l'art. 54 de la loi du 28 avril 1816;
« Attendu que, suivant l'art. 2181 C. Nap., les con-
« trats que les tiers détenteurs voudront purger de
« privilèges et hypothèques doivent être transcrits en
« entier par le conservateur des hypothèques, et que,
« d'après l'art. 2183 du même Code, un extrait de
« cette transcription doit être notifié aux créanciers
« inscrits ;
« Que la loi de 1855 ne contient à cet égard aucune
« innovation; qu'elle a pour but principal de régle-
« menter la transmission de la propriété; que, si elle
« a dispensé de la transcription les partages et juge-
« ments d'adjudication sur licitation au profit d'un
« copartageant, elle a prononcé cette dispense au point
« de vue du dessaisissement de l'ancien propriétaire
« et par application du principe déjà posé dans l'arti-

« cle 883 C. Nap.; mais que rien n'établit qu'elle ait
« entendu aussi accorder cette dispense au point de
« vue de la purge des hypothèques ;
« Qu'en effet, elle ne modifie point d'une manière
« générale la procédure de purge; que, si elle abroge
« d'une manière expresse les art. 834 et 835 C. proc.,
« elle ne porte aucune atteinte aux art. 2181 et 2183
« C. Nap., aux termes desquels la transcription est
« toujours nécessaire pour donner aux créanciers ins-
« crits le premier avertissement qui ouvre la purge et
« porter l'acte à la connaissance du public ;
« Que cela résulte notamment de l'art. 6 de la loi de
« 1855, qui, sans restriction ni distinction aucune,
« autorise les créanciers à faire inscrire leurs hypothè-
« ques jusqu'à la transcription;
« Qu'en décidant, contrairement à ces principes,
« qu'il n'est pas dû de droit de transcription pour
« l'adjudication prononcée au profit du mineur d'A-
« grain , le jugement du tribunal de Dijon a violé les
« lois précitées ; — casse. »

8854. *Donataire.* — Celui qui reçoit, à titre de
donation, de l'un des héritiers partie d'un immeuble
et qui se rend postérieurement acquéreur des parts
des autres héritiers, doit le droit à 5. 50 %; car son
titre à lui est l'acte de donation, qui n'est aucunement
le titre de ses vendeurs.— Bar-sur-Aube, 24 août 1837;
Seine, 21 fév. 1839; Cont. 5162 , 5593. — Belfort, 21
déc. 1840; J. E. 12671. — Nontron, 7 déc. 1843; J. E.
13413. — Moissac, 10 août 1846; Cont. 7663. — Toulouse, 30 nov. 1849; J. E. 14880.—Aubusson, 30 déc.
1858; R. P. 1190.

8855. *Donataire héritier.*—Mais le donataire qui est
en même temps colégataire ou cohéritier a un titre
commun avec les autres légataires ou les autres cohéritiers ; il ne doit donc que le droit de 4 %. — Gray,
25 fév. 1863; R. P. 1955.

8856. *Donataire vendant au donateur.* — L'acte par
lequel le donataire d'une portion indivise d'immeuble
vend cette portion au donateur propriétaire du surplus
est sujet au droit de transcription. — Sol. 4 août 1869;
R. P. 3102.

8857. *Donataire vendant à l'acquéreur.* — Il n'y a
pas titre commun lorsque la moitié d'un immeuble a
été donnée à plusieurs personnes, et que l'autre moitié
a été ensuite vendue à deux acquéreurs conjointement.
En conséquence, l'acte par lequel l'un des acquéreurs
acquiert les parts des donataires est de nature à être
transcrit, et sujet au droit de 1. 50 %. — Cass. civ.
15 mars 1870 :
« Vu l'art. 883 C. Nap. et les art. 52 et 54 de la loi
« du 28 avril 1816; — attendu qu'il est constaté, en
« fait, par le jugement attaqué que Champy père,
« copropriétaire par indivis et pour un quart des forêts
« du Mont et de Climont, a fait, le 21 mars 1859, do-
« nation à ses quatre enfants de la moitié de sa part,
« et le 22 avril 1862, consenti vente de l'autre moitié à

« Pierre-Hubert et Paul-Eugène Houel; que le 13 oct.
« 1865, en exécution d'un jugement qui avait ordonné
« le partage, les divers propriétaires ont procédé entre
« eux au tirage au sort des lots, et que, par un dernier
« acte du 4 juill. 1866, les enfants Champy et Pierre
« Houel, qui étaient restés en indivision, ont cédé, à
« titre de licitation amiable, à Paul-Eugène Houel, les
« lots qui leur étaient échus dans les forêts du Mont et
« de Climont; que ce dernier, avant d'en devenir adju-
« dicataire, est ainsi entré en indivision avec les copar-
« tageants, non à un titre qui leur fût commun, mais
« en une qualité différente et en vertu de la vente du
« 2 avril 1862, qui a opéré en sa faveur une véritable
« translation de propriété, à laquelle se rattachaient
« le partage du 13 oct. 1865 et la licitation du 4 juill.
« 1866; — attendu, en droit, que si, par suite de l'effet
« déclaratif du partage et conformément à l'art. 1er,
« n° 4, de la loi du 23 mars 1855, l'adjudication inter-
« venue sur licitation au profit d'un cohéritier ou co-
« partageant est dispensée de la transcription, cette
« exemption n'existe pas à l'égard du tiers étranger
« qui fonde ses droits à la copropriété, non sur un titre
« commun à tous, mais, comme dans l'espèce, sur la
« cession que l'un des copropriétaires lui a faite de
« tout ou partie de sa part indivise; — d'où il suit
« qu'en décidant que l'adjudication sur licitation
« amiable du 4 juill. 1866 était simplement déclarative
« de propriété, et non sujette à être transcrite, et en
« annulant par suite la contrainte décernée par l'Ad-
« ministration de l'enregistrement en paiement du droit
« de transcription, le jugement attaqué a faussement
« appliqué l'art. 883 C. Nap. et violé, par conséquent,
« ledit article, ainsi que les art. 52 et 54 ci-dessus
« visés de la loi du 28 avril 1816; — casse. »

8858. Légataire. — Un légataire ne peut être assimilé à un héritier. Dès lors, il ne peut s'appliquer le
principe de l'article 883 C., et s'il acquiert des héritiers la portion d'immeuble dont il n'est pas légataire,
le droit de transcription est exigible, bien que toute
indivision cesse par suite de cette acquisition. — Seine,
4 déc. 1844 ; J. E. 13638.

8859. Justification. — Si le titre de la propriété
prétendue commune n'est pas énoncé dans l'acte, en
sorte que l'acquéreur puisse être considéré comme
n'ayant été que tiers détenteur, le droit de 5. 50 %
doit être perçu. — Beaupréau, 12 janv. 1842 ; J. É.
12931.

§ III. — *Cessation de l'indivision.*

8860. Règle. — Le droit de 5. 50 % est exigible
toutes les fois que l'acte ne fait pas complétement cesser l'indivision entre les parties. — Cass. civ. 16 janv.
1827; Sir. 27. 1. 242 : I. 1229-12 ; J. E. 8687. — Civ.
24 août 1829 : Sir. 29. 1. 421 ; I. 1303-12 ; J. E. 9419.
— 27 déc. 1830; I. 1354-10; J. E. 9891.— Civ. 7 déc.
1830; Sir. 31. 1. 27. — Civ. 31 janv. 1832; Sir. 32. 1.

139 ; I. 1401-7 ; J. E. 10260. — 16 mai 1832 ; I. 1410-
11 ; J. E. 10363. — 6 nov. 1832 ; J. E. 10532 ; I. 1422-
12. — 2 janv. 1844 : I. 1713-8 ; J. E. 13447. — 24
janv. 1844 ; J. N. 12112 ; J. E. 13454 ; I. 1713-5. —
19 nov. 1845 ; J. E. 13880 ; I. 1755-11. — 21 juin. 12
juill. 1848 ; J. N. 13423. 13453 ; J. E. 14528, 14533 ;
I. 1825-7. — 29 nov. 1848 ; J. N. 13579 ; J. E. 14627;
I. 1837-5. — 7 nov. 1849 ; J. N. 13876 ; J. E. 14837 ;
I. 1857-3. — 16 avril, 10 juin. 26 août 1850 ; J. N.
14046. 14078. 14165 ; J. E. 14942 , 14984 , 15010 ;
I. 1875-5. — 26 fév. 1850 ; J. N. 14240 ; J. E. 15074;
I. 1883-5-6. — 2 déc. 1851 ; J. N. 14570 ; I. 1912-2. —
7 août 1855 ; I. 2054-1 ; R. P. 750. — Req. 18 mai
1858 ; Sir. 58. 1. 656 ; I. 2137-7 ; J. E. 16756 ; R. P.
1015. — 3 janv. 1861 ; R. P. 2035. — 20 déc. 1869 ;
R. P. 3045.

8861. *Droit d'habitation.* — L'indivision cesse quoique l'un des colicitants conserve un droit d'habitation
dans l'immeuble. — Sol. 30 août 1869 ; R. P. 3073.

8862. Vente d'une portion de l'immeuble indivis. —
L'adjudication d'une portion seulement de l'immeuble
indivis ne peut être considérée comme une licitation,
bien qu'elle fasse cesser l'indivision de la portion vendue. L'indivision continuant pour le surplus, le droit
de 5. 50 % est exigible. — Cass. 31 janv. 1832; J. E.
10160; I. 1401-7. — Quimper, 29 déc. 1846; J. E.
14168-5.

Lorsque, de deux acquéreurs de moitié d'un domaine indivis entre deux frères, l'un des acquéreurs
cède à l'autre sa part d'acquisition , c'est-à-dire le
quart du domaine total, le droit de 5. 50 % est exigible, car, bien que l'indivision cesse entre les deux
acquéreurs, elle subsiste avec le propriétaire de l'autre
moitié du domaine. — Vitry-le-Français, 26 nov. 1841 ;
J. E. 13682.

La vente de moitié indivise d'un immeuble aux
deux propriétaires, par indivis, par égale portion, de
l'autre moitié, donne ouverture au droit de 5. 50 %,
attendu que l'indivision continue de subsister entre
les deux acquéreurs. — Bar-le-Duc, 11 mai 1842 ; J. E.
12997.

Même règle si l'un des copropriétaires ne cède à
l'autre qu'une fraction de sa portion indivise, de manière
à ce que l'indivision continue à subsister. — Seine,
29 nov. 1838 ; J. E. 12200.

8863. Echange contre un propre de la femme. —
Le copropriétaire indivis du tiers d'un immeuble qui
acquiert un autre tiers à titre d'échange contre un immeuble propre de sa femme et l'autre tiers à titre de
vente, doit payer le droit de 5. 50 % sur ce dernier
tiers, attendu que l'indivision continue de subsister
entre lui et sa femme, qui, en vertu de l'article 1407.
C. et malgré les termes de l'art. 1408, a la propriété
exclusive du tiers acquis en échange de son propre. —
Laon, 13 sept. 1844 ; J. E. 13610.

8864. Acquéreur n'acquérant rien. — Une maison

appartenant par moitié à deux héritiers est licitée ; ces deux héritiers en ont été déclarés adjudicataires dans les mêmes proportions. Le droit de transcription n'a pas été perçu, attendu qu'il n'y a eu ni licitation ni vente, et que l'adjudication n'a opéré aucun changement dans la position des parties, dans la nature de leurs droits et dans leurs obligations envers les créanciers. — Dél. 8 mai 1849 ; J. N. 13871.

Si deux associés possèdent indivisément par moitié des biens immeubles licités et adjugés à un des associés pour moitié et à un étranger pour l'autre moitié, l'associé n'acquérant rien, puisqu'il se trouve après l'adjudication dans la même position qu'avant, aucun droit de mutation n'est à percevoir, et le seul droit exigible sur la moitié de l'associé est celui de transcription. — Dél. 21 juin 1844 ; J. E. 13525-3.

Bien que l'indivision subsiste, le droit de transcription n'est pas dû sur la portion du prix afférente à la part du communiste auquel l'adjudication n'attribue pas des droits supérieurs à ceux qu'il possédait auparavant. — Saint-Sever, 12 mars 1869 ; R. P. 2956.

8865. Cession de droits successifs. — Une cession de droits successifs qui ne fait pas cesser l'indivision de tous les immeubles est passible du droit de transcription sur l'intégralité du prix, alors même que ce prix aurait été divisé entre chaque nature de biens. — Saint-Pons, 18 fév. 1868 ; Cuën. 11448.

8866. Intention des parties. — Le droit de transcription ne peut être exigé sur une cession de droits successifs qui fait cesser l'indivision, bien que cette cession ait lieu à forfait et aux risques et périls des cessionnaires, s'il résulte des termes de l'acte que l'intention des parties a été d'effectuer la cession à titre de licitation. — Sol. 8 avril 1859 ; R. P. 1772. — V. Cass. 27 juill. 1857 ; I. 2118-5. — 14 fév. 1859 ; Gazette des tribunaux du 16 fév. 1859.

8867. Déclaration que l'acquisition commune est faite divisément. — Lorsqu'un immeuble appartenant à plusieurs colicitants est adjugé indivisément à deux d'entre eux, le droit de transcription est exigible sur la totalité du prix, lors même que les adjudicataires auraient déclaré, dans le procès-verbal d'adjudication, acquérir chacun la moitié divise de l'immeuble, et que, par un partage présenté en même temps à l'enregistrement, le prix de la licitation aurait été réparti entre les colicitants. — Hazebrouck, 10 déc. 1859 ; R. P. 1283.

§ IV. — *Héritier bénéficiaire.*

8868. Tarif. — L'héritier ou le légataire universel sous bénéfice d'inventaire, qu'il soit majeur, mineur, interdit, etc., qui est déclaré adjudicataire d'un immeuble de la succession, doit le droit de 4 % *sur les parts acquises* seulement, et le droit de transcription sur l'*intégralité du prix*. Et, dans le cas où il s'agit d'un héritier mineur ou interdit, il importe peu que l'ac-

ceptation bénéficiaire n'ait pas encore eu lieu, puisqu'alors le bénéfice d'inventaire est de droit. — Cass. civ. 12 nov. 1823 ; Sir. 24. 1. 74 ; I. 1121 ; J. N. 4484. — Civ. 26 déc. 1831 ; Sir. 32. 1. 121 ; I. 1398-1 ; J. E. 10241 ; J. N. 7643. — Sol. 23 juill. 1833 ; J. E. 10761. — Cass. 15 janv. 1834 ; I. 1458-1 ; J. N. 8391 ; J. E. 10853.—Dél. 3 mars 1835 ; J. N. 8802.—12 janv. 1836 ; J. E. 11613. — Metz, 13 juill. 1837 ; J. E. 11840.—Seine, 17 mai 1838 ; J. E. 12086. — Cass. 21 janv. 1839 ; Sir. 39. 1. 136 ; I. 1590-1 ; J. E. 12231 ; J. N. 10268. — Civ. 12 août 1839 ; Sir. 39. 1. 781 ; I. 1601-1 ; J. E. 12358 ; J. N. 10488. — Seine, 12 mai 1839 ; J. E. 12294. — Cass. civ. 15 avril 1840 ; Sir. 40. 1. 452 ; I. 1630-1 ; J. E. 12509 ; J. N. 10731. — Laon, 10 avril 1841 ; J. E. 12727. — Civ. 10 mai 1841 ; Sir. 41. 1. 522 ; I. 1661-1 ; J. E. 12792 ; J. N. 10991. — Civ. 16 fév. 1842 ; Sir. 42. 1. 240 ; I. 1675-1 ; J. E. 12950 ; J. N. 11257. — Boulogne, 13 mai 1842 ; J. E. 13015. — Seine, 11 déc. 1844 ; J. E. 13647. — Argentan, 7 fév. 1846 ; J. E. 19927-3. — Le Mans, 7 fév. 1846 ; J. E. 14051. — Châtillon, 27 mai 1846 ; J. E. 14028-1. — Strasbourg, 14 déc. 1847 ; J. E. 14622-1.—Chaumont, 9 juin 1847 ; J. E. 14356. — Laval, 16 août 1847 ; J. E. 14357. — Épernay, 12 mars 1847 ; J. E. 14207. — Cass. req. 17 nov. 1847 ; I. 1814-1 ; J. E. 14388. — Cass. civ. 10 avril 1848 ; Sir. 48. 1. 402 ; I. 1825-1 ; J. E. 14483; J. N. 13368. — Seine, 17 nov. et 7 déc. 1848 ; J. E. 14623, 14654-5. — Bordeaux, 15 janv. 1849 ; J. E. 14665. — Angers, 30 août 1850 ; J. E. 15090-3. — Saint-Omer, 11 mai 1850 ; J. E. 15089-1. — Seine, 27 avril 1851 ; J. E. 15281-2. — 4 juill. 1857 ; R. P. 896. — Yvetot, 23 avril 1857 ; R. P. 845. — Seine. 22 juill. 1859 ; R. P. 1236. — 12 janv. 1861 ; R. P. 1468. —Cass. civ. 26 fév. 1862 ; Sir. 62. 1. 609 ; I. 2223-1 ; J. E. 17435; R. P. 1589. — Civ. 28 juill. 1862 ; Sir. 62. 1. 988 ; I. 2239-7 ; J. E. 17519 ; R. P. 1682 ; Cuën. 10393. — Châlon-sur-Saône, 20 nov. 1862 ; R. P. 1707. — Cass. civ. 22 juin 1870 ; R. P. 3177. — Civ. 27 nov. 1872 ; R. P. 3346.

L'arrêt du 28 juill. 1862 est conçu en ces termes :

« Attendu qu'à la différence de la loi du 21 vent. « an 7, qui, par son art. 25 , n'imposait le droit de « transcription de 1.1/2 % que sur les actes *emportant* « *mutation de propriétés immobilières*, la loi du 28 « avril 1816 (art. 52 et 54) impose ce droit lors de « l'enregistrement *aux actes qui seront de nature à être* « *transcrits ;* — qu'ainsi, sous l'empire de cette der- « nière loi, le droit de transcription peut être perçu « lors de l'enregistrement sur les actes dont,quoiqu'ils « ne soient pas translatifs, mais simplement déclaratifs « de propriété, la transcription peut avoir, en droit, « un véritable intérêt ;

« Attendu que tel est précisément le caractère d'un « jugement d'adjudication sur licitation de biens im- « meubles d'une succession au profit de l'un des héri- « tiers sous bénéfice d'inventaire, lequel, n'étant pas « tenu personnellement et par ses biens du paiement « des dettes de la succession, a un intérêt réel à purger « les immeubles héréditaires par lui acquis des dettes « et hypothèques qui peuvent les grever du chef du « défunt, purge dont la première formalité est, aux

« termes de l'art. 2181 C. Nap., la transcription de son
« jugement d'adjudication ;

« Attendu que des termes de la loi du 23 mars 1855
« sur la transcription, de ses motifs, de son objet et
« de son but, il résulte qu'elle ne s'est occupée de la
« transcription, de la détermination des actes qui y
« seraient soumis et de ceux qui en seraient dispensés,
« que sous le point de vue de la consolidation de la pro-
« priété, et nullement sous le point de vue de la purge
« des hypothèques, qu'elle a entendu laisser et laissée
« sous l'empire des lois antérieures, auxquelles elle
« n'a nullement dérogé ;

« Qu'il suit de là que, en maintenant la perception
« du droit de transcription opérée lors de l'enregistre-
« ment du jugement d'adjudication des biens immeu-
« bles de la succession de Barry de Merval père, pro-
« noncée le 16 avril 1859 au profit des demandeurs en
« cassation, ses héritiers sous bénéfice d'inventaire,
« le jugement attaqué, loin de violer l'art. 1er, no 4,
« de la loi du 23 mars 1855, en a fait une juste appli-
« cation ; — rejette. »

8869. *Héritier bénéficiaire et héritier pur et simple.*
— Lorsque l'adjudication est prononcée conjointement au profit d'un héritier bénéficiaire et d'un héritier pur et simple, le droit de transcription doit être
liquidé sur la totalité du prix, parce que le contrat
doit être transcrit en entier. — Cass. civ. 17 janv.
1842 ; Sir. 42. 1. 240 ; I. 1675-1 ; J. E. 12928.

8870. *Héritier bénéficiaire et étranger.* — La même
règle est, à *fortiori*, applicable si l'héritier bénéficiaire
est adjudicataire concurremment avec une personne
étrangère à la succession. — Falaise, 13 mars 1838 ;
J. E. 12010.

8871. *Plusieurs successions.* — Même règle si l'immeuble provient de plusieurs successions, dont une
seule a été acceptée sous bénéfice d'inventaire. — Coutances, 26 juill. 1848 ; J. E. 14622-2. — Limoges, 6
juin 1860 ; R. P. 1394. — Troyes, 28 août 1867, et
Lesparre, 6 janv. 1868 ; R. P. 2791.

8872. *Héritier bénéficiaire associé.* — Le droit de
transcription est exigible sur la totalité du prix, alors
même que, l'immeuble provenant d'une société, l'acquéreur est copropriétaire d'un tiers comme associé,
d'un tiers comme cessionnaire et de l'autre tiers comme
héritier bénéficiaire. — Seine, 25 nov. 1852 ; J. N. 14936.

8873. *Usufruit.* — Lorsque le donataire de la nue
propriété d'un immeuble, qui a payé le droit de mutation sur la valeur entière de la propriété, est héritier
sous bénéfice d'inventaire, et qu'il se rend adjudicataire de l'usufruit, le droit de transcription est dû sur
la totalité du prix, quoique la donation de la nue propriété ait été transcrite. — Seine, 4 avril 1839 ; J. E.
12284.

8874. *Donataire de l'héritier bénéficiaire.* — L'adjudication des immeubles de la succession tranchée au
profit du donataire de l'héritier bénéficiaire est un acte
de nature à être transcrit, et donne lieu, lors de l'enregistrement, au droit proportionnel de 1. 50 %. —
Cass. civ. 12 nov. 1872 :

« Vu l'art. 54 de la loi du 28 avril 1816 ;

« Attendu qu'aux termes de cet article, le droit de
« transcription est dû dans tous les cas où les actes
« sont de nature à être transcrits au bureau des hypo-
« thèques ;

« Attendu que, suivant l'art. 2181 du Code civil, les
« contrats que les tiers détenteurs voudront purger
« des priviléges et hypothèques, doivent être transcrits
« en entier par le conservateur des hypothèques, et
« que, d'après l'art. 2183 du même Code, un extrait
« de cette transcription doit être notifié aux créanciers;

« Attendu que ces dispositions, auxquelles n'a pas
« dérogé la loi du 28 mars 1855 sur la transcription,
« s'appliquent nécessairement à l'héritier bénéficiaire
« qui, à la différence du copartageant ordinaire ou de
« l'héritier pur et simple, n'étant pas tenu personnel-
« lement, a intérêt à faire procéder à la purge des
« immeubles héréditaires à lui adjugés sur licitation,
« puisque, aux termes des deux articles précités, cette
« purge ne peut avoir lieu sans transcription;

« Attendu qu'elles s'appliquent, par la même rai-
« son, au donataire des droits successifs de l'héritier
« bénéficiaire qui, mis au lieu et place de l'héritier
« donateur, est tenu hypothécairement sur les immeu-
« bles de la succession par lui acquis sur licitation,
« comme le serait l'héritier bénéficiaire lui-même, et
« est, par conséquent, obligé comme cet héritier aux
« formalités de purge et de transcription qui en est le
« préalable. »

8875. *Irrégularité de l'acceptation bénéficiaire.* —
Si l'acceptation bénéficiaire n'a pas été faite conformément à l'art. 793 C., l'Administration se trouve en
présence d'un héritier pur et simple et ne peut lui
réclamer que le droit de 4 %. — Limoges, 31 janv.
1863 ; R. P. 1797.

8876. *Mineur devenu majeur.* — Dans une espèce
où l'adjudicataire, héritier bénéficiaire forcé par suite
de minorité, étant devenu majeur dans l'intervalle
écoulé entre le jour de l'adjudication et celui de l'enregistrement, avait accepté purement et simplement,
il a été décidé que le droit de transcription n'était pas
exigible. — Jug. 19 juill. 1838 ; J. E. 12158.

8877. *Licitation amiable.* — *La licitation amiable
consentie au profit d'un héritier bénéficiaire ne donne pas
lieu à la perception du droit de transcription.* Pour que
le droit de transcription soit exigible, il faut que l'acte
soit de nature à être transcrit, c'est-à-dire que l'acquéreur puisse, au moyen de la purge, offrir aux
créanciers inscrits le prix de son acquisition. Or, tant
que la succession demeure bénéficiaire, les créanciers
ne sont pas tenus d'accepter le prix d'une vente faite

sans les formalités rigoureusement prescrites par la loi ; ils ont toujours le droit absolu de provoquer une adjudication régulière. Le bénéficiaire ne pouvant pas perdre sa qualité de bénéficiaire, il en résulte, nécessairement qu'il ne peut pas offrir aux créanciers le prix de son acquisition amiable, en d'autres termes, que cette acquisition n'est pas susceptible d'être transcrite. — Dél. 13 déc. 1842 ; J. N. 11545. — Sol. 29 sept. 1865, 9 avril 1866 et 14 oct. 1869 ; J. E. 18361-1, 18889-3.

8878. Renonciation au bénéfice d'inventaire. — Le droit de transcription n'est pas exigible si, avant l'enregistrement de l'adjudication, l'héritier bénéficiaire accepte purement et simplement la succession,—Seine, 26 août 1840 ; J. E. 12718-6. — Dél. 24 mars 1842 ; J. N. 11286. — ou si cette acceptation a lieu le jour même de l'adjudication. — Dél. 16 mai 1842 ; J. E. 12993. — *Contrà* : Béziers, 29 août 1837 ; Castres, 18 août 1838 ; J. E. 11875, 12158.

8879. *Mineur.* — Mais le droit de transcription n'en serait pas moins exigible . si la renonciation était faite par un mineur. — Dél. 13 mars 1863 :

« Par acte du 3 déc. 1862, la dame Patin, épouse
« Girard, a cédé, à titre de licitation , au sieur Alfred
« Patin, son frère, âgé de vingt ans, présent à l'acte et
« acceptant, la moitié d'une maison qui leur apparte-
« nait indivisément et provenait de la succession de
« leur mère. Cette cession a été acceptée en outre , au
« nom du mineur Patin, par le sieur Wargnie, son
« oncle et son tuteur, qui s'est obligé envers les époux
« Girard à leur rapporter la ratification du sieur Patin
« fils, aussitôt après sa majorité.

« Lors de l'enregistrement de cet acte, le receveur a
« perçu le droit de 5 1/2 °/₀ sur le prix montant à
« 6,500 fr.

« La restitution du droit de transcription hypothé-
« caire à 1 fr. 50 °/₀, compris dans le droit d'enregis-
« trement de 5 fr. 50 °/₀, a été réclamée ; mais cette
« demande a été rejetée par une délibération du
« 13 mars 1863, ainsi motivée :

« L'art. 54 de la loi du 28 avril 1816 porte : Dans
« tous les cas où les actes seront de nature à être
« transcrits au bureau des hypothèques, le droit sera
« augmenté de 1. 1/2 °/₀, et la transcription ne
« donnera plus lieu à aucun droit proportionnel.

« Au nombre des actes de nature à être transcrits, la
« jurisprudence de la Cour de cassation a rangé les
« adjudications, au profit d'héritiers bénéficiaires
« mineurs, d'immeubles dépendant de la succession. »
— Cass. 21 janv. 1839, 10 mai 1841, 16 fév. 1842 et
10 avril 1848. — Inst. nᵒˢ 1590, § 1ᵉʳ, 1661, § 1ᵉʳ, 1675,
§ 1ᵉʳ, et 1825, § 1ᵉʳ.

« La raison principale en est qu'aucune disposition
« de la loi ne place les héritiers bénéficiaires mineurs
« dans une position autre que les héritiers bénéficiaires
« majeurs. Les uns et les autres, lorsqu'ils sont adjudi-
« cataires de biens héréditaires, deviennent débiteurs
« du prix et sont soumis aux poursuites des créanciers
« comme acquéreurs ordinaires.

« Il existe cependant une différence entre ces deux
« ordres d'héritiers, et cette différence a été signalée
« par la jurisprudence. « La qualité d'héritier béné-
« ficiaire, porte l'arrêt du 10 mai 1841, appartient aux
« mineurs *de jure*, qu'il y ait ou non acceptation
« expresse de leur part. » En effet, aux termes des art.
« 461 et 776 C. Nap., les successions qui leur échoient
« ne peuvent être acceptées que sous bénéfice d'inven-
« taire. Or, ces articles créent un privilége dont les
« mineurs ne peuvent être privés par le fait de leurs
« tuteurs, et qui ne permet pas d'appliquer les dispo-
« sitions de l'art. 973 du même Code, sur la déclara-
« tion à faire au greffe.

« Il suit de là que le mineur ne peut, ni par son pro-
« pre fait, ni par le fait d'autrui, perdre la qualité
« d'héritier bénéficiaire que la loi lui confère d'une
« manière absolue.

« Ainsi, tandis que le majeur peut se dépouiller de
« cette qualité en faisant un acte qui emporte renon-
« ciation au bénéfice d'inventaire, tel qu'une vente ou
« une licitation consentie amiablement, en dehors des
« formes prescrites par les lois sur la procédure (C.
« Nap. 806), le mineur, en faisant un acte semblable,
« même avec l'assistance de son tuteur, et sous pro-
« messe de ratification, comme dans l'espèce, n'encourt
« aucune déchéance et conserve vis-à-vis de tous la
« qualité d'héritier bénéficiaire.

« Or, tant que cette qualité lui appartient, les actes
« de licitation dans lesquels il intervient sont suscepti-
« bles d'être transcrits, et passibles, dès lors, du droit
« additionnel de 1 fr. 50 °/₀.

« Il importe peu, d'ailleurs, sous ce point de vue,
« que la licitation soit nulle ou que sa ratification pro-
« duise un effet rétroactif.

« D'une part, la nullité des actes, cette nullité fût-
« elle absolue, ne fait pas obstacle à la perception de
« l'impôt. (Cass. 15 fév. 1854 ; Inst. nᵒ 2015, § 7.)

« De l'autre, les droits se règlent sur les stipulations
« que les actes contiennent, sans égard à leur exécu-
« tion, qui dépend des événements ultérieurs. »

Art. 6. — Adjudication.

8880. Adjudication préparatoire.— Dans certains départements, il est dressé un procès-verbal d'adjudication
préparatoire qui reste ouvert plusieurs jours pendant
lesquels on reçoit des enchères , et il est stipulé dans
le cahier des charges que si l'adjudicataire provisoire
ne devient pas adjudicataire définitif, il lui sera payé
une prime de tant pour cent sur le prix de son offre par
l'adjudicataire définitif. Dans ce cas , le procès-verbal
d'adjudication préparatoire produit pour chaque adjudicataire provisoire un effet distinct et individuel ; d'où
la conséquence qu'il doit être assujetti à autant de droits
de 3 fr. qu'il y a d'adjudicataires provisoires. — Sol. 25
nov. 1843 ; J. E. 13372.

8881. Charges. — Tout ce qui, dans la fixation des
frais et honoraires que l'adjudicataire doit payer en sus
de son prix excède 10 °/₀ du prix principal, doit être

ajouté à ce prix pour la liquidation du droit. — 1. 1150-2. — Sol. 8 mai 1866 ; J. E. 18373-2.

Cette mesure a été prise dans le but de taxer, par une sorte de forfait, les frais et honoraires que l'acquéreur paie en sus des tarifs légaux. D'où il suit: 1° que l'officier public a le droit de requérir la taxe s'il trouve exagéré le droit perçu sur ces bases ; — I. 1150-2. — et que le même droit appartient à l'administration lorsqu'elle est autorisée à supposer (par exemple, dans le cas d'une adjudication importante) que le taux de 10 % n'est pas atteint. — D. J. 23 mai 1809. — Cass. req. 10 déc. 1816 ; Sir. 18. 1. 4 ; I. 1150-2 ; J. E. 5668 ; J. N. 4314. — Le Havre, 30 mars 1849 ; Rec. Fess. 3022 ; J. E. 14704.

8882. *Remise proportionnelle à l'avoué.* — La remise proportionnelle accordée à l'avoué par l'art. 14 de l'ord. du 10 oct. 1841 ne forme pas une charge susceptible d'être ajoutée au prix, puisqu'elle ne peut être évaluée *qu'après* l'adjudication ; elle est une suite de l'adjudication, et doit rentrer dans les frais qui, aux termes de l'art. 1593 C., sont la dette personnelle de l'acquéreur. — Cass. civ. 11 août 1852 ; I. 1946-7 ; J. E. 15494 ; J. N. 14747.

8883. *Frais antérieurs à la vente.* — Les frais faits pour parvenir à la vente, tels que ceux d'affiches et de publications, mis à la charge de l'adjudicataire, doivent être ajoutés au prix pour la liquidation des droits. — Cass. 26 mars 1844 ; I. 1743-18. — Châteaudun, 26 avril 1846 ; J. N. 13019. — Seine, 22 avril 1847 ; J. N. 13395. — Civray, 3 mars 1848 ; J. E. 14477. — Seine, 3 avril 1850 ; J. N. 14034. — Dél. 7 mai 1851 ; J. N. 14334 ; Rec. Fess. 8536. — Si ces frais sont confondus dans les centimes additionnels à payer en sus du prix, il y a lieu d'en demander la ventilation pour les soumettre à la perception. — Dél. 22 fév. 1823 ; Rec. Roll. 570.

8884. *Paiement en déduction du prix.* — Si les frais faits pour parvenir à l'adjudication sont payables par l'adjudicataire, *en déduction de son prix*, ces frais doivent être considérés comme faisant partie de ce prix, et ne sont pas susceptibles d'y être ajoutés. Par exemple, s'il s'agit d'une adjudication passée moyennant 140 fr., et que les frais s'élèvent à 800 fr., le droit n'est exigible que sur 140 fr. — Sol. 25 mai 1830 ; J. E. 9919.

8885. *Frais de quittance.* — Les frais de quittance ne sont pas des frais de vente ; si donc ils sont mis à la charge de l'acquéreur, il y a lieu de les ajouter au prix. — Le Havre, 30 mars 1849 ; Rec. Fess. 8022. — Lille, 28 juin 1850 ; J. N. 14494.

8886. *Remise à l'avoué ou au notaire enchérisseur.* — S'il est stipulé qu'il sera payé tant pour cent à l'avoué ou au notaire enchérisseur, il n'y a pas charge susceptible d'être ajoutée au prix. L'avoué ou le notaire enchérisseur, ayant été l'intermédiaire ou le mandataire de l'acquéreur, doit recevoir de ce dernier les honoraires qui lui sont dus. D'où la conséquence qu'aucun droit n'est exigible sur ces hono.aires. — Dél. 7 mai 1851 ; J. N. 14334.

8887. Condition. — L'adjudication faite avec la condition qu'il en sera passé un contrat séparé doit être considérée comme définitive, puisqu'elle contient toutes les dispositions nécessaires pour opérer une vente parfaite : *le consentement, la chose et le prix.* — Dél. 1er pluv. an 11 ; J. E. 1377.

8888. *Condition suspensive.*— *Consignation des droits.* — La stipulation, insérée dans un cahier des charges, que l'adjudication ne transmettra la propriété qu'autant que l'adjudicataire aura consigné, dans un délai fixé, le montant des droits d'enregistrement entre les mains du notaire, renferme une condition suspensive, et les droits de mutation ne sont pas exigibles, si, par suite de l'inexécution de cette condition, l'adjudication n'est pas suivie d'effet. — Cass. civ. 9 juill. 1855 ; Sir. 56. 1. 73 ; J. E. 16117 ; R. P. 446.

8889. *Ratification.* — L'adjudication faite avec réserve, par le vendeur, de la ratifier dans un délai déterminé, et avec déclaration qu'elle ne sera valable qu'après la ratification, ne peut, avant cette ratification, donner ouverture à aucun droit proportionnel. — Sol. 22 juill. 1813 ; J. E. 4570.

8890. Folle enchère. — Les adjudications à la folle enchère sont sujettes au droit fixe de 4. 50, *lorsque le prix n'est pas supérieur à celui de la précédente adjudication,* si elle a été enregistrée. — Frim. art. 68. § 1, n. 8. — 28 avril 1816, art. 44, n. 1. — 28 fév. 1872, art. 4.

Lorsque le prix est supérieur à celui de la précédente adjudication, ces adjudications sont assujetties au droit proportionnel ordinaire, mais seulement sur ce qui excède le prix de cette première adjudication, si le droit en a été acquitté. — Frim. art. 69. § 5, n. 1 ; § 7, n. 1.

8891. *Adjudication volontaire.* — Ces règles sont applicables au cas où la revente sur folle enchère a lieu, non pas après adjudication judiciaire, mais après adjudication volontaire ; — Dél. 26 juin 1833 ; Rec. Roll. 4253. — et même après vente de gré à gré devant notaire, lorsqu'elle est d'ailleurs faite *en vertu d'une clause expresse du contrat.* — Sol. 8 oct. 1831 ; Rec. Roll. 3452. — *Contrà :* Tarascon, 11 sept. 1858 ; R. P. 1105.

8892. *Fol enchérisseur entré en possession.* — Quand bien même le premier adjudicataire serait entré en possession et aurait payé une partie du prix, l'adjudication sur folle enchère, moyennant un prix inférieur à celui de la première adjudication qui a, d'ailleurs, été enregistrée, n'est pas soumise au droit proportion-

nel, à moins qu'il ne soit établi qu'il y a eu collusion frauduleuse entre les deux adjudicataires. — Cass. 10 déc. 1822; Pr. chron. 374; Rec. Roll. 517. — Dél. 24 janv. 1824, 17 nov. 1829; J. E. 7759, 9612.

8893. *Prix de la revente inférieur au prix de l'adjudication primitive.* — Dans le cas où le prix de l'adjudication sur folle enchère *n'atteint pas* celui de la vente précédente, le droit payé sur l'adjudication primitive, s'il a été régulièrement liquidé, ne peut éprouver aucune réduction. Il est irrévocablement acquis à l'Etat, quelle que soit d'ailleurs la supériorité du premier prix sur le second. — Cass. 6 fév. 1833; I. 1425-2; J. E. 10577.

8894. *L'enregistrement de la première adjudication est de rigueur.* — Que le prix de la seconde adjudication soit supérieur ou inférieur à celui de la première, la première adjudication doit être enregistrée dans le délai fixé par la loi, et le fol enchérisseur doit payer les droits sur le prix intégral. Si cependant la seconde adjudication faite pour un prix inférieur est enregistrée avant la première, l'adjudicataire doit payer les droits sur le montant de son prix, et le fol enchérisseur ne les doit que sur la différence; sauf, dans tous les cas, la perception du double droit sur le prix intégral de la première adjudication, si elle est enregistrée après l'expiration du délai. — D. F. 13 juin 1809; I. 436-56. — Seine, 3 avril 1812; J. E. 4292. — Cass. civ. 27 mai 1823; Sir. 23. 1. 135; J. N. 4888. — Seine, 10 mai 1838; Cont. 5322. — Castres, 9 juill. 1851; J. N. 14507 — Seine, 17 fév. 1853; R. P. 17. — Cass. civ. 24 août 1853; Sir. 53. 1. 769; I. 1986-2; J. E. 15714. — Lyon, 4 août 1854; R. P. 327.

8895. *Fol enchérisseur n'ayant payé que le droit de* 4 %. — Si le fol enchérisseur est un colicitant qui n'avait payé que 4 % sur ce qui excédait *sa part* dans les immeubles acquis par lui, et que l'adjudicataire sur folle enchère soit un étranger, celui-ci devra un supplément de 1. 50. % en sus des droits payés par le colicitant, et 5. 50 % sur la portion d'immeubles qui, se confondant avec la part du colicitant, n'avait supporté aucun droit. En d'autres termes, l'adjudicataire définitif, étranger à la succession, payera 5. 50 % sur l'intégralité de son prix, imputation faite des droits payés par le colicitant. — Dél. 26 juin 1833; R. G. 1227.

8896. *Fol enchérisseur n'ayant payé que le droit fixe.* — Si, pour une cause quelconque, l'adjudication au fol enchérisseur n'a supporté que le droit fixe, la seconde adjudication est sujette au droit proportionnel sur la totalité du prix. — Le Havre, 23 janv. 1843; J. E. 13173.

8897. *Adjudication partielle.* — L'adjudication sur folle enchère ne perd pas son caractère par la circonstance que les parties ont consenti qu'elle n'eût lieu que pour une portion des biens et sans l'observation des formalités légales. — Sol. 16 août 1830; J. E. 10340.

8898. *Vente faite par le fol enchérisseur.* — La ratification par l'adjudicataire de la vente faite par le fol enchérisseur ne donne lieu qu'au droit fixe, car elle n'emporte pas mutation. — Dall. R. 2405. — R. G. 1229. — Jonzac, 28 avril 1846; J. N. 12802; J. E. 14121.

8899. *Dépossession.* — L'adjudicataire dépossédé par l'effet d'une folle enchère poursuivie contre les héritiers du précédent adjudicataire ne peut être fondé à réclamer les droits d'enregistrement perçus sur son adjudication. — Saint-Etienne, 8 janv. 1844; J. E. 13426-4. — Toulouse, 27 mai 1851; J. E. 15485-1. — Cass. 24 nov. 1858; Cuën. 10026. — V. *Restitution.*

8900. Liquidation des droits. — Lorsque plusieurs lots sont adjugés à une même personne, le droit doit être perçu sur les prix cumulés, et non séparément sur chaque lot, attendu qu'il n'y a qu'un vendeur et qu'un acquéreur. — Dél. 19 mars 1823; Rec. Roll. 569.

8901. Non-adjudication. — Le procès-verbal constatant la réception des enchères et le renvoi de l'adjudication à un autre jour n'est sujet qu'au droit fixe. — Sol. 26 sept. 1830, 28 juin et 29 août 1831; Rec. Roll. 3124, 3429.

8902. Surenchère. — Il est admis par la jurisprudence que les règles de la folle enchère sont applicables à la surenchère, bien que cette dernière n'ait pas été prévue par la loi fiscale. — V. n. 8890 suiv.

8903. *Sur quelle somme le droit est dû.* — Ainsi, le droit n'est dû par le second adjudicataire que sur la différence de son prix avec celui de la première adjudication, si celle-ci a été enregistrée. Mais il faut ajouter à cette différence les frais et loyaux coûts de la première adjudication, qui doivent être remboursés à l'acquéreur dépossédé (C. 2188), à l'exception des droits d'enregistrement et de transcription. — Dél. 10 vend. an 13; J. E. 2132. — 18 oct. 1823; J. E. 7731. — 28 août 1829; I. 1303-4. — Seine, 26 nov. 1858; R. P. 1258.

8904. *Adjudication au profit du premier acquéreur moyennant un supplément de prix.* — Lorsque l'immeuble surenchéri est adjugé au premier acquéreur, moyennant un supplément de prix, le droit de 5. 50 % est exigible sur ce supplément de prix, attendu que le jugement substitue un prix nouveau et des conditions nouvelles au contrat primitif qui a été effacé ou modifié. — Sol. 13 juin 1830; J. E. 10330. — Cass. civ. 3 juill. 1849; Sir. 49. 1. 650; I. 1844-3; J. E. 14760; J. N. 13786.

La solution est la même si l'adjudicataire paie spontanément un supplément de prix au vendeur, pour

éviter l'effet de la surenchère.'— Dél. 17 fév. 1832 ; J. E. 10275. — ou une somme au créancier hypothécaire pour qu'il se désiste de sa surenchère — Cass. 17 mars 1806 ; Cod. M. D. 3422.

8905. *Adjudication frappée de surenchère avant l'enregistrement.* — Quand une adjudication a été frappée de surenchère dans les vingt jours de sa date, l'adjudicataire a cessé, par le fait, d'être acquéreur avant l'expiration du délai dans lequel il aurait dû acquitter le droit de mutation. En conséquence, il n'est passible ni du droit simple, ni du droit en sus de transmission, à titre onéreux, pour l'enregistrement du procès-verbal d'adjudication. Les adjudications judiciaires sont, en effet, soumises à une condition résolutoire, la surenchère ; lorsque cette condition s'accomplit, les choses sont remises au même état que si l'adjudication n'avait pas eu lieu. — Dél. 24 juill. 1819 ; J. E. 6454. — Cass. civ. 23 fév. 1820 ; Sir. 22. 1. 195 ; J. E. 6649. — Sol. 26 déc. 1846 et 2 mars 1848. — 28 sept. 1850 ; J. N. 14252.
Mais il faut, pour que le droit ne soit pas exigible sur la première adjudication, que la surenchère ait été notifiée au receveur avant l'expiration du délai. — Pontoise, 1er fév. 1872 ; R. P. 3493.

8906. *Restitution.* — Si le prix de la seconde adjudication est inférieur à celui de la première, le droit perçu sur la différence n'est pas restituable, car, en vertu de l'art. 60 frim., les événements ultérieurs sont impuissants à opérer la restitution de droits régulièrement perçus. — Dall. R. 2444. — Ch. Rég. supp. 414. — R. G. 1244. — Dél. 19 mai 1843 ; I. 1697-8. — Cass. 23 juill. 1849 ; I. 1844-16 ; J. E. 14778 ; J. N. 11800. — Moulins, 21 déc. 1850 ; J. E. 15309-1. — Châteaubriant, 6 fév. 1851 ; Rec. Fess. 8690.

8907. *Vente par le premier adjudicataire.* — De même, le droit proportionnel perçu sur la revente faite par l'adjudicataire n'est pas restituable, quoique la surenchère, faite par l'un des créanciers inscrits, ait été déclarée valable par jugement. — Dél. 27 oct. 1835 ; J. E. 11323.

8908. *Cautionnement.* — D'après l'art. 2185 C., le créancier inscrit, auquel on notifie le contrat de vente de l'immeuble affecté à sa créance, peut surenchérir d'un dixième en offrant de donner caution. Le vœu de cette dernière disposition n'a été que d'assurer la réalisation de la surenchère, c'est-à-dire de garantir, ainsi que le déclare un arrêt de Cassation du 10 mai 1820, l'obligation contractée par le surenchérisseur de faire porter le prix à un dixième en sus du prix stipulé au contrat existant. Il suit de là que le cautionnement n'a pour objet que la surenchère, sans s'étendre à l'adjudication subséquente ; que, d'après l'art. 69, § 2, n. 8, frim., l'acte de réception de la caution ne peut être soumis à un droit plus élevé que celui perçu sur l'acte de surenchère, et que cette perception est

définitive, soit que l'adjudication ait lieu au profit d'un tiers, soit qu'elle demeure au surenchérisseur. — D. F. 4 juin 1828 ; I. 1256-2.

Art. 7. — Immeubles de l'Etat.

8909. **Tarif.** — Les ventes de biens immeubles de l'Etat ne sont sujettes qu'au droit de 2 %. — 15 flor. an 10, art. 6. — 5 vent. an 12, art. 112.

8910. *Routes nationales.* — Les cessions par l'Etat de parcelles de *routes nationales* inutiles au service des ponts et chaussées sont passibles du droit de 2 % comme les ventes des biens de l'Etat. — Sol. 21 janv. 1842 ; Dict. Fess. v° *Acte administratif*, n. 63.

8911. *Revente de biens domaniaux acquis.* — L'acte dûment approuvé par une loi et contenant cession par une ville de biens qui dépendent du domaine de l'Etat, sous la condition que la ville emploiera le prix des reventes de ces terrains et des constructions qui de leur nature sont à la charge de l'Etat (construction d'un port), mais dont la ville doit cependant profiter, constitue un contrat réellement translatif de propriété en faveur de la ville. Dès lors, la cession que celle-ci consent, au profit d'un tiers, des terrains qui lui appartiennent en vertu de cet acte, est une vente de biens communaux soumise au droit de 5. 50 %, et non une vente de biens de l'Etat donnant ouverture au droit de 2 %. — Cass. civ. 14 août 1861 ; Sir. 61. 1. 892 ; J. E. 17336 ; R. P. 1542.

8912. **Transcription.** — On a mis en question s'il y avait lieu d'ajouter au droit de 2 % celui de transcription fixé à 1. 50 % ; mais la négative est évidente ; ce droit n'est exigible que sur les actes de *nature à être transcrits au bureau des hypothèques.* (28 avril 1816, art. 54.) Or, les biens de l'Etat étant toujours adjugés *francs et quittes d'hypothèques*, les actes d'adjudication de ces biens ne sont pas de *nature à être transcrits*. — J. E. 5742. — R. G. 1264.

8913. **Liquidation du droit.** — Le droit d'enregistrement doit être liquidé sur la totalité du prix. Il ne fait pas partie des frais qui, suivant l'art. 6 L. 15 flor. an 10, sont à la charge du Trésor public. Il doit en conséquence être payé par les adjudicataires. — I. 61, 215.

8914. **Timbre.** — La même règle s'applique aux droits de timbre, tant des minutes que des expéditions délivrées aux particuliers. — I. 137, 215.

8915. **Déchéance.** — La déchéance de l'adjudicataire et l'amende du dixième du prix prononcée contre lui par l'art. 8 L. 15 flor. an 10, pour défaut de paiement du prix, ne le relèvent pas de l'obligation de payer le droit de mutation dans les vingt jours de l'adjudication. — Cass. 14 mars 1837 ; J. N. 9593.

8916. Arrêté de subrogation. — L'arrêté de subrogation pris par un préfet dans le cas prévu par le décret du 3 juill. 1791, en faveur d'un coacquéreur, faute de paiement par l'acquéreur des termes échus du prix de l'adjudication d'un domaine de l'Etat, est sujet au droit de 2 % et doit être enregistré sur la minute dans les vingt jours de sa date. — D. 2 juill. 1811 ; I. 532.

SECT. II. — VENTE DE MEUBLES.

8917. Observation. — Sous ce titre *Vente de meubles*, nous traitons de tout ce qui concerne les ventes mobilières, sans distinction entre les ventes qui ont lieu de gré à gré et celles qui se font publiquement ou aux enchères. La distinction se fait d'elle-même, d'ailleurs, d'après les textes des lois et des décisions, et nous sommes persuadé que l'ordre que nous adoptons ne pourra pas causer la moindre erreur.

Art. 1. — Compétence.

8918. Règle. — Les meubles, effets, marchandises, bois, fruits, récoltes et tous autres objets mobiliers ne peuvent être vendus publiquement et par enchères, qu'en présence et par le ministère d'officiers publics ayant qualité pour y procéder. — 22 pluv. an 7, art. 1.

Or, *dans le lieu de leur résidence*, les commissaires-priseurs ont seuls le droit de procéder aux ventes publiques de meubles. *Dans les autres localités de l'arrondissement*, ces officiers publics sont en concurrence avec les notaires, greffiers et huissiers. — 27 vent. an 9, art. 29. — D. 24 juin 1813, art. 37. — 29 avril 1816, art. 89. — Ord. 16 juin 1816, art. 3. — C. Rouen, 17 mai 1817 ; J. N. 2305. — C. Grenoble, 10 juin 1846.

8919. Droits incorporels. — Les ventes de droits incorporels, tels que rentes, créances, actions et intérêts dans les sociétés, fonds de commerce, sont de la compétence exclusive des notaires. — C. Paris, 4 déc. 1823, 26 mai 1832, et 15 juin 1833 ; J. N. 4456, 6349, 7785. — C. Colmar, 30 janv. 1827 ; J. N. 5659. — Cass. 15 fév. 1826, 23 mars 1836 ; J. N. 8115, 9207. — Cass. 19 juil. 1829 ; J. E. 8696.

8920. Récoltes et coupes de bois. — Les ventes publiques *volontaires* soit à terme, soit au comptant, de fruits et de récoltes pendant par racines, et des coupes de bois taillis, seront faites en concurrence et au choix des parties, par les notaires, commissaires-priseurs, huissiers et greffiers de justice de paix, même dans le lieu de la résidence des commissaires-priseurs. — 5 juin 1851, art. 1.

8921. Vente judiciaire. — Mais s'il s'agit de ventes *judiciaires* de récoltes ou de coupes de bois, les commissaires-priseurs sont seuls compétents. — C. Bor-

deaux, 15 fév. 1849 ; J. N. 13753. — Cass. 18 juin 1850 ; J. N. 14083. — Vendôme, 10 oct. 1851 ; J. N. 14478.

8922. Haute futaie. — Les notaires seuls ont, à l'exclusion des greffiers, huissiers et commissaires-priseurs, le droit de procéder aux ventes publiques et aux enchères de bois de *haute futaie*. — C. Rouen, 26 janv. 1852 ; J. N. 14642. — Troyes, 15 mars 1853 ; J. N. 14937. — C. Caen, 16 janv. 1854 ; — R. P. 473.

8923. Vente à terme. — Les commissaires-priseurs ont le droit *exclusif* de procéder dans le chef-lieu de leur établissement à toutes les ventes publiques de meubles, même avec stipulation de terme, de cautionnement ou de toute autre garantie. — C. Nancy, 20 déc. 1833 ; J. N. 8658. — Cass. 8 mars 1837 ; J. E. 11773. — C. Caen, 14 juin 1847 ; Cod. M. D. 4396. — *Contrà* : C. Paris, 1er et 25 juin 1840, 5 juill. 1845 ; Bull. mensuel, 954, 2251.

8924. Porteur de contraintes. — Les porteurs de contraintes n'ont pas le droit de procéder aux ventes publiques de meubles. — Av. d'Et. 18 août 1818 ; J. E. 9073.

8925. Huissier. — Les huissiers sont seuls compétents pour procéder aux ventes de récoltes saisies-brandonnées. — Cass. 11 mai 1837 et 28 août 1838.

8926. Pénalités. — L'amende qu'aura encourue tout citoyen pour contravention à l'art. 1er de la loi du 22 pluv. an 7, en vendant ou en faisant vendre publiquement et par enchères, sans le ministère d'un officier public, sera déterminée en raison de l'importance de la contravention ; elle ne pourra cependant être au-dessous de 50 francs, ni excéder 1,000 francs pour chaque vente, outre la restitution des droits qui se trouveront dus. — 22 pluv. an 7, art. 7.

Il faut, pour que la contravention existe, qu'il y ait eu la chaleur des enchères ou du rabais, car, bien que les prix soient annoncés par un crieur, s'ils sont *fixes* et *invariables*, le particulier qui procède publiquement à la vente de ces meubles ne commet pas de contravention. — C. Douai, 23 mai 1828 ; J. E. 9324. — Cass. 4 nov. 1818 ; Sir. 19. 1. 166. — Il en est de même si la vente est faite à celui des acheteurs qui offre le prix le plus élevé, sans mise à prix, criées, ni enchères. — C. Orléans, 30 janv. 1850 ; Rec. Fess. 8730.

V. dans le même sens : Cass. 30 mess. an 10 ; J. E. 1272. — D. F. 2 oct. 1811 ; J. E. 4093. — Sol. 3 mars 1832 ; J. E. 10270. — Cambrai, 27 janv. 1858 ; R. P. 958.

8927. Ventes spéciales. — *Maires.* — Les ventes de mobilier communal, celles des coupes de prés et bois des communes, celles du mobilier des hospices et fabriques peuvent être faites par les maires. — Dél. 16 germ. et 17 frim. an 7 ; Circ. 1732 ; I. 326-5, 451. — D. F. 16 avril 1811 ; Cod. M. D. 4514. — 16 avril 1815 ; J. E. 1174.

8928. *Contributions indirectes.* — Les agents des contributions indirectes effectuent la vente des arbres à abattre sur les francs-bords des canaux ; — D. F. 30 avril 1829 ; I. 1276. — et celles des matières d'or et d'argent déposées dans les greffes dont la confiscation a été prononcée judiciairement pour contravention aux droits de garantie. — D. F. 29 juin 1821 ; I. 988

8929. *Douanes.* — Les préposés des douanes ont qualité pour vendre les marchandises saisies en contravention. — 14 fruct. an 3, art. 7.

8930. *Guerre.* — Les ventes d'effets de militaires décédés dans les prisons et dans les hôpitaux civils et militaires, ou qui s'en sont évadés, se font par les fonctionnaires de l'intendance. — D. G. 2 mai 1808 ; I. 391.

8931. *Receveurs des domaines.* — Les ventes d'effets mobiliers et objets d'approvisionnement de la marine, qui ont lieu dans les ports et arsenaux maritimes, sont faites devant les officiers d'administration de la marine, mais celles qui se font dans les lieux où il n'existe point d'administration de la marine, doivent être passées devant les receveurs de l'enregistrement ; — Arr. 13 prair. an 9. — I. 66, 624, 829, 1212-1.
Ce sont les receveurs des domaines qui vendent les effets mobiliers déposés dans les greffes ;— Ord. 22 fév. 1829 et 9 juin 1831 ; I. 928, 957, 969, 1275, 1375, 1500, 1718, 1724.
Ainsi que les chevaux de réforme, effets militaires et autres objets provenant du département de la guerre. — I. 623, 753, 811, 829, 840, 903, 938, 1038, 1084, 1163, 1234, 1635.
Les receveurs des domaines ont le droit de procéder à la vente aux enchères du mobilier de l'Etat et des effets militaires hors de service, à l'exclusion des commissaires-priseurs, en vertu de la L. 2 niv. an 4, et de l'arrêté du Directoire exécutif 23 niv. an 6, qui forment sur ce point une législation spéciale à laquelle il n'a pas été dérogé par les lois et arrêtés postérieurs concernant les ventes d'objets mobiliers à faire par les notaires, greffiers, commissaires-priseurs. — Cass. 7 mai 1832 ; J. N. 7748. — I. 326-5, 927, 1065, 1402, 1617.
Les ventes d'objets mobiliers provenant des canaux en construction sont faites par les mêmes fonctionnaires. — I. 1109.
Même décision pour les ventes d'arbres à abattre sur les routes nationales. — I. 1163.
Il en est de même de la vente des objets confiés aux entrepreneurs de roulage et de messageries, lorsqu'ils n'ont pas été réclamés. — I. 493.
Les receveurs des domaines sont chargés de procéder à la vente des cargaisons, bateaux, filets et autres objets saisis pour contravention aux règlements sur la pêche du hareng. — D. 18 mars 1852, art. 13 ; I. 1950.

8932. *Poissons.* — La vente des poissons de mer frais et salés peut être faite sans le concours d'aucun officier ou fonctionnaire *public.* — I. 904, 940.

Art. 2. — Déclaration préalable.

8933. Règle. — Aucun officier public ne pourra procéder à une vente publique et par enchères d'objets mobiliers, qu'il n'en ait préalablement fait la déclaration, sous peine de 20 fr. d'amende.— 22 pluv. an 7, art. 2 et 7. — 16 juin 1824, art. 10.

8934. *Déclaration tardive.* — Un huissier qui ne fait sa déclaration préalable que postérieurement à un procès-verbal de *réception* des enchères est en contravention, même s'il ne doit procéder à l'*acceptation* des enchères qu'après la déclaration. — Dieppe, 14 fév. 1849 ; J. N. 13671.

8935. *Coupes de bois.* — Le notaire qui procède à une vente publique de coupes de bois ou d'émondages d'arbres est tenu à la déclaration préalable. — Cass. 23 janvier 1809 ; J. E. 3162.— Epernay, 24 janv. 1840 ; J. E. 12456-1.
Le notaire qui déclare dans un acte qu'une vente de coupe de bois n'a pas eu lieu, faute d'enchères suffisantes, devient passible d'amende, s'il n'a pas fait une déclaration préalable, avant de procéder à cette *tentative d'enchères*. — Autun, 10 juill. 1838 ; J. E. 12109.

8936. *Récoltes.* — La vente publique de récoltes pendantes par racines, mais destinées à être enlevées, est assujettie à la déclaration préalable. — Altkirch, 7 déc. 1854 ; Vouziers, 28 nov. 1855 ; R. P. 375 et 600.

8937. Dispense de déclaration. — Sont dispensés de la déclaration ordonnée par l'art. 2 les officiers publics qui auront à procéder aux ventes du mobilier national et à celle des effets des monts-de-piété. — 22 pluv. an 7, art. 9.
Sont également dispensés de la déclaration préalable les fonctionnaires qui procèdent aux ventes dont nous avons parlé sous les n°s 8927 à 8932. — Mêmes décisions que celles citées sous ces numéros.

8938. *Vente sous forme de bail.* — Toutes les fois que *sous forme d'un bail* on vend publiquement des récoltes sur pied, l'officier public contrevient à la loi, s'il ne fait pas précéder son procès-verbal d'une déclaration. — D. F. 29 sept. 1820 ; J. E. 6878. — Vervins, 2 avril 1833 ; J. E. 11436.
Mais, s'il est reconnu qu'il y a réellement *bail* et non *vente*, la loi de pluviôse reste sans application. — Sol. 16 nov. 1830 ; J. N. 7306. — Cass. 9 fév. 1837 ; J. E. 11727. — Sarreguemines, 22 juill. 1835 ; J. N. 9130.— V. n. 1567, 1571, 1630.

8939. *Droits incorporels.* — La déclaration préala-

ble n'est pas exigée pour les ventes aux enchères de droits incorporels, tels que rentes, créances, clientèle, etc., — Sol. 29 août 1843; 1. 1723-7. — Rouen et Laval, 16 nov. 1842 et 20 fév. 1843; J. N. 11519, 11597. — Sol. 29 janv. 1848; J. N. 12493; J. E. 14712. — D. F. 12 janv. 1832; J. N. 7612. — Seine, 24 janv. 1833; J. N. 8203.

8940. Bureau. — D'après la loi, c'est au bureau de l'enregistrement dans l'arrondissement duquel la vente doit avoir lieu que la déclaration doit être faite; s'il y a plusieurs bureaux dans une ville, la déclaration doit avoir lieu à celui où s'enregistrent les actes de l'officier public chargé de procéder à la vente. — Circ. 1499; I. 326-5.

8941. *Plusieurs cantons.* — Si le mobilier à vendre est situé dans différentes communes qui dépendent de plusieurs bureaux, il doit être fait une déclaration dans chaque bureau. Il est, en effet, dans l'esprit de la loi que chaque receveur ait une connaissance exacte des ventes de meubles faites dans l'arrondissement de son bureau. — I. 1146-15.

Une exception existe pour *la ville de Paris.* Il a été décidé que s'il doit être procédé *par un même procès-verbal* à la vente d'objets appartenant à la ville de Paris et situés dans divers arrondissements, il suffit de faire une déclaration au bureau de la justice de paix dans l'arrondissement duquel se trouve le premier objet à vendre d'après l'affiche. — D. F. 14 déc. 1836; Cod. M. D. 4437.

8942. *Plusieurs ventes.* — Un officier public peut, sans contravention, ne faire qu'une seule déclaration préalable pour plusieurs ventes auxquelles il doit procéder, *par un même procès-verbal*, à la requête de différents particuliers ayant chacun un intérêt distinct, lors même que ces ventes doivent avoir lieu dans diverses communes *arrondies* à son bureau. — Dél. 16 juin 1824; I. 1146-15.

8943. *Fermeture du bureau.* — La L. 22 pluv. an 7 n'a consacré aucune exception à la règle commune en ce qui concerne la fermeture des bureaux de l'enregistrement. On ne peut donc se présenter un jour férié ou après la fermeture du bureau pour faire la déclaration. — D. F. 30 mars 1815; J. E. 5107.

8944. Procuration. — La L. 22 pluv. ne prescrivant pas à l'officier public de faire sa déclaration en personne, cette déclaration peut être faite en vertu d'un mandat spécial; et l'officier public n'a point à faire connaître les causes qui l'empêchent de se présenter lui-même. — Dél. 17 oct. 1840; I. 1634-18.

8945. *Procuration générale.* — Une procuration générale, même spéciale *pour les déclarations,* ne peut être admise, mais l'art. 1986 C. portant que le mandat même spécial peut être donné pour plusieurs affaires,

rien ne s'oppose à ce que le pouvoir soit donné par l'officier public pour plusieurs déclarations de ventes de meubles, dès que les indications de chacune des déclarations à faire se trouvent *dans le mandat même.* — Dél. 30 janv. 1838; J. N. 9921; J. E. 11967.

8946. *Timbre et enregistrement.* — La procuration doit être sur papier timbré; mais, quand elle est sous seings privés, elle est exempte d'enregistrement. — D. F. 17 mai 1830; I. 1336-11.

8947. Forme. — La déclaration doit être inscrite sur un registre qui est tenu à cet effet, et elle est datée. Elle contient les nom, qualité, domicile de l'officier, ceux du requérant, ceux de la personne dont le mobilier est mis en vente, et l'indication de l'endroit où doit se faire la vente, et du jour de son ouverture. Elle est signée par l'officier public, et il en est fourni une copie, sans autres frais que le prix du papier timbré sur lequel cette copie est délivrée. — Elle ne peut servir que pour le mobilier de celui qui y est dénommé. — 22 pluv. an 7, art. 3.

8948. *Lettre missive.* — La forme que la loi trace ne peut être suppléée. Ainsi, la déclaration ne peut être faite par une simple lettre missive, et un tribunal ne peut décharger de la contrainte décernée contre l'officier public pour inexécution des dispositions de la loi, sous prétexte qu'il avait averti le receveur de l'enregistrement, par une lettre missive, de la vente qu'il se proposait de faire. Cette lettre ne peut tenir lieu d'une déclaration inscrite sur le registre, signée du déclarant, et dont copie doit être transcrite en tête de son procès-verbal. — Cass. 24 nov. 1806; J. E. 2654.

8949. *Signature.* — De même, on ne peut admettre une lettre dans laquelle l'officier public s'engagerait à signer ultérieurement sur le registre, cette lettre étant destinée à remplacer sa signature jusque-là. — D. F. 15 déc. 1807; I. 396.

8950. Continuation de la vente. — Lorsqu'une vente mobilière aux enchères n'est pas terminée dans la séance indiquée par la déclaration préalable, et qu'elle est renvoyée pour sa continuation, *sans qu'il soit précisé d'époque,* elle ne peut être reprise qu'après une autre déclaration préalable. — Rouen, 3 mars 1825; J. E. 8462. — Cass. 23 juill. 1828; J. E. 9107; I. 1263-8.

8951. *Jour indiqué.* — Mais, lorsque le procès-verbal constate que la vente de meubles est remise à un jour *déterminé,* l'officier public peut procéder à cette vente, avant que le procès-verbal de remise ait été soumis à l'enregistrement, et sans faire une nouvelle déclaration. En effet, dès que la remise de la vente a été prononcée publiquement, le receveur a été à même d'en avoir connaissance. — D. F. 24 mars 1820; J. E. 6853.

— Bar-sur-Seine, 28 sept. 1822; Cod. M. D. 4445. — Sol. 21 déc. 1822 ; Rec. Roll. 497.

Toutefois, l'officier public qui n'a pu procéder à une vente de meubles au jour indiqué par la déclaration, ne peut se dispenser de renouveler sa déclaration. — Déf. 18 avril 1817; J. E. 5813.

Art. 3. — Procès-verbal de vente.

8952. Forme. — Les officiers publics transcriront, en tête de leurs procès-verbaux de vente, les copies de leurs déclarations. — Chaque objet adjugé sera porté de suite au procès-verbal ; le prix y sera écrit en toutes lettres, et tiré hors ligne en chiffres. — Chaque séance sera close et signée par l'officier public et deux témoins domiciliés. Lorsqu'une vente aura lieu par suite d'inventaire, il en sera fait mention au procès-verbal, avec indication de la date de l'inventaire, du nom du notaire qui y aura procédé, et de la quittance de l'enregistrement. — 22 pluv. an 7, art. 5.

8953. Transcription de la déclaration. — Les officiers publics doivent transcrire en tête de leurs procès-verbaux de vente les copies de leurs déclarations, sous peine d'une amende de 5 fr. — 22 pluv. an 7, art. 7. — 16 juin 1824, art. 10.

8954. Copie. — Ces copies sont délivrées sur papier au timbre de 50 cent. — Circ. 1498. — D. F. 6 oct. 1817; J. E. 6129. — Le receveur qui négligerait de les délivrer pourrait être rendu responsable des droits de timbre, sans préjudice de toute autre peine disciplinaire. — Dél. 1er sept. 1834; Cod. M. D. 4457.

8955. Blanc. — L'existence dans un procès-verbal de vente, d'un blanc destiné à la transcription de la déclaration préalable, constitue une contravention à la loi du 22 pluv. an 7. — C. Amiens, 19 juill. 1834 ; J. E. 11066.

8956. Altération des prix. — Chaque altération de prix des articles adjugés, faite dans le procès-verbal, est punie d'une amende de 20 fr., outre la restitution des droits, et des peines de faux. — 22 pluv. an 7, art. 7. — 16 juin 1824, art. 10.

8957. Désignation des adjudicataires. — Les officiers publics qui précèdent aux ventes ne sont pas tenus d'énoncer dans leurs procès-verbaux les prénoms, professions et domiciles, ni même les noms des adjudicataires. — Sol. 29 déc. 1831; Cod. M. D. 4401. — C. Colmar, 28 juill. 1827 ; J. E. 9080.

8958. Omission d'objet exposé en vente. — La disposition de l'arrêt du Conseil du roi du 13 nov. 1778 qui oblige les officiers publics ayant droit de procéder aux ventes mobilières, de comprendre dans leurs procès-verbaux tous les articles exposés en vente, tant ceux par eux adjugés, soit en totalité ou sur simple échantillon, que ceux *retirés* ou *livrés* par les propriétaires ou les héritiers pour le prix de l'enchère ou de la prisée, a été remise en vigueur par une ordonnance du 1er mai 1816, sous peine d'une amende de 20 fr. (16 juin 1824, art. 10), dont le recouvrement a lieu par voie de contrainte, ainsi que de la restitution des droits d'enregistrement. — I. 725. — Valenciennes, 26 juill. 1855; R. P. 557.

8959. Omission d'article adjugé. — Il y a une amende de 20 fr. pour chaque article adjugé et non porté au procès-verbal de vente, outre la restitution du droit. — 22 pluv. an 7, art. 7. — 16 juin 1824, art. 10.

On ne peut prétexter que les articles omis ont été adjugés au propriétaire requérant. — Valognes, 10 mai 1851; Bull. M. D. 3512.

8960. Rature. — Un officier public n'a pas encouru d'amende pour avoir rayé des articles compris dans un procès-verbal de vente, surtout si la rature est approuvée. — Dél. 25 oct. 1824; J. E. 8040.

8961. Inscription en toutes lettres. — Il y a une amende de 5 fr. pour chaque article dont le prix n'est pas écrit en toutes lettres au procès-verbal. — 22 pluv. an 7, art. 7. — 16 juin 1824, art. 10.

Il y a contravention lorsque, dans une vente de récolte, on se contente de tirer hors ligne en chiffres le prix de chaque lot. — Saint-Omer, 31· janv. 1835. — Mais il y a simple irrégularité lorsque l'on porte en un seul article plusieurs objets adjugés à une même personne, avec énonciation en toutes lettres du prix total. — Mirecourt, 18 avril 1854; R. P. 248.

8962. Opposition. — Le produit des ventes de meubles doit être versé à la caisse des dépôts et consignations dès qu'il y a opposition. — Ord. 3 juill. 1816; I. 736.

Pour assurer l'exécution de cette mesure, tout notaire, greffier, huissier, commissaire-priseur, courtier, etc., qui a procédé à une vente de meubles, doit déclarer au pied de la minute du procès-verbal, en le présentant à l'enregistrement, et certifier par sa signature, qu'il a ou n'a pas d'opposition, et qu'il a ou n'a pas connaissance d'oppositions aux scellés ou autres opérations qui ont précédé ladite vente. — La contravention à ces dispositions peut être punie de la révocation, sans préjudice d'autres peines. — Ord. 3 juill. 1816, art. 7 et 10.

Les receveurs doivent exiger que les déclarations soient faites au bas des actes présentés par les fonctionnaires auxquels l'obligation en est imposée par l'Ord. du 3 juill. 1816, et dans le cas où ceux-ci refuseraient de faire ces déclarations, ou les feraient inexactes, ils doivent en informer le procureur de la république qui exerce la répression autorisée par ladite ordonnance. — I. 795.

Les officiers publics sont tenus de faire mention des oppositions, lors même qu'ils ne sont point chargés de

recevoir les deniers des ventes. L'ordonnance ne fait aucune exception. On ne peut faire de distinction entre l'officier qui ne reçoit pas le prix de la vente et celui qui le reçoit; la déclaration est nécessaire dans l'un comme dans l'autre cas, puisqu'elle seule peut mettre la caisse des dépôts et consignations à même de remplir l'objet de la loi du 28 avril 1816 et de l'ordonnance du 3 juill. suiv. — D. J..... J. E. 7746.

8963. Conservation des minutes. — Les huissiers doivent conserver les minutes de leurs procès-verbaux de vente, qu'aucune loi n'astreint à déposer au greffe. — D. J. F. 11-19 oct. 1813. — Les officiers publics qui procèdent à des ventes publiques de meubles à l'encan sont dans l'obligation de conserver les minutes des procès-verbaux de ces ventes. — Edit de mars 1713. — Circ. M. J. 8 fév. 1830; I. 1319.

8964. Communication. — En conséquence, les agents de l'administration sont fondés à réclamer de tous officiers publics chargés de procéder aux ventes d'effets mobiliers aux enchères, la représentation des minutes de leurs procès-verbaux. En cas de refus, il doit être constaté par un procès-verbal de l'employé. qui se conforme, s'il y a lieu, à l'art. 54 frim. Le recouvrement de l'amende encourue pour ce refus de l'officier public est poursuivi par voie de contrainte. Le directeur doit en outre adresser une copie du procès-verbal au procureur de la république pour que ce magistrat puisse agir dans l'intérêt public. — I. 1319.

Art. 4. — Bureau.

8965. Règle. — C'est exclusivement au bureau de l'enregistrement où les déclarations préalables ont été faites que les procès-verbaux de vente doivent être enregistrés. — 22 pluv. an 7, art. 6. — Circ. 1498. — I. 326-5.

8966 Bureau de la résidence. — Néanmoins, un officier public n'encourt pas d'amende en faisant enregistrer à sa résidence une vente publique de meubles à laquelle il a procédé dans un canton voisin dans lequel il existait un bureau. — Sol. 25 août 1835; Rec. Roll. 4945

Art. 5. — Délai.

8967. Règle. — Les ventes publiques de meubles doivent être enregistrées dans le délai prescrit par la loi sur l'enregistrement. — 22 pluv. an 7, art. 6.

8968. Officiers publics. — Dans le cas où un *notaire* doit faire enregistrer le procès-verbal de vente à un bureau hors de sa résidence, il a quinze jours au lieu de dix. — Circ. 1498.

À l'égard des *huissiers*, le délai reste tel qu'il est fixé par l'art. 20 frim. — Circ. 24 janv. 1816; J. E. 5363.

Ce délai est de quatre jours pour les ventes et procès-verbaux de remises que font les *commissaires priseurs*. — Av. d'Et. 7 oct. 1809; I. 460.

Il est de vingt jours pour les *greffiers*. — Sol. 24 janv. 1816; J. E. 5363.

8969. Courtiers. — Le délai pour faire enregistrer les procès-verbaux de ventes publiques de marchandises faites par les courtiers est fixé à dix jours. — 28 juin 1861, art. 17.

8970. Fonctionnaires publics. — Les ventes du mobilier de l'Etat auxquelles procèdent les *employés des domaines* s'enregistrent dans les quatre jours de leur date au bureau des actes des huissiers, soit de leur résidence, soit du lieu où ils ont procédé. — Sol. 14 janv. 1812; J. E. 4882.

Il en est de même des ventes faites par les préposés des *douanes*. — D. F. 26 pluv. an 7; J. E. 65. — et des *contributions indirectes*. — D. F. 21 août 1810; J. E. 3955.

8971. Vacations. — Quand un procès-verbal de vente de meubles comprend plusieurs séances ou vacations, la partie de ce procès-verbal relative à chaque séance forme un acte séparé, qui doit être enregistré dans le délai déterminé par l'article 20 de la loi du 22 frim. an 7. — Cass. civ. 13 mess. an 13; Sir. 5. 2. 487; J. E. 2086. — D. F. 18 germ. an 8; J. E. 473.

Diverses vacations peuvent être enregistrées en même temps, si elles sont dans le délai. — Cass. 11 sept. 1811; J. E. 4110.

Art. 6. — Tarif.

8972. Tarif général. — Sont assujettis au droit de 2 % les adjudications, ventes, reventes, cessions, rétrocessions, marchés, traités et autres actes, soit civils, soit judiciaires, translatifs de propriété, à titre onéreux, de meubles, récoltes de l'année sur pied, coupes de bois taillis et de haute futaie, et autres objets mobiliers généralement quelconques, même les ventes de cette nature faites par l'État. — Frim. art. 69, § 5, n° 1. — V. *Acte de commerce, Fonds de commerce, Navire, Office.*

Marchandises avariées. — V. *Navire.*

8973. Effets de marins et passagers. — Les ventes des effets non réclamés des marins et passagers morts en mer, faites par les administrateurs de la marine, sont exemptes du timbre lorsqu'elles n'excèdent pas 10 fr., et doivent être enregistrées *gratis* lorsque le prix est de 100 fr. et au-dessous. Quant à celles des ventes qui seraient faites en mer ou dans les pays étrangers, les procès-verbaux qui en sont rédigés en papier libre doivent être timbrés à l'extraordinaire ou visés pour timbre, si le produit excède 10 fr., et être soumis à l'enregistrement, soit gratuit, soit en payant les droits, lorsque la vente sera au-dessus de 100 fr.,

dans les vingt jours qui suivront la rentrée des bâtiments dans les ports de France à la fin du voyage. Ces dispositions s'appliquent aux bâtiments de l'Etat, du commerce et des armements en courses, pourvu que les ventes soient faites d'office et non à la requête des particuliers, par les administrateurs et préposés de la marine, ainsi qu'à celles qui auraient lieu en mer et en pays étranger, par les officiers des navires de commerce et armés en courses ; mais ces derniers officiers n'auraient pas le droit de procéder eux-mêmes aux ventes faites dans les ports de France. Le délai de vingt jours pour l'enregistrement court de la date du procès-verbal, si ces ventes sont faites dans les ports de France. — D. F. 8 germ. an 8 ; Circ. 1801 *bis.*

8974. Mobilier de l'Etat. — Sont passibles du droit de 2 %, les ventes des objets ci-après : — 1° chevaux des haras ; — I. 349. — 2° chevaux de réforme ; — Circ. 6 vent. an 11. — 3° denrées coloniales. (Ventes faites par l'administration des douanes) Le droit ne doit pas être perçu sur le montant des droits de douanes, et il est à la charge de l'acquéreur ; — D. F. 15 déc. 1812 et 5 janv. 1813 ; J E. 4404. — 4° effets des militaires décédés dans les hôpitaux ou dans les prisons ; — I. 349. — 5° mérinos et laines provenant des bergeries de l'Etat ; — D. F. 27 oct. 1807 ; J. E. 2742. — 6° noir animal (même les ventes de cette substance faites à la bourse des courtiers de commerce) ; — D. F. 24 juill. 1834 ; I. 1473-6. — 7° octrois (ventes d'objets saisis par les préposés des) ; — D. F. 15 nov. 1808 ; J. E. 3067. — 8° papiers de réforme provenant de la cour des comptes ; — D. F. 8 juin 1814 ; J. E. 4840. — 9° prises maritimes (ventes faites par la marine) ; — D. F. 18 germ. an 8 ; J. E. 425. — 10° objets hors de service provenant des administrations financières ; — D. F. 29 août 1823 ; I. 1092. — 11° arbres des routes et des canaux ; — I. 1163. — D. F. 30 avril 1829 ; J. E. 9326. — 12° fumiers provenant des casernes de cavalerie ; — D. F. 10 août 1826 ; J. E. 7653. — I. 1092, 1204-9. — 13° coupes de bois ; — I. 1293-8. — 14° papiers et registres des administrations financières ; — I. 1279, 1316. — 15° objets de toute nature provenant du ministère de la guerre. — I. 1153, 1204-9.

8975. Octrois. — Les régisseurs des octrois municipaux peuvent procéder eux-mêmes aux ventes d'objets saisis par leurs préposés, pourvu que la valeur de ces objets n'excède pas 200 fr., que les procès-verbaux soient rédigés par les chefs des préposés des octrois, et à la charge de faire enregistrer ces procès-verbaux. — Le droit de ces procès-verbaux est de 2 %, comme pour toutes les ventes des objets mobiliers. — D. F. 5 nov. 1808 ; J. E. 3067.

8976. *Cautionnement.* — Si, d'ailleurs, les adjudicataires fournissent un cautionnement, le droit de 50 c. % doit être perçu, indépendamment de celui de vente. — D. F. 10 août 1826 ; I. 1204-9.

Marchandises en gros. — V. n. 9009.

Marchandises neuves. — V. n. 9014.

8977. Monts-de-piété. — Les ventes faites par les monts-de-piété, soit avant, soit après la surannation des objets engagés, sont exemptes des droits d'enregistrement, pourvu qu'elles soient faites conformément au règlement. — D. F. 4 juin 1811 ; J. E. 4152.

8978. Poissons. — Sont exemptes de l'enregistrement, les ventes de poissons de mer, frais, secs ou salés, faites publiquement et aux marchés. — D. F. 27 juin 1820 ; I. 940-1.

Art. 7. — Liquidation des droits.

8979. Règle. — Pour les ventes et autres transmissions, à titre onéreux, lorsqu'il s'agit de meubles, le droit est perçu sur le prix exprimé et le capital des charges qui peuvent ajouter au prix. — Frim. art. 14, n. 5.

8980. *Centimes additionnels.* — S'il est stipulé dans le cahier des charges qui précède une adjudication mobilière, que les adjudicataires paieront des centimes additionnels pour frais d'enregistrement, honoraires, etc., il y a lieu, pour la perception des droits, d'ajouter au prix tout ce qui excède 5 c. par franc, sauf à l'officier public qui a procédé à la vente à requérir la taxe. Ces *cinq centimes* représentant, en effet, les frais rationnels de la vente, tout ce qui excède doit être considéré comme une charge pour l'acquéreur. — Dél. 19 avril 1826 ; I. 1200-21.

8981. *Mobilier communal.* — En matière de ventes de mobilier communal faites par les maires, les frais ne dépassant pas 3 c. par franc, tout ce qui excède ce taux doit être ajouté au prix. — Sol. 26-30 mars 1861 ; I. 2204-4.

8982. *Indemnité pour retard dans le paiement.* — La stipulation dans une vente publique de meubles, portant que si les acheteurs ne se libèrent pas dans le délai convenu, ils paieront une indemnité de 5 % de la somme dont ils seront débiteurs, n'est pas une charge à ajouter au prix pour la liquidation du droit, parce que cette indemnité est une sorte de compensation du retard dans le paiement qui représente l'intérêt de la dette. — Sol. 19 janv. 1837 ; J. E. 11702.

8983. *Arbres réservés.* — Pour la perception du droit d'enregistrement sur une adjudication de coupes de bois de l'Etat, il n'y a pas lieu d'ajouter, comme charge accessoire au prix, la valeur des bois *réservés* aux gardes sur le parterre des coupes, attendu que ces bois ne sont pas vendus à l'adjudicataire. Mais les frais d'abatage, de transport de ces bois, à supporter par ce dernier, constituent une charge qui augmente

123

le prix des coupes vendues et doit être ajoutée pour la perception. — Dél. 3 sept. 1851 ; I. 2049-6.

8984. *Coupes réservées.* — Mais la réserve d'un certain nombre de coupes dans la vente d'un bois aménagé est de la nature de l'usufruit, et sa valeur doit être ajoutée au prix. — D. F. 5 sept. 1818 ; J. E. 6178.

L'addition au prix a lieu lors même que la réserve n'est que de la coupe d'une année, si le prix est payé comptant. ou si, étant payable à terme, l'acquéreur en doit les intérêts, à compter du jour de la vente. — Dél. 6 avril 1822.

8985. Réserve d'usufruit. — Si. dans une vente de meubles, l'usufruit est réservé par le vendeur, le droit n'est dû que sur le prix stipulé, sans addition. Car, l'art. 15, n. 6. frim., ne concerne que les immeubles. — D. F. 11 août 1812.

8986. *Meubles et immeubles.* — Mais s'il s'agit d'une vente de meubles et d'immeubles ne réunissant pas les conditions prévues par l'art. 9 frim., le droit est dû sur le prix augmenté de moitié de son chiffre intégral. — Sol. 27 janv. 1863 ; R. P. 1869.

8987. Meubles et créances. — Si une vente comprend des meubles et des créances, vendus moyennant un seul prix et sans ventilation, on ne peut s'autoriser de l'art. 9 frim. pour percevoir sur le tout le droit de 2 %. car cet article est spécial aux ventes comprenant des meubles et des immeubles. On doit exiger la déclaration des créances conformément à l'art. 16 même loi, et percevoir les droits sur chaque nature de biens. — Sol. 31 mars 1831. — Dél. 5 avril 1833 ; J. E. 10589. — V. dans le même sens : Dél. 5 mars 1839 ; J. N. 10308.

8988. Perception du droit sur les prix cumulés. — Le droit d'enregistrement sera perçu sur le montant des sommes que contiendra cumulativement le procès-verbal des séances à enregistrer dans le délai prescrit par la loi sur l'enregistrement. — 22 pluv. an 7, art. 6.

Ainsi, 1° le droit doit être liquidé sur une seule somme formée du montant de toutes les ventes, et le multiple de vingt ne doit être parfait qu'une fois ; 2° chaque séance ne donne pas lieu à une liquidation séparée, et le droit doit être établi sur un seul total. — Ch. Rig. 3248.

8989. *Prix payable à terme.* — Quel que soit le nombre des acquéreurs et bien que les objets aient été adjugés les uns au comptant et les autres à terme, le droit d'enregistrement doit toujours être liquidé sur les prix cumulés de tous les articles réunis. — Cass. civ. fév. 1810 ; Sir. 10. 1. 137. — D. F. 4 juin 1811.

8990. *Vente par lots.* — Il faut de même percevoir cumulativement l'impôt proportionnel sur une vente de récoltes faites par lots et à terme à plusieurs acquéreurs, qui ont signé séparément chaque adjudication. — Laon, 12 mars 1835. — Dél. 27 juill. 1835 ; J. E. 11261. — 1ᵉʳ août 1839.

8991. *Vente faite par un fonctionnaire administratif.* — Les mêmes règles sont applicables aux ventes faites par les fonctionnaires de l'ordre administratif. — Colmar, 9 mai 1848.

8992. *Coupes de bois de l'Etat.* — Les procès-verbaux constatant les ventes de *coupes de bois de l'Etat*, des communes et des établissements publics, sont signés par chaque lot par les parties qui y ont concouru. On a demandé s'il y a lieu de réunir tous les articles adjugés à la même personne, afin d'établir sur les prix. cumulés de ces articles la perception des droits proportionnels exigibles. L'affirmative a été adoptée par une solution du 21 septembre 1855, motivé, d'une part, sur ce que les ventes de l'espèce étant passées devant les fonctionnaires de l'ordre administratif et dans des formes spéciales réglées par le Code forestier. la loi du 22 pluviôse an 7 ne leur est pas applicable ; d'autre part, sur ce que chaque procès-verbal d'adjudication renferme autant de conventions ou dispositions indépendantes qu'il y a d'adjudications différentes. et que, par conséquent, il y a lieu d'établir la perception conformément à l'art. 11 de la loi du 22 frim. an 7. — I. 2049-6.

Dans tous les autres cas que celui prévu par cette instruction, la perception doit être établie conformément à la loi du 22 pluv. an 7. — Sol. 26 juill. 1865 ; R. P. 2247.

8993. *Cautionnement.* — Si les adjudicataires fournissent une caution, le droit de 50 c. % doit être perçu *séparément sur chaque lot*, conformément à l'art. 11 frim. ; la loi de pluviôse ne concerne que le droit de vente. — D. F. 28 niv. an 9 ; circ. 1981.

8994. *Licitation.* — Si, lors de la vente *publique* des meubles d'une succession, des héritiers se rendent adjudicataires de quelques objets, le droit de 2 % doit être perçu sur la totalité du prix ; l'art. 69, § 5, n° 6, a été abrogé par l'art. 6 de la loi du 22 pluviôse suivant. — Dél. 19 déc. 1819 ; J. E. 6785. — 13 nov. 1822 ; Cont. 1570. — Cass. civ. 9 mai 1832 ; Sir. 32. 1. 337 ; I. 1410-13 ; J. E. 10337 ; J. N. 7717. — Saint-Quentin, 26 août 1846 ; J. E. 14071. — V. *Licitation.*

Et, dans le cas, le droit ne peut devenir restituable par l'effet d'un partage ultérieur qui attribuerait le prix de son acquisition au colicitant. — Dél. 28 mai 1834 ; J. E. 10930.

8995. *Objets impartageables.* — Lorsqu'il s'agit d'un fonds de commerce, d'un tableau ou de tout autre objet d'une certaine valeur et impartageable, vendu aux enchères. la jurisprudence veut que le droit ne

soit perçu que sur la portion du prix qui excède les droits de l'acquéreur colicitant dans ce prix. — Sol. 6 mars 1840; J. N. 10630; J. E. 12471 : I. 1618-41. — Seine, 26 juin 1829; J. E. 12394-2; J. N. 10444. — Pithiviers, 19 fév. 1840; Contr. 5882.

8996. Objets exposés et non adjugés. — Le droit d'enregistrement ne peut être exigé sur les objets retirés après l'enchère par le propriétaire, que la vente soit forcée ou qu'elle soit volontaire (J. E. 4659); mais le procès-verbal doit comprendre tous ceux exposés en vente, sauf les explications nécessaires pour distinguer ceux qui n'ont pas été adjugés ou dont la tradition n'est pas légalement prouvée. — D. F. 19 fév. 1819, I. 882.

8997. Vente à la mesure. — Lorsque des récoltes sont vendues à tant la mesure et que le prix n'est pas mentionné à chaque lot, mais établi en bloc à la fin de l'acte, le receveur doit, pour établir la perception, calculer le prix d'après les contenances exprimées, sans avoir égard au prix que le notaire mentionne à la fin de son acte, et de plus, celui-ci a contrevenu à l'art. 7 L. 22 pluv. an 7 pour n'avoir pas tiré hors ligne en chiffres et écrit en toutes lettres, le prix de chaque lot. — Saint-Omer, 31 janv. 1835 ; J. E. 11127.

8998. Coupes de bois de l'État. — En matière de vente de coupes de bois de l'État, le droit doit être provisoirement établi sur les quantités de bois qui sont comprises dans l'adjudication; il est définitivement réglé d'après les procès-verbaux de récolement; et, alors il y a lieu de restituer ou de réclamer un supplément de droit. — Dél. 22 fruct. an 10; I. 1411.

8999. Prix à fixer par experts. — Si dans une vente de meubles dont le prix doit être fixé par experts, la perception est établie sur une déclaration émanée des parties et que le procès-verbal, postérieurement dressé par les experts, fixe le prix à une valeur supérieure à la déclaration faite. un supplément de droit est exigible. — Cambrai, 26 fév. 1836; J. E. 11483-3.

Du reste, l'Administration peut établir l'insuffisance de la déclaration au moyen de preuves graves, précises et concordantes. — Seine, 5 janv. 1857; R. P. 804.

Art. 8. — Décharge.

9000. Timbre. — Les décharges du prix des ventes de meubles ne peuvent être données aux officiers publics qui y ont procédé que sur papier timbré. — I. 1293-14. — V. *Acte à la suite d'un autre.*

9001. Délai. — Si la décharge est donnée *à la suite du procès-verbal de vente*, elle doit être répertoriée et enregistrée dans les délais fixés par la loi pour les actes authentiques, *même si elle est faite sous seings privés, même si elle n'est pas signée de l'officier public*; autre-

ment, il serait facile à l'officier public d'éluder les droits. — Dél. 3 août 1822, 16 mars 1830, 8 nov. 1836.

Si la décharge sous seings privés est donnée par acte distinct, elle n'est susceptible ni d'être enregistrée dans un délai déterminé, ni d'être répertoriée. — Même décision.

9002. Tarif. — Tout officier public étant comptable de droit des deniers de la vente à laquelle il procède, la déclaration par les parties qu'elles ont reçu ces deniers constitue dans tous les cas une décharge passible du droit fixe de 3 fr., que cette déclaration soit contenue dans le corps du procès-verbal de vente ou qu'elle soit faite par acte séparé. — Dél. 11 août 1824; J. E. 8879.

9003. Pluralité. — Bien qu'une vente de meubles à la requête de deux propriétaires *distincts*, ait été faite par un seul procès-verbal, il est dû deux droits sur la décharge donnée à l'officier public qui a procédé à la vente. — Dél. 8 juin 1821.

Il n'est dû qu'un droit sur la décharge donnée par une personne à un officier public de deux ventes faites à sa requête par deux procès-verbaux différents. — Sol. 7 déc. 1859. 20 nov. 1865.

9004. Prix avancé par l'officier public. — Lorsqu'une vente de meubles a lieu à crédit, et que néanmoins l'officier public qui l'a faite en paie le comptant au vendeur, il n'est dû sur ce paiement qu'un droit fixe et non le droit de cession de créance, car tout officier public qui procède à une vente à l'encan. étant par cela seul chargé d'en percevoir le prix, puisque toute opposition aux deniers doit être faite entre ses mains, les crédits qu'il accorde sont à ses risques, et à moins de stipulations contraires, il doit compte au vendeur des deniers de la vente. Il n'y a donc qu'une simple décharge résultant de l'accomplissement de ces obligations. — Dél. 1er août 1824; J. E. 7815.

Art. 9. — Contraventions.

9005. Contraventions aux lois sur l'enregistrement. Autres contraventions. — Les contraventions autres que celles énumérées dans l'art. 7 de la loi de pluviôse que peuvent commettre les officiers publics contre les dispositions de la loi sur l'enregistrement sont punies par les amendes et restitutions qu'elle prononce. — 22 pluv. an 7, art. 7.

9006. Huissier. — Coût. — Un huissier n'encourt point d'amende quoiqu'il ait omis d'indiquer le coût des vacations au pied d'un procès-verbal de vente de meubles à laquelle il a procédé. — D. J. F. 15 sept. 1812 et 10 janv. 1815; J. E. 4479. 5051.

9007. Amende contre les particuliers. — L'amende de 50 fr. à 1000 fr. prononcée contre les particuliers

par l'art. 7 de la loi de pluviôse n'a pas été réduite par la loi du 16 juin 1824, cette loi ne s'étant occupée dans son art. 10 que des amendes *progressives* et des amendes *fixes*, et cette dernière amende n'étant ni *fixe* ni *progressive*, mais variable. — Dél. 8 fév. 1826; J. E. 8328.

9008. Constatation et recouvrement des contraventions. — Les préposés de la régie de l'enregistrement sont autorisés à se transporter dans tous les lieux où se feront des ventes publiques et par enchères, et à s'y faire représenter les procès-verbaux de vente et les copies des déclarations préalables. — Ils dresseront des procès-verbaux des contraventions qu'ils auront reconnues et constatées; ils pourront même requérir l'assistance d'un officier municipal, ou de l'agent, ou de l'adjoint de la commune ou de la municipalité où se fera la vente. — Les poursuites et instances auront lieu ainsi et de la manière prescrite par la loi du 22 frim. an 7 sur l'enregistrement. — La preuve testimoniale pourra être admise sur les ventes faites en contravention de la présente. — 22 pluv. an 7, art. 8.

Les contraventions commises en cette matière peuvent donc être prouvées par un procès-verbal dressé sur les lieux au moment où se commet la contravention, ou, à défaut de procès-verbal, par une enquête. — Cass. 30 mess. an 10, 4 juill. 1810, 17 juill. 1827. — Circ. 1498. — I. 326-9-10, 1150-17, 1229-13. 1537-212.

Art. 10. — Ventes diverses.

§ I. — *Ventes publiques de marchandises en gros.*

9009. Ventes volontaires. — *Loi du 28 mai 1858.* La vente volontaire aux enchères, en gros, des marchandises comprises au tableau annexé à la présente loi peut avoir lieu par le ministère des courtiers, sans autorisation du tribunal de commerce. — Ce tableau peut être modifié, soit d'une manière générale, soit pour une ou plusieurs villes, par un décret rendu dans la forme des règlements d'administration publique et après avis des chambres de commerce. — Art. 1.

Les courtiers établis dans une ville où siège un tribunal de commerce ont qualité pour procéder aux ventes régies par la présente loi dans toute localité dépendant du ressort de ce tribunal où il n'existe pas des courtiers. — Ils se conforment aux dispositions prescrites par la loi du 22 pluviôse an 7, concernant les ventes publiques de meubles. — Art. 2.

Le droit de courtage pour les ventes qui font l'objet de la présente loi est fixé, pour chaque localité, par le ministre de l'agriculture, du commerce et des travaux publics, après avis de la chambre du tribunal de commerce; mais, dans aucun cas, il ne peut excéder le droit établi dans les ventes de gré à gré, pour les mêmes sortes de marchandises. — Art. 3.

Le droit d'enregistrement des ventes publiques en gros est fixé à dix centimes pour cent francs. — Art. 4.

Les contestations relatives aux ventes sont portées devant le tribunal de commerce. — Art. 5.

Il est procédé aux ventes dans des locaux spécialement autorisés à cet effet, après avis de la chambre et du tribunal de commerce. — Art. 6.

Un règlement d'administration publique prescrira les mesures nécessaires à l'exécution de la présente loi. — Il déterminera, notamment, les formes et les conditions des autorisations prévues par l'art. 6. — Art. 7.

9010. *Décret du 30 mai 1863.* — Peuvent être vendues en gros aux enchères publiques, conformément à la loi du 28 mai 1858, dans tout l'Empire : 1° les marchandises de toute provenance portées au tableau annexé au présent décret [1], lequel remplacera le tableau annexé à ladite loi ; 2° toutes les marchandises exotiques quelconques destinées à la réexportation. — Art. 1.

Les articles 20, 21, 23 et 25 du règlement d'adminis-

---

[1]. Ce tableau et un arrêté ministériel du 30 mai 1863, fixant pour chacune des marchandises qui y sont portées le minimum de la valeur des lots à établir, donnent les résultats suivants :

Acide hydrochloro-nitrique (300), acide nitrique (300), acide oléique, oxalique (300), acide phosphorique (300), acide stéarique en masse (300), acide stéarique ouvré (300), acide sulfurique (300), acide tartrique (300), agates brutes (100), agates ouvrées ( ), agaric (100), agrès et apparaux de navires (200), ail (100), albâtre (100), alcalis, cendres végétales (300), alcool et spiritueux de toute espèce (300), alizari (300), aloès (100), alpiste (100), alquifoux (100), alun (100), amadou (100), amandes (100), ambre (200), ambrette (100), amidon (200), amomes (100), ammoniaque (100), amurca (100), anchois (100), ancres (100), anis (100), anisette (100), antimoine (300), arachides (300), ardoises (100), argent non ouvré (500), argile (100), aristoloche (100), arrowroot (100), arséniate de potasse (100), arsenic (100), asphalte (200), aspic (100), assa fœtida (100), avelanèdes (100), avoines (300), azur (100).

Bablah (100), badiane (100), baies de genièvre (100), baies de laurier (100), bambous (100), baryte ou soude (300), basane (200), bastin brut (200), baume (300), benjoin (100), bestiaux et autres animaux vivants (100), betterave (300), beurre (100), bière (200), biscuits (100), bismuth (100), bitume (200), blanc de baleine et de cachalot (300), blanc d'Espagne (100), blanc de zinc (100), blé (300), bleu de Prusse (100), bœuf salé (100, bois à brûler (300), bois de construction de toute sorte (300), bois d'ébénisterie 300, bois de teinture (300), bois en éclisses (100), bois feuillard (300), bois odorant (100), borax (300), bouchons de liège (200), bourre ou poils d'animaux (100), bourre de soie en balles (300), boyaux frais et salés (100), brai gras ou sec (300), briques de toute espèce (100), bronze nonouvré (300), brou de noix (100).

Cabillaut (100), câbles et grelins (200), cacao (500), cachemires de l'Inde (lots de 4 châles, cachou en masse (300), cadmium brut (100), café (500), camphre (100), canéfice ou casse (100), cannelle (100), cantharides (100), caoutchouc non ouvré (300), câpres en barils (100), carbonates (300), cardamome (100), caret (100), carreau (100), cascarille (100), carmin (200), carthame, fleur de (100), cassave (100), cassia (100), cauris (100), cendres et regrets d'orfèvre (300), cendres bleues ou vertes (300), céruse (100), champignons (100), chanvre (300), chapeaux de fibres de palmier (200), chapeaux de paille, d'écorce et de sparte (200), charbons de bois et de chènevottes (300), chardons cardères (200), châtaignes (100), chaux (100), chènevis (100), cheveux non ouvrés (100), chiffons en balles (100), chromates de plomb et de potasse (500), cidre (200), ciment (100), cinabre (100), cire non ouvrée (300), civette (100), citrons (100), coaltar (200), cobalt (300), cochenille (300), cocos (100), coke (200), colle de poissons (100), colle forte (100), coloquinte (100), colza (300), confitures (100), conserves alimentaires (100), coquillage (100), corail (500), coriandre (100), cornes de bœuf et de buffle (300), cornes de cerf (100), coton (500), couleurs non dénommées (100), couperose (100), craie (100), crème de tartre (100), crins non ouvrés (300), cristal de roche (300), cubèbe (100), cuirs bruts ou apprêtés (300), cuivre non ouvré (300), cumin (100), curcuma (300).

tration publique du 12 mars 1859 sont modifiés ainsi qu'il suit : — Art. 2.

9011. *Décret du 12 mars 1859 modifié par celui du 30 mai 1863.* — Il sera procédé aux ventes publiques, à la bourse ou dans les salles autorisées, conformément au présent décret; toutefois, le courtier est autorisé à vendre sur place, dans le cas où la marchandise ne peut être déplacée sans préjudice pour le vendeur, et,

où, en même temps, la vente ne peut être convenablement faite que sur le vu de la marchandise. Le courtier peut également vendre sur place, s'il n'existe pas de bourse ni de salle de vente autorisée dans la commune où la marchandise est déposée. — Art. 20.

Le lieu, les jours, les heures et les conditions de la vente, la nature et la quantité de la marchandise doivent être, trois jours au moins à l'avance, publiés au moyen d'une annonce dans l'un des journaux dési-

---

Dattes (100), dégras de peaux (200), dents d'éléphants, d'hippopotame (300), derle (100), didïdivi (100), drilles (300).

Eaux minérales (100), eaux-de-vie (Voir *alcool et spiritueux de toute espèce* (100), écaillons d'ablettes (100), écailles de tortue (300), échalas (100), écorces à tan (300), écorces autres de toute sorte (100), édredon (100), ellébore racine d' (100), émeri (100), embarcations et canots (100), encens (100), engrais de toute sorte (100), éponges (300), esprit-de-vin (Voir *alcool, etc.*), essence de parfumerie (200), essence de térébenthine (100), essence de houille (100), étain non ouvré (100), étoupes de cordages (200), euphorbe (100), extrait de sumac liquide (100).

Fanons de baleine (300), farine (300), fèces d'huile (100), fécules de pomme de terre (300), fenouil (100), fer non ouvré, fer en massiaux ou en barres (300), feuilles de laurier (100), feuilles médicinales (100), feuilles tinctoriales non dénommées (100), feutre à doublage (200), fèves (100), féveroles (100), figues (100), filasse (300), filets de pêche (100), fleurs de cannette (100), fleurs de lavande (100), fleurs médicinales (100), fleurs de tilleul et de tamarin (100), fleur de soufre (100), foin (300), follicules (100), fonte brute (200), fromages (100), froment (300), fruits frais ou secs, confits ou tapés de toute espèce (100).

Galanga (100), galbanum (100), galipot (100), galle, noix de (100), gambier de l'Inde (100), garance (300), garancine (500), garou, racine de (100), gaude (100), gélatine (100), genestrolle ou genêt des teinturiers (100), genièvre, graine de (100), gentiane (100), gingembre (100), ginseng (100), girofle, clous de (200), girofles, griffes de (100), gomme ammoniaque (300), gomme d'Arabie (300), gomme copal (300), gomme élastique (300), gomme gutte (100), gomme laque (100), gomme de sandaraque (100), goudron (300), gousses tinctoriales (100), grabeau de séné et de cochenille (200), graines de toute espèce (300), grainettes (100), grains (300), grains de verre ou rassade (100), grains durs à tailler (100), graisse de toute espèce (200), graphite (100), grapins (100), groisil (100), gruau (300), guano (100), guède (100), gutta-percha (200).

Harengs salés et saurs (100), haricots secs (100), herbes médicinales vertes ou sèches (100), houblon (300), houille (200), huile de toute espèce (300).

Indigo (500), iode, iodure de potassium (100), ipécacuanha (100), iris (100), itzle (300), ivoire (300).

Jais (100), jalap (100), jambon (100), jarosse (100), jaune de chrome (100), jaune de Naples (100), joncs (100), jujube (100), jus de citron (100), jus de réglisse (100), jute (300).

Kaolin (100), kermès (100).

Lac-dye (300), laines en suint ou lavées (500), langues de bœuf (100), langues et noves de morue (100), laque plate (100), lard (100), latanier (100), lattes (100), laudanum (100), lauriers pour cannes (100), légumes secs ou confits (100), lentilles (100), levure de bière ou levain (100), lichens de toute espèce (100), lie d'huile ou de vin (100), liège (200), lin (500), liqueurs (300), litharge (100), lycopodium (100).

Macaroni (100), macis (100), magnésie (100), maïs (300), manganèse (300), maniguettes (100), manioc, farine de (300), manne (100), maquereau salé (100), marbre brut (100), marc d'huile (100), marc de raisin (100), marue (100), marrons (100), mastic en larmes (100), matériaux propres à la construction non dénommés (100), mâture (300), maurelle (100), mélasse (300), mercure (500), merrains (300), métaux bruts non dénommés (300), métaux précieux (500), meules (100), miel (100), mil, graine de (100), mine de plomb (100), minerai (100), minium (300), mitraille (300), momie (100), morfil (100), morue et autres poissons salés (100), mousse (100), moutarde (100), muse (300), muscade (100), myrobolans (100), myrrhe (100).

Nacre (200), natron (300), nattes (100), navires et autres bâti-

ments (500), nerfs de bœufs ou d'autres animaux (100), nerprun (100), nickel métallique non ouvré (200), nitrate de potasse et de soude (300), noir de fumée (100), noir animal et résidu de raffinerie (100), noix et noisettes (100), noix vomiques (100), noyaux cassés (100).

Objets de collections hors de commerce (100), ocre (100), œufs (100), oignons de toute sorte (100), olives (100), onglons (200), opium (200), or (500), oranges (100), orangettes (100), orcanette (100), oreillons et rognures de peaux (100), orge (300), orpiment (100), orseille (300), orties de Chine (100), os et sabots de bétail (200), osier en bottes (100), outremer (300), oxalate acide de potasse (300).

Paille (300), parchemin (100), pastels, feuilles et tiges (100), pastel, pâte de (200), pâtes d'Italie (100), pavés (100), peaux brutes, fraîches ou sèches (300), pelleteries fines (300), pelures de cacao (300), perches (100), perlasse (300), perles fines de toute pêche (500), phormium tenax (300), pierres servant aux arts et métiers (100), pierres précieuses brutes (500), piment (100), pistaches (100), pite (100), planches de sapin (300), plantes alcalines (100), plants d'arbres (100), plâtre (100), plomb non ouvré (300), plombagine (100), plumes d'oie (100), plumes à lit de parure et autres (300), poils d'animaux (300), poires sèches ou vertes (100), pois (100), poissons salés (Voir *Morue*), poivre (100), poix (100), pommes de terre (100), pommes vertes et sèches (100), porc salé (100), potasse (200), potin (300), poudre de marbre (100), poudrette sèche (100), poutres et poutrelles (300), pouzzolane (100), produits chimiques non dénommés (300), produits tinctoriaux non dénommés (300), prunes vertes et sèches (100), prussiate de potasse non cristallisé (500).

Quercitron (300), queues de girofle (100), quinquina, écorce de (100).

Racines médicinales et autres (100), raisins verts et secs de toute espèce (100), rassades (100), ratafia (300), redoul en feuilles (100), résidu de raffinerie (Voir *Noir animal*), résine (300), rhubarbe (100), rhum (300), riz (300), rocou (300), rognures de papier (300), rogues de morue (100), roseaux (100), rotins (100).

Sables (100), safran (100), safranum (100), sagou (100), saindoux (100), salep (100), salpêtre (300), salsepareille (100), sandaraque (100), sandragon (100), sanguine (100), sarcocolle (300), sardines (100), sarrasin (300), saumon confit (100), savons (300), scammonée (100), scille (300), seigle (300), sel (100), sel ammoniacal (300), sel de cobalt (300), sel médicinal de Kreutznach (100), soie écrue ou grège (500), soies d'animaux (300), solives (100), son (200), soude (200), soufre (100), spiritueux (Voir *alcool*), squines (100), stéarine (300), stil de grun (100), stockfish (100), storax (100), suc de réglisse (100), succin (200), sucre brut et raffiné (500), suif (300), sulfates de baryte (300), sulfates de cuivre (300), sulfates de fer (300), sulfates de magnésie (300), sulfate de potasse (300), sulfates de soude (300), sulfates de zinc (300), sulfures d'arsenic et de mercure (300), sumac (300).

Tabacs en feuilles et en côtes (500), tafia (300), talc (100), tamarins confits (100), tan (300), tapioca (100), tartrates diverses (100), tartre (100), térébentine (100), terre d'ombre ou de Sienne (100), terre de pipe et à poterie (100), terres pyriteuse, dites *cendres noires* (100), thé (300), thon (100), tiges de millet pour balais (100), tourbes ou mottes à brûler (100), tournesol (100), tourteaux de graines (100), tripoli (100), truffes (100), tuiles (100), turbith (100).

Vanille (500), verdet ou vert-de-gris (100), vermillon (300), vernis (200), vexes (300), vessies de poissons et autres (100), vétiver (100), viandes fumées et salées (100), vif-argent (500), vins de toute sorte (300).

Zinc non ouvré (200).

gnés pour les annonces judiciaires de la localité et, en outre, au moyen d'affiches apposées à la Bourse, ainsi qu'à la porte du local où il doit être procédé à la vente, et du magasin où les marchandises sont déposées. — Deux jours au moins avant la vente, le public doit être admis à examiner et vérifier les marchandises, et toutes facilités doivent lui être données à cet égard. — Toutefois, le président du tribunal de commerce du lieu de la vente peut, sur requête motivée, accorder dispense de l'exposition préalable prescrite par le paragraphe précédent, lorsqu'il s'agit de marchandises qui, à cause de leur nature ou de leur état d'avarie, ne pourraient pas y être soumises sans inconvénients. Mais, en tout cas, des mesures doivent être prises pour que le public puisse examiner les marchandises avant qu'il soit procédé à la vente. — Art. 21.

Avant la vente, il est dressé et imprimé un catalogue des denrées et marchandises à vendre, lequel porte la signature du courtier chargé de l'opération. Ce catalogue est délivré à tout requérant. — Art. 22.

Le catalogue énonce les marques, numéros, nature et quantité de chaque lot de marchandises, les magasins où elles sont déposées, les jours et les heures où elles peuvent être examinées, et le lieu, les jours et les heures où elles seront vendues. — Sont mentionnées également les époques de livraison, les conditions de paiement, les tares, avaries et toutes les autres indications et conditions qui seront la base et la règle du contrat entre les vendeurs et les acheteurs. — La formation préalable de lots distincts n'est pas obligatoire pour les marchandises en grenier ou en chantier. Si elle n'a pas lieu, le catalogue doit mentionner la cause qui empêche d'y procéder et la manière dont s'opérera la livraison. La même mention doit être reproduite dans le procès-verbal de la vente.—Art. 23.

Lors de la vente, le courtier inscrit immédiatement sur le catalogue, en regard de chaque lot, les nom et domicile de l'acheteur, ainsi que le prix d'adjudication. — Art. 24.

Les lots ne peuvent être, d'après l'évaluation approximative et selon le cours moyen des marchandises, au-dessous de 500 francs. — Ce minimum peut être élevé ou abaissé dans chaque localité, pour certaines classes de marchandises, par arrêté du ministre de l'agriculture, du commerce et des travaux publics, rendu après avis de la chambre de commerce ou de la chambre consultative des arts et manufactures. En cas d'avaries, les marchandises peuvent être vendues par lots d'une valeur inférieure au minimum fixé pour chacune d'elles, mais après autorisation donnée sur requête par le président du tribunal de commerce du lieu de la vente. Le magistrat peut toujours, s'il le juge nécessaire, faire constater l'avarie par un expert qu'il désigne. Le minimum de la valeur des lots est fixé à 100 fr. pour les ventes, après protêt de warrant, de marchandises de toutes espèces. — Art. 25.

Les enchères sont reçues et les adjudications faites par le courtier chargé de la vente. — Le courtier dresse procès-verbal de chaque séance sur un registre coté et paraphé, conformément à l'article 11 du code de commerce. — Art. 26.

Faute par l'adjudicataire de payer le prix dans les délais fixé, la marchandise est revendue, à la folle enchère et à ses risques et périls, trois jours après la sommation qui lui a été faite de payer, sans qu'il soit besoin de jugement. — Art. 27.

9012. Ventes judiciaires. — *Loi du 3 juillet* 1861. — Les tribunaux de commerce peuvent, après décès ou cessation de commerce, et dans tous les autres cas de nécessité dont l'appréciation leur est soumise, autoriser la vente aux enchères en gros des marchandises de toute espèce et de toute provenance. — L'autorisation est donnée sur requête ; un état détaillé des marchandises à vendre est joint à la requête. — Le tribunal constate par son jugement le fait qui donne lieu à la vente. — Art. 1.

Les ventes autorisées en vertu de l'article précédent, ainsi que toutes celles qui sont autorisées ou ordonnées par la justice consulaire dans les divers cas prévus par le code de commerce, sont faites par le ministère des courtiers. — Néanmoins, il appartient toujours au tribunal ou au juge qui a autorisé ou ordonné la vente de désigner, pour y procéder, une autre classe d'officiers publics ; dans ce cas, l'officier public, quel qu'il soit, est soumis aux dispositions qui régissent les courtiers relativement aux formes, aux tarifs et à la responsabilité. — Art. 2.

Les dispositions des art. 2 à 7, inclusivement, de la loi du 28 mai 1858, sur les ventes publiques, sont applicables aux ventes autorisées ou ordonnées comme il est dit dans les deux articles qui précèdent. — Art. 3.

9013. *Décret du 6 juin* 1863. — Les dispositions des articles 3, 6 et 20 à 27 inclusivement du règlement d'administration publique du 12 mars 1859, sont applicables aux ventes prévues par la loi du 3 juillet 1861, sauf les additions et modifications ci-après. — Art. 1.

Les annonces et affiches prescrites par l'art. 21 du décret du 12 mars 1859, ainsi que le catalogue qui est dressé et imprimé en exécution de l'art. 22 du même décret, doivent énoncer la décision judiciaire qui a autorisé ou ordonné la vente. — La même énonciation doit être insérée au procès-verbal de la vente. — Art. 2.

Le minimum de la valeur des lots est fixé à 100 fr. pour les ventes de marchandises de toutes espèces, ordonnées ou autorisées dans les cas prévus par la loi du 3 juill. 1861. — Ce minimum peut être abaissé par le tribunal ou le juge qui ordonne ou autorise la vente. — Art. 3.

§ II. — *Marchandises neuves.*

9014. Loi du 25 juin 1841. — Sont interdites les ventes en détail des marchandises neuves, à cri public, soit aux enchères, soit au rabais, soit à prix fixe proclamé avec ou sans l'assistance des officiers ministériels. — Art. 1.

Ne sont pas comprises dans cette défense les ventes

prescrites par la loi, ou faites par autorité de justice, non plus que les ventes après décès, faillite ou cessation de commerce, ou dans tous les autres cas de nécessité dont l'appréciation sera soumise au tribunal de commerce. — Sont également exceptées les ventes à cri public de comestibles et objets de peu de valeur, connues dans le commerce sous le nom de menue mercerie. — Art. 2. — V. L. L. 28 mai 1858, 3 juill. 1861, et 23 mai 1863.

Les ventes publiques et en détail de marchandises neuves qui auront lieu après décès ou par autorité de justice seront faites selon les formes prescrites et par les officiers ministériels préposés pour la vente forcée du mobilier, conformément aux articles 625 et 945 du Code de procédure civile. — Art. 3.

Les ventes de marchandises après faillite seront faites, conformément à l'article 486 du Code de commerce, par un officier public de la classe que le juge commissaire aura déterminée. — Quant au mobilier du failli, il ne pourra être vendu aux enchères que par le ministère des commissaires-priseurs, notaires, huissiers ou greffiers de justice de paix. conformément aux lois et règlements qui déterminent les attributions de ces différents officiers. — Art. 4.

Les ventes publiques et par enchères. après cessation de commerce, ou dans les autres cas de nécessité prévus par l'article 2 de la présente loi, ne pourront avoir lieu qu'autant qu'elles auront été préalablement autorisées par le tribunal de commerce, sur la requête du commerçant propriétaire. à laquelle sera joint un état détaillé des marchandises. — Le tribunal constatera. par son jugement, le fait qui donne lieu à la vente ; il indiquera le lieu de son arrondissement où se fera la vente ; il pourra même ordonner que les adjudications n'auront lieu que par lots dont il fixera l'importance. — Il décidera d'après les lois et règlements d'attribution, qui, des courtiers ou des commissaires priseurs et autres officiers publics, sera chargé de la réception des enchères. L'autorisation ne pourra être accordée pour cause de nécessité qu'au marchand sédentaire, ayant depuis un an au moins son domicile réel dans l'arrondissement où la vente doit être opérée. — Des affiches apposées à la porte du lieu où se fera la vente énonceront le jugement qui l'aura autorisée. — Art. 5.

Les ventes publiques aux enchères de marchandises en gros continueront à être faites par le ministère des courtiers, dans les cas, aux conditions et selon les formes indiquées par les décrets des 22 novembre 1811. 17 avril 1812. la loi du 15 mai 1818. et les ordonnances des 1er juillet 1818 et 9 avril 1819. — Art. 6.

Toute contravention aux dispositions ci-dessus sera punie de la confiscation des marchandises mises en vente, et, en outre, d'une amende de 50 à 3.000 francs, qui sera prononcée solidairement, tant contre le vendeur que contre l'officier public qui l'aura assisté, sans préjudice des dommages-intérêts, s'il y a lieu. — Ces condamnations seront prononcées par les tribunaux correctionnels. — Art. 7.

Seront passibles des mêmes peines les vendeurs ou officiers publics qui comprendraient sciemment dans les ventes faites par autorité de justice. sur saisie, après décès, faillite, cessation de commerce, ou dans les autres cas de nécessité prévus par l'article 2 de la présente loi, des marchandises neuves ne faisant pas partie du fonds ou mobilier mis en vente. — Art. 8.

Dans les cas ci-dessus, où les ventes publiques seront faites par le ministère des courtiers, ils se conformeront aux lois qui les régissent. tant pour les formes de la vente que pour les droits de courtage. — Art. 9.

Dans les lieux où il n'y aura point de courtiers de commerce, les commissaires-priseurs. les notaires. huissiers et greffiers de justice de paix feront les ventes ci-dessus, selon les droits qui leur sont respectivement attribués par les lois et règlements. — Ils seront, pour lesdites ventes, soumis aux formes, conditions et tarifs imposés aux courtiers. — Art. 10.

§ III. — *Objets donnés en gage.*

9015. Loi du 23 mai 1863. — A défaut de paiement à l'échéance. le créancier peut, huit jours après une simple signification faite au débiteur et au tiers bailleur de gage, s'il y en a un, faire procéder à la vente publique des objets donnés en gage. — Les ventes, autres que celles dont les agents de change peuvent seuls être chargés, sont faites par le ministère des courtiers. Toutefois, sur la requête des parties, le président du tribunal de commerce peut désigner, pour y procéder, une autre classe d'officiers publics. Dans ce cas. l'officier public, quel qu'il soit, chargé de la vente, est soumis aux dispositions qui régissent les courtiers relativement aux formes, aux tarifs et à la responsabilité. — Les dispositions des articles 2 à 7 inclusivement de la loi du 28 mai 1858, sur les ventes publiques, sont applicables aux ventes prévues par le paragraphe précédent. — Toute clause qui autoriserait le créancier à s'approprier le gage ou à en disposer sans les formalités ci-dessus prescrites, est nulle.

SECT. III. — QUESTIONS DIVERSES.

9016. Acte de complément. — *Vente annulée.* — Lorsque la vente d'un immeuble a été annulée et que le tribunal a laissé aux possesseurs l'option ou de restituer l'immeuble. ou de payer une somme déterminée. un nouveau droit proportionnel de mutation n'est pas exigible sur l'acte qui constate le paiement de cette somme par les possesseurs évincés qui restent. ainsi propriétaires de l'immeuble, attendu que cet acte n'est que l'exécution du jugement. — Cass. 24 août 1841; J. E. 12845 ; J. N. 11070; Rec. Roll. 6396.

9017. Action en rescision. — Le droit de 5. 50 % est dû sur la cession d'une action en rescision d'une vente d'immeubles. — Lyon, 9 mars 1838 ; J. E. 12004.

9018. Action en revendication. — Un individu ayant vendu un immeuble qui ne lui appartenait pas

et qu'une commune revendiquait, celle-ci s'est désistée de son droit de revendication, moyennant l'obligation qu'a contractée le vendeur de lui payer une somme déterminée. L'Administration, invoquant l'art. 526 C., a décidé qu'il y avait lieu d'exiger une déclaration estimative de la valeur des droits cédés par la commune, afin de percevoir sur cette valeur 5. 50 %. — Sol. 25 janv. 1841; J. E. 12676.

9019. Alignement. — Les propriétaires riverains d'un terrain destiné au prolongement d'une rue s'obligent à payer au propriétaire de ce terrain une indemnité par suite de l'engagement qu'il prend de livrer ce terrain à la voie publique ; il y a mutation immobilière attendu que l'engagement pris par le propriétaire du terrain doit faire passer le terrain de sa tête sur celle d'un autre. — Seine, 11 déc. 1834 ; J. E. 11215. — Cass., 22 déc. 1835 ; J. E. 11386, I. 1513-8 ; J. E. 9121.

9020. Antichrèse. — L'acte par lequel l'acquéreur d'un immeuble, pour se libérer des intérêts des sommes dues par son vendeur à des créanciers inscrits, abandonne à ceux-ci la jouissance temporaire de l'immeuble acquis. est passible de 2 %. — Seine, 24 janv. 1851 ; J. E. 15145.

9021. Arrhes. — Il y a deux espèces d'arrhes : les unes qui se donnent lors du marché conclu. Dans le premier cas, il n'existe qu'un commencement de convention, et les parties peuvent s'en désister ; celui qui se désiste perd les arrhes si elles ont été données par lui, ou les rend doubles si c'est lui qui les a reçues. Mais, dans le second cas, la convention doit être réputée parfaite, et alors on n'est pas libre de s'en départir en perdant ou en doublant les arrhes (C. 1590). — Maleville, Anal. des discuss. sur l'art. 1590. — R. J. P. eod v°, 1 suiv. — Pothier, 501 suiv. — Roll. eod. v°, n° 22.
C'est d'après ces distinctions que doit être établie la perception. Ainsi, le droit de vente. pas plus que celui de rétrocession, ne doit être perçu sur un procès-verbal de conciliation qui résilie une vente verbale faite moyennant un prix déterminé, mais avec stipulation d'arrhes. — Dél. 27 juill. 1814.
La vente verbale d'un immeuble faite avec arrhes, et qui n'a pas été suivie de la mise en possession de l'acquéreur, n'est qu'une simple promesse qui ne rend pas le vente exigible ; dès lors, si les parties conviennent, au bureau de paix, de considérer la convention comme non avenue, on ne peut exiger le droit de rétrocession. — Dél. 25 juin 1825 ; Rec. Roll. 1251.
Des héritiers sont convenus, le 25 février, de vendre à un particulier tous leurs droits successifs, sous la condition expresse que le contrat serait passé le 15 mars suivant ; et pour sûreté de son engagement, l'acquéreur a payé à titre d'arrhes et de pot-de-vin, une somme de 200 fr. — Plus tard, il a déclaré consentir à ce que les héritiers gardent la somme de 200 fr., à condition que la vente projetée serait nulle et comme non avenue. — On a prétendu que, d'après l'art. 12 frim., il y avait lieu, dans l'espèce, de percevoir un droit de vente de

4 %, et un autre droit de vente de pareille somme pour la rétrocession, par le motif que la transmission devait être considérée comme opérée dès le 25 février.
— Mais si la promesse de vente vaut vente, dès que les trois conditions se trouvent réunies, la chose, le prix et le consentement, la loi fait cependant exception à ce principe, lorsque la promesse de vendre a été faite avec des arrhes. Cette stipulation emporte le consentement de la part de chacune des parties de regarder la promesse comme nulle si l'une d'elles juge à propos de se désister du contrat ; elle en sera quitte pour perdre les arrhes si c'est celle qui les a données, ou pour payer le double, si c'est celles qui les a reçues. En effet, si l'intention des parties n'eût pas été de se ménager cette alternative, la stipulation d'arrhes n'avait point d'objet : la promesse de vendre, dans ce cas, ne vaut pas vente et dégénère en une simple promesse résoluble à la volonté de l'une des parties, aux termes de l'art. 1590 C., et passible seulement du droit fixe de 3 fr. — Sol. 2 sept. 1814.

9022. Bail à nourriture. — La clause par laquelle l'acheteur d'un bien dont le prix est payable au décès du vendeur s'oblige à nourrir ce dernier pendant sa vie, et, en cas d'incompatibilité, à lui payer les intérêts du prix, n'est pas passible d'un droit particulier de 2 %.
« D'après l'art. 1632 C., l'acheteur doit l'intérêt du « prix de sa vente jusqu'au paiement du capital dans « les trois cas suivants : s'il a été ainsi convenu lors de « la vente ; si la chose vendue et livrée produit des « fruits, ou autres revenus. — Il suit de là que les « intérêts convenus entre les contractants font partie « intégrante du prix ; que la clause relative au paie- « ment de ces intérêts, sous quelque forme que ce « soit. n'est, en résultat, qu'un élément de la vente se « confondant avec la stipulation principale relative au « prix, et qu'elle ne peut, par conséquent. donner ou- « verture à un droit particulier. » — Sol. 13 août 1868.

9023. Eventualité. — Lorsque, dans un acte de vente, il est stipulé que, si le vendeur veut aller demeurer avec l'acquéreur, celui-ci le recevra, moyennant le paiement d'une rente viagère, il n'est dû aucun droit particulier sur cette clause, car, outre que cette obligation est purement éventuelle, elle doit être considérée comme une condition de la vente. — Sol. 26 sept. 1832 ; J E. 10446.

9024. Bail emphytéotique. — Si le preneur à bail emphytéotique d'un immeuble acquiert ce même immeuble quelque temps après, le droit de vente doit être perçu sur : 1° la somme payée pour représenter le loyer emphytéotique ; 2° le prix porté dans l'acte de vente. — Seine, 24 mars 1836 ; J. E. 11501.

9025. Bien d'autrui. — Les receveurs ne sont pas juges de la validité des actes et doivent percevoir les droits proportionnels ordinaires sur la vente faite par une personne d'une chose qui ne lui appartient pas.

Si donc une pareille vente est plus tard annulée, il n'y a pas lieu à restitution. — Dél. 16 oct. 1815. — Cass. civ. 12 fév. 1822; Sir. 22. 1. 421; J. E. 7170. — Civ. 20 nov. 1844; Sir. 44. 1. 134; I. 1732-16; J. E. 13617; J. N. 12181. — V. *Nullité*.

9026. *Remplacement.* — Si, en remplacement du bien d'autrui vendu par lui, le vendeur cède à l'acquéreur un autre immeuble, le droit de 5. 50 % est dû. — Dél. 18-30 nov. 1836; J. E. 11666. — Saint-Quentin, 9 mars 1842; J. E. 12955-12. — Liége, 24 fév. 1866; R. P. 2337.

Mais il n'y aurait lieu qu'au droit fixe si les parties se bornaient à rectifier la désignation de l'immeuble vendu faite d'une manière erronée dans le contrat d'aliénation. — Soissons, 21 juin 1854; J. E. 15952.

9027. *Indemnité.* — Si le vendeur, pour indemniser l'acquéreur de la nullité du contrat, lui verse ou s'engage à lui verser une somme d'argent, le droit de 50 c. % est dû, soit comme quittance, soit comme indemnité. — Dél. 11 juin 1825. — Sol. 2 fév. 1836; J. E. 11412-1.

9028. *Résolution volontaire entre l'acquéreur et le véritable propriétaire.* — Lorsque la vente de la chose d'autrui a été faite par un tiers qui s'est porté fort pour le propriétaire mineur, l'acte qui constate le refus par ce dernier, devenu majeur, de ratifier la vente, et le consentement par l'acheteur de lui rendre l'immeuble vendu, ne donne pas ouverture à un droit de rétrocession, car il n'y a jamais eu vente. — Douai, 31 août 1854; J. E. 15967.

9029. Billets. — Lorsque, dans un contrat de vente, le prix est payé en billets dont le notaire rédacteur reste dépositaire, le droit proportionnel n'est pas dû à cause de ces billets; mais on doit exiger un droit fixe de 3 fr. pour le dépôt. — Dél. 30 nov. 1825; I. 1187-13. — V. 6792.

Si le notaire est chargé de faire le recouvrement des billets, il y a lieu de percevoir, outre le droit de vente, un droit fixe de 3 fr. pour le dépôt et un droit de 50 c. % pour les billets. — D. F. 13 nov. 1810; J. E. 4036.

9030. Carrière. — La cession faite par le concessionnaire d'une carrière du droit d'exploitation de cette carrière, moyennant un pot-de-vin de 1,500 fr. et à charge de payer au propriétaire primitif les termes à échoir de concession, donne ouverture au droit de 2 % sur ces termes cumulés augmentés du pot-de-vin. — Seine, 10 mars 1847; J. E. 14311-3.

9031. Cautionnement. — Si les enfants du vendeur se portent garants envers l'acquéreur, pour le cas d'éviction, du remboursement du prix de la vente, le droit de cautionnement est exigible. — Dél. 6 déc. 1833; J. E. 10794. — Cass. 17 mai 1841; I. 1661-3; J. N. 10994; J. E. 12764. — V. *Cautionnement. Solidarité.*

9032. *Mineur.* — Lorsque, dans un acte d'acquisition, une clause porte que le curateur d'un mineur émancipé se fait fort, au besoin, de l'exécution pleine et entière des obligations contractées par ce mineur, cette clause constitue une garantie mobilière, passible du droit de 50 c. %, attendu que l'intervention du curateur n'a pas pour objet de prêter au mineur l'assistance qui lui est nécessaire dans le cas prévu par l'art. 482 C., mais de rendre l'intervenant personnellement passible des obligations contenues dans cet acte, si elles étaient invalidées, dans le cas prévu par l'art. 484 du même Code. — Sol. 12 avril 1821; J. E. 6937.

9033. *Promesse de ratification.* — Si le tuteur, dans l'acte de vente du bien de son pupille, se contente de promettre de faire ratifier la vente à la majorité du mineur, le droit de cautionnement n'est pas exigible; on ne veut voir, en effet, dans la stipulation une obligation personnelle de la part du tuteur, car il se contente de garantir la vente au nom du vendeur, ce qui est de droit et constitue une clause qui est de l'essence du contrat de vente. — D. F. 12 janv. 1818; J. E. 5959.

9034. *Fermages.* — La disposition de la vente par laquelle le vendeur garantit à l'acquéreur le paiement des fermages de l'immeuble vendu qui est loué au moment du contrat, ne donne lieu à aucun droit particulier. — Sol. 8 juill. 1867; R. P. 2591.

9035. Chemin de fer. — La vente d'une concession de chemin de fer donne lieu au droit de 5. 50 %. — Seine, 26 fév. 1859; R. P. 1235.

9036. Condition alternative. — La circonstance que l'acquéreur pourra se libérer du prix de son acquisition par l'abandon d'un immeuble déterminé n'enlève pas à l'acte de vente son caractère d'actualité. Malgré cette stipulation, l'obligation est complète, irrévocable, et dès lors passible du droit proportionnel sur le prix stipulé. — Cass., 9 juill. 1839; I. 1601-16.

9037. Condition résolutoire. — *Délégation.* — Une vente d'immeubles sur laquelle une partie du prix a été payée et le surplus délégué à des créanciers inscrits avec cette clause que le vendeur se réserve de désintéresser lui-même ces créanciers et que la vente ne deviendra définitive qu'autant que l'acquéreur serait forcé d'acquitter lui-même les créances déléguées, ne peut être considérée comme faite sous condition suspensive, et le droit proportionnel est exigible. — Blois, 22 janv. 1851; J. E. 15135.

9038. *Paiement des dettes.* — L'obligation de payer, en sus du prix, les dettes hypothéquées sur l'immeuble vendu, affecte la vente d'une condition résolutoire et

124

non suspensive; le droit de mutation doit être, par conséquent, perçu sur cet acte, et il n'y a pas lieu de restituer, si l'ancien propriétaire revend ultérieurement les biens à une autre personne, sous le prétexte que la charge d'acquitter les dettes rendait la première vente incertaine jusqu'au moment de l'accomplissement de la condition. — Cass. civ. 28août 1815; Sir. 15. 1. 421; J. E. 5295 ; J. N. 1714.

9039. *Vérification des biens vendus.* — Lorsque l'acquéreur d'une mine se réserve la faculté de résoudre la convention, pour le cas où les assertions du vendeur sur l'étendue et la qualité de la mine seraient reconnues inexactes après vérification, la vente doit être réputée parfaite à l'égard de l'administration ; la condition est résolutoire et non suspensive. — Cass. civ. 23 juill. 1833; Sir. 33. 1. 593; l. 1446-11 ; J. E. 10698.

9040. *Charge de construire.*—La vente d'un terrain, avec obligation d'y élever une maison dans un délai déterminé, sans quoi la vente sera nulle et non avenue, donne lieu immédiatement au droit proportionnel. — Le Havre, 3 mai 1849; J. E. 14839.

9041. *Paiement du prix.* — Il en est de même de celle consentie sous la condition que le prix sera payé sur la valeur d'une donation contractuelle faite à l'acquéreur par un tiers et que la vente sera non avenue si cette donation ne sort pas à effet. — Romorantin, 27, avril 1849 ; J. E. 14729.
De même encore, s'il est stipulé que, si l'acquéreur ne paie pas dans un délai convenu, la vente sera résiliée, et qu'il sera seulement payé une indemnité au vendeur. — Cass., 14 déc. 1809; J. E. 3687.

9042. *Ratification.* — La vente des biens d'un mineur, avec stipulation qu'elle sera nulle, si le mineur ne la ratifie pas à sa majorité, est faite sous condition résolutoire seulement, et le droit proportionnel est exigible. — Le Mans, 9 avril 1842, J. E. 12997-1.

9043. Condition suspensive.—*Consignation des droits.* —La clause d'un cahier de charges ainsi conçue : « L'adjudication ne sortira effet et ne pourra opérer transmission de propriété qu'autant que les droits d'enregistrement auront été consignés par l'adjudicataire, soit à l'instant de l'adjudication, soit le lendemain avant midi pour tout délai, et, à défaut de cette consignation dans ledit délai, l'adjudication n'aura produit aucun effet et sera considérée comme non avenue, sans préjudice de tous dommages-intérêts, ainsi que ce droit, » constitue une condition suspensive et non pas seulement une condition résolutoire. — En conséquence, en cas d'inaccomplissement de cette condition, il n'y a pas lieu à la perception du droit proportionnel de vente, l'adjudication devant être considérée comme ne s'étant pas réalisée. — Cass. 9 juill. 1855; R. P. 446.

9044. *Visite des lieux.* — La clause par laquelle l'acquéreur se réserve de visiter l'immeuble vendu dans un certain délai pour maintenir la convention ou l'annuler, soumet la vente à une condition suspensive; en conséquence, aucun droit n'est exigible si l'acquéreur, après avoir visité l'immeuble, refuse de sanctionner le contrat. — Marseille, 11 août 1851; Rec. Fess. 8647.

9045. *Ratification.* —Si, dans le procès-verbal d'une vente d'immeubles, il est stipulé que l'adjudication d'un lot ne sera définitive qu'après une déclaration du vendeur absent et agissant au moyen d'un fondé de pouvoirs, il y a condition suspensive, et si le droit proportionnel a été perçu, il devient restituable d'après justification que le vendeur, au lieu d'avoir fourni la déclaration indiquée, a vendu l'immeuble à un autre. — Vesoul, 24 juill. 1843; J. N. 11747.

9046. *Immeuble indivis.* — Lorsque des immeubles indivis entre trois frères, dont un se trouve encore en état de minorité, sont vendus en totalité par l'un des propriétaires majeurs, sous la condition que l'acquéreur provoquera, à l'aide d'une procuration du vendeur, la licitation de ces biens, et qu'il s'en rendra adjudicataire, moyennant une somme au moins égale au prix stipulé dans le contrat, s'il arrive que cette licitation ne puisse avoir lieu et que l'acte de vente soit présenté à l'enregistrement, le droit de mutation ne peut être perçu que sur le tiers du prix total, seule portion qu'ait pu aliéner le vendeur. — Cass. civ. 13 juin 1827; Sir. 27. 1. 377; J. E. 8742; J. N. 6315.

9047. *Caution.* — Il y a condition suspensive dans une clause d'adjudication volontaire selon laquelle la vente de l'objet adjugé n'aura son effet et n'opérera transmission qu'autant que l'acquéreur aura fourni caution dans la huitaine. — Cass., 8 juill. 1820 ; Pr. chron. 550. — Dél. 18 juin 1841; J. E. 12927-2; J. N. 11202.

9048. *Acceptation facultative.* — La stipulation, dans l'acte de vente d'un immeuble sous réserve d'usufruit au profit du vendeur, portant que l'acquéreur s'interdit de vendre cet immeuble pendant la durée de l'usufruit, et qu'à raison de cette circonstance, il aura la faculté d'accepter la vente ou d'y renoncer dans un délai déterminé, doit être considérée comme une condition suspensive; en conséquence, l'acte de vente ne donne ouverture qu'au droit fixe. « — Attendu que les actes sous seing privé en date des 9 et 10 janv. 1854 portant vente, sous réserve d'usufruit. par Roy de l'Ecluse père, le premier de partie de la terre de Neufglise à sa fille Antoinette, femme de Seraincourt, le second de la terre de l'Ecluse à de Seraincourt, son gendre, contenaient l'un et l'autre une clause qui réservait expressément aux mariés de Seraincourt la faculté d'accepter lesdites conventions, ou d'y renoncer pendant un délai de trois ans, pendant lequel ces conventions seraient

« suspendues ; — attendu que le jugement attaqué a
« décidé que ces conventions étaient faites sous une
« condition suspensive potestative, condition qui en
« déterminait le caractère et à laquelle toutes les
« autres clauses étaient subordonnées ; qu'en consé-
« quence, elles ne contenaient que des conventions
« imparfaites jusqu'à l'acceptation des parties, con-
« ventions dont l'accomplissement n'a point été allé-
« gué ; qu'elles n'avaient point opéré transmission
« immédiate de la propriété, et ne pouvaient, dès lors,
« donner lieu à la perception du droit proportionnel. »
— Cass. civ. 4 janv. 1858 ; Cuën. 9869.

9049. *Réalisation par acte notarié.* —S'il est stipulé
dans l'acte de vente fait sous signature privée que cet
acte *sera réalisé devant notaire*, il y a vente parfaite,
et le droit proportionnel est exigible de suite. — Cass.
13 avril 1829. — Brives, 15 juill. 1851. — Cass. 23 janv.
1852 ; I. 1920-4. — Saverne, 3 fév. 1865 ; R. P. 2085.
— Cass. req. 10 mars 1868 ; I. 2367-3. — Civ. 25 mars
1872 ; R. P. 3424.
Mais la vente ne donne pas ouverture immédiatement au droit proportionnel si elle est formellement
subordonnée à la passation d'un acte notarié. — Cass.
civ. 6 mai 1863 ; Sir. 63. 1. 396 ; J. E 17660.
Ces décisions se trouvent complétement justifiées
par l'opinion de Pothier : « Quoique le seul consente-
« ment des parties suffise pour la perception des con-
« trats consensuels, néanmoins, si les parties, en
« contractant une vente, un louage ou quelque autre
« espèce de marché, sont convenues d'en passer acte
« par-devant notaire, *avec intention* que le marché ne
« serait parfait et conclu que lorsque l'acte aurait reçu
« sa forme entière par la signature des parties et du
« notaire, le contrat ne recevra effectivement sa per-
« fection que lorsque l'acte du notaire aura reçu la
« sienne ; et les parties, quoique d'accord sur les con-
« ditions du marché, pourront licitement se dédire
« avant que l'acte ait été signé. Observez que la con-
« vention qu'il sera passé acte devant notaire, d'un
« marché, ne fait pas dépendre de cet acte la perfec-
« tion du marché ; il faut qu'il paraisse que l'*intention*
« *des parties*, en faisant cette convention, a été de l'en
« faire dépendre. » — *Oblig.* n. 11.

9050. *Exécution de la vente.* — Bien qu'une vente
soit faite conditionnellement, si elle porte en elle tous
les éléments de la vente et si elle est exécutée de suite,
le droit proportionnel est immédiatement exigible. —
Romorantin, 27 avril 1849 ; Le Havre, 3 mai 1849 ; Rec.
Fess. 8040, 8041. — Cass. civ. 11 mai 1859 ; R. P.
1189.
Si l'acquéreur d'un immeuble sous condition suspensive a fait acte de propriété sur cet immeuble, il y
a preuve que la vente a été exécutée et que la condition
suspensive s'est accomplie, ce qui donne ouverture au
droit proportionnel. — Cass., 31 juill. 1838 ; J. N.
10115 ; J. E. 12145.

9051. *Résolution.* — Le droit proportionnel devient
exigible, lorsqu'un acte quelconque vient donner la
preuve que la condition de résolution d'une vente,
faute de paiement du prix, prononcée par un jugement,
a été accomplie. — Saverne, 16 avril 1851 ; J. E.
15245.

9052. *Prescription.* — La prescription, pour le recouvrement du droit proportionnel exigible sur une
donation faite sous condition suspensive, ne court pas
du jour où, la condition s'étant accomplie, le droit
proportionnel est devenu exigible, mais de celui où
l'administration a eu connaissance de cette réalisa on
par des actes soumis à l'enregistrement. — Lyon,
25 mai 1841 ; J. E. 12574.—Vendôme, 8 nov. 1845 ; J.
E. 13963.

9053. Consentement. — Lorsque, dans un acte de
vente par un père à un de ses enfants, les frères et
sœurs de celui-ci interviennent pour donner leur
adhésion, il n'y a pas lieu de percevoir un droit particulier pour le consentement. — Sol. 23 avril 1830 ;
J. E. 9985.

Constructions. — V. n° 9074.

9054. Convention de mariage. — Lorsque, dans un
contrat de mariage, il est stipulé que, lors du décès du
premier mourant, le survivant des deux époux aura la
faculté de conserver pour son compte personnel le fonds
de commerce qu'ils exploitaient ensemble en payant
aux héritiers la valeur de ces objets, l'acte ultérieur
par lequel le survivant déclare user de cette faculté
donne ouverture au droit de vente de 2 %. — Seine,
17 août 1855 ; J. E. 16120.

9055. Dation en paiement. — Lorsqu'un débiteur
cède un immeuble à son créancier pour se libérer de
sa dette, dont le montant a été évalué par une déclaration au pied de l'acte, et qu'il ressort de documents
certains et authentiques que cette évaluation est insuffisante, il y a lieu de réclamer un supplément de
droit sur la somme formant la différence. — Guéret,
18 juin 1855 ; J. E. 16154.

9056. Déclaration. — *Augmentation de prix.* —
Lorsque, par une déclaration résultant d'un acte
authentique, les parties reconnaissent elles-mêmes
que le prix n'a pas été exactement exprimé dans l'acte
de vente, cette déclaration, qui forme le complément
du contrat primitif, et qui a pour objet d'établir le véritable prix de la vente, peut, sans doute, autoriser la
demande d'un supplément de droit sur l'excédant du
prix de la mutation ; mais aucune disposition législative ne prononce, pour ce cas, la peine du double droit.
Le double droit n'est exigible qu'autant que l'insuffisance a été constatée par voie d'expertise. — Sol.
4 mai 1833 ; Rec. Roll. 4048.— Sol. 26 sept 1835 ; Rec.
Roll. 4943. — Limoges, 3 mars 1836 ; Acq. sol. 11 mai

suiv.: Rec. Roll. 5197. — Sol. 24 déc. 1863; R. P. 1919-1.

9057. *Origine de deniers.* — La déclaration dans un acte de vente, par un mari, que le prix qu'il paie provient des deniers dotaux de sa femme, n'opère pas un droit particulier. — Sol. 15 juin 1830; J. E. 10431.

9058. Dédit. — N'est pas susceptible du droit de vente la promesse sous seing privé portant que celle des parties qui refusera de passer acte public, dans un délai convenu, payera à l'autre une somme déterminée, à titre de dommages-intérêts, cette stipulation étant essentiellement suspensive de la vente. — Sol. 20 mess. an 13; J. E. 2160.

La vente consentie sous condition que chacune des parties pourra se dégager en payant un dédit peut n'être considérée que comme projet de vente, et l'acte qui constate que le dédit stipulé a été payé et que le projet n'a pas été suivi de réalisation ne donne ouverture qu'au droit d'indemnité et non à celui de 5.50 % sur le prix porté dans le projet. — Cass. 19 mars 1839; J. E. 12277.

9059. Délégation. — Lorsque l'acquéreur d'un fonds de commerce ou d'une usine est chargé de payer son prix aux créanciers du vendeur en échange des marchandises qui lui ont été fournies sans titres enregistrés, le droit de titre à 2 p. 100 est exigible indépendamment de celui dû pour la vente du fonds de commerce. — Avesnes. 18 avril 1842; J. E. 12997-9. — Périgueux, 30 août 1845; J. E. 14110.

Il est dit, dans le cahier des charges d'une vente à l'encan, que le prix serait payable le 11 nov. suivant. entre les mains de l'huissier, pour être versé, du consentement du requérant, ès mains de la veuve F., jusqu'à concurrence de ce qui lui est dû d'après le compte fait entre elle et le requérant, et le surplus, s'il y avait lieu, tous frais prélevés, à qui de droit : le droit de 1 % sur la délégation faite à la dame F. est exigible. et le montant de la créance doit être déclaré conformément à l'art. 16 frim. — Sol. 9 avril 1831; J. E. 9970.

9060. Donation. — *Prix de la vente.* — La donation à l'acquéreur d'une partie du prix de la vente donne lieu à la perception du droit de donation. indépendamment de celui dû pour la vente. — Dél. 11 mars 1814. — Cass. 14 mai 1817; J. E. 5863. — Douai, 10 juin 1846; J. N. 12869. — Cass. 6 déc. 1847; I. 1814-16; J. N. 13216; J. E. 14385. — Seine, 19 fév. 1852; J. N. 14855. — Lyon, 13 juill. 1864; R. P. 2047. — Cass. req. 22 janv. 1866; R. P. 2233.

Si les père et mère de l'un des futurs, après lui avoir fait donation d'une somme déterminée, lui vendent un immeuble par *le même contrat*. sur le prix duquel il doit compenser la somme donnée, la même règle est applicable. — Dél. 16 déc. 1834; J. E. 11187-5.

9061. *Donation convertie en rente.* — Si une dona-tion d'immeubles à titre onéreux est convertie en une vente entre les mêmes parties, moyennant les mêmes charges, et que le droit qui a été perçu soit supérieur à celui exigible sur la vente, aucun droit proportionnel n'est exigible, attendu qu'en définitive il n'y a eu qu'une mutation. — Sol. 8 mai 1832; J. E. 10360.

9062. *Vente de biens donnés éventuellement.* — Lorsqu'un père, après avoir donné éventuellement à son fils le quart de tous ses biens présents et à venir, lui vend ensuite la totalité de ses biens, le droit de vente est exigible sur la totalité du prix de cette aliénation, sans qu'il y ait lieu de défalquer le tiers pour percevoir sur cette portion le droit de donation, parce que, suivant l'art. 1083 C., la donation des biens que le donateur délaissera à son décès n'est irrévocable qu'en ce sens qu'il ne peut plus disposer de ses biens à titre gratuit, si ce n'est pour sommes modiques. — Dél. 11 janv. 1826; Rec. Roll. 1386.

9063. Double droit. — Le double droit à percevoir sur une vente d'immeubles qui n'a pas été enregistrée dans les délais est égal au droit principal, c'est-à-dire qu'on ne peut faire distraction du droit de transcription. — Sol. 3 juill. 1829; I. 1303-14. — Cass. 21 nov. 1836; I. 1539-10; J. N. 9296. — Dél. 8 déc. 1836; J. E. 11697. — Reims, 4 mars, et Châlons-sur-Marne, 11 nov. 1837; J. E. 11766-6.

« Attendu, porte un arrêt de la Cour de cassation
« du 11 juillet 1836 (I. 1528-16; J. N. 9466), que si les
« actes de ventes d'immeubles étaient, avant la loi du
« 28 avril 1816, soumis à deux droits d'enregistrement
« distincts et séparés, dont l'un s'appliquait à la vente
« et l'autre à la transcription du contrat, et qui étaient
« perçus par des agents divers, il est constant que
« cette loi a changé, à cet égard, la législation fiscale,
« et a disposé qu'à l'avenir le droit d'enregistrement
« à percevoir sur les actes de vente demeurerait fixé
« à 5.50 %, et qu'au moyen de cette perception, il
« ne serait plus perçu aucun droit proportionnel sur
« la transcription du contrat; — attendu qu'en cet
« état, il est impossible de diviser en deux parts le droit
« désormais unique imposé à l'enregistrement des
« actes de vente; et qu'en jugeant. dans l'espèce, qu'il
« y avait lieu à opérer cette division et à condamner
« le défendeur à payer le double droit que sur l'enre-
« gistrement de la vente, calculé d'après la loi du 22
« frim. an 7, abstraction faite du droit dû pour la
« transcription, au lieu de le payer sur le droit de
« 5.50 %, établi par la loi du 28 avril 1816, le juge-
« ment attaqué a violé la loi précitée; — casse. »

9064. Droit de place. — La cession d'un droit de place dans un marché, pour 48 ans, et d'un usufruit sur un immeuble contigu, consentie moyennant 4,000 fr., est passible du droit de 5.50 % sur le prix total, sans que l'on puisse être admis à faire une ventilation postérieure. — Auxerre, 28 mars 1846; J. E. 13972.

9065. Droits litigieux. — Lorsque dans une vente

d'immeubles il est stipulé un prix pour le fonds et un autre prix pour droits et répétitions que le vendeur a droit d'exercer contre le propriétaire voisin, on doit percevoir le droit de 5.30 % sur la totalité du prix si l'indemnité a pour objet des droits litigieux relatifs aux servitudes du fonds. -- Dél. 30 déc. 1828 ; J. E. 9213.

9066. Eau. — L'acte par lequel une personne s'engage à fournir à une autre une certaine quantité d'eau pendant un temps et à des époques déterminées constitue une vente mobilière sujette au droit de 2 %. Si l'une des parties est l'Etat, le droit n'est que de 1 %. — Meaux, 24 août 1865 ; R. P. 2158. — Seine, 8 mars 1873 ; J. E. 19316. — Cass. req. 26 nov. 1873.

Cet arrêt, qui résume les principes de la matière, est conçu en ces termes :

« Sur la première branche du moyen, prise de la « fausse application des art. 51, § 3, de la loi du « 28 avr. 1816, et 78 de la loi du 15 mai 1818, et viola- « tion de l'art. 80 de la même loi : attendu que, par « la convention arrêtée le 18 juill. 1857 entre la « société Dufour et Cᵉ et la maison nationale de Cha- « renton, cette société s'est engagée à fournir à ladite « maison, pendant quinze années et par jour, un « minimum de 35,000 litres d'eau de Seine filtrée, « moyennant un prix fixé pour chaque 1,000 litres; « qu'il a été en même temps stipulé que l'eau, montée « par les machines à vapeur, serait amenée par une « conduite particulière , branchée sur la conduite « principale, dans des réservoirs fournis par ladite « société, et de là, en passant par des filtres, dans les « réservoirs de l'établissement ; — que les dépenses « occasionnées par les réservoirs, conduites, robinets, « et par leur entretien ou réparation, seraient à la « charge de la société Dufour ; que cette convention, « qui avait ainsi pour objet principal l'eau nécessaire « aux besoins de la maison de Charenton et à fournir « par la société Dufour après qu'elle se l'était appro- « priée, et non les ouvrages spécifiés, qui n'étaient que « des moyens d'exécution, constituait non un louage « d'industrie , mais un marché pour fournitures , « soumis au droit fixé par l'art. 51, § 3, de la loi du « 28 avr. 1816, dont la disposition a été maintenue « par l'art. 78 de la loi du 15 mai 1818 ;

« Sur la deuxième branche, prise de la fausse appli- « cation des mêmes articles et de l'art. 1ᵉʳ de la loi du « 16 juin 1824 : attendu que ladite convention, ayant « pour objet de transmettre à la maison de Charenton « non-seulement la jouissance, mais la propriété même « de l'eau fournie, ne peut être régie par l'art. 1ᵉʳ de « la loi du 16 juin 1824, relative aux baux à loyer des « biens meubles ; que, s'il a été déclaré au Corps « législatif, par le commissaire du gouvernement, lors « de la discussion du budget de 1868, que les contrats « d'abonnement faits par les propriétaires arrosants « avec les concessionnaires de travaux d'irrigation ne « donnaient lieu qu'au droit de 20 c. %, cette décla- « ration n'a pas modifié les dispositions de lois exis- « tantes et ne saurait d'ailleurs être étendue à des « concessions d'eau d'une autre nature ; qu'en déci-

« dant, par suite, que le contrat dont il s'agit avait été « justement soumis, en 1856, au droit de 1 %, et que « le supplément de droit réclamé était dû, le juge- « ment attaqué, loin de violer l'art. 51, § 3, de la loi « du 28 avr. 1816, en a fait une juste application ; — « par ces motifs, rejette. »

9067. *Abonnement avec les concessionnaires de ca- naux d'irrigation.* — Conformément à l'arrêt, il faut décider que le droit de 20 c. % n'est applicable qu'aux contrats d'abonnement passés entre les particuliers et les concessionnaires de canaux d'irrigation. C'est dans ce sens restreint qu'il faut entendre l'art. 2537 de ce livre.

•9068. Frais et honoraires. — Lorsque le vendeur s'oblige à payer, à la décharge de l'acquéreur, les frais et honoraires de la vente dans un délai déter- miné, avec stipulation de remboursement par l'acqué- reur, le droit de 1 % est dû. — Marseille, 21 mars 1859 ; R. P. 1197.

Lorsque les frais de l'acte, mis à la charge du ven- deur, sont payés par l'acquéreur, en déduction du prix, au notaire, qui en donne quittance, le droit de quit- tance est exigible. — Limoges, 20 juin 1849 ; J. N. 13899.

9069. Indication de paiement. — Lorsqu'il est sti- pulé dans un contrat de vente d'immeubles propres à la femme que le prix en sera touché par le mari, commun en biens, lequel affecte différentes propriétés à la garantie de cette somme, il n'y a pas lieu de per- cevoir, à cause de cette affectation, un droit propor- tionnel d'obligation, puisqu'en sa qualité d'époux de la venderesse, il a seul droit de recevoir. — I. 392.

Mais si partie de la somme touchée appartenait à un tiers, comme copropriétaire avec la venderesse, qui était son mandataire, le droit de 1 % serait incontes- tablement dû sur cette portion de prix. — Dél. 11 sept. 1824 ; Rec. Roll. 1022.

9070. Inventaire. — La clause d'un inventaire por- tant que le mobilier de la communauté est resté en la possession de la veuve, qui en représentera *la valeur*, ne peut être considérée comme une vente, car on ne trouve dans cette clause ni les conditions qui consti- tuent la perfection de la vente, ni les obligations qui en résultent, et la veuve ne peut être considérée comme ayant acquis un mobilier qu'un partage ulté- rieur peut lui attribuer en totalité en sa qualité de commune en biens. — Dél. 25 janv. 1833 ; J. E. 10586.

9071. Jouissance. — Deux individus ont acquis une maison, par acte notarié, pour en jouir en commun leur vie durant. Ils conviennent ensuite, par un acte sous seings privés, que l'un d'eux aura la jouissance de la totalité de la maison, en payant à l'autre une rente déterminée. Le droit de mutation est exigible. — Cass. req. 18 juill. 1825 ; J. E. 5324.

9072. Journal. — La vente d'une gérance de journal est passible du droit de 2 %. — Seine, 17 déc. 1858 ; R. P. 1232.

9073. Marché. — Un marché par lequel un tiers s'engage à fournir à un entrepreneur une certaine quantité de plâtre est passible du droit de vente. — Seine, 3 janvier 1844 ; J. E. 13423.

9074. *Vente de constructions à faire.* — Lorsque, dans l'acte de vente d'un terrain sous réserve d'usufruit au profit du vendeur, celui-ci s'engage. moyennant une somme payée par l'acquéreur, à faire construire sur ce terrain une maison dont il aura également la jouissance pendant sa vie, cette somme ne doit pas être ajoutée au prix de la vente pour la liquidation du droit d'enregistrement de mutation d'immeubles : c'est une convention de marché. passible seulement du droit de 1 %. — Sol. 8 déc. 1832 ; Rec. Roll. 3944. — Troyes, 10 mai 1843 ; J. N. 12169. — Dél. 19 janv. 1844.

Mais le droit de 5.50 % serait exigible à l'égard des constructions futures, si l'objet du contrat était la vente et l'acquisition d'un terrain bâti. — Seine, 21 juill. 1865 ; R. P. 2186. — 9 juill. 1870 ; R. P. 3359. — Cass. req. 28 janv. 1872 ; R. P. 3566.

« Attendu. porte le jugement du 9 juill. 1870, qu'il « résulte des actes passés les 8 nov. 1864, 4 oct. et « 17 nov. 1866 et 11 juill. 1867 ; — attendu qu'il « résulte de ces actes que la ville de Paris a pris à bail, « pour des périodes de vingt-cinq ans et trente ans, des « terrains appartenant à divers propriétaires, ensem- « ble les constructions que ces derniers se sont obligés « à élever sur ces terrains, le tout moyennant un loyer « annuel de 5. 6 1/4 et 6 1/2 % du prix total desdits « terrains et constructions ; qu'en outre la ville s'est « engagée à acquérir, avant l'expiration de chaque « bail, les constructions et les terrains loués, moyen- « nant le remboursement des sommes.ayant servi de « base au prix de location ; — attendu que la présen- « tation de ces actes à l'enregistrement a donné lieu « à la perception de deux droits distincts, un droit de « vente immobilière à 5 1/2 % sur les terrains, et un « droit de marché à 1 % sur les constructions ; que « la ville demande la réduction des sommes perçues « au droit proportionnel de bail et au droit fixe de « promesse de vente, et la restitution du surplus ; que « l'administration, au contraire,non-seulement conteste « cette prétention, mais encore demande reconven- « tionnellement un supplément de droits, en se fon- « dant sur ce qu'il s'agit de ventes immobilières pures « et simples, comprenant tout à la fois les terrains et « les constructions ; qu'elle déclare toutefois ne vou- « loir pas appliquer cette demande à l'acte du 8 nov. « 1864, pour lequel la prescription est acquise à son « égard, aucune contrainte n'ayant été signifiée aux « parties en temps utile ; — attendu que les contrats « dont il s'agit ont évidemment pour objet principal « et pour but définitif l'acquisition par la ville d'éta- « blissements scolaires à construire sur des terrains « destinés, comme lesdits établissements, à devenir

« sa propriété, moyennant un prix stipulé entre elle « et les vendeurs ; — attendu qu'il importe peu que « cette acquisition soit dissimulée dans les actes sous « la double forme de baux et de promesses de vente; « que les prétendus baux, dont le prix annuel a été « fixé à tant pour cent du prix des constructions et de « la valeur des terrains, représentent évidemment « l'intérêt des capitaux engagés dans chaque vente; « que ces prétendues promesses de vente, se manifes- « tant par un engagement formel, de la part des pro- « priétaires, de vendre à la ville, et, de la part de « celle-ci, d'acquérir, moyennant un prix convenu, « des terrains et constructions désignés, sont autant « d'actes translatifs de propriété, dont l'exécution, « sans doute, pourra n'avoir lieu qu'à certaines épo- « ques, mais dont l'existence et la valeur actuelles ne « peuvent être sérieusement l'objet d'aucune con- « testation ; — attendu que c'est donc à tort qu'il « a été perçu, sur les actes dont il s'agit, deux droits « distincts, s'appliquant l'un à une vente de terrains, « l'autre à un marché pour constructions, tandis que « ces mêmes actes ne constatent en réalité que des « ventes immobilières, comprenant tout à la fois les « constructions et les terrains, dont ouverture « au droit unique de 5 1/2 %. réclamé à juste titre « par l'administration ; — attendu qu'il en est de « même de l'acte du 7 juin 1867, contenant bail à la « ville, et engagement réciproque, entre elle et les « propriétaires, de vendre et d'acquérir aux mêmes « conditions que les autres actes, relativement à un « terrain et à des bâtiments construits, sur lequel acte « il a été justement perçu un droit unique de vente ; « attendu que le montant des droits supplémentaires, « dont la demande reconventionnelle formée par « l'administration se trouve justifiée, s'élève à la somme « totale de 38,143 fr. 75 c.; — par ces motifs. »

9075. *Cession éventuelle de marché.* — Lorsqu'une entreprise de fournitures a été mise en adjudication, avec la clause que l'adjudicataire sera tenu de rece- voir de l'entrepreneur sortant le matériel d'après l'es- timation d'experts à désigner par les parties, et qu'à l'expiration de son entreprise, son successeur sera éga- lement tenu de recevoir de lui ses fournitures, la ces- sion de ce matériel procède directement de ces deux adjudications ; dès lors, l'usage en justice d'une con- vention non enregistrée relative à la détermination du prix définitif rend exigible le droit de 2 % sur le prix ; le prix de la cession étant dû par l'entrepreneur entrant, et non par l'État, l'art. 73 de la loi du 15 mai 1818 n'est pas applicable. — Cass. 28 avril 1856 ; I. 2078-2. — 4 août 1869 ; J. E. 18847. — 23 nov. 1870, ainsi conçu :

« Attendu que, par l'effet du traité du 2 nov. 1865, « Charles Laffite, adjudicataire, suivant procès-verbal « en date du même jour, de l'entreprise du service des « lits militaires en Algérie, a acquis, comme cession- « naire, le matériel d'exploitation, qu'il reprenait des « mains de Philippe Vallée, précédent adjudicataire, « et que celui-ci était obligé, par son traité de 1846, de « vendre à son successeur ; que, conformément aux

« dispositions dudit traité, le prix définitif de la ces-
« sion a été fixé par une convention intervenue entre
« les parties le 26 juin 1856, avec approbation du
« ministre de la guerre, et que cette convention, pro-
« duite en justice, a servi de base au jugement du 22
« nov. 1866, par lequel le tribunal de commerce de la
« Seine a accueilli la demande formée par Vallée con-
« tre Laffite en paiement du prix dans les termes de la
« convention ; — attendu que, dans ces conditions, le
« jugement du tribunal de commerce donnait lieu non-
« seulement au droit de condamnation à 50 c. %,
« mais encore au droit de titre ou de vente mobilière
« de 2 % sur le prix de la cession du matériel, opérée
« entre les adjudicataires ou entrepreneurs successifs;
« que cependant l'exigibilité de ce dernier droit est
« contestée, sous le prétexte : 1º qu'il n'y aurait pas eu
« cession de la part de Vallée, en ce que le traité de
« 1846 le constituait simple détenteur d'un matériel
« appartenant à l'Etat, et dont, par suite, il n'aurait
« pu disposer ; 2º qu'y eût-il cession, elle résulterait
« non de la convention du 26 juin 1863, mais des trai-
« tés de 1846 et 1865, et que s'agissant d'une fourni-
« ture faite originairement à l'Etat, le droit fixe seule-
« ment aurait été exigible, par application de l'art. 73
« de la loi du 15 mai 1818 ; — attendu que ces deux
« objections sont également mal fondées ; que, d'une
« part, si Vallée était obligé, aux termes du traité de
« 1846, de conserver le matériel pendant toute la du-
« rée du marché, et de le transmettre à l'expiration,
« soit à un successeur, soit à l'Etat, cette obligation
« avait pour conséquence sans doute de restreindre
« son droit de propriété dans une certaine mesure,
« mais qu'elle ne détruisait pas ce droit; et qu'en effet
« la propriété de l'entrepreneur, expressément affir-
« mée dans l'art. 1er du traité de 1846, était ensuite
« reconnue et consacrée par des dispositions ultérieu-
« res, qui précisaient le mode et les conditions dans
« lesquels le mobilier serait acquis à un entre-
« preneur subséquent, ou à défaut à l'État; qu'ainsi
« Vallée, réellement propriétaire et non simple déten-
« teur du mobilier, avait été en droit d'en faire la ces-
« sion ; — que, d'une autre part, la cession procédait
« directement, à la vérité, des traités combinés de
« 1846 et 1865, sans qu'aucun autre acte fût néces-
« saire ; mais que l'usage fait en justice de la conven-
« tion non enregistrée du 16 juin 1866, relative à la
« détermination du prix définitif, rendait exigible le
« droit proportionnel sur la cession judiciairement
« constatée, et que le prix de cette cession étant dû
« par l'entrepreneur qui succédait et non par l'État, il
« ne pouvait être fait application de l'art. 73 de la loi
« du 15 mai 1818; — attendu qu'il résulte de ce qui
« précède que le droit de titre a été régulièrement
« perçu sur le jugement du 22 nov. 1866; qu'en le dé-
« cidant ainsi, et en rejetant en conséquence la de-
« mande des liquidateurs de la société Vallée en res-
« titution dudit droit, le jugement attaqué n'a ni violé
« ni faussement appliqué les dispositions de loi in-
« voquées par le pourvoi; — rejette. »

9076. Mineur. — Le mineur qui a recueilli un fonds de commerce dans la succession de son auteur conserve la propriété des marchandises achetées en remplacement, et la cession donne donc lieu au droit de 2 % — Laon , 6 août 1864 ; R. P. 2122.

9077. Mitoyenneté. — La vente d'un droit de mitoyenneté donne lieu au droit de 5. 50 %. — Sol. 4 oct. 1826 ; I. 1205-13. — Seine, 6 déc. 1849; J. E. 14909.

9078. Nullité. — Dès qu'une vente produite en cours d'instance est déclarée radicalement nulle, on doit se borner à percevoir un droit fixe de 3 fr. et 3 fr. pour double droit. Spécialement, dans le cas où la simulation de la vente est prononcée, parce qu'en réalité ce n'était qu'un jeu à la hausse ou à la baisse. — Dél. 18 août 1829 ; J. E. 9413.

9079. Obligation. — L'obligation d'une somme. avec stipulation que, si elle n'est pas remboursée à l'époque fixée, le créancier sera propriétaire d'un objet mobilier ou immobilier, ne donne lieu à la perception, sur l'acte, que d'un droit proportionnel de 1 % quant à l'obligation, et d'un droit fixe pour la promesse de vente conditionnelle. — Dél. 23 août 1826; J. N. 5861.

9080. Œuvres littéraires. — L'acquéreur des œuvres littéraires d'un auteur. chargé de les imprimer, qui a pris envers deux libraires l'engagement de leur livrer, pendant trois ans, autant d'exemplaires de ces œuvres qu'ils pourraient en placer dans le commerce, a consenti une véritable vente à leur profit et non une simple obligation de faire, se résolvant en dommages-intérêts à défaut d'exécution du marché. — Cass. 21 mai 1855 ; R. P. 390.

9081. Partage. — Un droit particulier de partage n'est pas dû lorsque, dans une adjudication d'immeubles, faite devant notaire, les acquéreurs partagent entre eux un lot dont ils se sont rendus conjointement adjudicataires. — Dél. 14 avril 1824; Rec. Roll. 900.

Il en serait autrement si des soultes prises en dehors de l'objet acquis et de la masse à partager étaient payables à l'un des copartageants; dans ce cas, le droit de partage et celui de vente deviendraient exigibles. indépendamment du droit de vente. — Dél. 28 sept. 1827; I. 1229-7.

Lorsque, par acte passé entre deux enfants et leur mère et portant partage de la succession du père. dans laquelle la mère n'a aucun droit, des immeubles sont attribués à celle-ci sans cause apparente et connue, les droits de mutation, à 5.50 %. sont exigibles sur la valeur de ces immeubles. — Sarlat, 8 avril 1850; J. E. 14937-3

L'acte par lequel il est fait abandon à la veuve usufruitière de toutes les valeurs de la société d'acquêts et de la succession du mari. avec pouvoir de réaliser l'actif et d'acquitter le passif. mais avec dispense de rendre

compte, donne ouverture au droit de mutation. — Rouen, 14 mai 1851 ; ec. Fess. 8830.

9082. Pompes funèbres. — La clause insérée au cahier des charges, concernant le service des pompes funèbres d'une ville, qui alloue à l'adjudicataire une somme de 5 francs par chaque inhumation, constitue un marché passible de 1 %, et est indépendante du bail à lui fait par la fabrique de son privilége relatif aux fournitures de pompes funèbres. — Mais. bien que l'adjudicataire des pompes funèbres soit obligé à consacrer exclusivement le matériel à lui adjugé au service des pompes funèbre, et soit tenu de le transmettre à son successeur, néanmoins il n'y a pas là seulement une charge de bail, mais il s'opère réellement à chaque adjudication une transmission de matériel passible du droit de 2 %. — Cass. 28 avril 1856 ; R. P. 673 ; I. 2078-2.

9083. Pouvoir. — *Covendeur.* — Si l'un des covendeurs est chargé de toucher la totalité du prix, cette clause est une dépendance du contrat et ne peut donner lieu à un droit particulier. — Sol. 12 sept. 1866 ; R. P. 2360.

9084. *Intérêts.* — La clause d'un contrat de vente par laquelle les vendeurs stipulent que les intérêts du prix seront versés entre les mains de leur père covendeur, ne constitue qu'un mandat et non une donation d'usufruit. — Bayeux, 20 juill. 1870 ; R. P. 3244.

9085. Notaire. — Si le notaire rédacteur est chargé de toucher le prix de la vente et de le conserver entre ses mains pour en payer l'intérêt à l'usufruitier jusqu'à son décès, il y a obligation et non simple mandat, car cette clause est exorbitante du mandat ordinaire, d'après lequel le mandataire doit rendre immédiatement au mandant les sommes qu'il touche, et n'en doit les intérêts que dans le cas où il en aurait sans droit fait emploi à son profit. — Sarreguemines, 26 déc. 1837 ; J. E. 11946.

9086. *Remise.* — Le droit de 1 % comme marché est dû lorsque, dans une adjudication d'immeubles, le notaire est chargé du recouvrement du prix moyennant une remise convenue. — Sol. 8 déc. 1831 ; J. E. 10482

9087. *Vente publique de meubles.* — Bien que l'officier public soit chargé, par une disposition spéciale du procès-verbal, de recevoir le prix, cette disposition n'ajoute rien aux obligations qui lui sont imposées par la loi, en sorte qu'on ne saurait la considérer comme indépendante du pouvoir donné pour vendre, et comme telle sujette à un droit spécial de procuration. — Sol. 19 mars 1831 ; J. E. 8889.
La disposition d'une vente aux enchères de récoltes portant que les adjudicataires paieront leurs prix à terme entre les mains de l'officier public, ne constitue pas un mandat passible d'un droit particulier. — Sol. 20 avril 1865 ; R. P. 2067.

9088. *Remise.* — S'il est convenu dans une vente de meubles à l'encan, mais à terme, que le notaire recevra le prix et qu'il prélèvera 5 % pour le *bénéfice du terme*, le droit de 1 % est exigible sur la somme à laquelle doit s'élever cette prime, que l'on peut considérer comme l'équivalent soit des risques que court le notaire, soit des soins qu'il donnera à la recette. — Sol. 29 sept. 1842 ; J. E. 13086-3.

9089. Promesse de vente. — On doit considérer comme vente la promesse de vendre certaines dépendances d'un immeuble, pour un prix convenu *entre les parties*, sous la condition que la vente n'aura lieu qu'à une époque déterminée ; mais que si, avant cette époque, le propriétaire vient à vendre la maison dont ces objets sont une dépendance, il pourra les comprendre dans ladite vente : c'est là une condition mixte et non une condition potestative. — Cass. 17 déc. 1828 ; Rec. Roll. 2582.
La promesse de vendre des vins pour une somme déterminée due à l'acheteur, promesse qui ne devra recevoir son exécution qu'autant que le vendeur ne se libérerait pas d'une autre manière, devient pure et simple et passible du droit de 2 %, lorsque le débiteur déclare dans une instance être prêt à faire la livraison. — Bordeaux, 4 avril 1855 ; J. E. 16046.
La promesse, par le nu-propriétaire d'un immeuble, de le vendre, au décès de l'usufruitier, moyennant un prix, qui sera fixé par experts que les parties *nommeront* ou qui *seront nommés* par le président du tribunal, donne ouverture au droit proportionnel. — Dél. 27 sept. 1833 ; J. E. 10792.
La promesse, de vente consentie sous cette condition que le prix sera fixé par des experts à nommer par les parties, ou qui, en cas de désaccord, le seront par le juge de paix, sur la poursuite de la partie la plus diligente, vaut vente et opère mutation, avant même que le prix n'ait été déterminé ; le droit de 5.50 % est, par conséquent, immédiatement exigible et doit être provisoirement assis sur le montant de la déclaration estimative des contractants. — Cass. civ. 19 mars 1850, Sir. 50. 1. 289 ; I. 1857-18 ; J. E. 14920.

9090. Quittance. — Lorsque les frais de poursuites d'une vente devant notaire commis sont payables en déduction du prix et que ces frais sont payés par l'acquéreur entre les mains du notaire rédacteur de l'acte, le droit de quittance est exigible. — Limoges, 2 juin 1849 ; J. E. 14788.
Il en est de même lorsque la quittance du prix de la vente est donnée par les créanciers du vendeur qui interviennent à l'acte pour recevoir le montant de leurs créances. — Lyon, 10 août 1841 ; J. E. 12817.

9091. Ratification. — Lorsque des enfants devenus majeurs ont refusé de ratifier une vente d'immeubles faite par leur père pendant leur minorité et que l'ancien acquéreur se rend adjudicataire des mêmes immeubles licités, pour un prix supérieur à celui porté au premier

acte, le droit de 5. 50 % est exigible sur le supplément de prix, attendu que la première vente n'ayant été consentie que sous une condition résolutoire, la licitation ne peut être considérée comme un acte de complément, mais bien comme ayant parfait la vente et fixé le prix d'une manière définitive. — Evreux, 12 fév. 1848; J. E 14430.

9092. Réméré. — L'acte par lequel l'acquéreur à réméré rend la faculté de rachat au vendeur qui y avait renoncé par acte antérieur n'est possible que du droit fixe, comme promesse de vente imparfaite, si cet acte a été fait sans le concours du vendeur. — Dél. 21 juill. 1846 ; J. N. 12764.

9093. Renonciation à hypothèque légale. — Si la femme n'intervient au contrat de vente d'un immeuble propre à son mari que pour renoncer à son hypothèque légale, un droit particulier est exigible sur cette renonciation, car, n'étant pas covenderesse, elle n'a pas à garantir la possession de la chose vendue, ce qui fait que sa renonciation est une disposition indépendante de l'acte de vente. — Dél. 8 fév. 1833 ; J. E. 10558.
Mais lorsqu'une femme *se porte covenderesse solidaire* d'un immeuble propre à son mari, et que, par une clause spéciale du contrat, elle déclare renoncer à son hypothèque légale sur l'immeuble vendu, il n'est pas dû de droit particulier à raison de la renonciation. — La femme qui concourt, en qualité de venderesse solidaire, à l'aliénation d'un immeuble propre à son mari, prend, par là même, l'engagement de garantir à l'acquéreur la paisible possession de l'immeuble ; elle renonce, dès lors, virtuellement à son droit d'hypothèque légale, puisqu'elle ne pourrait exercer ce droit sans évincer l'acquéreur et sans violer ainsi son engagement. Il s'ensuit que la disposition spéciale insérée dans le contrat pour exprimer la renonciation de la femme covenderesse dérive nécessairement de la disposition principale, consistant dans la vente faite solidairement par les deux époux ; à ce titre, elle est exempte d'un droit particulier, en vertu de l'art. 11 de la loi du 22 frim. an 7. — Sol. 2 mai 1868.

9094. Révélation. — L'acte par lequel des héritiers pour prix de la révélation de la succession, cèdent au révélateur une somme égale au tiers de ce qui pourra leur revenir, mais en l'autorisant à faire notifier son titre, afin d'opérer la saisine à son profit de la partie cédée, est passible, comme cession de droits successifs, du droit de vente d'immeubles. La clause, en effet, par laquelle on autorise le révélateur à faire notifier son traité, afin d'opérer à son profit la saisine de la portion cédée, caractérise l'acte et lui fait perdre toute possibilité d'assimilation à une cession de valeur mobilière. — Blois, 26 juin 1849; J. N. 13826.

9095. Retrait successoral. — L'acte par lequel l'héritier de la femme prédécédée acquiert d'un héri-
tier du mari les droits lui revenant dans la succession de ce dernier ne peut, quoique qualifié retrait successoral, être considéré, pour la perception. que comme une cession de droits successifs. — Rambouillet, 11 mai 1855; J. E. 16056.

9096. Servitude. — L'acte par lequel l'adjudicataire d'un bois de l'Etat, assujetti par une clause du cahier des charges à la servitude des droits de pâturage et de pacage au profit des communes, se libère de ces droits moyennant un prix déterminé, est passible du droit de 5.50 %. — Dél. 23 oct. 1834, 5 janv. 1835; J. E. 11187.

9097. Stipulation pour autrui. — Lorsqu'il est stipulé, dans un acte d'acquisition par un tiers au nom d'une ville. que celle-ci ne profitera de cette acquisition qu'à la charge de remplir certaines conditions (fondation d'un établissement de bienfaisance; rente viagère à servir à l'acquéreur) différentes de celles qui ont été arrêtées entre le vendeur et l'acquéreur intermédiaire, seul obligé au paiement du prix. il n'y a pas mutation entre la ville et le vendeur, mais bien entre celui-ci et le tiers. Il suit de là que, s'il est établi plus tard que la ville a été autorisée à accepter l'acquisition sous les conditions qui lui ont été imposées, un nouveau droit de vente doit être perçu pour la transmission qui s'est opérée de l'acquéreur intermédiaire au profit de la ville. — Cass. civ. 5 mai 1857; Sir. 57. 1. 538; I. 2114-2; J. E. 15526 ; R. P. 836.

9098. Supplément. — Le droit de 50 c. p. % est exigible sur un jugement qui condamne un individu à payer un supplément de prix de vente, et ce droit est indépendant de celui qui est dû sur le supplément. — Seine, 15 déc. 1824; I. 1200-26.

9099. Vente de meubles. —*Supplément de droit.* — Les suppléments de droits d'enregistrement sur les ventes publiques de meubles doivent être réclamés aux parties, lorsque les commissaires-priseurs ou les autres officiers publics qui y ont procédé ont rendu leurs comptes, sauf le cas où les droits auraient été éludés par fraude ou par toute autre cause du fait de ceux-ci. — D. F. 19 fév. 1819; I. 882.

9100. Usage. — La cession ou le rachat d'un droit d'usage est passible de 5. 50 %. — Sol. 28 juin 1850 ; J. E. 14985.

9101. Usufruit. — *Service des intérêts du prix à l'usufruitier.* — La vente d'un immeuble grevé de l'usufruit d'un tiers, consentie moyennant une somme que l'acquéreur paie au vendeur. mais dont celui-ci lui servira l'intérêt jusqu'à la cessation de l'usufruit, donne ouverture au droit de 5.50 % sur le prix stipulé, attendu que la stipulation du paiement de l'intérêt par le vendeur est purement relative à l'époque où l'acquéreur entrera en pleine jouissance, et au paiement

125

anticipé de ce prix, et se trouve tout à fait étrangère à la fixation dudit prix — Cass. 30 avril 1839; J. N. 10365; J. E. 12305; I. 1601-19. — Seine, 22 fév. 1838; J. E. 12000.

9102. *Renonciation à un usufruit éventuel.* — Si, après avoir donné un immeuble à sa fille sous réserve d'usufruit pendant sa vie, le père recueille ce même immeuble dans la succession de la donatrice, décédée après avoir institué son mari pour légataire universel, et que celui-ci renonce au profit de son beau-père à l'usufruit qu'il devait recueillir de cet immeuble après le décès du père de sa femme, moyennant l'abandon de la nue propriété d'une somme d'argent, le droit de mutation à 4 % seulement est exigible sur la moitié de la somme abandonnée, le droit de transcription ne pouvant être perçu, attendu que la propriété de l'usufruit n'a jamais reposé sur la tête du cédant. — Reims, 18 déc. 1841; J. E. 12902.

9103. *Convention entre le nu-propriétaire et l'usufruitier.* — Lorsque, par un même acte, l'usufruit d'un immeuble a été vendu à une personne et la nue propriété à une autre personne, et que l'acquéreur de l'usufruit s'oblige à payer, sa vie durant, une somme annuelle à l'acquéreur de la nue propriété, qui, à son tour, s'oblige à payer seul l'intégralité du prix de la vente, cette double obligation forme une disposition indépendante qui donne ouverture au droit de 2 %, comme constitution de rente. — Seine, 21 fév. 1855; J. E. 16199 — Cass. 26 juin 1855; I. 2054-10.

9104. **Vente à la mesure.** — Lorsqu'une vente a été faite à la mesure et que le droit a été perçu d'après une évaluation des parties, le procès-verbal de mesurage donne lieu à un supplément de droits ou à une restitution, selon les cas. — Dél. 11 juin 1833; J. E. 11627. — 27 fév. 1836; J. E. 11474-1. Jugé cependant qu'il n'y a pas lieu à restitution parce que le droit a été régulièrement perçu. —Vassy,27 fév. 1852; J. N. 14735 — Guéret, 25 avril 1855; J. E. 16091.

9105. VENTILATION. — Division, fixation du prix ou de la valeur de différentes parties de biens vendus, affermés ou estimés en bloc. — V. *Droits successifs, Jugement, Vente.*
La ventilation a lieu lorsqu'il s'agit de déterminer les droits indivis dans la valeur d'une chose qui s'est formée du mélange de plusieurs matières appartenant à divers propriétaires, et que ces matières ne peuvent plus être séparées;—C. 573.—lorsque l'acquéreur, évincé d'une partie de la chose vendue, conserve le reste; — Id. 1637. — lorsque le contrat d'acquisition comprend différents biens, les uns hypothéqués, les autres non hypothéqués, et que la partie du prix relative à chaque immeuble doit être fixée dans la déclaration du nouveau propriétaire, qui veut purger les

hypothèques; — Id. 2192. — lorsque le créancier a fait effectuer en masse la vente de divers biens faisant partie de la même exploitation, mais qui n'étaient pas tous hypothéqués à sa créance. — Id. 2211.

VÉRIFICATION DE CRÉANCES.—V. *Faillite.*

9106. VÉRIFICATION D'ÉCRITURES. — Examen fait en justice d'un acte sous seings privés dont l'écriture ou la signature est déniée, afin de reconnaître par quelle main il a été écrit et signé. — C. 1324.

9107. Enregistrement. — S'il s'agit d'une pièce à vérifier, qui ne soit pas exempte de l'enregistrement, elle doit être enregistrée avant d'être produite, et conséquemment avant d'avoir pu être contestée et déposée. — I. 436-19.
La minute du procès-verbal qui constate le travail des experts doit être dressée et close au greffe, et elle est annexée au procès-verbal du juge. Il suffit que ces deux procès-verbaux soient soumis ensemble à l'enregistrement. — I. 436-20.
Les décharges données au greffier dans le procès-verbal du juge-commissaire sont passibles d'un droit particulier d'enregistrement, indépendamment de celui du procès-verbal. — I. 436-20.

VINDICTE PUBLIQUE. — V. *Police.*

9108. VISA. — Sont exempts de la formalité: 1° les visas donnés sur des actes d'huissiers, en exécution du C. et du C. P., par les maires, les juges de paix, les agents du ministère public, en leur qualité de magistrats ou de fonctionnaires, ayant pour but de prévenir toute inexactitude de la part des huissiers, et étant prescrits dans l'intérêt des absents, des mineurs, du public ou du Trésor;—I. 436-78. 1598.—2° le visa du greffier sur l'original de la signification de l'acte par lequel on récuse le juge de paix, aux termes de l'art. 45 C. P., ainsi que le dépôt au greffe de la copie de cette signification, s'il n'en est pas dressé acte; 3° le visa du greffier sur l'exploit des demandeurs en partage, destiné, aux termes de l'art. 967 C. P., à constater quelle a été la partie la plus diligente; — D. J. F. 13 juin 1809; I. 436-8. — 4° le visa du greffier sur le pouvoir écrit de celui qui se présente en justice pour un autre. — D. 2 nov. 1813.

VISA POUR TIMBRE. — V. *Timbre.*

9109. VOIRIE. — Cette dénomination comprend

tout ce qui concerne la confection et l'entretien des voies de communication.

9110. Arrêtés des conseils de préfecture. — L'art. 80 de la loi du 15 mai 1818 contonant une disposition générale, il y a lieu de considérer les arrêtés des conseils de préfecture qui statuent sur les contraventions en matière de grande voirie, comme dispensés du timbre et de l'enregistrement. — D. F. 4 fév. 1825; I. 1166-2.

Procès-verbal. — V. n° 6441.

9111. Permission de voirie. — Les formules imprimées dont les sous-préfets doivent faire usage pour l'expédition des permissions de voirie, peuvent être visées pour timbre au bureau de l'enregistrement du chef-lieu de la sous-préfecture, au lieu d'être adressées au chef-lieu du département, pour être revêtues du timbre extraordinaire.—D. F. 5 mai 1860; I. 2181-2.

VOYAGE. — V. *Affirmation, Greffe.*

9112. WARRANT.—Bulletins de gage annexés aux récépissés de marchandises délivrées par les magasins généraux, et contenant les mêmes indications que ces récépissés.

9113. Timbre. — Les warrants endossés séparément des récépissés sont assujettis aux droits de timbre établis pour les effets de commerce.—28 mai 1858, art. 13.

Ces droits de timbre peuvent être acquittés par l'apposition des timbres mobiles créés pour les effets de commerce venant de l'étranger. Le timbre mobile est collé au dos du warrant par le premier endosseur, qui doit le placer au-dessus de l'endossement et l'annuler immédiatement en y inscrivant la date de l'apposition et sa signature. — 2 juill. 1862, art. 25. — D. 29 oct. 1862, art. 3. — D. 23 janv. 1864, art. 2.

L'endossement d'un warrant séparé du récépissé non timbré ou non visé pour timbre, conformément à la loi, ne peut être transcrit ou mentionné sur les registres du magasin, sous peine, contre l'administration du magasin, d'une amende égale au montant du droit auquel le warrant est soumis. — 28 mai 1858, art. 13.

9114. Enregistrement. — Les warrants endossés séparément des récépissés peuvent n'être présentés à l'enregistrement qu'avec les protêts qui en sont faits; ils sont alors passibles du droit de 50 c. %.—Id. ibid.

ZONE FRONTIÈRE. — V. *Procès-verbal.*

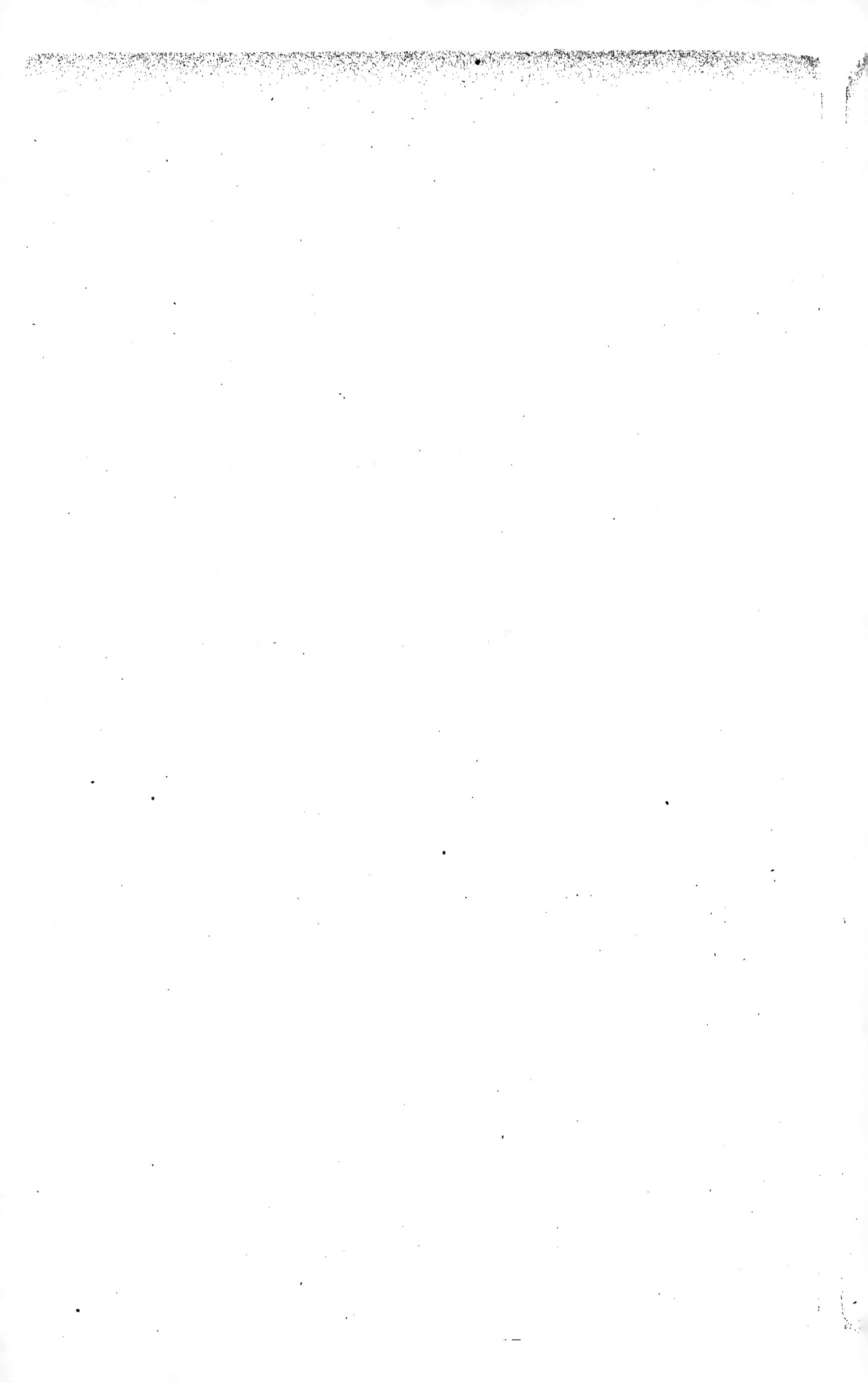

TABLES CHRONOLOGIQUES

ES ARRÊTS, JUGEMENTS, INSTRUCTIONS, DÉCISIONS, ETC.,

CITÉS DANS LE *Nouveau Dictionnaire d'Enregistrement et de Timbre.*

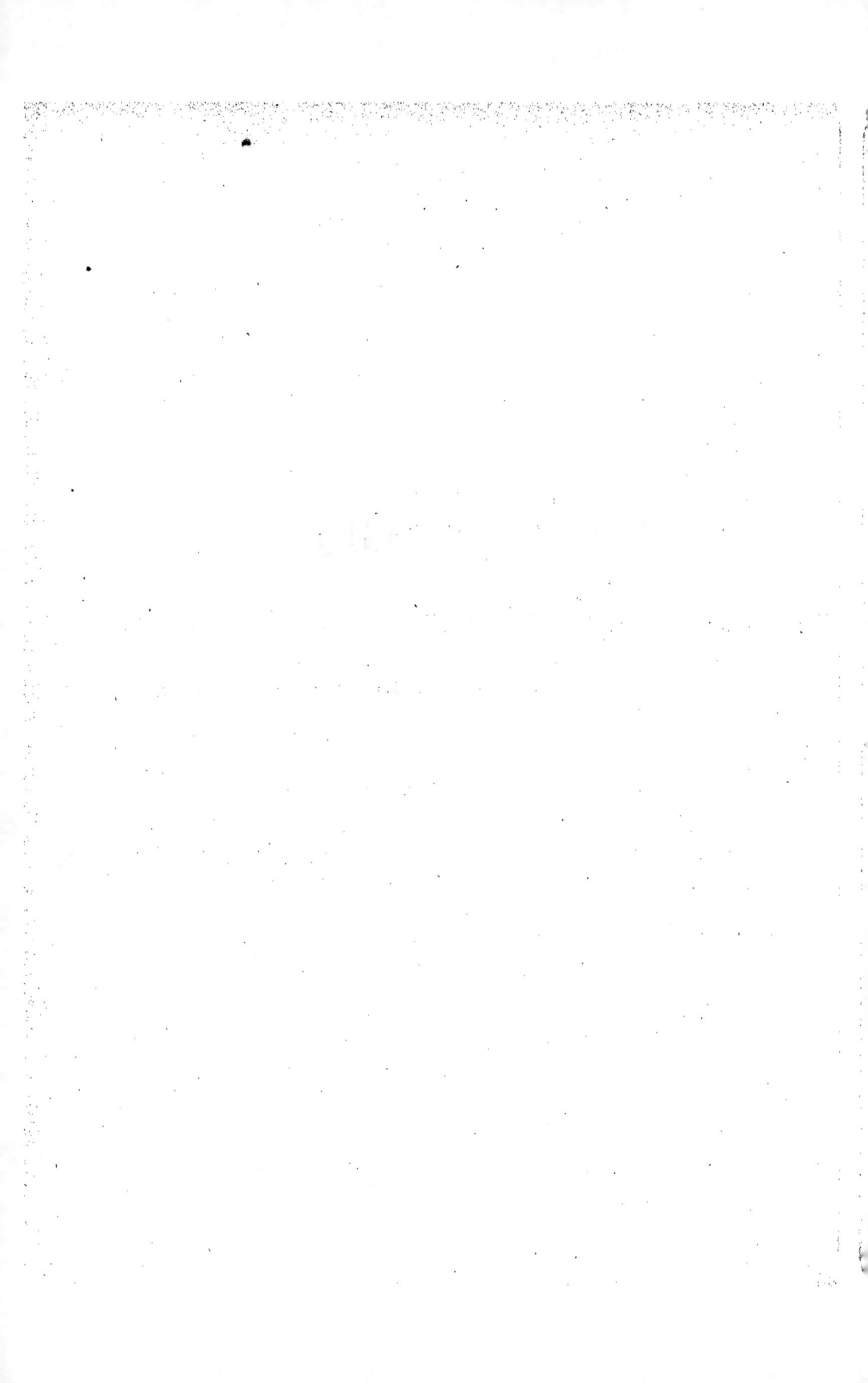

An 2.

19 pluviôse.	994
3 floréal.	994

An 5.

19 prairial.	2216

An 6.

7 nivôse.	7891
16 germinal.	6952
19 —	624
16 fructidor.	1582

An 7.

11 germinal.	7454

An 8.

2 nivôse.	994
1er ventôse.	4967
3 —	561
21 floréal.	3337, 5554, 6022
13 prairial.	7114
29 messidor.	2625
16 thermidor.	2627
1er fructidor.	3496
11 —	3199

An 9.

3 vendémiaire	403
22 —	6573, 7916
27 —	2648
1er pluviôse.	4266
5 ventôse.	6560
16 floréal.	3512
23 —	3196
4 germinal.	3337, 5554
23 prairial.	7891
16 messidor.	5552
3 thermidor.	2242, 6573

An 10.

2 brumaire.	5196
1er frimaire.	8360

4 nivôse.	5547
25 —	1549, 1552
6 floréal.	6573, 7916
7 —	8041
10 —	5566, 5655
9 prairial.	2625
20 —	6573, 7916
25 —	592
30 messidor.	8926, 9008

An 11.

13 nivôse.	8764
19 pluviôse.	7881
2 ventôse.	6573
3 —	21,2239,2244,8106. 8174
14 germinal.	6573
20 —	8173
22 —	6608
29 —	7883, 7920
20 floréal.	3097
19 prairial.	8120, 8243, 8764
15 messidor.	8374
17 —	4559
29 —	1616
6 thermidor.	6224

An 12.

17 nivôse.	8106
22 messidor.	8208
12 fructidor.	8173

An 13.

9 vendémiaire	4260
18 brumaire.	3396
3 nivôse.	7448
5 —	7883, 7920
7 —	2648
12 —	3562, 3587
9 pluviôse.	5615
13 ventôse.	4793
14 —	3755, 3762, 4287, 7230
5 germinal.	7236, 7240, 7260.
2 floréal.	4896
24 —	8041

16 prairial.	7291
21 —	5616
13 messidor.	8971
28 —	7096, 8001, 8084
10 thermidor.	788
12 —	805, 5545
19 —	6575
24 —	3188, 6540, 6591
26 —	5566, 5607
8 fructidor.	3279
24 —	5620

An 14.

8 vendémiaire	2459
15 —	5285
22 brumaire.	5686, 6575
6 frimaire.	5575
14 —	7272
19 —	5573
26 —	3188
30 —	945

1806.

13 janvier.	2839
21 —	7564
11 février.	4896
17 —	7563, 7564
18 —	3389
17 mars.	8904
18 —	6591
2 avril.	1594, 3186
21 —	7883, 7920
7 mai.	5838, 7272
12 —	6591
16 —	4188
21 —	5661, 5683, 8173
27 —	8154
23 juin.	6576
24 —	699, 5541
25 —	76
30 —	1578, 6562, 6564
15 juillet.	277, 421, 2700
16 —	635
28 —	7284
5 août.	6960, 6961, 6984
19 —	5588
20 —	8664

5 mai. . 3697, 8790, 8792
13 — 3129
14 — . . 7001, 9060
4 juin. . . 7348, 8143
9 — 6578
19 — 2660
16 juillet. . . . 3574
13 août. . . 3201, 4896
27 — . . . 5665, 5711
17 novembre. . . . 2640
19 — 2092
10 décembre. 2485
23 — 4221

1818.

7 janvier. . . . 6567
26 — 3368
28 — 4896
17 février. . . . 6567
23 — . . 4896, 7267
2 avril. 884
29 — . . 6575, 7899
21 juillet. . . . 6063
4 août. . 5631, 5639
24 — 614
4 novembre. . . . 8926
18 — 5596
30 décembre. . . . 4565

1819.

10 janvier. . . . 2881
22 — 2410
28 — 2806
3 février. . . . 2632
5 mars. 6680
10 — . . 1517, 2853
19 — 5344
26 — 2657
31 — 4896
10 mai. . 1130, 4985, 7122
19 — 8743
27 juillet. 4120, 6213, 8023,
. . 8841, 8850
16 août. . . 19, 6591
4 novembre. . . 4251
9 — . . . 61, 63
7 décembre. . . . 1580
14 — 3396
22 — 5573

1820.

8 février. . . . 5377
23 — 8905
22 mars. . . . 3397
29 — 5597
6 avril. 959
21 — 5660
2 mai. . . 2782, 5612
6 juin. 528

26 juin. 5853
28 — . . 6558, 6568, 8182
4 juillet. . . . 7122
5 — . . 2457, 7980
8 — 9047
13 octobre. . . . 2657
7 novembre. . . 2771, 3714
13 — . . . 1375, 2484
6 décembre. . 7251, 7266, 7403
7 — 7127
11 — 4098
27 — 4284

1821.

10 janvier. . . . 6539
15 — 2628
18 — . . 2648, 2653
7 février. . . 4251, 4271
20 — 6815
27 — 437
21 mars. . . . 7260
27 — 8802
13 avril. . . . 5596
18 — 6608
30 — . . . 84, 85
10 mai. . . . 559
18 juillet. . . . 4264
25 — 8735
22 août. . . . 5581
19 octobre. . . . 6815
5 novembre. . . . 6576
7 — . 3171, 3475, 7403
26 — . . 3112, 8841
27 — 8850
4 décembre. . 1652, 4288, 5298
. . 7328, 7335
5 — 6609
10 — 6633
24 — . 1637, 2805, 7923
29 — 7230

1822.

8 janvier. . 1379, 5424, 8775
4 février. . 3703, 3710, 6165
12 — . 5542, 5681, 5899
. . . . 9025
16 — 2498
6 mars. . . 2797, 5285
1er avril. . . . 5616
3 — 4896
11 — 6056
24 — 7273
30 — 1516
6 mai. . 5620, 5664
9 — 5036
13 — 5684
14 — 5607
15 — 7122
10 juin. . . . 6553
24 — 5581

27 juin. 843
8 juillet. . . 2811, 7268
5 novembre. . . . 6164
9 — 5683
11 — . 3213, 5597, 5683
. . 5691, 5697
18 — . . . 7251, 7252
21 — 6578
26 — . 1623, 5045, 8840
28 — 5565
2 décembre. . . . 846
10 — 8892

1823.

7 janvier. . . . 3750
27 — . . 3870, 8184
19 février. . . . 7403
25 — 2260
26 — . . 2633, 8332
4 mars. . . 3169, 5657
2 avril. . 61, 63, 6994
15 — . . 7251, 7266
22 — 2505, 3410, 3271,
. 3272, 4146, 6195
14 mai. . 2805, 7245
17 — 716
27 — . . 7267, 8894
12 juin. . . . 2660
13 — 4564
2 juillet. . 83, 90, 7230
14 — 3349
16 — 8135
20 — 2734
30 — . 2744, 5566, 5588
6 août. . . . 8692
26 — 6978
30 — 3271
9 septembre. . . . 2648
10 novembre. . . . 7982
12 — 8868
19 — 8804
23 — 5711
26 — 5575
22 décembre. . . . 7102
26 — 657
31 — 3213, 4278, 7235,
. 7252, 7257, 7353

1824.

16 janvier. . . . 6680
22 — 5708
28 — 8154
11 février. . . . 2549
16 — . . 2115, 2119
23 — . . . 731, 5543
11 mars. . . . 4283
30 — 5577
1er mai. . . . 4283
9 — 4283

12 mai.	90,7102
18 —	8122
16 juin.	6142, 6153
14 juillet.	7403, 8850
22 —	3168
10 août.	6213, 8850
17 —	5584
2 septembre.	2653
10 novembre.	2868
23 —	1381, 5424
11 décembre.	7403
15 —	3412
24 —	2625

1825.

5 janvier.	5584, 5389, 5503, 6591
18 —	1472, 1509, 1523, 1795, 2383, 4276, 4277
14 février.	8027
1er mars.	7305
15 —	2810, 6536
16 —	5923
21 —	5391
26 —	620, 994, 5130
29 —	8154
11 avril.	7403
13 —	2805, 5378, 5709, 7923, 8231
11 mai.	2379, 5543, 5566, 5581, 5677
18 —	148
31 —	2244, 3203, 5831
22 juin.	2632
4 juillet.	2636
6 —	7376
18 —	9071
3 août.	1984
11 —	7057
23 novembre.	510, 511, 514

1826.

6 février.	5577, 5584, 6538
15 —	8919
23 —	6022
14 mars.	6538
20 —	8775
4 avril.	364, 4154
17 —	2810, 3559, 7403
19 —	3207, 5853
2 mai.	6196
8 —	73, 87, 89, 2481, 2505, 6560, 6576, 6591, 8040
9 —	1435, 4283
30 —	8802, 8851
31 —	5634
8 juin.	5600
19 —	5496

20 juin.	2498, 4505, 5063
27 —	2498
6 juillet.	4518
13 —	831
2 août.	7403
7 —	7403
14 —	6543
30 —	2505
7 novembre.	5923, 7085
13 —	1547, 3218, 7092
30 —	2270
26 décembre.	8775

1827.

3 janvier.	547, 1373, 5912, 7675, 8776
16 —	1476, 8860
17 —	8805
25 —	743
6 février.	8158
23 —	6680
26 —	2250
28 mars.	7180
4 avril.	8805
16 —	3750
20 —	2752
25 —	5923
8 mai.	693
15 —	8050
6 juin.	6533
13 —	7321, 9046
16 —	713
17 juillet.	9008
25 —	5830
26 —	196
27 —	6680
6 août	2811
20 —	3546, 3547
5 septembre.	3218, 3221
11 octobre.	2648
6 novembre.	4896
8 —	5493
21 —	713, 7264
23 —	3393
4 décembre.	2771

1828.

11 février.	2505
14 —	437
2 avril.	3218, 3222
9 —	2781
20 —	2452
4 mai.	7102
20 —	2779
28 —	3399
16 juin.	6542
19 —	1542, 1547
20 —	6629
17 juillet.	2653

21 juillet.	3218
22 —	3199
23 —	8950
5 août.	5616
27 —	3362
10 novembre.	5853
15 —	7403
13 décembre.	2810
17 —	2992, 9089

1829.

6 janvier.	2671
3 février.	1687
17 —	66, 67, 68
18 —	4241, 5605, 8117
3 mars.	8130
5 —	2379
24 —	294, 297
1er avril.	4213, 8117
13 —	8825
16 —	874
2 mai.	3598
20 —	5853
27 —	1655
24 juin.	8767
15 juillet.	3370
20 —	8919
20 —	5581, 5584, 5588, 6541, 6591
22 —	5785
12 août.	5544
18 —	4213, 7953
19 —	4251, 4253
24 —	8860
7 novembre.	3721
24 —	4951, 4985
26 —	4967
1er décembre.	2804, 2805
11 —	4723
18 —	7411
21 —	1680, 8737
22 —	978, 3508
28 —	842, 8064
29 —	8167

1830.

6 janvier.	8674, 8677
18 —	4489, 4507
19 —	148
1er février.	1680, 7920, 8167, 8171
15 —	2805
12 avril.	4919
13 —	2496, 5855
28 —	3757, 3762, 4287, 6543
4 mai.	6537
5 —	7811
12 —	5378, 5394
26 —	2643, 3221

10 mars. 2253
17 — 8565
23 — 7726
24 — 5222
15 avril. . . . 2667, 8790
20 — 2749
21 — 5622
22 — 5222
5 mai. . . . 510, 511
15 juin. . . . 7448
17 — . . . 5185
23 — 7728
7 juillet. . . . 3100
8 — . . . 7663, 7726
5 août. . . . 5222
11 novembre. . . 3050, 7396
16 — . . . 2289, 8804
23 — 637
15 décembre. . . 539, 637

1847.

4 janvier. . . . 6275
11 — . . . 2248
12 — . . . 5889, 7364
25 — . . . 1059
26 — . . . 191, 1571
6 avril. . . . 807, 5939
13 — . . . 5222, 8849
14 — . . . 7705, 7712
19 — . . . 6294
20 — . . . 6054
29 — . . . 3409
12 mai. . . . 191, 6767
18 — . . . 3804, 5288
19 — . . . 8731
31 — . . . 5222, 6616
2 juin. . . . 4263
8 — . . . 8675
15 — 2365, 4103, 4232,
        4289, 8851
16 — . . . 8739, 8852
21 — . . . 7100
13 juillet. . . . 5160
16 août. . . . 1442, 4213
8 novembre. . . 5222
9 — . . . 8851
10 — . . . 7038
16 — . . . 4853, 8317
17 — . . . 8843, 8868
6 décembre. . . 9060
8 — . . . 3755. 4393
27 — . . . 8098
28 — . . . 2289

1848.

5 janvier. 2667, 5694, 7726
26 — . . . 6275, 8851
23 février. . . 5222
6 mars. . 4405, 4406, 4407
21 — . . . 2386
31 — . . . 6680

10 avril. . . . 8868
17 — . . . 5204
10 mai. . . 8669, 8670
15 — . . . 807, 5980
17 — . . . 7699
24 — . . . 4393
5 juin — . . . 6275
7 — 727, 4996
21 — . . . 8098, 8860
12 juillet. . . . 8860
8 août. . . . 2365
9 — . . . 3534, 6327
10 — . . . 750
21 — . . . 8570
28 — . . . 4102
30 — . . . 2889
25 octobre. . . 5683
13 novembre . . 4371, 4375
18 — . . . 8817
28 — . . . 7817, 8314
29 — . . . 6647, 8860
18 décembre. . . 8851

1849.

15 janvier. . . 5494
23 — . . . 7300
31 — . . . 4406, 4407
14 février. . . 8851
21 — . . . 7364, 7728
6 mars. . . 5638
7 — . . . 793
12 — . . . 6275
14 — . . . 7257
20 — . . . 7684
26 — . 6792, 7364, 7728
4 avril. 615, 6189, 7049
         7061
17 — . . . 7364, 7728
19 — . . . 3533
23 — . . . 2739, 7396
25 — . . . 7817
2 mai. 7060, 7364, 7728
16 — . . . 7309
21 — . . . 1567, 1643
26 juin. . . . 8117
2 juillet. . . . 6604
3 — . . . 4730, 8904
6 — . . . 7981
9 — . . . 5400
10 — . . . 5183
11 — . . . 6621
16 — . . . 7787
18 — . . . 4375
21 — . . . 637
23 — . . . 8906
31 — . . . 6591
6 août. . . 7369, 7389
7 novembre. . . 8843, 8860
13 — . . . 7353
14 — . . . 1796, 5878
19 — . . . 7396

20 novembre. . . 8117
26 — . . . 7062

1850.

2 janvier. . . . 7818
7 — . 2365, 3702, 3715
29 — . . . 7453
30 — . 7364, 7663, 7728
7 février. . . 7727
12 — . 6512, 6604, 7403
13 — . . . 5690
26 — . 3320, 6180, 8860
27 — . . . 2634
6 mars. . . 7976
19 — . 7387, 8818, 9089
15 avril. . . . 6282
16 — . . . 8843, 8860
22 — . . . 638, 6157
29 — . . . 8560
10 juin. . . 8843, 8860
17 — . . . 3753
18 — . . . 8921
5 juillet. . . 7016
13 août. . . 6225
14 — . . . 8181
20 — . . . 2289
21 — . . . 7364, 7728
26 — . . . 8843, 8860
19 novembre. . . 4263
26 — . . . 4225
2 décembre. . . 8843
24 — . . . 2736
30 — . . . 8035

1851.

7 janvier. . . . 638
22 — . . . 893
29 — . . . 5992
26 février. . . 4277, 8843
3 mars. 6523, 6524, 6551,
        6591
10 — . . . 3105, 6762
11 — . . . 8139
26 avril. . . . 5413
4 juin. 4985, 4995, 5033
17 — . . . 4335
2 juillet. . . . 2668
7 — . 5099, 5102, 5103
15 — . . . 6509, 6585
21 — 75, 6231, 6276, 6576
25 août. . . . 4378
6 novembre. . . 5222
17 — . . . 2746, 3505, 3506
18 — . . . 8168, 8675
19 — . . . 2365
2 décembre. . . 8843, 8860

1852.

4 janvier. . . . 6635
6 — . . . 1533
13 — . . . 5545

23 janvier.	9049
2 février.	847
10 —	4244
17 — . . .	4251, 4253
9 mars. . 1763, 3086,	8681
10 —	2644
23 —	3074
30 —	3325
5 avril.	6292
7 juillet.	8843
14 —	2630
21 —	5770
28 —	5060
10 août. . . . 7383,	7819
11 —	8882
18 —	6587
25 —	5693
15 octobre.	6681
17 novembre.	4258
24 —	8057
15 décembre. . . 2365,	7439
20 —	2881

1853.

5 janvier.	7664
17 —	5031
8 février.	4393
21 —	7712
22 —	5957
23 —	3804
10 mars.	2627
23 — . 6176, 6178,	6223
18 avril.	7016
20 —	5222
26 —	6591
23 mai. . . 1317,	1321
27 —	791
31 —	5438
7 juin. . . 5182,	7016
6 juillet.	6232
11 — . . . 5997,	8585
12 — . . . 2365,	7439
19 —	5182
26 —	3804
27 — . . 6509,	6590
2 août. . 3701, 4334,	8790
8 — . . . 7448,	7453
10 — . 2365, 4995,	7439
23 —	2365
24 —	8894
31 — . . . 3576,	7448
7 novembre.	595
22 — . 7734, 7738,	8843
23 — . . 5621,	8843
30 —	8762
13 décembre.	6294
28 —	3701

1854.

4 janvier. 3640, 6523, 6524,	6526

9 janvier. . .	8843, 8851
17 —	8128
23 — . . .	1316, 1318
24 — . . .	5599, 6591
30 — . . .	4124, 4405
31 —	8117
7 février.	7271
14 —	5100
15 — . . .	695, 7816
18 — . . .	5899, 7397
10 mars.	2864
13 —	2896
14 —	2441
15 —	4245
27 — . . .	8196, 8204
28 — . . .	2737, 7995
5 avril. . 638, 855,	7718
11 — . . .	2379, 2404
14 —	7171
24 — . . 123. 124,	3244
26 — . . .	2365, 7439
2 mai. . . .	5178, 5214
6 —	6504-1
8 — . . .	2739, 7990
10 —	7453
15 —	7288
23 —	880
30 —	6164
12 juin. . . 3567,	8828
13 —	1612
21 —	5204
26 juillet. . . 2365,	7439
31 —	5410
20 août.	7288
29 —	4245
21 novembre.	5413
4 décembre.	5008
5 —	7025

1855.

16 janvier. . 746. 747,	6583
30 — . . . 2454,	2460
31 — . . . 5563,	5566
6 février.	5410
21 —	6598
5 mars. 191, 1608, 5225,	5495
6 — 191, 1608, 5495,	7293
7 —	7049
19 —	7441
20 — . . . 3635,	7666
21 —	191
25 —	8681
27 —	7052
18 avril. . 2454, 5616,	5669
21 mai.	9080
12 juin.	4124
19 —	8117
20 —	2615
25 —	4334
26 —	9103

3 juillet.	4226
9 — . . . 8888,	9043
16 —	6103
17 —	5208
31 —	3617
1er août. 1009, 2735, 2739,	
. . .	6472
7 — . 3697, 8790,	8860
8 —	5222
7 novembre.	2363
12 —	8805
26 —	5625
27 —	8230
30 — . . 2646,	2648
10 décembre. . . .	6292
11 — . . . 5371,	6302
17 —	3609
19 —	727

1856.

2 janvier.	6530
30 —	7448
5 février.	6967
18 mars.	2682
31 —	4405
7 avril.	2738
9 — . . 2363, 2365,	7439
13 —	7737
16 —	4985
28 — . . . 9075,	9082
5 mai.	7037
6 —	5658
7 —	6598
7 juillet. . . 8158,	8159
15 —	8044
12 août.	1295
8 décembre. 70, 546, 6509,	6590
22 —	8125
24 —	6307

1857.

28 janvier. . 191, 1608,	5495
10 février. . . 8547,	8550
17 —	8006
18 —	6686
3 mars.	149
4 —	4126
9 —	148
2 avril.	2365
15 —	8, 9
5 mai.	9007
6 — . . . 8117,	8133
26 — . . . 6649,	6657
17 juin.	4408
18 —	2647
24 —	8171
29 —	6821
8 juillet.	961
27 —	8866
29 —	6165

29 novembre. .	4404, 7682, 8163
4 décembre.	2214
6 —	7724
12 — . . .	8070, 8565
26 —	5019

1866.

8 janvier.	688, 690
22 —	9060
30 — . . .	3127, 8565
7 février.	7684
14 — . .	7705, 7737
19 —	8466
27 —	8472
28 —	735
5 mars. . . .	7816, 8474
7 — . . .	7659, 7680
19 —	8157
9 avril.	5666
11 —	8565
16 — . . .	3814, 8577
14 mai.	8817
15 — . .	6584, 7449
30 —	5226
23 juillet.	7433
16 août.	3031
20 —	2989
5 novembre. . .	2378, 2404
5 décembre.	7684
20 —	892
26 —	3018

1867.

15 janvier.	8846
16 —	6141
23 —	3042
30 — .	1453, 5185, 8181
4 février.	2810
5 — . .	4374, 6604
6 —	7680
11 —	8078
23 —	6604
5 mars. . .	466, 8760
6 —	8237
10 avril.	2672
23 — . .	6300, 6310
24 —	8472
27 mai.	616
5 juin. . .	456, 472
8 août.	3368
20 — . .	2658, 7733
19 novembre. . .	448, 5379
2 décembre. . .	7425, 8066
4 —	8473
16 —	7150
31 —	7069

1868.

14 janvier.	7025

18 janvier.	448
3 février.	7682, 7696, 7730
28 —	7021
10 mars.	5546, 5677, 9049
30 —	7442
1er avril.	6229
7 —	8226
13 mai.	831
19 —	7684
20 — . .	3038, 3050
27 —	8195
16 juin.	1314
17 —	7437
24 — . .	6147, 6309
1er juillet.	6572
23 —	6395, 8438, 8448
28 —	2667
29 —	8614
30 —	4249
7 août.	4251
19 —	8556
26 —	3528
27 —	2252
16 novembre. . .	7680
23 —	2132
1er décembre. .	2523, 3050
3 —	831
9 —	6523, 6524, 6525
15 —	4965, 7654, 7698
22 — . .	7670, 7684
29 —	7069, 7099, 7680, 8609

1869

5 janvier. .	2444, 6785
12 — . .	454, 4345
13 —	8837
19 —	3043
26 —	8474
3 février. .	7962, 8074
10 — . .	4101, 8141
22 —	5666
24 —	7946
19 avril.	2667
4 mai.	3528
25 —	853
15 juin. .	4399, 5387
21 —	2683, 4292, 8161
13 juillet.	8023
14 —	8009
26 —	7446
28 —	5285
4 août.	448, 5400, 6143, 8142, 9075
11 —	8116, 8122, 8131,
17 —	8460
24 —	7269
30 — . .	3623, 4283
20 octobre.	6022
10 novembre.	840

15 novembre. . .	3049
24 —	2667, 7988, 8448
29 — . .	7725, 7770
30 — . .	3086, 8122
8 décembre.	8474
15 —	8473
20 — . .	5226, 8860

1870.

11 janvier.	5285
12 —	3633
19 — . .	1959, 6618
26 —	7437
14 février. . .	7680, 7683
15 — . .	3629, 5617
23 —	4381, 4384, 4403
28 —	7009
15 mars. .	8473, 8857
23 —	1567
28 — . .	3487, 4980
30 —	7996
6 avril.	8488
20 —	7700
26 —	7906
16 mai.	2442
23 — . .	469, 8478
20 juin.	8517
22 —	6940, 7012, 8868
28 —	7770
5 juillet. .	5369, 6242
12 —	6160
13 —	8447
18 — . .	5392, 6390
19 —	8006
27 —	6584, 7680, 7689
3 août.	6052
8 —	8463
9 —	8685
17 — . .	7658, 7725
1er novembre.	8195
16 —	5560, 5603, 5646
23 — . .	5000, 9075
7 décembre.	2737
14 —	6584
16 —	7946
21 —	3590
28 —	7670

1871

4 janvier.	8252
11 —	7240
18 —	5285, 7661, 7663
8 mars.	4966
3 août.	2800
9 — . .	2457, 7984
4 décembre. .	7680, 7684
5 —	6253
6 —	8843

TABLE DES ARRÊTS·DES COURS D'APPEL

An 10.

4 thermidor. 196

1806.

19 août. 805

1807.

29 décembre. 3389

1809.

20 mars. 3198

1810.

8 janvier. 2622
14 février. 3389
21 mars. 3406

1811.

26 avril. 3392
25 juillet. 3402
22 novembre. 3368

1812.

21 avril. 700
14 mai. 3396
18 juin. 3396
21 novembre. 3396

1813.

19 janvier, ... 946
23 février. 945
13 avril. 693
7 août. 940

1814.

19 mars. 3393

1816.

23 décembre. 4360

1817.

6 mai. 743
17 — 8918

1819.

13 janvier. 2881
15 — . . 5774, 5808
24 avril. 2881
15 juin. 1582
11 novembre. 1584

1820.

30 août. 1031
9 octobre. 3370
4 décembre. 3370

1821.

15 février. 945
9 mai. 843

1822.

21 mars. 1408

1823.

29 avril. 693
4 décembre. 8919
11 — 3368

1824.

8 avril. 5797
18 — 5780
3 mai. 3368

1825.

19 février. 3198
4 mars. 3412
25 avril. 4360
14 mai. 3379
25 juin. 1706
22 juillet. 5785
2 décembre 3368

1826.

23 janvier. 3198
4 avril. 3368
13 juin. . . 3352, 3362
25 juillet. 5807

1827.

30 janvier. 8919
15 février. 792
8 mars. 1904
29 — 3399
9 avril. 2549
28 juillet. 5766, 5776, 8957

1828.

5 mai. 5785
23 — 8926
9 juillet. 2992
16 — 3375

1829.

27 janvier. 791
13 février. 5797
20 — 3396
4 mai. 3362
18 — . . 5766, 5779
4 août. 841
4 décembre. 3396
17 — 693

1830.

6 décembre. 4360

1831.

1er février. . . 5774, 5796
24 — 3399
19 mars. 3393
28 avril. 3403
10 mai. 3803
9 juillet. 1904
20 — 3390

1832.

21 février. 2881

26 mai.	. . .	8919
1er août.	. . .	3367
15 décembre.	. . .	3803

1833.

2 février.	. . 1035,	1041
16 —	. . .	3401
22 avril.	. . .	5806
9 mai.	. . .	791
17 —	. . .	5785
15 juin.	. . .	8919
25 —	. . .	8747
17 décembre.	. . .	5807
20 —	. . .	8923

1834

15 avril.	. . .	3381
23 —	. . .	323
19 juillet.	. 5771,	8955
24 novembre.	. . .	3366

1835.

26 mars.	. . .	2992
27 —	. . .	5806
11 juin.	. . .	7403
12 décembre.	. . .	5755
31 —	. . .	3368

1836.

17 mai.	. . .	6011
22 juin.	. 3356,	3368
30 —	. . .	6011
2 juillet.	. . .	5775
21 —	. . .	793
2 août.	. . .	5778

1837.

14 janvier.	. . .	196
15 avril.	. 3394,	3408
28 —	. 5774,	5799
27 décembre.	. . .	8171

1838.

5 janvier.	. . .	3266
19 —	. . .	5800
21 avril.	. . .	3393
8 août.	. . .	6837
18 —	. . .	763

1839

16 mars.	. . .	3396

1840.

14 janvier	. . .	3386
18 —	. . .	5774
1er février.	. . .	3575

20 mai.	. . .	791
1er juin.	. . .	8923
5 —	. . .	792
25 —	. . .	8923
24 novembre.	. . .	3403
23 décembre.	. . .	1974

1841.

6 janvier.	. . 763,	5775
20 août.	. . .	5767
28 —	. . .	693
31 —	. . .	5775
4 décemrbe.	. . .	791
30 —	. . .	5954

1842.

11 janvier.	. . .	5806
20 —	. . .	5767
9 mars	. . .	4302
28 mai.	. . .	5775
25 novembre.	. . .	5775
12 décembre.	. . .	5767
13 —	. . .	5775

1843.

4 avril.	. . .	3396
6 —	. . .	5952
10 mai.	. . .	3396
13 juin.	. . .	3393
9 août.	. . .	3399
30 novembre.	. . .	3396
7 décembre.	. . .	946

1844.

25 janvier.	. . .	6850
14 février.	. . .	3391
9 mars.	. . .	805
23 avril.	. . .	3269
11 mai.	. . .	3372
30 août.	. . .	972

1845.

21 janvier.	. . .	152
10 mars.	. . .	8171
5 avril.	. . .	8171
26 juin.	. . .	8172
5 juillet.	. . .	8923

1846.

6 janvier.	. . .	5952
10 juin.	. . .	8918
25 août.	. . .	5797
1er décembre.	. . .	8171

1847.

14 juin.	. . .	8923

23 novembre.	. . .	6141
11 décembre.	. . .	5770

1848.

13 juin.	. . .	3352
24 juillet.	. . .	3362

1849.

15 février.	. 8171,	8921

1850.

30 janvier.	. . .	8926
25 juillet.	. . .	7811

1851.

22 février.	. . .	946
13 mai.	. . .	847
1er juillet.	. 6628,	8335
4 août.	. . .	1803

1852.

26 janvier.	. . .	8922
29 —	. . .	5770
14 février.	. . .	788

1853.

6 décembre.	. 5772,	5790
15 —	. . .	4126

1854.

16 janvier.	. . .	8922
9 juin.	. . .	7424
18 juillet.	. . .	5764

1855.

20 janvier.	. . .	1206
25 mai.	. . .	3371
24 novembre.	. . .	961

1856.

22 juillet.	. . .	1206

1857.

28 avril.	. . .	1031
2 mai.	. . .	1011
30 juin.	. . .	1222
22 août.	. 895,	903

1858.

4 mai.	. . .	2404
22 —	. . .	6061
26 —	. . .	7123
31 juillet.	. . .	7424

1859.

20 janvier.	. . . .	3397

1860.

4 janvier.	. . . .	3803
8 août.	. . . .	892
17 —	. . . .	961

1861.

26 février.	. . . .	3575
27 novembre.	. . . .	773
11 décembre.	. . . .	5764
16 —	. . . .	2404

1862.

3 mars.	. . . .	628
30 juillet.	. . . .	962

1863.

11 juillet.	. . . .	962
25 —	. . . .	946

1864.

27 mai.	. . . .	2404

1865.

24 mai.	. . . .	8220
22 juin.	. . . .	5952
12 août.	. . . .	1853

1866.

8 mars.	. . .	8219
20 —	. . .	961
30 mai.	. . .	961
28 juin.	. . .	5317

1868.

30 décembre.	. . . .	903

1870.

25 juin.	. . .	763
6 juillet.	. . . .	8502

1873.

11 décembre.	. . . .	7815

TABLE DES JUGEMENTS DES TRIBUNAUX DE PREMIÈRE INSTANCE

An 7.

2 floréal. . . . 8317

An 8.

28 ventôse. . . . 307, 337

An 12.

6 brumaire. 5557

1806.

30 août. 727

1807.

17 août. 7321

1808.

12 décembre. . . . 5789

1810.

2 mars. 4239
3 — 4726

1811.

8 décembre. . . . 1632

1812.

14 janvier. . . . 8259
3 avril. . . 716, 8894
28 ma 719
8 août. 8810

1813.

9 janvier. . . . 4239
14 mai. 2691

1816.

23 mars. 3554
9 août. 5014

1817.

19 mars. 96

1818.

17 février. 972
22 mai. 196
27 — 3387

1819.

26 février. 7950
19 novembre. . . . 3387

1820.

3 mars. 7293
9 juin. 7500
8 juillet. 7322
12 octobre. . . . 2718

1821.

16 février. 7914
21 juillet. 651
29 — 541
30 août. 5377

1822.

4 mars. 6030
31 juillet. 8623
28 septembre. . . . 8951

1823.

15 avril. . . . 2790, 5893
4 juillet. 5795
17 décembre. . . 6841, 8576
22 — 309

1824.

26 avril. 2414
30 juin. 6631
12 août. 8691
15 décembre. . 4967, 9098

1825.

9 mars. 8950
25 avril. 8814
15 juillet. 3387
25 — 7553

1826.

27 août. 6732
29 décembre. . . . 7973

1826.

1er mars. 2279
8 — 3354
13 — 5882
14 avril. 596
16 — 4277
12 juin. 664
3 décembre. . . . 2744
21 — . . . 4724, 6231
26 — 559
28 — 2474

1827.

9 mai. 5823
29 — 1542
3 août. 8015
16 — 7117
14 octobre. . . . 677
29 — 6142
27 novembre. . . . 8553
26 décembre. . . 5286, 6283
31 — 7173

1828.

23 janvier. . . 2778, 2846
2 mai. 8360
21 — 6323
9 juillet. 2238
30 août. . 979. 3605. 5332
27 décembre. . . . 729

1829.

7 février. 560
18 mars. 2283
14 avril. 2779
11 juin. 4252
26 — 8995
22 juillet. 7301
31 — 6323
1er août. 5642
5 — 5401
6 — 5024

14 août. 8038
17 — 3018
20 — . . . 2779, 8149
22 septembre. . . . 2772
16 décembre. . . . 8250

1830.

16 janvier. . . . 4458
27 — 8812
1er février. . . 2501, 7011
15 — 2016
24 — 4287
10 mars 7453
21 avril. . . 3325, 7500
28 — 4145
3 mai. . . . 4980
13 — 3249
19 — 6142
29 — 1977
15 juin. . . 1955, 5399
7 juillet. . . . 1967
22 — 3388
12 août. . . . 5796

1831.

6 janvier. . . . 4334
2 février. . . 740, 1452
2 mars. . . . 694
25 avril. . . . 6325
14 juin. 4334, 6375, 7347
16 — 5771
20 — 6649
29 — 854

1832.

17 janvier. . . 224, 328
18 — 3227
2 février. . . . 890
3 — 7797
28 — 8080
8 mars. . . 8000, 8173
4 avril. . . . 3593
23 mai. . . . 3021
25 juillet. . . 151, 7945
6 août. . . . 8806
11 — 571
22 — 1010
30 — 5459
20 novembre. . . . 587
12 décembre. . . . 1851
18 — 1006
19 — 8503

1833

5 janvier. . . 1006, 1008
8 — 3217
15 — 6778
22 — 2889

24 janvier. . . . 8939
30 — 3760, 6277, 7044,
. . . . 7059
1er février. . . . 7260
26 — 7237
13 mars. . . . 6789
20 — 694
2 avril. . . .1631, 8938
24 — 2030
28 — 8044
8 mai. . . . 8196
14 — 8242
17 — 4982
21 — 738
29 — 7293
30 — 2856
6 juin. . . . 3804
19 — 7231
22 juillet. . . . 8191
19 août. 294, 295, 296
20 — 6264
30 — 8358
6 novembre. . . . 3226
27 — 1571
5 décembre. . 6276, 8008
6 — 5234
18 — 2734
23 — 2224
26 — 2027

1834.

22 janvier. . . . 678
5 février. . . . 2238
27 — 8017
6 mars. . . . 5663
12 — 888
19 — 7749
20 — . . 3532, 6294
3 avril. . . . 893
30 — 7749
7 mai. . . . 5368
12 — 8265, 8805
20 — 6264
29 — 6267
5 juin. . . . 852
18 — . . 3755, 6635
18 juillet 4729
30 — 853
6 août. . . . 2379
20 — 8793
22 — 7797
23 — 8619
24 — 2763, 3502
27 — 6266
30 — 8417
26 septembre. . . . 5777
18 novembre. . . . 2386
4 décembre. . . . 7787
9 — 852
11 — . . 1826, 9019

15 décembre. . . . 1040
23 — 7888
27 — . . . 794, 5635

1835.

8 janvier. . . . 539
15 — . . 8076, 8077
19 — 3385
29 — 3716
20 — 3384
31 — . . 8961, 8997
7 février. . . . 294
11 — 3584
6 mars. . . . 227
7 — 2688
12 — 8990
25 — . . 2447, 2675
28 avril. . . . 2404
6 mai. . . . 2404
15 — 8238
9 juin. . . . 6267
11 — 6629
22 — . . 6941, 7079
24 juin. . . 5555, 6544
2 juillet. . . . 4218
10 — 5775
13 — 8058
22 — 8938
7 août. . . . 3215
11 — 7749
13 — 8851
21 — 6535
25 — 8417
31 — 1567
. . . . 8073
11 septembre. . . . 1381
26 — . . 2831, 6620
21 novembre. . . 3387, 8688
26 — 5287
7 décembre. . . . 8774
16 — . . 888, 2442
31 — 6265

1836.

7 janvier. . . . 7101
13 — 7326
14 — 5801
22 — 3275
2 février. . . . 5688
11 — . . 4336, 8037
16 — 7287
20 — 628
22 — 7076
26 — 8999
3 mars. . . 3763, 9056
4 — 7060
9 — 8834
17 — . . 3474, 5388
23 — . . 888, 8851

24 mars 9024	17 — 1880	8 juin. 4028
30 — 77	24 juin. 2407, 6729, 8793	12 — 7822
19 avril. . 2407, 5893, 6729	26 — 5588	14 — 7671
2 mai. 5665	13 juillet. 8868	21 — 1571
19 — 5236	1er août. 4257	25 — 5187
3 juin. 5309	4 — 8843	27 — 248
6 — . . 2548, 5616	5 — 8167	28 — 7664, 8785. 8802
7 — 1938	6 — 1505	30 — 7752
2 juillet. 559	14 — 148	4 juillet. 3531
20 — 4121	22 — 4261	6 — 878
21 — 3777	23 — 235	10 — 8935
26 — 299	24 — 3502, 6782, 8854	12 — 756, 2239, 7274.
27 — . . 548. 562	29 — 8878	 8802
5 août. 2228	9 novembre. . . . 1631	14 — 3332
10 — 7436	11 — 9063	18 — 8783
19 — 1391	27 — . . 227, 294	19 — . . 8360, 8876
25 — 227	14 décembre 6224	9 août. . 2983, 3807
29 — 7455	22 — 4028	10 — . . 1123, 7901
9 décembre. . . . 5883	26 — . . 8667, 9085	13 — . . 7131, 7180
30 — 3167, 5847. 6774	29 — 3203, 5832, 7180	16 — 8619
		18 — 8878
1837.	**1838.**	21 — 3325
		23 — 555, 1047, 3167,
		5847
12 janvier. . . 630, 5839	3 janvier. . . . 2675	24 — 5885
18 — . . 3019, 3053	4 — 2675	29 — 2239
19 — . . 2456, 5395	11 — . . 4273, 8094	30 — 3368, 4242, 4280
21 — . . 5380, 7769	12 — 6264	31 — . . 3038. 3051
16 février. . . . 7422	18 — 3217, 5585, 8805	15 novembre. . . . 8824
17 — 3332	19 — 5788	22 — 4224, 4229, 7749,
19 — . . 2152, 7660	23 — 6284	8768
22 — . . 3517, 6267	26 — 377	29 — 3755, 7791, 8862
2 mars. . 2445, 6782	29 — 6264	30 — 8790
4 — 9063	1er février. . . . 7138	4 décembre. . 5683, 8851
9 — 6635	13 — 560	6 — 3368
13 — 6602	14 — . . 225, 7133	17 — 4229
15 — 8798	15 — 863	20 — 8832
16 — . . 6568, 6610	22 — . . 8802, 9101	28 — 888
17 — 5372	23 — 2667	29 — . . 8682, 8698
22 — 1938	27 — 8098	31 — 694
4 avril. . 2407, 6729	28 — 2506, 2507. 6195	
6 — 7749	5 mars. 5099	**1839.**
8 — 2445	6 — 5581	
11 — 4225	8 — 3279	10 janvier. 2679, 4229, 8134
15 — 6254	9 — 2278, 4228, 9017	17 — 8851
20 — 6285	13 — 8171	18 — 8160
27 — 5616	15 — 5768, 5771, 7885	31 — 6241
28 — 2407, 4979, 6729,	18 — 3882	5 février. 8760
8417	20 — 2812	6 — . . 1504, 1513
2 mai. . 2378, 7330	23 — . . 2984, 2994	14 — . . 1611, 2617
9 — . . 2831, 7351	29 — . . 638. 5125	21 — 8854
10 — 2810	4 avril. 7130	11 mars. 7666
15 — 560	5 — 1653	14 — . . 738, 748, 4643
16 — 1553	12 — . . 3167, 5847	21 — . . 156, 2669
17 — 8868	3 mai. 7299	23 — 6245
21 — 3325	5 — 276	4 avril. . . . 4735, 8873
24 — 1567	10 — 235, 716, 7448.	13 — 8137
30 — 5185	 8894	7 mai. . . 3037, 3051
1er juin. . . . 4229	15 — 4285	11 — . . 3804, 3807
3 — 4105	17 — 8171	12 — 8868
13 — 2480	5 juin. 537, 3203, 3855.	16 — . . 5994, 6277
15 — . . 1825, 1827	5831, 7261	

13 janvier. 235
14 — 4218
20 — 2378, 2894, 3019, 3332
26 — 8047
29 — 1500
2 février. 238, 2123, 3787, 8236
10 — 6843
16 — 3512
17 — . . 3083, 6295
21 — 8667
23 — 2667, 2811, 3216, 8210
24 — 528, 5432, 8098
26 — 3777
1er mars. 888
4 — 5469
9 — 9026
12 — 6272
16 — 8146
17 — 6843
30 — . . 539, 6632
5 avril. 5588
9 — . . 8851, 9042
12 — 5371
13 — 4260, 4271, 6554, 7076
14 — 7061
16 — 4489
18 — . . 3260, 9059
22 — 6272
26 — 598
27 — . . 4104, 8186
30 — 3710
2 mai. 726
3 — 2238
4 — 7402
7 — 5622
11 — 373, 7248, 8098, 8862
12 — . . 3777, 6601
13 — 8868
16 — 2771
21 — . . 7781, 8098
23 — 8764
25 — . . 4248, 8768
26 — 8149
3 juin. 580
11 — 8098
15 — 8098
16 — . . 2217, 5645
22 — 3712
28 — . . 3050, 3051
29 — 7304
30 — 6224
3 juillet. 6509
14 — 5924
15 — 6843
20 — 387, 5321, 8149
21 — 5675

22 juillet. 7230
29 — 6224
2 août. 5770
10 — 2363
11 — 2381
13 — 5372
16 — . . 3032, 3051
17 — . . 3804, 3807
18 — 3083, 5186. 6295
19 — 2721
20 — 4387
22 — . . 2865, 8047
24 — . . 2765, 8098
25 — . . 2893, 4406
27 — 7910
29 — . . 7179, 7180
30 — 3475. 5638, 5998
31 — . . 2884, 4225
1er septembre. 4406
24 — 4193
7 novembre. 613
13 — 8805
16 — . . 2993. 8939
23 — 5847
26 — 7022
28 — . . 4643, 7793
30 — 4641, 7015. 7980
1er décembre. 8754
6 — 8851
7 — 539
9 — . . 3168, 5848
12 — 692
14 — . . 3039, 4343
15 — 3368
17 — 5679
20 — 2787. 3531, 3548
21 — 5940
23 — . . 5455, 8110
24 — 8805
27 — 8802
28 — 8554
29 — 3083

1843

3 janvier. . . 5770, 5786
5 — 6314
6 — 2677
9 — 4405
11 — . . 1632, 2758
13 — 8851
18 — 3027, 3051, 8851
20 — 6032
21 — . 7018, 7170, 7364
23 — 8896
24 — . . 4840, 5468
25 — 3044, 3051, 5351, 5936, 6157, 6787
1er février. 3021
2 — . . 5233, 7384
6 — 8032

8 février. 5841
10 — . . . 3697, 8790
15 — . . 2276, 2285
. . . . 5839. 8129
17 — . . 5555, 5672
20 — 8939
21 — 2399
22 — 8998
25 — 8628
1er mars. 7709
2 — 4193
6 — 7170
8 — 3147
10 — 2718
15 — 7794
16 — 2811
20 — 4028
22 — 7016
25 — 2233
27 — 2886
29 — 7303
30 — 1632
5 avril 1572, 5101, 5102. 8629
6 — 7016
12 — 5406
14 — 5401
20 — 8547
25 — 2404
26 — . . . 4121, 4123
29 — . 640, 888, 1571
3 mai. 7257
4 — . . 6295, 7036
5 — 5686
9 — 8231
10 — 9074
16 — 2667
18 — 5768
19 — 7726
20 — . 600, 7008, 8851
23 — 6602
27 — 5182
28 — 8812
29 — 7726
2 juin. 3222
3 — . . 252, 647, 7748
6 — 1517
10 — 512
13 — 1567
14 — . . . 638, 8851
19 — 8851
20 — 8670
23 — . . 4277, 8682
26 — 2684
28 — 2363, 4287, 5995
1er juillet. 304
5 — . . 5397, 7794
8 — 7398
11 — 8846
12 — 3083
13 — 5699

18 juillet. . . . 2773
19 — 3571, 4281, 8701
21 — . . . 7663
24 — . . 5595, 9045
26 — 5182
29 — . . 3804, 3807
1er août. . . . 5586
3 — . . 1954, 6294
16 — 3279
18 — 1571
19 — .3256, 5392, 7092
21 — 7664
22 — 2765
23 — . . 1966, 8098
24 — . . 3040, 8851
25 — . . 7980, 8670
28 — 7022
29 — 2776, 8080, 8851
30 — . . 5589, 7703
31 — . . 3716, 5099
9 septembre. . . . 8637
15 — 1632
7 novembre. . . . 7018
10 — 7448
15 — 3527
17 — 8791
19 — 8098
21 — . . 6598, 8138
22 — . . 2441, 2746
24 — 7171
5 décembre. . . . 7448
6 — 5646, 7591, 7713,
    7749, 7888, 8098
7 — . . 3591, 8854
13 — . . 7170, 7671
15 — . . 6598, 8149
19 — 528
27 — 971
28 — 3385, 3404, 7076
29 — . . 197, 3886

1844.

3 janvier. 3037, 6596, 9073
8 — 8899
11 — 7016
17 — . . 2240, 2270
18 — 5455
25 — 4010
8 février. . . 197, 3886
13 — 4218
14 — 8027, 8246, 8851
21 — 3755
22 — 5182
23 — 584
26 — 5780
1er mars. . . . 7663
2 — 3197, 3203, 5182
5 — 6591, 3197, 3203
6 — . . 7664, 7666
8 — . . 5925, 8304

9 mars. . . . 2886
13 — 3528, 3804, 3807,
    . . 5182, 7356
20 — 1688, 3755, 7016,
    . . 7726, 8209
22 — 7660
25 — . . 2244, 7872
26 — 7726
29 — 7016
2 avril. . . . 6243
8 — 5465
15 — 5797
16 — 6294
22 — 5800
24 — . . 1571, 2844
25 — 3010
2 mai. . . . 235
14 — 3387
15 — 3527
17 — 3529
22 — . . 1059, 5182
24 — 7705
30 — 8805
6 juin. 5770, 5798, 5802
10 — 7259
12 — 5182, 5202, 7751
15 — 3041
19 — 5616
25 — . . 2887, 3739
26 — . . 3048, 8768
3 juillet. 1137, 2884, 8851
5 — 1567
9 — . . 4642, 7052
12 — 5998
16 — 2811
17 — 7051
19 — 730
1er août. . 539, 653, 7137
7 — 8629
9 — 6276
13 — 5616, 7351, 7726
14 — 7052
20 — 5981
22 — . . 2868, 7230
23 — . . 3037, 7726
26 — 8851
27 — 6245
28 — 7329
31 — 3245, 6181, 6207
13 septembre. . . 8863
4 novembre. . . 7764
7 — 1481
8 — 6153, 6190, 7764
11 — 3706
13 — . . 2677, 8360
14 — 5465
18 — 8258
19 — 8843
21 — 1643
22 — 5622
23 — 7711

26 novembre. . . . 8862
27 — 8805
28 — 5585
4 décembre. 3697, 6221, 8790,
    . . 8851, 8858
10 — . . 2411, 5364
11 — . . 2458, 8868
13 — 3213
16 — 5784
17 — 1643
18 — 730, 6651, 6767
19 — . . 677, 7280
23 — 2883, 2889, 7726
24 — 6188
26 — 5701

1845.

2 janvier. . . . 2773
10 — 6141
15 — 3030, 4643, 5932
17 — 3050, 6596, 8675
22 — 968, 1502, 6398,
    7671
24 — 8664
25 — . . 6141, 6597
27 — . . 1517, 3529
29 — . . 5788, 5798
31 — 3527
6 février. . . . 7726
12 — 3279, 3706, 7020,
    7090
14 — 7016
19 — . . 1643, 5931
21 — . . 2224, 6224
24 — 8160
25 — 8222
28 — 8779
11 mars. . . . 1571
12 — . . 539, 583
13 — 5777
14 — 3528
15 — . . 7086, 8679
17 — . . 3697, 8790
22 — 6232
24 — 7745
28 — 5581
8 avril. . . . 3561
9 — 3572
11 — . . 3806, 5986
12 — 5961
17 — 3529
19 — 3226
20 — 1522
21 — 6277
25 — 5225
29 — . . 6157, 7353
7 mai. . . 3529, 4509
29 — . . 3030, 7752
31 — 4285, 4286, 6972
4 - juin. 5621

5 juin. 8000
11 — 891, 3606, 5125,
5372, 6157, 7663,
7664, 8324, 8850
24 — 5974
25 — 3318, 7003, 7671
27 — 4992
4 juillet. 1550
5 — 3245, 5480, 6182
11 — 6284
14 — 3572
17 — 5924
18 — 694
21 — 5767
23 — 2386
28 — 7671
7 août. 2779
10 — 557
13 — . . 888, 2775
14 — 1882
18 — 6157
19 — 2446
21 — 1571, 2238, 6224
22 — 8098
23 — 3220, 4901, 7182,
7361, 8752
26 — . . 7016. 8804
27 — 2507, 5651, 7025
30 — 2478, 3260, 7754,
9059
6 septembre. . . 6276, 6294
8 novembre. . . . 9052
10 — 5690, 6548, 8334
18 — 5804
24 — 8098
27 — 8851
3 décembre. . . . 7170
9 — 5351, 5936, 6002
11 — 6206
12 — 6191
16 — . . 5668, 6324
17 — 5825
18 — 963, 6276. 7066
23 — 3021, 3054, 6224
24 — 4410
26 — 3244
27 — 979, 3531, 3596
30 — . . 1523, 8851
31 — 4402

1846.

7 janvier. . . . 592, 3354
12 — . . 5671, 5695
13 — 5225
19 — 5803
20 — . . 5598, 8851
21 — 2245
22 — 8851
24 — 6313

27 janvier. . . 5616, 7999
28 — 7753
29 — 6310
30 — 8681
31 — 8851
5 février. . . . 6228
7 — . . 8843, 8868
14 — 8098
17 — 2231, 2277, 8605,
8612
18 — 1551
21 — 5705
2 mars. . . . 2897
4 — 5616
6 — 4103
9 — . . 5371, 6153
12 — 6157
14 — . . 226, 6185
18 — 8787
20 — 5793
23 — 5628
24 — 2403, 5196, 5222
25 — 7766
27 — 6634, 6636, 7016,
7764
28 — . . 1606, 9064
4 avril. . . . 8796
18 — 6280
21 — . . 3771, 8607
24 — 5583
26 — 8883
28 — 5587, 6842, 8898
29 — 5586
30 — 3217, 5560, 7016
5 mai. 539
6 — . . 6202, 7352
7 — 3022, 3231, 4643.
7182
12 — 1777
22 — 609
27 — . . 6283, 8868
29 — . . 4236, 4898
1er juin. . . . 3222
5 — 7016
8 — . . 621, 5665
10 — 2233, 7364, 9060
16 — 5665
18 — 5692
22 — 7751
26 — 5456
29 — . . 4284, 4285
7 juillet. . . . 65
10 — 7537
17 — 2719
19 — 6241
23 — 7673
28 — 6529
5 août. . . . 6276
7 — 3527
10 — 8854
11 — 1605

12 août. 3458, 3009, 6187
13 — 5630
14 — . . 694, 7448
19 — 312, 2845. 3277
20 — . . 1567, 5612
24 — . . 1571, 7046
26 — 582, 1442, 2789,
3705, 3750. 7015,
8698, 8994
28 — 5695
29 — 1997
31 — 8188
14 septembre. . . . 2739
14 octobre. . . . 5285
16 — . . 5637, 7537
17 — 7053
6 novembre. . . . 3529
10 — 5616
20 — 2215
25 — . . 584, 6644
1er décembre. . . . 4376
3 — 6276
5 — 7764
9 — 1689, 1972, 2311
16 — 2771, 3533, 8681
17 — 694, 3019, 3217
21 — 7053
23 — 5125
24 — 6186
29 — 8862
31 — 3022, 3030, 3046,
7994, 8048

1847.

6 janvier. 3216, 4099, 6280
7 — 3751
11 — . . 3035, 3052
13 — 2434, 3030, 3034.
3127, 3731, 6585
15 — 5775
20 — . . 2718, 6508
23 — 7795
26 — . . 553, 3100
27 — 4643, 5618, 5980
29 — 712, 2276, 5604
2 février. . . 854. 3217
3 — . . 2434, 6276
4 — 6230
6 — 6141
8 — 8845
10 — . . 5769, 7699
11 — . . 5125, 8815
13 — 7664
16 — 3050
17 — 2403
18 — 573
24 — 6733
2 mars. . . . 3222
4 — . . 1289, 1938
5 — . . 5667, 8187

Date	Numéros	Date	Numéros	Date	Numéros
8 mars.	 7062	30 novembre.	. . . 8002	18 juillet.	 6598
10 —	3100, 5675, 6158,	1er décembre.	5962, 5086, 651	19 —	 8160
	9030	7 —	 649	20 —	 7678
12 —	5697, 6241, 8868	10 —	 5880	21 —	. . . 1570, 5695
17 —	. . 1940. 7673	14 —	 8868	25 —	638, 1687, 4213,
18 —	 2719	15 —	 4506		7331
22 —	. . 4218, 7055	16 —	 1988	26 —	 8871
26 —	. . 539, 7765	21 —	6231, 6999, 8324	29 —	 7711
29 —	 3046	22 —	 8116	6 août.	 3529
6 avril	 4996	27 —	8173, 8195, 8204	9 —	 3360
8 —	 6996	29 —	 5638	17 —	5102, 7352, 7565,
9 —	 615	30 —	2494, 5637, 6147.		8580
21 —	 5365		7103, 8574	18 —	 3253
22 —	 8883			19 —	 5683
24 —	 5603	**1848.**		24 —	. . 8047, 8160
27 —	 3698	3 janvier.	 7016	29 —	 7019
30 —	3243, 4643, 7044	5 —	 5683	30 —	. . 4406, 7664
4 mai.	 5225	10 —	 1777	31 —	 4106
5 —	. . 579, 8629	11 —	 2811	9 septembre.	. . 3035, 3046
18 —	 8851	12 —	 7987	7 novembre.	 6557
19 —	. . 2719, 6312	18 —	. . 2454, 7666	10 —	. . 5408, 7933
21 —	 5796	20 —	 7299	14 —	 6202
22 —	2739, 5681, 6284,	26 —	 3100	15 —	. . 2286, 5637, 5681
	8011	28 —	 2289	17 —	 8868
27 —	 7754	3 février.	 2754	20 —	. . 7338, 7453, 8214
29 —	 5621	5 —	 679	21 —	 8844
2 juin.	 5925	8 —	. . 6276, 6610	24 —	. . . 3780, 8759
3 —	 2674	11 —	 240	1er décembre.	5916, 6566, 8848
7 —	 1618	12 —	. . 5876, 9091	5 —	 7884
8 —	. . 1882. 5796	17 —	5830, 5838, 8675	6 —	 8175
9 —	. . 7179, 8868	18 —	 7673	7 —	6568, 7062, 7240,
12 —	 6317	19 —	 3119		7273, 7448, 7751.
17 —	. . 5185, 7060	23 —	727, 5014, 5406		7980, 8868
7 juillet.	 8851	24 —	 8171	8 —	. . 7664, 7703
9 —	 1039	28 —	. . 1571, 1599	15 —	. . 2289, 5193, 5225
14 —	 5997	3 mars.	 8883	18 —	638, 6952, 8851
15 —	 7752	8 —	73, 84, 102, 966,	21 —	. . . 3279, 5344
16 —	. . 8804, 8843		1985, 2363, 3053	25 —	 2258
19 —	 7760	15 —	 6647	27 —	 8771
22 —	 7053	16 —	 2233	28 —	. . 8099, 8638
23 —	 5838	27 —	 8794	29 —	2407, 6729, 6732,
30 —	. . 5993, 7060	29 —	. . 2673, 6972		7180
6 août.	. . 727. 8805	10 avril.	 7005		
10 —	 638	15 —	 3588	**1849.**	
11 —	 4271	9 mai.	. . 8156, 8991	3 janvier.	 5193
14 —	 5989	12 —	 3776	5 —	 6236
16 —	5310, 5726, 8868	18 —	 8077	9 —	. . . 7056, 8171
17 —	. . 694. 5800	25 —	582, 638, 3050	10 —	 3238
18 —	 8567	7 juin.	. . 6532, 7705	12 —	 6195
19 —	 5663	8 —	 3561	15 —	 8868
21 —	 638	10 —	 7684	16 —	 2363
27 —	 4919	18 —	 5704	17 —	 8764
30 —	. . 3040. 5494	19 —	. . 7958, 8253	18 —	 2779
31 —	750,5222,8002	20 —	 7016	23 —	. . . 7036, 8167
23 octobre.	 5654	21 —	6225, 7666, 7673	30 —	 4124
10 novembre.	 8815	24 —	 7448	5 février.	. . . 7055, 7057
17 —	 5497	28 —	 7257	8 —	. . 7671, 7984
19 —	 6225	2 juillet.	. . 2750, 7435	13 —	 2289
23 —	. . 3279, 5985	4 —	 5285	14 —	. . 7958, 8934
25 —	 8681	10 —	 6996	16 —	 3010
29 —	. . 6767. 7093	12 —	 7075		

22 février.	3204, 3244, 7062, 7885
23 —	7371
26 —	6779
3 mars.	571
9 —	6612
14 —	662, 8417
21 —	3122
22 —	5961
24 —	5925
26 —	3530
29 —	8073, 8144
30 —	6277, 8881, 8885
12 avril.	7999
13 —	7962
24 —	8318
26 —	2289, 8652
27 —	7266, 9041, 9050
29 —	5890
2 mai.	4871, 8171
3 —	567, 7299, 8783, 8843, 9040, 9050
8 —	5624
11 —	7237
14 —	7984
16 —	2289
22 —	2891
23 —	7663, 7694
26 —	3075, 3531
28 —	5676
29 —	3251
30 —	3529
2 juin.	9090
6 —	7758
8 —	638, 7258
20 —	2289, 9068
23 —	7364
26 —	9094
28 —	8010, 8504
29 —	2365
3 juillet.	3563, 3565
4 —	5880
5 —	1624, 7025
11 —	4998
12 —	4257, 5616, 6294
13 —	5102
18 —	3048
19 —	5182
21 —	639, 5182
25 —	5971
28 —	5996
2 août.	7364
3 —	7764
7 —	638
8 —	4794
9 —	8170
10 —	6548, 8335
11 —	5617, 6602, 8690
16 —	5673
18 —	8096
21 —	801
22 août.	518
23 —	2404, 3195, 5644, 6509
24 —	7230
27 —	7341
31 —	3697, 6225, 7369, 8790
1er septembre.	8135
24 octobre.	3045
14 novembre.	5878
15 —	4393, 7980
22 —	8181, 8773
23 —	8071
28 —	6568, 7902
30 —	4264, 7328, 7986, 8854
5 décembre.	727, 2289, 3226, 7373, 7712, 8195, 8199, 8204
6 —	727, 6602, 7072, 9077
8 —	6602
12 —	8149
13 —	727, 758, 763, 3037, 6596, 6606
18 —	8210
19 —	7909
20 —	3697, 8790
21 —	856, 8204
22 —	2492, 2844
23 —	8805
28 —	7040, 8059, 8636
29 —	8129
31 —	8167, 8843
1850.	
3 janvier.	7353, 8072
8 —	8244
9 —	5007, 7101
10 —	3771, 8171
14 —	7684
17 —	857
23 —	3204, 3535, 7267, 8173, 8174
24 —	7025
25 —	1608, 7237, 7248
30 —	7016
4 février.	8843
5 —	235, 5[illegible]38
6 —	679
7 —	967, 8129
16 —	6235, 6240, 7380, 8555
19 —	8843
20 —	2777
22 —	2825, 6551, 8050
23 —	2718, 2722
25 —	4320, 4334, 7380
26 —	560
28 —	7378
4 mars.	5225
7 —	2451
11 —	3274, 7018
14 —	3217
19 —	7684
20 —	2245
22 —	384, 638, 1882
3 avril.	4724, 4964, 7403, 8883
8 —	6208, 9081
10 —	5102, 6221, 7712
18 —	8792
20 —	8851
26 —	4643
3 mai.	6276, 8099, 8851
6 —	1988
8 —	4961, 5378, 5380, 7673, 7769
11 —	8868
14 —	1012
16 —	6532
17 —	3037
22 —	3636
23 —	5102, 5225
24 —	6598
29 —	2493
1er juin.	691, 5616
5 —	2854, 3317, 5287, 7364
6 —	8185
7 —	4334, 5033
12 —	6254, 8116
21 —	8688
22 —	7006
23 —	6147, 8574, 8885
1er juillet.	6313, 7052
3 —	7999
4 —	282
6 —	1796, 7257
8 —	4253
9 —	567
14 —	7666
16 —	7016
19 —	1082
20 —	1571
21 —	2289
22 —	1988, 2289
25 —	7052, 8832
26 —	5347, 5844, 8129
27 —	5102
31 —	5673, 7180
1er août.	568, 1988
2 —	5182
3 —	2099, 7016, 7142
5 —	807, 2365, 5670
6 —	5223
7 —	603, 7353
8 —	5972, 7884, 7885
9 —	6779
14 —	893, 2784, 3529, 4101, 6598

16 août. . . 1956, 6223
19 — 2993
21 — . 2889, 4277
22 — 7171
23 — 7979
24 — 4101
27 — 1512
28 — 2365
29 — 3035
30 — 3758, 8843, 8868
31 — 3076
25 septembre. . . 6577, 7883
12 octobre. . . . 3626
8 novembre. . . . 8168
16 — 4277
18 — . . 7052, 8680
19 — . 6309, 8795
20 — . 763, 8002
21 — 5188
22 — 4965
23 — 6824
25 — 5188
27 — . . . 727
29 — 5287
3 décembre. . . . 3235
4 — 7947
5 — 3050, 5975, 5976
. . . . 8851
6 — 744, 749, 757,
2398, 8555, 8680
7 — 5795
11 — 5672
15 — 2404
17 — 4269
18 — 2993
19 — 5679
21 — 2853, 8843, 8906
26 — . . 856, 4489
27 — 7438
28 — 3037
30 — . . 6509, 6645
31 — 5630, 6596, 8023

1851.

2 janvier. . . 4101, 8000
6 — 3222
8 — 3025
14 — 7052
15 — . 740, 3569, 7671
18 — 7684
20 — 8104
22 — 9037
23 — . . . 2289
24 — . . . 1079, 9020
29 — 8824
31 — 7565
5 février. . . . 7248
6 — 6141, 6217, 8906
17 — 8171
19 — 4336
21 — . . . 979

28 février. . . . 5683
7 mars. 7705, 8616, 8617
8 — 5702
11 — 6190
13 — 570, 3325, 8843
14 — 5102
20 — 6272
24 — 4643
25 — 6315
26 — 2746
1er avril. . . . 2534
4 — . . 4122, 6585
5 — 4953
7 — 3636
9 — 3627
11 — 6998
16 — . . 7257, 9051
17 — 7353
19 — 2895
25 — 7673
27 — 8868
29 — 3722
30 — 2365, 6018, 8651
1er mai. . . 2813, 4961
2 — . . . 730
5 — 7841
6 — 6236, 6314, 7996
7 — 5285, 5295, 8171
9 — . . 7077, 7083
10 — 8959
14 — 6208, 6230, 9081
16 — 3636, 6598, 8572
25 — 8678
26 — . . 3505, 3506
27 — 8899
28 — 457. 2667, 3627,
7968, 8010
. . . . 4292
4 juin. 578, 638, 748, 751,
. . . . 8009
6 — 7319
7 — 5828
9 — 8236
18 — 5588
19 — . . . 856
20 — . . 662, 7734
21 — 3722, 5700, 7453
25 — 6644
26 — 2453, 3535, 5652,
. . . . 6598
27 — . . 8843, 8846
29 — 5593
1er juillet. . . . 6524
2 — 5225, 8131, 8785,
. . . . 8843
3 — 2768
5 — . . . 748
6 — 5102
7 — . . 7025, 7054
8 — 2451, 3048, 3052,
. . . . 6644

9 juillet. . . . 8894
15 — . . 5670, 9049
16 — 5185
18 — 3038
19 — 8169
21 — 8167
23 — . . 5996, 8759
26 — 6590
29 — 8812
30 — 7016
31 — 2404, 5677, 7016
5 août. . . . 7061
11 — 7023, 7025, 9044
12 — 6602
14 — . . 2774, 5994
19 — 4213
20 — 1988, 2289, 2294.
. . . . 6771, 8171
22 — 2259, 4270, 7036,
. . . . 8590
23 — . . 4790, 6020
26 — 3086, 7055, 7346,
. . . . 8324
27 — . . 3027, 4333
28 — 3758
30 — 5185
10 octobre. . . . 8921
12 novembre. . . . 6559
19 — 8802
3 décembre. . . 741, 780
8 — 7172
17 — 5285
18 — 8101
22 — 7711
31 — . . 5917, 7087

1852.

7 janvier. . . . 5285
14 — 996
15 — 3245
28 — . . 4643, 5972
4 février. 674, 1317, 1321,
. . . . 6882, 7182
5 — 2844
11 — 741,746,750,5777,
5796, 5803, 8190
12 — 4608, 8030
17 — 5072
19 — . . . 615, 9060
27 — . . 7316, 9104
8 mars. . . 2811, 7049
11 — . . 4225, 5231
12 — 1009
16 — 8440
22 — 7025
23 — 7711
25 — . . 7905, 8173
27 — 4999
30 — 8826

1er avril. . . 6999, 7071	6 mai. . . . 8100	30 août. . . 5285, 7682
2 — . . 2767, 3374	7 — . . . 5970	31 — . . . 3640, 9028
6 — . . . 7448	11 — . . . 6618	15 novembre. . . . 3363
17 — . . 5439, 5443	24 — . . . 5619	18 — . . . 5285
20 — . . . 7453	27 — . . . 6331	19 — . . . 5285
28 — . . 6298, 8446	2 juin. 4962, 4985, 4995,	25 — . . . 8077
5 mai. . . . 2404	. . . 8750	29 — 615, 2284, 5439.
7 — . . . 6596	8 — . . . 3022		7663
8 — . . . 7448	9 — . . . 6618	7 décembre. . 1631, 8936
25 — 2404, 5677. 8016	21 — . . . 5182	13 — . . . 6298
26 — . 3359, 3626	7 juillet. . 8843, 8846	27 — . . . 8171
14 juin . . . 8108	13 — . . . 8059	29 — . . . 5979
17 — . . . 6778	14 — 1448, 4255, 4267	
20 — . . . 7053	15 — . . . 5287	
23 — . . . 3363	19 — . . . 3640	**1855.**
25 — . . . 3640	28 — . . . 8100	
28 — . . . 2837	30 — . . 748, 8103	3 janvier. . . . 615
10 juillet. . . . 5458	6 août. . . . 6590	4 — . . . 1566
22 — . . 2820. 4995	12 — . . . 647	17 — . . . 8058
24 — . . . 5767	13 — . . . 7994	20 — . . . 1631
27 — . . . 7996	17 — . . . 6767	24 — . . . 2139
3 août. . . 5438, 5439	30 — . . . 6626	31 — . . 4643, 6351
11 — . . . 2399	4 septembre. . . . 5776		5109
17 — . . . 8066	19 novembre. . . . 8843	3 février. . . . 6310
18 — . . . 5285	23 — . . . 5653	6 — 6601, 8236, 8252
19 — . . . 968	29 — . . . 7959	11 — . . . 6309
21 — . . . 5431	3 décembre. . . . 2486	15 — . . . 8077
25 — . . 1317, 1321	12 — . . . 6221	21 — 615, 5440, 7045.
28 — . . 2397, 4493	15 — . . . 5806		9103
13 septembre. . . . 8077	28 — . . . 7996	8 mars. . . . 802
11 novembre. . . . 511		14 — . . 5408. 8827
18 — . . . 888	**1854.**	22 — . . 6237, 7757
25 — . . . 8872		30 — . . . 8171
15 décembre. 4256, 4267, 7039	4 janvier. . . . 372	31 — . 603, 670, 7403
. . . 8058	4 février. . 7816, 8004	4 avril. . . 8559, 9089
16 — 807, 5012, 5287	15 — . . . 5646	11 — . . . 5237
18 — . . 4950, 7049	19 — . . . 6613	14 — . . . 6295
22 — . . 3515. 6300	22 — . . . 4959	25 — 5616, 6301, 6598.
26 — . . . 5641	27 — . 8167, 8171		9104
29 — . . 2485, 3127	15 mars. . . . 7717	8 mai. . . . 8437
	25 — . . . 2442	9 — . . . 7816
1853.	5 avril. . . . 638	10 — . . . 5431
	18 — . . . 8961	11 — . . . 9095
8 janvier. . . . 5609	5 mai. . . . 5102	12 — . . . 8077
20 — . . . 615	10 — . . . 5410	15 — . . 2889, 5049
27 — . . . 1946	17 — . . . 4953	18 — . . . 5989
1er février. . . . 7265	9 juin. . 7661, 7664	22 — . . . 5009
10 — . . . 5287	21 — . . . 9026	23 — 4970, 4971, 5025
15 — . . . 3708	28 — . . . 8058	25 — . . 5392, 6590
17 — . . 694. 8894	8 juillet. . . . 5383	29 — . . . 854
7 mars. . . 750, 754	11 — . . 5414, 5502	6 juin. . . . 2682
10 — . . 3052, 6585	12 — . . . 4645	8 — . . 9, 2087. 7141
15 — . . 7055, 8922	19 — . . . 8672	12 — . . . 7025
17 — . . . 8004	26 — . . . 8672	18 — 4213, 4218, 9055
18 — 564, 2883, 5444	3 août. . . . 741	21 — . . . 4657
. . . 7684	4 — . . . 8894	23 — . . . 7995
4 avril. . . . 3640	8 — . . . 2201	4 juillet. . 4627. 8563
6 — . . . 8796	16 — . . . 6157	5 — . . 595, 662
13 — . . . 7924	21 — . 3640, 3643	8 — . . . 8129
18 — . . . 8331	23 — 6558, 7947, 8144	12 — . . . 218
22 — . 694, 5796	25 — . . . 1938	13 — . . . 4405

17 juillet.	. . .	8010	21 juillet.	. . .	462	4 juillet. . . 5102, 8868
20 —	. . 2290,	2842	23 —	. . .	4960	6 — 8061
26 —	5702, 6598,	8958	30 —	. . 2223,	3357	15 — 235
10 août.	5411, 8133,	8212	31 —	. . .	7996	18 — 7665
14 —	. . .	8568	7 août.	. . 2749,	2736	30 — 3628, 3635, 3641
17	. . .	9054	13 —	. . .	6332	1er août. . . . 855
22 —	. . .	8171	18 —	. . 456,	465	4 — 738
23 -	. . .	690	19 —	. . 8133,	8150	8 — . . 4958, 6057
28 —	. . .	5009	23 —	. . .	8116	10 — . . 694, 8539
30 —	. . .	7028	25 —	. . .	8074	14 — 7180
31 —	. . 5637,	7888	26 —	807, 7689,	8175	19 — 6598
25 octobre.	. . .	5796	27 —	. . .	7996	20 — 6307
14 novembre.	. . .	7917	29 —	. . .	510	25 — 7425
15 —	. . 65,	510	13 septembre.	. . .	3361	24 novembre. . . . 727
17 —	. . .	5411	15 octobre.	. . 1228,	1233	26 — 7158
28 —	. . .	8936	4 novembre.	. . .	7180	1er décembre. . 2081, 2082
4 décembre.	. . .	2363	6 —	. . .	2811	4 — 4643
12 —	. . .	5798	13 —	. . .	6598	10 — 7443
14 —	. . .	2811	15 —	. . .	7820	19 — 2877
19 —	. . 6314,	6326	18 —	. . .	2739	
21 —	. . 968,	8689	20 —	. . 2739,	7992	
28 —	. . .	7057	4 décembre.	. . .	5880	**1858.**
			8 —	6334, 7052,	8737	27 janvier. . 4968, 8926
			16 —	. . .	6246	28 — 5182
1856.			18 —	. . .	968	2 février. . . . 2404
			30 —	. . 2569,	7985	5 — . . 8004, 8119
3 janvier.	. . 6541,	8017	31 —	. . 5371,	8204	10 — 5377
9 —	. . 765,	1643				12 — . . 6331, 6333
17 —	590, 6335,	6336				18 — 8587
23 —	. . .	8155	**1857.**			19 — 2260
27 —	. . .	5910				20 — 7048
6 février.	. . 727,	8195	5 janvier.	1990, 7758,	8999	25 — 138, 2026, 2681,
12 —	. . .	615	6 —	. . .	3528	3594, 6233
14 —	. . .	2365	31 —	. . .	5182	7 mars. . . . 5438
17 —	. . .	6583	5 février.	. . .	1234	9 — 4968
19 —	. . .	456	10 —	. . .	7928	12 — 6165
1er mars.	. . 8006,	8204	12 —	. . .	7996	13 — . . 8116, 8147
6 —	. . 3050,	6585	13 —	. . .	7999	17 — 571
10 —	. . .	8109	16 —	. . .	7448	26 — 574
12 —	. . .	8077	24 —	. . .	3633	27 — 7044
17 —	. . 157,	7968	26 —	. . .	7381	17 avril. . . . 569
19 —	. . 536,	8803	27 —	3626, 3628,	3641,	8 mai. . . . 7357
2 avril.	. . .	5378			3642	11 — 7786
3 —	. . .	7055	9 mars.	. . .	2404	12 — . . 6305, 6331
4 —	. . .	8077	13 —	. . .	8058	14 — 8218
9 —	. . .	7967	30 —	. . .	6219	15 — 7054
13 —	. . 3622,	3624	1er avril.	. . .	1488	17 — 6331
16 —	546, 5393,	6590	2 —	. . .	8851	18 — . . 6856, 8830
22 —	. . .	8843	3 —	. . .	5563	22 — 7928
24 mai.	. . .	3008	4 —	. . .	7052	4 juin. . . . 1964
28 —	. . .	3640	18 —	. . 7039,	8058	10 — 4643
5 juin.	. . .	1210	20 —	. . .	6292	12 — 8160
6 —	. . .	6303	23 —	. . .	8868	15 — 5099
12 —	5162, 7954,	8146	4 mai.	. . 2892,	7308	30 — 7453
		8189	12 —	. . .	5440	2 juillet. . . . 6331
23 —	. . .	8077	15 —	. . .	7676	3 — 4101, 6523, 6524
2 juillet.	539, 5438,	8149	22 —	. . .	6225	19 — 3377
4 —	. . .	427	27 —	6332, 8325		29 — 3638
6 —	. . .	7996	20 juin.	. . .	8851	4 août. . . . 7445
9 —	. . .	4393	24 —	. . 895,	903	12 — 7425
15 —	. . .	426	30 —	. . .	1235	13 — 5972, 8439, 8478
18 —	. . .	4985	3 juillet.	. . .	2228	

14 août. 7939
17 — 5588
20 — 6245, 6303, 7725
25 — 8044
27 — . . 7999, 8077
11 septembre. 8891
14 — 7664
26 novembre. 4732, 5366, 8843.
. . . . 8903
1er décembre. . . 3771, 5069
3 — . . 4952, 4985
11 — . . 3642, 7710
15 — 3747, 7752, 8843
17 — . . 7053, 9072
22 — 8053
28 — . . 3597, 7067
30 — . . 5683, 8854
31 — 7067

1859.

11 janvier. . . 3355, 3362
12 — 569
21 — . . . 8074
22 — . . . 5923
8 février. . . 4919, 5934
16 — . . . 5805
19 — . . 5209, 8131
25 — 4287
26 — 9035
5 mars. . . 2739, 7369
16 — 7662
21 — 9068
23 — 5771
24 — 2739
25 — 7985, 7999, 8001, 8194, 8204
1er avril. . . 5195, 5206
5 — . . 6586, 8843
6 — 7050
8 — . . 3755, 5775
12 — 3716
14 — 7815
18 — 7909
21 — . . 8045, 8831
4 mai. 7386
9 — . . 3041, 6585
12 — 6843
13 — . . 3714, 5933
27 — 7310
1er juin. . . 4393, 7673
3 — 3213, 7231, 7981
4 — 8149
14 — 1653
18 — 963
25 — 7230
1er juillet. 3597, 4393, 7067
15 — 3639
21 — . . 4389, 5380
22 — 8868
23 — 6019

26 juillet. . . 6165, 6314
3 août. . . . 7293
5 — 8496
12 — 8751
13 — 8472
18 — 7996
27 — 4980
11 novembre. . . . 5109
17 — 6524
25 — 996
29 — 2974
9 décembre. 3072, 3077, 8218,
. . . . 8750
10 — 8867
15 — 4856
22 — 8201
23 — 590
27 — . . 3368, 5597

1860.

10 janvier. . . . 7972
13 — 2668
17 — 1643
21 — 7996, 8198, 8204
1er février. . . . 7289
7 — . . 2378, 2404
9 — 4277
10 — 8112
17 — 138, 3712, 4950, 6052, 6708
24 — 4234
2 mars. . . . 138
3 — 7684
7 — 7453
13 — . . 7670, 7676
16 — 5616, 8472, 8498
24 — 7690
31 — . . 7706, 7709
19 avril. . . . 8805
20 — 2442
25 — 8843
26 — 7996
5 mai. . . 567, 2525
10 — 7981
18 — 5554
26 — 8451
1er juin. . . . 5641
6 — 8871
9 — 7016
25 — 3813
7 juillet. . . . 4995
9 — 7089
17 — 590
28 — 4961, 4995, 5647
4 août. . . . 5392
18 — 7664
21 — 6331
23 — 6273
30 — 1187
31 — 7662

16 novembre. . . 7670, 7695
6 décembre. . . . 6298
7 — 8565
27 — . . 6523, 6524
31 — 2290

1861.

5 janvier. . . . 7684
12 — 8868
14 — 5222
16 — 3751
19 — 7996
25 — 4984
7 février. . . . 3751
16 — 8160
12 mars. . . . 2688
13 avril. . . . 2634
20 — 4489
11 mai. . . . 7930
15 — 7713
20 — 7049
27 — 8251
1er juin. . 1627, 6585
11 — 8472
14 — 3279
15 — 6586
20 — 7664
21 — 5891
22 — 6644
13 juillet. . . . 8091
3 août. . 4958, 4966
7 — 7999
9 — 7448
23 — 1789
31 — 8218
7 septembre. . . 8113
4 novembre. . . . 7016
14 — . . 8472, 8475
23 — 8175
28 — 3597
29 — . . 472, 1949
7 décembre. . . . 1454
10 — 7703
21 — . . 8566, 8838
27 — 8466
31 — 6628

1862.

11 janvier. . 1610, 6160
17 — . . 634, 7684
22 — . . 3413, 8472
24 — 8833
25 — . . 638, 4738
1er février. . 7687, 7949
6 — 1975, 5392, 5393
10 — 6627
11 — 2404
14 — 1789

```
17 février.      . . . . 7053     15 avril.      . . . . . 8195     29 février.      . . . . . 4232
19  —            . . . . 2756     18  —          . . . . . 8091      5 mars.         . . 3255 , 7445
21  —            . . . . 5392     21  —          . . . . . 8824      7  —         4283, 4286, 6524
28  —          . 5392, 5108       24  —          . . . . . 7720     12  —            . . 7449, 8078
 7 mars.         . . . . 4406      6 mai.        . . 6272. 8698     17  —            . . . . . 2404
14  —          . 7930, 8131       13  —          . . . . . 570      18  —            . . . . . 6762
15  —            . . . . 8045     19  —          . . . . . 6222      3 avril.        . . . . . 4490
20  —          . . 613, 7180       2 juin.       . . . . . 8149      6  —            . . . 227, 5569
21  —      1564, 2053, 8023.       8  —          . . . . . 4957      8  —            . . 2270, 8463
               . . . 8605         13  —          . . . . . 7999      9  —            . . . . . 1883
22  —            . . . . 3047     26  —          . . . . . 7053     15  —            . . 7449, 8237
28  —            . . . . 8144      9 juillet.    . . 2989, 6313     18  —            . . . . . 5593
 8 avril.        . . . . 8004     15  —          . . 3621, 3630     21  —            . . . 26, 4491
10  —            . . . . 4958     16  —          . . . . . 3770     27  —         474, 3244, 8625
11  —            . . . . 7382     23  —      3218, 3222, 7182       29  —        2764, 4997, 6310
15  —            . . . . 2756     25  —          . . . . . 8149      6 mai.         . . . . . 5616
 5 mai.          . . . . 2378     31  —          . . . . . 5439     11  —            . . 2404, 8805
 8  —        3352, 3353, 3362,     6 août.       . . . . . 5393     13  —            . . . . . 8161
               . . . 7050          7  —          . . 4952, 4978     14  —            . . 4984, 4985
10  —            . . . . 3715     11  —          . . . 448, 7996    24  —            . . . . . 3715
19  —            . . . . 4731     12  —          . . . . . 6559     26  —            . . . . . 7347
28  —            . . . . 7270     18  —       4984, 7437, 7961       4 juin.         . . . . . 3631
 2 juin.         . . . . 4390     21  —          . . . . . 2484     16  —            . . . . . 2791
 3  —            . . . . 8474     24  —          . . . . . 3751     18  —            . . . . . 8803
11  —            . . . . 8454     26  —          . . . . . 7449     24  —            . . 2484, 5203
21  —          . 2975, 6644       28  —          . 5393, 6590       25  —            . . . . . 8472
 3 juillet.      . . . 8175       18 septembre.  . . . . 4264       27  —            . . . . . 892
12  —            . . . 2259        4 novembre.   . . . . 5048       28  —            . . . . . 7672
16  —          . 235, 5441        13  —          . . . . . 3538      1er juillet.    . . . . 4399
18  —            . . . . 5184     25  —          . . . . . 7684      4  —            . . 6299, 6322
21 août.         . . . . 6309     28  —          . . . . . 4996      7  —            . . . . . 7055
29  —            . . . . 6708      2 décembre.  533, 617, 7685       9  —            . . 6165, 6331
 9 octobre.     . 2454, 6174       9  —          . . 591. 8601       9  —            . . . . . 729
19 novembre.     . . . . 8828     19  —          . . 2290, 7664     13  —         . 609, 642, 9060
20  —            . . . . 8868     24  —          . . 752, 8846      15  —            . . . . . 7053
25  —            . . . . 6309     26  —          . . . . . 2811     18  —            . . . . . 7068
28  —            . . . . 6292     28  —          . . . . . 5838     20  —            . . . . . 6331
 4 décembre      . . . . 6779     31  —          . . 4122. 6615     26  —            . . 1609, 6310
17  —            . . . . 6331                                        6 août.         . . . . . 9076
31  —          . 545, 6512                   1864.                   9  —            . . . . . 6292
                                                                    10  —            . . . . . 5445
            1863.                  6 janvier.    . . 3701, 8843     11  —            . . . . . 8416
                                  12  —          . . . . . 8195     13  —            . . . . . 1624
 2 janvier.      . . . 751        13  —          . . . . . 8149     16  —            . . . . . 8340
17  —          . 7746, 8463       20  —          . . . . . 4396     19  —        5910, 8026, 8171
20  —            . . . 8042       21  —          . 6767, 7671       22  —            . . 560, 7403
30  —            . . . . 6001     22  —          . 7684, 7671       24  —            . . . . . 4985
31  —          2248, 8875         23  —          . . . . . 1972     25  —            . . 7052, 7821
 6 février.      . . . . 8077     24  —          . 2378, 2404       26  —        4373, 5552, 5559
10  —            . . . . 2740     26  —          . . . . . 6141     31  —            . . 2740, 8161
11  —            . . . . 7445     29  —      3036, 3050, 6585       18 novembre.     . . . . 5182
22  —            . . . . 6000     30  —          . . . . . 3759     22  —            . . . . . 5048
24  —          . 1632, 5191       12 février.    . . . . 4919       29  —            . . . . . 8315
25  —          . 5222, 8855       13  —       2667, 7335, 7988.      9 décembre.     . 7596, 8129
27  —            . . . . 4394                   8197, 8202.         16  —            . . 5050, 6792
 5 mars.         . . . . 7929     15  —          . . . . . 8144     19  —            . . . . . 3621
11  —            . . . . 4124     19  —          . 1624, 7076       20  —            . . . . . 4948
12  —            . . . . 8161     25  —          . . . . . 2667     26  —        2084. 2087, 2099.
25  —            . . . . 2215     27  —          . . . . . 5878                     . . . . . 4380
 1er avril.  1009, 1528, 3215.                                      28  —            . . 6767, 7353
               . . 5289
```

1865.

6 janvier.	1618, 2442
10 —	7004
11 —	2667
13 —	2484
18 —	5806
19 —	5226
20 —	5382
21 —	764, 4902, 5364
22 —	7335
27 —	7671, 8157
29 —	3716, 7710
3 février.	8744, 9049
4 —	8472
11 —	3020, 3031, 3050
14 —	6979
16 —	7017
18 —	3168
24 —	7964
25 —	457, 4996
10 mars.	3100
14 —	7309
23 —	5442
24 —	3038
31 —	3019, 3020, 8631
4 avril.	2534
7 —	7434
8 —	735, 764, 3168
12 —	2740, 7703, 7710
25 —	7685
28 —	5770
5 mai.	152, 7691
9 —	7664
12 —	5285
26 —	1314, 1450, 1453, 1457
3 juin.	5285
7 —	4952, 7757
30 —	3527
4 juillet.	2722
14 —	2740
21 —	2683, 7662, 7667, 7677, 7901, 9074
26 —	7988
28 —	5226, 7910
29 —	6164
5 août.	448, 5388
10 —	5546, 5677, 8472, 8483
12 —	7961
18 —	464
19 —	4960, 5020, 5285
22 —	5616
23 —	7309
24 —	9066
25 —	5072
11 novembre.	7690
14 —	5048
23 —	8077
25 —	5285
2 décembre.	4993

8 décembre.	5226
15 —	7257
16 —	7664
21 —	7422, 8066
23 —	8496
27 —	7421

1866.

5 janvier.	3043
13 —	3252, 8838
15 —	7901, 7980, 8171
17 —	2442
20 —	5227
26 —	6185
27 —	4273, 5285, 7687
3 février.	3038
7 —	6310
10 —	3041, 8044
15 —	1626
17 —	1687, 7423
18 —	3026
21 —	1938, 6105
22 —	641, 8336
27 —	7449, 7907
24 mars.	6586
7 avril.	8818
16 —	4372
19 —	2489, 8001
20 —	5656, 8093
23 —	8474
28 —	7996
3 mai.	6082
5 —	6585
22 —	4393
24 —	7000
2 juin.	7000, 7053
5 —	2404
9 —	7996
15 —	3030
27 —	5099
7 juillet.	3027, 7884
11 —	7996
20 —	3170, 4955, 7687
21 —	3697, 7724, 8790
4 août.	8763
11 —	8202
18 —	727, 2442, 3027
21 —	7675
22 —	8566
30 —	4126
1er septembre.	7984
6 décembre.	3027
11 —	5678
19 —	8360
21 —	8162
29 —	727, 3623

1867.

3 janvier.	7981, 8136, 8197

4 janvier.	7449
12 —	8832
18 —	8144
19 —	5182, 7049, 7684
	7685, 8141
21 —	7017
22 —	3621
23 —	449, 3630
26 —	4403, 4968, 7257
31 —	7453
2 février.	7690, 8195
4 —	2534
5 —	3759
6 —	7449
13 —	8202
19 —	2280
23 —	453, 475, 7977
25 —	8116
28 —	455
4 mars.	7813
6 —	7353
9 —	8078
21 —	3584, 6294, 6319
23 —	7703, 8838
30 —	5227, 7453
6 avril.	7437
8 —	8495
10 —	8162
11 —	8089
13 —	4153, 7094
18 —	5612
27 —	5285
3 mai.	3621, 3622
7 —	2493, 3073
9 —	6272
20 —	2667
1er juin.	5285
7 —	1618
8 —	7680
22 —	3023, 8832
26 —	6292
29 —	3717, 5285
6 juillet.	449, 4968, 6584
	7928
9 —	212
10 —	8116
13 —	5285, 8629
17 —	4283, 4286
18 —	7053
20 —	7946
23 —	4283, 4286
25 —	7266, 7931, 8006
26 —	7437, 8161
22 août.	4993
23 —	3777, 4292
24 —	463, 3020, 4381
	4384, 7257, 8632
28 —	560, 8871
29 —	4246
30 —	7067
11 novembre.	7443

23 novembre. 727
25 — 6331
4 décembre. 5918
5 — 5360, 6248, 7055
  8495
9 — 8472
13 — 7996
14 — . . . 3038, 5285
18 — 5988
23 — 2702
26 — 8218
28 — 8520
31 — . . 7996, 8004

1868.

6 janvier. . . . 8871
11 — . . 4399, 7389
13 — . . 3507, 8742
20 — . . 3635, 3638
23 — . . 4345, 6958
25 — . . . 8143
31 — . . . 8260
1er février. 454, 469, 2132,
  4116, 5410. 6583
14 — . . 7104, 8620
17 — . . . 1192
18 — . . . 8865
19 — . 7261, 7280
20 — . . . 8175
21 — . . 7747, 8204
29 — 4996, 5285, 7659
7 mars. . . 7719, 7773
18 — 204, 8004
19 — . . . 6314
21 — . . . 4116
28 — . 7661, 8472
2 avril. . . . 4721
3 — . . . 8157
4 — . . . 5666
8 — . . . 7996
18 — . . . 8463
28 — . . . 4987
29 — . . . 1081
2 mai. . . 5285, 6292
9 — . . . 7705
15 — . . . 5285
16 — 5415, 7461, 8745
22 — . 2780, 7391
28 — . 8483, 8495
30 — . 3050. 7980
4 juin. . . . 3029
13 — . 5285. 7452
20 — 1223, 1624, 3638.
  5285
26 — . . . 1221
2 juillet. . . . 4966
12 — . . . 7334
21 — . . . 8195
23 — . . . 1198
25 — . . . 8445

28 juillet. . . . 748. 750
29 — 8151
31 — 8445
2 août. 2687
4 — 6524, 6525, 6571
5 — 5619
6 — 8843
8 — 5285, 7327, 7980
11 — . . 1567, 7996
12 — 2748, 2812, 7354
14 — . . . 7985
17 — . . . 7671
25 — . . . 7703
27 — 5227, 7451, 8091
28 — . . . 4348
29 — . . . 7996
21 novembre. 5285, 6178, 7701
27 — . . . 7451
3 décembre. . 5988, 7067
5 — . . . 4124
11 — . . . 7688
12 — . 3097, 6198
17 — . . . 235
19 — 2508, 8106, 8192
20 — . . . 5285
23 — . . . 4989
24 — . . . 7969
26 — . . 994, 8488
29 — . 2737, 8043

1869.

2 janvier. 5222, 7928, 7964
7 — . . . 150
16 — . . . 6601
18 — . . . 6310
20 — . . . 7996
23 — . . . 7684
27 — . . . 616
30 — . . . 7094
4 février. . . . 6280
9 — . . 473, 7254
13 — 855, 856, 859, 8215
16 — . . . 1882
18 — . . 3625, 3634
20 — . . . 5388
22 — . . . 7996
6 mars. 1077, 2813. 2837
  5285
9 — . . . 7702
12 — . 7929, 8864
17 — . 3725, 6184
18 — . . . 7443
24 — . . . 6504-1
3 avril. . . . 7963
6 — . . . 3320
10 — . . 8447, 8460
17 — . . . 7328
23 — . . . 6395
24 — . . 2737, 8687
28 — . . . 450

4 mai. 448
6 — . . 4795, 8766
8 — 5285
11 — . . 2456, 3633
20 — 2681
21 — 7969
22 — 6240
27 — 5617
31 — 5636
3 juin. 451
9 — 7718
19 — 4980
26 — . . 4980, 5285
1er juillet. . . . 8703
8 — 7703
10 — . . 4966, 6292
12 — 78
17 — 8006
27 — 5308
30 — . . 6584, 7686
7 août. 3050, 4399, 6585
11 — 6195
14 — 1528
18 — 4348
20 — 5989
21 — 466
27 — 7686
11 novembre. . . . 8134
18 — 1472
20 — 5182
27 — . . 2016, 7347
30 — 8605
9 décembre. . . . 7681. 7715
11 — . . 5369, 6242
15 — . . 5182, 5203
29 — 8123
30 — 2442

1870.

8 janvier. . . 3037, 8488
14 — . . 4223, 5039
15 — 4990
19 — 3622
22 — 7069, 8483, 8609
23 — 2764
25 — 3099
29 — 3022
2 février. 619
12 — 7946
15 — . . 4985, 8215
19 — . . 4997, 7708
23 — . . 6193, 8171
12 mars. . . 5044, 5285
15 — 3601
19 — . . 6732, 5223
23 — 1567
1er avril. . . . 6147
2 — 4000
9 — 5285
30 — . . 3051, 5387

TABLE DES CIRCULAIRES DE LA RÉGIE

Circ. 40 8381	Circ. 1537 . 4685, 4698, 4770	Circ. 1706 . . . 2304, 2357
— 183 2613	— 1554 614	— 1725 4707
— 202 979	— 1560 4703	— 1732 8921
— 286 231	— 1566 220, 253, 273, 1839,	— 1737 7168
— 444 4041	1920, 2305, 2921, 4067,	— 1738 4423
— 838 6931	4077, 4412, 6369, 6370,	— 1740 4163
— 930 8381	6690, 7194, 8378, 8383,	— 1769 . 309, 316, 2418
— 1101 8850	8385	— 1771 911
— 1109 6934	— 1574 3141	— 1798 7584
— 1124 892	— 1577 . 4701 , 4703, 4706	— 1801 bis 8973
— 1155 8383	— 1580 . . . 5211, 5331	— 1807 . . . 707, 6686
— 1161 877	— 1604 2097	— 1880 4785
— 1271 4346	— 1617 7120	— 1908 884
— 1306 . . . 3423, 3426	— 1630 2033	— 1922 1103
— 1336 2639	— 1643 3139	— 1932 2912
— 1402 8362	— 1655 7484	— 1936 4701
— 1419 8381	— 1663 . . . 517, 1556	— 1941 5814
— 1496 . . 2056, 4066	— 1676 8388	— 1954 . 2488, 2503, 2509
— 1497 . . 2627, 2634	— 1678 3601	— 2013 8333
— 1498 . 8954, 8965, 8968,	— 1683 . 2627, 2637, 2643	— 2033 . 2050, 2304, 2305,
9008	— 1689 . . . 3126, 7409	8367, 8402
— 1499 8940	— 1692 4076	— 2042 178, 2916, 4023, 4027,
— 1500 2304	— 1695 4685	5199
— 1506 8388	— 1704 . 1103, 1104, 6464	— 2050 . . . 1388, 4346
— 1521 . . . 3737, 8388	— 1705 178, 253, 3664, 6908	

TABLE DES INSTRUCTIONS GÉNÉRALES DE L'ADMINISTRATION

430

I. 1743-11	6959	I. 1796-9	5160	I. 1837-10	4371, 4375
— 12	8565	— 10	4263	— 11	7257
— 13	2292	— 12	4377	— 12	7364, 7728
— 14	7353, 7397	— 13	6054	— 13	7684
— 15	8759, 8761	— 14	5222	— 14	7817
— 16	1642	— 17	2365	— 15	8851
— 17	1632	— 19	5889	— 1838	6365
— 18	8883	— 20	4103	— 1839	3996
— 19	877	— 21	191, 6767	— 1842	2409
— 1746	2937	— 22	8675	— 1844-1	637
— 1752	3898	— 23	7705, 7712	— 2	615, 6189
— 1755-4	2757	— 25	8852	— 3	4730, 8904
— 5	3342	— 26	8759	— 4	5400
— 7	4986	— 27	181, 1571	— 5	7787
— 8	4486	— 29	5196	— 7	2739
— 9	4509, 7680	— 31	7364	— 8	7049, 7061
— 10	5229	— 1804	4737	— 9	8117
— 11	6159, 8860	— 1814-1	8843, 8868	— 10	6591
— 12	8805	— 2	4405, 4406	— 13	7396
— 13	4584	— 4	2289	— 14	7369, 7389
— 15	8851	— 5	2083, 20 .4	— 15	6604
— 16	2667	— 8	7100	— 16	8906
— 17	2161	— 9	6275	— 17	7817
— 1757	2534, 2535	— 10	3755	— 19	5183
— 1758	6417, 6677	— 11	2935	— 20	7364, 7728
— 1760	4026	— 12	5222	— 21	6621
— 1763	2155	— 13	7038	— 1845	5389
— 1764	2149	— 14	2668, 5694, 7726	— 1846	938, 1401
— 1767-1	510	— 15	4853	— 1850	2926
— 2	2253	— 16	9060	— 1853	6408
— 4	3335	— 17	2386	— 1854	345
— 5	5222	— 19	8851	— 3	8428
— 6	7448	— 1816	8098	— 1857-1	3320, 6180
— 7	8069, 8571	— 1822	4080, 5807	— 2	3702, 3715
— 10	5622, 7726	— 1825-1	8868	— 3	8843, 8860
— 11	8565	— 2	807, 5980	— 4	2365
— 12	8851	— 3	2889	— 5	8117
— 13	2667, 8790	— 4	6275	— 6	7062
— 14	928, 4857	— 5	750	— 7	7976
— 15	5185	— 6	727, 4996	— 8	5699
— 17	4001, 4858	— 7	2283, 8860	— 9	5878
— 18	7728	— 9	2365	— 11	7353
— 1768	2149, 2153	— 10	4102	— 12	7396
— 1769	7529	— 11	6724, 6728	— 13	6512, 6604, 7403
— 1776	6356	— 12	7699	— 14	8314
— 1786-1	539. 637	— 1826-1	1243	— 15	7364, 7663, 7728
— 2	2289	— 1828	2626	— 17	7818
— 4	4452	— 1829	3086	— 18	7387, 8818, 9089
— 5	7396	— 1830	6377	— 1861	6740, 6741. 6742,
— 6	5222	— 1832	4393		6743, 6745
— 7	8158	— 1833	6377	— 1862	5392, 7327
— 9	6187	— 1834	6368	— 1866	1392
— 10	7663, 7726	— 1836	5323	— 1867	8428
— 11	8804	— 1837-1	4406	— 1872	4084, 4088. 4089
— 1796-1	913	— 2	7300	— 1873	8453
— 2	807. 5935	— 3	6275	— 1875-1	638
— 3	1059	— 4	6792	— 2	2289
— 4	5288	— 5	8860	— 3	6282
— 5	4232, 4289	— 6	5494	— 4	3753
— 7	6275	— 8	5638	— 5	8860
— 8	2781	— 9	6647	— 6	8181, 8245, 8843

TABLE DES DÉCISIONS DU MINISTRE DES FINANCES

An 4.

29 thermidor.	. . . .	8850

An 6.

7 brumaire,	. . .	893
27 fructidor.	. . .	2414

An 7.

22 brumaire,	. . .	2305
6 nivôse.	. . .	4077
5 pluviôse.	. . .	5425
12 —	220 , 253 ,	273
		4067
26 —	. . 2414,	8970
28 —	. . .	6573
6 ventôse.	. . 2414,	8317
12 —	. . .	4412
16 germinal.	. . .	4967
17 —	. 2921,	8378
22 —	. . .	7194
6 floréal.	. 6369,	6370
22 —	. . .	2014
2 prairial.	. . .	3664
22 —	. 1979,	7957
12 thermidor.	. . .	253
16 —	. . .	178
2 fructidor.	. . .	7484
16 —	. . .	3139
26 —	. 2700,	2910
30 —	. . .	6372

An 8.

28 vendémiaire.	. . .	878
16 brumaire.	. . .	4341
7 frimaire.	. . .	491
8 —	. . .	7896
17 —	. . .	256
28 —	. . .	849
7 nivôse.	. 4423,	4533
17 —	. . .	4163
18 —	. . .	911
7 pluviôse.	. . .	7584
8 germinal.	. 8612,	8973
18 —	. 8971,	8974
29 prairial.	. . .	645
18 messidor.	. . .	7920

An 9.

2 fructidor.	. . .	4705
8 —	. . .	4691
18 —	. . .	5199

18 vendémiaire.	. . .	884
8 brumaire.	. . .	2912
18 —	. . .	2244
8 frimaire.	3426, 6580,	8107
28 —	. . .	2634
28 nivôse.	. . .	8993
8 pluviôse.	. 5025,	7583
18 germinal.	. . .	178
8 prairial.	. . .	8333
28 messidor.	. . .	2916
7 thermidor.	. . .	2634
18 —	2050, 2306,	8367
28 —	. . .	6434

An 10.

18 vendémiaire.	. . .	7186
18 nivôse.	. . .	6431
8 pluviôse.	. . .	561
18 —	. . .	2251
22 ventôse.	. . .	7563
22 prairial.	. . .	2021
3 messidor.	. . .	1595
23 —	. 3445,	3419
1er thermidor.	. . .	656
6 fructidor.	. . .	5004
13 fructidor.	. . .	4077
5e complémentaire.	. . .	2730

An 11.

4 brumaire.	. . .	421
11 frimaire.	. . .	6441
16 —	. . .	6436
5 pluviôse.	. . .	8369
6 —	. 1732,	1799
26 —	. . .	6893
4 germinal.	. . .	6441
18 —	. . .	2920
22 —	. . .	2912
29 floréal.	. . .	1861
30 —	. 4919,	5924
5 fructidor.	. . .	491

An 12.

11 vendémiaire.	. . .	5313
18 brumaire.	. 2216,	2282
21 frimaire.	. . .	3111
27 —	. . .	7135
5 nivôse.	. 1616,	5944
14 pluviôse	3458, 3459,	3460.
		4776
8 ventôse.	. . 855 ,	5155
22 —	. . .	4114
29 —	1515, 5004,	5015
20 germinal.	. . .	7140
11 floréal.	. . .	7447
9 prairial.	. . .	2968
12 thermidor.	402, 4918,	7168,
		7549, 7573
26 —	. . .	2538
24 fructidor.	. . 78,	79
1er complémentaire	. 7930,	8206

An 13.

17 vendémiaire.	. . .	627
24 —	. . .	878
13 frimaire.	. 719,	727
19 nivôse.	. . .	1369
6 pluviôse.	3188, 7272,	7555
30 —	. . .	6372
5 germinal.	. 2926,	6428
19 —	. 4581,	4597
3 floréal.	. . .	7577
28 messidor.	. . .	8753
4 thermidor.	. 4420,	7578
11 —	. . .	4358
25 —	. . .	3089
13 fructidor.	. . .	4423
30 —	. . .	251

An 14.

11 brumaire.	. . .	5850
6 frimaire.	. . .	5850
19 —	. 4917,	5818
29 —	. . .	3823

1806.

14 janvier.	. . .	4049
14 février.	. 230,	368

18 février. 2391	19 mars. 7183	25 juin. 7550
4 mars. 8801	22 — 8693	27 — 4715
11 — 5200	26 avril. . . 2263, 2267	4 juillet 1913
28 — 4049	10 mai. . . 1730, 7143	22 août 6866
22 avril. 1418, 2393, 2938.	17 — 8600	5 septembre . . . 2969
. . . . 7910	24 — 4972	12 — 956
5 mai. 4896	31 — . . . 1863, 7552	17 octobre. 2135, 2368. 3879,
15 juillet. 7927	7 juin. 14. 63, 102, 2815.	4015, 6907
12 août. . . 7998, 7999	2858, 2908, 4032.	31 — . . 2024, 4527
22 — 2913	5841, 7873, 7908,	7 novembre. 2536
9 septembre. 214, 7119, 7129.	8257. 8206	28 — 2111, 2114, 2121,
7130	14 — 663, 964. 5035	4585, 6684
23 — 8650	28 — 604, 2265, 2273,	29 — 2537
21 octobre. 4775	3158, 4469. 4902	12 décembre. . . 4621, 7164
25 novembre. . . 3670. 7549	4923, 5305	26 — 4740
2 décembre. . . 2634, 5824	5 juillet. 7552	
8 — 8366	9 — 4525	**1810.**
28 — . . . 2094, 8366	15 — 1907	
	19 — . . 3770, 6146	13 février. 5389
1807.	20 — 4525	20 mars. 7128
	26 — 5844	10 avril. 2024
13 janvier. . . 3330, 4045	31 — 2612	24 — 7161
7 février. 6889	13 août. 8757	1er mai. 5498
12 — 7150	16 — . . . 1869, 5510	8 — 6428
17 — 8152	23 — 8755	15 — 2216
10 mars. 3084	24 septembre. 1909, 1913, 2458,	5 juin. 5149
28 — 5780	4058, 4208, 4750	10 — 5532
5 mai. 39, 2049. 3150,	5715	19 — . . 5018, 6359
4582, 7143	26 — 4529	25 juillet. 7532
15 — 3157	11 octobre. 75, 312, 629, 1126.	31 — 7108
2 juin. 5821	4468, 6579	7 août. 1345, 1348, 1184
16 — 727, 1862, 8355	25 — . . 4916, 5170	24 — 8970
23 — . 268, 324, 2119	5 novembre. 8975	4 septembre. 7943
30 — 4704	8 — 7144	2 octobre. 2940
4 juillet. 2926	15 — . . 5949, 8974	9 — . . . 4198, 5197
7 — 421	22 — . . 5149, 7225	30 — 4781
14 — 4704	7 décembre. 5843	13 novembre. 9029
23 — 4185	20 — 2941	27 — . . 1437, 1451
11 août. 4760	22 — 1855	
1er septembre. . . 5844, 5850		**1811.**
10 — 6360	**1809.**	
15 — 2305		1er janvier. 4790
22 — . . 2252, 2257	3 janvier. 4129	20 — 8308
24 — 8306	10 — 2216	12 février. 6602
20 octobre. 5761	14 février. 6903	16 avril. 8927
22 — 4704	28 — 4153	21 mai . . . 402, 7563
27 — 4074, 4079, 8974	14 mars. 1559	28 — 4158
3 novembre. 486	24 — 2057, 4755, 4766,	4 juin. . . 8977, 8989
13 — 7183	4995	18 — 1941
17 — . . . 7091, 7800	28 — 2941	9 juillet. 985
15 décembre. . . 200, 8949	18 avril. . . 650, 2965	23 — . . 511. 512, 514
21 — 5401	25 — . . 4174, 7531	11 août. . . 2315, 7568
29 — 628, 7408, 7411	29 — 8323	14 septembre. 3132
8063	9 mai. 4607	18 — 7590
	21 — . . 2608, 4036	2 octobre. 8926
1808.	23 — . . 629, 1126	5 novembre. 3770, 4198, 4200,
	30 — . . 402. 7555	5533, 6864, 7568
5 janvier. . . . . 226?	13 juin. 712, 5363. 5425.	17 décembre. 3460
12 — . . . 63, 93	6882, 8894	
9 février. . . 7166, 7167	20 — 3798, 4526, 6744,	**1812.**
1er mars. . . . 345	8648, 8649	
15 — 2228, 2287, 4065		1er février. . . . : . 3139

3 mars. . . .	654
31 — . . .	2205
14 avril . . .	8157
15 — . . .	5212
28 — . . .	3100
2 mai. . . .	6344
5 — . .	3152, 4783
19 — . .	3894, 6891
2 juin. . .	7577, 7912
23 — . . .	6891
28 juillet. . .	4421
11 août. . .	244, 8985
12 — . . .	2947
18 — . 3148, 3993,	7168
25 — . . .	6906
8 septembre. . .	1337
22 — . . .	3149
20 octobre. . .	5533
27 — . .	1941, 3669
16 novembre. .	7951, 8312
1er décembre. . .	3767
8 — . . .	4181
15 — . . .	8974

1813.

5 janvier. . .	8974
21 — . . .	6078
2 février. . .	6078
16 — . . .	6891
9 mars. . .	1368
16 — . . .	6375
20 avril. . .	397, 659
4 mai. . . .	8233
18 — . .	1337, 7900
1er juin. . .	674
22 — . .	2964, 7163
29 — . .	2259, 5532
8 juillet. . .	7329
1er août. . .	1775
17 — . . .	7558
24 — . . .	2737
31 — . .	306, 1774
19 octobre. 2116, 3359,	3453
2 novembre. . .	5082
9 — . . .	2651
7 décembre. . .	893
14 — . . .	7165
28 — . . .	7165

1814.

11 janvier. . .	2218
8 février. .	2950, 5498
8 mars. . .	3349
15 — 886, 3222,	3230
19 avril. . .	6433
4 mai. . . .	3363
8 juin. . . .	8974
24 — . .	1598, 4051
1er juillet. . .	7534
10 août. . .	4719

29 août. . .	2020
24 septembre. .	4063
7 octobre. . .	2086
8 novembre. .	5788, 5797
9 — . . .	993
7 décembre. . .	3712

1815.

30 janvier. . .	2400
31 — . . .	8505
27 février. . .	544
30 mars. . .	8943
11 avril. 605, 714, 1038,	4478
16 — . . .	8927
20 juillet. . .	2029
7 août. . .	7887
10 — . .	1617, 1629
31 — . . .	5161
2 novembre. . .	2631

1816.

1er juillet. . .	1855
5 août. . .	3835
17 — . .	5306, 5312
31 — . . .	2023
6 septembre. .	1770, 5910
10 — . . .	8341
21 octobre. . .	4771
25 — . . .	7549
15 novembre. . .	6752
6 décembre. . .	2916
9 — . . .	3197
16 — . .	720, 2999

1817.

3 février. .	2752, 3547
7 — . . .	6907
14 — . . .	5212
7 avril. . .	3224, 8627
14 — . . .	4090
18 — . . .	5870
9 mai. .	6372, 7549
23 — . . .	7569
19 août. .	1874, 8364
22 — . . .	2100
30 — . . .	2014
3 septembre. . .	2999
10 — . . .	1862
12 — . . .	5346
24 — . . .	96
26 — . . .	58
3 octobre. . .	3325
6 — . . .	8954
24 — . .	5821, 7175
31 — 2102, 6411,	6675
7 novembre . .	5826
12 — . . .	320

1818.

12 janvier. . 93, 3332,	9033
15 — . . .	6870
20 — . . .	5366
26 — . . .	5325
30 — . . .	6981
3 février. . .	2934
16 — . . .	6063
20 — . .	888, 3158
16 mars. . .	297
23 — . . .	2922
30 — . . .	2914
5 avril. . .	5012
2 mai. . .	5380, 7770
11 juin. . .	597
15 — . . .	4985
22 — . . .	5377
17 juillet. . .	6409
24 — . . .	6052
6 août. . .	3842, 4071
8 — . . .	4016
11 — . . .	3127
14 — . . .	8387
5 septembre. 933, 934, 935,	4043
15 — . . .	2766
12 octobre. . .	3520
13 — . . .	720
18 — . . .	694
26 — . . .	4155
15 décembre. . .	1974

1819.

22 janvier. . .	3836
17 février. . .	623
19 — 263, 273,	8996.
. . .	9099
5 mars. . 294,	297
19 — . . .	5149
29 — . . .	7186
18 avril. . .	3164
19 — . .	3313, 4538
21 — . . .	5082
4 mai. . . .	30
11 — . .	3460, 4748
14 — . .	3985, 8401
16 — . .	2406, 7184
17 — . . .	8600
21 — . .	3894, 6891
24 — . .	3893, 4016
28 — . . .	877
25 juin. . .	2259
9 juillet. . .	4082
3 août. . .	5082
13 — . 2760, 2832,	5426
3 septembre. .	821, 3164
22 octobre. 3894, 4156,	7553
5 novembre. .	5434, 7322
16 — . . .	5374
17 — . . .	312

28 juin.	356
4 juillet.	4596. 4615
6 —	5764, 5772
15 —	1387
22 —	3848, 3853
4 août.	8395, 8401
14 —	3983
12 septembre.	6593
14 —	7084
30 —	4415
4 octobre.	5324, 5325
25 —	4712
26 —	4765
7 novembre	2206, 3983
16 —	2596, 3990
3 décembre.	4594, 4618, 6366
10 —	580, 3449
17 —	8021

1826.

13 janvier.	6631
16 —	5401
13 —	1871, 6986, 6988
4 février.	6878
23 —	280
28 —	2100
7 mars.	6593
20 —	6683
2 mai.	2137
24 —	7169
29 —	6347
30 —	2229
17 juin.	2596, 3990
19 —	4189, 4765
24 juillet.	4015
4 août.	6455, 8379
10 —	8974, 8976
30 —	3988, 3989
4 octobre.	8795
16 —	6871
23 —	7787
27 —	5377
11 novembre	421
20 —	4684
24 —	878

1827.

27 janvier.	710
16 février.	5398
12 mars.	2394, 4428, 6897
13 —	1774
28 —	1954, 5398
28 juin.	5343
4 août.	2925
30 —	1785
5 septembre.	3447
16 novembre.	2596, 3990
29 —	1598, 5313

10 décembre.	2477, 2481, 2484, 2486, 2488, 2503.
	4015
18 —	5384
31 —	2107

1828.

18 janvier.	3673
28 —	5823
1er mars.	7500
7 —	2928
17 —	2207, 6455
21 —	4015
5 avril.	4202
1er mai.	3162, 6900
2 —	6690
6 —	2731, 2737, 2744
21 —	2268
26 —	6391
2 juin.	5070
4 —	8908
10 —	2042, 3461
18 —	179
20 —	2310
15 juillet.	4713
16 —	1040
31 —	7347
28 août.	6552
10 septembre.	1132
23 —	7448
3 octobre.	1003, 7705
4 —	6424
19 —	2119, 1444, 4713, 4715
13 —	6428
20 —	1850
24 —	406
7 novembre	4600, 8402
5 décembre.	4415
13 —	1839

1829.

5 janvier.	411
6 —	4004, 4183
3 février.	6371
25 mars.	3469
27 —	2325, 6420
23 avril.	253, 6370
30 —	8928, 8974
10 mai.	1567
18 —	4601
1er juin.	291
12 —	2116, 2117, 4417, 4713
16 —	679
18 —	4715
18 juillet.	2067
13 août.	4051
17 —	1381

31 août.	5852
12 septembre.	985
14 —	6285, 6316
28 —	2112, 2114, 2121
15 octobre.	274, 2932
23 décembre.	4022

1830.

7 janvier.	4017
8 février.	3449
4 mars.	4586
2 avril.	6685
15 —	6426
13 mai.	1780
17 —	8946
31 —	7484
22 juin.	1598, 4050, 8387, 8404
24 —	5070
7 juillet.	8813
3 août.	8399
31 —	2109
2 septembre.	607, 2311, 2312
17 —	5430, 5433
30 —	5389
1er octobre.	7500
4 —	8100
5 novembre.	412
8 —	2413
15 —	5150
30 —	1387
21 décembre.	1345
27 —	2112, 2114, 2121, 3980

1831.

14 janvier.	1647
17 février.	2305
23 mars.	6083
27 —	1871
29 —	694
4 avril.	1786, 4432
17 mai.	371
20 juin.	2389
13 juillet.	888, 1845
11 août.	347
31 —	1845
30 septembre.	1871
10 octobre.	7920
26 —	7751
2 novembre.	3350, 4060
11 —	1798
17 —	2310
24 —	213, 3089, 8339
30 décembre.	3972
31 —	5313

1832.

6 janvier.	229

31 octobre. 4382
4 novembre. . 2076, 8500

1858.

23 avril. . . . 4421
25 mai. . . . 8499
9 juillet. . . 4576
4 septembre. . 2314, 4663
16 — . 2394, 2413
30 octobre. . . . 4027
13 décembre. . . . 3632

1859.

6 janvier. . . . 2944
29 — . . . 3792
30 mars. . . . 8426
5 avril. . . . 8067
21 mai. . . . 4869
26 — . . . 1777
27 juin. . . . 6062
30 — 1941, 2939, 2940 . 3669, 3670

1860.

5 janvier. . . . 4026
30 — . . . 4580
20 février. . 3896, 3897
28 mars. . . 5204
9 avril. . 3888, 3889
5 mai. . . 9111
3 septembre. . . . 4867
12 — . . . 919
22 décembre. . . . 4576

1861.

26 août. . . . 906

1862.

19 avril. . . . 6455
5 juin. . . . 1198
21 juillet. . . . 4575
31 — . . . 5333
19 août. . . . 5345
6 novembre. . . . 1802
12 — . . . 2101

1863.

20 mars. . . . 6894
23 décembre. . . . 1009
29 — . . . 4622

1864.

31 octobre. . . . 6687
30 décembre. . . . 4622

1865.

21 janvier. . . . 6855
10 février. . 6853, 6867
25 mars. 203, 3882, 3883
19 mai. . . . 526
24 juin. . . . 1753
11 juillet. . . . 8462
26 octobre. . . . 8469
4 novembre. . . . 8004

1866.

23 avril. . . . 5180

13 août. . . . 6349
19 novembre. . . . 4590
21 décembre. . . . 8456

1867.

12 janvier. . . . 8411
24 juin. . . . 2052
24 juillet. . . . 7529
9 août. . . . 7152
8 novembre. . . . 7722

1868.

9 mai. . . . 1745
8 juillet. . . . 878
19 novembre. . . . 8353

1869.

13 décembre. . . . 354

1872.

15 janvier. . . . 5257
27 avril. . . . 6800
30 — . . . 6752
8 juin. . 3296, 5377
10 décembre. . 1891, 6804

1873.

29 janvier. . . . 6802
15 février. . . . 6802
11 mars. . . . 8306
15 — . . . 4435
13 juillet. . . . 7551

TABLE DES SOLUTIONS ET DÉLIBÉRATIONS DE L'ADMINISTRATION

An 6.

13 ventôse. 2293

An 7.

9 brumaire. 1442
17 frimaire. 8927
29 nivôse. 1839
9 pluviôse. . 2715, 2795
2 ventôse. 3823
16 germinal. . . . 8927
29 prairial. . 1772, 6933
29 thermidor. . . . 5425
29 messidor. . . . 1784

An 8.

22 vendémiaire. . . . 7116
26 8317
8 frimaire. . . . 1434
5 nivôse. . . . 1792
18 pluviôse. . . . 5945
22 ventôse. . . . 694
2 germinal. . . . 7922
25 — 8815
25 floréal. . . . 1804
8 fructidor. . . . 1502

An 9.

18 vendémiaire. . . . 2725
23 — 4239
15 pluviôse. . . . 2138

An 10.

20 nivôse. . . . 5068
22 pluviôse. . . . 2860
18 ventôse. . 854, 1951
2 germinal. . 1602, 8256
10 fructidor. . . . 7456
22 — 8998

An 11.

11 brumaire. . . . 2879
23 frimaire. . . . 5812
1er pluviôse. . . . 8887
7 fructidor. . . . 4709

An 12.

26 nivôse. . . . 3475
24 pluviôse . 8129, 8217
29 thermidor. . . . 7660
10 fructidor. . . . 7321

An 13.

10 vendémiaire. . . . 8903
7 brumaire. . . . 5557
15 — 3475
11 nivôse. . . . 8316
14 — 1042
2 pluviôse. . . . 1782
12 germinal. . 483, 8307
24 floréal. . . . 8303
10 thermidor. . . . 8740
20 messidor. . . . 9058
7 fructidor. . . . 4708
8 — 5395

An 14.

2 vendémiaire. . 228, 5213

1806.

30 mai. . . . 7869
25 juillet. . . . 8535
19 août. . . . 668
4 septembre. . 1548, 7978
2 octobre. . . . 4211
25 novembre. . . . 2971

1807.

13 janvier. . . . 2378
11 juin. . . . 2860
8 juillet. . . . 337
21 — 1996
23 — 4185
5 août. . . . 2723
22 octobre. . . . 349
8 décembre. . 6163, 7660

1808.

18 février. . . . 3614
29 septembre. . 2488, 2503

1809.

19 janvier. . . . 1818
20 juin. . . . 4357
16 novembre. . . . 3823
20 — 6372
23 — . . 2686, 8229

1810.

26 mars. . . . 3613
23 mai. . . . 7159
6 septembre. . . . 7935

1811.

5 mars. . . . 7944
15 mai. . 6786, 6788
11 août. . . . 6767

1812.

9 janvier. . . . 7449
14 — 8970
13 février. . . . 2890
16 juillet 8033
23 — 1004
30 — 2015
27 août. . . . 409
24 septembre. . . . 2817
25 — 2821
29 octobre. . . . 69
19 novembre. . 3511, 8253

1813.

11 mars. . . . 2827
15 avril. . . . 7751
1er juillet. . . . 7903
22 — 8889
26 août. . . . 3080
2 septembre. . . . 1433
30 décembre. . . . 2971

1814.

17 février. . . . 4728
11 mars. . . . 9060
5 mai. . . . 7697
12 — 5916

27 juillet. . . . 9021
2 septembre. . . 7116, 9021
9 — 4199
21 octobre. . . . 7914
29 — 1627, 4725, 4742
16 novembre. . 3576, 4202
21 — 4721
25 — 4949
2 décembre. . . . 2261

1815.

26 mars. . . . 1351
21 avril. . . . 1478
28 juillet. . 3511, 8258
26 septembre. . . 694
6 octobre. . 5165, 5840
13 — 1875
16 — 7342, 7353, 9025
9 novembre. . . . 8789
16 — . . 159, 5815

1816.

24 janvier. . . . 8968
1er février. . . . 5207
15 mars. . . . 7189
27 — 2846
5 juin. 1801, 4149. 516),
　　　　　　　　8328
7 — 3282
26 — 2220
3 juillet. . . . 5866
2 octobre. . . . 6955
23 — 4282
22 novembre. . . . 882
26 — 1819
29 — . . 1371, 4201
3 décembre. . . . 8360
20 — 297

1817.

8 avril. . . 582, 585
15 — 7128
18 — 8951
9 mai. . . . 2841
5 juin. . . . 4199
20 — 1078
2 juillet. . . . 7321
12 — 2516
30 — 2746
9 août. . . . 7132
13 — 1956
7 octobre . . . 2859
15 — 6413
22 — 7590
25 — 1096
30 — 5357
25 novembre. . . . 3146
6 décembre. . 1645, 8588
17 — 7790

1818.

20 janvier. . . . 2304
7 février. . . . 1039
13 mars. . . . 5371
11 avril. . 5172, 7798
18 — . 422, 520, 3350
20 mai . . 61, 63
23 — 3108
4 juin. . . . 4815
22 juillet. . . . 2723
25 — 6942
18 août. . . . 4060
26 — 3329
12 septembre. . . . 2282
10 octobre. . . . 4113
21 — 4902
28 — 6409
18 novembre. . . . 3098
2 décembre. . . . 632
15 — 838

1819.

16 janvier. . . . 4334
3 février. . . . 2388
17 — 4186
20 — 647
3 mars. . 3321, 5367
17 — 7321
24 — 2850
7 avril. . 1908, 1909
14 — . 761, 6601
21 — 1576
24 — 2720
12 mai. . . . 4917
26 — 2272
29 — 4900
30 juin. . . . 598
24 juillet. . 3850, 8905
5 août. . 5380, 7770
15 septembre. . . 6961
29 — 8375
13 octobre . . . 8540
3 décembre. . . . 7419
19 — 8994
29 — 1395

1820.

26 février. . . . 1444
15 mars 506
20 — 1370
29 — 513
29 avril. . . . 3431
31 mai. . 6941, 7079
15 juin. . . . 2256
19 juillet. . 419, 1471
26 août. . . . 81
30 septembre. . . 7293
18 octobre. . . . 7322
28 — 419
23 décembre. . . . 98

1821.

21 février. . . . 100
6 mars. . . . 6311
4 avril. . . . 7340
12 — . . 4650, 9032
20 — 2226
21 — 1370
23 — 6955
4 mai. . . . 2716
8 juin. . . . 9003
11 août. . 4099, 6781
24 — 7800
5 septembre. . . . 5648
8 — 2442
5 octobre. . . . 5174
17 — . . 1393, 6750
13 novembre. . . . 1640
26 décembre. . . . 7354

1822.

5 janvier. . . . 2771
10 — 774
20 — 2926
17 février. . . . 8622
13 — 211
16 — . . 541, 651
27 — 1063
16 mars. . . . 2577
30 — 5173
6 avril. . . . 8984
10 — . . 4651, 5154
17 — 125, 135, 1645,
　　　　　　　3130
20 — 5893
1er mai. 1607, 4539, 8326
4 — 1498, 1499, 2757,
　　　　　　　6048
8 — . . 691, 6030
15 — . . 1627, 1671
25 — 7749
5 juin. . . . 5307
8 — 1136
18 — 5058
25 — . . 7408, 8063
3 juillet. . . . 5071
16 — 7188
17 — . . 1558, 4085
24 — 2926
27 — 4284
3 août. . . . 9001
7 — . . 2855, 7911
10 — 5930
16 — . . 1951, 6679
17 — 1518
22 — 5882
31 — 2304
4 septembre. . . . 4720
11 — 7693
18 — . . 7228, 8696
25 — . . 321, 6239

Date		Date		Date	
5 octobre.	5354	10 janvier.	2570	8 janvier.	509, 634, 1381
30 —	7660	17 —	4745, 4751	18 —	8195
6 novembre.	1579, 2007, 6412.	24 —	5879, 5881, 8892	19 —	1660
	8778	5 février.	2802	26 —	7725
13 —	1957, 8994	7 —	3213	29 —	1365, 1371, 4201,
16 —	6955	11 —	263, 300		6269
21 —	740	14 —	2802, 6138	16 février.	7230
30 —	4122	21 —	3010	23 —	6203, 6249
21 décembre.	8951	3 mars.	2486, 3098, 6173	19 mars.	1042
1823.		24 —	1795, 2383	23 —	6287, 8566
4 janvier.	960, 7101	27 —	6240	30 —	601, 6276
15 —	8778	3 avril.	4651	4 avril.	7568
29 —	7787	7 —	2195	9 —	2752, 3546, 4098,
5 février.	2270	14 —	6138, 9081		4099, 6781
8 —	4902	28 —	3237	15 —	5462
15 —	8753	8 mai.	419	16 —	6167
19 —	5377	12 —	4449, 6990	30 —	969, 5891
22 —	8883	19 —	8249	3 mai.	4968, 5023
1er mars.	5354	22 —	4050, 7771	11 —	6285
15 —	1005, 2857	29 —	1974, 5925	15 —	7592
19 —	6137, 8752, 8900	3 juin.	1629, 4709	21 —	8677
22 —	7131	5 —	4489	25 —	3118, 3310, 5158,
29 —	8615	12 —	3235, 6767, 7093		5823
2 avril.	2937	16 —	224, 426, 2387,	28 —	4901
12 —	5642		3984, 8942	1er juin.	6175
16 —	1498, 1499, 8085	19 —	353, 1515	4 —	4744
23 —	1989	30 —	1652	11 —	6775, 8553, 9027
27 —	419, 1051	10 juillet.	2569, 5559, 8302	14 —	2019
6 mai.	4609	17 —	7317	15 —	2514, 6791
7 —	2834	31 —	4900, 5053, 7321	22 —	2718
14 —	5885	1er août.	9004	25 —	9021
17 —	821, 1291	7 —	5892	6 juillet.	5797
18 —	1546	11 —	5040, 9002	9 —	3806, 4280
28 —	4852, 6205	18 —	6675	16 —	2497
31 —	8341	21 —	4199	23 —	3868
11 juin.	271, 2802, 3607	28 —	2858	25 —	609
14 —	7247	11 septembre.	9069	27 —	958. 971
2 juillet.	3821	15 —	2861, 8809, 8833	6 août.	3072
16 —	3869, 6183	22 —	1472	9 —	1504
23 —	8122	24 —	6277	13 —	3238, 4489, 4507
26 —	4651, 5154, 7333	29 —	6142, 6997	15 —	8021
5 août.	4902	2 octobre.	4901	22 —	3315, 3319
23 —	2610, 4969	6 —	3220	19 septembre.	3579, 6944, 7285
13 septembre.	4325, 5885	9 —	3568	23 —	3321
17 —	3207	15 —	3807	5 octobre.	4972
24 —	2790, 5893	16 —	970	7 —	8022
9 octobre.	8792	20 —	3143, 8691	12 —	125, 135, 6288
11 —	1382	25 —	8960	21 —	965
18 —	8903	6 novembre.	2845	26 —	3228, 3581
25 —	7677	10 —	2581	28 —	3512
29 —	392	13 —	2833, 7675	4 novembre.	7134
5 novembre.	4114	17 —	5011	5 —	8227
22 —	1912	24 —	1628, 5029	16 —	6093, 8836
20 décembre.	3224	1er décembre	2706	25 —	6146
30 —	1615	4 —	8624	30 —	588, 3117, 9029
1824.		18 —	2924	13 décembre.	5869
3 janvier.	7349	29 —	1942	14 —	2847, 7915
7 —	3247	**1825.**		16 —	422, 3350, 4060,
		5 janvier.	1497		4328, 6030
				23 —	6269
				30 —	4416

13 février. 6060	**1830.**	14 août. 8321
17 — 1833		16 — 8897
24 — 3773	4 janvier. . . 7227, 7231	19 — 7034
3 mars. 4599	8 — 8149	23 — 5430
17 — 5925	15 — 3707, 5594, 8792	24 — 2900
20 — . . 3213, 3235	19 — 2481, 2482, 2488,	8 septembre. . . . 5636
27 — 973, 3790, 8802	2503, 3098, 4344.	10 — . . 4334, 8548
1er avril. 609	4349	13 — . . 7593, 8582
3 — 3155, 3156, 5928	22 — . . 6287. 4870	14 — 5561
11 — 7592	27 — 7371	16 — 1110
14 — . . 5008, 7280	29 — . . 3254. 8381	17 — . . 631, 1650
17 — 1441	5 février. 2767, 2768, 3131,	20 — 936
28 — 8639	7071	26 — 8901
1er mai. 2412	9 — 2282	28 — 7290
12 — 2849, 3156, 3335.	11 — 4162	29 — 7024
6287	15 — 5377	30 — . . 3610, 6204
13 — 3710	2 mars. 8639	1er octobre. 3100. 3312, 5925
22 — . . 2208, 8557	5 — . . 2492, 6080	8 — . . 4713. 4715
26 — 5360	16 — . . 284, 9001	15 — 2288
2 juin. . . 3811, 4577	19 — 7011	23 — 6654
16 — 8612	2 avril. 7256	26 — 3244
19 — 2842	13 — 7007	28 — 2743
23 — 2547	23 — . . 8083, 9053	2 novembre. . . . 2548
30 — 6269	30 — . . 6287, 6311	3 — 2255
3 juillet. . . 3594, 9063	4 mai. 6968	5 — 211
25 — 8589	7 — 6952	9 — . . 1955. 1977
28 — . . 2496, 7353	8 — 5066. 7567, 8263	12 — . . 150, 151, 6034
18 août. . . 753, 9078	10 — 1581	16 — 1632, 3104, 8938
21 — . . 3605, 5322	12 — 4606	19 — 8051
28 — . . 2441, 8903	17 — 6030	26 — . . 7893, 8054
4 septembre. . 1506, 5371	18 — 560	30 — . . 2220, 6468
7 — . . 752, 5377	19 — 298, 303, 5377	7 décembre. . . . 8041
11 — . . 2744, 8110	25 — . . 4916, 8884	11 — 2671
22 — 4329	28 — 8812	12 — 8263
25 — 8618	2 juin. 820	13 — . . 5054, 8263
2 octobre. . . . 8617	6 — 6285	14 — 6644
13 — 7897	8 — 4609	17 — . . 1647. 2414
17 — 4899	11 — 1733	24 — 4148, 8025, 8322
20 — 5371, 7800, 8633	12 — 1015, 3595	29 — 5681
23 — 4613	13 — 8904	31 — 7236
27 — 2817	14 — . . 1371, 4201	
29 — 5925	15 — 3810, 6015, 9057	**1831.**
3 novembre. 4346, 6433, 6434	16 — 6288	
6 — 7322	19 — 2244	2 janvier. 1022
7 — 6313	22 — 8106	5 — 4974
8 — 3107	23 — . . 224, 383	7 — 8254
10 — 560, 2474, 2505	25 — 2800	14 — . . 2483, 2502
14 — 77	26 — . . 3161, 7790	25 — 5086
17 — 7253, 7257, 8892	27 — 1935	1er février. 1911
24 — 8254	28 — . . 7313, 7323	4 — 3474, 3482, 5388
30 — . . . 116,117	1er juillet. 877	8 — 401, 1500, 2074,
8 décembre. . . . 8615	4 — 7556	2861, 8134
11 — 8031	9 — . . 582. 585	10 — . . 4922, 7533
15 — . . 66, 67, 68	13 — 3257	11 — . . 4472, 7566
18 — 3332	16 — 7887	18 — . . 2514, 5944
21 — 2424	20 — 6272	18 — 5009
24 — 2016	23 — 4779. 7573	27 — 292
29 — 5401	26 — 5377	1er mars. 2739
30 — . . 3079, 5377	27 — 3594. 5399	4 — 2047
	4 août. 485	5 — 2546
	13 — 6187	11 — . . 534, 589

Date	Valeurs	Date	Valeurs	Date	Valeurs
19 mars.	9087	19 octobre.	5044, 5046	10 mai.	2247
21 —	1389	21 —	7443, 7448	12 —	2793
23 —	724	24 —	7159	18 —	7353, 8694
28 —	2633	31 —	3579, 3611, 4761	24 —	2763, 2810, 3502
29 —	560, 7131	2 novembre.	4644	26 —	1634
30 —	2930	4 —	7239	29 —	1851
31 —	3699. 8987	7 —	2793	1er juin.	3283, 6239, 8360
6 avril.	6992	17 —	2866	10 —	2455
9 —	3233, 6039	23 —	2681	12 —	6200
11 —	7181	30 —	2255	13 —	8310
14 —	1020	3 décembre.	4314	16 —	232
16 —	6767	6 —	5324	19 —	2227
22 —	739	7 —	8746	21 —	822
24 —	3199	8 —	5363. 9086	25 —	5041
29 —	2266	9 —	2718	3 juillet.	3021
30 —	748, 7311	16 —	7232	7 —	7132, 4985. 7178
3 mai.	3085	23 —	2270	9 —	4956
6 —	4985	24 —	6545	25 —	7333
9 —	8756	28 —	16, 7314	2 août.	6425
10 —	6658	2 —	5776. 8957	4 —	1521
13 —	2018	30 —	2228	6 —	4753, 8356. 8357
14 —	2707, 2757			21 —	7237, 7248
16 —	2986			22 —	963
24 —	2722, 5939	**1832.**		28 —	4108, 4110
28 —	4749. 5061			5 septembre.	2820
3 juin.	7187	4 janvier.	6463	8 —	644, 2824, 2826. 2831, 7353
4 —	3475	5 —	7282	11 —	5059
6 —	4347	6 —	879	14 —	2820, 7232
8 —	7261	11 —	6201	19 —	5108
25 —	1052, 1865	12 —	5886	20 —	5517
28 —	1555. 8901	14 —	5460, 7231	21 —	2727
7 juillet.	2726, 5049	17 —	4340	22 —	7561
9 —	2819	9 février.	8368	24 —	5987
12 —	5065	11 —	7237	26 —	1503. 7979, 9023
15 —	6831	13 —	7474	27 —	2009, 7372
30 —	7420	15 —	7243	29 —	7428, 8621
2 août.	7086	24 —	8904	4 octobre.	852
6 —	5944, 7874	21 —	3143	5 —	7162
8 —	4794	17 —	4761	9 —	7032
10 —	4319	24 —	8012	11 —	1130, 1831
12 —	340	25 —	6932	17 —	5308
13 —	2942	1er mars.	674	18 —	3238
17 —	1904	3 —	8926	20 —	5359
19 —	8037	10 —	4323	21 —	1010
23 —	8687	12 —	3710, 4730	24 —	6646
26 —	344, 4322, 4348. 4353	13 —	4315. 4351, 4606, 6423	27 —	2500. 7749
29 —	6463, 7484, 8901	19 —	582, 585, 2897, 4338. 7427	30 —	1009, 1641, 2743. 7992
30 —	2757	28 —	7227	8 novembre.	537
9 septembre.	2933, 7192	30 —	5371	23 —	4458
8 —	237	3 avril.	8046	30 —	1053, 4122
20 —	2771	5 —	5377	4 décembre.	224. 328
24 —	7192	7 —	3733	7 —	7355, 8261
30 —	7403	9 —	7153	8 —	9074
3 octobre.	5051	11 —	1624, 8664, 8675	17 —	8317
5 —	5037	12 —	1738	19 —	3223
7 —	3325	27 —	3593	21 —	2505
8 —	8891	30 —	2788, 7313	28 —	7333, 7780, 8242
11 —	7984	5 mai.	8845, 8819	30 —	3889
14 —	1733, 4734	8 —	5895, 9061	31 —	4950
17 —	750, 752				

1833.

3 janvier. . . 5010, 5056
14 — 5377
15 — 7984
18 — 8748
23 — 8572
25 — 9070
30 — 563
4 février. . . 2900
8 — . . . 9093
19 — . . 5377, 8538
22 — . . 5360, 5869
24 — . . . 1956
26 — . . . 3576
29 — . . . 5070
1er mars. . . 614, 2790
5 — 7018
8 — 5360
12 — 5378
19 — . . 3121, 6189
26 — 7483
31 — 1440
5 avril. . . 3699, 8987
9 — 1985, 1986, 3018
13 — 8796
16 — . . 3213, 8641
19 — 5430
23 — . . 6179, 7060
24 — 8698
26 — 6047
30 — . . 1872, 6276
4 mai. . . . 9056
6 — 7302
7 — 317
8 — 7076
10 — . . 3224, 8620
20 — 2751
28 — 5152
5 juin. . . . 1870
7 — 854
9 — 8375
11 — 2880, 7321, 8138, 9104
13 — 7302
14 — 2215
18 — 8547
21 — 634, 1054, 1828
25 — 2701
26 — 6435, 8891, 8895
28 — . . 6014, 6020
9 juillet. . 2831, 6276
12 — 3131
16 — . . 2783, 7383
23 — . . 7059, 8868
2 août. . . 2246, 4966
6 — 5642
10 — 7353
13 — . . 3585, 6296
16 — . . . 971, 3217
20 — 3128

27 août. . . 6202, 7787
3 septembre. . . 1452, 5880
10 — 1971, 6712. 6773
17 — 507
24 — 1633, 5043, 7790
27 — . . 8839, 9080
1er octobre. 3217, 6287, 4919,
. . . 7325, 8790, 8793
2 — 7237, 7248, 7294
8 — 537, 968, 1053.
. . . 1139, 4122
11 — 5031
15 — 5031
18 — 7037-1
5 novembre. 745, 749, 7394,
. . . 7789
8 — . . 3082, 6175
13 — 8191
19 — . . 8073, 8578
30 — 8562
6 décembre. 1999, 7087, 4851.
. . . 5008, 5917, 9031
13 — 8802
17 — . . 2865, 8132
20 — 1962
24 — . . 2757, 3549
27 — . . 2452, 3548

1834.

14 janvier. 2763, 3502, 6166
17 — . . 2999, 7984
21 — 7085
24 — . . 7231, 7307
25 — 3217
28 — 1317, 2764, 5982
31 — . . 3540, 4981
5 février. . . 7022
7 — 3273, 7237, 7248
11 — 1571, 5840, 7735,
. . . 8806
14 — . . 2675, 6283
15 — 730
18 — 7173
21 — 2678
25 — 5234
28 — 3279
4 mars. . . . 7112
7 — 6055
11 — . . 853, 1140
14 — . . 1440, 1441
22 — 2667
31 — 5052
1er avril. . . 4985
4 — 6240
8 — 5663
15 — 853, 6288, 7232
29 — . . 1568, 8621
17 mai. . . . 8619
22 — 4455
23 — . . 1015, 3234

28 mai. . . . 8994
6 juin. . . . 3889
11 — 6355
13 — 3532
16 — 8008
19 — 4644
20 — 6329
11 juillet. . . 6288
1er août. . . 1049
7 — . . 4602, 5377
8 — 380
19 — . . 841, 6227
22 — 7344
29 — 7326
5 septembre. . . 7361, 8583
12 — 8954
1er octobre. . . 7756
7 — 6288
10 — 8563
13 — 1635
16 — 7037-1
21 — 1597
23 — 9096
24 — . . 6977, 7181
28 — 2728, 2856, 3554,
. . . 7814
4 novembre. . . 1005
5 — 3503
6 — 1990
7 — . . 4347, 5355
11 — 7131, 8109, 8225
14 — 25
24 — 1006
25 — 1981
28 — 6772
3 décembre. 3543, 3555, 8356.
9 — 7310
16 — . . 7001, 9060
23 — . . 6975. 8772
26 — . . 7792, 8145
29 — 1985

1835.

5 janvier. . . 9096
19 — 6909
20 — . . 2811. 3215
23 — 8700
27 — 1836
3 février. . . 6630
20 — 8753
25 — 8553
27 — 5377
3 mars. . . 8556, 8868,
10 — 6281
11 — 1432
16 — 7010
19 — 889
20 — . . 1348, 4223
24 — 145
27 — 6942

Date	Valeurs	Date	Valeurs	Date	Valeurs
31 mars.	4285	30 octobre.	1987	7 juillet.	3100
1er avril.	4248	31 —	7787	15 —	3125
2 —	6225	4 novembre.	2760	16 —	7227
3 —	542, 651, 8356	8 —	3100	5 août.	6843
8 —	7353	9 —	859, 2867	10 —	7754
10 —	3087	10 —	5186	20 —	8635
11 —	968, 1435	11 —	3591, 3598	6 septembre.	1647
14 —	5355	13 —	8851	10 —	4503
15 —	8846	20 —	5886	13 —	3221
17 —	2859	21 —	7097	15 —	6560
27 —	4336	8 décembre.	2800, 3119, 3320	16 —	8834
29 —	1968, 3543	14 —	853	3 octobre.	2811
5 mai.	2747	15 —	1500	7 —	1938, 6021
10 —	3514, 5377	21 —	1978, 8576	21 —	7337
11 —	6288	29 —	3309	25 —	1787
12 —	8076. 8077			27 —	8017
19 —	1624	**1836.**		31 —	4268
24 —	6211, 6212			2 novembre.	6315
1er juin.	6244, 5358	5 janvier.	3716, 3725, 3997, 8695	8 —	9001
6 —	51-7			11 —	5234, 7550
12 —	7212	7 —	5938	29 —	7332
13 —	1641	11 —	5412	30 —	9026
16 —	7245, 7248	12 —	2815, 8868	1er décembre	5880
19 —	1442, 1444, 3244	15 —	2813	6 —	8332
22 —	4201	27 —	8833	8 —	2786, 9063
25 —	7328	29 —	2244, 2756, 8809, 8838	9 —	7436
26 —	4285			11 —	6309. 7429
2 juillet.	3240, 4645	31 —	2823, 2831	22 —	1990
11 —	538. 543	2 février.	6841, 7022, 9027		
13 —	7671	4 —	1732, 4453	**1837.**	
14 —	3708. 7376	5 —	8044		
19 —	8238	6 —	4381	6 janvier.	1840, 6288, 6289
20 —	5187	10 —	7016	13 —	1938
24 —	3114	18 —	4255, 5013	17 —	8332
25 —	1571	23 —	5057	19 —	8982
27 —	8990	25 —	1936, 8688	1er février.	5030, 5883
30 —	7116	27 —	7321, 9104	3 —	104
31 —	6192	29 —	557	28 —	6311
5 août.	7022	1er mars.	2478, 2502	3 mars.	4643
8 —	586, 6068	3 —	667	16 —	4489
20 —	5813	5 —	3976	17 —	2239
25 —	8966	11 —	3995	24 —	3053
31 —	1641	12 —	5032	7 avril.	2751, 3546
1er septembre.	2773	16 —	8166	18 —	852
8 —	8554	18 —	6784	28 —	523
12 —	8698	22 —	737	3 mai.	3133
16 —	1643, 6288	4 avril.	4919	18 —	4323, 5351
17 —	4381	8 —	5377, 8534	19 —	2480, 6173
19 —	7340	15 —	2786, 8790, 8797	25 —	6518
22 —	6607	19 —	7370	1er juin.	3558
26 —	6028, 9056	22 —	7360, 7817	2 —	8248
30 —	6942	11 mai.	4184, 9056	5 —	7330
1er octobre.	3279	17 —	5234	9 —	4199
6 —	2667	24 —	2446	10 —	6154
8 —	7283	27 —	3281	23 —	7246, 8704
9 —	7331	3 juin.	5999	7 juillet.	6216
14 —	5433	5 —	7679	10 —	6285
19 —	5150	8 —	4201	11 —	7324
21 —	5358	21 —	6512, 7329	21 —	7745
26 —	3592	27 —	4966. 7322	4 août.	3510. 6782
27 —	8907	28 —	13	19 —	4291

18 septembre. 4291
27 — 5560, 7422
14 octobre. 3125
3 novembre. 5377
7 — 4401
10 — 7448
17 — 2244
25 — 2060
28 — 8117
4 décembre. 5377
21 — 5937, 7279
27 — 3251
29 — 1938, 2785

1838.

5 janvier. 1614
13 — 5245
25 — 6284
30 — 8945
1er février. 6841
7 — 2621, 2623
20 — 2307
23 — 2823
24 — 5244
6 mars. 5371
8 — 8793
9 — 6947
15 — 2244
26 — 5244
30 — 2675
6 avril. 5371
13 — 5002
17 — 2757, 7082
20 — 6283, 6284
24 — 225
25 — 6284
27 — 3020, 3250
31 — 5868
4 mai. 4022
14 — 3716
15 — 7074
25 — 7076
1er juin. 6284
5 — 6764
18 — 3665
27 — 7422
10 juillet. 851, 1986
17 — 1734, 5161
20 — 5923
24 — 6227
29 — 3224
20 août. 1596
24 — 6649
25 — 6656
4 septembre. 7334
14 — 7660
6 octobre. 3807
9 — 1653
11 — 8332
19 — 2811, 6284
23 octobre. 414
13 novembre. 7660

1839.

4 janvier. 2155
30 — 2152
1er février. 316, 524, 2418, 4425
7 — 8738
11 — 4570
12 — 6277
16 — 6276
5 mars. 8990
8 — 8314
19 — 8117
26 — 777
29 — 2273, 2274
14 mai. 3509
18 — 7353, 7358
25 — 1519, 1586
5 juin. 8691
14 — 6650
4 juillet. 8309
13 — 2220
26 août. 2828
2 octobre. 2317
25 — 7663
12 novembre. 6276
16 — 3822
22 — 7412
3 décembre. 2204, 3983
30 — 4860

1840.

15 janvier. 886
19 — 967
21 février. 1023
28 — 5558
6 mars. 8995
9 — 4313
17 avril. 355, 3979
22 — 5355
24 — 7418
15 mai. 7417, 7664
16 — 3512
23 — 5603
19 juin. 6224
23 — 4042
10 septembre. 5402
25 — 8562, 8820
17 octobre. 8944
20 — 6036
2 novembre. 2749, 2840
4 — 7041, 8679
6 — 7660
13 — 4509
19 — 7336
23 — 1941, 7277
10 décembre. 1657
11 décembre. 4723
18 — 1897

1841.

25 janvier. 8558, 9018
3 février. 5402
2 mars. 3747
11 — 245, 270
15 — 1647
16 — 6271
17 — 6707, 6709
20 — 7090
6 avril. 2830
9 — 1656
6 mai. 7402
8 — 2243, 5513
11 juin. 5085
12 — 3114, 4645
18 — 9047
22 — 5400
30 juillet. 278
27 août. 4195, 5513, 5819
2 septembre. 5556
10 — 4286
28 — 3078
29 — 4487
8 octobre. 6843
26 novembre. 2277
1er décembre. 4178
29 — 2668

1842.

21 janvier. 8910
9 février. 6724
24 — 3327
16 mars. 4350
22 — 8878
26 — 2901
1er avril. 7306
4 — 8667
9 — 7361
12 — 3898
13 — 4387
15 — 6272
21 — 6272
29 — 6846
11 mai. 3583, 6780
16 — 8667, 8878
24 — 239
21 juin. 5370
27 — 3971
4 juillet. 1825
19 — 3981
19 août. 4744, 6272
25 — 5396
1er septembre. 8233
13 — 1940
17 — 4397
20 — 5403, 5990
29 — 9088

20 décembre.	1312
31 —	7016

1851.

2 janvier.	1746
9 —	5924
22 février.	3640
27 mars.	8002
3 mai.	6306
7 —	8883, 8886
16 —	3636
3 juin.	4595
9 —	5429
16 —	3627
17 —	8462
30 août.	536, 1745
5 septembre.	374, 8983
9 —	1777
23 —	4463
18 octobre.	8831
29 —	547
31 —	5359
8 novembre.	547
12 décembre.	1199
23 —	1566

1852.

29 janvier.	1239
23 février.	6775
26 mars.	4422
7 mai.	1872
13 septembre.	8431

1853.

12 mars.	6232
29 —	8427
20 mai.	3546
26 octobre.	5444
28 —	5972
4 novembre.	8444
25 —	4868

1854.

6 mars.	6232
9 juin.	7676
31 juillet.	279
23 août.	1195
4 septembre.	1217
23 —	8444
16 novembre.	8457

1855.

19 janvier.	8460
24 mars.	8454
3 juillet.	560
21 septembre.	8992

1856.

8 janvier.	8429
14 juillet.	4119
15 —	1240
20 octobre.	8019, 8020
26 novembre.	1228
29 —	1239
15 décembre.	6333
22 —	6214

1857.

7 janvier.	8134
20 —	8444
12 juin.	8803
4 août.	8444
8 —	4369
14 septembre.	8270
29 —	8539
9 octobre.	8885
6 novembre.	8450
8 décembre.	8517
14 —	8314
19 —	8478

1858.

12 janvier.	8444
22 —	7292
10 février.	8502
22 mars.	4972, 5002
29 —	8444
20 avril.	8450
30 —	8444
23 juillet.	8470
16 août	1213
17 —	8472
22 septembre.	8472
11 octobre.	1580

1859.

10 janvier.	3639
14 —	7422, 8066
3 février.	8472
4 —	8472
8 —	8472
12 —	8472
8 avril.	8866
12 —	5823
26 —	8472
11 mai.	7170
23 —	1239
9 août.	8450
12 —	8449
1er octobre.	4850, 8751
10 —	8454
11 —	5212
15 —	8481
23 novembre.	8483
6 décembre.	8497

7 décembre.	9003
29 —	8373

1860.

24 avril.	4176, 6062, 6066, 6067, 6076, 6081
24 mai.	6084
18 juin.	7753
27 —	8472
20 juillet.	448
16 octobre.	4972, 5006
27 novembre.	138, 6708
3 décembre.	8373

1861.

30 mars.	8981
18 avril.	7942
22 —	2618
6 mai.	1583, 8827
21 —	3582
24 juillet.	8497
24 août.	6272, 8149
27 —	2822
22 novembre.	8416
3 décembre.	7002

1862.

1er mars.	3798
3 —	8575
21 —	8502
29 avril.	8632
7 juillet.	276
8 août.	3519, 5386
27 —	6232
30 —	8601
7 octobre.	5210
10 —	8431
12 décembre.	6068

1863.

27 janvier.	8986
13 février.	6510
13 mars.	8879
15 avril.	2988
18 —	8373
27 —	2987
23 juin.	6292
26 —	1009
24 juillet.	8503
14 août.	223
21 —	223
16 septembre.	8002
22 —	3849
3 octobre.	8149
17 —	5910
21 —	223
24 décembre.	9056

1864.

26 janvier. 8501
3 février. 8314
26 — . . . 305, 306
4 mars. 6336
3 avril. . 7940, 7941
16 mai. 5356
23 — 7425
19 juin. 443
23 — 6160
24 — 6317
2 juillet. 8217
7 — . 7234, 7352
16 — . 6549, 6630
22 — 582
26 août. 7015
19 septembre. . . . 312
12 octobre. . . . 8411
31 — 8755
8 novembre. . . . 4794
15 — 6409
16 — 6147

1865.

7 janvier. 1195
18 — 4972
20 — 4426
4 février. . 8472, 8483
28 — 8411
10 mars. 5947
18 — 4365
23 — 5079
3 avril. 6586
20 — 9087
26 — 7746
21 juin. 5327
3 juillet. 7181
14 — 7981
26 — 8992
31 — 8162
3 août. 8521
10 — 7131
22 — 6306
30 — 4192
31 — 6075
15 septembre. . . . 7718
19 — 8447
21 — 6232
29 — 8877
3 octobre. 563
27 — 2991
16 novembre. . . . 8004
20 — 9003
28 — 7242
26 décembre. . . . 657

1866.

2 janvier. 7942
16 — 1826

26 janvier. 7725
29 — 6197
31 — 8411
17 février. 7946
19 — 556
5 mars. 2048
10 — 513
11 — 8002
20 — 693
21 — 8478
7 avril. 2756
9 — 8877
22 — 8039
23 — 8671
4 mai. 8475
8 — 8881
15 — 1372
16 — . 123, 124, 125
11 juin. 8411
19 — 8454
23 juillet. 6630
1er août. 3325
6 — 563
12 septembre. . . . 9083
19 — 8411
6 novembre. . . . 8162
31 — 3488
3 décembre. . . . 8162
6 — 3023
20 — 556

1867.

4 janvier. 8072
11 — 5324
22 — 8317
23 février. 7675
12 mars. 5439
19 avril. 8014
26 — 6218
3 mai. 7906
8 — 2820
21 juin. 4679
25 — 3717
28 — . 3717, 7424
30 — 8692
8 juillet. 9034
24 — 4324
25 — 7117
27 — 3756
13 septembre. . 2142, 2153
27 — 4998
8 octobre. 6751
10 — 4061
11 — 8039
16 — 5987
19 — 524
21 — 2879
16 novembre. . . . 6073
26 — 4159
27 — 8314
30 — . . 709, 6033

4 décembre 6325
5 — 4920
6 — 6278
8 — 4392
19 — 7192

1868.

11 janvier. 7970
13 — 4950
20 — 3547
22 — 8474
19 février. 4733
24 — 7971
27 — . 1177, 1195
28 — 4475
29 — 8469
20 mars. 6619
4 avril. 3089
6 — 4918
7 — . . . 3275, 6337
29 — 4370
30 — 2551, 6989. 7187
2 mai. . 6058, 9093
7 — 877
20 — . . . 5010, 7192
30 — 1200
22 juin. 8702
24 — 2981
25 — 5055
1er juillet. 8010
4 — 4919
8 — 7530
16 — 8003
22 — 3838
11 août. 8157
13 — 9022
8 septembre. . . . 8151
9 — 7945
24 — 460
20 octobre. 1600
22 — 6221
7 novembre. . 2245, 8068
14 — 7281
18 — . . . 8427, 8445
26 — 6196
7 décembre. . . . 2756
21 — 4393
23 — . . . 4989, 5022

1869.

5 janvier. 7447
15 — 1947
21 — 6787
27 — 370
28 — . 463, 3324, 6030
19 février. 8460
22 — 3488
25 — 254, 305
2 mars. 6199
11 — 3616

12 mars.	 1097		
8 avril.	 3326		
13 mai.	 1646		
18 —	 3798		
10 juin.	. . 5869, 6196		
4 août.	. . 8082, 8856		
9 —	 8411		
30 —	 8861		
20 septembre.	 7985		
4 octobre.	3071, 3077, 8750		
14 —	 8877		
26 —	 5106		
16 novembre.	 6884		

1870.

18 juin.	 8484
8 août.	 8460

1871.

2 juin.	 3589

1872.

4 janvier.	 8502
18 avril.	 1414
7 juin.	4391, 4392, 4397
8 août.	. . 6172, 5072
9 septembre.	 4299

12 septembre.	 8460
11 novembre.	 7652
25 —	 6328
29 —	 8525

1873.

25 mars.	 8458
13 juin.	 5280
29 —	 8468
8 juillet.	 7653
19 —	. . 8444, 8885
10 septembre.	 7015
12 —	 7723
16 —	. . 8528, 8529

TABLE DES DÉCISIONS DIVERSES

(AVIS DU CONSEIL D'ÉTAT, CIRCULAIRES DE L'ADMINISTRATION, DES MINISTRES, ETC., DÉCISIONS ET JUGEMENTS BELGES, DÉCISIONS RENDUES PAR LE MINISTRE DES FINANCES CONCURREMMENT AVEC UN DES AUTRES MINISTRES OU PAR CES DERNIERS MINISTRES SEULS, DÉCISIONS DES BUREAUX D'ASSISTANCE JUDICIAIRE, ETC.)

1809.

21 janvier.	. . .	3808
30 —	. . .	2266
14 février.	. . .	5424
15 —	. . .	231
17 mars.	. . .	4169
9 mai.	. . .	7131
23 —	. . .	8882
13 juin.	. . 2550,	9108
4 août.	. . .	4583
5 —	. . 5005,	5015
8 —	. . .	2804
7 octobre.	. . .	8968
21 —	. . 283,	6081
3 novembre.	. . .	7861
22 décembre.	. . .	2840

1810.

3 février.	. . .	5559
8 —	. . .	799
9 —	. . .	992
20 mars.	1855, 2639,	4524
22 mai.	. . .	2716
12 juin.	. . .	4777
16 —	. . .	5762
6 juillet.	. . .	7149
22 août.	. . .	6503
9 octobre.	. . 7882,	7911

1811.

21 mai.	. . .	351
5 septembre.	. . .	3400
5 novembre.	. . .	3748
12 —	. . .	196
11 décembre.	. . .	3411
22 —	. . .	6344

1812.

7 janvier.	. . .	7169
9 —	. . .	2619
21 —	. . .	4238
9 juin.	. . .	4461
11 —	. . .	3379
17 —	. . .	693
30 —	. . .	7128
14 juillet.	. . .	7126
15 septembre.	. . .	8006
30 —	. . .	6354
30 décembre.	. . .	4674

1813.

9 février.	. . 290,	4186
5 mai.	. . .	3383
18 —	. . .	5161
19 octobre.	. . 7121,	8963

1814.

22 février.	. . .	3341

1815.

10 janvier.	. . .	8006
6 mars.	. . .	766
4 novembre.	. . .	7930

1816.

24 janvier.	. . .	8968
16 août.	. . .	1844
16 octobre.	. . 2059,	5866

1817.

18 avril.	. . 1034.	4673
18 juillet.	. . .	8121
23 octobre.	. . .	3766

1818.

25 avril.	. . .	5807
18 août.	. . .	8924
15 décembre.	. . .	866

1819.

5 octobre.	. . .	6689
1er décembre.	. . 7118,	7159
20 décembre.	. . .	5839

1821.

8 février.	. . .	2566
20 juillet.	. . .	6608
7 août.	. . .	6614
10 octobre.	. . .	1860
17 —	. . .	7595
5 novembre.	. . .	2622
24 —	. . .	2923

1822.

19 janvier.	. . .	766
11 février.	. . .	6689
19 —	. . .	2950
28 mai.	. . .	4474
25 septembre.	. . .	6412
24 novembre.	. . .	4685
29 —	. . .	4282
11 décembre.	. . .	415

1823

8 février.	. . .	3970
16 juillet.	. . .	3352
18 —	. . .	1833
23 —	. . .	2616
24 septembre.	. . .	6408
23 décembre.	. . .	4430

1824.

6 mars.	. . .	2612
31 —	1105, 2202.	4323
22 mai	. . .	7571
23 juin.	. . .	2686
22 septembre.	. . .	6428

1825.

30 août.	. . .	5770
9 septembre.	. . .	3400
22 décembre.	. . .	196
25 —	. . .	3436

1826.

7 mars.	. . .	5082
6 mai.	. . .	250
14 juin.	. . .	1009
6 septembre.	. . .	4057

1827.

3 avril.	. . .	5783
18 mai.	. . .	5948
25 juin.	. . .	3665
10 juillet.	. . 3605,	5322

1828.

3 janvier.	. . .	5823
31 —	. . .	3903
5 février.	. . .	4741
26 —	. . .	2207
27 —	. . .	1806
3 novembre.	. . .	1850
11 décembre.	. . .	2942
12 —	. . .	3903

1829.

11 février.	. . .	4120
29 —	. . .	5852

1830.

13 janvier.	. . .	6954
30 —	. . 290.	4186
28 juillet.	. . .	5791
8 novembre.	. . 2206,	6909

1831.

8 juin.	. . .	156
21 novembre.	. . .	1391
14 décembre.	. . .	3525
26 —	. . .	7554

1832.

23 avril.	. . .	3407
28 —	. . .	5783
27 juin.	. . .	7753

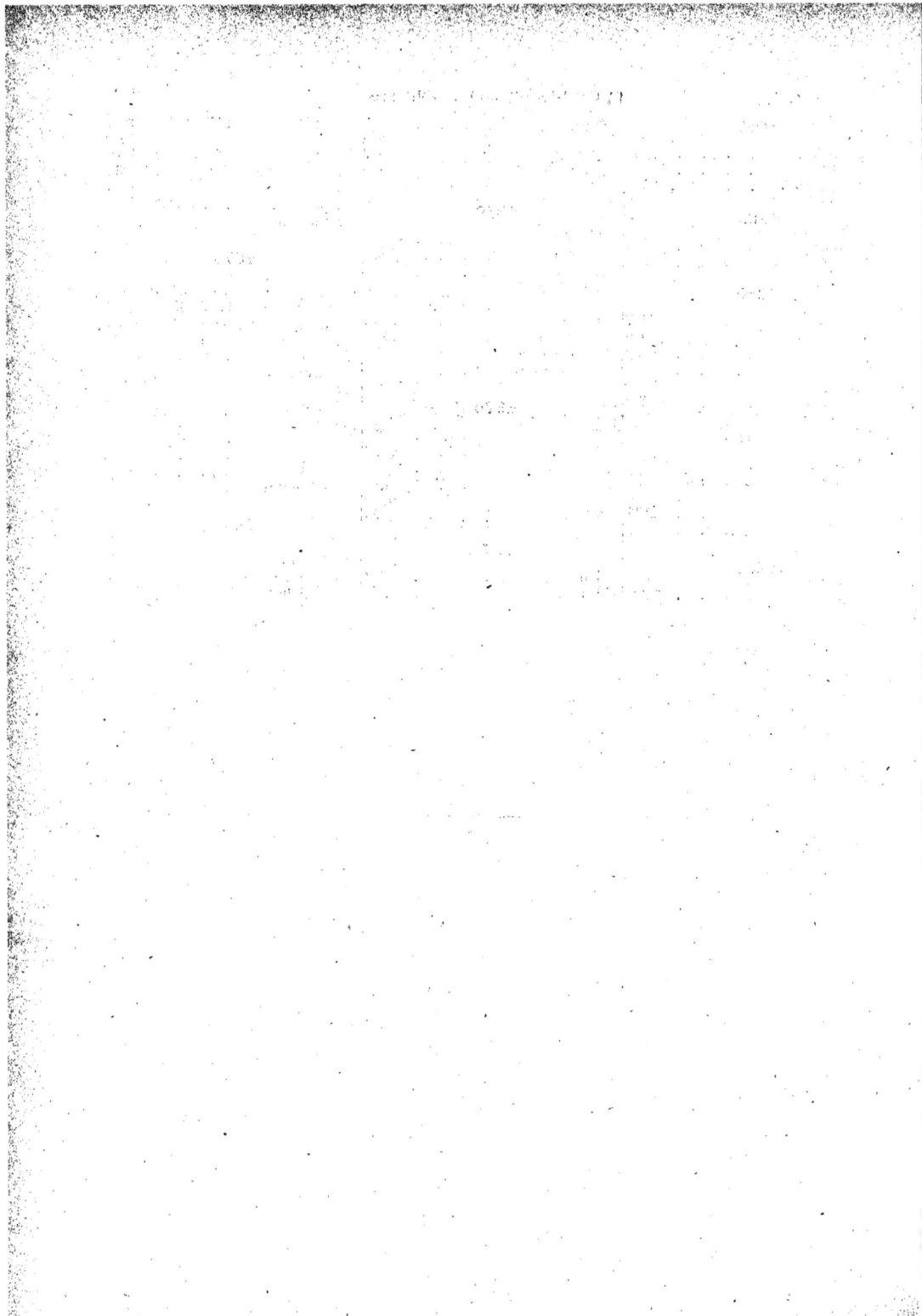

SUPPLÉMENT

Bien que nous ayons strictement rempli nos promesses et que notre *Dictionnaire* soit au courant de la législation et de la jurisprudence au 1ᵉʳ janvier 1874, cependant nous n'hésitons pas à le faire suivre d'un supplément, dans l'espoir d'être agréable à nos souscripteurs.

Par l'effet de cette addition, le *Dictionnaire* se trouvera au courant jusqu'au 1ᵉʳ avril 1874, et nous pourrons réparer certaines omissions et certains *errata* inévitables dans un ouvrage de ce genre.

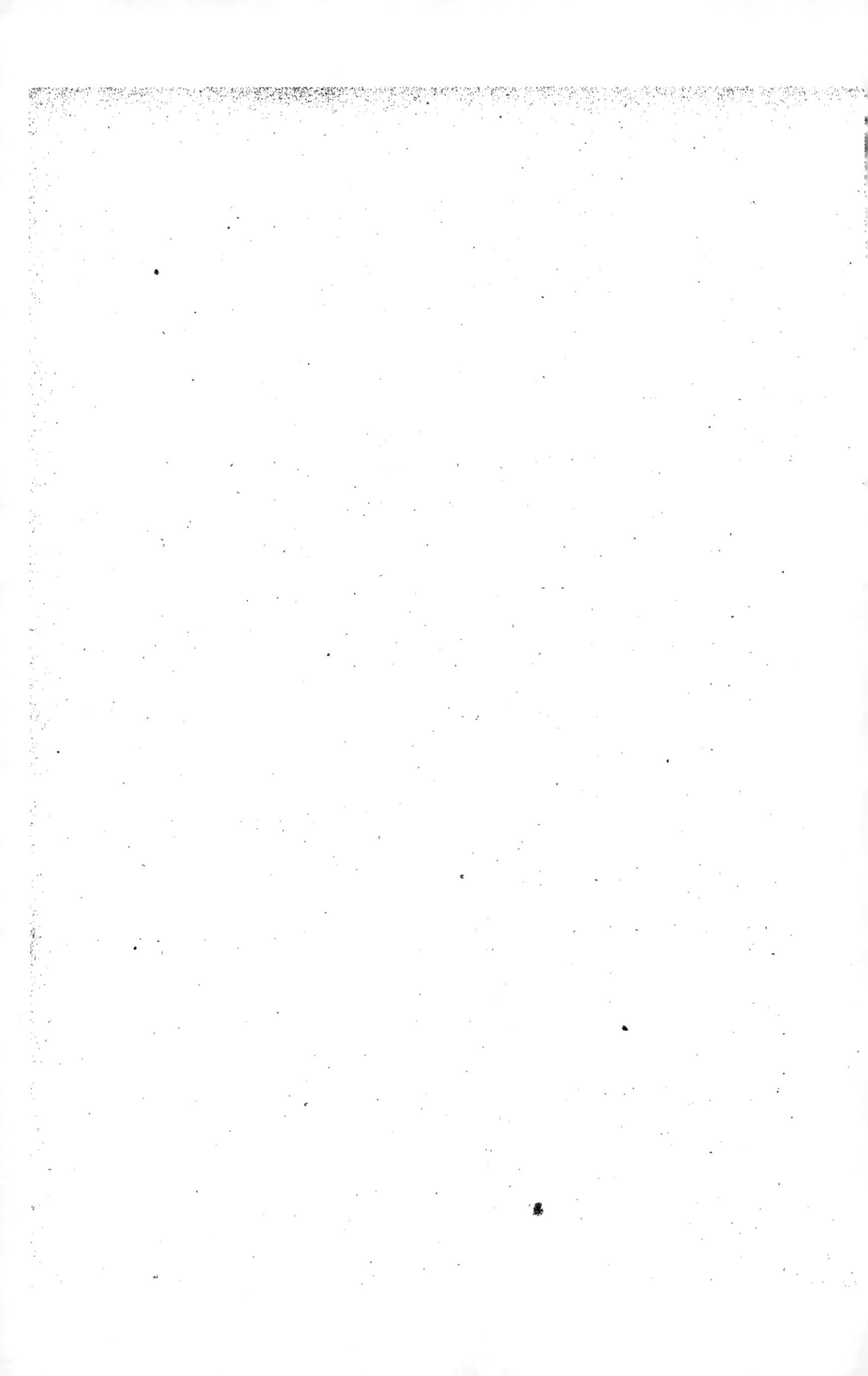

PRÉFACE ET LOIS

Page 2, ligne 1. — *Au lieu de* : pénalités menaçantes, *lisez* : pénalités formidables.

Page 2, ligne 2. — *Au lieu de* : à ces effrayants, *lisez* : à ces menaçants.

Page 17, colonne 2, ligne 16. — *Au lieu de* : amende (4), et, *lisez* : amende, et.

Page 8, colonne 1, ligne 50. — *Au lieu de* : acérés, *lisez* : lacérés.

Ordonnance du 3 juillet 1816. — 5. Tout officier ministériel qui aura fait des offres réelles extrajudiciairement, sera tenu, si elles ne sont pas acceptées, d'en effectuer le versement, dans les vingt-quatre heures qui suivront l'acte desdites offres, à la Caisse des dépôts et consignations, à moins qu'il n'en ait été dispensé par ordre écrit de celui qui l'a chargé de faire lesdites offres.

6. Tout garde de commerce, huissier ou geôlier, qui, ayant reçu des sommes dans les cas prévus par les nos 3 et 4 de l'article 2 ci-dessus, n'en aura pas fait le versement, à la Caisse des dépôts et consignations dans les délais prescrits par ledit article 2, sera poursuivi comme rétentionnaire de deniers publics. — Seront, à cet effet, tenus les gardes de commerce et huissiers de mentionner au pied de leurs exploits, et avant de les présenter à l'enregistrement, s'ils ont remis au créancier les sommes par eux reçues, et de mentionner également cette remise sur leurs répertoires, et les geôliers feront ladite mention sur leurs registres d'écrou.

7. Tout notaire, greffier, huissier, commissaire-priseur, courtier, etc., qui aura procédé à une vente, sera tenu de déclarer au pied de la minute du procès-verbal en le présentant à l'enregistrement, et de certifier par sa signature, qu'il a ou n'a pas d'oppositions et qu'il a ou n'a pas connaissance d'oppositions aux scellés ou autres opérations qui ont précédé ladite vente (V. O. 2 juill. 1817.)

Ordonnance du 2 juillet 1817. — 1. Les receveurs de l'enregistrement feront des relevés ou extraits, et tiendront note de tous les actes et jugements qui donnent lieu à consignations dans les différents cas prévus par notre ordonnance du 3 juillet 1816, à mesure qu'ils leur seront présentés pour être enregistrés. — Ils exigeront que les déclarations prescrites par les articles 5, 6 et 7 de ladite ordonnance, soient faites au bas des actes présentés par les fonctionnaires auxquels l'obligation en est imposée. Dans les cas où ceux-ci refuseraient de faire lesdites déclarations, ou en feraient qui seraient reconnues inexactes, les receveurs de l'enregistrement soumettront ces refus ou inexactitudes à nos procureurs près les tribunaux de leur arrondissement, qui, après avoir pris connaissance des faits, exerceront à l'égard de ces fonctionnaires, s'il y a lieu, les voies de répression autorisées par l'article 10 de la même ordonnance.

Loi du 25 juin 1841. — 1. Sont interdites les ventes en détail des marchandises neuves, à cri public, soit aux enchères, soit au rabais, soit à prix fixe proclamé avec ou sans l'assistance des officiers ministériels.

2. Ne sont pas comprises dans cette défense les ventes prescrites par la loi, ou faites par autorité de justice, non plus que les ventes après décès, faillite ou cessation de commerce, ou dans tous les autres cas de nécessité dont l'appréciation sera soumise au tribunal de commerce. — Sont également exceptées les ventes à cri public de comestibles et objets de peu de valeur, connues dans le commerce sous le nom de menue mercerie. (V. L. L. 28 mai 1858, 3 juill. 1861 et 23 mai 1863.)

3. Les ventes publiques et en détail de marchandises neuves qui auront lieu après décès ou par autorité de justice seront faites selon les formes prescrites et par les officiers ministériels préposés pour la vente forcée du mobilier, conformément aux articles 625 et 945 du Code de procédure civile.

4. Les ventes de marchandises après faillite seront faites conformément à l'article 486 du Code de commerce par un officier public de la classe que le juge aura déterminée. — Quant au mobilier du failli, il ne pourra être vendu aux enchères que par les commissaires-priseurs, notaires, huissiers ou greffiers de justice de paix, conformément aux lois et règlements qui déterminent les attributions de ces différents officiers.

5. Les ventes publiques et par enchères, après cessation de commerce, ou dans les autres cas de nécessité prévus par l'article 2 de la présente loi, ne pourront avoir lieu qu'autant qu'elles auront été préa-

lablement autorisées par le tribunal de commerce, sur la requête du commerçant propriétaire, à laquelle sera joint un état détaillé des marchandises — Le tribunal constatera, par son jugement. le fait qui donne lieu à la vente ; il pourra même ordonner que les adjudications n'auront lieu que par lots dont il fixera l'importance. — Il décidera, d'après les lois et les règlements d'attribution, qui, des courtiers ou des commissaires priseurs et autres officiers publics, sera chargé de la réception des enchères. — L'autorisation ne pourra être accordée pour cause de nécessité qu'au marchand sédentaire, ayant depuis un an au moins son domicile réel dans l'arrondissement où la vente doit être opérée. — Des affiches apposées à la porte du lieu où se fera la vente énonceront le jugement qui l'aura autorisée.

6. Les ventes publiques aux enchères de marchandises en gros continueront à être faites par le ministère des courtiers, dans les cas, aux conditions et selon les formes indiquées par les décrets des 22 novembre 1811 17 avril 1812, la loi du 15 mai 1818, et les ordonnances des 1er juillet 1818 et 9 avril 1819.

7. Toute contravention aux dispositions ci-dessus sera punie de la confiscation des marchandises mises en vente, et, en outre, d'une amende de 50 à 3,000 francs, qui sera prononcée solidairement, tant contre le vendeur que contre l'officier public qui l'aura assisté, sans préjudice des dommages intérêts, s'il y a lieu. — Ces condamnations seront prononcées par les tribunaux correctionnels.

8. Seront passibles des mêmes peines les vendeurs ou officiers publics qui comprendraient sciemment dans les ventes faites par autorité de justice, sur saisie, après décès, faillite, cessation de commerce, ou dans les autres cas de nécessité prévus par l'article 2 de la présente loi, des marchandises neuves ne faisant pas partie du fonds ou mobilier mis en vente.

9. Dans les cas ci-dessus, où les ventes publiques seront faites par le ministère des courtiers, ils se conformeront aux lois qui les régissent, tant pour les formes de la vente que pour les droits de courtage.

10. Dans les lieux où il n'y aura point de courtiers de commerce, les commissaires-priseurs, les notaires, huissiers et greffiers de justice de paix feront les ventes ci-dessus, selon les droits qui leur sont respectivement attribués par les lois et règlements. — Ils seront, pour lesdites ventes, soumis aux formes, conditions et tarifs imposés aux courtiers.

Décret du 23 mars 1848. — 1. Provisoirement, et jusqu'à ce qu'il en soit autrement ordonné, le tarif actuel est modifié comme il suit :

Nouveau tarif. Protêt simple. Enregistrement, 1 fr. 10 c.
—	Protêt à deux domiciles,	id.
—	Protêt de deux effets,	id.
—	Protêt de perquisition,	id.
—	Protêt au parquet,	id.
—	Intervention,	id.
—	Dénonciation de protêt,	id.

(19 fév. 1874, art. 2).

2. Les actes de protêts seront désormais sans assistance de témoins.

Décret du 24 mars 1848. — 1. Dans les villes où un Comptoir d'escompte existera, il pourra être établi, soit par localité soit par agrégations d'industries, des sous-comptoirs de garantie destinés à servir d'intermédiaire entre l'industrie, le commerce et l'agriculture, d'une part, et les comptoirs nationaux d'escompte, de l'autre.

4. Les opérations des sous-comptoirs consisteront à procurer aux commerçants, industriels et agriculteurs, soit par engagement direct, soit par aval, soit par endossement, l'escompte de leurs titres et effets de commerce auprès du comptoir principal, moyennant des sûretés données aux sous-comptoirs par voie de nantissement sur marchandises, récépissés des magasins de dépôt, titres et autres valeurs.

10. Tous actes qui auront pour objet de constituer les nantissements au profit des sous-comptoirs par voie de transport ou autrement, et d'établir leurs droits comme créanciers, seront enregistrés au droit fixe de 2 fr. 20 cent. (28 fév. 1872, art. 4.)

11. Les actes de société contenant les statuts des sous-comptoirs seront dispensés de l'avis du Conseil d'État et de toute formalité autre que l'inscription au Bulletin des lois. — Ils seront passés en présence du directeur nommé par le ministre, et enregistrés gratuitement. (10 juin 1853.)

Décret du 28 mars 1848. — 1. Le ministre de la justice est provisoirement autorisé à accorder la naturalisation à tous les étrangers qui la demanderont, et qui justifieront par actes officiels ou authentiques, qu'ils résident en France depuis cinq ans au moins, et qui, en outre, produiront, à l'appui de leur demande, l'attestation par le maire de Paris ou le préfet de police, pour le département de la Seine, et par les commissaires du Gouvernement, pour les autres départements, qu'ils sont dignes, sous tous les rapports, d'être admis à jouir des droits de citoyen français.

2. Le payement des droits établis dans l'intérêt du Trésor national, par l'ordonnance du 8 octobre 1814 et par la loi du 28 avril 1816, continuera d'être opéré. Est également maintenue la disposition de l'ordonnance du 8 octobre 1814, qui autorise à remettre lesdits droits, en tout ou en partie, mais seulement quand l'état de fortune des parties exigera cette remise. (7 août 1850, art. 17.)

Page 51, colonne 1re, in fine. — au lieu de : Décret du 21 décembre 1851, lisez : Décret 27 décembre 1851.

Loi du 10 juin 1853. — 1. Les comptoirs et sous-comptoirs d'escompte pourront être établis ou prorogés avec les droits énoncés dans les articles 9 et 10 du décret du 24 mars et dans l'alinéa deuxième de l'article 2 du décret du 23 août 1848, mais sans aucun concours ni aucune

garantie de la part de l'État, des départements et des communes.

2. Des décrets impériaux rendus sur la proposition du ministre des finances, le Conseil d'État entendu, statueront sur l'établissement et la prorogation des comptoirs et sous-comptoirs d'escompte, et sur la modification de leurs statuts...

3. Les lois, décrets et arrêtés relatifs aux comptoirs et sous-comptoirs d'escompte continueront à être appliqués aux établissements actuellement existants, jusqu'à l'expiration du terme pour lequel ils ont été prorogés.

Loi du 23 juin 1857. — 2. Nul ne peut revendiquer la propriété exclusive d'une marque, s'il n'a déposé deux exemplaires du modèle de cette marque au greffe du tribunal de commerce de son domicile.

4. Il est perçu un droit fixe d'un franc pour la rédaction du procès-verbal de dépôt de chaque marque et pour le coût de l'expédition, non compris les frais de timbre et d'enregistrement.

22. ...Un règlement d'administration publique déterminera les formalités à remplir pour le dépôt et la publicité des marques, et toutes les autres mesures nécessaires pour l'exécution de la loi. (D. 26 juill. 1858.)

Décret du 26 juillet 1858. — 1. Le dépôt que les fabricants, commerçants ou agriculteurs peuvent faire de leur marque au greffe du tribunal de commerce de leur domicile, ou, à défaut de tribunal de commerce, au greffe du tribunal civil, pour jouir des droits résultant de la loi du 23 juin 1857, est soumis aux dispositions suivantes :

2. Ce dépôt doit être fait par la partie intéressée ou par son fondé de pouvoir spécial. — La procuration peut être sous seing privé, mais *enregistrée* ; elle doit être laissée au greffe. — Le modèle à fournir consiste en deux exemplaires, *sur papier libre*, d'un dessin, d'une gravure, ou d'une empreinte représentant la marque adoptée. — Le papier forme un carré de 18 centimètres de côté, dont le modèle occupe le milieu.

4. Un des deux exemplaires de la marque est collé par le greffier sur une des feuilles d'un registre tenu à cet effet, et dans l'ordre des présentations. L'autre est transmis dans les cinq jours, au plus tard, au ministre de l'agriculture, du commerce et des travaux publics, pour être déposé au Conservatoire impérial des arts et métiers. — Le registre est *en papier libre* du format de 24 centimètres de largeur sur 40 de hauteur, coté et parafé par le président du tribunal de commerce ou du tribunal civil, suivant les cas.

5. Le greffier dresse le procès-verbal du dépôt dans l'ordre des présentations, sur un registre *en papier timbré*, coté et parafé comme il est dit à l'article précédent...

6. Il est dû au greffier, outre le droit fixe d'un franc pour le procès-verbal de dépôt de chaque marque, y compris le coût de l'expédition, le remboursement des droits de timbre et d'enregistrement. Le remboursement du timbre du procès-verbal est fixé à 35 centimes. — Toute expédition délivrée après la première donne également lieu à la perception d'un franc au profit du greffier.

8. Au commencement de chaque année. les greffiers dressent, *sur papier libre*, et d'après le modèle donné par le ministre de l'agriculture, du commerce et des travaux publics, une table ou répertoire des marques dont ils ont reçu le dépôt pendant le cours de l'année précédente.

Loi du 3 juillet 1861. — 1. Les tribunaux de commerce peuvent, après décès ou cessation de commerce, et dans tous les autres cas de nécessité dont l'appréciation leur est laissée, autoriser la vente aux enchères en gros des marchandises de toute espèce et de toute provenance. — L'autorisation est donnée sur requête ; un état détaillé des marchandises à vendre est joint à la requête. — Le tribunal constate par son jugement le fait qui donne lieu à la vente.

2. Les ventes autorisées en vertu de l'article précédent, ainsi que toutes celles qui sont autorisées ou ordonnées par la justice consulaire dans les divers cas prévus par le Code de commerce, sont faites par le ministère des courtiers. — Néanmoins, il appartient toujours au tribunal ou au juge qui autorise ou ordonne la vente, de désigner, pour y procéder, une autre classe d'officiers publics ; dans ce cas, l'officier public, quel qu'il soit, est soumis aux dispositions qui régissent les courtiers. relativement aux formes, aux tarifs et à la responsabilité. (L. 28 juin 1861, art. 17.)

3. Les dispositions des articles 2 à 7 inclusivement de la loi du 28 mai 1858, sur les ventes publiques, sont applicables aux ventes autorisées ou ordonnées comme il est dit dans les deux articles qui précèdent. (D. 6 juin 1863.)

Page 57, colonne 1, ligne 18. — *Au lieu de* : Loi du 11 janvier 1862, *lisez* : Décret du 11 janvier 1862.

Loi du 26 novembre 1873. — 1. Tout propriétaire d'une marque de fabrique ou de commerce déposée conformément à la loi du 23 juin 1857, pourra être admis, sur sa réquisition écrite, à faire apposer par l'État, soit sur les étiquettes, bandes ou enveloppes en papier, soit sur les étiquettes ou estampilles en métal sur lesquelles figure sa marque, un timbre ou poinçon spécial destiné à affirmer l'authenticité de cette marque. Le poinçon pourra être apposé sur la marque faisant corps avec les objets eux-mêmes si l'administration les en juge susceptibles.

2. Il sera perçu, au profit de l'État, par chaque apposition du timbre, un droit qui pourra varier de 1 centime à 1 franc. Le droit dû pour chaque apposition du poinçon sur

les objets eux-mêmes ne pourra être inférieur à 5 centimes ni excéder 5 francs.

3. La quotité des droits perçus au profit du Trésor sera proportionnée à la valeur des objets sur lesquels doivent être apposées les étiquettes soit en papier soit en métal, et à la difficulté de frapper d'un poinçon les marques fixées sur les objets eux-mêmes.

Cette quotité sera établie par des règlements d'administration publique qui détermineront, en outre, les métaux sur lesquels le poinçon pourra être appliqué, les conditions à remplir pour être admis à obtenir l'apposition des timbre ou poinçon, les lieux dans lesquels cette apposition pourra être effectuée, ainsi que les autres mesures d'exécution de la présente loi.

4. La vente des objets par le propriétaire de la marque de fabrique ou de commerce à un prix supérieur à celui correspondant à la quotité du timbre ou du poinçon, sera punie, par chaque contravention, d'une amende de cent francs (100 fr.) à cinq mille francs (5,000 francs).

Les contraventions seront constatées dans tous les lieux ouverts au public par tous les agents qui ont qualité pour verbaliser en matière de timbre et de contributions indirectes, par les agents de postes et par ceux des douanes, lors de l'exportation.

Il leur est accordé un quart de l'amende ou portion d'amende recouvrée.

Les contraventions seront constatées et les instances seront suivies et jugées, savoir : 1° comme en matière de timbre, lorsqu'il s'agira du timbre apposé sur les étiquettes, bandes ou enveloppes en papier ; 2° comme en matière de contributions indirectes, en ce qui concerne l'application du poinçon.

5. Les consuls de France à l'étranger auront qualité pour dresser les procès-verbaux des usurpations de marques, et les transmettre à l'autorité compétente.

6. Ceux qui auront contrefait ou falsifié les timbres ou poinçons établis par la présente loi ; ceux qui auront fait usage des timbres ou poinçons falsifiés ou contrefaits, seront punis des peines portées en l'article 140 du code pénal, et sans préjudice des réparations civiles.

Tout autre usage frauduleux de ces timbres ou poinçons et des étiquettes, bandes, enveloppes et estampilles qui en seraient revêtues, sera puni des peines portées en l'article 142 dudit code.

Il pourra être fait application des dispositions de l'article 463 du Code pénal.

7. Le timbre ou poinçon de l'État apposé sur une marque de fabrique ou de commerce fait partie intégrante de cette marque.

A défaut par l'Etat de poursuivre en France ou à l'étranger la contrefaçon ou la falsification desdits timbre ou poinçon, la poursuite pourra être exercée par le propriétaire de la marque.

8. La présente loi sera applicable dans les colonies françaises et en Algérie.

9. Les dispositions des autres lois en vigueur, touchant le nom commercial, les marques, dessins ou modèles de fabrique, seront appliquées au profit des étrangers, si dans leur pays la législation ou des traités internationaux assurent aux Français les mêmes garanties.

Loi du 29 décembre 1873. — 2. Le droit de timbre des copies des exploits, des notifications d'avoué à avoué, et des significations de tous jugements, actes ou pièces sera acquitté au moyen de timbres mobiles apposés sur l'original de l'exploit.

Néanmoins, ces copies ne pourront être faites que sur un papier timbré spécial de la dimension des feuilles aux droits de 50 centimes ou de 1 fr., et qui sera fourni gratuitement par l'administration de l'enregistrement, des domaines et du timbre. (D. 30 déc. 1873.)

3. Indépendamment des mentions prescrites par l'article 48 du décret du 14 juin 1813 et par l'article 67 du Code de procédure civile, les huissiers seront tenus d'indiquer distinctement au bas de l'original et des copies de chaque exploit : 1° le nombre des feuilles de papier spécial, employées tant pour les copies de l'original que pour les copies des pièces signifiées ; 2° le montant des droits de timbre dus à raison de la dimension de ces feuilles. (D. 30 déc. 1873.)

4. Il ne pourra être alloué en taxe, et les officiers ministériels ne pourront demander et se faire payer, à titre de remboursement de droit de timbre des copies, aucune somme excédant la valeur des timbres mobiles apposés en exécution des dispositions qui précèdent.

Un règlement d'administration publique déterminera la forme et les conditions d'emploi du papier spécial et des timbres mobiles créés par la présente loi, ainsi que toutes les autres mesures d'exécution.

Sont applicables à ces timbres les dispositions de l'art. 21 de la loi du 11 juin 1859. (D. 30 déc. 1873.)

5. Chaque contravention aux dispositions des articles 2 et 3 ci dessus et à celles du règlement d'administration publique à intervenir sera punie d'une amende de 50 fr.

Seront considérés comme non timbrés les actes et pièces autres que les copies spécifiées en l'art. 2 et qui auraient été écrits sur le papier exclusivement destiné à ces copies. (D. 30 déc. 1873.)

22. Il sera dressé dans le courant de l'année 1874 un relevé présentant distinctement :

1° Le tableau de toutes les propriétés immobilières de l'Etat, tant à Paris que dans les départements, et qui sont affectées à un service public ;

2° Le tableau de toutes les propriétés non affectées à un service public.

Ce relevé sera dressé conformément aux prescriptions de l'ordonnance du 6 octobre 1833. Il sera im-

primé et distribué à l'Assemblée nationale pendant la session de 1874 [1].

23. Les changements qui surviendront chaque année dans la consistance des propriétés ci-dessus désignées, soit par addition ou nouvelles constructions, soit par distraction ou démolition, seront indiqués dans des tableaux supplémentaires. Ces tableaux seront dressés de la même manière que le relevé général prescrit par l'article précédent. Ils seront insérés au compte général de l'administration des finances.

Tout acte d'aliénation d'immeuble appartenant à l'Etat devra indiquer le numéro sous lequel l'immeuble vendu est inscrit au tableau dressé en exécution de l'article précédent.

Aucun paiement pour acquisition d'immeuble par l'Etat ne pourra avoir lieu sans que le mandat fasse mention du numéro sous lequel l'immeuble acquis a été immatriculé sur les sommiers du domaine.

24. Une commission sera chargée de reviser tous les trois ans les affectations d'immeubles faites aux divers services publics. Elle émettra son avis sur l'opportunité de maintenir, de réduire ou de faire cesser ces affectations.

Cette commission sera composée du ministre des finances, président; de trois membres de l'Assemblée nationale, du président de la section des finances au conseil d'Etat, du directeur général des domaines, des secrétaires généraux des divers ministères ou de fonctionnaires désignés pour les suppléer.

La première révision aura lieu en 1875. Le rapport de la commission sera publié et distribué à l'Assemblée.

25. A partir du 1er janvier 1874, les percepteurs des contributions directes seront substitués aux receveurs de l'enregistrement pour le recouvrement des amendes et des condamnations pécuniaires autres que celles concernant les droits d'enregistrement, de timbre, de greffe, d'hypothèques, le notariat et la procédure civile.

Sont maintenues toutes les dispositions de lois qui ne sont pas contraires au paragraphe précédent; toutefois les porteurs de contrainte pourront remplacer les huissiers pour l'exercice des poursuites.

Un règlement d'administration publique déterminera s'il y a lieu, les mesures nécessaires pour assurer l'exécution du présent article [1].

1, On lit dans l'*Exposé des motifs* (*J. Off. du 16 avril* 1873) :

Dans la séance du 29 janvier dernier, le ministre des finances, répondant à une interpellation, a pris l'engagement de présenter, à l'Assemblée nationale,des dispositions relatives à l'établissement d'un inventaire général des propriétés de l'Etat. Les art. 28, 29 et 30 consacrent la réalisation de cet engagement.

La nécessité de connaître d'une manière certaine l'importance et l'étendue des propriétés domaniales a été comprise et reconnue depuis longtemps. Un arrêté du Directoire exécutif du 25 frim. an 7 a confié à l'Administration de l'enregistrement et des domaines le soin de dresser « un relevé des édifices,emplacements,domaines nationaux, employés aux divers services publics, et notamment à ceux de la guerre et de la marine ». Cet état devait indiquer l'usage auquel chaque immeuble était affecté, désigner les personnes qui l'occupaient et contenir un avis sur l'utilité de conserver à chaque immeuble sa destination actuelle. — Un arrêté des Consuls du 13 messidor an 10 prescrivit de nouveau des mesures analogues; mais elles demeurèrent infructueuses, soit par suite des difficultés que rencontra l'entreprise, soit à raison de l'état de guerre et des événements politiques qui s'accomplirent. En 1832, la Chambre des députés s'émut de cette situation, et la loi du 31 janvier 1833, complétée par les ordonnances des 6 oct. 1833 et 20 juill. 1835, prescrivit la formation d'un tableau général des propriétés de l'Etat. — La loi du 31 janv. 1833 fut exécutée dès 1836, le tableau prescrit fut distribué aux Chambres, et, jusqu'en 1850, les changements survenus dans la consistance du domaine, soit par ventes, soit par acquisitions nouvelles, furent exactement publiés. Mais à cette époque les prescriptions de l'ordonnance du 6 oct. 1833 tombèrent en désuétude. Seule l'Administration des domaines continua à tenir compte des modifications qui pouvaient survenir dans l'établissement des propriétés domaniales. Mais son travail, qui n'avait souvent pour base que des documents incomplets, a été détruit lors de l'incendie de l'hôtel du ministère des finances.

Nous proposons aujourd'hui de reconstituer l'inventaire général des propriétés de l'Etat, en appelant, comme l'avait prescrit l'ordonnance du 6 oct. 1833,les fonctionnaires des divers faits départements ministériels à concourir à cette œuvre de reconstitution. — L'art. 29 a pour objet d'assurer le concours des services étrangers à l'Administration des domaines, non-seulement pour l'établissement de l'inventaire général, mais encore pour la reconnaissance des changements qui pourraient survenir dans les immeubles affectés à leur service. Comme sanction, cet article dispose qu'aucun immeuble ne pourra être vendu ou échangé sans que le contrat relate le numéro sous lequel il est inscrit à l'inventaire général, et réciproquement, qu'aucun paiement ne pourra être effectué à compte d'une acquisition faite par l'Etat, sans que le mandat relate le numéro sous lequel l'acquis a été immatriculé aux sommiers du domaine. Cette prescription est déjà usitée en ce qui concerne les meubles acquis par l'Etat, et vous trouverez sans doute convenable de l'étendre aux acquisitions d'immeubles.

On a dit que l'Etat conservait souvent, sans une utilité bien démontrée, des immeubles d'une valeur considérable et dont il pourrait tirer un meilleur parti. Nous avons pensé que le meilleur moyen de faire la lumière sur cette matière était d'instituer par la loi une commission mixte, chargée de réviser tous les trois ans les affectations d'immeubles faites aux divers services publics, et d'émettre son avis sur l'opportunité de maintenir, de réduire ou de faire cesser ces affectations. Trois membres de l'Assemblée siégeraient dans cette commission; l'un d'eux en serait le vice-président. Nous avons la confiance qu'en revenant aux principes tutélaires de publicité et de contrôle, inaugurés en 1833 et abandonnés en 1850, les dispositions que nous avons l'honneur de vous proposer assureront l'ordre et la régularité dans la gestion des propriétés de l'Etat.

1. Voici quels ont été les motifs de ces nouvelles dispositions : L'honorable rapporteur de la commission du budget pour l'exercice 1873 s'exprimait ainsi à la page 52 de son rapport : — « Nous ne voulons pas quitter l'Administration de l'enregistrement sans appeler l'attention du Gouvernement sur une question, non pas d'économies à faire, mais d'améliorations à apporter dans le service des receveurs. Ces derniers, surchargés de besogne par suite des nouveaux impôts, sont obligés, aux termes de la loi des 5 et 19 décembre 1790, par l'art. 197 du Code d'instruction criminelle et par l'art. 1er de l'ordonnance du 29 décembre 1823, de percevoir pour les communes les amendes de police. Il s'agirait de les faire recouvrer par les percepteurs. Nous ne faisons qu'indiquer la réforme à opérer. Le gouvernement, s'il adopte l'idée, trouvera le moyen de la mettre en pratique. » Afin de répondre au désir de la commission, cette proposition a été étudiée. On a reconnu qu'elle répondait à une idée juste et qu'elle conciliait à la fois les intérêts du public, ceux du Trésor et ceux des communes. — Le redevable, en effet, au lieu de se transporter au chef-lieu du canton pour acquitter le montant de la condamnation, pourra se libérer sans déplacement lorsque le percepteur se rendra dans la commune pour le recouvrement de l'impôt direct. — Cette facilité de paiement sera en outre très-profitable au Tré-

Décret du 30 décembre 1873. — 1. L'administration de l'enregistrement, des domaines et du timbre est autorisée à débiter, pour l'exécution de l'article 2 susvisé de la loi du 29 décembre 1873, des feuilles et des demi-feuilles de petit papier de la dimension prescrite par l'article 3 de la loi du 13 brumaire an 7.

Chaque feuille est revêtue d'un timbre apposé à l'encre grasse de couleur, et de l'empreinte d'un timbre sec portant le mot *copies*.

Les empreintes sont appliquées sur les feuilles ou demi-feuilles de dimension, au haut de la partie gauche de la feuille (non déployée) ou de la demi-feuille.

Provisoirement, l'empreinte du timbre sec pourra être remplacée par un timbre appliqué à l'encre grasse et portant également le mot *copies*.

Il est en outre établi, pour l'exécution dudit article 2 de la loi susvisée du 29 décembre 1873, des timbres mobiles conformes au modèle ci-annexé, mais dont la quotité pourra varier de 50 centimes à 10 francs, non compris les décimes.

L'administration de l'enregistrement, des domaines et du timbre fera déposer aux greffes des cours et tribunaux des spécimens du papier spécial et des timbres mobiles. Le dépôt sera constaté par un procès-verbal dressé sans frais

2. Les huissiers et autres officiers ministériels chargés de faire ou de signifier ces copies d'exploits ou de pièces ne peuvent s'approvisionner du papier spécial et des timbres mobiles représentant la valeur des droits de timbre exigibles d'après la dimension des feuilles du papier spécial, qu'au bureau de l'enregistrement désigné à cet effet.

Les timbres mobiles et le papier spécial seront délivrés en même temps. Il ne peut être remis de timbres mobiles que pour une valeur équivalente au droit de timbre exigible à raison de la dimension des papiers délivrés.

3. L'officier ministériel est tenu, avant toute signification de copies, d'apposer sur l'original de son exploit un ou plusieurs timbres mobiles représentant le montant des droits de timbre dus à raison du nombre et de la dimension des feuilles du papier spécial employé pour les copies.

Le timbre mobile est collé à la marge gauche de la première page de l'original, immédiatement au-dessous de l'empreinte du timbre sec. Le timbre mobile est oblitéré, lors de l'enregistrement de l'original de l'exploit, par le receveur, au moyen d'une griffe qui lui est fournie par l'administration.

4. Les huissiers et tous autres officiers ministériels chargés de faire les significations d'actes sont tenus de reproduire, dans les colonnes distinctes de leur répertoire, les indications prescrites par les numéros 1 et 2 de l'article 3 de la loi du

---

sor et aux communes et établissements auxquels les amendes sont attribués. Le percepteur plus rapproché des contribuables, connaissant mieux leur situation pécuniaire, pourra assurer le recouvrement d'une manière plus efficace que le receveur de l'enregistrement, dont les fonctions sont essentiellement sédentaires. Cette mesure augmentera donc la recette des amendes et des frais de justice, dont une partie importante tombe en non-valeur, et en même temps qu'elle accroîtra les produits de l'enregistrement, en permettant aux receveurs d'exercer une plus exate vigilance sur les perceptions qui leur sont confiées. Le recouvrement des amendes s'opère au moyen d'extraits de jugements délivrés par les greffiers des tribunaux et des Cours, et sous ce rapport l'apurement des condamnations ne diffère pas sensiblement du mode de recouvrement effectué au moyen des rôles.

Une disposition de l'art. 31 autorise les porteurs de contrainte à remplacer les huissiers pour l'exercice des poursuites, dont les frais, par cette substitution, seront notablement diminués. Cette substitution, toutefois n'est que facultative ; le ministère des huissiers pourra être employé toutes les fois qu'il s'agira d'actes importants ou qui présenteraient des difficultés spéciales. Il ne s'agit, comme on peut le voir, que d'une simple réforme administrative, qui aurait même pu s'opérer sans recourir à votre sanction, si la législation antérieure n'avait nommément attribué à l'Administration de l'enregistrement le recouvrement des amendes. La modification que nous avons l'honneur de vous proposer et celle relative aux porteurs de contrainte que nous avons indiquée ci-dessus sont, en effet, les seules qu'il s'agisse d'introduire dans la législation actuelle. Toutes les autres dispositions concernant les amendes et les condamnations pécuniaires sont maintenues. L'Administration de l'enregistrement conserve, d'ailleurs, comme toutes les autres administrations fiscales, le recouvrement des amendes rentrant le plus spécialement dans ses attributions, telles que, par exemple, les amendes concernant les droits d'enregistrement, de timbre, de greffe, d'hypothèque, du notariat, la procédure civile, etc. — Elle reste en outre, comme par le passé, chargée d'acquitter les dépenses concernant l'exercice de la justice. — *Exposé des motifs* ; *J. off.* du 16 avril 1873.

Loi du 30 décembre 1873. — 1. Sont établis à titre extraordinaire et temporaire, les augmentations d'impôts et les impôts énumérés dans la présente loi [1].

2. Il est ajouté aux impôts et produits de toute nature déjà soumis aux décimes par les lois en vigueur : 5 % du principal pour les impôts et produits dont

---

1. « Cet article consacre législativement le caractère temporaire « des nouveaux impôts et augmentations d'impôts projetés. « C'est pour les pouvoirs publics l'engagement, dès que la situa- « tion du pays ou de nouvelles combinaisons financières le per- « mettront, de dégrever ceux de ces impôts qui pèsent le plus « sur les classes laborieuses. » — *Rapport du Ministre des Finances* du 5 novembre 1873.

Quelque catégorique que soit la disposition de la loi, nous ne pouvons guère la considérer que comme lettre morte. L'état de nos finances s'opposera pendant de longues années à toute diminution d'impôts.

« Une chose qui m'a frappé dans le rapport, disait M. Tolain, « c'est l'espoir qui y est exprimé que ces impôts ne seront que « temporaires. Je crois que, dans la situation où nous sommes, il « nous faut abandonner ces illusions. Ces impôts ne seront pas « temporaires, ils seront inscrits pendant longtemps au budget. « Il faut bien que le pays le sache. » — Séance du 29 décembre 1873 ; *J. off.* du 30.

La même idée a été exprimée en ces termes par M. Raudot :
« Messieurs, l'augmentation des décimes proposée par l'ar- « ticle 2 a été présentée par M. le rapporteur comme devant être « essentiellement temporaire. Lorsqu'il a énoncé cette proposi- « tion, nous avons vu le sourire sur toutes les lèvres.

« Il est évident que ces impôts prétendus temporaires dureront « toujours, attendu que les dépenses auxquelles ils doivent être « appliqués dureront toujours et augmenteront toujours. »

le principal seul est déterminé par la loi, ainsi que pour les amendes et condamnations judiciaires.

4 % du droit total actuel sur les sucres, des taxes de douanes et autres, dont la quotité fixée par la loi comprend à la fois le principal et les décimes.

Cette disposition ne s'applique pas :

1° Aux droits de greffe et de timbre.

6. Les augmentations de droits établies par les articles précédents sont applicables à partir de la promulgation de la présente loi.

Loi du 19 février 1874. — 1. Sont établis à titre extraordinaire et temporaire les augmentations d'impôts et les impôts énumérés dans la présente loi [1].

2. Les divers droits fixes d'enregistrement auxquels les actes extrajudiciaires sont assujettis par les lois en vigueur sont augmentés de moitié.

3. Le tarif du droit de timbre proportionnel établi par le numéro 1er de l'article 2 de la loi du 23 août 1871, sur les effets négociables ou de commerce, autres que ceux tirés de l'étranger sur l'étranger et circulant en France, est augmenté de moitié.

A partir du 1er juillet 1874, le droit de timbre des effets négociables ou de commerce, au-dessus de cinq francs jusqu'à cent mille francs, sera gradué de cent francs en cent francs, sans fraction.

4. Sont soumis au droit de timbre proportionnel fixé par l'article précédent :

Les billets, obligations, délégations et tous mandats, non négociables, quelle que soit d'ailleurs leur forme ou leur dénomination, servant, à procurer une remise de fonds de place à place.

Cette disposition est applicable aux écrits spécifiés ci-dessus, souscrits en France et payables hors de France et réciproquement.

En cas de contravention, le souscripteur, le bénéficiaire ou le porteur, sont passibles chacun de l'amende de 6 % édictée par l'article 4 de la loi du 5 juin 1850. Sont également applicables, en cas de contravention, les dispositions pénales des articles 6 et 7 de ladite loi du 5 juin 1850.

5. Les dispositions suivantes sont ajoutées à l'article 1er de la loi du 14 juin 1865 :

Le chèque indique le lieu d'où il est émis. La date du jour où il est inscrite en toutes lettres et de la main de celui qui a écrit le chèque.

Le chèque, même au porteur, est acquitté par celui qui le touche ; l'acquit est daté.

Toutes stipulations entre le tireur, le bénéficiaire ou

le tiré, ayant pour objet de rendre le chèque payable autrement qu'à vue et à première réquisition, sont nulles de plein droit.

6. L'article 6 de la loi du 14 juin 1865 est abrogé et remplacé par les dispositions suivantes :

Le tireur qui émet un chèque sans date, ou non daté en toutes lettres, s'il s'agit d'un chèque de place à place; celui qui revêt un chèque d'une fausse date ou d'une fausse énonciation du lieu d'où il est tiré, est passible d'une amende de 6 % de la somme pour laquelle le chèque est tiré sans que cette amende puisse être inférieure à cent francs (100 fr.).

La même amende est due personnellement et sans recours, par le premier endosseur ou le porteur d'un chèque sans date ou non daté en toutes lettres, s'il est tiré de place à place, ou portant une date postérieure à l'époque à laquelle il est endossé ou présenté. Cette amende est due, en outre, par celui qui paye ou reçoit en compensation un chèque sans date, ou irrégulièrement daté, ou présenté au paiement avant la date d'émission.

Celui qui émet un chèque sans provision préalable et disponible est passible de la même amende, sans préjudice des peines correctionnelles, s'il y a lieu.

7. Celui qui paie un chèque sans exiger qu'il soit acquitté est passible personnellement et sans recours d'une amende de cinquante francs (50 fr.).

8. Les chèques de place à place sont assujettis à un droit de timbre fixe de 20 centimes.

Les chèques sur place continueront à être timbrés à 10 centimes.

Sont applicables aux chèques de place à place non timbrés, conformément au présent article, les dispositions pénales des articles 4, 6, 7 et 8 de la loi du 5 juin 1850.

Le droit de timbre additionnel peut être acquitté au moyen d'un timbre mobile de dix centimes (0 fr. 10).

9. Toutes les dispositions législatives relatives aux chèques tirés de France sont applicables aux chèques tirés hors de France et payables en France.

Les chèques pourront avant tout endossement en France être timbrés avec des timbres mobiles.

Si le chèque tiré hors de France n'a pas été timbré conformément aux dispositions ci-dessus, le bénéficiaire, le premier endosseur, le porteur ou le tiré, sont tenus, sous peine de l'amende de 6 %, de le faire timbrer aux droits fixés par l'article précédent, avant tout usage en France.

Si le chèque tiré hors de France n'est pas souscrit conformément aux prescriptions de l'article 1er de la loi du 14 juin 1865 et de l'article 5 ci-dessus, il est assujetti aux droits de timbre des effets de commerce. Dans ce cas, le bénéficiaire, le premier endosseur, le porteur ou le tiré sont tenus de le faire timbrer, avant tout usage en France, sous peine d'une amende de 6 %.

Toutes les parties sont solidaires pour le recouvrement des droits et amendes.

---

1. En dépit de cette promesse, « de nature à inspirer au pays « une patriotique patience », comme le disait M. Francisque Rive dans la séance du 9 février 1874 (*J. off.* du 10; p. 1136, col. 1), il y a tout lieu de penser qu'il en sera de ces impôts comme de ceux qui ont été établis précédemment, c'est-à-dire qu'une fois leur droit de cité conquis, ils ne disparaîtront plus de nos lois fiscales.

10. Les recouvrements effectués par les entrepreneurs de transport, à titre de remboursement des objets transportés, quel que soit d'ailleurs le mode employé pour la remise des fonds au créancier, ainsi que tous autres transports fictifs ou réels de monnaies ou de valeurs, sont assujettis à la délivrance d'un récépissé ou d'une lettre de voiture dûment timbré.

Le droit de timbre du récépissé ou celui de la lettre de voiture fixé dans ce cas à 35 centimes y compris le droit de la décharge, est supporté par l'expéditeur de la marchandise.

Décret du 19 février 1874. — 1. À partir de la promulgation de la loi du 19 février 1874, les papiers timbrés actuellement en usage pour les effets de commerce seront revêtus d'un contre-timbre indiquant l'augmentation du droit au moyen de la mention : *demi-droit en sus.*

Le contre-timbre sera appliqué au milieu de la partie supérieure de chaque feuille.

Il sera également appliqué sur les papiers présentés au timbre extraordinaire.

2. Dans le cas où le contre-timbre ne pourrait pas être mis en activité au jour de la promulgation de la loi, il y serait suppléé par un visa daté et signé par le receveur de l'enregistrement.

3. Les timbres mobiles actuellement en usage pour les effets de commerce seront également revêtus d'un contre-timbre indiquant l'augmentation du droit au moyen de la mention : *demi-droit en sus.*

4. Les détenteurs de papiers et de timbres mobiles émis antérieurement à la nouvelle loi, et non encore employés, seront admis dans le délai de trois mois, à partir de ce jour, à les présenter à la formalité du contre-timbre, en acquittant les suppléments de droits.

5. Il est créé de nouveaux types destinés à timbrer les coupons pour effets de commerce et portant l'indication des quotités établies par l'article 3 de la loi du 19 février 1874.

Ces types seront conformes au modèle annexé au présent décret.

6. Le directeur général de l'enregistrement, des domaines et du timbre fera déposer au greffe des cours et tribunaux des empreintes des timbres et contre-timbres établis par les articles qui précèdent.

Ce dépôt sera constaté par un procès-verbal dressé sans frais.

Décret du 19 février 1874. — 1. Les timbres mobiles proportionnels qui peuvent être apposés, en exécution des lois susvisées, sur les effets de commerce et les chèques [1] venant de l'étranger ou des colonies, sur les warrants endossés séparément des récépissés, et sur les effets négociables de toute nature créés en France, seront conformes au modèle annexé au présent décret.

Néanmoins l'administration de l'enregistrement, des domaines et du timbre, pourra modifier les couleurs de ces timbres, suivant les quantités et toutes les fois qu'elle le jugera convenable.

2. Il est créé des timbres mobiles :
Pour les effets de 100 francs et au-dessous ;

Pour ceux	au-dessus de	100 fr. jusqu'à	200 fr.
—	—	200 —	300 —
—	—	300 —	400 —
—	—	400 —	500 —
—	—	500 —	1.000 —
—	—	1.000 —	2.000 —
—	—	2.000 —	3.000 —

et ainsi de suite en suivant la même progression et sans fraction de 1.000 francs.

La quotité des droits fixés par les lois en vigueur pour les diverses catégories sera indiquée sur les timbres.

Il n'est pas créé de timbre mobile d'une quotité supérieure au droit exigible pour un effet de 10,000 fr. Mais le paiement du droit de timbre des effets négociables et des warrants pourra, même pour les sommes supérieures à 10,000 fr., être constaté par l'apposition de plusieurs timbres mobiles.

3. Le timbre mobile est apposé avant tout usage. Il est collé, savoir :

1° Pour les effets créés en France, au recto de l'effet, à côté de la signature du souscripteur ;

2° Pour les effets et chèques [1] venant de l'étranger ou des colonies, au recto de l'effet, à côté de la mention d'acceptation ou d'aval ; à défaut d'acceptation ou d'aval, au verso, avant tout endossement ou acquit.

Si l'effet n'a pas encore été négocié, et en cas de négociation, immédiatement après le dernier endossement souscrit en pays étranger ou dans les colonies ;

3° Pour les warrants, au dos des warrants et au-dessus du premier endossement.

4. Chaque timbre mobile est oblitéré au moment même de son apposition, savoir :

Par le souscripteur pour les effets créés en France ;

Par le signataire de l'acceptation de l'aval, de l'endossement ou de l'acquit, s'il s'agit d'effets venant de l'étranger ou des colonies ;

Par le premier endosseur en ce qui concerne les warrants.

L'oblitération consiste dans l'inscription à l'encre noire usuelle et à la place réservée à cet effet sur le timbre mobile.

1° Du lieu où l'oblitération est opérée ;

2° De la date (quantième, mois et millésime) à laquelle elle est effectuée ;

3° De la signature, suivant les cas prévus en l'article précédent, du signataire de l'effet, de l'acceptation, de l'aval, de l'adossement ou de l'acquit.

En cas de protêt, faute d'acceptation d'un effet venant de l'étranger ou des colonies, le timbre est collé

---

1. C'est par suite d'une erreur que dans le décret du 19 février 1874, à l'article 1er, les mots « et les chèques, » et à l'article 3 les mots « et chèques » ont été inscrits. *Journal officiel* du 21 février 1874, p. 1411, col. 2.

par le porteur et oblitéré par le receveur chargé de l'enregistrement du protêt. Il appose sur ce timbre la griffe de son bureau et sa signature.

5. Les sociétés, compagnies, maisons de banque ou de commerce peuvent, pour l'oblitération, faire usage d'une griffe apposée sur le timbre à l'*encre grasse*, et faisant connaître le nom et la raison sociale, le lieu où l'oblitération est opérée, enfin la date (quantième, mois et millésime) à laquelle elle est effectuée.

L'empreinte de cette griffe, dont le modèle doit être agréé par l'administration, est déposée, préalablement à tout usage, au bureau de l'enregistrement de la résidence de celui qui veut en faire emploi.

Il est délivré un récépissé de ce dépôt.

6. L'administration de l'enregistrement, des do-maines et du timbre fera déposer aux greffes des cours et tribunaux des spécimens des timbres mobiles créés par le présent décret. Il sera dressé, sans frais, procès-verbal de chaque dépôt.

Les timbres mobiles actuellement en usage pour les effets de commerce venant de l'étranger et des colonies et pour les warrants, pourront être employés jusqu'au 1er juillet 1874. A partir de cette époque, les timbres mobiles créés par le présent décret pourront seuls être employés.

L'administration de l'enregistrement, des domaines et du timbre prendra les mesures nécessaires pour le retrait des timbres mobiles aux anciens modèles qui n'auront pas été employés avant le 1er juill. 1874.

7. Les décrets des 18 janv. 1860, 29 oct. 1862 (art. 3) et 23 janv. 1864, sont abrogés.

NOUVEAU DICTIONNAIRE

D'ENREGISTREMENT ET DE TIMBRE

ABANDONNEMENT DE BIENS.

22. — Si la réitération de cession a lieu par acte extrajudiciaire, le droit à percevoir se trouve porté à 3 fr. — 19 fév. 1874, art. 2.

ABSENCE.

90. — *Au lieu de:* mai 1824, *lisez* mai 1834.

ACTE ADMINISTRATIF.

212. — Au lieu de : *est passible d'une amende de 5 fr., et peut,* lisez : *est passible d'une amende de 5 fr.,* ET *peut..*

ACTE A LA SUITE D'UN AUTRE.

352. — Les quittances sous seings privés peuvent être mises à la suite d'un acte quelconque; mais, que cet acte soit ou non timbré, le droit de timbre spécial de 10 c. est exigible. — 23 août 1871, art. 18. — Séance de l'Assemblée nationale du 22 août 1871 ; *Journal officiel* du 23. — I. 2413-7. — *Courrier*, 16.

355. — *Au lieu de :* Dict. eod. v⁰, *lisez :* Dict. E. eod. n⁰.

ACTE DE COMMERCE.

462. — Le jugement portant débouté d'une demande en résiliation d'un marché commercial passé sous signatures privées, et donnant acte à l'une des parties de l'engagement qu'elle prend d'exécuter une clause litigieuse de ce marché , contient reconnaissance judiciaire et donne ouverture au droit de titre. — Cass. 5 déc. 1872; *Courrier*, 19.

463. — Lorsque, à valoir sur le prix d'un marché de constructions, enregistré au droit fixe comme acte de commerce, des créances sont déléguées à l'entrepreneur par acte sous seings privés déposé en l'étude d'un notaire, le droit proportionnel de marché est exigible sur le montant des créances déléguées. — Dél. 11-12 nov. 1873; *Courrier*, 117.

464. — Le droit de titre doit être perçu dans la mesure où l'existence du marché est reconnue et l'exécution de ce marché ordonnée. — Cass. 5 déc. 1872; *Courrier*, 19.

ACTE DE COMPLÉMENT.

477. — En vertu de l'art. 2 de la loi du 19 fév. 1874, le droit dû sur les actes de complément *extrajudiciaires* se trouve porté à 3 fr.

ACTE EN CONSÉQUENCE D'UN AUTRE.

558-1. — *Pièces justificatives.* — Les pièces justificatives de comptes peuvent être produites en justice sans être préalablement timbrées ni enregistrées. — C. P. 537. — D. F. belge, 23 avril 1872; *Courrier*, 88.

619. — *Sic :* Boulogne, 20 juin 1873; *Courrier*, 85.

636. — Un contrat d'assurance *maritime, ou contre l'incendie* peut être énoncé dans un acte notarié sans être soumis à la formalité avant ou en même temps que cet acte. « Le législateur, en exprimant que la forma- « lité de l'enregistrement sera donnée gratis toutes les « fois qu'elle sera acquise, a entendu rendre cette for- « malité absolument facultative. C'est ce que l'on peut « induire notamment de l'exposé des motifs de la loi , « dans lequel on lit : « Moyennant le paiement des « taxes , tous les contrats d'assurances seront soumis « gratuitement à l'enregistrement lorsque les compa- « gnies jugeront convenable de recourir à une forma- « lité qui , en donnant aux actes une date certaine,

« peut empêcher des antidates et des inconvénients
« qui plus d'une fois ont été nuisibles à leurs inté-
« rêts. » — L'obligation de faire enregistrer les po-
« lices dont il doit être fait usage pourrait d'ailleurs
« entraver, en ce qu'elle nécessiterait des déplacements
« de pièces, les poursuites tendant au recouvrement
« simultané des primes ou cotisations et de la taxe que
« les compagnies ont mandat de percevoir pour le
« compte du Trésor. » — I. 2456-7; *Courrier*, 100.

ACTE INNOMÉ.

702. — Le droit pour les actes extrajudiciaires est
de 3 fr. — 19 fév. 1874, art. 2.

ACTE SOUS SEINGS PRIVÉS.

798-1. — *Dépôt notarié.* — Il n'est pas dû de droit
en sus sur la vente sous seings privés déposée en l'é-
tude d'un notaire avant l'expiration du délai de trois
mois et enregistrée avec l'acte de dépôt après l'expiration de ce délai, attendu qu'alors l'acte sous seings
privés s'identifie avec l'acte de dépôt, et qu'on ne peut
priver le notaire de la faculté qui lui est donnée par la
loi de ne faire enregistrer son acte que dans les dix ou
quinze jours de sa date. — Sol. 6 août 1873; *Courrier*, 132.

AFFECTATION HYPOTHÉCAIRE.

850. — *Au lieu de* : Dict. 16 juin 1807, *lisez* : Dél.
16 juin 1807.

854. — *Sic* : Cass. 30 juill. 1873 ; *Courrier*, 66.

854-1. *.* — *Consentement de l'usufruitier.* — Lorsque,
dans un acte de prêt, le nu-propriétaire hypothèque,
du consentement de l'usufruitier, la pleine propriété
des immeubles grevés d'usufruit, et que l'usufruitier
renonce en faveur du prêteur à toute action rescisoire,
il n'y a là ni garantie mobilière ni cautionnement : ce
n'est qu'une cession de priorité passible seulement du
droit fixe. — Tarascon, 31 juill. 1873; *Courrier*, 120.
— *Contrà* : *Courrier*, 120.

AFFICHE.

892. — Les inscriptions apposées sur les voitures
des entrepreneurs de transports ou des négociants,
indiquant le genre d'industrie auquel ces voitures sont
employées ou qui s'exercent dans l'établissement dont
elles dépendent, sont exemptes de timbre. Il en est de
même des avis des fermiers d'annonces placés sur les
cadres mêmes où ils exercent leur industrie. — Sol.
22 sept 1873; *Courrier*, 39.

ALLUMETTES.

980-1. — Les actes relatifs à l'adjudication de
l'exploitation du monopole des allumettes ne sont
assujettis pour l'enregistrement qu'au droit fixe de
1. 50. — 15 mars 1873, art. 4.

AMEUBLISSEMENT.

1006. — *Au lieu de* : Déc. 7 juill. 1826, *lisez* :
Dél. 7 juill. 1826.

APPEL.

1094. — Le droit est de 7. 50 dans tous les cas. —
19 févr. 1874, art. 2.

1095. — Le droit est de 15 fr. dans tous les cas.—
19 févr. 1874, art. 2.

1096. — Le droit est de 1. 50. — 19 fév. 1874,
art. 2.

1101. — Le droit est de 3 fr. — 19 févr. 1874,
art. 2.

1104. — Le droit dû pour l'exploit de signification est de 3 fr. — 19 fév. 1874, art. 2.

ASSURANCE.

1264-1. —Epoque de la mise à exécution de la loi du 23
août 1871. — Les art. 6 et 7 de la loi du 23 août
1871, qui soumettent les contrats d'assurance contre
l'incendie à une taxe obligatoire, ne dérogent pas à
la règle d'après laquelle les lois sont exécutoires du
moment où la promulgation en est réputée connue ; la taxe de 8 % est donc due à partir de la promulgation de la loi. — Seine, 5 avril 1873 ; Cass. req.
8 déc. 1873 ; *Courrier*, 130. — « Attendu, porte
« l'arrêt, que la loi du 23 août 1871, qui par ses art.
« 6 et 7 déclare les contrats d'assurance contre l'in-
« cendie soumis à une taxe de 8 % sur le montant
« des primes, et qui charge les compagnies d'en opérer
« la perception pour le compte du Trésor, ne contient
« aucune disposition dérogatoire au principe général
« posé dans l'art. 1er C. civ., aux termes duquel les

« lois doivent être exécutées du moment où la promul-
« gation en peut être connue ; — que, s'il est dit, dans
« l'art, 10 de cette loi, qu'un règlement d'administra-
« tion publique déterminera le mode de perception, les
« époques de paiement, ainsi que les mesures néces-
« saires pour assurer son exécution, cette disposition,
« qui avait pour objet de garantir, par la tenue
« de certaines écritures imposées aux compagnies,
« l'exacte perception par elles, pour le compte du
« Trésor, de la taxe nouvelle, et de leur accorder un
« certain délai pour en opérer le versement dans les
« caisses de l'État, n'a pas suspendu l'obligation de la
« payer, obligation qui est même formellement rappe-
« lée dans l'art. 9 du décret réglementaire du 25 nov.
« 1871, comme ayant existé à partir de la promulgation
« de ladite loi. »

1284. — *Sic*: Sol. 14 nov. 1873 ; *Courrier*, 163.

1287. — *Sic* : Sol. 14 nov. 1873 ; *Courrier*, 163.

ATERMOIEMENT.

1326. — V. *Faillite*.

BAIL.

1414. — Les baux à colonage doivent être considérés comme des sociétés et assujettis au droit fixe
gradué. — Sol. 20 mai 1872 ; *Courrier*, 38. — Sol. 12
avril 1873 ; Brives, 8 août 1873 ; *Courrier*, 15.
Nous avons défendu la perception opposée, à l'art. 15
du *Courrier*, dans les termes suivants :
L'art. 15, n. 1, de la loi du 22 frimaire an VII, est
ainsi conçu :
« La valeur de la propriété, de l'usufruit et de la
« jouissance des immeubles, est déterminée pour la
« liquidation et le paiement du droit proportionnel,
« ainsi qu'il suit, savoir :
« Pour les baux à ferme ou à loyer, les sous-baux,
« cessions et subrogations de baux, *par le prix annuel*
« *exprimé, en y ajoutant les charges imposées au preneur.*
« Si le bail est stipulé payable en nature, il en sera
« fait une évaluation d'après les dernières mercuriales
« du canton de la situation des biens, à la date de l'acte,
« à l'appui duquel il sera rapporté un extrait certifié
« des mercuriales.
« Il en sera de même des baux à portion de fruits,
« pour la part revenant au bailleur, dont la quotité sera
« préalablement déclarée, et sur la valeur de laquelle
« le droit d'enregistrement sera perçu.
« S'il s'agit d'objets dont la valeur ne puisse être
« constatée par les mercuriales, les parties en feront
« une déclaration estimative.
Ces dispositions sont formelles ; les baux à portion
de fruits sont assujettis au droit proportionnel, et ce

droit proportionnel est perçu sur la valeur de la part
revenant au bailleur.
Nous ne savons donc où M. Pouyer-Quertier a trouvé
que le bail à colonage est considéré, au regard de la
loi fiscale, comme une association, et n'est passible
que du droit fixe. — *Exposé des motifs*, § 3.
On pourrait se demander aussi comment M. Mathieu-
Bodet, dont chacun se plaît à reconnaître la compétence
spéciale, a pu redire, après le ministre, que : « Le bail
« à colonage ou à moitié fruits est considéré, en doc-
« trine et en jurisprudence, pour l'application de la loi
« fiscale, comme une *association* entre le propriétaire
« et le colon. » *Rapport de la commission*, § 10.
Mais, ce qui est plus étrange, ce qui est incompré-
hensible, c'est que l'Administration ait reproduit, sans
commentaire ni explication, la phrase de M. Mathieu-
Bodet. — I. 2413, § 5, n. 1.
Or, cela est au su de tout le monde, l'Administration
de l'enregistrement n'a jamais, pour l'application de la
loi fiscale, considéré le bail à colonage comme une
association. Elle l'a toujours assujetti au droit proportionnel, conformément aux dispositions de la loi de
frimaire, ci-dessus rappelées, qui n'ont jamais été
abrogées.
Une délibération du 2 octobre 1806 (Dict. N., *Bail
partiaire*, n. 28) porte expressément que le bail partiaire renferme une transmission de jouissance.
Un arrêt de Cassation du 9 mai 1826, donné pour
règle par l'Administration à ses agents (I. 1200-4),
décide que l'art. 15, n. 1, de la loi de frimaire est la
seule disposition fiscale qui soit applicable aux baux
à colonage.
Une solution du 11 avril 1832 (J. E. 10305) déclare
que le droit de 20 c. % est le seul droit qui soit dû sur
les baux à colonage, et que ce droit doit être perçu sur
la valeur de la portion de fruits revenant au propriétaire.
Enfin, une solution du 18 avril 1872 prouve que,
même après la loi qui a établi ces tristes droits fixes gradués, l'Administration jugeait encore à propos de respec-
ter les anciens tarifs. Cette solution est ainsi conçue :
« Aux termes d'un acte passé devant Me Dessert,
« notaire à Lapalisse, le 21 déc. 1871, M. Biétrix a
« affermé à moitié fruits pour un an, au sieur Crou-
« zier, le domaine de Gléné, situé sur la commune
« d'Andelaroche.
« Il a été déclaré, pour la perception du droit d'en-
« registrement, que le revenu brut de ce domaine est
« de deux cents francs.
« Lors de l'enregistrement de cet acte, à la date du
« 23 déc. 1871, il a été perçu le droit fixe de 5 fr.
« applicable aux actes de société.
« Me Dessert a pensé que le droit de 20 c. pour 100 fr.
« est seul exigible et a demandé la restitution du surplus.
« Cette demande est fondée.
« L'art. 11 de la loi du 23 août 1871, relatif à l'enre-
« gistrement des baux sous signatures privées et aux
« déclarations de locations verbales, ne parle pas des
« baux à moitié fruits.
« Le rapport de la commission énonce seulement que
« le bail à colonage est considéré en doctrine et en juris-
« prudence, pour l'application de la loi fiscale, comme

« une association entre le propriétaire et le colon. Par
« suite, l'instruction n° 2413 fait observer que l'obliga-
« tion de déclarer ne s'étend pas au bail à colonage ou
« à moitié fruits; mais on ne peut donner à cette ins-
« truction une plus large extension.

« En effet, si la loi du 23 août 1871 a modifié la loi
« de frimaire en soumettant à l'impôt les locations ver-
« bales et en appliquant aux actes sous seings privés
« non enregistrés dans les trois mois de leur date une
« pénalité plus forte, elle n'a rien innové quant au
« tarif et au mode de perception.

« Or, l'art. 15 de la loi de frimaire, après avoir énoncé
« que le droit proportionnel sera liquidé pour les baux
« sur le prix annuel exprimé, et les charges sur l'évalua-
« tion d'après les dernières mercuriales, si le prix est
« payable en nature, ajoute : « Il en sera de même pour
« les baux à portion de fruits, pour la part revenant au
« bailleur dont la quotité sera préalablement déclarée
« et sur la valeur de laquelle le droit d'enregistrement
« sera perçu. »

« Si donc un article a nommément assujetti au droit
« proportionnel les baux à demi-fruits, lorsqu'ils pour-
« raient être considérés comme des associations, cet arti-
« cle doit être appliqué jusqu'à ce qu'il ait été abrogé.

« Il est clair, d'ailleurs, que, dans la pratique, les
« baux à colonage à moitié fruits consentis par actes
« notariés ou sous signatures privées ont été constam-
« ment assujettis au droit proportionnel, et qu'on ne
« pourrait, sans porter atteinte au principe de juste ré-
« partition de l'impôt, assujettir au droit fixe les baux
« de l'espèce, les plus faibles comme les plus impor-
« tants. »

On en est donc à se demander où MM. Pouyer-
Quertier et Mathieu Bodet ont puisé leurs inspirations,
et comment il se fait que l'Administration ait pris
sous son patronage les erreurs de ces Messieurs.

Même en droit civil, le bail à colonage n'est pas
regardé comme une association. Les dispositions générales relatives aux baux lui sont applicables; celles
qui le concernent spécialement sont classées au
titre VIII, intitulé *Du contrat de louage*, et non sous le
titre IX, intitulé *Du contrat de société*. Les docteurs et
la jurisprudence s'accordent à dire que, malgré les
points de ressemblance qu'il présente avec la société,
le bail partiaire n'en est pas moins un bail et qu'il
doit être assujetti aux règles qui régissent les baux à
ferme, à l'exception de celles qui répugneraient à sa
nature. — Digeste; L. 19, § 3; L. 25, § 6. — Coquille,
Quæst. 206. — Cujas, sur la L. 13 Dig., § 1. — Vinnius,
Inst., *de Locat.*, § 2. — Duranton, t. 17, n. 176, 177.
— Delvincourt, t. 3, p. 103. — Troplong, *Louage*,
n. 373, 637 suiv. — Duvergier, *Louage*, t. I, n. 99;
t. 2, n. 87. — Méplain, n. 3 suiv. — Massé et Vergé,
sur Zachariæ, t. I, § 704, p. 386, note 24. — C. Limoges, 21 février 1839; J. P. 39, 2, 277. — 6 juillet 1840;
J. P. 41, 1, 684. — 26 août 1848; J. P. 50, 1. 405. —
C. Nîmes, 14 août 1850; J. P. 52, 1, 19. — C. Paris,
21 juin 1866; J. P. 56. 2. 131. — C. Grenoble, 20 mars
1863; J. P. 63, 242.

Mais que nous importent les arrêts et les jurisconsultes? Nous sommes en présence d'un texte précis :

« Pour les baux à portion de fruits, la quotité de la
« part revenant au bailleur sera préalablement décla-
« rée, et le droit proportionnel sera liquidé et perçu
« sur la valeur de cette part. — Frim., art. 15, n. 1. »
Où est la loi qui a abrogé celle-là?

Mais, nous dit-on, nous avons la déclaration du ministre des finances; nous avons l'avis du savant rapporteur de la commission du budget; nous avons
l'instruction et la solution de l'administration; et puis
nous avons le jugement du tribunal de Brives-la-Gail-
larde !

Allez, mes maîtres, ou plutôt retournez sur les bancs
de l'école de droit. Là, dans une de ses premières
leçons, le professeur vous rappellera cet axiome que
vous avez oublié :

Cujus est condere legem, ejus est abrogare.

1497-1. — *Marchés d'une durée indéterminée pour
nourriture d'aliénés.* — Les traités passés entre l'Administration et des particuliers pour la nourriture d'a-
liénés, pendant un temps indéterminé, ne doivent être
assujettis qu'au droit de 20 c. %. — Lett. M. F. 5 janvier 1874; *Courrier*, 128.

C'est là une solution toute de faveur et qui doit être
restreinte au cas spécial pour lequel elle a été rendue.
Car les baux de nourriture de personnes faits pour un
temps illimité sont sujets au droit de 2 %. — Frim.,
art. 69, § 2, n° 5. — L. 16 juin 1824, art. 1. — Dél.
5 janv. 1825.

1550. — En cas de congément exercé par l'acquéreur du fonds, il n'y a pas lieu de percevoir le droit de
transcription, outre le droit de 2 % exigible sur la
somme due pour la valeur des superficies. — Sol. 27
déc. 1873; *Courrier*, 169.

1553. — *Sic* : Sol. 27 déc. 1873 ; *Courrier*, 169.

BANQUE.

1673. — Le droit de timbre est payé aujourd'hui à
raison de 1. 50 par 1000 fr. — 19 fév. 1874, art. 3.

BÉNÉFICE D'INVENTAIRE.

1679. — *Après les mots* : Mais celui qui a renoncé
ne peut plus accepter, même bénéficiairement, *adde :*
sauf ce qui est dit à l'art. 790 du code civil.

BILLET.

1739. — Le tarif est augmenté de moitié. — A partir du 1er juillet 1874, le droit de timbre, pour les effets
au-dessus de 500 fr. jusqu'à 1,000 fr., sera gradué de
100 fr. en 100 fr., sans fraction. — 19 fév. 1874, art. 3.

Cette dernière disposition a été adoptée sur la proposition de M. Ducarre. Voici comment ce représentant

a développé son amendement :

« La loi de 1850, qui fixait cette taxe à 50 centimes
« par 1,000 francs, disait :

   « Jusqu'à 100 fr. la taxe sera de   5 centimes ;
   « Jusqu'à 200 fr.   —   10   —
   « Jusqu'à 300 fr.   —   15   —
   « Jusqu'à 400 fr.   —   20   —
   « Jusqu'à 500 fr.   —   25   —
   « et de 501 fr. jusqu'à 1000 fr. de   50   —

« En d'autres termes. le droit était perçu par frac-
« tion de 100 francs jusqu'à 500 francs, et, de 501 à
« 1000 francs, on percevait le droit de 1000 francs. Le
« droit était ensuite perçu de 1000 en 1000 francs.

« La loi du 23 août 1871 a doublé cette taxe en la
« portant à 1 franc par 1000 francs, et la même échelle
« de perception a été conservée.

« Ce qui était possible avec un faible droit d'un
« demi pour 1000, ce qui pouvait être encore suppor-
« table avec le droit de 1 %, deviendrait onéreux à
« l'excès avec un droit de 1 fr. 50 pour 1000.

« En effet, si, pour créer une traite de 500 francs, on
« paie 75 centimes, c'est-à-dire trois fois le droit pri-
« mitif, une traite de 501 ou de 510 francs paiera 1 fr.
« 50. La proportion n'est pas la même. Ce n'est plus
« 15 centimes par 100 francs qu'on doit payer, c'est
« 25 centimes au moins.

« Mon amendement vous propose de continuer la
« perception par 100 francs et par fraction de 100 francs
« jusqu'à 1000 francs. Au-dessus de 1000 francs la pro-
« portionnalité sera ce qu'elle est aujourd'hui. Mais il
« ne faut pas oublier que, pour une somme d'une cer-
« taine importance, il est facile de diviser l'effet de
« commerce en deux. C'est ce qu'on fait déjà, actuel-
« lement, pour les effets au-dessous de 1000 francs,
« et, à partir de 500 francs, dans les maisons de com-
« merce qui ont un service commercial sérieusement
« organisé.

« Mais le très-petit commerce, qui n'a pas des rela-
« tions de banque assez bien organisées, ne peut frac-
« tionner ses traites de 600 ou 700 francs en deux
« coupures qui lui permettent de ne pas payer le dou-
« ble droit. Je crois qu'il y a là tout simplement une
« question d'équité envers ceux dont la situation est
« la plus intéressante, et qui seront plus lourdement
« frappés avec moins de possibilité de répartir sur les
« frais généraux la lourde taxe que vous venez de
« voter [1]. »

1741. — Des timbres mobiles ont été créés par un
décret du 19 février 1874 ainsi conçu :

Art. 1. Les timbres mobiles proportionnels qui peuvent être apposés en exécution des lois du 11 juin
1859 , art. 19, 2 juillet 1862, art. 23, et 27 juillet
1870, art. 6, sur les effets de commerce venant
de l'étranger ou des colonies, sur les warrants
endossés séparément des récépissés, et sur les effets
négociables de toute nature créés en France, seront
conformes au modèle annexé au présent décret.
Néanmoins l'administration de l'enregistrement, des
domaines et du timbre, pourra modifier les couleurs
de ces timbres, suivant les quotités et toutes les fois
qu'elle le jugera convenable.

Art. 2. Il est créé des timbres mobiles :

Pour les effets de 100 francs et au-dessous ;

Pour ceux au-dessus de	100 fr. jusqu'à	200 fr.
—	—	200	300 fr.
—	—	300	400 —
—	—	400	500 —
—	—	500	1,000 —
—	—	1,000	2,000 —
—	—	2,000	3.000 —

et ainsi de suite en suivant la même progression et
sans fraction de 1,000 francs.

La quotité des droits fixés par les lois en vigueur
pour les diverses catégories sera indiquée sur les
timbres.

Il n'est pas créé de timbre mobile d'une quotité
supérieure au droit exigible pour un effet de 10,000 fr.
Mais le paiement du droit de timbre des effets négociables et des warrants pourra, même pour les sommes supérieures à 10,000 fr., être constaté par l'apposition de plusieurs timbres mobiles.

Art. 3. Le timbre mobile est apposé avant tout
usage. Il est collé, savoir :

1° Pour les effets créés en France, au recto de l'effet,
à côté de la signature du souscripteur ;

2° Pour les effets venant de l'étranger ou des colonies, au recto de l'effet, à côté de la mention d'acceptation ou d'aval, au verso, avant tout endossement ou
acquit.

Si l'effet n'a pas encore été négocié, et, en cas de
négociation, immédiatement après le dernier endossement souscrit en pays étranger ou dans les colonies ;

3° Pour les warrants, au dos des warrants et au-
dessus du premier endossement.

Art. 4. Chaque timbre mobile est oblitéré au moment même de son apposition, savoir :

Par le souscripteur pour les effets créés en France ;

Par le signataire de l'acceptation de l'aval , de l'endossement ou de l'acquit, s'il s'agit d'effets venant de
l'étranger ou des colonies ;

Par le premier endosseur, en ce qui concerne les
warrants.

L'oblitération consiste dans l'inscription à l'encre
noire usuelle et à la place réservée à cet effet sur le
timbre mobile :

1° Du lieu où l'oblitération est opérée ;

2° De la date (quantième, mois et millésime) à laquelle elle est effectuée ;

3° De la signature, suivant les cas prévus en l'article précédent, du signataire de l'effet, de l'acceptation,
de l'aval, de l'endossement ou de l'acquit.

En cas de protêt, faute d'acceptation d'un effet venant de l'étranger ou des colonies, le timbre est collé
par le porteur et oblitéré par le receveur chargé de
l'enregistrement du protêt. Il appose sur ce timbre la
griffe de son bureau et sa signature.

---

1. Seance du 10 fév. 1874 ; *J. Off.* du 11, p. 1165, col. 1.

Art. 5. Les sociétés, compagnies, maisons de banque ou de commerce peuvent, pour l'oblitération, faire usage d'une griffe apposée sur le timbre *à l'encre grasse* et faisant connaître le nom et la raison sociale, le lieu où l'oblitération est opérée, enfin la date (quantième, mois et millésime) à laquelle elle est effectuée.

L'empreinte de cette griffe, dont le modèle doit être agréé par l'administration, est déposée, préalablement à tout usage, au bureau de l'enregistrement de la résidence de celui qui en veut faire emploi.

Il est délivré un récépissé de ce dépôt.

Art. 6. L'administration de l'enregistrement, des domaines et du timbre fera déposer aux greffes des cours et tribunaux des spécimens des timbres mobiles créés par le présent décret. Il sera dressé, sans frais, procès-verbal de chaque dépôt.

Les timbres mobiles, actuellement en usage pour les effets de commerce venant de l'étranger et des colonies, et pour les warrants, pourront être employés jusqu'au 1er juillet 1874. A partir de cette époque, les timbres mobiles créés par le présent décret pourront seuls être employés.

L'administration de l'enregistrement, des domaines et du timbre prendra les mesures nécessaires pour le retrait des timbres mobiles aux anciens modèles qui n'auront pas été employés avant le 1er juillet 1874.

Art. 7. Les décrets des 18 janvier 1860, 29 octobre 1862 (art. 3) et 23 janvier 1864, sont abrogés.

1742. — Le tarif de 30 c. % établi par l'art. 2 de la loi du 5 juin 1850 et l'art. 2 de celle du 23 août 1871, pour le visa sans amende, sous certaines conditions déterminées, d'effets souscrits sur papier non timbré, se trouve porté à 45 c. % par l'art. 3 de la nouvelle loi. — I. 2480, ch. I, § 2.

1749. — Le tarif reste fixé à 50 c. par 2,000 fr., comme avant la loi du 19 février 1874. — I. 2480, ch. I, § 2.

1750, 1751, 1752, 1753, 1754, 1755, 1756. — Modifiés par le décret du 19 fév. 1874. — V. *suprà*, n. 1741.

1757-1. — *Notaire*. — Le notaire qui rédige un billet sur du papier non timbré est passible d'une amende fixe de 20 fr.; — Brum. art. 26, § 5. — 16 juin 1824, art. 10. — Mais, dans ce cas, aucune amende ne peut être infligée aux parties, car la contravention n'est pas de leur fait.

1777. — Sont soumis au droit de timbre proportionnel fixé par l'art. 4 de la loi du 19 fév. 1874: les billets, obligations, délégations et tous mandats non négociables, quelle que soit d'ailleurs leur forme ou leur dénomination, servant à procurer une remise de fonds de place à place. Cette disposition est applicable aux écrits spécifiés ci-dessus, souscrits en France et payables hors de France, et réciproquement. — 19 févr. 1874, art. 4.

« Le but de cet article est d'assujettir au timbre « proportionnel certains effets non négociables qui, « dans les usages commerciaux, se sont substitués à « la lettre de change, sous la forme de *mandats* ou de « *délégations*, et qui servent à opérer des transmis-« sions d'argent de place à place.

« La disposition de l'art. 4, lit-on dans le *rapport* « *de la commission*, n'est que l'application des princi-« pes déposés dans la loi du 6 prairial an 7, art. 6, « qui assimile, quant aux tarifs et aux peines, les « effets non négociables de toute nature aux effets « négociables. Nous avons voulu, ainsi que le gouver-« nement, mettre un terme à des abus réels et qui « causent un grave préjudice. Ce n'est pas seulement « sous la forme de mandats et de délégations que la « fraude s'opère. La conférence des banquiers de Paris « et de la province, dans une circulaire qui mérite « tous les éloges, signale « qu'on émet également des « reçus revêtus d'un timbre à 10 centimes, indiquant « une échéance et portant des signes de transmission « au moyen d'endos simulés, comme, par exemple : « payable entre les mains et sur l'acquit de... ou bien « encore : à recevoir par l'entremise de... Dans ces « conditions, ajoute la conférence, ces écrits sont ou « des lettres de change déguisées qui devaient être « soumises au timbre proportionnel, ou des chèques « irréguliers. »

Il résulte de là que lorsqu'il n'y a pas de titre remis à un bénéficiaire ou à quelqu'un qui le représente, pour se faire payer de la personne qui est débitrice de l'argent, l'administration n'a pas de droit de timbre à réclamer[1].

1777-1. *Délégation.* — Dans la pratique, les banquiers étrangers règlent ordinairement leurs comptes avec les banquiers de France au moyen de titres appelés *délégations*, consistant dans une invitation de payer adressée à un correspondant et remise au tiers qui doit recevoir les fonds. Bien que des *délégations* de cette nature présentent les caractères essentiels de la lettre de change, puisqu'elles supposent un tireur, un tiré et un bénéficiaire ou porteur, il était d'usage de les rédiger et de les encaisser sans paiement du droit de timbre.

L'art. 4 de la loi nouvelle a pour but de mettre un terme à ces pratiques. — I. 2480, ch. I, § 2.

1777-2. *Virement.* — Les virements ne sont pas passibles du timbre proportionnel.

M. MATHIEU-BODET. — « Vous savez ce que c'est « qu'un virement: un individu qui est à Bordeaux « veut faire payer une somme à Paris. Eh bien ! au « lieu de faire un transport d'argent, il donne mandat « à son correspondant de Paris de faire un virement « au profit de son créancier: il n'y a pas d'effet, pas

---

1. Explications du Directeur général de l'enregistrement, citées par M. Mathieu-Bodet; séance du 11 fév. 1874; *J. Off.* du 12, p. 1187, col. 3.

« d'instrument qui soit mis en circulation. Evidem-
« ment il n'y a pas là matière imposable, il n'y a pas
« lieu de payer un droit de timbre [1]. »

1777-3. *Lettre de crédit.* — Même solution au sujet
des lettres de crédit.

M. MATHIEU-BODET. — « M. André disait hier à la fin
« de la séance : Entendez-vous atteindre la lettre de
« crédit ? Les observations que je viens de soumettre à
« l'Assemblée suffisent pour démontrer que nous ne
« voulons pas l'atteindre.

« En effet, qu'est-ce que la lettre de crédit ?

« La lettre de crédit n'est pas l'instrument avec le-
« quel on va se faire payer et qu'on laisse entre les
« mains de la personne qui a fait le paiement comme
« quittance.

« Quand on voyage — c'est surtout dans cette cir-
« constance qu'on recourt à la lettre de crédit — le
« banquier qui vous donne la lettre de crédit écrit à
« ses correspondants des villes dans lesquelles doit
« passer le bénéficiaire de la lettre de crédit qu'il
« pourra payer au porteur jusqu'à concurrence d'une
« certaine somme. Mais cette lettre de crédit reste dans
« le portefeuille du bénéficiaire ; elle lui sert à consta-
« ter son identité, mais elle ne sert pas comme instru-
« ment de paiement ; il la conserve entre ses mains.
« Par conséquent, par la raison que je viens de donner,
« la lettre de crédit n'est pas susceptible d'être tim-
« brée [2]. »

1777-4. *Lettre.* — Celui qui fait opérer un virement
de fonds ou fait un paiement, au moyen de sa correspondance, ne tombe pas sous le coup de la loi fiscale,
à moins que la lettre au moyen de laquelle se font ces
opérations ne soit un véritable billet, une obligation,
une délégation, ou mandat négociable.

Telle est la réponse qui a été donnée, en substance,
par MM. Mathieu-Bodet et Ernest Picard, le premier
rapporteur, le second membre de la commission du
budget, à une question posée dans les termes suivants [3] :

M. ACHILLE ADAM (Pas-de-Calais). — « Messieurs,
« je voudrais poser une question très-nette à l'hono-
« rable rapporteur de la commission. Je me servirai
« d'un exemple, et, pour qu'il soit plus facilement
« saisi par tous les membres de cette Assemblée, je ne
« le prendrai pas dans le commerce.

« Je suppose un particulier qui réside à Angers ; il
« n'est pas commerçant, il a même toujours un peu
« de goût pour le commerce et l'industrie. Cela ne
« l'empêche pas d'avoir une maison à Paris, d'y avoir
« fait un héritage et d'y posséder chez son agent de
« change des titres d'emprunt non libérés. Voilà, évi-

demment, un homme qui va se trouver dans le cas
« de faire ce qu'on appelle vulgairement une remise de
« fonds de place à place.

« Mais vous savez qu'il a peu de goût pour la lettre
« de change ; il ne se soucie pas d'être mêlé à ces né-
« gociations ; il ne voudrait, pour rien au monde,
« mettre sa signature sur un chèque ; il ignore abso-
« lument les artifices de la délégation, à plus forte
« raison il se gardera bien d'inventer aucun titre
« qui puisse donner le moindre ombrage à l'ad-
« ministration du timbre ; mais il aime les vieilles
« méthodes, il sait que, dans tous les temps, dans
« tous les pays, il est toujours permis d'écrire à son
« notaire : Versez 10,000 fr. à l'enregistrement
« pour payer mes droits de succession ! à son agent
« de change : Versez 10,000 francs au Trésor pour
« libérer mes rentes ! à son concierge : Versez, 1.000 fr.
« au percepteur à valoir sur mes contributions ! Il
« écrit donc ces trois lettres ; il les met à la poste après
« les avoir adressées au notaire. à l'agent de change,
« au concierge. Je demande à l'honorable rapporteur
« de la commission du budget si ces lettres seront
« considérées comme des mandats et si elles devront
« être revêtues du timbre proportionnel. (Mouvements
« divers.)

« M. DE CLERCQ. — Evidemment non ! »

1786. — Les factures de place à place ne tombent
pas sous le coup de l'art. 4. Ecoutons M. Mathieu-
Bodet :

« Il y a des banquiers dans cette assemblée, et si je
« leur demande ce qu'est un effet ou un titre négocia-
« ble ou non négociable, et si les factures peuvent entrer
« dans la catégorie des titres mentionnés en l'art. 6 de
« la loi de prairial an 7, ou dans l'art. 4 de la loi que
« nous discutons en ce moment, ils me répondraient,
« j'en suis certain, qu'il n'est pas possible de com-
« prendre les factures dans les dispositions législa-
« tives.

« Qu'est-ce qu'un effet ou un écrit négociable ou non
« négociable ? C'est un titre souscrit par un débiteur
« au profit d'un créancier qui en est porteur, lui ou ses
« cessionnaires.

« Une facture, c'est l'état d'une fourniture faite par
« un commerçant à son client.

« Ce sont donc des choses bien différentes.

« Permettez-moi de dire que la préoccupation et les
« inquiétudes dont on a parlé ne sont pas sérieuses ;
« elles ne sont véritablement pas de nature à vous
« inquiéter. Si, cependant, vous croyez qu'il soit d'une
« utilité quelconque d'insérer dans l'article 4 l'excep-
« tion réclamée, je ne m'y oppose pas ; mais il faut
« cependant, messieurs, un certain laconisme dans les
« lois. Si vous voulez vous prêter à toutes les exigences,
« nous ferons bien des exceptions, et les exceptions ne
« sont jamais complètes : vous parlez des factures ;
« d'autres personnes se préoccuperont d'autres titres
« ou écrits ; elles demanderont de les placer parmi les
« exceptions, bien qu'ils ne soient pas compris dans
« les dispositions de notre article.

I. Séance, du 11 fév. 1874 ; *J. Off.* du 12, p. 1187, col. 3.
2. Même séance ; *J. Off.* du 12 fév. 1874, p. 1188, col. 1.
3. Séance du 13 fév. 1874 ; *J. Off.* du 14, p. 1248, col. 2 et 3, p.
1249, col. 1. — Il est bon de remarquer que le Ministre des finances
et le Directeur général de l'enregistrement étaient présents.

« Les factures de place à place ne sont pas comprises
« dans les termes ni dans l'intention de la loi, et soyez
« convaincus que M. le ministre de finances ni M. le
« directeur général de l'enregistrement n'abuseront
« jamais de cette disposition de la loi [1]. »

1789. — En cas de contravention, le souscripteur,
le bénéficiaire ou le porteur sont passibles chacun de
l'amende de 6 % édictée par l'article 4 de la loi du
5 juin 1850. Sont également applicables, en cas de contravention, les dispositions pénales des articles 6 et 7
de ladite loi du 5 juin 1850. — 19 fév. 1874, art. 4.

1790 et 1791. — Modifiés par l'art. 4 de la loi du
19 fév. 1874. — V. *suprà*, n. 1789.

BUREAU.

1856. — Il n'est pas hors de propos de reproduire
ici un passage d'un remarquable réquisitoire de M. l'a-
vocat général Blanche (*Courrier*, 40) :
« Le pourvoi soutient que si l'enregistrement
« de l'exploit interruptif de prescription n'a pas pu
« avoir lieu le dernier jour du délai de deux ans, c'est
« par le fait de l'Administration, qui avait fermé ses
« bureaux, et il prétend que l'Administration doit su-
« bir les conséquences de l'impossibilité où elle a mis
« le redevable d'agir utilement.
« Ce motif est sans valeur.
« En effet, la fermeture des bureaux d'enregistre-
« ment les dimanches et jours de fête est prescrite par
« les lois du 17 therm. an 6 et 18 germ. an 10. La
« première porte, art. 2 : « Les autorités constituées,
« leurs employés et ceux des bureaux au service public,
« vaquent les décadis et les jours de fêtes nationales,
« sauf les cas de nécessité et l'expédition des affaires
« criminelles. » La seconde, par son art. 57, fixe « au
« dimanche le repos des fonctionnaires publics ». La
« Régie n'a donc fait qu'obéir à la loi en fermant ses
« bureaux le dimanche 8 mai 1870, et les parties ne
« peuvent que s'en prendre à elles de la déchéance
« qu'elles ont légalement encourue. Il en est de la fer-
« meture des bureaux le dimanche comme de celles
« qui a lieu les jours de la semaine après les heures
« réglementaires de séance. Vous avez reconnu que le
« receveur ne pouvait être forcé d'accomplir aucune
« formalité après la clôture de son bureau (Cass. req.,
« 6 avril 1842). Et voici en quels termes M. Dupin jus-
« tifiait cette décision : « Celui, disait-il dans ses con-
« clusions, qui voudrait faire enregistrer un acte ou un
« exploit pourrait-il forcer le receveur de l'enregistre-
« ment à l enregistrer au milieu de la nuit ? Pas da-
« vantage. Pourquoi ? Parce que la nature même des
« choses et le bon ordre qui doit régner en tout ont

« fait établir pour toute les administrations qu'elles
« seraient ouvertes au public à certains jours et à cer-
« taines heures, non pas à toute heure du jour et de la
« nuit. C'est la disposition précise d'une loi du 17
« therm. an 6. » (*Réquisitoires* de M. Dupin, t. 6, p.
« 184). »

CAISSE D'ÉPARGNE.

1891. — V. n. 6804.

CANTONNEMENT.

1904. — *Au lieu de :* au droit de 7. 50 *comme partage*, *lisez :* au droit fixe gradué *comme partage*.

CASIER JUDICIAIRE.

1927-1. *Engagement militaire.* — Les extraits du
casier judiciaire fournis par les jeunes gens qui dési-
rent s'engager dans les armées de terre et de mer sont
dispensés du timbre. D'une part, les extraits dont il
s'agit sont assimilables à ceux qui sont fournis aux administrations publiques et qui sont exempts des droits
de timbre et d'enregistrement d'après une décision ministérielle des 27 novembre et 6 décembre 1852. D'autre part, on peut admettre que les extraits dont il s'agit
sont délivrés moins en vue de l'intérêt particulier
de l'engagé que dans l'intérêt général, et qu'ils tombent sous l'application de la disposition générale de la
loi du 13 brumaire an 7, qui affranchit du timbre les
engagements, enrôlements, certificats et autres pièces
ou écritures concernant les gens de guerre. Ils doivent
jouir de la même immunité que les expéditions d'actes
de l'état civil et les certificats à produire pour les engagements volontaires, dont la délivrance sur papier
non timbré a été autorisée par une décision ministérielle du 6 août 1828. (Inst. 852.) — D. F. 14 nov. 1873 ;
Courrier, 149.

CHEMIN DE FER.

2141-1. Bulletin d'expédition. — Les duplicata de
bulletins d'expédition signés par le commissaire de
surveillance et remis aux compagnies doivent être
rédigés sur papier de dimension. — D. F. 16 août
1873 ; *Courrier*, 53.

CHÈQUE.

2184. — Les dispositions suivantes sont ajoutées
à l'article 1er de la loi du 14 juin 1865 : — Le chèque

---

1. Séance du 11 fév. 1874 ; *J. off.* du 12, p. 1187, col. 2.

indique le lieu d'où il est émis. La date du jour où il est tiré est inscrite en toutes lettres et de la main de celui qui a écrit le chèque. — Le chèque, même au porteur, est acquitté par celui qui le touche; l'acquit est daté.—Toutes stipulations entre le tireur, le bénéficiaire ou le tiré ayant pour objet de rendre le chèque payable autrement qu'à vue et à première réquisition, sont nulles de plein droit. — 19 févr. 1874, art. 5.

Caractères distinctifs du chèque. — Le chèque étant soumis à une législation spéciale, il est important de le définir et de le caractériser nettement.

Le chèque a la forme d'un mandat de paiement. — Il sert au tireur à effectuer le retrait, à son profit ou au profit d'un tiers, de tout ou partie de fonds portés au crédit de son compte chez le tiré et disponibles. — Le chèque peut être tiré de place à place ou sur la même place. — Il ne peut être tiré qu'à vue. — Il peut être endossé même en blanc. — Il est payable à présentation.

Tels sont les termes mêmes de la loi du 14 juin 1865. Ainsi, le caractère particulier du chèque réside avant tout dans la disponibilité immédiate de la provision, c'est-à-dire dans la stricte obligation imposée au tiré d'en effectuer le paiement à première réquisition. « On n'a pas le droit de dire au porteur du chèque : « Vous reviendrez dans quarante-huit heures, dans « vingt-quatre heures, pour toucher votre chèque »; « non, car c'est contre la loi. La loi de 1865 n'a jamais « autorisé ce délai, ce retard de paiement. Tout ban- « quier qui dit : « Je ne vous paierai pas avant vingt- « quatre heures, avant quarante-huit heures, un chèque « de 10.000 ou de 20,000 francs! » viole la loi. Et « celui qui tire sur son banquier n'a pas le droit de « tirer si la provision n'est pas disponible immédiate- « ment [1]. »

Les chèques ne peuvent être assimilés aux lettres de change. « Les lettres de change n'ont pas seulement « pour objet une opération et de procurer un paie- « ment sur une autre place. Elles constituent en outre « un moyen de crédit ; elles donnent au tireur la pos- « sibilité de se créer des ressources immédiates avec « des titres non exigibles. Les chèques, au contraire, « ne sont que des mandats de paiement. Ils doivent « être présentés au paiement dans un délai de huit « jours. » — *(Rapport de la commission.)*

Pourquoi le chèque a été créé. — La loi de 1865 a eu pour but de provoquer l'accumulation des capitaux entre les mains des banquiers et des caisses de dépôt ; ces capitaux, stériles étant éparpillés, forment réunis de puissants moyens d'action pour le commerce et l'industrie.

M. Achille Adam. — « Le but de la loi de 1865 était hau- « tement avoué, et ce n'était un mystère pour personne; « on voulait dire aux capitalistes grands et petits : Vous

« avez votre caisse chez vous, vous y versez vos fonds, « vous les en retirez sans payer d'impôt, votre voisin « fait comme vous ; mais toutes ces caisses éparpillées « ne profitent guère à l'intérêt général, et si on pou- « vait les concentrer dans un certain nombre de caisses « communes, il en résulterait une notable économie « pour la circulation monétaire et fiduciaire. Eh bien ! « prenez un banquier. Vous le prendrez où vous « voudrez : si vous êtes à Paris, vous le prendrez « à Paris ; si, étant à Paris, vous trouvez préféra- « ble, dans l'intérêt de vos affaires, de déposer vos « fonds au Havre, vous les déposerez au Havre ; si, « étant à Tarare, vous croyez nécessaire de les déposer « à Lyon, vous les déposerez à Lyon. En un mot, vous « ne serez pas limité dans votre choix. Les banquiers « ne le seront pas non plus, et ils pourront accepter « les dépôts d'où qu'ils viennent. Actuellement, vou- « lait-on dire encore, vous avez le bras assez long « pour déposer vos fonds dans votre caisse et les « retirer sans aucun intermédiaire ; mais quand « vous aurez porté votre caisse chez le banquier, « elle sera sensiblement plus loin de vous. et vous « aurez le bras trop court : eh bien ! vous vous « servirez alors d'un instrument fort usité en Angle- « terre. Cet instrument s'appelle chèque : c'est un « ordre de paiement donné au banquier : il vous « évitera tout déplacement ; il pourra être payable au « porteur ou à une personne dénommée : cette per- « sonne ne sera pas tenue de se déplacer, et elle pourra « faire encaisser le chèque par son banquier. Il en « résultera même, dans la pratique, de nombreuses et « utiles compensations [1]. »

But de la loi de 1874. — « Ainsi que le fait remar- « quer l'exposé des motifs de la loi de 1865, le chèque, « dans son essence, n'est et ne doit être qu'un instru- « ment de liquidation et de paiement ; c'est à ce titre « qu'une exception à la loi fiscale est réclamée en sa « faveur ; si des opérations de crédit, spéculant sur ce « que présente d'équivoque la forme extérieure du « mandat, cherchaient à revêtir l'apparence du chèque « pour se soustraire à l'impôt qu'elles doivent au « Trésor, il pourrait se produire dans les recettes bud- « gétaires une diminution d'autant plus fâcheuse, « qu'elle ne profiterait pas à la masse des contribua- « bles, mais à la fraude.

« Ces prévisions se sont malheureusement réalisées. « Ainsi, bien que le chèque ne doive légalement servir « qu'à opérer le retrait de fonds portés au crédit du « tireur et disponibles, il est cependant employé pour « le recouvrement du prix des marchandises ; souvent « encore il est tiré alors que les sommes ne sont pas « disponibles et qu'il n'y a même pas provision.

« L'homme qui doit pour la fin du mois, disait-on « au sein du conseil supérieur du commerce, fait un « chèque ; il le date pour la fin du mois, mais il ajoute « une fiche indiquant que le chèque ne doit être pré- « senté qu'à la fin du mois.

---

1. M. Pouyer-Quertier ; Séance du 11 fév. 1874 ; *J. off.* du 12, . 1191, col. 1.

1. Séance du 11 fév. 1874 ; *J. Off.* du 12, p. 1189, col. 2.

« Enfin les grandes compagnies de dépôts et de
« comptes courants ne se conforment même pas à la
« loi, car elles ne le paient pas à vue, mais seulement
« quarante-huit heures après visa ou avis, les chèques
« supérieurs à 10,000 ou 20,000 fr.

. . . .

« Les fraudes commises en matière de chèques ont
« été signalées par la conférence des banquiers de
« Paris et de la province dans les termes suivants :
« On nous présente, en effet, des chèques tirés sur
« papier libre... D'autres portent une échéance. Ceux-
« ci sont payables à vue, en apparence du moins ;
« mais, au moyen d'une fiche volante qui leur est
« annexée, on leur donne une échéance. Ceux-là sont
« sans date, afin d'être plus facilement post-datés, ou
« revêtus d'une fausse date dans le but de les mettre
« prématurément en circulation.
« Aussi arrive-t-il souvent qu'ils sont revêtus d'en-
« dossements antérieurs à la date de création apparente,
« ce qui fait ressortir la post-date d'une manière fla-
« grante... » — *Rapport de la commission.*

Date en toutes lettres. — La date n'est exigée en
toutes lettres que pour le quantième du mois et non
pour le millésime de l'année [1].

Cette prescription a pour but d'empêcher les post-
dates et la circulation frauduleuse de chèques non datés
ou revêtus de dates faciles à changer.

M. MATHIEU-BODET. — « Il faut, pour que le chèque
« soit régulier et qu'il puisse jouir de l'immunité du
« droit, il faut qu'il soit tiré à l'époque où la provision
« est exigible ; par conséquent, il faut que nous sa-
« chions quand le chèque est tiré. Pour cela, il faut
« une date qu'on ne puisse pas falsifier.
« Nous avons donc demandé d'abord que le chèque
« fût daté en toutes lettres, non pas en exigeant qu'on
« écrivît en toutes lettres, par exemple, non-seule-
« ment « le quatorze février » mais encore « mil huit
« cent soixante-quatorze », non, mais en exigeant
« seulement que le quantième fût tracé en toutes let-
« tres ; cela est dit dans le rapport.
« Voilà la première précaution. Voyons si cela est
« efficace.
« Voici un négociant qui a vendu, le 1er janvier, de
« la marchandise qui est payable le 30. Comment
« va-t-il faire, aujourd'hui ? Je suppose que ce soit
« un négociant peu délicat, qui veut frauder le fisc ;
« — c'est contre ceux-là que nous prenons des pré-
« cautions ; — il datera son chèque du 2 janvier en
« chiffres ; le chèque circulera, puis, lorsqu'on arri-
« vera au 29, on ajoutera au chiffre 2 le chiffre 9 ; cela
« fera 29. Nous demandons qu'on soit obligé d'expri-
« mer le quantième « deux » en toutes lettres, et alors
« on ne pourra pas, au moyen de l'addition d'un 9,
« changer la date du 2 en date du 29 [2]. »

Date écrite de la main de celui qui a écrit le chèque. —
M. MATHIEU-BODET. — « Nous demandons que le chèque
« soit daté de la main de celui qui écrit le chèque.
« Pourquoi cela ? Parce qu'on ne pourra pas faire une
« date postérieure. Nous ne demandons pas que ce
« soit le signataire du chèque qui l'écrive : dans les
« maisons importantes, on souscrit des milliers de
« chèques, nous ne pouvons pas exiger que le direc-
« teur les écrive lui-même de sa main, ce sera un em-
« ployé ; mais il aura un mot de plus à écrire, pas
« davantage.
« Nous croyons que, par ce moyen, nous obtien-
« drons une date plus certaine et que nous empê-
« cherons ces fraudes que nous indiquions tout à
« l'heure [1]. »

2185. — L'article 6 de la loi du 14 juin 1865 est
abrogé et remplacé par les dispositions suivantes :

Le tireur qui émet un chèque sans date, ou non
daté en toutes lettres, s'il s'agit d'un chèque de place
à place ; celui qui revêt un chèque d'une fausse date
ou d'une fausse énonciation du lieu d'où il est tiré,
est passible d'une amende de 6 % de la somme pour
laquelle le chèque est tiré, sans que cette amende puisse
être inférieure à 100 fr.

La même amende est due personnellement et sans
recours, par le premier endosseur ou le porteur d'un
chèque sans date ou non daté en toutes lettres s'il est
tiré de place à place, ou portant une date postérieure
à l'époque à laquelle il est endossé ou présenté. Cette
amende est due, en outre, par celui qui paye ou reçoit
en compensation un chèque sans date, ou irrégulièrement daté, ou présenté au paiement avant la date
d'émission.

Celui qui émet un chèque sans provision préalable
et disponible est passible de la même amende, sans
préjudice des peines correctionnelles s'il y a lieu. —
19 févr. 1874, art. 6.

Distinctions. — M. DUFAURE. — « Lorsque la date
« est irrégulière, ou que le chèque n'a pas de date,
« les endosseurs sont responsables comme le tireur
« lui-même.
« On a eu raison de dire cela, parce que les endos-
« seurs, qui consentent à accepter le chèque et à l'en-
« dosser, s'aperçoivent, à sa simple lecture, qu'il n'a
« pas de date ou que la date était irrégulière. Ils ont
« donc tort de le recevoir et ils se prêtent à une infrac-
« tion à la loi ; on peut leur reprocher d'être de
« connivence avec celui qui l'a voulu, sous forme de
« chèque, dissimuler une lettre de change et les consi-
« dérer comme méritant d'être frappés en même
« temps que le tireur.
« Mais, lorsque le tireur a donné un chèque dont le
« montant, aux termes de la loi, doit être représenté
« par une provision, sans que cette provision existât,
« celui qui l'a reçu le premier l'a reçu de bonne foi...

---

1. Rapport de la commission. — M. le rapporteur ; séance du
13 fév. 1874 ; *J. Off.* du 14, p. 1256, col. 1. — I. 2480, ch. 1, § 4.
2. Séance du 14 fév. 1874 ; *J. Off.* du 14, p. 1256, col. 1.

1. Même séance ; *J. Off.* du 14 fév. 1874, p. 1256, col. 1.

« (Oui! oui!), car, évidemment, il n'aurait pas voulu
« recevoir un chèque qui n'eût rien représenté. Les
« endosseurs également le prennent et le transmettent
« de bonne foi. Et l'on voudrait que lorsque le porteur
« de ce chèque a été victime de la confiance qu'il a
« mal à propos accordée... (C'est cela!), qu'il vient se
« présenter pour en recevoir le montant, et que le
« tireur lui réponde qu'il n'a pas de provision et que
« par conséquent il ne peut pas le payer, on voudrait
« que le porteur commençât par payer une amende
« du dixième ou du sixième du montant du chèque,
« et que, victime d'un côté, il le devînt encore de l'au-
« tre! (C'est cela! — Très-bien!)

« Voilà ce qu'il y a d'exorbitant dans ce qui vient
« de vous être dit. C'est pourquoi je pense que le
« tireur est responsable de l'amende, que s'il a des
« complices on les recherchera et on leur fera égale-
« ment supporter la responsabilité; mais qu'il est
« impossible de dire textuellement dans un article, ni
« même avec l'autorité qui s'attache aux paroles d'un
« rapporteur, que le porteur sera obligé de payer
« d'abord une amende d'un sixième, sauf à la perdre
« en même temps que la somme que représente le
« chèque et dont il se croyait payé. (Très-bien! très-
« bien!) »

M. ERNEST PICARD. — « La commission accepte l'in-
« terprétation si nette, si juste qui vient d'être appor-
« tée à la tribune [1]. »

Provision préalable et disponible. — « La loi exige que
« la provision soit disponible, afin de trancher défini-
« tivement tous les doutes qui auraient pu surgir sur
« les mots : *provision préalable,* employés par l'article
« 6 de la loi du 14 juin 1865. On s'est cru autorisé à
« donner à ces mots une interprétation tellement large,
« qu'on a tiré des chèques pour prix de marchandises
« livrées, alors que le chèque, d'après la définition
« qui en est donnée par la loi, ne peut servir qu'à
« opérer le retrait de fonds et non le recouvrement de
« créances. » — *Rapport de la commission.*

Mention de l'acquit. — Celui qui paie un chèque sans
exiger qu'il soit acquitté est passible, personnellement
et sans recours, d'une amende de 50 fr. — 19 fév. 1874,
art. 6.

2187. — Les chèques de place à place sont assujettis à un droit de timbre fixe de 20 centimes. Les chèques sur place continueront à être timbrés à 10 centimes. — Sont applicables aux chèques de place à place
non timbrés, conformément au présent article, les
dispositions pénales des articles 4, 5, 6, 7 et 8 de la loi
du 5 juin 1850. — Le droit de timbre additionnel peut
être acquitté au moyen d'un timbre mobile de 10 centimes. — 19 fév. 1874, art. 8.

Le gouvernement et la commission proposaient d'as-

sujettir les chèques de place à place à un droit proportionnel. Mais l'Assemblée a rejeté le projet du gouvernement et celui de la commission, et adopté un
amendement présenté par MM. Pouyer-Quertier, André
et Wolowski, lequel amendement est devenu le premier et le second paragraphe de l'art. 8.

Cet amendement a été très-éloquemment défendu
par ses auteurs dans les termes suivants :

M. WOLOWSKI. — « Dans la série des siècles, on a
« multiplié les efforts pour économiser sur les moyens
« de transport du numéraire. Maintenant on voudrait
« nous faire rebrousser chemin; on nous demande de
« renoncer à une invention que l'on peut hardiment
« comparer à celle de la vapeur pour la circulation
« des hommes et des choses.

« *De divers côtés.* — Oui! oui! C'est vrai!

« M. WOLOWSKI... pour nous ramener au coucou en
« matière de circulation des espèces. (Rires d'appro-
« bation.)

« Il y a un grave intérêt dont vous devez vous préoc-
« cuper : ce n'est pas l'intérêt privé, c'est l'intérêt
« général dont je veux vous entretenir.

« L'intérêt général consiste à ne pas immobiliser en
« numéraire plus de capital qu'il n'est indispensable
« pour assurer la circulation du pays ; car le capital,
« représenté en numéraire, entraîne avec lui une
« perte annuelle et une perte très-considérable.
« Si le chèque servait seulement à économiser 100
« millions de francs de numéraire, c'est bien peu,
« j'admets ici un chiffre minimum, savez-vous ce
« que cela représente pour le pays? Une économie
« de 5 millions de francs, c'est-à-dire une écono-
« mie annuelle supérieure d'un quart à la première
« évaluation, très-hasardée, faite par la commission
« du budget avec le premier tarif qu'elle avait présenté,
« évaluation qui, aujourd'hui, se réduit à une quotité
« beaucoup plus faible et qui ne saurait entrer en
« comparaison avec l'économie que l'on pays peut réa-
« liser sur la quantité de numéraire qu'on est obligé
« d'employer pour accomplir l'œuvre de la circulation.
« Le chèque, comme les autres instruments de la cir-
« culation, vit de liberté et de sécurité.

« Prenez-y garde, les moyens de précautions que
« vous avez consacrés pour empêcher la fraude forment
« déjà un obstacle considérable au développement des
« chèques. La fraude ne s'est point étendue autant
« qu'on l'a dit, on crée une entrave sérieuse en
« frappant à la fois sur les innocents et les coupables.
« Gardez-vous de porter au chèque une seconde atteinte
« qui résulterait d'un droit proportionnel. Ce droit a
« le double inconvénient d'introduire une gêne dans
« l'application du chèque et de frapper ce qui ne doit
« pas être frappé. C'est ce chèque de place à place
« qu'on a toujours devant les yeux. Eh bien, je re-
« commande cette seule observation à l'attention de
« l'Assemblée.

« Lorsqu'un chèque est tiré, sa provision est faite,
« c'est là le principe; l'argent doit se trouver dans la
« caisse du banquier, parce que c'est généralement sur
« le banquier que le chèque sera tiré; l'argent doit se
« trouver chez le banquier, mais l'argent n'y vient pas

---

1. Séance du 14 fév. 1874 ; *J. Off.* du 15, p. 1273, col. 2.

« tout seul; il y est venu le plus souvent per suite de la
« réalisation d'une lettre de change qui a déjà payé
« l'impôt et dont le montant a été versé dans la caisse
« du banquier.

« Ici, je m'adresse aux jurisconsultes qui sont dans
« la commission, et je me permets de leur rappeler
« l'axiome: *Non bis in idem*. Vous frapperez deux fois
« la même chose. L'argent, je le répète, n'est pas venu
« tout seul pour constituer la provision nécessaire, il
« est venu par la réalisation d'une lettre de change
« dans la caisse du banquier; l'impôt a déjà été payé
« sous cette première forme, et vous voulez encore le
« faire payer une seconde fois sous la forme de chèque,
« alors que le Trésor a déjà touché la part qu'il ré-
« clame [1]. »

. . . .

M. Pouyer-Quertier. — ... « Si notre amendement
« est adopté, au lieu de 10 centimes on en payera 20
« pour les chèques de place à place: c'est-à-dire que
« pour cette catégorie de chèques, l'impôt actuel se
« trouvera doublé, et l'usage de cet utile instrument
« de paiement n'en sera pas entravé; car enfin, on ne
« saurait trop le répéter, le chèque ne représente que
« de l'argent disponible, et il n'y a pas plus de raison
« de l'imposer que le billet de banque ou la pièce de
« cinq francs que chacun peut avoir dans sa poche.
« (Très-bien ! très-bien !)

« M. Ducuing. — Dites simplement à la commission
« que le chèque n'est pas une matière imposable.

« M. Pouyer-Quertier. — C'est ce que nous avons
« toujours dit, et la loi de 1865 porte formellement que
« le chèque sera exempté de toute espèce d'impôts
« pendant dix ans. (C'est vrai !) En 1871, lorsque nous
« avons dit : le chèque est une quittance, soumettons-
« le à une taxe de 10 centimes.

« Messieurs, cet impôt sur les quittances, qui n'est
« pas proportionnel, non-seulement a produit tout ce
« que vous en attendiez, mais il a dépassé toutes les
« prévisions. (Très-bien! très-bien!) Au lieu de donner
« 12 ou 13 millions, il en rapporte 17 ou 18. M. le
« ministre des finances l'a défendu avec toute sa luci-
« dité ordinaire; mais pourquoi voulez-vous que le
« chèque, qui n'est qu'une forme de la quittance, et
« qui paye aujourd'hui, à ce titre, un timbre de 10 cen-
« times; pourquoi voulez-vous lui faire payer un tarif
« gradué qui n'est ni fixe, ni proportionnel? C'est un
« tarif gradué suivant les timbres qu'on aura dans sa
« poche... (Très-bien !); car on peut les employer
« de différente façon pour une même somme.

« Par exemple, j'ai 20,000 fr. à payer; je fais un
« chèque qui est soumis à un droit de 1 fr. 50; mais si
« j'ai à payer deux fois 10,000 fr., je paierai deux fois
« 50 centimes, c'est-à-dire 1 fr. au lieu de 1 fr. 50
« pour 20,000 fr. en un seul chèque, et ainsi de suite
« pour toutes les combinaisons auxquelles peut se
« prêter votre tarif. (C'est cela!)

« M. Mathieu-Bodet. — Eh bien ?

« M. Pouyer-Quertier.—Eh ! c'est inégal, c'est injuste,
« c'est anti-proportionnel. Ainsi, votre tarif n'est pas
« fixe, n'est pas proportionnel; il est antiproportionnel,
« c'est le contraire de la proportion ! (On rit.) Il est
« gradué par cascades inégales et par degrés de diffé-
« rentes hauteurs. (Nouveaux rires.)

« La nouvelle rédaction de la commission dit qu'au-
« dessus de 10,000 fr. jusqu'à 20,000 fr. on payera 1 fr.
« 50. Mais cette disposition sera facilement éludée;
« voici comment : pour payer 11,000 fr., par exemple,
« on délivrera un chèque de 10,000 fr., soit 60 cen-
« times plus un chèque de 10,000 fr. à 20 centimes,
« cela fera en tout 80 centimes, et non 1 fr. 50. C'est
« donc 70 centimes, soit près de 50 % de réduction sur
« votre tarif.

« Cela va nécessiter encore une complication infinie
« de timbres différents; pour l'éviter, nous venons vous
« dire : Acceptez quelque chose de fixe, de raisonna-
« ble; augmentez, doublez le droit de quittance pour
« le chèque de place à place, de Paris sur Rouen, ou
« de Rouen sur Paris; mais renoncez à ce droit propor-
« tionnel qui va compromettre précisément l'existence
« du chèque [1]. »

2189-1. *Chèques tirés hors de France et payables en
France.* — Toutes les dispositions législatives aux chèques tirés de France sont applicables aux chèques tirés
hors de France et payables en France. — Les chèques
pourront, avant tout endossement en France, être timbrés avec des timbres mobiles. — Si le chèque tiré hors
de France n'a pas été timbré conformément aux dispositions ci-dessus, le bénéficiaire, le premier endosseur,
le porteur ou le tiré, sont tenus, sous peine de l'amende
de 6 %, de le faire timbrer aux droits fixés par l'article
précédent, avant tout usage en France. — Si le chèque
tiré hors de France n'est pas souscrit conformément
aux prescriptions de l'article 1er de la loi du 14 juin
1865 et de l'article 5 ci-dessus, il est assujetti aux droits
de timbre des effets de commerce. Dans ce cas, le bénéficiaire, le premier endosseur, le porteur ou le tiré,
sont tenus de le faire timbrer avant tout usage en
France, sous peine d'une amende de 6 %. — Toutes les
parties sont solidaires pour le recouvrement des droits
et amendes. — 19 fév. 1874, art. 9.

COMMUNAUTÉ RELIGIEUSE.

2365. — V. n. 7680 suiv.

COMMUNICATION.

2378. — *Contrà* : Ord. Jonzac, 13 mars 1873:
Courrier, 20.

---

1. Séance du 19 fév. 1874 ; *J. off*. du 20, p. 1385, col. 3.

1. Même séance ; *J. off*. du 20 fév. 1874, p. 1386, col. 2.

COMPTOIR D'ESCOMPTE.

2520. — V. n. 7772 suiv.

CONCESSION.

2536-1. Concession transférée dans un nouveau cimetière. — L'arrêté pris par le maire d'une commune pour désigner les terrains d'un nouveau cimetière qui seront affectés aux sépultures concédées dans l'ancien, est exempt de timbre et d'enregistrement, comme acte de police ou d'administration, conformément à l'art. 80 de la loi du 15 mai 1818. — Sol. 19 fév. 1874; *Courrier*, 181.

2537. — V. n. 9066 et 9067.

CONTRAT DE MARIAGE.

2713. — L'Administration a rendu, le 13 janvier 1874, une solution en sens contraire. Cette solution est ainsi conçue :

« L'art. 1er, no 4, de la loi du 28 fév. 1872 dispose « que le droit gradué établi par cette loi sera perçu « sur les contrats de mariage actuellement soumis « au droit fixe de 5 fr. », et qu'il « sera déterminé « par le montant net des apports personnels des « époux. »

« L'Administration soutient : — Que, par cette ex-« pression : « apports personnels », on doit entendre, « sous quelque régime que ce soit, la fortune person-« nelle de chaque époux, mobilière ou immobilière, « préexistante au mariage, et non pas seulement ce « que chaque époux se constitue expressément dans « son contrat ;

« Que le futur, époux qui a un avoir personnel « préexistant au mariage commet une dissimulation « punissable s'il ne fait porter qu'une partie de cet « avoir dans le contrat, et à plus forte raison s'il dé-« clare qu'il n'apporte rien ou ne possède rien

« Et, en soutenant cette thèse, l'Administration ne « fait que traduire la pensée du législateur telle qu'elle « se dégage, au surplus, du rapport de la commission « et des déclarations faites à la tribune, rapport et « déclarations qui sont les commentaires officiels de « la loi. Mais elle ne se croit pas autorisée à mettre « l'époux qui n'a pas fait de déclaration d'apports, « même négative, dans son contrat en demeure d'y « suppléer conformément à l'art. 16 de la loi du 22 « frim. an 7. L'art. 2 de la loi du 28 fév. 1872, qui « contient le tarif du droit gradué, ne renvoie, en effet, « à cet art. 16 qu'autant que les sommes ou valeurs « ne sont pas déterminées dans l'acte, ce qui n'est pas

« le cas d'un acte ne contenant aucune énonciation de « sommes ou valeurs , cas qui est régi par une dis-« position spéciale du même art. 2, fixant à 5 fr. le « droit à percevoir sur un tel acte.

« Il ne résulte cependant pas de là que l'époux qui, « ayant un avoir personnel, se serait abstenu de toute « déclaration dans le contrat ne pourrait pas être re-« cherché ni puni. S'appuyant sur les déclarations « faites par le rapporteur, M. Mathieu-Bodet, dans la « séance du 28 fév. 1872, en réponse à une question « de M. Alfred Dupont, au sujet de l'application de « l'art. 3, relatif aux dissimulations, l'Administration « prétend que la constatation ultérieure de l'avoir au « moyen de titres émanés de ce futur époux, ou au « moyen de jugements, donnerait ouverture à son « profit à une action en recouvrement, non pas seu-« lement du droit simple, mais encore du droit en « sus.

« Dans une espèce, M. de C. a réglé, par un contrat « notarié du 2 mai 1872, les conditions civiles de son « union avec Mlle de M.; le régime adopté a été celui « de la séparation de biens. Le futur a fait constater « à son profit, dans ce contrat , l'existence de dia-« mants de famille évalués à 121,000 fr. De plus, il « a été stipulé que l'hypothèque légale de la future « ne pourrait s'exercer , en tout état de cause , « que sur la propriété d'O..., appartenant au futur. « De son côté, la future a déclaré apporter person-« nellement divers objets à son usage d'une valeur de « 10,000 fr.

« En faisant à ce contrat l'application des principes « ci-dessus posés, on est conduit à reconnaître, d'une « part, que le droit gradué a été, avec raison, perçu « sur 140,000 fr., formant, en suivant les sommes de « 20,000 en 20,000 fr., l'évaluation cumulée des objets « à l'usage de la future et des diamants dont le futur « a fait constater l'existence à son profit ; d'autre part, « que c'est à tort qu'on n'a pas frappé de ce même « droit la propriété d'O..., préexistant, d'après le con-« trat même, dans le patrimoine du futur. Il y a donc « incontestablement, du chef de cette propriété, un « supplément de droit gradué à réclamer d'après une « évaluation à fournir par les parties, à défaut d'éva-« luation dans le contrat ; s'agissant, d'ailleurs, d'une « perception insuffisante faite, il ne saurait y avoir « lieu, de ce même chef, à aucun droit en sus.

« Il faut également reconnaître, d'après ces mêmes « principes, que tant que l'Administration n'aura pas « établi, conformément à l'art. 3 de la loi du 28 fév. « 1872, c'est-à-dire par titres émanés de M. de C., « ou par jugements, l'existence, au moment du ma-« riage, d'un avoir plus considérable que celui « dont le contrat du 2 mai 1872 révèle l'existence, « elle ne saurait le contraindre , pour régler la « perception en conséquence, à faire une déclaration « quelconque du chef des autres biens que la notoriété « publique lui assigne. »

OBSERVATIONS. — D'après l'art. 1er, n. 4, de la loi du 28 février 1872, le droit gradué est perçu , pour les contrats de mariage, sur le montant net des *apports personnels* des futurs époux.

Que faut-il entendre par ces mots : *apports per-sonnels* ?

Ici, nous laissons la parole à M. Mathieu-Bodet, rapporteur de la commission; et, certes, bien que ces matières fiscales conviennent à la gravité, nous serons bien maîtres de nous-mêmes si nous retenons un sourire !

Opinion de M. Mathieu-Bodet dans la séance du 26 février 1872 (J. off. du 27, p. 1394, col. 2).

M. Mathieu-Bodet. — « Un contrat est présenté où « les futurs époux déterminent leur avoir. Cet apport « ne peut provenir que de deux causes : ou des dona-« tions faites soit par les parents, soit par des étran-« gers, ou de leur fortune personnelle antérieure au « mariage.

« Sur la première partie de l'avoir, on percevra le « droit proportionnel des donations ; sur le reste ces « que ce soient des apports mobiliers, que ce soient « des apports immobiliers, c'est la fortune person-« nelle du conjoint qui est constatée : on paiera « 1 pour 1000. Où donc voyez-vous l'obscurité ?

« Ah ! évidemment, il pourra y avoir certains con-« joints, — quoique ce soit insensé, — mais enfin je « suppose qu'un conjoint, pour épargner cette somme « insignifiante, ne fasse pas mention de tous ses biens « dans le contrat de mariage : évidemment le droit « ne sera pas perçu sur l'apport qui n'aura pas été « constaté. »

M. le ministre des finances. — « C'est évident ! »

Opinion de M. Mathieu-Bodet dans la séance du 28 février 1872 (J. off. du 29, p. 1441, col. 2).

M. Mathieu-Bodet. — « Il peut y avoir eu dissimu-« lation, soit parce que l'époux n'a pas déclaré la « véritable valeur de la chose, soit parce qu'il n'a pas « déclaré tout ce dont il était propriétaire. Est-ce clair ?

« M. Dupont. — Parfaitement !

« M. le rapporteur. — Cette dissimulation ne pourra « être établie dans les deux cas que par des titres. « C'est bien entendu.

« Mais, lorsque par des actes émanant des parties, « ou par des jugements, on arrivera à découvrir qu'un « apport valant 100,000 fr. par exemple, n'a été porté « que pour 50,000 francs, il y a dissimulation, donc « application de l'art. 3 ; on l'établira par des actes de « vente ou toutes autres pièces.

« Maintenant, voilà un époux qui a deux propriétés, « deux fermes dans le département du Nord ; il n'en « fait porter qu'une seule dans son contrat de ma-« riage et dit que c'est son seul apport. Eh bien ! dans « l'un comme dans l'autre cas, l'art. 3 recevra son « application. »

Ainsi, d'une part, les biens personnels des futurs époux qui ne sont pas déclarés dans le contrat de mariage, n'encourent pas le droit fixe gradué ; d'autre part, il faut déclarer tout ce dont on est propriétaire, afin que ce même droit soit perçu.

Nous le demandons au savant rapporteur, comment concilie-t-il ses deux opinions ?

Ce n'est donc pas dans sa réponse que nous cher-cherons la solution qui nous intéresse.

Dans la langue du droit, comme dans le langage de la pratique, on entend par *apports* ce que les futurs époux mettent en commun pour supporter les charges du mariage. Jamais ce mot n'a signifié l'*avoir* des époux. Il est loisible aux parties de mentionner dans le contrat de mariage une partie ou la totalité de leur fortune, et même de se marier sans aucune stipula-tion d'apport. Si la seconde opinion de M. Mathieu-Bodet devait être acceptée, les futurs encourraient une pénalité pour l'exercice d'une faculté tout à fait légi-time. Cette seule raison prouve que l'opinion (la seconde) du rapporteur est erronée.

Ainsi, les futurs peuvent ne rien déclarer de leur fortune, ou n'en déclarer qu'une partie ; plus tard, lors de la dissolution du mariage, des difficultés pour-ront s'ensuivre ; il n'y aura pas d'acte authentique qui établisse les reprises ; qu'importe ? c'est l'affaire des époux ! Le législateur fiscal n'a point à intervenir.

Il faut donc décider, conformément au texte formel de la loi, que le droit fixe gradué est exigible sur le montant net des *apports personnels* des futurs époux, c'est-à-dire sur *ce qui est apporté*, et non sur le montant net de leurs *fortunes personnelles.*

Nous pensons donc que la solution du 13 janvier 1874 n'est pas juridique.

2714. — *Sic :* Sol. 26 nov. 1873 ; *Courrier*, 92.

2739. — *Sic :* Mayenne, 24 juill. 1873 ; *Courrier*, 37. — Cass. civ. 11 nov. 1873 ; *Courrier*, 122.

2756. — *Sic :* Sol. 1er avril 1873 ; *Courrier*, 25.

2861. — Lorsque, dans un contrat de mariage, les père et mère de l'un des époux conviennent de vivre en commun ménage avec ces derniers, sauf à leur faire une donation en cas de séparation, on ne peut exiger que le droit d'association et le droit de 3 fr. pour donation éventuelle. — Sol. 11 août 1869 et 19 janv. 1872 ; *Courrier*, 26.

CONTRIBUTIONS PUBLIQUES.

2912. — Les rapports rédigés par les experts et les mémoires que les parties présentent à l'appui de leurs demandes en dégrèvement soumises aux conseils de préfecture, sont assujettis au timbre et à l'enregis-trement. L'exemption des droits ne s'applique qu'aux procès-verbaux des dires des experts rédigés par les contrôleurs des contributions directes, et aux obser-vations produites par les réclamants eux-mêmes pen-dant le dépôt du dossier. — Sol. 12 fév. 1873 ; *Cour-rier*, 17.

2922. — « Avez-vous l'intention, demande M. Léo-« pold Faye, de faire porter l'augmentation sur les

« frais qui seront nécessités par le recouvrement des
« contributions directes et indirectes ? Personne ,
« messieurs, personne dans cette Assemblée ne vou-
« drait donner son adhésion à une pareille aggrava-
« tion d'impôts.

« Eh quoi ! nous voyons avec douleur et regret,
« dans certains départements, une moyenne crois-
« sante qui vous indique le chiffre des taxes irrecou-
« vrables qui sont passées par profits et pertes, si
« vous me permettez cette expression commerciale ;
« de ces frais de poursuites, je ne m'occupe que pour
« les déplorer. Mais il y a des poursuites utiles qui
« aboutissent.

« Quelle a été la préoccupation du législateur, fiscal
« à l'excès, de l'an 7, on le reconnaîtra, et de celui de
« 1816 ? C'était d'arriver, à l'aide d'une combinaison,
« la plus économique possible, à faire rentrer dans la
« caisse du Trésor l'argent qui lui était dû. Voudrez-
« vous aujourd'hui obliger le ministre des finances à
« augmenter, par des frais qui sont compris dans la
« loi de frimaire, et par conséquent dans l'augmenta-
« tion qu'on vous propose, la taxe afférente au cas
« particulier que j'indique ?

« M. MATHIEU-BODET. — Ces actes sont exempts des
« droits d'enregistrement [1] ! »

Et plus loin, M. Mathieu-Bodet réitère cette affirmation dans les termes suivants :

« M. Faye a invoqué des considérations qui ont
« exercé une impression sur vos esprits, mais qui ne
« sont pas justes, à mon avis, qu'il me permette de le
« dire.

« Il nous a dit : La loi de frimaire an 7, dans un de
« ses articles, énumère un certain nombre d'actes,
« notamment les significations et les procédures qui
« ont pour objet le recouvrement des contributions
« publiques; il nous a dit que nous allions les atteindre.

« C'est une erreur.

« Je vous le répète, les seuls actes extrajudiciaires
« qui soient intéressés dans la question sont ceux qui
« se trouvent énumérés dans le compte général des
« recettes.

« Plusieurs voix à gauche. — Il faut les mettre dans
« la loi ! — Il faut les renvoyer à la commission !

« M. MATHIEU-BODET. — La commission ne peut rien
« faire sur ce point.

« Quant aux actes dont parlait M. Faye, je n'ai pas
« besoin d'y insister et de lui rappeler qu'ils ne sont
« soumis à aucun droit d'enregistrement ; ils sont
« enregistrés gratis; quand même vous doubleriez le
« droit, il est évident que zéro ajouté à zéro, cela ne
« fera jamais que zéro. Par conséquent, cela ne rap-
« portera rien de plus [2]. »

Les actes de poursuites ayant pour objet le recouvrement des contributions publiques ne sont pas
toujours enregistrables gratis, comme le dit l'honorable rapporteur. L'exemption de droit n'existe que

lorsqu'il s'agit de cotes, droits et créances non excédant en total la somme de 100 fr. Dans les autres cas,
le droit de 1 fr. doit être perçu. — Frim., art. 68, § 1,
n° 30. — 16 juin 1824, art. 6.

En dépit des explications de M. Mathieu-Bodet, les
actes de l'espèce qui, avant la loi du 19 février 1874,
auraient donné lieu au droit de 1 fr., seront, sous l'empire de l'art. 2 de cette loi, passibles du doit de 1 fr. 50.
Cela ne peut faire l'objet d'aucune difficulté.

2938. — Au lieu de : Procès-verbal, lisez : Procès-
verbal.

2939. — Le droit est de 1. 50. — 19 févr. 1874,
art. 2.

2940. — Le droit est de 1. 50. — 19 fév. 1874,
art. 2.

2943. — Le droit de 1 fr. est augmenté de moitié.
— 19 fév. 1874, art. 2.

2943. — Au lieu de : Quittance, lisez : Quittance.

2945. — Au lieu de : Récépissés, lisez : Récépissés.

2946. — Au lieu de : Rôles, lisez : Rôles.

2947. — Au lieu de : Tabacs, lisez : Tabacs.

2949. — Au lieu de : Timbre des contributions indirectes, lisez : Timbre des contributions indirectes.

COPIE.

2963. — V. Copie de pièces.

COPIE DE PIÈCES.

2976. — V. Timbre.

2986. — Ce n° contient une erreur et doit être
rectifié ainsi qu'il suit : Le registre des protêts tenu par
les huissiers tombe sous l'application de la loi du
2 juillet 1862, art. 20, et du décret du 30 du même
mois, ainsi que cela résulte des trois décisions suivantes :

Circulaire du Ministre de la Justice, du 19 février
1867. — I. 2353. — Suivant une décision ministérielle
qui a fait l'objet d'une circulaire aux procureurs géné-

---

1. Séance du 9 fév. 1874 ; J. Off. du 10, p. 1440, col. 1.
2. Même séance ; J. Off. du 10 fév. 11874, p. 1141, col. 1.

raux du 19 février 1867, les dispositions des loi et décret des 2 et 30 juillet 1862, relatives aux copies des exploits, sont applicables aux copies de protêts transcrites sur le registre prescrit par l'art. 176 du Code de commerce, contrairement à la solution du 5 décembre 1862.

Il résulte de cette décision, *qui sera prise pour règle à l'avenir* :

1° Que les copies inscrites sur le registre spécial des protêts doivent être correctes, lisibles et sans abréviations ;

2° Que chaque feuille du registre ne doit contenir, savoir : *pour le petit papier* (feuilles et demi-feuilles), plus de 30 lignes à la page et de 30 syllabes à la ligne ; — pour le *moyen papier*, plus de 40 lignes à la page et de 40 syllabes à la ligne ; et *pour le grand registre*, plus de 45 lignes à la page et de 45 syllabes à la ligne ;

3° Que toute contravention résultant soit de l'incorrection ou de l'illisibilité des écritures, soit de l'excès dans le nombre des lignes et des syllabes, est punie d'une amende de 25 francs.

Jugement du tribunal de Vervins, du 3 mai 1872. — Attendu que l'opposition étant fondée sur ce que l'art. 176, C. comm., qui a exigé le registre des protêts, dit qu'il sera tenu dans les formes prescrites pour les répertoires n'étant pas astreints à un nombre déterminé de lignes et de syllabes, l'exigence de l'administration n'est pas justifiée ; qu'en outre le décret du 29 août 1813, qui a réglementé dans le même sens que les lois et décrets de 1862 les copies d'actes signifiées aux parties, n'a point compris le registre des protêts dans cette réglementation ;

Attendu que le texte de l'art. 20 de la loi du 2 juill. repousse l'interprétation donnée par l'opposant ; que le terme *copie des exploits* embrasse toutes les copies, quelles qu'elles soient, tandis que le mot *signification de jugements, actes ou pièces*, a trait aux copies faites à avoué ou à partie ; que la loi de 1862, édictée à la fois dans un intérêt fiscal et d'ordre public, a modifié dans la plus large mesure les usages et les règlements antérieurs ; que cette loi devait avoir pour effet d'atteindre des abus bien connus, et que la tenue des registres de protêts n'était pas un des moindres à réprimer ; que les circulaires ministérielles faites à ce sujet en font foi ; que si les nouvelles règles n'ont pas été de suite appliquées avec rigueur, et si la tolérance de l'Administration s'est prolongée jusqu'en 1867, on ne peut voir dans cette modération que le désir de ménager d'une manière transitoire un corps d'officiers ministériels habitués par une longue pratique à considérer à tort le registre des protêts comme un moyen d'émolumenter, grâce au forfait accordé pour l'abonnement du timbre employé ; que cette tolérance n'implique au surplus rien contre les termes positifs de la loi ; que le décret du 8 décembre 1862 a établi légalement le forfait dont l'usage seul avait jusque-là autorisé la perception ; qu'enfin la réglementation prescrite par l'art. 176, C. comm., subsiste pour tout ce qui est particulier aux répertoires, en ce qui n'est pas contraire aux termes de la nouvelle loi.

Jugement du tribunal de Bourg, du 13 mai 1873. —

Attendu que l'expression *copie d'exploits* qu'emploie l'art. 20 de la loi du 2 juillet 1862 doit évidemment comprendre toutes les copies, quelles qu'elles soient ; qu'une interprétation contraire ne serait pas conforme à l'art. 176 du Code de commerce, qui prescrit aux huissiers de transcrire en entier, sur un registre spécial, la copie des protêts ;

Attendu que cette prescription prouve, à elle seule, qu'un tel registre ne saurait, en aucun cas, être assimilé à un Répertoire qui ne contient que des mentions ou des extraits d'actes ;

Attendu, d'un autre côté, que l'art. 5 du décret du 8 décembre 1862 a entendu soumettre les huissiers à la règle générale établie par la loi de 1862 pour les actes de leur ministère, et qu'il ne leur a accordé un droit fixe à titre de remboursement de papier timbré du registre des protêts qu'en considération des règles posées et des types prescrits pour leur contenu par cette même loi et le décret du 30 juillet 1862 ; que ces dispositions nouvelles, édictées dans un intérêt fiscal et d'ordre public, ont eu pour but de modifier les règlements antérieurs et de réprimer de nombreux abus ; que si, dans le principe, la Régie n'a pas cru devoir assimiler les registres de copies de protêts à des copies d'exploits dont le nombre est limité, c'est qu'elle n'a voulu rompre avec les anciens usages qu'en parfaite connaissance de cause et après avoir été éclairée par les circulaires ministérielles qu'elle a provoquées.

COUT.

3008. — **Arrêté des MM. F. et J. 6 nov. 1854-23 juin 1855.** — Art. 1. A l'avenir, les receveurs de l'enregistrement et des domaines seront tenus de mentionner en toutes lettres, dans l'enregistrement de chacun des actes signifiés par les huissiers, le montant du droit de transport, tel qu'il aura été porté dans la liquidation du coût de chacun de ces actes.

Art. 2. — Le ministre de la justice fera ajouter au répertoire des huissiers une colonne spéciale dans laquelle ces officiers ministériels devront inscrire le montant du droit de transport applicable à chaque acte répertorié.

Art. 3. — Les receveurs de l'enregistrement devront, lors de la vérification trimestrielle des répertoires, comparer la mention inscrite au répertoire avec la mention analogue et correspondante portée dans l'enregistrement de l'exploit, et adresser à leur directeur, qui le transmettra à son tour au procureur impérial, le relevé des différences que ce rapprochement aura fait constater.

Art. 4. — Des rapprochements semblables seront faits par les employés supérieurs chargés de la vérification de la régie des comptables, et les résultats obtenus seront constatés dans les rapports et comptes rendus de ces vérifications.

Art. 5. — Dans le cas où le coût du transport ne sera pas indiqué dans l'acte soumis à la formalité de l'enregistrement, le receveur devra exiger le payement immédiat de l'amende prononcée par l'article 67 du

Code de procédure civile, sous peine d'être rendu responsable de son oubli ou de sa négligence.

DATION EN PAIEMENT.

3074. — L'arrêt est du 23 mars 1853 et non du 23 mars 1852.

DÉCIME.

3138-1. Surtaxe. — Il est ajouté aux impôts et produits de toute nature déjà soumis aux décimes par les lois en vigueur :

5 % du principal pour les impôts et produits dont le principal seul est déterminé par la loi, ainsi que pour les amendes et condamnations judiciaires ;

4 % du droit total actuel sur les sucres, des taxes de douanes et autres, dont la quotité fixée par la loi comprend à la fois le principal et les décimes.

Cette disposition ne s'applique pas :

1° Aux droits de greffe et de timbre.... — 19 fév. 1874, art. 2 [1].

Distinction. — La loi du 14 juillet 1855 était ainsi conçue : Le principal des impôts et produits de toute nature soumis au décime par les lois en vigueur sera augmenté d'un nouveau décime. Nous avons dû, dans l'intérêt de la perception et des contribuables eux-mêmes, renoncer à cette formule. En effet, parmi les produits qui se trouveront atteints par la surtaxe, les uns sont imposés au principal, les autres contiennent dans leur quotité, le principal et les décimes.

Les agents des régies financières auraient été dans l'obligation de se livrer à un travail long et minutieux pour ramener ces derniers au principal passible du demi-décime ; c'est dans le but d'éviter cet inconvénient qu'en vertu de l'article 2, nous proposons d'ajouter 5 % au principal des impôts et produits dont le principal seul est déterminé par la loi, et 4 % au montant du principal et des décimes quand ils sont confondus dans les tarifs : ce qui ramène les deux droits à des termes à peu près équivalents. — *Rapport du ministre des finances* du 5 novembre 1873.

Droits de timbre. — Les droits de timbre sont perçus par l'apposition de vignettes ou estampilles. Si le demi-

---

[1]. M. Sébert proposait de ne pas appliquer la surtaxe aux droits d'enregistrement et, pour combler le vide que cette modification aurait fait dans nos finances, d'assujettir à l'enregistrement à peine de nullité tout acte contenant mutation immobilière. Malgré les considérations très-justes qu'a fait valoir M. Sébert, son amendement n'a pas été adopté. Il n'est pas hors de propos de rapporter quelques passages du discours prononcé à cette occasion par l'honorable député.

Messieurs, a-t-il dit, les impôts dont il s'agit aujourd'hui ne vous sont demandés qu'à titre d'augmentation temporaire, l'exposé des motifs vous le déclare. C'est assez vous dire que le Gouvernement reconnaît combien ces impôts sont défectueux. Je ne crois donc pas prématuré de venir aujourd'hui essayer de vous le démontrer et de vous proposer en même temps d'y substituer d'autres impôts que je crois préférables.

Je ne m'occuperai, en ce qui me concerne, comme la première partie de mon amendement l'indique, que du demi-décime sur l'enregistrement.

On peut s'étonner à bon droit, lorsque certains impôts n'ont encore aucune surélévation, et quand presque tous les autres ne supportent qu'un décime, de voir le projet de loi proposer un demi-décime sur l'enregistrement qui en supporte déjà deux. (Très-bien ! sur quelques bancs à gauche.)

D'après le projet de loi, — et je ne conteste pas le chiffre, car il est basé sur des données officielles, — ce droit donnerait une nouvelle recette de 16 millions. L'exposé des motifs dit que : « la perception en serait facile et peu onéreuse, et que c'est pourquoi elle s'est présentée tout d'abord. »

S'il s'agissait d'augmenter certains autres impôts, il ne serait guère plus difficile de les percevoir (C'est vrai ! à gauche), et la perception n'en serait pas beaucoup plus onéreuse non plus.

Je crois que cette raison n'est pas suffisante pour justifier la proposition du Gouvernement. Comme précédent, M. le ministre ajoute « que déjà en 1855 le Gouvernement avait eu recours au même procédé, et qu'il n'avait eu qu'à s'en féliciter ».

En effet, en 1855, un décime a été demandé. La très-grande prospérité du pays à l'époque où ce décime a été établi a pu le faire percevoir facilement, les transactions en aient sensiblement souffert, et je m'empresse de le reconnaître. Mais malheureusement, il serait téméraire de croire qu'il en sera de même aujourd'hui pour le demi-décime proposé.

Plusieurs membres. C'est vrai !

M. SÉBERT. Les affaires, en général, sont dans une grande souffrance ; les transactions, en particulier, sont presque nulles ; elles sont dans une atonie complète.

Eh bien ! est-ce dans un pareil moment qu'on doit penser à frapper de nouveau les transactions ? Pour mon compte, je ne le pense pas ; et, pour le justifier, je vais vous faire connaître un indice frappant du résultat des charges excessives pesant sur les transactions, révélé par les derniers tableaux de recettes des droits d'enregistrement, publiés en octobre dernier dans le *Journal officiel*.

En effet, la plus-value de ces droits a été très-faible dans les neuf premiers mois de l'année courante, et cette plus-value est allée en s'affaiblissant à chaque trimestre, ou, plus exactement, le troisième trimestre, finissant au 1er octobre, est en déficit, et ce sont seulement les augmentations réalisées pendant les deux premiers trimestres de l'année qui donnent un excédant pour l'ensemble des neuf premiers mois.

Voici, en effet, la marche suivie par les recettes de l'enregistrement en 1873, telles que les a publiées le *Journal officiel*.

Le premier trimestre a donné une plus-value de 7 millions 1/2.

M. DRÉO. Avant le 24 mai !

M. SÉBERT. Mais je dois dire ici, avant de continuer cette énumération, qu'en parlant des droits d'enregistrement, je laisse de côté les droits de timbre qui, eux, n'ont pas subi de réduction et ont eu, au contraire, une augmentation constante. Je parle donc des droits d'enregistrement proprement dits, et non des droits de timbre.

Pour l'ensemble des deux premiers trimestres, la plus-value montait à 9 millions. L'accroissement, comme vous le voyez, a été bien moins fort dans le second trimestre que dans le premier. Et enfin, à la fin du troisième trimestre, la plus-value pour les neuf mois écoulés n'est plus définitivement que de 2,200,000 fr. En un mot, les droits d'enregistrement pendant le troisième trimestre ont perdu la presque totalité de ce qu'ils avaient gagné pendant les deux premiers.

Dans cette situation, c'est-à-dire en présence d'un déficit de 7 millions pendant le dernier trimestre, je vous demande s'il est d'une bonne économie politique de faire porter de nouvelles charges sur des droits déjà en décroissance.

M. DE TILLANCOURT. Évidemment non !

M. SÉBERT. Je ne considère pas les droits d'enregistrement comme susceptibles de supporter de nouveaux droits sans nuire considérablement aux transactions aujourd'hui complétement arrêtées ; mais comme telle ne paraît pas être la pensée du Gouvernement, il me semble que ce n'est pas par voie d'addition d'un second décime qu'il aurait dû procéder, mais bien par la voie de la révision des diverses taxes, de manière à faire porter l'augmentation sur les taxes les moins élevées, et à affranchir ou tout au moins à ajouter peu de chose à celles déjà suffisamment chargées.

décime devait être acquitté au moyen de figurines complémentaires, leur quotité serait tellement fractionnée, que la perception deviendrait bien compliquée et dans certains cas très-difficile. — Id. ibid.

Droits de greffe. — Les droits de greffe sont d'une quotité minime; l'application d'une surtaxe de 5 % serait une complication et une entrave à l'expédition des affaires, sans grand profit pour le Trésor. — Id. ibid.

DÉLIVRANCE DE LEGS.

3269. — L'ordonnance du président, qui envoie le légataire universel en possession, constitue, au point de vue fiscal, une délivrance de legs passible du droit gradué. — Hazebrouck, 15 sept. 1873; *Courrier*, 73.

3270. — Le droit gradué est dû pour les délivrances

M. DE TILLANCOURT. Très-bien !

M. SÉBERT. En effet, par l'application générale des taxes proposées, savez-vous qui supportera la charge des 16 millions demandés ? Eh bien ! ce sont pour la presque totalité les droits déjà trop élevés, puisque le demi-décime sera d'autant plus élevé que le droit principal le sera lui-même.

Par exemple, savez-vous à quel chiffre s'élèvera dorénavant le droit d'enregistrement sur les ventes immobilières, droit déjà excessif par l'addition des deux premiers décimes? Eh bien ! ces droits, qui étaient déjà de 6 fr. 60, s'élèveraient à 6 fr. 87 1/2 par 100 fr., si vous votiez le demi-décime qui vous est demandé ; ajoutez-y les frais de timbre, d'hypothèque et autres, et vous aurez porté les frais d'acquisition à un chiffre vraiment exorbitant.

Pour les ventes de 100, 200 et 300 francs, qui forment le plus grand nombre, le minimum des frais, et je ne parle pas des cas extraordinaires où les frais égalent quelquefois le prix de vente, le minimum des frais sera de 24, 29 et 15 p. 100.

Je ne veux pas parler des ventes encore fort nombreuses au-dessous de 100 fr., car vous me taxeriez d'exagération si je vous faisais connaître les chiffres auxquels en arriveraient les frais.

Quelques membres. Faites-les connaître !

M. SÉBERT. Pour être bref, je crois que c'est inutile.

Il faut vraiment avoir l'amour de la propriété, poussé à ses dernières limites, comme il existe en France, pour acquérir dans de pareilles conditions.

Je le répète, car je ne saurais trop le redire, je ne pense pas que l'ensemble des droits d'enregistrement puisse supporter avantageusement les droits de mutation par décès en ligne directe, qui, relativement, ne sont pas trop chargés, et aux mutations immobilières à titre onéreux et aux partages d'immeubles constatés par actes sous seings privés, et cela en mettant les acquéreurs qui se soustrairont au payement des droits dans l'obligation de faire enregistrer leurs contrats dans le délai de trois mois, à peine de nullité.

Si vous rendez la formalité de l'enregistrement obligatoire, à peine de nullité de l'acte, vous assurerez au Trésor une ressource qu'on ne peut évaluer à moins de 4 à 5 millions.

D'après les recherches que j'ai faites et les renseignements que je me suis procurés, on peut évaluer sans exagération le nombre moyen des actes de vente sous seings privés à 300 par an et par canton, ce qui donne pour les 2,880 cantons qui nous restent encore un nombre total de 849,000 actes.

En supposant que le tiers seulement — et cette proposition est au-dessous de la réalité — ne soit pas soumis à la formalité de l'enregistrement, — c'est-à-dire 283,000 actes — cette formalité, si elle était accomplie, donnerait, à raison de 13 fr. 20 par acte sur un prix moyen de 200 fr., une somme de 2,785,600 fr. Beaucoup de ces actes ne sont faits ni en double, ni sur papier timbré ; or, en rendant l'enregistrement obligatoire, l'emploi du papier timbré en sera la conséquence. Et on peut évaluer, de ce chef et de celui de la transcription, que l'enregistrement rendra plus fréquente, une autre recette pour le Trésor de plus d'un million. Ce qui donnerait pour la recette totale 4,785,600 fr., et au plus bas mot 4 millions.

Si l'Assemblée adoptait mon amendement, l'avantage qui en résulterait ne serait pas seulement une recette de 4,700,000 fr. déjà fort appréciable dans l'état de nos finances, mais encore un commencement de régularité dans la possession du sol, commencement de régularité, parce que la régularité complète, celle qui pourrait seule créer le crédit de la petite propriété, n'existe pas, et ne pourra résulter que de la forme authentique pour les mutations d'immeubles à titre onéreux, comme cela existe à nos portes, dans la Belgique qui s'en trouve très-bien.

Et au sujet de ce discrédit de la propriété rurale, permettez-moi de signaler ici un de ses principaux inconvénients.

J'ai souvent entendu et vous-mêmes avez entendu bien souvent aussi des plaintes nombreuses contre le Crédit foncier, qui manquerait au but de son institution en ne venant pas suffisamment en aide à la propriété rurale et surtout à la petite propriété.

Il est certain que les prêts faits à cette nature de propriétés (moins de 200 millions sur 938 et moins de 6,000 prêts sur 15,000) ne sont ni nombreux ni très-importants.

Quelques membres. C'est vrai !

M. SÉBERT. Oui, le fait est vrai ; mais, selon moi, le Crédit foncier ne mérite pas le reproche qui lui est adressé sous ce rapport. Car savez-vous quelle est la cause de ces prêts trop peu nombreux ? Uniquement l'irrégularité ou l'absence même de titres ne permettant pas d'établir d'une manière suffisante la propriété des biens hypothéqués ; c'est bien là, et dans les formalités compliquées et coûteuses de l'expropriation des biens de minime valeur, que je ne veux pas traiter et que je ne fais qu'indiquer en passant pour ne rien omettre ; c'est bien là, dis-je, la principale atteinte au crédit foncier dans les campagnes, et ce serait un véritable service à lui rendre que de prendre les mesures nécessaires pour le relever.

Lorsque le législateur a prescrit, avec raison, l'authenticité pour certains actes, tels que les contrats de mariage, les donations, les affectations hypothécaires et autres, de bons esprits se sont déjà demandé pourquoi on n'en ferait pas autant pour les actes portant mutation d'immeubles à titre onéreux, comme cela existe, je l'ai déjà dit, en Belgique, et comme cela existe aussi chez nous pour les mutations entre-vifs à titre gratuit.

Si une telle disposition passait dans nos lois, l'établissement du droit de propriété, qui en serait la conséquence, donnerait immédiatement aux immeubles ruraux un crédit que n'ont pas beaucoup d'entre eux, par suite de l'irrégularité de leur possession.

Dans les ventes ou échanges sous seings privés, il est rare que l'origine de la propriété soit indiquée. Ici c'est le mari qui vend seul l'immeuble de sa femme ou de ses enfants mineurs ; là c'est la femme qui signe seule parce que le mari ne le sait pas ; dans d'autres cas, les parties ne sachant signer se bornent à tracer une croix ; bien souvent ces actes ont un principe de nullité pour n'avoir pas été faits en double original ; rien, d'ailleurs, n'en assure la date ni la conservation ; ils peuvent se perdre ou être détruits involontairement, et quelquefois on a vu deux ou trois acquéreurs successifs dont les actes n'ont pas été soumis à l'enregistrement, faire revendre directement par le vendeur primitif à un nouvel acquéreur, au détriment du Trésor, et souvent aussi au préjudice des droits des femmes, des mineurs et des créanciers.

L'acte authentique n'aura pas seulement l'avantage de faire disparaître les inconvénients graves que je viens de signaler ; il aurait encore celui d'apporter plus de sincérité dans les prix de ventes et de faire disparaître, au moins en grande partie, les dissimulations souvent pratiquées faute du conseil utile d'un homme éclairé.

Par l'authenticité des actes de ventes et échanges d'immeubles, le Trésor trouverait une ressource annuelle de plus 10 millions, et

de legs sur la valeur des biens légués, sans déduction des charges.— Sol. 19 nov. 1873, ainsi conçue :

« Lorsque la loi du 28 février 1872 a voulu que le « droit gradué fût restreint à l'émolument net, elle l'a « formellement exprimé (art. 1er, nos 1, 4 et 5). Or, elle « est muette sur ce point en ce qui concerne les déli- « vrances de legs ou envois en possession qui donnent « ouverture au droit sur la valeur des objets légués, « c'est-à-dire sur toute la succession quand il s'agit « d'un legs universel. quelles que soient les charges de « ce legs, et encore qu'il soit tenu de legs particuliers « à remettre à des tiers. »

En ce qui concerne l'application du droit gradué aux délivrances de legs, la déduction des charges n'a pas été énoncée textuellement ; mais il est dans l'esprit de la loi du 28 février 1872 que le droit ne soit perçu que sur l'importance nette du legs délivré.

C'est du reste en ce sens que le rapporteur de la loi s'est prononcé dans la séance du 26 février 1872. Il n'est pas inutile de reproduire ici ses paroles :

M. SEBERT. — « J'ai demandé à la commission de « vouloir bien ajouter à l'art. 1er concernant les apports « en société, les mots : « déduction faite du passif », « qui se trouvent plus loin, lorsqu'il s'agit du partage. « Le texte ne porte pas ces mots, et la commission con-

les propriétaires un crédit que ne pourront jamais leur donner des titres secrets et irréguliers.

Je sais bien qu'on ne manquera pas de dire qu'une telle mesure porterait atteinte à la liberté des conventions et imposerait de nouvelles charges aux contribuables. Mais, si cette liberté n'est pas gênée en ce moment parce que l'authenticité est prescrite pour certains actes, on ne voit pas pourquoi la même mesure ne serait pas prescrite pour les mutations immobilières, alors qu'elle pourrait donner des ressources importantes au Trésor et un crédit considérable à la propriété.

Quant aux charges nouvelles qu'elle imposerait aux contribuables, elles sont de deux natures : celles concernant les droits du fisc, qu'il n'y aurait que justice à acquitter, et celles concernant l'émolument de l'officier public chargé de donner l'authenticité. Cette dernière charge, s'appliquant généralement à de minimes mutations, serait bien peu élevée, et je ne crains pas de dire qu'elle le serait souvent moins que la rémunération payée à des agents d'affaires de la campagne, ordinairement peu éclairés et hors d'état de dresser de tels actes.

En préservant l'authenticité qui amènerait promptement la régularisation de la propriété en France, je suis convaincu que le législateur prendrait une mesure dans l'intérêt bien entendu des petits propriétaires.

Tout en vous faisant connaître les bienfaits de l'authenticité des mutations immobilières, je n'entends pas demander à l'Assemblée l'adoption de cette mesure, mais j'ai la conviction qu'elle prendra place dans notre législation lorsque les avantages en seront mieux appréciés.

Aujourd'hui je me borne à vous demander l'adoption de la partie de mon amendement prescrivant, à peine de nullité, l'enregistrement des actes portant mutation d'immeubles à titre onéreux. Je ne me dissimule pas que la peine de nullité est sévère ; mais elle est indispensable pour rompre les habitudes prises et pour amener l'enregistrement des actes, qui est le but de mon amendement ; et elle ne sera, après tout, encourue que parce que les parties l'auront voulu en ne se conformant pas aux prescriptions de la loi.

Au lieu de 10 millions que donneraient les actes authentiques, mon amendement en donnera environ la moitié ; et vous ne pouvez voter un impôt plus juste et plus équitable, puisqu'il aura pour effet d'établir l'égalité des charges entre les diverses catégories d'acquéreurs d'immeubles.

« sent à l'addition ; il était utile que cette observation « fût faite. »

M. FAYE. — « On ne vote que les trois premiers para- « graphes. »

M. SEBERT. — « Il s'agit justement du paragraphe « 1er de l'art. 1er. Il y a lieu d'ajouter l'addition con- « sentie après les mots : « par le montant total des « apports mobiliers ». D'ailleurs la commission y con- « sent. Son omission est une erreur matérielle.

M. LE RAPPORTEUR. — « Il ne peut y avoir de doute « sur la question qui vient d'être soulevée par l'hono- « rable M. Sebert. Il est certain que le droit gradué « que le projet de loi établit sur les apports, soit dans « le premier paragraphe, soit dans le quatrième, le cin- « quième et le sixième, ne portera que sur les apports « nets.

« Nous n'avons pas compris ces divers paragraphes « autrement. Si l'on fait un apport de 200.000 francs « grevé de 100.000 francs de dettes, l'apport n'est « réellement que de 100.000 fr. ; c'est sur ce chiffre « que le droit sera établi. »

UN MEMBRE DE LA COMMISSION. — « C'est évident ! »

M. LE RAPPORTEUR. — « Il en est de même pour les « apports en matière de contrat de mariage.

« Il suffit d'avoir donné cette explication à la tribune « pour qu'il ne s'élève aucune espèce de doute à cet « égard. »

Or, le sixième paragraphe de l'art. 1er est justement celui qui, dans le projet du Gouvernement, dans celui de la Commission et dans la loi elle-même, est relatif aux délivrances de legs. En présence d'une déclaration aussi formelle, il n'est pas possible de comprendre que l'Administration cherche à élever une controverse. Pour nous, et nous n'avons pas besoin de le dire, nous maintenons l'opinion que nous avons énoncée dans notre *Dictionnaire*.

DÉNONCIATION DE PROTÊT.

3294. — V. *Protêt*.

DÉPOT.

3394 (après le no.) Maison de tolérance.—V. n. 5317.

3413. Au lieu de Tullier, lisez *Tuilier*.

DISSIMULATION.

3475 (après le no). V. n. 4293 suiv.

DONATION.

3605-1. Paiement par intervention. — Lorsqu'un tiers, intervenant à une donation, paie en l'acquit du

donateur la somme donnée par ce dernier, ce payement, quoique fait sans subrogation, n'en constitue pas moins de la part du donateur une reconnaissance de dette, passible du droit d'obligation. — Auch, 19 août 1873; *Courrier*, 74.

3614. — La donation de tous ses biens par une veuve à ses enfants de la nue propriété de ses biens et d'une rente de 3,000 fr., à la condition d'avoir la jouissance des biens recueillis par les donataires dans la succession de leur père et des biens mêmes dont elle se dessaisit, est passible d'un droit particulier de donation sur le capital de la rente. — Angoulême, 4 août 1873; *Courrier*, 51.

DROITS SUCCESSIFS.

3711. — Les dettes de l'hérédité sont de droit à la charge de celui qui acquiert des droits successifs, même s'il n'existe aucune stipulation sur ce point; et cette charge exprimée ou non doit être ajoutée au prix pour la perception. Si donc l'acte ne contient aucune mention de nature à faire présumer l'existence de dettes, l'administration peut exiger une déclaration formelle à cet égard. — Cass. civ. 3 déc. 1873; *Courrier*, 126.

3730-1. — *Renonciation sous réserve de la constitution dotale.* —Aux termes de l'art. 845 c., l'héritier qui renonce à la succession ne peut retenir le don entre-vifs qui lui a été fait que jusqu'à concurrence de la quotité disponible. Si donc la quotité disponible a été épuisée par une donation antérieure au profit d'un autre enfant, l'acte par lequel l'héritier doté en avancement d'hoirie renonce à la succession sous réserve de sa constitution dotale, équivaut à une cession de droits successifs et donne ouverture au droit de 5. 50 %. La prescription de deux ans pour la demande de ce droit ne court que du jour où a été enregistré l'acte emportant cession, et non du jour de la renonciation. — Tulle, 21 déc. 1872; *Courrier*, 21.

EAU.

3739. — V. *Concession, Vente.*

ÉCHANGE.

3750-1. — *Nue propriété.* — Lorsque la transmission de la nue propriété d'un immeuble a supporté le droit sur la valeur entière, si cette nue propriété est échangée avant la réunion de l'usufruit, elle ne doit être évaluée qu'au denier 10 et non au denier 20. — Epernay, 28 déc. 1873; *Courrier*, 116.

Dans ce cas, il nous semble que la valeur de la nue propriété doit être déterminée, conformément à l'art. 16 frim., d'après une déclaration estimative des parties. — *Courrier*, 116.

ÉCHÉANCE.

3778. — *Au lieu de* : **ÉCHÉANCE**, *lisez* : **ÉCHÉANCE**.

EFFET RÉTROACTIF.

3785. — Lorsqu'une mutation verbale d'immeubles, antérieure de plus de trois mois à la promulgation de la loi du 23 août 1871, n'a pas été déclarée dans le délai de faveur accordé par cette loi, la peine applicable est celle prononcée par la législation précédente. — Guingamp, 11 mars 1873; *Courrier*, 41.

ENFANT NATUREL.

3830. — La reconnaissance d'un enfant naturel *par les héritiers légitimes de sa mère* n'est valable, vis-à-vis de l'Administration, qu'autant qu'il y a constatation judiciaire de la filiation fondée sur l'acte de naissance ou sur la possession d'état. — Sol. 22 juill. 1873; *Courrier*, 129.

ÉTAT.

4051. — Mais, s'il est stipulé que les droits d'enregistrement sont à la charge du bailleur, le bail fait à l'État est passible des droits proportionnels ordinaires. — Sol. 23 févr. 1873; *Courrier*, 23.

ÉTAT CIVIL.

4090. — Les expéditions des actes de l'état civil réclamées dans les mairies des départements, pour la reconstitution des actes de l'état civil de Paris, doivent être délivrées sur papier libre. — Circ. M. I., 7 mars 1873; *Courrier*, 18.

ÉTRANGER.

4101. —*Sic :* Seine, 1er fév. 1873; Cass. 23 juill. 1873; *Courrier*, 56.

4113-1. *Dépôt notarié.* — S'il est déposé dans

l'etude d'un notaire français des extraits des divers actes passés à l'étranger, en vertu desquels une société a été constituée à l'étranger, le droit gradué devient exigible. — Seine, 27 déc. 1873, ainsi conçu :

« Attendu que, le 7 octobre 1872, Carpentier a dé-
« posé en l'étude de Dubois, notaire, pour être mis au
« rang de ses minutes : 1° un extrait littéral de l'acte
« du 1er juin 1872, passé à Strasbourg et contenant
« les statuts de la *Société alsacienne de constructions*
« *mécaniques* ; 2° une expédition du procès-verbal de
« la deuxième assemblée générale des actionnaires de
« cette Société qui a déclaré la Société définitivement
« constituée ; 3° une copie du procès-verbal de la pre-
« mière séance du conseil d'administration qui a
« nommé des administrateurs délégués ; 4° une expé-
« dition de la procuration donnée à Carpentier par
« lesdits administrateurs ; — que cet acte de dépôt et
« les pièces annexées ayant été présentés à la forma-
« lité, le receveur a perçu, outre trois droits fixes, la
« somme de 18.000 fr., montant du droit fixe gradué,
« calculé en raison du capital social ; que la Société
« alsacienne réclame la restitution de ce dernier droit;
« « Attendu qu'aux termes de l'art. 58 de la loi du 28
« avril 1816, il ne peut être fait mention, dans des
« actes publics, d'aucun acte passé en pays étranger
« qu'il n'ait acquitté les mêmes droits que s'il avait
« été souscrit en France et pour des biens situés en
« France ; que les actes de société sont soumis, en
« vertu des art. 1er et 2 de la loi du 28 février 1872, à
« un droit fixe gradué en raison du montant des ap-
« ports ; — que vainement, pour échapper à la per-
« ception de ce droit, la partie allègue que la loi de
« 1872 vise uniquement les actes de formation ou de
« prorogation de sociétés, et que le dépôt fait dans les
« limites de Dubois, notaire, a eu pour objet non les
« actes constitutifs de la Société, mais de simples ex-
« traits partiels destinés moins à prouver son exis-
« tence en France qu'à lui permettre d'y contracter
« en justifiant des pouvoirs de son mandataire ; —
« que, d'une part, il serait trop facile aux parties d'é-
« luder les charges fiscales, si, pour s'y soustraire, il
« leur suffisait de ne pas reproduire intégralement la
« pièce passée à l'étranger dont elles feraient usage en
« France ; — que, d'autre part, dans l'espèce, les ex-
« traits déposés contiennent les clauses du contrat de
« société relatives à sa constitution, à sa division en
« actions, à la constatation des apports, c'est-à-dire
« les clauses qui constituent dans leur ensemble les
« éléments principaux du pacte social ; — que, pour
« prouver d'ailleurs que les pouvoirs des mandataires
« français étaient réguliers, il était indispensable de
« justifier de la constitution de la Société ; — qu'enfin
« la partie elle-même reconnaît qu'avant la loi de
« 1872, elle aurait été tenue du droit fixe établi par la
« loi de l'an 7 pour les actes de société, et que la loi
« de 1872 n'a fait que déterminer, suivant un tarif nou-
« veau, la quotité du droit fixe auquel la loi de l'an 7
« avait assujetti lesdits actes. »

Ce jugement, dont les considérants sont très-soigneu-
sement motivés, contient l'application pure et simple du principe posé par l'art. 58 de la loi du 28 avril 1816.

Il est certainement rigoureux, mais personne ne pourrait dire qu'il n'est pas juridique.

4124-1. — *Loi anglaise. Exclusion de communauté.*
— En l'absence d'un contrat qui règle les conditions civiles d'un mariage entre personnes de nationalité différente, la législation sous laquelle elles sont présumées avoir eu l'intention de se placer est déterminée par le lieu où elles se proposaient de fixer leur domi-
cile. Par suite, lorsqu'un Anglais n'ayant en France qu'une résidence passagère, et une Française se marient sans contrat dans une ville étrangère, mani-
festent leur volonté de se soumettre à la loi anglaise, et se déclarent, dans des actes authentiques, domiciliés en Angleterre, c'est la loi anglaise qui règle leur union, et la femme n'étant pas commune d'après cette loi, au décès du mari, tous les biens acquis pendant le mariage sont la propriété de ce dernier et doivent être assujettis au droit. — Cass. req. 18 août 1873 ; *Courrier*, 94.

EXÉCUTOIRE.

4152. — V. *Taxe.*

EXPERTISE.

4298. — *Sic : Courrier*, 14 et 98. — La Rochelle, 23 juill. 1873 ; Mantes, 30 août 1873 ; *Courrier*, 55.

EXPLOIT.

4311. — Les divers droits fixes d'enregistrement auxquels les actes extrajudiciaires sont assujettis par les lois en vigueur sont augmentés de moitié. — 29 fév. 1874, art. 2.

Motifs de cette augmentation. — « L'article 4 de la
« loi du 28 février 1872 a augmenté de moitié les
« droits fixes de toute nature auxquels diverses lois
« sur l'enregistrement auraient assujetti les actes civils,
« administratifs ou judiciaires. Cette augmentation,
« justifiée par la dépréciation que la valeur de l'or et
« de l'argent a subie depuis l'époque à laquelle les
« droits fixes ont été établis (28 avril 1816), n'a pas
« été étendue aux actes extrajudiciares, tels que les
« exploits, les significations, les protêts, etc. Le légis-
« lateur a voulu favoriser cette nature d'actes, et, comme
« l'exprime le rapporteur de la commission du budget
« de 1872, M. Mathieu-Bodet, logiquement tous les
« droits fixes auraient dû être augmentés. Mais en
« présence des nouveaux besoins du Trésor, il n'est
« plus opportun de maintenir cette faveur, et nous
« proposons de rétablir l'égalité entre les divers tarifs

« en augmentant de moitié la quotité des droits fixes
« auxquels sont soumis les actes extrajudiciaires. On
« voudra bien remarquer que, comparativement à la
« valeur des métaux, les droits fixes augmentés de
« moitié seront même relativement moins élevés qu'ils
« ne l'étaient en 1816, car la dépréciation du signe
« monétaire est certainement supérieure à 50 %. » —
Rapport de la commission ; *J. Off.* du 29 janv. 1874,
p. 835, col. 1.

Quels sont les actes extrajudiciaires ? — M. MATHIEU-
BODET, *rapporteur.* « M. Faye a prétendu que les actes
« extrajudiciaires étaient une chose indéfinie, que
« nous entrions dans une carrière dont nous ne con-
« naissions pas les limites, qu'il était absolument im-
« possible de les définir, et que nous ne saurions pas
« exactement quels étaient les actes que nous allions
« taxer.

« J'ai examiné, dans le temps, cette question :
« qu'est-ce que c'est qu'un acte extrajudiciaire ? Le
« point de vue juridique peut être très-intéressant et
« assez délicat ; mais il n'a aucun intérêt dans le débat
« actuel ; je vais vous le démontrer.

« Nous ne discutons pas ici une question de procé-
« dure ; nous faisons des finances. Eh bien ! il s'agit de
« savoir quels sont les actes que nous proposons de
« frapper de 50 % en sus du droit qui est actuelle-
« ment établi. Ces actes sont déterminés dans le bud-
« get. Si l'honorable M. Faye veut bien se donner la
« peine d'examiner le compte-rendu général des recet-
« tes, il verra quels sont ces actes qui sont taxés
« comme actes judiciaires ou comme actes extraju-
« diciaires. J'avoue que, si nous avions à discuter la
« question de savoir ce que c'est les actes judiciaires
« et les actes extrajudiciaires, ce serait une chose très-
« délicate. Je connais très-bien la définition qui a été
« donnée par Dalloz, d'autres auteurs en donnent une
« définition différente ; mais cela n'a point d'impor-
« tance dans la circonstance, parce qu'ici, je le répète,
« nous traitons des questions uniquement au point de
« vue financier.

« M. le directeur de l'enregistrement, qui m'écoute
« en ce moment, ne me contredira pas. Les actes judi-
« ciaires et extrajudiciaires sont classés dans le compte
« des recettes ; les premiers ont subi l'augmentation
« de 50 % en 1872 ; les autres vont être assujettis à la
« même aggravation pour 1875. Pour appliquer le
« rehaussement de 1872, on a suivi cette distinction.
« On continuera à l'observer pour la nouvelle disposi-
« tion que nous vous demandons d'accepter.

« *Voici, du reste, quels sont ces actes ; vous pouvez*
« *en voir l'énumération complète dans le compte dé-*
« *finitif des recettes. Il y a d'abord les exploits devant*
« *les prud'hommes ; puis les appels et les protêts, les*
« *exploits en simple police et en police correctionnelle,*
« *les exploits en justice de paix, les exploits devant les*
« *tribunaux de première instance et toutes les significa-*
« *tions, les exploits d'appel, les pourvois devant la cour*
« *de cassation et devant le conseil d'État.*

« Ainsi, messieurs, veuillez accepter comme vrai ce
« que je vous affirme. Vous pouvez consulter le compte

« général des recettes, et vous y verrez quels sont les
« actes qui sont tarifés d'une manière distincte. Ce
« sont les seuls qui n'ont pas été augmentés en
« 1872[1] .»

L'énumération faite par M. Mathieu-Bodet est fort
incomplète : ainsi, il omet les saisies, les sommations,
les commandements, etc. ; ce sont là cependant des
actes extrajudiciaires qui, sans aucun doute, sont passibles de la surtaxe de moitié édictée par la loi du
19 février 1874.

En vertu de l'art. 2 de la loi du 19 février 1874, le
droit de 2 fr. se trouve donc aujourd'hui porté à 3 fr.

4312. — Le droit de 1. 50 est porté à 2. 25. —
19 fév. 1874, art. 2.

4313. — Le droit de 1. 50 est porté à 2. 25. —
19 fév. 1874, art. 2.

4314. — Le droit de 1. 50 est porté à 2. 25. —
19 fév. 1874, art. 2.

4315. — Le droit de 2 fr. est porté à 3 fr. —
19 fév. 1874, art. 2.

4316. — Le droit de 3 fr. est porté à 4. 50. —
19 fév. 1874, art. 2.

4317. — Le droit de 5 fr. est porté à 7. 50. —
19 fév. 1874, art. 2.

4318. — Les droits de 50 c., 1 fr. et 3 fr. sont
portés respectivement à 75 c., 1. 50 et 4. 50. — 19 fév.
1874, art. 2.

EXPROPRIATION PUBLIQUE.

4378. — Lorsque deux maisons contiguës appartenant au même propriétaire sont grevées réciproquement de servitudes et que l'une d'elles est expropriée
pour cause d'utilité publique, l'acquisition de l'autre
maison, par l'expropriant, doit être considérée comme
purement volontaire et ne peut, dès lors, profiter de
l'exemption des droits. — Cass. req. 14 janv. 1873 ;
Courrier, 99.

4393. — Est passible des droits proportionnels
ordinaires, le remploi d'un immeuble aliéné en vertu
de la loi sur l'expropriation pour cause d'utilité publique, lorsque ce remploi n'est pas exigé par une disposition expresse de la loi. — Cass. civ. 21 avril 1873,
ainsi conçu :

---

1. Séance du 9 fév. 1864 ; *J. Off.* du 10, p. 1141, col. 1.

« Attendu que les actes qui, d'après la loi du 3 mai
« 1841, sur l'expropriation pour cause d'utilité publi-
« que, doivent profiter de l'exemption du droit d'en-
« registrement, sont ceux qui, faits en vertu de la loi,
« se rattachent au fait même de l'expropriation et
« s'accomplissent par l'ordre de la loi ou du juge se
« substituant à la volonté des parties; que tels sont,
« outre les actes énumérés dans l'art. 58, ceux qui se
« rapportent aux mesures de conservation et de remploi
« dans le cas prévu par l'art. 13, suivant lequel les
« tribunaux peuvent autoriser la cession amiable pour
« cause d'utilité publique d'immeubles appartenant à
« des incapables, et spécialement d'immeubles dotaux,
« à la charge d'ordonner les mesures de conservation
« ou de remploi qu'ils jugent nécessaires ;

« Attendu que le remploi dont il s'agit dans l'espèce
« a eu pour objet le remplacement non d'un immeuble
« dotal dont la cession amiable aurait été autorisée
« par la justice sous l'obligation d'un remploi ordonné
« par elle, mais d'un immeuble propre de la dame
« Dablin, expropriée pour cause d'utilité publique le
« 31 mars 1868, moyennant une indemnité fixée par
« décision du jury du 20 juillet suivant; qu'à la vérité
« ledit immeuble avait été légué à la dame Dablin, au
« cours de son mariage, à la condition de conserver le
« bien en nature ou de ne l'aliéner que dans les cas
« prévus aux art. 1555 et 1556 C. civ., chapitre des
« Biens dotaux; mais que la dot ne pouvant être cons-
« tituée ni même augmentée pendant le mariage, aux
« termes de l'art. 1543 du même code, cette condition
« n'avait pu avoir pour objet de rendre l'immeuble
« dotal et de le soustraire ainsi à la loi du contrat de
« mariage par lequel les époux Dablin, en adoptant le
« régime de la communauté, s'étaient réservé propres
« leurs apports respectifs et tous les biens, meubles et
« immeubles, qui pourraient leur échoir par suc-
« cession, donation ou legs; qu'en cet état, et en
« l'absence de toute stipulation contraire et impérative
« dans le contrat de mariage, le remploi n'était nulle-
« ment obligatoire; qu'il a été consenti volontaire-
« ment par Dablin au profit de sa femme, et que
« n'ayant été prescrit ni par la loi ni par l'autorité
« judiciaire, il a été fait en dehors des cas prévus par
« la loi du 3 mai 1841 et des conditions auxquelles est
« subordonnée par elle l'exemption du droit propor-
« tionnel ».

FONDS DE COMMERCE.

4550-1. *Marchandises sans achalandage.* — La loi du
28 février 1872 est applicable à un fonds de commerce
qui ne comprend que des marchandises sans achalandage. — Sol. 19 nov. 1873, ainsi conçue :

« On entend par fonds de commerce tous les droits
« utiles qui peuvent se rattacher à l'exercice de l'indus-
« trie objet de l'établissement. Ordinairement on y
« distingue : 1° l'achalandage ou les pratiques; 2° le
« matériel ou les marchandises, et les ustensiles. Mais
« l'un de ces éléments venant à disparaître, le fonds
« de commerce n'en subsiste pas moins avec son carac-

« tère propre; sa valeur seule est diminuée. Dans la
« séance de l'Assemblée nationale du 27 février 1872,
« un député ayant proposé d'énoncer expressément
« que les clientèles qui ont une existence indépendante
« de tout élément matériel seraient assujetties à l'art.
« 7 de la nouvelle loi, un autre député s'opposa à
« l'addition de cette disposition, par le motif que si
« l'achalandage peut être considéré comme l'un des
« éléments du droit et être réuni au prix de cession
« du fonds de commerce, il n'en peut être ainsi de la
« valeur même de la clientèle, parce qu'il n'y a là rien
« de matériel qui puisse être apprécié. Afin de prévenir
« toute incertitude, l'amendement du premier député
« fut adopté. Il est donc certain que le nouveau droit
« frappe le corps universel désigné sous le fonds de
« commerce, quels que soient le nombre et la nature
« des objets ou des droits qui constituent cette uni-
« versalité. »

GREFFE.

4676. — *Au lieu de:* minutes et feuilles d'audience,
lisez : minutes ou feuilles d'audience.

IMPOT SUR LE REVENU.

4832. — (Ligne 4e) *Au lieu de : Instruction n° 245,*
lisez : Instruction n° 2457.

INVENTAIRE.

4919. — *Au lieu de* : I. 290-1, *lisez* : I. 290-18. —
V. n. 5924.

JUGEMENT.

4980. — Le jugement qui condamne un notaire à
rembourser à un prêteur la somme prêtée par lui pour
le compte de ce dernier à un individu insolvable, renferme une condamnation à des dommages-intérêts passible du droit de 2 %. — Lyon, 3 avril 1873; *Courrier,*
27.

Ce jugement est contraire à la jurisprudence de la
cour de cassation. Lorsqu'il s'agit d'une *restitution,*
c'est-à-dire d'une *indemnité*, le droit exigible est
celui de 50 c. %.

LETTRE DE VOITURE.

V. *Récépissé.*

LICITATION.

5227. — *Sic :* Avesnes, 15 fév. 1873 : *Courrier,* 145.

LOCATION VERBALE.

5257-1. *Places dans les halles et marchés.* — Les locations verbales de places dans les halles et marchés d'une ville sont assujetties à la déclaration. — D. F. 30 septembre 1873, ainsi conçue :

« Les places dans les halles et marchés couverts de « la ville de Paris sont louées verbalement aux mar- « chands qui en font la demande, soit par la ville « directement, soit, pour la majeure partie, par les « concessionnaires de ces marchés.

« Ces locations, faites à la semaine, se perpétuent « indéfiniment, à moins qu'elles ne soient révoquées « dans divers cas prévus par l'art. 9 d'un arrêt préfec- « toral du 9 juillet 1868, notamment lorsque le détail- « lant n'aura pas, selon les expressions employées par « cet arrêté, acquitté à l'avance *le loyer* de sa place ; ou « lorsque, sans motif légitime, il aura été huit jours « sans l'occuper, bien qu'ayant payé le prix de *loca-* « *tion* ; ou lorsqu'il aura traité à prix d'argent de la « *sous-location* de sa place ou de sa resserre.

« Ces locations ont paru tomber sous l'application « des art. 11 de la loi du 23 août 1871 et 6 de la loi du « 28 février 1872.

« Après quelque résistance, le droit de 20 cent. % est « aujourd'hui payé régulièrement par les compagnies « concessionnaires des marchés.

« Mais l'administration municipale refuse de payer le « droit de 20 cent. % sur les halles et marchés exploi- « tés directement par la ville.

« Les motifs sont :

« 1° Que les concessions de places dans les halles « et marchés couverts ne sont pas des baux ou loca- « tions, et que le prix, non débattu, attaché à ces « concessions n'est qu'une taxe municipale, un impôt ;

« 2° Que, d'après un arrêt de la Cour de cassation « du 4 thermidor an 7, le droit proportionnel d'enre- « gistrement ne serait dû que sur les baux d'une durée « d'un an au moins.

« Tout d'abord, ce dernier argument ne paraît pas « avoir aucune valeur. L'arrêt du 4 thermidor an 7, « qui est analysé en deux lignes par Championnière, « d'après Teste-Lebeau (n° 3529 de son traité), n'a pu « être retrouvé. Il est bien certain, d'ailleurs, que cet « arrêt, plus ou moins exactement analysé, n'a pas « fait jurisprudence et n'a jamais été suivi, même « sous l'empire de la loi du 22 frimaire an 7. Enfin, « l'art. 11 de la loi du 23 août 1871, qu'il s'agit d'ap- « pliquer, a surtout en vue les locations faites pour « une durée pouvant être inférieure à un an, telles « que les locations faites suivant l'usage des lieux.

« Les objections tirées de la nature du contrat résul- « tant des concessions de places ne paraissent pas non « plus solides.

« L'objet évident de ce contrat, c'est la transmission « de la jouissance temporaire d'un immeuble moyen- « nant un prix. Or ce sont là les conditions essentielles « d'un bail, d'une *location*, selon les expressions très- « exactes de l'arrêté précité du 2 juillet 1868.

« La ville, dit-on, ne contracte aucun engagement ; « elle tolère, dans un intérêt public, l'occupation des « places ; elle reste maîtresse de retirer la permission « *dès qu'elle a des motifs pour le faire.* Ces derniers « mots réfutent l'objection. La ville est évidemment « liée, puisqu'elle ne peut se départir du contrat que « si le permissionnaire donne lieu à cette mesure, en « ne se conformant pas aux conditions indiquées plus « haut. C'est une résolution possible, qui n'empêche « pas la formation du contrat.

« On ajoute que la nature de la chose prétendue louée « s'oppose à ce que les permissions soient considérées « comme des baux. Mais, tous les jours, on loue des « dépendances du domaine public, dans les cas où la « loi l'autorise. Et au surplus, dans l'espèce, il s'agit « non de la location de la voie publique, mais de la « location des halles et marchés couverts, c'est-à-dire « d'immeubles classés d'après le rapport même fait au « comité, parmi les biens patrimoniaux des com- « munes, susceptibles de transactions civiles.

« On allègue enfin qu'il n'y a pas de prix librement « débattu, mais une taxe que la loi du 18 juillet 1837 « a autorisé les communes à percevoir d'après un tarif « réglé par l'autorité ; que c'est donc non pas un prix « de location, mais un impôt qui, comme tous les im- « pôts, est la représentation de la protection de l'au- « torité, et forme la compensation des charges du « service des subsistances.

« Il est bien vrai que la loi du 18 juill. 1837 (art. 31, « n° 5) classe au rang des recettes ordinaires des « communes le produit des droits de place perçus dans « les halles et marchés. Mais cette recette figure là au « même titre que les revenus des biens communaux « (art. 31, n° 1), et cela n'implique nullement qu'elle « constitue une taxe, un impôt.

« Il importe peu, d'ailleurs, que pour la détermination « du prix, la commune ait à subir l'exercice de la tu- « telle administrative : c'est ce qui existe en toute « matière. Il importe peu également que ce prix ne « soit pas débattu entre la commune et le marchand : « un bail ne cessera pas d'être un bail parce que le « propriétaire aura fixé à l'avance, d'une manière « invariable et publiquement, le prix de location qu'il « entend tirer de son immeuble. Il suffit, pour qu'il « y ait location, et non impôt, qu'il existe un prix « librement accepté, une loi que le marchand ait la faculté « de louer ou de ne pas louer.

« Enfin le prix de location, dans l'espèce, est suffi- « samment rémunérateur pour qu'on ne puisse pas « dire qu'il n'y ait là qu'une compensation des « charges du service des subsistances.

« Ce qui le prouve, c'est que les compagnies con- « cessionnaires des marchés trouvent dans la percep- « tion temporaire du droit de place un produit plus « que suffisant pour les dédommager des frais d'acqui- « sition de terrain et de construction, puisqu'elles « remettent à la ville une partie de leurs recettes.

« D'après ces considérations, le droit de 20 cent. % « est exigible sur les locations verbales dont il s'agit. »

MAINLEVÉE.

5302-1. — *Ouverture de crédit.* — La mainlevée

d'une inscription prise en vertu d'une ouverture de crédit non réalisée, donne ouverture au droit gradué. — Sol. 16 mai 1873 ; *Courrier*, 131.

5304. — *Au lieu de : Mainlevée en ce qui concerne les fonds, lisez : Réduction d'inscription.* — Dans ce cas, le droit à percevoir est le droit *fixe* de 5 fr., d'après l'art. 1, n. 7 de la loi du 28 fév. 1872.

5304-1. *Pluralité.* — Si plusieurs créanciers non solidaires consentent, par le même acte, au profit du même individu, la réduction des inscriptions qu'ils ont prises respectivement sur un même immeuble appartenant à ce dernier, il faut percevoir autant de droits fixes de 5 fr. qu'il y a de créanciers. — Sol. 9 déc. 1873.

Par acte passé devant Me X...., les sieurs A. B. C. et D., créanciers non solidaires, ont donné mainlevée de deux inscriptions prises à leur profit contre les époux X., *mais en tant seulement* que ces inscriptions grevaient trois parcelles de terrains vendues.

Lors de l'enregistrement, le receveur a perçu quatre droits fixes de 5 francs ; cette perception ayant paru exagérée, on a demandé la restitution de trois de ces droits, en se basant sur l'art. 1er, § 7, dernier alinéa, de la loi du 28 février 1872.

L'administration, consultée sur le point de savoir si la loi nouvelle devait être entendue en ce sens qu'il ne serait dû qu'un seul droit *par chaque acte*, quel que soit le nombre des créanciers consentant à la réduction de leur hypothèque, a répondu, le 9 décembre 1873, en ces termes :

« Dans le sens que l'on veut lui donner, l'art. 1er, « no 7, alinéa 2 de la loi du 28 février 1872, aurait « dérogé à une des règles fondamentales de la percep- « tion des droits d'enregistrement, écrite dans l'art. 11 « de la loi du 22 frim. an 7, en vertu duquel chacune « des dispositions indépendantes contenues dans un « même acte est passible d'un droit particulier.

« Or, l'intention du législateur sur ce point n'appa- « rait ni dans l'exposé des motifs, ni dans le rapport « de la commission. Ces deux documents présentent, « au contraire, les dispositions relatives au droit gra- « dué comme une simple modification de tarif, et le « rapporteur a déclaré, à plusieurs reprises, au cours « de la discussion, que la commission du budget n'a- « vait pas eu l'intention de modifier les principes de « la loi de l'an 7 et avait entièrement respecté l'écono- « mie de cette loi (séance du 26 février 1872).

« Aussi l'administration a décidé, par plusieurs « solutions, que la loi nouvelle n'a pas eu pour effet « de diminuer les droits exigibles sur les réductions « des inscriptions ; que le sens de l'art. 1er, no 7, pré- « cité, est que, si la mainlevée n'a pour objet qu'une « réduction de l'inscription, le droit gradué ne sera « pas dû, mais qu'au lieu de l'ancien droit fixe de « 2 francs on percevra le droit fixe de 5 francs ; qu'en « résumé ces mots : *par chaque acte*, signifient pour « chaque réduction d'inscription concernant un créan- « cier distinct. »

Cette solution est en contradiction avec le texte pré-cis du 2e alinéa du § 7 de la loi du 28 février 1872, qui porte : *S'il y a seulement réduction de l'inscription, il ne sera perçu qu'un droit fixe de 5 francs par chaque acte*, et avec les explications données par l'adminis-tration elle-même, qui, dans l'instruction générale 2433, dit que « quand la créance pour sûreté de la-quelle l'hypothèque est prise reste la même, il y a lieu à la perception non d'un droit gradué, mais d'un droit fixe qui revient à 5 fr. *par chaque acte*.

Le législateur n'a pu être assez léger pour avoir ajouté ces trois derniers mots, sans se rendre compte de leur portée.

S'il l'a fait, c'est qu'il a pensé, avec raison, que dans certaines circonstances, telles que celles indiquées par un député (M. Cherpin), à la séance du 26 février 1872, le chiffre du droit à acquitter serait hors de toute proportion avec l'importance, souvent très-mi-nime, des parcelles grevées que l'on veut décharger de l'inscription.

La preuve que ces mots ont été ajoutés avec inten-tion, c'est qu'ils ne figuraient ni dans le projet de loi présenté par le gouvernement, ni dans le projet primitif de la Commission du budget.

C'est au moment de la discussion de ce paragraphe, que la rédaction en a été changée. Cette modification n'a pas eu lieu sans motifs.

Si la question était portée devant les tribunaux, il est fort douteux que l'administration pût obtenir gain de cause en soutenant la thèse posée dans la solution du 9 décembre dernier.

5305. — *Sic :* Arras, 21 août 1873 ; *Courrier*, 49.

5306. — *Au lieu de :* dans les cas ci-dessus, *lisez :* dans les cas prévus au numéro ci-dessus.

MANDAT.

5360. — *Sic :* Tarbés, 9 juill. 1873 ; *Courrier*, 45.

5371. — La procuration donnée pour vendre un immeuble moyennant un prix déterminé qui sera au besoin complété par le mandataire, avec stipulation que ce mandataire sera dispensé de rendre compte et ne pourra être révoqué avant un certain délai, consti-tue une vente passible du droit de 5. 50 %. — Quim-perlé, 24 juill. 1871 ; *Courrier*, 90.

MARCHÉ.

5377-1. *Forêts.* — Les marchés concernant le service forestier ne sont passibles que du droit de 1 % pour le marché, et de 50 c. % pour le cautionnement, lorsque chacun de ces droits ne s'élève pas au mini-

mum du droit fixe gradué. — Circ. Forêts, 4 janv. 1873 ; *Courrier*, 47.

5387. — L'acte par lequel un entrepreneur se charge envers une ville, moyennant une subvention déterminée, de faire des travaux déclarés d'utilité publique et de payer les indemnités dues aux expropriés, n'est sujet au droit de marché que sur la partie du prix qui s'applique aux travaux. — Seine, 2 déc. 1871 ; Cass. civ. 25 juin 1873 ; *Courrier*, 91.

MARQUES DE FABRIQUE.

5417-1. Loi du 26 novembre 1873. — Art. 1er. — Tout propriétaire d'une marque de fabrique ou de commerce déposée conformément à la loi du 23 juin 1857 pourra être admis, sur sa réquisition écrite, à faire apposer par l'État, soit sur les étiquettes, bandes ou enveloppes en papier, soit sur les étiquettes ou estampilles en métal sur lesquelles figure sa marque, un timbre ou poinçon spécial destiné à affirmer l'authenticité de cette marque.

Le poinçon pourra être apposé sur la marque faisant corps avec les objets eux-mêmes, si l'Administration les en juge susceptibles.

Art. 2. — Il sera perçu au profit de l'État, par chaque apposition de timbre, un droit qui pourra varier de un centime à un franc. ·

Le droit dû pour chaque apposition du poinçon sur les objets eux-mêmes ne pourra être inférieur à cinq centimes, ni excéder cinq francs.

Art. 3. — La quotité des droits perçus au profit du Trésor sera proportionnée à la valeur des objets sur lesquels doivent être apposées les étiquettes soit en papier, soit en métal, et à la difficulté de frapper d'un poinçon les marques fixées sur les objets eux-mêmes.

Cette quotité sera établie par des règlements d'administration publique, qui détermineront, en outre, les métaux sur lesquels le poinçon pourra être appliqué, les conditions à remplir pour être admis à obtenir l'apposition du timbre ou poinçon, les lieux dans lesquels cette apposition pourra être effectuée, ainsi que les autres mesures d'exécution de la présente loi.

Art. 4. — La vente des objets par le propriétaire de la marque de fabrique ou de commerce à un prix supérieur à celui correspondant à la quotité du timbre ou du poinçon sera punie, pour chaque contravention, d'une amende de 100 fr. à 5,000 fr.

Les contraventions seront constatées dans tous les lieux ouverts au public par tous les agents qui ont qualité pour verbaliser en matière de timbre ou de contributions indirectes, par les agents des postes et par ceux des douanes, lors de l'exportation.

Il leur est accordé un quart de l'amende ou portion d'amende recouvrée.

Les contraventions seront constatées et les instances seront suivies et jugées, savoir : 1º comme en matière de timbre, lorsqu'il s'agira du timbre apposé sur les étiquettes, bandes ou enveloppes en papier ; 2º comme en matière de contributions indirectes, en ce qui concerne l'application du poinçon.

Art. 5. — Les consuls de France à l'étranger auront qualité pour dresser les procès-verbaux des usurpations de marques et les transmettre à l'autorité compétente.

Art. 6. — Ceux qui auront contrefait ou falsifié les timbres ou poinçons établis par la présente loi ; ceux qui auront fait usage des timbres ou poinçons falsifiés ou contrefaits, seront punis des peines portées en l'article 140 du Code pénal et sans préjudice des réparations civiles.

Tout autre usage frauduleux de ces timbres ou poinçons et des étiquettes, bandes ou enveloppes et estampilles qui en seraient revêtues, sera puni des peines portées en l'art. 142 dudit Code.

Il pourra être fait application des dispositions de l'art. 463 du Code pénal.

Art. 7. — Le timbre ou poinçon de l'État apposé sur une marque de fabrique ou de commerce fait partie intégrante de cette marque.

A défaut par l'État de poursuivre en France ou à l'étranger la contrefaçon ou falsification desdits timbres ou poinçons, la poursuite pourra être exercée par le propriétaire de la marque.

Art. 8. — La présente loi sera applicable dans les colonies françaises et en Algérie.

Art. 9. — Les dispositions des autres lois en vigueur, touchant le non commercial, les marques, dessins ou modèles de fabrique, seront appliquées au profit des étrangers, si dans leur pays la législation ou des traités internationaux assurent aux Français les mêmes garanties.

Nota. — Aucun décret d'administration publique n'a encore été rendu pour l'exécution de cette loi.

MUTATION.

5554. — La mutation verbale réalisée par acte authentique avant l'expiration du délai de trois mois, n'est pas passible du droit en sus si l'acte authentique n'est enregistré qu'après l'expiration de ce délai. — Sol. 17 avril 1873, ainsi conçue :

« Aux termes de deux actes passés le 29 déc. 1872, « devant M. L., notaire, enregistrés le 7 janv. 1873, « les sieurs A. et D. ont réalisé des acquisitions immo-« bilières qu'ils avaient faites verbalement les 1er et « 2 oct. précédent. — Lors de l'enregistrement de ces « actes, le receveur a perçu des droits en sus, en se « fondant sur ce que les mutations remontaient à plus « de trois mois. Me L. sollicite la restitution, à titre de « remise, de ces droits. Mais il n'était dû qu'un droit « simple sur chacun de ces actes.

« L'Administration a reconnu, en effet, par diverses « solutions, que la mutation verbale réalisée par acte

« authentique doit profiter du délai accordé pour l'en-
« registrement de cet acte, attendu qu'il s'identifie
« avec lui et qu'on ne peut priver le notaire de la
« faculté que lui donne l'art. 20 de la loi du 22 frim.
« an 7, de ne faire enregistrer son acte que dans les
« dix ou quinze jours de sa date.

« Il convient, en conséquence, de restituer les droits
« en sus perçus sur les deux actes du 29 déc. 1872. »

D'après cette solution, il faut considérer comme
abrogée la doctrine contraire résultant de l'arrêt de la
Cour de cassation du 4 germ. an 9.

ORDRE.

6079. — *Contrà* : Sol. 26 fév. 1874, ainsi conçue :
« L'art. 5 de la loi du 26 février 1872 a eu pour but
« de mettre fin à la jurisprudence qui s'était établie à
« la suite des arrêts des 17 mars 1830 et 9 mars 1863,
« et de revenir à ce qui se pratiquait avant l'arrêt de
« 1830 (Rapport de la commission et discussion de la
« loi).

« Le mode suivi avant cet arrêt est tracé au § 3 de
« l'Inst. 1180, d'après lequel on ne pouvait percevoir
« cumulativement le droit de collocation et le droit de
« quittance sur un ordre amiable, par le motif que
« c'est l'acte lui-même de collocation qui constate
« la libération, et que les dettes ont cessé d'exister au
« moment même où elles ont été reconnues.

« Le même principe résulte encore de l'exposé des
« faits qui ont motivé l'arrêt du 17 mars 1830. L'admi-
« nistration offrait, en effet, de restituer le droit de
« quittance perçu sur une partie du prix, pour retenir
« le droit de collocation sur la totalité.

« Si les termes de la solution rapportée dans l'Inst.
« n° 1180 ne sont pas complétement applicables, en ce
« sens que les dettes payées résultent d'actes antérieurs,
« il n'en est pas moins certain que la libération est
« une conséquence de la collocation, comme le paie-
« ment du prix dans l'acte de vente est une consé-
« quence de la vente. Or il est de principe que la dis-
« position dépendante ne donne pas ouverture à un
« droit particulier, et que, si la libération est constatée
« dans l'acte même d'obligation, on ne peut percevoir
« deux droits distincts. » (L. 22 frim. an 7, art. 10
et 11.)

PARTAGE.

6136-1. — *Lot indivis.* — *Partage ultérieur.* — Le
lot attribué indivisément à plusieurs copartageants est
passible du droit gradué sur sa valeur entière : 1° lors
du partage des biens communs, 2° lors du partage de
ce lot indivis. — Sol. 16 juin 1873; *Courrier*, 119.

6154. — Lorsque le jugement d'homologation d'un
partage renvoie devant notaire pour le tirage au sort
et la délivrance des lots, le droit de soulte et le droit
gradué ne sont exigibles que sur le procès-verbal de
tirage au sort. — Sol. 17 sept. 1873; *Courrier*, 123.

6170. — *Sic* : Seine, 22 nov. 1873; *Courrier*, 124.

6171. — *Sic* : Sol. 5 nov. 1872; *Courrier*, 161.

6187-1. Obligation. — Lorsque des enfants, héritiers, chacun pour un tiers, de leur père, sont attributaires par indivis des rapports des sommes par eux
dues à sa succession pour prêt verbal, le droit d'obligation est exigible sur les deux tiers de ces rapports.
— Hazebrouk, 3 janv. 1873 ; *Courrier*, 76.

Le droit d'obligation est exigible sur le reliquat du
compte d'administration présenté par l'un des copartageants. — Seine, 5 juillet 1873; *Courrier*, 36.

Lorsqu'il est attribué à l'un des copartageants des
sommes dépendant de la masse commune qui se trouvent et sont laissées en la possession d'un autre copartageant, il y a là une convention qui forme titre entre
les parties et donne ouverture au droit d'obligation. —
Nogent-sur-Seine, 17 juill. 1873; *Courrier*, 121.

6204-1. *Dispense de rapport.* — Lorsqu'une somme
d'argent prise sur la communauté a été constituée en
dot par des époux à leurs enfants, en avancement
d'hoirie et par imputation sur la succession du prémourant, et que l'un de ces époux étant mort, il est
convenu entre le survivant et les enfants que la succession n'indemnisera pas la communauté de ladite
somme, et qu'il n'en sera pas tenu compte pour établir
l'importance de la donation d'usufruit faite au survivant, cette clause doit être considérée comme une donation faite par celui-ci à ses enfants, et il y a lieu à
la perception d'un droit de donation, indépendamment
de celui perçu sur le contrat de mariage. — Seine,
8 juill. 1871 ; *Courrier*, 153.

PARTAGE D'ASCENDANT.

6284-1. *Enfants exclus non précédemment dotés.* —
Constitue une donation entre-vifs ordinaire et non
pas un partage d'ascendants l'acte par lequel des père
et mère, après avoir déclaré donner un immeuble à
leurs deux enfants, à titre de partage anticipé, à charge
de rapporter une certaine somme à leurs successions,
attribuent la totalité de cet immeuble à un seul des
enfants, en le chargeant d'effectuer seul le rapport. —
Charleville, 27 nov. 1873; *Courrier*, 150.

6292. — N'est sujet qu'au droit de 1 % le partage
d'ascendant, par lequel des père et mère attribuent des
immeubles à l'un de leurs enfants, et à l'autre une
somme d'argent payable à terme, surtout s'il est constant que les donateurs possédaient des valeurs suffisantes

pour se libérer immédiatement. — Charleville, 20 déc. 1872 ; *Courrier*, 97.

6318. — Au lieu de : *Imputation sur la succession du prémourant des donateurs*, lisez : Imputation sur la succession du prémourant des donateurs.

POLICE.

6403. — Le tarif de 1 fr. est porté à 1 fr. 50 pour les actes extrajudiciaires. — 19 fév. 1874, art. 2.

6423. — Le droit de 1 fr. est porté à 1 fr. 50. — 19 février 1874, art. 2.

POURVOI.

6463. — Le droit est porté à 37 fr. 50. — 19 fév. 1874, art. 2.

6467. — Le droit est porté à 7 fr. 50. — 19 février 1874, art. 2.

6468. — Le droit est porté à 3 fr. — 19 février 1874, art. 2.

PRESCRIPTION.

6518. — *Sic :* Seine, 2 déc. 1871 ; Cass. civ. 25 juin 1873 ; *Courrier*, 91.

6524. — *Sic :* Cass. civ., 5 arr. 2 décembre 1873 ; *Courrier*, 160.

6547-1. *Office.* — La prescription biennale, à compter de l'enregistrement de l'acte de prestation de serment mentionnant le décret de nomination, est applicable au droit en sus dû pour la transmission d'un office qui n'a pas été soumise au droit. — Yvetot, 18 mars 1873 ; *Courrier*, 102.

6582. — Les droits dus pour la transmission d'un office dont le titulaire a été destitué, ne sont soumis qu'à la prescription de trente ans, lorsque le décret de nomination du successeur n'a pas été présenté à l'enregistrement. — Yvetot, 18 mars 1873 ; *Courrier*, 102.

6591. — *Sic :* Cass. civ., 5 arr. 2 déc. 1873 ; *Courrier*, 160.

PROCÈS-VERBAL.

6675. — Le droit de 2 fr. est porté à 3 fr. — 19 fév. 1874, art. 2.

PROROGATION DE DÉLAI.

6705-1. *Acte judiciaire.* — La prorogation de délai accordée par le juge est passible du droit gradué. — Sol. 30 sept. 1873, ainsi conçue :

« D'après l'art. 1244 du Code civil, les juges peuvent « accorder des délais modérés pour le paiement et « surseoir à l'exécution des poursuites, toutes choses « demeurant en l'état.

« Ce délai de grâce produit tous les principaux effets « du délai ordinaire, appelé terme de droit, et le débi- « teur en est déchu dans les mêmes circonstances « (C. pr., 124). De plus, il résulte de la discussion qui « a précédé l'art. 1244 que les deux délais sont d'une « nature identique. Le tribunal avait demandé la sup- « pression de cet article comme renfermant une vio- « lation du contrat. Mais le conseil d'État l'a maintenu « pour protéger le débiteur contre la dureté de cer- « tains créanciers. Aussi les auteurs qualifient-ils le « terme de grâce de « prorogation de délai ». (Dalloz, « V. *Jugement*, n° 449.) Et c'est également l'expression « employée par la jurisprudence. (Douai, 13 avril « 1814.) Il n'a été question, à la vérité, dans la discus- « sion de la loi du 28 février 1872, que des proroga- « tions volontaires. Mais cela a eu lieu, parce que ces « prorogations sont les plus nombreuses, et non pas « avec l'intention d'exclure les autres du nouveau « tarif. On doit donc conclure que les prorogations « de délai, qu'elles soient accordées par le créancier « ou par les tribunaux, doivent être assimilées et sou- « mises également au droit gradué. »

Un droit ne pouvant être perçu qu'en vertu d'une disposition expresse de la loi, et non en vertu d'induc- tions ou d'assimilations, la décision de l'administra- tion ne nous paraît nullement juridique.

PROTÊT.

6722 — Le droit est porté à 1. 50. — 19 fév. 1874, art. 2

6724. — Le droit est porté à 1. 50. — 19 fév. 1874, art. 2.

PRUD'HOMMES.

6743. — Le droit est porté à 75 c. — 19 fév. 1874, art. 2.

QUITTANCE.

6782. — *Sic :* Romorantin, 29 mars 1873; *Courrier,* 146.

6801 (après le n°). — **Sociétés de secours mutuels.** — V. n° 7723.

6807. — Après la dernière ligne de la page 696, *adde* : parmi les registres des tribunaux. — L'art. 20, § 3, de la.

6809. — Supprimer la dernière ligne de la page 697.

6814-1. — *Cartes postales.* — Il est interdit aux agents des postes de lire les cartes postales pour y rechercher des contraventions à la loi sur le timbre des quittances. — Instruction de l'Administration des postes du mois de février 1873, n° 80; *Courrier,* 103.

6816-1. États de solde ou d'émargement. — Les directeurs peuvent admettre les sociétés et compagnies assujetties aux vérifications autorisées par l'art. 22 de la loi du 23 août 1871, à payer sur relevé mensuel les droits de timbre à 10 c. dus sur les états de solde ou d'émargement. Ils peuvent accorder la même facilité aux administrations ou entreprises qui ne sont pas assujetties aux vérifications sus-indiquées, mais qui demandent à s'y soumettre. — Lettre commune du directeur général, du 10 août 1872, ainsi conçue :

« Monsieur le directeur, afin de faciliter l'acquittement du timbre de 10 cent. dû sur les états de solde ou d'émargement, M. le ministre des finances a, par décision du 25 nov. 1871 (Inst. n° 2424), autorisé un mode particulier de paiement en ce qui concerne les administrations publiques de l'État. — Le 8 février suivant, le ministre a étendu le bénéfice de cette décision, nominativement aux compagnies de chemins de fer, et d'une manière générale aux sociétés et entreprises soumises aux vérifications des agents de l'administration de l'enregistrement, ce qui a permis de l'appliquer à la Compagnie des omnibus de Paris, à la Banque de France, à l'Opéra, etc.

« Dans ces conditions, il a paru que la faculté de suivre le mode adopté par la décision du 25 nov. 1871 pouvait être accordée par les directeurs, si la demande leur en était faite, aux sociétés et compagnies assujetties aux vérifications autorisées par l'art. 22 de la loi du 23 août 1871. Quant aux administrations et entreprises qui ne sont pas, en l'état actuel de la législation, soumises à ces vérifications, mais qui volontairement demanderaient à s'y soumettre pour être admises à profiter des mêmes facilités, elles devraient, préalablement à l'adoption de ce mode d'opérer, s'engager positivement et par écrit à représenter à toute réquisition, aux agents de l'enregistrement, les livres, registres et pièces de comptabilité, afin qu'ils puissent s'assurer de l'exécution des lois sur le timbre.

« Je vous prie d'agir en conséquence, et de me faire connaître, le cas échéant, les sociétés ou compagnies qui auraient usé de la faculté accordée ci-dessus.

« Ci-joint une copie de mon arrêté du 20 février 1872, relatif aux compagnies de chemins de fer. Les dispositions de cet arrêté devraient servir de règle (sauf les modifications nécessitées par la nature des choses) pour déterminer les conditions à imposer à toute société ou entreprise commerciale ou industrielle qui désirerait s'affranchir de l'apposition de timbres mobiles sur les états émargés par ses agents. »

Le Directeur général de l'enregistrement, des domaines et du timbre,　　　　　Signé : ROY.

Arrêté relatif à l'acquittement des droits de timbre des quittances données par émargement sur les états de solde ou de traitement des agents des chemins de fer.

Le directeur général de l'enregistrement, des domaines et du timbre, — vu l'art. 18 de la loi du 23 août 1871, qui a assujetti, à partir du 1er déc. suivant, à un droit de timbre de 10 cent. tous les titres emportant libération, reçu ou décharge; — vu la décision de M. le ministre des finances du 8 févr. 1872, d'après laquelle il ne peut être apposé aucun timbre sur les quittances par émargement données sur les états de solde ou de traitement des compagnies de chemin de fer, mais sous la condition que ces compagnies seront tenues de se conformer au mode de justification et aux époques de paiement des droits déterminés par l'administration; — vu les lettres par lesquelles les principales compagnies de chemins de fer, dont le siége est à Paris, demandent à user de la faculté accordée par la décision qui précède pour les émargements donnés sur les états de solde et de traitement de leurs agents, arrête :

Art. 1er. — Les compagnies de chemin de fer qui voudront, pour les reçus ou quittances donnés sur leurs états de solde et de traitement, user de la faculté accordée par la décision ministérielle du 8 févr. 1872, susvisée, percevront, sous leur responsabilité et à leurs risques et périls, les droits de timbre exigibles à raison desdits reçus ou quittances. — Le montant des droits sera versé, pour toutes les gares du réseau, à l'expiration de chaque mois suivant, au bureau de l'enregistrement qui sera désigné à cet effet.

Art. 2. — À l'appui du versement, il sera fourni, en double, un relevé certifié conforme aux écritures de la Compagnie et indiquant, par nature de service pour chaque état de solde ou de traitement : — 1° la date de l'état; — 2° le montant des salaires, traitement, qui y seront portés; — 3° le numéro d'ordre, la lettre de série ou tout autre signe distinctif dont il sera revêtu; — 4° le nombre des émargements passibles du droit de timbre. — Le montant des droits de timbre sera provisoirement liquidé et payé conformément aux indications de ce relevé, qui sera totalisé par la compagnie. — L'un des doubles du relevé sera rendu à la compagnie revêtu de la quittance des droits versés. Cette quittance sera passible du timbre de 25 cent. lorsqu'elle aura pour objet une somme excédant 10 fr. — Si, par suite des

vérifications faites par les compagnies, il était reconnu des erreurs ou omissions, les droits qui en seraient la conséquence feraient l'objet d'un état spécial et détaillé indiquant les différences en plus ou en moins. Cet état serait fourni avec celui du mois pendant lequel les erreurs ou omissions auraient été reconnues.

Art. 3. — L'administration pourra faire vérifier, tant au siège social ou d'exploitation que dans les gares du réseau, si elle le juge convenable, l'exactitude des résultats présentés par le relevé indiqué à l'article précédent. — Afin de faciliter ces vérifications, il sera ouvert, par les soins des compagnies, sur les états de solde ou de traitement, une colonne spéciale destinée à faire ressortir les droits de timbre exigibles. — Les états de solde ou de traitement seront classés par nature de service et suivant l'ordre adopté dans le relevé fourni à l'appui des versements. — Les états de solde ou de traitement, les doubles des relevés revêtus de la quittance des droits et tous autres documents nécessaires pour la vérification, seront conservés par les compagnies, pendant un an au moins à partir du jour du versement des droits, pour être communiqués aux agents de l'enregistrement. — Si de cette vérification il résulte un complément de droit au profit du Trésor, il sera acquitté immédiatement. Dans le cas où la vérification ferait ressortir un excédant dans les versements effectués par les compagnies, cet excédant serait imputé sur le montant du plus prochain versement.

Art. 4. — A défaut des versements des droits dans les délais et suivant les formes prescrites ci-dessus, le recouvrement en sera poursuivi contre les compagnies comme en matière de timbre.

Art. 5. — Le présent règlement sera notifié aux compagnies, qui demeurent chargées de le porter à la connaissance de tous les agents de leur réseau. Il sera applicable aux perceptions à faire à partir du 1er mars 1872, et pourra être modifié ou complété, si l'intérêt du Trésor l'exige.

QUOTITÉ DISPONIBLE.

6825-1. *Intention du testateur.* — Bien qu'un legs particulier soit fait, sans clause de préciput, à un héritier réservataire, il y a lieu, pour le paiement des droits de mutation par décès, de le cumuler avec la réserve, s'il résulte du testament que telle a été l'intention du testateur et si d'ailleurs les parties ont exécuté cette intention de bonne foi. — Yvetot, 24 août 1872; *Courrier*, 95.

RÉCÉPISSÉ.

6859-1. *Envois contre remboursement.* — Les recouvrements effectués par les entrepreneurs de transport, à titre de remboursement des objets transportés, quel que soit d'ailleurs le mode employé pour la remise des fonds aux créanciers, ainsi que tous autres transports fictifs ou réels de monnaies ou de valeurs, sont assujettis à la délivrance d'un récépissé ou d'une lettre de voiture dûment timbré. — Le droit de timbre du récépissé, celui de la lettre de voiture fixé dans ce cas à 35 centimes, y compris le droit de la décharge, sont supportés par l'expéditeur de la marchandise. — 19 février 1874, art. 10.

But de ces dispositions. — M. Mathieu-Bodet, rapporteur. — « Lorsqu'on fait le dépôt d'un colis à une compagnie de chemin de fer pour être transporté en grande vitesse, ce colis paye à l'État un droit de timbre de 35 centimes. La question est de savoir si, dans le cas particulier où un objet a été remis à une compagnie du chemin de fer pour être transporté dans un lieu déterminé, à la condition que cette compagnie fera le recouvrement du prix de l'objet transporté pour en faire la remise à l'expéditeur, on fera exception à la règle générale.

« On ne comprend pas, à première vue, le motif d'une telle exception. Il y a là évidemment deux transports : d'abord, celui de l'objet, puis celui de l'argent qui revient du lieu où l'objet est transporté au domicile de l'expéditeur. Ainsi les grands magasins d'articles de Paris font des expéditions très-fréquentes en province. On envoie, je suppose, une robe, un chapeau à Rouen, à Bordeaux : voilà le premier transport ; il y a un récépissé accompagnant l'envoi, qui donne lieu au droit de timbre de 35 centimes. Maintenant, la personne qui a reçu à Rouen ou à Bordeaux la robe, le chapeau, remet le prix de ce colis au chemin de fer, qui le transporte à Paris. Il y a évidemment là un second transport et, par conséquent, il y a à payer une seconde fois le droit de timbre : cela ne fait pas doute, car la compagnie de chemin de fer, d'après son cahier des charges, reçoit deux prix de transport. Nous n'avons pas à nous préoccuper des arrêts de la cour de Paris et de la cour de cassation dont on a parlé à l'occasion de difficultés qui s'étaient élevées entre les expéditeurs et les compagnies de chemins de fer. On a décidé que parce qu'il n'y avait qu'un seul contrat entre la compagnie et l'expéditeur, on devait considérer, en droit, qu'il n'y avait qu'un seul transport. Je ne veux pas discuter cette théorie, qui n'a rien à faire ici. Nous traitons une question de finances purement et simplement. Nous avons à nous demander uniquement si, dans les rapports du contribuable avec l'Etat, il y a deux transports. S'il y a deux transports, il doit y avoir, par application des lois de 1863 et de 1871, deux récépissés, et par conséquent deux fois 35 centimes à payer ; cela n'est pas douteux. Il y a évidemment deux transports, puisqu'il y a deux droits perçus par la compagnie de chemin de fer ». — *Séance* du 13 février 1874.

RÉVERSIBILITÉ.

7449. — *Sic* : Cass. civ. 30 déc. 1873; *Courrier*, 156.

SAISIE.

7473. — Le droit est porté à 3 fr. — 19 fév. 1874, art. 2.

7483. — Le droit est porté à 3 fr. — 19 fév. 1874, art. 2.

7484. — Le droit est porté à 3 fr. — 19 fév. 1874, art. 2.

7498. — Le droit est porté à 3 fr. — 19 fév. 1874, art. 2.

7503. — Le droit est porté à 3 fr. — 19 fév. 1874, art. 2.

SOCIÉTÉ.

7661. — L'apport par deux associés à la société d'un droit à un bail qu'ils avaient indivisément, à la charge par la société de payer les loyers, ne donne pas lieu au droit proportionnel. — Seine, 18 janv. 1873; *Courrier*, 48.

7664. — *Sic* : Seine, 23 août 1873; *Courrier*, 143.

7705-1. *Tiers-acquéreur.* — Lorsque, à la dissolution d'une société, un immeuble faisant partie du fonds social est attribué à un autre que celui qui en a fait l'apport, ce dernier eût-il vendu préalablement ses droits à l'attributaire, le droit de vente immobilière est exigible. — Cass. civ. 2 déc. 1873; *Courrier*, 160.

SUBSTITUTION.

7822-1. **Vente au grevé.** — L'adjudication, prononcée au profit du grevé, des biens sur lesquels frappe son droit de substitution, donne ouverture au droit de transcription. — Nantes, 12 juin 1873; *Courrier*, 151.

SUCCESSION.

7868. — La rédaction de ce n° doit être modifiée comme il suit :

Mais cette disposition n'est pas applicable au conjoint qui recueille l'usufruit en vertu d'une donation, et la nue propriété en vertu de l'art. 707 C., dans ce cas, etc.

7949-1. *Établissement public.* — Le legs fait à un établissement public étant frappé d'une condition suspensive, celle qui résulte du pouvoir attribué à l'autorité supérieure d'en autoriser ou d'en défendre l'acceptation, nul doute que ce legs ne soit tout d'abord transmis à l'héritier ou au légataire universel; par conséquent, ce dernier est tenu d'en acquitter les droits dans le délai légal. — Cependant, le contraire a été jugé par le tribunal de Valence, le 26 mai 1873. — *Courrier*, 101.

7970. — 6e ligne. — *Au lieu de* : le nom de l'assuré, *lisez* : le nom du bénéficiaire,

7980. — Les valeurs soustraites qui sont restituées à la succession d'une personne, doivent être déclarées par les héritiers de cette personne dans les six mois du jugement qui a ordonné la restitution, à peine d'un demi-droit en sus. — Bagnères, 13 mai 1872; *Courrier*, 96.

Lorsque des héritiers, après avoir intenté une action en résolution d'un acte de partage passé par leur auteur, renoncent à cette action moyennant une somme d'argent, cette somme doit être considérée comme un bien rentré dans l'hérédité, et se trouve, en conséquence, passible du droit de mutation. — Angoulême, 16 décembre 1872 ; *Courrier*, 152.

7985. — Lorsque le débiteur d'une rente perpétuelle se trouve être l'héritier du crédirentier, le droit de succession est exigible sur la valeur de la rente si, dans l'acte de constitution, il a été stipulé qu'au cas où le créditeur ne disposerait pas de la rente de son vivant, le débiteur le devrait à sa succession. — Niort, 24 fév. 1873 ; *Courrier*, 154.

8047-1. **Protêt.** — Doivent être compris dans la déclaration de succession les billets à ordre qui, passés à l'ordre du défunt, sont protestés à la requête des héritiers. — Brioude, 19 mars 1873 ; *Courrier*, 54.

8149. — 9e ligne. — *Au lieu de* : rien être exigé, *lisez* : rien ne peut être exigé.

8164-1. **Legs à terme.** — Si le légataire universel est chargé de payer une somme déterminée à un tiers, dix ans après la mort du testateur, il ne doit pas être réputé pour cela légataire de l'usufruit de cette somme, et n'a aucun droit de mutation par décès à supporter de ce chef. — Mirande, 29 août 1873 ; *Courrier*, 118.

8167. — *Sic* : Seine, 11 janv. 1873 ; *Courrier*, 125.

8192. — Si l'héritier a reproduit dans sa déclaration les énonciations de l'acte de constitution d'une rente créée au profit du défunt, et que cependant il n'ait été perçu aucun droit de ce chef, il n'y a pas omission et l'Administration ne peut réclamer qu'un droit simple supplémentaire. — Niort, 24 fév. 1873 ; *Courrier*, 154.

TIMBRE.

8415-1. — *Pièces d'instruction.* — Le droit de communication établi par l'art. 22 de la loi du 23 août 1871 ne s'étend pas aux pièces d'instruction. — Seine, 13 décembre 1873, ainsi conçu :

« Attendu que du procès-verbal du 24 juillet dernier il résulte qu'un vérificateur de l'Enregistrement, « ayant demandé communication à Regnault, directeur de la Compagnie d'assurances contre la grêle

« l'*Etoile*, des titres et pièces se rapportant à une in-
« demnité de sinistre reçue par un sieur Sautereau,
« Regnault a exhibé la police d'assurance et la quit-
« tance d'indemnité, dûment timbrées, mais a refusé
« de représenter toute autre pièce ayant pu servir à la
« liquidation de l'indemnité, tels que procès-verbal
« d'expertise, compromis, transaction, etc.; — qu'à la
« suite de ce procès-verbal, la Régie a décerné une con-
« trainte pour la somme de 1,200 fr., montant de l'a-
« mende qu'elle prétend avoir été encourue par lui pour
« contravention à l'art. 22 de la loi du 23 août 1871;
« Attendu que les art. 18 à 24 de cette loi ont eu
« exclusivement pour objet de faire revivre, en le di-
« minuant, le droit de timbre sur les quittances, et
« d'en rendre la perception désormais efficace; — que
« le rapport de la commission de l'Assemblée, à l'ini-
« tiative de laquelle ils sont dus, et la circulaire de la
« Régie elle-même, en date du 25 août 1871, ne laisse
« aucun doute sur l'objet spécial et la portée restreinte
« de ces articles;
« Que, dans le but d'assurer le paiement du droit
« de timbre qu'elle remettait en vigueur sur les quit-
« tances, reçus et décharges, la loi de 1871, étendant
« le droit d'investigation conféré aux agents de la
« Régie par la loi du 5 juin 1850, leur a donné le droit
« d'exiger des sociétés visées par cette loi la repré-
« sentation de leurs livres, registres, titres, pièces de
« recette, de dépense et de comptabilité ;
« Qu'en mettant ainsi à la disposition desdits agents
« des livres, la comptabilité, la loi les a armés des
« pouvoirs nécessaires pour l'accomplissement de la
« mission nouvelle qu'elle leur confiait, mais en
« même temps contenus dans de justes limites ;
« Qu'elle n'a voulu ni borner leur droit de contrôle
« à l'examen des quittances qu'il plairait aux Com-
« pagnies de leur représenter, ni l'étendre à tous les
« papiers desdites Compagnies ;
« Que si, cependant, on adoptait l'interprétation de
« la Régie, la loi aurait mis à la discrétion de ses
« agents toutes les pièces quelconques des Compagnies
« relatives à leur gestion, puisque, en définitive,
« chacune de ces pièces peut se rattacher à une
« recette ou à une dépense ; — qu'il convient donc
« d'entendre ces mots de l'art. 22 : « pièces de recette,
« de dépense et de comptabilité », conformément à
« l'usage, à leur sens naturel et au but spécial de la
« loi de 1871 ; — que les pièces réclamées dans l'es-
« pèce par les agents de la Régie étaient des pièces
« d'instruction, et non des pièces de dépense. »
Cette décision est fondée sur les termes de la loi du
23 août 1871. L'art. 22 de cette loi déclare assujettis
au droit de communication, les *livres, registres, titres,*
pièces de recette, de dépense et de comptabilité. Les pièces
dont l'Administration demandait la représentation
ne paraissent rentrer dans aucune de ces catégories :
c'est pourquoi le tribunal peut être approuvé d'avoir
repoussé ses conclusions.

TITRE.

8465-1. **Bons de liquidation de la ville de Paris.** —
Les bons de liquidation que la ville de Paris est autorisée à émettre, en vertu de la loi du 26 juillet 1873,
sont exempts des droits de transmission et de l'impôt
sur le revenu ; mais ils sont assujettis au timbre établi
pour les effets de commerce. — D. 23 août 1873, art. 2,
J. Off. du 28 août 1873.

VENTE.

8758. S'il est stipulé dans un contrat de vente que
l'acquéreur qui s'oblige à payer les intérêts de son prix
du jour de l'acte ne touchera les fermages de l'immeuble acquis qu'au bout de quelques années, ces
fermages étant réservés à un tiers pour le désintéresser
de sa créance envers le vendeur, il y a là une charge
susceptible d'être ajoutée au prix. Il importe peu que
l'acquéreur se trouve être en même temps le créancier
au profit de qui les fermages sont réservés. — Nogent-
le-Rotrou, 6 déc. 1873; *Courrier*, 158.

8868. *Contrà :* Melun, 22 janv. 1874 ; *Courrier*, 127.

9037. — La vente faite sous condition résolutoire
opère immédiatement le droit proportionnel. — Troyes,
24 mai 1871 ; Cass. 25 mars 1873 ; *Courrier*, 57.

WARRANT.

9113. — Il a été créé de nouveaux timbres mobiles
et édicté de nouvelles dispositions. — V. n. 1741 de ce
Supplément.

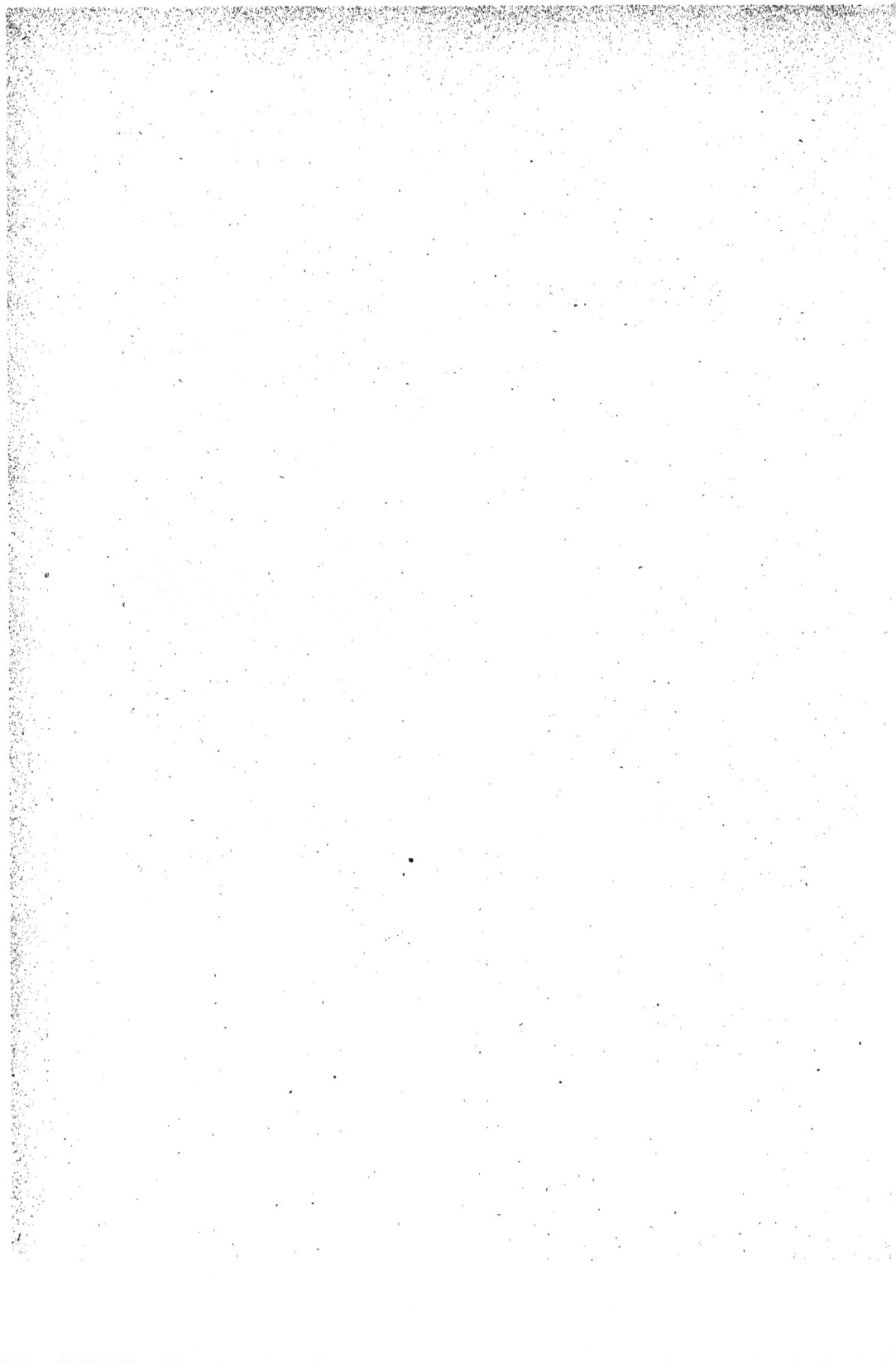

TABLE DE CONCORDANCE

ENTRE LE NOUVEAU DICTIONNAIRE
ET LE COURRIER DE L'ENREGISTREMENT

———◦◦———

A la fin de chaque année, MM. nos abonnés recevront une table dans le même genre que celle qui suit. Cette table, *imprimée sur feuilles gommées au verso*, reproduira les nᵒˢ du *Dictionnaire* qui auront été modifiés par les lois ou par la jurisprudence, *depuis le 1ᵉʳ janvier 1874*, et, à la suite de ces nᵒˢ, l'analyse des lois ou des décisions, avec les renvois aux nᵒˢ du *Courrier*. De la sorte, chaque souscripteur, en recevant la table d'une année quelconque, n'aura qu'à la coller sur les feuilles réservées ci-après à cet usage, après avoir préalablement enlevé la table de l'année précédente.

Au moyen de ces tables mobiles, l'ouvrage sera toujours au courant et d'une manipulation extrêmement facile.

N. B. La table de l'année 1873 n'a été ajoutée ici que comme spécimen : car elle fait double emploi avec le *Supplément*.

TABLE DE CONCORDANCE

ENTRE LE NOUVEAU DICTIONNAIRE ET LE COURRIER DE L'ENREGISTREMENT

JUSQU'AU 31 DÉCEMBRE 1873

Absence.

90. — *Au lieu de* : mai 1824, *lisez* : mai 1834.

Acte administratif.

212. — *Au lieu de* : 5 fr. et peut, *lisez* : 5 fr. ET peut.

Acte à la suite d'un autre.

352. — Les quittances sous seings privés peuvent être mises à la suite d'un acte quelconque, à la charge de supporter un droit de timbre de 10 c. — 23 août 1871, art. 18. — Séance de l'Assemblée nationale du 22 août 1871 ; *Journal officiel* du 23. — I. 2413-7. — *Courrier*, 16.

355. — *Au lieu de* : Dict. eod. v°, *lisez* : D. E. cod. v°.

Acte de commerce.

462. — Le jugement portant débouté d'une demande en résiliation d'un marché commercial passé sous signatures privées et donnant acte à l'une des parties de l'engagement qu'elle prend d'exécuter une clause litigieuse de ce marché, contient reconnaissance judiciaire et donne ouverture au droit de titre. — Cass. 5 déc. 1872 ; *Courrier*, 19.

464. — Le droit de titre doit être perçu dans la mesure où l'existence du marché est reconnue et l'exécution de ce marché ordonnée. — Cass. 5 déc. 1872 ; *Courrier*, 19.

Affectation hypothécaire.

854. — *Sic* : Cass. 30 juill. 1873 ; *Courrier*, 66.

Affiche.

892. — Les inscriptions apposées sur les voitures des entrepreneurs de transports ou des négociants, indiquant le genre d'industrie auquel ces voitures sont employées ou qui s'exercent dans l'établissement dont elles dépendent, sont exemptes de timbre. Il en est de même des avis des fermiers d'annonces placés sur les cadres mêmes où ils exercent leur industrie. — Sol. 22 sept. 1873 ; *Courrier*, 39.

Bail.

1414. — *Contrà* : Sol. 20 mai 1872 ; *Courrier*, 38. — Sol. 12 avril 1873 ; Brives, 8 août 1873 ; *Courrier*, 15.

Bordereau.

1822-1. *Bordereau de titres.* — Le bordereau, fait par le détenteur de titres au porteur d'une compagnie, présenté à cette compagnie pour le paiement des intérêts et dividendes, et revêtu de la mention *payé* apposée par un employé de la compagnie, ne constitue ni un écrit libératoire soumis au timbre de 10 centimes, ni un acte pouvant faire titre, soumis au timbre de dimension. — Seine, 31 août 1872 et 19 avril 1873 ; *Courrier*, 24.

Cautionnement.

1904. — *Au lieu de* : 7. 50 comme partage, *lisez* : partage.

Chemin de fer.

2142-1. *Bulletin d'expédition.* — Les duplicata de bulletins d'expédition signés par le commissaire de surveillance et remis aux compagnies doivent être rédigés sur papier de dimension. — D. F. 16 août 1873 ; *Courrier*, 53.

Communication.

2378. — V. Ord. Jonzac, 13 mars 1873 ; *Courrier*, 20.

Contrat de mariage.

2737. — La disposition d'un contrat de mariage passé sous le régime de la communauté légale par laquelle l'usufruit de la part du prémourant dans les acquêts est attribué au survivant, pour le cas de non-existence d'enfants, est passible du droit fixe de 7 fr. 50, et du droit proportionnel à l'événement. — Mayenne, 24 juill. 1873 ; *Courrier*, 37.

2756. — *Sic* : Sol. 1er avril 1873 ; *Courrier*, 25.

2861. — Lorsque, dans un contrat de mariage, les père et mère de l'un des époux conviennent de vivre en commun ménage avec ces derniers, sauf à leur faire une donation en cas de séparation, on ne peut exiger que le droit d'association et le droit de 3 fr. pour donation éventuelle. — Sol. 11 août 1869 et 19 janv. 1872 ; *Courrier*, 26.

Contributions publiques.

2912. — Les rapports rédigés par les experts et les mémoires que les parties présentent à l'appui de leurs

demandes en dégrèvement soumises aux conseils de préfecture, sont assujettis au timbre et à l'enregistrement. L'exemption des droits ne s'applique qu'aux procès-verbaux des dires des experts rédigés par les contrôleurs des contributions directes, et aux observations produites par les réclamants eux-mêmes pendant le dépôt du dossier. — Sol. 12 fév. 1873; *Courrier*, 17.

Copie de pièces.

2986. — Le registre des protêts tenu par les huissiers tombe sous l'application de la loi du 2 juillet 1862, art. 20, et du décret du 30 du même mois. — Circ. M. J. 19 fév. 1867; Vervins, 3 mai 1872; Bourg, 13 mai 1873; *Courrier*, 22.

Délivrance de legs.

3269. — Les ordonnances d'envoi en possession sont passibles du droit gradué. — Hazebrouck, 15 sept. 1873; *Courrier*, 73.

Dépôt.

3413. — *Au lieu de :* Tullier, *lisez :* Tuilier.

Donation.

3605-1. *Paiement par un tiers.* — Lorsqu'un tiers, intervenant à une donation, paie en l'acquit du donateur la somme donnée par ce dernier, ce paiement, quoique fait sans subrogation, n'en constitue pas moins, de la part du donateur, une reconnaissance de dette, passible du droit d'obligation. — Auch, 19 août 1873; *Courrier*, 74.

3614. — La donation de tous ses biens par une veuve à ses enfants de la nue propriété de ses biens et d'une rente de 3,000 fr., à la condition d'avoir la jouissance des biens recueillis par les donataires dans la succession de leur père et des biens mêmes dont il se dessaisit, est passible d'un droit particulier de donation sur le capital de la rente. — Angoulême, 4 août 1873; *Courrier*, 51.

Droits successifs.

3711. — Les dettes de l'héré-dité sont de droit à la charge de celui qui acquiert des droits successifs, même s'il n'existe aucune stipulation sur ce point; et cette charge, exprimée ou non, doit être ajoutée au prix pour la perception. Lorsque l'acte ne contient aucune mention de nature à faire présumer l'existence de dettes, l'Administration ne peut exiger une déclaration formelle qu'il n'en existe pas. — Saint-Girons, 16 juill. 1872; *Courrier*, 68.

3730-1. *Renonciation sous réserve de la constitution dotale.* — Aux termes de l'art. 845 du C. l'héritier qui renonce à la succession ne peut retenir le don entre-vifs qui lui a été fait que jusqu'à concurrence de la quotité disponible. Si donc la quotité disponible a été épuisée par une donation antérieure au profit d'un autre enfant, l'acte par lequel l'héritier doté en avancement d'hoirie renonce à la succession sous réserve de sa constitution dotale, équivaut à une cession de droits successifs et donne ouverture au droit de 5.50 %. La prescription de deux ans pour la demande de ce droit ne court que du jour où a été enregistré l'acte emportant cession, et non du jour de la renonciation. — Tulle, 21 déc. 1872; *Courrier*, 21.

Effet rétroactif.

3784. — Lorsqu'une mutation verbale d'immeubles, antérieure de plus de trois mois à la promulgation de la loi du 23 août 1871, n'a pas été déclarée dans le délai de faveur accordé par cette loi, la peine applicable est celle prononcée par la législation précédente. — Guingamp, 11 mars 1873; *Courrier*, 41.

Enregistrement.

3855-1. *Stipulation illicite.* — Est nulle, comme contraire à l'ordre public, la clause d'un acte de vente sous seings privés qui met à la charge du vendeur une partie des droits de cet acte, pour le cas où, par suite d'événements imprévus, l'enregistrement devrait en être effectué, lorsque cette stipulation et la promesse par le vendeur de donner une procuration pour revendre en son nom ont pour but de soustraire la mutation à l'impôt. — Le Puy, 20 juin 1873; *Courrier*, 3.

État.

4051-1. *Droits à la charge du bailleur.* — Si les droits sont mis à la charge du bailleur, le bail doit être soumis à la perception ordinaire. Sol. 23 fév. 1873; *Courrier*, 23.

État civil.

4090. — Les expéditions des actes de l'état civil réclamées dans les mairies des départements, pour la reconstitution des actes de l'état civil de Paris, doivent être délivrées sur papier libre. — Circ. M. I. 7 mars 1873; *Courrier*, 18.

Étranger.

4101. — *Sic :* Seine, 1er fév. 1873; Cass. 23 juill. 1873; *Courrier*, 56.

Expertise.

4298. — *Sic : Courrier*, 14. — La Rochelle, 23 juill. 1873; Mantes, 30 août 1873; *Courrier*, 55.

Expropriation.

4393. — *Sic :* Cass. 21 avril 1873; *Courrier*, 30.

Inventaire.

4919. — *Au lieu de :* I. 290-1, *lisez :* I. 290-18.

Jugement.

4980. — *Contrà :* Lyon, 3 avril 1873; *Courrier*, 27.

Location verbale.

5257-1. *Halles et marchés.* — Les locations verbales de places dans les halles et marchés sont assujetties à la déclaration. — D. F. 30 sept. 1873; *Courrier*, 67.

Mainlevée.

5305. — *Sic* : Arras , 21 août 1873 ; *Courrier*, 49.

Mandat.

5360. — *Sic* : Tarbes, 9 juill. 1873 ; *Courrier*, 45.

Marché.

5377-1. *Forêts*. — Les marchés concernant le service forestier ne sont passibles que du droit de 1 % pour le marché, et de 50 c. % pour le cautionnement, lorsque chacun de ces droits ne s'élève pas au minimum du droit fixe gradué. — Circ. Forêts, 4 janv. 1873 ; *Courrier*, 47.

Marques de fabrique.

5417-1. — Loi du 26 nov. 1873 relative à l'établissement d'un timbre facultatif destiné à être apposé sur les marques de commerce et de fabrique ; *Courrier*, 77.

POITIERS. — TYPOGRAPHIE DE HENRI OUDIN.

www.ingramcontent.com/pod-product-compliance
Lightning Source LLC
Chambersburg PA
CBHW031347210326
41599CB00019B/2678